2000

D1195622

STANDARD GUIDE TO
CARS & PRICES

PRICES FOR COLLECTOR VEHICLES 1901-1992

EDITED BY
JAMES T. LENZKE
& KEN BUTTOLPH

© 1999 by Krause Publications, Inc.

Published by

krause publications

700 E. State Street • Iola, WI 54990-0001
Telephone: 715/445-2214

Please call or write for our free catalog of automotive publications.
Our toll-free number to place an order or obtain a free catalog is 800-258-0929 or please use our regular business telephone 715-445-2214 for editorial comment and further information.

Library of Congress Catalog Number: 89-80091
ISBN: 0-87341-638-4

Printed in the United States of America

Contents

Introduction

The market for cars more than 15 years old may be stronger than ever. Some buyers of pre-1985 cars are collectors who purchase vehicles that they particularly enjoy, or feel are likely to increase in value the older they get. Other buyers prefer the looks, size, performance, and reliabililty of what they think of as yesterday's better-built automobiles.

With a typical year 2000 model selling for around $20,000, many Americans find themselves priced out of the new-car market. Late-model used cars are pricey too, although often short on distinctive looks and roominess. The older cars may use more fuel, but their purchase prices are typically a whole lot less.

New cars and late-model used cars tend to depreciate rapidly in value. Many can't tow large trailers or mobile homes. Their high-tech engineering is often expensive to maintain or repair. In contrast, well-kept older cars are mechanically simpler, but often very powerful. In addition, they generally *appreciate* in value as they grow more scarce and collectible. Even insuring them is generally cheaper.

Selecting a car and paying the right price for it are two considerations old-car buyers face. What should you look for when inspecting a collector car to buy? What are some of the pros and cons of buying a collector car at auction? Now that Mom has decided to quit driving, how much can she reasonably expect to get for her 12-year-old, low-mileage, four-door sedan? How much can I spend in restoring my collector vehicle without exceeding its current cash value?

The 2000 edition of **Standard Guide to Cars & Prices**, from Krause Publications, answers these questions and many more. It shows the most popular models made between 1901 and 1992 and points out what they sell for today in six different, graded conditions.

Contained herein are the same data gathered for publication in **Old Cars Price Guide**, a highly-specialized magazine used by collectors, dealers, appraisers, auctioneers, lenders, and insurers to determine valid pricing levels for older vehicles. Representing up-to-date market research, it is presented here in a convenient-sized format that is easy to read, easy to use, and easy to store on your bookshelf.

1933 Duesenberg J Rollston Torpedo Sedan

How old car prices are gathered

Thousands of old cars change hands each year. People who follow these transactions include collectors, collector car dealers and auctioneers. They can often estimate the value of an old car, within a range of plus or minus 10 percent, with amazing accuracy.

The Standard Guide to Cars & Prices has been produced by Krause Publications of Iola, Wis., a company involved in publishing specialized books and magazines upon which collectors, dealers and auctioneers regularly rely.

Figures listed in this book should be taken as "ballpark" prices. They are amounts that fall within a reasonable range of each car's value to buyers and sellers. The figures are not to be interpreted as "wholesale" or "retail." Rather, they reflect what an informed buyer might pay a knowl-edgeable seller for his car in an arm's length transaction without duress to either party. Special cases, where nostalgia or other factors enter into the picture, must be judged on an individual basis.

This guide can help you to decide which old car you'd like to own and how much to pay for it based on make, year, model and condition. It provides a consensus of old car values determined by careful research.

Research sources used to compile these data include:

- Advertised asking prices
- Documented private sales
- Professional appraisers
- Collector car auction results
- **Old Cars Price Guide** advisors
- Contact with dealers
- Contact with collectors
- Networking with value sources

1933 Packard Twelve club sedan

Abbreviations

Alphabetical

A/C	Air Conditioning
Aero	Aerodynamic
Auto	Automatic Transmission
A/W or A-W	All-Weather
Berl	Berline
Brgm	Brougham
Brn	Brunn
BT	Boattail
Bus	Business (as in Bus Cpe)
Cabr	Cabriolet
C.C.	Close-coupled
cid	Cubic Inch Displacement
Clb	Club (as in Clb Cpe/Clb Cab)
Cpe	Coupe
-Coll	Collapsible (as in Semi-Coll)
Cont	Continental
Conv	Convertible
Ctry	Country
Cus	Custom
DC	Dual-Cowl
Darr	Darrin
DeL	Deluxe
Der	Derham
deV	deVille
DHC	Drop Head Coupe
Dly	Delivery (as in Sed Dly)
Dtrch	Dietrich
DuW	Dual Windshield
DW	Division Window
Encl	Enclosed
FBk	Fastback
FHC	Fixed Head Coupe
FI	Fuel Injection
Fml	Formal
FWD	Front-wheel Drive
GT	Gran Turismo (Grand Touring)
GW	Gull-Wing
HBk	Hatchback
Hemi	Hemispherical-head engine
Hlbrk	Holbrook
hp	Horsepower
HT	Hardtop
Imp	Imperial
IPC	Indy (Indianapolis) Pace Car
IROC	International Race of Champions
Jud	Judkins
Lan	Landau
Lan'let	Landaulet
LBx	Long Box (pickup truck bed)
LeB or Leb	LeBaron
LHD	Left-Hand Drive
Limo	Limousine
Ltd	Limited
Lke	Locke
LWB	Long-Wheelbase

Mk	Mark (I,II,III, etc)
O/D	Overdrive
Opt	Option(s)
OW	Opera Window
P	Passenger (as in 3P Cpe)
Phae	Phaeton
PU	Pickup Truck
R/A	Ram Air (Pontiac)
Rbt	Runabout
Rds	Roadster
Ret	Retractable
RHD	Right-Hand Drive
Rlstn or Roll	Rollston
R/S	Rumbleseat
Saloon	British for sedan
SBx	Short Box (pickup truck bed)
S/C	Super-Charged
Sed	Sedan
SMt(s)	Sidemount(s)
Sednt	Sedanet
Spds	Speedster
Spec or Spl	Special
Spt	Sport
S/R	Sunroof
Sta Wag	Station Wagon
Std	Standard
Sub	Suburban
Sup	Super
SWB	Short-Wheelbase
T-bird	Thunderbird
T-top	T-Top Roof
Trg	Touring Car (not Targa)
Turbo	Equipped with turbocharger(s)
Twn	Town (as in Twn Sed)
V-4, -6, -8	V-block engine
Vic	Victoria
W	Window (as in 3W Cpe)
WW	Wire Wheels
W'by	Willoughby
Woodie	Wood-body Car
Wtrhs	Waterhouse

Numerical

½T	One-Half Ton Truck
2d	Two-Door (also 4d, 6d, etc.)
2P	Two-Passenger (also 3P, 4P, etc.)
2S	Two-Seat (also 3S, 4S, etc.)
2x4V	Two Four-barrel Carbs
3x2V	Three Two-barrel Carbs/Tri-Power
3W	Three-Window (also 4W, 5W, etc.)
4-cyl	In-line Four Engine (also 6-, 8-, etc.)
4-Spd	4-Speed Transmission (also 3-, 5-, etc.)
4V	Four-barrel Carburetor
4x4	Four-wheel drive (not FWD)
8/9P	Eight or Nine Passenger

HOW TO USE CARS & PRICES

Price estimates are listed for cars in six different states of condition. These conditions (1-6) are illustrated and explained in the **VEHICLE CONDITION SCALE** on the following three pages.

Prices are for complete vehicles; not parts cars, except as noted. Modified-car prices are not included, but can be estimated by figuring the cost of restoring to original condition and adjusting the figures shown here.

Appearing below is a section of chart taken from the **CARS & PRICES** price estimate listings to illustrate the following elements:

A. MAKE: The make of car, or marque name, appears in large, boldface type at the beginning of each price section.

B. DESCRIPTION: The extreme left-hand column indicates vehicle year, model name, body type, engine configuration and, in some cases, wheelbase.

C. CONDITION CODE: The six columns to the right are headed by the numbers one through six (1-6) which correspond to the conditions described in the **VEHICLE CONDITION SCALE** on the following three pages.

D. PRICE: The price estimates, in dollars, appear below their respective condition code headings and across from the vehicle descriptions.

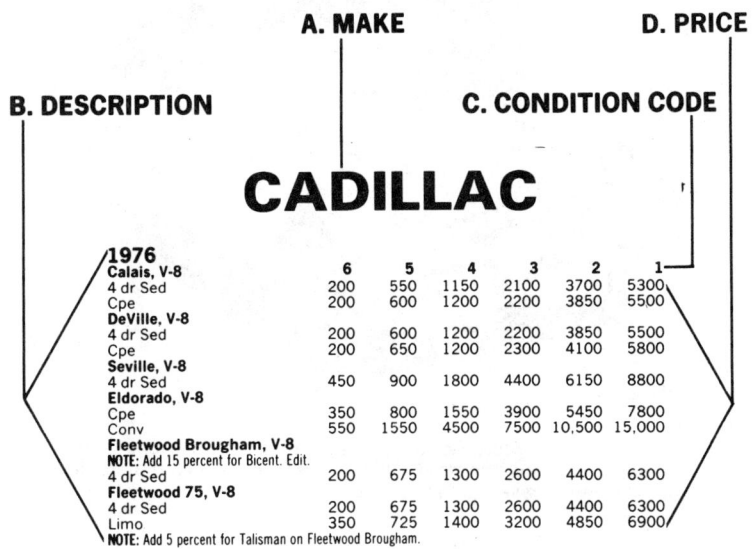

A. MAKE   **D. PRICE**

B. DESCRIPTION   **C. CONDITION CODE**

CADILLAC

1976

Calais, V-8	6	5	4	3	2	1
4 dr Sed	200	550	1150	2100	3700	5300
Cpe	200	600	1200	2200	3850	5500
DeVille, V-8						
4 dr Sed	200	600	1200	2200	3850	5500
Cpe	200	650	1200	2300	4100	5800
Seville, V-8						
4 dr Sed	450	900	1800	4400	6150	8800
Eldorado, V-8						
Cpe	350	800	1550	3900	5450	7800
Conv	550	1550	4500	7500	10,500	15,000
Fleetwood Brougham, V-8						
NOTE: Add 15 percent for Bicent. Edit.						
4 dr Sed	200	675	1300	2600	4400	6300
Fleetwood 75, V-8						
4 dr Sed	200	675	1300	2600	4400	6300
Limo	350	725	1400	3200	4850	6900

NOTE: Add 5 percent for Talisman on Fleetwood Brougham.

VEHICLE CONDITION SCALE

Excellent

   1) EXCELLENT: Restored to current maximum professional standards of quality in every area, or perfect original with components operating and appearing as new. A 95-plus point show car that is not driven.

Fine

   2) FINE: Well-restored, or a combination of superior restoration and excellent original. Also, an *extremely* well-maintained original showing very minimal wear.

Very Good

3) VERY GOOD: Completely operable original or "older restoration" showing wear. Also, a good amateur restoration, all presentable and serviceable inside and out. Plus, combinations of well-done restoration and good operable components or a partially restored car with all parts necessary to complete and/or valuable NOS parts.

Good

4) GOOD: A driveable vehicle needing no or only minor work to be functional. Also, a deteriorated restoration or a very poor amateur restoration. All components may need restoration to be "excellent," but the car is mostly useable "as is."

Restorable

5) RESTORABLE: Needs *complete* restoration of body, chassis and interior. May or may not be running, but isn't weathered, wrecked or stripped to the point of being useful only for parts.

Parts Car

6) PARTS CAR: May or may not be running, but is weathered, wrecked and/or stripped to the point of being useful primarily for parts.

Vehicle Conditions Discussed

All other things being equal, if two identical vehicles are offered for sale side-by-side, the one in better condition is worth more. This may seem quite obvious, but it is the notion upon which the entire *Old Cars Price Guide* Vehicle Condition Scale, used here in the *Standard Guide to Cars & Prices*, is based.

A great deal of thought was put into the actual wording of each description on the preceding pages with an eye toward making them concise, yet brief, and understandable to the old car hobbyist. Questions of interpretation still do come up, however. "Is my car a No. 1?" and "How does a No. 3 differ from a No. 4?" are typical of those asked our editors on the phone, through the mail and face-to-face at old car gatherings.

Following, then, are some plain language explanations of the six conditions to refer to in addition to those that appear with the illustrations preceding this page.

1) EXCELLENT: In national show judging, a car in No. 1 condition is likely to win top honors in its class. In a sense, it has ceased to be an automobile and has become an object of art. It is transported to shows in an enclosed trailer and, when not being shown, it is stored in a climate-controlled facility. It is not driven. There are very few No. 1 cars.

2) FINE: Except for the very closest inspection, a No. 2 vehicle may appear as a No. 1. The No. 2 vehicle will take the top award in many judged shows, except when squared off against a No. 1 example in its own class. It may also be driven 800-1,000 miles each year to shows, on tours and simply for pleasure.

3) VERY GOOD: This is a "20-footer." That is, from 20 feet away it may look perfect. But as we approach it, we begin to notice that the paint may becoming a little thin in spots from frequent washing and polishing. Looking inside we might detect some wear on the driver's seat, foot pedals and carpeting. The chrome trim, while still quite presentable, has lost the sharp mirror-like reflective quality it had when new. All systems and equipment on the car are in good operating condition. Most of the vehicles seen at many car shows are No. 3s.

4) GOOD: This is a driver. It may be in the process of restoration, or its owner may have big plans, but even from 20 feet away, there is no doubt that it needs a lot of help.

5) RESTORABLE: This car needs everything. It may or may not be operable, but it is essentially all there and has only minor surface rust, if any. While it may present a real challenge to the restorer, it won't have him doing a lot of chasing for missing parts.

6) PARTS CAR: This is an incomplete or greatly deteriorated, perhaps rusty, vehicle that has value only as a parts donor for other restoration projects.

EDITOR PROFILES

Ken Buttolph

As far as Ken remembers, he has always loved old cars. His very first was a '27 Nash coupe that he bought, as a teenager, for $50. Some 500 additional vehicles have passed through his collection since then and none has been new. Besides the obvious advantage of not suffering the murderous depreciation rates that new cars do, Ken has always preferred old cars because, to him, they are just a lot more fun to own and drive.

Through his personal, 60-plus vehicle collection, and as curator of the nearly 100 old cars, trucks, and tractors in the *Old Cars* **Antique Vehicle Collection**, Ken is involved virtually every day with historical vehicles spanning the entire past century. He is often called upon to make buy and sell decisions within both collections. Included among the vehicles in his charge is a 1903 Ford Model A runabout—No. 1240, built during the first year of Ford Motor Co. production—and a 1912 Sears highwheeler, looking every bit the "horseless carriage," also from the early years of the 20th century. From the 'teens is a diminutive '16 Chevrolet touring car and a huge '17 Winton. The decade of the '20s contributes both 1920 Buick and '21 Kissel touring cars as well as a Ford Model T center-door sedan, '29 Packard Model 645 Dietrich sport phaeton, '28 Ford Model A four-door sedan, and a '29 Model A sport roadster. Ken's own cars begin with a 1939 Buick Special four-door sedan followed closely by a '41 two-door version of the same model. An extensive grouping of World War II military vehicles and equipment, supplemented by Buick, Chrysler, and Cadillac represent the war years and the immediate postwar period. The balance of the automotive century, from the '50s into the '90s, lives on in names like Chevrolet Bel Air, Studebaker Golden Hawk, Kaiser Manhattan, Corvette, and others.

Old-car fans throughout the country are familiar with Ken through his extensive travels and attendance at major collector-car auctions, shows, and swap meets nationwide in his roles as editor of *Old Cars* **Price Guide** and research editor for *Old Cars* **Weekly**.

James T. Lenzke

Jim traces his love for old vehicles back to the age of seven when he built his first model car, under the tutelage of his older brother, Bill, Jr. This led to many other car models, notably Revell's "Highway Pioneers" series of the time. The models were laid aside when, at age 15, he bought his first real car, a '49 Mercury convertible, using hoarded paper route money. While attending college during the early '60s, daily transportation was a 1930 Dodge Series DA two-door sedan. That car was a proud possession for over 19 years. Over the years, other marques have appeared in the Lenzke driveway. These have included Pontiac, Porsche, and Plymouth. Trucks and cars from both Chevrolet and Ford, a smattering of Oldsmobiles, Buicks, Studebakers, Cadillacs, and a Corvette. Another Mercury and a Volkswagen have also appeared there. Current garage occupants include a '69 Cadillac Eldorado coupe and a 1952 Massey-Harris 44 farm tractor.

Immersed in the old-car hobby on a day-by-day basis, Jim serves as auction/technical editor of **Old Cars Weekly**—analyzing and reporting the results of some 90-120 collector-car auctions annually—and senior editor of **Old Cars Price Guide,** helping to bring old-car value data to the public.

Collector-car auctions: A good way to market collector vehicles?

The collector-car auction is a fairly new phenomenon. It was just about a quarter century ago that the first auction of automobiles specifically geared to appeal to old-car hobbyists and collectors took place. Since then, the collector-car auction has become an institution in the old-car hobby/business. Some 15-20 active auction firms now annually offer 20-25,000 collector vehicles for sale at 120-150 individual collector-car auction events. These auctions take place principally within the United States, however, England, Canada, and Germany, as well as other countries, also regularly play host to such sales.

Prior to the advent of collector-car auctions, buyers and sellers of collector vehicles relied upon other means to trade their treasures. While these means still exist and are used extensively — word of mouth and ads in commercial, hobby, and club publications — collector-car auctions have become an increasingly visible and influential means of bringing buyers and sellers of collector vehicles together. This is due, in part, to the highly specialized nature of these sales, but also to the festive and almost circus-like atmosphere that many of the recurring annual and semiannual events have taken on. Often occurring in some of the more glamourous and appealing cities and climates — Las Vegas, Nev., Scottsdale, Ariz., Monterey, Calif., and Boca Raton, Fla., to name a few — many collector-car auctions have gone beyond mere business venues and become major social events.

What's it Like?

Glamour aside, however, what's it like to buy or sell a vehicle at a collector-car auction?

Well, it's a lot different from running an ad in the *Old Cars Weekly* classifieds, or

1960 Chevrolet Corvette convertible

pinning a "for sale" note on the bulletin board at your local supermarket. For one thing, there are fees involved. Depending upon the prominence of the auction, various fees may be charged both buyer *and* seller. In some of the larger, nationally-recognized auctions the seller may be required to pay a consignment or "marketing" fee of as much as $550 per vehicle for a sales slot on one of the most desirable auction days. This fee is paid merely to enter the vehicle in the sale. There is, of course, no assurance that the vehicle will be sold, and the fee is most often non-refundable. In addition to the consignment fee, if the vehicle is sold, the seller is required to pay a sales commission. The commission is often based upon a sliding scale declining in percentage as the sales prices increase. At least one prominent, national collector-car auction firm charges a minimum of eight percent of the sales price for vehicles sold at $10,000 or less at "no reserve", that is, with the seller accepting the highest legitimate bid made, regardless of the amount. The same firm charges a minimum of 12 percent sales commission on prices up to $10,000 for vehicles sold with a reserve (minimum price that the seller is willing to accept).

What does all this mean to the seller? It means that, in a worst-case scenario, If the seller consigned for a sales spot on a prime day for $550, and his car sold for $10,000 at no reserve, his net receipts on the $10,000 sale would be $8,250. Accomplishing the sale would have cost him $1,750 (or 17½ percent) in fees alone. This does not take into account transportation to the sale, any taxes due on the sale, or food and lodging while attending the sale.

How much would this cost the buyer? Using the same example as the seller's, with

1976 Cadillac Fleetwood Eldorado convertible

1966 Mercedes-Benz 230SL convertible

a successful bid of $10,000, what does the vehicle actually cost the buyer? Typically, the buyer would have been required to pay a registration or "bidder's" fee for the right to participate in the bidding. This fee might be as much as $45. In addition, should he be the successful bidder on a particular vehicle, upon settlement he may be required to pay a buyer's fee of as much as five percent in addition to the purchase price of the vehicle itself. In our $10,000 scenario, this means that the buyer will pay $10,000 (purchase price) plus $45 (bidder's fee) plus $500 (buyer's fee) for a total of $10,545 — or 5.45 percent more than the purchase price bid for the vehicle. A bidder would be well advised to bear these fees, and the effect that they have on the final settlement costs, in mind while bidding on a desired vehicle. As with the seller, these figures do not take into account any expenses the buyer may have incurred for transportation to the sale and food and lodging while in attendance there.

So, buying a vehicle at a collector-car auction can be more expensive than through other more conventional means.

Are there any advantages to buying or selling at auction?

Indeed there are!

For the potential buyer, attending a good-sized collector-car auction offers exposure

1970 Plymouth 'Cuda two-door hardtop

to many vehicles offered for sale within a relatively short time frame. It is very much like attending an old-car show at which every vehicle is for sale, a veritable collector-car supermarket! The buyer is free to browse among the vehicles staged prior to their actually crossing the auction block. Many such auctions take place for just one day. At these, the early bird is likely to get the worm. Other auctions may be scheduled over a two-day weekend, with some even getting under way on Friday evening. And then there are the four-to-six-day auction extravaganzas such as the Barrett-Jackson and Kruse International fetes in Scottsdale, Ariz. during January every year, and the mammoth Kruse event in Auburn, Ind. spilling over both ends of each Labor Day weekend. Generally, the longer the term of the sale, the more collector vehicles offered. To view as many buyable collector vehicles using the usual means of responding to ads and arranging for showings, could take months, or even years.

Often, the quality of some offerings at auction is far above what a buyer is likely to

1956 Ford Country Squire four-door station wagon

encounter during a conventional vehicle search. Outstanding cars are sometimes consigned to auction in their owners' belief that the highest return may be realized through this type of sale. While this is sometimes true, the alert and knowledgeable buyer will begin to recognize bargains in quality vehicles that their owners are willing, for whatever reasons, to "dump" at prices often below the current cost of restoration alone. For this reason, among others, it is well to keep an open mind as to what to buy. If possible, don't become so determined to buy a particular make and model as to be blinded to a bargain in another model or marque that presents itself.

For the buyer, then, collector-car auctions offer the advantage of exposure to a variety of interesting collectible vehicles in a venue from which, if a deal can be struck, he may leave with the car of his dreams, or something close to it.

What advantages are there for the seller?

By their very nature, collector-car auctions bring together numbers of persons interested in buying collector vehicles. Depending upon the prominence and fame of the particular auction, these numbers may be few or they may be many. In any case, the chances of selling a quality collector vehicle in the sales-charged atmosphere of such an auction, to an individual predisposed to the idea of buying something, are probably greater than through mere word of mouth or printed advertisements. Then, too, sales at auction are generally made "as is and shown," meaning that the seller makes no warranties or guarantees with regard to a vehicle, and all sales are final.

For the seller then, a collector-car auction offers an arena of potential customers who are economically and emotionally inclined to buy.

1936 Cord 810 Sportsman convertible

1967 Jaguar XKE convertible

Are there any pitfalls?

We have already examined the matter of fees, but there are other caution flags out as well. For one, the auction arena is no place for a novice to make his first purchase. Do not go to your first collector-car auction seriously intending to purchase a car. Rather, attend the first two or three in the company of an experienced friend. Have the friend explain what is going on at all times. Gradually slide into the auction scene as you become aware of its subtle cut and thrust. Be aware that all that you see going on is not necessarily what it appears to be. For one, you are likely to hear a great deal of hype flowing from the auction podium. With regard to any particular vehicle, believe what you see, not what you hear! Often, a glowing and seductive description of the vehicle at that moment on the auction block will immediately be followed by the auctioneer's disclaimer, "so says the seller." Be especially cautious when the "owner" (he may be anything but) is invited to the podium to "brag up" the car on the block. A good car speaks for itself, and can sell itself. It doesn't need the owner's help. Some exceptions would include particular historical notes or celebrity-related facts pertaining to that vehicle that might be of interest to a future owner.

1954 Facel Vega coupe

1948 Chrysler Town & Country convertible

Unlike when going to a conventional used-car dealer, you will not able to test-drive the car of your choice. You may not even be able to hear it run before you are called upon to make your bids.

At best, try to examine the vehicle when the owner (or a representative) is present. Start it up. See if it pulls OK by moving the gearshift carefully through the gears . Be alert to a rough running or smoking engine. If the vehicle is unattended, and there is no key in the ignition, proceed with caution. The owner may not want a potential buyer to examine the vehicle too closely in the hope that its shortcomings will go unnoticed. Look under the car for fluid leaks. Crawl over the body, chrome, and interior analyzing the degree of originality or quality of restoration. After completing a thorough inspection, and assuming you are interested in pursuing the car further, coolly determine the maximum price you would be willing to pay for it. Use your copy of *Standard Guide to Cars & Prices* to establish a reasonable price range.

Once you have established a maximum price, *stick by it.* One of the greatest pitfalls in buying at auction is that of being carried away by the excitement and action of the bidding and losing touch with reality and good sense. This danger can largely be avoided by following the procedure just outlined.

1957 Dodge Royal Lancer two-door hardtop

1977 Pontiac Firebird Trans Am coupe

Beware of the "high bid, no-sale"

To those unfamiliar with collector-car auction practices some basic facts should be made clear. It is not uncommon for the owner of a vehicle at auction to bid on it himself, or to have persons working with him bid, to drive the apparent bid price upward. If no outside person is drawn into the bidding with an amount acceptable to the owner/seller, the vehicle will be recorded as a "no-sale" at the figure last "bid." In some cases the vehicle may actually be declared sold at the last called figure, resulting in it being "bought back" by its owner/consignor; this is not an actual sale at all.

To many of those present, and to subsequent readers of any report that includes the "high bid," this suggests that someone present at the auction was actually willing to pay that sum for that vehicle. In fact, in cases like this, there may have been no "real money" — as it is known in auction parlance — being offered on the vehicle at all. The last bid recorded in an auction no-sale situation may be pure fabrication that does not *in fact* represent an amount that a real person was willing to pay for a vehicle. Often, a vehicle is taken from auction to auction with the same charade taking place until some

1951 Hudson Hornet Convertible Brougham

unwitting bidder, perhaps influenced by reports of previous "high bids" on this or similar vehicles, is deluded into believing that the car is actually worth such sums and succumbs by buying it.

Let's also look at the role of the auctioneer. It is the primary duty of the auction house to generate the highest possible sale price for its client, the vehicle consignor. Often, the consignor has specified a certain "reserve," or minimum price that he is willing to accept for his vehicle. It is the auctioneer's task to try to obtain this price. To do so, it is common practice for auctioneers to call out bids that are not really being made in an effort to stimulate bidder interest and in the hope that "real money" will be offered at or near the owner's reserve, and a sale is accomplished. To report such an artificial high bid no-sale price would be to perpetuate a myth. In the situations described, the plain fact is that *no actual person was present willing to pay the final high bid amount.*

Again, the informed bidder, having determined in advance the maximum price he is willing to pay for a particular vehicle, can avoid being caught up in this bidding whirlwind and exceeding his predetermined limit.

1957 Studebaker Transtar Deluxe V-8 two-door 1/2-ton pickup

Summary

Marketing collector vehicles at auction can be rewarding experiences for both buyers and sellers. But, before becoming involved at either end of the scale it is important to do your homework. Ease into the process gradually. Attend a few auctions in the company of someone more experienced. Listen closely, pay attention, and keep your eyes and ears open. Become familiar with rules and procedures, and pay particular attention to fee structures and their effect upon your net receipts as a seller and your gross expenses as a buyer.

Once you feel confident that there will be no unpleasant surprises, jump in with both feet and have some fun!

DOMESTIC CARS

AMC

NOTE: AMC listings follow NASH listings.

AMERICAN
AUSTIN-BANTAM

1930-1931 American Austin
4-cyl., 15 hp, 75" wb

	6	5	4	3	2	1
2d Rds	550	1700	2800	5600	9800	14,000
2d Cpe	400	1200	2000	4000	7000	10,000
2d DeL Cpe	400	1250	2100	4200	7400	10,500
1932 American Austin						
2d Rbt	550	1700	2800	5600	9800	14,000
2d Bus Cpe	400	1200	2000	4000	7000	10,000
2d Cabr	450	1450	2400	4800	8400	12,000
2d Std Cpe	400	1200	2050	4100	7100	10,200
2d DeL Cpe	400	1250	2100	4200	7400	10,500
1933 American Austin						
4-cyl., 15 hp, 75" wb						
2d Rds	550	1700	2800	5600	9800	14,000
2d Bus Cpe	400	1200	2000	4000	7000	10,000
2d Spl Cpe	400	1300	2200	4400	7700	11,000
2d Cpe	400	1250	2100	4200	7400	10,500
1934 American Austin						
4-cyl., 15 hp, 75" wb						
2d Bus Cpe	400	1200	2000	4000	7000	10,000
2d Std Cpe	400	1250	2050	4100	7200	10,300
2d DeL Cpe	400	1250	2100	4200	7400	10,500
1935 American Austin						
4-cyl., 15 hp, 75" wb						
2d Bus Cpe	450	1140	1900	3800	6650	9500
2d Std Cpe	400	1200	2000	4000	7000	10,000
2d DeL Cpe	400	1250	2100	4200	7400	10,500
1938 American Bantam						
Model 60 - 4-cyl., 19 hp, 75" wb						
2d Rds	450	1400	2300	4600	8100	11,500
2d Cpe	450	1140	1900	3800	6650	9500

1939 American Bantam Special roadster

1939 American Bantam
Model 60, 4-cyl., 20 hp, 75" wb

2d Std Cpe	450	1080	1800	3600	6300	9000
2d Std Rds	450	1500	2500	5000	8800	12,500
2d Spl Cpe	450	1140	1900	3800	6650	9500

	6	5	4	3	2	1
2d Spl Rds	500	1600	2700	5400	9500	13,500
2d Spds	550	1750	2900	5800	10,200	14,500
2d DeL Cpe	400	1200	2000	4000	7000	10,000
2d DeL Rds	550	1800	3000	6000	10,500	15,000
2d DeL Spds	600	1900	3200	6400	11,200	16,000
2d Sta Wag	450	1450	2400	4800	8400	12,000

1940-1941 American Bantam
Model 65 - 4-cyl., 22 hp, 75" wb

	6	5	4	3	2	1
2d Std Cpe	450	1080	1800	3600	6300	9000
2d Master Cpe	450	1140	1900	3800	6650	9500
2d Master Rds	450	1500	2500	5000	8800	12,500
2d Conv Cpe	450	1400	2300	4600	8100	11,500
2d Conv Sed	450	1500	2500	5000	8800	12,500
2d Sta Wag	450	1500	2500	5000	8800	12,500

AUBURN

1904 Auburn Model A rear entrance tonneau

1904
Model A

	6	5	4	3	2	1
Tr	1150	3600	6000	12,000	21,000	30,000

1905
Model B, 2-cyl.

Tr	1100	3500	5800	11,600	20,300	29,000

1906
Model C, 2-cyl.

Tr	1100	3500	5800	11,600	20,300	29,000

1907
Model D, 2-cyl.

Tr	1100	3500	5800	11,600	20,300	29,000

1908
Model G, 2-cyl., 24 hp

Tr	1100	3500	5800	11,600	20,300	29,000

Model H, 2-cyl.

Tr	1150	3600	6000	12,000	21,000	30,000

Model K, 2-cyl.

Rbt	1150	3700	6200	12,400	21,700	31,000

	6	5	4	3	2	1
1909						
Model G, 2-cyl., 24 hp						
Tr	1150	3600	6000	12,000	21,000	30,000
Model H, 2cyl.						
Tr	1150	3600	6000	12,000	21,000	30,000
Model K						
Rbt	1100	3500	5800	11,600	20,300	29,000
Model B, 4-cyl., 25-30 hp						
Tr	1100	3500	5800	11,600	20,300	29,000
Model C, 4-cyl.						
Tr	1150	3700	6200	12,400	21,700	31,000
Model D, 4-cyl.						
Rbt	1200	3850	6400	12,800	22,400	32,000
1910						
Model G, 2-cyl., 24 hp						
Tr	1050	3350	5600	11,200	19,600	28,000
Model H, 2-cyl.						
Tr	1100	3500	5800	11,600	20,300	29,000
Model K, 2-cyl.						
Rbt	1150	3600	6000	12,000	21,000	30,000
Model B, 4-cyl., 25-30 hp						
Tr	1150	3600	6000	12,000	21,000	30,000
Model C, 4-cyl.						
Tr	1100	3500	5800	11,600	20,300	29,000
Model D, 4-cyl.						
Rbt	1150	3600	6000	12,000	21,000	30,000
Model X, 4-cyl., 35-40 hp						
Tr	1150	3600	6000	12,000	21,000	30,000
Model R, 4-cyl.						
Tr	1150	3700	6200	12,400	21,700	31,000
Model S, 4-cyl.						
Rds	1150	3700	6200	12,400	21,700	31,000
1911						
Model G, 2-cyl., 24 hp						
Tr	1050	3350	5600	11,200	19,600	28,000
Model K, 2-cyl.						
Rbt	1100	3500	5800	11,600	20,300	29,000
Model L, 4-cyl., 25-30 hp						
Tr	1100	3500	5800	11,600	20,300	29,000
Model F, 4-cyl.						
Tr	1100	3500	5800	11,600	20,300	29,000
Model N, 4-cyl., 40 hp						
Tr	1150	3600	6000	12,000	21,000	30,000
Model Y, 4-cyl.						
Tr	1100	3500	5800	11,600	20,300	29,000
Model T, 4-cyl.						
Tr	1100	3500	5800	11,600	20,300	29,000
Model M, 4-cyl.						
Rds	1150	3600	6000	12,000	21,000	30,000
1912						
Model 6-50, 6-cyl.						
Tr	1150	3700	6200	12,400	21,700	31,000
Model 40H, 4-cyl., 35-40 hp						
Tr	1100	3500	5800	11,600	20,300	29,000
Model 40M, 4-cyl., 35-40 hp						
Rds	1100	3500	5800	11,600	20,300	29,000
Model 40N, 4-cyl., 35-40 hp						
Tr	1150	3600	6000	12,000	21,000	30,000
Model 35L, 4-cyl., 30 hp						
Tr	1050	3350	5600	11,200	19,600	28,000
Model 30L, 4-cyl., 30 hp						
Rds	1100	3500	5800	11,600	20,300	29,000
Tr	1150	3600	6000	12,000	21,000	30,000
1913						
Model 33M, 4-cyl., 33 hp						
Rds	1150	3600	6000	12,000	21,000	30,000
Model 33L, 4-cyl., 33 hp						
Tr	1150	3700	6200	12,400	21,700	31,000
Model 40A, 4-cyl., 40 hp						
Rds	1150	3700	6200	12,400	21,700	31,000
Model 40L, 4-cyl.						
Tr	1200	3850	6400	12,800	22,400	32,000
Model 45, 6-cyl., 45 hp						
Tr	1200	3850	6400	12,800	22,400	32,000

	6	5	4	3	2	1
Model 45B, 6-cyl., 45 hp						
Rds	1150	3700	6200	12,400	21,700	31,000
T&C	1050	3350	5600	11,200	19,600	28,000
Cpe	1000	3250	5400	10,800	18,900	27,000
Model 50, 6-cyl., 50 hp						
Tr	1250	3950	6600	13,200	23,100	33,000
1914						
Model 4-40, 4-cyl., 40 hp						
Rds	1050	3350	5600	11,200	19,600	28,000
Tr	1100	3500	5800	11,600	20,300	29,000
Cpe	900	2900	4800	9600	16,800	24,000
Model 4-41, 4-cyl., 40 hp						
Tr	1150	3600	6000	12,000	21,000	30,000
Model 6-45, 6-cyl., 45 hp						
Rds	1150	3600	6000	12,000	21,000	30,000
Tr	1150	3700	6200	12,400	21,700	31,000
Model 6-46, 6-cyl., 45 hp						
Tr	1200	3850	6400	12,800	22,400	32,000
1915						
Model 4-36, 4-cyl., 36 hp						
Rds	1050	3350	5600	11,200	19,600	28,000
Tr	1100	3500	5800	11,600	20,300	29,000
Model 4-43, 4-cyl., 43 hp						
Rds	1100	3500	5800	11,600	20,300	29,000
Tr	1150	3600	6000	12,000	21,000	30,000
Model 6-40, 6-cyl., 50 hp						
Rds	1150	3700	6200	12,400	21,700	31,000
Tr	1200	3850	6400	12,800	22,400	32,000
Cpe	950	3000	5000	10,000	17,500	25,000
Model 6-47, 6-cyl., 47 hp						
Rds	1150	3600	6000	12,000	21,000	30,000
Tr	1150	3700	6200	12,400	21,700	31,000
1916						
Model 4-38, 4-cyl., 38 hp						
Rds	1100	3500	5800	11,600	20,300	29,000
Tr	1150	3600	6000	12,000	21,000	30,000
Model 6-38						
Rds	1150	3600	6000	12,000	21,000	30,000
Tr	1150	3700	6200	12,400	21,700	31,000
Model 6-40, 6-cyl., 40 hp						
Rds	1200	3850	6400	12,800	22,400	32,000
Tr	1250	3950	6600	13,200	23,100	33,000
Model Union 4-36, 6-cyl., 36 hp						
Tr	1200	3850	6400	12,800	22,400	32,000
1917						
Model 6-39, 6-cyl., 39 hp						
Rds	1000	3250	5400	10,800	18,900	27,000
Tr	1050	3350	5600	11,200	19,600	28,000
Model 6-44, 6-cyl., 44 hp						
Rds	1050	3350	5600	11,200	19,600	28,000
Tr	1100	3500	5800	11,600	20,300	29,000
Model 4-36, 4-cyl., 36 hp						
Rds	1000	3100	5200	10,400	18,200	26,000
Tr	1000	3250	5400	10,800	18,900	27,000
1918						
Model 6-39, 6-cyl.						
Tr	950	3000	5000	10,000	17,500	25,000
Rds	950	3000	5000	10,000	17,500	25,000
Spt Tr	1000	3100	5200	10,400	18,200	26,000
Model 6-44, 6-cyl.						
Tr	950	3000	5000	10,000	17,500	25,000
Rds	950	3000	5000	10,000	17,500	25,000
Spt Tr	1000	3100	5200	10,400	18,200	26,000
Sed	650	2050	3400	6800	11,900	17,000
1919						
Model 6-39						
Tr	950	3000	5000	10,000	17,500	25,000
Rds	950	3000	5000	10,000	17,500	25,000
Cpe	550	1800	3000	6000	10,500	15,000
Sed	600	1900	3200	6400	11,200	16,000
1920						
Model 6-39, 6-cyl.						
Tr	950	3000	5000	10,000	17,500	25,000
Spt Tr	1000	3100	5200	10,400	18,200	26,000

	6	5	4	3	2	1
Rds	1000	3100	5200	10,400	18,200	26,000
Sed	700	2150	3600	7200	12,600	18,000
Cpe	700	2300	3800	7600	13,300	19,000

1921
Model 6-39

	6	5	4	3	2	1
Tr	950	3000	5000	10,000	17,500	25,000
Spt Tr	1000	3250	5400	10,800	18,900	27,000
Rds	1000	3250	5400	10,800	18,900	27,000
Cabr	1000	3250	5400	10,800	18,900	27,000
Sed	700	2150	3600	7200	12,600	18,000
Cpe	700	2300	3800	7600	13,300	19,000

1922
Model 6-51, 6-cyl.

	6	5	4	3	2	1
Tr	1000	3250	5400	10,800	18,900	27,000
Rds	1050	3350	5600	11,200	19,600	28,000
Spt Tr	1050	3350	5600	11,200	19,600	28,000
Sed	700	2300	3800	7600	13,300	19,000
Cpe	750	2400	4000	8000	14,000	20,000

1923
Model 6-43, 6-cyl.

	6	5	4	3	2	1
Tr	1050	3350	5600	11,200	19,600	28,000
Sed	700	2150	3600	7200	12,600	18,000

Model 6-63, 6-cyl.

	6	5	4	3	2	1
Tr	1100	3500	5800	11,600	20,300	29,000
Spt Tr	1150	3600	6000	12,000	21,000	30,000
Brgm	700	2300	3800	7600	13,300	19,000
Sed	700	2150	3600	7200	12,600	18,000

Model 6-51, 6-cyl.

	6	5	4	3	2	1
Phae	1150	3600	6000	12,000	21,000	30,000
Tr	1100	3500	5800	11,600	20,300	29,000
Spt Tr	1150	3700	6200	12,400	21,700	31,000
Brgm	750	2400	4000	8000	14,000	20,000
Sed	700	2300	3800	7600	13,300	19,000

1924
Model 6-43, 6-cyl.

	6	5	4	3	2	1
Tr	1050	3350	5600	11,200	19,600	28,000
Spt Tr	1100	3500	5800	11,600	20,300	29,000
Sed	700	2150	3600	7200	12,600	18,000
Cpe	700	2300	3800	7600	13,300	19,000
2d	700	2150	3600	7200	12,600	18,000

Model 6-63, 6-cyl.

	6	5	4	3	2	1
Tr	1100	3500	5800	11,600	20,300	29,000
Spt Tr	1150	3700	6200	12,400	21,700	31,000
Sed	700	2300	3800	7600	13,300	19,000
Brgm	750	2400	4000	8000	14,000	20,000

1925
Model 8-36, 8-cyl.

	6	5	4	3	2	1
Tr	1300	4100	6800	13,600	23,800	34,000
2d Brgm	700	2150	3600	7200	12,600	18,000
4d Sed	700	2150	3600	7200	12,600	18,000

Model 6-43, 6-cyl.

	6	5	4	3	2	1
Phae	1200	3850	6400	12,800	22,400	32,000
Spt Phae	1250	3950	6600	13,200	23,100	33,000
Cpe	750	2400	4000	8000	14,000	20,000
4d Sed	700	2300	3800	7600	13,300	19,000
2d Sed	700	2150	3600	7200	12,600	18,000

Model 6-66, 6-cyl.

	6	5	4	3	2	1
Rds	1200	3850	6400	12,800	22,400	32,000
Brgm	650	2050	3400	6800	11,900	17,000
4d	700	2150	3600	7200	12,600	18,000
Tr	1250	3950	6600	13,200	23,100	33,000

Model 8-88, 8-cyl.

	6	5	4	3	2	1
Rds	1250	3950	6600	13,200	23,100	33,000
4d Sed 5P	700	2300	3800	7600	13,300	19,000
4d Sed 7P	700	2300	3800	7600	13,300	19,000
Brgm	700	2150	3600	7200	12,600	18,000
Tr	1250	3950	6600	13,200	23,100	33,000

1926
Model 4-44, 4-cyl., 42 hp

	6	5	4	3	2	1
Tr	1150	3700	6200	12,400	21,700	31,000
Rds	1200	3850	6400	12,800	22,400	32,000
Cpe	900	2900	4800	9600	16,800	24,000
4d Sed	850	2750	4600	9200	16,100	23,000

	6	5	4	3	2	1
Model 6-66, 6-cyl., 48 hp						
Rds	1300	4200	7000	14,000	24,500	35,000
Tr	1300	4100	6800	13,600	23,800	34,000
Brgm	850	2750	4600	9200	16,100	23,000
4d Sed	900	2900	4800	9600	16,800	24,000
Cpe	950	3000	5000	10,000	17,500	25,000
Model 8-88, 8-cyl., 88 hp, 129" wb						
Rds	1400	4450	7400	14,800	25,900	37,000
Tr	1350	4300	7200	14,400	25,200	36,000
Cpe	1000	3100	5200	10,400	18,200	26,000
Brgm	900	2900	4800	9600	16,800	24,000
5P Sed	900	2900	4800	9600	16,800	24,000
7P Sed	900	2950	4900	9800	17,200	24,500
Model 8-88, 8-cyl., 88 hp, 146" wb						
7P Sed	950	3000	5000	10,000	17,500	25,000
1927						
Model 6-66, 6-cyl., 66 hp						
Rds	1300	4200	7000	14,000	24,500	35,000
Tr	1300	4100	6800	13,600	23,800	34,000
Brgm	900	2900	4800	9600	16,800	24,000
Sed	950	3000	5000	10,000	17,500	25,000
Model 8-77, 8-cyl., 77 hp						
Rds	1350	4300	7200	14,400	25,200	36,000
Tr	1300	4200	7000	14,000	24,500	35,000
Brgm	950	3000	5000	10,000	17,500	25,000
Sed	950	3000	5000	10,000	17,500	25,000
Model 8-88, 8-cyl., 88 hp, 129" WB						
Tr	1450	4550	7600	15,200	26,600	38,000
Rds	1450	4700	7800	15,600	27,300	39,000
Cpe	1000	3250	5400	10,800	18,900	27,000
Brgm	900	2900	4800	9600	16,800	24,000
Sed	900	2900	4800	9600	16,800	24,000
Spt Sed	950	3000	5000	10,000	17,500	25,000
Model 8-88, 8-cyl., 88 hp, 146" wb						
7P Sed	950	3000	5000	10,000	17,500	25,000
Tr	1450	4700	7800	15,600	27,300	39,000
1928						
Model 6-66, 6-cyl., 66 hp						
Rds	1450	4700	7800	15,600	27,300	39,000
Cabr	1450	4550	7600	15,200	26,600	38,000
Sed	900	2900	4800	9600	16,800	24,000
Spt Sed	950	3000	5000	10,000	17,500	25,000
Model 8-77, 8-cyl., 77 hp						
Rds	1500	4800	8000	16,000	28,000	40,000
Cabr	1450	4700	7800	15,600	27,300	39,000
Sed	950	3000	5000	10,000	17,500	25,000
Spt Sed	1000	3100	5200	10,400	18,200	26,000
Model 8-88, 8-cyl., 88 hp						
Rds	1550	4900	8200	16,400	28,700	41,000
Tr	1500	4800	8000	16,000	28,000	40,000
Cabr	1500	4800	8000	16,000	28,000	40,000
Sed	950	3000	5000	10,000	17,500	25,000
Spt Sed	1000	3100	5200	10,400	18,200	26,000
Model 8-88, 8-cyl., 88 hp, 136" wb						
7P Sed	1000	3250	5400	10,800	18,900	27,000
SECOND SERIES						
Model 76, 6-cyl.						
Rds	1700	5400	9000	18,000	31,500	45,000
Cabr	1600	5150	8600	17,200	30,100	43,000
Sed	1000	3100	5200	10,400	18,200	26,000
Spt Sed	1000	3250	5400	10,800	18,900	27,000
Model 88, 8-cyl.						
Spds	3250	10,300	17,200	34,400	60,200	86,000
Rds	1950	6250	10,400	20,800	36,400	52,000
Cabr	1600	5150	8600	17,200	30,100	43,000
Sed	1000	3100	5200	10,400	18,200	26,000
Spt Sed	1000	3250	5400	10,800	18,900	27,000
Phae	1900	6000	10,000	20,000	35,000	50,000
Model 115, 8-cyl.						
Spds	3450	11,050	18,400	36,800	64,400	92,000
Rds	2050	6600	11,000	22,000	38,500	55,000
Cabr	1850	5900	9800	19,600	34,300	49,000
Sed	1050	3350	5600	11,200	19,600	28,000
Spt Sed	1100	3500	5800	11,600	20,300	29,000
Phae	2000	6350	10,600	21,200	37,100	53,000

	6	5	4	3	2	1
1929						
Model 76, 6-cyl.						
Rds	1800	5750	9600	19,200	33,600	48,000
Tr	1750	5500	9200	18,400	32,200	46,000
Cabr	1700	5400	9000	18,000	31,500	45,000
Vic	1150	3600	6000	12,000	21,000	30,000
Sed	1000	3100	5200	10,400	18,200	26,000
Spt Sed	1000	3250	5400	10,800	18,900	27,000
Model 88, 8-cyl.						
Spds	3750	12,000	20,000	40,000	70,000	100,000
Rds	2850	9100	15,200	30,400	53,200	76,000
Tr	2500	7900	13,200	26,400	46,200	66,000
Cabr	2550	8150	13,600	27,200	47,600	68,000
Vic	1200	3850	6400	12,800	22,400	32,000
Sed	1000	3100	5200	10,400	18,200	26,000
Spt Sed	1000	3250	5400	10,800	18,900	27,000
Phae	2150	6850	11,400	22,800	39,900	57,000
Model 115, 8-cyl.						
Spds	4350	13,900	23,200	46,400	81,200	116,000
Rds	3100	9850	16,400	32,800	57,400	82,000
Cabr	2550	8150	13,600	27,200	47,600	68,000
Vic	1250	3950	6600	13,200	23,100	33,000
Sed	1000	3100	5200	10,400	18,200	26,000
Spt Sed	1000	3250	5400	10,800	18,900	27,000
Phae	2950	9350	15,600	31,200	54,600	78,000
Model 6-80, 6-cyl.						
Tr	2150	6850	11,400	22,800	39,900	57,000
Cabr	2000	6350	10,600	21,200	37,100	53,000
Vic	1050	3350	5600	11,200	19,600	28,000
Sed	1000	3100	5200	10,400	18,200	26,000
Spt Sed	1000	3250	5400	10,800	18,900	27,000
Model 8-90, 8-cyl.						
Spds	4350	13,900	23,200	46,400	81,200	116,000
Tr	2950	9350	15,600	31,200	54,600	78,000
Cabr	2850	9100	15,200	30,400	53,200	76,000
Phae	3250	10,300	17,200	34,400	60,200	86,000
Vic	1250	3950	6600	13,200	23,100	33,000
Sed	1000	3250	5400	10,800	18,900	27,000
Spt Sed	1050	3350	5600	11,200	19,600	28,000
Model 120, 8-cyl.						
Spds	4900	15,600	26,000	52,000	91,000	130,000
Cabr	3100	9850	16,400	32,800	57,400	82,000
Phae	3250	10,300	17,200	34,400	60,200	86,000
Vic	1300	4200	7000	14,000	24,500	35,000
Sed	1050	3350	5600	11,200	19,600	28,000
7P Sed	1150	3600	6000	12,000	21,000	30,000
Spt Sed	1100	3500	5800	11,600	20,300	29,000
1930						
Model 6-85, 6-cyl.						
Cabr	2800	8900	14,800	29,600	51,800	74,000
Sed	1050	3350	5600	11,200	19,600	28,000
Spt Sed	1100	3500	5800	11,600	20,300	29,000
Model 8-95, 8-cyl.						
Cabr	2850	9100	15,200	30,400	53,200	76,000
Phae	2950	9350	15,600	31,200	54,600	78,000
Sed	1150	3600	6000	12,000	21,000	30,000
Spt Sed	1150	3700	6200	12,400	21,700	31,000
Model 125, 8-cyl.						
Cabr	2950	9350	15,600	31,200	54,600	78,000
Phae	3250	10,300	17,200	34,400	60,200	86,000
Sed	1150	3700	6200	12,400	21,700	31,000
Spt Sed	1200	3850	6400	12,800	22,400	32,000
1931						
Model 8-98, 8-cyl., Standard, 127" wb						
Spds	4150	13,200	22,000	44,000	77,000	110,000
Cabr	3000	9600	16,000	32,000	56,000	80,000
Phae	3300	10,550	17,600	35,200	61,600	88,000
Cpe	1200	3850	6400	12,800	22,400	32,000
2d Brgm	1100	3500	5800	11,600	20,300	29,000
5P Sed	1150	3600	6000	12,000	21,000	30,000
Model 8-98, 8-cyl., 136" wb						
7P Sed	1150	3700	6200	12,400	21,700	31,000
Model 8-98A, 8-cyl., Custom, 127"wb						
Spds	4350	13,900	23,200	46,400	81,200	116,000
Cabr	3600	11,500	19,200	38,400	67,200	96,000

	6	5	4	3	2	1
Phae	3750	12,000	20,000	40,000	70,000	100,000
Cpe	1350	4300	7200	14,400	25,200	36,000
2d Brgm	1250	3950	6600	13,200	23,100	33,000
4d Sed	1300	4100	6800	13,600	23,800	34,000
Model 8-98, 8-cyl., 136" wb						
7P Sed	1350	4300	7200	14,400	25,200	36,000

1932 Auburn convertible coupe

1932

Model 8-100, 8-cyl., Custom, 127" wb						
Spds	4750	15,100	25,200	50,400	88,200	126,000
Cabr	4000	12,700	21,200	42,400	74,200	106,000
Phae	4050	12,950	21,600	43,200	75,600	108,000
Cpe	1400	4450	7400	14,800	25,900	37,000
2d Brgm	1300	4100	6800	13,600	23,800	34,000
4d Sed	1300	4200	7000	14,000	24,500	35,000
Model 8-100, 8-cyl., 136" wb						
7P Sed	1450	4550	7600	15,200	26,600	38,000
Model 8-100A, 8-cyl., Custom Dual Ratio, 127" wb						
Spds	5250	16,800	28,000	56,000	98,000	140,000
Cabr	4900	15,600	26,000	52,000	91,000	130,000
Phae	5100	16,300	27,200	54,400	95,200	136,000
Cpe	1500	4800	8000	16,000	28,000	40,000
2d Brgm	1350	4300	7200	14,400	25,200	36,000
4d Sed	1400	4450	7400	14,800	25,900	37,000
Model 8-100A, 8-cyl., 136" wb						
7P Sed	1500	4800	8000	16,000	28,000	40,000
Model 12-160, 12-cyl., Standard						
Spds	5650	18,000	30,000	60,000	105,000	150,000
Cabr	5450	17,400	29,000	58,000	101,500	145,000
Phae	5650	18,000	30,000	60,000	105,000	150,000
Cpe	1750	5650	9400	18,800	32,900	47,000
2d Brgm	1350	4300	7200	14,400	25,200	36,000
4d Sed	1400	4450	7400	14,800	25,900	37,000
Model 12-160A, 12-cyl., Custom Dual Ratio						
Spds	6000	19,200	32,000	64,000	112,000	160,000
Cabr	5800	18,600	31,000	62,000	108,500	155,000
Phae	6000	19,200	32,000	64,000	112,000	160,000
Cpe	2050	6600	11,000	22,000	38,500	55,000
2d Brgm	1550	4900	8200	16,400	28,700	41,000
4d Sed	1600	5050	8400	16,800	29,400	42,000

1933

Model 8-101, 8-cyl., Standard, 127" wb						
Spds	3750	12,000	20,000	40,000	70,000	100,000
Cabr	2950	9350	15,600	31,200	54,600	78,000
Phae	3150	10,100	16,800	33,600	58,800	84,000
Cpe	1300	4100	6800	13,600	23,800	34,000
2d Brgm	1100	3500	5800	11,600	20,300	29,000
4d Sed	1150	3600	6000	12,000	21,000	30,000
Model 8-101, 8-cyl., 136" wb						
7P Sed	1150	3700	6200	12,400	21,700	31,000

	6	5	4	3	2	1
Model 8-101A, 8-cyl., Custom Dual Ratio, 127" wb						
Spds	4350	13,900	23,200	46,400	81,200	116,000
Cabr	3250	10,300	17,200	34,400	60,200	86,000
Phae	3300	10,550	17,600	35,200	61,600	88,000
Cpe	1450	4550	7600	15,200	26,600	38,000
2d Brgm	1150	3700	6200	12,400	21,700	31,000
4d Sed	1200	3850	6400	12,800	22,400	32,000
Model 8-101A, 8-cyl., 136" wb						
7P Sed	1300	4100	6800	13,600	23,800	34,000
Model 8-105, 8-cyl., Salon Dual Ratio						
Spds	4500	14,400	24,000	48,000	84,000	120,000
Cabr	4000	12,700	21,200	42,400	74,200	106,000
Phae	3850	12,250	20,400	40,800	71,400	102,000
2d Brgm	1350	4300	7200	14,400	25,200	36,000
4d Sed	1300	4100	6800	13,600	23,800	34,000
Model 12-161, 12-cyl., Standard						
Spds	5100	16,300	27,200	54,400	95,200	136,000
Cabr	4900	15,600	26,000	52,000	91,000	130,000
Phae	5050	16,100	26,800	53,600	93,800	134,000
Cpe	1600	5050	8400	16,800	29,400	42,000
2d Brgm	1400	4450	7400	14,800	25,900	37,000
4d Sed	1450	4550	7600	15,200	26,600	38,000
Model 12-161A, 12-cyl., Custom Dual Ratio						
Spds	5450	17,400	29,000	58,000	101,500	145,000
Cabr	5250	16,800	28,000	56,000	98,000	140,000
Phae	5450	17,400	29,000	58,000	101,500	145,000
Cpe	1750	5500	9200	18,400	32,200	46,000
2d Brgm	1550	4900	8200	16,400	28,700	41,000
4d Sed	1650	5300	8800	17,600	30,800	44,000
Model 12-165, 12-cyl., Salon Dual Ratio						
Spds	5650	18,000	30,000	60,000	105,000	150,000
Cabr	5450	17,400	29,000	58,000	101,500	145,000
Phae	5650	18,000	30,000	60,000	105,000	150,000
2d Brgm	1650	5300	8800	17,600	30,800	44,000
4d Sed	1700	5400	9000	18,000	31,500	45,000
1934						
Model 652X, 6-cyl., Standard						
Cabr	2400	7700	12,800	25,600	44,800	64,000
2d Brgm	850	2750	4600	9200	16,100	23,000
4d Sed	900	2900	4800	9600	16,800	24,000
Model 652Y, 6-cyl., Custom						
Cabr	2850	9100	15,200	30,400	53,200	76,000
Phae	3000	9600	16,000	32,000	56,000	80,000
2d Brgm	1350	4300	7200	14,400	25,200	36,000
4d Sed	1300	4200	7000	14,000	24,500	35,000
Model 850X, 8-cyl., Standard						
Cabr	2950	9350	15,600	31,200	54,600	78,000
2d Brgm	1400	4450	7400	14,800	25,900	37,000
4d Sed	1350	4300	7200	14,400	25,200	36,000
Model 850Y, 8-cyl., Dual Ratio						
Cabr	5450	17,400	29,000	58,000	101,500	145,000
Phae	5650	18,000	30,000	60,000	105,000	150,000
2d Brgm	1600	5050	8400	16,800	29,400	42,000
4d Sed	1700	5400	9000	18,000	31,500	45,000
Model 1250, 12-cyl., Salon Dual Ratio						
Cabr	5650	18,000	30,000	60,000	105,000	150,000
Phae	5800	18,600	31,000	62,000	108,500	155,000
2d Brgm	1700	5400	9000	18,000	31,500	45,000
4d Sed	1750	5500	9200	18,400	32,200	46,000
1935						
Model 6-653, 6-cyl., Standard						
Cabr	2650	8400	14,000	28,000	49,000	70,000
Phae	3100	9850	16,400	32,800	57,400	82,000
Cpe	1350	4300	7200	14,400	25,200	36,000
2d Brgm	1300	4100	6800	13,600	23,800	34,000
4d Sed	1250	3950	6600	13,200	23,100	33,000
Model 6-653, 6-cyl., Custom Dual Ratio						
Cabr	2850	9100	15,200	30,400	53,200	76,000
Phae	3150	10,100	16,800	33,600	58,800	84,000
Cpe	1450	4550	7600	15,200	26,600	38,000
2d Brgm	1300	4200	7000	14,000	24,500	35,000
4d Sed	1300	4100	6800	13,600	23,800	34,000
Model 6-653, 6-cyl., Salon Dual Ratio						
Cabr	3100	9850	16,400	32,800	57,400	82,000
Phae	3300	10,550	17,600	35,200	61,600	88,000

	6	5	4	3	2	1
Cpe	1450	4700	7800	15,600	27,300	39,000
2d Brgm	1350	4300	7200	14,400	25,200	36,000
4d Sed	1400	4450	7400	14,800	25,900	37,000
Model 8-851, 8-cyl., Standard						
Cabr	2850	9100	15,200	30,400	53,200	76,000
Phae	2850	9100	15,200	30,400	53,200	76,000
Cpe	1500	4800	8000	16,000	28,000	40,000
2d Brgm	1400	4450	7400	14,800	25,900	37,000
4d Sed	1450	4550	7600	15,200	26,600	38,000
Model 8-851, 8-cyl., Custom Dual Ratio						
Cabr	3000	9600	16,000	32,000	56,000	80,000
Phae	3100	9850	16,400	32,800	57,400	82,000
Cpe	1550	4900	8200	16,400	28,700	41,000
2d Brgm	1450	4550	7600	15,200	26,600	38,000
4d Sed	1450	4700	7800	15,600	27,300	39,000
Model 8-851, 8-cyl., Salon Dual Ratio						
Cabr	3250	10,300	17,200	34,400	60,200	86,000
Phae	3250	10,300	17,200	34,400	60,200	86,000
Cpe	1500	4800	8000	16,000	28,000	40,000
2d Brgm	1400	4450	7400	14,800	25,900	37,000
4d Sed	1450	4550	7600	15,200	26,600	38,000
Model 8-851, 8-cyl., Supercharged Dual Ratio						
Spds	6200	19,800	33,000	66,000	115,500	165,000
Cabr	3750	12,000	20,000	40,000	70,000	100,000
Phae	3850	12,250	20,400	40,800	71,400	102,000
Cpe	1600	5050	8400	16,800	29,400	42,000
2d Brgm	1450	4700	7800	15,600	27,300	39,000
4d Sed	1500	4800	8000	16,000	28,000	40,000
1936						
Model 6-654, 6-cyl., Standard						
Cabr	2850	9100	15,200	30,400	53,200	76,000
Phae	2850	9100	15,200	30,400	53,200	76,000
Cpe	1400	4450	7400	14,800	25,900	37,000
2d Brgm	1350	4300	7200	14,400	25,200	36,000
4d Sed	1300	4200	7000	14,000	24,500	35,000
Model 6-654, 6-cyl., Custom Dual Ratio						
Cabr	3000	9600	16,000	32,000	56,000	80,000
Phae	3100	9850	16,400	32,800	57,400	82,000
Cpe	1450	4700	7800	15,600	27,300	39,000
2d Brgm	1350	4300	7200	14,400	25,200	36,000
4d Sed	1400	4450	7400	14,800	25,900	37,000
Model 6-654, 6-cyl., Salon Dual Ratio						
Cabr	4150	13,200	22,000	44,000	77,000	110,000
Phae	4200	13,450	22,400	44,800	78,400	112,000
Cpe	1500	4800	8000	16,000	28,000	40,000
2d Brgm	1400	4450	7400	14,800	25,900	37,000
4d Sed	1450	4550	7600	15,200	26,600	38,000
Model 8-852, 8-cyl., Standard						
Cabr	4500	14,400	24,000	48,000	84,000	120,000
Phae	4600	14,650	24,400	48,800	85,400	122,000
Cpe	1550	4900	8200	16,400	28,700	41,000
2d Brgm	1450	4550	7600	15,200	26,600	38,000
4d Sed	1450	4700	7800	15,600	27,300	39,000
Model 8-852, 8-cyl., Custom Dual Ratio						
Cabr	4650	14,900	24,800	49,600	86,800	124,000
Phae	4750	15,100	25,200	50,400	88,200	126,000
Cpe	1600	5150	8600	17,200	30,100	43,000
2d Brgm	1450	4700	7800	15,600	27,300	39,000
4d Sed	1500	4800	8000	16,000	28,000	40,000
Model 8-852, 8-cyl., Salon Dual Ratio						
Cabr	4750	15,100	25,200	50,400	88,200	126,000
Phae	4800	15,350	25,600	51,200	89,600	128,000
Cpe	1650	5300	8800	17,600	30,800	44,000
2d Brgm	1500	4800	8000	16,000	28,000	40,000
4d Sed	1550	4900	8200	16,400	28,700	41,000
Model 8, 8-cyl., Supercharged Dual Ratio						
Spds	6200	19,800	33,000	66,000	115,500	165,000
Cabr	4800	15,350	25,600	51,200	89,600	128,000
Phae	4900	15,600	26,000	52,000	91,000	130,000
Cpe	1750	5500	9200	18,400	32,200	46,000
2d Brgm	1550	4900	8200	16,400	28,700	41,000
4d Sed	1600	5050	8400	16,800	29,400	42,000

BUICK

	6	5	4	3	2	1
1904						
Model B, 2-cyl.						
Tr				value not estimable		
1905						
Model C, 2-cyl.						
Tr	1500	4800	8000	16,000	28,000	40,000
1906						
Model F & G, 2-cyl.						
Tr	1450	4700	7800	15,600	27,300	39,000
Rds	1450	4550	7600	15,200	26,600	38,000
1907						
Model F & G, 2-cyl.						
Tr	1450	4700	7800	15,600	27,300	39,000
Rds	1450	4550	7600	15,200	26,600	38,000
Model D, S, K & H, 4-cyl.						
Tr	1500	4800	8000	16,000	28,000	40,000
Rds	1450	4700	7800	15,600	27,300	39,000

1908 Buick roadster

	6	5	4	3	2	1
1908						
Model F & G, 2-cyl.						
Tr	1700	5400	9000	18,000	31,500	45,000
Rds	1650	5300	8800	17,600	30,800	44,000
Model D & S, 4-cyl.						
Tr	1550	4900	8200	16,400	28,700	41,000
Rds	1600	5050	8400	16,800	29,400	42,000
Model 10, 4-cyl.						
Tr	1500	4800	8000	16,000	28,000	40,000
Model 5, 4-cyl.						
Tr	1700	5400	9000	18,000	31,500	45,000
1909						
Model G, (only 6 built in 1909).						
Rds	1750	5500	9200	18,400	32,200	46,000

	6	5	4	3	2	1
Model F & G						
Tr	1650	5300	8800	17,600	30,800	44,000
Rds	1700	5400	9000	18,000	31,500	45,000
Model 10, 4-cyl.						
Tr	1600	5150	8600	17,200	30,100	43,000
Rds	1650	5300	8800	17,600	30,800	44,000
Model 16 & 17, 4-cyl.						
Rds	1700	5400	9000	18,000	31,500	45,000
Tr	1650	5300	8800	17,600	30,800	44,000
1910						
Model 6, 2-cyl.						
Tr	1500	4800	8000	16,000	28,000	40,000
Model F, 2-cyl.						
Tr	1450	4550	7600	15,200	26,600	38,000
Model 14, 2-cyl.						
Rds	1400	4450	7400	14,800	25,900	37,000
Model 10, 4-cyl.						
Tr	1300	4200	7000	14,000	24,500	35,000
Rds	1300	4200	7000	14,000	24,500	35,000
Model 19, 4-cyl.						
Tr	1550	4900	8200	16,400	28,700	41,000
Model 16 & 17, 4-cyl.						
Rds	1500	4800	8000	16,000	28,000	40,000
Tr	1450	4700	7800	15,600	27,300	39,000
Model 7, 4-cyl.						
Tr	1650	5300	8800	17,600	30,800	44,000
Model 41, 4-cyl.						
Limo	1450	4700	7800	15,600	27,300	39,000
1911						
Model 14, 2-cyl.						
Rds	1300	4100	6800	13,600	23,800	34,000
Model 21, 4-cyl.						
Tr	1300	4200	7000	14,000	24,500	35,000
Model 26 & 27, 4-cyl.						
Rds	1350	4300	7200	14,400	25,200	36,000
Tr	1300	4100	6800	13,600	23,800	34,000
Model 32 & 33						
Rds	1300	4200	7000	14,000	24,500	35,000
Tr	1300	4100	6800	13,600	23,800	34,000
Model 38 & 39, 4-cyl.						
Rds	1450	4550	7600	15,200	26,600	38,000
Tr	1450	4700	7800	15,600	27,300	39,000
Limo	2050	6600	11,000	22,000	38,500	55,000
1912						
Model 34, 35 & 36, 4-cyl.						
Rds	1250	3950	6600	13,200	23,100	33,000
Tr	1300	4100	6800	13,600	23,800	34,000
Model 28 & 29, 4-cyl.						
Rds	1300	4100	6800	13,600	23,800	34,000
Tr	1300	4200	7000	14,000	24,500	35,000
Model 43, 4-cyl.						
Tr	1350	4300	7200	14,400	25,200	36,000
1913						
Model 30 & 31, 4-cyl.						
Rds	1200	3850	6400	12,800	22,400	32,000
Tr	1250	3950	6600	13,200	23,100	33,000
Model 40, 4-cyl.						
Tr	1300	4200	7000	14,000	24,500	35,000
Model 24 & 25, 4-cyl.						
Rds	1300	4200	7000	14,000	24,500	35,000
Tr	1350	4300	7200	14,400	25,200	36,000
1914						
Model B-24 & B-25, 4-cyl.						
Rds	1250	3950	6600	13,200	23,100	33,000
Tr	1300	4100	6800	13,600	23,800	34,000
Model B-36, B-37 & B-38, 4-cyl.						
Rds	1300	4100	6800	13,600	23,800	34,000
Tr	1300	4200	7000	14,000	24,500	35,000
Cpe	1200	3850	6400	12,800	22,400	32,000
Model B-55, 6-cyl.						
7P Tr	1350	4300	7200	14,400	25,200	36,000
1915						
Model C-24 & C-25, 4-cyl.						
Rds	1300	4100	6800	13,600	23,800	34,000
Tr	1300	4200	7000	14,000	24,500	35,000

	6	5	4	3	2	1
Model C-36 & C-37, 4-cyl.						
Rds	1300	4200	7000	14,000	24,500	35,000
Tr	1350	4300	7200	14,400	25,200	36,000
Model C-54 & C-55, 6-cyl.						
Rds	1350	4300	7200	14,400	25,200	36,000
Tr	1400	4450	7400	14,800	25,900	37,000
1916						
Model D-54 & D-55, 6-cyl.						
Rds	1300	4100	6800	13,600	23,800	34,000
Tr	1300	4200	7000	14,000	24,500	35,000
1916-1917						
Model D-34 & D-35, 4-cyl.						
Rds	1200	3850	6400	12,800	22,400	32,000
Tr	1250	3950	6600	13,200	23,100	33,000
Model D-44 & D-45, 6-cyl.						
Rds	1250	3950	6600	13,200	23,100	33,000
Tr	1300	4100	6800	13,600	23,800	34,000
Model D-46 & D-47, 6-cyl.						
Conv Cpe	1150	3600	6000	12,000	21,000	30,000
Sed	850	2750	4600	9200	16,100	23,000
1918						
Model E-34 & E-35, 4-cyl.						
Rds	1100	3500	5800	11,600	20,300	29,000
Tr	1150	3600	6000	12,000	21,000	30,000
Model E-37, 4-cyl.						
Sed	850	2650	4400	8800	15,400	22,000
Model E-44, E-45 & E-49, 6-cyl.						
Rds	1150	3600	6000	12,000	21,000	30,000
Tr	1150	3700	6200	12,400	21,700	31,000
7P Tr	1200	3850	6400	12,800	22,400	32,000
Model E-46, E-47 & E-50, 6-cyl.						
Conv Cpe	1050	3350	5600	11,200	19,600	28,000
Sed	850	2750	4600	9200	16,100	23,000
7P Sed	900	2800	4700	9400	16,500	23,500
1919						
Model H-44, H-45 & H-49, 6-cyl.						
2d Rds	1100	3500	5800	11,600	20,300	29,000
4d Tr	1150	3600	6000	12,000	21,000	30,000
4d 7P Tr	1150	3700	6200	12,400	21,700	31,000
Model H-46, H-47 & H-50, 6-cyl.						
2d Cpe	900	2900	4800	9600	16,800	24,000
4d Sed	750	2400	4000	8000	14,000	20,000
4d 7P Sed	800	2500	4200	8400	14,700	21,000
1920						
Model K, 6-cyl.						
2d Cpe K-46	850	2650	4400	8800	15,400	22,000
4d Sed K-47	700	2150	3600	7200	12,600	18,000
2d Rds K-44	1100	3500	5800	11,600	20,300	29,000
4d Tr K-49	1050	3350	5600	11,200	19,600	28,000
4d Tr K-45	1000	3250	5400	10,800	18,900	27,000
4d 7P Sed K-50	700	2300	3800	7600	13,300	19,000
1921						
Series 40, 6-cyl.						
2d Rds	1100	3500	5800	11,600	20,300	29,000
4d Tr	1050	3350	5600	11,200	19,600	28,000
4d 7P Tr	1100	3500	5800	11,600	20,300	29,000
2d Cpe	600	1900	3200	6400	11,200	16,000
4d Sed	550	1800	3000	6000	10,500	15,000
2d Ewb Cpe	650	2050	3400	6800	11,900	17,000
4d 7P Sed	600	1900	3200	6400	11,200	16,000
1921-1922						
Series 30, 4-cyl.						
2d Rds	1000	3250	5400	10,800	18,900	27,000
4d Tr	1000	3100	5200	10,400	18,200	26,000
2d Cpe OS	550	1800	3000	6000	10,500	15,000
4d Sed	500	1550	2600	5200	9100	13,000
Series 40, 6-cyl.						
2d Rds	1100	3500	5800	11,600	20,300	29,000
4d Tr	1050	3350	5600	11,200	19,600	28,000
4d 7P Tr	1100	3500	5800	11,600	20,300	29,000
2d Cpe	600	1900	3200	6400	11,200	16,000
4d Sed	550	1700	2800	5600	9800	14,000
2d Cpe	700	2150	3600	7200	12,600	18,000

	6	5	4	3	2	1
4d 7P Sed	650	2050	3400	6800	11,900	17,000
4d 50 7P Limo	700	2300	3800	7600	13,300	19,000

1921 Buick Model 49 four-door touring

1923
Series 30, 4-cyl.

	6	5	4	3	2	1
2d Rds	900	2900	4800	9600	16,800	24,000
2d Spt Rds	950	3000	5000	10,000	17,500	25,000
4d Tr	900	2900	4800	9600	16,800	24,000
2d Cpe	600	1900	3200	6400	11,200	16,000
4d Sed	550	1700	2800	5600	9800	14,000
4d Tr Sed	550	1800	3000	6000	10,500	15,000

Series 40, 6-cyl.

	6	5	4	3	2	1
2d Rds	1000	3100	5200	10,400	18,200	26,000
4d Tr	950	3000	5000	10,000	17,500	25,000
4d 7P Tr	1000	3100	5200	10,400	18,200	26,000
2d Cpe	700	2150	3600	7200	12,600	18,000
4d Sed	600	1900	3200	6400	11,200	16,000

Master Series 50, 6-cyl.

	6	5	4	3	2	1
2d Spt Rds	1000	3250	5400	10,800	18,900	27,000
4d Spt Tr	1050	3350	5600	11,200	19,600	28,000
4d 7P Sed	700	2150	3600	7200	12,600	18,000

1924
Standard Series 30, 4-cyl.

	6	5	4	3	2	1
2d Rds	1000	3100	5200	10,400	18,200	26,000
4d Tr	1000	3250	5400	10,800	18,900	27,000
2d Cpe	650	2050	3400	6800	11,900	17,000
4d Sed	550	1800	3000	6000	10,500	15,000

Master Series 40, 6-cyl.

	6	5	4	3	2	1
2d Rds	1000	3250	5400	10,800	18,900	27,000
4d Tr	1050	3350	5600	11,200	19,600	28,000
4d 7P Tr	1100	3500	5800	11,600	20,300	29,000
2d Cpe	700	2150	3600	7200	12,600	18,000
4d Sed	600	1900	3200	6400	11,200	16,000
4d Demi Sed	600	2000	3300	6600	11,600	16,500

Master Series 50, 6-cyl.

	6	5	4	3	2	1
2d Spt Rds	1050	3350	5600	11,200	19,600	28,000
4d Spt Tr	1100	3500	5800	11,600	20,300	29,000
2d Cabr Cpe	1000	3250	5400	10,800	18,900	27,000
4d Town Car	800	2500	4200	8400	14,700	21,000
4d 7P Sed	700	2300	3800	7600	13,300	19,000
4d Brgm Sed	750	2400	4000	8000	14,000	20,000
4d Limo	850	2650	4400	8800	15,400	22,000

1925
Standard Series 20, 6-cyl.

	6	5	4	3	2	1
2d Rds	950	3000	5000	10,000	17,500	25,000

	6	5	4	3	2	1
2d Spt Rds	1000	3100	5200	10,400	18,200	26,000
2d Encl Rds	1000	3250	5400	10,800	18,900	27,000
4d Tr	950	3000	5000	10,000	17,500	25,000
4d Encl Tr	1000	3100	5200	10,400	18,200	26,000
2d Bus Cpe	750	2400	4000	8000	14,000	20,000
2d Cpe	750	2450	4100	8200	14,400	20,500
4d Sed	700	2150	3600	7200	12,600	18,000
4d Demi Sed	700	2200	3700	7400	13,000	18,500
Master Series 40, 6-cyl.						
2d Rds	1000	3250	5400	10,800	18,900	27,000
2d Encl Rds	1050	3350	5600	11,200	19,600	28,000
4d Tr	1050	3350	5600	11,200	19,600	28,000
4d Encl Tr	1100	3500	5800	11,600	20,300	29,000
2d Cpe	800	2500	4200	8400	14,700	21,000
2d Sed	700	2150	3600	7200	12,600	18,000
4d Sed	700	2300	3800	7600	13,300	19,000
Master Series 50, 6-cyl.						
2d Spt Rds	1050	3350	5600	11,200	19,600	28,000
4d Spt Tr	1100	3500	5800	11,600	20,300	29,000
2d Cabr Cpe	1100	3500	5800	11,600	20,300	29,000
4d 7P Sed	800	2500	4200	8400	14,700	21,000
4d Limo	850	2650	4400	8800	15,400	22,000
4d Brgm Sed	850	2750	4600	9200	16,100	23,000
4d Town Car	950	3000	5000	10,000	17,500	25,000

1926
Standard Series, 6-cyl.

	6	5	4	3	2	1
2d Rds	1000	3100	5200	10,400	18,200	26,000
4d Tr	1000	3250	5400	10,800	18,900	27,000
2d 2P Cpe	850	2750	4600	9200	16,100	23,000
2d 4P Cpe	850	2650	4400	8800	15,400	22,000
2d Sed	700	2300	3800	7600	13,300	19,000
4d Sed	750	2400	4000	8000	14,000	20,000
Master Series, 6-cyl.						
2d Rds	1000	3250	5400	10,800	18,900	27,000
4d Tr	1050	3350	5600	11,200	19,600	28,000
2d Spt Rds	1050	3350	5600	11,200	19,600	28,000
4d Spt Tr	1100	3500	5800	11,600	20,300	29,000
2d 4P Cpe	900	2900	4800	9600	16,800	24,000
2d Spt Cpe	950	3000	5000	10,000	17,500	25,000
2d Sed	850	2650	4400	8800	15,400	22,000
4d Sed	850	2750	4600	9200	16,100	23,000
4d Brgm	900	2900	4800	9600	16,800	24,000
4d 7P Sed	950	3000	5000	10,000	17,500	25,000

1927
Series 115, 6-cyl.

	6	5	4	3	2	1
2d Rds	1000	3100	5200	10,400	18,200	26,000
4d Tr	1000	3250	5400	10,800	18,900	27,000
2d 2P Cpe	850	2650	4400	8800	15,400	22,000
2d 4P RS Cpe	850	2750	4600	9200	16,100	23,000
2d Spt Cpe	850	2650	4400	8800	15,400	22,000
2d Sed	700	2300	3800	7600	13,300	19,000
4d Sed	750	2400	4000	8000	14,000	20,000
4d Brgm	800	2500	4200	8400	14,700	21,000
Series 120, 6-cyl.						
2d 4P Cpe	850	2750	4600	9200	16,100	23,000
2d Sed	750	2400	4000	8000	14,000	20,000
4d Sed	800	2500	4200	8400	14,700	21,000
Series 128, 6-cyl.						
2d Spt Rds	1100	3500	5800	11,600	20,300	29,000
4d Spt Tr	1150	3600	6000	12,000	21,000	30,000
2d Conv	1000	3250	5400	10,800	18,900	27,000
2d 5P Cpe	900	2900	4800	9600	16,800	24,000
2d Spt Cpe RS	950	3000	5000	10,000	17,500	25,000
4d 7P Sed	850	2650	4400	8800	15,400	22,000
4d Brgm	850	2750	4600	9200	16,100	23,000

1928
Series 115, 6-cyl.

	6	5	4	3	2	1
2d Rds	1000	3100	5200	10,400	18,200	26,000
4d Tr	1000	3250	5400	10,800	18,900	27,000
2d 2P Cpe	750	2400	4000	8000	14,000	20,000
2d Spt Cpe	800	2500	4200	8400	14,700	21,000
2d Sed	700	2150	3600	7200	12,600	18,000
4d Sed	700	2300	3800	7600	13,300	19,000
4d Brgm	750	2400	4000	8000	14,000	20,000

	6	5	4	3	2	1
Series 120, 6-cyl.						
2d Cpe	800	2500	4200	8400	14,700	21,000
4d Sed	700	2300	3800	7600	13,300	19,000
4d Brgm	750	2400	4000	8000	14,000	20,000
Series 128, 6-cyl.						
2d Spt Rds	1150	3600	6000	12,000	21,000	30,000
4d Spt Tr	1150	3700	6200	12,400	21,700	31,000
2d 5P Cpe	800	2500	4200	8400	14,700	21,000
2d Spt Cpe	850	2650	4400	8800	15,400	22,000
4d 7P Sed	750	2400	4000	8000	14,000	20,000
4d Brgm	800	2500	4200	8400	14,700	21,000
1929						
Series 116, 6-cyl.						
4d Spt Tr	1150	3600	6000	12,000	21,000	30,000
2d Bus Cpe	700	2150	3600	7200	12,600	18,000
2d RS Cpe	750	2400	4000	8000	14,000	20,000
2d Sed	550	1800	3000	6000	10,500	15,000
4d Sed	600	1900	3200	6400	11,200	16,000
Series 121, 6-cyl.						
2d Spt Rds	1150	3700	6200	12,400	21,700	31,000
2d Bus Cpe	700	2300	3800	7600	13,300	19,000
2d RS Cpe	800	2500	4200	8400	14,700	21,000
2d 4P Cpe	750	2400	4000	8000	14,000	20,000
4d Sed	650	2050	3400	6800	11,900	17,000
4d CC Sed	650	2100	3500	7000	12,300	17,500
Series 129, 6-cyl.						
2d Conv	1200	3850	6400	12,800	22,400	32,000
4d Spt Tr	1250	3950	6600	13,200	23,100	33,000
4d 7P Tr	1150	3600	6000	12,000	21,000	30,000
2d 5P Cpe	850	2650	4400	8800	15,400	22,000
4d CC Sed	750	2400	4000	8000	14,000	20,000
4d 7P Sed	800	2500	4200	8400	14,700	21,000
4d Limo	850	2650	4400	8800	15,400	22,000
1930						
Series 40, 6-cyl.						
2d Rds	1250	3950	6600	13,200	23,100	33,000
4d Phae	1300	4100	6800	13,600	23,800	34,000
2d Bus Cpe	700	2150	3600	7200	12,600	18,000
2d RS Cpe	800	2500	4200	8400	14,700	21,000
2d Sed	650	2100	3500	7000	12,300	17,500
4d Sed	700	2150	3600	7200	12,600	18,000
Series 50, 6-cyl.						
2d 4P Cpe	700	2300	3800	7600	13,300	19,000
4d Sed	700	2150	3600	7200	12,600	18,000
Series 60, 6-cyl.						
2d RS Rds	1300	4200	7000	14,000	24,500	35,000
4d 7P Tr	1350	4300	7200	14,400	25,200	36,000
2d RS Spt Cpe	850	2750	4600	9200	16,100	23,000
2d 5P Cpe	800	2500	4200	8400	14,700	21,000
4d Sed	700	2300	3800	7600	13,300	19,000
4d 7P Sed	750	2400	4000	8000	14,000	20,000
4d Limo	800	2500	4200	8400	14,700	21,000
Marquette - Series 30, 6-cyl.						
2d Spt Rds	1050	3350	5600	11,200	19,600	28,000
4d Phae	1100	3500	5800	11,600	20,300	29,000
2d Bus Cpe	600	1900	3200	6400	11,200	16,000
2d RS Cpe	700	2150	3600	7200	12,600	18,000
2d Sed	550	1800	3000	6000	10,500	15,000
4d Sed	600	1850	3100	6200	10,900	15,500
1931						
Series 50, 8-cyl.						
2d Spt Rds	1300	4200	7000	14,000	24,500	35,000
4d Phae	1350	4300	7200	14,400	25,200	36,000
2d Bus Cpe	750	2400	4000	8000	14,000	20,000
2d RS Cpe	800	2500	4200	8400	14,700	21,000
2d Sed	700	2150	3600	7200	12,600	18,000
4d Sed	700	2300	3800	7600	13,300	19,000
2d Conv	1350	4300	7200	14,400	25,200	36,000
Series 60, 8-cyl.						
2d Spt Rds	1400	4450	7400	14,800	25,900	37,000
4d Phae	1450	4550	7600	15,200	26,600	38,000
2d Bus Cpe	800	2500	4200	8400	14,700	21,000
2d RS Cpe	850	2650	4400	8800	15,400	22,000
4d Sed	750	2400	4000	8000	14,000	20,000

	6	5	4	3	2	1
Series 80, 8-cyl.						
2d Cpe	950	3000	5000	10,000	17,500	25,000
4d Sed	850	2650	4400	8800	15,400	22,000
4d 7P Sed	850	2750	4600	9200	16,100	23,000

1931 Buick Model 96C convertible coupe

Series 90, 8-cyl.	6	5	4	3	2	1
2d Spt Rds	1700	5400	9000	18,000	31,500	45,000
4d 7P Tr	1650	5300	8800	17,600	30,800	44,000
2d 5P Cpe	1150	3700	6200	12,400	21,700	31,000
2d RS Cpe	1150	3600	6000	12,000	21,000	30,000
2d Conv	1600	5150	8600	17,200	30,100	43,000
4d 5P Sed	950	3000	5000	10,000	17,500	25,000
4d 7P Sed	1000	3100	5200	10,400	18,200	26,000
4d Limo	1000	3250	5400	10,800	18,900	27,000

1932

Series 50, 8-cyl	6	5	4	3	2	1
4d Spt Phae	1450	4550	7600	15,200	26,600	38,000
2d Conv	1450	4700	7800	15,600	27,300	39,000
2d Phae	1500	4800	8000	16,000	28,000	40,000
2d Bus Cpe	850	2650	4400	8800	15,400	22,000
2d RS Cpe	850	2750	4600	9200	16,100	23,000
2d Vic Cpe	900	2900	4800	9600	16,800	24,000
4d Sed	700	2300	3800	7600	13,300	19,000
4d Spt Sed	750	2400	4000	8000	14,000	20,000
Series 60, 8-cyl.						
4d Spt Phae	1550	4900	8200	16,400	28,700	41,000
2d Conv	1600	5050	8400	16,800	29,400	42,000
2d Phae	1600	5150	8600	17,200	30,100	43,000
2d Bus Cpe	850	2750	4600	9200	16,100	23,000
2d RS Cpe	900	2900	4800	9600	16,800	24,000
2d Vic Cpe	950	3000	5000	10,000	17,500	25,000
4d Sed	800	2500	4200	8400	14,700	21,000
Series 80, 8-cyl.						
2d Vic Cpe	900	2900	4800	9600	16,800	24,000
4d Sed	850	2650	4400	8800	15,400	22,000
Series 90, 8-cyl.						
4d 7P Sed	1150	3600	6000	12,000	21,000	30,000
4d Limo	1200	3850	6400	12,800	22,400	32,000
4d Clb Sed	1150	3700	6200	12,400	21,700	31,000
4d Spt Phae	1850	5900	9800	19,600	34,300	49,000
2d Phae	1800	5750	9600	19,200	33,600	48,000
2d Conv Cpe	1900	6000	10,000	20,000	35,000	50,000
2d RS Cpe	1250	3950	6600	13,200	23,100	33,000

	6	5	4	3	2	1
2d Vic Cpe	1300	4100	5800	13,600	23,800	34,000
4d 5P Sed	1150	3600	6000	12,000	21,000	30,000

1933
Series 50, 8-cyl.

	6	5	4	3	2	1
2d Conv	1200	3850	6400	12,800	22,400	32,000
2d Bus Cpe	750	2400	4000	8000	14,000	20,000
2d RS Spt Cpe	800	2500	4200	8400	14,700	21,000
2d Vic Cpe	850	2750	4600	9200	16,100	23,000
4d Sed	700	2300	3800	7600	13,300	19,000

Series 60, 8-cyl.

	6	5	4	3	2	1
2d Conv Cpe	1200	3850	6400	12,800	22,400	32,000
4d Phae	1250	3950	6600	13,200	23,100	33,000
2d Spt Cpe	850	2750	4600	9200	16,100	23,000
2d Vic Cpe	1000	3250	5400	10,800	18,900	27,000
4d Sed	850	2650	4400	8800	15,400	22,000

Series 80, 8-cyl.

	6	5	4	3	2	1
2d Conv	1400	4450	7400	14,800	25,900	37,000
4d Phae	1450	4700	7800	15,600	27,300	39,000
2d Spt Cpe	1100	3500	5800	11,600	20,300	29,000
2d Vic	1150	3600	6000	12,000	21,000	30,000
4d Sed	900	2900	4800	9600	16,800	24,000

Series 90, 8-cyl.

	6	5	4	3	2	1
2d Vic	1300	4100	6800	13,600	23,800	34,000
4d 5P Sed	1050	3350	5600	11,200	19,600	28,000
4d 7P Sed	1100	3500	5800	11,600	20,300	29,000
4d Clb Sed	1150	3600	6000	12,000	21,000	30,000
4d Limo	1250	3950	6600	13,200	23,100	33,000

1934
Special Series 40, 8-cyl.

	6	5	4	3	2	1
2d Bus Cpe	800	2500	4200	8400	14,700	21,000
2d RS Cpe	850	2650	4400	8800	15,400	22,000
2d Tr Sed	700	2300	3800	7600	13,300	19,000
4d Tr Sed	800	2500	4200	8400	14,700	21,000
4d Sed	750	2400	4000	8000	14,000	20,000

Series 50, 8-cyl.

	6	5	4	3	2	1
2d Conv	1400	4450	7400	14,800	25,900	37,000
2d Bus Cpe	900	2900	4800	9600	16,800	24,000
2d Spt Cpe	1000	3100	5200	10,400	18,200	26,000
2d Vic Cpe	1000	3250	5400	10,800	18,900	27,000
4d Sed	800	2500	4200	8400	14,700	21,000

Series 60, 8-cyl.

	6	5	4	3	2	1
2d Conv	1450	4550	7600	15,200	26,600	38,000
4d Phae	1400	4450	7400	14,800	25,900	37,000
2d Spt Cpe	1000	3100	5200	10,400	18,200	26,000
2d Vic	1000	3250	5400	10,800	18,900	27,000
4d Sed	850	2650	4400	8800	15,400	22,000
4d Clb Sed	850	2750	4600	9200	16,100	23,000

Series 90, 8-cyl.

	6	5	4	3	2	1
2d Conv	1500	4800	8000	16,000	28,000	40,000
4d Phae	1450	4700	7800	15,600	27,300	39,000
4d Spt Cpe	1000	3250	5400	10,800	18,900	27,000
4d 5P Sed	950	3000	5000	10,000	17,500	25,000
4d 7P Sed	1000	3100	5200	10,400	18,200	26,000
4d Clb Sed	1000	3250	5400	10,800	18,900	27,000
4d Limo	1050	3350	5600	11,200	19,600	28,000
2d Vic	1150	3600	6000	12,000	21,000	30,000

1935
Special Series 40, 8-cyl.

	6	5	4	3	2	1
2d Conv	1300	4100	6800	13,600	23,800	34,000
2d Bus Cpe	850	2650	4400	8800	15,400	22,000
2d RS Spt Cpe	900	2900	4800	9600	16,800	24,000
2d Sed	700	2300	3800	7600	13,300	19,000
2d Tr Sed	750	2400	4000	8000	14,000	20,000
4d Sed	750	2400	4000	8000	14,000	20,000
4d Tr Sed	800	2500	4200	8400	14,700	21,000

Series 50, 8-cyl.

	6	5	4	3	2	1
2d Conv	1300	4200	7000	14,000	24,500	35,000
2d Bus Cpe	850	2750	4600	9200	16,100	23,000
2d Spt Cpe	900	2900	4800	9600	16,800	24,000
2d Vic	950	3000	5000	10,000	17,500	25,000
4d Sed	800	2500	4200	8400	14,700	21,000

Series 60, 8-cyl.

	6	5	4	3	2	1
2d Conv	1300	4100	6800	13,600	23,800	34,000
4d Phae	1250	3950	6600	13,200	23,100	33,000
2d Vic	1050	3350	5600	11,200	19,600	28,000

	6	5	4	3	2	1
4d Sed	850	2650	4400	8800	15,400	22,000
4d Clb Sed	850	2750	4600	9200	16,100	23,000
2d Spt Cpe	1000	3250	5400	10,800	18,900	27,000
Series 90, 8-cyl.						
2d Conv	1350	4300	7200	14,400	25,200	36,000
4d Phae	1300	4200	7000	14,000	24,500	35,000
2d Spt Cpe	1050	3350	5600	11,200	19,600	28,000
2d Vic	1100	3500	5800	11,600	20,300	29,000
4d 5P Sed	950	3000	5000	10,000	17,500	25,000
4d 7P Sed	1000	3100	5200	10,400	18,200	26,000
4d Limo	1050	3350	5600	11,200	19,600	28,000
4d Clb Sed	1000	3250	5400	10,800	18,900	27,000

1936

Special Series 40, 8-cyl.						
2d Conv	1300	4100	6800	13,600	23,800	34,000
2d Bus Cpe	850	2650	4400	8800	15,400	22,000
2d RS Cpe	850	2750	4600	9200	16,100	23,000
2d Sed	750	2400	4000	8000	14,000	20,000
4d Sed	750	2400	4000	8000	14,000	20,000
Century Series 60, 8-cyl.						
2d Conv	1350	4300	7200	14,400	25,200	36,000
2d RS Cpe	1000	3100	5200	10,400	18,200	26,000
2d Sed	850	2650	4400	8800	15,400	22,000
4d Sed	900	2900	4800	9600	16,800	24,000
Roadmaster Series 80, 8-cyl.						
4d Phae	1300	4100	6800	13,600	23,800	34,000
4d Sed	950	3000	5000	10,000	17,500	25,000
Limited Series 90, 8-cyl.						
4d Sed	1000	3100	5200	10,400	18,200	26,000
4d 7P Sed	1000	3250	5400	10,800	18,900	27,000
4d Fml Sed	1050	3350	5600	11,200	19,600	28,000
4d 7P Limo	1150	3600	6000	12,000	21,000	30,000

1937

Special Series 40, 8-cyl.						
2d Conv	1500	4800	8000	16,000	28,000	40,000
4d Phae	1450	4550	7600	15,200	26,600	38,000
2d Bus Cpe	800	2500	4200	8400	14,700	21,000
2d Spt Cpe	850	2650	4400	8800	15,400	22,000
2d FBk	750	2400	4000	8000	14,000	20,000
2d Sed	700	2300	3800	7600	13,300	19,000
4d FBk Sed	750	2400	4000	8000	14,000	20,000
4d Sed	750	2400	4000	8000	14,000	20,000
Century Series 60, 8-cyl.						
2d Conv	1600	5150	8600	17,200	30,100	43,000
4d Phae	1550	4900	8200	16,400	28,700	41,000
2d Spt Cpe	900	2900	4800	9600	16,800	24,000
2d FBk	800	2500	4200	8400	14,700	21,000
2d Sed	800	2500	4200	8400	14,700	21,000
4d FBk Sed	850	2650	4400	8800	15,400	22,000
4d Sed	850	2650	4400	8800	15,400	22,000
Roadmaster Series 80, 8-cyl.						
4d Sed	850	2750	4600	9200	16,100	23,000
4d Fml Sed	900	2900	4800	9600	16,800	24,000
4d Phae	1550	4900	8200	16,400	28,700	41,000
Limited Series 90, 8-cyl.						
4d Sed	900	2900	4800	9600	16,800	24,000
4d 7P Sed	950	3000	5000	10,000	17,500	25,000
4d Fml Sed	1000	3100	5200	10,400	18,200	26,000
4d Limo	1100	3500	5800	11,600	20,300	29,000

1938

Special Series 40, 8-cyl.						
2d Conv	1600	5050	8400	16,800	29,400	42,000
4d Phae	1500	4800	8000	16,000	28,000	40,000
2d Bus Cpe	800	2500	4200	8400	14,700	21,000
2d Spt Cpe	850	2650	4400	8800	15,400	22,000
2d FBk	750	2400	4000	8000	14,000	20,000
2d Sed	750	2400	4000	8000	14,000	20,000
4d FBk Sed	800	2500	4200	8400	14,700	21,000
4d Sed	800	2500	4200	8400	14,700	21,000
Century Series 60, 8-cyl.						
2d Conv	1700	5400	9000	18,000	31,500	45,000
4d Phae	1600	5150	8600	17,200	30,100	43,000
2d Spt Cpe	900	2900	4800	9600	16,800	24,000
2d Sed	850	2650	4400	8800	15,400	22,000

	6	5	4	3	2	1
4d FBk Sed	850	2650	4400	8800	15,400	22,000
4d Sed	850	2750	4600	9200	16,100	23,000

1938 Buick Special Model 41 touring sedan

Roadmaster Series 80, 8-cyl.
4d Phae	1700	5400	9000	18,000	31,500	45,000
4d FBk Sed	950	3000	5000	10,000	17,500	25,000
4d Sed	1000	3100	5200	10,400	18,200	26,000
4d Fml Sed	1000	3250	5400	10,800	18,900	27,000

Limited Series 90, 8-cyl.
4d Sed	1050	3350	5600	11,200	19,600	28,000
4d 7P Sed	1100	3500	5800	11,600	20,300	29,000
4d Limo	1200	3850	6400	12,800	22,400	32,000

1939
Special Series 40, 8-cyl.
2d Conv	1650	5300	8800	17,600	30,800	44,000
4d Phae	1600	5050	8400	16,800	29,400	42,000
2d Bus Cpe	850	2750	4600	9200	16,100	23,000
2d Spt Cpe	900	2900	4800	9600	16,800	24,000
2d Sed	800	2500	4200	8400	14,700	21,000
4d Sed	800	2500	4200	8400	14,700	21,000

Century Series 60, 8-cyl.
2d Conv	1750	5650	9400	18,800	32,900	47,000
4d Phae	1700	5400	9000	18,000	31,500	45,000
2d Spt Cpe	1000	3100	5200	10,400	18,200	26,000
2d Sed	850	2750	4600	9200	16,100	23,000
4d Sed	850	2750	4600	9200	16,100	23,000

Roadmaster Series 80, 8-cyl.
4d Phae FBk	1800	5750	9600	19,200	33,600	48,000
4d Phae	1850	5900	9800	19,600	34,300	49,000
4d FBk Sed	1000	3100	5200	10,400	18,200	26,000
4d Sed	1000	3100	5200	10,400	18,200	26,000
4d Fml Sed	1050	3350	5600	11,200	19,600	28,000

Limited Series 90, 8-cyl.
4d 8P Sed	1050	3350	5600	11,200	19,600	28,000
4d 4d Sed	1150	3600	6000	12,000	21,000	30,000
4d Limo	1000	3250	5400	10,800	18,900	27,000

1940
Special Series 40, 8-cyl.
2d Conv	1750	5500	9200	18,400	32,200	46,000
4d Phae	1650	5300	8800	17,600	30,800	44,000
2d Bus Cpe	850	2650	4400	8800	15,400	22,000
2d Spt Cpe	900	2900	4800	9600	16,800	24,000
2d Sed	800	2500	4200	8400	14,700	21,000
4d Sed	800	2500	4200	8400	14,700	21,000

Super Series 50, 8-cyl.
2d Conv	1650	5300	8800	17,600	30,800	44,000
4d Phae	1600	5150	8600	17,200	30,100	43,000
2d Cpe	950	3000	5000	10,000	17,500	25,000
4d Sed	800	2500	4200	8400	14,700	21,000
4d Sta Wag	1200	3850	6400	12,800	22,400	32,000

Century Series 60, 8-cyl.
2d Conv	1750	5650	9400	18,800	32,900	47,000

	6	5	4	3	2	1
4d Phae	1700	5400	9000	18,000	31,500	45,000
2d Bus Cpe	1000	3100	5200	10,400	18,200	26,000
2d Spt Cpe	1000	3250	5400	10,800	18,900	27,000
4d Sed	850	2750	4600	9200	16,100	23,000
Roadmaster Series 70, 8-cyl.						
2d Conv	1800	5750	9600	19,200	33,600	48,000
4d Phae	1750	5500	9200	18,400	32,200	46,000
2d 2d Cpe	1050	3350	5600	11,200	19,600	28,000
4d Sed	950	3000	5000	10,000	17,500	25,000
Limited Series 80, 8-cyl.						
4d FBk Phae	1800	5750	9600	19,200	33,600	48,000
4d Phae	1850	5900	9800	19,600	34,300	49,000
4d FBk Sed	1050	3350	5600	11,200	19,600	28,000
4d Sed	1150	3600	6000	12,000	21,000	30,000
4d Fml Sed	1150	3700	6200	12,400	21,700	31,000
4d Fml FBk	1200	3850	6400	12,800	22,400	32,000
Limited Series 90, 8-cyl.						
4d 7P Sed	1150	3700	6200	12,400	21,700	31,000
4d Fml Sed	1200	3850	6400	12,800	22,400	32,000
4d Limo	1200	3850	6400	12,800	22,400	32,000

1941

	6	5	4	3	2	1
Special Series 40-A, 8-cyl.						
2d Conv	1600	5050	8400	16,800	29,400	42,000
2d Bus Cpe	800	2500	4200	8400	14,700	21,000
2d Spt Cpe	850	2650	4400	8800	15,400	22,000
4d Sed	750	2400	4000	8000	14,000	20,000
Special Series 40-B, 8-cyl.						
2d Bus Cpe	850	2750	4600	9200	16,100	23,000
2d S'net	900	2900	4800	9600	16,800	24,000
4d Sed	800	2500	4200	8400	14,700	21,000
4d Sta Wag	1200	3850	6400	12,800	22,400	32,000
NOTE: Add 5 percent for SSE.						
Super Series 50, 8-cyl.						
2d Conv	1750	5650	9400	18,800	32,900	47,000
4d Phae	1900	6100	10,200	20,400	35,700	51,000
2d Cpe	900	2950	4900	9800	17,200	24,500
4d Sed	850	2650	4400	8800	15,400	22,000
Century Series 60, 8-cyl.						
2d Bus Cpe	950	3000	5000	10,000	17,500	25,000
2d S'net	1000	3100	5200	10,400	18,200	26,000
4d Sed	900	2900	4800	9600	16,800	24,000
Roadmaster Series 70, 8-cyl.						
2d Conv	2000	6350	10,600	21,200	37,100	53,000
4d Phae	2050	6600	11,000	22,000	38,500	55,000
2d Cpe	1000	3250	5400	10,800	18,900	27,000
4d Sed	950	3000	5000	10,000	17,500	25,000
Limited Series 90, 8-cyl.						
4d 7P Sed	1300	4100	6800	13,600	23,800	34,000
4d Sed	1050	3350	5600	11,200	19,600	28,000
4d Fml Sed	1150	3700	6200	12,400	21,700	31,000
4d Limo	1300	4100	6800	13,600	23,800	34,000

1942

	6	5	4	3	2	1
Special Series 40-A, 8-cyl.						
2d Bus Cpe	700	2150	3600	7200	12,600	18,000
2d S'net	750	2350	3900	7800	13,700	19,500
2d 3P S'net	700	2200	3700	7400	13,000	18,500
2d Conv	1200	3850	6400	12,800	22,400	32,000
4d Sed	700	2150	3600	7200	12,600	18,000
Special Series 40-B, 8-cyl.						
2d 3P S'net	750	2400	4000	8000	14,000	20,000
2d S'net	800	2500	4200	8400	14,700	21,000
4d Sed	700	2150	3600	7200	12,600	18,000
4d Sta Wag	1150	3700	6200	12,400	21,700	31,000
Super Series 50, 8-cyl.						
2d Conv	1300	4100	6800	13,600	23,800	34,000
2d S'net	850	2650	4400	8800	15,400	22,000
4d Sed	700	2200	3700	7400	13,000	18,500
Century Series 60, 8-cyl.						
2d S'net	850	2750	4600	9200	16,100	23,000
4d Sed	750	2350	3900	7800	13,700	19,500
Roadmaster Series 70, 8-cyl.						
2d Conv	1550	4900	8200	16,400	28,700	41,000
2d S'net	900	2900	4800	9600	16,800	24,000
4d Sed	850	2650	4400	8800	15,400	22,000

	6	5	4	3	2	1
Limited Series 90, 8-cyl.						
4d 8P Sed	850	2750	4600	9200	16,100	23,000
4d Sed	850	2650	4400	8800	15,400	22,000
4d Fml Sed	900	2900	4800	9600	16,800	24,000
4d Limo	950	3000	5000	10,000	17,500	25,000

1946-1948

	6	5	4	3	2	1
Special Series 40, 8-cyl.						
2d S'net	750	2400	4000	8000	14,000	20,000
4d Sed	650	2050	3400	6800	11,900	17,000
Super Series 50, 8-cyl.						
2d Conv	1500	4800	8000	16,000	28,000	40,000
2d S'net	800	2500	4200	8400	14,700	21,000
4d Sed	700	2200	3700	7400	13,000	18,500
4d Sta Wag	1200	3850	6400	12,800	22,400	32,000
Roadmaster Series 70, 8-cyl.						
2d Conv	1750	5500	9200	18,400	32,200	46,000
2d S'net	900	2900	4800	9600	16,800	24,000
4d Sed	850	2650	4400	8800	15,400	22,000
4d Sta Wag	1300	4200	7000	14,000	24,500	35,000

1949 Buick Super convertible

1949

	6	5	4	3	2	1
Special Series 40, 8-cyl.						
2d S'net	800	2500	4200	8400	14,700	21,000
4d Sed	700	2150	3600	7200	12,600	18,000
Super Series 50, 8-cyl.						
2d Conv	1450	4700	7800	15,600	27,300	39,000
2d S'net	800	2500	4200	8400	14,700	21,000
4d Sed	750	2400	4000	8000	14,000	20,000
4d Sta Wag	1150	3700	6200	12,400	21,700	31,000
Roadmaster Series 70, 8-cyl.						
2d Conv	1700	5400	9000	18,000	31,500	45,000
2d Riv HT	1150	3600	6000	12,000	21,000	30,000
2d S'net	900	2900	4800	9600	16,800	24,000
4d Sed	850	2750	4600	9200	16,100	23,000
4d Sta Wag	1300	4100	6800	13,600	23,800	34,000

NOTE: Add 10 percent for sweap spear side trim on late 1949 Road master models.

1950

	6	5	4	3	2	1
Special Series 40, 8-cyl., 121 1/2" wb						
2d Bus Cpe	550	1700	2800	5600	9800	14,000
2d S'net	600	1900	3200	6400	11,200	16,000
4d S'net	550	1800	3000	6000	10,500	15,000
4d Tr Sed	550	1700	2800	5600	9800	14,000
Special DeLuxe Series 40, 8-cyl., 121 1/2" wb						
2d S'net	650	2050	3400	6800	11,900	17,000
4d S'net	600	1900	3200	6400	11,200	16,000
4d Tr Sed	550	1800	3000	6000	10,500	15,000
Super Series 50, 8-cyl.						
2d Conv	1100	3500	5800	11,600	20,300	29,000
2d Riv HT	800	2500	4200	8400	14,700	21,000
2d S'net	700	2150	3600	7200	12,600	18,000

	6	5	4	3	2	1
4d Sed	600	1900	3200	6400	11,200	16,000
4d Sta Wag	1150	3700	6200	12,400	21,700	31,000
Roadmaster Series 70, 8-cyl.						
2d Conv	1300	4200	7000	14,000	24,500	35,000
2d Riv HT	1050	3350	5600	11,200	19,600	28,000
2d S'net	800	2500	4200	8400	14,700	21,000
4d Sed 71	650	2050	3400	6800	11,900	17,000
4d Sed 72	700	2150	3600	7200	12,600	18,000
4d Sta Wag	1250	3950	6600	13,200	23,100	33,000
4d Riv Sed DeL	700	2150	3600	7200	12,600	18,000
1951-1952						
Special Series 40, 8-cyl., 121 1/2" wb						
2d Bus Cpe (1951 only)	550	1700	2800	5600	9800	14,000
2d Sed (1951 only)	500	1550	2600	5200	9100	13,000
4d Sed	500	1550	2600	5200	9100	13,000
2d Spt Cpe	550	1700	2800	5600	9800	14,000
Special DeLuxe Series 40, 8-cyl., 121 1/2" wb						
4d Sed	550	1700	2800	5600	9800	14,000
2d Sed	550	1700	2800	5600	9800	14,000
2d Riv HT	800	2500	4200	8400	14,700	21,000
2d Conv	1000	3250	5400	10,800	18,900	27,000
Super Series 50, 8-cyl.						
2d Conv	1050	3350	5600	11,200	19,600	28,000
2d Riv HT	900	2900	4800	9600	16,800	24,000
4d Sta Wag	1150	3700	6200	12,400	21,700	31,000
2d S'net (1951 only)	700	2150	3600	7200	12,600	18,000
4d Sed	600	1900	3200	6400	11,200	16,000
Roadmaster Series 70, 8-cyl.						
2d Conv	1150	3600	6000	12,000	21,000	30,000
2d Riv HT	1050	3350	5600	11,200	19,600	28,000
4d Sta Wag	1200	3850	6400	12,800	22,400	32,000
4d Riv Sed	700	2150	3600	7200	12,600	18,000
1953						
Special Series 40, 8-cyl.						
4d Sed	550	1800	3000	6000	10,500	15,000
2d Sed	550	1800	3050	6100	10,600	15,200
2d Riv HT	800	2500	4200	8400	14,700	21,000
2d Conv	1150	3700	6200	12,400	21,700	31,000
Super Series 50, V-8						
2d Riv HT	950	3000	5000	10,000	17,500	25,000
2d Conv	1200	3850	6400	12,800	22,400	32,000
4d Sta Wag	1200	3850	6400	12,800	22,400	32,000
4d Riv Sed	600	1900	3200	6400	11,200	16,000
Roadmaster Series 70, V-8						
2d Riv HT	1100	3500	5800	11,600	20,300	29,000
2d Skylark	2150	6850	11,400	22,800	39,900	57,000
2d Conv	1300	4100	6800	13,600	23,800	34,000
4d DeL Sta Wag	1250	3950	6600	13,200	23,100	33,000
4d Riv Sed	700	2150	3600	7200	12,600	18,000
1954						
Special Series 40, V-8						
4d Sed	500	1550	2600	5200	9100	13,000
2d Sed	500	1550	2600	5200	9100	13,000
2d Riv HT	850	2750	4600	9200	16,100	23,000
2d Conv	1200	3850	6400	12,800	22,400	32,000
4d Sta Wag	550	1800	3000	6000	10,500	15,000
Century Series 60, V-8						
4d DeL	550	1700	2800	5600	9800	14,000
2d Riv HT	1000	3100	5200	10,400	18,200	26,000
2d Conv	1450	4550	7600	15,200	26,600	38,000
4d Sta Wag	600	1900	3200	6400	11,200	16,000
Super Series 50, V-8						
4d Sed	500	1550	2600	5200	9100	13,000
2d Riv HT	900	2900	4800	9600	16,800	24,000
2d Conv	1250	3950	6600	13,200	23,100	33,000
Roadmaster Series 70, V-8						
4d Sed	550	1700	2800	5600	9800	14,000
2d Riv HT	1100	3500	5800	11,600	20,300	29,000
2d Conv	1450	4550	7600	15,200	26,600	38,000
Skylark Series, V-8						
2d Spt Conv	2050	6500	10,800	21,600	37,800	54,000
1955						
Special Series 40, V-8						
4d Sed	500	1550	2600	5200	9100	13,000
4d Riv HT	600	1900	3200	6400	11,200	16,000

	6	5	4	3	2	1
2d Sed	500	1550	2600	5200	9100	13,000
2d Riv HT	950	3000	5000	10,000	17,500	25,000
2d Conv	1450	4700	7800	15,600	27,300	39,000
4d Sta Wag	600	1900	3200	6400	11,200	16,000
Century Series 60, V-8						
4d Sed	550	1700	2800	5600	9800	14,000
4d Riv HT	650	2050	3400	6800	11,900	17,000
2d Riv HT	1000	3250	5400	10,800	18,900	27,000
2d Conv	1550	4900	8200	16,400	28,700	41,000
4d Sta Wag	650	2050	3400	6800	11,900	17,000
Super Series 50, V-8						
4d Sed	550	1700	2800	5600	9800	14,000
2d Riv HT	1000	3100	5200	10,400	18,200	26,000
2d Conv	1450	4700	7800	15,600	27,300	39,000
Roadmaster Series 70, V-8						
4d Sed	600	1900	3200	6400	11,200	16,000
2d Riv HT	1100	3500	5800	11,600	20,300	29,000
2d Conv	1650	5300	8800	17,600	30,800	44,000

1956 Buick Special Estate Wagon

1956
Special Series 40, V-8

4d Sed	500	1550	2600	5200	9100	13,000
4d Riv HT	650	2050	3400	6800	11,900	17,000
2d Sed	500	1550	2600	5200	9100	13,000
2d Riv HT	950	3000	5000	10,000	17,500	25,000
2d Conv	1500	4800	8000	16,000	28,000	40,000
4d Sta Wag	600	1900	3200	6400	11,200	16,000
Century Series 60, V-8						
4d Sed	550	1700	2800	5600	9800	14,000
4d Riv HT	700	2300	3800	7600	13,300	19,000
2d Riv HT	1000	3250	5400	10,800	18,900	27,000
2d Conv	1600	5050	8400	16,800	29,400	42,000
4d Sta Wag	650	2050	3400	6800	11,900	17,000
Super Series 50						
4d Sed	550	1700	2800	5600	9800	14,000
4d Riv HT	800	2500	4200	8400	14,700	21,000
2d Riv HT	1000	3100	5200	10,400	18,200	26,000
2d Conv	1450	4700	7800	15,600	27,300	39,000
Roadmaster Series 70, V-8						
4d Sed	550	1800	3000	6000	10,500	15,000
4d Riv HT	850	2750	4600	9200	16,100	23,000
2d Riv HT	1050	3350	5600	11,200	19,600	28,000
2d Conv	1600	5150	8600	17,200	30,100	43,000

1957
Special Series 40, V-8

4d Sed	450	1450	2400	4800	8400	12,000
4d Riv HT	650	2050	3400	6800	11,900	17,000
2d Sed	450	1450	2400	4800	8400	12,000
2d Riv HT	900	2900	4800	9600	16,800	24,000
2d Conv	1400	4450	7400	14,800	25,900	37,000
4d Sta Wag	700	2150	3600	7200	12,600	18,000
4d HT Wag	850	2750	4600	9200	16,100	23,000
Century Series 60, V-8						
4d Sed	500	1550	2600	5200	9100	13,000
4d Riv HT	700	2150	3600	7200	12,600	18,000

	6	5	4	3	2	1
2d Riv HT	1000	3250	5400	10,800	18,900	27,000
2d Conv	1450	4700	7800	15,600	27,300	39,000
4d HT Wag	950	3000	5000	10,000	17,500	25,000
Super Series 50, V-8						
4d Riv HT	700	2300	3800	7600	13,300	19,000
2d Riv HT	1000	3250	5400	10,800	18,900	27,000
2d Conv	1450	4550	7600	15,200	26,600	38,000
Roadmaster Series 70, V-8						
4d Riv HT	750	2400	4000	8000	14,000	20,000
2d Riv HT	1100	3500	5800	11,600	20,300	29,000
2d Conv	1500	4800	8000	16,000	28,000	40,000

NOTE: Add 5 percent for 75 Series.

1958
Special Series 40, V-8

	6	5	4	3	2	1
4d Sed	400	1300	2200	4400	7700	11,000
4d Riv HT	550	1700	2800	5600	9800	14,000
2d Sed	400	1300	2200	4400	7700	11,000
2d Riv HT	750	2400	4000	8000	14,000	20,000
2d Conv	950	3000	5000	10,000	17,500	25,000
4d Sta Wag	450	1450	2400	4800	8400	12,000
4d HT Wag	650	2050	3400	6800	11,900	17,000
Century Series 60, V-8						
4d Sed	450	1450	2400	4800	8400	12,000
4d Riv HT	550	1800	3000	6000	10,500	15,000
2d Riv HT	850	2750	4600	9200	16,100	23,000
2d Conv	1000	3250	5400	10,800	18,900	27,000
4d HT Wag	700	2300	3800	7600	13,300	19,000
Super Series 50, V-8						
4d Riv HT	600	1900	3200	6400	11,200	16,000
2d Riv HT	900	2900	4800	9600	16,800	24,000
Roadmaster Series 75, V-8						
4d Riv HT	650	2050	3400	6800	11,900	17,000
2d Riv HT	950	3000	5000	10,000	17,500	25,000
2d Conv	1150	3700	6200	12,400	21,700	31,000
Limited Series 700, V-8						
4d Riv HT	700	2300	3800	7600	13,300	19,000
2d Riv HT	1050	3350	5600	11,200	19,600	28,000
2d Conv	1600	5050	8400	16,800	29,400	42,000

1959
LeSabre Series 4400, V-8

	6	5	4	3	2	1
4d Sed	400	1300	2200	4400	7700	11,000
4d HT	500	1550	2600	5200	9100	13,000
2d Sed	400	1350	2250	4500	7800	11,200
2d HT	600	1900	3200	6400	11,200	16,000
2d Conv	950	3000	5000	10,000	17,500	25,000
4d Sta Wag	500	1550	2600	5200	9100	13,000
Invicta Series 4600, V-8						
4d Sed	450	1450	2400	4800	8400	12,000
4d HT	550	1700	2800	5600	9800	14,000
2d HT	650	2050	3400	6800	11,900	17,000
2d Conv	1050	3350	5600	11,200	19,600	28,000
4d Sta Wag	550	1700	2800	5600	9800	14,000
Electra Series 4700, V-8						
4d Sed	500	1550	2600	5200	9100	13,000
4d HT	550	1800	3000	6000	10,500	15,000
2d HT	700	2300	3800	7600	13,300	19,000
Electra 225 Series 4800, V-8						
4d Riv HT 6W	550	1700	2800	5600	9800	14,000
4d HT 4W	550	1800	3000	6000	10,500	15,000
2d Conv	1150	3700	6200	12,400	21,700	31,000

1960
LeSabre Series 4400, V-8

	6	5	4	3	2	1
4d Sed	400	1300	2200	4400	7700	11,000
4d HT	500	1550	2600	5200	9100	13,000
2d Sed	400	1350	2250	4500	7800	11,200
2d HT	650	2050	3400	6800	11,900	17,000
2d Conv	1000	3100	5200	10,400	18,200	26,000
4d Sta Wag	450	1450	2400	4800	8400	12,000
Invicta Series 4600, V-8						
4d Sed	450	1450	2400	4800	8400	12,000
4d HT	550	1700	2800	5600	9800	14,000
2d HT	700	2150	3600	7200	12,600	18,000
2d Conv	1100	3500	5800	11,600	20,300	29,000
4d Sta Wag	500	1550	2600	5200	9100	13,000

	6	5	4	3	2	1
Electra Series 4700, V-8						
4d Riv HT 6W	550	1800	3000	6000	10,500	15,000
4d HT 4W	600	1900	3200	6400	11,200	16,000
2d HT	700	2300	3800	7600	13,300	19,000
Electra 225 Series 4800, V-8						
4d Riv HT 6W	600	1900	3200	6400	11,200	16,000
4d HT 4W	650	2050	3400	6800	11,900	17,000
2d Conv	1150	3700	6200	12,400	21,700	31,000

NOTE: Add 5 percent for bucket seat option.

1961 Buick Invicta two-door hardtop

1961

	6	5	4	3	2	1
Special Series 4000, V-8, 112" wb						
4d Sed	400	1200	2000	4000	7000	10,000
2d Cpe	400	1300	2200	4400	7700	11,000
4d Sta Wag	400	1300	2200	4400	7700	11,000
Special DeLuxe Series 4100, V-8, 112" wb						
4d Sed	400	1250	2100	4200	7400	10,500
2d Skylark Cpe	450	1450	2400	4800	8400	12,000
4d Sta Wag	450	1450	2400	4800	8400	12,000
NOTE: Deduct 5 percent for V-6.						
LeSabre Series 4400, V-8						
4d Sed	400	1300	2200	4400	7700	11,000
4d HT	450	1450	2400	4800	8400	12,000
2d Sed	400	1300	2200	4400	7700	11,000
2d HT	500	1550	2600	5200	9100	13,000
2d Conv	850	2650	4400	8800	15,400	22,000
4d Sta Wag	450	1450	2400	4800	8400	12,000
Invicta Series 4600, V-8						
4d HT	450	1450	2400	4800	8400	12,000
2d HT	550	1700	2800	5600	9800	14,000
2d Conv	900	2900	4800	9600	16,800	24,000
Electra Series 4700, V-8						
4d Sed	450	1400	2300	4600	8100	11,500
4d HT	450	1450	2400	4800	8400	12,000
2d HT	500	1550	2600	5200	9100	13,000
Electra 225 Series 4800, V-8						
4d Riv HT 6W	450	1450	2400	4800	8400	12,000
4d Riv HT 4W	450	1500	2500	5000	8800	12,500
2d Conv	1050	3350	5600	11,200	19,600	28,000

1962

	6	5	4	3	2	1
Special Series 4000, V-6, 112.1" wb						
4d Sed	400	1250	2100	4200	7400	10,600
2d Cpe	450	1400	2300	4600	8100	11,500
2d Conv	650	2050	3400	6800	11,900	17,000
4d Sta Wag	400	1300	2200	4400	7700	11,000
Special DeLuxe Series 4100, V-8, 112.1" wb						
4d Sed	400	1300	2200	4400	7700	11,000
2d Conv	700	2300	3800	7600	13,300	19,000
4d Sta Wag	450	1450	2400	4800	8400	12,000
Special Skylark Series 4300, V-8, 112.1" wb						
2d HT	450	1400	2300	4600	8100	11,500
2d Conv	750	2400	4000	8000	14,000	20,000
LeSabre Series 4400, V-8						
4d Sed	400	1300	2200	4400	7700	11,000

	6	5	4	3	2	1
4d HT	450	1450	2400	4800	8400	12,000
2d Sed	400	1300	2200	4400	7700	11,000
2d HT	550	1700	2800	5600	9800	14,000
Invicta Series 4600, V-8						
4d HT	450	1450	2400	4800	8400	12,000
2d HT	550	1800	3000	6000	10,500	15,000
2d HT Wildcat	600	1900	3200	6400	11,200	16,000
2d Conv	900	2900	4800	9600	16,800	24,000
4d Sta Wag*	450	1450	2400	4800	8400	12,000
NOTE: Add 10 percent for bucket seat option where offered.						
Electra 225 Series 4800, V-8						
4d Sed	400	1300	2200	4400	7700	11,000
4d Riv HT 6W	500	1550	2600	5200	9100	13,000
4d HT 4W	550	1700	2800	5600	9800	14,000
2d HT	650	2050	3400	6800	11,900	17,000
2d Conv	1050	3350	5600	11,200	19,600	28,000

1963
Special Series 4000, V-6, 112" wb

	6	5	4	3	2	1
4d Sed	400	1250	2100	4200	7400	10,600
2d Cpe	400	1300	2150	4300	7500	10,700
2d Conv	550	1800	3000	6000	10,500	15,000
4d Sta Wag	400	1300	2200	4400	7700	11,000
Special DeLuxe Series 4100, V-6, 112" wb						
4d Sed	400	1300	2150	4300	7500	10,700
4d Sta Wag	450	1400	2300	4600	8100	11,500
Special DeLuxe Series 4100, V-8, 112" wb						
4d Sed	400	1300	2150	4300	7600	10,800
4d Sta Wag	450	1400	2350	4700	8300	11,800
Special Skylark Series 4300, V-8, 112" wb						
2d HT	450	1500	2500	5000	8800	12,500
2d Conv	600	1900	3200	6400	11,200	16,000
LeSabre Series 4400, V-8						
4d Sed	400	1300	2150	4300	7500	10,700
4d HT	450	1450	2400	4800	8400	12,000
2d Sed	400	1250	2100	4200	7400	10,500
2d HT	550	1700	2800	5600	9800	14,000
4d Sta Wag	400	1300	2200	4400	7700	11,000
2d Conv	700	2300	3800	7600	13,300	19,000
Invicta Series 4600, V-8						
4d Sta Wag	450	1500	2500	5000	8800	12,500
Wildcat Series 4600, V-8						
4d HT	450	1500	2500	5000	8800	12,500
2d HT	550	1800	3000	6000	10,500	15,000
2d Conv	850	2650	4400	8800	15,400	22,000
Electra 225 Series 4800, V-8						
4d Sed	400	1250	2100	4200	7400	10,500
4d HT 6W	450	1450	2400	4800	8400	12,000
4d HT 4W	450	1500	2500	5000	8800	12,500
2d HT	600	1900	3200	6400	11,200	16,000
2d Conv	900	2900	4800	9600	16,800	24,000
Riviera Series 4700, V-8						
2d HT	700	2150	3600	7200	12,600	18,000

1964
Special Series 4000, V-6, 115" wb

	6	5	4	3	2	1
4d Sed	450	1080	1800	3600	6300	9000
2d Cpe	950	1100	1850	3700	6450	9200
2d Conv	550	1800	3000	6000	10,500	15,000
4d Sta Wag	450	1140	1900	3800	6650	9500
Special Deluxe Series 4100, V-6, 115" wb						
4d Sed	450	1120	1875	3750	6500	9300
2d Cpe	450	1140	1900	3800	6650	9500
4d Sta Wag	400	1200	2000	4000	7000	10,000
Special Skylark Series 4300, V-6, 115" wb						
4d Sed	450	1140	1900	3800	6650	9500
2d HT	400	1200	2000	4000	7000	10,000
2d Conv	650	2050	3400	6800	11,900	17,000
Special Series 4000, V-8, 115" wb						
4d Sed	450	1140	1900	3800	6650	9500
2d Cpe	450	1150	1900	3850	6700	9600
2d Conv	650	2050	3400	6800	11,900	17,000
4d Sta Wag	400	1200	2050	4100	7100	10,200
Special DeLuxe Series 4100, V-8, 115" wb						
4d Sed	450	1160	1950	3900	6800	9700
2d Cpe	450	1170	1975	3900	6850	9800
4d Sta Wag	400	1250	2100	4200	7400	10,500

	6	5	4	3	2	1
Skylark Series 4300, V-8, 115" wb						
4d Sed	400	1200	2000	4000	7000	10,000
2d HT	400	1300	2200	4400	7700	11,000
2d Conv	750	2400	4000	8000	14,000	20,000
Skylark Series 4200, V-8, 120" wb						
4d Spt Wag	400	1200	2000	4000	7000	10,000
4d Cus Spt Wag	400	1200	2050	4100	7100	10,200
LeSabre Series 4400, V-8						
4d Sed	400	1200	2050	4100	7100	10,200
4d HT	400	1250	2100	4200	7400	10,500
2d HT	550	1700	2800	5600	9800	14,000
2d Conv	750	2400	4000	8000	14,000	20,000
4d Spt Wag	400	1350	2250	4500	7900	11,300
Wildcat Series 4600, V-8						
4d Sed	400	1250	2050	4100	7200	10,300
4d HT	450	1500	2500	5000	8800	12,500
2d HT	600	1900	3200	6400	11,200	16,000
2d Conv	800	2500	4200	8400	14,700	21,000
Electra 225 Series 4800, V-8						
4d Sed	400	1250	2100	4200	7300	10,400
4d HT 6W	450	1400	2300	4600	8100	11,500
4d HT 4W	450	1450	2400	4800	8400	12,000
2d HT	550	1800	3000	6000	10,500	15,000
2d Conv	850	2650	4400	8800	15,400	22,000
Riviera Series 4700, V-8						
2d HT	700	2150	3600	7200	12,600	18,000
1965						
Special, V-6, 115" wb						
4d Sed	350	900	1500	3000	5250	7500
2d Cpe	350	950	1500	3050	5300	7600
2d Conv	550	1700	2800	5600	9800	14,000
4d Sta Wag	350	1020	1700	3400	5950	8500
Special DeLuxe, V-6, 115" wb						
4d Sed	350	1040	1750	3500	6100	8700
4d Sta Wag	450	1050	1800	3600	6200	8900
Skylark, V-6, 115" wb						
4d Sed	450	1080	1800	3600	6300	9000
2d Cpe	450	1120	1875	3750	6500	9300
2d HT	400	1250	2050	4100	7200	10,300
2d Conv	650	2050	3400	6800	11,900	17,000
Special, V-8, 115" wb						
4d Sed	350	1040	1750	3500	6100	8700
2d Cpe	450	1050	1750	3550	6150	8800
2d Conv	700	2150	3600	7200	12,600	18,000
4d Sta Wag	350	1040	1750	3500	6100	8700
Special DeLuxe, V-8, 115" wb						
4d Sed	450	1050	1800	3600	6200	8900
4d Sta Wag	450	1080	1800	3600	6300	9000
Skylark, V-8, 115" wb						
4d Sed	450	1120	1875	3750	6500	9300
2d Cpe	450	1140	1900	3800	6650	9500
2d HT	400	1300	2150	4300	7600	10,800
2d Conv	700	2300	3800	7600	13,300	19,000
NOTE: Add 20 percent for Skylark Gran Sport Series (400 CID/325hp V-8). Deduct 5 percent for V-6.						
Sport Wagon, V-8, 120" wb						
4d 2S Sta Wag	450	1150	1900	3850	6700	9600
4d 3S Sta Wag	450	1160	1950	3900	6800	9700
Custom Sport Wagon, V-8, 120" wb						
4d 2S Sta Wag	450	1170	1975	3900	6850	9800
4d 3S Sta Wag	450	1190	2000	3950	6900	9900
LeSabre, V-8, 123" wb						
4d Sed	350	975	1600	3250	5700	8100
4d HT	350	1000	1650	3350	5800	8300
2d HT	450	1120	1875	3750	6500	9300
LeSabre Custom, V-8, 123" wb						
4d Sed	350	1000	1650	3350	5800	8300
4d HT	450	1050	1800	3600	6200	8900
2d HT	400	1300	2200	4400	7700	11,000
2d Conv	550	1800	3000	6000	10,500	15,000
Wildcat, V-8, 126" wb						
4d Sed	450	1050	1750	3550	6150	8800
4d HT	450	1120	1875	3750	6500	9300
2d HT	500	1550	2600	5200	9100	13,000
Wildcat DeLuxe, V-8, 126" wb						
4d Sed	450	1080	1800	3600	6300	9000
4d HT	450	1140	1900	3800	6650	9500

	6	5	4	3	2	1
2d HT	500	1600	2700	5400	9500	13,500
2d Conv	600	1900	3200	6400	11,200	16,000
Wildcat Custom, V-8, 126" wb						
4d HT	450	1170	1975	3900	6850	9800
2d HT	550	1700	2800	5600	9800	14,000
2d Conv	650	2050	3400	6800	11,900	17,000
Electra 225, V-8, 126" wb						
4d Sed	450	1120	1875	3750	6500	9300
4d HT	400	1250	2050	4100	7200	10,300
2d HT	500	1600	2700	5400	9500	13,500
Electra 225 Custom, V-8, 126" wb						
4d Sed	450	1140	1900	3800	6650	9500
4d HT	400	1250	2100	4200	7400	10,600
2d HT	450	1400	2350	4700	8200	11,700
2d Conv	650	2050	3400	6800	11,900	17,000
Riviera, V-8, 117" wb						
2d HT	550	1800	3000	6000	10,500	15,000
2d HT GS	600	1900	3200	6400	11,200	16,000
NOTE: Add 20 percent for 400.						

1966

	6	5	4	3	2	1
Special, V-6, 115" wb						
4d Sed	350	840	1400	2800	4900	7000
2d Cpe	350	850	1450	2850	4970	7100
2d Conv	550	1800	3000	6000	10,500	15,000
4d Sta Wag	350	840	1400	2800	4900	7000
Special DeLuxe, V-6, 115" wb						
4d Sed	350	850	1450	2850	4970	7100
2d Cpe	350	860	1450	2900	5050	7200
2d HT	350	1000	1650	3350	5800	8300
4d Sta Wag	350	850	1450	2850	4970	7100
Skylark, V-6, 115" wb						
4d HT	350	880	1500	2950	5180	7400
2d Cpe	350	900	1500	3000	5250	7500
2d HT	450	1050	1750	3550	6150	8800
2d Conv	600	1900	3200	6400	11,200	16,000
Special, V-8, 115" wb						
4d Sed	350	870	1450	2900	5100	7300
2d Cpe	350	880	1500	2950	5180	7400
2d Conv	550	1800	3000	6000	10,500	15,000
4d Sta Wag	350	870	1450	2900	5100	7300
Special DeLuxe, V-8						
4d Sed	350	900	1500	3000	5250	7500
2d Cpe	350	950	1550	3150	5450	7800
2d HT	450	1050	1750	3550	6150	8800
4d Sta Wag	350	900	1500	3000	5250	7500
Skylark, V-8						
4d HT	350	975	1600	3200	5600	8000
2d Cpe	350	975	1600	3250	5700	8100
2d HT	450	1120	1875	3750	6500	9300
2d Conv	650	2050	3400	6800	11,900	17,000
Skylark Gran Sport, V-8, 115" wb						
2d Cpe	700	2150	3600	7200	12,600	18,000
2d HT	450	1450	2400	4800	8400	12,000
2d Conv	700	2300	3800	7600	13,300	19,000
Sport Wagon, V-8, 120" wb						
4d 2S Sta Wag	350	1020	1700	3400	5900	8400
4d 3S Sta Wag	350	1020	1700	3400	5950	8500
4d 2S Cus Sta Wag	350	1040	1700	3450	6000	8600
4d 3S Cus Sta Wag	450	1050	1750	3550	6150	8800
LeSabre, V-8, 123" wb						
4d Sed	350	870	1450	2900	5100	7300
4d HT	350	1000	1650	3350	5800	8300
2d HT	400	1200	2000	4000	7000	10,000
LeSabre Custom, V-8, 123" wb						
4d Sed	350	950	1550	3100	5400	7700
4d HT	350	1000	1650	3350	5800	8300
2d H p	400	1250	2100	4200	7400	10,500
2d Conv	650	2050	3400	6800	11,900	17,000
Wildcat, V-8, 126" wb						
4d Sed	350	950	1550	3150	5450	7800
4d HT	450	1050	1750	3550	6150	8800
2d HT	400	1300	2200	4400	7700	11,000
2d Conv	700	2150	3600	7200	12,600	18,000
Wildcat Custom, V-8, 126" wb						
4d Sed	350	975	1600	3200	5500	7900

	6	5	4	3	2	1
4d HT	350	1000	1650	3300	5750	8200
2d HT	450	1400	2300	4600	8100	11,500
2d Conv	700	2300	3800	7600	13,300	19,000

NOTE: Add 20 percent for Wildcat Gran Sport Series.

Electra 225, V-8, 126" wb

	6	5	4	3	2	1
4d Sed	450	1050	1750	3550	6150	8800
4d HT	450	1120	1875	3750	6500	9300
2d HT	450	1450	2400	4800	8400	12,000

Electra 225 Custom, V-8

	6	5	4	3	2	1
4d Sed	450	1050	1750	3550	6150	8800
4d HT	450	1170	1975	3900	6850	9800
2d HT	450	1500	2500	5000	8800	12,500
2d Conv	750	2400	4000	8000	14,000	20,000

Riviera, V-8

	6	5	4	3	2	1
2d HT GS	500	1550	2600	5200	9100	13,000
2d HT	450	1450	2400	4800	8400	12,000

NOTE: Add 20 percent for 400. Not available in Riviera.

1967

Special, V-6, 115" wb

	6	5	4	3	2	1
4d Sed	350	830	1400	2950	4830	6900
2d Cpe	350	840	1400	2800	4900	7000
4d Sta Wag	350	820	1400	2700	4760	6800

Special DeLuxe, V-6, 115" wb

	6	5	4	3	2	1
4d Sed	350	840	1400	2800	4900	7000
2d HT	350	975	1600	3200	5600	8000

Skylark, V-6, 115" wb

	6	5	4	3	2	1
2d Cpe	350	950	1550	3150	5450	7800

Special, V-8, 115" wb

	6	5	4	3	2	1
4d Sed	350	850	1450	2850	4970	7100
2d Cpe	350	900	1500	3000	5250	7500
4d Sta Wag	350	860	1450	2900	5050	7200

Special DeLuxe, V-8, 115" wb

	6	5	4	3	2	1
4d Sed	350	860	1450	2900	5050	7200
2d HT	350	1020	1700	3400	5950	8500
4d Sta Wag	350	870	1450	2900	5100	7300

Skylark, V-8, 115" wb

	6	5	4	3	2	1
4d Sed	350	870	1450	2900	5100	7300
4d HT	350	900	1500	3000	5250	7500
2d Cpe	350	975	1600	3200	5600	8000
2d HT	450	1080	1800	3600	6300	9000
2d Conv	600	1900	3200	6400	11,200	16,000

Sport Wagon, V-8, 120" wb

	6	5	4	3	2	1
4d 2S Sta Wag	350	850	1450	2850	4970	7100
4d 3S Sta Wag	350	860	1450	2900	5050	7200

Gran Sport 340, V-8, 115" wb

	6	5	4	3	2	1
2d HT	450	1450	2400	4800	8400	12,000

Gran Sport 400, V-8, 115" wb

	6	5	4	3	2	1
2d Cpe	400	1200	2000	4000	7000	10,000
2d HT	450	1500	2500	5000	8800	12,500
2d Conv	650	2050	3400	6800	11,900	17,000

LeSabre, V-8, 123" wb

	6	5	4	3	2	1
4d Sed	350	880	1500	2950	5180	7400
4d HT	350	950	1500	3050	5300	7600
2d HT	450	1080	1800	3600	6300	9000

LeSabre Custom, V-8, 123" wb

	6	5	4	3	2	1
4d Sed	350	950	1500	3050	5300	7600
4d HT	350	950	1550	3150	5450	7800
2d HT	450	1140	1900	3800	6650	9500
2d Conv	550	1800	3000	6000	10,500	15,000

Wildcat, V-8, 126" wb

	6	5	4	3	2	1
4d Sed	350	950	1550	3150	5450	7800
4d HT	350	975	1600	3200	5600	8000
2d HT	400	1200	2000	4000	7000	10,000
2d Conv	600	1900	3200	6400	11,200	16,000

Wildcat Custom, V-8, 126" wb

	6	5	4	3	2	1
4d HT	350	950	1550	3150	5450	7800
2d HT	400	1250	2100	4200	7400	10,500
2d Conv	700	2150	3600	7200	12,600	18,000

Electra 225, V-8, 126" wb

	6	5	4	3	2	1
4d Sed	350	950	1550	3100	5400	7700
4d HT	350	975	1600	3200	5500	7900
2d HT	400	1300	2200	4400	7700	11,000

Electra 225 Custom, V-8, 126" wb

	6	5	4	3	2	1
4d Sed	350	975	1600	3250	5700	8100
4d HT	350	1020	1700	3400	5900	8400

	6	5	4	3	2	1
2d HT	450	1400	2300	4600	8100	11,500
2d Conv	750	2400	4000	8000	14,000	20,000
Riviera Series, V-8						
2d HT GS	450	1500	2500	5000	8800	12,500
2d HT	450	1450	2400	4800	8400	12,000

NOTE: Add 20 percent for 400. Not available in Riviera.

1968
Special DeLuxe, V-6, 116" wb, 2 dr 112" wb

	6	5	4	3	2	1
4d Sed	350	800	1350	2700	4700	6700
2d Sed	350	820	1400	2700	4760	6800
Skylark, V-6, 116" wb, 2 dr 112" wb						
4d Sed	350	820	1400	2700	4760	6800
2d HT	350	900	1500	3000	5250	7500
Special DeLuxe, V-8, 116" wb, 2 dr 112" wb						
4d Sed	350	820	1400	2700	4760	6800
2d Sed	350	830	1400	2950	4830	6900
4d Sta Wag	350	830	1400	2950	4830	6900
Skylark, V-8, 116" wb, 2 dr 112" wb						
4d Sed	350	830	1400	2950	4830	6900
4d HT	350	840	1400	2800	4900	7000
Skylark Custom, V-8, 116" wb, 2 dr 112" wb						
4d Sed	350	840	1400	2800	4900	7000
4d HT	350	870	1450	2900	5100	7300
2d HT	350	975	1600	3200	5600	8000
2d Conv	550	1800	3000	6000	10,500	15,000
Sport Wagon, V-8, 121" wb						
4d 2S Sta Wag	350	870	1450	2900	5100	7300
4d 3S Sta Wag	350	880	1500	2950	5180	7400
Gran Sport GS 350, V-8, 112" wb						
2d HT	450	1500	2500	5000	8800	12,500
Gran Sport GS 400, V-8, 112" wb						
2d HT	500	1550	2600	5200	9100	13,000
2d Conv	600	1900	3200	6400	11,200	16,000

NOTE: Add 15 percent for Skylark GS Calif. Spl.

LeSabre, V-8, 123" wb						
4d Sed	350	870	1450	2900	5100	7300
4d HT	350	950	1500	3050	5300	7600
2d HT	450	1140	1900	3800	6650	9500
LeSabre Custom, V-8, 123" wb						
4d Sed	350	880	1500	2950	5180	7400
4d HT	350	950	1550	3100	5400	7700
2d HT	400	1200	2000	4000	7000	10,000
2d Conv	600	1900	3200	6400	11,200	16,000
Wildcat, V-8, 126" wb						
4d Sed	350	900	1500	3000	5250	7500
4d HT	350	950	1550	3150	5450	7800
2d HT	400	1250	2100	4200	7400	10,500
Wildcat Custom, V-8, 126" wb						
4d HT	350	975	1600	3250	5700	8100
2d HT	400	1300	2200	4400	7700	11,000
2d Conv	700	2150	3600	7200	12,600	18,000
Electra 225, V-8, 126" wb						
4d Sed	350	975	1600	3200	5600	8000
4d HT	350	1020	1700	3400	5900	8400
2d HT	450	1400	2300	4600	8100	11,500
Electra 225 Custom, V-8, 126" wb						
4d Sed	350	975	1600	3250	5700	8100
4d HT	350	1020	1700	3400	5950	8500
2d HT	450	1450	2400	4800	8400	12,000
2d Conv	750	2400	4000	8000	14,000	20,000
Riviera Series, V-8						
2d HT GS	450	1500	2500	5000	8800	12,500
2d HT	450	1450	2400	4800	8400	12,000

NOTE: Add 20 percent for 400. Not available in Riviera.

1969
Special DeLuxe, V-6, 116" wb, 2 dr 112" wb

	6	5	4	3	2	1
4d Sed	350	800	1350	2700	4700	6700
2d Sed	350	790	1350	2650	4620	6600
Skylark, V-6, 116" wb, 2 dr 112" wb						
4d Sed	350	820	1400	2700	4760	6800
2d HT	350	840	1400	2800	4900	7000
Special DeLuxe, V-8, 116" wb, 2 dr 112" wb						
4d Sed	350	820	1400	2700	4760	6800
2d Sed	350	800	1350	2700	4700	6700
4d Sta Wag	350	820	1400	2700	4760	6800

	6	5	4	3	2	1
Skylark, V-8, 116" wb, 2 dr 112" wb						
4d Sed	350	830	1400	2950	4830	6900
2d HT	350	975	1600	3200	5600	8000
Skylark Custom, V-8, 116" wb, 2 dr 112" wb						
4d Sed	350	840	1400	2800	4900	7000
4d HT	350	850	1450	2850	4970	7100
2d HT	450	1080	1800	3600	6300	9000
2d Conv	550	1700	2800	5600	9800	14,000
Gran Sport GS 350, V-8, 112" wb						
2d Calif GS	450	1450	2400	4800	8400	12,000
2d HT	500	1550	2600	5200	9100	13,000
Gran Sport GS 400, V-8, 112" wb						
2d HT	550	1700	2800	5600	9800	14,000
2d Conv	700	2150	3600	7200	12,600	18,000
NOTE: Add 30 percent for Stage I option.						
Sport Wagon, V-8, 121" wb						
4d 2S Sta Wag	350	850	1450	2850	4970	7100
4d 3S Sta Wag	350	860	1450	2900	5050	7200
LeSabre, V-8, 123.2" wb						
4d Sed	350	860	1450	2900	5050	7200
4d HT	350	870	1450	2900	5100	7300
2d HT	350	1020	1700	3400	5950	8500
LeSabre Custom, V-8, 123.2" wb						
4d Sed	350	870	1450	2900	5100	7300
4d HT	350	880	1500	2950	5180	7400
2d HT	450	1080	1800	3600	6300	9000
2d Conv	550	1700	2800	5600	9800	14,000
Wildcat, V-8, 123.2" wb						
4d Sed	350	900	1500	3000	5250	7500
4d HT	350	950	1550	3100	5400	7700
2d HT	450	1140	1900	3800	6650	9500
Wildcat Custom, V-8, 123.2" wb						
4d HT	350	975	1600	3200	5500	7900
2d HT	400	1200	2000	4000	7000	10,000
2d Conv	550	1800	3000	6000	10,500	15,000
Electra 225, V-8, 126.2" wb						
4d Sed	350	950	1500	3050	5300	7600
4d HT	350	950	1550	3100	5400	7700
2d HT	400	1250	2100	4200	7400	10,500
Electra 225 Custom, V-8, 126.2" wb						
4d Sed	350	950	1550	3150	5450	7800
4d HT	350	975	1600	3250	5700	8100
2d HT	400	1300	2200	4400	7700	11,000
2d Conv	700	2150	3600	7200	12,600	18,000
Riviera Series, V-8						
2d GS HT	450	1500	2500	5000	8800	12,500
2d HT	450	1450	2400	4800	8400	12,000
NOTE: Add 20 percent for 400. Not available in Riviera.						
1970						
Skylark, V-6, 116" wb, 2 dr 112" wb						
4d Sed	350	820	1400	2700	4760	6800
2d Sed	350	800	1350	2700	4700	6700
Skylark 350, V-6, 116" wb, 2 dr 112" wb						
4d Sed	350	830	1400	2950	4830	6900
2d HT	350	900	1500	3000	5250	7500
Skylark, V-8, 116" wb, 2 dr 112" wb						
4d Sed	350	830	1400	2950	4830	6900
2d Sed	350	820	1400	2700	4760	6800
Skylark 350, V-8, 116" wb, 2 dr 112.2" wb						
4d Sed	350	840	1400	2800	4900	7000
2d HT	350	1020	1700	3400	5950	8500
Skylark Custom, V-8, 116" wb, 2 dr 112" wb						
4d Sed	350	850	1450	2850	4970	7100
4d HT	350	860	1450	2900	5050	7200
2d HT	450	1140	1900	3800	6650	9500
2d Conv	700	2150	3600	7200	12,600	18,000
Gran Sport GS, V-8, 112" wb						
2d HT	500	1550	2600	5200	9100	13,000
Gran Sport GS 455, V-8, 112" wb						
2d HT	550	1700	2800	5600	9800	14,000
2d Conv	700	2300	3800	7600	13,300	19,000
NOTE: Add 40 percent for Stage I 455.						
GSX, V-8, 455, 112" wb						
2d HT	750	2400	4000	8000	14,000	20,000

	6	5	4	3	2	1
Sport Wagon, V-8, 116" wb						
2S Sta Wag	350	860	1450	2900	5050	7200
LeSabre, V-8, 124" wb						
4d Sed	350	880	1500	2950	5180	7400
4d HT	350	950	1500	3050	5300	7600
2d HT	450	1080	1800	3600	6300	9000
LeSabre Custom, V-8, 124" wb						
4d Sed	350	900	1500	3000	5250	7500
4d HT	350	950	1550	3100	5400	7700
2d HT	450	1140	1900	3800	6650	9500
2d Conv	550	1700	2800	5600	9800	14,000
LeSabre Custom 455, V-8, 124" wb						
4d Sed	350	950	1550	3100	5400	7700
4d HT	350	975	1600	3200	5600	8000
2d HT	450	1170	1975	3900	6850	9800
Estate Wagon, V-8, 124" wb						
4d 2S Sta Wag	350	900	1500	3000	5250	7500
4d 3S Sta Wag	350	950	1550	3150	5450	7800
Wildcat Custom, V-8, 124" wb						
4d HT	350	975	1600	3200	5500	7900
2d HT	400	1200	2000	4000	7000	10,000
2d Conv	550	1800	3000	6000	10,500	15,000
Electra 225, V-8, 127" wb						
4d Sed	350	950	1550	3150	5450	7800
4d HT	350	1000	1650	3300	5750	8200
2d HT	400	1250	2100	4200	7400	10,500
Electra Custom 225, V-8, 127" wb						
4d Sed	350	975	1600	3200	5500	7900
4d HT	350	1020	1700	3400	5900	8400
2d HT	400	1300	2200	4400	7700	11,000
2d Conv	700	2300	3800	7600	13,300	19,000
Riviera Series, V-8						
2d GS Cpe	450	1450	2400	4800	8400	12,000
2d HT Cpe	450	1400	2300	4600	8100	11,500

NOTE: Add 40 percent for 455, except in Riviera.

1971-1972

	6	5	4	3	2	1
Skylark, V-8, 116" wb, 2 dr 112" wb						
4d Sed	200	745	1250	2500	4340	6200
2d Sed	200	730	1250	2450	4270	6100
2d HT	350	840	1400	2800	4900	7000
Skylark 350, V-8, 116" wb, 2 dr 112" wb						
4d Sed	350	770	1300	2550	4480	6400
2d HT	350	975	1600	3200	5600	8000
Skylark Custom, V-8						
4d Sed	200	750	1275	2500	4400	6300
4d HT	350	780	1300	2600	4550	6500
2d HT	450	1080	1800	3600	6300	9000
2d Conv	550	1700	2800	5600	9800	14,000
Gran Sport, 350, V-8						
2d HT	500	1550	2600	5200	9100	13,000
2d Conv	700	2150	3600	7200	12,600	18,000
2d HT GSX	750	2400	4000	8000	14,000	20,000

NOTE: Add 40 percent for Stage I & 20 percent for GS-455 options.
   Add 15 percent for folding sun roof.

	6	5	4	3	2	1
Sport Wagon, V-8, 116" wb						
4d 2S Sta Wag	200	650	1100	2150	3780	5400
LeSabre						
4d Sed	200	670	1200	2300	4060	5800
4d HT	200	720	1200	2400	4200	6000
2d HT	200	745	1250	2500	4340	6200
LeSabre Custom, V-8						
4d Sed	200	700	1200	2350	4130	5900
4d HT	200	730	1250	2450	4270	6100
2d HT	350	770	1300	2550	4480	6400
2d Conv	500	1550	2600	5200	9100	13,000
Centurion, V-8						
4d HT	200	750	1275	2500	4400	6300
2d HT	350	790	1350	2650	4620	6600
2d Conv	550	1700	2800	5600	9800	14,000
Estate Wagon, V-8, 124" wb						
4d 2S Sta Wag	200	720	1200	2400	4200	6000
4d 3S Sta Wag	200	730	1250	2450	4270	6100
Electra 225, V-8, 127" wb						
4d HT	350	770	1300	2550	4480	6400
2d HT	350	800	1350	2700	4700	6700

	6	5	4	3	2	1
Electra Custom 225, V-8						
4d HT	350	780	1300	2600	4550	6500
2d HT	350	840	1400	2800	4900	7000
Riviera, V-8						
2d HT GS	350	1020	1700	3400	5950	8500
2d HT	350	900	1500	3000	5250	7500
Wagons						
4d 2S Wag	200	750	1275	2500	4400	6300
4d 4S Wag	350	770	1300	2550	4480	6400

NOTE: Add 40 percent for 455.

1973
	6	5	4	3	2	1
Apollo, 6-cyl., 111" wb						
4d Sed	200	700	1050	2100	3650	5200
2d Sed	200	650	1100	2150	3780	5400
2d HBk	200	670	1150	2250	3920	5600
Apollo, V-8						
4d Sed	200	700	1075	2150	3700	5300
2d Sed	200	660	1100	2200	3850	5500
2d HBk	200	685	1150	2300	3990	5700
Century, V-8, 116" wb, 2 dr 112" wb						
2d Cpe	200	670	1150	2250	3920	5600
4d Sed	200	660	1100	2200	3850	5500
4d 3S Sta Wag	200	650	1100	2150	3780	5400
Century Luxus, V-8						
4d HT	200	670	1150	2250	3920	5600
2d Cpe	200	685	1150	2300	3990	5700
4d 3S Wag	200	660	1100	2200	3850	5500
Century Regal, V-8						
2d HT	350	780	1300	2600	4550	6500

NOTE: Add 30 percent for Gran Sport pkg. Add 70 percent for GS Stage I, 455 option.

	6	5	4	3	2	1
LeSabre, V-8, 124" wb						
4d Sed	200	700	1050	2050	3600	5100
4d HT	200	700	1050	2100	3650	5200
2d HT	200	660	1100	2200	3850	5500
LeSabre Custom, V-8						
4d Sed	200	685	1150	2300	3990	5700
4d HT	200	670	1200	2300	4060	5800
2d HT	200	750	1275	2500	4400	6300
4d 3S Est Wag	200	685	1150	2300	3990	5700
Centurion, V-8						
4d HT	200	700	1200	2350	4130	5900
2d HT	350	770	1300	2550	4480	6400
2d Conv	400	1250	2100	4200	7400	10,500
Electra 225, V-8, 127" wb						
4d HT	200	720	1200	2400	4200	6000
2d HT	350	800	1350	2700	4700	6700
Electra Custom 225, V-8						
4d HT	200	730	1250	2450	4270	6100
2d HT	350	820	1400	2700	4760	6800
Riviera, V-8						
2d HT GS	350	975	1600	3200	5600	8000
2d HT	350	840	1400	2800	4900	7000

1974
	6	5	4	3	2	1
Apollo, 6-cyl., 111" wb						
4d Sed	200	700	1050	2050	3600	5100
2d Sed	200	700	1050	2050	3600	5100
2d HBk	200	700	1050	2100	3650	5200
Apollo, V-8, 111" wb						
4d Sed	200	745	1250	2500	4340	6200
2d Sed	200	745	1250	2500	4340	6200
2d HBk	200	750	1275	2500	4400	6300
Century, V-8						
2d Cpe	200	670	1150	2250	3920	5600
4d HT	200	660	1100	2200	3850	5500
4d Sta Wag	200	660	1100	2200	3850	5500
Century Luxus, V-8, 112" wb						
2d HT	200	660	1100	2200	3850	5500
4d HT	200	650	1100	2150	3780	5400
4d Sta Wag	200	650	1100	2150	3780	5400
Gran Sport, V-8						
2d Cpe	200	720	1200	2400	4200	6000
Century Regal, V-8, 112" wb						
2d HT	200	730	1250	2450	4270	6100
4d HT	200	670	1200	2300	4060	5800

	6	5	4	3	2	1
LeSabre						
4d Sed	200	685	1150	2300	3990	5700
4d HT	200	670	1200	2300	4060	5800
2d HT	200	700	1200	2350	4130	5900
LeSabre, V-8, 123" wb						
4d Sed	350	790	1350	2650	4620	6600
4d HT	350	800	1350	2700	4700	6700
2d HT	350	830	1400	2950	4830	6900
LeSabre Luxus, V-8, 123" wb						
4d Sed	350	800	1350	2700	4700	6700
4d HT	350	820	1400	2700	4760	6800
2d HT	350	840	1400	2800	4900	7000
2d Conv	400	1200	2000	4000	7000	10,000
Estate Wagon, V-8						
4d Sta Wag	350	820	1400	2700	4760	6800
Electra 225, V-8						
2d HT	350	860	1450	2900	5050	7200
4d HT	350	800	1350	2700	4700	6700
Electra 225 Custom, V-8						
2d HT	350	880	1500	2950	5180	7400
4d HT	350	830	1400	2950	4830	6900
Electra Limited, V-8						
2d HT	350	950	1500	3050	5300	7600
4d HT	350	850	1450	2850	4970	7100
Riviera, V-8						
2d HT	350	900	1500	3000	5250	7500

NOTES: Add 10 percent for Apollo GSX.
  Add 10 percent for Century Grand Sport.
  Add 15 percent for Century GS-455.
  Add 20 percent for GS-455 Stage I.
  Add 5 percent for sunroof.
  Add 15 percent for Riviera GS or Stage I.

1975

	6	5	4	3	2	1
Skyhawk, V-6						
2d 'S'HBk	200	700	1075	2150	3700	5300
2d HBk	200	700	1075	2150	3700	5300
Apollo, V-8						
4d Sed	200	700	1050	2100	3650	5200
4d 'SR' Sed	200	700	1075	2150	3700	5300
Skylark, V-8						
2d Cpe	200	650	1100	2150	3780	5400
2d HBk	200	660	1100	2200	3850	5500
2d 'SR' Cpe	200	660	1100	2200	3850	5500
2d 'SR' HBk	200	670	1150	2250	3920	5600
Century, V-8						
4d Sed	200	700	1050	2050	3600	5100
2d Cpe	200	700	1050	2050	3600	5100
4d Cus Sed	200	650	1100	2150	3780	5400
2d Cus Cpe	200	660	1100	2200	3850	5500
4d 2S Sta Wag	200	700	1050	2050	3600	5100
4d 3S Sta Wag	200	700	1050	2100	3650	5200
Regal, V-8						
4d Sed	200	700	1075	2150	3700	5300
2d Cpe	200	700	1075	2150	3700	5300
LeSabre, V-8						
4d Sed	200	650	1100	2150	3780	5400
4d HT	200	670	1150	2250	3920	5600
2d Cpe	200	660	1100	2200	3850	5500
LeSabre Custom, V-8						
4d Sed	200	670	1150	2250	3920	5600
4d HT	200	700	1200	2350	4130	5900
2d Cpe	200	700	1200	2350	4130	5900
2d Conv	400	1200	2000	4000	7000	10,000
Estate Wagon, V-8						
4d 2S Sta Wag	200	685	1150	2300	3990	5700
4d 3S Sta Wag	200	700	1200	2350	4130	5900
Electra 225 Custom, V-8						
4d HT	200	720	1200	2400	4200	6000
2d Cpe	200	745	1250	2500	4340	6200
Electra 225 Limited, V-8						
4d HT	200	730	1250	2450	4270	6100
2d Cpe	350	770	1300	2550	4480	6400
Riviera, V-8						
2d HT	350	780	1300	2600	4550	6500

NOTE: Add 15 percent for Park Avenue DeLuxe.
  Add 5 percent for Park Avenue, Century, GS or Riviera GS options.

	6	5	4	3	2	1
1976						
Skyhawk, V-6						
2d HBk	150	575	900	1750	3100	4400
Skylark S, V-8						
2d Cpe	150	600	950	1850	3200	4600
Skylark, V-8						
4d Sed	150	600	950	1850	3200	4600
2d Cpe	150	650	950	1900	3300	4700
2d HBk	150	650	975	1950	3350	4800
Skylark SR, V-8						
4d Sed	150	650	950	1900	3300	4700
2d Cpe	150	650	975	1950	3350	4800
2d HBk	200	675	1000	1950	3400	4900
Century Special, V-6						
2d Cpe	150	600	900	1800	3150	4500
Century, V-8						
4d Sed	200	675	1000	2000	3500	5000
2d Cpe	150	650	950	1900	3300	4700
Century Custom, V-8						
4d Sed	200	700	1050	2100	3650	5200
2d Cpe	150	650	975	1950	3350	4800
4d 2S Sta Wag	150	600	950	1850	3200	4600
4d 3S Sta Wag	150	650	950	1900	3300	4700
Regal, V-8						
4d Sed	200	700	1075	2150	3700	5300
2d Cpe	200	675	1000	1950	3400	4900
LeSabre, V-6						
4d Sed	200	650	1100	2150	3780	5400
4d HT	200	675	1000	2000	3500	5000
2d Cpe	200	700	1050	2050	3600	5100
LeSabre Custom, V-8						
4d Sed	200	660	1100	2200	3850	5500
4d HT	200	700	1050	2100	3650	5200
2d Cpe	200	700	1075	2150	3700	5300
Estate, V-8						
4d 2S Sta Wag	200	660	1100	2200	3850	5500
4d 3S Sta Wag	200	670	1150	2250	3920	5600
Electra 225, V-8						
4d HT	200	685	1150	2300	3990	5700
2d Cpe	200	660	1100	2200	3850	5500
Electra 225 Custom, V-8						
4d HT	200	700	1200	2350	4130	5900
2d Cpe	200	685	1150	2300	3990	5700
Riviera, V-8						
2d Spt Cpe	200	720	1200	2400	4200	6000

NOTE: Deduct 5 percent for 6 cylinder.

	6	5	4	3	2	1
1977						
Skyhawk, V-6						
2d HBk	100	360	600	1200	2100	3000
Skylark S, V-8						
2d Cpe	125	380	650	1300	2250	3200
Skylark, V-8						
4d Sed	125	380	650	1300	2250	3200
2d Cpe	125	400	675	1350	2300	3300
2d HBk	125	400	700	1375	2400	3400
Skylark SR, V-8						
4d Sed	125	400	675	1350	2300	3300
2d Cpe	125	400	700	1375	2400	3400
2d HBk	125	450	700	1400	2450	3500
Century, V-8						
4d Sed	150	500	800	1600	2800	4000
2d Cpe	150	550	850	1650	2900	4100
Century Special, V-6						
2d Cpe	150	550	850	1675	2950	4200
Century Custom, V-8						
4d Sed	150	550	850	1650	2900	4100
2d Cpe	150	550	850	1675	2950	4200
4d 2S Sta Wag	150	500	800	1550	2700	3900
4d 3S Sta Wag	150	500	800	1600	2800	4000
Regal, V-8						
4d Sed	150	575	875	1700	3000	4300
2d Cpe	150	575	900	1750	3100	4400
LeSabre, V-8						
4d Sed	150	550	850	1650	2900	4100
2d Cpe	150	550	850	1675	2950	4200

	6	5	4	3	2	1
LeSabre Custom, V-8						
4d Sed	150	550	850	1675	2950	4200
2d Cpe	150	575	875	1700	3000	4300
2d Spt Cpe	150	575	900	1750	3100	4400
Electra 225, V-8						
4d Sed	150	575	900	1750	3100	4400
2d Cpe	150	600	900	1800	3150	4500
Electra 225 Limited, V-8						
4d Sed	150	600	950	1850	3200	4600
2d Cpe	150	650	975	1950	3350	4800
Riviera, V-8						
2d Cpe	200	675	1000	1950	3400	4900

NOTE: Deduct 5 percent for V-6.

1978 Buick Riviera coupe

1978

	6	5	4	3	2	1
Skyhawk						
2d 'S' HBk	125	380	650	1300	2250	3200
2d HBk	125	400	700	1375	2400	3400
Skylark						
2d 'S' Cpe	125	400	675	1350	2300	3300
4d Sed	125	400	700	1375	2400	3400
2d Cpe	125	400	700	1375	2400	3400
2d HBk	125	450	700	1400	2450	3500
Skylark Custom						
4d Sed	125	400	700	1375	2400	3400
2d Cpe	125	450	700	1400	2450	3500
2d HBk	125	450	750	1450	2500	3600
Century Special						
4d Sed	125	450	700	1400	2450	3500
2d Cpe	125	450	750	1450	2500	3600
Sta Wag	125	400	700	1375	2400	3400
Century Custom						
4d Sed	125	450	750	1450	2500	3600
2d Cpe	150	475	750	1475	2600	3700
Sta Wag	125	450	700	1400	2450	3500
Century Sport						
2d Cpe	150	500	800	1550	2700	3900
Century Limited						
4d Sed	150	475	775	1500	2650	3800
2d Cpe	150	500	800	1550	2700	3900
Regal						
2d Cpe	150	475	750	1475	2600	3700
Spt Cpe	150	475	775	1500	2650	3800
Regal Limited						
2d Cpe	150	500	800	1600	2800	4000
LeSabre						
4d Sed	150	475	750	1475	2600	3700
2d Cpe	150	475	775	1500	2650	3800
2d Spt Turbo Cpe	150	550	850	1650	2900	4100
LeSabre Custom						
4d Sed	150	475	775	1500	2650	3800

	6	5	4	3	2	1
2d Cpe	150	500	800	1550	2700	3900
Estate Wagon						
4d Sta Wag	150	475	750	1475	2600	3700
Electra 225						
4d Sed	150	500	800	1550	2700	3900
2d Cpe	150	550	850	1675	2950	4200
Electra Limited						
4d Sed	150	500	800	1600	2800	4000
2d Cpe	150	600	900	1800	3150	4500
Electra Park Avenue						
4d Sed	150	550	850	1675	2950	4200
2d Cpe	150	650	975	1950	3350	4800
Riviera						
2d Cpe	200	660	1100	2200	3850	5500

NOTE: Deduct 5 percent for 6 cyl.

1979

	6	5	4	3	2	1
Skyhawk, V-6						
2d HBk	125	450	700	1400	2450	3500
2d 'S' HBk	125	400	700	1375	2400	3400
Skylark 'S', V-8						
2d 'S' Cpe	125	400	675	1350	2300	3300
Skylark, V-8						
4d Sed	125	450	700	1400	2450	3500
2d Cpe	125	450	700	1400	2450	3500
2d HBk	125	450	750	1450	2500	3600
Skylark Custom, V-8						
4d Sed	125	450	750	1450	2500	3600
2d Cpe	125	450	750	1450	2500	3600
Century Special, V-8						
4d Sed	125	450	750	1450	2500	3600
2d Cpe	125	450	700	1400	2450	3500
4d Sta Wag	125	450	750	1450	2500	3600
Century Custom, V-8						
4d Sed	150	475	750	1475	2600	3700
2d Cpe	125	450	750	1450	2500	3600
4d Sta Wag	150	475	750	1475	2600	3700
Century Sport, V-8						
2d Cpe	150	500	800	1600	2800	4000
Century Limited, V-8						
4d Sed	150	500	800	1550	2700	3900

NOTE: Deduct 7 percent for 6-cyl.

	6	5	4	3	2	1
Regal, V-6						
2d Cpe	150	500	800	1550	2700	3900
Regal Sport Turbo, V-6						
2d Cpe	150	575	900	1750	3100	4400
Regal, V-8						
2d Cpe	150	500	800	1600	2800	4000
Regal Limited, V-8 & V-6						
2d Cpe V-6	150	500	800	1550	2700	3900
2d Cpe V-8	150	550	850	1675	2950	4200
LeSabre, V-8						
4d Sed	150	500	800	1550	2700	3900
2d Cpe	150	475	775	1500	2650	3800
LeSabre Limited, V-8						
4d Sed	150	500	800	1600	2800	4000
2d Cpe	150	500	800	1550	2700	3900

NOTE: Deduct 7 percent for V-6.

	6	5	4	3	2	1
LeSabre Sport Turbo, V-6						
2d Cpe	150	600	900	1800	3150	4500
LeSabre Estate Wagon						
4d Sta Wag	150	500	800	1600	2800	4000
Electra 225, V-8						
4d Sed	150	550	850	1650	2900	4100
2d Cpe	150	575	875	1700	3000	4300
Electra Limited, V-8						
4d Sed	150	575	875	1700	3000	4300
2d Cpe	150	600	950	1850	3200	4600
Electra Park Avenue, V-8						
4d Sed	150	600	950	1850	3200	4600
2d Cpe	200	675	1000	1950	3400	4900
Riviera, V-8						
2d 'S'Cpe	350	975	1600	3200	5600	8000

NOTE: Deduct 10 percent for V-6.

	6	5	4	3	2	1
1980						
Skyhawk, V-6						
2d HBk S	150	475	750	1475	2600	3700
2d HBk	150	475	775	1500	2650	3800
Skylark, V-6						
4d Sed	150	475	775	1500	2650	3800
2d Cpe	150	500	800	1550	2700	3900
4d Sed Ltd	150	500	800	1550	2700	3900
2d Cpe Ltd	150	500	800	1600	2800	4000
4d Sed Spt	150	550	850	1650	2900	4100
2d Cpe Spt	150	550	850	1675	2950	4200
NOTE: Deduct 10 percent for 4-cyl.						
Century, V-8						
4d Sed	125	450	750	1450	2500	3600
2d Cpe	150	475	775	1500	2650	3800
4d Sta Wag Est	150	475	750	1475	2600	3700
2d Cpe Spt	150	500	800	1550	2700	3900
NOTE: Deduct 12 percent for V-6.						
Regal, V-8						
2d Cpe	150	500	800	1550	2700	3900
2d Cpe Ltd	150	500	800	1600	2800	4000
NOTE: Deduct 12 percent for V-6.						
Regal Turbo, V-6						
2d Cpe	200	660	1100	2200	3850	5500
LeSabre, V-8						
4d Sed	150	550	850	1650	2900	4100
2d Cpe	150	550	850	1675	2950	4200
4d Sed Ltd	150	575	875	1700	3000	4300
2d Cpe Ltd	150	575	900	1750	3100	4400
4d Sta Wag Est	150	575	875	1700	3000	4300
LeSabre Turbo, V-6						
2d Cpe Spt	200	675	1000	1950	3400	4900
Electra, V-8						
4d Sed Ltd	150	600	950	1850	3200	4600
2d Cpe Ltd	150	650	950	1900	3300	4700
4d Sed Park Ave	150	650	950	1900	3300	4700
2d Cpe Park Ave	150	650	975	1950	3350	4800
4d Sta Wag Est	200	675	1000	1950	3400	4900
Riviera S Turbo, V-6						
2d Cpe	200	745	1250	2500	4340	6200
Riviera, V-8						
2d Cpe	350	975	1600	3200	5600	8000
1981						
Skylark, V-6						
4d Sed Spt	150	550	850	1675	2950	4200
2d Cpe Spt	150	575	875	1700	3000	4300
NOTE: Deduct 10 percent for 4-cyl.						
Deduct 5 percent for lesser model.						
Century, V-8						
4d Sed Ltd	150	475	775	1500	2650	3800
4d Sta Wag Est	150	500	800	1550	2700	3900
NOTE: Deduct 12 percent for V-6.						
Deduct 5 percent for lesser model.						
Regal, V-8						
2d Cpe	150	500	800	1550	2700	3900
2d Cpe Ltd	150	500	800	1600	2800	4000
NOTE: Deduct 12 percent for V-6.						
Regal Turbo, V-6						
2d Cpe Spt	200	670	1150	2250	3920	5600
LeSabre, V-8						
4d Sed Ltd	150	575	875	1700	3000	4300
2d Cpe Ltd	150	575	900	1750	3100	4400
4d Sta Wag Est	150	600	900	1800	3150	4500
NOTE: Deduct 12 percent for V-6 except Estate Wag.						
Deduct 5 percent for lesser models.						
Electra, V-8						
4d Sed Ltd	150	575	900	1750	3100	4400
2d Cpe Ltd	150	600	900	1800	3150	4500
4d Sed Park Ave	150	600	950	1850	3200	4600
2d Cpe Park Ave	150	650	950	1900	3300	4700
4d Sta Wag Est	150	650	950	1900	3300	4700
NOTE: Deduct 15 percent for V-6 except Estate Wag.						
Riviera, V-8						
2d Cpe	350	975	1600	3200	5600	8000

	6	5	4	3	2	1
Riviera, V-6						
2d Cpe	350	900	1500	3000	5250	7500
2d Cpe Turbo T Type	350	950	1550	3100	5400	7700
1982						
Skyhawk, 4-cyl.						
4d Sed Ltd	150	500	800	1550	2700	3900
2d Cpe Ltd	150	500	800	1600	2800	4000
NOTE: Deduct 5 percent for lesser models.						
Skylark, V-6						
4d Sed Spt	150	575	900	1750	3100	4400
2d Cpe Spt	150	600	900	1800	3150	4500
NOTE: Deduct 10 percent for 4-cyl.						
Deduct 5 percent for lesser models.						
Regal, V-6						
4d Sed	150	575	900	1750	3100	4400
2d Cpe	150	600	900	1800	3150	4500
2d Cpe Turbo	200	660	1100	2200	3850	5500
2d Grand National	850	2650	4400	8800	15,400	22,000
4d Sed Ltd	150	650	950	1900	3300	4700
2d Cpe Ltd	150	650	975	1950	3350	4800
4d Sta Wag	150	650	975	1950	3350	4800
NOTE: Add 10 percent for T-top option.						
Century, V-6						
4d Sed Ltd	200	675	1000	1950	3400	4900
2d Cpe Ltd	200	675	1000	2000	3500	5000
NOTE: Deduct 10 percent for 4-cyl.						
Deduct 5 percent for lesser models.						
LeSabre, V-8						
4d Sed Ltd	200	675	1000	1950	3400	4900
2d Cpe Ltd	200	675	1000	2000	3500	5000
4d Sta Wag Est	200	675	1000	2000	3500	5000
NOTE: Deduct 12 percent for V-6 except Estate Wag.						
Deduct 5 percent for lesser models.						
Electra, V-8						
4d Sed Ltd	200	675	1000	1950	3400	4900
2d Cpe Ltd	200	700	1050	2050	3600	5100
4d Sed Park Ave	200	700	1050	2100	3650	5200
2d Cpe Park Ave	200	650	1100	2150	3780	5400
4d Sta Wag Est	200	650	1100	2150	3780	5400
NOTE: Deduct 15 percent for V-6 except Estate Wag.						
Riviera, V-6						
2d Cpe	350	900	1500	3000	5250	7500
2d Cpe T Type	350	950	1550	3150	5450	7800
2d Conv	650	2050	3400	6800	11,900	17,000
Riviera, V-8						
2d Cpe	350	975	1600	3200	5600	8000
2d Conv	700	2150	3600	7200	12,600	18,000
1983						
Skyhawk, 4-cyl.						
4d Sed Ltd	150	550	850	1675	2950	4200
2d Cpe Ltd	150	575	875	1700	3000	4300
4d Sta Wag Ltd	150	575	875	1700	3000	4300
2d Cpe T Type	200	675	1000	1950	3400	4900
NOTE: Deduct 5 percent for lesser models.						
Skylark, V-6						
4d Sed Ltd	150	550	850	1675	2950	4200
2d Cpe Ltd	150	575	875	1700	3000	4300
2d Cpe T Type	200	700	1050	2050	3600	5100
NOTE: Deduct 10 percent for 4-cyl. except T Type.						
Deduct 5 percent for lesser models.						
Century, V-6						
4d Sed T Type	200	675	1000	2000	3500	5000
2d Cpe T Type	200	660	1100	2200	3850	5500
NOTE: Deduct 12 percent for 4-cyl. except T Type.						
Deduct 5 percent for lesser models.						
Regal, V-6						
4d Sed T Type	200	670	1200	2300	4060	5800
2d Cpe T Type	200	745	1250	2500	4340	6200
4d Sta Wag	150	650	950	1900	3300	4700
NOTE: Add 10 percent for T-top option.						
Deduct 5 percent for lesser models.						
LeSabre, V-8						
4d Sed Ltd	200	700	1050	2100	3650	5200
2d Cpe Ltd	200	700	1075	2150	3700	5300

	6	5	4	3	2	1
4d Sta Wag	200	700	1075	2150	3700	5300

NOTE: Deduct 12 percent for V-6 except Estate.
Deduct 5 percent for lesser models.

Electra, V-8

	6	5	4	3	2	1
4d Sed Ltd	200	700	1050	2100	3650	5200
2d Cpe Ltd	200	700	1075	2150	3700	5300
4d Sed Park Ave	200	650	1100	2150	3780	5400
2d Cpe Park Ave	200	660	1100	2200	3850	5500
4d Sta Wag Est	200	660	1100	2200	3850	5500

NOTE: Deduct 15 percent for V-6.

Riviera, V-6

	6	5	4	3	2	1
2d Cpe	350	900	1500	3000	5250	7500
2d Conv	650	2050	3400	6800	11,900	17,000
2d T Type	350	1020	1700	3400	5950	8500

NOTE: Add 20 percent for XX option.

Riviera, V-8

	6	5	4	3	2	1
2d Cpe	350	1040	1700	3450	6000	8600
2d Conv	700	2150	3600	7200	12,600	18,000

1984

Skyhawk Limited, 4-cyl.

	6	5	4	3	2	1
4d Sed	150	575	875	1700	3000	4300
2d Sed	150	575	875	1700	3000	4300
4d Sta Wag	150	575	875	1700	3000	4300

NOTE: Deduct 5 percent for lesser models.

Skyhawk T Type, 4-cyl.

	6	5	4	3	2	1
2d Sed	200	675	1000	2000	3500	5000

Skylark Limited, V-6

	6	5	4	3	2	1
4d Sed	150	575	900	1750	3100	4400
2d Sed	150	600	900	1800	3150	4500

NOTE: Deduct 5 percent for lesser models.
Deduct 8 percent for 4-cyl.

Skylark T Type, V-6

	6	5	4	3	2	1
2d Sed	200	700	1050	2100	3650	5200

Century Limited, 4-cyl.

NOTE: Deduct 5 percent for lesser models.
Deduct 8 percent for 4-cyl.

Century Limited, V-6

	6	5	4	3	2	1
4d Sed	150	600	900	1800	3150	4500
2d Sed	150	600	950	1850	3200	4600
4d Sta Wag Est	150	600	950	1850	3200	4600

Century T Type, V-6

	6	5	4	3	2	1
4d Sed	200	700	1050	2050	3600	5100
2d Sed	200	670	1150	2250	3920	5600

Regal, V-6

	6	5	4	3	2	1
4d Sed	150	575	900	1750	3100	4400
2d Sed	150	600	900	1800	3150	4500
2d Grand Natl	550	1700	2800	5600	9800	14,000

Regal Limited, V-6

	6	5	4	3	2	1
4d Sed	150	600	900	1800	3150	4500
2d Sed	150	600	950	1850	3200	4600

Regal T Type, V-6

	6	5	4	3	2	1
2d Sed	200	720	1200	2400	4200	6000

LeSabre Custom, V-8

	6	5	4	3	2	1
4d Sed	200	700	1050	2100	3650	5200
2d Sed	200	700	1050	2100	3650	5200

LeSabre Limited, V-8

	6	5	4	3	2	1
4d Sed	200	700	1075	2150	3700	5300
2d Sed	200	700	1075	2150	3700	5300

NOTE: Deduct 10 percent for V-6 cyl.

Electra Limited, V-8

	6	5	4	3	2	1
4d Sed	200	670	1150	2250	3920	5600
2d Sed	200	685	1150	2300	3990	5700
4d Est Wag	200	685	1150	2300	3990	5700

Electra Park Avenue, V-8

	6	5	4	3	2	1
4d Sed	200	670	1150	2250	3920	5600
2d Sed	200	685	1150	2300	3990	5700

NOTE: Deduct 10 percent for V-6 cyl.

Riviera, V-6

	6	5	4	3	2	1
2d Cpe	350	950	1500	3050	5300	7600
2d Conv	650	2100	3500	7000	12,300	17,500

Riviera, V-8

	6	5	4	3	2	1
2d Cpe	350	975	1600	3200	5600	8000
2d Conv	700	2200	3700	7400	13,000	18,500

Riviera T Type, V-6 Turbo

	6	5	4	3	2	1
2d Cpe	350	975	1600	3200	5500	7900

	6	5	4	3	2	1
1985						
Skyhawk, 4-cyl.						
4d Sed Ltd	150	575	900	1750	3100	4400
2d Ltd	150	575	900	1750	3100	4400
4d Sta Wag Ltd	150	575	900	1750	3100	4400
2d T Type	200	700	1050	2050	3600	5100
NOTE: Deduct 5 percent for lesser models.						
Skylark, V-6						
4d Cus Sed	150	575	900	1750	3100	4400
4d Sed Ltd	150	600	900	1800	3150	4500
NOTE: Deduct 10 percent for 4-cyl.						
Century, V-6						
4d Sed Ltd	150	600	950	1850	3200	4600
2d Ltd	150	600	950	1850	3200	4600
4d Sta Wag Est	150	650	975	1950	3350	4800
4d Sed T Type	200	660	1100	2200	3850	5500
2d T Type	200	685	1150	2300	3990	5700
NOTE: Deduct 10 percent for 4-cyl. where available.						
Deduct 5 percent for lesser models.						
Somerset Regal, V-6						
2d Cus	150	650	950	1900	3300	4700
2d Ltd	150	650	975	1950	3350	4800
NOTE: Deduct 10 percent for 4-cyl.						
Regal, V-6						
2d	150	600	950	1850	3200	4600
2d Ltd	150	650	950	1900	3300	4700
2d T Type	200	720	1200	2400	4200	6000
2d T Type Grand Natl	450	1450	2400	4800	8400	12,000
LeSabre, V-8						
4d Sed Ltd	200	650	1100	2150	3780	5400
2d Ltd	200	650	1100	2150	3780	5400
4d Sta Wag Est	200	685	1150	2300	3990	5700
4d Electra Sta Wag Est	200	670	1200	2300	4060	5800
NOTE: Deduct 20 percent for V-6.						
Deduct 5 percent for lesser models.						
Electra, V-6						
4d Sed	200	660	1100	2200	3850	5500
2d	200	670	1150	2250	3920	5600
Electra Park Avenue, V-6						
4d Sed	200	670	1150	2250	3920	5600
2d Sed	200	685	1150	2300	3990	5700
Electra T Type, V-6						
4d Sed	200	670	1200	2300	4060	5800
2d	200	700	1200	2350	4130	5900
Riviera T Type, V-6						
2d Turbo	350	975	1600	3200	5500	7900
Riviera, V-8						
2d	350	975	1600	3200	5600	8000
Conv	700	2300	3800	7600	13,300	19,000
NOTE: Deduct 30 percent for diesel where available.						
1986						
Skyhawk, 4-cyl.						
4d Cus Sed	150	575	900	1750	3100	4400
2d Cus Cpe	150	575	875	1700	3000	4300
4d Cus Sta Wag	150	600	900	1800	3150	4500
4d Ltd Sed	150	600	900	1800	3150	4500
2d Cpe Ltd	150	575	900	1750	3100	4400
4d Sta Wag Ltd	150	600	950	1850	3200	4600
2d Spt HBk	150	650	950	1900	3300	4700
2d T-Type HBk	150	650	975	1950	3350	4800
2d T-Type Cpe	150	650	950	1900	3300	4700
Skylark, V-6						
2d Cus Cpe	150	575	900	1750	3100	4400
4d Sed Ltd	150	600	900	1800	3150	4500
Somerset, V-6						
2d Cus Cpe	150	650	975	1950	3350	4800
2d Cpe T Type	200	700	1050	2100	3650	5200
Century Custom						
2d Cpe	200	675	1000	1950	3400	4900
4d Sed	150	650	975	1950	3350	4800
4d Sta Wag	200	675	1000	2000	3500	5000
Century Limited, V-6						
2d Cpe	200	675	1000	2000	3500	5000
4d Sed	200	675	1000	1950	3400	4900
4d Sta Wag	200	700	1050	2050	3600	5100
4d Sed T Type	200	650	1100	2150	3780	5400

	6	5	4	3	2	1
Regal, V-6						
2d Cpe, V-8	150	650	950	1900	3300	4700
2d Cpe Ltd, V-8	200	675	1000	1950	3400	4900
2d Cpe T Type	350	975	1600	3200	5600	8000
2d T Type Grand Natl	550	1800	3000	6000	10,500	15,000
LeSabre Custom, V-6						
2d Cpe	200	660	1100	2200	3850	5500
4d Sed	200	650	1100	2150	3780	5400
LeSabre Limited						
2d Cpe Grand Natl	450	1450	2400	4800	8400	12,000
2d Cpe	200	670	1150	2250	3920	5600
4d Sed	200	660	1100	2200	3850	5500
4d Sta Wag Est, V-8	200	720	1200	2400	4200	6000
Electra, V-6						
2d Cpe	200	670	1150	2250	3920	5600
4d Sed	200	670	1150	2250	3920	5600
Electra Park Avenue, V-6						
2d Cpe	200	685	1150	2300	3990	5700
4d Sed	200	685	1150	2300	3990	5700
4d Sed T Type	200	700	1200	2350	4130	5900
4d Sta Wag Est	200	745	1250	2500	4340	6200
Riviera, V-6						
2d Cpe	350	950	1550	3150	5450	7800
2d Cpe T Type	350	975	1600	3200	5600	8000

NOTES: Add 10 percent for deluxe models.
  Deduct 5 percent for smaller engines where available.

1987

	6	5	4	3	2	1
Skyhawk, 4-cyl.						
4d Cus Sed	150	575	900	1750	3100	4400
2d Cus Cpe	150	575	875	1700	3000	4300
4d Cus Sta Wag	150	600	900	1800	3150	4500
4d Sed Ltd	150	600	900	1800	3150	4500
2d Cpe Ltd	150	575	900	1750	3100	4400
4d Sta Wag Ltd	150	600	950	1850	3200	4600
Spt HBk	150	650	950	1900	3300	4700

NOTE: Add 5 percent for Turbo.

	6	5	4	3	2	1
Somerset, 4-cyl.						
2d Cus Cpe	200	675	1000	1950	3400	4900
2d Cpe Ltd	200	675	1000	2000	3500	5000

NOTE: Add 10 percent for V-6.

	6	5	4	3	2	1
Skylark						
4d Cus Sed	150	650	950	1900	3300	4700
4d Sed Ltd	150	650	975	1950	3350	4800

NOTE: Add 10 percent for V-6.

	6	5	4	3	2	1
Century, 4-cyl.						
4d Cus Sed	200	675	1000	1950	3400	4900
2d Cus Cpe	150	650	975	1950	3350	4800
4d Cus Sta Wag	200	675	1000	2000	3500	5000
4d Sed Ltd	200	675	1000	2000	3500	5000
2d Cpe Ltd	200	675	1000	1950	3400	4900
4d Sta Wag Est	200	700	1050	2050	3600	5100

NOTE: Add 10 percent for V-6.

	6	5	4	3	2	1
Regal, V-6						
2d Cpe	200	675	1000	2000	3500	5000
2d Cpe Ltd	200	700	1050	2050	3600	5100
2d Cpe Turbo T	550	1800	3000	6000	10,500	15,000
2d Cpe Turbo T Ltd	600	1900	3200	6400	11,200	16,000
2d Cpe Turbo Grand Natl	750	2400	4000	8000	14,000	20,000
2d Cpe GNX	1250	3950	6600	13,200	23,100	33,000
Regal, V-8						
2d Cpe	200	670	1200	2300	4060	5800
2d Cpe Ltd	200	700	1200	2350	4130	5900
LeSabre, V-6						
4d Sed	200	660	1100	2200	3850	5500
4d Cus Sed	200	670	1150	2250	3920	5600
2d Cus Cpe	200	660	1100	2200	3850	5500
2d Cpe T Type	200	685	1150	2300	3990	5700
LeSabre, V-8						
4d Sta Wag	200	730	1250	2450	4270	6100
Electra, V-6						
4d Sed Ltd	200	670	1200	2300	4060	5800
4d Sed Park Ave	200	720	1200	2400	4200	6000
2d Cpe Park Ave	200	700	1200	2350	4130	5900
4d Sed T Type	200	720	1200	2400	4200	6000
Electra, V-8						
4d Sta Wag Est	200	745	1250	2500	4340	6200

	6	5	4	3	2	1
Riviera, V-6						
2d Cpe	350	975	1600	3200	5600	8000
2d Cpe T Type	350	1000	1650	3300	5750	8200
1988						
Skyhawk, 4-cyl.						
4d Sed	150	600	950	1850	3200	4600
2d Cpe	150	600	900	1800	3150	4500
2d Cpe SE	150	650	975	1950	3350	4800
4d Sta Wag	150	650	950	1900	3300	4700
Skylark, 4-cyl.						
4d Cus Sed	150	650	950	1900	3300	4700
2d Cus Cpe	150	650	975	1950	3350	4800
4d Sed Ltd	150	650	975	1950	3350	4800
2d Cpe Ltd	200	675	1000	1950	3400	4900
NOTE: Add 10 percent for V-6.						
Century, 4-cyl.						
4d Cus Sed	150	650	950	1900	3300	4700
2d Cus Cpe	150	650	975	1950	3350	4800
4d Cus Sta Wag	200	675	1000	1950	3400	4900
4d Sed Ltd	150	650	975	1950	3350	4800
2d Cpe Ltd	200	675	1000	1950	3400	4900
4d Sta Wag Ltd	200	675	1000	2000	3500	5000
NOTE: Add 10 percent for V-6.						
Regal, V-6						
2d Cus Cpe	200	720	1200	2400	4200	6000
2d Cpe Ltd	350	780	1300	2600	4550	6500
LeSabre, V-6						
2d Cpe	200	660	1100	2200	3850	5500
4d Cus Sed	200	720	1200	2400	4200	6000
2d Cpe Ltd	200	750	1275	2500	4400	6300
4d Sed Ltd	200	745	1250	2500	4340	6200
2d Cpe T Type	350	770	1300	2550	4480	6400
4d Sta Wag, V-8	350	790	1350	2650	4620	6600
Electra, V-6						
4d Sed Ltd	350	780	1300	2600	4550	6500
4d Sed Park Ave	350	860	1450	2900	5050	7200
4d Sed T Type	350	840	1400	2800	4900	7000
4d Sta Wag, V-8	350	950	1550	3100	5400	7700
Riviera, V-6						
2d Cpe	350	880	1500	2950	5180	7400
2d Cpe T Type	350	1000	1650	3300	5750	8200
Reatta, V-6						
2d Cpe	400	1300	2200	4400	7700	11,000
1989						
Skyhawk, 4-cyl.						
4d Sed	150	650	975	1950	3350	4800
2d Cpe	150	650	950	1900	3300	4700
2d SE Cpe	200	700	1050	2100	3650	5200
4d Sta Wag	200	675	1000	2000	3500	5000
Skylark, 4-cyl.						
2d Cus Cpe	200	675	1000	2000	3500	5000
2d Cpe Ltd	200	700	1050	2100	3650	5200
4d Cus Sed	200	650	1100	2150	3780	5400
4d Sed Ltd	200	670	1150	2250	3920	5600
Skylark, V-6						
2d Cus Cpe	200	700	1050	2050	3600	5100
2d Cpe Ltd	200	700	1075	2150	3700	5300
4d Cus Sed	200	660	1100	2200	3850	5500
4d Sed Ltd	200	685	1150	2300	3990	5700
Century, 4-cyl.						
4d Cus Sed	200	700	1050	2100	3650	5200
4d Sed Ltd	200	650	1100	2150	3780	5400
2d Cus	200	700	1075	2150	3700	5300
4d Cus Sta Wag	200	670	1150	2250	3920	5600
4d Sta Wag Ltd	200	685	1150	2300	3990	5700
Century, V-6						
4d Cus Sed	200	700	1075	2150	3700	5300
4d Sed Ltd	200	660	1100	2200	3850	5500
2d Cus	200	650	1100	2150	3780	5400
4d Cus Sta Wag	200	685	1150	2300	3990	5700
4d Sta Wag Ltd	200	670	1200	2300	4060	5800
Regal, V-6						
2d Cus	350	820	1400	2700	4760	6800
2d Ltd	350	830	1400	2950	4830	6900
LeSabre, V-6						
2d	350	820	1400	2700	4760	6800

	6	5	4	3	2	1
2d Ltd	350	830	1400	2950	4830	6900
2d T Type	350	900	1500	3000	5250	7500
4d Cus	350	800	1350	2700	4700	6700
4d Ltd	350	820	1400	2700	4760	6800
4d Sta Wag, V-8	350	860	1450	2900	5050	7200
Electra, V-6						
4d Sed Ltd	350	975	1600	3200	5500	7900
4d Park Ave	450	1050	1800	3600	6200	8900
4d Park Ave Ultra	400	1300	2200	4400	7700	11,000
4d T Type	350	1020	1700	3400	5950	8500
4d Sta Wag, V-8	450	1140	1900	3800	6650	9500
Riviera, V-6						
2d Cpe	450	1080	1800	3600	6300	9000
Reatta, V-6						
2d Cpe	400	1300	2200	4400	7700	11,000
1990						
Skylark, 4-cyl.						
2d Cpe	200	660	1100	2200	3850	5500
4d Sed	200	670	1150	2250	3920	5600
2d Cus Cpe	200	685	1150	2300	3990	5700
4d Cus Sed	200	670	1200	2300	4060	5800
2d Gran Spt Cpe	200	720	1200	2400	4200	6000
4d LE Sed	200	720	1200	2400	4200	6000
NOTE: Add 10 percent for V-6 where available.						
Century, 4-cyl.						
2d Cus	350	780	1300	2600	4550	6500
4d Cus	350	790	1350	2650	4620	6600
4d Cus Sta Wag	350	820	1400	2700	4760	6800
4d Ltd Sed	350	820	1400	2700	4760	6800
4d Ltd Sta Wag	350	840	1400	2800	4900	7000
NOTE: Add 10 percent for V-6 where available.						
Regal, V-6						
2d Cus Cpe	350	900	1500	3000	5250	7500
2d Ltd Cpe	350	975	1600	3200	5600	8000
LeSabre, V-6						
2d Cpe	350	975	1600	3200	5600	8000
4d Cus Sed	350	975	1600	3250	5700	8100
2d Ltd Cpe	350	1020	1700	3400	5950	8500
4d Ltd Sed	350	1040	1700	3450	6000	8600
Estate, V-8						
4d Sta Wag	450	1080	1800	3600	6300	9000
Electra, V-6						
4d Ltd Sed	450	1080	1800	3600	6300	9000
4d Park Ave	450	1140	1900	3800	6650	9500
4d Ultra Sed	450	1450	2400	4800	8400	12,000
4d T Type Sed	450	1140	1900	3800	6650	9500
Riviera, V-6						
2d Cpe	450	1140	1900	3800	6650	9500
Reatta, V-6						
2d Cpe	400	1300	2200	4400	7700	11,000
2d Conv	600	1900	3200	6400	11,200	16,000
1991						
Skylark, 4-cyl.						
2d Cpe	200	675	1000	2000	3500	5000
4d Sed	200	700	1050	2050	3600	5100
2d Cus Cpe	200	700	1050	2050	3600	5100
4d Cus Sed	200	700	1050	2100	3650	5200
2d Gran Spt Cpe	200	660	1100	2200	3850	5500
4d LE Sed	200	670	1150	2250	3920	5600
NOTE: Add 10 percent for V-6 where available.						
Century, 4-cyl.						
4d Spl Sed	200	700	1050	2050	3600	5100
4d Cus Sed	200	700	1050	2100	3650	5200
2d Cus Cpe	200	700	1050	2050	3600	5100
4d Cus Sta Wag	200	650	1100	2150	3780	5400
4d Ltd Sed	200	700	1075	2150	3700	5300
4d Ltd Sta Wag	200	670	1150	2250	3920	5600
NOTE: Add 10 percent for V-6 where available.						
Regal, V-6						
4d Cus Sed	350	770	1300	2550	4480	6400
2d Cus Cpe	200	750	1275	2500	4400	6300
4d Ltd Sed	350	790	1350	2650	4620	6600
2d Ltd Cpe	350	780	1300	2600	4550	6500
LeSabre, V-6						
2d Cpe	350	820	1400	2700	4760	6800

	6	5	4	3	2	1
4d Cus Sed	350	830	1400	2950	4830	6900
4d Ltd Sed	350	880	1500	2950	5180	7400
2d Ltd Cpe	350	870	1450	2900	5100	7300
Roadmaster, V-8						
4d Est Sta Wag	450	1140	1900	3800	6650	9500
Park Avenue, V-6						
4d Sed	350	1020	1700	3400	5950	8500
4d Ultra Sed	450	1080	1800	3600	6300	9000
Riviera, V-6						
2d Cpe	450	1140	1900	3800	6650	9500
Reatta, V-6						
2d Cpe	500	1550	2600	5200	9100	13,000
2d Conv	650	2050	3400	6800	11,900	17,000
1992						
Skylark, 4-cyl.						
2d Quad 4 Cpe	200	660	1100	2200	3850	5500
4d Quad 4 Sed	200	660	1100	2200	3850	5500
2d Cpe	200	720	1200	2400	4200	6000
4d Sed	200	720	1200	2400	4200	6000
2d Gran Spt Cpe	350	780	1300	2600	4550	6500
4d Gran Spt Sed	350	780	1300	2600	4550	6500
NOTE: Add 10 percent for V-6 where available.						
Century, 4-cyl.						
4d Spl Sed	200	720	1200	2400	4200	6000
4d Cus Sed	200	745	1250	2500	4340	6200
2d Cus Cpe	350	780	1300	2600	4550	6500
4d Sed Ltd	350	840	1400	2800	4900	7000
4d Cus Sta Wag	350	860	1450	2900	5050	7200
4d Ltd Sta Wag	350	900	1500	3000	5250	7500
NOTE: Add 10 percent for V-6 where available.						
Regal, V-6						
4d Cus Sed	350	840	1400	2800	4900	7000
2d Cus Cpe	350	840	1400	2800	4900	7000
4d Ltd Sed	350	900	1500	3000	5250	7500
2d Ltd Cpe	350	900	1500	3000	5250	7500
4d Gran Spt Sed	350	975	1600	3200	5600	8000
2d Gran Spt Cpe	350	975	1600	3200	5600	8000
LeSabre, V-6						
4d Cus Sed	350	975	1600	3200	5600	8000
4d Ltd Sed	350	1020	1700	3400	5950	8500
Roadmaster, V-8						
4d Sed	450	1080	1800	3600	6300	9000
4d Ltd Sed	450	1140	1900	3800	6650	9500
4d Est Sta Wag	400	1200	2000	4000	7000	10,000
Park Avenue, V-6						
4d Sed	450	1140	1900	3800	6650	9500
4d Ultra Sed	400	1200	2000	4000	7000	10,000
Riviera, V-6						
2d Cpe	400	1300	2200	4400	7700	11,000

CADILLAC

	6	5	4	3	2	1
1903						
Model A, 1-cyl.						
Rbt	1450	4550	7600	15,200	26,600	38,000
Tonn Rbt	1450	4700	7800	15,600	27,300	39,000
1904						
Model A, 1-cyl.						
Rbt	1400	4450	7400	14,800	25,900	37,000
Tonn Rbt	1450	4550	7600	15,200	26,600	38,000
Model B, 1-cyl.						
Rbt	1450	4550	7600	15,200	26,600	38,000
Tr	1450	4700	7800	15,600	27,300	39,000
1905						
Models B-E						
Rbt	1400	4450	7400	14,800	25,900	37,000
Tonn Rbt	1450	4550	7600	15,200	26,600	38,000
Model D, 4-cyl.						
Rbt	1450	4700	7800	15,600	27,300	39,000
Tonn Rbt	1500	4800	8000	16,000	28,000	40,000
Model F, 1-cyl.						
Tr	1300	4200	7000	14,000	24,500	35,000
1906						
Model K-M, 1-cyl.						
Rbt	1300	4200	7000	14,000	24,500	35,000

1904 Cadillac Model B touring

	6	5	4	3	2	1
Tr	1350	4300	7200	14,400	25,200	36,000
Model H, 4-cyl.						
Rbt	1350	4300	7200	14,400	25,200	36,000
Tr	1400	4450	7400	14,800	25,900	37,000
Model L, 4-cyl.						
7P Tr	1450	4700	7800	15,600	27,300	39,000
Limo	1400	4450	7400	14,800	25,900	37,000
1907						
Model G, 4-cyl. 20 hp.						
Rbt	1300	4200	7000	14,000	24,500	35,000
Tr	1350	4300	7200	14,400	25,200	36,000
Limo	1300	4100	6800	13,600	23,800	34,000
Model H, 4-cyl. 30 hp.						
Tr	1400	4450	7400	14,800	25,900	37,000
Limo	1350	4300	7200	14,400	25,200	36,000
Model K-M, 1-cyl.						
Rbt	1250	3950	6600	13,200	23,100	33,000
Tr	1300	4100	6800	13,600	23,800	34,000
1908						
Model G, 4-cyl. 25 hp.						
Rbt	1300	4200	7000	14,000	24,500	35,000
Tr	1350	4300	7200	14,400	25,200	36,000
Model H, 4-cyl. 30 hp.						
Rbt	1400	4450	7400	14,800	25,900	37,000
Tr	1450	4550	7600	15,200	26,600	38,000
Cpe	1300	4200	7000	14,000	24,500	35,000
Limo	1300	4100	6800	13,600	23,800	34,000
Model S-T, 1-cyl.						
Rbt	1300	4100	6800	13,600	23,800	34,000
Tr	1300	4200	7000	14,000	24,500	35,000
Cpe	1200	3850	6400	12,800	22,400	32,000
1909						
Model 30, 4-cyl.						
Rds	1300	4200	7000	14,000	24,500	35,000
demi T&C	1350	4300	7200	14,400	25,200	36,000
Tr	1400	4450	7400	14,800	25,900	37,000
Model T, 1-cyl.						
Tr	1250	3950	6600	13,200	23,100	33,000
1910						
Model 30, 4-cyl.						
Rds	1450	4550	7600	15,200	26,600	38,000
demi T&C	1450	4700	7800	15,600	27,300	39,000
Tr	1400	4450	7400	14,800	25,900	37,000
Limo	1300	4200	7000	14,000	24,500	35,000

1911 **Model 30, 4-cyl.**	**6**	**5**	**4**	**3**	**2**	**1**
Rds	1450	4550	7600	15,200	26,600	38,000
demi T&C	1450	4700	7800	15,600	27,300	39,000
Tr	1500	4800	8000	16,000	28,000	40,000
Cpe	1350	4300	7200	14,400	25,200	36,000
Limo	1400	4450	7400	14,800	25,900	37,000
1912 **Model 30, 4-cyl.**						
Rds	1600	5150	8600	17,200	30,100	43,000
4P Phae	1650	5300	8800	17,600	30,800	44,000
5P Tr	1700	5400	9000	18,000	31,500	45,000
Cpe	1400	4450	7400	14,800	25,900	37,000
Limo	1450	4700	7800	15,600	27,300	39,000
1913 **Model 30, 4-cyl.**						
Rds	1600	5150	8600	17,200	30,100	43,000
Phae	1650	5300	8800	17,600	30,800	44,000
Torp	1700	5400	9000	18,000	31,500	45,000
5P Tr	1750	5500	9200	18,400	32,200	46,000
6P Tr	1750	5650	9400	18,800	32,900	47,000
Cpe	1350	4300	7200	14,400	25,200	36,000
Limo	1450	4700	7800	15,600	27,300	39,000
1914 **Model 30, 4-cyl.**						
Rds	1650	5300	8800	17,600	30,800	44,000
Phae	1700	5400	9000	18,000	31,500	45,000
5P Tr	1750	5500	9200	18,400	32,200	46,000
7P Tr	1750	5650	9400	18,800	32,900	47,000
Lan Cpe	1400	4450	7400	14,800	25,900	37,000
Encl dr Limo	1450	4700	7800	15,600	27,300	39,000
Limo	1500	4800	8000	16,000	28,000	40,000

1918 Cadillac Type 57 V-8 touring

1915 **Model 51, V-8**						
Rds	1750	5500	9200	18,400	32,200	46,000
Sal Tr	1750	5650	9400	18,800	32,900	47,000
7P Tr	1800	5750	9600	19,200	33,600	48,000
3P Cpe	1350	4300	7200	14,400	25,200	36,000
Sed Brgm	1300	4200	7000	14,000	24,500	35,000
7P Limo	1500	4800	8000	16,000	28,000	40,000
Berl Limo	1600	5050	8400	16,800	29,400	42,000
1916 **Model 53 V-8**						
Rds	1700	5400	9000	18,000	31,500	45,000
5P Tr	1750	5500	9200	18,400	32,200	46,000
7P Tr	1750	5650	9400	18,800	32,900	47,000
3P Cpe	1350	4300	7200	14,400	25,200	36,000
Sed Brgm	1300	4200	7000	14,000	24,500	35,000

	6	5	4	3	2	1
7P Limo	1500	4800	8000	16,000	28,000	40,000
Berl Limo	1600	5050	8400	16,800	29,400	42,000

1917
Model 55, V-8

	6	5	4	3	2	1
Rds	1700	5400	9000	18,000	31,500	45,000
Clb Rds	1750	5500	9200	18,400	32,200	46,000
Conv	1650	5300	8800	17,600	30,800	44,000
Cpe	1300	4200	7000	14,000	24,500	35,000
Vic	1350	4300	7200	14,400	25,200	36,000
Brgm	1300	4200	7000	14,000	24,500	35,000
Limo	1450	4550	7600	15,200	26,600	38,000
Imp Limo	1500	4800	8000	16,000	28,000	40,000
7P Lan'let	1600	5050	8400	16,800	29,400	42,000

1918-19
Type 57, V-8

	6	5	4	3	2	1
Rds	1650	5300	8800	17,600	30,800	44,000
Phae	1700	5400	9000	18,000	31,500	45,000
Tr	1600	5150	8600	17,200	30,100	43,000
Conv Vic	1600	5050	8400	16,800	29,400	42,000
Brgm	1300	4100	6800	13,600	23,800	34,000
Limo	1300	4200	7000	14,000	24,500	35,000
Twn Limo	1350	4300	7200	14,400	25,200	36,000
Lan'let	1450	4550	7600	15,200	26,600	38,000
Twn Lan'let	1500	4800	8000	16,000	28,000	40,000
Imp Limo	1450	4700	7800	15,600	27,300	39,000

1920-1921
Type 59, V-8

	6	5	4	3	2	1
Rds	1550	4900	8200	16,400	28,700	41,000
Phae	1600	5050	8400	16,800	29,400	42,000
Tr	1500	4800	8000	16,000	28,000	40,000
Vic	1200	3850	6400	12,800	22,400	32,000
Sed	1150	3700	6200	12,400	21,700	31,000
Cpe	1200	3850	6400	12,800	22,400	32,000
Sub	1150	3700	6200	12,400	21,700	31,000
Limo	1300	4200	7000	14,000	24,500	35,000
Twn Brgm	1350	4300	7200	14,400	25,200	36,000
Imp Limo	1400	4450	7400	14,800	25,900	37,000

NOTE: Coupe and Town Brougham dropped for 1921.

1922-1923
Type 61, V-8

	6	5	4	3	2	1
Rds	1450	4550	7600	15,200	26,600	38,000
Phae	1450	4700	7800	15,600	27,300	39,000
Tr	1450	4550	7600	15,200	26,600	38,000
Cpe	1150	3700	6200	12,400	21,700	31,000
Vic	1200	3850	6400	12,800	22,400	32,000
5P Cpe	1100	3500	5800	11,600	20,300	29,000
Sed	1050	3350	5600	11,200	19,600	28,000
Sub	1250	3950	6600	13,200	23,100	33,000
7P Limo	1300	4100	6800	13,600	23,800	34,000
Imp Limo	1300	4200	7000	14,000	24,500	35,000
Lan'let Sed	1350	4300	7200	14,400	25,200	36,000

1924-1925
V-63, V-8

	6	5	4	3	2	1
Rds	1450	4700	7800	15,600	27,300	39,000
Phae	1600	5050	8400	16,800	29,400	42,000
Tr	1450	4550	7600	15,200	26,600	38,000
Vic	1150	3700	6200	12,400	21,700	31,000
Cpe	1150	3600	6000	12,000	21,000	30,000
Limo	1050	3400	5700	11,400	20,000	28,500
Twn Brgm	1100	3500	5800	11,600	20,300	29,000
Imp Sed	1050	3350	5600	11,200	19,600	28,000
Custom models, (V-8 introduced Oct., 1924)						
Cpe	1100	3500	5800	11,600	20,300	29,000
5P Cpe	1150	3600	6000	12,000	21,000	30,000
5P Sed	1100	3550	5900	11,800	20,700	29,500
Sub	1100	3500	5800	11,600	20,300	29,000
Imp Sub	1100	3550	5900	11,800	20,700	29,500
Other models, V-8						
7P Sed	1100	3500	5800	11,600	20,300	29,000
Vic	1100	3550	5900	11,800	20,700	29,500
Lan Sed	1150	3600	6000	12,000	21,000	30,000
2d Sed	1000	3100	5200	10,400	18,200	26,000
8P Imp Sed	1000	3250	5400	10,800	18,900	27,000

(All Custom and post-Dec. 1924 models have scrolled radiators).

1926-1927	6	5	4	3	2	1
Series 314, V-8						
Cpe	1350	4300	7200	14,400	25,200	36,000
Vic	1400	4450	7400	14,800	25,900	37,000
5P Brgm	1350	4300	7200	14,400	25,200	36,000
5P Sed	1050	3350	5600	11,200	19,600	28,000
7P Sed	1100	3500	5800	11,600	20,300	29,000
Imp Sed	1050	3350	5600	11,200	19,600	28,000
Custom Line, V-8						
Rds	3250	10,300	17,200	34,400	60,200	86,000
Tr	3250	10,300	17,200	34,400	60,200	86,000
Phae	3300	10,550	17,600	35,200	61,600	88,000
Cpe	1750	5500	9200	18,400	32,200	46,000
Sed	1450	4700	7800	15,600	27,300	39,000
Sub	1500	4800	8000	16,000	28,000	40,000
Imp Sed	1650	5300	8800	17,600	30,800	44,000
1927						
Series 314 Std., V-8, 132" wb						
Spt Cpe	1500	4800	8000	16,000	28,000	40,000
Cpe	1400	4450	7400	14,800	25,900	37,000
Sed 5P	1100	3500	5800	11,600	20,300	29,000
Sed 7P	1150	3600	6000	12,000	21,000	30,000
Victoria 4P	1450	4550	7600	15,200	26,600	38,000
Spt Sed	1150	3700	6200	12,400	21,700	31,000
Brgm	1100	3500	5800	11,600	20,300	29,000
Imp	1150	3700	6200	12,400	21,700	31,000
Std. Series, V-8, 132" wb						
7P Sed	1150	3600	6000	12,000	21,000	30,000
Custom, 138" wb						
RS Rds	2850	9100	15,200	30,400	53,200	76,000
RS Conv	2350	7450	12,400	24,800	43,400	62,000
Phae	3100	9850	16,400	32,800	57,400	82,000
Spt Phae	3250	10,300	17,200	34,400	60,200	86,000
Tr	3000	9600	16,000	32,000	56,000	80,000
Conv	2200	6950	11,600	23,200	40,600	58,000
Cpe	1600	5050	8400	16,800	29,400	42,000
5P Sed	1200	3850	6400	12,800	22,400	32,000
Sub	1250	3950	6600	13,200	23,100	33,000
Imp Sed	1300	4100	6800	13,600	23,800	34,000
Brn Twn Cabr	1300	4100	6800	13,600	23,800	34,000
Wilby Twn Cabr	1450	4550	7600	15,200	26,600	38,000
Fleetwood Bodies						
Limo Brgm	1600	5150	8600	17,200	30,100	43,000
Twn Cabr	1700	5400	9000	18,000	31,500	45,000
Trans Twn Cabr	1850	5900	9800	19,600	34,300	49,000
Coll Twn Cabr	1900	6000	10,000	20,000	35,000	50,000
Vic	1600	5050	8400	16,800	29,400	42,000
1928						
Fisher Custom Line, V-8, 140" wb						
Rds	4000	12,700	21,200	42,400	74,200	106,000
Tr	4050	12,950	21,600	43,200	75,600	108,000
Phae	4150	13,200	22,000	44,000	77,000	110,000
Spt Phae	4350	13,900	23,200	46,400	81,200	116,000
Conv RS	3600	11,500	19,200	38,400	67,200	96,000
2P Cpe	1500	4800	8000	16,000	28,000	40,000
5P Cpe	1400	4450	7400	14,800	25,900	37,000
Twn Sed	1300	4200	7000	14,000	24,500	35,000
Sed	1300	4100	6800	13,600	23,800	34,000
7P Sed	1300	4200	7000	14,000	24,500	35,000
5P Imp Sed	1350	4300	7200	14,400	25,200	36,000
Imp Cabr	3750	12,000	20,000	40,000	70,000	100,000
7P Imp Sed	2250	7200	12,000	24,000	42,000	60,000
7P Imp Cabr	4150	13,200	22,000	44,000	77,000	110,000
Fisher Fleetwood Line, V-8, 140" wb						
Sed	1450	4550	7600	15,200	26,600	38,000
5P Cabr	4000	12,700	21,200	42,400	74,200	106,000
5P Imp Cabr	4150	13,200	22,000	44,000	77,000	110,000
7P Sed	1500	4800	8000	16,000	28,000	40,000
7P Cabr	4050	12,950	21,600	43,200	75,600	108,000
7P Imp Cabr	4200	13,450	22,400	44,800	78,400	112,000
Trans Twn Cabr	4150	13,200	22,000	44,000	77,000	110,000
Trans Limo Brgm	2850	9100	15,200	30,400	53,200	76,000
1929						
Series 341-B, V-8, 140" wb						
Rds	4150	13,200	22,000	44,000	77,000	110,000
Phae	4300	13,700	22,800	45,600	79,800	114,000
Spt Phae	4650	14,900	24,800	49,600	86,800	124,000

	6	5	4	3	2	1
Tr	3750	12,000	20,000	40,000	70,000	100,000
Conv	3750	12,000	20,000	40,000	70,000	100,000
2P Cpe	2650	8400	14,000	28,000	49,000	70,000
5P Cpe	2000	6350	10,600	21,200	37,100	53,000
5P Sed	1600	5150	8600	17,200	30,100	43,000
7P Sed	1600	5050	8400	16,800	29,400	42,000
Twn Sed	1650	5300	8800	17,600	30,800	44,000
7P Imp Sed	1700	5400	9000	18,000	31,500	45,000
Fleetwood Custom Line, V-8, 140" wb						
Sed	1600	5150	8600	17,200	30,100	43,000
Sed Cabr	4350	13,900	23,200	46,400	81,200	116,000
5P Imp Sed	1900	6000	10,000	20,000	35,000	50,000
7P Imp Sed	1900	6100	10,200	20,400	35,700	51,000
Trans Twn Cabr	3750	12,000	20,000	40,000	70,000	100,000
Trans Limo Brgm	2850	9100	15,200	30,400	53,200	76,000
Clb Cabr	4000	12,700	21,200	42,400	74,200	106,000
A/W Phae	4750	15,100	25,200	50,400	88,200	126,000
A/W State Imp	4750	15,100	25,200	50,400	88,200	126,000

1930
Series 353, V-8, 140" wb
Fisher Custom Line

	6	5	4	3	2	1
Conv	4150	13,200	22,000	44,000	77,000	110,000
2P Cpe	2700	8650	14,400	28,800	50,400	72,000
Twn Sed	1600	5150	8600	17,200	30,100	43,000
Sed	1600	5050	8400	16,800	29,400	42,000
7P Sed	1650	5300	8800	17,600	30,800	44,000
7P Imp Sed	1900	6000	10,000	20,000	35,000	50,000
5P Cpe	1950	6250	10,400	20,800	36,400	52,000

1930 Cadillac Series 452 sport phaeton

Fleetwood Line, V-8

	6	5	4	3	2	1
Rds	4750	15,100	25,200	50,400	88,200	126,000
5P Sed	1700	5400	9000	18,000	31,500	45,000
Sed Cabr	4150	13,200	22,000	44,000	77,000	110,000
5P Imp	1900	6000	10,000	20,000	35,000	50,000
7P Sed	1700	5400	9000	18,000	31,500	45,000
7P Imp	1900	6000	10,000	20,000	35,000	50,000
Trans Cabr	4800	15,350	25,600	51,200	89,600	128,000
Trans Limo Brgm	4600	14,650	24,400	48,800	85,400	122,000
Clb Cabr	4750	15,100	25,200	50,400	88,200	126,000
A/W Phae	5100	16,300	27,200	54,400	95,200	136,000
A/W State Imp	5250	16,800	28,000	56,000	98,000	140,000
Fleetwood Custom Line, V-16, 148" wb						
Rds	12,400	39,600	66,000	132,000	231,000	330,000
Phae	13,150	42,000	70,000	140,000	245,000	350,000
"Flat Windshield" Models						
A/W Phae	13,300	42,600	71,000	142,000	248,500	355,000
Conv	12,400	39,600	66,000	132,000	231,000	330,000
Cpe	4750	15,100	25,200	50,400	88,200	126,000
Clb Sed	4500	14,400	24,000	48,000	84,000	120,000

	6	5	4	3	2	1
5P OS Sed	4500	14,400	24,000	48,000	84,000	120,000
5P Sed Cabr	10,500	33,600	56,000	112,000	196,000	280,000
Imp Cabr	10,500	33,600	56,000	112,000	196,000	280,000
7P Sed	4750	15,100	25,200	50,400	88,200	126,000
7P Imp Sed	4900	15,600	26,000	52,000	91,000	130,000
Twn Cabr 4212	10,700	34,200	57,000	114,000	199,500	285,000
Twn Cabr 4220	10,700	34,200	57,000	114,000	199,500	285,000
Twn Cabr 4225	10,700	34,200	57,000	114,000	199,500	285,000
Limo Brgm	7700	24,600	41,000	82,000	143,500	205,000
Twn Brgm 05	7700	24,600	41,000	82,000	143,500	205,000
"Cane-bodied" Model						
Twn Brgm	7700	24,600	41,000	82,000	143,500	205,000
Madame X Models						
A/W Phae	14,050	45,000	75,000	150,000	262,500	375,000
Conv	13,500	43,200	72,000	144,000	252,000	360,000
Cpe	6950	22,200	37,000	74,000	129,500	185,000
5P OS Imp	6550	21,000	35,000	70,000	122,500	175,000
5P Imp	6400	20,400	34,000	68,000	119,000	170,000
Twn Cabr 4312	12,000	38,400	64,000	128,000	224,000	320,000
Twn Cabr 4320	12,000	38,400	64,000	128,000	224,000	320,000
Twn Cabr 4325	12,000	38,400	64,000	128,000	224,000	320,000
Limo Brgm	9000	28,800	48,000	96,000	168,000	240,000

1931
Series 355, V-8, 134" wb
Fisher Bodies

	6	5	4	3	2	1
Rds	4800	15,350	25,600	51,200	89,600	128,000
Phae	4600	14,650	24,400	48,800	85,400	122,000
2P Cpe	2850	9100	15,200	30,400	53,200	76,000
5P Cpe	2800	8900	14,800	29,600	51,800	74,000
Sed	1700	5400	9000	18,000	31,500	45,000
Twn Sed	1750	5650	9400	18,800	32,900	47,000
7P Sed	1850	5900	9800	19,600	34,300	49,000
Imp Limo	1900	6000	10,000	20,000	35,000	50,000
Fleetwood Bodies V-8						
Rds	5100	16,300	27,200	54,400	95,200	136,000
Conv	5100	16,300	27,200	54,400	95,200	136,000
Phae	5450	17,400	29,000	58,000	101,500	145,000
A/W Phae	5650	18,000	30,000	60,000	105,000	150,000

Series 370, V-12, 140" wb

	6	5	4	3	2	1
Rds	8450	27,000	45,000	90,000	157,500	225,000
Phae	8450	27,000	45,000	90,000	157,500	225,000
Conv	7900	25,200	42,000	84,000	147,000	210,000
A/W Phae	8650	27,600	46,000	92,000	161,000	230,000
2P Cpe	5450	17,400	29,000	58,000	101,500	145,000
5P Cpe	5250	16,800	28,000	56,000	98,000	140,000
Sed	4500	14,400	24,000	48,000	84,000	120,000
Twn Sed	4750	15,100	25,200	50,400	88,200	126,000

Series 370, V-12, 143" wb

	6	5	4	3	2	1
7P Sed	5100	16,300	27,200	54,400	95,200	136,000
Imp Sed	5250	16,800	28,000	56,000	98,000	140,000

Series V-16, 148" wb

	6	5	4	3	2	1
2P Rds	13,500	43,200	72,000	144,000	252,000	360,000
Phae	13,700	43,800	73,000	146,000	255,500	365,000
A/W Phae	4750	15,100	25,200	50,400	88,200	126,000
4476 Cpe	5650	18,000	30,000	60,000	105,000	150,000
4276 Cpe	5650	18,000	30,000	60,000	105,000	150,000
5P Cpe	5450	17,400	29,000	58,000	101,500	145,000
Conv	13,700	43,800	73,000	146,000	255,500	365,000
4361 Clb Sed	6400	20,400	34,000	68,000	119,000	170,000
4161 Clb Sed	6400	20,400	34,000	68,000	119,000	170,000
4330 Imp	6550	21,000	35,000	70,000	122,500	175,000
4330 Sed	3600	11,500	19,200	38,400	67,200	96,000
4130 Sed	3750	12,000	20,000	40,000	70,000	100,000
4130 Imp	3750	12,000	20,000	40,000	70,000	100,000
4335 Sed Cabr	11,450	36,600	61,000	122,000	213,500	305,000
4355 Imp Cabr	11,650	37,200	62,000	124,000	217,000	310,000
4155 Sed Cabr	11,650	37,200	62,000	124,000	217,000	310,000
4155 Imp Cabr	12,200	39,000	65,000	130,000	227,500	325,000
4375 Sed	3600	11,500	19,200	38,400	67,200	96,000
4175 Sed	3750	12,000	20,000	40,000	70,000	100,000
4375 Imp	4000	12,700	21,200	42,400	74,200	106,000
4175 Imp	4150	13,200	22,000	44,000	77,000	110,000
4312 Twn Cabr	11,650	37,200	62,000	124,000	217,000	310,000
4320 Twn Cabr	11,650	37,200	62,000	124,000	217,000	310,000
4220 Twn Cabr	11,650	37,200	62,000	124,000	217,000	310,000
4325 Twn Cabr	11,450	36,600	61,000	122,000	213,500	305,000

	6	5	4	3	2	1
4225 Twn Cabr	11,450	36,600	61,000	122,000	213,500	305,000
4391 Limo Brgm	8250	26,400	44,000	88,000	154,000	220,000
4291 Limo Brgm	8650	27,600	46,000	92,000	161,000	230,000
4264 Twn Brgm	8800	28,200	47,000	94,000	164,500	235,000
4264B Twn Brgm C/N	9000	28,800	48,000	96,000	168,000	240,000

1932
Series 355B, V-8, 134" wb

	6	5	4	3	2	1
Rds	4450	14,150	23,600	47,200	82,600	118,000
Conv	3850	12,250	20,400	40,800	71,400	102,000
2P Cpe	1900	6000	10,000	20,000	35,000	50,000
Sed	1550	4900	8200	16,400	28,700	41,000

Fisher Line, 140" wb

	6	5	4	3	2	1
Std Phae	4000	12,700	21,200	42,400	74,200	106,000
DW Phae	4000	12,700	21,200	42,400	74,200	106,000
DC Spt Phae	4150	13,200	22,000	44,000	77,000	110,000
A/W Phae	4150	13,200	22,000	44,000	77,000	110,000
Cpe	2050	6600	11,000	22,000	38,500	55,000
Spec Sed	1600	5050	8400	16,800	29,400	42,000
Twn Sed	1600	5150	8600	17,200	30,100	43,000
Imp Sed	1700	5400	9000	18,000	31,500	45,000

Fleetwood Bodies, 140" wb

	6	5	4	3	2	1
Sed	1700	5400	9000	18,000	31,500	45,000
Twn Cpe	2150	6850	11,400	22,800	39,900	57,000
7P Sed	1900	6000	10,000	20,000	35,000	50,000
7P Limo	2150	6850	11,400	22,800	39,900	57,000
5P Twn Car	4000	12,700	21,200	42,400	74,200	106,000
Twn Cabr	4150	13,200	22,000	44,000	77,000	110,000
Limo Brgm	2500	7900	13,200	26,400	46,200	66,000

Series 370-B, V-12, 134" wb

	6	5	4	3	2	1
Rds	7150	22,800	38,000	76,000	133,000	190,000
Conv	6750	21,600	36,000	72,000	126,000	180,000
2P Cpe	2650	8400	14,000	28,000	49,000	70,000
Std Sed	1900	6000	10,000	20,000	35,000	50,000

Series 370-B, V-12, 140" wb
Fisher Bodies

	6	5	4	3	2	1
Std Phae	6950	22,200	37,000	74,000	129,500	185,000
Spl Phae	7150	22,800	38,000	76,000	133,000	190,000
Spt Phae	7500	24,000	40,000	80,000	140,000	200,000
A/W Phae	7300	23,400	39,000	78,000	136,500	195,000
5P Cpe	3000	9600	16,000	32,000	56,000	80,000
Spl Sed	2850	9100	15,200	30,400	53,200	76,000
Twn Sed	2500	7900	13,200	26,400	46,200	66,000
7P Sed	2550	8150	13,600	27,200	47,600	68,000
7P Imp	2650	8400	14,000	28,000	49,000	70,000

Series 370-B, V-12, 140" wb
Fleetwood Bodies

	6	5	4	3	2	1
Tr	8250	26,400	44,000	88,000	154,000	220,000
Conv	8450	27,000	45,000	90,000	157,500	225,000
Sed	3250	10,300	17,200	34,400	60,200	86,000
Twn Cpe	3300	10,550	17,600	35,200	61,600	88,000
7P Sed	2950	9350	15,600	31,200	54,600	78,000
Limo	3250	10,300	17,200	34,400	60,200	86,000
5P Twn Cabr	8050	25,800	43,000	86,000	150,500	215,000
7P Twn Cabr	8250	26,400	44,000	88,000	154,000	220,000
Limo Brgm	6750	21,600	36,000	72,000	126,000	180,000

Series 452-B, V-16, 143" wb
Fisher Bodies

	6	5	4	3	2	1
Rds	11,250	36,000	60,000	120,000	210,000	300,000
Conv	10,150	32,400	54,000	108,000	189,000	270,000
Cpe	7700	24,600	41,000	82,000	143,500	205,000
Std Sed	6750	21,600	36,000	72,000	126,000	180,000

Series 452-B, V-16, 149" wb
Fisher Bodies

	6	5	4	3	2	1
Std Phae	12,950	41,400	69,000	138,000	241,500	345,000
Spl Phae	13,150	42,000	70,000	140,000	245,000	350,000
Spt Phae	12,950	41,400	69,000	138,000	241,500	345,000
A/W Phae	13,150	42,000	70,000	140,000	245,000	350,000

Fleetwood Bodies, V-16

	6	5	4	3	2	1
5P Sed	8050	25,800	43,000	86,000	150,500	215,000
Imp Limo	8800	28,200	47,000	94,000	164,500	235,000
Twn Cpe	9000	28,800	48,000	96,000	168,000	240,000
7P Sed	8800	28,200	47,000	94,000	164,500	235,000
7P Twn Cabr	12,750	40,800	68,000	136,000	238,000	340,000
5P Twn Cabr	12,550	40,200	67,000	134,000	234,500	335,000
Limo Brgm	8250	26,400	44,000	88,000	154,000	220,000

	6	5	4	3	2	1
1933						
Series 355C, V-8, 134" wb						
Fisher Bodies						
Rds	4150	13,200	22,000	44,000	77,000	110,000
Conv	3600	11,500	19,200	38,400	67,200	96,000
Cpe	1700	5400	9000	18,000	31,500	45,000
Series 355C, V-8, 140" wb						
Fisher Bodies						
Phae	3850	12,250	20,400	40,800	71,400	102,000
A/W Phae	4000	12,700	21,200	42,400	74,200	106,000
5P Cpe	1750	5500	9200	18,400	32,200	46,000
Sed	1650	5300	8800	17,600	30,800	44,000
Twn Sed	1700	5400	9000	18,000	31,500	45,000
7P Sed	1750	5500	9200	18,400	32,200	46,000
Imp Sed	1850	5900	9800	19,600	34,300	49,000
Series 355C, V-8, 140" wb						
Fleetwood Line						
5P Sed	1700	5400	9000	18,000	31,500	45,000
7P Sed	1750	5500	9200	18,400	32,200	46,000
Limo	1850	5900	9800	19,600	34,300	49,000
5P Twn Cabr	3850	12,250	20,400	40,800	71,400	102,000
7P Twn Cabr	4000	12,700	21,200	42,400	74,200	106,000
Limo Brgm	2350	7450	12,400	24,800	43,400	62,000
Series 370C, V-12, 134" wb						
Fisher Bodies						
Rds	4500	14,400	24,000	48,000	84,000	120,000
Conv	4350	13,900	23,200	46,400	81,200	116,000
Cpe	2800	8900	14,800	29,600	51,800	74,000
Series, 370C, V-12, 140" wb						
Fisher Bodies						
Phae	4450	14,150	23,600	47,200	82,600	118,000
A/W Phae	4500	14,400	24,000	48,000	84,000	120,000
5P Cpe	2950	9350	15,600	31,200	54,600	78,000
Sed	2500	7900	13,200	26,400	46,200	66,000
Twn Sed	2500	7900	13,200	26,400	46,200	66,000
7P Sed	2350	7450	12,400	24,800	43,400	62,000
Imp Sed	2550	8150	13,600	27,200	47,600	68,000
Series 370C, V-12, 140" wb						
Fleetwood Line						
Sed	2550	8150	13,600	27,200	47,600	68,000
7P Sed	2550	8150	13,600	27,200	47,600	68,000
Limo	2650	8400	14,000	28,000	49,000	70,000
5P Twn Cabr	4500	14,400	24,000	48,000	84,000	120,000
7P Twn Cabr	4600	14,650	24,400	48,800	85,400	122,000
7P Limo Brgm	3000	9600	16,000	32,000	56,000	80,000
Series 452-C V-16, 154" wb						
DC Spt Phae	9750	31,200	52,000	104,000	182,000	260,000
Fleetwood Bodies, 149" wb						
Conv	9550	30,600	51,000	102,000	178,500	255,000
A/W Phae	9750	31,200	52,000	104,000	182,000	260,000
Sed	6750	21,600	36,000	72,000	126,000	180,000
7P Sed	6750	21,600	36,000	72,000	126,000	180,000
Twn Cab	8450	27,000	45,000	90,000	157,500	225,000
7P Twn Cab	8250	26,400	44,000	88,000	154,000	220,000
7P Limo	6950	22,200	37,000	74,000	129,500	185,000
Limo Brgm	6950	22,200	37,000	74,000	129,500	185,000
5P Twn Cpe	6550	21,000	35,000	70,000	122,500	175,000
Imp Cab	8650	27,600	46,000	92,000	161,000	230,000
1934						
Series 355D, V-8, 128" wb						
Fisher Bodies						
Conv	2850	9100	15,200	30,400	53,200	76,000
Conv Sed	2950	9350	15,600	31,200	54,600	78,000
2P Cpe	1700	5400	9000	18,000	31,500	45,000
Twn Cpe	1500	4800	8000	16,000	28,000	40,000
Sed	1450	4550	7600	15,200	26,600	38,000
Twn Sed	1450	4700	7800	15,600	27,300	39,000
Series 355D, V-8, 136" wb						
Fisher Bodies						
Conv	3000	9600	16,000	32,000	56,000	80,000
Conv Sed	3100	9850	16,400	32,800	57,400	82,000
Cpe	1750	5650	9400	18,800	32,900	47,000
Sed	1450	4550	7600	15,200	26,600	38,000
Twn Sed	1450	4700	7800	15,600	27,300	39,000
7P Sed	1700	5400	9000	18,000	31,500	45,000
Imp Sed	1900	6000	10,000	20,000	35,000	50,000

1934	6	5	4	3	2	1
Series 355D, V-8, 146" wb						
Fleetwood bodies with straight windshield						
Sed	1500	4800	8000	16,000	28,000	40,000
Twn Sed	1550	4900	8200	16,400	28,700	41,000
7P Sed	1600	5050	8400	16,800	29,400	42,000
7P Limo	1650	5300	8800	17,600	30,800	44,000
Imp Cab	3550	11,300	18,800	37,600	65,800	94,000
7P Imp Cab	3600	11,500	19,200	38,400	67,200	96,000
Series 355D, V-8, 146" wb						
Fleetwood bodies with modified "V" windshield						
Conv	3250	10,300	17,200	34,400	60,200	86,000
Aero Cpe	3000	9600	16,000	32,000	56,000	80,000
Cpe	2050	6600	11,000	22,000	38,500	55,000
Spl Sed	1700	5400	9000	18,000	31,500	45,000
Spl Twn Sed	1750	5500	9200	18,400	32,200	46,000
Conv Sed Div	3600	11,500	19,200	38,400	67,200	96,000
7P Spl Sed	1750	5650	9400	18,800	32,900	47,000
Spl Limo	1850	5900	9800	19,600	34,300	49,000
Sp Twn Cab	3600	11,500	19,200	38,400	67,200	96,000
7P Twn Cab	3700	11,750	19,600	39,200	68,600	98,000
5P Spl Imp Cab	3700	11,750	19,600	39,200	68,600	98,000
7P Spl Imp Cab	3750	12,000	20,000	40,000	70,000	100,000
Limo Brgm	2850	9100	15,200	30,400	53,200	76,000
1934						
Series 370D, V-12, 146" wb						
Fleetwood bodies with straight windshield						
Sed	2050	6600	11,000	22,000	38,500	55,000
Twn Sed	2100	6700	11,200	22,400	39,200	56,000
7P	2150	6850	11,400	22,800	39,900	57,000
7P Limo	2250	7200	12,000	24,000	42,000	60,000
5P Imp Cab	4000	12,700	21,200	42,400	74,200	106,000
7P Imp Cab	4050	12,950	21,600	43,200	75,600	108,000
Series 370D, V-12, 146" wb						
Fleetwood bodies with modified "V" windshield						
Conv	3700	11,750	19,600	39,200	68,600	98,000
Aero Cpe	3400	10,800	18,000	36,000	63,000	90,000
RS Cpe	2400	7700	12,800	25,600	44,800	64,000
Spl Sed	2100	6700	11,200	22,400	39,200	56,000
Spl Twn Sed	2200	6950	11,600	23,200	40,600	58,000
Conv Sed	4150	13,200	22,000	44,000	77,000	110,000
7P Spl Sed	2250	7200	12,000	24,000	42,000	60,000
Spec Limo	2500	7900	13,200	26,400	46,200	66,000
5P Twn Cab	4000	12,700	21,200	42,400	74,200	106,000
7P Twn Cab	4050	12,950	21,600	43,200	75,600	108,000
5P Spl Imp Cab	4150	13,200	22,000	44,000	77,000	110,000
7P Spl Imp Cab	4450	14,150	23,600	47,200	82,600	118,000
Series 452D, V-16, 154" wb						
Fleetwood bodies with straight windshield						
Sed	5450	17,400	29,000	58,000	101,500	145,000
Twn Sed	5650	18,000	30,000	60,000	105,000	150,000
7P Sed	5650	18,000	30,000	60,000	105,000	150,000
Limo	5800	18,600	31,000	62,000	108,500	155,000
5P Imp Cab	7150	22,800	38,000	76,000	133,000	190,000
Series 452D, V-16, 154" wb						
Fleetwood bodies with modified "V" windshield						
4P Conv	7500	24,000	40,000	80,000	140,000	200,000
Aero Cpe	7150	22,800	38,000	76,000	133,000	190,000
RS Cpe	8650	27,600	46,000	92,000	161,000	230,000
Spl Sed	8250	26,400	44,000	88,000	154,000	220,000
Spl Twn Sed	5800	18,600	31,000	62,000	108,500	155,000
Conv Sed	8450	27,000	45,000	90,000	157,500	225,000
7P Spl Sed	5650	18,000	30,000	60,000	105,000	150,000
Spl Limo	6000	19,200	32,000	64,000	112,000	160,000
5P Twn Cab	6950	22,200	37,000	74,000	129,500	185,000
7P Twn Cab	7150	22,800	38,000	76,000	133,000	190,000
5P Spl Imp Cab	7300	23,400	39,000	78,000	136,500	195,000
7P Spl Imp Cab	7500	24,000	40,000	80,000	140,000	200,000
Limo Brgm	6400	20,400	34,000	68,000	119,000	170,000
1935						
Series 355E, V-8, 128" wb						
Fisher Bodies						
RS Conv	2850	9100	15,200	30,400	53,200	76,000
Conv Sed	2950	9350	15,600	31,200	54,600	78,000
RS Cpe	1700	5400	9000	18,000	31,500	45,000
5P Twn Cpe	1500	4800	8000	16,000	28,000	40,000

	6	5	4	3	2	1
Sed	1450	4550	7600	15,200	26,600	38,000
Twn Sed	1450	4700	7800	15,600	27,300	39,000
Series 355E, V-8, 136" wb						
Fisher Bodies						
RS Conv	2650	8400	14,000	28,000	49,000	70,000
Conv Sed	2550	8150	13,600	27,200	47,600	68,000
RS Cpe	2000	6350	10,600	21,200	37,100	53,000
Sed	1600	5050	8400	16,800	29,400	42,000
Twn Sed	1600	5150	8600	17,200	30,100	43,000
7P Sed	1700	5400	9000	18,000	31,500	45,000
Imp Sed	1900	6000	10,000	20,000	35,000	50,000
Series 355E, V-8, 146" wb						
Fleetwood bodies with straight windshield						
Sed	1500	4800	8000	16,000	28,000	40,000
Twn Sed	1550	4900	8200	16,400	28,700	41,000
7P Sed	1600	5050	8400	16,800	29,400	42,000
Limo	1650	5300	8800	17,600	30,800	44,000
5P Imp Cabr	3550	11,300	18,800	37,600	65,800	94,000
7P Imp Cabr	3600	11,500	19,200	38,400	67,200	96,000
Series 355E, V-8, 146" wb						
Fleetwood bodies with modified "V" windshield						
4P Conv	3250	10,300	17,200	34,400	60,200	86,000
4P Cpe	2050	6600	11,000	22,000	38,500	55,000
Spl Sed	1700	5400	9000	18,000	31,500	45,000
Spl Twn Sed	1750	5500	9200	18,400	32,200	46,000
Conv Sed	3600	11,500	19,200	38,400	67,200	96,000
7P Spl Sed	1750	5650	9400	18,800	32,900	47,000
Spl Limo	1850	5900	9800	19,600	34,300	49,000
5P Twn Cabr	3600	11,500	19,200	38,400	67,200	96,000
7P Twn Cabr	3700	11,750	19,600	39,200	68,600	98,000
5P Imp Cabr	3700	11,750	19,600	39,200	68,600	98,000
7P Imp Cabr	3750	12,000	20,000	40,000	70,000	100,000
Limo Brgm	2850	9100	15,200	30,400	53,200	76,000
Series 370E, V-12, 146" wb						
Fleetwood bodies with straight windshield						
Sed	2050	6600	11,000	22,000	38,500	55,000
Twn Sed	2100	6700	11,200	22,400	39,200	56,000
7P Sed	2150	6850	11,400	22,800	39,900	57,000
Limo	2250	7200	12,000	24,000	42,000	60,000
5P Imp Cabr	4000	12,700	21,200	42,400	74,200	106,000
7P Imp Cabr	4050	12,950	21,600	43,200	75,600	108,000
Series 370E, V-12, 146" wb						
Fleetwood bodies with modified "V" windshield						
Conv	3700	11,750	19,600	39,200	68,600	98,000
4P Cpe	2400	7700	12,800	25,600	44,800	64,000
Spl Sed	2100	6700	11,200	22,400	39,200	56,000
Spl Twn Sed	2200	6950	11,600	23,200	40,600	58,000
Conv Sed	4150	13,200	22,000	44,000	77,000	110,000
7P Spl Sed	2250	7200	12,000	24,000	42,000	60,000
7P Spl Limo	2500	7900	13,200	26,400	46,200	66,000
5P Twn Cabr	4000	12,700	21,200	42,400	74,200	106,000
7P Twn Cabr	4050	12,950	21,600	43,200	75,600	108,000
5P Spl Imp Cabr	4150	13,200	22,000	44,000	77,000	110,000
7P Spl Imp Cabr	4450	14,150	23,600	47,200	82,600	118,000
Limo Brgm	3600	11,500	19,200	38,400	67,200	96,000
Series 452E, V-16, 154" wb						
Fleetwood bodies with straight windshield						
Sed	5450	17,400	29,000	58,000	101,500	145,000
Twn Sed	5650	18,000	30,000	60,000	105,000	150,000
7P Sed	5650	18,000	30,000	60,000	105,000	150,000
7P Limo	5800	18,600	31,000	62,000	108,500	155,000
5P Imp Cabr	7150	22,800	38,000	76,000	133,000	190,000
7P Imp Cabr	7300	23,400	39,000	78,000	136,500	195,000
Series 452D, V-16, 154" wb						
Fleetwood bodies with modified "V" windshield						
2-4P Cpe	8250	26,400	44,000	88,000	154,000	220,000
4P Cpe	8450	27,000	45,000	90,000	157,500	225,000
Spl Sed	8250	26,400	44,000	88,000	154,000	220,000
Spl Twn Sed	5800	18,600	31,000	62,000	108,500	155,000
7P Spl Sed	5650	18,000	30,000	60,000	105,000	150,000
Spl Limo	6000	19,200	32,000	64,000	112,000	160,000
5P Twn Cabr	6950	22,200	37,000	74,000	129,500	185,000
7P Twn Cab	7150	22,800	38,000	76,000	133,000	190,000
5P Spl Imp Cabr	7300	23,400	39,000	78,000	136,500	195,000
7P Spl Imp Cabr	7500	24,000	40,000	80,000	140,000	200,000
Limo Brgm	6400	20,400	34,000	68,000	119,000	170,000

	6	5	4	3	2	1
5P Conv	7900	25,200	42,000	84,000	147,000	210,000
Conv Sed	8050	25,800	43,000	86,000	150,500	215,000
1936						
Series 60, V-8, 121" wb						
2d Conv	2250	7200	12,000	24,000	42,000	60,000
2d 2P Cpe	1150	3600	6000	12,000	21,000	30,000
4d Tr Sed	900	2900	4800	9600	16,800	24,000
Series 70, V-8, 131" wb, Fleetwood bodies						
2d Conv	2650	8400	14,000	28,000	49,000	70,000
2d 2P Cpe	1150	3700	6200	12,400	21,700	31,000
4d Conv Sed	2700	8650	14,400	28,800	50,400	72,000
4d Tr Sed	1050	3350	5600	11,200	19,600	28,000
Series 75, V-8, 138" wb, Fleetwood bodies						
4d Sed	1450	4550	7600	15,200	26,600	38,000
4d Tr Sed	1450	4700	7800	15,600	27,300	39,000
4d Conv Sed	2850	9100	15,200	30,400	53,200	76,000
4d Fml Sed	1450	4550	7600	15,200	26,600	38,000
4d Twn Sed	1450	4700	7800	15,600	27,300	39,000
4d 7P Sed	1500	4800	8000	16,000	28,000	40,000
4d 7P Tr Sed	1600	5150	8600	17,200	30,100	43,000
4d Imp Sed	1650	5300	8800	17,600	30,800	44,000
4d Imp Tr Sed	1700	5400	9000	18,000	31,500	45,000
4d Twn Car	1900	6000	10,000	20,000	35,000	50,000
Series 80, V-12, 131" wb, Fleetwood bodies						
2d Conv	3000	9600	16,000	32,000	56,000	80,000
4d Conv Sed	3100	9850	16,400	32,800	57,400	82,000
2d Cpe	1700	5400	9000	18,000	31,500	45,000
4d Tr Sed	1600	5050	8400	16,800	29,400	42,000
Series 85, V-12, 138" wb, Fleetwood bodies						
4d Sed	1600	5150	8600	17,200	30,100	43,000
4d Tr Sed	1650	5300	8800	17,600	30,800	44,000
4d Conv Sed	2850	9100	15,200	30,400	53,200	76,000
4d Fml Sed	1750	5650	9400	18,800	32,900	47,000
4d Twn Sed	1800	5750	9600	19,200	33,600	48,000
4d 7P Sed	1750	5650	9400	18,800	32,900	47,000
4d 7P Tr Sed	1800	5750	9600	19,200	33,600	48,000
4d Imp Sed	1900	6000	10,000	20,000	35,000	50,000
4d Imp Tr Sed	1950	6250	10,400	20,800	36,400	52,000
4d Twn Car	2250	7200	12,000	24,000	42,000	60,000
Series 90, V-16, 154" wb, Fleetwood bodies						
2d 2P Conv	4900	15,600	26,000	52,000	91,000	130,000
4d Conv Sed	5100	16,300	27,200	54,400	95,200	136,000
2d 2P Cpe	3750	12,000	20,000	40,000	70,000	100,000
2d Aero Cpe	4300	13,700	22,800	45,600	79,800	114,000
4d Sed	3600	11,500	19,200	38,400	67,200	96,000
4d Twn Sed	3600	11,500	19,200	38,400	67,200	96,000
4d 7P Sed	3700	11,750	19,600	39,200	68,600	98,000
4d 5P Imp Cabr	5250	16,800	28,000	56,000	98,000	140,000
4d 7P Imp Cabr	5250	16,800	28,000	56,000	98,000	140,000
4d Imp Sed	5450	17,400	29,000	58,000	101,500	145,000
4d Twn Cabr	5650	18,000	30,000	60,000	105,000	150,000
4d Twn Lan	5100	16,300	27,200	54,400	95,200	136,000
4d 5P Conv	5250	16,800	28,000	56,000	98,000	140,000
1937						
Series 60, V-8, 124" wb						
2d Conv	2050	6600	11,000	22,000	38,500	55,000
4d Conv Sed	2150	6850	11,400	22,800	39,900	57,000
2d 2P Cpe	1150	3600	6000	12,000	21,000	30,000
4d Tr Sed	950	3000	5000	10,000	17,500	25,000
Series 65, V-8, 131" wb						
4d Tr Sed	1000	3250	5400	10,800	18,900	27,000
Series 70, V-8, 131" wb, Fleetwood bodies						
2d Conv	2250	7200	12,000	24,000	42,000	60,000
4d Conv Sed	2350	7450	12,400	24,800	43,400	62,000
2d Spt Cpe	1250	3950	6600	13,200	23,100	33,000
4d Tr Sed	1100	3500	5800	11,600	20,300	29,000
Series 75, V-8, 138" wb, Fleetwood bodies						
4d Tr Sed	1200	3850	6400	12,800	22,400	32,000
4d Twn Sed	1250	3950	6600	13,200	23,100	33,000
4d Conv Sed	2650	8400	14,000	28,000	49,000	70,000
4d Fml Sed	1300	4200	7000	14,000	24,500	35,000
4d Spl Tr Sed	1350	4300	7200	14,400	25,200	36,000
4d Spl Imp Tr Sed	1400	4450	7400	14,800	25,900	37,000
4d 7P Tr Sed	1450	4550	7600	15,200	26,600	38,000
4d 7P Imp	1400	4450	7400	14,800	25,900	37,000
4d Bus Tr Sed	1350	4300	7200	14,400	25,200	36,000

	6	5	4	3	2	1
4d Bus Imp	1700	5400	9000	18,000	31,500	45,000
4d Twn Car	2500	7900	13,200	26,400	46,200	66,000
4d Series 85, V-12, 138" wb, Fleetwood bodies						
4d Tr Sed	1700	5400	9000	18,000	31,500	45,000
4d Twn Sed	1750	5500	9200	18,400	32,200	46,000
4d Conv Sed	3000	9600	16,000	32,000	56,000	80,000
4d 7P Tr Sed	1800	5750	9600	19,200	33,600	48,000
4d Imp Tr Sed	2000	6350	10,600	21,200	37,100	53,000
4d Twn Car	2800	8900	14,800	29,600	51,800	74,000
Series 90, V-16, 154" wb, Fleetwood bodies						
2d 2P Conv	5800	18,600	31,000	62,000	108,500	155,000
2d 5P Conv	5800	18,600	31,000	62,000	108,500	155,000
4d Conv Sed	5800	18,600	31,000	62,000	108,500	155,000
2d Cpe	4150	13,200	22,000	44,000	77,000	110,000
4d Twn Sed	3750	12,000	20,000	40,000	70,000	100,000
4d 7P Sed	3850	12,250	20,400	40,800	71,400	102,000
4d Limo	4050	12,950	21,600	43,200	75,600	108,000
4d 5P Imp Cabr	5650	18,000	30,000	60,000	105,000	150,000
4d 5P Twn Cabr	5800	18,600	31,000	62,000	108,500	155,000
4d 7P Imp Cabr	5800	18,600	31,000	62,000	108,500	155,000
4d 7P Twn Cabr	6000	19,200	32,000	64,000	112,000	160,000
2d Aero Cpe	4450	14,150	23,600	47,200	82,600	118,000
4d Limo Brgm	4150	13,200	22,000	44,000	77,000	110,000
4d Fml Sed	4350	13,900	23,200	46,400	81,200	116,000
1938						
Series 60, V-8, 124" wb						
2d Conv	2200	6950	11,600	23,200	40,600	58,000
4d Conv Sed	2200	7100	11,800	23,600	41,300	59,000
2d 2P Cpe	1150	3600	6000	12,000	21,000	30,000
4d Tr Sed	1100	3500	5800	11,600	20,300	29,000
Series 60 Special, V-8, 127" wb						
4d Tr Sed	1300	4200	7000	14,000	24,500	35,000
Series 65, V-8, 132" wb						
4d Tr Sed	1150	3600	6000	12,000	21,000	30,000
4d 4d Div Tr Sed	1300	4200	7000	14,000	24,500	35,000
4d Conv Sed	2650	8400	14,000	28,000	49,000	70,000
Series 75, V-8, 141" wb, Fleetwood bodies						
2d Conv	2700	8650	14,400	28,800	50,400	72,000
4d Conv Sed	2800	8900	14,800	29,600	51,800	74,000
2d 2P Cpe	1700	5400	9000	18,000	31,500	45,000
2d 5P Cpe	1600	5150	8600	17,200	30,100	43,000
4d Tr Sed	1300	4200	7000	14,000	24,500	35,000
4d Div Tr Sed	1400	4450	7400	14,800	25,900	37,000
4d Twn Sed	1350	4300	7200	14,400	25,200	36,000
4d Fml Sed	1350	4300	7200	14,400	25,200	36,000
4d 7P Fml Sed	1500	4800	8000	16,000	28,000	40,000
4d 7P Tr Sed	1450	4550	7600	15,200	26,600	38,000
4d Imp Tr Sed	1450	4700	7800	15,600	27,300	39,000
4d 8P Tr Sed	1450	4700	7800	15,600	27,300	39,000
4d 8P Imp Tr Sed	1500	4800	8000	16,000	28,000	40,000
4d Twn Car	2100	6700	11,200	22,400	39,200	56,000
Series 90, V-16, 141" wb, Fleetwood bodies						
2d Conv	4000	12,700	21,200	42,400	74,200	106,000
4d Conv Sed Trk	4050	12,950	21,600	43,200	75,600	108,000
2d 2P Cpe	2850	9100	15,200	30,400	53,200	76,000
2d 5P Cpe	2950	9350	15,600	31,200	54,600	78,000
4d Tr Sed	2650	8400	14,000	28,000	49,000	70,000
4d Twn Sed	2700	8650	14,400	28,800	50,400	72,000
4d Div Tr Sed	2850	9100	15,200	30,400	53,200	76,000
4d 7P Tr Sed	2800	8900	14,800	29,600	51,800	74,000
4d Imp Tr Sed	2950	9350	15,600	31,200	54,600	78,000
4d Fml Sed	2950	9350	15,600	31,200	54,600	78,000
4d Fml Sed Trk	3000	9600	16,000	32,000	56,000	80,000
4d Twn Car	3600	11,500	19,200	38,400	67,200	96,000
1939						
Series 61, V-8, 126" wb						
2d Conv	2500	7900	13,200	26,400	46,200	66,000
4d Conv Sed	2550	8150	13,600	27,200	47,600	68,000
2d Cpe	1150	3600	6000	12,000	21,000	30,000
4d Tr Sed	1000	3250	5400	10,800	18,900	27,000
Series 60 Special, V-8, 127" wb, Fleetwood						
4d Sed	1500	4800	8000	16,000	28,000	40,000
4d S/R Sed	1600	5050	8400	16,800	29,400	42,000
4d S/R Imp Sed	1700	5400	9000	18,000	31,500	45,000

	6	5	4	3	2	1
Series 75, V-8, 141" wb, Fleetwood bodies						
2d Conv	2950	9350	15,600	31,200	54,600	78,000
4d Conv Sed Trk	3000	9600	16,000	32,000	56,000	80,000
2d 4P Cpe	1300	4200	7000	14,000	24,500	35,000
2d 5P Cpe	1350	4300	7200	14,400	25,200	36,000
4d Tr Sed	1250	3950	6600	13,200	23,100	33,000
4d Div Tr Sed	1300	4100	6800	13,600	23,800	34,000
4d Twn Sed Trk	1300	4200	7000	14,000	24,500	35,000
4d Fml Sed Trk	1350	4300	7200	14,400	25,200	36,000
4d 7P Fml Sed Trk	1450	4550	7600	15,200	26,600	38,000
4d 7P Tr Sed	1400	4450	7400	14,800	25,900	37,000
4d 7P Tr Imp Sed	1450	4550	7600	15,200	26,600	38,000
4d Bus Tr Sed	1300	4200	7000	14,000	24,500	35,000
4d 8P Tr Imp Sed	1500	4800	8000	16,000	28,000	40,000
4d Twn Car Trk	1550	4900	8200	16,400	28,700	41,000
Series 90, V-16, 141" wb, Fleetwood bodies						
2d Conv	3750	12,000	20,000	40,000	70,000	100,000
4d Conv Sed	4150	13,200	22,000	44,000	77,000	110,000
2d 4P Cpe	3250	10,300	17,200	34,400	60,200	86,000
2d 5P Cpe	3150	10,100	16,800	33,600	58,800	84,000
4d 5P Tr Sed	2650	8400	14,000	28,000	49,000	70,000
4d Twn Sed Trk	2700	8650	14,400	28,800	50,400	72,000
4d Div Tr Sed	2700	8650	14,400	28,800	50,400	72,000
4d 7P Tr Sed	2700	8650	14,400	28,800	50,400	72,000
4d 7P Imp Tr Sed	2800	8900	14,800	29,600	51,800	74,000
4d Fml Sed Trk	2800	8900	14,800	29,600	51,800	74,000
4d 7P Fml Sed Trk	2850	9100	15,200	30,400	53,200	76,000
4d Twn Car Trk	3400	10,800	18,000	36,000	63,000	90,000
1940						
Series 62, V-8, 129" wb						
2d Conv	2650	8400	14,000	28,000	49,000	70,000
4d Conv Sed	2700	8650	14,400	28,800	50,400	72,000
2d Cpe	1150	3700	6200	12,400	21,700	31,000
4d Sed	850	2750	4600	9200	16,100	23,000
Series 60 Special, V-8, 127" wb, Fleetwood						
4d Sed	1450	4550	7600	15,200	26,600	38,000
4d S/R Sed	1550	4900	8200	16,400	28,700	41,000
4d Imp Sed	1550	4900	8200	16,400	28,700	41,000
4d S/R Imp Sed	1600	5150	8600	17,200	30,100	43,000
4d MB Twn Car	1900	6000	10,000	20,000	35,000	50,000
4d LB Twn Car	1900	6000	10,000	20,000	35,000	50,000
Series 72, V-8, 138" wb, Fleetwood						
4d Sed	1450	4550	7600	15,200	26,600	38,000
4d 4P Imp Sed	1450	4700	7800	15,600	27,300	39,000
4d 7P Sed	1500	4800	8000	16,000	28,000	40,000
4d 7P Bus Sed	1450	4550	7600	15,200	26,600	38,000
4d 7P Imp Sed	1500	4800	8000	16,000	28,000	40,000
4d 7P Fml Sed	1550	4900	8200	16,400	28,700	41,000
4d 7P Bus Imp	1450	4700	7800	15,600	27,300	39,000
4d 5P Fml Sed	1600	5050	8400	16,800	29,400	42,000
Series 75, V-8, 141" wb, Fleetwood						
2d Conv	3000	9600	16,000	32,000	56,000	80,000
4d Conv Sed	3100	9850	16,400	32,800	57,400	82,000
2d 2P Cpe	2100	6700	11,200	22,400	39,200	56,000
2d 5P Cpe	2050	6600	11,000	22,000	38,500	55,000
4d Sed	2000	6350	10,600	21,200	37,100	53,000
4d 5P Imp Sed	2050	6600	11,000	22,000	38,500	55,000
4d 7P Sed	2050	6500	10,800	21,600	37,800	54,000
4d 7P Imp Sed	2100	6700	11,200	22,400	39,200	56,000
4d 5P Fml Sed	2050	6600	11,000	22,000	38,500	55,000
4d 7P Fml Sed	2150	6850	11,400	22,800	39,900	57,000
4d Twn Sed	2250	7200	12,000	24,000	42,000	60,000
4d Twn Car	2400	7700	12,800	25,600	44,800	64,000
Series 90, V-16, 141" wb, Fleetwood						
2d Conv	4350	13,900	23,200	46,400	81,200	116,000
4d Conv Sed	4450	14,150	23,600	47,200	82,600	118,000
2d 2P Cpe	3250	10,300	17,200	34,400	60,200	86,000
2d 5P Cpe	3150	10,100	16,800	33,600	58,800	84,000
4d Sed	3100	9850	16,400	32,800	57,400	82,000
4d 7P Sed	3150	10,100	16,800	33,600	58,800	84,000
4d 7P Imp Sed	3150	10,100	16,800	33,600	58,800	84,000
4d 5P Fml Sed	3300	10,550	17,600	35,200	61,600	88,000
4d 7P Fml Sed	3300	10,550	17,600	35,200	61,600	88,000
4d 5P Twn Sed	3400	10,800	18,000	36,000	63,000	90,000
4d 7P Twn Car	3400	10,800	18,000	36,000	63,000	90,000

	6	5	4	3	2	1
1941						
Series 61, V-8, 126" wb						
2d FBk	850	2750	4600	9200	16,100	23,000
2d DeL FBk	900	2900	4800	9600	16,800	24,000
4d Sed FBk	800	2500	4200	8400	14,700	21,000
4d DeL Sed FBk	950	3000	5000	10,000	17,500	25,000
Series 62, V-8, 126" wb						
2d Conv	2250	7200	12,000	24,000	42,000	60,000
4d Conv Sed	2350	7450	12,400	24,800	43,400	62,000
2d Cpe	1100	3500	5800	11,600	20,300	29,000
2d DeL Cpe	1150	3600	6000	12,000	21,000	30,000
4d Sed	700	2300	3800	7600	13,300	19,000
4d DeL Sed	750	2400	4000	8000	14,000	20,000
Series 63, V-8, 126" wb						
4d Sed FBk	950	3000	5000	10,000	17,500	25,000
Series 60 Special, V-8, 126" wb, Fleetwood						
4d Sed	1450	4700	7800	15,600	27,300	39,000
4d S/R Sed	1600	5050	8400	16,800	29,400	42,000
NOTE: Add $1,500.00 for division window.						
Series 67, V-8, 138" wb						
4d 5P Sed	850	2750	4600	9200	16,100	23,000
4d Imp Sed	900	2900	4800	9600	16,800	24,000
4d 7P Sed	850	2750	4600	9200	16,100	23,000
4d 7P Imp Sed	950	3000	5000	10,000	17,500	25,000
Series 75, V-8, 1361/2" wb, Fleetwood						
4d 5P Sed	900	2900	4800	9600	16,800	24,000
4d 5P Imp Sed	950	3050	5100	10,200	17,900	25,500
4d 7P Sed	950	3050	5100	10,200	17,900	25,500
4d 9P Bus Sed	950	3000	5000	10,000	17,500	25,000
4d 7P Imp Sed	1000	3100	5200	10,400	18,200	26,000
4d Bus Imp Sed	900	2900	4800	9600	16,800	24,000
4d 5P Fml Sed	1000	3100	5200	10,400	18,200	26,000
4d 7P Fml Sed	1000	3100	5200	10,400	18,200	26,000
1942						
Series 61, V-8, 126" wb						
2d FBk	900	2900	4800	9600	16,800	24,000
4d FBk	700	2150	3600	7200	12,600	18,000
Series 62, V-8, 129" wb						
2d DeL FBk	950	3050	5100	10,200	17,900	25,500
2d FBk	950	3000	5000	10,000	17,500	25,000
2d DeL Conv Cpe	1600	5050	8400	16,800	29,400	42,000
4d Sed	700	2300	3800	7600	13,300	19,000
4d DeL Sed	750	2400	4000	8000	14,000	20,000
Series 63, V-8, 126" wb						
4d FBk	700	2300	3800	7600	13,300	19,000
Series 60 Special, V-8, 133" wb, Fleetwood						
4d Sed	900	2900	4800	9600	16,800	24,000
4d Imp Sed	950	3000	5000	10,000	17,500	25,000
Series 67, V-8, 139" wb						
4d 5P Sed	700	2300	3800	7600	13,300	19,000
4d 5P Sed Div	850	2650	4400	8800	15,400	22,000
4d 7P Sed	750	2400	4000	8000	14,000	20,000
4d 7P Sed Imp	850	2650	4400	8800	15,400	22,000
Series 75, V-8, 136" wb, Fleetwood						
4d 5P Imp	850	2650	4400	8800	15,400	22,000
4d 5P Imp Sed	850	2750	4600	9200	16,100	23,000
4d 7P Sed	850	2650	4400	8800	15,400	22,000
4d 9P Bus Sed	850	2650	4400	8800	15,400	22,000
4d 7P Imp Sed	900	2900	4800	9600	16,800	24,000
4d 9P Bus Imp	850	2750	4600	9200	16,100	23,000
4d 5P Fml Sed	950	3000	5000	10,000	17,500	25,000
4d 7P Fml Sed	1000	3100	5200	10,400	18,200	26,000
1946-1947						
Series 61, V-8, 126" wb						
2d FBk	950	3000	5000	10,000	17,500	25,000
4d FBk	750	2400	4000	8000	14,000	20,000
Series 62, V-8, 129" wb						
2d Conv	1800	5750	9600	19,200	33,600	48,000
2d FBk	1000	3100	5200	10,400	18,200	26,000
4d 5P Sed	800	2500	4200	8400	14,700	21,000
Series 60 Special, V-8, 133" wb, Fleetwood						
4d 6P Sed	850	2750	4600	9200	16,100	23,000

1947 Cadillac Series 62 Club Coupe two-door fastback sedan

	6	5	4	3	2	1
Series 75, V-8, 136" wb, Fleetwood						
4d 5P Sed	950	3000	5000	10,000	17,500	25,000
4d 7P Sed	1000	3100	5200	10,400	18,200	26,000
4d 7P Imp Sed	1150	3600	6000	12,000	21,000	30,000
4d 9P Bus Sed	1000	3100	5200	10,400	18,200	26,000
4d 9P Bus Imp	1050	3350	5600	11,200	19,600	28,000
1948						
Series 61, V-8, 126" wb						
2d FBk	900	2900	4800	9600	16,800	24,000
4d 5P Sed	800	2500	4200	8400	14,700	21,000
Series 62, V-8, 126" wb						
2d Conv	1600	5050	8400	16,800	29,400	42,000
2d Clb Cpe	950	3000	5000	10,000	17,500	25,000
4d 5P Sed	850	2750	4600	9200	16,100	23,000
Series 60 Special, V-8, 133" wb, Fleetwood						
4d Sed	950	3000	5000	10,000	17,500	25,000
Series 75, V-8, 136" wb, Fleetwood						
4d 5P Sed	950	3000	5000	10,000	17,500	25,000
4d 7P Sed	1000	3100	5200	10,400	18,200	26,000
4d 7P Imp Sed	1150	3600	6000	12,000	21,000	30,000
4d 9P Bus Sed	1000	3100	5200	10,400	18,200	26,000
4d 9P Bus Imp	1050	3350	5600	11,200	19,600	28,000
1949						
Series 61, V-8, 126" wb						
2d FBk	950	3000	5000	10,000	17,500	25,000
4d Sed	850	2650	4400	8800	15,400	22,000
Series 62, V-8, 126" wb						
2 dr FBk	1000	3100	5200	10,400	18,200	26,000
4d 5P Sed	900	2900	4800	9600	16,800	24,000
2d HT Cpe DeV	1150	3600	6000	12,000	21,000	30,000
2d Conv	1650	5300	8800	17,600	30,800	44,000
Series 60 Special, V-8, 133" wb, Fleetwood						
4d 5P Sed	1000	3100	5200	10,400	18,200	26,000
Series 75, V-8, 136" wb, Fleetwood						
4d 5P Sed	1000	3100	5200	10,400	18,200	26,000
4d 7P Sed	1000	3250	5400	10,800	18,900	27,000
4d 7P Imp Sed	1150	3700	6200	12,400	21,700	31,000
4d 9P Bus Sed	1000	3250	5400	10,800	18,900	27,000
4d 9P Bus Imp	1100	3500	5800	11,600	20,300	29,000
1950-1951						
Series 61, V-8						
4d 5P Sed	700	2150	3600	7200	12,600	18,000
2d HT Cpe	850	2650	4400	8800	15,400	22,000
Series 62, V-8						
4d 5P Sed	700	2300	3800	7600	13,300	19,000
2d HT Cpe	900	2900	4800	9600	16,800	24,000
2d HT Cpe DeV	1000	3100	5200	10,400	18,200	26,000
2d Conv	1300	4200	7000	14,000	24,500	35,000
Series 60-S, V-8						
4d Sed	900	2900	4800	9600	16,800	24,000
Series 75 Fleetwood						
4d 8P Sed	950	3000	5000	10,000	17,500	25,000

	6	5	4	3	2	1
4d 8P Imp	1000	3250	5400	10,800	18,900	27,000

1952
Series 62, V-8

	6	5	4	3	2	1
4d Sed	700	2300	3800	7600	13,300	19,000
2d HT	850	2750	4600	9200	16,100	23,000
2d HT Cpe DeV	1000	3100	5200	10,400	18,200	26,000
2d Conv	1350	4300	7200	14,400	25,200	36,000

Series 60-S, V-8

	6	5	4	3	2	1
4d Sed	900	2900	4800	9600	16,800	24,000

Series 75, V-8, Fleetwood

	6	5	4	3	2	1
4d Sed	950	3000	5000	10,000	17,500	25,000
4d Imp Sed	1000	3250	5400	10,800	18,900	27,000

1953
Series 62, V-8

	6	5	4	3	2	1
4d Sed	700	2150	3600	7200	12,600	18,000
2d HT	1100	3500	5800	11,600	20,300	29,000
2d HT Cpe DeV	1200	3850	6400	12,800	22,400	32,000
2d Conv	1600	5050	8400	16,800	29,400	42,000
2d Eldo Conv	3100	9850	16,400	32,800	57,400	82,000

Series 60-S, V-8

	6	5	4	3	2	1
4d Sed	1150	3600	6000	12,000	21,000	30,000

Series 75, V-8, Fleetwood

	6	5	4	3	2	1
4d 7P Sed	1150	3700	6200	12,400	21,700	31,000
4d Imp Sed	1250	3950	6600	13,200	23,100	33,000

1954
Series 62, V-8

	6	5	4	3	2	1
4d Sed	700	2150	3600	7200	12,600	18,000
2d HT	1000	3250	5400	10,800	18,900	27,000
2d HT Cpe DeV	1150	3600	6000	12,000	21,000	30,000
2d Conv	1600	5050	8400	16,800	29,400	42,000
2d Eldo Conv	2200	6950	11,600	23,200	40,600	58,000

Series 60-S, V-8

	6	5	4	3	2	1
4d Sed	1000	3100	5200	10,400	18,200	26,000

Series 75, V-8, Fleetwood

	6	5	4	3	2	1
4d 7P Sed	1100	3500	5800	11,600	20,300	29,000
4d 7P Imp Sed	1150	3700	6200	12,400	21,700	31,000

1955
Series 62, V-8

	6	5	4	3	2	1
4d Sed	700	2150	3600	7200	12,600	18,000
2d HT	1050	3350	5600	11,200	19,600	28,000
2d HT Cpe DeV	1150	3600	6000	12,000	21,000	30,000
2d Conv	1500	4800	8000	16,000	28,000	40,000
2d Eldo Conv	1600	5050	8400	16,800	29,400	42,000

Series 60-S, V-8

	6	5	4	3	2	1
4d Sed	1000	3100	5200	10,400	18,200	26,000

Series 75, V-8, Fleetwood

	6	5	4	3	2	1
4d 7P Sed	1100	3500	5800	11,600	20,300	29,000
4d 7P Imp Sed	1150	3700	6200	12,400	21,700	31,000

1956
Series 62, V-8

	6	5	4	3	2	1
4d Sed	700	2150	3600	7200	12,600	18,000
2d HT	1000	3100	5200	10,400	18,200	26,000
4d HT Sed DeV	850	2750	4600	9200	16,100	23,000
2d HT Cpe DeV	1150	3600	6000	12,000	21,000	30,000
2d Conv	1650	5300	8800	17,600	30,800	44,000
2d HT Eldo Sev	1350	4300	7200	14,400	25,200	36,000
2d Brtz Conv	1550	4900	8200	16,400	28,700	41,000

Series 60-S, V-8

	6	5	4	3	2	1
4d Sed	1000	3100	5200	10,400	18,200	26,000

Series 75, V-8, Fleetwood

	6	5	4	3	2	1
4d 7P Sed	1100	3500	5800	11,600	20,300	29,000
4d 7P Imp Sed	1150	3700	6200	12,400	21,700	31,000

1957
Series 62, V-8

	6	5	4	3	2	1
4d HT	550	1700	2800	5600	9800	14,000
2d HT	950	3000	5000	10,000	17,500	25,000
2d HT Cpe DeV	1000	3250	5400	10,800	18,900	27,000
4d HT Sed DeV	700	2300	3800	7600	13,300	19,000
2d Conv	1450	4550	7600	15,200	26,600	38,000

Eldorado, V-8

	6	5	4	3	2	1
2d HT Sev	1000	3250	5400	10,800	18,900	27,000
2d Brtz Conv	1350	4300	7200	14,400	25,200	36,000

Fleetwood 60 Special, V-8

	6	5	4	3	2	1
4d HT	750	2400	4000	8000	14,000	20,000

1957 Cadillac Eldorado Brougham

	6	5	4	3	2	1
Eldorado Brougham, V-8						
4d HT	1100	3500	5800	11,600	20,300	29,000
Series 75						
4d 8P Sed	800	2500	4200	8400	14,700	21,000
4d 8P Imp Sed	850	2750	4600	9200	16,100	23,000
1958						
Series 62, V-8						
4d HT Sh Dk	450	1450	2400	4800	8400	12,000
4d 6W Sed	500	1550	2600	5200	9100	13,000
4d Sed DeV	550	1700	2800	5600	9800	14,000
2d HT	850	2650	4400	8800	15,400	22,000
2d HT Cpe DeV	900	2900	4800	9600	16,800	24,000
2d Conv	1200	3850	6400	12,800	22,400	32,000
Eldorado, V-8						
2d HT Sev	900	2900	4800	9600	16,800	24,000
2d Brtz Conv	1400	4450	7400	14,800	25,900	37,000
Fleetwood 60 Special, V-8						
4d HT	750	2400	4000	8000	14,000	20,000
Eldorado Brougham, V-8						
4d HT	1050	3350	5600	11,200	19,600	28,000
Series 75						
4d 8P Sed	700	2300	3800	7600	13,300	19,000
4d 8P Imp Sed	800	2500	4200	8400	14,700	21,000
1959						
Series 62, V-8						
4d 4W HT	550	1800	3000	6000	10,500	15,000
4d 6W HT	550	1700	2800	5600	9800	14,000
2d HT	750	2400	4000	8000	14,000	20,000
2d Conv	1750	5650	9400	18,800	32,900	47,000
Series 62 DeVille, V-8						
2d HT Cpe DeV	1000	3100	5200	10,400	18,200	26,000
4d 4W HT	600	1900	3200	6400	11,200	16,000
4d 6W HT	550	1800	3000	6000	10,500	15,000
Series Eldorado, V-8						
4d HT Brgm	1150	3700	6200	12,400	21,700	31,000
2d HT Sev	1300	4200	7000	14,000	24,500	35,000
2d Brtz Conv	2550	8150	13,600	27,200	47,600	68,000
Fleetwood 60 Special, V-8						
4d 6P Sed	950	3000	5000	10,000	17,500	25,000
Fleetwood Series 75, V-8						
4d 9P Sed	1000	3250	5400	10,800	18,900	27,000
4d Limo	1100	3500	5800	11,600	20,300	29,000
1960						
Series 62, V-8						
4d 4W HT	550	1700	2800	5600	9800	14,000
4d 6W HT	500	1550	2600	5200	9100	13,000
2d HT	800	2500	4200	8400	14,700	21,000
2d Conv	1450	4700	7800	15,600	27,300	39,000
Series 62 DeVille, V-8						
4d 4W Sed	550	1800	3000	6000	10,500	15,000
4d 6W Sed	550	1700	2800	5600	9800	14,000
2d HT Cpe DeV	850	2750	4600	9200	16,100	23,000
Eldorado Series, V-8						
4d HT Brgm	1150	3700	6200	12,400	21,700	31,000
2d HT Sev	1300	4100	6800	13,600	23,800	34,000
2d Brtz Conv	2350	7450	12,400	24,800	43,400	62,000

	6	5	4	3	2	1
Fleetwood 60 Special, V-8						
4d 6P HT	900	2900	4800	9600	16,800	24,000
Fleetwood Series 75, V-8						
4d 9P Sed	950	3000	5000	10,000	17,500	25,000
4d Limo	1000	3250	5400	10,800	18,900	27,000
1961						
Series 62, V-8						
4d 4W HT	400	1250	2100	4200	7400	10,500
4d 6W HT	400	1250	2100	4200	7300	10,400
2d HT	600	1900	3200	6400	11,200	16,000
2d Conv	1150	3600	6000	12,000	21,000	30,000
Series 62 DeVille, V-8						
4d 4W HT	400	1300	2150	4300	7500	10,700
4d 6W HT	400	1250	2100	4200	7400	10,600
4d HT Sh Dk	400	1250	2100	4200	7400	10,500
2d HT Cpe DeV	700	2150	3600	7200	12,600	18,000
Eldorado Series, V-8						
2d Brtz Conv	1300	4200	7000	14,000	24,500	35,000
Fleetwood 60 Special, V-8						
4d 6P HT	550	1800	3000	6000	10,500	15,000
Fleetwood Series 75, V-8						
4d 9P Sed	650	2050	3400	6800	11,900	17,000
4d 9P Limo	850	2650	4400	8800	15,400	22,000
1962						
Series 62, V-8						
4d 4W HT	400	1300	2150	4300	7500	10,700
4d 6W HT	400	1250	2100	4200	7400	10,500
4d HT Sh Dk	400	1250	2100	4200	7400	10,500
2d HT	600	1900	3200	6400	11,200	16,000
2d Conv	1150	3600	6000	12,000	21,000	30,000
Series 62 DeVille, V-8						
4d 4W HT	400	1350	2250	4500	7800	11,200
4d 6W HT	450	1450	2400	4800	8400	12,000
4d HT Pk Ave	450	1400	2300	4600	8100	11,500
2d HT Cpe DeV	700	2150	3600	7200	12,600	18,000
Eldorado Series, V-8						
2d Brtz Conv	1300	4200	7000	14,000	24,500	35,000
Fleetwood 60 Special, V-8						
4d 6P HT	600	1900	3200	6400	11,200	16,000
Fleetwood 75 Series, V-8						
4d 9P Sed	650	2050	3400	6800	11,900	17,000
4d 9P Limo	850	2650	4400	8800	15,400	22,000
1963						
Series 62, V-8						
4d 4W HT	450	1170	1975	3900	6850	9800
4d 6W HT	450	1150	1900	3850	6700	9600
2d HT	450	1450	2400	4800	8400	12,000
2d Conv	900	2900	4800	9600	16,800	24,000
Series 62 DeVille, V-8						
4d 4W HT	400	1200	2000	4000	7100	10,100
4d 6W HT	400	1200	2000	4000	7000	10,000
4d HT Pk Ave	450	1170	1975	3900	6850	9800
2d HT Cpe DeV	550	1800	3000	6000	10,500	15,000
Eldorado Series, V-8						
2d Brtz Conv	1100	3500	5800	11,600	20,300	29,000
Fleetwood 60 Special, V-8						
4d 6P HT	500	1550	2600	5200	9100	13,000
Fleetwood 75 Series, V-8						
4d 9P Sed	550	1800	3000	6000	10,500	15,000
4d 9P Limo	700	2300	3800	7600	13,300	19,000
1964						
Series 62, V-8						
4d 4W HT	400	1200	2000	4000	7000	10,000
4d 6W HT	450	1170	1975	3900	6850	9800
2d HT	550	1700	2800	5600	9800	14,000

1964 Cadillac Series 62 Sedan deVille four-door hardtop

	6	5	4	3	2	1
Series 62 DeVille, V-8						
4d 4W HT	400	1200	2050	4100	7100	10,200
4d 6W HT	400	1200	2000	4000	7000	10,000
2d HT Cpe DeV	600	1900	3200	6400	11,200	16,000
2d Conv	950	3000	5000	10,000	17,500	25,000
Eldorado Series, V-8						
2d Conv	1150	3600	6000	12,000	21,000	30,000
Fleetwood 60 Special, V-8						
4d 6P HT	550	1700	2800	5600	9800	14,000
Fleetwood 75 Series, V-8						
4d 9P Sed	600	1900	3200	6400	11,200	16,000
4d 9P Limo	700	2300	3800	7600	13,300	19,000
1965						
Calais Series, V-8						
4d Sed	450	1170	1975	3900	6850	9800
4d HT	400	1200	2000	4000	7000	10,000
2d HT	450	1450	2400	4800	8400	12,000
DeVille Series, V-8						
6P Sed	400	1200	2000	4000	7000	10,000
4d HT	400	1250	2100	4200	7300	10,400
2d HT	550	1700	2800	5600	9800	14,000
2d Conv	700	2300	3800	7600	13,300	19,000
Fleetwood 60 Special, V-8						
4d 6P Sed	450	1500	2500	5000	8800	12,500
4d Brgm Sed	500	1550	2600	5200	9100	13,000
Fleetwood Eldorado, V-8						
2d Conv	900	2900	4800	9600	16,800	24,000
Fleetwood 75 Series, V-8						
4d 9P Sed	600	1900	3200	6400	11,200	16,000
4d 9P Limo	700	2300	3800	7600	13,300	19,000
1966						
Calais Series, V-8						
4d Sed	450	1170	1975	3900	6850	9800
4d HT	400	1200	2000	4000	7000	10,000
2d HT	450	1450	2400	4800	8400	12,000
DeVille Series, V-8						
4d Sed	400	1200	2000	4000	7000	10,000
4d HT	400	1200	2050	4100	7100	10,200
2d HT	550	1700	2800	5600	9800	14,000
2d Conv	700	2300	3800	7600	13,300	19,000
Eldorado, V-8						
2d Conv	900	2900	4800	9600	16,800	24,000
Fleetwood Brougham, V-8						
4d Sed	450	1450	2400	4800	8400	12,000
Sixty Special, V-8						
4d Sed	450	1450	2400	4800	8400	12,000
Seventy Five, V-8						
4d Sed	550	1800	3000	6000	10,500	15,000
4d Limo	700	2300	3800	7600	13,300	19,000
1967						
Calais, V-8, 129.5" wb						
4d HT	400	1200	2000	4000	7000	10,000
2d HT	450	1400	2300	4600	8100	11,500
DeVille, V-8, 129.5" wb						
4d HT	400	1250	2100	4200	7400	10,600

	6	5	4	3	2	1
2d HT	500	1550	2600	5200	9100	13,000
2d Conv	700	2300	3800	7600	13,300	19,000
Fleetwood Eldorado, V-8, 120" wb						
2d HT	500	1550	2600	5200	9100	13,000
Sixty-Special, V-8, 133" wb						
4d Sed	400	1300	2200	4400	7700	11,000
Fleetwood Brougham, V-8, 133" wv						
4d Sed	400	1300	2200	4400	7700	11,000
Seventy-Five Series, V-8, 149.8" wb						
4d Sed	450	1450	2400	4800	8400	12,000
4d Limo	500	1550	2600	5200	9100	13,000
1968						
Calais, V-8, 129.5" wb						
2d HT	450	1400	2300	4600	8100	11,500
4d HT	400	1200	2000	4000	7100	10,100
DeVille, V-8 129.5 wb						
4d	400	1200	2050	4100	7100	10,200
4d HT	400	1250	2100	4200	7400	10,600
2d HT	500	1550	2600	5200	9100	13,000
2d Conv	700	2300	3800	7600	13,300	19,000
Fleetwood Eldorado, V-8, 120" wb						
2d HT	500	1550	2600	5200	9100	13,000
Sixty-Special, V-8, 133" wb						
4d Sed	400	1300	2200	4400	7700	11,000
Fleetwood Brougham, V-8, 133" wb						
4d Sed	400	1300	2200	4400	7700	11,000
Series 75, V-8, 149.8" wb						
4d Sed	450	1450	2400	4800	8400	12,000
4d Limo	500	1550	2600	5200	9100	13,000
1969-1970						
Calais, V-8, 129.5" wb						
2d HT	350	1020	1700	3400	5950	8500
4d HT	350	900	1500	3000	5250	7500
DeVille, V-8, 129.5" wb						
4d Sed	350	950	1500	3050	5300	7600
4d HT	350	975	1600	3200	5500	7900
2d HT	350	1020	1700	3400	5950	8500
2d Conv	600	1900	3200	6400	11,200	16,000
Fleetwood Eldorado, V-8, 120" wb						
2d HT	450	1450	2400	4800	8400	12,000
Sixty-Special, V-8, 133" wb						
4d Sed	450	1080	1800	3600	6300	9000
4d Brgm	450	1140	1900	3800	6650	9500
Series 75, V-8, 149.8" wb						
4d Sed	450	1140	1900	3800	6650	9500
4d Limo	400	1200	2000	4000	7000	10,000
1971-1972						
Calais						
2d HT	450	1050	1750	3550	6150	8800
4d HT	350	950	1550	3100	5400	7700
DeVille						
2d HT	450	1140	1900	3800	6650	9500
4d HT	350	1000	1650	3300	5750	8200
Fleetwood 60 Special						
4d Brgm	450	1050	1750	3550	6150	8800
Fleetwood 75						
4d 9P Sed	450	1050	1750	3550	6150	8800
4d Limo	450	1120	1875	3750	6500	9300
Fleetwood Eldorado						
2d HT	400	1300	2200	4400	7700	11,000
2d Conv	550	1800	3000	6000	10,500	15,000
1973						
Calais V8						
2d HT	350	900	1500	3000	5250	7500
4d HT	350	870	1450	2900	5100	7300
DeVille V8						
2d HT	350	975	1600	3200	5600	8000
4d HT	350	950	1550	3150	5450	7800
Fleetwood 60S V8						
4d Brgm Sed	350	975	1600	3200	5500	7900
Fleetwood Eldorado V8						
2d HT	400	1200	2000	4000	7000	10,000
2d Conv	550	1800	3000	6000	10,500	15,000

Fleetwood 75 V8	6	5	4	3	2	1
NOTE: Add 20 percent for Pace Car Edition.						
4d Sed	350	1020	1700	3400	5950	8500

1974

Calais V-8
2d HT	350	880	1500	2950	5180	7400
4d HT	350	860	1450	2900	5050	7200

DeVille V-8
2d HT	350	975	1600	3200	5500	7900
4d HT	350	950	1550	3100	5400	7700

Fleetwood Brougham V-8
4d Sed	350	950	1550	3150	5450	7800

Fleetwood Eldorado V-8
2d HT	400	1200	2000	4000	7000	10,000
2d Conv	600	1900	3200	6400	11,200	16,000

Fleetwood 75 V-8
4d Sed	350	1020	1700	3400	5950	8500
4d Limo	450	1080	1800	3600	6300	9000

NOTES: Add 20 percent for Talisman Brougham.
Add 10 percent for padded top on Series 75.
Add 10 percent for sun roof on DeVille/60/Eldorado.

1975

Calais V-8
2d HT	350	950	1550	3100	5400	7700
4d HT	350	870	1450	2900	5100	7300

DeVille V-8
2d HT	350	975	1600	3200	5500	7900
4d HT	350	900	1500	3000	5250	7500

Fleetwood Brougham V-8
4d Sed	350	900	1500	3000	5250	7500

Fleetwood Eldorado V-8
2d HT	450	1080	1800	3600	6300	9000
2d Conv	600	1900	3200	6400	11,200	16,000

Fleetwood 75 V-8
4d Sed	350	1020	1700	3400	5950	8500
4d Limo	450	1080	1800	3600	6300	9000

1976

Calais, V-8
2d HT	350	840	1400	2800	4900	7000
4d HT	350	820	1400	2700	4760	6800

DeVille, V-8
2d HT	350	870	1450	2900	5100	7300
4d HT	350	840	1400	2800	4900	7000

Seville, V-8
4d Sed	450	1120	1875	3750	6500	9300

Eldorado, V-8
2d Cpe	400	1200	2000	4000	7000	10,000
2d Brtz Cpe	400	1300	2200	4400	7700	11,000
2d Conv	650	2050	3400	6800	11,900	17,000

NOTE: Add 15 percent for Bicent. Edit.

Fleetwood Brougham, V-8
4d Sed	350	870	1450	2900	5100	7300

Fleetwood 75, V-8
4d Sed	350	900	1500	3000	5250	7500
4d Limo	350	975	1600	3200	5600	8000

NOTE: Add 5 percent for Talisman on Fleetwood Brougham.

1977

DeVille, V-8
2d Cpe	350	840	1400	2800	4900	7000
4d Sed	200	720	1200	2400	4200	6000

Seville, V-8
4d Sed	350	840	1400	2800	4900	7000

Eldorado, V-8
2d Cpe	350	975	1600	3200	5600	8000
2d Brtz Cpe	450	1400	2300	4600	8100	11,500

Fleetwood Brougham, V-8
4d Sed	350	840	1400	2800	4900	7000

Fleetwood 75, V-8
4d Sed	350	860	1450	2900	5050	7200
4d Limo	350	900	1500	3000	5250	7500

1978

Seville
4d Sed	350	790	1350	2650	4620	6600

DeVille
2d Cpe	200	685	1150	2300	3990	5700
4d Sed	200	700	1050	2050	3600	5100

	6	5	4	3	2	1
Eldorado						
2d Cpe	450	1080	1800	3600	6300	9000
2d Brtz Cpe	450	1450	2400	4800	8400	12,000
Fleetwood Brougham						
4d Sed	200	670	1200	2300	4060	5800
Fleetwood Limo						
4d	350	800	1350	2700	4700	6700
4d Fml	350	830	1400	2950	4830	6900

1979 Cadillac Seville four-door sedan

1979
Seville, V-8

4d Sed	350	840	1400	2800	4900	7000

NOTE: Add 10 percent for Elegant'e.
DeVille, V-8

2d Cpe	200	720	1200	2400	4200	6000
4d Sed	200	700	1050	2100	3650	5200

Eldorado, V-8

2d Cpe	450	1080	1800	3600	6300	9000

NOTE: Add 15 percent for Biarritz.
Fleetwood Brougham, V-8

4d Sed	200	660	1100	2200	3850	5500

Fleetwood Limo

4d Sed	350	800	1350	2700	4700	6700
4d Fml Sed	350	830	1400	2950	4830	6900

NOTES: Deduct 12 percent for diesel.

1980
Seville, V-8

4d Sed	350	770	1300	2550	4480	6400

DeVille, V-8

2d Cpe	200	720	1200	2400	4200	6000
4d Sed	200	650	1100	2150	3780	5400

Eldorado, V-8

2d Cpe	450	1080	1800	3600	6300	9000

NOTE: Add 15 percent for Biarritz.
Fleetwood Brougham, V-8

2d Cpe	350	780	1300	2600	4550	6500
4d Sed	200	700	1200	2350	4130	5900

Fleetwood, V-8

4d Limo	350	830	1400	2950	4830	6900
4d Fml	350	850	1450	2850	4970	7100

1981
Seville, V-8

4d Sed	350	780	1300	2600	4550	6500

DeVille, V-8

2d Cpe	200	730	1250	2450	4270	6100
4d Sed	200	660	1100	2200	3850	5500

Eldorado, V-8

2d Cpe	450	1080	1800	3600	6300	9000

NOTE: Add 15 percent for Biarritz.
Fleetwood Brougham, V-8

2d Cpe	350	790	1350	2650	4620	6600
4d Sed	200	720	1200	2400	4200	6000

Fleetwood, V-8

4d Limo	350	840	1400	2800	4900	7000
4d Fml	350	860	1450	2900	5050	7200

1982	6	5	4	3	2	1
Cimarron, 4-cyl.						
4d Sed	200	700	1050	2100	3650	5200
Seville, V-8						
4d Sed	350	790	1350	2650	4620	6600
DeVille, V-8						
2d Cpe	200	750	1275	2500	4400	6300
4d Sed	200	685	1150	2300	3990	5700
Eldorado, V-8						
2d Cpe	450	1080	1800	3600	6300	9000
NOTE: Add 15 percent for Biarritz.						
Fleetwood Brougham, V-8						
2d Cpe	350	820	1400	2700	4760	6800
4d Sed	200	745	1250	2500	4340	6200
Fleetwood, V-8						
4d Limo	350	860	1450	2900	5050	7200
4d Fml	350	880	1500	2950	5180	7400
1983						
Cimarron, 4-cyl.						
4d Sed	200	660	1100	2200	3850	5500
Seville, V-8						
4d Sed	350	800	1350	2700	4700	6700
DeVille, V-8						
2d Cpe	350	780	1300	2600	4550	6500
4d Sed	200	700	1200	2350	4130	5900
Eldorado, V-8						
2d Cpe	450	1080	1800	3600	6300	9000
NOTE: Add 15 percent for Biarritz.						
Fleetwood Brougham, V-8						
2d Cpe	350	840	1400	2800	4900	7000
4d Sed	350	770	1300	2550	4480	6400
Fleetwood, V-8						
4d Limo	350	880	1500	2950	5180	7400
4d Fml	350	950	1500	3050	5300	7600

1984 Cadillac Eldorado Biarritz two-door hardtop

1984						
Cimarron, 4-cyl.						
4d Sed	200	670	1150	2250	3920	5600
Seville, V-8						
4d Sed	350	820	1400	2700	4760	6800
DeVille, V-8						
2d Sed	350	790	1350	2650	4620	6600
4d Sed	200	720	1200	2400	4200	6000
Eldorado, V-8						
2d Cpe	450	1080	1800	3600	6300	9000
2d Conv	750	2400	4000	8000	14,000	20,000
NOTE: Add 15 percent for Biarritz.						
Fleetwood Brougham, V-8						
2d Sed	350	840	1400	2800	4900	7000
4d Sed	350	780	1300	2600	4550	6500
Fleetwood, V-8						
4d Sed	350	900	1500	3000	5250	7500
4d Fml Limo	350	950	1550	3100	5400	7700
1985						
Cimarron, V-6						
4d Sed	200	685	1150	2300	3990	5700

	6	5	4	3	2	1

NOTE: Deduct 15 percent for 4-cyl.

Seville, V-8

	6	5	4	3	2	1
4d Sed	350	830	1400	2950	4830	6900

DeVille, V-8

2d Cpe	350	790	1350	2650	4620	6600
4d Sed	200	730	1250	2450	4270	6100

Eldorado, V-8

2d Cpe	450	1080	1800	3600	6300	9000
Conv	750	2400	4000	8000	14,000	20,000

NOTE: Add 15 percent for Biarritz.

Fleetwood, V-8

2d Cpe	350	830	1400	2950	4830	6900
4d Sed	350	800	1350	2700	4700	6700

Fleetwood Brougham, V-8

2d Cpe	350	950	1550	3100	5400	7700
4d Sed	350	950	1500	3050	5300	7600

Fleetwood 75, V-8

4d Limo	350	1020	1700	3400	5950	8500

NOTE: Deduct 30 percent for diesel where available.

1986

Cimarron

4d Sed	200	670	1200	2300	4060	5800

Seville

4d Sed	350	840	1400	2800	4900	7000

DeVille

2d Cpe	200	745	1250	2500	4340	6200
4d Sed	200	730	1250	2450	4270	6100

Fleetwood

2d Cpe	350	950	1550	3150	5450	7800
4d Sed	350	950	1550	3100	5400	7700

Fleetwood 75

4d Limo	350	1020	1700	3400	5950	8500
4d Fml Limo	450	1050	1800	3600	6200	8900

Fleetwood Brougham

4d Sed	350	950	1550	3150	5450	7800

Eldorado

2d Cpe	950	1100	1850	3700	6450	9200

1987

Cimarron

4d Sed, 4-cyl.	200	700	1200	2350	4130	5900
4d Sed, V-6	200	720	1200	2400	4200	6000

Seville, V-8

4d Sed	350	850	1450	2850	4970	7100

DeVille, V-8

4d Sed	200	750	1275	2500	4400	6300
2d Cpe	200	745	1250	2500	4340	6200

Fleetwood, V-8

4d Sed d'Elegance	350	975	1600	3200	5500	7900
4d Sed, 60 Spl	350	975	1600	3200	5600	8000

Eldorado, V-8

2d Cpe	450	1090	1800	3650	6400	9100

Brougham, V-8

4d Sed	350	1020	1700	3400	5900	8400

Fleetwood 75 Series, V-8

4d Limo	400	1250	2100	4200	7400	10,500
4d Fml	400	1200	2000	4000	7000	10,000

Allante, V-8

2d Conv	700	2300	3800	7600	13,300	19,000

1988

Cimarron, V-6

4d Sed	200	660	1100	2200	3850	5500

Seville, V-8

4d Sed	450	1140	1900	3800	6650	9500

DeVille, V-8

2d Cpe	350	1040	1700	3450	6000	8600
4d Sed	350	1040	1700	3450	6000	8600

Fleetwood, V-8

4d Sed d'Elegance	450	1140	1900	3800	6650	9500
4d Sed 60 Spl	400	1250	2100	4200	7400	10,500

Brougham, V-8

4d Sed	400	1300	2200	4400	7700	11,000

Eldorado, V-8

2d Cpe	450	1140	1900	3800	6650	9500

Allante, V-8

2d Conv.	750	2400	4000	8000	14,000	20,000

	6	5	4	3	2	1
1989						
Seville, V-8						
4d Sed	450	1450	2400	4800	8400	12,000
DeVille, V-8						
2d Cpe	450	1450	2450	4900	8500	12,200
4d Sed	450	1450	2400	4800	8500	12,100
Fleetwood, V-8						
2d Cpe	500	1600	2700	5400	9500	13,500
4d Sed	500	1600	2700	5400	9400	13,400
4d Sed 605	450	1500	2500	5000	8700	12,400
4d Sed Brgm	400	1250	2100	4200	7400	10,500
Eldorado, V-8						
2d Cpe	500	1550	2550	5100	9000	12,800
Alante, V-8						
2d Conv	750	2400	4000	8000	14,000	20,000
1990						
Seville, V-8						
4d Sed	400	1200	2000	4000	7000	10,000
4d Sed STS	450	1450	2400	4800	8400	12,000
DeVille, V-8						
2d Cpe	400	1250	2100	4200	7400	10,500
4d Sed	400	1200	2050	4100	7100	10,200
Fleetwood, V-8						
2d Cpe	450	1400	2300	4600	8100	11,500
4d Sed	450	1400	2350	4700	8200	11,700
4d Sed 605	500	1550	2600	5200	9100	13,000
Eldorado, V-8						
2d Cpe	450	1450	2400	4800	8400	12,000
Brougham, V-8						
4d Sed	450	1450	2400	4800	8400	12,000
Allante						
2d Conv	750	2400	4000	8000	14,000	20,000

NOTE: Add $3000 for hardtop.

	6	5	4	3	2	1
1991						
Seville, V-8						
4d Sed	400	1200	2000	4000	7000	10,000
4d Trg Sed	400	1300	2200	4400	7700	11,000
DeVille, V-8						
4d Sed	450	1140	1900	3800	6650	9500
4d Trg Sed	400	1250	2100	4200	7400	10,500
2d Cpe	450	1130	1900	3800	6600	9400
Fleetwood, V-8						
2d Cpe	400	1200	2000	4000	7000	10,000
4d Sed	400	1200	2000	4000	7000	10,000
4d Sed 605	400	1250	2100	4200	7400	10,500
Eldorado, V-8						
2d Cpe	400	1300	2200	4400	7700	11,000
Brougham, V-8						
4d Sed	400	1300	2200	4400	7700	11,000
Allante, V-8						
2d Conv	750	2400	4000	8000	14,000	20,000

NOTE: Add $3000 for hardtop.

	6	5	4	3	2	1
1992						
Seville, V-8						
4d Sed	500	1550	2600	5200	9100	13,000
4d STS Sed	550	1700	2800	5600	9800	14,000
DeVille, V-8						
4d Sed	400	1300	2200	4400	7700	11,000
2d Cpe	400	1300	2200	4400	7700	11,000
4d Trg Sed	450	1450	2400	4800	8400	12,000
Fleetwood, V-8						
4d Sed	450	1450	2400	4800	8400	12,000
2d Cpe	450	1450	2400	4800	8400	12,000
4d Sed 605	500	1550	2600	5200	9100	13,000
Eldorado, V-8						
2d Cpe	550	1700	2800	5600	9800	14,000
Brougham, V-8						
4d Sed	500	1550	2600	5200	9100	13,000
Allante, V-8						
2d Conv	900	2900	4800	9600	16,800	24,000

NOTE: Add $1500. for hard top.

LaSALLE

	6	5	4	3	2	1
1927						
Series 303, V-8, 125" wb						
2d RS Rds	2800	8900	14,800	29,6 '0	51,800	74,000
4d Phae	2850	9100	15,200	30,4(1	53,200	76,000
4d Spt Phae	2950	9350	15,600	31,20(	54,600	78,000
2d 2P Conv Cpe	2500	7900	13,200	26,400	46,200	66,000
2d RS Cpe	1500	4800	8000	16,000	28,000	40,000
2d 4P Vic	1300	4200	7000	14,000	24,500	35,000
4d Sed	900	2900	4800	9600	16,800	24,000
4d Twn Sed	1000	3100	5200	10,400	18,200	26,000
Series 303, V-8, 134" wb						
4d Imp Sed	1100	3500	5800	11,600	20,300	29,000
4d 7P Sed	1050	3350	5600	11,200	19,600	28,000
4d 7P Imp Sed	1150	3600	6000	12,000	21,000	30,000
1928						
Series 303, V-8, 125" wb						
2d Rds	2800	8900	14,800	29,600	51,800	74,000
4d Phae	2850	9100	15,200	30,400	53,200	76,000
4d Spt Phae	2950	9350	15,600	31,200	54,600	78,000
2d Conv	2500	7900	13,200	26,400	46,200	66,000
2d Bus Cpe	1300	4100	6800	13,600	23,800	34,000
2d RS Cpe	1500	4800	8000	16,000	28,000	40,000
2d Vic	1250	3950	6600	13,200	23,100	33,000
4d 5P Sed	1150	3600	6000	12,000	21,000	30,000
4d Fam Sed	1050	3350	5600	11,200	19,600	28,000
4d Twn Sed	1100	3500	5800	11,600	20,300	29,000
Series 303, V-8, 134" wb						
2d 5P Cpe	1450	4550	7600	15,200	26,600	38,000
4d Cabr Sed	2700	8650	14,400	28,800	50,400	72,000
4d Imp Sed	1550	4900	8200	16,400	28,700	41,000
4d 7P Sed	1500	4800	8000	16,000	28,000	40,000
4d Fam Sed	1350	4300	7200	14,400	25,200	36,000
4d Imp Fam Sed	1550	4900	8200	16,400	28,700	41,000
Series 303, V-8, 125" wb						
Fleetwood Line						
2d Bus Cpe	1450	4700	7800	15,600	27,300	39,000
4d Sed	1350	4300	7200	14,400	25,200	36,000
4d Twn Cabr	2700	8650	14,400	28,800	50,400	72,000
4d Trans Twn Cabr	2800	8900	14,800	29,600	51,800	74,000
1929						
Series 328, V-8, 125" wb						
2d Rds	2800	8900	14,800	29,600	51,800	74,000
4d Phae	2850	9100	15,200	30,400	53,200	76,000
4d Spt Phae	2950	9350	15,600	31,200	54,600	78,000
4d Trans FW Twn Cabr	2500	7900	13,200	26,400	46,200	66,000
Series 328, V-8, 134" wb						
2d Conv	2700	8650	14,400	28,800	50,400	72,000
2d RS Cpe	1650	5300	8800	17,600	30,800	44,000
2d 5P Cpe	1550	4900	8200	16,400	28,700	41,000
4d Sed	1450	4550	7600	15,200	26,600	38,000
4d Fam Sed	1450	4700	7800	15,600	27,300	39,000
4d Twn Sed	1500	4800	8000	16,000	28,000	40,000
4d 7P Sed	1500	4800	8000	16,000	28,000	40,000
4d 7P Imp Sed	1550	4900	8200	16,400	28,700	41,000
4d Conv Lan Cabr	3150	10,100	16,800	33,600	58,800	84,000
4d FW Trans Twn Cabr 1	3150	10,100	16,800	33,600	58,800	84,000
1930						
Series 340, V-8, 134" wb						
Fisher Line						
2d Conv	2800	8900	14,800	29,600	51,800	74,000
2d RS Cpe	1850	5900	9800	19,600	34,300	49,000
2d Cpe	1650	5300	8800	17,600	30,800	44,000
4d Sed	1450	4700	7800	15,600	27,300	39,000
4d Imp Sed	1500	4800	8000	16,000	28,000	40,000
4d 7P Sed	1550	4900	8200	16,400	28,700	41,000
4d 7P Imp Sed	1650	5300	8800	17,600	30,800	44,000
Series 340, V-8, 134" wb						
Fleetwood Line						
2d RS Rds	2950	9350	15,600	31,200	54,600	78,000
Fleetcliffe						
4d Phae	2850	9100	15,200	30,400	53,200	76,000
4d 7P Tr	2550	8150	13,600	27,200	47,600	68,000
Fleetlands						
4d A/W Phae	3150	10,100	16,800	33,600	58,800	84,000

	6	5	4	3	2	1
Fleetway						
4d S'net Cabr 4081	2550	8150	13,600	27,200	47,600	68,000
Fleetwind						
4d S'net Cabr 4082	2550	8150	13,600	27,200	47,600	68,000
1931						
Series 345A, V-8, 134" wb						
Fisher Line						
2d RS Cpe	2050	6500	10,800	21,600	37,800	54,000
2d Cpe	1900	6100	10,200	20,400	35,700	51,000
4d Sed	1500	4800	8000	16,000	28,000	40,000
4d Twn Sed	1550	4900	8200	16,400	28,700	41,000
4d 7P Sed	1600	5050	8400	16,800	29,400	42,000
4d 7P Imp Sed	1600	5150	8600	17,200	30,100	43,000
Series 345A, V-8, 134" wb						
Fleetwood Line						
2d RS Rds	2950	9350	15,600	31,200	54,600	78,000
2d Conv	2650	8400	14,000	28,000	49,000	70,000
4d Tr	2950	9350	15,600	31,200	54,600	78,000
4d A/W Phae	3550	11,300	18,800	37,600	65,800	94,000
4d S'net Cabr 4081	2650	8400	14,000	28,000	49,000	70,000
4d S'net Cabr 4082	2800	8900	14,800	29,600	51,800	74,000
1932						
Series 345B, V-8, 130" wb						
2d Conv	2550	8150	13,600	27,200	47,600	68,000
2d RS Cpe	1850	5900	9800	19,600	34,300	49,000
2d Twn Cpe	1650	5300	8800	17,600	30,800	44,000
4d Sed	1300	4100	6800	13,600	23,800	34,000
Series 345B, V-8, 136" wb						
4d 7P Sed	1300	4100	6800	13,600	23,800	34,000
4d 7P Imp Sed	1650	5300	8800	17,600	30,800	44,000
4d 7P Twn Sed	1700	5400	9000	18,000	31,500	45,000
1933						
Series 345C, V-8, 130" wb						
2d Conv	2350	7450	12,400	24,800	43,400	62,000
2d RS Cpe	1500	4800	8000	16,000	28,000	40,000
2d Twn Cpe	1400	4450	7400	14,800	25,900	37,000
4d Sed	1250	3950	6600	13,200	23,100	33,000
Series 345C, V-8, 136" wb						
4d Twn Sed	1650	5300	8800	17,600	30,800	44,000
4d Sed	1350	4300	7200	14,400	25,200	36,000
4d 7P Imp Sed	1300	4200	7000	14,000	24,500	35,000

1934 LaSalle Series 50 convertible coupe

	6	5	4	3	2	1
1934						
Series 350, 8 cyl., 119" wb						
2d Conv	1900	6000	10,000	20,000	35,000	50,000
2d Cpe	1250	3950	6600	13,200	23,100	33,000
4d Clb Sed	1000	3100	5200	10,400	18,200	26,000
4d Sed	950	3000	5000	10,000	17,500	25,000
1935						
Series 50, 8 cyl., 120 wb						
2d Conv	2000	6350	10,600	21,200	37,100	53,000
2d Cpe	1150	3600	6000	12,000	21,000	30,000
2d Sed	800	2500	4200	8400	14,700	21,000
4d Sed	850	2650	4400	8800	15,400	22,000

	6	5	4	3	2	1
1936						
Series 50, 8 Cyl., 120" wb, LaSalle						
2d Conv	1800	5750	9600	19,200	33,600	48,000
2d RS Cpe	1050	3350	5600	11,200	19,600	28,000
2d Sed	700	2300	3800	7600	13,300	19,000
4d Sed	750	2400	4000	8000	14,000	20,000
1937						
Series 50, V-8 124" wb, LaSalle						
2d Conv	1900	6000	10,000	20,000	35,000	50,000
2d Conv Sed	1950	6250	10,400	20,800	36,400	52,000
4P Cpe	1050	3350	5600	11,200	19,600	28,000
2d Sed	750	2400	4000	8000	14,000	20,000
4d Sed	800	2500	4200	8400	14,700	21,000
1938						
Series 50, V-8, 124" wb, LaSalle						
2d Conv	1900	6000	10,000	20,000	35,000	50,000
4d Conv Sed	1950	6250	10,400	20,800	36,400	52,000
4P Cpe	1100	3500	5800	11,600	20,300	29,000
2d Sed	800	2500	4200	8400	14,700	21,000
4d Sed	850	2650	4400	8800	15,400	22,000
1939						
Series 50, V-8, 120" wb						
2d Conv	1900	6000	10,000	20,000	35,000	50,000
4d Conv Sed	1950	6250	10,400	20,800	36,400	52,000
2d Cpe	1100	3500	5800	11,600	20,300	29,000
2d Sed	800	2500	4200	8400	14,700	21,000
2d S/R Sed	800	2600	4300	8600	15,100	21,500
4d Sed	850	2650	4400	8800	15,400	22,000
4d S/R Sed	850	2700	4500	9000	15,800	22,500
1940						
Series 50, V-8, 123" wb						
2d Conv	1900	6000	10,000	20,000	35,000	50,000
4d Conv Sed	1950	6250	10,400	20,800	36,400	52,000
2d Cpe	1150	3600	6000	12,000	21,000	30,000
2d Sed	800	2500	4200	8400	14,700	21,000
2d S/R Sed	800	2600	4300	8600	15,100	21,500
4d Sed	850	2650	4400	8800	15,400	22,000
4d S/R Sed	850	2700	4500	9000	15,800	22,500
"Special" Series 52 LaSalle						
V-8, 123" wb						
2d Conv	1900	6000	10,000	20,000	35,000	50,000
4d Conv Sed	1950	6250.	10,400	20,800	36,400	52,000
2d Cpe	1150	3700	6200	12,400	21,700	31,000
4d Sed	850	2650	4400	8800	15,400	22,000

CHECKER

	6	5	4	3	2	1
1960						
Checker Superba Std.						
Sed	450	1080	1800	3600	6300	9000
Sta Wag	450	1090	1800	3650	6400	9100
Checker Superba Spl.						
Sed	450	1090	1800	3650	6400	9100
Sta Wag	950	1100	1850	3700	6450	9200
1961						
Checker Superba						
Sed	450	1080	1800	3600	6300	9000
Sta Wag	450	1090	1800	3650	6400	9100
Checker Marathon						
Sed	450	1090	1800	3650	6400	9100
Sta Wag	950	1100	1850	3700	6450	9200
1962						
Checker Superba						
Sed	450	1080	1800	3600	6300	9000
Sta Wag	450	1090	1800	3650	6400	9100
Checker Marathon						
Sed	450	1090	1800	3650	6400	9100
Sta Wag	950	1100	1850	3700	6450	9200

1963 Checker Marathon station wagon

1963	6	5	4	3	2	1
Checker Superba						
Sed	450	1090	1800	3650	6400	9100
Sta Wag	950	1100	1850	3700	6450	9200
Checker Marathon						
Sed	450	1090	1800	3650	6400	9100
Sta Wag	950	1100	1850	3700	6450	9200
Limo	450	1140	1900	3800	6650	9500
1964						
Checker Marathon						
Sed	450	1080	1800	3600	6300	9000
Sta Wag	450	1090	1800	3650	6400	9100
Limo	450	1150	1900	3850	6700	9600
Aerobus	950	1100	1850	3700	6450	9200
1965						
Marathon Series						
Sed	450	1130	1900	3800	6600	9400
DeL Sed	450	1080	1800	3600	6300	9000
Sta Wag	450	1090	1800	3650	6400	9100
Limo	450	1140	1900	3800	6650	9500
1966						
Marathon Series						
Sed	450	1080	1800	3600	6300	9000
DeL Sed	450	1090	1800	3650	6400	9100
Sta Wag	950	1100	1850	3700	6450	9200
Limo	450	1140	1900	3800	6650	9500
1967						
Marathon Series						
Sed	450	1080	1800	3600	6300	9000
Sta Wag	450	1090	1800	3650	6400	9100
1968						
Marathon Series						
Sed	450	1080	1800	3600	6300	9000
DeL Sed	450	1090	1800	3650	6400	9100
Sta Wag	950	1100	1850	3700	6450	9200
1969						
Marathon Series						
Sed	450	1080	1800	3600	6300	9000
DeL Sed	450	1090	1800	3650	6400	9100
Sta Wag	950	1100	1850	3700	6450	9200
Limo	450	1140	1900	3800	6650	9500
1970						
Marathon Series						
Sed	450	1080	1800	3600	6300	9000
Sta Wag	950	1100	1850	3700	6450	9200
DeL Sed	450	1090	1800	3650	6400	9100
Limo	450	1140	1900	3800	6650	9500
1971						
Marathon Series						
Sed	350	1020	1700	3400	5950	8500
Sta Wag	950	1100	1850	3700	6450	9200
DeL Sed	450	1080	1800	3600	6300	9000
Limo	450	1140	1900	3800	6650	9500

NOTE: Add 5 percent for V8.

1972	6	5	4	3	2	1
Marathon Series						
Sed	350	1020	1700	3400	5950	8500
Sta Wag	950	1100	1850	3700	6450	9200
DeL Sed	450	1080	1800	3600	6300	9000

NOTE: Add 5 percent for V8.

1973						
Marathon Series						
Sed	350	1020	1700	3400	5950	8500
Sta Wag	450	1090	1800	3650	6400	9100
DeL Sed	450	1080	1800	3600	6300	9000

NOTE: Add 5 percent for V8.

1974						
Marathon Series						
Sed	350	1020	1700	3400	5950	8500
Sta Wag	450	1090	1800	3650	6400	9100
DeL Sed	450	1080	1800	3600	6300	9000

NOTE: Add 5 percent for V8.

1975						
Marathon Series						
Sed	350	975	1600	3200	5600	8000
Sta Wag	350	975	1600	3250	5700	8100
DeL Sed	350	1000	1650	3300	5750	8200

1976						
4d Sed Marathon	350	975	1600	3200	5500	7900
4d Sed Marathon DeL	350	1020	1700	3400	5900	8400

1977						
4d Sed Marathon	350	950	1500	3050	5300	7600
4d Sed Marathon DeL	350	975	1600	3250	5700	8100

1978						
4d Sed Marathon	350	950	1500	3050	5300	7600
4d Sed Marathon DeL	350	975	1600	3250	5700	8100

1979						
4d Sed Marathon	350	950	1500	3050	5300	7600
4d Sed Marathon DeL	350	975	1600	3250	5700	8100

1980						
4d Sed Marathon	350	950	1550	3100	5400	7700
4d Sed Marathon DeL	350	1000	1650	3300	5750	8200

1981						
4d Sed Marathon	350	950	1550	3100	5400	7700
4d Sed Marathon DeL	350	1000	1650	3300	5750	8200

1982						
4d Sed Marathon	350	950	1550	3100	5400	7700
4d Sed Marathon DeL	350	1000	1650	3300	5750	8200

CHEVROLET

1912						
Classic Series, 6-cyl.						
Tr	1150	3700	6200	12,400	21,700	31,000

1913						
Classic Series, 6-cyl.						
Tr	1050	3400	5700	11,400	20,000	28,500

1914 Chevrolet Model H-2 roadster

	6	5	4	3	2	1
1914						
Series H2 & H4, 4-cyl.						
Rds	850	2750	4600	9200	16,100	23,000
Tr	900	2800	4700	9400	16,500	23,500
Series C, 6-cyl.						
Tr	1000	3250	5400	10,800	18,900	27,000
Series L, 6-cyl.						
Tr	1200	3850	6400	12,800	22,400	32,000
1915						
Series H2 & H4, 4-cyl.						
Rds	800	2500	4200	8400	14,700	21,000
Tr	850	2750	4600	9200	16,100	23,000
Series H3, 4-cyl.						
2P Rds	900	2900	4800	9600	16,800	24,000
Series L, 6-cyl.						
Tr	1150	3700	6200	12,400	21,700	31,000
1916						
Series 490, 4-cyl.						
Tr	700	2300	3800	7600	13,300	19,000
Series H2, 4-cyl.						
Rds	650	2100	3500	7000	12,300	17,500
Torp Rds	700	2300	3800	7600	13,300	19,000
Series H4, 4-cyl.						
Tr	800	2500	4200	8400	14,700	21,000
1917						
Series F2 & F5, 4-cyl.						
Rds	650	2050	3400	6800	11,900	17,000
Tr	700	2150	3600	7200	12,600	18,000
Series 490, 4-cyl.						
Rds	600	1900	3200	6400	11,200	16,000
Tr	600	1900	3200	6400	11,200	16,000
HT Tr	650	2050	3400	6800	11,900	17,000
Series D2 & D5, V-8						
Rds	950	3000	5000	10,000	17,500	25,000
Tr	1000	3100	5200	10,400	18,200	26,000
1918						
Series 490, 4-cyl.						
Tr	650	2050	3400	6800	11,900	17,000
Rds	600	1900	3200	6400	11,200	16,000

	6	5	4	3	2	1
Cpe	350	975	1600	3200	5600	8000
Sed	350	840	1400	2800	4900	7000
Series FA, 4-cyl.						
Rds	650	2050	3400	6800	11,900	17,000
Tr	700	2150	3600	7200	12,600	18,000
Sed	350	975	1600	3200	5600	8000
Series D, V-8						
4P Rds	950	3000	5000	10,000	17,500	25,000
Tr	1000	3100	5200	10,400	18,200	26,000
1919						
Series 490, 4-cyl.						
Rds	500	1550	2600	5200	9100	13,000
Tr	550	1700	2800	5600	9800	14,000
Sed	350	840	1400	2800	4900	7000
Cpe	350	900	1500	3000	5250	7500
Series FB, 4-cyl.						
Rds	550	1800	3000	6000	10,500	15,000
Tr	600	1900	3200	6400	11,200	16,000
Cpe	450	1080	1800	3600	6300	9000
2d Sed	350	1020	1700	3400	5950	8500
4d Sed	350	975	1600	3200	5600	8000
1920						
Series 490, 4-cyl.						
Rds	500	1550	2600	5200	9100	13,000
Tr	550	1700	2800	5600	9800	14,000
Sed	350	1020	1700	3400	5950	8500
Cpe	450	1080	1800	3600	6300	9000
Series FB, 4-cyl.						
Rds	550	1800	3000	6000	10,500	15,000
Tr	600	1900	3200	6400	11,200	16,000
Sed	450	1140	1900	3800	6650	9500
Cpe	400	1200	2000	4000	7000	10,000
Cpe	100	300	500	1000	1750	2500
1921						
Series 490, 4-cyl.						
Rds	650	2050	3400	6800	11,900	17,000
Tr	650	2050	3400	6800	11,900	17,000
Cpe	450	1080	1800	3600	6300	9000
C-D Sed	450	1140	1900	3800	6650	9500
Series FB, 4-cyl.						
Rds	650	2100	3500	7000	12,300	17,500
Tr	700	2150	3600	7200	12,600	18,000
Cpe	400	1200	2000	4000	7000	10,000
4d Sed	450	1140	1900	3800	6650	9500
1922						
Series 490, 4-cyl.						
Rds	650	2050	3400	6800	11,900	17,000
Tr	700	2150	3600	7200	12,600	18,000
Cpe	400	1200	2000	4000	7000	10,000
Utl Cpe	450	1140	1900	3800	6650	9500
Sed	450	1080	1800	3600	6300	9000
Series FB, 4-cyl.						
Rds	650	2050	3400	6800	11,900	17,000
Tr	700	2150	3600	7200	12,600	18,000
Sed	450	1080	1800	3600	6300	9000
Cpe	400	1200	2000	4000	7000	10,000
1923						
Superior B, 4-cyl.						
Rds	650	2050	3400	6800	11,900	17,000
Tr	700	2150	3600	7200	12,600	18,000
Sed	450	1080	1800	3600	6300	9000
2d Sed	450	1080	1800	3600	6300	9000
Utl Cpe	450	1140	1900	3800	6650	9500
DeL Tr	400	1300	2200	4400	7700	11,000
1924						
Superior, 4-cyl.						
Rds	650	2050	3400	6800	11,900	17,000
Tr	700	2150	3600	7200	12,600	18,000
DeL Tr	700	2200	3700	7400	13,000	18,500
Sed	350	1020	1700	3400	5950	8500
DeL Sed	450	1050	1750	3550	6150	8800
2P Cpe	450	1140	1900	3800	6650	9500
4P Cpe	450	1080	1800	3600	6300	9000
DeL Cpe	950	1100	1850	3700	6450	9200
2d Sed	350	1020	1700	3400	5950	8500

1925	6	5	4	3	2	1
Superior K, 4-cyl.						
Rds	800	2500	4200	8400	14,700	21,000
Tr	850	2650	4400	8800	15,400	22,000
Cpe	400	1200	2000	4000	7000	10,000
Sed	450	1080	1800	3600	6300	9000
2d Sed	450	1080	1800	3600	6300	9000
1926						
Superior V, 4-cyl.						
Rds	800	2500	4200	8400	14,700	21,000
Tr	850	2650	4400	8800	15,400	22,000
Cpe	400	1300	2200	4400	7700	11,000
Sed	400	1200	2000	4000	7000	10,000
2d Sed	400	1200	2000	4000	7000	10,000
Lan Sed	400	1250	2100	4200	7400	10,500
1927						
Model AA, 4-cyl.						
Rds	800	2500	4200	8400	14,700	21,000
Tr	850	2650	4400	8800	15,400	22,000
Utl Cpe	400	1300	2150	4300	7500	10,700
2d Sed	400	1200	2000	4000	7000	10,000
Sed	400	1200	2000	4000	7000	10,000
Lan Sed	400	1250	2100	4200	7400	10,500
Cabr	650	2050	3400	6800	11,900	17,000
Imp Lan	550	1800	3000	6000	10,500	15,000
1928						
Model AB, 4-cyl.						
Rds	850	2650	4400	8800	15,400	22,000
Tr	850	2750	4600	9200	16,100	23,000
Utl Cpe	400	1300	2200	4400	7700	11,000
Sed	400	1250	2100	4200	7400	10,500
2d Sed	400	1250	2100	4200	7400	10,500
Cabr	700	2150	3600	7200	12,600	18,000
Imp Lan	550	1800	3000	6000	10,500	15,000
Conv Cabr	750	2400	4000	8000	14,000	20,000
1929						
Model AC, 6-cyl.						
Rds	900	2900	4800	9600	16,800	24,000
Tr	950	3000	5000	10,000	17,500	25,000
Cpe	550	1700	2800	5600	9800	14,000
Spt Cpe	550	1800	3000	6000	10,500	15,000
Sed	400	1300	2200	4400	7700	11,000
Imp Sed	450	1450	2400	4800	8400	12,000
Conv Lan	800	2500	4200	8400	14,700	21,000
2d Sed	400	1300	2200	4400	7700	11,000
Conv Cabr	850	2650	4400	8800	15,400	22,000

1930 Chevrolet Series AD Universal two-door sedan

	6	5	4	3	2	1
1930						
Model AD, 6-cyl.						
Rds	950	3000	5000	10,000	17,500	25,000
Spt Rds	1000	3100	5200	10,400	18,200	26,000
Phae	1000	3100	5200	10,400	18,200	26,000
2d Sed	400	1300	2200	4400	7700	11,000
Cpe	550	1700	2800	5600	9800	14,000
Spt Cpe	550	1800	3000	6000	10,500	15,000
Clb Sed	450	1500	2500	5000	8800	12,500
Spec Sed	450	1450	2400	4800	8400	12,000
Sed	450	1400	2300	4600	8100	11,500
Con Lan	800	2500	4200	8400	14,700	21,000
1931						
Model AE, 6-cyl.						
Rds	1100	3500	5800	11,600	20,300	29,000
Spt Rds	1150	3700	6200	12,400	21,700	31,000
Cabr	1050	3350	5600	11,200	19,600	28,000
Phae	1100	3500	5800	11,600	20,300	29,000
2d Sed	450	1450	2400	4800	8400	12,000
5P Cpe	550	1800	3000	6000	10,500	15,000
5W Cpe	600	1900	3200	6400	11,200	16,000
Spt Cpe	700	2150	3600	7200	12,600	18,000
Cpe	650	2050	3400	6800	11,900	17,000
2d DeL Sed	550	1700	2800	5600	9800	14,000
Sed	450	1500	2500	5000	8800	12,500
Spl Sed	500	1600	2700	5400	9500	13,500
Lan Phae	950	3000	5000	10,000	17,500	25,000
1932						
Model BA Standard, 6-cyl.						
Rds	1250	3950	6600	13,200	23,100	33,000
Phae	1250	3950	6600	13,200	23,100	33,000
Lan Phae	1200	3850	6400	12,800	22,400	32,000
3W Cpe	700	2150	3600	7200	12,600	18,000
5W Cpe	700	2300	3800	7600	13,300	19,000
Spt Cpe	750	2400	4000	8000	14,000	20,000
2d Sed	500	1550	2600	5200	9100	13,000
Sed	550	1700	2800	5600	9800	14,000
5P Cpe	700	2300	3800	7600	13,300	19,000
Model BA DeLuxe, 6-cyl.						
Spt Rds	1300	4100	6800	13,600	23,800	34,000
Lan Phae	1250	3950	6600	13,200	23,100	33,000
Cabr	1200	3850	6400	12,800	22,400	32,000
3W Bus Cpe	700	2300	3800	7600	13,300	19,000
5W Cpe	750	2400	4000	8000	14,000	20,000
Spt Cpe	800	2500	4200	8400	14,700	21,000
2d Sed	550	1700	2800	5600	9800	14,000
Sed	550	1800	3000	6000	10,500	15,000
Spl Sed	600	1900	3200	6400	11,200	16,000
5P Cpe	750	2400	4000	8000	14,000	20,000
1933						
Mercury, 6-cyl.						
2P Cpe	500	1550	2600	5200	9100	13,000
RS Cpe	550	1700	2800	5600	9800	14,000
2d Sed	450	1140	1900	3800	6650	9500
Master Eagle, 6-cyl.						
Spt Rds	1100	3500	5800	11,600	20,300	29,000
Phae	1150	3600	6000	12,000	21,000	30,000
2P Cpe	500	1550	2600	5200	9100	13,000
Spt Cpe	550	1700	2800	5600	9800	14,000
2d Sed	450	1170	1975	3900	6850	9800
2d Trk Sed	400	1200	2000	4000	7000	10,000
Sed	400	1200	2000	4000	7000	10,000
Conv	1050	3350	5600	11,200	19,600	28,000
1934						
Standard, 6-cyl.						
Sed	450	1140	1900	3800	6650	9500
Spt Rds	1000	3100	5200	10,400	18,200	26,000
Phae	1000	3250	5400	10,800	18,900	27,000
Cpe	500	1550	2600	5200	9100	13,000
2d Sed	450	1130	1900	3800	6600	9400
Master, 6-cyl.						
Spt Rds	1000	3250	5400	10,800	18,900	27,000
Bus Cpe	550	1700	2800	5600	9800	14,000
Spt Cpe	550	1800	3000	6000	10,500	15,000
2d Sed	400	1200	2000	4000	7100	10,100
Twn Sed	400	1300	2200	4400	7600	10,900

	6	5	4	3	2	1
Sed	400	1250	2100	4200	7300	10,400
Conv	1000	3100	5200	10,400	18,200	26,000

1935
Standard, 6-cyl.
Rds	850	2650	4400	8800	15,400	22,000
Phae	900	2900	4800	9600	16,800	24,000
Cpe	450	1500	2500	5000	8800	12,500
2d Sed	400	1250	2100	4200	7400	10,500
Sed	400	1300	2150	4300	7600	10,800

Master, 6-cyl.
5W Cpe	500	1550	2600	5200	9100	13,000
Spt Cpe	500	1600	2700	5400	9500	13,500
2d Sed	400	1300	2150	4300	7500	10,700
Sed	400	1300	2200	4400	7700	11,000
Spt Sed	400	1350	2250	4500	7800	11,200
Twn Sed	400	1300	2150	4300	7600	10,800

1936
Standard, 6-cyl.
Cpe	450	1500	2500	5000	8800	12,500
Sed	400	1250	2100	4200	7400	10,500
Spt Sed	400	1300	2150	4300	7600	10,800
2d Sed	400	1250	2100	4200	7300	10,400
Cpe PU	550	1700	2800	5600	9800	14,000
Conv	700	2300	3800	7600	13,300	19,000

Master, 6-cyl.
5W Cpe	500	1600	2700	5400	9500	13,500
Spt Cpe	550	1750	2900	5800	10,200	14,500
2d Sed	400	1300	2150	4300	7500	10,700
Twn Sed	400	1300	2150	4300	7600	10,800
Sed	400	1300	2200	4400	7600	10,900
Spt Sed	400	1300	2200	4400	7700	11,000

1937
Master, 6-cyl.
Conv	1100	3500	5800	11,600	20,300	29,000
Cpe	550	1700	2800	5600	9800	14,000
Cpe PU	550	1800	3000	6000	10,500	15,000
2d Sed	450	1450	2400	4800	8400	12,000
2d Twn Sed	450	1500	2500	5000	8800	12,500
4d Trk Sed	450	1450	2450	4900	8500	12,200
4d Spt Sed	450	1500	2450	4900	8600	12,300

Master DeLuxe, 6-cyl.
Cpe	550	1750	2900	5800	10,200	14,500
Spt Cpe	600	1850	3100	6200	10,900	15,500
2d Sed	400	1300	2200	4400	7700	11,000
2d Twn Sed	400	1350	2200	4400	7800	11,100
4d Trk Sed	400	1300	2200	4400	7700	11,000
4d Spt Sed	400	1350	2200	4400	7800	11,100

1938
Master, 6-cyl.
Conv	1150	3600	6000	12,000	21,000	30,000
Cpe	550	1700	2800	5600	9800	14,000
Cpe PU	550	1800	3000	6000	10,500	15,000
2d Sed	450	1450	2400	4800	8400	12,000
2d Twn Sed	450	1450	2400	4800	8500	12,100
4d Sed	450	1450	2400	4800	8400	12,000
4d Spt Sed	450	1450	2400	4800	8500	12,100

Master DeLuxe, 6-cyl.
Cpe	550	1750	2900	5800	10,200	14,500
Spt Cpe	600	1850	3100	6200	10,900	15,500
2d Sed	450	1450	2400	4800	8500	12,100
2d Twn Sed	450	1450	2450	4900	8500	12,200
4d Sed	450	1450	2400	4800	8500	12,100
4d Spt Sed	450	1450	2450	4900	8500	12,200

1939 Chevrolet Master Deluxe four-door sedan

	6	5	4	3	2	1
1939						
Master 85, 6-cyl.						
Cpe	550	1700	2800	5600	9800	14,000
2d Sed	400	1350	2250	4500	7900	11,300
2d Twn Sed	450	1350	2300	4600	8000	11,400
4d Sed	400	1350	2250	4500	7900	11,300
4d Spt Sed	450	1350	2300	4600	8000	11,400
Sta Wag	850	2750	4600	9200	16,100	23,000
Master DeLuxe, 6-cyl.						
Cpe	550	1750	2900	5800	10,200	14,500
Spt Cpe	550	1800	3000	6000	10,500	15,000
2d Sed	450	1500	2450	4900	8600	12,300
2d Twn Sed	450	1500	2500	5000	8700	12,400
4d Sed	450	1500	2450	4900	8600	12,300
4d Spt Sed	450	1350	2300	4600	8000	11,400
Sta Wag	800	2500	4200	8400	14,700	21,000
1940						
Master 85, 6-cyl.						
2d Cpe	550	1800	3000	6000	10,500	15,000
2d Twn Sed	450	1400	2300	4600	8100	11,600
4d Spt Sed	450	1400	2300	4600	8100	11,500
4d Sta Wag	1000	3100	5200	10,400	18,200	26,000
Master DeLuxe, 6-cyl.						
2d Cpe	600	1850	3100	6200	10,900	15,500
Spt Cpe	600	1900	3200	6400	11,200	16,000
2d Twn Sed	450	1450	2400	4800	8400	12,000
4d Spt Sed	450	1450	2400	4800	8400	12,000
Special DeLuxe, 6-cyl.						
2d Cpe	600	1900	3200	6400	11,200	16,000
2d Spt Cpe	600	2000	3300	6600	11,600	16,500
2d Twn Sed	450	1500	2500	5000	8800	12,500
4d Spt Sed	450	1500	2500	5000	8700	12,400
2d Conv	1300	4100	6800	13,600	23,800	34,000
4d Sta Wag	1050	3350	5600	11,200	19,600	28,000
1941						
Master DeLuxe, 6-cyl.						
2P Cpe	550	1700	2800	5600	9800	14,000
4P Cpe	550	1750	2900	5800	10,200	14,500
2d Twn Sed	450	1350	2300	4600	8000	11,400
4d Spt Sed	400	1350	2250	4500	7900	11,300
Special DeLuxe, 6-cyl.						
2P Cpe	550	1800	3000	6000	10,500	15,000
4P Cpe	600	1900	3200	6400	11,200	16,000
2d Sed	450	1500	2500	5000	8800	12,600
4d Spt Sed	450	1500	2500	5000	8800	12,500
4d Flt Sed	500	1550	2600	5200	9100	13,000
2d Conv	1400	4450	7400	14,800	25,900	37,000
4d Sta Wag	1350	4300	7200	14,400	25,200	36,000
2d Cpe PU	550	1800	3000	6000	10,500	15,000
1942						
Master DeLuxe, 6-cyl.						
2P Cpe	500	1600	2700	5400	9500	13,500

	6	5	4	3	2	1
4P Cpe	550	1700	2800	5600	9800	14,000
2d Cpe PU	550	1750	2900	5800	10,200	14,500
2d Twn Sed	450	1400	2350	4700	8300	11,800
2d Twn Sed	450	1450	2400	4800	8300	11,900
Special DeLuxe, 6-cyl.						
2P Cpe	550	1750	2900	5800	10,200	14,500
2d 5P Cpe	550	1800	3000	6000	10,500	15,000
2d Twn Sed	450	1450	2400	4800	8400	12,000
4d Spt Sed	450	1450	2400	4800	8500	12,100
2d Conv	1250	3950	6600	13,200	23,100	33,000
4d Sta Wag	1000	3100	5200	10,400	18,200	26,000
Fleetline, 6-cyl.						
2d Aero	450	1500	2500	5000	8800	12,500
4d Spt Mstr	450	1450	2450	4900	8500	12,200
1946-1948						
Stylemaster, 6-cyl.						
2d Bus Cpe	550	1750	2900	5800	10,200	14,500
2d Spt Cpe	550	1800	3000	6000	10,500	15,000
2d Twn Sed	450	1450	2400	4800	8400	12,000
4d Spt Sed	450	1450	2400	4800	8500	12,100
Fleetmaster, 6-cyl.						
2d Spt Cpe	550	1800	3000	6000	10,500	15,000
2d Twn Sed	450	1500	2500	5000	8700	12,400
4d Spt Sed	450	1500	2500	5000	8800	12,500
2d Conv	1300	4100	6800	13,600	23,800	34,000
4d Sta Wag	1000	3100	5200	10,400	18,200	26,000
Fleetline, 6-cyl.						
2d Aero	550	1700	2800	5600	9800	14,000
4d Spt Mstr	500	1550	2600	5200	9100	13,000
1949-1950						
Styleline Special, 6-cyl.						
2d Bus Cpe	450	1450	2400	4800	8400	12,000
2d Spt Cpe	450	1500	2500	5000	8800	12,500
2d Sed	400	1350	2200	4400	7800	11,100
4d Sed	400	1350	2250	4500	7800	11,200
Fleetline Special, 6-cyl.						
2d Sed	400	1350	2250	4500	7800	11,200
4d Sed	400	1350	2250	4500	7900	11,300
Styleline DeLuxe, 6-cyl.						
Spt Cpe	500	1550	2600	5200	9100	13,000
2d Sed	400	1350	2250	4500	7900	11,300
4d Sed	450	1350	2300	4600	8000	11,400
2d HT Bel Air (1950 only)	700	2200	3700	7400	13,000	18,500
2d Conv	1150	3700	6200	12,400	21,700	31,000
4d Woodie Wag (1949 only)	700	2150	3600	7200	12,600	18,000
4d Mtl Sta Wag	500	1550	2600	5200	9100	13,000
Fleetline DeLuxe, 6-cyl.						
2d Sed	450	1500	2500	5000	8700	12,400
4d Sed	450	1500	2500	5000	8800	12,500
1951-1952						
Styleline Special, 6-cyl.						
2d Bus Cpe	450	1500	2500	5000	8800	12,500
2d Spt Cpe	500	1500	2550	5100	8900	12,700
2d Sed	400	1350	2250	4500	7900	11,300
4d Sed	400	1350	2250	4500	7800	11,200
Styleline DeLuxe, 6-cyl.						
2d Spt Cpe	550	1700	2800	5600	9800	14,000
2d Sed	450	1400	2350	4700	8300	11,800
4d Sed	450	1400	2350	4700	8200	11,700
2d HT Bel Air	700	2150	3600	7200	12,600	18,000
2d Conv	1150	3700	6200	12,400	21,700	31,000
Fleetline Special, 6-cyl						
2d Sed (1951 only)	400	1250	2100	4200	7300	10,400
4d Sed (1951 only)	400	1250	2050	4100	7200	10,300
4d Sta Wag	500	1550	2600	5200	9100	13,000
Fleetline DeLuxe, 6-cyl.						
2d Sed	450	1450	2400	4800	8500	12,100
4d Sed (1951 only)	450	1450	2400	4800	8400	12,000
1953						
Special 150, 6-cyl.						
2d Bus Cpe	400	1300	2200	4400	7700	11,000
2d Clb Cpe	400	1350	2250	4500	7900	11,300
2d Sed	400	1200	2050	4100	7100	10,200
4d Sed	400	1200	2000	4000	7100	10,100
4d Sta Wag	500	1550	2600	5200	9100	13,000

	6	5	4	3	2	1
DeLuxe 210, 6-cyl.						
2d Clb Cpe	500	1550	2600	5200	9100	13,000
2d Sed	450	1400	2300	4600	8100	11,500
4d Sed	450	1350	2300	4600	8000	11,400
2d HT	700	2300	3800	7600	13,300	19,000
2d Conv	1250	3950	6600	13,200	23,100	33,000
4d Sta Wag	500	1600	2700	5400	9500	13,500
4d 210 Townsman Sta Wag	500	1650	2750	5500	9600	13,700
Bel Air						
2d Sed	450	1500	2500	5000	8800	12,600
4d Sed	450	1500	2500	5000	8800	12,500
2d HT	750	2400	4000	8000	14,000	20,000
2d Conv	1350	4300	7200	14,400	25,200	36,000
1954						
Special 150, 6-cyl.						
2d Utl Sed	400	1200	2000	4000	7000	10,000
2d Sed	400	1200	2050	4100	7100	10,200
4d Sed	400	1200	2000	4000	7100	10,100
4d Sta Wag	500	1550	2600	5200	9100	13,000
Special 210, 6-cyl.						
2d Sed	450	1400	2300	4600	8100	11,500
2d Sed Delray	500	1550	2600	5200	9100	13,000
4d Sed	450	1350	2300	4600	8000	11,400
4d Sta Wag	500	1600	2700	5400	9500	13,500
Bel Air, 6-cyl.						
2d Sed	500	1500	2550	5100	8900	12,700
4d Sed	450	1500	2500	5000	8800	12,600
2d HT	750	2400	4000	8000	14,000	20,000
2d Conv	1400	4450	7400	14,800	25,900	37,000
4d Sta Wag	600	1900	3200	6400	11,200	16,000

1955 Chevrolet Bel Air Nomad station wagon

	6	5	4	3	2	1
1955						
Model 150, V-8						
2d Utl Sed	400	1250	2100	4200	7400	10,500
2d Sed	400	1350	2200	4400	7800	11,100
4d Sed	400	1300	2200	4400	7700	11,000
4d Sta Wag	450	1450	2400	4800	8400	12,000
Model 210, V-8						
2d Sed	450	1450	2400	4800	8400	12,000
2d Sed Delray	500	1550	2600	5200	9100	13,000
4d Sed	400	1300	2200	4400	7700	11,000
2d HT	900	2900	4800	9600	16,800	24,000
2d Sta Wag	450	1500	2500	5000	8800	12,500
4d Sta Wag	450	1450	2450	4900	8500	12,200
Bel Air, V-8						
2d Sed	500	1600	2650	5300	9200	13,200
4d Sed	500	1550	2600	5200	9100	13,000
2d HT	1050	3350	5600	11,200	19,600	28,000
2d Conv	2000	6350	10,600	21,200	37,100	53,000
2d Nomad	850	2750	4600	9200	16,100	23,000
4d Sta Wag	550	1800	3000	6000	10,500	15,000

NOTE: Add 10 percent for A/C; 15 percent for "Power-Pak".
Deduct 10 percent for 6-cyl.

	6	5	4	3	2	1
1956						
Model 150, V-8						
2d Utl Sed	400	1200	2000	4000	7000	10,000
2d Sed	400	1250	2100	4200	7400	10,500
4d Sed	400	1250	2050	4100	7200	10,300
4d Sta Wag	400	1300	2200	4400	7700	11,000
Model 210, V-8						
2d Sed	400	1250	2100	4200	7400	10,500
2d Sed Delray	450	1500	2500	5000	8800	12,500
4d Sed	400	1300	2200	4400	7700	11,000
4d HT	450	1450	2400	4800	8400	12,000
2d HT	850	2750	4600	9200	16,100	23,000
2 dr Sta Wag	400	1350	2250	4500	7900	11,300
4d Sta Wag	400	1300	2200	4400	7700	11,000
4d 9P Sta Wag	400	1350	2200	4400	7800	11,100
Bel Air, V-8						
2d Sed	450	1450	2400	4800	8400	12,000
4d Sed	450	1450	2400	4800	8400	12,000
4d HT	550	1700	2800	5600	9800	14,000
2d HT	1000	3250	5400	10,800	18,900	27,000
2d Conv	1900	6000	10,000	20,000	35,000	50,000
2d Nomad	800	2500	4200	8400	14,700	21,000
4d 9P Sta Wag	550	1800	3000	6000	10,500	15,000

NOTE: Add 10 percent for A/C; 15 percent for "Power-Pak".
Deduct 10 percent for 6-cyl.

	6	5	4	3	2	1
1957						
Model 150, V-8						
2d Utl Sed	400	1200	2000	4000	7000	10,000
2d Sed	400	1250	2050	4100	7200	10,300
4d Sed	400	1250	2050	4100	7200	10,300
2d Sta Wag	450	1400	2300	4600	8100	11,500
Model 210, V-8						
2d Sed	400	1300	2200	4400	7700	11,000
2d Sed Delray	450	1500	2500	5000	8800	12,500
4d Sed	450	1400	2300	4600	8100	11,500
4d HT	450	1450	2400	4800	8400	12,000
2d HT	800	2500	4200	8400	14,700	21,000
2d Sta Wag	450	1500	2500	5000	8800	12,500
4d Sta Wag	450	1450	2400	4800	8400	12,000
4d 9P Sta Wag	450	1450	2400	4800	8500	12,100
Bel Air, V-8						
2d Sed	500	1550	2600	5200	9100	13,000
4d Sed	500	1550	2550	5100	9000	12,800
4d HT	550	1700	2800	5600	9800	14,000
2d HT	1100	3500	5800	11,600	20,300	29,000
2d Conv	2050	6600	11,000	22,000	38,500	55,000
2d Nomad	850	2750	4600	9200	16,100	23,000
4d Sta Wag	550	1800	3000	6000	10,500	15,000

NOTE: Add 10 percent for A/C; 15 percent for "Power-Pak" and 20 percent for F.I.
Deduct 10 percent for 6-cyl.

	6	5	4	3	2	1
1958						
Delray, V-8						
2d Utl Sed	450	1120	1875	3750	6500	9300
2d Sed	450	1140	1900	3800	6650	9500
4d Sed	450	1140	1900	3800	6650	9500
Biscayne, V-8						
2d Sed	450	1160	1950	3900	6800	9700
4d Sed	450	1150	1900	3850	6700	9600
Bel Air, V-8						
2d Sed	450	1400	2300	4600	8100	11,500
4d Sed	450	1400	2300	4600	8100	11,600
4d HT	500	1550	2600	5200	9100	13,000
2d HT	550	1800	3000	6000	10,500	15,000
2d Impala	1250	3950	6600	13,200	23,100	33,000
2d Imp Conv	1950	6250	10,400	20,800	36,400	52,000
Station Wagons, V-8						
2d Yeo	400	1350	2200	4400	7800	11,100
4d Yeo	400	1300	2200	4400	7700	11,000
4d 6P Brookwood	400	1350	2250	4500	7900	11,300
4d 9P Brookwood	450	1350	2300	4600	8000	11,400
4d Nomad	500	1550	2600	5200	9100	13,000

NOTE: Add 10 percent for Power-Pak & dual exhaust on 283 V-8.
Add 20 percent for 348.
Add 30 percent for 348 Tri-Power set up.
Add 15 percent for A/C.
Deduct 10 percent for 6-cyl.

	6	5	4	3	2	1
1959						
Biscayne, V-8						
2d Utl Sed	450	1080	1800	3600	6300	9000
2d Sed	950	1100	1850	3700	6450	9200
4d Sed	450	1120	1875	3750	6500	9300
Bel Air, V-8						
2d Sed	450	1160	1950	3900	6800	9700
4d Sed	450	1170	1975	3900	6850	9800
4d HT	400	1300	2200	4400	7700	11,000
4d Sed	400	1200	2000	4000	7000	10,000
4d HT	450	1450	2400	4800	8400	12,000
2d HT	800	2500	4200	8400	14,700	21,000
2d Conv	1300	4100	6800	13,600	23,800	34,000
Station Wagons, V-8						
4d Brookwood	400	1200	2000	4000	7000	10,000
4d Parkwood	400	1250	2100	4200	7300	10,400
4d Kingswood	400	1300	2200	4400	7700	11,000
4d Nomad	450	1400	2300	4600	8100	11,500

NOTE: Add 10 percent for A/C.
  Add 5 percent for 4-speed transmission.
  Deduct 10 percent for 6-cyl.
  Add 30 percent for 348 Tri-Power set up.

1960						
Biscayne, V-8						
2d Utl Sed	350	1000	1650	3350	5800	8300
2d Sed	350	1040	1700	3450	6000	8600
4d Sed	350	1040	1750	3500	6100	8700
Biscayne Fleetmaster, V-8						
2d Sed	450	1050	1750	3550	6150	8800
4d Sed	450	1050	1800	3600	6200	8900
Bel Air, V-8						
2d Sed	450	1120	1875	3750	6500	9300
4d Sed	450	1130	1900	3800	6600	9400
4d HT	400	1250	2100	4200	7400	10,500
2d HT	450	1450	2400	4800	8400	12,000
Impala, V-8						
4d Sed	450	1170	1975	3900	6850	9800
4d HT	450	1450	2400	4800	8400	12,000
2d HT	700	2300	3800	7600	13,300	19,000
2d Conv	1150	3700	6200	12,400	21,700	31,000
Station Wagons, V-8						
4d Brookwood	400	1200	2000	4000	7000	10,000
4d Kingswood	400	1250	2050	4100	7200	10,300
4d Parkwood	400	1250	2100	4200	7400	10,500
4d Nomad	400	1300	2200	4400	7700	11,000

NOTE: Add 10 percent for A/C.
  Deduct 10 percent for 6-cyl.
  Add 30 percent for 348 Tri-Power set up.

1961						
Biscayne, V-8						
2d Utl Sed	350	975	1600	3200	5500	7900
2d Sed	350	1020	1700	3400	5950	8500
4d Sed	350	975	1600	3250	5700	8100
Bel Air, V-8						
2d Sed	350	1040	1750	3500	6100	8700
4d Sed	350	1040	1700	3450	6000	8600
4d HT	400	1200	2000	4000	7000	10,000
2d HT	700	2300	3800	7600	13,300	19,000
Impala, V-8						
2d Sed	450	1080	1800	3600	6300	9000
4d Sed	450	1090	1800	3650	6400	9100
4d HT	400	1250	2100	4200	7400	10,500
2d HT*	650	2050	3400	6800	11,900	17,000
2d Conv*	1000	3100	5200	10,400	18,200	26,000
Station Wagons, V-8						
4d Brookwood	450	1140	1900	3800	6650	9500
4d Parkwood	400	1200	2000	4000	7000	10,000
4d Nomad	400	1300	2200	4400	7700	11,000

NOTE: Add 10 percent for Power-Pak & dual exhaust on 283 V-8.
  Add 15 percent for A/C.
  Add 35 percent for 348 CID.
  *Add 40 percent for Super Sport option.
  Add 50 percent for 409 V-8.
  Deduct 10 percent for 6-cyl.

	6	5	4	3	2	1
1962						
Chevy II, 4 & 6-cyl.						
2d Sed	350	975	1600	3250	5700	8100
4d Sed	350	975	1600	3200	5600	8000
2d HT	550	1700	2800	5600	9800	14,000
2d Conv	700	2150	3600	7200	12,600	18,000
4d Sta Wag	450	1140	1900	3800	6650	9500
Biscayne, V-8						
2d Sed	350	1020	1700	3400	5900	8400
4d Sed	350	1020	1700	3400	5950	8500
4d Sta Wag	450	1120	1875	3750	6500	9300
Bel Air, V-8						
2d Sed	350	1040	1700	3450	6000	8600
4d Sed	350	1040	1750	3500	6100	8700
2d HT	750	2400	4000	8000	14,000	20,000
4d Sta Wag	400	1300	2200	4400	7700	11,000
Bel Air 409 muscle car						
2d Sed (380 HP)	700	2300	3800	7600	13,300	19,000
2d HT (380 HP)	1100	3500	5800	11,600	20,300	29,000
2d Sed (409 HP)	800	2500	4200	8400	14,700	21,000
2d HT (409 HP)	1150	3700	6200	12,400	21,700	31,000
Impala, V-8						
4d Sed	450	1080	1800	3600	6300	9000
4d HT	400	1300	2200	4400	7700	11,000
2d HT*	700	2300	3800	7600	13,300	19,000
2d Conv*	1100	3500	5800	11,600	20,300	29,000
4d Sta Wag	450	1450	2400	4800	8400	12,000

*NOTE: Add 15 percent for Super Sport option.
Add 15 percent for Power-Pak & dual exhaust.
Add 15 percent for A/C.
Add 35 percent for 409 CID.
Deduct 10 percent for 6-cyl except Chevy II.

1963 Chevrolet Impala SS two-door hardtop

	6	5	4	3	2	1
1963						
Chevy II and Nova, 4 & 6-cyl.						
4d Sed	350	950	1550	3100	5400	7700
2d HT*	500	1550	2600	5200	9100	13,000
2d Conv*	650	2050	3400	6800	11,900	17,000
4d Sta Wag	450	1080	1800	3600	6300	9000
*NOTE: Add 15 percent for Super Sport option.						
Biscayne, V-8						
2d Sed	350	900	1500	3000	5250	7500
4d Sed	350	950	1500	3050	5300	7600
4d Sta Wag	350	1020	1700	3400	5950	8500
Bel Air, V-8						
2d Sed	350	950	1500	3050	5300	7600
4d Sed	350	950	1550	3100	5400	7700
4d Sta Wag	450	1080	1800	3600	6300	9000
Impala, V-8						
4d Sed	450	1080	1800	3600	6300	9000
4d HT	400	1300	2200	4400	7700	11,000
2d HT*	850	2650	4400	8800	15,400	22,000
2d Conv*	1150	3600	6000	12,000	21,000	30,000
4d Sta Wag	400	1300	2200	4400	7700	11,000

NOTE: Add 15 percent for Power-Pak & dual exhaust.
Add 15 percent for A/C.

	6	5	4	3	2	1
Add 35 percent for 409 CID.						
Add 15 percent for Super Sport option.						
Deduct 10 percent for 6-cyl except Chevy II.						

1964

Chevy II and Nova, 4 & 6-cyl.

	6	5	4	3	2	1
2d Sed	350	950	1550	3150	5450	7800
4d Sed	350	975	1600	3200	5500	7900
2d HT	500	1550	2600	5200	9100	13,000
4d Sta Wag	950	1100	1850	3700	6450	9200

NOTE: Add 10 percent for 6-cyl.

Nova Super Sport Series, 6-cyl.

	6	5	4	3	2	1
2d HT	600	1900	3200	6400	11,200	16,000

NOTE: Add 25 percent for V8.
   Add 10 percent for 4 speed trans.

Chevelle

	6	5	4	3	2	1
2d Sed	350	900	1500	3000	5250	7500
4d Sed	350	950	1500	3050	5300	7600
2d Sta Wag	450	1130	1900	3800	6600	9400
4d Sta Wag	950	1100	1850	3700	6450	9200

Malibu Series, V-8

	6	5	4	3	2	1
4d Sed	350	950	1500	3050	5300	7600
2d HT*	600	1900	3200	6400	11,200	16,000
2d Conv*	1000	3250	5400	10,800	18,900	27,000
4d Sta Wag	450	1080	1800	3600	6300	9000

NOTE: Add 15 percent for Super Sport option.
   Deduct 10 percent for 6-cyl.

Biscayne, V-8

	6	5	4	3	2	1
2d Sed	350	900	1500	3000	5250	7500
4d Sed	350	950	1500	3050	5300	7600
4d Sta Wag	350	1020	1700	3400	5950	8500

Bel Air, V-8

	6	5	4	3	2	1
2d Sed	350	950	1500	3050	5300	7600
4d Sed	350	950	1550	3100	5400	7700
4d Sta Wag	400	1200	2000	4000	7000	10,000

Impala, V-8

	6	5	4	3	2	1
4d Sed	350	1020	1700	3400	5950	8500
4d HT	400	1250	2100	4200	7400	10,500
2d HT*	750	2400	4000	8000	14,000	20,000
2d Conv*	1150	3700	6200	12,400	21,700	31,000
4d Sta Wag	450	1450	2400	4800	8400	12,000

*NOTE: Add 15 percent for Super Sport option.
   Add 15 percent for Power-Pak & dual exhaust.
   Add 15 percent for A/C.
   Add 35 percent for 409 CID.
   Deduct 10 percent for 6-cyl.

1965 Chevrolet Chevelle Malibu SS convertible

1965

Chevy II, V-8

	6	5	4	3	2	1
4d Sed	350	950	1500	3050	5300	7600
2d Sed	350	950	1500	3050	5300	7600
4d Sta Wag	350	950	1550	3150	5450	7800

Nova Series, V-8

	6	5	4	3	2	1
4d Sed	350	950	1550	3100	5400	7700
2d HT	500	1550	2600	5200	9100	13,000
4d Sta Wag	450	1080	1800	3600	6300	9000

Nova Super Sport, V-8

	6	5	4	3	2	1
2d Spt Cpe	600	1900	3200	6400	11,200	16,000

Chevelle

	6	5	4	3	2	1
2d Sed	350	880	1500	2950	5180	7400

	6	5	4	3	2	1
4d Sed	350	900	1500	3000	5250	7500
2d Sta Wag	450	1140	1900	3800	6650	9500
4d Sta Wag	450	1140	1900	3800	6650	9500
Malibu, V-8						
4d Sed	350	950	1550	3150	5450	7800
2d HT	650	2050	3400	6800	11,900	17,000
2d Conv	900	2900	4800	9600	16,800	24,000
4d Sta Wag	450	1090	1800	3650	6400	9100
Malibu Super Sport, V-8						
2d HT	800	2500	4200	8400	14,700	21,000
2d Conv	1100	3500	5800	11,600	20,300	29,000

NOTE: Add 100 percent for RPO Z16 SS-396 option on hardtop only.
Add 35 percent for 396 CID, 325 hp.

Biscayne, V-8						
2d Sed	350	880	1500	2950	5180	7400
4d Sed	350	900	1500	3000	5250	7500
4d Sta Wag	350	950	1550	3100	5400	7700
Bel Air, V-8						
2d Sed	350	950	1550	3150	5450	7800
4d Sed	350	975	1600	3200	5500	7900
4d Sta Wag	350	1020	1700	3400	5950	8500
Impala, V-8						
4d Sed	450	1080	1800	3600	6300	9000
4d HT*	400	1250	2100	4200	7400	10,500
2d HT	600	1900	3200	6400	11,200	16,000
2d Conv	950	3000	5000	10,000	17,500	25,000
4d Sta Wag	450	1140	1900	3800	6650	9500
Impala Super Sport, V-8						
2d HT	650	2050	3400	6800	11,900	17,000
2d Conv	1050	3350	5600	11,200	19,600	28,000

NOTE: Add 20 percent for Power-Pak & dual exhaust.
Add 15 percent for A/C.
Add 35 percent for 409 CID.
Add 35 percent for 396 CID, 325 hp.
Add 50 percent for 396 CID, 425 hp.
Add 40 percent for 409 CID, 340 hp.
Add 50 percent for 409 CID, 400 hp.
Deduct 10 percent for 6-cyl.
Add 10 percent for Caprice models.

1966

Chevy II Series 100						
2d Sed	350	950	1500	3050	5300	7600
4d Sed	350	950	1550	3100	5400	7700
4d Sta Wag	350	975	1600	3200	5500	7900
Nova Series, V-8						
2d HT	400	1200	2000	4000	7000	10,000
4d Sed	350	950	1550	3150	5450	7800
4d Sta Wag	350	975	1600	3200	5600	8000
Nova Super Sport						
2d HT	600	1900	3200	6400	11,200	16,000

NOTE: Add 60 percent for High Performance pkg.

Chevelle						
2d Sed	350	880	1500	2950	5180	7400
4d Sed	350	900	1500	3000	5250	7500
4d Sta Wag	350	950	1550	3100	5400	7700
Malibu, V-8						
4d Sed	350	950	1550	3150	5450	7800
4d HT	350	975	1600	3200	5600	8000
2d HT	650	2050	3400	6800	11,900	17,000
2d Conv	900	2900	4800	9600	16,800	24,000
4d Sta Wag	350	975	1600	3200	5600	8000
Super Sport, '396' V-8						
2d HT	1000	3100	5200	10,400	18,200	26,000
2d Conv	1300	4100	6800	13,600	23,800	34,000

NOTE: Deduct 10 percent for 6-cyl. Chevelle.
Add 10 percent for 396 CID, 360 hp.
Add 30 percent for 396 CID, 375 hp.

Biscayne, V-8						
2d Sed	350	900	1500	3000	5250	7500
4d Sed	350	950	1500	3050	5300	7600
4d Sta Wag	350	950	1550	3150	5450	7800
Bel Air, V-8						
2d Sed	350	975	1600	3200	5600	8000
4d Sed	350	975	1600	3250	5700	8100
4d 3S Wag	450	1080	1800	3600	6300	9000

	6	5	4	3	2	1
Impala, V-8						
4d Sed	350	1020	1700	3400	5950	8500
4d HT	400	1250	2100	4200	7400	10,500
2d HT	700	2150	3600	7200	12,600	18,000
2d Conv	900	2900	4800	9600	16,800	24,000
4d Sta Wag	400	1300	2200	4400	7700	11,000
Impala Super Sport, V-8						
2d HT	800	2500	4200	8400	14,700	21,000
2d Conv	1000	3250	5400	10,800	18,900	27,000
Caprice, V-8						
4d HT	500	1550	2600	5200	9100	13,000
2d HT	700	2300	3800	7600	13,300	19,000
4d Sta Wag	450	1450	2400	4800	8400	12,000

NOTE: Add 35 percent for 396 CID.
　Add 40 percent for 427 CID, 390 hp.
　Add 50 percent for 427 CID, 425 hp.
　Add approx. 40 percent for 427 CID engine when available.
　Add 15 percent for A/C.

1967

	6	5	4	3	2	1
Chevy II, 100, V-8, 110" wb						
2d Sed	350	870	1450	2900	5100	7300
4d Sed	350	880	1500	2950	5180	7400
4d Sta Wag	350	950	1500	3050	5300	7600
Chevy II Nova, V-8, 110" wb						
4d Sed	350	900	1500	3000	5250	7500
2d HT	450	1500	2500	5000	8800	12,500
4d Sta Wag	350	1020	1700	3400	5950	8500
Chevy II Nova SS, V-8, 110" wb						
2d HT	500	1600	2700	5400	9500	13,500

NOTE: Add 60 percent for High Performance pkg.

	6	5	4	3	2	1
Chevelle 300, V-8, 115" wb						
2d Sed	350	880	1500	2950	5180	7400
4d Sed	350	900	1500	3000	5250	7500
Chevelle 300 DeLuxe, V-8, 115" wb						
2d Sed	350	950	1550	3100	5400	7700
4d Sed	350	950	1550	3150	5450	7800
4d Sta Wag	450	1080	1800	3600	6300	9000
Chevelle Malibu, V-8, 115" wb						
4d Sed	350	975	1600	3200	5600	8000
4d HT	450	1080	1800	3600	6300	9000
2d HT	550	1800	3000	6000	10,500	15,000
2d Conv	850	2750	4600	9200	16,100	23,000
4d Sta Wag	350	1020	1700	3400	5950	8500
Chevelle Concours, V-8, 115" wb						
4d Sta Wag	450	1140	1900	3800	6650	9500
Chevelle Super Sport 396, 115" wb						
2d HT	1000	3100	5200	10,400	18,200	26,000
2d Conv	1150	3600	6000	12,000	21,000	30,000

NOTE: Add 10 percent for 396 CID, 350 hp.
　Add 30 percent for 396 CID, 375 hp.

	6	5	4	3	2	1
Biscayne, V-8, 119" wb						
2d Sed	350	900	1500	3000	5250	7500
4d Sed	350	950	1500	3050	5300	7600
4d Sta Wag	350	1020	1700	3400	5950	8500
Bel Air, V-8, 119" wb						
2d Sed	350	1000	1650	3300	5750	8200
4d Sed	350	1000	1650	3350	5800	8300
4d 3S Sta Wag	450	1080	1800	3600	6300	9000
Impala, V-8, 119" wb						
4d Sed	350	1020	1700	3400	5950	8500
4d HT	450	1080	1800	3600	6300	9000
2d HT	550	1700	2800	5600	9800	14,000
2d Conv	850	2750	4600	9200	16,100	23,000
4d 3S Sta Wag	400	1200	2000	4000	7000	10,000
Impala SS, V-8, 119" wb						
2d HT	550	1800	3000	6000	10,500	15,000
2d Conv	850	2750	4600	9200	16,100	23,000
Caprice, V-8, 119" wb						
2d HT	600	1900	3200	6400	11,200	16,000
4d HT	450	1450	2400	4800	8400	12,000
4d 3S Sta Wag	400	1300	2200	4400	7700	11,000

NOTES: Add approximately 40 percent for SS-427 engine options
　when available in all series.
　Add 40 percent for SS-396 option.
　Add 15 percent for A/C.

	6	5	4	3	2	1
Camaro, V-8						
2d IPC	1100	3500	5800	11,600	20,300	29,000
2d Cpe	700	2150	3600	7200	12,600	18,000
2d Conv	900	2900	4800	9600	16,800	24,000
2d Z28 Cpe	1450	4550	7600	15,200	26,600	38,000
2d Yenko Cpe	2950	9350	15,600	31,200	54,600	78,000

NOTES: Deduct 5 percent for Six, (when available).
 Add 10 percent for Rally Sport Package (when available;
 except incl. w/Indy Pace Car).
 Add 10 percent for SS-350 (when available;
 except incl. w/Indy Pace Car).
 Add 15 percent for SS-396 (L-35/325 hp; when available).
 Add 35 percent for SS-396 (L-78/375 hp; when available).
 Add 10 percent for A/C.

1968

	6	5	4	3	2	1
Nova 307 V8						
2d Cpe	350	950	1550	3150	5450	7800
4d Sed	350	840	1400	2800	4900	7000

NOTE: Deduct 5 percent for 4 or 6-cyl.
 Add 25 percent for SS package.
 Add 25 percent for 327 CID.
 Add 30 percent for 350 CID.
 Add 35 percent for 396 CID engine.

	6	5	4	3	2	1
Chevelle 300						
2d Sed	350	770	1300	2550	4480	6400
4d Sta Wag	350	780	1300	2600	4550	6500
Chevelle 300 DeLuxe						
4d Sed	350	770	1300	2550	4480	6400
4d HT	350	830	1400	2950	4830	6900
2d Cpe	350	770	1300	2550	4480	6400
4d Sta Wag	350	840	1400	2800	4900	7000
Chevelle Malibu						
4d Sed	350	780	1300	2600	4550	6500
4d HT	350	900	1500	3000	5250	7500
2d HT	500	1550	2600	5200	9100	13,000
2d Conv	850	2750	4600	9200	16,100	23,000
4d Sta Wag	350	900	1500	3000	5250	7500

NOTE: Add 10 percent for 396 CID, 350 hp.
 Add 30 percent for 396 CID, 375 hp.

	6	5	4	3	2	1
Chevelle Concours Estate						
4d Sta Wag	350	975	1600	3200	5600	8000
Chevelle SS-396						
2d 2d HT	850	2650	4400	8800	15,400	22,000
2d Conv	1100	3500	5800	11,600	20,300	29,000
Biscayne						
2d Sed	350	770	1300	2550	4480	6400
4d Sed	350	780	1300	2600	4550	6500
4d Sta Wag	350	840	1400	2800	4900	7000
Bel Air						
2d Sed	350	780	1300	2600	4550	6500
4d Sed	350	790	1350	2650	4620	6600
4d 2S Sta Wag	350	900	1500	3000	5250	7500
4d 3S Sta Wag	350	975	1600	3200	5600	8000
Impala						
4d Sed	350	840	1400	2800	4900	7000
4d HT	350	1000	1650	3300	5750	8200
2d HT	400	1200	2000	4000	7000	10,000
2d Cus Cpe	400	1250	2100	4200	7400	10,500
2d Conv	850	2650	4400	8800	15,400	22,000
4d 2S Sta Wag	450	1080	1800	3600	6300	9000
4d 3S Sta Wag	450	1090	1800	3650	6400	9100
Caprice						
4d HT	450	1080	1800	3600	6300	9000
2d HT	450	1450	2400	4800	8400	12,000
4d 2S Sta Wag	450	1140	1900	3800	6650	9500
4d 3S Sta Wag	400	1200	2000	4000	7000	10,000
Chevelle 300						

NOTE: Only 1,270 Nova 4's were built in 1968.

	6	5	4	3	2	1
Camaro, V-8						
2d Cpe	550	1800	3000	6000	10,500	15,000
2d Conv	700	2300	3800	7600	13,300	19,000
2d Z28	850	2650	4400	8800	15,400	22,000
2d Yenko Cpe	2250	7200	12,000	24,000	42,000	60,000

NOTES: Deduct 5 percent for Six, (when available).
 Add 10 percent for A/C.
 Add 15 percent for Rally Sport Package (when available).

	6	5	4	3	2	1
Add 25 percent for SS package.						
Add 15 percent for SS-350 (when available; except Z-28).						
Add 25 percent for SS-396 (L35/325 hp; when available).						
Add 35 percent for SS-396 (L78/375 hp; when available).						
Add 40 percent for SS-396 (L89; when available).						
Add approx. 40 percent for 427 engine options when availble.						

1969

Nova Four

	6	5	4	3	2	1
2d Cpe	200	700	1075	2150	3700	5300
4d Sed	200	700	1050	2100	3650	5200

Nova Six

	6	5	4	3	2	1
2d Cpe	200	650	1100	2150	3780	5400
4d Sed	200	700	1075	2150	3700	5300

Chevy II, Nova V-8

	6	5	4	3	2	1
2d Cpe	200	660	1100	2200	3850	5500
4d Sed	200	650	1100	2150	3780	5400
2d Yenko Cpe	2100	6700	11,200	22,400	39,200	56,000

NOTES: Add 25 percent for Nova SS.
Add 30 percent for 350 CID.
Add 35 percent for 396 CID.
Add 10 percent for Impala "SS".
Add 25 percent for other "SS" equipment pkgs.

Chevelle 300 DeLuxe

	6	5	4	3	2	1
4d Sed	200	675	1000	2000	3500	5000
2d HT	350	900	1500	3000	5250	7500
2d Cpe	200	660	1100	2200	3850	5500
4d Nomad	200	685	1150	2300	3990	5700
4d Dual Nomad	200	720	1200	2400	4200	6000
4d GB Wag	200	660	1100	2200	3850	5500
4d 6P GB Dual Wag	200	660	1100	2200	3850	5500
4d 9P GB Dual Wag	200	670	1150	2250	3920	5600

Chevelle Malibu, Concours, V-8

	6	5	4	3	2	1
4d Sed	200	660	1100	2200	3850	5500
4d HT	200	720	1200	2400	4200	6000
2d HT	450	1450	2400	4800	8400	12,000
Conv	700	2300	3800	7600	13,300	19,000
4d HT	350	900	1500	3000	5250	7500
4d 9P Estate	200	670	1150	2250	3920	5600
4d 6P Estate	200	660	1100	2200	3850	5500

NOTE: Add 10 percent for 396 CID, 350 hp.
Add 30 percent for 396 CID, 375 hp.

Chevelle Malibu SS-396

	6	5	4	3	2	1
2d HT	700	2300	3800	7600	13,300	19,000
2d Conv	950	3000	5000	10,000	17,500	25,000

NOTE: Add 60 percent for Yenko Hardtop.

Biscayne

	6	5	4	3	2	1
2d Sed	200	675	1000	2000	3500	5000
4d Sed	200	675	1000	1950	3400	4900
4d Sta Wag	200	700	1050	2100	3650	5200

Bel Air

	6	5	4	3	2	1
2d Sed	200	660	1100	2200	3850	5500
4d Sed	200	675	1000	2000	3500	5000
4d 6P Sta Wag	200	670	1150	2250	3920	5600
4d 9P Sta Wag	200	670	1200	2300	4060	5800

Impala, V-8

	6	5	4	3	2	1
4d Sed	200	660	1100	2200	3850	5500
4d HT	350	840	1400	2800	4900	7000
2d HT	350	1020	1700	3400	5950	8500
2d Cus Cpe	350	1040	1750	3500	6100	8700
2d Conv	550	1800	3000	6000	10,500	15,000
4d 6P Sta Wag	200	670	1200	2300	4060	5800
4d 9P Sta Wag	200	720	1200	2400	4200	6000

NOTE: Add 35 percent for Impala SS 427 option.

Caprice, V-8

	6	5	4	3	2	1
4d HT	350	975	1600	3200	5600	8000
2d Cus Cpe	450	1140	1900	3800	6650	9500
4d 6P Sta Wag	200	720	1200	2400	4200	6000
4d 9P Sta Wag	350	840	1400	2800	4900	7000

Camaro, V-8

	6	5	4	3	2	1
2d Spt Cpe	600	1900	3200	6400	11,200	16,000
2d Conv	800	2500	4200	8400	14,700	21,000
2d Z28	800	2500	4200	8400	14,700	21,000
2d IPC	950	3000	5000	10,000	17,500	25,000
2d ZL-1*	2850	9100	15,200	30,400	53,200	76,000
2d Yenko	1700	5400	9000	18,000	31,500	45,000

	6	5	4	3	2	1

NOTES: Deduct 5 percent for Six, (when available).
Add 5 percent for Rally Sport (except incl.
w/Indy Pace Car).
Add 10 percent for SS-350 (when avail.; except
incl. w/Indy Pace Car)
Add 25 percent for SS-396 (L78/375 hp; when available).
Add 55 percent for SS-396 (L89/375 hp, alum.
heads; when available).
Add approx. 40 percent for 427 engine options
when available.
*The specially trimmed coupe with the aluminum
427 block.

1970
Nova Four
	6	5	4	3	2	1
2d Cpe	200	675	1000	2000	3500	5000
4d Sed	200	675	1000	1950	3400	4900

Nova Six
2d Cpe	200	700	1050	2050	3600	5100
4d Sed	200	675	1000	2000	3500	5000

Nova, V-8
2d Cpe	200	700	1050	2100	3650	5200
4d Sed	200	700	1050	2050	3600	5100
2d Yenko Cpe	1950	6250	10,400	20,800	36,400	52,000

NOTE: Add 25 percent for SS option.

Chevelle
2d Cpe	350	820	1400	2700	4760	6800
4d Sed	200	660	1100	2200	3850	5500
4d Nomad	200	720	1200	2400	4200	6000

Greenbrier
4d 6P Sta Wag	200	660	1100	2200	3850	5500
4d 8P Sta Wag	200	660	1100	2200	3850	5500

Malibu, V-8
4d Sed	200	670	1150	2250	3920	5600
4d HT	200	720	1200	2400	4200	6000
2d HT	400	1300	2200	4400	7700	11,000
2d Conv	700	2150	3600	7200	12,600	18,000
4d Concours Est Wag	350	790	1350	2650	4620	6600

Chevelle Malibu SS 396
2d HT	800	2500	4200	8400	14,700	21,000
2d Conv	1000	3100	5200	10,400	18,200	26,000

Chevelle Malibu SS 454
2d HT	950	3000	5000	10,000	17,500	25,000
2d Conv	1150	3600	6000	12,000	21,000	30,000

NOTE: Add 30 percent for 396 CID, 375 hp.
Add 50 percent for LS6 engine option.

Monte Carlo
2d HT	450	1450	2400	4800	8400	12,000

NOTE: Add 35 percent for SS 454.

Biscayne
4d Sed	150	650	950	1900	3300	4700
4d Sta Wag	150	650	975	1950	3350	4800

Bel Air
4d Sed	200	700	1050	2050	3600	5100
4d 6P Sta Wag	200	700	1075	2150	3700	5300
4d 9P Sta Wag	200	660	1100	2200	3850	5500

Impala, V-8
4d Sed	200	670	1200	2300	4060	5800
4d HT	350	900	1500	3000	5250	7500
2d Spt Cpe	350	975	1600	3200	5600	8000
2d Cus Cpe	350	975	1600	3200	5600	8000
2d Conv	450	1450	2400	4800	8400	12,000
4d 6P Sta Wag	350	780	1300	2600	4550	6500
4d 9P Sta Wag	350	840	1400	2800	4900	7000

Caprice, V-8
4d HT	350	975	1600	3200	5600	8000
2d Cus Cpe	450	1140	1900	3800	6650	9500
4d 6P Sta Wag	350	860	1450	2900	5050	7200
4d 9P Sta Wag	350	900	1500	3000	5250	7500

NOTE: Add 35 percent for SS 454 option.
Add 25 percent for Rally Sport and/or Super Sport options.

Camaro, V-8
2d Cpe	400	1300	2200	4400	7700	11,000
2d Z28	550	1800	3000	6000	10,500	15,000

NOTE: Deduct 5 percent for Six, (except Z-28).
Add 35 percent for the 375 horsepower 396, (L78 option).
Add 35 percent for Rally Sport and/or Super Sport options.

1971 Chevrolet Monte Carlo two-door hardtop

	6	5	4	3	2	1
1971						
Vega						
2d Sed	200	675	1000	2000	3500	5000
2d HBk	200	700	1050	2050	3600	5100
2d Kammback	200	700	1050	2100	3650	5200
NOTE: Add 5 percent for GT.						
Nova, V-8						
4d Sed	200	675	1000	2000	3500	5000
2d Sed	200	700	1050	2100	3650	5200
2d SS	350	820	1400	2700	4760	6800
Chevelle						
2d HT	400	1300	2200	4400	7700	11,000
2d Malibu HT	600	1900	3200	6400	11,200	16,000
2d Malibu Conv	800	2500	4200	8400	14,700	21,000
4d HT	350	975	1600	3200	5600	8000
4d Sed	200	660	1100	2200	3850	5500
4d Concours Est Wag	350	840	1400	2800	4900	7000
Chevelle Malibu SS						
2d HT	650	2050	3400	6800	11,900	17,000
2d Conv	850	2750	4600	9200	16,100	23,000
Chevelle Malibu SS-454						
2d HT	750	2400	4000	8000	14,000	20,000
2d Conv	1000	3100	5200	10,400	18,200	26,000
Monte Carlo						
2d HT	500	1550	2600	5200	9100	13,000
NOTE: Add 35 percent for SS 454. Add 25 percent for SS 402 engine option.						
Biscayne, V-8, 121" wb						
4d Sed	150	650	975	1950	3350	4800
Bel Air, V-8, 121" wb						
4d Sed	200	700	1050	2100	3650	5200
Impala, V-8, 121" wb						
4d Sed	200	660	1100	2200	3850	5500
4d HT	200	745	1250	2500	4340	6200
2d HT	350	975	1600	3200	5600	8000
2d HT Cus	350	1000	1650	3300	5750	8200
2d Conv	550	1800	3000	6000	10,500	15,000
Caprice, V-8, 121" wb						
4d HT	350	840	1400	2800	4900	7000
2d HT	350	1020	1700	3400	5950	8500
Station Wags, V-8, 125" wb						
4d Brookwood 2-S	200	650	1100	2150	3780	5400
4d Townsman 3-S	200	685	1150	2300	3990	5700
4d Kingswood 3-S	200	700	1200	2350	4130	5900
4d Est 3-S	200	720	1200	2400	4200	6000
NOTE: Add 35 percent for SS 454 option.						
Camaro, V-8						
2d Cpe	400	1300	2200	4400	7700	11,000
2d Z28	550	1700	2800	5600	9800	14,000
NOTE: Add 35 percent for Rally Sport and/or Super Sport options.						
1972						
Vega						
2d Sed	200	675	1000	2000	3500	5000

	6	5	4	3	2	1
2d HBk	200	700	1050	2050	3600	5100
2d Kammback	200	700	1050	2100	3650	5200

NOTE: Add 15 percent for GT.

Nova
4d Sed	200	700	1050	2100	3650	5200
2d Sed	200	700	1075	2150	3700	5300

NOTE: Add 25 percent for SS.

Chevelle
2d Malibu HT	550	1700	2800	5600	9800	14,000
2d Malibu Conv	800	2500	4200	8400	14,700	21,000
4d HT	350	975	1600	3200	5600	8000
4d Sed	200	660	1100	2200	3850	5500
4d Concours Est Wag	350	840	1400	2800	4900	7000

Chevelle Malibu SS
2d HT	650	2050	3400	6800	11,900	17,000
2d Conv	850	2750	4600	9200	16,100	23,000

Chevelle Malibu SS-454
2d HT	700	2300	3800	7600	13,300	19,000
2d Conv	950	3000	5000	10,000	17,500	25,000

Monte Carlo
2d HT	500	1550	2600	5200	9100	13,000

NOTE: Add 35 percent for 454 CID engine. Add 25 percent for 402 engine option.

Biscayne, V-8, 121" wb
4d Sed	150	650	975	1950	3350	4800

Bel Air, V-8, 121" wb
4d Sed	200	675	1000	1950	3400	4900

Impala, V-8, 121" wb
4d Sed	200	700	1050	2100	3650	5200
4d HT	200	745	1250	2500	4340	6200
2d HT Cus	350	975	1600	3200	5600	8000
2d HT	350	900	1500	3000	5250	7500
2d Conv	500	1550	2600	5200	9100	13,000

Caprice, V-8, 121" wb
4d Sed	200	660	1100	2200	3850	5500
4d HT	350	900	1500	3000	5250	7500
2d HT	350	1020	1700	3400	5950	8500

Station Wagons, V-8, 125" wb
4d Brookwood 2-S	200	685	1150	2300	3990	5700
4d Townsman 3-S	200	700	1200	2350	4130	5900
4d Kingswood 3-S	200	720	1200	2400	4200	6000
4d Est 3-S	350	780	1300	2600	4550	6500

NOTE: Add 35 percent for 454 option.
  Add 30 percent for 402 option.

Camaro, V-8
2d Cpe	450	1450	2400	4800	8400	12,000
2d Z28	550	1800	3000	6000	10,500	15,000

NOTE: Add 35 percent for Rally Sport and/or Super Sport options.

1973
Vega
2d Sed	200	670	1150	2250	3920	5600
2d HBk	200	700	1050	2050	3600	5100
2d Sta Wag	200	700	1050	2100	3650	5200

2d Nova Custom V8
2d Cpe	200	650	1100	2150	3780	5400
4d Sed	200	700	1075	2150	3700	5300
2d HBk	200	660	1100	2200	3850	5500

Chevelle Malibu V8
2d Cpe	200	670	1150	2250	3920	5600
4d Sed	200	660	1100	2200	3850	5500

NOTE: Add 15 percent for SS option.

Laguna V8
4d Sed	200	670	1150	2250	3920	5600
2d Cpe	350	900	1500	3000	5250	7500
4d 3S DeL Sta Wag	200	675	1000	2000	3500	5000
4d 3S Malibu Sta Wag	200	700	1050	2050	3600	5100
4d 3S Malibu Est Wag	200	700	1050	2100	3650	5200
4d 3S Laguna Sta Wag	200	660	1100	2200	3850	5500
4d 3S Laguna Est Wag	200	685	1150	2300	3990	5700

Monte Carlo V8
2d Cpe	350	780	1300	2600	4550	6500
2d Cpe Lan	350	840	1400	2800	4900	7000

Bel Air
4d	200	670	1150	2250	3920	5600
4d 2S Bel Air Sta Wag	200	650	1100	2150	3780	5400
4d 3S Bel Air Sta Wag	200	660	1100	2200	3850	5500

	6	5	4	3	2	1
Impala V8						
2d Cpe Spt	350	780	1300	2600	4550	6500
2d Cpe Cus	350	800	1350	2700	4700	6700
4d Sed	200	685	1150	2300	3990	5700
4d HT	200	720	1200	2400	4200	6000
4d 3S Impala Wag	200	720	1200	2400	4200	6000
Caprice Classic V8						
2d Cpe	350	840	1400	2800	4900	7000
4d Sed	200	685	1150	2300	3990	5700
4d HT	350	780	1300	2600	4550	6500
2d Conv	600	1900	3200	6400	11,200	16,000
4d 3S Caprice Est Wag	350	780	1300	2600	4550	6500
Camaro, V-8						
2d Cpe	450	1450	2400	4800	8400	12,000
2d Z28	550	1700	2800	5600	9800	14,000

NOTE: Add 35 percent for Rally Sport and/or Super Sport options.

1974

	6	5	4	3	2	1
Vega						
2d Cpe	200	675	1000	2000	3500	5000
2d HBk	200	700	1050	2050	3600	5100
2d Sta Wag	200	700	1050	2100	3650	5200
Nova						
2d Cpe	200	650	1100	2150	3780	5400
2d HBk	200	670	1150	2250	3920	5600
4d Sed	200	650	1100	2150	3780	5400
Nova Custom						
2d Cpe	200	660	1100	2200	3850	5500
2d HBk	200	670	1150	2250	3920	5600
4d Sed	200	660	1100	2200	3850	5500

NOTE: Add 10 percent for Spirit of America option where applied.

	6	5	4	3	2	1
Malibu						
2d Col Cpe	200	720	1200	2400	4200	6000
4d Col Sed	200	670	1150	2250	3920	5600
4d Sta Wag	200	700	1050	2100	3650	5200
Malibu Classic						
2d Col Cpe	200	685	1150	2300	3990	5700
2d Lan Cpe	200	650	1100	2150	3780	5400
4d Col Sed	200	700	1050	2050	3600	5100
4d Sta Wag	200	675	1000	2000	3500	5000
Malibu Classic Estate						
4d Sta Wag	200	700	1050	2050	3600	5100
Laguna Type S-3, V-8						
2d Cpe	350	1020	1700	3400	5950	8500
Monte Carlo						
2d 'S' Cpe	200	720	1200	2400	4200	6000
2d Lan	350	780	1300	2600	4550	6500
Bel Air						
4d Sed	200	675	1000	2000	3500	5000
4d Sta Wag	200	675	1000	2000	3500	5000
Impala						
4d Sed	200	700	1075	2150	3700	5300
4d HT Sed	200	670	1200	2300	4060	5800
2d Spt Cpe	350	780	1300	2600	4550	6500
2d Cus Cpe	350	820	1400	2700	4760	6800
4d Sta Wag	200	700	1050	2050	3600	5100
Caprice Classic						
4d Sed	200	650	1100	2150	3780	5400
4d HT Sed	200	720	1200	2400	4200	6000
2d Cus Cpe	350	860	1450	2900	5050	7200
2d Conv	550	1800	3000	6000	10,500	15,000
4d Sta Wag	200	660	1100	2200	3850	5500

NOTES: Add 20 percent for Nova SS package.
  Add 12 percent for Malibu with canopy roof.
  Add 20 percent for 454 V-8.
  Add 15 percent for Nova with 185 horsepower V-8.
  Add 25 percent for Impala 'Spirit of America' Sport Coupe.

	6	5	4	3	2	1
Camaro, V-8						
2d Cpe	450	1400	2300	4600	8100	11,500
2d LT Cpe	450	1450	2400	4800	8400	12,000

NOTE: Add 10 percent for Z28 option.

1975

	6	5	4	3	2	1
Vega						
2d Cpe	200	675	1000	2000	3500	5000
2d HBk	200	700	1050	2050	3600	5100
2d Lux Cpe	200	700	1050	2050	3600	5100
4d Sta Wag	200	700	1050	2100	3650	5200

	6	5	4	3	2	1
4d Est Wag	200	700	1075	2150	3700	5300
2d Cosworth	350	975	1600	3200	5600	8000
Nova						
2d 'S' Cpe	200	700	1050	2050	3600	5100
2d Cpe	200	700	1050	2050	3600	5100
2d HBk	200	700	1050	2100	3650	5200
4d Sed	200	700	1050	2100	3650	5200
Nova Custom						
2d Cpe	200	700	1050	2100	3650	5200
2d HBk	200	700	1075	2150	3700	5300
4d Sed	200	700	1050	2100	3650	5200
Nova LN, V-8						
4d Sed	200	700	1075	2150	3700	5300
2d Cpe	200	650	1100	2150	3780	5400
Monza						
2d 2 plus 2	200	660	1100	2200	3850	5500
2d Twn Cpe	200	700	1050	2100	3650	5200
Malibu						
2d Col Cpe	200	660	1100	2200	3850	5500
2d Col Sed	200	675	1000	2000	3500	5000
4d Sta Wag	200	700	1050	2050	3600	5100
Malibu Classic						
2d Col Cpe	200	720	1200	2400	4200	6000
2d Lan	200	745	1250	2500	4340	6200
4d Col Sed	200	700	1050	2100	3650	5200
4d Sta Wag	200	700	1050	2050	3600	5100
4d Est Wag	200	700	1050	2100	3650	5200
Laguna Type S-3, V-8						
2d Cpe	450	1080	1800	3600	6300	9000
Monte Carlo						
2d 'S' Cpe	350	780	1300	2600	4550	6500
2d Lan	350	840	1400	2800	4900	7000
Bel Air						
4d Sed	200	700	1050	2050	3600	5100
4d Sta Wag	200	675	1000	2000	3500	5000
Impala						
4d Sed	200	700	1075	2150	3700	5300
4d HT	200	650	1100	2150	3780	5400
2d Spt Cpe	200	720	1200	2400	4200	6000
2d Cus Cpe	200	730	1250	2450	4270	6100
2d Lan	350	780	1300	2600	4550	6500
4d Sta Wag	200	650	1100	2150	3780	5400
Caprice Classic						
4d Sed	200	650	1100	2150	3780	5400
4d HT	200	660	1100	2200	3850	5500
2d Cus Cpe	350	780	1300	2600	4550	6500
2d Lan	350	780	1300	2600	4550	6500
2d Conv	550	1800	3000	6000	10,500	15,000
4d Sta Wag	200	720	1200	2400	4200	6000

NOTES: Add 10 percent for Nova SS.
Add 15 percent for SS option on Chevelle wagon.
Add 20 percent for Monte Carlo or Laguna 454.
Add 15 percent for 454 Caprice.
Add 15 percent for canopy top options.
Add 10 percent for Monza V-8.

	6	5	4	3	2	1
Camaro, V-8						
Cpe	400	1200	2000	4000	7000	10,000
Type LT	400	1300	2200	4400	7700	11,000

NOTE: Add 30 percent for Camaro R/S.

1976
Chevette, 4-cyl.

	6	5	4	3	2	1
2d Scooter	150	650	950	1900	3300	4700
2d HBk	200	675	1000	1950	3400	4900
Vega, 4-cyl.						
2d Sed	200	675	1000	2000	3500	5000
2d HBk	200	700	1050	2050	3600	5100
2d Cosworth HBk	350	975	1600	3200	5600	8000
2d Sta Wag	200	700	1050	2100	3650	5200
2d Est Sta Wag	200	700	1075	2150	3700	5300
Nova, V-8						
2d Cpe	200	700	1050	2050	3600	5100
2d HBk	200	700	1050	2100	3650	5200
4d Sed	200	675	1000	2000	3500	5000
Nova Concours, V-8						
2d Cpe	200	700	1050	2100	3650	5200

	6	5	4	3	2	1
2d HBk	200	700	1075	2150	3700	5300
4d Sed	200	700	1050	2050	3600	5100
Monza, 4-cyl.						
2d Twn Cpe	200	675	1000	1950	3400	4900
2d HBk	200	675	1000	1950	3400	4900
Malibu, V-8						
2d Sed	200	700	1050	2050	3600	5100
4d Sed	200	675	1000	2000	3500	5000
4d 2S Sta Wag ES	200	675	1000	2000	3500	5000
4d 3S Sta Wag ES	200	675	1000	2000	3500	5000
Malibu Classic, V-8						
2d Sed	200	660	1100	2200	3850	5500
2d Lan Cpe	200	685	1150	2300	3990	5700
4d Sed	200	675	1000	2000	3500	5000
Laguna Type S-3, V-8						
2d Cpe	350	1020	1700	3400	5950	8500
Monte Carlo, V-8						
2d Cpe	350	780	1300	2600	4550	6500
2d Lan Cpe	350	840	1400	2800	4900	7000
Impala, V-8						
4d Sed	150	650	975	1950	3350	4800
4d Spt Sed	200	675	1000	1950	3400	4900
2d Cus Cpe	200	660	1100	2200	3850	5500
4d 2S Sta Wag	200	675	1000	1950	3400	4900
4d 3S Sta Wag	200	675	1000	2000	3500	5000
Caprice Classic, V-8						
4d Sed	200	675	1000	2000	3500	5000
4d Spt Sed	200	700	1050	2050	3600	5100
2d Cpe	350	780	1300	2600	4550	6500
2d Lan Cpe	350	800	1350	2700	4700	6700
4d 2S Sta Wag	200	675	1000	2000	3500	5000
4d 3S Sta Wag	200	700	1050	2050	3600	5100
Camaro, V-8						
2d Cpe	450	1080	1800	3600	6300	9000
2d Cpe LT	400	1200	2000	4000	7000	10,000
1977						
Chevette, 4-cyl.						
2d HBk	150	550	850	1650	2900	4100
Vega, 4-cyl.						
2d Spt Cpe	150	575	875	1700	3000	4300
2d HBk	150	575	900	1750	3100	4400
2d Sta Wag	150	600	900	1800	3150	4500
2d Est Wag	150	600	950	1850	3200	4600
Nova, V-8						
2d Cpe	150	600	900	1800	3150	4500
2d HBk	150	600	950	1850	3200	4600
4d Sed	150	575	900	1750	3100	4400
Nova Concours, V-8						
2d Cpe	150	600	950	1850	3200	4600
2d HBk	150	650	950	1900	3300	4700
4d Sed	150	600	900	1800	3150	4500
Monza, 4-cyl.						
2d Twn Cpe	150	600	900	1800	3150	4500
2d HBk	150	600	900	1800	3150	4500
Malibu, V-8						
2d Cpe	150	575	900	1750	3100	4400
4d Sed	150	600	900	1800	3150	4500
4d 2S Sta Wag	150	550	850	1650	2900	4100
3S Sta Wag	150	550	850	1675	2950	4200
Malibu Classic, V-8						
2d Cpe	150	600	900	1800	3150	4500
2d Lan Cpe	200	675	1000	2000	3500	5000
4d Sed	150	600	950	1850	3200	4600
4d 2S Sta Wag	150	575	875	1700	3000	4300
4d 3S Sta Wag	150	575	900	1750	3100	4400
Monte Carlo, V-8						
2d Cpe	200	660	1100	2200	3850	5500
2d Lan Cpe	200	720	1200	2400	4200	6000
Impala, V-8						
2d Cpe	200	675	1000	2000	3500	5000
4d Sed	150	600	900	1800	3150	4500
4d 2S Sta Wag	150	600	900	1800	3150	4500
4d 3S Sta Wag	150	600	950	1850	3200	4600
Caprice Classic, V-8						
2d Cpe	200	700	1050	2100	3650	5200
4d Sed	150	650	950	1900	3300	4700

	6	5	4	3	2	1
4d 2S Sta Wag	150	600	950	1850	3200	4600
4d 3S Sta Wag	150	650	950	1900	3300	4700
Camaro, V-8						
2d Spt Cpe	350	975	1600	3200	5600	8000
2d Spt Cpe LT	350	1020	1700	3400	5950	8500
2d Spt Cpe Z28	450	1080	1800	3600	6300	9000
1978						
Chevette						
2d Scooter	150	475	775	1500	2650	3800
2d HBk	150	475	775	1500	2650	3800
4d HBk	150	500	800	1550	2700	3900
Nova						
2d Cpe	150	575	900	1750	3100	4400
2d HBk	150	575	900	1750	3100	4400
4d Sed	150	575	875	1700	3000	4300
Nova Custom						
2d Cpe	150	600	900	1800	3150	4500
4d Sed	150	575	900	1750	3100	4400
Monza						
2d Cpe 2 plus 2	150	600	950	1850	3200	4600
2d 'S' Cpe	150	600	900	1800	3150	4500
2d Cpe	150	575	900	1750	3100	4400
4d Sta Wag	150	550	850	1650	2900	4100
4d Est Wag	150	550	850	1675	2950	4200
2d Spt Cpe 2 plus 2	200	675	1000	2000	3500	5000
2d Spt Cpe	150	650	975	1950	3350	4800
Malibu						
2d Spt Cpe	150	600	950	1850	3200	4600
4d Sed	150	600	900	1800	3150	4500
4d Sta Wag	150	600	900	1800	3150	4500
Malibu Classic						
2d Spt Cpe	150	650	950	1900	3300	4700
4d Sed	150	600	950	1850	3200	4600
4d Sta Wag	150	600	950	1850	3200	4600
Monte Carlo						
2d Cpe	200	675	1000	2000	3500	5000
Impala						
2d Cpe	200	675	1000	2000	3500	5000
4d Sed	150	650	950	1900	3300	4700
4d Sta Wag	150	650	950	1900	3300	4700
Caprice Classic						
2d Cpe	200	700	1075	2150	3700	5300
4d Sed	200	675	1000	2000	3500	5000
4d Sta Wag	200	700	1050	2050	3600	5100
Camaro, V-8						
2d Cpe	200	720	1200	2400	4200	6000
2d LT Cpe	350	780	1300	2600	4550	6500
2d Z28 Cpe	350	840	1400	2800	4900	7000
1979						
Chevette, 4-cyl.						
4d HBk	150	500	800	1550	2700	3900
2d HBk	150	500	800	1550	2700	3900
2d Scooter	150	475	775	1500	2650	3800
Nova, V-8						
4d Sed	150	575	900	1750	3100	4400
2d Sed	150	575	875	1700	3000	4300
2d HBk	150	600	900	1800	3150	4500
Nova Custom, V-8						
4d Sed	150	600	900	1800	3150	4500
2d Sed	150	575	900	1750	3100	4400
NOTE: Deduct 5 percent for 6-cyl.						
Monza, 4-cyl.						
2d 2 plus 2 HBk	150	650	950	1900	3300	4700
2d	150	600	950	1850	3200	4600
4d Sta Wag	150	550	850	1675	2950	4200
2d Spt 2 plus 2 HBk	150	650	975	1950	3350	4800
Malibu, V-8						
4d Sed	150	600	950	1850	3200	4600
2d Spt Cpe	150	650	975	1950	3350	4800
4d Sta Wag	150	650	950	1900	3300	4700
Malibu Classic, V-8						
4d Sed	150	650	950	1900	3300	4700
2d Spt Cpe	200	675	1000	1950	3400	4900
2d Lan Cpe	200	675	1000	2000	3500	5000
4d Sta Wag	150	650	975	1950	3350	4800

1979 Chevrolet Camaro Berlinetta coupe

	6	5	4	3	2	1
NOTE: Deduct 5 percent for 6-cyl.						
Monte Carlo, V-8						
2d Spt Cpe	200	675	1000	2000	3500	5000
2d Lan Cpe	200	660	1100	2200	3850	5500
NOTE: Deduct 10 percent for 6-cyl.						
Impala, V-8						
4d Sed	150	650	975	1950	3350	4800
2d Sed	150	650	950	1900	3300	4700
2d Lan Cpe	200	675	1000	1950	3400	4900
4d 2S Sta Wag	150	650	950	1900	3300	4700
4d 3S Sta Wag	150	650	975	1950	3350	4800
Caprice Classic, V-8						
4d Sed	200	675	1000	2000	3500	5000
2d Sed	200	700	1050	2050	3600	5100
2d Lan Cpe	200	700	1050	2100	3650	5200
4d 2S Sta Wag	200	700	1050	2050	3600	5100
4d 3S Sta Wag	200	700	1050	2100	3650	5200
NOTE: Deduct 15 percent for 6-cyl.						
Camaro, V-8						
2d Spt Cpe	200	670	1200	2300	4060	5800
2d Rally Cpe	350	770	1300	2550	4480	6400
2d Berlinetta Cpe	350	790	1350	2650	4620	6600
2d Z28 Cpe	350	830	1400	2950	4830	6900
NOTE: Deduct 20 percent for 6-cyl.						
1980						
Chevette, 4-cyl.						
2d HBk Scooter	100	360	600	1200	2100	3000
2d HBk	125	370	650	1250	2200	3100
4d HBk	125	380	650	1300	2250	3200
Citation, 6-cyl.						
4d HBk	125	450	700	1400	2450	3500
2d HBk	125	400	700	1375	2400	3400
2d Cpe	125	450	750	1450	2500	3600
2d Cpe Clb	150	475	750	1475	2600	3700
NOTE: Deduct 10 percent for 4-cyl.						
Monza, 4-cyl.						
2d HBk 2 plus 2	125	400	700	1375	2400	3400
2d HBk Spt 2 plus 2	125	450	750	1450	2500	3600
2d Cpe	125	450	700	1400	2450	3500
NOTE: Add 10 percent for V-6.						
Malibu, V-8						
4d Sed	125	450	750	1450	2500	3600
2d Cpe Spt	150	475	775	1500	2650	3800
4d Sta Wag	150	475	750	1475	2600	3700
NOTE: Deduct 10 percent for V-6.						

	6	5	4	3	2	1
Malibu Classic, V-8						
4d Sed	150	475	750	1475	2600	3700
2d Cpe Spt	150	500	800	1550	2700	3900
2d Cpe Lan	150	500	800	1600	2800	4000
4d Sta Wag	150	475	775	1500	2650	3800
NOTE: Deduct 10 percent for 6-cyl.						
Camaro, 6-cyl.						
2d Cpe Spt	200	730	1250	2450	4270	6100
2d Cpe RS	200	750	1275	2500	4400	6300
2d Cpe Berlinetta	350	770	1300	2550	4480	6400
Camaro, V-8						
2d Cpe Spt	350	780	1300	2600	4550	6500
2d Cpe RS	350	800	1350	2700	4700	6700
2d Cpe Berlinetta	350	820	1400	2700	4760	6800
2d Cpe Z28	350	840	1400	2800	4900	7000
Monte Carlo, 6-cyl.						
2d Cpe Spt	200	650	1100	2150	3780	5400
2d Cpe Lan	200	660	1100	2200	3850	5500
Monte Carlo, V-8						
2d Cpe Spt	200	670	1200	2300	4060	5800
2d Cpe Lan	200	700	1200	2350	4130	5900
Impala, V-8						
4d Sed	150	500	800	1550	2700	3900
2d Cpe	150	500	800	1600	2800	4000
4d 2S Sta Wag	150	500	800	1600	2800	4000
4d 3S Sta Wag	150	550	850	1650	2900	4100
NOTE: Deduct 12 percent for 6-cyl. sedan and coupe only.						
Caprice Classic, V-8						
4d Sed	150	500	800	1600	2800	4000
2d Cpe	150	550	850	1675	2950	4200
2d Cpe Lan	150	575	900	1750	3100	4400
4d 2S Sta Wag	150	550	850	1650	2900	4100
4d 3S Sta Wag	150	550	850	1675	2950	4200
1981						
Chevette, 4-cyl.						
2d HBk Scooter	125	370	650	1250	2200	3100
2d HBk	125	380	650	1300	2250	3200
4d HBk	125	400	675	1350	2300	3300
Citation, 6-cyl.						
4d HBk	125	450	750	1450	2500	3600
2d HBk	125	450	700	1400	2450	3500
NOTE: Deduct 10 percent for 4-cyl.						
Malibu, V-8						
4d Sed Spt	150	475	750	1475	2600	3700
2d Cpe Spt	150	475	775	1500	2650	3800
4d Sta Wag	150	475	775	1500	2650	3800
NOTE: Deduct 10 percent for 6-cyl.						
Malibu Classic, V-8						
4d Sed Spt	150	475	775	1500	2650	3800
2d Cpe Spt	150	500	800	1550	2700	3900
2d Cpe Lan	150	500	800	1600	2800	4000
4d Sta Wag	150	500	800	1550	2700	3900
Camaro, 6-cyl.						
2d Cpe Spt	200	745	1250	2500	4340	6200
2d Cpe Berlinetta	350	770	1300	2550	4480	6400
Camaro, V-8						
2d Cpe Spt	350	790	1350	2650	4620	6600
2d Cpe Berlinetta	350	820	1400	2700	4760	6800
2d Cpe Z28	350	860	1450	2900	5050	7200
Monte Carlo, 6-cyl.						
2d Cpe Spt	200	660	1100	2200	3850	5500
2d Cpe Lan	200	670	1150	2250	3920	5600
Monte Carlo, V-8						
2d Cpe Spt	200	700	1200	2350	4130	5900
2d Cpe Lan	200	720	1200	2400	4200	6000
Impala, V-8						
4d Sed	150	500	800	1600	2800	4000
2d Cpe	150	550	850	1650	2900	4100
4d 2S Sta Wag	150	550	850	1650	2900	4100
4d 3S Sta Wag	150	550	850	1675	2950	4200
NOTE: Deduct 12 percent for 6-cyl. on sedan and coupe only.						
Caprice Classic, V-8						
4d Sed	150	550	850	1675	2950	4200
2d Cpe	150	575	875	1700	3000	4300
2d Cpe Lan	150	600	900	1800	3150	4500

	6	5	4	3	2	1
4d 2S Sta Wag	150	575	875	1700	3000	4300
4d 3S Sta Wag	150	575	900	1750	3100	4400

NOTE: Deduct 15 percent for 6-cyl. coupe and sedan only.

1982
Chevette, 4-cyl.

	6	5	4	3	2	1
2d HBk	125	400	700	1375	2400	3400
4d HBk	125	450	700	1400	2450	3500

NOTE: Deduct 5 percent for lesser models.
Cavalier, 4-cyl.

4d Sed CL	150	500	800	1600	2800	4000
2d Cpe CL	150	550	850	1650	2900	4100
2d Hatch CL	150	550	850	1675	2950	4200
4d Sta Wag CL	150	550	850	1675	2950	4200

NOTE: Deduct 5 percent for lesser models.
Citation, 6-cyl.

4d HBk	150	475	775	1500	2650	3800
2d HBk	150	475	750	1475	2600	3700
2d Cpe	150	475	775	1500	2650	3800

NOTE: Deduct 10 percent for 4-cyl.
Malibu, V-8

4d Sed	150	550	850	1650	2900	4100
4d Sta Wag	150	550	850	1675	2950	4200

NOTE: Deduct 10 percent for 6-cyl.
Celebrity, 6-cyl.

4d Sed	150	550	850	1675	2950	4200
2d Cpe	150	575	875	1700	3000	4300

NOTE: Deduct 10 percent for 6-cyl.
Camaro, 6-cyl.

2d Cpe Spt	200	750	1275	2500	4400	6300
2d Cpe Berlinetta	350	780	1300	2600	4550	6500

Camaro, V-8

2d Cpe Spt	350	800	1350	2700	4700	6700
2d Cpe Berlinetta	350	830	1400	2950	4830	6900
2d Cpe Z28	350	880	1500	2950	5180	7400

NOTE: Add 20 percent for Indy pace car.
Monte Carlo, 6-cyl.

2d Cpe Spt	200	685	1150	2300	3990	5700

Monte Carlo, V-8

2d Cpe Spt	200	730	1250	2450	4270	6100

Impala, V-8

4d Sed	150	575	900	1750	3100	4400
4d 2S Sta Wag	150	575	900	1750	3100	4400
4d 3S Sta Wag	150	600	900	1800	3150	4500

NOTE: Deduct 12 percent for 6-cyl. on sedan only.
Caprice Classic, V-8

4d Sed	150	600	950	1850	3200	4600
2d Spt Cpe	150	650	950	1900	3300	4700
4d 3S Sta Wag	150	650	950	1900	3300	4700

NOTE: Deduct 15 percent for 6-cyl. coupe and sedan only.

1983
Chevette, 4-cyl.

2d HBk	125	450	700	1400	2450	3500
4d HBk	125	450	750	1450	2500	3600

NOTE: Deduct 5 percent for lesser models.
Cavalier, 4-cyl.

4d Sed CS	150	500	800	1550	2700	3900
2d Cpe CS	150	500	800	1600	2800	4000
2d HBk CS	150	550	850	1650	2900	4100
4d Sta Wag CS	150	550	850	1650	2900	4100

NOTE: Deduct 5 percent for lesser models.
Citation, 6-cyl.

4d HBk	150	475	775	1500	2650	3800
2d HBk	150	475	750	1475	2600	3700
2d Cpe	150	475	775	1500	2650	3800

NOTE: Deduct 10 percent for 4-cyl.
Malibu, V-8

4d Sed	150	550	850	1675	2950	4200
4d Sta Wag	150	575	875	1700	3000	4300

NOTE: Deduct 10 percent for 6-cyl.
Celebrity, V-6

4d Sed	150	575	875	1700	3000	4300
2d Cpe	150	575	900	1750	3100	4400

NOTE: Deduct 10 percent for 4-cyl.
Camaro, 6-cyl.

2d Cpe Spt	350	770	1300	2550	4480	6400
2d Cpe Berlinetta	350	790	1350	2650	4620	6600

	6	5	4	3	2	1
Camaro, V-8						
2d Cpe Spt	350	820	1400	2700	4760	6800
2d Cpe Berlinetta	350	840	1400	2800	4900	7000
2d Cpe Z28	350	900	1500	3000	5250	7500
Monte Carlo, 6-cyl.						
2d Cpe Spt	200	670	1200	2300	4060	5800
Monte Carlo, V-8						
2d Cpe Spt SS	350	820	1400	2700	4760	6800
2d Cpe Spt	200	745	1250	2500	4340	6200
Impala, V-8						
4d Sed	150	600	900	1800	3150	4500
NOTE: Deduct 12 percent for 6-cyl.						
Caprice Classic, V-8						
4d Sed	150	650	950	1900	3300	4700
4d Sta Wag	150	650	950	1900	3300	4700
NOTE: Deduct 15 percent for 6-cyl.						

1984

	6	5	4	3	2	1
Chevette CS, 4-cyl.						
NOTE: Deduct 10 percent for V-6 cyl.						
2d HBk	125	450	750	1450	2500	3600
NOTE: Deduct 5 percent for lesser models.						
Cavalier, 4-cyl.						
4d Sed	150	475	750	1475	2600	3700
4d Sta Wag	150	500	800	1600	2800	4000
Cavalier Type 10, 4-cyl.						
2d Sed	150	475	775	1500	2650	3800
2d HBk	150	500	800	1550	2700	3900
2d Conv	200	660	1100	2200	3850	5500
Cavalier CS, 4-cyl.						
4d Sed	150	500	800	1550	2700	3900
4d Sta Wag	150	500	800	1600	2800	4000
Citation, V-6						
4d HBk	150	550	850	1650	2900	4100
2d HBk	150	550	850	1650	2900	4100
2d Cpe	150	550	850	1675	2950	4200
NOTE: Deduct 5 percent for 4-cyl.						
Celebrity, V-6						
4d Sed	150	500	800	1600	2800	4000
2d Sed	150	500	800	1600	2800	4000
4d Sta Wag	150	550	850	1650	2900	4100
NOTE: Deduct 5 percent for 4-cyl.						
Camaro, V-8						
2d Cpe	350	790	1350	2650	4620	6600
2d Cpe Berlinetta	350	820	1400	2700	4760	6800
2d Cpe Z28	350	850	1450	2850	4970	7100
NOTE: Deduct 10 percent for V-6 cyl.						
Monte Carlo, V-8						
2d Cpe	200	720	1200	2400	4200	6000
2d Cpe SS	350	800	1350	2700	4700	6700
NOTE: Deduct 15 percent for V-6 cyl.						
Impala, V-8						
4d Sed	150	650	950	1900	3300	4700
NOTE: Deduct 10 percent for V6 cyl.						
Caprice Classic, V-8						
4d Sed	200	675	1000	1950	3400	4900
2d Sed	200	675	1000	2000	3500	5000
4d Sta Wag	200	675	1000	1950	3400	4900
NOTE: Deduct 10 percent for V-6 cyl.						

1985

	6	5	4	3	2	1
Sprint, 3-cyl.						
2d HBk	125	450	700	1400	2450	3500
Chevette, 4-cyl.						
4d HBk	125	450	750	1450	2500	3600
2d HBk	125	450	700	1400	2450	3500
NOTE: Deduct 20 percent for diesel.						
Spectrum, 4-cyl.						
4d HBk	125	450	750	1450	2500	3600
2d HBk	125	450	750	1450	2500	3600
Nova, 4-cyl.						
4d HBk	125	450	750	1450	2500	3600
Cavalier						
2d T Type Cpe	150	550	850	1675	2950	4200
2d T Type HBk	150	575	875	1700	3000	4300
T Type Conv	200	660	1100	2200	3850	5500
NOTE: Deduct 10 percent for 4-cyl.						
NOTE: Deduct 5 percent for lesser models.						

	6	5	4	3	2	1
Citation, V-6						
4d HBk	150	550	850	1675	2950	4200
2d HBk	150	550	850	1675	2950	4200
NOTE: Deduct 10 percent for 4-cyl.						
Celebrity, V-6						
4d Sed	150	575	875	1700	3000	4300
2d Cpe	150	575	875	1700	3000	4300
4d Sta Wag	150	575	900	1750	3100	4400
NOTE: Deduct 10 percent for 4-cyl.						
Deduct 30 percent for diesel.						
Camaro, V-8						
2d Cpe Spt	350	800	1350	2700	4700	6700
2d Cpe Berlinetta	350	830	1400	2950	4830	6900
2d Cpe Z28	350	860	1450	2900	5050	7200
2d Cpe IROC-Z	350	950	1500	3050	5300	7600
NOTE: Deduct 30 percent for 4-cyl.						
Deduct 20 percent for V-6.						
Monte Carlo, V-8						
2d Cpe Spt	200	730	1250	2450	4270	6100
2d Cpe SS	350	820	1400	2700	4760	6800
NOTE: Deduct 20 percent for V-6 where available.						
Impala, V-8						
4d Sed	150	650	975	1950	3350	4800
NOTE: Deduct 20 percent for V-6.						
Caprice Classic, V-8 ·						
4d Sed	200	675	1000	2000	3500	5000
2d Cpe	200	675	1000	2000	3500	5000
4d Sta Wag	200	700	1050	2100	3650	5200
NOTE: Deduct 20 percent for V-6.						
Deduct 30 percent for diesel.						
1986						
Chevette						
2d Cpe	125	450	750	1450	2500	3600
4d Sed	150	475	750	1475	2600	3700
Nova						
4d Sed	150	475	750	1475	2600	3700
4d HBk	150	475	775	1500	2650	3800
Cavalier						
2d Cpe	150	500	800	1600	2800	4000
4d Sed	150	550	850	1650	2900	4100
4d Sta Wag	150	550	850	1675	2950	4200
2d Conv	200	720	1200	2400	4200	6000
Cavalier Z24						
2d Cpe	200	670	1200	2300	4060	5800
2d HBk	200	685	1150	2300	3990	5700
Camaro						
2d Cpe	350	820	1400	2700	4760	6800
2d Cpe Berlinetta	350	840	1400	2800	4900	7000
2d Cpe Z28	350	900	1500	3000	5250	7500
2d Cpe IROC-Z	350	975	1600	3200	5600	8000
Celebrity						
2d Cpe	150	575	900	1750	3100	4400
4d Sed	150	600	900	1800	3150	4500
4d Sta Wag	150	600	950	1850	3200	4600
Monte Carlo						
2d Cpe	350	780	1300	2600	4550	6500
2d Cpe LS	350	840	1400	2800	4900	7000
Monte Carlo SS						
2d Cpe	350	975	1600	3200	5600	8000
2d Cpe Aero	400	1200	2000	4000	7000	10,000
Caprice						
4d Sed	200	660	1100	2200	3850	5500
Caprice Classic						
2d Cpe	200	685	1150	2300	3990	5700
4d Sed	200	670	1150	2250	3920	5600
4d Sta Wag	200	720	1200	2400	4200	6000
Caprice Classic Brougham						
4d Sed	200	700	1200	2350	4130	5900
4d Sed LS	200	720	1200	2400	4200	6000
1987						
Sprint, 3-cyl.						
2d HBk	125	450	750	1450	2500	3600
4d HBk	150	475	750	1475	2600	3700
2d HBk ER	150	475	750	1475	2600	3700
2d HBk Turbo	150	475	775	1500	2650	3800

	6	5	4	3	2	1
Chevette, 4-cyl.						
2d HBk	125	450	750	1450	2500	3600
4d HBk	150	475	750	1475	2600	3700
Spectrum, 4-cyl.						
2d HBk	150	500	800	1550	2700	3900
4d HBk	150	500	800	1550	2700	3900
2d HBk EX	150	475	775	1500	2650	3800
4d HBk Turbo	150	500	800	1600	2800	4000
Nova, 4-cyl.						
4d HBk	150	475	775	1500	2650	3800
4d Sed	150	500	800	1550	2700	3900
Cavalier, 4-cyl.						
4d Sed	150	500	800	1600	2800	4000
2d Cpe	150	500	800	1550	2700	3900
4d Sta Wag	150	550	850	1650	2900	4100
4d Sed GS	150	550	850	1650	2900	4100
2d HBk GS	150	500	800	1600	2800	4000
4d Sta Wag GS	150	550	850	1675	2950	4200
4d Sed RS	150	550	850	1675	2950	4200
2d Cpe RS	150	550	850	1650	2900	4100
2d HBk RS	150	550	850	1650	2900	4100
2d Conv RS	200	745	1250	2500	4340	6200
4d Sta Wag	150	550	850	1675	2950	4200
NOTE: Add 10 percent for V-6.						
Cavalier Z24 V-6						
2d Spt Cpe	200	700	1200	2350	4130	5900
2d Spt HBk	200	670	1200	2300	4060	5800
Beretta						
2d Cpe 4-cyl.	150	650	950	1900	3300	4700
2d Cpe V-6	200	675	1000	2000	3500	5000
Corsica						
4d Sed 4-cyl.	150	650	975	1950	3350	4800
4d Sed V-6	200	700	1050	2050	3600	5100
Celebrity						
4d Sed 4-cyl.	150	600	950	1850	3200	4600
2d Cpe 4-cyl.	150	600	900	1800	3150	4500
4d Sta Wag 4-cyl.	150	650	950	1900	3300	4700
4d Sed V-6	150	650	975	1950	3350	4800
2d Cpe V-6	150	650	950	1900	3300	4700
4d Sta Wag V-6	200	675	1000	1950	3400	4900
Camaro						
2d Cpe V-6	350	830	1400	2950	4830	6900
2d Cpe LT V-6	350	840	1400	2800	4900	7000
2d Cpe V-8	350	860	1450	2900	5050	7200
2d Cpe LT V-8	350	870	1450	2900	5100	7300
2d Cpe Z28 V-8	350	950	1550	3100	5400	7700
2d Cpe IROC-Z V-8	350	1000	1650	3300	5750	8200
2d Conv IROC-Z V-8	600	1900	3200	6400	11,200	16,000
NOTE: Add 20 percent for 350 V-8 where available.						
Monte Carlo						
2d Cpe LS V-6	350	790	1350	2650	4620	6600
2d Cpe LS V-8	350	820	1400	2700	4760	6800
2d Cpe SS V-8	350	975	1600	3200	5600	8000
2d Cpe Aero V-8	450	1080	1800	3600	6300	9000
Caprice, V-6						
4d Sed	200	670	1150	2250	3920	5600
Caprice Classic V-6						
4d Sed	200	670	1200	2300	4060	5800
2d Cpe	200	685	1150	2300	3990	5700
4d Sed Brgm	200	700	1200	2350	4130	5900
2d Cpe Brgm	200	670	1200	2300	4060	5800
Caprice, V-8						
4d Sed	200	670	1200	2300	4060	5800
4d Sta Wag	200	730	1250	2450	4270	6100
Caprice Classic V-8						
4d Sed	200	720	1200	2400	4200	6000
2d Cpe	200	700	1200	2350	4130	5900
4d Sta Wag	200	750	1275	2500	4400	6300
4d Sed Brgm	200	730	1250	2450	4270	6100
2d Cpe Brgm	200	720	1200	2400	4200	6000
1988						
Sprint, 3-cyl.						
2d HBk	100	360	600	1200	2100	3000
4d HBk	125	380	650	1300	2250	3200
2d Metro	100	330	575	1150	1950	2800
2d Turbo	100	350	600	1150	2000	2900

	6	5	4	3	2	1
Spectrum, 4-cyl.						
2d HBk Express	100	325	550	1100	1900	2700
4d Sed	100	350	600	1150	2000	2900
2d HBk	100	330	575	1150	1950	2800
4d Turbo Sed	125	370	650	1250	2200	3100
Nova, 4-cyl.						
5d HBk	125	450	700	1400	2450	3500
4d Sed	125	400	700	1375	2400	3400
4d Sed Twin Cam	150	550	850	1650	2900	4100
Cavalier						
4d Sed	125	400	700	1375	2400	3400
2d Cpe	125	450	750	1450	2500	3600
4d Sta Wag	125	400	700	1375	2400	3400
4d RS Sed	150	500	800	1550	2700	3900
2d RS Cpe	150	500	800	1600	2800	4000
2d Z24 Cpe V-6	200	675	1000	2000	3500	5000
2d Z24 Conv V-6	200	720	1200	2400	4200	6000
Beretta, 4-cyl.						
2d Cpe	150	550	850	1675	2950	4200
2d Cpe V-6	150	600	900	1800	3150	4500
Corsica, V-4						
4d Sed	150	500	800	1600	2800	4000
4d Sed V-6	150	575	875	1700	3000	4300
Celebrity, 4-cyl.						
4d Sed	125	450	750	1450	2500	3600
2d Cpe	125	450	700	1400	2450	3500
4d Sta Wag	150	500	800	1550	2700	3900
4d Sed V-6	150	500	800	1550	2700	3900
2d Cpe V-6	150	475	775	1500	2650	3800
4d Sta Wag V-6	150	550	850	1650	2900	4100
Monte Carlo						
2d Cpe V-6	200	660	1100	2200	3850	5500
2d Cpe V-8	200	720	1200	2400	4200	6000
2d SS Cpe V-8	450	1080	1800	3600	6300	9000
Caprice, V-6						
4d Sed	200	675	1000	2000	3500	5000
4d Classic Sed	200	660	1100	2200	3850	5500
4d Brgm Sed	200	720	1200	2400	4200	6000
4d LS Brgm Sed	350	780	1300	2600	4550	6500
Caprice, V-8						
4d Sed	200	720	1200	2400	4200	6000
4d Classic Sed	350	780	1300	2600	4550	6500
4d Sta Wag	350	840	1400	2800	4900	7000
4d Brgm Sed	350	840	1400	2800	4900	7000
4d LS Brgm Sed	350	900	1500	3000	5250	7500
Camaro						
V-6						
2d Cpe	200	660	1100	2200	3850	5500
V-8						
2d Cpe	200	720	1200	2400	4200	6000
2d Conv	400	1200	2000	4000	7000	10,000
2d IROC-Z Cpe	350	1020	1700	3400	5950	8500
2d IROC-Z Conv	500	1550	2600	5200	9100	13,000
1989						
Cavalier, 4-cyl.						
4d Sed	150	600	950	1850	3200	4600
2d VL Cpe	150	550	850	1675	2950	4200
2d Cpe	150	600	900	1800	3150	4500
4d Sta Wag	150	650	975	1950	3350	4800
2d Z24 Cpe, V-6	350	830	1400	2950	4830	6900
2d Z24 Conv, V-6	950	1100	1850	3700	6450	9200
Beretta						
2d Cpe, 4-cyl.	200	700	1050	2100	3650	5200
2d Cpe, V-6	200	730	1250	2450	4270	6100
2d GT Cpe, V-6	200	745	1250	2500	4340	6200
Corsica						
4-cyl.						
4d NBk	150	650	950	1900	3300	4700
4d HBk	150	650	975	1950	3350	4800
V-6						
4d NBk	200	700	1050	2100	3650	5200
4d NBk LTZ	200	670	1200	2300	4060	5800
4d HBk	200	700	1075	2150	3700	5300
Celebrity						
4-cyl.						
4d Sed	150	600	900	1800	3150	4500

	6	5	4	3	2	1
4d Sta Wag	150	650	950	1900	3300	4700
V-6						
4d Sed	150	600	950	1850	3200	4600
4d Sta Wag	200	675	1000	1950	3400	4900
Caprice, V-8						
4d Sed	200	745	1250	2500	4340	6200
4d Sed Classic	350	790	1350	2650	4620	6600
4d Classic Brgm Sed	350	860	1450	2900	5050	7200
4d Classic Sta Wag	350	1020	1700	3400	5950	8500
4d LS Sed	350	1000	1650	3300	5750	8200
Camaro						
V-6						
2d RS Cpe	200	720	1200	2400	4200	6000
V-8						
2d RS Cpe	350	780	1300	2600	4550	6500
2d RS Conv	450	1450	2400	4800	8400	12,000
2d IROC-Z Cpe	350	1020	1700	3400	5950	8500
2d IROC-Z Conv	550	1700	2800	5600	9800	14,000
1990						
Cavalier, 4-cyl.						
2d Cpe	150	550	850	1675	2950	4200
4d Sed	150	575	875	1700	3000	4300
4d Sta Wag	150	575	900	1750	3100	4400
2d Z24, V-6	350	780	1300	2600	4550	6500
Beretta, 4-cyl.						
2d Cpe	200	700	1050	2100	3650	5200
2d GTZ Cpe	200	745	1250	2500	4340	6200
NOTE: Add 10 percent for V-6.						
Corsica, 4-cyl.						
4d LT	150	650	975	1950	3350	4800
4d LT HBk	200	675	1000	1950	3400	4900
4d LTZ	200	720	1200	2400	4200	6000
NOTE: Add 10 percent for V-6.						
Celebrity, 4-cyl.						
4d Sta Wag	200	675	1000	2000	3500	5000
NOTE: Add 10 percent for V-6.						
Lumina, 4-cyl.						
2d Cpe	200	660	1100	2200	3850	5500
4d Sed	200	660	1100	2200	3850	5500
2d Euro Cpe	350	780	1300	2600	4550	6500
4d Euro Sed	350	780	1300	2600	4550	6500
Caprice, V-8						
4d Sed	350	780	1300	2600	4550	6500
4d Classic Sed	350	975	1600	3200	5600	8000
4d Classic Sta Wag	350	1020	1700	3400	5950	8500
4d Brgm Sed	350	1020	1700	3400	5950	8500
4d LS Sed	450	1080	1800	3600	6300	9000
Camaro						
V-6						
2d RS Cpe	200	720	1200	2400	4200	6000
V-8						
2d RS Cpe	350	790	1350	2650	4620	6600
2d RS Conv	400	1300	2200	4400	7700	11,000
2d IROC-Z Cpe	450	1080	1800	3600	6300	9000
2d IROC-Z Conv	500	1550	2600	5200	9100	13,000
1991						
Cavalier, 4-cyl.						
4d VL Sed	125	450	700	1400	2450	3500
2d VL Cpe	125	400	700	1375	2400	3400
4d VL Sta Wag	125	450	750	1450	2500	3600
4d RS Sta Wag	150	475	775	1500	2650	3800
2d RS Cpe	150	475	750	1475	2600	3700
2d RS Conv, V-6	350	840	1400	2800	4900	7000
4d RS Sta Wag	150	500	800	1550	2700	3900
2d Z24, V-6	200	720	1200	2400	4200	6000
NOTE: Add 10 percent for V-6.						
Beretta, 4-cyl.						
2d Cpe	150	600	900	1800	3150	4500
2d GT Cpe, V-6	350	820	1400	2700	4760	6800
2d GTZ Cpe	350	780	1300	2600	4550	6500
4d NBk Corsica	150	500	800	1600	2800	4000
4d HBk Corsica	150	550	850	1675	2950	4200
NOTE: Add 10 percent for V-6.						
Lumina, 4-cyl.						
4d Sed	150	650	950	1900	3300	4700
2d Cpe	150	650	975	1950	3350	4800

	6	5	4	3	2	1
NOTE: Add 10 percent for V-6.						
4d Euro Sed, V-6	200	685	1150	2300	3990	5700
2d Euro Sed, V-6	350	830	1400	2950	4830	6900
2d Z34 Cpe, V-6	350	900	1500	3000	5250	7500
Camaro, V-6						
2d Cpe	200	720	1200	2400	4200	6000
2d Conv	400	1200	2000	4000	7000	10,000
Camaro, V-8						
2d RS Cpe	350	780	1300	2600	4550	6500
2d RS Conv	400	1250	2100	4200	7400	10,500
2d Z28 Cpe	350	1020	1700	3400	5950	8500
2d Z28 Conv	450	1500	2500	5000	8800	12,500
Caprice, V-8						
4d Sed	200	700	1200	2350	4130	5900
4d Sta Wag	350	900	1500	3000	5250	7500
4d Sed Classic	350	870	1450	2900	5100	7300
1992						
Cavalier, 4-cyl.						
4d VL Sed	200	675	1000	2000	3500	5000
2d VL Cpe	200	675	1000	2000	3500	5000
4d VL Sta Wag	200	700	1050	2050	3600	5100
4d RS Sed	200	700	1050	2100	3650	5200
2d RS Cpe	200	720	1200	2400	4200	6000
2d RS Conv	350	900	1500	3000	5250	7500
4d RS Sta Wag	200	675	1000	2000	3500	5000
2d Z24 Cpe V-6	350	780	1300	2600	4550	6500
2d Z24 Conv V-6	350	1020	1700	3400	5950	8500
NOTE: Add 10 percent for V-6 where available.						
Beretta, 4-cyl.						
2d Cpe	200	660	1100	2200	3850	5500
2d GT Cpe	200	720	1200	2400	4200	6000
2d GTZ Cpe	350	780	1300	2600	4550	6500
NOTE: Add 10 percent for V-6 where available.						
Corsica						
4d LT Sed	200	700	1050	2100	3650	5200
NOTE: Add 10 percent for V-6 where available.						
Lumina, 4-cyl.						
4d Sed	200	660	1100	2200	3850	5500
2d Cpe	200	660	1100	2200	3850	5500
4d Euro Sed V-6	200	720	1200	2400	4200	6000
2d Euro Cpe V-6	200	720	1200	2400	4200	6000
2d Z34 Cpe V-6	350	975	1600	3200	5600	8000
NOTE: Add 10 percent for V-6 where available.						
Camaro, V-6						
2d RS Cpe	350	975	1600	3200	5600	8000
2d RS Conv	400	1300	2200	4400	7700	11,000
2d Z28 Cpe	450	1140	1900	3800	6650	9500
2d Z28 Conv	500	1550	2600	5200	9100	13,000
NOTE: Add 10 percent for V-8 where available.						
Caprice, V-8						
4d Sed	200	720	1200	2400	4200	6000
4d Classic Sed	350	780	1300	2600	4550	6500
4d Sta Wag	350	840	1400	2800	4900	7000

CORVAIR

	6	5	4	3	2	1
1960						
Standard, 6-cyl.						
4d Sed	350	900	1500	3000	5250	7500
2d Cpe	350	975	1600	3200	5600	8000
DeLuxe, 6-cyl.						
4d Sed	350	950	1500	3050	5300	7600
2d Cpe	350	1000	1650	3300	5750	8200
Monza, 6-cyl.						
2d Cpe	400	1300	2150	4300	7500	10,700
1961						
Series 500, 6-cyl.						
4d Sed	350	900	1500	3000	5250	7500
2d Cpe	350	975	1600	3200	5600	8000
4d Sta Wag	350	950	1550	3150	5450	7800
Series 700, 6-cyl.						
4d Sed	350	975	1600	3200	5500	7900
2d Cpe	350	1020	1700	3400	5950	8500
4d Sta Wag	350	1000	1650	3300	5750	8200

	6	5	4	3	2	1
Monza, 6-cyl.						
4d Sed	350	975	1600	3250	5700	8100
2d Cpe	450	1160	1950	3900	6800	9700
Greenbrier, 6-cyl.						
4d Spt Wag	350	1020	1700	3400	5950	8500

NOTE: Add $1,200. for A/C.

1962-1963

	6	5	4	3	2	1
Series 500, 6-cyl.						
2d Cpe	350	975	1600	3250	5700	8100
Series 700, 6-cyl.						
4d Sed	350	975	1600	3250	5700	8100
2d Cpe	350	1040	1700	3450	6000	8600
4d Sta Wag (1962 only)	350	1000	1650	3350	5800	8300
Series 900 Monza, 6-cyl.						
4d Sed	350	1040	1700	3450	6000	8600
2d Cpe	400	1200	2000	4000	7100	10,100
2d Conv	450	1400	2300	4600	8100	11,500
4d Sta Wag (1962 only)	350	1040	1750	3500	6100	8700
Monza Spyder, 6-cyl.						
2d Cpe	400	1250	2100	4200	7400	10,600
2d Conv	450	1450	2400	4800	8400	12,000
Greenbrier, 6-cyl.						
4d Spt Wag	350	1000	1650	3350	5800	8300

NOTE: Add $1,600. for K.O. wire wheels.
  Add $800. for A/C.

1964

	6	5	4	3	2	1
Series 500, 6-cyl.						
2d Cpe	350	1000	1650	3350	5800	8300
Series 700, 6-cyl.						
4d Sed	350	975	1600	3250	5700	8100
Series 900 Monza, 6-cyl.						
4d Sed	350	1020	1700	3400	5950	8500
2d Cpe	400	1200	2000	4000	7100	10,100
2d Conv	400	1300	2200	4400	7700	11,000
Monza Spyder, 6-cyl.						
2d Cpe	400	1250	2100	4200	7400	10,600
2d Conv	450	1450	2400	4800	8400	12,000
Greenbrier, 6-cyl.						
4d Spt Wag	350	1040	1700	3450	6000	8600

NOTE: Add $1,600. for K.O. wire wheels.
  Add $800. for A/C except Spyder.

1965 Chevrolet Corvair Corsa convertible

1965

	6	5	4	3	2	1
Series 500, 6-cyl.						
4d HT	350	820	1400	2700	4760	6800
2d HT	350	900	1500	3000	5250	7500
Monza Series, 6-cyl.						
4d HT	350	900	1500	3000	5250	7500
2d HT	450	1140	1900	3800	6650	9500
2d Conv	450	1400	2300	4600	8100	11,500

NOTE: Add 20 percent for 140 hp engine.

	6	5	4	3	2	1
Corsa Series, 6-cyl.						
2d HT	450	1140	1900	3800	6650	9500
2d Conv	450	1450	2400	4800	8400	12,000

	6	5	4	3	2	1
NOTE: Add 30 percent for 180 hp engine.						
Greenbrier, 6-cyl.						
4d Spt Wag	350	975	1600	3200	5600	8000
NOTE: Add $1,000. for A/C.						
1966						
Series 500, 6-cyl.						
4d HT	350	840	1400	2800	4900	7000
2d HT	350	950	1500	3050	5300	7600
Monza Series, 6-cyl.						
4d HT	350	950	1550	3100	5400	7700
2d HT	450	1140	1900	3800	6650	9500
2d Conv	450	1450	2400	4800	8400	12,000
NOTE: Add 20 percent for 140 hp engine.						
Corsa Series, 6-cyl.						
2d HT	400	1200	2000	4000	7100	10,100
2d Conv	450	1500	2500	5000	8800	12,500
NOTE: Add 30 percent for 180 hp engine.						
NOTE: Add $1,000. for A/C.						
1967						
Series 500, 6-cyl.						
2d HT	350	900	1500	3000	5250	7500
4d HT	350	840	1400	2800	4900	7000
Monza, 6-cyl.						
4d HT	350	950	1550	3100	5400	7700
2d HT	450	1140	1900	3800	6650	9500
2d Conv	450	1400	2300	4600	8100	11,500
NOTES: Add $1,000. for A/C.						
Add 20 percent for 140 hp engine.						
1968						
Series 500, 6-cyl.						
2d HT	350	900	1500	3000	5250	7500
Monza, 6-cyl.						
2d HT	450	1140	1900	3800	6650	9500
2d Conv	450	1400	2300	4600	8100	11,500
NOTE: Add 20 percent for 140 hp engine.						
1969						
Series 500, 6-cyl.						
2d HT	350	1020	1700	3400	5950	8500
Monza						
2d HT	400	1300	2200	4400	7700	11,000
2d Conv	450	1450	2400	4800	8400	12,000
NOTE: Add 20 percent for 140 hp engine.						

CORVETTE

	6	5	4	3	2	1
1953						
6-cyl. Conv	3600	11,500	19,200	38,400	67,200	96,000
NOTE: Add $1,800. & up for access. hardtop.						

1954 Chevrolet Corvette roadster

	6	5	4	3	2	1
1954						
6-cyl Conv	2050	6600	11,000	22,000	38,500	55,000
NOTE: Add $1,800. & up for access. hardtop.						

	6	5	4	3	2	1
1955						
6-cyl Conv	2500	7900	13,200	26,400	46,200	66,000
8-cyl Conv	2500	7900	13,200	26,400	46,200	66,000

NOTE: Add $1,800. & up for access. hardtop.

	6	5	4	3	2	1
1956						
Conv	2500	7900	13,200	26,400	46,200	66,000

NOTE: All post-1955 Corvettes are V-8 powered.
  Add $1,800. & up for removable hardtop.
  Add 20 percent for two 4 barrel carbs.

	6	5	4	3	2	1
1957						
Conv	2550	8150	13,600	27,200	47,600	68,000

NOTES: Add $1,800. for hardtop.
  Add 50 percent for F.I., 250 hp.
  Add 75 percent for F.I., 283 hp.
  Add 25 percent for two 4 barrel carbs, 245 hp.
  Add 35 percent for two 4 barrel carbs, 270 hp.
  Add 15 percent for 4-speed trans.
  Add 150 percent for 579E option.

	6	5	4	3	2	1
1958						
Conv	1900	6000	10,000	20,000	35,000	50,000

NOTES: Add $1,800. for hardtop; 30 percent for F.I.
  Add 25 percent for two 4 barrel carbs, 245 hp.
  Add 35 percent for two 4 barrel carbs, 270 hp.
  Add 40 percent for F.I., 250 hp.
  Add 60 percent for F.I., 290 hp.

	6	5	4	3	2	1
1959						
Conv	1700	5400	9000	18,000	31,500	45,000

NOTES: Add $1,800. for hardtop.
  Add 40 percent for F.I., 250 hp.
  Add 60 percent for F.I., 290 hp.
  Add 25 percent for two 4 barrel carbs, 245 hp.
  Add 35 percent for two 4 barrel carbs, 270 hp.

	6	5	4	3	2	1
1960						
Conv	1700	5400	9000	18,000	31,500	45,000

NOTES: Add $1,800. for hardtop.
  Add 40 percent for F.I., 275 hp.
  Add 60 percent for F.I., 315 hp.
  Add 25 percent for two 4 barrel carbs, 245 hp.
  Add 35 percent for two 4 barrel carbs, 270 hp.

	6	5	4	3	2	1
1961						
Conv	1750	5500	9200	18,400	32,200	46,000

NOTES: Add $1,800. for hardtop.
  Add 40 percent for F.I., 275 hp.
  Add 60 percent for F.I., 315 hp.
  Add 25 percent for two 4 barrel carbs, 245 hp.
  Add 35 percent for two 4 barrel carbs, 270 hp.

	6	5	4	3	2	1
1962						
Conv	1750	5650	9400	18,800	32,900	47,000

NOTE: Add $1,800. for hardtop; 30 percent for F.I.

1963 Chevrolet Corvette convertible

	6	5	4	3	2	1
1963						
Spt Cpe	1600	5050	8400	16,800	29,400	42,000
Conv	1550	4900	8200	16,400	28,700	41,000

	6	5	4	3	2	1
GS					value not estimable	

NOTES: Add 30 percent for F.I.; $4,500. for A/C.
Add $1,800. for hardtop; $3,000. for knock off wheels.
Z06 option, value not estimable.

1964

	6	5	4	3	2	1
Spt Cpe	1350	4300	7200	14,400	25,200	36,000
Conv	1550	4900	8200	16,400	28,700	41,000

NOTES: Add 30 percent for F.I.; $4,500. for A/C.
Add 30 percent for 327 CID, 365 hp.
Add $1,800. for hardtop; $3,000. for knock off wheels.

1965

	6	5	4	3	2	1
Spt Cpe	1350	4300	7200	14,400	25,200	36,000
Conv	1550	4900	8200	16,400	28,700	41,000

NOTES: Add 40 percent for F.I.; $4,500. for A/C.
Add 60 percent for 396 CID.
Add $3,000. for knock off wheels.
Add $1,800. for hardtop.

1966

	6	5	4	3	2	1
Spt Cpe	1350	4300	7200	14,400	25,200	36,000
Conv	1550	4900	8200	16,400	28,700	41,000

NOTES: Add $4,500. for A/C; 20 percent for 427 engine - 390 hp.
Add 50 percent for 427 engine - 425 hp.
Add $3,000. for knock off wheels; $1800. for hardtop.

1967

	6	5	4	3	2	1
Spt Cpe	1400	4450	7400	14,800	25,900	37,000
Conv	1600	5050	8400	16,800	29,400	42,000

NOTES: Add $4,500. for A/C. L88 & L89 option not estimable. 30 percent for 427 engine - 390 hp. Add 50 percent for 427 engine - 400 hp, 70 percent for 427 engine - 435 hp; $4,000. for aluminum wheels; $1800. for hardtop.

1968

	6	5	4	3	2	1
Spt Cpe	1000	3100	5200	10,400	18,200	26,000
Conv	1150	3600	6000	12,000	21,000	30,000

NOTES: Add 40 percent for L89 427 - 435 hp aluminum head option. L88 engine option not estimable. Add 40 percent for 427, 400 hp.

1969

	6	5	4	3	2	1
Spt Cpe	1000	3100	5200	10,400	18,200	26,000
Conv	1150	3600	6000	12,000	21,000	30,000

NOTES: Add 40 percent for 427 - 435 hp aluminum head option. L88 engine option not estimable. Add 40 percent for 427, 400 hp.

1970

	6	5	4	3	2	1
Spt Cpe	950	3000	5000	10,000	17,500	25,000
Conv	1100	3500	5800	11,600	20,300	29,000

OTES: Add 70 percent for LT-1 option. ZR1 option not estimable.

1971

	6	5	4	3	2	1
Spt Cpe	900	2900	4800	9600	16,800	24,000
Conv	1050	3350	5600	11,200	19,600	28,000

NOTES: Add 50 percent for LT-1 option; 30 percent for LS 5 option; 75 percent for LS 6 option.

1972

	6	5	4	3	2	1
Spt Cpe	900	2900	4800	9600	16,800	24,000
Conv	1050	3350	5600	11,200	19,600	28,000

NOTES: Add 50 percent for LT-1 option.
Add 30 percent for LS 5 option.
Add 25 percent for air on LT 1.

1973

	6	5	4	3	2	1
Spt Cpe	850	2650	4400	8800	15,400	22,000
Conv	1000	3100	5200	10,400	18,200	26,000

NOTE: Add 10 percent for L82.

1974 Chevrolet Corvette T-top coupe

	6	5	4	3	2	1
1974						
Spt Cpe	700	2300	3800	7600	13,300	19,000
Conv	900	2900	4800	9600	16,800	24,000
NOTE: Add 10 percent for L82.						
1975						
Spt Cpe	750	2400	4000	8000	14,000	20,000
Conv	1000	3100	5200	10,400	18,200	26,000
NOTE: Add 10 percent for L82.						
1976						
Cpe	700	2300	3800	7600	13,300	19,000
NOTE: Add 10 percent for L82.						
1977						
Cpe	700	2300	3800	7600	13,300	19,000
NOTE: Add 10 percent for L82.						
1978						
Cpe	850	2750	4600	9200	16,100	23,000
Note: Add 10 percent for anniversary model. Add 25 percent for pace car. Add 10 percent for L82 engine option.						
1979						
Cpe	750	2400	4000	8000	14,000	20,000
NOTE: Add 10 percent for L82 engine option.						
1980						
Corvette, V-8						
Cpe	750	2400	4000	8000	14,000	20,000
NOTE: Add 20 percent for L82 engine option.						
1981						
Corvette, V-8						
Cpe	750	2400	4000	8000	14,000	20,000
1982						
Corvette, V-8						
2d HBK	800	2500	4200	8400	14,700	21,000
NOTE: Add 20 percent for Collector Edition.						
1983						
NOTE: None manufactured.						
1984						
Corvette, V-8						
2d HBk	700	2150	3600	7200	12,600	18,000
1985						
Corvette, V-8						
2d HBk	700	2150	3600	7200	12,600	18,000
1986						
Corvette, V-8						
2d HBk	700	2300	3800	7600	13,300	19,000
Conv	850	2750	4600	9200	16,100	23,000
NOTE: Add 10 percent for pace car.						

1987	6	5	4	3	2	1
Corvette, V-8						
2d HBk	700	2300	3800	7600	13,300	19,000
Conv	850	2750	4600	9200	16,100	23,000
1988						
Corvette, V-8						
2d Cpe	600	1850	3100	6200	10,900	15,500
Conv	800	2500	4200	8400	14,700	21,000
1989						
Corvette, V-8						
2d Cpe	700	2300	3800	7600	13,300	19,000
Conv	850	2650	4400	8800	15,400	22,000
1990						
Corvette, V-8						
2d HBk	850	2750	4600	9200	16,100	23,000
Conv	1000	3250	5400	10,800	18,900	27,000
2d HBk ZRl	1700	5400	9000	18,000	31,500	45,000
1991						
Corvette, V-8						
2d HBk	1100	3500	5800	11,600	20,300	29,000
Conv	1200	3850	6400	12,800	22,400	32,000
2d HBk ZRl	1800	5750	9600	19,200	33,600	48,000
1992						
V-8						
2d HBk Cpe	1150	3600	6000	12,000	21,000	30,000
2d Conv	1250	3950	6600	13,200	23,100	33,000
2d ZR1 Cpe	1850	5900	9800	19,600	34,300	49,000

CHRYSLER

1924						
Model B, 6-cyl., 112.75" wb						
2d Rds	700	2300	3800	7600	13,300	19,000
4d Phae	750	2400	4000	8000	14,000	20,000
4d Tr	700	2150	3600	7200	12,600	18,000
2d RS Cpe	450	1450	2400	4800	8400	12,000
4d Sed	400	1200	2000	4000	7000	10,000
2d Brgm	400	1250	2100	4200	7400	10,500
4d Imp Sed	400	1300	2200	4400	7700	11,000
4d Crw Imp	450	1450	2400	4800	8400	12,000
4d T&C	550	1700	2800	5600	9800	14,000
1925						
Model B-70, 6-cyl., 112.75" wb						
2d Rds	700	2300	3800	7600	13,300	19,000
4d Phae	750	2400	4000	8000	14,000	20,000
4d Tr	700	2150	3600	7200	12,600	18,000
2d Roy Cpe	450	1450	2400	4800	8400	12,000
4d Sed	400	1200	2000	4000	7000	10,000
2d Brgm	400	1250	2100	4200	7400	10,500
4d Imp Sed	400	1300	2200	4400	7700	11,000
4d Crw Imp	450	1450	2400	4800	8400	12,000
4d T&C	550	1700	2800	5600	9800	14,000
1926						
Series 58, 4-cyl., 109" wb						
2d Rds	700	2150	3600	7200	12,600	18,000
4d Tr	700	2300	3800	7600	13,300	19,000
2d Clb Cpe	400	1300	2200	4400	7700	11,000
2d Sed	350	1000	1650	3300	5750	8200
4d Sed	350	950	1500	3050	5300	7600
Series 60, 6-cyl., 109" wb						
Introduced: May, 1926.						
2d Rds	700	2150	3600	7200	12,600	18,000
4d Tr	700	2300	3800	7600	13,300	19,000
2d Cpe	400	1300	2200	4400	7700	11,000
2d Sed	450	1050	1750	3550	6150	8800
4d Lthr Tr Sed	450	1080	1800	3600	6300	9000
4 dr Sed	350	1040	1700	3450	6000	8600
4d Lan Sed	450	1050	1750	3550	6150	8800
Series G-70, 6-cyl., 112.75" wb						
2d Rds	700	2300	3800	7600	13,300	19,000
4d Phae	750	2400	4000	8000	14,000	20,000
2d Roy Cpe	450	1400	2300	4600	8100	11,500
2d Sed	450	1080	1800	3600	6300	9000
4d Lthr Trm Sed	450	1140	1900	3800	6650	9500
2d Brgm	400	1250	2100	4200	7400	10,500

1927 Chrysler roadster

	6	5	4	3	2	1
4d Sed	450	1140	1900	3800	6650	9500
4d Roy Sed	400	1300	2150	4300	7500	10,700
4d Crw Sed	400	1300	2200	4400	7700	11,000
Series E-80 Imperial, 6-cyl., 120" wb						
2d RS Rds	850	2650	4400	8800	15,400	22,000
4d Phae	850	2750	4600	9200	16,100	23,000
2d Cpe	500	1550	2600	5200	9100	13,000
4d 5P Sed	450	1450	2400	4800	8400	12,000
4d 7P Sed	500	1550	2600	5200	9100	13,000
4d Berl	500	1600	2700	5400	9500	13,500
1927						
Series I-50, 4-cyl., 106" wb						
2d 2P Rds	700	2150	3600	7200	12,600	18,000
2d RS Rds	700	2300	3800	7600	13,300	19,000
4d Tr	700	2150	3600	7200	12,600	18,000
2d Cpe	450	1140	1900	3800	6650	9500
2d Sed	350	1020	1700	3400	5950	8500
4d Lthr Trm Sed	450	1080	1800	3600	6300	9000
4d Sed	350	1000	1650	3350	5800	8300
4d Lan Sed	350	1020	1700	3400	5950	8500
Series H-60, 6-cyl., 109" wb						
2d 2P Rds	800	2500	4200	8400	14,700	21,000
2d RS Rds	850	2650	4400	8800	15,400	22,000
4d Tr	800	2500	4200	8400	14,700	21,000
2d 2P Cpe	400	1200	2000	4000	7000	10,000
2d RS Cpe	400	1250	2100	4200	7400	10,500
2d Sed	450	1090	1800	3650	6400	9100
4d Lthr Trm Sed	450	1140	1900	3800	6650	9500
4d Sed	350	975	1600	3250	5700	8100
Series 'Finer' 70, 6-cyl., 112.75" wb						
2d RS Rds	800	2500	4200	8400	14,700	21,000
4d Phae	850	2650	4400	8800	15,400	22,000
4d Spt Phae	850	2750	4600	9200	16,100	23,000
4d Cus Spt Phae	900	2900	4800	9600	16,800	24,000
2d RS Cabr	750	2400	4000	8000	14,000	20,000
2d 2P Cpe	400	1200	2000	4000	7000	10,000
2d RS Cpe	400	1250	2100	4200	7400	10,500
2d 4P Cpe	450	1190	2000	3950	6900	9900
2d Brgm	450	1150	1900	3850	6700	9600
4d Lan Brgm	450	1160	1950	3900	6800	9700
4d Roy Sed	450	1170	1975	3900	6850	9800
4d Crw Sed	450	1190	2000	3950	6900	9900
1927-Early 1928						
Series E-80 Imperial, 6-cyl., 120" & 127" wb						
2d RS Rds	1000	3100	5200	10,400	18,200	26,000
2d Spt Rds	1000	3250	5400	10,800	18,900	27,000
4d 5P Phae	1000	3250	5400	10,800	18,900	27,000

	6	5	4	3	2	1
4d Spt Phae	1050	3350	5600	11,200	19,600	28,000
4d 7P Phae	1000	3100	5200	10,400	18,200	26,000
2d RS Cabr	950	3000	5000	10,000	17,500	25,000
2d Bus Cpe	500	1550	2600	5200	9100	13,000
2d 4P Cpe	500	1600	2700	5400	9500	13,500
2d 5P Cpe	450	1450	2400	4800	8400	12,000
4d Std Sed	400	1200	2000	4000	7100	10,100
4d Sed	400	1200	2000	4000	7000	10,000
4d Lan Sed	400	1300	2200	4400	7700	11,000
4d 7P Sed	400	1350	2250	4500	7800	11,200
4d Limo	500	1550	2600	5200	9100	13,000
4d T&C	550	1700	2800	5600	9800	14,000

1928
Series 52, 4-cyl., 106" wb

	6	5	4	3	2	1
2d RS Rds	850	2750	4600	9200	16,100	23,000
4d Tr	400	1250	2100	4200	7400	10,500
2d Clb Cpe	450	1140	1900	3800	6650	9500
2d DeL Cpe	400	1300	2200	4400	7700	11,000
2d Sed	400	1200	2000	4000	7000	10,000
4d Sed	400	1200	2000	4000	7000	10,000
4d DeL Sed	450	1170	1975	3900	6850	9800

Series 62, 6-cyl., 109" wb

	6	5	4	3	2	1
2d RS Rds	900	2900	4800	9600	16,800	24,000
4d Tr	850	2750	4600	9200	16,100	23,000
2d Bus Cpe	350	1020	1700	3400	5950	8500
2d RS Cpe	450	1400	2300	4600	8100	11,500
2d Sed	400	1200	2000	4000	7000	10,000
4d Sed	450	1170	1975	3900	6850	9800
4d Lan Sed	400	1200	2000	4000	7100	10,100

Series 72, 6-cyl., 120.5" wb

	6	5	4	3	2	1
2d RS Rds	850	2750	4600	9200	16,100	23,000
2d Spt Rds	950	3000	5000	10,000	17,500	25,000
2d Conv	800	2500	4200	8400	14,700	21,000
2d RS Cpe	450	1450	2400	4800	8400	12,000
2d 4P Cpe	400	1300	2200	4400	7700	11,000
4d CC Sed	400	1300	2200	4400	7700	11,000
4d Roy Sed	400	1200	2000	4000	7000	10,000
4d Crw Sed	400	1300	2200	4400	7700	11,000
4d Twn Sed	450	1400	2300	4600	8100	11,500
4d LeB Imp Twn Cabr	550	1700	2800	5600	9800	14,000

Series 80 L Imperial, 6-cyl., 136" wb

	6	5	4	3	2	1
2d RS Rds	950	3000	5000	10,000	17,500	25,000
4d Sed	400	1300	2200	4400	7700	11,000
4d Twn Sed	450	1400	2300	4600	8100	11,500
4d 7P Sed	450	1450	2400	4800	8400	12,000
4d Limo	500	1550	2600	5200	9100	13,000

Series 80 L Imperial, 6-cyl., 136" wb, Custom Bodies

	6	5	4	3	2	1
4d LeB DC Phae	2200	6950	11,600	23,200	40,600	58,000
4d LeB CC Conv Sed	1900	6100	10,200	20,400	35,700	51,000
2d LeB RS Conv	1800	5750	9600	19,200	33,600	48,000
2d LeB Clb Cpe	850	2750	4600	9200	16,100	23,000
2d LeB Twn Cpe	850	2650	4400	8800	15,400	22,000
4d LeB Lan Limo	1700	5400	9000	18,000	31,500	45,000
4d Der Conv Sed	1900	6000	10,000	20,000	35,000	50,000
4d Dtrch Conv Sed	2050	6600	11,000	22,000	38,500	55,000
4d 4P Dtrch Phae	2200	6950	11,600	23,200	40,600	58,000
4d 7P Dtrch Phae	2200	6950	11,600	23,200	40,600	58,000
4d Dtrch Sed	1150	3700	6200	12,400	21,700	31,000
4d Lke Phae	1700	5400	9000	18,000	31,500	45,000

1929
Series 65, 6-cyl.), 112.75" wb

	6	5	4	3	2	1
2d RS Rds	1000	3100	5200	10,400	18,200	26,000
4d Tr	1000	3250	5400	10,800	18,900	27,000
2d Bus Cpe	600	1900	3200	6400	11,200	16,000
2d RS Cpe	650	2050	3400	6800	11,900	17,000
2d Sed	500	1550	2600	5200	9100	13,000
4d Sed	500	1600	2700	5400	9500	13,500

Series 75, 6-cyl.

	6	5	4	3	2	1
2d RS Rds	1150	3600	6000	12,000	21,000	30,000
4d 5P Phae	1150	3700	6200	12,400	21,700	31,000
4d DC Phae	1200	3850	6400	12,800	22,400	32,000
4d 7P Phae	1150	3600	6000	12,000	21,000	30,000
2d RS Conv	1100	3500	5800	11,600	20,300	29,000
4d Conv Sed	1050	3350	5600	11,200	19,600	28,000
2d RS Cpe	650	2050	3400	6800	11,900	17,000

	6	5	4	3	2	1
2d Cpe	600	1900	3200	6400	11,200	16,000
4d Roy Sed	550	1700	2800	5600	9800	14,000
4d Crw Sed	550	1800	3000	6000	10,500	15,000
4d Twn Sed	600	1850	3100	6200	10,900	15,500

1929-30
Series 80 L Imperial, 6-cyl., 136" wb

	6	5	4	3	2	1
2d RS Rds	2200	7100	11,800	23,600	41,300	59,000
4d Lke DC Spt Phae	2650	8400	14,000	28,000	49,000	70,000
4d Lke 7P Phae	2500	7900	13,200	26,400	46,200	66,000
4d Lke Conv Sed	2400	7700	12,800	25,600	44,800	64,000
2d Lke RS Conv	1950	6250	10,400	20,800	36,400	52,000
2d 2P Cpe	750	2400	4000	8000	14,000	20,000
2d RS Cpe	850	2750	4600	9200	16,100	23,000
4 dr Sed	650	2050	3400	6800	11,900	17,000
4d Twn Sed	700	2150	3600	7200	12,600	18,000
4d 7P Sed	650	2050	3400	6800	11,900	17,000
4d Limo	800	2500	4200	8400	14,700	21,000

1930-1931 (through December)
Series Six, 6-cyl, 109" wb
(Continued through Dec. 1930).

	6	5	4	3	2	1
2d RS Rds	950	3000	5000	10,000	17,500	25,000
4d Tr	900	2900	4800	9600	16,800	24,000
2d RS Conv	850	2750	4600	9200	16,100	23,000
2d Bus Cpe	550	1700	2800	5600	9800	14,000
2d Roy Cpe	550	1800	3000	6000	10,500	15,000
4d Roy Sed	500	1550	2600	5200	9100	13,000

1930-1931
Series 66, 6-cyl, 112 3/4" wb
(Continued through May 1931).

	6	5	4	3	2	1
2d RS Rds	1000	3100	5200	10,400	18,200	26,000
4d Phae	1000	3250	5400	10,800	18,900	27,000
2d Bus Cpe	550	1800	3000	6000	10,500	15,000
2d Roy Cpe	600	1850	3100	6200	10,900	15,500
2d Brgm	500	1550	2600	5200	9100	13,000
4d Roy Sed	550	1700	2800	5600	9800	14,000

Series 70, 6 cyl, 116 1/2" wb
(Continued through Feb. 1931).

	6	5	4	3	2	1
2d RS Rds	1150	3600	6000	12,000	21,000	30,000
2d RS Conv	1000	3250	5400	10,800	18,900	27,000
4d Phae	1150	3700	6200	12,400	21,700	31,000
2d Bus Cpe	550	1800	3000	6000	10,500	15,000
2d Roy Cpe	600	1850	3100	6200	10,900	15,500
2d Brgm	550	1700	2800	5600	9800	14,000
4d Roy Sed	550	1800	3000	6000	10,500	15,000

Series 77, 6-cyl., 124.5" wb

	6	5	4	3	2	1
2d RS Rds	1600	5050	8400	16,800	29,400	42,000
4d DC Phae	1400	4450	7400	14,800	25,900	37,000
2d RS Conv	1200	3850	6400	12,800	22,400	32,000
2d Bus Cpe	600	1900	3200	6400	11,200	16,000
2d Roy RS Cpe	600	2000	3300	6600	11,600	16,500
2d Crw Cpe	600	1900	3200	6400	11,200	16,000
4d Roy Sed	550	1800	3000	6000	10,500	15,000
4d Crw Sed	600	1900	3200	6400	11,200	16,000

1931-1932
New Series Six, CM, 6-cyl., 116 wb
(Produced Jan. -Dec. 1931).

	6	5	4	3	2	1
2d RS Rds	1150	3700	6200	12,400	21,700	31,000
4d Tr	1150	3600	6000	12,000	21,000	30,000
2d RS Conv	1100	3500	5800	11,600	20,300	29,000
2d Bus Cpe	600	1900	3200	6400	11,200	16,000
2d Roy Cpe	600	2000	3300	6600	11,600	16,500
4d Roy Sed	550	1800	3000	6000	10,500	15,000

Series 70, 6-cyl, 116 1/2" wb

	6	5	4	3	2	1
2d Bus Cpe	600	2000	3300	6600	11,600	16,500
2d Roy Cpe	650	2050	3400	6800	11,900	17,000
2d Brgm	600	1900	3200	6400	11,200	16,000
4d Roy Sed	600	1900	3200	6400	11,200	16,000

First Series, CD, 8--cyl., 80 hp, 124" wb
(Built 7/17/30 -1/31).

	6	5	4	3	2	1
2d RS Rds	1250	3950	6600	13,200	23,100	33,000
2d Spt Rds	1350	4300	7200	14,400	25,200	36,000
2d Conv	1200	3850	6400	12,800	22,400	32,000
2d Cpe	750	2400	4000	8000	14,000	20,000
2d Spl Cpe	700	2300	3800	7600	13,300	19,000
4d Roy Sed	600	1900	3200	6400	11,200	16,000

	6	5	4	3	2	1
4d Spl Roy Sed	650	2050	3400	6800	11,900	17,000

Second Series, CD, 8-cyl., 88 hp, 124" wb
(Built 2/2/31 -5/18/31).

	6	5	4	3	2	1
2d RS Spt Rds	1900	6100	10,200	20,400	35,700	51,000
4d Lke DC Phae	1800	5750	9600	19,200	33,600	48,000
2d RS Conv	1550	4900	8200	16,400	28,700	41,000
2d Roy Cpe	850	2650	4400	8800	15,400	22,000
2d Spl Roy Cpe	850	2750	4600	9200	16,100	23,000
4d Roy Sed	600	1900	3200	6400	11,200	16,000

2nd Series CD

	6	5	4	3	2	1
4d Spl Roy Sed	650	2050	3400	6800	11,900	17,000

DeLuxe Series, CD, 8-cyl., 100 hp, 124" wb
(Built 5/19/31 -11/31).

	6	5	4	3	2	1
2d RS Rds	1750	5500	9200	18,400	32,200	46,000
4d Lke DC Phae	1650	5300	8800	17,600	30,800	44,000
2d RS Conv	1550	4900	8200	16,400	28,700	41,000
2d RS Cpe	850	2750	4600	9200	16,100	23,000
2d Roy Cpe	850	2650	4400	8800	15,400	22,000
4d Sed	600	1900	3200	6400	11,200	16,000

Imperial, CG, 8-cyl., 125 hp, 145" wb
(Built July 17, 1930 thru Dec. 1931).

Standard Line

	6	5	4	3	2	1
4d CC Sed	1600	5050	8400	16,800	29,400	42,000
4d 5P Sed	1000	3250	5400	10,800	18,900	27,000
4d 7P Sed	1000	3250	5400	10,800	18,900	27,000
4d Limo	1150	3600	6000	12,000	21,000	30,000

Custom Line

	6	5	4	3	2	1
2d LeB RS Rds	10,900	34,800	58,000	116,000	203,000	290,000
4d LeB DC Phae	10,700	34,200	57,000	114,000	199,500	285,000
4d LeB Conv Sed	10,500	33,600	56,000	112,000	196,000	280,000
2d LeB RS Cpe	3750	12,000	20,000	40,000	70,000	100,000
2d Wths Conv Vic	9750	31,200	52,000	104,000	182,000	260,000
2d LeB Conv Spds	9400	30,000	50,000	100,000	175,000	250,000

1932
Second Series, CI, 6-cyl., 116-1/2" wb, 82 hp
(Begun 1/1/32).

	6	5	4	3	2	1
2d RS Rds	1000	3250	5400	10,800	18,900	27,000
4d Phae	1000	3100	5200	10,400	18,200	26,000
2d RS Conv	950	3000	5000	10,000	17,500	25,000
4d Conv Sed	1000	3100	5200	10,400	18,200	26,000
2d Bus Cpe	650	2050	3400	6800	11,900	17,000
2d RS Cpe	700	2150	3600	7200	12,600	18,000
4d Sed	550	1800	3000	6000	10,500	15,000

Series CP, 8-cyl., 125" wb, 100 hp
(Began 1/1/32).

	6	5	4	3	2	1
2d RS Conv	1150	3600	6000	12,000	21,000	30,000
4d Conv Sed	1150	3700	6200	12,400	21,700	31,000
2d RS Cpe	900	2900	4800	9600	16,800	24,000
2d Cpe	850	2650	4400	8800	15,400	22,000
4d Sed	600	1900	3200	6400	11,200	16,000
4d LeB T&C	850	2650	4400	8800	15,400	22,000

Imperial Series, CH, 8-cyl., 135" wb, 125 hp
(Began 1/1/32).

Standard Line

	6	5	4	3	2	1
4d Conv Sed	7150	22,800	38,000	76,000	133,000	190,000
2d RS Cpe	2350	7450	12,400	24,800	43,400	62,000
4d Sed	1550	4900	8200	16,400	28,700	41,000

Imperial Series, CL, 8-cyl., 146" wb, 125 hp
(Began 1/1/32).

Custom Line -LeBaron bodies

	6	5	4	3	2	1
2d RS Conv	10,150	32,400	54,000	108,000	189,000	270,000
4d DC Phae	11,250	36,000	60,000	120,000	210,000	300,000
4d Conv Sed	11,050	35,400	59,000	118,000	206,500	295,000

1933
Series CO, 6-cyl., 116.5" wb

	6	5	4	3	2	1
2d RS Conv	850	2750	4600	9200	16,100	23,000
4d Conv Sed	1000	3250	5400	10,800	18,900	27,000
2d Bus Cpe	750	2400	4000	8000	14,000	20,000
2d RS Cpe	850	2650	4400	8800	15,400	22,000
2d Brgm	600	1900	3200	6400	11,200	16,000
4d Sed	600	1900	3200	6400	11,200	16,000

Royal Series CT, 8-cyl., 119.5 wb

	6	5	4	3	2	1
2d RS Conv	1150	3600	6000	12,000	21,000	30,000
4d Conv Sed	1150	3700	6200	12,400	21,700	31,000
2d Bus Cpe	850	2650	4400	8800	15,400	22,000

	6	5	4	3	2	1
2d RS Cpe	850	2750	4600	9200	16,100	23,000
4d Sed	650	2050	3400	6800	11,900	17,000
4d 7P Sed	700	2150	3600	7200	12,600	18,000
Imperial Series CQ, 8-cyl., 126" wb						
2d RS Conv	1350	4300	7200	14,400	25,200	36,000
4d Conv Sed	1450	4550	7600	15,200	26,600	38,000
2d RS Cpe	950	3000	5000	10,000	17,500	25,000
2d 5P Cpe	900	2900	4800	9600	16,800	24,000
4d Sed	850	2650	4400	8800	15,400	22,000
Imperial Custom, Series CL, 8-cyl., 146" wb						
2d RS Conv	9400	30,000	50,000	100,000	175,000	250,000
4d WS Phae	9750	31,200	52,000	104,000	182,000	260,000
4d CC Sed	2550	8150	13,600	27,200	47,600	68,000
1934						
Series CA, 6-cyl., 117" wb						
2d RS Conv	1300	4100	6800	13,600	23,800	34,000
2d Bus Cpe	800	2500	4200	8400	14,700	21,000
2d RS Cpe	850	2650	4400	8800	15,400	22,000
2d Brgm	600	1900	3200	6400	11,200	16,000
4d Sed	550	1800	3000	6000	10,500	15,000
Series CB, 6-cyl., 121" wb						
4d Conv Sed	1500	4800	8000	16,000	28,000	40,000
4d CC Sed	750	2400	4000	8000	14,000	20,000
Airflow, Series CU, 8-cyl., 123" wb						
2d Cpe	1250	3950	6600	13,200	23,100	33,000
2d Brgm	1150	3600	6000	12,000	21,000	30,000
4d Sed	1050	3350	5600	11,200	19,600	28,000
4d Twn Sed	1100	3500	5800	11,600	20,300	29,000
Imperial Airflow, Series CV, 8-cyl., 128" wb						
2d Cpe	1400	4450	7400	14,800	25,900	37,000
4d Sed	1100	3500	5800	11,600	20,300	29,000
4d Twn Sed	1150	3700	6200	12,400	21,700	31,000
Imperial Custom Airflow, Series CX, 8-cyl., 137.5" wb						
4d Sed	1700	5400	9000	18,000	31,500	45,000
4d Twn Sed	1750	5500	9200	18,400	32,200	46,000
4d Limo	2350	7450	12,400	24,800	43,400	62,000
4d Twn Limo	2500	7900	13,200	26,400	46,200	66,000
Imperial Custom Airflow, Series CW, 8-cyl., 146.5" wb						
4d Sed	4900	15,600	26,000	52,000	91,000	130,000
4d Twn Sed	5100	16,300	27,200	54,400	95,200	136,000
4d Limo	5200	16,550	27,600	55,200	96,600	138,000
1935						
Airstream Series C-6, 6-cyl., 118" wb						
2d RS Conv	1100	3500	5800	11,600	20,300	29,000
2d Bus Cpe	600	1900	3200	6400	11,200	16,000
2d RS Cpe	650	2050	3400	6800	11,900	17,000
4d Tr Brgm	550	1700	2800	5600	9800	14,000
4d Sed	500	1550	2600	5200	9100	13,000
4d Tr Sed	500	1550	2600	5200	9100	13,000
Airstream Series CZ, 8-cyl., 121" wb						
2d Bus Cpe	650	2050	3400	6800	11,900	17,000
2d RS Cpe	700	2150	3600	7200	12,600	18,000
2d Tr Brgm	550	1800	3000	6000	10,500	15,000
4d Sed	550	1700	2800	5600	9800	14,000
4d Tr Sed	550	1700	2800	5600	9800	14,000
Airstream DeLuxe Series CZ, 121" wb						
2d RS Conv	1150	3600	6000	12,000	21,000	30,000
2d Bus Cpe	700	2150	3600	7200	12,600	18,000
2d RS Cpe	700	2300	3800	7600	13,300	19,000
2d Tr Brgm	600	2000	3300	6600	11,600	16,500
4d Sed	550	1750	2900	5800	10,200	14,500
4d Tr Sed	550	1750	2900	5800	10,200	14,500
Airstream DeLuxe, Series CZ, 8-cyl., 133" wb						
4d Trav Sed	600	1850	3100	6200	10,900	15,500
4d 7P Sed	600	1850	3100	6200	10,900	15,500
Airflow Series C-1, 8-cyl., 123" wb						
2d Bus Cpe	1200	3850	6400	12,800	22,400	32,000
2d Cpe	1250	3950	6600	13,200	23,100	33,000
4d Sed	1000	3100	5200	10,400	18,200	26,000
Imperial Airflow Series C-2, 8-cyl., 128" wb						
2d Cpe	1300	4200	7000	14,000	24,500	35,000
4d Sed	1050	3350	5600	11,200	19,600	28,000
Imperial Custom Airflow Series C-3, 8-cyl., 137" wb						
4d Sed	1150	3600	6000	12,000	21,000	30,000
4d Twn Sed	1150	3700	6200	12,400	21,700	31,000
4d Sed Limo	1450	4700	7800	15,600	27,300	39,000

	6	5	4	3	2	1
4d Twn Limo	1550	4900	8200	16,400	28,700	41,000
Imperial Custom Airflow Series C-W, 8-cyl., 146.5" wb						
4d Sed	4000	12,700	21,200	42,400	74,200	106,000
4d Sed Limo	4050	12,950	21,600	43,200	75,600	108,000
4d Twn Limo	4150	13,200	22,000	44,000	77,000	110,000

1936

	6	5	4	3	2	1
Airstream Series C-7, 6-cyl., 118" wb						
2d RS Conv	1000	3100	5200	10,400	18,200	26,000
4d Conv Sed	1000	3250	5400	10,800	18,900	27,000
2d Bus Cpe	650	2050	3400	6800	11,900	17,000
2d RS Cpe	700	2150	3600	7200	12,600	18,000
2d Tr Brgm	550	1800	3000	6000	10,500	15,000
4d Tr Sed	600	1900	3200	6400	11,200	16,000
Airstream DeLuxe Series C-8, 8-cyl., 121" wb						
2d RS Conv	1050	3350	5600	11,200	19,600	28,000
4d Conv Sed	1150	3600	6000	12,000	21,000	30,000
2d Bus Cpe	700	2150	3600	7200	12,600	18,000
2d RS Cpe	700	2300	3800	7600	13,300	19,000
2d Tr Brgm	600	1900	3200	6400	11,200	16,000
4d Tr Sed	600	1900	3200	6400	11,200	16,000
Airstream DeLuxe, Series C-8, 8-cyl., 133" wb						
4d Trav Sed	600	2000	3300	6600	11,600	16,500
4d Sed	600	1900	3200	6400	11,200	16,000
4d Sed Limo	650	2050	3400	6800	11,900	17,000
4d LeB Twn Sed	700	2150	3600	7200	12,600	18,000
Airflow, 8-cyl., 123" wb						
2d Cpe	1150	3600	6000	12,000	21,000	30,000
4d Sed	950	3000	5000	10,000	17,500	25,000
Imperial Airflow, 8-cyl., 128" wb						
2d Cpe	1200	3850	6400	12,800	22,400	32,000
4d Sed	1000	3100	5200	10,400	18,200	26,000
Imperial Custom Airflow, 8-cyl., 137" wb						
4d Sed	1050	3350	5600	11,200	19,600	28,000
4d Sed Limo	1150	3700	6200	12,400	21,700	31,000
Imperial Custom Airflow, 8-cyl., 146.5" wb						
4d 8P Sed	4900	15,600	26,000	52,000	91,000	130,000
4d Sed Limo	5100	16,300	27,200	54,400	95,200	136,000

1937 Chrysler Royal Series C-16 four-door sedan

1937

	6	5	4	3	2	1
Royal, 6-cyl., 116" wb						
2d RS Conv	950	3000	5000	10,000	17,500	25,000
4d Conv Sed	1050	3350	5600	11,200	19,600	28,000
2d Bus Cpe	550	1800	3000	6000	10,500	15,000
2d RS Cpe	600	1900	3200	6400	11,200	16,000
2d Brgm	500	1550	2600	5200	9100	13,000
2d Tr Brgm	550	1700	2800	5600	9800	14,000
4d Sed	450	1500	2500	5000	8800	12,500
4d Tr Sed	500	1550	2600	5200	9100	13,000
Royal, 6-cyl., 133" wb						
4d Sed	550	1700	2800	5600	9800	14,000
4d Sed Limo	550	1800	3000	6000	10,500	15,000
4d Der T&C	850	2650	4400	8800	15,400	22,000
Airflow, 8-cyl., 128" wb						
2d Cpe	1150	3600	6000	12,000	21,000	30,000
4d Sed	1050	3350	5600	11,200	19,600	28,000

	6	5	4	3	2	1
Imperial, 8-cyl., 121" wb						
2d RS Conv	1050	3350	5600	11,200	19,600	28,000
4d Conv Sed	1150	3600	6000	12,000	21,000	30,000
2d Bus Cpe	700	2150	3600	7200	12,600	18,000
2d RS Cpe	700	2300	3800	7600	13,300	19,000
2d Tr Brgm	700	2300	3800	7600	13,300	19,000
4d Tr Sed	700	2150	3600	7200	12,600	18,000
Imperial Custom, 8-cyl., 140" wb						
4d 5P Sed	950	3000	5000	10,000	17,500	25,000
4d 7P Sed	1000	3250	5400	10,800	18,900	27,000
4d Sed Limo	1450	4550	7600	15,200	26,600	38,000
4d Twn Limo	1450	4700	7800	15,600	27,300	39,000
Custom Built Models						
4d Der Fml Conv Twn Car	3550	11,300	18,800	37,600	65,800	94,000
4d Der Conv Vic	3400	10,800	18,000	36,000	63,000	90,000
Imperial Custom Airflow, 8-cyl., 146.5" wb						
4d Sed Limo					value inestimable	
1938						
Royal (6-cyl.) 119" wb						
2d RS Conv	850	2750	4600	9200	16,100	23,000
4d Conv Sed	900	2900	4800	9600	16,800	24,000
2d Bus Cpe	600	1900	3200	6400	11,200	16,000
2d RS Cpe	650	2050	3400	6800	11,900	17,000
2d Brgm	500	1550	2600	5200	9100	13,000
2d Tr Brgm	600	1900	3200	6400	11,200	16,000
4d 4d Sed	500	1550	2600	5200	9100	13,000
4d Tr Sed	550	1700	2800	5600	9800	14,000
4d Royal, 6-cyl., 136" wb						
4d 7P Sed	550	1800	3000	6000	10,500	15,000
4d 7P Limo Sed	600	1900	3200	6400	11,200	16,000
Imperial, 8-cyl., 125" wb						
2d RS Conv	1000	3100	5200	10,400	18,200	26,000
4d Conv Sed	1050	3350	5600	11,200	19,600	28,000
2d Bus Cpe	700	2150	3600	7200	12,600	18,000
2d RS Cpe	700	2300	3800	7600	13,300	19,000
4d Tr Brgm	600	1900	3200	6400	11,200	16,000
4d Tr Sed	650	2050	3400	6800	11,900	17,000
New York Special, 8-cyl., 125" wb						
4d Tr Sed	700	2150	3600	7200	12,600	18,000
Imperial Custom, 8-cyl., 144" wb						
4d 5P Sed	900	2900	4800	9600	16,800	24,000
4d Sed	850	2750	4600	9200	16,100	23,000
4d Limo Sed	1000	3250	5400	10,800	18,900	27,000
Derham customs on C-20 chassis						
4d Twn Sed	1150	3700	6200	12,400	21,700	31,000
4d Twn Limo	1350	4300	7200	14,400	25,200	36,000
2d Conv Vic	3250	10,300	17,200	34,400	60,200	86,000
4d Conv Sed	3450	11,050	18,400	36,800	64,400	92,000
1939						
Royal, 6-cyl., 119" wb						
2d Cpe	600	1900	3200	6400	11,200	16,000
2d Vic Cpe	650	2050	3400	6800	11,900	17,000
2d Brgm	500	1550	2600	5200	9100	13,000
4d Sed	550	1700	2800	5600	9800	14,000
Royal, 6-cyl., 136" wb						
4d 7P Sed	550	1800	3000	6000	10,500	15,000
4d Limo	600	1900	3200	6400	11,200	16,000
Royal Windsor, 6-cyl., 119" wb						
2d Cpe	650	2050	3400	6800	11,900	17,000
2d Vic Cpe	700	2150	3600	7200	12,600	18,000
2d Clb Cpe	700	2300	3800	7600	13,300	19,000
4d Sed	500	1550	2600	5200	9100	13,000
Imperial, 8-cyl., 125" wb						
2d Cpe	650	2050	3400	6800	11,900	17,000
2d Vic Cpe	700	2150	3600	7200	12,600	18,000
2d Brgm	500	1550	2600	5200	9100	13,000
4d Sed	550	1800	3000	6000	10,500	15,000
New Yorker, 8-cyl., 125" wb						
2d Cpe	700	2150	3600	7200	12,600	18,000
2d Vic Cpe	700	2300	3800	7600	13,300	19,000
2d Clb Cpe	700	2300	3800	7600	13,300	19,000
4d Sed	550	1800	3000	6000	10,500	15,000
Saratoga, 8-cyl., 125" wb						
2d Clb Cpe	700	2300	3800	7600	13,300	19,000
4d Sed	600	1900	3200	6400	11,200	16,000

	6	5	4	3	2	1
Imperial Custom, 8-cyl., 144" wb						
4d 5P Sed	900	2900	4800	9600	16,800	24,000
4d 7P Sed	950	3000	5000	10,000	17,500	25,000
4d Limo	1000	3100	5200	10,400	18,200	26,000
Special Derham customs on C-24 chassis						
4d 7P Tr	1200	3850	6400	12,800	22,400	32,000
4d Conv Sed	2650	8400	14,000	28,000	49,000	70,000
4d Conv T&C	2700	8650	14,400	28,800	50,400	72,000
1940						
Royal, 6-cyl., 122.5" wb						
2d 3P Cpe	550	1800	3000	6000	10,500	15,000
2d 6P Cpe	600	1850	3100	6200	10,900	15,500
2d Vic Sed	500	1600	2650	5300	9300	13,300
4d Sed	500	1550	2600	5200	9100	13,000
Royal, 6-cyl., 139.5" wb						
4d 8P Sed	550	1700	2800	5600	9800	14,000
4d 8P Limo	550	1800	3000	6000	10,500	15,000
Windsor, 6-cyl., 122.5 wb						
2d Conv Cpe	900	2900	4800	9600	16,800	24,000
2d 3P Cpe	600	1900	3200	6400	11,200	16,000
2d 6P Cpe	600	2000	3300	6600	11,600	16,500
2d Vic Sed	500	1600	2650	5300	9300	13,300
4d Sed	500	1600	2700	5400	9500	13,500
Windsor, 6-cyl., 139.5 wb						
4d 8P Sed	550	1700	2800	5600	9800	14,000
4d 8P Limo	550	1800	3000	6000	10,500	15,000
Traveler, 8-cyl., 128" wb						
2d 3P Cpe	650	2050	3400	6800	11,900	17,000
2d 6P Cpe	700	2150	3600	7200	12,600	18,000
2d Vic Sed	550	1700	2850	5700	10,000	14,300
4d Sed	550	1700	2800	5600	9800	14,000
Saratoga, 8-cyl., 128.5" wb						
4d Sed	600	1900	3200	6400	11,200	16,000
4d Fml Sed Div	650	2050	3400	6800	11,900	17,000
4d T&C Der	800	2500	4200	8400	14,700	21,000
New Yorker, 8-cyl., 128.5" wb						
2d Conv Cpe	1000	3250	5400	10,800	18,900	27,000
2d 3P Cpe	700	2300	3800	7600	13,300	19,000
2d 6P Cpe	750	2400	4000	8000	14,000	20,000
2d Vic Sed	550	1850	3050	6100	10,700	15,300
4d Sed	550	1800	3000	6000	10,500	15,000
4d Fml Sed Div	650	2050	3400	6800	11,900	17,000
Crown Imperial, 8-cyl., 145.5" wb						
4d 6P Sed	750	2400	4000	8000	14,000	20,000
4d 6P Twn Limo	850	2750	4600	9200	16,100	23,000
4d 8P Twn Limo	850	2750	4600	9200	16,100	23,000
4d 8P Sed	800	2500	4200	8400	14,700	21,000
4d 8P Sed Limo	850	2750	4600	9200	16,100	23,000
4d 8P Limo	900	2900	4800	9600	16,800	24,000
4d Nwpt Parade Phae	10,300	33,000	55,000	110,000	192,500	275,000
2d Thunderbolt	10,300	33,000	55,000	110,000	192,500	275,000
1941						
Royal, 6-cyl., 121.5" wb						
2d 3P Cpe	550	1750	2900	5800	10,200	14,500
2d 6P Clb Cpe	550	1800	3000	6000	10,500	15,000
2d Brgm	450	1450	2400	4800	8400	12,000
4d Sed	450	1500	2500	5000	8800	12,500
4d Twn Sed	500	1550	2600	5200	9100	13,000
Royal, 6-cyl., 121.5" wb						
4d T&C Wag	1000	3100	5200	10,400	18,200	26,000
Royal, 6-cyl., 139.5" wb						
4d 8P Sed	500	1550	2600	5200	9100	13,000
4d 8P Limo Sed	550	1700	2800	5600	9800	14,000
Windsor, 6-cyl., 121.5" wb						
2d Conv Cpe	950	3000	5000	10,000	17,500	25,000
2d 3P Cpe	650	2050	3400	6800	11,900	17,000
2d 6P Clb Cpe	650	2100	3500	7000	12,300	17,500
2d Brgm	500	1550	2600	5200	9100	13,000
4d Sed	550	1700	2800	5600	9800	14,000
4d Twn Sed	550	1800	3000	6000	10,500	15,000
Windsor, 6-cyl., 139.5" wb						
4d 8P Sed	600	1900	3200	6400	11,200	16,000
4d 8P Sed Limo	650	2050	3400	6800	11,900	17,000
Saratoga, 8-cyl., 127.5" wb						
2d 3P Cpe	700	2150	3600	7200	12,600	18,000
2d 6P Clb Cpe	700	2200	3700	7400	13,000	18,500

	6	5	4	3	2	1
2d Brgm	550	1700	2800	5600	9800	14,000
4d Sed	550	1800	3000	6000	10,500	15,000
4d Twn Sed	600	1850	3100	6200	10,900	15,500
New Yorker, 8-cyl., 127.5" wb						
2d Conv Cpe	1050	3350	5600	11,200	19,600	28,000
3P Cpe	750	2400	4000	8000	14,000	20,000
2d 6P Cpe	800	2500	4200	8400	14,700	21,000
2d Brgm	550	1800	3000	6000	10,500	15,000
4d Sed	600	1900	3200	6400	11,200	16,000
4d Twn Sed	600	2000	3300	6600	11,600	16,500
4d 6P Sed	650	2050	3400	6800	11,900	17,000
4d 8P Sed	700	2150	3600	7200	12,600	18,000
4d 8P Sedan Limo	800	2500	4200	8400	14,700	21,000
4d 8P Limo	850	2650	4400	8800	15,400	22,000
4d Laudalet Limo	1000	3250	5400	10,800	18,900	27,000
4d LeB Twn Limo	1100	3500	5800	11,600	20,300	29,000
New Yorker Special/Crown Imperial, 8-cyl., 127.5" wb						
4d Twn Sed	850	2650	4400	8800	15,400	22,000
C-33 series.						

1942
Royal, 6-cyl., 121.5" wb

	6	5	4	3	2	1
2d 3P Cpe	550	1700	2800	5600	9800	14,000
2d 6P Clb Cpe	550	1750	2900	5800	10,200	14,500
2d Brgm	450	1400	2300	4600	8100	11,500
4d Sed	450	1450	2400	4800	8400	12,000
4d Twn Sed	450	1500	2500	5000	8800	12,500
Royal, 6-cyl., 139.5" wb						
4d 8P Sed	450	1500	2450	4900	8600	12,300
4d 8P Limo	500	1550	2550	5100	9000	12,800
Windsor, 6-cyl., 121.5" wb						
2d Conv Cpe	800	2500	4200	8400	14,700	21,000
2d 3P Cpe	600	1850	3100	6200	10,900	15,500
2d 6P Cpe	600	1900	3200	6400	11,200	16,000
2d Brgm	450	1450	2400	4800	8400	12,000
4d Sed	450	1500	2500	5000	8800	12,500
4d Twn Sed	450	1450	2400	4800	8400	12,000
4d 6P T&C Wag	1300	4200	7000	14,000	24,500	35,000
4d 9P T&C Wag	1400	4450	7400	14,800	25,900	37,000
Windsor, 6-cyl., 139.5" wb						
4d 8P Sed	500	1550	2550	5100	9000	12,800
4d 8P Limo	500	1600	2650	5300	9300	13,300
Saratoga, 8-cyl., 127.5" wb						
2d 6P Cpe	650	2100	3500	7000	12,300	17,500
2d 3P Cpe	650	2050	3400	6800	11,900	17,000
2d Brgm	450	1500	2450	4900	8600	12,300
4d Sed	450	1500	2500	5000	8700	12,400
4d Twn Sed	500	1650	2750	5500	9700	13,800
New Yorker, 8-cyl., 127.5" wb						
2d Conv Cpe	900	2900	4800	9600	16,800	24,000
2d Der Conv Cpe	1250	3950	6600	13,200	23,100	33,000
2d 6P Cpe	700	2200	3700	7400	13,000	18,500
2d 3P Cpe	700	2150	3600	7200	12,600	18,000
2d Brgm	500	1550	2550	5100	9000	12,800
4d Sed	500	1550	2600	5200	9000	12,900
4d Twn Sed	550	1700	2850	5700	10,000	14,300
Crown Imperial, 8-cyl., 145.5" wb						
4d 6P Sed	550	1800	3000	6000	10,500	15,000
4d 8P Sed	600	1900	3200	6400	11,200	16,000
4d 8P Sed Limo	700	2150	3600	7200	12,600	18,000
Derham Customs						
4d Conv Sed	1200	3850	6400	12,800	22,400	32,000
4d T&C	850	2750	4600	9200	16,100	23,000
4d Fml T&C	900	2900	4800	9600	16,800	24,000

1946-1948
Royal Series, 6-cyl., 121.5" wb

	6	5	4	3	2	1
2d Cpe	550	1800	3000	6000	10,500	15,000
2d Clb Cpe	600	1850	3100	6200	10,900	15,500
2d Sed	450	1450	2400	4800	8400	12,000
4d Sed	450	1450	2400	4800	8400	12,000
Royal Series, 6-cyl., 139.5" wb						
4d Sed	550	1750	2900	5800	10,200	14,500
4d Limo	600	2000	3300	6600	11,600	16,500

1947 Chrysler Windsor Town & Country sedan

	6	5	4	3	2	1
Windsor Series, 6-cyl., 121.5" wb						
2d Conv	1000	3100	5200	10,400	18,200	26,000
2d Cpe	600	1900	3200	6400	11,200	16,000
2d Clb Cpe	600	2000	3300	6600	11,600	16,500
2d Sed	450	1450	2400	4800	8400	12,000
4d Sed	450	1450	2450	4900	8500	12,200
4d Trav Sed	450	1500	2500	5000	8700	12,400
Windsor Series, 6-cyl., 139.5" wb						
4d Sed	600	1850	3100	6200	10,900	15,500
4d Limo	650	2050	3400	6800	11,900	17,000
Saratoga Series, 8-cyl., 127.5" wb						
2d 3P Cpe	600	2000	3300	6600	11,600	16,500
2d Clb Cpe	650	2050	3400	6800	11,900	17,000
2d Sed	500	1500	2550	5100	8900	12,700
4d Sed	500	1550	2550	5100	9000	12,800
New Yorker, 8-cyl., 127.5" wb						
2d Conv	1100	3500	5800	11,600	20,300	29,000
2d Cpe	600	1900	3200	6400	11,200	16,000
2d Clb Cpe	600	2000	3300	6600	11,600	16,500
2d Sed	500	1550	2550	5100	9000	12,800
4d Sed	500	1550	2600	5200	9100	13,000
Town & Country						
2d Conv	3400	10,800	18,000	36,000	63,000	90,000
4d Sed	1700	5400	9000	18,000	31,500	45,000
Imperial C-40						
4d Limo	700	2300	3800	7600	13,300	19,000
4d 8P Sed	700	2150	3600	7200	12,600	18,000

1949

First Series 1949 is the same as 1948

	6	5	4	3	2	1
Royal - Second Series, 6-cyl., 125.5" wb						
2d Clb Cpe	550	1700	2800	5600	9800	14,000
4d Sed	450	1500	2500	5000	8800	12,500
4d Sta Wag	900	2900	4800	9600	16,800	24,000
Royal - Second Series, 6-cyl., 139.5" wb						
4d Sed	500	1550	2550	5100	9000	12,800
Windsor - Second Series, 6-cyl., 125.5" wb						
2d Conv	850	2750	4600	9200	16,100	23,000
2d Clb Cpe	550	1750	2900	5800	10,200	14,500
4d Sed	500	1500	2550	5100	8900	12,700
Windsor - Second Series, 6-cyl., 139.5" wb						
4d Sed	550	1700	2800	5600	9800	14,000
4d Limo	550	1800	3000	6000	10,500	15,000
Saratoga - Second Series, 8-cyl., 131.5" wb						
2d Clb Cpe	550	1750	2900	5800	10,200	14,500
4d Sed	450	1450	2400	4800	8400	12,000
New Yorker - Second Series, 8-cyl., 131.5" wb						
2d Conv	950	3000	5000	10,000	17,500	25,000
2d Clb Cpe	550	1800	3000	6000	10,500	15,000
4d Sed	500	1550	2600	5200	9100	13,000
Town & Country - Second Series, 8-cyl., 131.5" wb						
2d Conv	2250	7200	12,000	24,000	42,000	60,000
Imperial - Second Series, 8-cyl., 131.5" wb						
4d Sed Der	650	2050	3400	6800	11,900	17,000
Crown Imperial, 8-cyl., 145.5" wb						
4d 8P Sed	700	2150	3600	7200	12,600	18,000
4d Limo	750	2400	4000	8000	14,000	20,000

	6	5	4	3	2	1
1950						
Royal Series, 6-cyl., 125.5" wb						
4d Sed	450	1400	2350	4700	8300	11,800
4d Clb Cpe	500	1550	2600	5200	9100	13,000
4d T&C Sta Wag	850	2750	4600	9200	16,100	23,000
4d Sta Wag	950	3000	5000	10,000	17,500	25,000
Royal Series, 6-cyl., 139.5" wb						
4d Sed	500	1550	2600	5200	9100	13,000
Windsor Series, 6-cyl., 125.5" wb						
2d Conv	900	2900	4800	9600	16,800	24,000
2d HT	700	2150	3600	7200	12,600	18,000
2d Clb Cpe	550	1750	2900	5800	10,200	14,500
4d Sed	450	1450	2400	4800	8400	12,000
4d Trav Sed	450	1450	2400	4800	8500	12,100
Windsor Series, 6-cyl., 139.5" wb						
4d Sed	550	1700	2800	5600	9800	14,000
4d Limo	600	1900	3200	6400	11,200	16,000
Saratoga, 8-cyl., 131.5" wb						
2d Clb Cpe	550	1700	2800	5600	9800	14,000
4d Sed	450	1450	2450	4900	8500	12,200
New Yorker, 8-cyl., 131.5" wb						
2d Conv	1050	3350	5600	11,200	19,600	28,000
2d HT	850	2650	4400	8800	15,400	22,000
2d Clb Cpe	550	1700	2800	5600	9800	14,000
4d Sed	500	1550	2600	5200	9100	13,000
Town & Country, 8-cyl., 131.5" wb						
2d HT	1700	5400	9000	18,000	31,500	45,000
Imperial , 8-cyl., 131.5" wb						
4d Sed	550	1800	3000	6000	10,500	15,000
Crown Imperial, 8-cyl., 145.5" wb						
4d Sed	600	1900	3200	6400	11,200	16,000
4d Limo	700	2150	3600	7200	12,600	18,000
1951-1952						
Windsor Series, 6-cyl., 125.5" wb						
2d Clb Cpe	550	1700	2800	5600	9800	14,000
4d Sed	450	1400	2300	4600	8100	11,500
4d T&C Sta Wag	850	2750	4600	9200	16,100	23,000
Windsor Series, 6-cyl., 139.5" wb						
4d Sed	450	1400	2300	4600	8100	11,500
Windsor DeLuxe, 6-cyl., 125.5" wb						
2d Conv	850	2650	4400	8800	15,400	22,000
2d HT	700	2150	3600	7200	12,600	18,000
2d Clb Cpe (1951 only)	550	1700	2800	5600	9800	14,000
4d Sed	450	1400	2300	4600	8100	11,600
4d Trav Sed	450	1450	2400	4800	8400	12,000
Windsor DeLuxe, 6-cyl., 139.5" wb						
4d Sed	450	1500	2500	5000	8800	12,500
4d Limo	500	1550	2600	5200	9100	13,000
Saratoga, 8-cyl., 125.5" wb						
2d Conv (1952 only)	850	2650	4400	8800	15,400	22,000
2d HT Nwpt (1952 only)	700	2300	3800	7600	13,300	19,000
2d Clb Cpe (1951 only)	550	1800	3000	6000	10,500	15,000
4d Sed	500	1600	2700	5400	9500	13,500
4d T&C Sta Wag (1951 only)	900	2900	4800	9600	16,800	24,000
Windsor or Saratoga, 8-cyl., 125.5" wb						
4d Sed	550	1750	2900	5800	10,200	14,500
2d Clb Cpe (1952 only)	550	1750	2900	5800	10,200	14,500
4d T&C Sta Wag (1952 only)	850	2650	4400	8800	15,400	22,000
4d Limo (1951 only)	600	2000	3300	6600	11,600	16,500
New Yorker, 8-cyl., 131.5" wb						
2d Conv	950	3000	5000	10,000	17,500	25,000
2d HT	750	2400	4000	8000	14,000	20,000
2d Clb Cpe (1951 only)	600	2000	3300	6600	11,600	16,500
4d Sed	600	1850	3100	6200	10,900	15,500
4d T&C Sta Wag (1951 only)	900	2900	4800	9600	16,800	24,000
Imperial, 8-cyl., 131.5" wb						
2d Conv (1951 only)	900	2900	4800	9600	16,800	24,000
2d HT	800	2500	4200	8400	14,700	21,000
2d Clb Cpe	650	2050	3400	6800	11,900	17,000
4d Sed	600	2000	3300	6600	11,600	16,500
Crown Imperial, 8-cyl., 145.5" wb						
4d Sed	600	1900	3200	6400	11,200	16,000
4d Limo	700	2300	3800	7600	13,300	19,000

1953

	6	5	4	3	2	1
Windsor Series, 6-cyl., 125.5" wb						
2d Clb Cpe	500	1550	2600	5200	9100	13,000
4d Sed	450	1450	2400	4800	8400	12,000
4d T&C Sta Wag	850	2650	4400	8800	15,400	22,000
Windsor Series, 6-cyl., 139.5" wb						
4d Sed	450	1450	2400	4800	8500	12,100
Windsor DeLuxe Series, 6-cyl., 125.5" wb						
2d Conv	700	2300	3800	7600	13,300	19,000
2d HT	650	2050	3400	6800	11,900	17,000
4d Sed	450	1500	2450	4900	8600	12,300
New Yorker, 8-cyl., 125.5" wb						
2d Clb Cpe	550	1750	2900	5800	10,200	14,500
2d HT	700	2300	3800	7600	13,300	19,000
4d Sed	500	1550	2550	5100	9000	12,800
4d T&C Sta Wag	850	2750	4600	9200	16,100	23,000
New Yorker, 8-cyl., 139.5" wb						
4d Sed	500	1600	2650	5300	9300	13,300
New Yorker Deluxe, 8-cyl., 125.5" wb						
2d Conv	900	2900	4800	9600	16,800	24,000
2d HT	750	2400	4000	8000	14,000	20,000
2d Clb Cpe	550	1800	3000	6000	10,500	15,000
4d Sed	500	1550	2600	5200	9200	13,100
Custom Imperial Series, 8-cyl., 133.5" wb						
4d Sed	550	1800	3000	6000	10,500	15,000
4d Twn Limo	650	2050	3400	6800	11,900	17,000
Custom Imperial, 8-cyl., 131.5" wb						
2d HT	950	3000	5000	10,000	17,500	25,000
Crown Imperial, 8-cyl., 145.5" wb						
4d Sed	600	2000	3300	6600	11,600	16,500
4d Limo	700	2150	3600	7200	12,600	18,000

1954 Chrysler New Yorker Deluxe convertible

1954

	6	5	4	3	2	1
Windsor DeLuxe Series, 6-cyl., 125.5" wb						
2d Conv	900	2900	4800	9600	16,800	24,000
2d HT	750	2400	4000	8000	14,000	20,000
2d Clb Cpe	500	1600	2700	5400	9500	13,500
4d Sed	450	1450	2400	4800	8400	12,000
4d T&C Sta Wag	750	2400	4000	8000	14,000	20,000
Windsor DeLuxe Series, 6-cyl., 139.5" wb						
4d Sed	500	1600	2700	5400	9500	13,500
New Yorker Series, 8-cyl., 125.5" wb						
2d HT	850	2650	4400	8800	15,400	22,000
2d Clb Cpe	550	1800	3000	6000	10,500	15,000
4d Sed	500	1600	2700	5400	9500	13,500
4d T&C Sta Wag	800	2500	4200	8400	14,700	21,000
New Yorker Series, 8-cyl., 139.5" wb						
4d Sed	550	1700	2800	5600	9800	14,000
New Yorker DeLuxe Series, 8-cyl., 125.5" wb						
2d Conv	1100	3500	5800	11,600	20,300	29,000
2d HT	850	2750	4600	9200	16,100	23,000
2d Clb Cpe	550	1700	2800	5600	9800	14,000
4d Sed	550	1750	2900	5800	10,200	14,500
Custom Imperial Line, 8-cyl., 133.5" wb						
4d Sed	650	2050	3400	6800	11,900	17,000

	6	5	4	3	2	1
4d Limo	700	2300	3800	7600	13,300	19,000
Custom Imperial Line, 8-cyl., 131" wb						
2d HT Newport	950	3000	5000	10,000	17,500	25,000
Crown Imperial Line, 8-cyl., 145.5" wb						
4d Sed	650	2100	3500	7000	12,300	17,500
4d Limo	750	2400	4000	8000	14,000	20,000
1955						
Windsor DeLuxe Series, V-8, 126" wb						
2d Conv	1000	3100	5200	10,400	18,200	26,000
2d HT Newport	800	2500	4200	8400	14,700	21,000
2d HT Nassau	750	2400	4000	8000	14,000	20,000
4d Sed	500	1550	2600	5200	9100	13,000
4d T&C Sta Wag	700	2150	3600	7200	12,600	18,000
New Yorker Deluxe Series, V-8, 126" wb						
2d Conv	1100	3500	5800	11,600	20,300	29,000
2d HT St Regis	850	2650	4400	8800	15,400	22,000
2d HT Newport	800	2500	4200	8400	14,700	21,000
4d Sed	550	1700	2800	5600	9800	14,000
4d T&C Sta Wag	750	2400	4000	8000	14,000	20,000
300 Series, V-8, 126" wb						
2d Spt Cpe	1350	4300	7200	14,400	25,200	36,000
Imperial Series, V-8						
4d Sed	550	1800	3000	6000	10,500	15,000
2d HT Newport	850	2750	4600	9200	16,100	23,000
Crown Imperial Series, V-8						
4d 8P Sed	700	2300	3800	7600	13,300	19,000
4d 8P Limo	850	2750	4600	9200	16,100	23,000
1956						
Windsor Series, V-8						
2d Conv	1000	3250	5400	10,800	18,900	27,000
2d HT Newport	850	2650	4400	8800	15,400	22,000
2d HT Nassau	800	2500	4200	8400	14,700	21,000
4d HT	550	1800	3000	6000	10,500	15,000
4d Sed	500	1550	2600	5200	9100	13,000
4d T&C Sta Wag	700	2300	3800	7600	13,300	19,000
New Yorker Series, V-8						
2d Conv	1150	3600	6000	12,000	21,000	30,000
2d HT St Regis	900	2900	4800	9600	16,800	24,000
2d HT Newport	850	2750	4600	9200	16,100	23,000
4d HT	700	2150	3600	7200	12,600	18,000
4d Sed	550	1700	2800	5600	9800	14,000
4d T&C Sta Wag	750	2400	4000	8000	14,000	20,000
300 Letter Series "B", V-8						
2d HT	1350	4300	7200	14,400	25,200	36,000
Imperial Line, V-8						
4d Sed	550	1800	3000	6000	10,500	15,000
4d HT S Hamp	700	2150	3600	7200	12,600	18,000
2d HT S Hamp	850	2750	4600	9200	16,100	23,000
Crown Imperial Line, V-8						
4d 8P Sed	750	2400	4000	8000	14,000	20,000
4d 8P Limo	850	2650	4400	8800	15,400	22,000

1957 Chrysler Imperial four-door hardtop

1957
Windsor Series, V-8

	6	5	4	3	2	1
2d HT	750	2400	4000	8000	14,000	20,000
4d HT	550	1800	3000	6000	10,500	15,000
4d Sed	450	1450	2400	4800	8400	12,000
4d T&C Sta Wag	550	1700	2800	5600	9800	14,000

	6	5	4	3	2	1
Saratoga Series, V-8						
2d HT	850	2650	4400	8800	15,400	22,000
4d HT	650	2050	3400	6800	11,900	17,000
4d Sed	450	1500	2500	5000	8800	12,500
New Yorker Series, V-8						
2d Conv	1150	3600	6000	12,000	21,000	30,000
2d HT	950	3000	5000	10,000	17,500	25,000
4d HT	700	2150	3600	7200	12,600	18,000
4d Sed	500	1550	2600	5200	9100	13,000
4d T&C Sta Wag	550	1800	3000	6000	10,500	15,000
300 Letter Series "C", V-8						
2d Conv	1800	5750	9600	19,200	33,600	48,000
2d HT	1450	4700	7800	15,600	27,300	39,000
Imperial Line, V-8						
2d HT S Hamp	850	2750	4600	9200	16,100	23,000
4d HT S Hamp	750	2400	4000	8000	14,000	20,000
4d Sed	700	2150	3600	7200	12,600	18,000
Crown Imperial Line, V-8						
2d Conv	1100	3500	5800	11,600	20,300	29,000
2d HT S Hamp	900	2900	4800	9600	16,800	24,000
4d HT S Hamp	800	2500	4200	8400	14,700	21,000
4d Sed	700	2300	3800	7600	13,300	19,000
Imperial LeBaron Line, V-8						
4d Sed	750	2400	4000	8000	14,000	20,000
4d HT S Hamp	850	2650	4400	8800	15,400	22,000
Crown Imperial Ghia, V-8						
4d 8P Limo	1000	3100	5200	10,400	18,200	26,000
1958						
Windsor Series, V-8						
2d HT	700	2300	3800	7600	13,300	19,000
4d HT	550	1700	2800	5600	9800	14,000
4d Sed	450	1450	2400	4800	8400	12,000
4d T&C Sta Wag	550	1750	2900	5800	10,200	14,500
Saratoga Series, V-8						
2d HT	750	2400	4000	8000	14,000	20,000
4d HT	550	1800	3000	6000	10,500	15,000
4d Sed	500	1550	2600	5200	9100	13,000
New Yorker Series, V-8						
2d Conv	1200	3850	6400	12,800	22,400	32,000
2d HT	850	2650	4400	8800	15,400	22,000
4d HT	600	1900	3200	6400	11,200	16,000
4d Sed	550	1700	2800	5600	9800	14,000
4d 6P T&C Sta Wag	550	1750	2900	5800	10,200	14,500
4d 9P T&C Sta Wag	550	1750	2950	5900	10,300	14,700
300 Letter Series "D"						
2d Conv	1850	5900	9800	19,600	34,300	49,000
2d HT	1500	4800	8000	16,000	28,000	40,000
NOTE: Add 40 percent for EFI.						
Imperial Line, V-8						
2d HT S Hamp	850	2650	4400	8800	15,400	22,000
4d HT S Hamp	700	2300	3800	7600	13,300	19,000
4d Sed	700	2150	3600	7200	12,600	18,000
Crown Imperial Line, V-8						
2d Conv	1050	3350	5600	11,200	19,600	28,000
2d HT S Hamp	900	2900	4800	9600	16,800	24,000
4d HT S Hamp	750	2400	4000	8000	14,000	20,000
4d Sed	700	2300	3800	7600	13,300	19,000
Imperial LeBaron Line, V-8						
4d Sed	750	2400	4000	8000	14,000	20,000
4d HT S Hamp	850	2650	4400	8800	15,400	22,000
Crown Imperial Ghia, V-8						
4d Limo	1000	3100	5200	10,400	18,200	26,000
1959						
Windsor Series, V-8						
2d Conv	850	2650	4400	8800	15,400	22,000
2d HT	650	2050	3400	6800	11,900	17,000
4d HT	500	1550	2600	5200	9100	13,000
4d Sed	400	1300	2200	4400	7700	11,000
Town & Country Series, V-8						
4d 6P Sta Wag	450	1500	2500	5000	8800	12,500
4d 9P Sta Wag	450	1400	2350	4700	8200	11,700
Saratoga Series, V-8						
4d Sed	400	1300	2200	4400	7700	11,000
4d HT	550	1700	2800	5600	9800	14,000
2d HT	700	2150	3600	7200	12,600	18,000

	6	5	4	3	2	1
New Yorker Series, V-8						
2d Conv	1150	3600	6000	12,000	21,000	30,000
2d HT	750	2400	4000	8000	14,000	20,000
4d HT	550	1800	3000	6000	10,500	15,000
4d Sed	450	1400	2300	4600	8100	11,500
Town & Country, V-8						
4d 6P Sta Wag	550	1700	2800	5600	9800	14,000
4d 9P Sta Wag	550	1700	2850	5700	9900	14,200
300 Letter Series "E", V-8						
2d Conv	1750	5500	9200	18,400	32,200	46,000
2d HT	1500	4800	8000	16,000	28,000	40,000
Imperial Custom Line, V-8						
4d Sed	550	1700	2800	5600	9800	14,000
4d HT S Hamp	650	2050	3400	6800	11,900	17,000
2d HT S Hamp	850	2650	4400	8800	15,400	22,000
Crown Imperial Line, V-8						
2d Conv	1050	3350	5600	11,200	19,600	28,000
2d HT S Hamp	900	2900	4800	9600	16,800	24,000
4d Sed	550	1800	3000	6000	10,500	15,000
4d HT S Hamp	700	2150	3600	7200	12,600	18,000
Imperial LeBaron Line, V-8						
4d Sed	600	1900	3200	6400	11,200	16,000
4d HT S Hamp	700	2300	3800	7600	13,300	19,000
Crown Imperial Ghia, V-8						
4d Limo	1000	3100	5200	10,400	18,200	26,000
1960						
Windsor Series, V-8						
2d Conv	600	1900	3200	6400	11,200	16,000
2d HT	450	1450	2400	4800	8400	12,000
4d HT	400	1300	2200	4400	7700	11,000
4d Sed	400	1200	2000	4000	7000	10,000
Town & Country Series, V-8						
4d 9P Sta Wag	400	1350	2250	4500	7800	11,200
4d 6P Sta Wag	400	1300	2200	4400	7700	11,000
Saratoga Series, V-8						
2d HT	500	1550	2600	5200	9100	13,000
4d HT	450	1450	2400	4800	8400	12,000
4d Sed	400	1200	2050	4100	7100	10,200
New Yorker Series, V-8						
2d Conv	700	2300	3800	7600	13,300	19,000
2d HT	550	1800	3000	6000	10,500	15,000
4d HT	500	1550	2600	5200	9100	13,000
4d Sed	400	1250	2100	4200	7400	10,500
Town & Country Series, V-8, 126" wb						
4d 9P Sta Wag	450	1450	2450	4900	8500	12,200
4d 6P Sta Wag	450	1450	2400	4800	8400	12,000
300 Letter Series "F", V-8						
2d Conv	2250	7200	12,000	24,000	42,000	60,000
2d HT	1800	5750	9600	19,200	33,600	48,000

NOTE: 300 Letter Series cars containing the Pont-A-Mousson 4-speed transmission, the value is not estimable.

	6	5	4	3	2	1
Custom Imperial Line, V-8						
2d HT S Hamp	550	1800	3000	6000	10,500	15,000
4d HT S Hamp	500	1550	2600	5200	9100	13,000
4d Sed	400	1300	2200	4400	7700	11,000
Crown Imperial Line, V-8						
2d Conv	1050	3350	5600	11,200	19,600	28,000
2d HT S Hamp	850	2650	4400	8800	15,400	22,000
4d HT S Hamp	650	2050	3400	6800	11,900	17,000
4d Sed	550	1700	2800	5600	9800	14,000
Imperial LeBaron Line						
4d Sed	550	1750	2900	5800	10,200	14,500
4d HT S Hamp	650	2100	3500	7000	12,300	17,500
Crown Imperial Ghia, V-8						
4d Limo	1000	3100	5200	10,400	18,200	26,000
1961						
Newport Series, V-8						
2d Conv	550	1700	2800	5600	9800	14,000
2d HT	400	1300	2200	4400	7700	11,000
4d HT	400	1250	2100	4200	7400	10,500
4d Sed	450	1140	1900	3800	6650	9500
4d 6P Sta Wag	400	1200	2000	4000	7000	10,000
4d 9P Sta Wag	400	1200	2000	4000	7100	10,100
Windsor Series, V-8						
2d HT	450	1400	2300	4600	8100	11,500
4d HT	400	1300	2200	4400	7700	11,000
4d Sed	400	1200	2000	4000	7000	10,000

	6	5	4	3	2	1
New Yorker Series, V-8						
2d Conv	600	1900	3200	6400	11,200	16,000
2d HT	450	1450	2400	4800	8400	12,000
4d HT	400	1300	2200	4400	7700	11,000
4d Sed	400	1250	2100	4200	7400	10,500
4d 6P Sta Wag	400	1300	2200	4400	7700	11,000
4d 9P Sta Wag	400	1350	2200	4400	7800	11,100
300 Letter Series "G", V-8						
2d Conv	1750	5500	9200	18,400	32,200	46,000
2d HT	1350	4300	7200	14,400	25,200	36,000
NOTE: Add 20 percent for 400HP engine.						
Custom Imperial Line, V-8						
2d HT S Hamp	450	1500	2500	5000	8800	12,500
4d HT S Hamp	400	1300	2200	4400	7700	11,000
Crown Imperial Line, V-8						
2d Conv	750	2400	4000	8000	14,000	20,000
2d HT S Hamp	500	1550	2600	5200	9100	13,000
4d HT S Hamp	450	1400	2300	4600	8100	11,500
Imperial LeBaron Line, V-8						
4d HT S Hamp	450	1450	2400	4800	8400	12,000
Crown Imperial Ghia, V-8						
4d Limo	900	2900	4800	9600	16,800	24,000

1962

	6	5	4	3	2	1
Newport Series, V-8						
4d Sed	450	1150	1900	3850	6700	9600
4d HT	400	1200	2000	4000	7000	10,000
2d Conv	500	1550	2600	5200	9100	13,000
2d HT	450	1400	2300	4600	8100	11,500
4d 6P HT Wag	400	1300	2200	4400	7700	11,000
4d 9P HT Wag	400	1350	2250	4500	7800	11,200
300 Series						
2d Conv	600	1900	3200	6400	11,200	16,000
2d HT	450	1450	2400	4800	8400	12,000
4d HT	400	1300	2200	4400	7700	11,000
300 Letter Series "H", V-8						
2d Conv	1700	5400	9000	18,000	31,500	45,000
2d HT	1300	4200	7000	14,000	24,500	35,000
New Yorker Series, V-8						
4d Sed	450	1080	1800	3600	6300	9000
4d HT	450	1400	2300	4600	8100	11,500
4d 6P HT Wag	450	1450	2400	4800	8400	12,000
4d 9P HT Wag	450	1450	2450	4900	8500	12,200
Custom Imperial Line, V-8						
2d HT S Hamp	500	1550	2600	5200	9100	13,000
4d HT S Hamp	400	1300	2200	4400	7700	11,000
Crown Imperial Line, V-8						
2d Conv	700	2300	3800	7600	13,300	19,000
2d HT S Hamp	450	1450	2400	4800	8400	12,000
4d HT S Hamp	450	1400	2300	4600	8100	11,500
Imperial LeBaron Line, V-8						
4d HT S Hamp	450	1450	2400	4800	8400	12,000

1963

	6	5	4	3	2	1
Newport Series, V-8						
2d Conv	550	1700	2800	5600	9800	14,000
2d HT	450	1400	2300	4600	8100	11,500
4d HT	450	1080	1800	3600	6300	9000
4d Sed	350	1020	1700	3400	5950	8500
4d 6P Sta Wag	400	1300	2200	4400	7700	11,000
4d 9P Sta Wag	400	1350	2250	4500	7800	11,200
300 Series, "383" V-8						
2d Conv	600	1900	3200	6400	11,200	16,000
2d HT	450	1500	2500	5000	8800	12,500
4d HT	400	1250	2100	4200	7400	10,500
300 "Pacesetter" Series, "383" V-8						
2d Conv	600	1900	3200	6400	11,200	16,000
2d HT	450	1450	2400	4800	8400	12,000
300 Letter Series "J", "413" V-8						
2d HT	1000	3100	5200	10,400	18,200	26,000
New Yorker Series, V-8						
4d Sed	450	1080	1800	3600	6300	9000
4d HT	400	1200	2000	4000	7000	10,000
4d HT Salon	400	1200	2050	4100	7100	10,200
4d 6P Sta Wag	450	1400	2350	4700	8200	11,700
4d 9P Sta Wag	450	1400	2350	4700	8200	11,700

	6	5	4	3	2	1
Custom Imperial Line, V-8						
2d HT S Hamp	450	1500	2500	5000	8800	12,500
4d HT S Hamp	400	1300	2200	4400	7700	11,000
Crown Imperial Line, V-8						
2d Conv	650	2050	3400	6800	11,900	17,000
2d HT S Hamp	450	1500	2500	5000	8800	12,500
4d HT S Hamp	400	1300	2200	4400	7700	11,000
Imperial LeBaron Line, V-8						
4d HT S Hamp	450	1450	2400	4800	8400	12,000
Crown Imperial Ghia, V-8						
4d 8P Sed	550	1800	3000	6000	10,500	15,000
4d 8P Limo	750	2400	4000	8000	14,000	20,000
1964						
Newport Series, V-8						
2d Conv	500	1550	2600	5200	9100	13,000
2d HT	400	1200	2000	4000	7000	10,000
4d HT	450	1080	1800	3600	6300	9000
4d Sed	350	1020	1700	3400	5950	8500
Town & Country Series, V-8						
4d 9P Sta Wag	450	1140	1900	3800	6650	9500
4d 6P Sta Wag	450	1130	1900	3800	6600	9400
300 Series						
2d Conv	600	1900	3200	6400	11,200	16,000
2d HT	400	1250	2100	4200	7400	10,500
4d HT	450	1140	1900	3800	6650	9500
300 Letter Series "K", V-8						
2d Conv	1200	3850	6400	12,800	22,400	32,000
2d HT	1000	3100	5200	10,400	18,200	26,000
NOTE: Add 10 percent for two 4 barrel carbs.						
New Yorker Series, V-8						
4d Sed	450	1140	1900	3800	6650	9500
4d HT	400	1200	2000	4000	7000	10,000
4d HT Salon	400	1250	2100	4200	7400	10,500
Town & Country Series, V-8						
4d 9P HT Wag	400	1350	2250	4500	7800	11,200
4d 6P HT Wag	400	1300	2200	4400	7700	11,000
Imperial Crown, V-8						
2d Conv	700	2150	3600	7200	12,600	18,000
2d HT	450	1450	2400	4800	8400	12,000
4d HT	450	1400	2300	4600	8100	11,500
Imperial LeBaron, V-8						
4d HT	500	1550	2600	5200	9100	13,000
Crown Imperial Ghia, V-8						
4d Limo	750	2350	3900	7800	13,700	19,500
1965						
Newport Series, V-8						
2d Conv	450	1500	2500	5000	8800	12,500
2d HT	400	1250	2100	4200	7400	10,500
4d HT	450	1140	1900	3800	6650	9500
4d Sed	350	1020	1700	3400	5950	8500
4d 6W Sed	350	1000	1650	3350	5800	8300
Town & Country Series, V-8						
4d 6P Wag	400	1200	2000	4000	7000	10,000
4d 9P Wag	400	1200	2050	4100	7100	10,200
300 Series						
2d Conv	550	1800	3000	6000	10,500	15,000
2d HT	400	1300	2200	4400	7700	11,000
4d HT	450	1140	1900	3800	6650	9500
300 Letter Series "L", V-8						
2d Conv	1100	3500	5800	11,600	20,300	29,000
2d HT	950	3000	5000	10,000	17,500	25,000
New Yorker Series, V-8						
2d HT	450	1400	2300	4600	8100	11,500
4d HT	400	1200	2000	4000	7000	10,000
4d 6W Sed	450	1080	1800	3600	6300	9000
Town & Country Series, V-8						
4d 6P Wag	400	1300	2200	4400	7700	11,000
4d 9P Wag	400	1350	2250	4500	7800	11,200
Crown Imperial Line, V-8						
2d Conv	650	2050	3400	6800	11,900	17,000
2d HT	450	1450	2400	4800	8400	12,000
4d HT	400	1300	2200	4400	7700	11,000
Imperial LeBaron Line, V-8						
4d HT	450	1500	2500	5000	8800	12,500
Crown Imperial Ghia, V-8						
4d Limo	750	2400	4000	8000	14,000	20,000

1966 Chrysler 300 convertible

	6	5	4	3	2	1
1966						
Newport Series, V-8						
2d Conv	550	1700	2800	5600	9800	14,000
2d HT	400	1300	2200	4400	7700	11,000
4d HT	400	1200	2000	4000	7000	10,000
4d Sed	450	1080	1800	3600	6300	9000
4d 6W Sed	450	1050	1800	3600	6200	8900
Town & Country Series, V-8						
4d 6P Sta Wag	400	1300	2200	4400	7700	11,000
4d 9P Sta Wag	400	1350	2250	4500	7800	11,200
Chrysler 300, V-8						
2d Conv	750	2400	4000	8000	14,000	20,000
2d HT	550	1800	3000	6000	10,500	15,000
4d HT	400	1300	2200	4400	7700	11,000
New Yorker, V-8						
2d HT	450	1400	2300	4600	8100	11,500
4d HT	400	1300	2200	4400	7700	11,000
4d 6W Sed	400	1250	2100	4200	7400	10,500
Imperial, V-8						
2d Conv	700	2150	3600	7200	12,600	18,000
2d HT	500	1550	2600	5200	9100	13,000
4d HT	450	1450	2400	4800	8400	12,000
Imperial LeBaron, V-8						
4d HT	550	1700	2800	5600	9800	14,000
1967						
Newport, V-8, 124" wb						
2d Conv	550	1700	2800	5600	9800	14,000
2d HT	450	1400	2300	4600	8100	11,500
4d HT	400	1250	2100	4200	7400	10,500
4d Sed	450	1090	1800	3650	6400	9100
4d Sta Wag	450	1400	2300	4600	8100	11,500
Newport Custom, V-8, 124" wb						
2d HT	450	1400	2300	4600	8100	11,500
4d HT	400	1250	2100	4200	7400	10,500
4d Sed	950	1100	1850	3700	6450	9200
300, V-8, 124" wb						
2d Conv	700	2150	3600	7200	12,600	18,000
2d HT	450	1500	2500	5000	8800	12,500
4d HT	400	1300	2200	4400	7700	11,000
New Yorker, V-8, 124" wb						
2d HT	450	1450	2400	4800	8400	12,000
4d HT	400	1300	2200	4400	7700	11,000
4d Sed	450	1140	1900	3800	6650	9500
Imperial, V-8, 127" wb						
2d Conv	750	2400	4000	8000	14,000	20,000
4d Sed	450	1500	2500	5000	8800	12,500
Imperial Crown						
4d HT	500	1550	2600	5200	9100	13,000
2d HT	600	1850	3100	6200	10,900	15,500

	6	5	4	3	2	1
4d HT	500	1550	2600	5200	9100	13,000
4d HT	500	1600	2700	5400	9500	13,500

1968
Newport, V-8, 124" wb

	6	5	4	3	2	1
2d Conv	550	1700	2800	5600	9800	14,000
2d HT	450	1450	2400	4800	8400	12,000
4d HT	400	1300	2200	4400	7700	11,000
4d Sed	400	1200	2000	4000	7000	10,000

Newport Custom, V-8, 124" wb

	6	5	4	3	2	1
2d HT	450	1450	2400	4800	8400	12,000
4d HT	400	1250	2100	4200	7400	10,600
4d Sed	450	1160	1950	3900	6800	9700

300, V-8, 124" wb

	6	5	4	3	2	1
2d Conv	700	2150	3600	7200	12,600	18,000
2d HT	450	1500	2500	5000	8800	12,500
4d HT	400	1300	2200	4400	7700	11,000

Town & Country, V-8, 122" wb

	6	5	4	3	2	1
4d Sta Wag	450	1400	2300	4600	8100	11,500

New Yorker, V-8, 124" wb

	6	5	4	3	2	1
2d HT	450	1500	2500	5000	8800	12,500
4d HT	450	1400	2300	4600	8100	11,500
4d Sed	400	1200	2000	4000	7000	10,000

Imperial, V-8, 127" wb

	6	5	4	3	2	1
2d Conv	750	2400	4000	8000	14,000	20,000
2d HT	600	1850	3100	6200	10,900	15,500
4d HT	500	1550	2600	5200	9100	13,000
4d Sed	450	1400	2300	4600	8100	11,500

Imperial LeBaron

	6	5	4	3	2	1
4d HT	550	1750	2900	5800	10,200	14,500

1969
Newport, V-8, 124" wb

	6	5	4	3	2	1
2d Conv	400	1300	2200	4400	7700	11,000
2d HT	350	840	1400	2800	4900	7000
4d HT	200	685	1150	2300	3990	5700
4d Sed	200	700	1050	2100	3650	5200

Newport Custom, V-8, 124" wb

	6	5	4	3	2	1
2d HT	350	860	1450	2900	5050	7200
4d HT	200	670	1200	2300	4060	5800
4d Sed	200	700	1075	2150	3700	5300

300, V-8, 124" wb

	6	5	4	3	2	1
2d Conv	400	1300	2200	4400	7700	11,000
2d HT	350	975	1600	3200	5600	8000
4d HT	350	780	1300	2600	4550	6500

New Yorker, V-8, 124" wb

	6	5	4	3	2	1
2d HT	350	975	1600	3200	5600	8000
4d HT	200	720	1200	2400	4200	6000
4d Sed	200	670	1200	2300	4060	5800

Town & Country, V-8, 122" wb

	6	5	4	3	2	1
4d Sta Wag	200	720	1200	2400	4200	6000

Imperial Crown, V-8, 127" wb

	6	5	4	3	2	1
2d HT	350	975	1600	3200	5600	8000
4d HT	350	780	1300	2600	4550	6500
4d Sed	200	720	1200	2400	4200	6000

Imperial LeBaron

	6	5	4	3	2	1
2d HT	350	1020	1700	3400	5950	8500
4d HT	350	780	1300	2600	4550	6500

1970
Newport, V-8, 124" wb

	6	5	4	3	2	1
2d HT	350	900	1500	3000	5250	7500
2d Conv	400	1250	2100	4200	7400	10,500
4d HT	200	720	1200	2400	4200	6000
4d Sed	200	685	1150	2300	3990	5700

Newport Custom

	6	5	4	3	2	1
2d HT	350	840	1400	2800	4900	7000
4d HT	350	800	1350	2700	4700	6700
4d Sed	200	720	1200	2400	4200	6000

300, V-8, 124" wb

	6	5	4	3	2	1
2d Conv	550	1800	3000	6000	10,500	15,000
2d HT Hurst	500	1550	2600	5200	9100	13,000
2d HT	350	975	1600	3200	5600	8000
4d HT	350	900	1500	3000	5250	7500

New Yorker, V-8, 124" wb

	6	5	4	3	2	1
2d HT	350	1020	1700	3400	5950	8500
4d HT	350	840	1400	2800	4900	7000
4d Sed	350	780	1300	2600	4550	6500

	6	5	4	3	2	1
Town & Country, V-8, 122" wb						
4d Sta Wag	350	780	1300	2600	4550	6500
Imperial Crown, V-8, 127" wb						
2d HT	450	1080	1800	3600	6300	9000
4d HT	350	900	1500	3000	5250	7500
Imperial LeBaron, V-8, 127" wb						
2d HT	450	1140	1900	3800	6650	9500
4d HT	350	975	1600	3200	5600	8000
1971						
Newport Royal, V-8, 124" wb						
2d HT	200	720	1200	2400	4200	6000
4d HT	200	675	1000	1950	3400	4900
4d Sed	150	650	975	1950	3350	4800
Newport, V-8, 124" wb						
2d HT	350	840	1400	2800	4900	7000
4d HT	200	700	1050	2100	3650	5200
4d Sed	200	675	1000	1950	3400	4900
Newport Custom						
2d HT	350	900	1500	3000	5250	7500
4d HT	200	660	1100	2200	3850	5500
4d Sed	200	675	1000	2000	3500	5000
300						
2d HT	350	975	1600	3200	5600	8000
4d HT	200	700	1050	2100	3650	5200
New Yorker						
2d HT	350	975	1600	3200	5600	8000
4d HT	200	720	1200	2400	4200	6000
4d Sed	200	700	1050	2050	3600	5100
Town & Country						
4d Sta Wag	200	660	1100	2200	3850	5500
Imperial LeBaron						
2d HT	350	1020	1700	3400	5950	8500
4d HT	350	780	1300	2600	4550	6500
1972						
Newport Royal						
2d HT	350	780	1300	2600	4550	6500
4d HT	200	675	1000	2000	3500	5000
4d Sed	150	575	900	1750	3100	4400
Newport Custom						
2d HT	350	840	1400	2800	4900	7000
4d HT	200	660	1100	2200	3850	5500
4d Sed	150	600	900	1800	3150	4500
New Yorker Brougham						
2d HT	350	900	1500	3000	5250	7500
4d HT	200	720	1200	2400	4200	6000
4d Sed	200	675	1000	2000	3500	5000
Town & Country						
4d Sta Wag	200	660	1100	2200	3850	5500
Imperial LeBaron						
2d HT	350	975	1600	3200	5600	8000
4d HT	350	780	1300	2600	4550	6500
1973						
Newport, V-8, 124" wb						
2d HT	200	660	1100	2200	3850	5500
4d HT	150	500	800	1600	2800	4000
4d Sed	150	475	775	1500	2650	3800
Newport Custom V-8						
2d HT	200	685	1150	2300	3990	5700
4d HT	150	550	850	1650	2900	4100
4d Sed	150	500	800	1600	2800	4000
New Yorker Brgm V-8						
2d HT	200	720	1200	2400	4200	6000
4d HT	150	600	900	1800	3150	4500
4d Sed	150	550	850	1650	2900	4100
Town & Country V-8						
4d 3S Sta Wag	150	475	775	1500	2650	3800
Imperial LeBaron V-8						
2d HT	200	745	1250	2500	4340	6200
4d HT	150	650	950	1900	3300	4700
1974						
Newport V-8						
2d HT	150	650	975	1950	3350	4800
4d HT	125	450	700	1400	2450	3500
4d Sed	125	400	700	1375	2400	3400

	6	5	4	3	2	1
Newport Custom V-8						
2d HT	200	675	1000	2000	3500	5000
4d HT	150	475	750	1475	2600	3700
4d Sed	125	450	750	1450	2500	3600
New Yorker V-8						
4d Sed	150	475	750	1475	2600	3700
4d HT	150	550	850	1675	2950	4200
New Yorker Brgm V-8						
2d HT	200	700	1050	2100	3650	5200
4d HT	150	500	800	1600	2800	4000
4d Sed	150	500	800	1550	2700	3900
Town & Country V-8						
4d 3S Sta Wag	150	500	800	1550	2700	3900
Imperial LeBaron						
2d HT	200	650	1100	2150	3780	5400
4d HT	150	575	875	1700	3000	4300

NOTE: Add 20 percent for Crown Coupe package (Orig. price $542.).

1975

	6	5	4	3	2	1
Cordoba V-8						
2d HT	200	660	1100	2200	3850	5500
Newport V-8						
2d HT	150	600	900	1800	3150	4500
4d HT	125	450	700	1400	2450	3500
4d Sed	125	400	700	1375	2400	3400
Newport Custom V-8						
2d HT	150	600	950	1850	3200	4600
4d HT	125	450	750	1450	2500	3600
4d Sed	125	450	700	1400	2450	3500
New Yorker Brgm V-8						
2d HT	150	650	975	1950	3350	4800
4d HT	150	475	775	1500	2650	3800
4d Sed	125	450	750	1450	2500	3600
Town & Country V-8						
4d 3S Sta Wag	125	450	750	1450	2500	3600
Imperial LeBaron						
2d HT	200	700	1050	2050	3600	5100
4d HT	150	500	800	1600	2800	4000

NOTE: Add 20 percent for Crown Coupe package (Orig. price $569.).

1976

	6	5	4	3	2	1
Cordoba, V-8						
2d HT	200	720	1200	2400	4200	6000
Newport, V-8						
2d HT	150	650	950	1900	3300	4700
4d HT	150	500	800	1550	2700	3900
4d Sed	125	450	700	1400	2450	3500
Newport Custom, V-8						
2d HT	200	675	1000	2000	3500	5000
4d HT	150	475	775	1500	2650	3800
4d Sed	125	450	750	1450	2500	3600
Town & Country, V-8						
4d 2S Sta Wag	125	450	750	1450	2500	3600
4d 3S Sta Wag	150	475	750	1475	2600	3700
New Yorker Brougham, V-8						
2d HT	200	700	1050	2100	3650	5200
4d HT	150	475	775	1500	2650	3800

1977

	6	5	4	3	2	1
LeBaron, V-8						
2d Cpe	150	500	800	1600	2800	4000
4d Sed	150	475	775	1500	2650	3800
LeBaron Medallion, V-8						
2d Cpe	150	550	850	1675	2950	4200
4d Sed	150	500	800	1600	2800	4000
Cordoba, V-8						
2d HT	200	660	1100	2200	3850	5500
Newport, V-8						
2d HT	150	600	900	1800	3150	4500
4d HT	150	475	775	1500	2650	3800
4d Sed	125	450	750	1450	2500	3600
Town & Country, V-8						
4d 2S Sta Wag	150	475	750	1475	2600	3700
4d 3S Sta Wag	150	475	775	1500	2650	3800
New Yorker Brougham, V-8						
2d HT	150	650	950	1900	3300	4700
4d HT	150	500	800	1550	2700	3900

1978	6	5	4	3	2	1
LeBaron						
2d Cpe	125	450	750	1450	2500	3600
2d 'S' Cpe	125	450	700	1400	2450	3500
4d 'S' Cpe	125	450	700	1400	2450	3500
4d Sed	125	450	700	1400	2450	3500
Town & Country						
4d Sta Wag	125	450	700	1400	2450	3500
LeBaron Medallion						
2d Cpe	150	475	750	1475	2600	3700
4d Sed	125	450	750	1450	2500	3600
Cordoba						
2d Cpe	200	660	1100	2200	3850	5500
Newport						
2d Cpe	150	475	775	1500	2650	3800
4d Sed	150	475	750	1475	2600	3700
New Yorker Brougham						
2d Cpe	150	500	800	1600	2800	4000
4d Sed	150	500	800	1550	2700	3900
1979						
LeBaron, V-8						
2d Cpe	125	450	750	1450	2500	3600
4d Sed	125	450	700	1400	2450	3500
LeBaron Salon, V-8						
2d Cpe	150	475	750	1475	2600	3700
4d Sed	125	450	750	1450	2500	3600
LeBaron Medallion, V-8						
2d Cpe	150	500	800	1550	2700	3900
4d Sed	150	475	775	1500	2650	3800
LeBaron Town & Country						
4d Sta Wag	150	475	775	1500	2650	3800
NOTE: Deduct 5 percent for 6-cyl.						
Cordoba, V-8						
2d Cpe	200	700	1050	2100	3650	5200
NOTE: Add 20 percent for 300 option.						
Newport, V-8						
4d Sed	150	500	800	1550	2700	3900
NOTE: Deduct 7 percent for 6-cyl.						
New Yorker, V-8						
4d Sed	150	550	850	1650	2900	4100

1980 Chrysler LeBaron LS coupe

1980						
LeBaron, V-8						
2d Cpe Medallion	150	500	800	1600	2800	4000
4d Sed Medallion	150	500	800	1550	2700	3900
4d Sta Wag T&C	150	500	800	1600	2800	4000
NOTE: Deduct 5 percent for lesser models.						
Cordoba, V-8						
2d Cpe Specialty	200	720	1200	2400	4200	6000
2d Cpe Spl Crown	350	780	1300	2600	4550	6500
2d Cpe Spl LS	200	700	1200	2350	4130	5900
NOTE: Deduct 12 percent for 6-cyl.						
Newport, V-8						
4d Sed	150	575	875	1700	3000	4300
New Yorker, V-8						
4d Sed	150	600	900	1800	3150	4500

1981	6	5	4	3	2	1
LeBaron, V-8						
2d Cpe Medallion	150	550	850	1650	2900	4100
4d Sed Medallion	150	500	800	1600	2800	4000
4d Sta Wag T&C	150	550	850	1650	2900	4100
NOTE: Deduct 12 percent for 6-cyl.						
Deduct 5 percent for lesser models.						
Cordoba, V-8						
2d Cpe Specialty LS	200	720	1200	2400	4200	6000
2d Cpe Specialty	200	730	1250	2450	4270	6100
NOTE: Deduct 12 percent for 6-cyl.						
Newport, V-8						
4d Sed	150	575	900	1750	3100	4400
NOTE: Deduct 10 percent for 6-cyl.						
New Yorker, V-8						
4d Sed	150	600	950	1850	3200	4600
Imperial, V-8						
2d Cpe	200	720	1200	2400	4200	6000
1982						
LeBaron, 4-cyl.						
2d Conv	200	720	1200	2400	4200	6000
2d Cpe Specialty	150	500	800	1600	2800	4000
4d Sed Medallion	150	550	850	1650	2900	4100
4d Sed	150	500	800	1600	2800	4000
2d Conv Medallion	200	720	1200	2400	4200	6000
2d Cpe Spec Medallion	150	550	850	1650	2900	4100
4d Sta Wag T&C	150	575	900	1750	3100	4400
Cordoba, V-8						
2d Cpe Specialty LS	200	730	1250	2450	4270	6100
2d Cpe Specialty	200	745	1250	2500	4340	6200
NOTE: Deduct 12 percent for 6-cyl.						
New Yorker, V-8						
4d Sed	200	675	1000	1950	3400	4900
NOTE: Deduct 11 percent for 6-cyl.						
Imperial, V-8						
2d Cpe Luxury	200	720	1200	2400	4200	6000
1983						
LeBaron, 4-cyl.						
2d Conv	200	730	1250	2450	4270	6100
2d Conv T&C Marc Cross	350	790	1350	2650	4620	6600
2d Cpe	150	550	850	1650	2900	4100
4d Sed	150	550	850	1650	2900	4100
4d Sta Wag T&C	150	600	900	1800	3150	4500
4d Limo	200	675	1000	1950	3400	4900
E Class, 4-cyl.						
4d Sed	150	600	900	1800	3150	4500
Cordoba, V-8						
2d Cpe	200	750	1275	2500	4400	6300
NOTE: Deduct 12 percent for 6-cyl.						
New Yorker, 4-cyl.						
4d Sed	150	650	975	1950	3350	4800
New Yorker Fifth Avenue, V-8						
4d Sed	200	675	1000	1950	3400	4900
4 dr Sed Luxury	200	675	1000	2000	3500	5000
NOTE: Deduct 12 percent for 6-cyl.						
Imperial, V-8						
2d Cpe	200	720	1200	2400	4200	6000
1984						
LeBaron, 4-cyl.						
2d Conv	200	745	1250	2500	4340	6200
2d Conv Marc Cross	350	800	1350	2700	4700	6700
2d Conv T&C Marc Cross	350	790	1350	2650	4620	6600
2d Sed	150	550	850	1650	2900	4100
4d Sed	150	550	850	1650	2900	4100
4d Sta Wag T&C	150	550	850	1675	2950	4200
Laser, 4-cyl.						
2d HBk	150	550	850	1675	2950	4200
2d HBk XE	150	575	875	1700	3000	4300
E Class, 4-cyl.						
4d Sed	150	600	900	1800	3150	4500
New Yorker, 4-cyl.						
4d Sed	150	650	975	1950	3350	4800
New Yorker Fifth Avenue, V-8						
4d Sed	200	675	1000	2000	3500	5000

1985	6	5	4	3	2	1
LeBaron, 4-cyl.						
2d Conv	200	745	1250	2500	4340	6200
2d Conv Marc Cross	350	800	1350	2700	4700	6700
2d Conv T&C Marc Cross	350	820	1400	2700	4760	6800
2d Cpe	150	550	850	1650	2900	4100
4d Sed	150	550	850	1675	2950	4200
4d Sta Wag T&C	150	575	875	1700	3000	4300
Laser, 4-cyl.						
2d HBk	150	575	875	1700	3000	4300
2d HBk XE	150	575	900	1750	3100	4400
LeBaron GTS, 4-cyl.						
4d Spt	150	600	950	1850	3200	4600
4d Spt Premium	150	650	950	1900	3300	4700
New Yorker, 4-cyl.						
4d	200	675	1000	1950	3400	4900
Fifth Avenue, V-8						
4d Sed	200	700	1050	2050	3600	5100
1986						
Laser						
2d HBk	150	575	875	1700	3000	4300
LeBaron						
2d Conv	200	745	1250	2500	4340	6200
2d Mac Cross Conv	350	840	1400	2800	4900	7000
2d Cpe	150	600	950	1850	3200	4600
4d Sed	150	650	950	1900	3300	4700
4d T&C Sta Wag	150	650	975	1950	3350	4800
New Yorker						
4d Sed	200	675	1000	2000	3500	5000
Fifth Avenue						
4d Sed	200	700	1050	2100	3650	5200
Executive						
4d Limo	200	660	1100	2200	3850	5500

NOTES: Add 10 percent for deluxe models.
 Deduct 5 percent for smaller engines.

1987						
LeBaron						
2d Conv	350	780	1300	2600	4550	6500
2d Cpe	150	550	850	1675	2950	4200
2d Cpe Premium	150	575	875	1700	3000	4300
4d Sed	150	575	875	1700	3000	4300
4d HBk Spt GTS	150	600	900	1800	3150	4500
4d HBk Spt Prem GTS	150	600	950	1850	3200	4600
4d Sta Wag	150	575	900	1750	3100	4400

NOTE: Add 5 percent for 2.2 Turbo engine.

Conquest, 4-cyl. Turbo						
2d HBk	150	575	875	1700	3000	4300
New Yorker, 4-cyl.						
4d Sed	200	660	1100	2200	3850	5500
New Yorker, V-6						
4d Sed	150	650	950	1900	3300	4700
4d Sed Lan	200	675	1000	1950	3400	4900

NOTE: Add 5 percent for 2.2 Turbo engine.
NOTE: Add 10 percent for V-6.

Fifth Avenue, V-8						
4d Sed	200	720	1200	2400	4200	6000
1988						
LeBaron, 4-cyl.						
2d Conv	350	820	1400	2700	4760	6800
2d Cpe	150	475	775	1500	2650	3800
2d Cpe Prem	150	600	900	1800	3150	4500
4d Sed	125	400	675	1350	2300	3300
4d HBk GTS	125	380	650	1300	2250	3200
4d HBk Prem GTS	125	450	700	1400	2450	3500
4d Sta Wag T&C	150	550	850	1675	2950	4200
Conquest, 4-cyl.						
2d HBk	150	500	800	1600	2800	4000
New Yorker, 4-cyl., Turbo						
4d Sed	150	600	950	1850	3200	4600
New Yorker, V-6						
4d Sed	200	700	1050	2100	3650	5200
4d Sed Landau	200	670	1150	2250	3920	5600
Fifth Avenue, V-8						
4d Sed	350	820	1400	2700	4760	6800

	6	5	4	3	2	1
1989						
LeBaron, 4-cyl.						
2d Conv	350	840	1400	2800	4900	7000
2d Conv Prem	350	975	1600	3200	5600	8000
2d Cpe	200	670	1150	2250	3920	5600
2d Prem	200	670	1200	2300	4060	5800
4d HBk	200	660	1100	2200	3850	5500
4d HBk Prem	200	685	1150	2300	3990	5700
2d Conv	350	840	1400	2800	4900	7000
Conquest, 4-cyl.						
2d HBk	200	720	1200	2400	4200	6000
New Yorker, V-6						
4d Sed	350	790	1350	2650	4620	6600
4d Lan Sed	350	820	1400	2700	4760	6800
Fifth Avenue, V-8						
4d Sed	350	860	1450	2900	5050	7200
TC, 4-cyl. Turbo by Maserati						
2d Conv	650	2050	3400	6800	11,900	17,000
1990						
LeBaron						
4-cyl.						
2d Conv	350	780	1300	2600	4550	6500
2d Cpe	200	675	1000	2000	3500	5000
V-6						
2d Conv	350	840	1400	2800	4900	7000
2d Prem Conv	350	900	1500	3000	5250	7500
2d Cpe	200	660	1100	2200	3850	5500
2d Prem Cpe	200	720	1200	2400	4200	6000
4d Sed	200	660	1100	2200	3850	5500
New Yorker, V-6						
4d Sed	350	780	1300	2600	4550	6500
4d Lan Sed	350	840	1400	2800	4900	7000
4d Fifth Ave Sed	350	975	1600	3200	5600	8000
Imperial, V-6						
4d Sed	450	1080	1800	3600	6300	9000
TC, V-6 by Maserati						
2d Conv	550	1800	3000	6000	10,500	15,000
1991						
TC, V-6 by Maserati						
2d Conv	600	1900	3200	6400	11,200	16,000
1991						
LeBaron						
4-cyl.						
2d Conv	350	780	1300	2600	4550	6500
2d Cpe	150	600	900	1800	3150	4500
V-6						
2d LX Conv	350	840	1400	2800	4900	7000
2d LX Cpe	200	675	1000	2000	3500	5000
4d Sed	200	660	1100	2200	3850	5500
New Yorker & Imperial, V-6						
4d Salon Sed	200	745	1250	2500	4340	6200
4d Fifth Ave Sed	350	780	1300	2600	4550	6500
4d Imperial Sed	350	860	1450	2900	5050	7200
1992						
LeBaron, 4-cyl.						
2d Cpe	200	660	1100	2200	3850	5500
2d Conv	350	840	1400	2800	4900	7000
4d Sed	200	650	1100	2150	3780	5400
4d Lan Sed	200	660	1100	2200	3850	5500
2d LX Cpe	350	900	1500	3000	5250	7500
2d LX Conv	200	720	1200	2400	4200	6000
4d LX Sed	350	780	1300	2600	4550	6500
NOTE: Add 10 percent for V-6 where available.						
New Yorker, V-6						
4d Salom Sed	350	840	1400	2800	4900	7000
4d Fifth Ave Sed	350	900	1500	3000	5250	7500
Imperial, V-6						
4d Sed	350	1020	1700	3400	5950	8500

CORD

	6	5	4	3	2	1
1930						
Series L-29, 8-cyl., 137.5" wb						
4d 5P Sed	3000	9600	16,000	32,000	56,000	80,000

	6	5	4	3	2	1
4d 5P Brgm	3100	9850	16,400	32,800	57,400	82,000
2d 4P Conv 2-4 Pas	6400	20,400	34,000	68,000	119,000	170,000
4d Conv Sed	6550	21,000	35,000	70,000	122,500	175,000

1931 Cord L-29 four-door sedan

1931
Series L-29, 8-cyl., 137.5" wb

	6	5	4	3	2	1
4d 5P Sed	3100	9850	16,400	32,800	57,400	82,000
4d 5P Brgm	3150	10,100	16,800	33,600	58,800	84,000
2d 2-4P Cabr	6400	20,400	34,000	68,000	119,000	170,000
4d Conv Sed	6550	21,000	35,000	70,000	122,500	175,000

1932
Series L-29, 8-cyl., 137.5" wb

	6	5	4	3	2	1
4d 5P Sed	3100	9850	16,400	32,800	57,400	82,000
4d 5P Brgm	3150	10,100	16,800	33,600	58,800	84,000
2d 2-4P Conv	6400	20,400	34,000	68,000	119,000	170,000
4d Conv Sed	6550	21,000	35,000	70,000	122,500	175,000

1933-34-35
(Not Manufacturing)

	6	5	4	3	2	1
4d Phae	5200	16,550	27,600	55,200	96,600	138,000

1936
Model 810, 8-cyl., 125" wb

	6	5	4	3	2	1
4d West Sed	2250	7200	12,000	24,000	42,000	60,000
4d Bev Sed	2350	7450	12,400	24,800	43,400	62,000
2d Sportsman	5200	16,550	27,600	55,200	96,600	138,000
2d Phae	5200	16,550	27,600	55,200	96,600	138,000

1937 Cord Model 812 phaeton

1937	6	5	4	3	2	1
Model 812, 8-cyl., 125" wb						
4d West Sed	2250	7200	12,000	24,000	42,000	60,000
4d Bev Sed	2350	7450	12,400	24,800	43,400	62,000
2d Sportsman	5200	16,550	27,600	55,200	96,600	138,000
2d Phae	5200	16,550	27,600	55,200	96,600	138,000
Model 812, 8-cyl., 132" wb						
4d Cus Bev	2350	7450	12,400	24,800	43,400	62,000
4d Cus Berline	2400	7700	12,800	25,600	44,800	64,000

NOTE: Add 40 percent for S/C Models.

CROSLEY

1939						
2-cyl., 80" wb						
Conv	200	720	1200	2400	4200	6000
1940						
2-cyl., 80" wb						
Conv	200	720	1200	2400	4200	6000
Sed	150	650	950	1900	3300	4700
Sta Wag	200	700	1050	2050	3600	5100
1941						
2-cyl., 80" wb						
Conv	200	720	1200	2400	4200	6000
Sed	150	650	950	1900	3300	4700
Sta Wag	200	700	1050	2050	3600	5100
1942						
4-cyl., 80" wb						
Conv	200	720	1200	2400	4200	6000
Sed	150	650	950	1900	3300	4700
Sta Wag	200	675	1000	2000	3500	5000
1946-47-48						
4-cyl., 80" wb						
Conv	350	840	1400	2800	4900	7000
Sed	200	720	1200	2400	4200	6000
Sta Wag	200	750	1275	2500	4400	6300
1949						
4-cyl., 80" wb						
Conv	350	900	1500	3000	5250	7500
Sed	200	720	1200	2400	4200	6000
Sta Wag	200	750	1275	2500	4400	6300

1950 Crosley station wagon

1950						
Standard, 4-cyl., 80" wb						
Conv	350	900	1500	3000	5250	7500
Sed	200	720	1200	2400	4200	6000
Sta Wag	200	750	1275	2500	4400	6300
Super, 4-cyl., 80" wb						
Conv.	350	950	1500	3050	5300	7600
Sed	200	730	1250	2450	4270	6100

	6	5	4	3	2	1
Sta Wag	350	770	1300	2550	4480	6400
Hot Shot, 4-cyl., 85" wb						
Rds	350	1020	1700	3400	5950	8500
1951						
Standard, 4-cyl., 80" wb						
Cpe	200	720	1200	2400	4200	6000
Sta Wag	200	750	1275	2500	4400	6300
Super, 4-cyl., 80" wb						
Conv	350	900	1500	3000	5250	7500
Sed	200	745	1250	2500	4340	6200
Sta Wag	350	770	1300	2550	4480	6400
Hot Shot, 4-cyl., 85" wb						
Rds	350	1020	1700	3400	5950	8500
1952						
Standard, 4-cyl., 80" wb						
Cpe	200	720	1200	2400	4200	6000
Sta Wag	200	750	1275	2500	4400	6300
Super, 4-cyl., 80" wb						
Conv	350	950	1500	3050	5300	7600
Sed	200	730	1250	2450	4270	6100
Sta Wag	200	750	1275	2500	4400	6300
Hot Shot, 4-cyl., 85" wb						
Rds	350	1020	1700	3400	5950	8500

DESOTO

	6	5	4	3	2	1
1929						
Model K, 6-cyl.						
2d Rds	1050	3350	5600	11,200	19,600	28,000
4d Phae	1100	3500	5800	11,600	20,300	29,000
2d Bus Cpe	500	1600	2700	5400	9500	13,500
2d DeL Cpe	500	1550	2600	5200	9100	13,000
2d Sed	400	1300	2150	4300	7500	10,700
4d Sed	400	1300	2150	4300	7500	10,700
4d DeL Sed	400	1300	2200	4400	7700	11,000

1929 DeSoto Six Series K roadster

	6	5	4	3	2	1
1930						
Model CK, 6-cyl.						
2d Rds	1000	3250	5400	10,800	18,900	27,000
4d Tr	1050	3350	5600	11,200	19,600	28,000
2d Bus Cpe	500	1550	2600	5200	9100	13,000
2d DeL Cpe	500	1600	2700	5400	9500	13,500
2d Sed	400	1200	2000	4000	7000	10,000
4d Sed	400	1250	2100	4200	7400	10,500
Model CF, 8-cyl.						
2d Rds	1050	3350	5600	11,200	19,600	28,000
4d Phae	1100	3500	5800	11,600	20,300	29,000
2d Bus Cpe	500	1600	2700	5400	9500	13,500

	6	5	4	3	2	1
2d DeL Cpe	550	1700	2800	5600	9800	14,000
4d Sed	450	1400	2300	4600	8100	11,500
4d DeL Sed	450	1450	2400	4800	8400	12,000
2d Conv	1000	3250	5400	10,800	18,900	27,000

1931
Model SA, 6-cyl.

	6	5	4	3	2	1
2d Rds	1050	3350	5600	11,200	19,600	28,000
4d Phae	1100	3500	5800	11,600	20,300	29,000
2d 2d Cpe	500	1550	2600	5200	9100	13,000
2d DeL Cpe	550	1750	2900	5800	10,200	14,500
2d Sed	400	1300	2200	4400	7700	11,000
4d Sed	400	1350	2250	4500	7800	11,200
4d DeL Sed	450	1400	2300	4600	8100	11,500
2d Conv	1000	3250	5400	10,800	18,900	27,000

Model CF, 8-cyl.

	6	5	4	3	2	1
2d Rds	1100	3500	5800	11,600	20,300	29,000
2d Bus Cpe	550	1800	3000	6000	10,500	15,000
2d DeL Cpe	600	1850	3100	6200	10,900	15,500
4d Sed	450	1400	2350	4700	8300	11,800
4d DeL Sed	450	1450	2400	4800	8400	12,000
2d Conv	1050	3350	5600	11,200	19,600	28,000

1932
SA, 6-cyl., 109" wb

	6	5	4	3	2	1
4d Phae	1150	3600	6000	12,000	21,000	30,000
2d Rds	1100	3500	5800	11,600	20,300	29,000
2d Cpe	600	1850	3100	6200	10,900	15,500
2d DeL Cpe	600	1900	3200	6400	11,200	16,000
2d Conv	1050	3350	5600	11,200	19,600	28,000
2d Sed	400	1300	2200	4400	7700	11,000
4d Sed	400	1350	2250	4500	7800	11,200
4d DeL Sed	450	1400	2300	4600	8100	11,500

SC, 6-cyl., 112" wb

	6	5	4	3	2	1
2d Conv Sed	1050	3350	5600	11,200	19,600	28,000
2d Rds	1100	3500	5800	11,600	20,300	29,000
4d Phae	1150	3600	6000	12,000	21,000	30,000
2d Conv	1000	3250	5400	10,800	18,900	27,000
2d Bus Cpe	550	1800	3000	6000	10,500	15,000
2d RS Cpe	600	1850	3100	6200	10,900	15,500
4d Sed	450	1450	2400	4800	8400	12,000
4d DeL Sed	450	1500	2500	5000	8800	12,500

CF, 8-cyl., 114" wb

	6	5	4	3	2	1
2d Rds	1150	3600	6000	12,000	21,000	30,000
2d Bus Cpe	600	1850	3100	6200	10,900	15,500
2d DeL Cpe	600	1900	3200	6400	11,200	16,000
4d Brgm	450	1450	2400	4800	8400	12,000
4d Sed	450	1500	2500	5000	8800	12,500
4d DeL Sed	500	1550	2600	5200	9100	13,000

1933
SD, 6-cyl.

	6	5	4	3	2	1
2d Conv	1000	3100	5200	10,400	18,200	26,000
2d Conv Sed	1050	3350	5600	11,200	19,600	28,000
2d 2P Cpe	500	1550	2600	5200	9100	13,000
2d RS Cpe	500	1600	2700	5400	9500	13,500
2d DeL Cpe	500	1600	2700	5400	9500	13,500
2d Std Brgm	400	1300	2150	4300	7500	10,700
4d Cus Brgm	400	1300	2200	4400	7700	11,000
4d Sed	400	1250	2100	4200	7400	10,500
4d Cus Sed	400	1300	2150	4300	7600	10,800

1934
Airflow SE, 6-cyl.

	6	5	4	3	2	1
2d Cpe	600	2000	3300	6600	11,600	16,500
4d Brgm	600	1850	3100	6200	10,900	15,500
4d Sed	550	1750	2900	5800	10,200	14,500
4d Twn Sed	600	1850	3100	6200	10,900	15,500

1935
Airstream, 6-cyl.

	6	5	4	3	2	1
2d Bus Cpe	500	1600	2700	5400	9500	13,500
2d Cpe	550	1700	2800	5600	9800	14,000
2d Conv	1000	3100	5200	10,400	18,200	26,000
2d Sed	400	1200	2000	4000	7000	10,000
2d Tr Sed	400	1200	2000	4000	7100	10,100
4d Sed	450	1170	1975	3900	6850	9800
4d Tr Sed	400	1200	2000	4000	7000	10,000

	6	5	4	3	2	1
Airflow, 6-cyl.						
2d Bus Cpe	600	1900	3200	6400	11,200	16,000
2d Cpe	650	2050	3400	6800	11,900	17,000
4d Sed	550	1700	2800	5600	9800	14,000
4d Twn Sed	550	1800	3000	6000	10,500	15,000
1936						
DeLuxe Airstream S-1, 6-cyl.						
2d Bus Cpe	500	1600	2700	5400	9500	13,500
4d Tr Brgm	400	1300	2150	4300	7600	10,800
4d Tr Sed	400	1350	2200	4400	7800	11,100
Custom Airstream S-1, 6-cyl.						
2d Bus Cpe	550	1700	2800	5600	9800	14,000
2d Cpe	550	1750	2900	5800	10,200	14,500
2d Conv	1050	3350	5600	11,200	19,600	28,000
4d Tr Brgm	400	1350	2250	4500	7800	11,200
4d Tr Sed	450	1350	2300	4600	8000	11,400
4d Conv Sed	1000	3100	5200	10,400	18,200	26,000
4d Trv Sed	450	1400	2350	4700	8200	11,700
4d 7P Sed	450	1400	2350	4700	8300	11,800
Airflow III S-2, 6-cyl.						
2d Cpe	600	2000	3300	6600	11,600	16,500
4d Sed	500	1600	2700	5400	9500	13,500
1937						
S-3, 6-cyl.						
2d Conv	1050	3350	5600	11,200	19,600	28,000
4d Conv Sed	1100	3500	5800	11,600	20,300	29,000
2d Bus Cpe	500	1550	2600	5200	9100	13,000
2d Cpe	500	1600	2700	5400	9500	13,500
4d Brgm	400	1250	2100	4200	7300	10,400
4d Tr Brgm	400	1250	2100	4200	7400	10,500
4d Sed	400	1250	2100	4200	7400	10,600
4d Tr Sed	400	1300	2150	4300	7500	10,700
4d 7P Sed	400	1300	2150	4300	7600	10,800
4d Limo	450	1450	2400	4800	8400	12,000
1938						
S-5, 6-cyl.						
2d Conv	1050	3350	5600	11,200	19,600	28,000
4d Conv Sed	1100	3500	5800	11,600	20,300	29,000
2d Bus Cpe	500	1550	2600	5200	9100	13,000
2d Cpe	500	1600	2700	5400	9500	13,500
4d Tr Brgm	400	1300	2150	4300	7600	10,800
4d Sed	400	1300	2200	4400	7700	11,000
4d Tr Sed	400	1350	2200	4400	7800	11,100
4d 7P Sed	450	1400	2300	4600	8100	11,600
4d Limo	500	1550	2600	5200	9100	13,000
1939						
S-6 DeLuxe, 6-cyl.						
2d Bus Cpe	500	1600	2700	5400	9500	13,500
2d Cpe	550	1700	2800	5600	9800	14,000
4d Tr Sed	400	1300	2150	4300	7600	10,800
4d Tr Sed	400	1300	2200	4400	7700	11,000
4d Limo	500	1550	2600	5200	9100	13,000
S-6 Custom, 6-cyl.						
2d Cpe	550	1700	2800	5600	9800	14,000
2d Cus Cpe	550	1750	2900	5800	10,200	14,500
2d Cus Clb Cpe	550	1800	3000	6000	10,500	15,000
2d Tr Sed	450	1400	2300	4600	8100	11,500
4d Tr Sed	450	1400	2300	4600	8100	11,600
4d 7P Sed	450	1400	2350	4700	8200	11,700
4d Limo	550	1700	2800	5600	9800	14,000
1940						
S-7 DeLuxe, 6-cyl.						
2d Bus Cpe	550	1700	2800	5600	9800	14,000
2d Cpe	550	1750	2900	5800	10,200	14,500
2d Tr Sed	450	1400	2350	4700	8200	11,700
4d Tr Sed	450	1450	2400	4800	8400	12,000
4d 7P Sed	500	1600	2700	5400	9500	13,500
S-7 Custom, 6-cyl.						
2d Conv	1000	3100	5200	10,400	18,200	26,000
2d 2P Cpe	550	1800	3000	6000	10,500	15,000
2d Clb Cpe	600	1850	3100	6200	10,900	15,500
2d Sed	450	1450	2400	4800	8400	12,000
4d Sed	400	1300	2200	4400	7700	11,000
4d 7P Sed	450	1500	2500	5000	8800	12,500
4d Limo	500	1550	2600	5200	9100	13,000

1941 DeSoto Deluxe four-door sedan

	6	5	4	3	2	1
1941						
S-8 DeLuxe, 6-cyl.						
2d Bus Cpe	550	1700	2800	5600	9800	14,000
2d Cpe	550	1750	2900	5800	10,200	14,500
2d Sed	450	1450	2400	4800	8400	12,000
4d Sed	450	1450	2400	4800	8500	12,100
2d 7P Sed	500	1550	2600	5200	9100	13,000
S-8 Custom, 6-cyl.						
2d Conv	1000	3250	5400	10,800	18,900	27,000
2d Cpe	550	1750	2900	5800	10,200	14,500
2d Clb Cpe	550	1800	3000	6000	10,500	15,000
2d Brgm	450	1500	2450	4900	8600	12,300
4d Sed	450	1500	2500	5000	8700	12,400
4d Twn Sed	450	1500	2500	5000	8800	12,500
4d 7P Sed	500	1600	2700	5400	9500	13,500
4d Limo	550	1700	2800	5600	9800	14,000
1942						
S-10 DeLuxe, 6-cyl.						
2d Bus Cpe	500	1600	2700	5400	9500	13,500
2d Cpe	550	1700	2800	5600	9800	14,000
2d Sed	450	1450	2400	4800	8500	12,100
4d Sed	450	1450	2450	4900	8500	12,200
4d Twn Sed	450	1500	2450	4900	8600	12,300
4d 7P Sed	500	1650	2700	5400	9500	13,600
2d S-10 Custom, 6-cyl.						
2d Conv	1000	3100	5200	10,400	18,200	26,000
2d Cpe	550	1700	2800	5600	9800	14,000
2d Clb Cpe	600	1850	3100	6200	10,900	15,500
4d Brgm	450	1500	2500	5000	8800	12,500
4d Sed	450	1500	2500	5000	8800	12,600
4d Twn Sed	500	1550	2600	5200	9100	13,000
4d 7P Sed	550	1700	2800	5600	9800	14,000
4d Limo	550	1700	2850	5700	9900	14,200
1946-1948						
S-11 DeLuxe, 6-cyl.						
2d Cpe	450	1500	2500	5000	8800	12,500
2d Clb Cpe	550	1700	2800	5600	9800	14,000
2d Sed	400	1300	2200	4400	7700	11,000
4d Sed	400	1350	2250	4500	7900	11,300
S-11 Custom, 6-cyl.						
2d Conv	950	3000	5000	10,000	17,500	25,000
2d Clb Cpe	550	1750	2900	5800	10,200	14,500
2d Sed	400	1350	2250	4500	7900	11,300
4d Sed	450	1400	2300	4600	8100	11,500
4d 7P Sed	450	1450	2400	4800	8400	12,000
4d Limo	500	1550	2600	5200	9100	13,000
4d Sub	500	1600	2700	5400	9500	13,500

	6	5	4	3	2	1
1949						
First series values same as 1947-48						
S-13 DeLuxe, 6-cyl.						
2d Clb Cpe	500	1550	2600	5200	9100	13,000
4d Sed	450	1400	2300	4600	8100	11,500
4d C-A Sed	450	1400	2350	4700	8200	11,700
4d Sta Wag	650	2050	3400	6800	11,900	17,000
S-13 Custom, 6-cyl.						
2d Conv	800	2500	4200	8400	14,700	21,000
2d Clb Cpe	500	1600	2700	5400	9500	13,500
4d Sed	450	1450	2400	4800	8400	12,000
4d 8P Sed	450	1500	2500	5000	8800	12,500
4d Sub	550	1800	3000	6000	10,500	15,000
1950						
S-14 DeLuxe, 6-cyl.						
2d Clb Cpe	450	1500	2500	5000	8800	12,500
4d Sed	450	1400	2300	4600	8100	11,500
4d C-A Sed	450	1400	2350	4700	8200	11,700
4d 8P Sed	450	1450	2400	4800	8400	12,000
S-14 Custom, 6-cyl.						
2d Conv	850	2750	4600	9200	16,100	23,000
2d HT Sptman	650	2050	3400	6800	11,900	17,000
2d Clb Cpe	500	1550	2600	5200	9100	13,000
4d Sed	450	1450	2400	4800	8400	12,000
4d 6P Sta Wag	650	2050	3400	6800	11,900	17,000
4d Stl Sta Wag	550	1800	3000	6000	10,500	15,000
4d 8P Sed	500	1550	2550	5100	9000	12,800
4d Sub Sed	450	1500	2500	5000	8800	12,500
1951-1952						
DeLuxe, 6-cyl., 125.5" wb						
4d Sed	400	1350	2250	4500	7900	11,300
2d Clb Cpe	450	1500	2500	5000	8800	12,500
4d C-A Sed	400	1350	2250	4500	7900	11,300
DeLuxe, 6-cyl., 139.5" wb						
4d Sed	450	1350	2300	4600	8000	11,400
Custom, 6-cyl., 125.5" wb						
4d Sed	450	1400	2300	4600	8100	11,500
2d Clb Cpe	500	1550	2600	5200	9100	13,000
2d HT Sptman	700	2300	3800	7600	13,300	19,000
2d Conv	850	2750	4600	9200	16,100	23,000
4d Sta Wag	650	2050	3400	6800	11,900	17,000
Custom, 6-cyl., 139.5" wb						
4d Sed	450	1400	2350	4700	8200	11,700
4d Sub	450	1450	2400	4800	8400	12,000
Firedome, V-8, 125.5" wb (1952 only)						
4d Sed	450	1450	2400	4800	8400	12,000
2d Clb Cpe	550	1800	3000	6000	10,500	15,000
2d HT Sptman	750	2400	4000	8000	14,000	20,000
2d Conv	1000	3100	5200	10,400	18,200	26,000
4d Sta Wag	650	2050	3400	6800	11,900	17,000
Firedome, V-8, 139.5" wb (1952 only)						
4d 8P Sed	450	1500	2500	5000	8800	12,500
1953-1954						
Powermaster Six, 6-cyl., 125.5" wb						
4d Sed	400	1300	2200	4400	7700	11,000
2d Clb Cpe	450	1400	2300	4600	8100	11,500
4d Sta Wag	450	1350	2300	4600	8000	11,400
2d HT Sptman ('53 only)	650	2050	3400	6800	11,900	17,000
Powermaster Six, 6-cyl., 139.5" wb						
4d Sed	400	1300	2150	4300	7600	10,800
Firedome, V-8, 125.5" wb						
4d Sed	450	1400	2300	4600	8100	11,600
2d Clb Cpe	450	1500	2500	5000	8800	12,500
2d HT Sptman	700	2300	3800	7600	13,300	19,000
2d Conv	1000	3100	5200	10,400	18,200	26,000
4d Sta Wag	600	1900	3200	6400	11,200	16,000
Firedome, V-8, 139.5" wb						
4d Sed	400	1350	2250	4500	7900	11,300
1955						
Firedome, V-8						
4d Sed	400	1350	2250	4500	7900	11,300
2d HT	650	2050	3400	6800	11,900	17,000
2d HT Sptman	800	2500	4200	8400	14,700	21,000
2d Conv	1000	3100	5200	10,400	18,200	26,000
4d Sta Wag	800	2500	4200	8400	14,700	21,000

	6	5	4	3	2	1
Fireflite, V-8						
4d Sed	450	1400	2350	4700	8300	11,800
2d HT Sptman	850	2750	4600	9200	16,100	23,000
2d Conv	1000	3250	5400	10,800	18,900	27,000

1956 DeSoto Firedome Seville two-door hardtop

1956

Firedome, V-8						
4d Sed	400	1250	2100	4200	7400	10,500
4d HT Sev	500	1550	2600	5200	9100	13,000
4d HT Sptman	600	1900	3200	6400	11,200	16,000
2d HT Sev	700	2300	3800	7600	13,300	19,000
2d HT Sptman	800	2500	4200	8400	14,700	21,000
2d Conv	1000	3250	5400	10,800	18,900	27,000
4d Sta Wag	650	2050	3400	6800	11,900	17,000
Fireflite, V-8						
4d Sed	400	1300	2200	4400	7700	11,000
4d HT Sptman	600	1900	3200	6400	11,200	16,000
2d HT Sptman	850	2650	4400	8800	15,400	22,000
2d Conv	1050	3350	5600	11,200	19,600	28,000
2d Conv IPC	1150	3600	6000	12,000	21,000	30,000
Adventurer						
2d HT	700	2300	3800	7600	13,300	19,000

1957

Firesweep, V 8, 122" wb						
4d Sed	400	1200	2000	4000	7000	10,000
4d HT Sptman	500	1550	2600	5200	9100	13,000
2d HT Sptman	700	2300	3800	7600	13,300	19,000
4d 2S Sta Wag	450	1400	2300	4600	8100	11,500
4d 3S Sta Wag	450	1400	2350	4700	8200	11,700
Firedome, V-8, 126" wb						
4d Sed	450	1080	1800	3600	6300	9000
4d HT Sptman	550	1700	2800	5600	9800	14,000
2d HT Sptman	750	2400	4000	8000	14,000	20,000
2d Conv	1050	3350	5600	11,200	19,600	28,000
Fireflite, V-8, 126" wb						
4d Sed	450	1140	1900	3800	6650	9500
4d HT Sptman	550	1800	3000	6000	10,500	15,000
2d HT Sptman	800	2500	4200	8400	14,700	21,000
2d Conv	1300	4100	6800	13,600	23,800	34,000
4d 2S Sta Wag	450	1450	2400	4800	8400	12,000
4d 3S Sta Wag	450	1450	2450	4900	8500	12,200
Fireflite Adventurer, 126" wb						
2d HT	950	3000	5000	10,000	17,500	25,000
2d Conv	1600	5050	8400	16,800	29,400	42,000

1958

Firesweep, V-8						
4d Sed	400	1200	2000	4000	7000	10,000
4d HT Sptman	500	1550	2600	5200	9100	13,000
2d HT Sptman	600	1900	3200	6400	11,200	16,000
2d Conv	1000	3250	5400	10,800	18,900	27,000

	6	5	4	3	2	1
4d 2S Sta Wag	400	1300	2200	4400	7700	11,000
4d 3S Sta Wag	400	1350	2250	4500	7800	11,200
Firedome, V-8						
4d Sed	400	1200	2050	4100	7100	10,200
4d HT Sptman	550	1800	3000	6000	10,500	15,000
2d HT Sptman	650	2050	3400	6800	11,900	17,000
2d Conv	1100	3500	5800	11,600	20,300	29,000
Fireflite, V-8						
4d Sed	400	1250	2100	4200	7400	10,500
4d HT Sptman	600	1900	3200	6400	11,200	16,000
2d HT Sptman	700	2300	3800	7600	13,300	19,000
2d Conv	1300	4100	6800	13,600	23,800	34,000
4d 2S Sta Wag	450	1400	2300	4600	8100	11,500
4d 3S Sta Wag	450	1400	2300	4600	8100	11,600
Adventurer, V-8						
2d HT	900	2900	4800	9600	16,800	24,000
2d Conv	1550	4900	8200	16,400	28,700	41,000

1959 DeSoto Firedome Sportsman four-door hardtop

1959
Firesweep, V-8

	6	5	4	3	2	1
4d Sed	450	1080	1800	3600	6300	9000
4d HT Sptman	500	1550	2600	5200	9100	13,000
2d HT Sptman	550	1800	3000	6000	10,500	15,000
2d Conv	850	2650	4400	8800	15,400	22,000
4d 2S Sta Wag	400	1250	2100	4200	7400	10,500
4d 3S Sta Wag	400	1300	2150	4300	7500	10,700
Firedome, V-8						
4d Sed	450	1140	1900	3800	6650	9500
4d HT Sptman	550	1700	2800	5600	9800	14,000
2d HT Sptman	600	1900	3200	6400	11,200	16,000
2d Conv	950	3000	5000	10,000	17,500	25,000
Fireflite, V-8						
4d Sed	400	1200	2000	4000	7000	10,000
4d HT Sptman	550	1800	3000	6000	10,500	15,000
2d HT Sptman	650	2050	3400	6800	11,900	17,000
2d Conv	1050	3350	5600	11,200	19,600	28,000
4d 2S Sta Wag	400	1300	2150	4300	7500	10,700
4d 3S Sta Wag	400	1300	2150	4300	7600	10,800
Adventurer, V-8						
2d HT	700	2150	3600	7200	12,600	18,000
2d Conv	1300	4100	6800	13,600	23,800	34,000

1960
Fireflite, V-8

	6	5	4	3	2	1
4d Sed	450	1140	1900	3800	6650	9500
4d HT	400	1250	2100	4200	7400	10,500
2d HT	450	1400	2300	4600	8100	11,500
Adventurer, V-8						
4d Sed	400	1200	2000	4000	7000	10,000
4d HT	450	1450	2400	4800	8400	12,000
2d HT	550	1700	2800	5600	9800	14,000

1961
Fireflite, V-8

	6	5	4	3	2	1
4d HT	450	1500	2500	5000	8800	12,500
2d HT	550	1800	3000	6000	10,500	15,000

DODGE

1914	6	5	4	3	2	1
4-cyl., 110" wb						
(Serial #1-249)						
4d Tr	700	2300	3800	7600	13,300	19,000
1915						
4-cyl., 110" wb						
2d Rds	700	2150	3600	7200	12,600	18,000
4d Tr	700	2300	3800	7600	13,300	19,000
1916						
4-cyl., 110" wb						
2d Rds	700	2150	3600	7200	12,600	18,000
2d W.T. Rds	700	2300	3800	7600	13,300	19,000
4d Tr	750	2400	4000	8000	14,000	20,000
4d W.T. Tr	800	2500	4200	8400	14,700	21,000
1917						
4-cyl., 114" wb						
2d Rds	650	2050	3400	6800	11,900	17,000
2d W.T. Rds	700	2150	3600	7200	12,600	18,000
4d Tr	700	2300	3800	7600	13,300	19,000
4d W.T. Tr	750	2400	4000	8000	14,000	20,000
2d Cpe	350	1020	1700	3400	5950	8500
4d C.D. Sed	350	975	1600	3200	5600	8000
1918						
4-cyl., 114" wb						
2d Rds	650	2050	3400	6800	11,900	17,000
2d W.T. Rds	700	2150	3600	7200	12,600	18,000
4d Tr	700	2300	3800	7600	13,300	19,000
4d WT Tr	750	2400	4000	8000	14,000	20,000
2d Cpe	350	975	1600	3200	5600	8000
4d Sed	350	900	1500	3000	5250	7500
1919						
4-cyl., 114" wb						
2d Rds	600	1900	3200	6400	11,200	16,000
4d Tr	650	2050	3400	6800	11,900	17,000
2d Cpe	350	975	1600	3200	5600	8000
2d Rex Cpe	350	1020	1700	3400	5950	8500
4d Rex Sed	350	880	1500	2950	5180	7400
4d Sed	350	900	1500	3000	5250	7500
4d Dep Hk	350	840	1400	2800	4900	7000
2d Sed Dely	350	975	1600	3200	5600	8000
1920						
4-cyl., 114" wb						
2d Rds	550	1800	3000	6000	10,500	15,000
4d Tr	600	1850	3100	6200	10,900	15,500
2d Cpe	200	720	1200	2400	4200	6000
4d Sed	200	660	1100	2200	3850	5500
1921						
4-cyl., 114" wb						
2d Rds	550	1700	2800	5600	9800	14,000
4d Tr	550	1750	2900	5800	10,200	14,500
2d Cpe	200	675	1000	2000	3500	5000
4d Sed	150	600	900	1800	3150	4500
1922						
1st series, 4-cyl., 114" wb, (low hood models)						
2d Rds	550	1700	2800	5600	9800	14,000
4d Tr	550	1750	2900	5800	10,200	14,500
2d Cpe	200	700	1050	2100	3650	5200
4d Sed	200	675	1000	2000	3500	5000
2nd series, 4-cyl., 114" wb, (high hood models)						
2d Rds	500	1600	2700	5400	9500	13,500
4d Tr	550	1700	2800	5600	9800	14,000
2d Bus Cpe	200	660	1100	2200	3850	5500
4d Bus Sed	200	700	1050	2050	3600	5100
4d Sed	200	675	1000	2000	3500	5000

1923 Dodge Brothers Series 116 touring

	6	5	4	3	2	1
1923						
4-cyl., 114" wb						
2d Rds	450	1450	2400	4800	8400	12,000
4d Tr	450	1500	2500	5000	8800	12,500
2d Bus Cpe	200	700	1075	2150	3700	5300
4d Bus Sed	200	700	1050	2100	3650	5200
4d Sed	200	675	1000	2000	3500	5000
1924						
4-cyl., 116" wb						
2d Rds	500	1550	2600	5200	9100	13,000
4d Tr	500	1600	2700	5400	9500	13,500
2d Bus Cpe	200	720	1200	2400	4200	6000
2d 4P Cpe	200	745	1250	2500	4340	6200
4d Bus Sed	200	720	1200	2400	4200	6000
4d Sed	200	700	1200	2350	4130	5900
Special Series (deluxe equip.-introduced Jan. 1924)						
2d Rds	500	1600	2700	5400	9500	13,500
4d Tr	550	1700	2800	5600	9800	14,000
2d Bus Cpe	200	720	1200	2400	4200	6000
2d 4P Cpe	350	780	1300	2600	4550	6500
4d Bus Sed	200	720	1200	2400	4200	6000
4d Sed	200	730	1250	2450	4270	6100
1925						
4-cyl., 116" wb						
2d Rds	450	1450	2400	4800	8400	12,000
2d Spl Rds	450	1500	2500	5000	8800	12,500
4d Tr	500	1550	2600	5200	9100	13,000
4d Spl Tr	500	1600	2700	5400	9500	13,500
2d Bus Cpe	350	780	1300	2600	4550	6500
2d Spl Bus Cpe	350	800	1350	2700	4700	6700
2d 4P Cpe	350	770	1300	2550	4480	6400
2d Sp Cpe	350	780	1300	2600	4550	6500
4d Bus Sed	200	720	1200	2400	4200	6000
4d Spl Bus Sed	200	730	1250	2450	4270	6100
4d Sed	200	745	1250	2500	4340	6200
4d Spl Sed	200	750	1275	2500	4400	6300

	6	5	4	3	2	1
2d Sed	200	720	1200	2400	4200	6000
2d Spl Sed	200	730	1250	2450	4270	6100

1926
4-cyl., 116" wb

	6	5	4	3	2	1
2d Rds	400	1300	2200	4400	7700	11,000
2d Spl Rds	450	1400	2300	4600	8100	11,500
2d Spt Rds	450	1450	2400	4800	8400	12,000
4d Tr	450	1400	2300	4600	8100	11,500
4d Spl Tr	450	1450	2400	4800	8400	12,000
4d Spt Tr	500	1550	2600	5200	9100	13,000
2d Cpe	200	720	1200	2400	4200	6000
2d Spl Cpe	350	780	1300	2600	4550	6500
2d Sed	200	670	1200	2300	4060	5800
2d Spl Sed	200	720	1200	2400	4200	6000
4d Bus Sed	200	685	1150	2300	3990	5700
4d Spl Bus Sed	200	730	1250	2450	4270	6100
4d Sed	200	670	1200	2300	4060	5800
4d Spl Sed	200	720	1200	2400	4200	6000
4d DeL Sed	200	730	1250	2450	4270	6100

1927-28
4-cyl., 116" wb

	6	5	4	3	2	1
2d Rds	450	1400	2300	4600	8100	11,500
2d Spl Rds	450	1450	2400	4800	8400	12,000
2d Spt Rds	450	1500	2500	5000	8800	12,500
2d Cabr	400	1300	2200	4400	7700	11,000
4d Tr	400	1300	2200	4400	7700	11,000
4d Spl Tr	450	1400	2300	4600	8100	11,500
4d Spt Tr	450	1450	2400	4800	8400	12,000
2d Cpe	200	730	1250	2450	4270	6100
2d Spl Cpe	350	780	1300	2600	4550	6500
4d Sed	200	720	1200	2400	4200	6000
4d Spl Sed	200	730	1250	2450	4270	6100
4d DeL Sed	200	745	1250	2500	4340	6200
4d A-P Sed	350	780	1300	2600	4550	6500

1928
'Fast Four', 4-cyl., 108" wb

	6	5	4	3	2	1
2d Cabr	400	1200	2000	4000	7000	10,000
2d Cpe	350	860	1450	2900	5050	7200
4d Sed	350	840	1400	2800	4900	7000
4d DeL Sed	350	850	1450	2850	4970	7100

Standard Series, 6-cyl., 110" wb

	6	5	4	3	2	1
2d Cabr	450	1400	2300	4600	8100	11,500
2d Cpe	350	975	1600	3200	5600	8000
4d Sed	350	900	1500	3000	5250	7500
4d DeL Sed	350	975	1600	3200	5500	7900

Victory Series, 6-cyl., 112" wb

	6	5	4	3	2	1
4d Tr	600	1900	3200	6400	11,200	16,000
2d Cpe	350	1020	1700	3400	5950	8500
2d RS Cpe	450	1080	1800	3600	6300	9000
4d Brgm	350	1020	1700	3400	5950	8500

Series 2249, Standard 6-cyl., 116" wb

	6	5	4	3	2	1
2d Cabr	600	1900	3200	6400	11,200	16,000
4d Brgm	350	1020	1700	3400	5900	8400
4d Sed	350	900	1500	3000	5250	7500
4d DeL Sed	350	975	1600	3200	5600	8000

Series 2251, Senior 6-cyl., 116" wb

	6	5	4	3	2	1
2d Cabr	700	2150	3600	7200	12,600	18,000
2d Spt Cabr	700	2300	3800	7600	13,300	19,000
2d RS Cpe	350	1020	1700	3400	5950	8500
2d Spt Cpe	450	1080	1800	3600	6300	9000
4d Sed	350	975	1600	3200	5600	8000
4d Spt Sed	350	1020	1700	3400	5950	8500

1929
Standard Series, 6-cyl., 110" wb

	6	5	4	3	2	1
2d Bus Cpe	400	1250	2100	4200	7400	10,500
2d Cpe	400	1300	2200	4400	7700	11,000
4d Sed	450	1140	1900	3800	6650	9500
4d DeL Sed	400	1200	2000	4000	7000	10,000
4d Spt DeL Sed	400	1250	2100	4200	7400	10,500
4d A-P Sed	400	1300	2150	4300	7500	10,700

Victory Series, 6-cyl., 112" wb

	6	5	4	3	2	1
2d Rds	900	2900	4800	9600	16,800	24,000
2d Spt Rds	950	3000	5000	10,000	17,500	25,000
4d Tr	950	3000	5000	10,000	17,500	25,000
4d Spt Tr	1000	3100	5200	10.400	18,200	26,000

	6	5	4	3	2	1
2d Cpe	400	1250	2100	4200	7400	10,500
2d DeL Cpe	400	1300	2200	4400	7700	11,000
4d Sed	450	1080	1800	3600	6300	9000
4d Spt Sed	450	1140	1900	3800	6650	9500

Standard Series DA, 6-cyl., 63 hp, 112" wb
(Introduced Jan. 1, 1929).

	6	5	4	3	2	1
2d Rds	950	3000	5000	10,000	17,500	25,000
2d Spt Rds	1000	3100	5200	10,400	18,200	26,000
4d Phae	1000	3250	5400	10,800	18,900	27,000
4d Spt Phae	1050	3350	5600	11,200	19,600	28,000
2d Bus Cpe	400	1300	2200	4400	7700	11,000
2d DeL RS Cpe	450	1400	2300	4600	8100	11,500
2d Vic	400	1250	2100	4200	7400	10,500
4d Brgm	450	1080	1800	3600	6300	9000
4d Sed	350	1020	1700	3400	5950	8500
4d DeL Sed	450	1050	1750	3550	6150	8800
4d DeL Spt Sed	450	1080	1800	3600	6300	9000

Senior Series, 6-cyl., 120" wb

	6	5	4	3	2	1
2d Rds	1000	3100	5200	10,400	18,200	26,000
2d 2P Cpe	450	1400	2300	4600	8100	11,500
2d RS Spt Cpe	450	1500	2500	5000	8800	12,500
2d Vic Brgm	450	1400	2300	4600	8100	11,500
4d Sed	400	1250	2100	4200	7400	10,500
4d Spt Sed	400	1300	2200	4400	7700	11,000
4d Lan Sed	450	1400	2300	4600	8100	11,500
4d Spt Lan Sed	450	1450	2400	4800	8300	11,900

1930
Series DA, 6-cyl., 112" wb

	6	5	4	3	2	1
2d Rds	1050	3350	5600	11,200	19,600	28,000
4d Phae	1100	3500	5800	11,600	20,300	29,000
2d Bus Cpe	400	1200	2000	4000	7000	10,000
2d DeL Cpe	400	1250	2100	4200	7400	10,500
2d Vic	400	1300	2150	4300	7500	10,700
4d Brgm	400	1200	2000	4000	7000	10,000
2d Sed	450	1160	1950	3900	6800	9700
4d Sed	450	1170	1975	3900	6850	9800
4d DeL Sed	400	1200	2000	4000	7000	10,000
2d RS Rds	1100	3500	5800	11,600	20,300	29,000
2d RS Cpe	450	1500	2500	5000	8800	12,500
4d Lan Sed	400	1250	2100	4200	7400	10,500

Series DD, 6-cyl., 109" wb
(Introduced Jan. 1, 1930).

	6	5	4	3	2	1
2d RS Rds	1000	3250	5400	10,800	18,900	27,000
4d Phae	1050	3350	5600	11,200	19,600	28,000
2d RS Conv	1050	3350	5600	11,200	19,600	28,000
2d Bus Cpe	500	1550	2600	5200	9100	13,000
2d RS Cpe	550	1700	2800	5600	9800	14,000
4d Sed	450	1140	1900	3800	6650	9500

Series DC, 8-cyl., 114" wb
(Introduced Jan. 1, 1930).

	6	5	4	3	2	1
2d Rds	1050	3350	5600	11,200	19,600	28,000
2d RS Conv	1000	3250	5400	10,800	18,900	27,000
4d Phae	1100	3500	5800	11,600	20,300	29,000
2d Bus Cpe	500	1600	2700	5400	9500	13,500
2d RS Cpe	550	1750	2900	5800	10,200	14,500
4d Sed	400	1200	2000	4000	7000	10,000

1931
Series DH, 6-cyl., 114" wb
(Introduced Dec. 1, 1930).

	6	5	4	3	2	1
2d Rds	1100	3500	5800	11,600	20,300	29,000
2d RS Conv	1050	3350	5600	11,200	19,600	28,000
2d Bus Cpe	500	1550	2600	5200	9100	13,000
2d RS Cpe	550	1700	2800	5600	9800	14,000
4d Sed	350	1020	1700	3400	5950	8500

Series DG, 8-cyl., 118.3" wb
(Introduced Jan. 1, 1931).

	6	5	4	3	2	1
2d RS Rds	1150	3700	6200	12,400	21,700	31,000
2d RS Conv	1100	3500	5800	11,600	20,300	29,000
4d Phae	1150	3700	6200	12,400	21,700	31,000
2d RS Cpe	550	1800	3000	6000	10,500	15,000
4d Sed	450	1450	2400	4800	8400	12,000
2d 5P Cpe	550	1800	3000	6000	10,500	15,000

1932
Series DL, 6-cyl., 114.3" wb
(Introduced Jan. 1, 1932).

	6	5	4	3	2	1
2d RS Conv	1000	3250	5400	10,800	18,900	27,000

	6	5	4	3	2	1
2d Bus Cpe	550	1700	2800	5600	9800	14,000
2d RS Cpe	550	1800	3000	6000	10,500	15,000
4d Sed	400	1250	2100	4200	7400	10,500

Series DK, 8-cyl., 122" wb
(Introduced Jan. 1, 1932).

	6	5	4	3	2	1
2d Conv	1050	3350	5600	11,200	19,600	28,000
4d Conv Sed	1150	3600	6000	12,000	21,000	30,000
2d RS Cpe	600	1850	3100	6200	10,900	15,500
2d 5P Cpe	550	1750	2900	5800	10,200	14,500
4d Sed	400	1300	2200	4400	7700	11,000

1933
Series DP, 6-cyl., 111.3" wb

	6	5	4	3	2	1
2d RS Conv	1150	3600	6000	12,000	21,000	30,000
2d Bus Cpe	500	1600	2700	5400	9500	13,500
2d RS Cpe	550	1700	2800	5600	9800	14,000
4d Sed	400	1250	2100	4200	7400	10,500
4d Brgm	400	1300	2150	4300	7500	10,700
4d DeL Brgm	400	1300	2200	4400	7700	11,000

NOTE: Second Series DP introduced April 5, 1933 increasing WB from 111" to 115" included in above.

Series DO, 8-cyl., 122" wb

	6	5	4	3	2	1
2d RS Conv	1250	3950	6600	13,200	23,100	33,000
4d Conv Sed	1250	3950	6600	13,200	23,100	33,000
2d RS Cpe	600	1900	3200	6400	11,200	16,000
2d Cpe	600	1850	3100	6200	10,900	15,500
4d Sed	450	1500	2500	5000	8800	12,500

1934
DeLuxe Series DR, 6-cyl., 117" wb

	6	5	4	3	2	1
2d RS Conv	1150	3600	6000	12,000	21,000	30,000
2d Bus Cpe	550	1750	2900	5800	10,200	14,500
2d RS Cpe	550	1800	3000	6000	10,500	15,000
2d Sed	400	1250	2100	4200	7400	10,500
4d Sed	400	1200	2050	4100	7100	10,200

Series DS, 6-cyl., 121" wb

	6	5	4	3	2	1
4d Conv Sed	1150	3700	6200	12,400	21,700	31,000
4d Brgm	400	1300	2200	4400	7700	11,000

DeLuxe Series DRXX, 6-cyl., 117" wb
(Introduced June 2, 1934).

	6	5	4	3	2	1
2d Conv	1100	3500	5800	11,600	20,300	29,000
2d Bus Cpe	550	1800	3000	6000	10,500	15,000
2d Cpe	600	1850	3100	6200	10,900	15,500
2d Sed	400	1200	2000	4000	7100	10,100
4d Sed	400	1200	2000	4000	7000	10,000

1935
Series DU, 6-cyl., 116" wb - 128" wb, (*)

	6	5	4	3	2	1
2d RS Conv	1000	3250	5400	10,800	18,900	27,000
2d Cpe	500	1600	2700	5400	9500	13,500
2d RS Cpe	550	1700	2800	5600	9800	14,000
2d Sed	400	1250	2100	4200	7400	10,600
2d Tr Sed	400	1300	2150	4300	7500	10,700
4d Sed	400	1300	2150	4300	7600	10,800
4d Tr Sed	400	1300	2200	4400	7700	11,000
4d Car Sed (*)	400	1350	2250	4500	7900	11,300
4d 7P Sed (*)	450	1400	2350	4700	8300	11,800

1936 Dodge D-2 four-door touring sedan

	6	5	4	3	2	1
1936						
Series D2, 6-cyl., 116" wb - 128" wb, (*)						
2d RS Conv	1000	3250	5400	10,800	18,900	27,000
4d Conv Sed	1050	3350	5600	11,200	19,600	28,000
2d 2P Cpe	500	1600	2700	5400	9500	13,500
2d RS Cpe	550	1700	2800	5600	9800	14,000
2d Sed	400	1250	2050	4100	7200	10,300
2d Tr Sed	400	1250	2100	4200	7300	10,400
4d Sed	400	1250	2100	4200	7300	10,400
4d Tr Sed	400	1250	2100	4200	7400	10,500
4d 7P Sed (*)	400	1300	2150	4300	7600	10,800
1937						
Series D5, 6-cyl., 115" wb - 132" wb, (*)						
2d RS Conv	900	2900	4800	9600	16,800	24,000
4d Conv Sed	950	3000	5000	10,000	17,500	25,000
2d Bus Cpe	500	1600	2700	5400	9500	13,500
2d RS Cpe	550	1700	2800	5600	9800	14,000
2d Sed	400	1250	2050	4100	7200	10,300
2d Tr Sed	400	1250	2100	4200	7400	10,600
4d Sed	400	1250	2100	4200	7400	10,600
4d Tr Sed	400	1300	2150	4300	7600	10,800
4d 7P Sed (*)	450	1400	2300	4600	8100	11,500
4d Limo (*)	450	1450	2400	4800	8400	12,000
1938						
Series D8, 6-cyl., 115" wb - 132" wb, (*)						
2d Conv Cpe	950	3000	5000	10,000	17,500	25,000
4d Conv Sed	1000	3100	5200	10,400	18,200	26,000
2d Bus Cpe	500	1550	2600	5200	9100	13,000
2d Cpe 2-4	550	1700	2800	5600	9800	14,000
2d Sed	400	1250	2100	4200	7400	10,500
2d Tr Sed	400	1300	2150	4300	7500	10,700
4d Sed	400	1300	2200	4400	7700	11,000
4d Tr Sed	400	1350	2200	4400	7800	11,100
4d Sta Wag	450	1500	2450	4900	8600	12,300
4d 7P Sed (*)	450	1450	2400	4800	8400	12,000
4d Limo	450	1500	2500	5000	8800	12,600
1939						
Special Series D11S, 6-cyl., 117" wb						
2d Cpe	500	1600	2650	5300	9300	13,300
2d Sed	400	1250	2050	4100	7200	10,300
4d Sed	400	1250	2100	4200	7400	10,500
DeLuxe Series D11, 6-cyl., 117" wb - 134" wb, (*)						
2d Cpe	550	1700	2800	5600	9800	14,000
2d A/S Cpe	600	1900	3200	6400	11,200	16,000
2d Twn Cpe	550	1800	3000	6000	10,500	15,000
2d Sed	400	1250	2100	4200	7400	10,500
4d Sed	400	1300	2150	4300	7500	10,700
4d Ewb Sed (*)	500	1550	2550	5100	9000	12,800
4d Limo (*)	500	1550	2600	5200	9100	13,000
1940						
Special Series D17, 6-cyl., 119.5" wb						
2d Cpe	500	1600	2700	5400	9500	13,500
2d Sed	400	1300	2200	4400	7700	11,000
4d Sed	400	1350	2250	4500	7800	11,200
DeLuxe Series D14, 6-cyl., 119.5" wb - 139.5" wb, (*)						
2d Conv	1000	3100	5200	10,400	18,200	26,000
2d Cpe	550	1700	2800	5600	9800	14,000
2d 4P Cpe	550	1750	2900	5800	10,200	14,500
2d Sed	450	1400	2300	4600	8100	11,500
4d Sed	450	1400	2350	4700	8300	11,800
4d Ewb Sed (*)	450	1450	2400	4800	8300	11,900
4d Limo (*)	450	1450	2400	4800	8400	12,000
1941						
DeLuxe Series D19, 6-cyl., 119.5" wb						
2d Cpe	500	1550	2600	5200	9100	13,000
2d Sed	400	1350	2250	4500	7900	11,300
4d Sed	450	1400	2300	4600	8100	11,500
Custom Series D19, 6-cyl., 119.5" wb - 137.5" wb, (*)						
2d Conv	1000	3100	5200	10,400	18,200	26,000
2d Clb Cpe	500	1600	2700	5400	9500	13,500
2d Brgm	450	1400	2350	4700	8200	11,700
4d Sed	450	1400	2300	4600	8100	11,600
4d Twn Sed	450	1400	2350	4700	8300	11,800
4d 7P Sed (*)	450	1450	2400	4800	8300	11,900
4d Limo (*)	450	1500	2450	4900	8600	12,300

	6	5	4	3	2	1
1942						
DeLuxe Series D22, 6-cyl., 119.5" wb						
2d Cpe	500	1550	2550	5100	9000	12,800
2d Clb Cpe	500	1550	2600	5200	9100	13,000
2d Sed	400	1300	2200	4400	7700	11,000
4d Sed	400	1350	2200	4400	7800	11,100
Custom Series D22, 6-cyl., 119.5" wb - 137.5" wb, (*)						
2d Conv	900	2900	4800	9600	16,800	24,000
2d Clb Cpe	550	1700	2800	5600	9800	14,000
2d Brgm	450	1500	2500	5000	8800	12,500
4d Sed	450	1500	2450	4900	8600	12,300
4d Twn Sed	450	1500	2500	5000	8700	12,400
4d 7P Sed (*)	500	1550	2550	5100	9000	12,800
4d Limo (*)	550	1700	2800	5600	9800	14,000
1946-1948						
DeLuxe Series D24, 6-cyl., 119.5" wb						
2d Cpe	400	1300	2200	4400	7700	11,000
2d Sed	400	1200	2050	4100	7100	10,200
4d Sed	400	1250	2050	4100	7200	10,300
Custom Series D24, 6-cyl., 119.5" wb - 137.5" wb, (*)						
2d Conv	900	2900	4800	9600	16,800	24,000
2d Clb Cpe	450	1400	2300	4600	8100	11,500
4d Sed	400	1250	2100	4200	7400	10,500
4d Twn Sed	400	1250	2100	4200	7400	10,600
4d 7P Sed (*)	400	1300	2150	4300	7500	10,700

1949 Dodge Coronet four-door sedan

	6	5	4	3	2	1
1949						
First Series 1949 is the same as 1948						
Series D29 Wayfarer, 6-cyl., 115" wb						
2d Rds	950	3000	5000	10,000	17,500	25,000
2d Bus Cpe	400	1250	2100	4200	7400	10,500
2d Sed	400	1200	2000	4000	7100	10,100
Series D30 Meadowbrook, 6-cyl., 123.5" wb						
4d Sed	400	1200	2000	4000	7000	10,000
Series D30 Coronet, 6-cyl., 123.5" wb - 137.5" wb, (*)						
2d Conv	850	2750	4600	9200	16,100	23,000
2d Clb Cpe	400	1300	2200	4400	7700	11,000
4d Sed	400	1250	2050	4100	7200	10,300
4d Twn Sed	400	1250	2100	4200	7400	10,500
4d Sta Wag	550	1700	2800	5600	9800	14,000
4d 8P Sed (*)	450	1400	2300	4600	8100	11,500
1950						
Series D33 Wayfarer, 6-cyl., 115" wb						
2d Rds	950	3000	5000	10,000	17,500	25,000
2d Cpe	400	1300	2200	4400	7700	11,000
2d Sed	400	1200	2050	4100	7100	10,200
Series D34 Meadowbrook, 6-cyl., 123.5" wb						
4d Sed	400	1200	2000	4000	7000	10,000
Series D34 Coronet, 123.5" wb - 137.5" wb, (*)						
2d Conv	950	3000	5000	10,000	17,500	25,000
2d Clb Cpe	400	1300	2200	4400	7700	11,000
2d HT Dipl	550	1800	3000	6000	10,500	15,000
4d Sed	400	1200	2050	4100	7100	10,200
4d Twn Sed	400	1250	2100	4200	7300	10,400
4d Sta Wag	600	1900	3200	6400	11,200	16,000

	6	5	4	3	2	1
4d Mtl Sta Wag	500	1550	2600	5200	9100	13,000
4d 8P Sed (*)	450	1400	2300	4600	8100	11,600

1951-1952
Wayfarer Series D41, 6-cyl., 115" wb

2d Rds (1951 only)	850	2750	4600	9200	16,100	23,000
2d Sed	450	1080	1800	3600	6300	9000
2d Cpe	400	1200	2000	4000	7000	10,000

Meadowbrook Series D42, 6-cyl., 123.5" wb

4d Sed	450	1140	1900	3800	6650	9500

Coronet Series D42, 6-cyl., 123.5" wb

4d Sed	450	1160	1950	3900	6800	9700
2d Clb Cpe	400	1250	2100	4200	7400	10,600
2d HT Dipl	650	2050	3400	6800	11,900	17,000
2d Conv	850	2750	4600	9200	16,100	23,000
4d Mtl Sta Wag	500	1550	2600	5200	9100	13,000
4d 8P Sed	400	1200	2000	4000	7100	10,100

1953 Dodge Coronet four-door sedan

1953
Meadowbrook Special, 6-cyl., disc 4/53

4d Sed	400	1250	2050	4100	7200	10,300
2d Clb Cpe	400	1250	2100	4200	7400	10,500

Series D46 Meadowbrook, 6-cyl., 119" wb

4d Sed	400	1250	2100	4200	7400	10,500
2d Clb Cpe	400	1250	2100	4200	7400	10,600
2d Sub	400	1250	2100	4200	7400	10,500

Coronet, 6-cyl., 119" wb

4d Sed	400	1300	2150	4300	7500	10,700
2d Clb Cpe	400	1300	2150	4300	7600	10,800

Series D44 Coronet, V-8, 119" wb

4d Sed	400	1300	2200	4400	7700	11,000
2d Clb Cpe	400	1350	2200	4400	7800	11,100

Series D48 Coronet, V-8, 119" wb - 114" wb, (*)

2d HT Dipl	600	1900	3200	6400	11,200	16,000
2d Conv	850	2750	4600	9200	16,100	23,000
2d Sta Wag (*)	450	1450	2400	4800	8400	12,000

1954
Series D51-1 Meadowbrook, 6-cyl., 119" wb

4d Sed	400	1300	2150	4300	7600	10,800
2d Clb Cpe	400	1300	2150	4300	7600	10,800

Series D51-2 Coronet, 6-cyl., 119" wb

4d Sed	400	1300	2200	4400	7600	10,900
2d Clb Cpe	400	1300	2200	4400	7700	11,000

Series D52 Coronet, 6-cyl., 114" wb

2d Sub	450	1400	2300	4600	8100	11,500
4d 6P Sta Wag	500	1550	2600	5200	9100	13,000
4d 8P Sta Wag	550	1700	2800	5600	9800	14,000

Series D50-1 Meadowbrook, V-8, 119" wb

4d Sed	400	1300	2150	4300	7600	10,800
2d Clb Cpe	400	1300	2200	4400	7700	11,000

Series D50-2 Coronet, V-8, 119" wb

4d Sed	400	1350	2250	4500	7900	11,300
2d Clb Cpe	450	1400	2300	4600	8100	11,500

Series D53-2 Coronet, V-8, 114" wb

2d Sub	400	1350	2250	4500	7900	11,300
4d 2S Sta Wag	500	1600	2700	5400	9500	13,500

	6	5	4	3	2	1
4d 3S Sta Wag	550	1750	2900	5800	10,200	14,500
Series D50-3 Royal, V-8, 119" wb						
4d Sed	500	1550	2600	5200	9100	13,000
2d Clb Cpe	500	1550	2600	5200	9100	13,000
Series D53-3 Royal, V-8, 114" wb						
2D HT	700	2150	3600	7200	12,600	18,000
2d Conv	900	2900	4800	9600	16,800	24,000
2d Pace Car Replica Conv	1000	3250	5400	10,800	18,900	27,000

1955
Coronet, V-8, 120" wb						
4d Sed	400	1300	2150	4300	7600	10,800
2d Sed	400	1300	2150	4300	7500	10,700
2d HT	700	2150	3600	7200	12,600	18,000
2d Sub Sta Wag	450	1450	2400	4800	8400	12,000
4d 6P Sta Wag	450	1500	2500	5000	8800	12,500
4d 8P Sta Wag	500	1500	2550	5100	8900	12,700

NOTE: Deduct 5 percent for 6-cyl. models.

Royal, V-8, 120" wb						
4d Sed	400	1300	2150	4300	7600	10,800
2d HT	700	2300	3800	7600	13,300	19,000
4d 6P Sta Wag	500	1550	2600	5200	9100	13,000
4d 8P Sta Wag	500	1600	2700	5400	9500	13,500

Custom Royal, V-8, 120" wb						
4d Sed	450	1450	2400	4800	8400	12,000
4d Lancer	550	1700	2800	5600	9800	14,000
2d HT	750	2400	4000	8000	14,000	20,000
2d Conv	950	3000	5000	10,000	17,500	25,000

NOTE: Deduct 5 percent for 6-cyl. models.
   Add 10 percent for La-Femme.

1956
Coronet, V-8, 120" wb						
4d Sed	400	1250	2100	4200	7400	10,500
4d HT	450	1400	2300	4600	8100	11,500
2d Clb Sed	400	1300	2200	4400	7700	11,000
2d HT	650	2050	3400	6800	11,900	17,000
2d Conv	1000	3250	5400	10,800	18,900	27,000
2d Sub Sta Wag	450	1450	2400	4800	8400	12,000
4d 6P Sta Wag	450	1450	2450	4900	8500	12,200
4d 8P Sta Wag	450	1500	2500	5000	8800	12,500

NOTE: Deduct 5 percent for 6-cyl. models.

Royal, V-8, 120" wb						
4d Sed	450	1400	2300	4600	8100	11,600
4d HT	500	1550	2600	5200	9100	13,000
2d HT	750	2400	4000	8000	14,000	20,000
2d Sub Sta Wag	450	1500	2500	5000	8800	12,500
4d 6P Sta Wag	500	1500	2550	5100	8900	12,700
4d 8P Sta Wag	500	1550	2600	5200	9000	12,900

Custom Royal, V-8, 120" wb						
4d Sed	450	1400	2350	4700	8200	11,700
4d HT	550	1800	3000	6000	10,500	15,000
2d HT	850	2650	4400	8800	15,400	22,000
2d Conv	1150	3600	6000	12,000	21,000	30,000

NOTE: Add 30 percent for D500 option.
   Add 10 percent for Golden Lancer.
   Add 10 percent for La-Femme or Texan options.

1957
Coronet, V-8, 122" wb						
4d Sed	400	1300	2150	4300	7500	10,700
4d HT	450	1400	2300	4600	8100	11,500
2d Sed	400	1300	2150	4300	7600	10,800
2d HT	700	2150	3600	7200	12,600	18,000

NOTE: Deduct 5 percent for 6-cyl. models.

Coronet Lancer						
2d Conv	1100	3500	5800	11,600	20,300	29,000

Royal, V-8, 122" wb						
4d Sed	400	1300	2200	4400	7600	10,900
4d HT	450	1500	2500	5000	8800	12,500
2d HT	900	2900	4800	9600	16,800	24,000

Royal Lancer						
2d Conv	1250	3950	6600	13,200	23,100	33,000

Custom Royal, V-8, 122" wb						
4d Sed	400	1300	2200	4400	7700	11,000
4d HT	450	1400	2300	4600	8100	11,500
2d HT	950	3000	5000	10,000	17,500	25,000
4d 6P Sta Wag	400	1300	2200	4400	7700	11,000

	6	5	4	3	2	1
4d 9P Sta Wag	400	1350	2250	4500	7800	11,200
2d Sub Sta Wag	450	1400	2300	4600	8100	11,500
Custom Royal Lancer						
2d Conv	1350	4300	7200	14,400	25,200	36,000

NOTE: Add 30 percent for D500 option.

1958
Coronet, V-8, 122" wb

	6	5	4	3	2	1
4d Sed	350	1040	1750	3500	6100	8700
4d HT	400	1200	2050	4100	7100	10,200
2d Sed	450	1050	1750	3550	6150	8800
2d HT	650	2050	3400	6800	11,900	17,000
2d Conv	1000	3250	5400	10,800	18,900	27,000

NOTE: Deduct 5 percent for 6-cyl. models.

Royal

	6	5	4	3	2	1
4d Sed	450	1080	1800	3600	6300	9000
4d HT	400	1250	2100	4200	7400	10,500
2d HT	750	2400	4000	8000	14,000	20,000

Custom Royal

	6	5	4	3	2	1
4d Sed	450	1140	1900	3800	6650	9500
4d HT	400	1300	2200	4400	7700	11,000
2d HT	750	2400	4000	8000	14,000	20,000
2d Conv	1300	4100	6800	13,600	23,800	34,000
4d 6P Sta Wag	400	1200	2000	4000	7000	10,000
4d 9P Sta Wag	400	1200	2050	4100	7100	10,200
4d 6P Cus Wag	400	1250	2100	4200	7400	10,500
4d 9P Cus Wag	400	1300	2150	4300	7500	10,700
2d Sub Sta Wag	400	1250	2050	4100	7200	10,300

NOTE: Add 30 percent for D500 option. Add 50 percent for E.F.I. Super D500. Add 20 percent for Regal Lancer.

1959
Eight cylinder models
Coronet

	6	5	4	3	2	1
4d Sed	350	1000	1650	3300	5750	8200
4d HT	450	1160	1950	3900	6800	9700
2d Sed	350	1000	1650	3350	5800	8300
2d HT	600	1900	3200	6400	11,200	16,000
2d Conv	1000	3250	5400	10,800	18,900	27,000

NOTE: Deduct 10 percent for 6-cyl. models.

Royal

	6	5	4	3	2	1
4d Sed	350	975	1600	3250	5700	8100
4d HT	450	1090	1800	3650	6400	9100
2d HT	650	2050	3400	6800	11,900	17,000

Custom Royal

	6	5	4	3	2	1
4d Sed	350	1020	1700	3400	5950	8500
4d HT	450	1140	1900	3800	6650	9500
2d HT	700	2150	3600	7200	12,600	18,000
2d Conv	1200	3850	6400	12,800	22,400	32,000

Sierra

	6	5	4	3	2	1
4d 6P Sta Wag	400	1200	2000	4000	7000	10,000
4d 9P Sta Wag	400	1200	2050	4100	7100	10,200
4d 6P Cus Wag	400	1200	2050	4100	7100	10,200
4d 9P Cus Wag	400	1250	2050	4100	7200	10,300

NOTE: Add 30 percent for D500 option.

1960

Dart Series

Seneca, V-8, 118" wb

	6	5	4	3	2	1
4d Sed	350	860	1450	2900	5050	7200
2d Sed	350	850	1450	2850	4970	7100
4d Sta Wag	350	1020	1700	3400	5950	8500

Pioneer, V-8, 118" wb

	6	5	4	3	2	1
4d Sed	350	950	1500	3050	5300	7600
2d Sed	350	950	1550	3100	5400	7700
2d HT	400	1300	2150	4300	7500	10,700
4d 6P Sta Wag	450	1080	1800	3600	6300	9000
4d 9P Sta Wag	950	1100	1850	3700	6450	9200

Phoenix, V-8, 118" wb

	6	5	4	3	2	1
4d Sed	350	1000	1650	3300	5750	8200
4d HT	400	1300	2200	4400	7700	11,000
2d HT	550	1700	2800	5600	9800	14,000
2d Conv	700	2150	3600	7200	12,600	18,000

Dodge Series

Matador

	6	5	4	3	2	1
4d Sed	350	1000	1650	3350	5800	8300
4d HT	450	1400	2300	4600	8100	11,500
2d HT	550	1800	3000	6000	10,500	15,000
4d 6P Sta Wag	450	1130	1900	3800	6600	9400

	6	5	4	3	2	1
4d 9P Sta Wag	450	1150	1900	3850	6700	9600
Polara						
4d Sed	350	1020	1700	3400	5950	8500
4d HT	450	1400	2350	4700	8200	11,700
2d HT	550	1800	3000	6000	10,500	15,000
2d Conv	700	2300	3800	7600	13,300	19,000
4d 6P Sta Wag	450	1150	1900	3850	6700	9600
4d 9P Sta Wag	450	1170	1975	3900	6850	9800

NOTE: Deduct 5 percent for 6-cyl. models.
 Add 30 percent for D500 option.

1961
Lancer, 6-cyl., 106.5" wb

	6	5	4	3	2	1
4d Sed	350	840	1400	2800	4900	7000
2d HT	350	1000	1650	3300	5750	8200
2d Spt Cpe	350	880	1500	2950	5180	7400

Lancer 770
NOTE: Add 10 percent for Hyper Pak 170-180 hp engine option, and 20 percent for Hyper Pak 225-200 hp.

	6	5	4	3	2	1
4d Sta Wag	350	840	1400	2800	4900	7000

Dart Series

Seneca, V-8, 118" wb

	6	5	4	3	2	1
4d Sed	350	860	1450	2900	5050	7200
2d Sed	350	850	1450	2850	4970	7100
4d Sta Wag	350	975	1600	3200	5600	8000

Pioneer, V-8, 118" wb

	6	5	4	3	2	1
4d Sed	350	870	1450	2900	5100	7300
2d Sed	350	850	1450	2850	4970	7100
2d HT	350	1020	1700	3400	5950	8500
4d 6P Sta Wag	350	1020	1700	3400	5900	8400
4d 9P Sta Wag	350	1020	1700	3400	5950	8500

Phoenix, V-8, 118" wb

	6	5	4	3	2	1
4d Sed	350	870	1450	2900	5100	7300
4d HT	450	1080	1800	3600	6300	9000
2d HT	400	1200	2000	4000	7000	10,000
2d Conv	550	1800	3000	6000	10,500	15,000

Polara

	6	5	4	3	2	1
4d Sed	350	950	1550	3100	5400	7700
4d HT	450	1140	1900	3800	6650	9500
2d HT	450	1400	2300	4600	8100	11,500
2d Conv	600	1900	3200	6400	11,200	16,000
4d 6P Sta Wag	350	1020	1700	3400	5950	8500
4d 9P Sta Wag	350	1040	1700	3450	6000	8600

NOTE: Deduct 5 percent for 6-cyl. models. Add 30 percent for D500 option. Add 30 percent for Ram Charger "413".

1962
Lancer, 6-cyl., 106.5" wb

	6	5	4	3	2	1
4d Sed	350	820	1400	2700	4760	6800
2d Sed	350	800	1350	2700	4700	6700
4d Sta Wag	350	840	1400	2800	4900	7000

Lancer 770, 6-cyl., 106.5" wb

	6	5	4	3	2	1
4d Sed	350	830	1400	2950	4830	6900
2d Sed	350	830	1400	2950	4830	6900
4d Sta Wag	350	860	1450	2900	5050	7200
2d GT Cpe	350	975	1600	3200	5600	8000

Dart Series

Dart, V-8, 116" wb

	6	5	4	3	2	1
4d Sed	350	850	1450	2850	4970	7100
2d Sed	350	840	1400	2800	4900	7000
2d HT	350	900	1500	3000	5250	7500
4d 6P Sta Wag	350	975	1600	3200	5500	7900
4d 9P Sta Wag	350	900	1500	3000	5250	7500

Dart 440, V-8, 116" wb

	6	5	4	3	2	1
4d Sed	350	860	1450	2900	5050	7200
4d HT	350	950	1550	3100	5400	7700
2d HT	350	975	1600	3200	5600	8000
2d Conv	400	1300	2200	4400	7700	11,000
4d 6P Sta Wag	350	900	1500	3000	5250	7500
4d 9P Sta Wag	350	950	1500	3050	5300	7600

Polara 500, V-8, 116" wb

	6	5	4	3	2	1
4d HT	350	975	1600	3200	5600	8000
2d HT	350	1020	1700	3400	5950	8500
2d Conv	600	1900	3200	6400	11,200	16,000

NOTE: Add 20 percent for Daytona 500 Pace Car.

Custom 880, V-8, 122" wb

	6	5	4	3	2	1
4d Sed	350	870	1450	2900	5100	7300
4d HT	350	1020	1700	3400	5950	8500
2d HT	450	1080	1800	3600	6300	9000
2d Conv	550	1700	2800	5600	9800	14,000

	6	5	4	3	2	1
4d 6P Sta Wag	350	900	1500	3000	5250	7500
4d 9P Sta Wag	350	950	1550	3100	5400	7700

NOTE: Deduct 5 percent for 6-cyl. models. Add 75 percent for Ram Charger "413".

1963 Dodge Polara convertible

1963

Dart 170, 6-cyl., 111" wb

	6	5	4	3	2	1
4d Sed	200	745	1250	2500	4340	6200
2d Sed	200	730	1250	2450	4270	6100
4d Sta Wag	350	780	1300	2600	4550	6500
Dart 270, 6-cyl., 111" wb						
4d Sed	200	750	1275	2500	4400	6300
2d Sed	200	745	1250	2500	4340	6200
2d Conv	350	1040	1700	3450	6000	8600
4d Sta Wag	350	800	1350	2700	4700	6700
Dart GT						
2d HT	400	1200	2000	4000	7000	10,000
2d Conv	400	1300	2200	4400	7700	11,000
Dodge, 330/440, V-8, 119" wb						
4d Sed	350	790	1350	2650	4620	6600
2d Sed	350	800	1350	2700	4700	6700
2d HT	350	975	1600	3200	5600	8000
4d 6P Sta Wag	350	900	1500	3000	5250	7500
4d 9P Sta Wag	350	950	1500	3050	5300	7600
Polara, 318 CID V-8, 119" wb						
4d Sed	350	830	1400	2950	4830	6900
4d HT	350	880	1500	2950	5180	7400
2d HT	350	1020	1700	3400	5950	8500
2d Conv	450	1080	1800	3600	6300	9000
Polara 500, 383 CID V-8, 122" wb						
2d HT	450	1140	1900	3800	6650	9500
2d Conv	450	1500	2500	5000	8800	12,500
880, V-8, 122" wb						
4d Sed	350	880	1500	2950	5180	7400
4d HT	350	975	1600	3200	5600	8000
2d HT	450	1080	1800	3600	6300	9000
2d Conv	450	1450	2400	4800	8400	12,000
4d 6P Sta Wag	350	950	1500	3050	5300	7600
4d 9P Sta Wag	350	950	1550	3100	5400	7700

NOTE: Deduct 5 percent for 6-cyl. models.
  Add 75 percent for Ramcharger 426.

1964

Dart 170, 6-cyl., 111" wb

	6	5	4	3	2	1
4d Sed	200	745	1250	2500	4340	6200
2d Sed	200	730	1250	2450	4270	6100
4d Sta Wag	350	780	1300	2600	4550	6500
Dart 270, 6-cyl., 106" wb						
4d Sed	200	750	1275	2500	4400	6300
2d Sed	200	745	1250	2500	4340	6200
2d Conv	500	1550	2600	5200	9100	13,000
4d Sta Wag	350	790	1350	2650	4620	6600
Dart GT						
2d HT	400	1250	2100	4200	7400	10,500

	6	5	4	3	2	1
2d Conv	600	1900	3200	6400	11,200	16,000
Dodge, V-8, 119" wb						
4d Sed	350	790	1350	2650	4620	6600
2d Sed	350	800	1350	2700	4700	6700
2d HT	350	975	1600	3200	5600	8000
4d 6P Sta Wag	350	900	1500	3000	5250	7500
4d 9P Sta Wag	350	950	1500	3050	5300	7600
Polara, V-8, 119" wb						
4d Sed	350	975	1600	3200	5500	7900
4d HT	350	880	1500	2950	5180	7400
2d HT	450	1140	1900	3800	6650	9500
2d Conv	550	1700	2800	5600	9800	14,000
880, V-8, 122" wb						
4d Sed	350	850	1450	2850	4970	7100
4d HT	350	950	1500	3050	5300	7600
2d HT	400	1200	2000	4000	7000	10,000
2d Conv	550	1750	2900	5800	10,200	14,500
4d 6P Sta Wag	350	950	1500	3050	5300	7600
4d 9P Sta Wag	350	950	1550	3100	5400	7700

NOTE: Add 50 percent for 426 street wedge.
Add 75 percent for 426 Ramcharger.
Add 30 percent for Polara 500 option.
Deduct 5 percent for 6-cyl. models.

1965

	6	5	4	3	2	1
Dart, V8, 106" wb						
4d Sed	200	745	1250	2500	4340	6200
2d Sed	200	730	1250	2450	4270	6100
4d Sta Wag	350	780	1300	2600	4550	6500
Dart 270, V-8, 106" wb						
4d Sed	200	750	1275	2500	4400	6300
2d Sed	200	745	1250	2500	4340	6200
2 Dr HT	350	975	1600	3200	5600	8000
2d Conv	450	1500	2500	5000	8800	12,500
4d Sta Wag	350	790	1350	2650	4620	6600
Dart GT						
2 Dr HT	450	1500	2500	5000	8800	12,500
2d Conv	750	2350	3900	7800	13,700	19,500
Coronet, V-8, 117" wb						
4d Sed	350	770	1300	2550	4480	6400
2d Sed	200	750	1275	2500	4400	6300
Coronet Deluxe, V-8, 117" wb						
4d Sed	350	790	1350	2650	4620	6600
2d Sed	350	780	1300	2600	4550	6500
4d Sta Wag	350	840	1400	2800	4900	7000
Coronet 440, V-8, 117" wb						
4d Sed	350	800	1350	2700	4700	6700
2d HT	400	1200	2000	4000	7000	10,000
2d Conv	600	1850	3100	6200	10,900	15,500
4d 6P Sta Wag	350	900	1500	3000	5250	7500
4d 9P Sta Wag	350	950	1500	3050	5300	7600
Coronet 500, V-8, 117" wb						
2d HT	400	1250	2100	4200	7400	10,500
2d Conv	600	1900	3200	6400	11,200	16,000
Polara, V-8, 121" wb						
4d Sed	350	800	1350	2700	4700	6700
4d HT	350	830	1400	2950	4830	6900
2d HT	350	1020	1700	3400	5950	8500
2d Conv	600	2000	3300	6600	11,600	16,500
4d 6P Sta Wag	350	950	1500	3050	5300	7600
4d 9P Sta Wag	350	950	1550	3100	5400	7700
Custom 880, V-8, 121" wb						
4d Sed	350	820	1400	2700	4760	6800
4d HT	350	780	1300	2600	4550	6500
2d HT	450	1140	1900	3800	6650	9500
2d Conv	650	2050	3400	6800	11,900	17,000
4d 6P Sta Wag	350	950	1550	3100	5400	7700
4d 9P Sta Wag	350	950	1550	3150	5450	7800
Monaco, V-8, 121" wb						
2d HT	450	1080	1800	3600	6300	9000

NOTE: Deduct 5 percent for 6-cyl. models. Autos equipped with 426 Hemi, value inestimable.

1966

	6	5	4	3	2	1
Dart, 6-cyl., 111" wb						
4d Sed	200	750	1275	2500	4400	6300
2d Sed	200	745	1250	2500	4340	6200
4d Sta Wag	350	780	1300	2600	4550	6500

	6	5	4	3	2	1
Dart 270, V-8, 111" wb						
4d Sed	350	770	1300	2550	4480	6400
2d Sed	200	750	1275	2500	4400	6300
2d HT	350	1040	1700	3450	6000	8600
2d Conv	500	1600	2700	5400	9500	13,500
4d Sta Wag	350	790	1350	2650	4620	6600
Dart GT, V-8, 111" wb						
2d HT	450	1160	1950	3900	6800	9700
2d Conv	500	1600	2700	5400	9500	13,500
NOTE: Add 30 percent for 273 V-8, 275 hp engine option.						
Coronet, V-8, 117" wb						
4d Sed	200	720	1200	2400	4200	6000
2d Sed	200	720	1200	2400	4200	6000
Coronet DeLuxe, V-8, 117" wb						
4d Sed	200	745	1250	2500	4340	6200
2d Sed	200	730	1250	2450	4270	6100
4d Sta Wag	350	840	1400	2800	4900	7000
Coronet 440, V-8, 117" wb						
4d Sed	200	750	1275	2500	4400	6300
2d HT	450	1080	1800	3600	6300	9000
2d Conv	450	1400	2300	4600	8100	11,500
4d Sta Wag	350	780	1300	2600	4550	6500
Coronet 500, V-8, 117" wb						
4Dr Sed	200	750	1275	2500	4400	6300
2Dr HT	450	1140	1900	3800	6650	9500
2d Conv	550	1750	2900	5800	10,200	14,500
NOTE: Deduct 5 percent for all Dodge 6-cyl.						
Polara, V-8, 121" wb						
4d Sed	350	770	1300	2550	4480	6400
4d HT	350	830	1400	2950	4830	6900
2d HT	350	1020	1700	3400	5950	8500
2d Conv	400	1200	2000	4000	7000	10,000
4d Sta Wag	350	950	1550	3100	5400	7700
Monaco, V-8, 121" wb						
NOTE: Add 10 Percent for Polara 500 Option.						
4d Sed	350	770	1300	2550	4480	6400
4d HT	350	975	1600	3200	5600	8000
2d HT	350	1040	1700	3450	6000	8600
4d Sta Wag	350	950	1550	3150	5450	7800
Monaco 500						
2d HT	450	1090	1800	3650	6400	9100
Charger, 117" wb						
2d HT	550	1750	2900	5800	10,200	14,500
NOTE: Autos equipped with 426 Hemi, value inestimable.						
1967						
Dart, 6-cyl., 111" wb						
4d Sed	200	745	1250	2500	4340	6200
2d Sed	200	730	1250	2450	4270	6100
Dart 270, 6-cyl., 111" wb						
4d Sed	200	750	1275	2500	4400	6300
2d Ht	350	840	1400	2800	4900	7000
Dart GT, V-8						
2d HT	400	1250	2100	4200	7400	10,500
2d Conv	550	1800	3000	6000	10,500	15,000
Coronet DeLuxe, V-8, 117" wb						
4d Sed	200	745	1250	2500	4340	6200
2d Sed	200	730	1250	2450	4270	6100
4d Sta Wag	350	790	1350	2650	4620	6600
Coronet 440, V-8, 117" wb						
4d Sed	200	750	1275	2500	4400	6300
2d HT	450	1080	1800	3600	6300	9000
2d Conv	450	1500	2500	5000	8800	12,500
4d Sta Wag	350	800	1350	2700	4700	6700
Coronet 500, V-8, 117" wb						
4d Sed	350	770	1300	2550	4480	6400
2d HT	400	1200	2000	4000	7000	10,000
2d Conv	450	1450	2400	4800	8400	12,000
Coronet R/T, V-8, 117" wb						
2d HT	600	1900	3200	6400	11,200	16,000
2d Conv	650	2050	3400	6800	11,900	17,000
Charger, V-8, 117 " wb						
2d HT	600	2000	3300	6600	11,600	16,500
Polara, V-8, 122" wb						
4d Sed	200	750	1275	2500	4400	6300
4d HT	350	780	1300	2600	4550	6500
2d HT	350	900	1500	3000	5250	7500

	6	5	4	3	2	1
2d Conv	450	1400	2300	4600	8100	11,500
4d Sta Wag	350	840	1400	2800	4900	7000
Polara 500, V-8, 122" wb						
2d HT	350	975	1600	3200	5600	8000
2d Conv	450	1450	2400	4800	8400	12,000
Monaco, V-8, 122" wb						
4d Sed	350	840	1400	2800	4900	7000
4d HT	350	850	1450	2850	4970	7100
2d HT	350	1020	1700	3400	5950	8500
4d Sta Wag	350	900	1500	3000	5250	7500
Monaco 500, V-8, 122" wb						
2d HT	450	1140	1900	3800	6650	9500

NOTE: Add 40 percent for 440 Magnum. Autos equipped with 426 Hemi, value inestimable.

1968

	6	5	4	3	2	1
Dart, 6-cyl., 111" wb						
4d Sed	350	770	1300	2550	4480	6400
2d Sed	200	750	1275	2500	4400	6300
Dart 270, 6-cyl., 111" wb						
2d HT	350	840	1400	2800	4900	7000
4d Sed	350	780	1300	2600	4550	6500
Dart, V-8, 111" wb						
4d Sed	350	780	1300	2600	4550	6500
2d HT	350	975	1600	3250	5700	8100
Dart GT						
2d HT	400	1250	2100	4200	7400	10,500
2d Conv	450	1450	2400	4800	8400	12,000
Dart GT Sport 340, 111" wb						
2d HT	550	1700	2800	5600	9800	14,000
2d Conv	700	2150	3600	7200	12,600	18,000
Dart GT Sport 383, 111" wb						
2d HT	600	1900	3200	6400	11,200	16,000
2d Conv	700	2300	3800	7600	13,300	19,000
Coronet DeLuxe, V-8, 117" wb						
4d Sed	200	750	1275	2500	4400	6300
2d Sed	200	745	1250	2500	4340	6200
4d Sta Wag	350	840	1400	2800	4900	7000
Coronet 440						
2d Sed	350	770	1300	2550	4480	6400
2d HT	400	1250	2100	4200	7400	10,500
4d Sed	350	780	1300	2600	4550	6500
4d Sta Wag	350	870	1450	2900	5100	7300
Coronet 500						
4d Sed	350	780	1300	2600	4550	6500
2d HT	400	1300	2200	4400	7700	11,000
2d Conv	500	1550	2600	5200	9100	13,000
4d Sta Wag	350	900	1500	3000	5250	7500
Coronet Super Bee, V-8, 117" wb						
2d Sed	650	2050	3400	6800	11,900	17,000
Coronet R/T						
2d HT	850	2750	4600	9200	16,100	23,000
2d Conv	1000	3100	5200	10,400	18,200	26,000
Charger						
2d HT	650	2050	3400	6800	11,900	17,000
Charger R/T						
2d HT	750	2400	4000	8000	14,000	20,000
Polara, V-8, 122" wb						
4d Sed	350	770	1300	2550	4480	6400
2d HT	350	975	1600	3250	5700	8100
4d HT	350	950	1500	3050	5300	7600
2d Conv	450	1500	2500	5000	8800	12,500
4d Sta Wag	350	950	1550	3150	5450	7800
Polara 500						
2d HT	350	1020	1700	3400	5950	8500
2d Conv	500	1550	2600	5200	9100	13,000
Monaco						
2d HT	400	1200	2050	4100	7100	10,200
4d HT	350	975	1600	3200	5600	8000
4d Sed	350	840	1400	2800	4900	7000
4d Sta Wag	350	975	1600	3200	5600	8000
Monaco 500						
2d HT	400	1250	2100	4200	7400	10,500

NOTE: Add 40 percent for 440 Magnum. Autos equipped with 426 Hemi, value inestimable.

1969

	6	5	4	3	2	1
Dart V-8						
2d HT	200	675	1000	2000	3500	5000
4d Sed	200	670	1200	2300	4060	5800

	6	5	4	3	2	1
Dart Swinger						
2d HT	350	820	1400	2700	4760	6800
Dart Swinger 340						
2d HT	550	1750	2900	5800	10,200	14,500
Dart Custom, V-8, 111" wb						
4d Sed	200	700	1200	2350	4130	5900
2d HT	350	975	1600	3200	5600	8000
Dart GT						
2d HT	500	1550	2600	5200	9100	13,000
2d Conv	550	1800	3000	6000	10,500	15,000
Dart GT Sport 340						
2d HT	600	1900	3200	6400	11,200	16,000
2d Conv	700	2300	3800	7600	13,300	19,000
Dart GT Sport 383, 111" wb						
2d HT (383 HP)	700	2150	3600	7200	12,600	18,000
2d Conv (330 HP)	750	2400	4000	8000	14,000	20,000
Dart GT Sport 440, 111" wb						
2d HT	750	2400	4000	8000	14,000	20,000
Coronet DeLuxe, V-8, 117" wb						
4d Sed	200	685	1150	2300	3990	5700
2d Sed	200	670	1150	2250	3920	5600
4d Sta Wag	200	700	1200	2350	4130	5900
Coronet 440						
2d Sed	200	685	1150	2300	3990	5700
2d HT	400	1250	2100	4200	7400	10,500
4d Sed	200	670	1200	2300	4060	5800
4d Sta Wag	200	700	1200	2350	4130	5900
Coronet 500						
2d HT	400	1300	2200	4400	7700	11,000
2d Conv	500	1550	2600	5200	9100	13,000
4d Sta Wag	200	700	1200	2350	4130	5900
4d Sed	200	720	1200	2400	4200	6000
Coronet Super Bee, V-8						
2d HT	750	2400	4000	8000	14,000	20,000
2d Cpe (base 440/375)	700	2150	3600	7200	12,600	18,000
NOTE: Add 75 percent for Super Bee six pack.						
Coronet R/T						
2d HT	850	2750	4600	9200	16,100	23,000
2d Conv	1000	3100	5200	10,400	18,200	26,000
Charger						
2d HT	850	2650	4400	8800	15,400	22,000
Charger SE						
2d HT	700	2150	3600	7200	12,600	18,000
Charger 500						
2d HT	1000	3250	5400	10,800	18,900	27,000
Charger R/T						
2d HT	800	2500	4200	8400	14,700	21,000
Charger Daytona						
2d HT	2050	6500	10,800	21,600	37,800	54,000
Polara V-8						
4d Sed	200	700	1050	2100	3650	5200
2d HT	200	730	1250	2450	4270	6100
4d HT	200	650	1100	2150	3780	5400
2d Conv	450	1150	1900	3850	6700	9600
4d Sta Wag	200	660	1100	2200	3850	5500
Polara 500						
2d HT	350	790	1350	2650	4620	6600
2d Conv	400	1200	2000	4000	7100	10,100
Monaco						
2d HT	350	800	1350	2700	4700	6700
4d HT	200	670	1200	2300	4060	5800
4d Sed	200	700	1050	2100	3650	5200
4d Sta Wag	200	700	1050	2050	3600	5100
NOTE: Add 40 percent for 440 Magnum 440/1x4V. Autos equipped with 426 Hemi, value inestimable. Add 20 percent for 383 engine. Add 75 percent for 440/3x2V.						

1970

	6	5	4	3	2	1
Dart, V-8, 111" wb						
4d Sed	150	650	975	1950	3350	4800
2d HT Swinger	200	720	1200	2400	4200	6000
Dart Custom						
4d Sed	200	675	1000	1950	3400	4900
2d HT	350	780	1300	2600	4550	6500
Dart Swinger 340						
2d HT	350	1040	1700	3450	6000	8600
Challenger, V-8, 110" wb						
2d HT	550	1800	3000	6000	10,500	15,000

	6	5	4	3	2	1
2d HT Fml	600	1900	3200	6400	11,200	16,000
2d Conv	750	2400	4000	8000	14,000	20,000
Challenger R/T						
2d HT	650	2050	3400	6800	11,900	17,000
2d HT Fml	700	2150	3600	7200	12,600	18,000
2d Conv	850	2650	4400	8800	15,400	22,000
Challenger T/A						
2d Cpe	1150	3600	6000	12,000	21,000	30,000
Coronet, V-8, 117" wb						
4d Sed	150	650	950	1900	3300	4700
2d Sed	150	650	975	1950	3350	4800
4d Sta Wag	150	650	950	1900	3300	4700
Coronet 440						
2d HT	450	1080	1800	3600	6300	9000
4d Sed	200	675	1000	2000	3500	5000
2d Sed	200	700	1050	2050	3600	5100
4d Sta Wag	150	650	975	1950	3350	4800
Coronet 500						
4d Sed	200	660	1100	2200	3850	5500
2d HT	400	1200	2000	4000	7000	10,000
2d Conv	500	1550	2600	5200	9100	13,000
4d Sta Wag	200	675	1000	1950	3400	4900
Coronet Super Bee						
2d HT	700	2300	3800	7600	13,300	19,000
2d Cpe	650	2050	3400	6800	11,900	17,000
Coronet R/T						
2d HT	900	2900	4800	9600	16,800	24,000
2d Conv	1050	3350	5600	11,200	19,600	28,000
Charger						
2d HT	700	2300	3800	7600	13,300	19,000
2d HT 500	850	2650	4400	8800	15,400	22,000
2d HT R/T	1000	3100	5200	10,400	18,200	26,000
Polara, V-8, 122" wb						
2d HT	200	720	1200	2400	4200	6000
4d HT	200	675	1000	2000	3500	5000
2d Conv	450	1080	1800	3600	6300	9000
4d Sed	200	675	1000	1950	3400	4900
Polara Custom						
4d Sed	200	675	1000	2000	3500	5000
2d HT	350	780	1300	2600	4550	6500
4d HT	150	650	950	1900	3300	4700
Monaco						
4d Sed	200	675	1000	1950	3400	4900
2d HT	200	720	1200	2400	4200	6000
4d HT	150	600	950	1850	3200	4600
4d Sta Wag	150	600	900	1800	3150	4500

NOTE: Add 40 percent for 440 Magnum. 440/1x4V Autos equipped with 426 Hemi, value inestimable. Add 20 percent for 383 engine. Add 60 percent for 440/3x2V.

1971

Demon						
2d Cpe	150	600	900	1800	3150	4500
2d 340 Cpe	200	660	1100	2200	3850	5500
Dart						
4d Cus Sed	150	575	875	1700	3000	4300
Swinger						
2d HT	350	840	1400	2800	4900	7000
Challenger						
2d HT	550	1700	2800	5600	9800	14,000
2d Conv	700	2300	3800	7600	13,300	19,000
2d HT R/T	700	2150	3600	7200	12,600	18,000
Coronet Brougham						
4d Sed	125	450	750	1450	2500	3600
4d Sta Wag	150	475	750	1475	2600	3700
Charger						
2d HT 500	650	2050	3400	6800	11,900	17,000
2d HT	550	1800	3000	6000	10,500	15,000
2d Super Bee HT	700	2150	3600	7200	12,600	18,000
2d HT R/T	750	2400	4000	8000	14,000	20,000
2d HT SE	700	2300	3800	7600	13,300	19,000
Polara Brougham						
4d HT	150	475	750	1475	2600	3700
2d HT	150	475	775	1500	2650	3800
Monaco						
4d HT	150	475	775	1500	2650	3800
2d HT	150	500	800	1550	2700	3900
4d Sta Wag	150	475	775	1500	2650	3800

	6	5	4	3	2	1

NOTE: Add 40 percent for 440 Magnum. Autos equipped with 426 Hemi, value inestimable. Add 50 percent for 440/3x2V.

1972

	6	5	4	3	2	1
Colt						
4d Sed	125	450	700	1400	2450	3500
2d Cpe	125	450	750	1450	2500	3600
2d HT	150	500	800	1550	2700	3900
4d Sta Wag	125	450	700	1400	2450	3500
Dart						
4d Sed	150	575	900	1750	3100	4400
2d Demon 340 Cpe	350	975	1600	3200	5600	8000
Swinger						
2d HT	350	840	1400	2800	4900	7000
Challenger						
2d HT	500	1550	2600	5200	9100	13,000
2d HT Rallye	550	1700	2800	5600	9800	14,000
Coronet						
4d 4d Sed	150	475	750	1475	2600	3700
4d Sta Wag	125	450	750	1450	2500	3600
Charger						
2d Sed	400	1200	2000	4000	7000	10,000
2d HT	400	1200	2000	4000	7000	10,000
2d HT SE	450	1450	2400	4800	8400	12,000

NOTE: Add 20 percent for Rallye.

	6	5	4	3	2	1
Polara V-8						
4d Sed	125	450	700	1400	2450	3500
4d HT	125	450	750	1450	2500	3600
2d HT	150	500	800	1550	2700	3900
4d Sta Wag	150	475	750	1475	2600	3700
Polara Custom						
4d Sed	150	475	750	1475	2600	3700
4d HT	150	475	775	1500	2650	3800
2d HT	150	600	900	1800	3150	4500
4d 2S Sta Wag	150	550	850	1675	2950	4200
4d 3S Sta Wag	150	575	875	1700	3000	4300
Monaco						
4d Sed	150	475	775	1500	2650	3800
4d HT	150	500	800	1550	2700	3900
2d HT	150	650	950	1900	3300	4700
4d 2S Sta Wag	150	575	900	1750	3100	4400
4d 3S Sta Wag	150	600	900	1800	3150	4500

NOTE: Add 60 percent for 440/3x2V

1973 Dodge Challenger Rallye two-door hardtop

1973

	6	5	4	3	2	1
Colt						
4d Sed	125	450	700	1400	2450	3500
2d Cpe	125	400	700	1375	2400	3400
2d HT	150	475	750	1475	2600	3700
4d Sta Wag	125	450	700	1400	2450	3500
2d HT GT	150	500	800	1600	2800	4000

	6	5	4	3	2	1
Dart						
4d Sed	125	450	750	1450	2500	3600
2d Cpe	150	550	850	1650	2900	4100
Dart Sport						
2d Cpe	150	600	950	1850	3200	4600
Dart Sport '340'						
2d Cpe	200	660	1100	2200	3850	5500
Dart Custom						
2d Cpe	150	550	850	1675	2950	4200
Swinger						
2d HT	200	670	1200	2300	4060	5800
2d Spl HT	200	650	1100	2150	3780	5400
Challenger						
2d HT	450	1450	2400	4800	8400	12,000
2d Rallye HT	500	1550	2600	5200	9100	13,000
Coronet						
4d Sed	125	370	650	1250	2200	3100
4d Sta Wag	125	380	650	1300	2250	3200
Coronet Custom						
4d Sed	125	400	700	1375	2400	3400
4d Sta Wag	125	450	700	1400	2450	3500
Crestwood						
4d 6P Sta Wag	125	450	750	1450	2500	3600
4d 9P Sta Wag	150	475	750	1475	2600	3700
Charger						
2d Cpe	350	975	1600	3250	5700	8100
2d HT	450	1080	1800	3600	6300	9000
2d 'SE' HT	950	1100	1850	3700	6450	9200
2d Rallye	450	1140	1900	3800	6650	9500
Polara						
4d Sed	125	380	650	1300	2250	3200
2d HT	125	450	750	1450	2500	3600
4d Sta Wag	125	380	650	1300	2250	3200
Polara Custom						
4d Sed	125	400	700	1375	2400	3400
2d HT	150	475	775	1500	2650	3800
4d HT Sed	150	475	750	1475	2600	3700
4d 2S Sta Wag	125	400	675	1350	2300	3300
4d 3S Sta Wag	125	400	700	1375	2400	3400
Monaco						
4d Sed	125	450	700	1400	2450	3500
4d HT Sed	150	475	750	1475	2600	3700
2d HT	150	550	850	1650	2900	4100
4d 2S Sta Wag	125	400	675	1350	2300	3300
4d 3S Sta Wag	125	450	700	1400	2450	3500
1974						
Colt						
4d Sed	100	360	600	1200	2100	3000
2d Cpe	100	350	600	1150	2000	2900
2d HT	125	380	650	1300	2250	3200
2d Sta Wag	100	360	600	1200	2100	3000
2d HT GT	125	450	700	1400	2450	3500
4d Sta Wag	100	360	600	1200	2100	3000
Dart						
4d Sed	150	475	750	1475	2600	3700
2d Spe Cpe	150	550	850	1675	2950	4200
Dart Sport '360'						
2d Cpe	150	600	950	1850	3200	4600
Dart Special Edition						
2d HT	150	550	850	1650	2900	4100
4d Sed	150	500	800	1550	2700	3900
Dart Custom						
4d Sed	150	475	775	1500	2650	3800
Swinger						
2d HT	150	500	800	1550	2700	3900
Swinger Special						
2d HT	150	500	800	1600	2800	4000
Challenger						
2d HT	400	1300	2200	4400	7700	11,000
Coronet						
4d Sta Wag	125	450	700	1400	2450	3500
4d Sta Wag	125	400	675	1350	2300	3300
Coronet Custom						
4d Sed	125	400	700	1375	2400	3400
4d Sta Wag	125	400	700	1375	2400	3400

	6	5	4	3	2	1
Coronet Crestwood						
4d Sta Wag	125	450	750	1450	2500	3600
Coronet Charger						
2d Cpe	200	670	1150	2250	3920	5600
2d HT	350	780	1300	2600	4550	6500
2d 'SE' HT	350	840	1400	2800	4900	7000
Monaco						
4d Sed	125	400	675	1350	2300	3300
2d HT Cpe	125	450	700	1400	2450	3500
4d Sta Wag	125	400	675	1350	2300	3300
Monaco Custom						
4d Sed	125	450	700	1400	2450	3500
2d HT	150	475	775	1500	2650	3800
4d HT Sed	150	475	750	1475	2600	3700
4d 2S Sta Wag	125	400	700	1375	2400	3400
4d 3S Sta Wag	125	450	700	1400	2450	3500
Monaco Brougham						
2d Sed	125	450	750	1450	2500	3600
2d HT	150	500	800	1550	2700	3900
4d HT Sed	150	475	775	1500	2650	3800
4d 2S Sta Wag	125	450	750	1450	2500	3600
4d 3S Sta Wag	150	475	775	1500	2650	3800
1975						
Dart						
4d Sed	125	380	650	1300	2250	3200
Dart Sport						
2d Cpe	125	450	750	1450	2500	3600
Swinger						
2d HT	150	475	775	1500	2650	3800
2d Spl HT	125	400	675	1350	2300	3300
Dart Custom						
4d Sed	150	475	775	1500	2650	3800
2d '360' Cpe	150	600	950	1850	3200	4600
Dart S.E.						
2d HT	150	550	850	1650	2900	4100
4d Sed	125	450	750	1450	2500	3600
Coronet						
2d HT	150	475	775	1500	2650	3800
4d Sed	125	380	650	1300	2250	3200
4d Sta Wag	125	400	700	1375	2400	3400
Coronet Custom						
2d HT	150	500	800	1600	2800	4000
4d Sed	125	400	675	1350	2300	3300
4d Sta Wag	125	400	700	1375	2400	3400
Coronet Brougham						
2d HT	150	550	850	1650	2900	4100
Crestwood						
4d Sta Wag	125	450	750	1450	2500	3600
Charger S.E.						
2d HT	150	650	975	1950	3350	4800
Monaco						
2d HT	150	550	850	1675	2950	4200
4d Sed	125	400	675	1350	2300	3300
4d Sta Wag	125	400	700	1375	2400	3400
Royal Monaco						
2d HT	150	575	900	1750	3100	4400
4d Sed	125	450	700	1400	2450	3500
4d HT Sed	150	550	850	1650	2900	4100
4d 2S Sta Wag	125	450	700	1400	2450	3500
4d 3S Sta Wag	125	450	750	1450	2500	3600
Royal Monaco Brougham						
2d Cpe	150	600	900	1800	3150	4500
4d Sed	125	450	750	1450	2500	3600
4d HT Sed	150	550	850	1675	2950	4200
4d 2S Sta Wag	150	475	750	1475	2600	3700
4d 3S Sta Wag	150	475	775	1500	2650	3800
1976						
Colt, 4-cyl.						
4d Sed	125	370	650	1250	2200	3100
2d Cpe	125	380	650	1300	2250	3200
2d HT Carousel	125	450	700	1400	2450	3500
4d Sta Wag	125	380	650	1300	2250	3200
2d HT GT	125	400	700	1375	2400	3400
Dart Sport, 6-cyl.						
2d Spt Cpe	125	400	700	1375	2400	3400

	6	5	4	3	2	1
Dart Swinger Special, 6-cyl.						
2d HT	125	450	700	1400	2450	3500
Dart, 6-cyl.						
4d Sed	125	400	675	1350	2300	3300
2d Swinger	125	400	700	1375	2400	3400
2d HT	125	450	750	1450	2500	3600
Aspen, V-8						
4d Sed	125	400	700	1375	2400	3400
2d Spt Cpe	125	450	750	1450	2500	3600
4d Sta Wag	125	450	700	1400	2450	3500
Aspen Custom, V-8						
4d Sed	125	450	700	1400	2450	3500
2d Spt Cpe	150	475	750	1475	2600	3700
Aspen Special Edition, V-8						
4d Sed	125	450	750	1450	2500	3600
2d Spt Cpe	150	475	775	1500	2650	3800
4d Sta Wag	150	475	750	1475	2600	3700
Coronet, V-8						
4d Sed	125	400	700	1375	2400	3400
4d 2S Sta Wag	125	400	675	1350	2300	3300
4d 3S Sta Wag	125	400	700	1375	2400	3400
Coronet Brougham, V-8						
4d Sed	125	450	700	1400	2450	3500
Crestwood, V-8						
4d 2S Sta Wag	125	400	700	1375	2400	3400
4d 3S Sta Wag	125	450	700	1400	2450	3500
Charger, V-8						
2d HT	150	650	950	1900	3300	4700
2d HT Spt	150	650	975	1950	3350	4800
Charger Special Edition, V-8						
2d HT	200	675	1000	1950	3400	4900
Monaco, V-8						
4d Sed	150	500	800	1550	2700	3900
4d Sta Wag	150	475	750	1475	2600	3700
Royal Monaco, V-8						
4d Sed	150	500	800	1600	2800	4000
2d HT	150	550	850	1675	2950	4200
4d 2S Sta Wag	150	500	800	1600	2800	4000
4d 3S Sta Wag	150	550	850	1650	2900	4100
Royal Monaco Brougham, V-8						
4d Sed	125	450	750	1450	2500	3600
2d HT	150	550	850	1675	2950	4200
4d Sta Wag	150	550	850	1650	2900	4100
1977						
Colt, 4-cyl.						
4d Sed	125	380	650	1300	2250	3200
2d Cpe	125	400	675	1350	2300	3300
2d Cus Cpe	125	400	700	1375	2400	3400
2d HT Carousel	125	450	750	1450	2500	3600
4d Sta Wag	125	400	675	1350	2300	3300
2d HT GT	125	450	700	1400	2450	3500
Aspen, V-8						
4d Sed	125	450	700	1400	2450	3500
2d Spt Cpe	150	475	750	1475	2600	3700
4d Sta Wag	125	400	700	1375	2400	3400
Aspen Custom, V-8						
4d Sed	125	450	750	1450	2500	3600
2d Spt Cpe	150	475	775	1500	2650	3800
Aspen Special Edition, V-8						
4d Sed	150	475	750	1475	2600	3700
2d Spt Cpe	150	500	800	1600	2800	4000
4d Sta Wag	150	475	775	1500	2650	3800
Monaco, V-8						
4d Sed	125	450	700	1400	2450	3500
2d HT	150	475	775	1500	2650	3800
4d 2S Sta Wag	125	400	700	1375	2400	3400
4d 3S Sta Wag	125	450	700	1400	2450	3500
Monaco Brougham, V-8						
4d Sed	150	475	750	1475	2600	3700
2d HT	150	500	800	1600	2800	4000
Monaco Crestwood, V-8						
4d 2S Sta Wag	125	400	700	1375	2400	3400
4d 3S Sta Wag	125	450	700	1400	2450	3500
Charger Special Edition, V-8						
2d HT	200	700	1050	2050	3600	5100

	6	**5**	**4**	**3**	**2**	**1**
Diplomat, V-8						
4d Sed	150	550	850	1675	2950	4200
2d Cpe	150	575	900	1750	3100	4400
Diplomat Medallion, V-8						
4d Sed	150	575	900	1750	3100	4400
2d Cpe	150	600	950	1850	3200	4600
Royal Monaco, V-8						
4d Sed	150	575	875	1700	3000	4300
2d HT	150	600	900	1800	3150	4500
4d Sta Wag	150	575	900	1750	3100	4400
Royal Monaco Brougham, V-8						
4d Sed	150	475	750	1475	2600	3700
2d HT	150	575	875	1700	3000	4300
4d 2S Sta Wag	150	550	850	1650	2900	4100
4d 3S Sta Wag	150	550	850	1675	2950	4200
1978						
Omni						
4d HBk	125	400	675	1350	2300	3300
Colt						
4d Sed	125	380	650	1300	2250	3200
2d Cpe	125	400	675	1350	2300	3300
2d Cus Cpe	125	400	700	1375	2400	3400
4d Sta Wag	125	380	650	1300	2250	3200
Aspen						
4d Sed	125	450	700	1400	2450	3500
2d Cpe	125	450	750	1450	2500	3600
4d Sta Wag	125	450	700	1400	2450	3500
Monaco						
4d Sed	125	450	750	1450	2500	3600
2d	150	475	750	1475	2600	3700
4d 3S Sta Wag	150	475	750	1475	2600	3700
4d 2S Sta Wag	125	450	750	1450	2500	3600
Monaco Brougham						
4d Sed	150	475	750	1475	2600	3700
2d Cpe	150	475	775	1500	2650	3800
4d 3S Sta Wag	150	475	775	1500	2650	3800
4d 2S Sta Wag	150	475	750	1475	2600	3700
Charger SE						
2d Cpe	200	700	1050	2100	3650	5200
Magnum XE						
2d Cpe	200	700	1075	2150	3700	5300
Challenger						
2d Cpe	200	670	1150	2250	3920	5600
Diplomat						
4d 'S' Sed	150	500	800	1550	2700	3900
2d 'S' Cpe	150	500	800	1600	2800	4000
4d Sed	150	500	800	1600	2800	4000
2d Cpe	150	550	850	1650	2900	4100
4d Sta Wag	150	500	800	1600	2800	4000
Diplomat Medallion						
4d Sed	150	550	850	1650	2900	4100
2d Cpe	150	550	850	1675	2950	4200
1979						
Omni, 4-cyl.						
4d HBk	125	380	650	1300	2250	3200
2d HBk	125	400	675	1350	2300	3300
Colt, 4-cyl.						
2d HBk	125	370	650	1250	2200	3100
2d Cus HBk	125	380	650	1300	2250	3200
2d Cpe	125	400	675	1350	2300	3300
4d Sed	125	380	650	1300	2250	3200
4d Sta Wag	125	400	675	1350	2300	3300
Aspen, V-8						
4d Sed	125	450	750	1450	2500	3600
2d Cpe	150	475	750	1475	2600	3700
4d Sta Wag	125	450	750	1450	2500	3600
NOTE: Deduct 5 percent for 6-cyl.						
Magnum XE, V-8						
2d Cpe	200	660	1100	2200	3850	5500
Challenger, 4-cyl.						
2d Cpe	200	685	1150	2300	3990	5700
Diplomat, V-8						
4d Sed	150	500	800	1550	2700	3900
2d Cpe	150	500	800	1600	2800	4000
Diplomat Salon, V-8						
4d Sed	150	500	800	1600	2800	4000

	6	5	4	3	2	1
2d Cpe	150	550	850	1650	2900	4100
4d Sta Wag	150	500	800	1600	2800	4000
Diplomat Medallion, V-8						
4d Sed	150	550	850	1675	2950	4200
2d Cpe	150	575	875	1700	3000	4300
NOTE: Deduct 5 percent for 6-cyl.						
St. Regis, V-8						
4d Sed	150	575	900	1750	3100	4400
NOTE: Deduct 5 percent for 6-cyl.						

1980

	6	5	4	3	2	1
Omni, 4-cyl.						
4d HBk	125	450	700	1400	2450	3500
2d HBk 2 plus 2 024	150	500	800	1550	2700	3900
Colt, 4-cyl.						
2d HBk	125	400	700	1375	2400	3400
2d HBk Cus	125	450	700	1400	2450	3500
4d Sta Wag	125	450	750	1450	2500	3600
Aspen, 6-cyl.						
4d Sed Spl	150	475	775	1500	2650	3800
2d Cpe Spl	150	500	800	1550	2700	3900
Aspen, V-8						
4d Sed	150	500	800	1600	2800	4000
2d Cpe	150	550	850	1650	2900	4100
4d Sta Wag	150	550	850	1650	2900	4100
NOTE: Deduct 10 percent for 6-cyl.						
Challenger						
2d Cpe	150	600	950	1850	3200	4600
Diplomat, V-8						
4d Sed Salon	125	450	750	1450	2500	3600
2d Cpe Salon	150	475	750	1475	2600	3700
4d Sta Wag Salon	150	500	800	1550	2700	3900
NOTE: Deduct 5 percent for lesser models.						
4d Sed Medallion	150	475	750	1475	2600	3700
2d Cpe Medallion	150	475	775	1500	2650	3800
NOTE: Deduct 10 percent for 6-cyl.						
Mirada, V-8						
2d Cpe Specialty S	200	700	1200	2350	4130	5900
2d Cpe Specialty	200	730	1250	2450	4270	6100
NOTE: Deduct 12 percent for 6-cyl.						
St. Regis, V-8						
4d Sed	150	550	850	1650	2900	4100
NOTE: Deduct 12 percent for 6-cyl.						

1981

	6	5	4	3	2	1
Omni, 4-cyl.						
4d HBk	150	475	775	1500	2650	3800
2d HBk 024	150	550	850	1650	2900	4100
NOTE: Deduct 5 percent for lesser models.						
Colt, 4-cyl.						
2d HBk	125	450	700	1400	2450	3500
2d HBk DeL	125	450	750	1450	2500	3600
2d HBk Cus	150	475	750	1475	2600	3700
Aries, 4-cyl.						
4d Sed SE	150	500	800	1550	2700	3900
2d Sed SE	150	500	800	1600	2800	4000
4d Sta Wag SE	150	550	850	1675	2950	4200
NOTE: Deduct 5 percent for lesser models.						
Challenger, 4-cyl.						
2d Cpe	150	600	900	1800	3150	4500
Diplomat, V-8						
4d Sed Medallion	150	500	800	1550	2700	3900
2d Cpe Medallion	150	500	800	1600	2800	4000
4d Sta Wag	150	550	850	1650	2900	4100
NOTE: Deduct 5 percent for lesser models.						
Deduct 10 percent for 6-cyl.						
Mirada, V-8						
2d Cpe	200	720	1200	2400	4200	6000
NOTE: Deduct 12 percent for 6-cyl.						
St. Regis, V-8						
4d Sed	150	550	850	1675	2950	4200
NOTE: Deduct 12 percent for 6-cyl.						

1982

	6	5	4	3	2	1
Colt, 4-cyl.						
2d HBk Cus	150	500	800	1600	2800	4000
4d HBk Cus	150	500	800	1550	2700	3900
NOTE: Deduct 5 percent for lesser models.						

	6	5	4	3	2	1
Omni, 4-cyl.						
4d HBk Euro	150	575	875	1700	3000	4300
2d HBk 024 Charger	150	600	900	1800	3150	4500
NOTE: Deduct 5 percent for lesser models.						
Aries, 4-cyl.						
4d Sed SE	150	500	800	1550	2700	3900
2d Cpe SE	150	550	850	1675	2950	4200
4d Sta Wag SE	150	575	900	1750	3100	4400
NOTE: Deduct 5 percent for lesser models.						
400, 4-cyl.						
2d Cpe Specialty LS	150	550	850	1675	2950	4200
4d Sed LS	150	575	875	1700	3000	4300
2d Conv	200	660	1100	2200	3850	5500
NOTE: Deduct 5 percent for lesser models.						
Challenger, 4-cyl.						
2d Cpe	150	650	950	1900	3300	4700
Diplomat, V-8						
4d Sed	150	550	850	1650	2900	4100
4d Sed Medallion	150	575	875	1700	3000	4300
NOTE: Deduct 10 percent for 6-cyl.						
Mirada, V-8						
2d Cpe Specialty	200	730	1250	2450	4270	6100
NOTE: Deduct 12 percent for 6-cyl.						
1983						
Colt, 4-cyl.						
4d HBk Cus	150	500	800	1550	2700	3900
2d HBk Cus	150	550	850	1675	2950	4200
NOTE: Deduct 5 percent for lesser models.						
Omni, 4-cyl.						
4d HBk	150	500	800	1600	2800	4000
4d HBk Cus	150	575	875	1700	3000	4300
Charger, 4-cyl.						
2d HBk	150	575	900	1750	3100	4400
2d HBk 2 plus 2	150	600	950	1850	3200	4600
2d HBk Shelby	200	660	1100	2200	3850	5500
Aries, 4-cyl.						
4d Sed SE	150	500	800	1600	2800	4000
2d Sed SE	150	500	800	1550	2700	3900
4d Sta Wag SE	150	600	900	1800	3150	4500
NOTE: Deduct 5 percent for lesser models.						
Challenger, 4-cyl.						
2d Cpe	150	650	975	1950	3350	4800
400, 4-cyl.						
4d Sed	150	550	850	1675	2950	4200
2d Cpe	150	550	850	1650	2900	4100
2d Conv	200	685	1150	2300	3990	5700
600, 4-cyl.						
4d Sed	150	575	900	1750	3100	4400
4d Sed ES	150	600	950	1850	3200	4600
Diplomat, V-8						
4d Sed	150	550	850	1675	2950	4200
4d Sed Medallion	150	575	900	1750	3100	4400
NOTE: Deduct 10 percent for 6-cyl.						
Mirada, V-8						
2d Cpe Specialty	200	745	1250	2500	4340	6200
NOTE: Deduct 12 percent for 6-cyl.						

1984 Dodge Shelby Charger hatchback coupe

	6	5	4	3	2	1
1984						
Colt, 4-cyl.						
4d HBk DL	150	550	850	1675	2950	4200
2d HBk DL	150	550	850	1650	2900	4100
4d Sta Wag	150	500	800	1600	2800	4000
NOTE: Deduct 5 percent for lesser models.						
Omni, 4-cyl.						
4d HBK GLH	150	550	850	1675	2950	4200
NOTE: Deduct 5 percent for lesser models.						
Charger, 4-cyl.						
2d HBk	150	575	900	1750	3100	4400
2d HBk 2 plus 2	150	600	950	1850	3200	4600
2d HBk Shelby	200	660	1100	2200	3850	5500
Aries, 4-cyl.						
4d Sed SE	150	550	850	1650	2900	4100
2d Sed SE	150	550	850	1675	2950	4200
4d Sta Wag SE	150	575	875	1700	3000	4300
NOTE: Deduct 5 percent for lesser models.						
Conquest, 4-cyl. Turbo						
2d HBk	150	600	900	1800	3150	4500
Daytona, 4-cyl.						
2d HBk	150	600	900	1800	3150	4500
2d HBk Turbo	150	650	950	1900	3300	4700
2d HBk Turbo Z	200	675	1000	1950	3400	4900
600, 4-cyl.						
4d Sed	150	575	900	1750	3100	4400
2d Sed	150	575	900	1750	3100	4400
4d Sed ES	150	600	900	1800	3150	4500
2d Conv	200	670	1200	2300	4060	5800
2d Conv ES	200	745	1250	2500	4340	6200
Diplomat, V-8						
4d Sed	150	575	900	1750	3100	4400
4d Sed SE	150	600	950	1850	3200	4600
1985						
Colt, 4-cyl.						
4d Sed DL	150	500	800	1550	2700	3900
2d HBk DL	150	500	800	1600	2800	4000
4d Sed Premiere	150	500	800	1600	2800	4000
4d Sta Wag Vista	150	600	900	1800	3150	4500
4d Sta Wag Vista 4WD	200	660	1100	2200	3850	5500
NOTE: Deduct 5 percent for lesser models.						
Omni, 4-cyl.						
4d HBk GLH	150	575	875	1700	3000	4300
NOTE: Deduct 5 percent for lesser models.						
Charger, 4-cyl.						
2d HBk	200	675	1000	1950	3400	4900
2d HBk 2 plus 2	200	700	1050	2050	3600	5100
2d HBk Shelby	200	660	1100	2200	3850	5500
Aries, 4-cyl.						
4d Sed LE	150	550	850	1675	2950	4200
2d Sed LE	150	550	850	1675	2950	4200
4d Sta Wag LE	150	575	900	1750	3100	4400
NOTE: Deduct 5 percent for lesser models.						
Conquest, 4-cyl.						
2d HBk Turbo	150	600	950	1850	3200	4600
Daytona, 4-cyl.						
2d HBk	150	600	950	1850	3200	4600
2d HBk Turbo	150	650	975	1950	3350	4800
2d HBk Turbo Z	200	675	1000	2000	3500	5000
600, 4-cyl.						
4d Sed SE	150	600	900	1800	3150	4500
2d Sed	150	600	950	1850	3200	4600
Conv	200	670	1200	2300	4060	5800
Conv ES Turbo	200	745	1250	2500	4340	6200
Lancer						
4d HBk	150	650	975	1950	3350	4800
4d HBk ES	200	675	1000	1950	3400	4900
Diplomat, V-8						
4d Sed	150	600	900	1800	3150	4500
4d Sed SE	150	650	950	1900	3300	4700
1986						
Colt						
4d E Sed	150	550	850	1650	2900	4100
2d E HBk	150	500	800	1600	2800	4000
4d DL Sed	150	550	850	1675	2950	4200

	6	5	4	3	2	1
2d DL HBk	150	550	850	1650	2900	4100
4d Premiere Sed	150	575	875	1700	3000	4300
4d Vista Sta Wag	150	600	950	1850	3200	4600
4d Vista Sta Wag 4WD	200	670	1150	2250	3920	5600
Omni						
4d HBk	150	550	850	1675	2950	4200
4d Hbk GLH	150	600	900	1800	3150	4500
Charger						
2d HBk	200	675	1000	2000	3500	5000
2d Hbk 2 plus 2	200	700	1075	2150	3700	5300
2d Hbk Shelby	200	685	1150	2300	3990	5700
2d HBk Daytona	200	650	1100	2150	3780	5400
HBk Daytona Turbo	200	670	1150	2250	3920	5600
Aries						
2d Sed	150	575	875	1700	3000	4300
4d Sed	150	575	875	1700	3000	4300
Lancer						
4d HBk	200	675	1000	1950	3400	4900
600						
2d Cpe	150	600	900	1800	3150	4500
2d Conv	200	720	1200	2400	4200	6000
2d ES Conv	350	770	1300	2550	4480	6400
4d Sed	150	600	950	1850	3200	4600
Conquest						
2d HBk	200	700	1200	2350	4130	5900
Diplomat						
4d Sed	150	650	975	1950	3350	4800

NOTES: Add 10 percent for deluxe models. Deduct 5 percent for smaller engines.

1987
Colt, 4-cyl.

	6	5	4	3	2	1
4d E Sed	150	550	850	1675	2950	4200
2d E HBk	150	550	850	1650	2900	4100
4d DL Sed	150	575	875	1700	3000	4300
2d DL HBk	150	550	850	1675	2950	4200
4d Sed Premiere	150	575	900	1750	3100	4400
4d Vista Sta Wag	150	650	950	1900	3300	4700
4d Vista Sta Wag 4WD	200	685	1150	2300	3990	5700
Omni, 4-cyl.						
4d HBk America	150	550	850	1675	2950	4200
2d HBk Charger	150	600	900	1800	3150	4500
2d HBk Charger Shelby	200	675	1000	2000	3500	5000
Aries, 4-cyl.						
2d Sed	150	550	850	1675	2950	4200
4d Sed	150	575	875	1700	3000	4300
2d LE Sed	150	575	875	1700	3000	4300
4d Sed LE	150	575	900	1750	3100	4400
4d LE Sta Wag	150	575	900	1750	3100	4400
Shadow, 4-cyl.						
2d LBk	150	575	875	1700	3000	4300
4d LBk	150	575	900	1750	3100	4400

NOTE: Add 5 percent for 2.2 Turbo.

Daytona, 4-cyl.

	6	5	4	3	2	1
2d HBk	150	650	975	1950	3350	4800
2d HBk Pacifica	200	685	1150	2300	3990	5700
2d HBk Shelby 2	200	745	1250	2500	4340	6200
600, 4-cyl.						
4d Sed	150	600	900	1800	3150	4500
4d Sed SE	150	600	950	1850	3200	4600

NOTE: Add 5 percent for 2.2 Turbo.

Lancer, 4-cyl.

	6	5	4	3	2	1
4d HBk	150	650	950	1900	3300	4700
4d HBk ES	150	650	975	1950	3350	4800

NOTE: Add 5 percent for 2.2 Turbo.

Diplomat, V-8

	6	5	4	3	2	1
4d Sed	200	670	1150	2250	3920	5600
4d Sed SE	200	670	1200	2300	4060	5800

1988
Colt, 4-cyl.

	6	5	4	3	2	1
3d HBk	100	260	450	900	1540	2200
4d E Sed	100	330	575	1150	1950	2800
3d E HBk	100	320	550	1050	1850	2600
4d DL Sed	100	350	600	1150	2000	2900
3d DL HBk	100	330	575	1150	1950	2800
4d DL Sta Wag	100	360	600	1200	2100	3000
4d Sed Premiere	125	450	700	1400	2450	3500
4d Vista Sta Wag	150	500	800	1600	2800	4000

	6	5	4	3	2	1
4d Vista Sta Wag 4x4	200	675	1000	2000	3500	5000
Omni, 4-cyl.						
4d HBk	100	330	575	1150	1950	2800
Aries, 4-cyl.						
2d Sed	100	330	575	1150	1950	2800
4d Sed	100	330	575	1150	1950	2800
4d Sta Wag	125	400	675	1350	2300	3300
Shadow, 4-cyl.						
2d HBk	125	380	650	1300	2250	3200
4d HBk	125	400	700	1375	2400	3400
Daytona, 4-cyl.						
2d HBk	150	600	900	1800	3150	4500
2d HBk Pacifica	200	670	1150	2250	3920	5600
2d HBk Shelby Z	200	720	1200	2400	4200	6000
600, 4-cyl.						
4d Sed	125	450	700	1400	2450	3500
4d SE Sed	150	500	800	1550	2700	3900
Lancer, 4-Cyl.						
4d Spt HBk	150	550	850	1675	2950	4200
4d Spt ES HBk	200	675	1000	2000	3500	5000
Dynasty						
4d Sed, 4-cyl.	150	500	800	1600	2800	4000
4d Sed Prem, 4-cyl.	150	575	875	1700	3000	4300
4d Sed, V-6	150	600	900	1800	3150	4500
4d Sed Prem, V-6	150	600	950	1850	3200	4600
Diplomat, V-8						
4d Sed Salon	150	475	775	1500	2650	3800
4d Sed	125	400	675	1350	2300	3300
4d SE Sed	150	550	850	1675	2950	4200
1989						
Colt, 4-cyl.						
2d HBk	150	475	775	1500	2650	3800
2d HBk E	150	500	800	1550	2700	3900
2d HBk GT	150	550	850	1650	2900	4100
4d DL Sta Wag	200	675	1000	2000	3500	5000
4d DL Sta Wag 4x4	200	650	1100	2150	3780	5400
4d Vista Sta Wag	200	700	1050	2100	3650	5200
4d Vista Sta Wag 4x4	200	670	1150	2250	3920	5600
Omni, 4-cyl.						
4d HBk	125	450	750	1450	2500	3600
Aries, 4-cyl.						
4d Sed	125	450	700	1400	2450	3500
2d Sed	125	400	700	1375	2400	3400
Shadow, 4-cyl.						
4d HBk	150	550	850	1675	2950	4200
2d HBk	150	550	850	1650	2900	4100
Daytona, 4-cyl.						
2d HBk	150	600	950	1850	3200	4600
2d ES HBk	200	675	1000	2000	3500	5000
2d ES HBk Turbo	200	660	1100	2200	3850	5500
2d HBk Shelby	200	745	1250	2500	4340	6200
Spirit, 4-cyl.						
4d Sed	150	550	850	1675	2950	4200
4d LE Sed	150	600	900	1800	3150	4500
4d ES Sed Turbo	200	700	1050	2050	3600	5100
4d ES Sed V-6	200	700	1050	2050	3600	5100
Lancer, 4-cyl.						
4d Spt HBk	200	700	1050	2050	3600	5100
4d Spt HBk ES	200	700	1075	2150	3700	5300
4d Spt HBk Shelby	350	780	1300	2600	4550	6500
Dynasty						
4-cyl.						
4d Sed	150	600	950	1850	3200	4600
V-6						
4d Sed	150	650	975	1950	3350	4800
4d LE Sed	200	650	1100	2150	3780	5400
Diplomat, V-8						
4d Sed Salon	200	660	1100	2200	3850	5500
4d SE Sed	200	670	1150	2250	3920	5600
1990						
Colt, 4-cyl.						
2d HBk	150	475	775	1500	2650	3800
2d GL HBk	150	500	800	1600	2800	4000
2d GT HBk	150	550	850	1675	2950	4200
4d DL Sta Wag	150	600	950	1850	3200	4600

	6	5	4	3	2	1
4d DL Sta Wag, 4x4	200	660	1100	2200	3850	5500
4d Vista	200	700	1050	2100	3650	5200
4d Vista, 4x4	200	745	1250	2500	4340	6200
Omni, 4-cyl.						
4d HBk	125	450	700	1400	2450	3500
Shadow, 4-cyl.						
2d HBk	150	550	850	1650	2900	4100
4d HBk	150	550	850	1675	2950	4200
Daytona, 4-cyl.						
2d HBk	200	675	1000	2000	3500	5000
2d ES HBk	200	660	1100	2200	3850	5500
2d ES HBk Turbo	200	720	1200	2400	4200	6000
2d Shelby HBk	350	780	1300	2600	4550	6500
NOTE: Add 10 percent for V-6 where available.						
Spirit, 4-cyl.						
4d Sed	150	500	800	1600	2800	4000
4d LE Sed	150	600	900	1800	3150	4500
4d ES Sed Turbo	200	675	1000	2000	3500	5000
NOTE: Add 10 percent for V-6 where available.						
Monaco, V-6						
4d LE Sed	150	500	800	1600	2800	4000
4d ES Sed	150	575	900	1750	3100	4400
Dynasty						
4-cyl.						
4d Sed	150	650	975	1950	3350	4800
V-6						
4d Sed	200	660	1100	2200	3850	5500
4d LE Sed	200	720	1200	2400	4200	6000
1991						
Colt, 4-cyl.						
2d HBk	100	360	600	1200	2100	3000
2d GL HBk	125	450	700	1400	2450	3500
4d Vista Sta Wag	150	600	900	1800	3150	4500
4d Vista Sta Wag, 4x4	200	660	1100	2200	3850	5500
Shadow, 4-cyl.						
2d America HBk	125	450	700	1400	2450	3500
4d America HBk	125	450	700	1400	2450	3500
2d HBk	150	475	750	1475	2600	3700
4d HBk	150	475	750	1475	2600	3700
2d Conv	200	720	1200	2400	4200	6000
2d ES HBk	150	550	850	1675	2950	4200
4d ES HBk	150	550	850	1675	2950	4200
2d ES Conv	350	780	1300	2600	4550	6500
Daytona, 4-cyl.						
2d HBk	150	600	900	1800	3150	4500
2d ES HBk	150	600	950	1850	3200	4600
Daytona, V-6						
2d HBk	200	675	1000	2000	3500	5000
2d ES HBk	200	675	1000	2000	3500	5000
2d IROC HBk	200	720	1200	2400	4200	6000
Sprint, 4-cyl.						
4d Sed	150	500	800	1600	2800	4000
4d LE Sed	150	575	875	1700	3000	4300
4d ES Sed Turbo	200	675	1000	2000	3500	5000
4d R/T Turbo Sed	200	700	1050	2100	3650	5200
Sprint, V-6						
4d Sed	150	575	875	1700	3000	4300
4d LE Sed	150	600	950	1850	3200	4600
4d ES Sed	150	650	975	1950	3350	4800
Monaco, V-6						
4d LE Sed	125	450	700	1400	2450	3500
4d ES Sed	150	500	800	1600	2800	4000
Dynasty						
4d Sed 4-cyl.	150	600	900	1800	3150	4500
4d Sed V-6	200	675	1000	2000	3500	5000
4d LE Sed V-6	200	650	1100	2150	3780	5400
Stealth, V-6						
2d LBk	350	1020	1700	3400	5950	8500
2d ES LBk	450	1140	1900	3800	6650	9500
2d R/T LBk	500	1550	2600	5200	9100	13,000
2d R/T LBk Turbo, 4x4	550	1800	3000	6000	10,500	15,000
1992						
Colt, 4-cyl.						
2d HBk	125	450	750	1450	2500	3600
2d GL HBk	150	500	800	1600	2800	4000

	6	5	4	3	2	1
Shadow						
4d America HBk	150	500	800	1600	2800	4000
2d America HBk	150	500	800	1600	2800	4000
4d HBk	150	550	850	1675	2950	4200
2d HBk	150	550	850	1675	2950	4200
2d Conv	200	660	1100	2200	3850	5500
4d ES HBk	200	675	1000	2000	3500	5000
2d ES HBk	200	675	1000	2000	3500	5000
2d ES Conv	200	720	1200	2400	4200	6000
Daytona, 4-cyl.						
2d HBk	200	675	1000	2000	3500	5000
2d ES HBk	200	700	1050	2100	3650	5200
2d IROC HBk	200	720	1200	2400	4200	6000
NOTE: Add 10 percent for V-6 where available.						
Spirit, 4-cyl.						
4d Sed	150	600	900	1800	3150	4500
4d LE Sed	150	650	950	1900	3300	4700
4d ES Turbo Sed	200	675	1000	2000	3500	5000
NOTE: Add 10 percent for V-6 where available.						
Monaco, V-6						
4d LE Sed	150	500	800	1600	2800	4000
4d ES Sed	150	600	900	1800	3150	4500
Dynasty, V-6						
4d Sed, 4-cyl.	150	600	900	1800	3150	4500
4d Sed	200	675	1000	2000	3500	5000
4d Sed	200	660	1100	2200	3850	5500
Stealth, V-6						
2d Cpe	350	1020	1700	3400	5950	8500
2d ES Cpe	450	1080	1800	3600	6300	9000
2d R/T Cpe	400	1300	2200	4400	7700	11,000
2d R/T Cpe Turbo 4x4	550	1800	3000	6000	10,500	15,000

EDSEL

1958 Edsel Citation two-door hardtop and convertible

1958

	6	5	4	3	2	1
Ranger Series, V-8, 118" wb						
2d Sed	450	1140	1900	3800	6650	9500
4d Sed	450	1140	1900	3800	6650	9500
4d HT	400	1250	2100	4200	7400	10,500
2d HT	500	1550	2600	5200	9100	13,000
Pacer Series, V-8, 118" wb						
4d Sed	400	1200	2000	4000	7000	10,000
4d HT	400	1300	2200	4400	7700	11,000
2d HT	550	1700	2800	5600	9800	14,000
2d Conv	1000	3100	5200	10,400	18,200	26,000
Corsair Series, V-8, 124" wb						
4d HT	450	1450	2400	4800	8400	12,000
2d HT	550	1800	3000	6000	10,500	15,000
Citation Series, V-8, 124" wb	-					
4d HT	550	1700	2800	5600	9800	14,000
2d HT	650	2050	3400	6800	11,900	17,000
2d Conv	1150	3700	6200	12,400	21,700	31,000
NOTE: Deduct 5 percent for 6 cyl.						

	6	5	4	3	2	1
Station Wagons, V-8						
4d Vill	400	1300	2200	4400	7700	11,000
4d Ber	450	1400	2300	4600	8100	11,500
4d 9P Vill	400	1350	2250	4500	7800	11,200
4d 9P Ber	450	1400	2300	4600	8100	11,500
2d Rdup	400	1200	2000	4000	7000	10,000
1959						
Ranger Series, V-8, 120" wb						
2d Sed	950	1100	1850	3700	6450	9200
4d Sed	450	1080	1800	3600	6300	9000
4d HT	400	1250	2100	4200	7400	10,500
2d HT	500	1550	2600	5200	9100	13,000
Corsair Series, V-8, 120" wb						
4d Sed	450	1140	1900	3800	6650	9500
4d HT	400	1300	2200	4400	7700	11,000
2d HT	550	1700	2800	5600	9800	14,000
2d Conv	950	3000	5000	10,000	17,500	25,000
Station Wagons, V-8, 118" wb						
4d Vill	400	1200	2000	4000	7000	10,000
4d 9P Vill	400	1250	2100	4200	7400	10,500
NOTE: Deduct 5 percent for 6 cyl.						
1960						
Ranger Series, V-8, 120" wb						
2d Sed	950	1100	1850	3700	6450	9200
4d Sed	450	1090	1800	3650	6400	9100
4d HT	400	1250	2100	4200	7400	10,500
2d HT	700	2300	3800	7600	13,300	19,000
2d Conv	1100	3500	5800	11,600	20,300	29,000
Station Wagons, V-8, 120" wb						
4d 9P Vill	400	1300	2200	4400	7700	11,000
4d 6P Vill	400	1300	2200	4400	7700	11,000
NOTE: Deduct 5 percent for 6 cyl.						

FORD

1903 Ford Model A runabout

	6	5	4	3	2	1
Model A						
1903, 2-cyl., Ser. No. 1-670, 8 hp						
1904, 2-cyl., Ser. No. 671-1708, 10 hp						
Rbt	1450	4700	7800	15,600	27,300	39,000
Rbt W/ton	1550	4900	8200	16,400	28,700	41,000
Model B						
10 hp, 4-cyl.						
Tr					Value inestimable	
Model C						
10 hp, 2-cyl., Ser. No. 1709-2700						
Rbt	1450	4700	7800	15,600	27,300	39,000
Rbt W/ton	1550	4900	8200	16,400	28,700	41,000
Dr's Mdl	1450	4700	7800	15,600	27,300	39,000
Model F						
16 hp, 2-cyl., (Produced 1904-05-06)						
Tr	1400	4450	7400	14,800	25,900	37,000
Model K						
40 hp, 6-cyl., (Produced 1905-06-07-08)						
Tr	2850	9100	15,200	30,400	53,200	76,000
Rds	2850	9100	15,200	30,400	53,200	76,000
Model N						
18 hp, 4-cyl., (Produced 1906-07-08)						
Rbt	1300	4200	7000	14,000	24,500	35,000
Model R						
4-cyl., (Produced 1907-08)						
Rbt	1300	4200	7000	14,000	24,500	35,000
Model S						
4-cyl.						
Rbt	1300	4200	7000	14,000	24,500	35,000
1908						
Model T, 4-cyl., 2 levers, 2 foot pedals (1,000 produced)						
Tr	1500	4800	8000	16,000	28,000	40,000
1909						
Model T, 4-cyl.						
Rbt	1050	3350	5600	11,200	19,600	28,000
Tr	1100	3500	5800	11,600	20,300	29,000
Trbt	1000	3250	5400	10,800	18,900	27,000
Cpe	950	3000	5000	10,000	17,500	25,000
Twn Car	1150	3600	6000	12,000	21,000	30,000
Lan'let	1000	3250	5400	10,800	18,900	27,000
1910						
Model T, 4-cyl.						
Rbt	1000	3250	5400	10,800	18,900	27,000
Tr	1050	3350	5600	11,200	19,600	28,000
Cpe	900	2900	4800	9600	16,800	24,000
Twn Car	950	3000	5000	10,000	17,500	25,000
C'ml Rds	900	2900	4800	9600	16,800	24,000
1911						
Model T, 4-cyl.						
Rbt	1000	3100	5200	10,400	18,200	26,000
Tor Rds	1000	3250	5400	10,800	18,900	27,000
Tr	1000	3250	5400	10,800	18,900	27,000
Trbt	1000	3100	5200	10,400	18,200	26,000
Cpe	850	2650	4400	8800	15,400	22,000
Twn Car	1000	3100	5200	10,400	18,200	26,000
C'ml Rds	850	2750	4600	9200	16,100	23,000
Dely Van	800	2500	4200	8400	14,700	21,000
1912						
Model T, 4-cyl.						
Rds	950	3000	5000	10,000	17,500	25,000
Tor Rds	1000	3100	5200	10,400	18,200	26,000
Tr	1000	3250	5400	10,800	18,900	27,000
Twn Car	1000	3100	5200	10,400	18,200	26,000
Dely Van	850	2650	4400	8800	15,400	22,000
C'ml Rds	900	2900	4800	9600	16,800	24,000
1913						
Model T, 4-cyl.						
Rds	950	3000	5000	10,000	17,500	25,000
Tr	1000	3250	5400	10,800	18,900	27,000
Twn Car	900	2900	4800	9600	16,800	24,000

1914 Ford Model T touring

	6	5	4	3	2	1
1914						
Model T, 4-cyl.						
Rds	950	3000	5000	10,000	17,500	25,000
Tr	1000	3250	5400	10,800	18,900	27,000
Twn Car	950	3000	5000	10,000	17,500	25,000
Cpe	700	2150	3600	7200	12,600	18,000
1915 & early 1916						
Model T, 4-cyl., (brass rad.)						
Rds	950	3000	5000	10,000	17,500	25,000
Tr	1000	3100	5200	10,400	18,200	26,000
Conv Cpe	1000	3250	5400	10,800	18,900	27,000
Ctr dr Sed	750	2400	4000	8000	14,000	20,000
Twn Car	900	2900	4800	9600	16,800	24,000
1916						
Model T, 4-cyl., (steel rad.)						
Rds	700	2150	3600	7200	12,600	18,000
Tr	700	2300	3800	7600	13,300	19,000
Conv Cpe	750	2400	4000	8000	14,000	20,000
Ctr dr Sed	550	1700	2800	5600	9800	14,000
Twn Car	600	1900	3200	6400	11,200	16,000
1917						
Model T, 4-cyl.						
Rds	650	2050	3400	6800	11,900	17,000
Tr	700	2150	3600	7200	12,600	18,000
Conv Cpe	550	1800	3000	6000	10,500	15,000
Twn Car	500	1550	2600	5200	9100	13,000
Ctr dr Sed	400	1300	2200	4400	7700	11,000
Cpe	450	1450	2400	4800	8400	12,000
1918						
Model T, 4-cyl.						
Rds	650	2050	3400	6800	11,900	17,000
Tr	700	2150	3600	7200	12,600	18,000
Cpe	450	1450	2400	4800	8400	12,000
Twn Car	550	1800	3000	6000	10,500	15,000
Ctr dr Sed	400	1300	2200	4400	7700	11,000
1919						
Model T, 4-cyl.						
Rds	700	2150	3600	7200	12,600	18,000
Tr	700	2300	3800	7600	13,300	19,000
Cpe	450	1450	2400	4800	8400	12,000
Twn Car	600	1900	3200	6400	11,200	16,000
Ctr dr Sed	450	1450	2400	4800	8400	12,000

	6	5	4	3	2	1
1920-1921						
Model T, 4-cyl.						
Rds	700	2150	3600	7200	12,600	18,000
Tr	700	2300	3800	7600	13,300	19,000
Cpe	400	1300	2200	4400	7700	11,000
Ctr dr Sed	400	1300	2200	4400	7700	11,000
1922-1923						
Model T, 4-cyl.						
Rds	600	1900	3200	6400	11,200	16,000
'22 Tr	650	2050	3400	6800	11,900	17,000
'23 Tr	650	2100	3500	7000	12,300	17,500
Cpe	400	1300	2200	4400	7700	11,000
4d Sed	350	1020	1700	3400	5950	8500
2d Sed	350	1000	1650	3350	5800	8300
1924						
Model T, 4-cyl.						
Rds	600	1900	3200	6400	11,200	16,000
Tr	650	2100	3500	7000	12,300	17,500
Cpe	450	1450	2400	4800	8400	12,000
4d Sed	350	1020	1700	3400	5950	8500
2d Sed	350	1040	1750	3500	6100	8700
Rds PU	500	1550	2600	5200	9100	13,000
1925						
Model T, 4-cyl.						
Rds	600	1900	3200	6400	11,200	16,000
Tr	650	2050	3400	6800	11,900	17,000
Cpe	450	1450	2400	4800	8400	12,000
2d	350	1020	1700	3400	5950	8500
4d	450	1080	1800	3600	6300	9000
1926						
Model T, 4-cyl.						
Rds	650	2050	3400	6800	11,900	17,000
Tr	700	2150	3600	7200	12,600	18,000
Cpe	450	1450	2400	4800	8400	12,000
2d	450	1080	1800	3600	6300	9000
4d	450	1090	1800	3650	6400	9100
1927						
Model T, 4-cyl.						
Rds	700	2150	3600	7200	12,600	18,000
Tr	700	2300	3800	7600	13,300	19,000
Cpe	450	1500	2500	5000	8800	12,500
2d	450	1140	1900	3800	6650	9500
4d	450	1120	1875	3750	6500	9300
1928						
Model A, 4-cyl.						
(Add 20 percent avg for early 'AR' features)						
2d Rds	1000	3100	5200	10,400	18,200	26,000
4d Phae	1000	3250	5400	10,800	18,900	27,000
2d Cpe	500	1550	2600	5200	9100	13,000
2d Spl Cpe	500	1600	2700	5400	9500	13,500
2d Bus Cpe	500	1550	2600	5200	9100	13,000
2d Spt Cpe	550	1700	2800	5600	9800	14,000
2d Sed	450	1400	2300	4600	8100	11,500
4d Sed	450	1400	2300	4600	8100	11,600
1929						
Model A, 4-cyl.						
2d Rds	1000	3100	5200	10,400	18,200	26,000
4d Phae	1000	3250	5400	10,800	18,900	27,000
2d Cabr	950	3000	5000	10,000	17,500	25,000
2d Cpe	450	1500	2500	5000	8800	12,500
2d Bus Cpe	450	1450	2400	4800	8400	12,000
2d Spl Cpe	450	1500	2500	5000	8800	12,500
2d Spt Cpe	500	1600	2700	5400	9500	13,500
2d Sed	450	1400	2300	4600	8100	11,500
4d 3W Sed	450	1450	2400	4800	8400	12,000
4d 5W Sed	450	1400	2300	4600	8100	11,500
4d DeL Sed	450	1450	2400	4800	8400	12,000
4d Twn Sed	450	1500	2500	5000	8800	12,500
4d Taxi	550	1700	2800	5600	9800	14,000
4d Twn Car	800	2500	4200	8400	14,700	21,000
4d Sta Wag	700	2150	3600	7200	12,600	18,000

1930 Ford Model A Cabriolet convertible

	6	5	4	3	2	1
1930						
Model A, 4-cyl.						
2d Rds	950	3000	5000	10,000	17,500	25,000
2d DeL Rds	1000	3100	5200	10,400	18,200	26,000
4d Phae	1000	3250	5400	10,800	18,900	27,000
2d DeL Phae	1050	3350	5600	11,200	19,600	28,000
2d Cabr	900	2900	4800	9600	16,800	24,000
2d Cpe	450	1450	2400	4800	8400	12,000
2d DeL Cpe	450	1500	2500	5000	8800	12,500
2d Spt Cpe	500	1600	2700	5400	9500	13,500
2d Std Sed	450	1400	2300	4600	8100	11,500
2d DeL Sed	450	1450	2400	4800	8400	12,000
2d 3W Cpe	450	1450	2400	4800	8400	12,000
2d 5W Cpe	450	1400	2300	4600	8100	11,500
4d DeL Sed	500	1550	2600	5200	9100	13,000
4d Twn Sed	450	1450	2400	4800	8400	12,000
2d Vic	600	1900	3200	6400	11,200	16,000
4d Sta Wag	650	2050	3400	6800	11,900	17,000
1931						
Model A, 4-cyl.						
2d Rds	950	3000	5000	10,000	17,500	25,000
2d DeL Rds	1000	3100	5200	10,400	18,200	26,000
4d Phae	1000	3250	5400	10,800	18,900	27,000
2d DeL Phae	1050	3350	5600	11,200	19,600	28,000
2d Cabr	900	2900	4800	9600	16,800	24,000
2d Cabr	950	3000	5000	10,000	17,500	25,000
2d Conv Sed	1000	3250	5400	10,800	18,900	27,000
2d Cpe	450	1450	2400	4800	8400	12,000
2d DeL Cpe	500	1550	2600	5200	9100	13,000
2d Spt Cpe	550	1700	2800	5600	9800	14,000
2d Sed	450	1400	2300	4600	8100	11,500
2d DeL Sed	450	1450	2400	4800	8400	12,000
4d Sed	450	1450	2400	4800	8400	12,000
4d DeL Sed	500	1550	2600	5200	9100	13,000
4d Twn Sed	500	1600	2700	5400	9500	13,500
2d Vic	600	1900	3200	6400	11,200	16,000
4d Sta Wag	650	2050	3400	6800	11,900	17,000
1932						
Model B, 4-cyl.						
2d Rds	1150	3700	6200	12,400	21,700	31,000
4d Phae	1200	3850	6400	12,800	22,400	32,000
2d Cabr	1150	3600	6000	12,000	21,000	30,000
4d Conv Sed	1150	3700	6200	12,400	21,700	31,000
2d Cpe	800	2500	4200	8400	14,700	21,000
2d Spt Cpe	850	2650	4400	8800	15,400	22,000

	6	5	4	3	2	1
2d Sed	450	1450	2400	4800	8400	12,000
4d Sed	400	1300	2200	4400	7700	11,000
2d Vic	1000	3250	5400	10,800	18,900	27,000
2d Sta Wag	900	2900	4800	9600	16,800	24,000
Model 18, V-8						
2d Rds	1300	4200	7000	14,000	24,500	35,000
2d DeL Rds	1400	4450	7400	14,800	25,900	37,000
4d Phae	1450	4550	7600	15,200	26,600	38,000
4d DeL Phae	1450	4700	7800	15,600	27,300	39,000
2d Cabr	1300	4100	6800	13,600	23,800	34,000
4d Conv Sed	1300	4200	7000	14,000	24,500	35,000
2d Cpe	900	2900	4800	9600	16,800	24,000
2d DeL Cpe	950	3000	5000	10,000	17,500	25,000
2d Spt Cpe	1000	3100	5200	10,400	18,200	26,000
2d Sed	550	1700	2800	5600	9800	14,000
2d DeL Sed	550	1800	3000	6000	10,500	15,000
4d Sed	500	1550	2600	5200	9100	13,000
4d DeL Sed	550	1700	2800	5600	9800	14,000
2d Vic	1100	3500	5800	11,600	20,300	29,000
4d Sta Wag	1150	3600	6000	12,000	21,000	30,000
1933						
Model 40, V-8						
4d Phae	1200	3850	6400	12,800	22,400	32,000
4d DeL Phae	1250	3950	6600	13,200	23,100	33,000
2d Rds	1200	3850	6400	12,800	22,400	32,000
2d DeL Rds	1250	3950	6600	13,200	23,100	33,000
2d 3W Cpe	700	2150	3600	7200	12,600	18,000
2d 3W DeL Cpe	750	2400	4000	8000	14,000	20,000
2d 5W Cpe	700	2150	3600	7200	12,600	18,000
2d 5W DeL Cpe	800	2500	4200	8400	14,700	21,000
2d Cabr	1150	3600	6000	12,000	21,000	30,000
2d Sed	500	1550	2600	5200	9100	13,000
2d DeL Sed	550	1700	2800	5600	9800	14,000
4d Sed	400	1300	2200	4400	7700	11,000
4d DeL Sed	450	1450	2400	4800	8400	12,000
2d Vic	850	2650	4400	8800	15,400	22,000
4d Sta Wag	1000	3250	5400	10,800	18,900	27,000
Model 40, 4-cyl.						
(All models deduct 20 percent avg from V-8 models)						
1934						
Model 40, V-8						
2d Rds	1300	4200	7000	14,000	24,500	35,000
4d Phae	1350	4300	7200	14,400	25,200	36,000
2d Cabr	1300	4100	6800	13,600	23,800	34,000
5W Cpe	700	2150	3600	7200	12,600	18,000
2d 3W DeL Cpe	750	2400	4000	8000	14,000	20,000
2d 5W DeL Cpe	700	2300	3800	7600	13,300	19,000
2d Sed	400	1300	2200	4400	7700	11,000
2d DeL Sed	450	1400	2300	4600	8100	11,500
4d Sed	450	1400	2300	4600	8100	11,500
4d DeL Sed	450	1400	2350	4700	8200	11,700
2d Vic	850	2650	4400	8800	15,400	22,000
4d Sta Wag	1000	3250	5400	10,800	18,900	27,000
1935						
Model 48, V-8						
4d Phae	1200	3850	6400	12,800	22,400	32,000
2d Rds	1150	3700	6200	12,400	21,700	31,000
2d Cabr	1100	3500	5800	11,600	20,300	29,000
4d Conv Sed	1150	3600	6000	12,000	21,000	30,000
2d 3W DeL Cpe	850	2650	4400	8800	15,400	22,000
2d 5W Cpe	750	2400	4000	8000	14,000	20,000
2d 5W DeL Cpe	800	2500	4200	8400	14,700	21,000
2d Sed	400	1350	2250	4500	7800	11,200
2d DeL Sed	450	1400	2350	4700	8200	11,700
4d Sed	400	1350	2200	4400	7800	11,100
4d DeL Sed	450	1400	2300	4600	8100	11,600
4d Sta Wag	1000	3250	5400	10,800	18,900	27,000
4d C'ham Twn Car	1000	3250	5400	10,800	18,900	27,000
1936						
Model 68, V-8						
2d Rds	1200	3850	6400	12,800	22,400	32,000
4d Phae	1250	3950	6600	13,200	23,100	33,000
2d Cabr	1350	4300	7200	14,400	25,200	36,000
2d Clb Cabr	1150	3700	6200	12,400	21,700	31,000
4d Conv Trk Sed	1200	3850	6400	12,800	22,400	32,000

	6	5	4	3	2	1
4d Conv Sed	1150	3700	6200	12,400	21,700	31,000
2d 3W Cpe	850	2750	4600	9200	16,100	23,000
2d 5W Cpe	800	2500	4200	8400	14,700	21,000
2d 5W DeL Cpe	850	2650	4400	8800	15,400	22,000
2d Sed	450	1400	2300	4600	8100	11,600
2d Tr Sed	450	1450	2400	4800	8500	12,100
2d DeL Sed	450	1450	2400	4800	8500	12,100
4d Sed	450	1400	2300	4600	8100	11,500
4d Tr Sed	450	1450	2400	4800	8400	12,000
4d DeL Sed	450	1500	2500	5000	8800	12,500
4d DeL Tr Sed	450	1450	2400	4800	8400	12,000
4d Sta Wag	1050	3350	5600	11,200	19,600	28,000

1937
Model 74, V-8, 60-hp

	6	5	4	3	2	1
2d Sed	400	1200	2000	4000	7100	10,100
2d Tr Sed	400	1250	2100	4200	7400	10,600
4d Sed	400	1200	2000	4000	7000	10,000
4d Tr Sed	400	1250	2100	4200	7400	10,500
2d Cpe	600	1900	3200	6400	11,200	16,000
2d Cpe PU	650	2050	3400	6800	11,900	17,000

V-8 DeLuxe

	6	5	4	3	2	1
4d Sta Wag	1000	3250	5400	10,800	18,900	27,000

Model 78, V-8, 85-hp

	6	5	4	3	2	1
2d Rds	1050	3350	5600	11,200	19,600	28,000
4d Phae	1100	3500	5800	11,600	20,300	29,000
2d Cabr	1100	3500	5800	11,600	20,300	29,000
2d Clb Cabr	1150	3600	6000	12,000	21,000	30,000
4d Conv Sed	1150	3700	6200	12,400	21,700	31,000
2d Cpe	550	1800	3000	6000	10,500	15,000
2d Clb Cpe	600	1900	3200	6400	11,200	16,000
2d Sed	400	1250	2100	4200	7400	10,600
2d Tr Sed	400	1350	2200	4400	7800	11,100
4d Sed	400	1250	2100	4200	7400	10,500
4d Tr Sed	400	1300	2200	4400	7700	11,000
4d Sta Wag	1000	3100	5200	10,400	18,200	26,000

1938
Model 81A Standard, V-8

	6	5	4	3	2	1
2d Cpe	550	1750	2900	5800	10,200	14,500
2d Sed	400	1200	2000	4000	7100	10,100
4d Sed	400	1200	2000	4000	7000	10,000
4d Sta Wag	950	3000	5000	10,000	17,500	25,000

Model 81A DeLuxe, V-8

	6	5	4	3	2	1
4d Phae	1150	3700	6200	12,400	21,700	31,000
2d Conv	1150	3600	6000	12,000	21,000	30,000
2d Clb Conv	1150	3700	6200	12,400	21,700	31,000
4d Conv Sed	1200	3850	6400	12,800	22,400	32,000
2d Cpe	550	1700	2800	5600	9800	14,000
2d Clb Cpe	600	1900	3200	6400	11,200	16,000
2d Sed	400	1350	2200	4400	7800	11,100
4d Sed	400	1300	2200	4400	7700	11,000

NOTE: Deduct 10 percent avg. for 60 hp 82A Cord.

1939 Ford Model 91A Deluxe coupe

	6	5	4	3	2	1

1939
Model 922A Standard, V-8

	6	5	4	3	2	1
2d Cpe	650	2050	3400	6800	11,900	17,000
2d Sed	400	1250	2100	4200	7400	10,600
4d Sed	400	1250	2100	4200	7400	10,500
4d Sta Wag	1000	3100	5200	10,400	18,200	26,000

Model 91A DeLuxe, V-8

	6	5	4	3	2	1
2d Conv	1300	4200	7000	14,000	24,500	35,000
4d Conv Sed	1350	4300	7200	14,400	25,200	36,000
2d Cpe	700	2150	3600	7200	12,600	18,000
2d Sed	400	1350	2200	4400	7800	11,100
4d Sed	400	1300	2200	4400	7700	11,000
4d Sta Wag	1000	3250	5400	10,800	18,900	27,000

NOTE: Deduct 10 percent avg. for V-60 hp models.

1940
Model 022A, V-8

	6	5	4	3	2	1
2d Conv	1450	4550	7600	15,200	26,600	38,000
2d Cpe	700	2300	3800	7600	13,300	19,000
2d DeL Cpe	800	2500	4200	8400	14,700	21,000
2d Sed	450	1450	2400	4800	8500	12,100
2d DeL Sed	450	1500	2500	5000	8800	12,600
4d Sed	450	1450	2400	4800	8400	12,000
4d DeL Sed	450	1500	2500	5000	8800	12,500
4d Sta Wag	1050	3350	5600	11,200	19,600	28,000

NOTE: Deduct 10 percent avg. for V-8, 60 hp models.

1941
Model 11A Special, V-8

	6	5	4	3	2	1
2d Cpe	650	2050	3400	6800	11,900	17,000
2d Sed	400	1250	2100	4200	7400	10,600
4d Sed	400	1250	2100	4200	7400	10,500

DeLuxe

	6	5	4	3	2	1
3P Cpe	700	2300	3800	7600	13,300	19,000
5P Cpe	700	2300	3800	7600	13,300	19,000
2d Sed	450	1450	2400	4800	8500	12,100
4d Sed	450	1450	2400	4800	8400	12,000
4d Sta Wag	1050	3350	5600	11,200	19,600	28,000

Super DeLuxe

	6	5	4	3	2	1
2d Conv	1300	4100	6800	13,600	23,800	34,000
3P Cpe	750	2400	4000	8000	14,000	20,000
5P Cpe	750	2400	4000	8000	14,000	20,000
2d Sed	450	1500	2500	5000	8800	12,600
4d Sed	450	1500	2500	5000	8800	12,500
4d Sta Wag	1100	3500	5800	11,600	20,300	29,000

NOTE: Deduct 10 percent average for 6-cyl.

1942
Model 2GA Special, 6-cyl.

	6	5	4	3	2	1
3P Cpe	550	1700	2800	5600	9800	14,000
2d Sed	400	1200	2000	4000	7100	10,100
4d Sed	400	1200	2000	4000	7000	10,000

Model 21A DeLuxe, V-8

	6	5	4	3	2	1
2d Cpe	550	1800	3000	6000	10,500	15,000
5P Cpe	600	1900	3200	6400	11,200	16,000
2d Sed	400	1250	2100	4200	7400	10,600
4d Sed	400	1250	2100	4200	7400	10,500

Super DeLuxe

	6	5	4	3	2	1
2d Conv	1000	3250	5400	10,800	18,900	27,000
3P Cpe	600	1900	3200	6400	11,200	16,000
5P Cpe	650	2050	3400	6800	11,900	17,000
2d Sed	400	1250	2100	4200	7400	10,500
4d Sed	400	1200	2050	4100	7100	10,200
4d Sta Wag	1000	3250	5400	10,800	18,900	27,000

NOTE: Deduct 10 percent avg. for 6-cyl.

1946-1948
Model 89A DeLuxe, V-8

	6	5	4	3	2	1
3P Cpe	550	1700	2800	5600	9800	14,000
2d Sed	400	1200	2000	4000	7100	10,100
4d Sed	400	1200	2000	4000	7000	10,000

Model 89A Super DeLuxe, V-8

	6	5	4	3	2	1
2d Conv	1050	3350	5600	11,200	19,600	28,000
2d Sptman Conv	2050	6600	11,000	22,000	38,500	55,000
2d 3P Cpe	550	1800	3000	6000	10,500	15,000
2d 5P Cpe	600	1900	3200	6400	11,200	16,000
2d Sed	400	1250	2100	4200	7400	10,600
4d Sed	400	1250	2100	4200	7400	10,500

	6	5	4	3	2	1
4d Sta Wag	1050	3350	5600	11,200	19,600	28,000

NOTE: Deduct 5 percent avg. for 6-cyl.

1949-1950
DeLuxe, V-8, 114" wb

2d Bus Cpe	550	1700	2800	5600	9800	14,000
2d Sed	450	1450	2400	4800	8400	12,000
4d Sed	450	1450	2400	4800	8400	12,000

Custom DeLuxe, V-8, 114" wb

2d Clb Cpe	550	1800	3000	6000	10,500	15,000
2d Sed	500	1600	2700	5400	9500	13,500
4d Sed	500	1600	2700	5400	9500	13,500
2d Crest (1950 only)	600	1900	3200	6400	11,200	16,000
2d Conv	1000	3100	5200	10,400	18,200	26,000
2d Sta Wag	750	2400	4000	8000	14,000	20,000

NOTE: Deduct 5 percent average for 6-cyl.

1951 Ford Custom Deluxe Country Squire station wagon

1951
DeLuxe, V-8, 114" wb

2d Bus Cpe	550	1700	2800	5600	9800	14,000
2d Sed	500	1550	2600	5200	9100	13,000
4d Sed	500	1550	2600	5200	9100	13,000

Custom DeLuxe, V-8, 114" wb

2d Clb Cpe	600	1900	3200	6400	11,200	16,000
2d Sed	550	1800	3000	6000	10,500	15,000
4d Sed	550	1800	3000	6000	10,500	15,000
2d Crest	650	2050	3400	6800	11,900	17,000
2d HT	700	2150	3600	7200	12,600	18,000
2d Conv	1000	3250	5400	10,800	18,900	27,000
2d Sta Wag	700	2150	3600	7200	12,600	18,000

NOTE: Deduct 5 percent average for 6-cyl.

1952-1953
Mainline, V-8, 115" wb

2d Bus Cpe	450	1450	2400	4800	8400	12,000
2d Sed	400	1200	2000	4000	7100	10,100
4d Sed	400	1200	2000	4000	7000	10,000
2d Sta Wag	450	1450	2400	4800	8400	12,000

Customline, V-8, 115" wb

2d CLB Cpe	550	1700	2800	5600	9800	14,000
2d Sed	450	1500	2500	5000	8800	12,500
4d Sed	450	1500	2500	5000	8700	12,400
4d Sta Wag	550	1700	2800	5600	9800	14,000

Crestline, 8-cyl., 115" wb

2d HT	650	2100	3500	7000	12,300	17,500
2d Conv	850	2750	4600	9200	16,100	23,000
4d Sta Wag	550	1750	2900	5800	10,200	14,500

NOTE: Deduct 5 percent average for 6-cyl.
Add 50 percent for 1953 Indy Pace Car replica convertible.

	6	5	4	3	2	1
1954						
Mainline, 8-cyl., 115.5" wb						
2d Bus Cpe	400	1300	2200	4400	7700	11,000
2d Sed	400	1200	2000	4000	7100	10,100
4d Sed	400	1200	2000	4000	7000	10,000
2d Sta Wag	450	1450	2400	4800	8400	12,000
Customline, V-8, 115.5" wb						
2d Clb Cpe	550	1750	2900	5800	10,200	14,500
2d Sed	500	1600	2700	5400	9500	13,500
4d Sed	500	1600	2700	5400	9400	13,400
2/4d Sta Wag	550	1800	3000	6000	10,500	15,000
Crestline, V-8, 115.5" wb						
4d Sed	500	1600	2700	5400	9500	13,500
2d HT	700	2300	3800	7600	13,300	19,000
2d Sky Cpe	950	3000	5000	10,000	17,500	25,000
2d Conv	1000	3250	5400	10,800	18,900	27,000
4d Sta Wag	600	1900	3200	6400	11,200	16,000
NOTE: Deduct 5 percent average for 6-cyl.						
1955						
Mainline, V-8, 115.5" wb						
2d Bus Sed	450	1150	1900	3850	6700	9600
2d Sed	450	1160	1950	3900	6800	9700
4d Sed	450	1170	1975	3900	6850	9800
Customline, V-8, 115.5" wb						
2d Sed	400	1250	2050	4100	7200	10,300
4d Sed	400	1250	2100	4200	7300	10,400
Fairlane, V-8, 115.5" wb						
2d Sed	450	1400	2350	4700	8200	11,700
4d Sed	450	1400	2350	4700	8300	11,800
2d HT	700	2150	3600	7200	12,600	18,000
2d Crn Vic	1000	3250	5400	10,800	18,900	27,000
2d Crn Vic Plexi-top	1150	3600	6000	12,000	21,000	30,000
2d Conv	1300	4200	7000	14,000	24,500	35,000
Station Wagon, V-8, 115.5" wb						
2d Custom Ran Wag	500	1550	2600	5200	9100	13,000
2d Ran Wag	450	1500	2500	5000	8800	12,500
4d Ctry Sed Customline	500	1550	2600	5200	9100	13,000
4d Ctry Sed Fairlane	550	1700	2800	5600	9800	14,000
4d Ctry Sq	550	1800	3000	6000	10,500	15,000
NOTE: Deduct 5 percent average for 6-cyl.						
1956						
Mainline, V-8, 115.5" wb						
2d Bus Sed	450	1160	1950	3900	6800	9700
2d Sed	450	1190	2000	3950	6900	9900
4d Sed	450	1170	1975	3900	6850	9800
Customline, V-8, 115.5" wb						
2d Sed	400	1250	2100	4200	7400	10,500
4d Sed	400	1250	2100	4200	7300	10,400
2d HT Vic	600	1900	3200	6400	11,200	16,000
Fairlane, V-8, 115.5" wb						
2d Sed	450	1400	2350	4700	8300	11,800
4d Sed	450	1400	2350	4700	8200	11,700
4d HT Vic	650	2050	3400	6800	11,900	17,000
2d HT Vic	850	2750	4600	9200	16,100	23,000
2d Crn Vic	1000	3100	5200	10,400	18,200	26,000
2d Crn Vic Plexi-top	1150	3600	6000	12,000	21,000	30,000
2d Conv	1450	4550	7600	15,200	26,600	38,000
Station Wagons, V-8, 115.5" wb						
2d Ran Wag	450	1450	2400	4800	8400	12,000
2d Parklane	650	2050	3400	6800	11,900	17,000
4d Ctry Sed Customline	500	1550	2600	5200	9100	13,000
4d Ctry Sed Fairlane	550	1700	2800	5600	9800	14,000
4d Ctry Sq	550	1800	3000	6000	10,500	15,000
NOTE: Deduct 5 percent average for 6-cyl.						
Add 10 percent for "T-Bird Special" V-8.						
1957						
Custom, V-8, 116" wb						
2d Bus Cpe	350	975	1600	3250	5700	8100
2d Sed	350	1020	1700	3400	5900	8400
4d Sed	350	1000	1650	3350	5800	8300
Custom 300, V-8, 116" wb						
2d Sed	450	1080	1800	3600	6300	9000
4d Sed	350	1040	1700	3450	6000	8600
Fairlane, V-8, 118" wb						
2d Sed	450	1090	1800	3650	6400	9100
4d Sed	450	1080	1800	3600	6300	9000

	6	5	4	3	2	1
4d HT Vic	550	1800	3000	6000	10,500	15,000
2d Vic HT	650	2050	3400	6800	11,900	17,000
Fairlane 500, V-8, 118" wb						
2d Sed	450	1120	1875	3750	6500	9300
4d Sed	950	1100	1850	3700	6450	9200
4d HT Vic	550	1800	3000	6000	10,500	15,000
2d HT Vic	700	2300	3800	7600	13,300	19,000
2d Conv	1050	3350	5600	11,200	19,600	28,000
2d Sky HT Conv	1300	4200	7000	14,000	24,500	35,000
Station Wagons, 8-cyl., 116" wb						
2d Ran Wag	400	1200	2000	4000	7000	10,000
2d DeL Rio Ran	400	1250	2100	4200	7400	10,500
4d Ctry Sed	500	1550	2600	5200	9100	13,000
4d Ctry Sq	450	1450	2400	4800	8400	12,000

NOTE: Deduct 5 percent average for 6-cyl.
  Add 20 percent for "T-Bird Special" V-8 (Code E).
  Add 30 percent for Supercharged V-8 (Code F).

1958

	6	5	4	3	2	1
Custom 300, V-8, 116.03" wb						
2d Bus Cpe	350	800	1350	2700	4700	6700
2d Sed	350	975	1600	3200	5600	8000
4d Sed	350	870	1450	2900	5100	7300
Fairlane, V-8, 116.03" wb						
2d Sed	350	900	1500	3000	5250	7500
4d Sed	350	880	1500	2950	5180	7400
4d HT	500	1550	2600	5200	9100	13,000
2d HT	550	1700	2800	5600	9800	14,000
Fairlane 500, V-8, 118.04" wb						
2d Sed	350	1000	1650	3350	5800	8300
4d Sed	350	975	1600	3200	5500	7900
4d HT	550	1700	2800	5600	9800	14,000
2d HT	600	1900	3200	6400	11,200	16,000
2d Conv	850	2750	4600	9200	16,100	23,000
2d Sky HT Conv	1100	3500	5800	11,600	20,300	29,000
Station Wagons, V-8, 116.03" wb						
2d Ran	450	1160	1950	3900	6800	9700
4d Ran	450	1140	1900	3800	6650	9500
4d Ctry Sed	400	1250	2100	4200	7400	10,500
2d DeL Rio Ran	400	1300	2200	4400	7700	11,000
4d Ctry Sq	450	1400	2300	4600	8100	11,500

NOTE: Deduct 5 percent average for 6-cyl.

1959 Ford Fairlane 500 Galaxie Sunliner convertible

1959

	6	5	4	3	2	1
Custom 300, V-8, 118" wb						
2d Bus Cpe	350	900	1500	3000	5250	7500
2d Sed	350	950	1500	3050	5300	7600
4d Sed	350	900	1500	3000	5250	7500
Fairlane, V-8, 118" wb						
2d Sed	350	830	1400	2950	4830	6900
4d Sed	350	820	1400	2700	4760	6800
Fairlane 500, V-8, 118" wb						
2d Sed	350	850	1450	2850	4970	7100
4d Sed	350	840	1400	2800	4900	7000
4d HT	450	1500	2500	5000	8800	12,500
2d HT	600	1850	3100	6200	10,900	15,500

	6	5	4	3	2	1
2d Sun Conv	1000	3250	5400	10,800	18,900	27,000
2d Sky HT Conv	1400	4450	7400	14,800	25,900	37,000
Galaxie, V-8, 118" wb						
2d Sed	350	870	1450	2900	5100	7300
4d Sed	350	860	1450	2900	5050	7200
4d HT	500	1600	2700	5400	9500	13,500
2d HT	600	2000	3300	6600	11,600	16,500
2d Sun Conv	1000	3250	5400	10,800	18,900	27,000
2d Sky HT Conv	1300	4200	7000	14,000	24,500	35,000
Station Wagons, V-8, 118" wb						
2d Ran	350	1020	1700	3400	5950	8500
4d Ran	400	1200	2000	4000	7000	10,000
2d Ctry Sed	400	1300	2200	4400	7700	11,000
4d Ctry Sed	400	1250	2100	4200	7400	10,500
4d Ctry Sq	400	1300	2200	4400	7700	11,000

NOTE: Deduct 5 percent average for 6-cyl.

1960
Falcon, 6-cyl., 109.5" wb

	6	5	4	3	2	1
2d Sed	200	730	1250	2450	4270	6100
4d Sed	200	745	1250	2500	4340	6200
2d Sta Wag	200	745	1250	2500	4340	6200
4d Sta Wag	200	750	1275	2500	4400	6300
Fairlane, V-8, 119" wb						
2d Bus Cpe	200	750	1275	2500	4400	6300
2d Sed	350	790	1350	2650	4620	6600
4d Sed	350	780	1300	2600	4550	6500
Fairlane 500, V-8, 119" wb						
2d Sed	350	800	1350	2700	4700	6700
4d Sed	350	790	1350	2650	4620	6600
Galaxie, V-8, 119" wb						
2d Sed	350	900	1500	3000	5250	7500
4d Sed	350	880	1500	2950	5180	7400
4d HT	400	1300	2200	4400	7700	11,000
2d HT	550	1800	3000	6000	10,500	15,000
Galaxie Special, V-8, 119" wb						
2d HT	650	2050	3400	6800	11,900	17,000
2d Sun Conv	950	3000	5000	10,000	17,500	25,000
Station Wagons, V-8, 119" wb						
2d Ran	450	1120	1875	3750	6500	9300
4d Ran	450	1080	1800	3600	6300	9000
4d Ctry Sed	450	1140	1900	3800	6650	9500
4d Ctry Sq	400	1200	2000	4000	7000	10,000

NOTE: Deduct 5 percent average for 6-cyl.

1961
Falcon, 6-cyl., 109.5" wb

	6	5	4	3	2	1
2d Sed	350	800	1350	2700	4700	6700
4d Sed	350	820	1400	2700	4760	6800
2d Futura Sed	450	1080	1800	3600	6300	9000
2d Sta Wag	350	830	1400	2950	4830	6900
4d Sta Wag	350	820	1400	2700	4760	6800
Fairlane, V-8, 119" wb						
2d Sed	350	820	1400	2700	4760	6800
4d Sed	350	830	1400	2950	4830	6900
Galaxie, V-8, 119" wb						
2d Sed	350	830	1400	2950	4830	6900
4d Sed	350	840	1400	2800	4900	7000
4d Vic HT	350	1020	1700	3400	5950	8500
2d Vic HT	550	1700	2800	5600	9800	14,000
2d Star HT	550	1800	3000	6000	10,500	15,000
2d Sun Conv	700	2150	3600	7200	12,600	18,000
Station Wagons, V-8, 119" wb						
4d Ran	350	1020	1700	3400	5950	8500
2d Ran	350	1040	1750	3500	6100	8700
4d 6P Ctry Sed	450	1080	1800	3600	6300	9000
4d Ctry Sq	450	1140	1900	3800	6650	9500

NOTE: Deduct 5 percent average for 6-cyl.

1962
Falcon, 6-cyl., 109.5" wb

	6	5	4	3	2	1
4d Sed	200	660	1100	2200	3850	5500
2d	200	650	1100	2150	3780	5400
2d Fut Spt Cpe	400	1200	2000	4000	7000	10,000
4d Sq Wag	200	670	1200	2300	4060	5800
Falcon Station Bus, 6-cyl., 109.5" wb						
Sta Bus	200	700	1075	2150	3700	5300
Clb Wag	200	650	1100	2150	3780	5400
DeL Wag	200	660	1100	2200	3850	5500

	6	5	4	3	2	1
Fairlane, V-8, 115.5" wb						
4d Sed	200	650	1100	2150	3780	5400
2d Sed	200	700	1075	2150	3700	5300
4d Spt Sed	200	670	1200	2300	4060	5800
Galaxie 500, V-8, 119" wb						
4d Sed	200	670	1200	2300	4060	5800
4d HT	350	900	1500	3000	5250	7500
2d Sed	200	685	1150	2300	3990	5700
2d HT	400	1300	2200	4400	7700	11,000
2d Conv	550	1800	3000	6000	10,500	15,000
Galaxie 500 XL, V-8, 119" wb						
2d HT	500	1550	2600	5200	9100	13,000
2d Conv	700	2150	3600	7200	12,600	18,000
Station Wagons, V-8, 119" wb						
4d Ranch	350	900	1500	3000	5250	7500
4d Ctry Sed	350	975	1600	3200	5600	8000
4d Ctry Sq	350	1020	1700	3400	5950	8500
NOTE: Deduct 5 percent for 6-cyl.						
NOTE: Add 30 percent for 406 V-8.						

1963

	6	5	4	3	2	1
Falcon, 6-cyl., 109.5" wb						
4d Sed	200	685	1150	2300	3990	5700
2d Sed	200	670	1150	2250	3920	5600
2d Spt Sed	200	720	1200	2400	4200	6000
2d HT	450	1080	1800	3600	6300	9000
2d Spt HT	400	1200	2000	4000	7000	10,000
2d Conv	500	1550	2600	5200	9100	13,000
2d Spt Conv	550	1700	2800	5600	9800	14,000
4d Sq Wag	350	780	1300	2600	4550	6500
4d Sta Wag	200	720	1200	2400	4200	6000
2d Sta Wag	200	730	1250	2450	4270	6100
NOTE: Add 10 percent for V-8 models.						
Station Buses, 6-cyl., 90" wb						
Sta Bus	200	750	1275	2500	4400	6300
Clb Wag	350	770	1300	2550	4480	6400
DeL Clb Wag	200	720	1200	2400	4200	6000
Sprint, V-8, 109.5" wb						
2d HT	450	1450	2400	4800	8400	12,000
2d Conv	550	1800	3000	6000	10,500	15,000
Fairlane, V-8, 115.5" wb						
4d Sed	200	650	1100	2150	3780	5400
2d Sed	200	700	1075	2150	3700	5300
2d HT	350	900	1500	3000	5250	7500
2d Spt Cpe	350	975	1600	3200	5600	8000
4d Sq Wag	350	900	1500	3000	5250	7500
4d Cus Ran	350	880	1500	2950	5180	7400
NOTE: Add 20 percent for 271 hp V-8.						
Ford 300, V-8, 119" wb						
4d Sed	200	660	1100	2200	3850	5500
2d Sed	200	650	1100	2150	3780	5400
Galaxie 500, V-8, 119" wb						
4d Sed	200	670	1150	2250	3920	5600
4d HT	350	840	1400	2800	4900	7000
2d Sed	200	660	1100	2200	3850	5500
2d HT	500	1550	2600	5200	9100	13,000
2d FBk	550	1800	3000	6000	10,500	15,000
2d Conv	650	2050	3400	6800	11,900	17,000
Galaxie 500 XL, V-8, 119" wb						
4d HT	350	1020	1700	3400	5950	8500
2d HT	550	1700	2800	5600	9800	14,000
2d FBk	600	1900	3200	6400	11,200	16,000
2d Conv	700	2300	3800	7600	13,300	19,000
Station Wagons, V-8, 119" wb						
4d Ctry Sed	350	975	1600	3200	5600	8000
4d Ctry Sq	350	1020	1700	3400	5950	8500
NOTE: Deduct 5 percent average for 6-cyl.						
Add 30 percent for 406 & add 40 percent for 427.						

1964

NOTE: Add 5 percent for V-8 except Sprint.

	6	5	4	3	2	1
Falcon, 6-cyl., 109.5" wb						
4d Sed	200	670	1150	2250	3920	5600
2d Sed	200	660	1100	2200	3850	5500
2d HT	350	1020	1700	3400	5950	8500
2d Spt HT	400	1250	2100	4200	7400	10,500
2d Conv	400	1300	2200	4400	7700	11,000

	6	5	4	3	2	1
2d Spt Conv	450	1450	2400	4800	8400	12,000
4d Sq Wag	350	780	1300	2600	4550	6500
4d DeL Wag	200	720	1200	2400	4200	6000
4d Sta	200	720	1200	2400	4200	6000
2d Sta	200	730	1250	2450	4270	6100

NOTE: Add 10 percent for V-8 models.

Station Bus, 6-cyl., 90" wb

	6	5	4	3	2	1
Sta Bus	200	720	1200	2400	4200	6000
Clb Wag	200	730	1250	2450	4270	6100
DeL Clb	200	750	1275	2500	4400	6300

Sprint, V-8, 109.5" wb

	6	5	4	3	2	1
2d HT	450	1400	2300	4600	8100	11,500
2d Conv	500	1550	2600	5200	9100	13,000

Fairlane, V-8, 115.5" wb

	6	5	4	3	2	1
4d Sed	200	700	1050	2100	3650	5200
2d Sed	200	700	1050	2050	3600	5100
2d HT	450	1140	1900	3800	6650	9500
2d Spt HT	400	1250	2100	4200	7400	10,500
4d Ran Cus	350	850	1450	2850	4970	7100

NOTE: Add 20 percent for 271 hp V-8.

Fairlane Thunderbolt

2d Sed	value not estimable

Custom, V-8, 119" wb

	6	5	4	3	2	1
4d Sed	200	700	1050	2100	3650	5200
2d Sed	200	700	1050	2050	3600	5100

Custom 500, V-8, 119" wb

	6	5	4	3	2	1
4d Sed	200	700	1075	2150	3700	5300
2d Sed	200	700	1050	2100	3650	5200

Galaxie 500, V-8, 119" wb

	6	5	4	3	2	1
4d Sed	350	780	1300	2600	4550	6500
4d HT	350	975	1600	3200	5600	8000
2d Sed	350	770	1300	2550	4480	6400
2d HT	550	1800	3000	6000	10,500	15,000
2d Conv	700	2150	3600	7200	12,600	18,000

Galaxie 500XL, V-8, 119" wb

	6	5	4	3	2	1
4d HT	400	1200	2000	4000	7000	10,000
2d HT	600	1900	3200	6400	11,200	16,000
2d Conv	850	2650	4400	8800	15,400	22,000

Station Wagons, V-8, 119" wb

	6	5	4	3	2	1
4d Ctry Sed	450	1080	1800	3600	6300	9000
4d Ctry Sq	450	1140	1900	3800	6650	9500

NOTE: Add 40 percent for 427 V-8.

1965

Falcon, 6-cyl., 109.5" wb

	6	5	4	3	2	1
4d Sed	200	675	1000	2000	3500	5000
2d Sed	200	675	1000	1950	3400	4900
2d HT	350	840	1400	2800	4900	7000
2d Conv	450	1450	2400	4800	8400	12,000
4d Sq Wag	200	720	1200	2400	4200	6000
4d DeL Wag	200	660	1100	2200	3850	5500
4d Sta	200	675	1000	2000	3500	5000
2d Sta	200	700	1050	2100	3650	5200

NOTE: Add 10 percent for V-8 models.

Sprint V-8, 109.5" wb

	6	5	4	3	2	1
2d HT	400	1300	2200	4400	7700	11,000
2d Conv	500	1550	2600	5200	9100	13,000

Falcon Station Buses, 6-cyl., 90" wb

	6	5	4	3	2	1
Sta Bus	200	700	1050	2050	3600	5100
Clb Wag	200	700	1075	2150	3700	5300
DeL Wag	200	660	1100	2200	3850	5500

Fairlane, V-8, 116" wb

	6	5	4	3	2	1
4d Sed	200	700	1075	2150	3700	5300
2d Sed	200	700	1050	2100	3650	5200
2d HT	350	840	1400	2800	4900	7000
2d Spt HT	450	1140	1900	3800	6650	9500
4d Sta Wag	200	660	1100	2200	3850	5500

NOTE: Add 10 percent for 271 hp V-8.

Custom, V-8, 119" wb

	6	5	4	3	2	1
4d Sed	200	675	1000	2000	3500	5000
2d Sed	200	675	1000	1950	3400	4900

Custom 500, V-8, 119" wb

	6	5	4	3	2	1
4d Sed	200	700	1050	2050	3600	5100
2d Sed	200	675	1000	2000	3500	5000

Galaxie 500, V-8, 119" wb

	6	5	4	3	2	1
4d Sed	200	720	1200	2400	4200	6000
4d HT	350	900	1500	3000	5250	7500

	6	5	4	3	2	1
2d HT	400	1200	2000	4000	7000	10,000
2d Conv	450	1450	2400	4800	8400	12,000
Galaxie 500 XL, V-8, 119" wb						
2d HT	400	1300	2200	4400	7700	11,000
2d Conv	500	1550	2600	5200	9100	13,000
Galaxie 500 LTD, V-8, 119" wb						
4d HT	350	1020	1700	3400	5950	8500
2d HT	450	1500	2500	5000	8800	12,500
Station Wagons, V-8, 119" wb						
4d Ran	350	780	1300	2600	4550	6500
4d 9P Ctry Sed	350	840	1400	2800	4900	7000
4d 9P Ctry Sq	350	860	1450	2900	5050	7200

NOTE: Add 40 percent for 427 V-8.

1966 Ford LTD four-door hardtop

1966

NOTE: Add 5 percent for V-8.

	6	5	4	3	2	1
Falcon, 6-cyl., 110.9" wb						
4d Sed	200	675	1000	2000	3500	5000
2d Clb Cpe	200	675	1000	1950	3400	4900
2d Spt Cpe	200	700	1075	2150	3700	5300
4d 6P Wag	200	675	1000	1950	3400	4900
4d Sq Wag	200	660	1100	2200	3850	5500
Falcon Station Bus, 6-cyl., 90" wb						
Clb Wag	150	650	975	1950	3350	4800
Cus Clb Wag	200	675	1000	1950	3400	4900
DeL Clb Wag	200	675	1000	2000	3500	5000
Fairlane, V-8, 116" wb						
4d Sed	200	700	1050	2050	3600	5100
2d Clb Cpe	200	675	1000	2000	3500	5000
2d HT Cpe	350	780	1300	2600	4550	6500
2d Conv	450	1450	2400	4800	8400	12,000
Fairlane 500 XL, V-8, 116" wb						
2d HT	350	1020	1700	3400	5950	8500
2d Conv	600	1900	3200	6400	11,200	16,000
Fairlane 500 GT, V-8, 116" wb						
2d HT	450	1140	1900	3800	6650	9500
2d Conv	650	2050	3400	6800	11,900	17,000
Station Wagons, V-8, 113" wb						
6P DeL	200	675	1000	2000	3500	5000
2d Sq Wag	200	700	1050	2100	3650	5200
Custom, V-8, 119" wb						
4d Sed	200	700	1050	2100	3650	5200
2d Sed	200	700	1050	2050	3600	5100
Galaxie 500, V-8, 119" wb						
4d Sed	200	720	1200	2400	4200	6000
4d HT	350	900	1500	3000	5250	7500
2d HT	350	1020	1700	3400	5950	8500
2d Conv	450	1450	2400	4800	8400	12,000
Galaxie 500, XL, V-8, 119" wb						
2d HT	450	1140	1900	3800	6650	9500
2d Conv	500	1550	2600	5200	9100	13,000
LTD, V-8, 119" wb						
4d HT	350	975	1600	3200	5600	8000
2d HT	450	1080	1800	3600	6300	9000
Galaxie 500 7-litre, V-8, 119" wb						
2d HT	450	1450	2400	4800	8400	12,000
2d Conv	550	1800	3000	6000	10,500	15,000

NOTE: Add 50 percent for 427 engine option on 7-litre models.

	6	**5**	**4**	**3**	**2**	**1**
Station Wagons, V-8, 119" wb						
4d Ran Wag	350	780	1300	2600	4550	6500
4d Ctry Sed	350	840	1400	2800	4900	7000
4d Ctry Sq	350	860	1450	2900	5050	7200

NOTE: Add 40 percent for 427 or 30 percent for 428 engine option.

1967

	6	**5**	**4**	**3**	**2**	**1**
Falcon, 6-cyl, 111" wb						
4d Sed	200	675	1000	2000	3500	5000
2d Sed	200	675	1000	1950	3400	4900
4d Sta Wag	200	675	1000	2000	3500	5000
Futura						
4d Sed	200	700	1050	2050	3600	5100
2d Clb Cpe	200	675	1000	2000	3500	5000
2d HT	350	780	1300	2600	4550	6500
Fairlane						
4d Sed	200	675	1000	2000	3500	5000
2d Cpe	200	675	1000	1950	3400	4900
Fairlane 500, V-8, 116" wb						
4d Sed	200	700	1050	2050	3600	5100
2d Cpe	200	675	1000	2000	3500	5000
2d HT	350	900	1500	3000	5250	7500
2d Conv	400	1250	2100	4200	7400	10,500
4d Wag	200	675	1000	2000	3500	5000
Fairlane 500 XL V-8						
2d HT	350	975	1600	3200	5600	8000
2d Conv	500	1550	2600	5200	9100	13,000
2d HT GT	450	1080	1800	3600	6300	9000
2d Conv GT	550	1700	2800	5600	9800	14,000
Fairlane Wagons						
4d Sta Wag	200	675	1000	2000	3500	5000
4d 500 Wag	200	700	1050	2050	3600	5100
4d Sq Wag	200	700	1075	2150	3700	5300
Ford Custom						
4d Sed	200	675	1000	2000	3500	5000
2d Sed	200	675	1000	1950	3400	4900
Ford Custom 500						
4d Sed	200	700	1050	2050	3600	5100
2d Sed	200	675	1000	2000	3500	5000
Galaxie 500, V-8, 119" wb						
4d Sed	200	700	1075	2150	3700	5300
4d HT	350	900	1500	3000	5250	7500
2d HT	450	1140	1900	3800	6650	9500
2d Conv	500	1550	2600	5200	9100	13,000
Galaxie 500 XL						
2d HT	400	1250	2100	4200	7400	10,500
2d Conv	550	1700	2800	5600	9800	14,000
LTD, V-8, 119" wb						
4d HT	450	1080	1800	3600	6300	9000
2d HT	400	1300	2200	4400	7700	11,000
Wagons						
4d Ranch	200	720	1200	2400	4200	6000
4d Ctry Sed	350	780	1300	2600	4550	6500
4d Ctry Sq	350	840	1400	2800	4900	7000

NOTE: Add 5 percent for V-8.
   Add 40 percent for 427 or 428 engine option.

1968

NOTE: Add 5 percent for V-8.

	6	**5**	**4**	**3**	**2**	**1**
Standard Falcon						
4d Sed	150	600	900	1800	3150	4500
2d Sed	150	575	900	1750	3100	4400
4d Sta Wag	150	575	875	1700	3000	4300
Falcon Futura, 6-cyl, 110.0" wb						
4d Sed	150	600	950	1850	3200	4600
2d Sed	150	600	900	1800	3150	4500
2d Spt Cpe	150	650	975	1950	3350	4800
4d Sta Wag	150	600	900	1800	3150	4500
Fairlane						
4d Sed	150	600	950	1850	3200	4600
2d HT	350	780	1300	2600	4550	6500
4d Sta Wag	150	650	975	1950	3350	4800
Fairlane 500, V-8, 116" wb						
4d Sed	150	650	950	1900	3300	4700
2d HT	350	840	1400	2800	4900	7000
2d FBk	350	975	1600	3200	5600	8000
2d Conv	400	1300	2200	4400	7700	11,000
4d Sta Wag	200	675	1000	1950	3400	4900

	6	5	4	3	2	1
Torino, V-8, 116" wb						
4d Sed	150	575	875	1700	3000	4300
2d HT	350	900	1500	3000	5250	7500
4d Wag	200	675	1000	2000	3500	5000
Torino GT V-8						
2d HT	450	1080	1800	3600	6300	9000
2d FBk	400	1300	2200	4400	7700	11,000
2d Conv	500	1550	2600	5200	9100	13,000
Custom						
4d Sed	150	600	900	1800	3150	4500
2d Sed	150	575	900	1750	3100	4400
Custom 500						
4d Sed	150	600	950	1850	3200	4600
2d Sed	150	600	900	1800	3150	4500
Galaxie 500, V-8, 119" wb						
4d Sed	150	650	950	1900	3300	4700
4d HT	150	650	975	1950	3350	4800
2d HT	350	975	1600	3200	5600	8000
2d FBk	400	1200	2000	4000	7000	10,000
2d Conv	450	1450	2400	4800	8400	12,000
XL						
2d FBk	400	1300	2200	4400	7700	11,000
2d Conv	500	1550	2600	5200	9100	13,000
LTD						
4d Sed	200	675	1000	2000	3500	5000
4d HT	200	660	1100	2200	3850	5500
2d HT	350	1020	1700	3400	5950	8500
Ranch Wag						
4d Std Wag	200	700	1075	2150	3700	5300
4d 500 Wag	200	650	1100	2150	3780	5400
4d DeL 500 Wag	200	660	1100	2200	3850	5500
Country Sedan						
4d Std Wag	200	670	1150	2250	3920	5600
DeL Wag	200	685	1150	2300	3990	5700
Country Squire						
4d Sta Wag	200	720	1200	2400	4200	6000
4d DeL Wag	200	745	1250	2500	4340	6200

NOTE: Add 50 percent for 429 engine option.
NOTE: Add 40 percent for 427 or 428 engine option.

1969
NOTE: Add 10 percent for V-8.

	6	5	4	3	2	1
Falcon Futura, 6-cyl, 111" wb						
2d Spt Cpe	150	550	850	1650	2900	4100
2d Sed	150	475	750	1475	2600	3700
Fairlane 500, V-8, 116" wb						
4d Sed	125	450	750	1450	2500	3600
2d HT	350	780	1300	2600	4550	6500
2d FBk	200	720	1200	2400	4200	6000
2d Conv	450	1080	1800	3600	6300	9000
Torino, V-8, 116" wb						
4d Sed	150	500	800	1600	2800	4000
2d HT	350	840	1400	2800	4900	7000
Torino GT V-8						
2d HT	450	1080	1800	3600	6300	9000
2d FBk	400	1300	2200	4400	7700	11,000
2d Conv	550	1700	2800	5600	9800	14,000
Cobra						
2d HT	550	1800	3000	6000	10,500	15,000
2d FBk	600	1900	3200	6400	11,200	16,000
Galaxie 500, V-8, 121" wb						
4d HT	200	660	1100	2200	3850	5500
2d HT	350	780	1300	2600	4550	6500
2d FBk	350	975	1600	3200	5600	8000
2d Conv	400	1300	2200	4400	7700	11,000
XL						
2d FBk	450	1140	1900	3800	6650	9500
2d Conv	450	1450	2400	4800	8400	12,000
LTD						
4d HT	200	720	1200	2400	4200	6000
2d HT	350	900	1500	3000	5250	7500
Falcon Wagon, 6-cyl.						
4d Wag	150	500	800	1600	2800	4000
4d Futura Sta Wag	150	550	850	1650	2900	4100
Fairlane, 6-cyl.						
4d Wag	150	550	850	1650	2900	4100
4d 500 Sta Wag	150	650	950	1900	3300	4700

	6	5	4	3	2	1
4d Torino Sta Wag	150	575	875	1700	3000	4300

NOTE: Add 30 percent for V-8 where available.

Custom Ranch Wagon, V-8

	6	5	4	3	2	1
4d Wag	200	675	1000	2000	3500	5000
4d 500 Sta Wag 2S	200	700	1050	2050	3600	5100
4d 500 Sta Wag 4S	200	700	1050	2100	3650	5200

NOTE: Deduct 30 percent for 6-cyl.

Galaxie 500 Country Sedan, V-8

	6	5	4	3	2	1
4d Wag 2S	200	700	1050	2100	3650	5200
4d Wag 4S	200	700	1075	2150	3700	5300

Ltd Country Squire, V-8

	6	5	4	3	2	1
4d Wag 2S	200	660	1100	2200	3850	5500
4d Wag 4S	200	670	1150	2250	3920	5600

NOTE: Add 40 percent for 428 engine option.
Add 50 percent for 429 engine option.

1970

Falcon, 6-cyl, 110" wb

	6	5	4	3	2	1
4d Sed	150	575	900	1750	3100	4400
2d Sed	150	575	875	1700	3000	4300
4d Sta Wag	150	575	875	1700	3000	4300

1970-1/2 Falcon, 6-cyl, 117" wb

	6	5	4	3	2	1
4d Sed	150	600	950	1850	3200	4600
2d Sed	150	575	900	1750	3100	4400
4d Sta Wag	150	600	900	1800	3150	4500

Futura, 6-cyl, 110" wb

	6	5	4	3	2	1
4d Sed	150	650	950	1900	3300	4700
2d Sed	150	600	900	1800	3150	4500
4d Sta Wag	150	600	900	1800	3150	4500

NOTE: Add 10 percent for V-8.

Maverick

	6	5	4	3	2	1
2d Sed	150	550	850	1675	2950	4200

Fairlane 500, V-8, 117" wb

	6	5	4	3	2	1
4d Sed	150	650	975	1950	3350	4800
2d HT	200	720	1200	2400	4200	6000
4d Sta Wag	150	650	950	1900	3300	4700

Torino, V-8, 117" wb

	6	5	4	3	2	1
4d Sed	200	675	1000	1950	3400	4900
4d HT	200	720	1200	2400	4200	6000
2d HT	350	900	1500	3000	5250	7500
2d HT Sports Roof	350	1020	1700	3400	5950	8500
4d Sta Wag	200	675	1000	2000	3500	5000

Torino Brougham, V-8, 117" wb

	6	5	4	3	2	1
4d HT	350	780	1300	2600	4550	6500
2d HT	350	900	1500	3000	5250	7500
4d Sta Wag	150	650	975	1950	3350	4800

Torino GT, V-8, 117" wb

	6	5	4	3	2	1
2d HT	450	1080	1800	3600	6300	9000
2d Conv	450	1450	2400	4800	8400	12,000

Cobra, V-8, 117" wb

	6	5	4	3	2	1
2d HT	700	2300	3800	7600	13,300	19,000

Custom, V-8, 121" wb

	6	5	4	3	2	1
4d Sed	150	500	800	1600	2800	4000
4d Sta Wag	150	650	950	1900	3300	4700

Custom 500, V-8, 121" wb

	6	5	4	3	2	1
4d Sed	150	550	850	1650	2900	4100
4d Sta Wag	150	650	975	1950	3350	4800

Galaxie 500, V-8, 121" wb

	6	5	4	3	2	1
4d Sed	150	550	850	1675	2950	4200
4d HT	200	660	1100	2200	3850	5500
2d HT	350	780	1300	2600	4550	6500
4d Sta Wag	200	675	1000	1950	3400	4900
2d FBk HT	350	975	1600	3200	5600	8000

XL, V-8, 121" wb

	6	5	4	3	2	1
2 dr FsBk HdTp	350	1020	1700	3400	5950	8500
2d Conv	400	1250	2100	4200	7400	10,500

LTD, V-8, 121" wb

	6	5	4	3	2	1
4d Sed	150	575	875	1700	3000	4300
4d HT	150	650	950	1900	3300	4700
2d HT	200	660	1100	2200	3850	5500
4d Sta Wag	200	675	1000	2000	3500	5000

LTD Brougham, V-8, 121" wb

	6	5	4	3	2	1
4d Sed	150	575	900	1750	3100	4400
4d HT	200	675	1000	2000	3500	5000
2d HT	200	720	1200	2400	4200	6000

NOTE: Add 40 percent for 428 engine option.
Add 50 percent for 429 engine option.

	6	5	4	3	2	1
1971						
Pinto						
2d Rbt	150	550	850	1675	2950	4200
Maverick						
2d Sed	150	650	950	1900	3300	4700
4d Sed	150	650	975	1950	3350	4800
2d Grabber Sed	200	675	1000	1950	3400	4900
Torino, V-8, 114" wb, Sta Wag 117" wb						
4d Sed	200	675	1000	1950	3400	4900
2d HT	350	780	1300	2600	4550	6500
4d Sta Wag	200	675	1000	1950	3400	4900
Torino 500, V-8, 114" wb, Sta Wag 117" wb						
4d Sed	200	675	1000	2000	3500	5000
4d HT	200	730	1250	2450	4270	6100
2d HT Formal Roof	450	1080	1800	3600	6300	9000
2d HT Sports Roof	450	1140	1900	3800	6650	9500
4d Sta Wag	200	675	1000	2000	3500	5000
4d HT Brougham	200	730	1250	2450	4270	6100
2d HT Brougham	350	900	1500	3000	5250	7500
4d Sq Sta Wag	200	700	1050	2050	3600	5100
2d HT Cobra	700	2300	3800	7600	13,300	19,000
2d HT GT	450	1450	2400	4800	8400	12,000
2d Conv	550	1750	2900	5800	10,200	14,500
Custom, V-8, 121" wb						
4d Sed	150	600	950	1850	3200	4600
4d Sta Wag	200	675	1000	2000	3500	5000
Custom 500, V-8, 121" wb						
4d Sed	150	650	950	1900	3300	4700
4d Sta Wag	200	700	1050	2050	3600	5100
Galaxie 500, V-8, 121" wb						
4d Sed	200	675	1000	1950	3400	4900
4d HT	200	675	1000	2000	3500	5000
2d HT	200	660	1100	2200	3850	5500
4d Sta Wag	200	675	1000	1950	3400	4900
LTD						
4d Sed	200	675	1000	2000	3500	5000
4d HT	200	700	1050	2050	3600	5100
2d HT	200	660	1100	2200	3850	5500
2d Conv	450	1140	1900	3800	6650	9500
Ctry Sq	200	720	1200	2400	4200	6000
LTD Brougham, V-8, 121" wb						
4d Sed	200	700	1050	2050	3600	5100
4d HT	200	660	1100	2200	3850	5500
2d HT	350	840	1400	2800	4900	7000
NOTE: Add 40 percent for 429 engine option.						
1972						
Pinto						
2d Sed	150	575	900	1750	3100	4400
3d HBK	150	600	900	1800	3150	4500
2d Wag	150	600	950	1850	3200	4600
Maverick						
4d Sed	150	575	900	1750	3100	4400
2d Sed	150	600	900	1800	3150	4500
2d Grabber Sed	200	675	1000	1950	3400	4900
NOTE: Deduct 20 percent for 6-cyl.						
Torino, V-8, 118" wb, 2 dr 114" wb						
4d Sed	150	575	900	1750	3100	4400
2d HT	350	780	1300	2600	4550	6500
4d Sta Wag	150	650	950	1900	3300	4700
Gran Torino						
4d	150	600	900	1800	3150	4500
2d HT	350	900	1500	3000	5250	7500
Gran Torino Sport, V-8						
2d HT Formal	350	1020	1700	3400	5950	8500
2d HT Sports	350	975	1600	3200	5600	8000
4d Sta Wag	150	600	900	1800	3150	4500
Custom, V-8, 121" wb						
4d Sed	150	600	950	1850	3200	4600
4d Sta Wag	150	650	975	1950	3350	4800
Custom 500, V-8, 121" wb						
4d Sed	150	650	950	1900	3300	4700
4d Sta Wag	200	675	1000	2000	3500	5000
Galaxie 500, V-8, 121" wb						
4d Sed	150	650	975	1950	3350	4800
4d HT	200	720	1200	2400	4200	6000
2d HT	350	840	1400	2800	4900	7000

	6	5	4	3	2	1
4d Sta Wag	200	700	1050	2100	3650	5200
LTD, V-8, 121" wb						
4d Sed	200	675	1000	1950	3400	4900
4d HT	200	700	1050	2100	3650	5200
2d HT	350	900	1500	3000	5250	7500
2d Conv	400	1250	2100	4200	7400	10,500
4d Sta Wag	200	720	1200	2400	4200	6000
LTD Brougham, V-8, 121" wb						
4d Sed	200	675	1000	2000	3500	5000
4d HT	350	800	1350	2700	4700	6700
2d HT	350	975	1600	3200	5600	8000

NOTE: Add 40 percent for 429 engine option.
Add 30 percent for 460 engine option.

1973
Pinto, 4-cyl.

	6	5	4	3	2	1
2d Sed	150	475	775	1500	2650	3800
2d Rbt	150	500	800	1550	2700	3900
2d Sta Wag	150	500	800	1600	2800	4000
Maverick V8						
2d Sed	150	550	850	1650	2900	4100
4d Sed	150	550	850	1675	2950	4200
2d Grabber Sed	150	650	950	1900	3300	4700
Torino V8						
4d Sed	150	500	800	1550	2700	3900
2d HT	200	720	1200	2400	4200	6000
4d Sta Wag	150	550	850	1650	2900	4100
Gran Torino V8						
4d	150	500	800	1600	2800	4000
2d HT	350	780	1300	2600	4550	6500
4d Sta Wag	150	550	850	1675	2950	4200
Gran Torino Sport V8						
2d SR HT	350	975	1600	3200	5600	8000
2d FR HT	350	1020	1700	3400	5950	8500
4d Sq Wag	150	600	900	1800	3150	4500
Gran Torino Brgm V8						
4d	150	550	850	1650	2900	4100
2d HT	350	975	1600	3200	5600	8000
Custom 500 V8						
4d	150	550	850	1650	2900	4100
4d Sta Wag	150	550	850	1675	2950	4200
Galaxie 500 V8						
4d	150	550	850	1675	2950	4200
2d HT	200	685	1150	2300	3990	5700
4d HT	150	575	875	1700	3000	4300
4d Sta Wag	150	550	850	1675	2950	4200
LTD V8						
4d	150	575	875	1700	3000	4300
2d HT	200	720	1200	2400	4200	6000
4d HT	150	600	900	1800	3150	4500
4d Sta Wag	150	575	875	1700	3000	4300
LTD Brgm V8						
4d	150	575	900	1750	3100	4400
2d HT	350	780	1300	2600	4550	6500
4d HT	200	660	1100	2200	3850	5500

NOTE: Add 30 percent for 429 engine option.
Add 30 percent for 460 engine option.

1974
Pinto

	6	5	4	3	2	1
2d Sed	150	475	775	1500	2650	3800
3d HBk	150	500	800	1550	2700	3900
2d Sta Wag	150	475	775	1500	2650	3800
Maverick, V-8						
2d Sed	150	550	850	1650	2900	4100
4d Sed	150	550	850	1675	2950	4200
2d Grabber Sed	150	575	900	1750	3100	4400
Torino, V-8						
4d Sed	150	550	850	1650	2900	4100
2d HT	200	685	1150	2300	3990	5700
4d Sta Wag	150	500	800	1600	2800	4000
Gran Torino, V-8						
4d Sed	150	550	850	1675	2950	4200
2d HT	200	730	1250	2450	4270	6100
4d Sta Wag	150	550	850	1650	2900	4100
Gran Torino Sport, V-8						
2d HT	350	790	1350	2650	4620	6600

	6	5	4	3	2	1
Gran Torino Brgm, V-8						
4d Sed	150	575	875	1700	3000	4300
2d HT	200	720	1200	2400	4200	6000
Gran Torino Elite, V-8						
2d HT	350	780	1300	2600	4550	6500
Gran Torino Squire, V-8						
4d Sta Wag	150	550	850	1675	2950	4200
Custom 500						
4d Sed	150	500	800	1600	2800	4000
4d Sta Wag	150	500	800	1600	2800	4000
Galaxie 500, V-8						
4d Sed	150	550	850	1650	2900	4100
2d HT	150	650	950	1900	3300	4700
4d HT	150	575	900	1750	3100	4400
4d Sta Wag	150	550	850	1650	2900	4100
LTD, V-8						
2d HT	200	675	1000	2000	3500	5000
4d Sed	150	550	850	1675	2950	4200
4d HT	150	600	900	1800	3150	4500
4d Sta Wag	150	550	850	1675	2950	4200
Ltd Brgm, V-8						
4d Sed	150	550	850	1675	2950	4200
2d HT	200	660	1100	2200	3850	5500
4d HT	200	675	1000	2000	3500	5000

NOTE: Add 30 percent for 460 engine option.

1975
	6	5	4	3	2	1
Pinto						
2d Sed	150	500	800	1600	2800	4000
3d HBk	150	550	850	1650	2900	4100
2d Sta Wag	150	500	800	1600	2800	4000
Maverick						
2d Sed	150	575	900	1750	3100	4400
4d Sed	150	600	900	1800	3150	4500
2d Grabber Sed	150	600	950	1850	3200	4600
Torino						
2d Cpe	150	600	900	1800	3150	4500
4d Sed	150	500	800	1600	2800	4000
4d Sta Wag	150	550	850	1650	2900	4100
Gran Torino						
2d Cpe	150	600	950	1850	3200	4600
4d Sed	150	550	850	1675	2950	4200
4d Sta Wag	150	550	850	1675	2950	4200
Gran Torino Brougham						
2d Cpe	150	650	975	1950	3350	4800
4d Sed	200	700	1050	2100	3650	5200
Gran Torino Sport						
2d HT	200	675	1000	2000	3500	5000
Torino Squire						
4d Sta Wag	150	575	875	1700	3000	4300
Elite						
2d HT	200	660	1100	2200	3850	5500
Granada						
2d Cpe	150	575	875	1700	3000	4300
4d Sed	150	475	750	1475	2600	3700
2d Ghia Cpe	150	600	950	1850	3200	4600
4d Ghia Sed	150	600	900	1800	3150	4500
Custom 500						
4d Sed	150	550	850	1650	2900	4100
4d Sta Wag	150	550	850	1650	2900	4100
LTD						
2d Cpe	150	575	900	1750	3100	4400
4d Sed	150	550	850	1675	2950	4200
LTD Brougham						
2d Cpe	150	600	900	1800	3150	4500
4d Sed	150	575	875	1700	3000	4300
LTD Landau						
2d Cpe	150	650	950	1900	3300	4700
4d Sed	150	575	900	1750	3100	4400
LTD Station Wagon						
4d Sta Wag	150	550	850	1675	2950	4200
4d Ctry Sq	150	575	875	1700	3000	4300

NOTE: Add 30 percent for 460 engine option.

1976 Ford LTD Landau coupe

	6	5	4	3	2	1
1976						
Pinto, 4-cyl.						
2d Sed	125	450	700	1400	2450	3500
2d Rbt	125	450	750	1450	2500	3600
2d Sta Wag	150	475	750	1475	2600	3700
2d Sq Wag	150	475	775	1500	2650	3800
NOTE: Add 10 percent for V-6.						
Maverick, V-8						
4d Sed	125	400	700	1375	2400	3400
2d Sed	125	400	675	1350	2300	3300
NOTE: Deduct 5 percent for 6-cyl.						
Torino, V-8						
4d Sed	125	450	700	1400	2450	3500
2d HT	125	450	750	1450	2500	3600
Gran Torino, V-8						
4d Sed	125	450	750	1450	2500	3600
2d HT	150	475	750	1475	2600	3700
Gran Torino Brougham, V-8						
4d Sed	150	475	750	1475	2600	3700
2d HT	150	475	775	1500	2650	3800
Station Wagons, V-8						
4d 2S Torino	125	450	700	1400	2450	3500
4d 2S Gran Torino	125	450	750	1450	2500	3600
4d 2S Gran Torino Sq	150	475	750	1475	2600	3700
Granada, V-8						
4d Sed	125	380	650	1300	2250	3200
2d Sed	125	400	675	1350	2300	3300
Granada Ghia, V-8						
4d Sed	125	400	675	1350	2300	3300
2d Sed	125	400	700	1375	2400	3400
Elite, V-8						
2d HT	150	475	750	1475	2600	3700
Custom, V-8						
4d Sed	125	400	700	1375	2400	3400
LTD, V-8						
4d Sed	125	450	750	1450	2500	3600
2d Sed	150	475	775	1500	2650	3800
LTD Brougham V-8						
4d Sed	150	475	775	1500	2650	3800
2d Sed	150	500	800	1600	2800	4000
LTD Landau, V-8						
4d Sed	150	500	800	1600	2800	4000
2d Sed	150	550	850	1675	2950	4200
Station Wagons, V-8						
4d Ranch Wag	125	450	750	1450	2500	3600
4d LTD Wag	150	475	775	1500	2650	3800
4d Ctry Sq Wag	150	500	800	1600	2800	4000
1977						
Pinto, 4-cyl.						
2d Sed	125	450	750	1450	2500	3600
2d Rbt	150	475	750	1475	2600	3700
2d Sta Wag	150	475	775	1500	2650	3800
2d Sq Wag	150	500	800	1550	2700	3900
NOTE: Add 5 percent for V-6.						
Maverick, V-8						
4d Sed	125	450	700	1400	2450	3500
2d Sed	125	400	700	1375	2400	3400

	6	5	4	3	2	1
NOTE: Deduct 5 percent for 6-cyl.						
Granada, V-8						
4d Sed	125	380	650	1300	2250	3200
2d Sed	125	400	675	1350	2300	3300
Granada Ghia, V-8						
4d Sed	125	400	700	1375	2400	3400
2d Sed	125	450	700	1400	2450	3500
LTD II "S", V-8						
4d Sed	125	400	675	1350	2300	3300
2d Sed	125	400	700	1375	2400	3400
LTD II, V-8						
4d Sed	125	400	700	1375	2400	3400
2d Sed	125	450	700	1400	2450	3500
LTD II Brougham, V-8						
4d Sed	125	450	750	1450	2500	3600
2d Sed	150	475	750	1475	2600	3700
Station Wagons, V-8						
4d 2S LTD II	125	450	700	1400	2450	3500
4d 3S LTD II	125	450	750	1450	2500	3600
4d 3S LTD II Sq	150	475	775	1500	2650	3800
LTD, V-8						
4d Sed	150	475	750	1475	2600	3700
2d Sed	150	475	775	1500	2650	3800
LTD Landau, V-8						
4d Sed	150	500	800	1550	2700	3900
2d Sed	150	500	800	1600	2800	4000
Station Wagons, V-8						
4d 2S LTD	150	475	775	1500	2650	3800
4d 3S LTD	150	500	800	1550	2700	3900
4d 3S Ctry Sq	150	500	800	1600	2800	4000
1978						
Fiesta						
2d HBk	100	330	575	1150	1950	2800
Pinto						
2d	100	350	600	1150	2000	2900
3d Rbt	125	450	750	1450	2500	3600
2d Sta Wag	150	475	750	1475	2600	3700
Fairmont						
4d Sed	125	370	650	1250	2200	3100
2d Sed	100	360	600	1200	2100	3000
2d Cpe Futura	125	450	700	1400	2450	3500
4d Sta Wag	125	380	650	1300	2250	3200
Granada						
4d Sed	125	380	650	1300	2250	3200
2d Sed	125	370	650	1250	2200	3100
LTD II 'S'						
4d Sed	125	370	650	1250	2200	3100
2d Cpe	100	360	600	1200	2100	3000
LTD II						
4d Sed	125	380	650	1300	2250	3200
2d Cpe	125	370	650	1250	2200	3100
LTD II Brougham						
4d Sed	125	400	675	1350	2300	3300
2d Cpe	125	380	650	1300	2250	3200
LTD						
4d	125	450	750	1450	2500	3600
2d Cpe	150	475	750	1475	2600	3700
4d 2S Sta Wag	125	450	700	1400	2450	3500
LTD Landau						
4d Sed	150	475	775	1500	2650	3800
2d Cpe	150	500	800	1550	2700	3900
1979						
Fiesta, 4-cyl.						
3d HBk	100	350	600	1150	2000	2900
Pinto, V-6						
2d Sed	125	370	650	1250	2200	3100
2d Rbt	125	450	750	1450	2500	3600
2d Sta Wag	125	450	750	1450	2500	3600
2d Sq Wag	150	475	750	1475	2600	3700
NOTE: Deduct 5 percent for 4-cyl.						
Fairmont, 6-cyl.						
4d Sed	125	380	650	1300	2250	3200
2d Sed	125	370	650	1250	2200	3100
2d Cpe	125	450	750	1450	2500	3600
4d Sta Wag	125	400	675	1350	2300	3300
4d Sq Wag	125	400	700	1375	2400	3400

	6	5	4	3	2	1
NOTE: Deduct 5 percent for 4-cyl.						
Add 5 percent for V-8.						
Granada, V-8						
4d Sed	125	400	675	1350	2300	3300
2d Sed	125	380	650	1300	2250	3200
NOTE: Deduct 5 percent for 6-cyl.						
LTD II, V-8						
4d Sed	125	380	650	1300	2250	3200
2d Sed	125	370	650	1250	2200	3100
LTD II Brougham, V-8						
4d Sed	125	400	675	1350	2300	3300
2d Sed	125	380	650	1300	2250	3200
LTD, V-8						
4d Sed	125	450	750	1450	2500	3600
2d Sed	125	400	700	1375	2400	3400
4d 2S Sta Wag	125	450	700	1400	2450	3500
4d 3S Sta Wag	125	450	750	1450	2500	3600
4d 2S Sq Wag	150	475	750	1475	2600	3700
4d 3S Sq Wag	150	475	775	1500	2650	3800
LTD Landau						
4d Sed	150	475	775	1500	2650	3800
2d Sed	125	450	750	1450	2500	3600

1980 Ford LTD Country Squire station wagon

1980

	6	5	4	3	2	1
Fiesta, 4-cyl.						
2d HBk	125	370	650	1250	2200	3100
Pinto, 4-cyl.						
2d Cpe Pony	125	380	650	1300	2250	3200
2d Sta Wag Pony	125	400	700	1375	2400	3400
2d Cpe	125	400	675	1350	2300	3300
2d HBk	125	400	700	1375	2400	3400
2d Sta Wag	125	450	700	1400	2450	3500
2d Sta Wag Sq	125	450	750	1450	2500	3600
Fairmont, 6-cyl.						
4d Sed	125	400	700	1375	2400	3400
2d Sed	125	400	675	1350	2300	3300
4d Sed Futura	125	450	750	1450	2500	3600
2d Cpe Futura	150	550	850	1650	2900	4100
4d Sta Wag	150	475	775	1500	2650	3800
NOTES: Deduct 10 percent for 4-cyl.						
Add 12 percent for V-8.						
Granada, V-8						
4d Sed	150	500	800	1550	2700	3900
2d Sed	150	475	775	1500	2650	3800
4d Sed Ghia	150	550	850	1650	2900	4100
2d Sed Ghia	150	500	800	1600	2800	4000
4d Sed ESS	150	550	850	1675	2950	4200
2d Sed ESS	150	550	850	1650	2900	4100
NOTE: Deduct 10 percent for 6-cyl.						
LTD, V-8						
4d Sed S	150	550	850	1675	2950	4200

	6	5	4	3	2	1
4d Sta Wag	150	575	900	1750	3100	4400
4d Sed	150	575	875	1700	3000	4300
2d Sed	150	550	850	1675	2950	4200
4d Sta Wag	150	600	900	1800	3150	4500
4d Sta Wag CS	150	650	950	1900	3300	4700
LTD Crown Victoria, V-8						
4d Sed	150	600	950	1850	3200	4600
2d Sed	150	600	900	1800	3150	4500

1981
Escort, 4-cyl.

	6	5	4	3	2	1
2d HBk SS	125	450	750	1450	2500	3600
4d HBk SS	150	475	750	1475	2600	3700

NOTE: Deduct 5 percent for lesser models.

Fairmont, 6-cyl.

	6	5	4	3	2	1
2d Sed S	125	400	700	1375	2400	3400
4d Sed	125	450	700	1400	2450	3500
2d Sed	125	450	700	1400	2450	3500
4d Futura	125	450	750	1450	2500	3600
2d Cpe Futura	150	550	850	1675	2950	4200
4d Sta Wag	150	500	800	1550	2700	3900
4d Sta Wag Futura	150	500	800	1600	2800	4000

NOTES: Deduct 10 percent for 4-cyl.
  Add 12 percent for V-8.

Granada, 6-cyl.

	6	5	4	3	2	1
4d Sed GLX	150	500	800	1600	2800	4000
2d Sed GLX	150	500	800	1550	2700	3900

NOTES: Deduct 5 percent for lesser models.
  Deduct 10 percent for 4-cyl.
  Deduct 10 percent for 4-cyl.
  Add 12 percent for V-8.

LTD, V-8

	6	5	4	3	2	1
4d Sed S	150	575	875	1700	3000	4300
4d Sta Wag S	150	600	900	1800	3150	4500
4d Sed	150	575	900	1750	3100	4400
2d Sed	150	575	875	1700	3000	4300
4d Sta Wag	150	600	950	1850	3200	4600
4d Sta Wag CS	150	650	975	1950	3350	4800

LTD Crown Victoria, V-8

	6	5	4	3	2	1
4d Sed	150	650	975	1950	3350	4800
2d Sed	150	650	950	1900	3300	4700

NOTE: Deduct 15 percent for 6-cyl.

1982
Escort, 4-cyl.

	6	5	4	3	2	1
2d HBk GLX	125	450	750	1450	2500	3600
4d HBk GLX	150	475	750	1475	2600	3700
4d Sta Wag GLX	150	475	775	1500	2650	3800
2d HBk GT	150	500	800	1550	2700	3900

NOTE: Deduct 5 percent for lesser models.

EXP, 4-cyl.

	6	5	4	3	2	1
2d Cpe	150	600	900	1800	3150	4500

Fairmont Futura, 4-cyl.

	6	5	4	3	2	1
4d Sed	100	360	600	1200	2100	3000
2d Sed	100	350	600	1150	2000	2900
2d Cpe Futura	125	400	675	1350	2300	3300

Fairmont Futura, 6-cyl.

	6	5	4	3	2	1
4d Sed	150	475	750	1475	2600	3700
2d Cpe Futura	150	575	875	1700	3000	4300

Granada, 6-cyl.

	6	5	4	3	2	1
4d Sed GLX	150	550	850	1650	2900	4100
2d Sed GLX	150	500	800	1600	2800	4000

NOTE: Deduct 10 percent for 4-cyl.
  Deduct 5 percent for lesser models.

Granada Wagon, 6-cyl.

	6	5	4	3	2	1
4d Sta Wag GL	150	575	875	1700	3000	4300

LTD, V-8

	6	5	4	3	2	1
4d Sed S	150	575	900	1750	3100	4400
4d Sed	150	600	900	1800	3150	4500
2d Sed	150	575	900	1750	3100	4400

LTD Crown Victoria, V-8

	6	5	4	3	2	1
4d Sed	200	675	1000	1950	3400	4900
2d Sed	150	650	975	1950	3350	4800

LTD Station Wagon, V-8

	6	5	4	3	2	1
4d Sta Wag S	150	600	950	1850	3200	4600
4d Sta Wag	150	650	950	1900	3300	4700
4d Sta Wag CS	200	675	1000	1950	3400	4900

NOTE: Deduct 15 percent for V-6.

	6	5	4	3	2	1
1983						
Escort, 4-cyl.						
2d HBk GLX	125	450	750	1450	2500	3600
4d HBk GLX	150	475	750	1475	2600	3700
4d Sta Wag GLX	150	475	775	1500	2650	3800
2d HBk GT	150	475	750	1475	2600	3700
NOTE: Deduct 5 percent for lesser models.						
EXP, 4-cyl.						
2d Cpe	150	600	900	1800	3150	4500
Fairmont Futura, 6-cyl.						
4d Sed	150	475	750	1475	2600	3700
2d Sed	125	450	750	1450	2500	3600
2d Cpe	150	575	875	1700	3000	4300
NOTE: Deduct 5 percent for 4-cyl.						
LTD, 6-cyl.						
4d Sed	150	550	850	1675	2950	4200
4d Sed Brgm	150	575	900	1750	3100	4400
4d Sta Wag	150	600	950	1850	3200	4600
NOTE: Deduct 10 percent for 4-cyl.						
LTD Crown Victoria, V-8						
4d Sed	200	675	1000	2000	3500	5000
2d Sed	200	675	1000	1950	3400	4900
4d Sta Wag	200	700	1050	2050	3600	5100
1984						
Escort, 4-cyl.						
4d HBk LX	125	450	700	1400	2450	3500
2d HBk LX	125	450	700	1400	2450	3500
4 dr Sta Wag LX	125	450	750	1450	2500	3600
2d HBk GT	125	450	750	1450	2500	3600
2d HBk Turbo GT	150	475	775	1500	2650	3800
NOTE: Deduct 5 percent for lesser models.						
EXP, 4-cyl.						
2d Cpe	150	500	800	1600	2800	4000
2d Cpe L	150	550	850	1675	2950	4200
2d Cpe Turbo	150	600	950	1850	3200	4600
Tempo, 4-cyl.						
2d Sed GLX	125	450	700	1400	2450	3500
4d Sed GLX	125	450	700	1400	2450	3500
NOTE: Deduct 5 percent for lesser models.						
LTD, V-6						
4d Sed	150	550	850	1675	2950	4200
4d Sed Brgm	150	575	875	1700	3000	4300
4d Sta Wag	150	575	875	1700	3000	4300
4d Sed LX, (V-8)	150	600	950	1850	3200	4600
NOTE: Deduct 8 percent for 4-cyl.						
LTD Crown Victoria, V-8						
4d Sed S	150	650	950	1900	3300	4700
4d Sed	200	675	1000	1950	3400	4900
2d Sed	200	675	1000	1950	3400	4900
4d Sta Wag S	200	675	1000	2000	3500	5000
4d Sta Wag	200	700	1050	2050	3600	5100
4d Sta Wag Sq	200	700	1050	2100	3650	5200
Thunderbird, V-8						
2d Cpe	200	750	1275	2500	4400	6300
2d Cpe Elan	350	790	1350	2650	4620	6600
2d Cpe Fila	350	800	1350	2700	4700	6700
NOTE: Deduct 10 percent for V-6 non turbo.						
1985						
Escort, 4-cyl.						
4d HBk LX	125	450	750	1450	2500	3600
4d Sta Wag LX	125	450	750	1450	2500	3600
2d HBk GT	150	475	750	1475	2600	3700
2d HBk Turbo GT	150	500	800	1550	2700	3900
NOTE: Deduct 5 percent for lesser models.						
EXP, 4-cyl.						
2d Cpe HBk	150	550	850	1650	2900	4100
2d Cpe HBk Luxury	150	575	875	1700	3000	4300
2d Cpe HBk Turbo	150	650	950	1900	3300	4700
NOTE: Deduct 20 percent for diesel.						
Tempo, 4-cyl.						
2d Sed GLX	125	450	700	1400	2450	3500
4d Sed GLX	125	450	700	1400	2450	3500
NOTE: Deduct 5 percent for lesser models.						
Deduct 20 percent for diesel.						

LTD	6	5	4	3	2	1
4d V-6 Sed	150	575	875	1700	3000	4300
4d V-6 Sed Brgm	150	575	900	1750	3100	4400
4d V-6 Sta Wag	150	575	900	1750	3100	4400
4d V-8 Sed LX	150	650	950	1900	3300	4700

NOTE: Deduct 20 percent for 4-cyl. where available.

LTD Crown Victoria, V-8

	6	5	4	3	2	1
4d Sed S	150	650	975	1950	3350	4800
4d Sed	200	675	1000	2000	3500	5000
2d Sed	200	675	1000	1950	3400	4900
4d Sta Wag S	200	700	1050	2050	3600	5100
4d Sta Wag	200	700	1050	2100	3650	5200
4d Sta Wag Ctry Sq	200	650	1100	2150	3780	5400

1986

Escort

	6	5	4	3	2	1
2d HBk	125	450	750	1450	2500	3600
4d HBk	125	450	700	1400	2450	3500
4d Sta Wag	150	475	750	1475	2600	3700
2d GT HBk	150	500	800	1600	2800	4000

EXP

	6	5	4	3	2	1
2d Cpe	150	600	950	1850	3200	4600

Tempo

	6	5	4	3	2	1
2d Sed	125	450	750	1450	2500	3600
4d Sed	125	450	750	1450	2500	3600

Taurus

	6	5	4	3	2	1
4d Sed	150	650	950	1900	3300	4700
4d Sta Wag	150	650	975	1950	3350	4800

LTD

	6	5	4	3	2	1
4d Sed	200	700	1050	2100	3650	5200
4d Brgm Sed	200	700	1050	2100	3650	5200
4d Sta Wag	200	650	1100	2150	3780	5400

LTD Crown Victoria

	6	5	4	3	2	1
2d Sed	200	650	1100	2150	3780	5400
4d Sed	200	650	1100	2150	3780	5400
4d Sta Wag	200	660	1100	2200	3850	5500

NOTES: Add 10 percent for deluxe models.
Deduct 5 percent for smaller engines.

1987

Escort, 4-cyl.

	6	5	4	3	2	1
2d HBk Pony	150	475	750	1475	2600	3700
2d HBk GL	150	475	775	1500	2650	3800
4d HBk GL	150	500	800	1550	2700	3900
4d Sta Wag GL	150	500	800	1550	2700	3900
2d HBk GT	150	500	800	1600	2800	4000

EXP, 4-cyl.

	6	5	4	3	2	1
2d HBk LX	150	650	950	1900	3300	4700
2d HBk Spt	150	650	975	1950	3350	4800

Tempo

	6	5	4	3	2	1
2d Sed GL	150	475	750	1475	2600	3700
4d Sed GL	150	475	775	1500	2650	3800
2d Sed GL Spt	150	475	775	1500	2650	3800
4d Sed GL Spt	150	500	800	1550	2700	3900
2d Sed LX	150	500	800	1550	2700	3900
4d Sed LX	150	500	800	1600	2800	4000
2d Sed 4WD	150	600	900	1800	3150	4500
4d Sed 4WD	150	600	950	1850	3200	4600

Taurus, 4-cyl.

	6	5	4	3	2	1
4d Sed	150	650	975	1950	3350	4800
4d Sta Wag	200	675	1000	1950	3400	4900

Taurus, V-6

	6	5	4	3	2	1
4d Sed L	200	675	1000	1950	3400	4900
4d Sta Wag L	200	675	1000	2000	3500	5000
4d Sed GL	200	675	1000	2000	3500	5000
4d Sta Wag GL	200	700	1050	2050	3600	5100
4d Sed LX	200	700	1050	2050	3600	5100
4d Sta Wag LX	200	700	1050	2100	3650	5200

LTD Crown Victoria, V-8

	6	5	4	3	2	1
4d Sed S	200	660	1100	2200	3850	5500
4d Sta Wag S	200	670	1150	2250	3920	5600
4d Sed	200	670	1150	2250	3920	5600
2d Cpe	200	660	1100	2200	3850	5500
4d Sta Wag	200	670	1150	2250	3920	5600
4d Sta Wag Ctry Sq	200	670	1200	2300	4060	5800
4d Sed LX	200	685	1150	2300	3990	5700
2d Cpe LX	200	670	1150	2250	3920	5600
4d Sta Wag LX	200	685	1150	2300	3990	5700

	6	5	4	3	2	1
4d Sta Wag Ctry Sq LX	200	700	1200	2350	4130	5900

1988
Festiva, 4-cyl.

2d HBk L	100	275	475	950	1600	2300
2d HBk L Plus	100	300	500	1000	1750	2500
2d HBk LX	100	350	600	1150	2000	2900

Escort, 4-cyl.

2d HBk Pony	100	260	450	900	1540	2200
2d HBk GL	100	300	500	1000	1750	2500
4d HBk GL	100	320	550	1050	1850	2600
4d Sta Wag GL	100	350	600	1150	2000	2900
2d HBk GT	125	450	700	1400	2450	3500
2d HBk LX	100	330	575	1150	1950	2800
4d HBk LX	100	350	600	1150	2000	2900
4d Sta Wag LX	125	370	650	1250	2200	3100

EXP, 4-cyl.

2d HBk	100	360	600	1200	2100	3000

Tempo, 4-cyl.

2d Sed GL	125	400	675	1350	2300	3300
4d Sed GL	125	450	700	1400	2450	3500
2d Sed GLS	125	450	700	1400	2450	3500
4d Sed GLS	125	450	750	1450	2500	3600
4d Sed LX	150	475	750	1475	2600	3700
4d Sed 4x4	150	600	900	1800	3150	4500

Taurus, 4-cyl., V-6

4d Sed	150	550	850	1675	2950	4200
4d Sed L	150	575	900	1750	3100	4400
4d Sta Wag L	150	600	950	1850	3200	4600
4d Sed GL	150	600	900	1800	3150	4500
4d Sta Wag GL	200	675	1000	2000	3500	5000
4d Sed LX	200	660	1100	2200	3850	5500
4d Sta Wag LX	200	685	1150	2300	3990	5700

LTD Crown Victoria, V-8

4d Sed	200	700	1050	2050	3600	5100
4d Sta Wag	200	700	1075	2150	3700	5300
4d Ctry Sq Sta Wag	200	670	1200	2300	4060	5800
4d Sed S	200	700	1075	2150	3700	5300
4d Sed LX	200	650	1100	2150	3780	5400
4d Sta Wag LX	200	660	1100	2200	3850	5500
4d Ctry Sq Sta Wag	200	720	1200	2400	4200	6000

1989
Festiva, 4-cyl.

2d HBk L	125	380	650	1300	2250	3200
2d HBk L Plus	125	400	675	1350	2300	3300
2d HBk LX	125	400	700	1375	2400	3400

Escort, 4-cyl.

2d HBk Pony	125	400	675	1350	2300	3300
2d HBk LX	125	400	700	1375	2400	3400
2d HBk GT	150	475	775	1500	2650	3800
4d HBk LX	125	450	700	1400	2450	3500
4d Sta Wag LX	125	450	750	1450	2500	3600

Tempo, 4-cyl.

2d Sed GL	125	450	700	1400	2450	3500
4d Sed GL	125	450	750	1450	2500	3600
2d Sed GLS	150	475	775	1500	2650	3800
4d Sed GLS	150	500	800	1550	2700	3900
4d Sed LX	150	550	850	1675	2950	4200
4d Sed 4x4	150	650	975	1950	3350	4800

Probe, 4-cyl.

2d GL HBk	200	675	1000	2000	3500	5000
2d LX HBk	200	660	1100	2200	3850	5500
2d GT Turbo HBk	200	720	1200	2400	4200	6000

Taurus
4-cyl.

4d Sed L	150	600	950	1850	3200	4600
4d Sed GL	150	650	950	1900	3300	4700

V-6

4d Sed L	150	650	975	1950	3350	4800
4d Sta Wag L	200	675	1000	2000	3500	5000
4d Sed GL	200	700	1050	2050	3600	5100
4d Sta Wag GL	200	720	1200	2400	4200	6000
4d Sed LX	200	670	1200	2300	4060	5800
4d Sta Wag LX	350	840	1400	2800	4900	7000
4d Sed SHO	350	975	1600	3200	5600	8000

LTD Crown Victoria, V-8

4d Sed S	200	660	1100	2200	3850	5500

	6	5	4	3	2	1
4d Sed	200	685	1150	2300	3990	5700
4d Sed LX	200	750	1275	2500	4400	6300
4d Sta Wag	350	770	1300	2550	4480	6400
4d Sta Wag LX	350	780	1300	2600	4550	6500
4d Ctry Sq Sta Wag	350	790	1350	2650	4620	6600
4d Ctry Sq LX Sta Wag	350	800	1350	2700	4700	6700

1990

Festiva, 4-cyl.

	6	5	4	3	2	1
2d	100	330	575	1150	1950	2800
2d L	100	360	600	1200	2100	3000
2d LX	125	450	700	1400	2450	3500

Escort, 4-cyl.

	6	5	4	3	2	1
2d Pony HBk	100	360	600	1200	2100	3000
2d LX HBk	125	450	700	1400	2450	3500
4d LX HBk	125	450	750	1450	2500	3600
4d LX Sta Wag	150	475	775	1500	2650	3800
2d GT HBk	150	550	850	1650	2900	4100

Tempo, 4-cyl.

	6	5	4	3	2	1
2d GL Sed	125	450	750	1450	2500	3600
4d GL Sed	150	475	750	1475	2600	3700
2d GLS Sed	150	500	800	1600	2800	4000
4d GLS Sed	150	550	850	1650	2900	4100
4d LX Sed	150	550	850	1675	2950	4200
4d Sed 4x4	200	660	1100	2200	3850	5500

Probe

	6	5	4	3	2	1
2d GL HBk, 4-cyl.	200	660	1100	2200	3850	5500
2d LX HBk, V-6	350	780	1300	2600	4550	6500
2d GT HBk, Turbo	350	840	1400	2800	4900	7000

Taurus

4-cyl.

	6	5	4	3	2	1
4d L Sed	150	500	800	1600	2800	4000
4d GL Sed	150	550	850	1675	2950	4200

V-6

	6	5	4	3	2	1
4d L Sed	150	650	950	1900	3300	4700
4d L Sta Wag	200	675	1000	2000	3500	5000
4d GL Sed	200	675	1000	1950	3400	4900
4d GL Sta Wag	200	700	1050	2100	3650	5200
4d LX Sed	200	670	1200	2300	4060	5800
4d LX Sta Wag	350	770	1300	2550	4480	6400
4d SHO Sed	350	840	1400	2800	4900	7000

Ltd Crown Victoria, V-8

	6	5	4	3	2	1
4d S Sed	200	660	1100	2200	3850	5500
4d Sed	200	720	1200	2400	4200	6000
4d LX Sed	350	780	1300	2600	4550	6500
4d Sta Wag	200	670	1200	2300	4060	5800
4d LX Sta Wag	200	745	1250	2500	4340	6200
4d Ctry Sq Sta Wag	350	780	1300	2600	4550	6500
4d LX Ctry Sq Sta Wag	350	820	1400	2700	4760	6800

1991

Festiva, 4-cyl.

	6	5	4	3	2	1
2d HBk	125	370	650	1250	2200	3100
2d GL HBk	125	400	675	1350	2300	3300

Escort, 4-cyl.

	6	5	4	3	2	1
2d Pony HBk	125	450	700	1400	2450	3500
2d LX HBk	150	475	750	1475	2600	3700
4d LX HBk	150	475	750	1475	2600	3700
4d LX Sta Wag	150	500	800	1550	2700	3900
2d GT HBk	150	550	850	1650	2900	4100

Tempo, 4-cyl.

	6	5	4	3	2	1
2d L Sed	125	450	750	1450	2500	3600
4d L Sed	125	450	750	1450	2500	3600
2d GL Sed	150	475	775	1500	2650	3800
4d GL Sed	150	475	775	1500	2650	3800
2d GLS Sed	150	500	800	1600	2800	4000
4d GLS Sed	150	500	800	1600	2800	4000
4d LX Sed	150	550	850	1675	2950	4200
4d Sed 4x4	200	675	1000	2000	3500	5000

Probe, 4-cyl.

	6	5	4	3	2	1
2d GL HBk	150	650	950	1900	3300	4700
2d LX HBk	200	660	1100	2200	3850	5500
2d GT HBk Turbo	200	720	1200	2400	4200	6000

Taurus, 4-cyl.

	6	5	4	3	2	1
4d L Sed	125	450	750	1450	2500	3600
4d GL Sed	150	475	775	1500	2650	3800

Taurus, V-6

	6	5	4	3	2	1
4d L Sed	150	475	775	1500	2650	3800

	6	5	4	3	2	1
4d L Sta Wag	150	600	900	1800	3150	4500
4d GL Sed	150	550	850	1675	2950	4200
4d GL Sta Wag	200	660	1100	2200	3850	5500
4d LX Sed	200	700	1050	2100	3650	5200
4d LX Sta Wag	350	780	1300	2600	4550	6500
4d SHO Sed	350	900	1500	3000	5250	7500
Ltd Crown Victoria, V-8						
4d S Sed	150	600	900	1800	3150	4500
4d Sed	200	660	1100	2200	3850	5500
4d LX Sed	200	720	1200	2400	4200	6000
4d 3S Sta Wag	200	675	1000	1950	3400	4900
4d 2S Sta Wag	200	700	1200	2350	4130	5900
4d LX 3S Sta Wag	350	770	1300	2550	4480	6400
4d Ctry Sq 3S Sta Wag	200	700	1050	2100	3650	5200
4d Ctry Sq 2S Sta Wag	200	745	1250	2500	4340	6200
4d Ctry Sq LX 3S Sta Wag	350	800	1350	2700	4700	6700
1992						
Festiva, 4-cyl.						
2d L HBk	125	450	700	1400	2450	3500
2d GL HBk	150	475	775	1500	2650	3800
Escort, 4-cyl.						
2d HBk	150	550	850	1675	2950	4200
2d LX HBk	150	550	850	1675	2950	4200
4d LX HBk	150	550	850	1675	2950	4200
4d LX Sed	150	500	800	1600	2800	4000
4d LX Sta Wag	150	575	900	1750	3100	4400
4d LX-E Sta Wag	150	600	900	1800	3150	4500
2d GT HBk	200	675	1000	2000	3500	5000
Tempo, 4-cyl.						
2d GL Cpe	150	475	775	1500	2650	3800
4d GL Sed	150	500	800	1550	2700	3900
4d LX Sed	150	500	800	1600	2800	4000
2d GLS Sed V-6	200	660	1100	2200	3850	5500
4d GLS Sed V-6	200	660	1100	2200	3850	5500
Probe, 4-cyl.						
2d GL HBk	200	660	1100	2200	3850	5500
2d LX HBk V-6	350	770	1300	2550	4480	6400
2d GT HBk Turbo	350	780	1300	2600	4550	6500
Taurus, V-6						
4d L Sed	200	675	1000	2000	3500	5000
4d L Sta Wag	200	675	1000	2000	3500	5000
4d GL Sed	200	660	1100	2200	3850	5500
4d GL Sta Wag	200	660	1100	2200	3850	5500
4d LX Sed	200	720	1200	2400	4200	6000
4d LX Sta Wag	200	720	1200	2400	4200	6000
4d SHO Sed	350	1020	1700	3400	5950	8500
Crown Victoria, V-8						
4d S Sed	200	720	1200	2400	4200	6000
4d Sed	350	780	1300	2600	4550	6500
4d LX Sed	350	900	1500	3000	5250	7500
4d Trg Sed	350	975	1600	3200	5600	8000

MUSTANG

	6	5	4	3	2	1
1964						
2d HT	700	2200	3700	7400	13,000	18,500
Conv	1050	3350	5600	11,200	19,600	28,000

NOTE: Deduct 20 percent for 6-cyl.
   Add 20 percent for Challenger Code "K" V-8.
   First Mustang introduced April 17, 1964 at N.Y. World's Fair.

	6	5	4	3	2	1
1965						
2d HT	700	2200	3700	7400	13,000	18,500
Conv	1050	3350	5600	11,200	19,600	28,000
FBk	850	2750	4600	9200	16,100	23,000

NOTE: Add 30 percent for 271 hp Hi-perf engine.
   Add 10 percent for "GT" Package.
   Add 10 percent for original "pony interior".
   Deduct 20 percent for 6-cyl.

	6	5	4	3	2	1
1965 Shelby GT						
GT-350 FBk	2050	6500	10,800	21,600	37,800	54,000

1966 Ford Mustang two-door hardtop

	6	5	4	3	2	1
1966						
2d HT	700	2200	3700	7400	13,000	18,500
Conv	1150	3600	6000	12,000	21,000	30,000
FsBk	1000	3100	5200	10,400	18,200	26,000
NOTE: Same as 1965.						
1966 Shelby GT						
GT-350 FBk	1850	5900	9800	19,600	34,300	49,000
GT-350H FBk	1900	6100	10,200	20,400	35,700	51,000
GT-350 Conv	2850	9100	15,200	30,400	53,200	76,000
1967						
2d HT	600	2000	3300	6600	11,600	16,500
Conv	1000	3100	5200	10,400	18,200	26,000
FBk	750	2350	3900	7800	13,700	19,500
NOTES: Same as 1964-65, plus;						
Add 10 percent for 390 cid V-8 (code "S").						
Deduct 15 percent for 6-cyl.						
1967 Shelby GT						
GT-350 FBk	1600	5050	8400	16,800	29,400	42,000
GT-500 FBk	1750	5650	9400	18,800	32,900	47,000
1968						
2d HT	600	2000	3300	6600	11,600	16,500
Conv	1000	3100	5200	10,400	18,200	26,000
FBk	750	2350	3900	7800	13,700	19,500
NOTES: Same as 1964-67, plus;						
Add 10 percent for GT-390.						
Add 50 percent for 427 cid V-8 (code "W").						
Add 30 percent for 428 cid V-8 (code "R").						
Add 15 percent for "California Special" trim.						
1968 Shelby GT						
350 Conv	2050	6600	11,000	22,000	38,500	55,000
350 FBk	1200	3850	6400	12,800	22,400	32,000
500 Conv	2700	8650	14,400	28,800	50,400	72,000
500 FBk	1700	5400	9000	18,000	31,500	45,000
1969						
2d HT	600	1850	3100	6200	10,900	15,500
Conv	750	2350	3900	7800	13,700	19,500
FBk	650	2100	3500	7000	12,300	17,500
NOTE: Deduct 20 percent for 6-cyl.						
Mach 1	850	2650	4400	8800	15,400	22,000
Boss 302	1350	4300	7200	14,400	25,200	36,000
Boss 429	2200	6950	11,600	23,200	40,600	58,000
Grande	600	2000	3300	6600	11,600	16,500
NOTES: Same as 1968; plus;						
Add 40 percent for "R" Code.						
Add 30 percent for Cobra Jet V-8.						
Add 40 percent for "Super Cobra Jet" engine.						
1969 Shelby GT						
350 Conv	2050	6500	10,800	21,600	37,800	54,000
350 FBk	1450	4550	7600	15,200	26,600	38,000
500 Conv	2500	7900	13,200	26,400	46,200	66,000
500 FBk	1550	4900	8200	16,400	28,700	41,000

	6	5	4	3	2	1
1970						
2d HT	600	1850	3100	6200	10,900	15,500
Conv	700	2300	3800	7600	13,300	19,000
FBk	650	2050	3400	6800	11,900	17,000
Mach 1	750	2400	4000	8000	14,000	20,000
Boss 302	1300	4100	6800	13,600	23,800	34,000
Boss 429	2100	6700	11,200	22,400	39,200	56,000
Grande	600	2000	3300	6600	11,600	16,500

NOTE: Add 30 percent for Cobra Jet V-8.
Add 40 percent for "Super Cobra Jet".
Deduct 20 percent for 6-cyl.

1970 Shelby GT	6	5	4	3	2	1
350 Conv	1950	6250	10,400	20,800	36,400	52,000
350 FBk	1450	4550	7600	15,200	26,600	38,000
500 Conv	2500	7900	13,200	26,400	46,200	66,000
500 FBk	1550	4900	8200	16,400	28,700	41,000

1971	6	5	4	3	2	1
2d HT	400	1300	2200	4400	7700	11,000
Grande	450	1400	2300	4600	8100	11,500
Conv	700	2300	3800	7600	13,300	19,000
FBk	650	2050	3400	6800	11,900	17,000
Mach 1	700	2300	3800	7600	13,300	19,000
Boss 351	1350	4300	7200	14,400	25,200	36,000

NOTE: Same as 1970.
Deduct 20 percent for 6-cyl.

1972	6	5	4	3	2	1
2d HT	400	1300	2200	4400	7700	11,000
Grande	450	1400	2300	4600	8100	11,500
FBk	550	1800	3000	6000	10,500	15,000
Mach 1	650	2050	3400	6800	11,900	17,000
Conv	700	2300	3800	7600	13,300	19,000

Deduct 20 percent for 6-cyl.

1973	6	5	4	3	2	1
2d HT	400	1250	2100	4200	7400	10,500
Grande	450	1400	2300	4600	8100	11,500
FBk	550	1700	2800	5600	9800	14,000
Mach 1	650	2050	3400	6800	11,900	17,000
Conv	700	2300	3800	7600	13,300	19,000

1974	6	5	4	3	2	1
Mustang II						
Mustang Four						
HT Cpe	200	675	1000	2000	3500	5000
FBk	200	700	1075	2150	3700	5300
Ghia	200	700	1075	2150	3700	5300
Mustang Six						
HT Cpe	200	675	1000	2000	3500	5000
FBk	200	650	1100	2150	3780	5400
Ghia	200	650	1100	2150	3780	5400
Mach 1 Six						
FBk	350	780	1300	2600	4550	6500

1975	6	5	4	3	2	1
Mustang						
HT Cpe	200	675	1000	2000	3500	5000
FBk	200	700	1075	2150	3700	5300
Ghia	200	700	1075	2150	3700	5300
Mustang Six						
HT Cpe	200	700	1050	2050	3600	5100
FBk	200	650	1100	2150	3780	5400
Ghia	200	650	1100	2150	3780	5400
Mach 1	350	780	1300	2600	4550	6500
Mustang, V-8						
HT Cpe	200	730	1250	2450	4270	6100
FBk Cpe	200	745	1250	2500	4340	6200
Ghia	350	780	1300	2600	4550	6500
Mach 1	350	900	1500	3000	5250	7500

1976 Ford Mustang II Cobra II hatchback coupe

	6	5	4	3	2	1
1976						
Mustang II, V-6						
2d	200	700	1075	2150	3700	5300
3d 2 plus 2	200	650	1100	2150	3780	5400
2d Ghia	200	685	1150	2300	3990	5700

NOTE: Deduct 20 percent for 4-cyl.
  Add 20 percent for V-8.
  Add 20 percent for Cobra II.

Mach 1, V-6						
3d	200	720	1200	2400	4200	6000
1977						
Mustang II, V-6						
2d	200	660	1100	2200	3850	5500
3d 2 plus 2	200	685	1150	2300	3990	5700
2d Ghia	200	700	1200	2350	4130	5900

NOTE: Deduct 20 percent for 4-cyl.
  Add 30 percent for Cobra II option.
  Add 20 percent for V-8.

Mach 1, V-6						
2d	200	745	1250	2500	4340	6200
1978						
Mustang II						
Cpe	200	700	1050	2050	3600	5100
3d 2 plus 2	200	700	1075	2150	3700	5300
Ghia Cpe	200	650	1100	2150	3780	5400
Mach 1, V-6						
Cpe	200	720	1200	2400	4200	6000

NOTE: Add 20 percent for V-8.
  Add 30 percent for Cobra II option.
  Add 50 percent for King Cobra option.
  Deduct 20 percent for 4-cyl.

1979						
Mustang, V-6						
2d Cpe	200	700	1050	2100	3650	5200
3d Cpe	200	700	1075	2150	3700	5300
2d Ghia Cpe	200	660	1100	2200	3850	5500
3d Ghia Cpe	200	670	1150	2250	3920	5600

NOTE: Add 30 percent for Pace Car package.
  Add 30 percent for Cobra II option.

1980						
Mustang, 6-cyl.						
2d Cpe	200	700	1075	2150	3700	5300
2d HBk	200	650	1100	2150	3780	5400
2d Ghia Cpe	200	670	1150	2250	3920	5600
2d Ghia HBk	200	685	1150	2300	3990	5700

NOTES: Deduct 20 percent for 4-cyl.
  Add 30 percent for V-8.

1981						
Mustang, 6-cyl.						
2d S Cpe	200	675	1000	1950	3400	4900
2d Cpe	200	700	1050	2050	3600	5100
2d HBk	200	700	1050	2100	3650	5200

	6	5	4	3	2	1
2d Ghia Cpe	200	700	1050	2100	3650	5200
2d Ghia HBk	200	700	1075	2150	3700	5300

NOTES: Deduct 20 percent for 4-cyl.
  Add 35 percent for V-8.

1982
Mustang, 4-cyl.

	6	5	4	3	2	1
2d L Cpe	150	600	900	1800	3150	4500
2d GL Cpe	150	600	950	1850	3200	4600
2d GL HBk	150	650	950	1900	3300	4700
2d GLX Cpe	200	675	1000	1950	3400	4900
2d GLX HBk	200	675	1000	2000	3500	5000

Mustang, 6-cyl.

	6	5	4	3	2	1
2d L Cpe	200	675	1000	1950	3400	4900
2d GL Cpe	200	675	1000	2000	3500	5000
2d GL HBk	200	700	1050	2050	3600	5100
2d GLX Cpe	200	700	1075	2150	3700	5300
2d GLX HBk	200	650	1100	2150	3780	5400

Mustang, V-8

	6	5	4	3	2	1
2d GT HBk	350	770	1300	2550	4480	6400

1983
Mustang, 4-cyl.

	6	5	4	3	2	1
2d L Cpe	150	600	950	1850	3200	4600
2d GL Cpe	150	650	950	1900	3300	4700
2d GL HBk	200	675	1000	1950	3400	4900
2d GLX Cpe	200	675	1000	2000	3500	5000
2d GLX HBk	200	700	1050	2050	3600	5100

Mustang, 6-cyl.

	6	5	4	3	2	1
2d GL Cpe	200	700	1050	2050	3600	5100
2d GL HBk	200	700	1050	2100	3650	5200
2d GLX Cpe	200	650	1100	2150	3780	5400
2d GLX HBk	200	660	1100	2200	3850	5500
2d GLX Conv	200	720	1200	2400	4200	6000

Mustang, V-8

	6	5	4	3	2	1
2d GT HBk	350	840	1400	2800	4900	7000
2d GT Conv	350	975	1600	3200	5600	8000

1984
Mustang, 4-cyl.

	6	5	4	3	2	1
2d L Cpe	150	650	950	1900	3300	4700
2d L HBk	150	650	975	1950	3350	4800
2d LX Cpe	150	650	975	1950	3350	4800
2d LX HBk	200	675	1000	1950	3400	4900
2d GT Turbo HBk	200	700	1075	2150	3700	5300
2d GT Turbo Conv	350	780	1300	2600	4550	6500

Mustang, V-6

	6	5	4	3	2	1
2d L Cpe	150	650	975	1950	3350	4800
2d L HBk	200	675	1000	1950	3400	4900
2d LX Cpe	200	675	1000	1950	3400	4900
2d LX HBk	200	675	1000	2000	3500	5000
LX 2d Conv	350	840	1400	2800	4900	7000

Mustang, V-8

	6	5	4	3	2	1
2d L HBk	200	675	1000	2000	3500	5000
2d LX Cpe	200	700	1050	2050	3600	5100
2d LX HBk	200	700	1050	2050	3600	5100
2d LX Conv	350	975	1600	3200	5600	8000
2d GT HBk	200	700	1075	2150	3700	5300
2d GT Conv	350	1020	1700	3400	5950	8500

NOTE: Add 20 percent for 20th Anniversary Edition.
  Add 40 percent for SVO Model.

1985
Mustang
4-cyl.

	6	5	4	3	2	1
2d LX	200	675	1000	1950	3400	4900
2d LX HBk	200	675	1000	2000	3500	5000
2d SVO Turbo	200	720	1200	2400	4200	6000

V-6

	6	5	4	3	2	1
2d LX	200	700	1050	2050	3600	5100
2d LX HBk	200	700	1050	2100	3650	5200
2d LX Conv	350	975	1600	3200	5500	7900

V-8

	6	5	4	3	2	1
2d LX	200	660	1100	2200	3850	5500
2d LX HBk	200	670	1150	2250	3920	5600
2d LX Conv	350	1020	1700	3400	5950	8500
2d GT HBk	350	975	1600	3200	5600	8000
2d GT Conv	400	1200	2000	4000	7000	10,000

	6	5	4	3	2	1
1986						
Mustang						
2d Cpe	200	675	1000	2000	3500	5000
2d HBk	200	675	1000	2000	3500	5000
2d Conv	350	900	1500	3000	5250	7500
2d Turbo HBk	200	720	1200	2400	4200	6000
Mustang, V-8						
2d HBk	200	720	1200	2400	4200	6000
2d Conv	350	1020	1700	3400	5950	8500
2d GT HBk	350	975	1600	3200	5600	8000
2d GT Conv	400	1200	2000	4000	7000	10,000
1987						
Mustang, 4-cyl.						
2d LX Sed	200	675	1000	2000	3500	5000
2d LX HBk	200	700	1050	2050	3600	5100
2d LX Conv	350	840	1400	2800	4900	7000
Mustang, V-8						
2d LX Sed	200	675	1000	2000	3500	5000
2d LX HBk	200	700	1050	2050	3600	5100
2d LX Conv	350	1040	1700	3450	6000	8600
2d GT HBk	200	660	1100	2200	3850	5500
2d GT Conv	450	1050	1750	3550	6150	8800
1988						
Mustang, V-6						
2d LX Sed	150	500	800	1600	2800	4000
2d LX HBk	150	550	850	1675	2950	4200
2d LX Conv	350	840	1400	2800	4900	7000
Mustang, V-8						
2d LX Sed	200	675	1000	2000	3500	5000
2d LX HBk	200	660	1100	2200	3850	5500
2d LX Conv	350	975	1600	3200	5600	8000
2d GT HBk	350	900	1500	3000	5250	7500
2d GT Conv	400	1200	2000	4000	7000	10,000
1989						
Mustang, 4-cyl.						
2d LX Cpe	150	600	900	1800	3150	4500
2d LX HBk	150	650	950	1900	3300	4700
2d LX Conv	350	1020	1700	3400	5950	8500
Mustang, V-8						
2d LX Spt Cpe	200	700	1200	2350	4130	5900
2d LX Spt HBk	200	720	1200	2400	4200	6000
2d LX Spt Conv	400	1200	2000	4000	7000	10,000
2d GT HBk	350	950	1550	3100	5400	7700
2d GT Conv	500	1550	2600	5200	9100	13,000
1990						
Mustang, 4-cyl.						
2d LX	150	600	950	1850	3200	4600
2d LX HBk	150	650	975	1950	3350	4800
2d LX Conv	350	900	1500	3000	5250	7500
Mustang, V-8						
2d LX Spt	200	720	1200	2400	4200	6000
2d LX HBk Spt	200	745	1250	2500	4340	6200
2d LX Conv Spt	450	1080	1800	3600	6300	9000
2d GT HBk	350	975	1600	3200	5600	8000
2d GT Conv	400	1200	2000	4000	7000	10,000
1991						
4-cyl.						
2d LX Cpe	150	600	900	1800	3150	4500
2d LX HBk	200	675	1000	2000	3500	5000
2d LX Conv	350	840	1400	2800	4900	7000
V-8						
2d LX Cpe	200	660	1100	2200	3850	5500
2d LX HBk	200	720	1200	2400	4200	6000
2d LX Conv	350	975	1600	3200	5600	8000
2d GT HBk	350	900	1500	3000	5250	7500
2d GT Conv	450	1140	1900	3800	6650	9500
1992						
V-8, 4-cyl.						
2d LX Cpe	200	675	1000	2000	3500	5000
2d LX HBk	200	660	1100	2200	3850	5500
2d LX Conv	350	975	1600	3200	5600	8000
V-8						
2d LX Sed	350	840	1400	2800	4900	7000
2d LX HBk	350	900	1500	3000	5250	7500

	6	5	4	3	2	1
2d LX Conv	450	1080	1800	3600	6300	9000
2d GT HBk	350	1020	1700	3400	5950	8500
2d GT Conv	400	1300	2200	4400	7700	11,000

THUNDERBIRD

1955
102" wb

Conv	1900	6000	10,000	20,000	35,000	50,000

NOTE: Add $1,800. for hardtop.

1956
102" wb

Conv	1950	6250	10,400	20,800	36,400	52,000

NOTE: Add $1,800. for hardtop.
Add 10 percent for 312 engine.

1957
102" wb

Conv	2000	6350	10,600	21,200	37,100	53,000

NOTE: Add $1,800. for hardtop.
Add 60 percent for supercharged V-8 (Code F).
Add 20 percent for "T-Bird Special" V-8 (Code E).

1958 Ford Thunderbird two-door hardtop

1958
113" wb

2d HT	950	3000	5000	10,000	17,500	25,000
Conv	1350	4300	7200	14,400	25,200	36,000

1959
113" wb

2d HT	900	2900	4800	9600	16,800	24,000
Conv	1300	4200	7000	14,000	24,500	35,000

NOTE: Add 30 percent for 430 engine option.

1960
113" wb

SR HT	900	2900	4800	9600	16,800	24,000
2d HT	850	2650	4400	8800	15,400	22,000
Conv	1300	4200	7000	14,000	24,500	35,000

NOTE: Add 30" for 430 engine option, code J.

1961
113" wb

2d HT	700	2200	3700	7400	13,000	18,500
Conv	1150	3700	6200	12,400	21,700	31,000

1962 Ford Thunderbird convertible

	6	5	4	3	2	1
1962						
113" wb						
2d HT	700	2200	3700	7400	13,000	18,500
2d Lan HT	750	2350	3900	7800	13,700	19,500
Conv	1150	3600	6000	12,000	21,000	30,000
Spt Rds	1300	4100	6800	13,600	23,800	34,000
NOTE: Add 20 percent for 390 engine.						
1963						
113" wb						
2d HT	700	2200	3700	7400	13,000	18,500
2d Lan HT	750	2350	3900	7800	13,700	19,500
Conv	1150	3600	6000	12,000	21,000	30,000
Spt Rds	1300	4100	6800	13,600	23,800	34,000
NOTES: Add 5 percent for Monaco option.						
Add 20 percent for 390 engine.						
1964						
113" wb						
2d HT	600	1850	3100	6200	10,900	15,500
2d Lan HT	600	2000	3300	6600	11,600	16,500
Conv	1050	3350	5600	11,200	19,600	28,000
NOTES: Add 25 percent for Tonneau convertible option.						
1965						
113" wb						
2d HT	600	1850	3100	6200	10,900	15,500
2d Lan HT	600	2000	3300	6600	11,600	16,500
Conv	1050	3350	5600	11,200	19,600	28,000
NOTES: Add 5 percent for Special Landau option.						
1966						
113" wb						
2d HT Cpe	600	2000	3300	6600	11,600	16,500
2d Twn Lan	700	2200	3700	7400	13,000	18,500
2d HT Twn	650	2100	3500	7000	12,300	17,500
Conv	950	3000	5000	10,000	17,500	25,000
NOTE: Add 30 percent for 428 engine.						
1967						
117" wb						
4d Lan	400	1200	2000	4000	7000	10,000
115" wb						
2d Lan	400	1300	2200	4400	7700	11,000
2d HT	400	1350	2250	4500	7800	11,200
NOTE: Add 30 percent for 428 engine option.						
1968						
117" wb						
4d Lan Sed	400	1200	2000	4000	7000	10,000
115" wb						
4d Lan Sed	400	1250	2100	4200	7400	10,500
2d Lan HT	400	1300	2150	4300	7500	10,700
NOTE: Add 30 percent for 429 engine option, code K						
or 428 engine.						
1969						
117" wb						
4d Lan	400	1200	2000	4000	7000	10,000
115" wb						
2d Lan HT	400	1300	2150	4300	7500	10,700
4d Lan	400	1250	2100	4200	7400	10.500

	6	5	4	3	2	1
1970						
117" wb						
4d Lan	400	1200	2000	4000	7000	10,000
115" wb						
2d Lan HT	400	1300	2150	4300	7500	10,700
4d Lan	400	1250	2100	4200	7400	10,500
1971						
117" wb						
4d HT	400	1200	2000	4000	7000	10,000
115" wb						
2d HT	400	1250	2100	4200	7400	10,500
2d Lan HT	400	1300	2150	4300	7500	10,700

1972 Ford Thunderbird two-door hardtop

	6	5	4	3	2	1
1972						
120" wb						
2d HT	450	1140	1900	3800	6650	9500
NOTE: Add 20 percent for 429 engine option.						
1973						
120" wb						
2d HT	450	1080	1800	3600	6300	9000
1974						
120" wb						
2d HT	450	1080	1800	3600	6300	9000
1975						
120" wb						
2d HT	450	1050	1750	3550	6150	8800
1976						
120" wb						
2d HT	350	1000	1650	3350	5800	8300
1977						
114" wb						
2d HT	350	850	1450	2850	4970	7100
2d Lan	350	860	1450	2900	5050	7200
1978						
114" wb						
2d HT	350	900	1500	3000	5250	7500
2d Twn Lan	350	1020	1700	3400	5950	8500
2d Diamond Jubilee	450	1080	1800	3600	6300	9000
1979						
V-8, 114" wb						
2d HT	350	840	1400	2800	4900	7000
2d HT Lan	350	900	1500	3000	5250	7500
2d HT Heritage	350	975	1600	3200	5600	8000
1980						
V-8, 108" wb						
2d Cpe	200	720	1200	2400	4200	6000
2d Twn Lan Cpe	200	750	1275	2500	4400	6300
2d Silver Anniv. Cpe	350	780	1300	2600	4550	6500
1981						
V-8, 108" wb						
2d Cpe	200	670	1150	2250	3920	5600

	6	5	4	3	2	1
2d Twn Lan Cpe	200	670	1200	2300	4060	5800
2d Heritage Cpe	200	700	1200	2350	4130	5900

NOTE: Deduct 15 percent for 6-cyl.

1982
V-8, 108" wb

	6	5	4	3	2	1
2d Cpe	200	670	1200	2300	4060	5800
2d Twn Lan Cpe	200	720	1200	2400	4200	6000
2d Heritage Cpe	200	745	1250	2500	4340	6200

NOTE: Deduct 15 percent for V-6.

1983
V-6

	6	5	4	3	2	1
2d Cpe	350	850	1450	2850	4970	7100
2d Cpe Heritage	350	880	1500	2950	5180	7400

V-8

	6	5	4	3	2	1
2d Cpe	350	880	1500	2950	5180	7400
2d Cpe Heritage	350	950	1550	3150	5450	7800

4-cyl.

	6	5	4	3	2	1
2d Cpe Turbo	350	900	1500	3000	5250	7500

1984
V-6

	6	5	4	3	2	1
2d Cpe	350	830	1400	2950	4830	6900
2d Cpe Elan	350	860	1450	2900	5050	7200
2d Cpe Fila	350	870	1450	2900	5100	7300

V-8

	6	5	4	3	2	1
2d Cpe	350	880	1500	2950	5180	7400
2d Cpe Elan	350	950	1500	3050	5300	7600
2d Cpe Fila	350	950	1550	3100	5400	7700

4-cyl.

	6	5	4	3	2	1
2d Cpe Turbo	350	880	1500	2950	5180	7400

1985
V-8, 104" wb

	6	5	4	3	2	1
2d Cpe	350	770	1300	2550	4480	6400
2d Elan Cpe	350	820	1400	2700	4760	6800
2d Fila Cpe	350	830	1400	2950	4830	6900

4-cyl. Turbo

	6	5	4	3	2	1
2d Cpe	350	840	1400	2800	4900	7000

NOTE: Deduct 10 percent for V-6 non-turbo.

1986
104" wb

	6	5	4	3	2	1
2d Cpe	350	770	1300	2550	4480	6400
2d Elan Cpe	350	790	1350	2650	4620	6600
2d Turbo Cpe	350	860	1450	2900	5050	7200

1987
V-6, 104" wb

	6	5	4	3	2	1
2d Cpe	350	780	1300	2600	4550	6500
2d LX Cpe	350	790	1350	2650	4620	6600

V-8, 104" wb

	6	5	4	3	2	1
2d Cpe	350	840	1400	2800	4900	7000
2d Spt Cpe	350	860	1450	2900	5050	7200
2d LX Cpe	350	870	1450	2900	5100	7300

4-cyl. Turbo

	6	5	4	3	2	1
2d Cpe	350	860	1450	2900	5050	7200

1988
V-6

	6	5	4	3	2	1
2d Cpe	150	600	900	1800	3150	4500
2d LX Cpe	200	675	1000	2000	3500	5000

V-8

	6	5	4	3	2	1
2d Spt Cpe	200	660	1100	2200	3850	5500

4-cyl. Turbo

	6	5	4	3	2	1
2d Cpe	150	650	950	1900	3300	4700

NOTE: Add 20 percent for V-8 where available.

1989
V-6

	6	5	4	3	2	1
2d Cpe	350	820	1400	2700	4760	6800
2d LX Cpe	350	840	1400	2800	4900	7000
2d Sup Cpe	450	1080	1800	3600	6300	9000

1990
V-6

	6	5	4	3	2	1
2d Cpe	350	780	1300	2600	4550	6500
2d LX Cpe	350	840	1400	2800	4900	7000
2d Sup Cpe	450	1080	1800	3600	6300	9000

1991
V-6

	6	5	4	3	2	1
2d Cpe	200	720	1200	2400	4200	6000

	6	5	4	3	2	1
2d LX Cpe	350	780	1300	2600	4550	6500
2d Sup Cpe	350	1020	1700	3400	5950	8500
V-8						
2d Cpe	350	840	1400	2800	4900	7000
2d LX Cpe	350	900	1500	3000	5250	7500
1992						
V-6						
2d Cpe	350	840	1400	2800	4900	7000
2d LX Cpe	350	860	1450	2900	5050	7200
2d Sup Cpe	350	900	1500	3000	5250	7500
V-8						
2d Cpe	350	850	1450	2850	4970	7100
2d Spt Cpe	350	950	1550	3150	5450	7800
2d LX Cpe	350	900	1500	3000	5250	7500

FRANKLIN

	6	5	4	3	2	1
1903						
Four, 10 hp, 72" wb						
Rbt	1400	4450	7400	14,800	25,900	37,000
1904						
Type A, 4-cyl., 12 hp, 82" wb						
2/4P Light Rbt	1350	4300	7200	14,400	25,200	36,000
Type B, 4-cyl., 12 hp, 82" wb						
4P Light Ton	1350	4300	7200	14,400	25,200	36,000
Type C, 4-cyl., 30 hp, 110" wb						
5P Side Entrance Ton	1350	4300	7200	14,400	25,200	36,000
Type D, 4-cyl., 20 hp, 100" wb						
5P Light Tr	1300	4200	7000	14,000	24,500	35,000
Type E, 4-cyl., 12 hp, 74" wb						
2P Gentleman's Rbt	1300	4100	6800	13,600	23,800	34,000
Type F, 4-cyl., 12 hp, 82" wb						
4P Light Ton	1300	4200	7000	14,000	24,500	35,000
1905						
Type A, 4-cyl., 12 hp, 80" wb						
Rbt	1200	3850	6400	12,800	22,400	32,000
Detachable Ton	1250	3950	6600	13,200	23,100	33,000
Type B, 4-cyl., 12 hp, 80" wb						
Tr	1250	3950	6600	13,200	23,100	33,000
Type C, 4-cyl., 30 hp, 107" wb						
Tr	1350	4300	7200	14,400	25,200	36,000
Type D, 4-cyl., 20 hp, 100" wb						
Tr	1300	4200	7000	14,000	24,500	35,000
Type E, 4-cyl., 12 hp, 80" wb						
Rbt	1200	3850	6400	12,800	22,400	32,000
1906						
Type E, 4-cyl., 12 hp, 81-1/2" wb						
2P Rbt	1150	3600	6000	12,000	21,000	30,000
Type G, 4-cyl., 12 hp, 88" wb						
5P Tr	1150	3700	6200	12,400	21,700	31,000
Type D, 4-cyl., 20 hp, 100" wb						
5P Tr	1200	3850	6400	12,800	22,400	32,000
5P Limo (115" wb)	1000	3100	5200	10,400	18,200	26,000
Type H, 6-cyl., 30 hp, 114" wb						
5P Tr	1250	3950	6600	13,200	23,100	33,000
1907						
Model G, 4-cyl., 12 hp, 90" wb						
2P Rbt	1300	4100	6800	13,600	23,800	34,000
4P Tr	1300	4200	7000	14,000	24,500	35,000
Model D, 4-cyl., 20 hp, 105" wb						
5P Tr	1350	4300	7200	14,400	25,200	36,000
2P Rbt	1300	4200	7000	14,000	24,500	35,000
5P Lan'let	1150	3600	6000	12,000	21,000	30,000
Model H, 6-cyl., 30 hp, 127" wb						
7P Tr	1400	4450	7400	14,800	25,900	37,000
2P Rbt	1350	4300	7200	14,400	25,200	36,000
5P Limo	1150	3700	6200	12,400	21,700	31,000
1908						
Model G, 4-cyl., 16 hp, 90" wb						
Tr	1250	3950	6600	13,200	23,100	33,000
Rbt	1300	4100	6800	13,600	23,800	34,000
Brgm	1000	3100	5200	10,400	18,200	26,000
Lan'let	1000	3250	5400	10,800	18,900	27,000

	6	5	4	3	2	1
Model D, 4-cyl., 28 hp, 105" wb						
Tr	1300	4100	6800	13,600	23,800	34,000
Surrey-Seat Rbt	1250	3950	6600	13,200	23,100	33,000
Lan'let	1050	3350	5600	11,200	19,600	28,000
Model H, 6-cyl., 42 hp, 127" wb						
Tr	1350	4300	7200	14,400	25,200	36,000
Limo	1200	3850	6400	12,800	22,400	32,000
Rbt	1300	4200	7000	14,000	24,500	35,000
1909						
Model G, 4-cyl., 18 hp, 91-1/2" wb						
4P Tr	1250	3950	6600	13,200	23,100	33,000
4P Cape Top Tr	1300	4100	6800	13,600	23,800	34,000
Brgm	1000	3100	5200	10,400	18,200	26,000
Lan'let	1000	3250	5400	10,800	18,900	27,000
Model D, 4-cyl., 28 hp, 106" wb						
5P Tr	1300	4100	6800	13,600	23,800	34,000
5P Cape Top Tr	1300	4200	7000	14,000	24,500	35,000
Rbt, Single Rumble	1350	4300	7200	14,400	25,200	36,000
Rbt, Double Rumble	1400	4450	7400	14,800	25,900	37,000
Lan'let	1150	3600	6000	12,000	21,000	30,000
Model H, 6-cyl., 42 hp, 127" wb						
7P Tr	1300	4200	7000	14,000	24,500	35,000
7P Cape Top Tr	1350	4300	7200	14,400	25,200	36,000
Limo	1250	3950	6600	13,200	23,100	33,000
1910						
Model G, 4-cyl., 18 hp, 91-1/2" wb						
5P Tr	1300	4200	7000	14,000	24,500	35,000
4P Rbt	1300	4100	6800	13,600	23,800	34,000
2P Rbt	1250	3950	6600	13,200	23,100	33,000
Model K, 4-cyl., 18 hp, 91-1/2" wb						
Twn Car	1200	3850	6400	12,800	22,400	32,000
Taxicab	1150	3600	6000	12,000	21,000	30,000
Model D, 4-cyl., 28 hp, 106" wb						
5P Tr	1350	4300	7200	14,400	25,200	36,000
4P Surrey	1200	3850	6400	12,800	22,400	32,000
6P Limo(111-1/2"wb)	1150	3600	6000	12,000	21,000	30,000
Lan'let						
6P (111-1/2"wb)	1150	3700	6200	12,400	21,700	31,000
Model H, 6-cyl., 42 hp, 127" wb						
7P Tr	1400	4450	7400	14,800	25,900	37,000
4P Surrey	1250	3950	6600	13,200	23,100	33,000
7P Limo	1150	3700	6200	12,400	21,700	31,000
1911						
Model G, 4-cyl., 18 hp, 100" wb						
5P Tr	1300	4100	6800	13,600	23,800	34,000
Torp Phae (108" wb)	1300	4200	7000	14,000	24,500	35,000
Model M, 4-cyl., 25 hp, 108" wb						
5P Tr	1300	4200	7000	14,000	24,500	35,000
7P Limo	1150	3700	6200	12,400	21,700	31,000
7P Lan'let	1200	3850	6400	12,800	22,400	32,000
Model D, 6-cyl., 38 hp, 123" wb						
4P Torp Phae	1400	4450	7400	14,800	25,900	37,000
5P Tr	1350	4300	7200	14,400	25,200	36,000
6P Limo	1200	3850	6400	12,800	22,400	32,000
6P Lan'let	1250	3950	6600	13,200	23,100	33,000
Model H, 6-cyl., 48 hp, 133" wb						
7P Tr	1450	4550	7600	15,200	26,600	38,000
Torp Phae (126" wb)	1450	4700	7800	15,600	27,300	39,000
1912						
Model G, 4-cyl., 18 hp, 100" wb						
Rbt	1300	4200	7000	14,000	24,500	35,000
Model G, 4-cyl., 25 hp, 103" wb						
Tr	1350	4300	7200	14,400	25,200	36,000
Model M, 6-cyl., 30 hp, 116" wb						
Tr	1450	4550	7600	15,200	26,600	38,000
Torp Phae	1450	4700	7800	15,600	27,300	39,000
Rds	1450	4700	7800	15,600	27,300	39,000
Model K-6, 4-cyl., 18 hp, 100" wb						
Taxicab	1200	3850	6400	12,800	22,400	32,000
Model D, 6-cyl., 38 hp, 123" wb						
Tr	1450	4550	7600	15,200	26,600	38,000
Torp Phae	1450	4700	7800	15,600	27,300	39,000
Model H, 6-cyl., 38 hp, 126" wb						
Tr	1450	4700	7800	15,600	27,300	39,000
Limo	1500	4800	8000	16,000	28,000	40,000

	6	5	4	3	2	1
1913						
Model G, 4-cyl., 18 hp, 100" wb						
2P Rbt	1450	4550	7600	15,200	26,600	38,000
Model G, 4-cyl., 25 hp, 103" wb						
5P Tr	1450	4550	7600	15,200	26,600	38,000
Model M, 6-cyl., 30 hp, 116" wb						
5P Little Six Tr	1450	4700	7800	15,600	27,300	39,000
2P Little Six Vic	1400	4450	7400	14,800	25,900	37,000
Model D, 6-cyl., 38 hp, 123" wb						
5P Tr	1550	4900	8200	16,400	28,700	41,000
4P Torp Phae	1600	5050	8400	16,800	29,400	42,000
Model H, 4-cyl., 38 hp, 126" wb						
7P Tr	1600	5050	8400	16,800	29,400	42,000
7P Limo	1500	4800	8000	16,000	28,000	40,000
1914						
Model Six-30, 6-cyl., 31.6 hp, 120" wb						
5P Tr	1450	4550	7600	15,200	26,600	38,000
Rds	1500	4800	8000	16,000	28,000	40,000
Cpe	1300	4100	6800	13,600	23,800	34,000
Sed	1250	3950	6600	13,200	23,100	33,000
Limo	1350	4300	7200	14,400	25,200	36,000
Berlin	1450	4550	7600	15,200	26,600	38,000
1915						
Model Six-30, 6-cyl., 31.6 hp, 120" wb						
2P Rds	1550	4900	8200	16,400	28,700	41,000
5P Tr	1500	4800	8000	16,000	28,000	40,000
Cpe	1300	4100	6800	13,600	23,800	34,000
Sed	1250	3950	6600	13,200	23,100	33,000
Berlin	1450	4550	7600	15,200	26,600	38,000
1916						
Model Six-30, 6-cyl., 31.6 hp, 120" wb						
5P Tr	1550	4900	8200	16,400	28,700	41,000
3P Rds	1600	5050	8400	16,800	29,400	42,000
5P Sed	1300	4100	6800	13,600	23,800	34,000
4P Doctor's Car	1300	4200	7000	14,000	24,500	35,000
7P Berlin	1450	4700	7800	15,600	27,300	39,000
1917						
Series 9, 6-cyl., 25.35 hp, 115" wb						
5P Tr	1600	5050	8400	16,800	29,400	42,000
4P Rds	1600	5150	8600	17,200	30,100	43,000
2P Rbt	1450	4550	7600	15,200	26,600	38,000
7P Limo	1400	4450	7400	14,800	25,900	37,000
5P Sed	1300	4100	6800	13,600	23,800	34,000
7P Twn Car	1450	4550	7600	15,200	26,600	38,000
4P Brgm	1350	4300	7200	14,400	25,200	36,000
4P Cabr	1550	4900	8200	16,400	28,700	41,000
1918						
Series 9, 6-cyl., 25.35 hp, 115" wb						
5P Tr	1600	5050	8400	16,800	29,400	42,000
2P Rds	1600	5150	8600	17,200	30,100	43,000
4P Rds	1600	5150	8600	17,200	30,100	43,000
Sed	1200	3850	6400	12,800	22,400	32,000
Brgm	1250	3950	6600	13,200	23,100	33,000
Limo	1400	4450	7400	14,800	25,900	37,000
Twn Car	1450	4550	7600	15,200	26,600	38,000
Cabr	1550	4900	8200	16,400	28,700	41,000
1919						
Series 9, 6-cyl., 25.35 hp, 115" wb						
5P Tr	1600	5050	8400	16,800	29,400	42,000
Rbt	1600	5050	8400	16,800	29,400	42,000
4P Rds	1600	5150	8600	17,200	30,100	43,000
Brgm	1250	3950	6600	13,200	23,100	33,000
Sed	1200	3850	6400	12,800	22,400	32,000
Limo	1400	4450	7400	14,800	25,900	37,000
1920						
Model 9-B, 6-cyl., 25.3 hp, 115" wb						
5P Tr	1600	5050	8400	16,800	29,400	42,000
4P Rds	1600	5050	8400	16,800	29,400	42,000
2P Rds	1550	4900	8200	16,400	28,700	41,000
5P Sed	1200	3850	6400	12,800	22,400	32,000
4P Brgm	1250	3950	6600	13,200	23,100	33,000
1921						
Model 9-B, 6-cyl., 25 hp, 115" wb						
2P Rbt	1600	5050	8400	16,800	29,400	42,000

	6	5	4	3	2	1
4P Rds	1600	5050	8400	16,800	29,400	42,000
5P Tr	1600	5150	8600	17,200	30,100	43,000
2P Conv Rbt	1650	5300	8800	17,600	30,800	44,000
5P Conv Tr	1700	5400	9000	18,000	31,500	45,000
4P Brgm	1250	3950	6600	13,200	23,100	33,000
5P Sed	1200	3850	6400	12,800	22,400	32,000
1922						
Model 9-B, 6-cyl., 25 hp, 115" wb						
2P Rds	1550	4900	8200	16,400	28,700	41,000
5P Tr	1500	4800	8000	16,000	28,000	40,000
2P Demi Cpe	1300	4100	6800	13,600	23,800	34,000
5P Demi Cpe	1300	4100	6800	13,600	23,800	34,000
4P Brgm	1250	3950	6600	13,200	23,100	33,000
5P Sed	1200	3850	6400	12,800	22,400	32,000
5P Limo	1350	4300	7200	14,400	25,200	36,000
1923						
Model 10, 6-cyl., 25 hp, 115" wb						
5P Tr	1450	4550	7600	15,200	26,600	38,000
2P Rds	1500	4800	8000	16,000	28,000	40,000
5P Demi Sed	1250	3950	6600	13,200	23,100	33,000
4P Brgm	1300	4100	6800	13,600	23,800	34,000
4P Cpe	1300	4200	7000	14,000	24,500	35,000
5P Sed	1200	3850	6400	12,800	22,400	32,000
5P Tr Limo	1450	4550	7600	15,200	26,600	38,000
1924						
Model 10-B, 6-cyl., 25 hp, 115" wb						
5P Tr	1300	4200	7000	14,000	24,500	35,000
5P Demi Sed	1150	3600	6000	12,000	21,000	30,000
4P Cpe	1150	3700	6200	12,400	21,700	31,000
5P Brgm	1150	3700	6200	12,400	21,700	31,000
5P Sed	1100	3500	5800	11,600	20,300	29,000
Tr Limo	1300	4200	7000	14,000	24,500	35,000
1925						
Model 10-C, 6-cyl., 32 hp, 115" wb						
5P Tr	1250	3950	6600	13,200	23,100	33,000
5P Demi Sed	1050	3350	5600	11,200	19,600	28,000
4P Cpe	1100	3500	5800	11,600	20,300	29,000
4P Brgm	1050	3350	5600	11,200	19,600	28,000
5P Sed	1000	3250	5400	10,800	18,900	27,000
NOTE: Series II introduced spring of 1925.						
1926						
Model 11-A, 6-cyl., 32 hp, 119" wb						
5P Sed	1000	3250	5400	10,800	18,900	27,000
5P Spt Sed	1050	3350	5600	11,200	19,600	28,000
4P Cpe	1100	3500	5800	11,600	20,300	29,000
5P Encl Dr Limo	1250	3950	6600	13,200	23,100	33,000
4P Cabr	1300	4200	7000	14,000	24,500	35,000
5P Tr	1350	4300	7200	14,400	25,200	36,000
2P Spt Rbt	1300	4200	7000	14,000	24,500	35,000
5P Cpe Rumble	1150	3600	6000	12,000	21,000	30,000
1927						
Model 11-B, 6-cyl., 32 hp, 119" wb						
4P Vic	1100	3500	5800	11,600	20,300	29,000
2P Spt Cpe	1150	3600	6000	12,000	21,000	30,000
4P Tandem Spt	1300	4100	6800	13,600	23,800	34,000
5P Sed	1000	3250	5400	10,800	18,900	27,000
5P Spt Sed	1050	3350	5600	11,200	19,600	28,000
3P Cpe	1100	3500	5800	11,600	20,300	29,000
5P Encl Dr Limo	1250	3950	6600	13,200	23,100	33,000
5P Cabr	1750	5500	9200	18,400	32,200	46,000
5P Tr	1700	5400	9000	18,000	31,500	45,000
2P Spt Rbt	1750	5650	9400	18,800	32,900	47,000
5P Cpe Rumble	1150	3600	6000	12,000	21,000	30,000
1928						
Airman, 6-cyl., 46 hp, 119" wb						
3P Cpe	1200	3850	6400	12,800	22,400	32,000
4P Vic	1150	3700	6200	12,400	21,700	31,000
5P Sed	1050	3350	5600	11,200	19,600	28,000
5P Oxford Sed	1100	3500	5800	11,600	20,300	29,000
5P Spt Sed	1100	3500	5800	11,600	20,300	29,000
3/5P Conv	1750	5650	9400	18,800	32,900	47,000
Airman, 6-cyl., 46 hp, 128" wb						
Spt Rbt	1850	5900	9800	19,600	34,300	49,000
Spt Tr	1800	5750	9600	19,200	33,600	48,000
7P Sed	1050	3350	5600	11,200	19,600	28,000

	6	5	4	3	2	1
Oxford Sed	1100	3500	5800	11,600	20,300	29,000
7P Tr	1700	5400	9000	18,000	31,500	45,000
7P Limo	1300	4100	6800	13,600	23,800	34,000

1929 Franklin 135 Derham sport sedan

1929
Model 130, 6-cyl., 46 hp, 120" wb

	6	5	4	3	2	1
3/5P Cpe	1050	3350	5600	11,200	19,600	28,000
5P Sed	900	2900	4800	9600	16,800	24,000

Model 135, 6-cyl., 60 hp, 125" wb

3P Cpe	1100	3500	5800	11,600	20,300	29,000
5P Sed	950	3000	5000	10,000	17,500	25,000
3/5P Conv Cpe	1700	5400	9000	18,000	31,500	45,000
4P Vic Brgm	1000	3250	5400	10,800	18,900	27,000
5P Oxford Sed	1000	3250	5400	10,800	18,900	27,000
5P Spt Sed	1000	3250	5400	10,800	18,900	27,000

Model 137, 6-cyl., 60 hp, 132" wb

5P Spt Tr	1850	5900	9800	19,600	34,300	49,000
4P Spt Rbt	1900	6000	10,000	20,000	35,000	50,000
7P Tr	1700	5400	9000	18,000	31,500	45,000
7P Sed	1000	3100	5200	10,400	18,200	26,000
7P Oxford Sed	1000	3250	5400	10,800	18,900	27,000
7P Limo	1100	3500	5800	11,600	20,300	29,000

1930
Model 145, 6-cyl., 87 hp, 125" wb

Sed	850	2750	4600	9200	16,100	23,000
Cpe	950	3000	5000	10,000	17,500	25,000
Clb Sed	950	3000	5000	10,000	17,500	25,000
DeL Sed	900	2900	4800	9600	16,800	24,000
Vic Brgm	950	3000	5000	10,000	17,500	25,000
Conv Cpe	1750	5650	9400	18,800	32,900	47,000
Tr Sed	950	3000	5000	10,000	17,500	25,000
Pursuit	950	3000	5000	10,000	17,500	25,000

Model 147, 6-cyl., 87 hp, 132" wb

Rds	2050	6600	11,000	22,000	38,500	55,000
Pirate Tr	1900	6100	10,200	20,400	35,700	51,000
Pirate Phae	1950	6250	10,400	20,800	36,400	52,000
5P Sed	950	3000	5000	10,000	17,500	25,000
7P Sed	1000	3100	5200	10,400	18,200	26,000
Limo	1150	3600	6000	12,000	21,000	30,000
Sed Limo	1150	3700	6200	12,400	21,700	31,000
Spds	1150	3600	6000	12,000	21,000	30,000
Conv Spds	2350	7450	12,400	24,800	43,400	62,000
Deauville Sed	1600	5150	8600	17,200	30,100	43,000
Twn Car	1250	3950	6600	13,200	23,100	33,000
Cabr	2250	7200	12,000	24,000	42,000	60,000
Conv Sed	2500	7900	13,200	26,400	46,200	66,000

	6	5	4	3	2	1
1931						
Series 15, 6-cyl., 100 hp, 125" wb						
Pursuit	1050	3350	5600	11,200	19,600	28,000
5P Sed	1000	3250	5400	10,800	18,900	27,000
Cpe	1150	3600	6000	12,000	21,000	30,000
Oxford Sed	1050	3300	5500	11,000	19,300	27,500
Vic Brgm	1100	3500	5800	11,600	20,300	29,000
Conv Cpe	2050	6600	11,000	22,000	38,500	55,000
Twn Sed	1150	3600	6000	12,000	21,000	30,000
Series 15, 6-cyl., 100 hp, 132" wb						
Rds	2650	8400	14,000	28,000	49,000	70,000
7P Sed	1150	3600	6000	12,000	21,000	30,000
Spt Salon	1150	3700	6200	12,400	21,700	31,000
Limo	1250	3950	6600	13,200	23,100	33,000
Series 15 DeLuxe, 6-cyl., 100 hp, 132" wb						
5P Tr	2500	7900	13,200	26,400	46,200	66,000
7P Tr	2500	7900	13,200	26,400	46,200	66,000
Spds	1250	3950	6600	13,200	23,100	33,000
5P Sed	1150	3700	6200	12,400	21,700	31,000
Clb Sed	1200	3850	6400	12,800	22,400	32,000
Conv Cpe	2500	7900	13,200	26,400	46,200	66,000
Twn Sed	1250	3950	6600	13,200	23,100	33,000
7P Sed	1150	3700	6200	12,400	21,700	31,000
Limo	1300	4100	6800	13,600	23,800	34,000
1932						
Airman, 6-cyl., 100 hp, 132" wb						
Spds	1150	3600	6000	12,000	21,000	30,000
5P Sed	1100	3500	5800	11,600	20,300	29,000
Cpe	1150	3600	6000	12,000	21,000	30,000
Clb Sed	1100	3550	5900	11,800	20,700	29,500
Vic Brgm	1150	3600	6000	12,000	21,000	30,000
Conv Cpe	2100	6700	11,200	22,400	39,200	56,000
7P Sed	1150	3600	6000	12,000	21,000	30,000
Limo	1150	3700	6200	12,400	21,700	31,000
Sed Oxford	1100	3500	5800	11,600	20,300	29,000
1933						
Olympic, 6-cyl., 100 hp, 118" wb						
5P Sed	850	2650	4400	8800	15,400	22,000
4P Cpe	900	2900	4800	9600	16,800	24,000
4P Conv Cpe	1600	5150	8600	17,200	30,100	43,000
Airman, 6-cyl., 100 hp, 132" wb						
4P Spds	1000	3100	5200	10,400	18,200	26,000
5P Sed	950	3000	5000	10,000	17,500	25,000
5P Cpe	1000	3250	5400	10,800	18,900	27,000
5P Clb Sed	1000	3100	5200	10,400	18,200	26,000
5P Vic Brgm	1000	3250	5400	10,800	18,900	27,000
7P Sed	900	2900	4800	9600	16,800	24,000
6P Oxford Sed	950	3000	5000	10,000	17,500	25,000
7P Limo	1000	3100	5200	10,400	18,200	26,000
Twelve, V-12, 150 hp, 144" wb						
5P Sed	1700	5400	9000	18,000	31,500	45,000
5P Clb Brgm	1750	5650	9400	18,800	32,900	47,000
7P Sed	1500	4800	8000	16,000	28,000	40,000
7P Limo	1900	6000	10,000	20,000	35,000	50,000
1934						
Olympic, 6-cyl., 100 hp, 118" wb						
Sed	850	2650	4400	8800	15,400	22,000
Cpe	900	2900	4800	9600	16,800	24,000
Conv Cpe	1700	5400	9000	18,000	31,500	45,000
Airman, 6-cyl., 100 hp, 132" wb						
Sed	950	3000	5000	10,000	17,500	25,000
Clb Sed	1000	3100	5200	10,400	18,200	26,000
Sed	950	3050	5100	10,200	17,900	25,500
Oxford Sed	1000	3200	5300	10,600	18,600	26,500
Limo	1150	3700	6200	12,400	21,700	31,000
Twelve, V-12, 150 hp, 144" wb						
Sed	1700	5400	9000	18,000	31,500	45,000
Clb Brgm	1750	5650	9400	18,800	32,900	47,000
Sed	1500	4800	8000	16,000	28,000	40,000
Limo	1900	6000	10,000	20,000	35,000	50,000

GARDNER

1920	6	5	4	3	2	1
Model G, 4-cyl., 35 hp, 112" wb						
5P Tr	850	2650	4400	8800	15,400	22,000
3P Rds	950	3000	5000	10,000	17,500	25,000
5P Sed	550	1800	3000	6000	10,500	15,000
1921						
Model G, 4-cyl., 35 hp, 112" wb						
3P Rds	650	2050	3400	6800	11,900	17,000
5P Tr	850	2650	4400	8800	15,400	22,000
5P Sed	550	1800	3000	6000	10,500	15,000
1922						
Four, 35 hp, 112" wb						
3P Rds	950	3000	5000	10,000	17,500	25,000
5P Tr	850	2650	4400	8800	15,400	22,000
5P Sed	550	1800	3000	6000	10,500	15,000
1923						
Model 5, 4-cyl., 43 hp, 112" wb						
5P Tr	850	2650	4400	8800	15,400	22,000
2P Rds	950	3000	5000	10,000	17,500	25,000
2P Cpe	700	2300	3800	7600	13,300	19,000
5P Sed	550	1800	3000	6000	10,500	15,000
1924						
Model 5, 4-cyl., 43 hp, 112" wb						
3P Rds	950	3000	5000	10,000	17,500	25,000
5P Tr	850	2650	4400	8800	15,400	22,000
5P Spt Tr	850	2750	4600	9200	16,100	23,000
3P Cpe	700	2300	3800	7600	13,300	19,000
5P Brgm	600	1900	3200	6400	11,200	16,000
5P Sed	550	1800	3000	6000	10,500	15,000
1925						
Model 5, 4-cyl., 44 hp, 112" wb						
5P Tr	850	2650	4400	8800	15,400	22,000
3P Rds	950	3000	5000	10,000	17,500	25,000
5P Std Tr	850	2750	4600	9200	16,100	23,000
5P DeL Tr	900	2900	4800	9600	16,800	24,000

1926 Gardner sport coupe

	6	5	4	3	2	1
5P Sed	550	1800	3000	6000	10,500	15,000
4P Cpe	700	2300	3800	7600	13,300	19,000
5P Radio Sed	700	2150	3600	7200	12,600	18,000
Six, 57 hp, 117" wb						
5P Tr	850	2750	4600	9200	16,100	23,000
Line 8, 8-cyl., 65 hp, 125" wb						
5P Tr	900	2900	4800	9600	16,800	24,000
5P Brgm	650	2050	3400	6800	11,900	17,000
1926						
Six, 57 hp, 117" wb						
5P Tr	1000	3100	5200	10,400	18,200	26,000
4P Rds	1150	3600	6000	12,000	21,000	30,000
4P Cabr	950	3000	5000	10,000	17,500	25,000
5P 4d Brgm	700	2150	3600	7200	12,600	18,000
5P Sed	600	1900	3200	6400	11,200	16,000
DeL Sed	650	2050	3400	6800	11,900	17,000
Line 8, 65 hp, 125" wb						
5P Tr	1350	4300	7200	14,400	25,200	36,000
4P Rds	1500	4800	8000	16,000	28,000	40,000
4P Cabr	1300	4200	7000	14,000	24,500	35,000
5P 4d Brgm	1000	3100	5200	10,400	18,200	26,000
5P Sed	900	2900	4800	9600	16,800	24,000
5P DeL Sed	950	3000	5000	10,000	17,500	25,000
1927						
Model 6-B, 6-cyl., 55 hp, 117" wb						
5P Tr	1000	3100	5200	10,400	18,200	26,000
4P Rds	1150	3600	6000	12,000	21,000	30,000
4P Cabr	1000	3250	5400	10,800	18,900	27,000
5P 4d Brgm	700	2150	3600	7200	12,600	18,000
5P Sed	600	1900	3200	6400	11,200	16,000
Model 8-80, 8-cyl., 70 hp, 122" wb						
4P Rds	1450	4550	7600	15,200	26,600	38,000
5P Sed	900	2900	4800	9600	16,800	24,000
Vic Cpe	1000	3250	5400	10,800	18,900	27,000
Model 8-90, 8-cyl., 84 hp, 130" wb						
4P Rds	1500	4800	8000	16,000	28,000	40,000
5P Sed	650	2050	3400	6800	11,900	17,000
5P Brgm	700	2300	3800	7600	13,300	19,000
5P Vic	700	2300	3800	7600	13,300	19,000
1928						
Model 8-75, 8-cyl., 65 hp, 122" wb						
4P Rds	1450	4700	7800	15,600	27,300	39,000
Vic	1000	3250	5400	10,800	18,900	27,000
Cpe	1000	3100	5200	10,400	18,200	26,000
5P Clb Sed	950	3000	5000	10,000	17,500	25,000
5P Sed	850	2750	4600	9200	16,100	23,000
Model 8-85, 8-cyl., 74 hp, 125" wb						
4P Rds	1500	4800	8000	16,000	28,000	40,000
5P Brgm	1000	3250	5400	10,800	18,900	27,000
5P Sed	900	2900	4800	9600	16,800	24,000
4P Cus Cpe	1050	3350	5600	11,200	19,600	28,000
Model 8-95, 8-cyl., 115 hp, 130" wb						
4P Rds	1600	5150	8600	17,200	30,100	43,000
5P Brgm	1050	3350	5600	11,200	19,600	28,000
5P Sed	950	3000	5000	10,000	17,500	25,000
4P Cus Cpe	1100	3500	5800	11,600	20,300	29,000
1929-1930						
Model 120, 8-cyl., 65 hp, 122" wb						
4P Rds	1500	4800	8000	16,000	28,000	40,000
5P Spt Sed	1050	3350	5600	11,200	19,600	28,000
4P Cpe	1100	3500	5800	11,600	20,300	29,000
5P Sed	900	2900	4800	9600	16,800	24,000
Model 125, 8-cyl., 85 hp, 125" wb						
4P Rds	1600	5150	8600	17,200	30,100	43,000
4P Cabr	1350	4300	7200	14,400	25,200	36,000
5P Brgm	1000	3250	5400	10,800	18,900	27,000
5P Sed	950	3000	5000	10,000	17,500	25,000
4P Vic	1000	3100	5200	10,400	18,200	26,000
Cpe	1100	3500	5800	11,600	20,300	29,000
Model 130, 8-cyl., 115 hp, 130" wb						
4P Rds	1600	5050	8400	16,800	29,400	42,000
4P Cpe	1150	3600	6000	12,000	21,000	30,000
5P Brgm	1050	3350	5600	11,200	19,600	28,000
5P Sed	1000	3250	5400	10,800	18,900	27,000
5P Vic	1150	3600	6000	12,000	21,000	30,000

	6	5	4	3	2	1
1930						
Model 136, 6-cyl., 70 hp, 122" wb						
Rds	1550	4900	8200	16,400	28,700	41,000
5P Spt Phae	1450	4700	7800	15,600	27,300	39,000
7P Spt Phae	1500	4800	8000	16,000	28,000	40,000
Spt Sed	1000	3250	5400	10,800	18,900	27,000
Cpe	1150	3600	6000	12,000	21,000	30,000
Brgm	1000	3250	5400	10,800	18,900	27,000
5P Sed	900	2900	4800	9600	16,800	24,000
7P Sed	950	3000	5000	10,000	17,500	25,000
Model 140, 8-cyl., 90 hp, 125" wb						
Rds	1600	5150	8600	17,200	30,100	43,000
5P Spt Phae	1500	4800	8000	16,000	28,000	40,000
7P Spt Phae	1550	4900	8200	16,400	28,700	41,000
Spt Sed	1100	3500	5800	11,600	20,300	29,000
Cpe	1150	3700	6200	12,400	21,700	31,000
Brgm	1050	3350	5600	11,200	19,600	28,000
5P Sed	950	3000	5000	10,000	17,500	25,000
7P Sed	1000	3100	5200	10,400	18,200	26,000
Model 150, 8-cyl., 126 hp, 130" wb						
Rds	1700	5400	9000	18,000	31,500	45,000
5P Spt Phae	1600	5150	8600	17,200	30,100	43,000
7P Spt Phae	1650	5300	8800	17,600	30,800	44,000
Spt Sed	1150	3600	6000	12,000	21,000	30,000
Cpe	1200	3850	6400	12,800	22,400	32,000
Brgm	1100	3500	5800	11,600	20,300	29,000
5P Sed	1000	3100	5200	10,400	18,200	26,000
7P Sed	1000	3250	5400	10,800	18,900	27,000
1931						
Model 136, 6-cyl., 70 hp, 122" wb						
Rds	1600	5050	8400	16,800	29,400	42,000
Spt Sed	1100	3500	5800	11,600	20,300	29,000
Cpe	1150	3600	6000	12,000	21,000	30,000
Sed	1000	3100	5200	10,400	18,200	26,000
Model 148, 6-cyl., 100 hp, 125" wb						
Rds	1600	5150	8600	17,200	30,100	43,000
Phae	1600	5050	8400	16,800	29,400	42,000
Spt Sed	1150	3700	6200	12,400	21,700	31,000
Cpe	1200	3850	6400	12,800	22,400	32,000
Brgm	1150	3700	6200	12,400	21,700	31,000
Sed	1000	3250	5400	10,800	18,900	27,000
Model 158, 8-cyl., 130 hp, 130" wb						
Rds	1650	5300	8800	17,600	30,800	44,000
Cpe	1250	3950	6600	13,200	23,100	33,000
Brgm	1200	3850	6400	12,800	22,400	32,000
Sed	1050	3350	5600	11,200	19,600	28,000

GRAHAM-PAIGE

	6	5	4	3	2	1
1928						
Model 610, 6-cyl., 111" wb						
Cpe	450	1500	2500	5000	8800	12,500
4d Sed	400	1300	2150	4300	7600	10,800
Model 614, 6-cyl., 114" wb						
Cpe	500	1550	2600	5200	9100	13,000
4d Sed	400	1300	2200	4400	7700	11,000
Model 619, 6-cyl., 119" wb						
Cpe	500	1600	2700	5400	9500	13,500
4d Sed	450	1450	2400	4800	8400	12,000
DeL Cpe	550	1700	2800	5600	9800	14,000
DeL 4d Sed	450	1500	2500	5000	8800	12,500
Model 629, 6-cyl., 129" wb						
2P Cpe	550	1700	2800	5600	9800	14,000
5P Cpe	550	1750	2900	5800	10,200	14,500
Cabr	900	2900	4800	9600	16,800	24,000
5P 4d Sed	500	1550	2600	5200	9200	13,100
4d Twn Sed	450	1450	2450	4900	8500	12,200
7P 4d Sed	500	1600	2650	5300	9300	13,300
Model 835, 8-cyl., 137" wb						
Cpe 2P	550	1750	2900	5800	10,200	14,500
Cpe 5P	550	1800	3000	6000	10,500	15,000
Cabr	1000	3100	5200	10,400	18,200	26,000
5P 4d Sed	550	1700	2850	5700	10,000	14,300
7P 4d Sed	550	1750	2900	5800	10,100	14,400

	6	5	4	3	2	1
4d Twn Sed	550	1700	2850	5700	10,000	14,300
Limo	550	1750	2950	5900	10,300	14,700

1929
Model 612, 6-cyl., 112" wb

	6	5	4	3	2	1
Rds	1050	3300	5500	11,000	19,300	27,500
Tr	1050	3350	5600	11,200	19,600	28,000
Cpe	450	1450	2400	4800	8400	12,000
Cabr	950	3000	5000	10,000	17,500	25,000
2d Sed	450	1450	2400	4800	8400	12,000
4d Sed	450	1450	2400	4800	8500	12,100

Model 615, 6-cyl., 115" wb

	6	5	4	3	2	1
Rds	1050	3350	5600	11,200	19,600	28,000
Tour	1050	3400	5700	11,400	20,000	28,500
Cpe	450	1450	2450	4900	8500	12,200
Cabr	1000	3100	5200	10,400	18,200	26,000
2 dr Sed	450	1500	2500	5000	8800	12,500
4 dr Sed	450	1500	2500	5000	8800	12,600

Model 621, 6-cyl., 121" wb

	6	5	4	3	2	1
Rds	1050	3400	5700	11,400	20,000	28,500
Tr	1100	3500	5800	11,600	20,300	29,000
Cpe	450	1500	2500	5000	8800	12,500
Cabr	1000	3200	5300	10,600	18,600	26,500
4d Sed	500	1550	2550	5100	9000	12,800

Model 827, 8-cyl., 127" wb

	6	5	4	3	2	1
Rds	1250	3950	6600	13,200	23,100	33,000
Tr	1300	4100	6800	13,600	23,800	34,000
Cpe	550	1800	3000	6000	10,500	15,000
Cabr	1150	3700	6200	12,400	21,700	31,000
4d Sed	550	1700	2800	5600	9800	14,000

Model 837, 8-cyl., 137" wb

	6	5	4	3	2	1
Tr	1450	4550	7600	15,200	26,600	38,000
Cpe	750	2400	4000	8000	14,000	20,000
5P 4d Sed	700	2150	3600	7200	12,600	18,000
7P 4d Sed	700	2300	3800	7600	13,300	19,000
4d Twn Sed	750	2400	4000	8000	14,000	20,000
Limo	850	2650	4400	8800	15,400	22,000
LeB Limo	900	2900	4800	9600	16,800	24,000
LeB Twn Car	950	3000	5000	10,000	17,500	25,000

GRAHAM

1930
Standard, 6-cyl., 115" wb

	6	5	4	3	2	1
Rds	1350	4300	7200	14,400	25,200	36,000
Phae	1300	4200	7000	14,000	24,500	35,000
Cabr	1150	3600	6000	12,000	21,000	30,000
Cpe	550	1700	2800	5600	9800	14,000
DeL Cpe	550	1800	3000	6000	10,500	15,000
2d Sed	500	1500	2550	5100	8900	12,700
4d Sed	500	1550	2550	5100	9000	12,800
4d DeL Sed	500	1550	2600	5200	9100	13,000
4d Twn Sed	500	1550	2600	5200	9100	13,000
DeL Twn Sed	500	1600	2650	5300	9200	13,200

Special, 6-cyl., 115" wb

	6	5	4	3	2	1
Cpe	600	1850	3100	6200	10,900	15,500
R/S Cpe	600	1900	3200	6400	11,200	16,000
4d Sed	550	1700	2800	5600	9800	14,000

Standard, 8-cyl., 122" and *134" wb

	6	5	4	3	2	1
Cpe	700	2150	3600	7200	12,600	18,000
4d Sed	600	1900	3200	6400	11,200	16,000
Conv Sed	1400	4450	7400	14,800	25,900	37,000
7P 4d Sed	650	2050	3400	6800	11,900	17,000

Special, 8-cyl., 122" and *134" wb

	6	5	4	3	2	1
Cpe	700	2200	3700	7400	13,000	18,500
4d Sed	600	2000	3300	6600	11,600	16,500
Conv Sed	1500	4800	8000	16,000	28,000	40,000
7P 4d Sed	700	2150	3600	7200	12,600	18,000

Custom, 8-cyl., 127" wb

	6	5	4	3	2	1
Rds	1450	4700	7800	15,600	27,300	39,000
Phae	1450	4550	7600	15,200	26,600	38,000
Cpe	750	2400	4000	8000	14,000	20,000
Cabr	1350	4300	7200	14,400	25,200	36,000
4d Sed	700	2300	3800	7600	13,300	19,000

Custom, 8-cyl., 137" wb

	6	5	4	3	2	1
Phae	1550	4900	8200	16,400	28,700	41,000

	6	5	4	3	2	1
5P 4d Sed	750	2350	3900	7800	13,700	19,500
4d Twn Sed	750	2400	4000	8000	14,000	20,000
7P 4d Sed	750	2450	4100	8200	14,400	20,500
Limo	850	2650	4400	8800	15,400	22,000
LeB Limo	900	2900	4800	9600	16,800	24,000
LeB Twn Car	850	2650	4400	8800	15,400	22,000

1931

First Series

Standard, 6-cyl., 115" wb						
Rds	1300	4200	7000	14,000	24,500	35,000
Phae	1300	4100	6800	13,600	23,800	34,000
Bus Cpe	550	1700	2800	5600	9800	14,000
Cpe	550	1750	2900	5800	10,200	14,500
Spt Cpe	550	1800	3000	6000	10,500	15,000
2d Sed	500	1600	2650	5300	9300	13,300
4d Twn Sed	500	1600	2700	5400	9400	13,400
4d Univ Sed	500	1600	2700	5400	9500	13,500
4d DeL Sed	500	1650	2750	5500	9600	13,700
4d DeL Twn Sed	550	1700	2800	5600	9800	14,000
Special, 6-cyl., 115" wb						
Bus Cpe	550	1800	3000	6000	10,600	15,100
Cpe	550	1800	3050	6100	10,600	15,200
4d Sed	550	1750	2900	5800	10,100	14,400
Model 621, 6-cyl., 121" wb						
Rds	1300	4200	7000	14,000	24,500	35,000
Phae	1300	4100	6800	13,600	23,800	34,000
Vic	600	1900	3150	6300	11,100	15,800
Cpe	600	1950	3250	6500	11,400	16,300
4d Sed	600	1850	3100	6200	10,900	15,500
Standard, 8-cyl., 122" and *134" wb						
Cpe	650	2050	3400	6800	11,900	17,000
4d Sed	600	2000	3300	6600	11,600	16,500
Conv Sed	1350	4300	7200	14,400	25,200	36,000
7P 4d Sed	600	2000	3300	6600	11,600	16,500
5P 4d Sed	600	2000	3300	6600	11,600	16,500
*Limo	700	2150	3600	7200	12,600	18,000
Special 822, 8-cyl., 122" and *134" wb						
Cpe	700	2200	3700	7400	13,000	18,500
4d Sed	650	2050	3400	6800	11,900	17,000
Conv Sed	1400	4450	7400	14,800	25,900	37,000
7P 4d Sed	700	2150	3600	7200	12,600	18,000
5P 4d Sed	700	2150	3600	7200	12,600	18,000
*Limo	700	2300	3800	7600	13,300	19,000
Custom, 8-cyl., 127" wb						
Rds	1450	4550	7600	15,200	26,600	38,000
Phae	1400	4450	7400	14,800	25,900	37,000
Vic	700	2150	3600	7200	12,600	18,000
Cabr	1300	4200	7000	14,000	24,500	35,000
4d Sed	650	2100	3500	7000	12,300	17,500
Custom, 8-cyl., 137" wb						
7P Phae	1900	6100	10,200	20,400	35,700	51,000
4d Sed	700	2300	3800	7600	13,300	19,000
LeB Limo	850	2750	4600	9200	16,100	23,000

Second Series

Prosperity, 6-cyl., 113" wb						
Cpe	550	1700	2800	5600	9800	14,000
Cpe 2-4	550	1800	3000	6000	10,500	15,000
4d Sed	500	1600	2650	5300	9300	13,300
4d Twn Sed	500	1600	2700	5400	9500	13,500
Standard, 6-cyl., 115" wb						
Rds	1300	4100	6800	13,600	23,800	34,000
4d Sed	500	1650	2750	5500	9600	13,700
Bus Cpe	550	1800	3000	6000	10,500	15,000
Cpe 2-4	600	1900	3200	6400	11,200	16,000
4d Twn Sed	550	1700	2800	5600	9800	14,000
Special, 6-cyl., 115" wb						
Bus Cpe	600	1850	3100	6200	10,900	15,500
Cpe 2-4	600	1900	3200	6400	11,200	16,000
4d Sed	550	1700	2800	5600	9800	14,000
4d Twn Sed	550	1750	2900	5800	10,200	14,500
Special 820, 8-cyl., 120" wb						
Bus Cpe	600	2000	3300	6600	11,600	16,500
Cpe 2-4	650	2050	3400	6800	11,900	17,000
4d Spt Sed	600	2000	3300	6600	11,600	16,500
4d Sed	600	1900	3200	6400	11,200	16,000

	6	5	4	3	2	1
Custom 834, 8-cyl., 134" wb						
4d Sed	650	2100	3500	7000	12,300	17,500
7P 4d Sed	700	2150	3600	7200	12,600	18,000
Limo	700	2300	3800	7600	13,300	19,000
1932						
Prosperity, 6-cyl., 113" wb						
Cpe	600	1900	3200	6400	11,200	16,000
Cpe 2-4	650	2050	3400	6800	11,900	17,000
4d Sed	550	1700	2850	5700	10,000	14,300
4d Twn Sed	550	1750	2900	5800	10,200	14,500
Graham, 6-cyl., 113" wb						
Bus Cpe	650	2050	3400	6800	11,900	17,000
Cpe 2-4	700	2150	3600	7200	12,600	18,000
Cabr	950	3000	5000	10,000	17,500	25,000
4d Sed	550	1800	3000	6000	10,500	15,000
Standard, 6-cyl., 115" wb						
Rds	1000	3250	5400	10,800	18,900	27,000
Bus Cpe	650	2100	3500	7000	12,300	17,500
Cpe 2-4	700	2200	3700	7400	13,000	18,500
4d Sed	600	1900	3200	6400	11,200	16,000
4d Twn Sed	600	1900	3200	6400	11,200	16,000
Special, 6-cyl., 115" wb						
Rds	1300	4100	6800	13,600	23,800	34,000
Bus Cpe	700	2150	3600	7200	12,600	18,000
Cpe 2-4	700	2200	3700	7400	13,000	18,500
4d Sed	550	1800	3000	6000	10,500	15,000
4d Twn Sed	650	2050	3400	6800	11,900	17,000
Model 57, 8-cyl., 123" wb						
Cpe	700	2200	3700	7400	13,000	18,500
Cpe 2-4	700	2300	3800	7600	13,300	19,000
4d Sed	650	2100	3500	7000	12,300	17,500
DeL Cpe	750	2350	3900	7800	13,700	19,500
DeL Cpe 2-4	750	2400	4000	8000	14,000	20,000
Conv Cpe	1300	4200	7000	14,000	24,500	35,000
4d DeL Sed	700	2150	3600	7200	12,600	18,000
Special 820, 8-cyl., 120" wb						
Bus Cpe	750	2400	4000	8000	14,000	20,000
Cpe 2-4	750	2450	4100	8200	14,400	20,500
4d Spt Sed	700	2200	3700	7400	13,000	18,500
4d Sed	700	2200	3650	7300	12,700	18,200
Special 822, 8-cyl., 122" wb						
4d Sed	700	2300	3800	7600	13,300	19,000
Conv Sed	1700	5400	9000	18,000	31,500	45,000
Custom 834, 8-cyl., 134" wb						
4d Sed	850	2750	4600	9200	16,100	23,000
7P 4d Sed	900	2900	4800	9600	16,800	24,000
Limo	1000	3100	5200	10,400	18,200	26,000
1933						
Graham, 6-cyl., 113" wb						
4d Sed	550	1700	2800	5600	9900	14,100
4d Twn Sed	550	1700	2850	5700	10,000	14,300
Model 65, 6-cyl., 113" wb						
Bus Cpe	550	1750	2900	5800	10,200	14,600
Cpe 2-4	550	1800	2950	5900	10,400	14,800
Conv Cpe	1050	3350	5600	11,200	19,600	28,000
4d Sed	550	1750	2900	5800	10,100	14,400
Graham, 6-cyl., 118" wb						
Bus Cpe	550	1800	3000	6000	10,400	14,900
Cpe 2-4	550	1800	3000	6000	10,600	15,100
Cabr	1100	3500	5800	11,600	20,300	29,000
4d Sed	550	1750	2900	5800	10,200	14,500
Model 64, 8-cyl., 119" wb						
Bus Cpe	550	1800	3000	6000	10,600	15,100
Cpe 2-4	550	1850	3050	6100	10,700	15,300
Conv Cpe	1150	3600	6000	12,000	21,000	30,000
4d Sed	550	1750	2950	5900	10,300	14,700
Model 57A, 8-cyl., 123" wb						
Cpe	600	1850	3100	6200	10,900	15,500
Cpe 2-4	600	1900	3200	6400	11,200	16,000
4d Sed	550	1800	3000	6000	10,400	14,900
DeL Cpe	600	1950	3250	6500	11,300	16,200
DeL Cpe 2-4	600	2000	3300	6600	11,600	16,500
DeL Conv Cpe	1200	3850	6400	12,800	22,400	32,000
4d DeL Sed	550	1800	3050	6100	10,600	15,200
Custom 57A, 8-cyl., 123" wb						
Cpe	600	2000	3300	6600	11,600	16,600

1934 Graham Standard 8 convertible coupe

	6	5	4	3	2	1
Cpe 2-4	650	2050	3400	6800	11,900	17,000
4d Sed	600	1850	3100	6200	10,900	15,500
1934						
Model 65, 6-cyl., 113" wb						
Cpe	550	1750	2950	5900	10,300	14,700
Cpe 2-4	550	1800	3000	6000	10,400	14,900
Conv Cpe	1000	3100	5200	10,400	18,200	26,000
4d Sed	500	1600	2700	5400	9400	13,400
Model 64, 6-cyl., 119" wb						
Cpe	550	1800	3000	6000	10,400	14,900
Cpe 2-4	550	1800	3000	6000	10,600	15,100
Conv Cpe	1000	3250	5400	10,800	18,900	27,000
4d Sed	500	1600	2700	5400	9500	13,500
Model 68, 6-cyl., 116" wb						
Bus Cpe	550	1800	3000	6000	10,500	15,000
Cpe 2-4	550	1850	3050	6100	10,700	15,300
Conv Cpe	1150	3600	6000	12,000	21,000	30,000
4d Sed	500	1650	2700	5400	9500	13,600
4d Sed Trunk	500	1650	2750	5500	9600	13,700
Model 67, 8-cyl., 123" wb						
Bus Cpe	600	1850	3100	6200	10,900	15,500
Cpe 2-4	600	1900	3200	6400	11,200	16,000
Conv Cpe	1150	3700	6200	12,400	21,700	31,000
4d Sed	450	1450	2400	4800	8400	12,000
4d Sed Trunk	550	1700	2850	5700	9900	14,200
Model 69, 8-cyl., 123" wb						
Bus Cpe	600	1900	3150	6300	11,100	15,800
Cpe 2-4	600	1950	3250	6500	11,300	16,200
Conv Cpe	1200	3850	6400	12,800	22,400	32,000
4d Sed	550	1700	2850	5700	9900	14,200
4d Sed Trunk	550	1750	2900	5800	10,100	14,400
Custom 8-71, 8-cyl., 138" wb						
7P 4d Sed	550	1750	2950	5900	10,300	14,700
7P 4d Sed Trunk	550	1800	3000	6000	10,500	15,000
1935						
Model 74, 6-cyl., 111" wb						
2d Sed	500	1600	2650	5300	9200	13,200
4d Sed	500	1600	2650	5300	9300	13,300
2d DeL Sed	500	1600	2650	5300	9300	13,300
4d DeL Sed	500	1600	2700	5400	9400	13,400
Model 68, 6-cyl., 116" wb						
Bus Cpe	550	1750	2900	5800	10,200	14,500
Cpe 3-5	550	1800	2950	5900	10,400	14,800
Conv Cpe	950	3000	5000	10,000	17,500	25,000
4d Sed	500	1600	2700	5400	9400	13,400
4d Sed Trunk	500	1600	2700	5400	9500	13,500
Model 67, 8-cyl., 123" wb						
Cpe	550	1800	3000	6000	10,500	15,000
Cpe 3-5	600	1850	3100	6200	10,900	15,500

	6	5	4	3	2	1
Conv Cpe	1000	3100	5200	10,400	18,200	26,000
4d Sed	500	1650	2750	5500	9600	13,700
4d Sed Trunk	500	1650	2750	5500	9700	13,800
Model 72, 8-cyl., 123" wb						
Cpe	550	1800	3050	6100	10,600	15,200
Cpe 2-4	600	1900	3150	6300	11,000	15,700
Conv Cpe	1050	3350	5600	11,200	19,600	28,000
4d Sed	500	1650	2750	5500	9700	13,800
Custom Model 69, Supercharged, 8-cyl., 123" wb						
Cpe	600	1850	3100	6200	10,900	15,500
Cpe 3-5	600	1900	3200	6400	11,200	16,000
Conv Cpe	1100	3500	5800	11,600	20,300	29,000
4d Sed	550	1700	2800	5600	9800	14,000
4d Sed Trunk	550	1700	2800	5600	9900	14,100
Model 75, Supercharged, 8-cyl., 123" wb						
Cpe	600	1850	3100	6200	10,800	15,400
Cpe 2-4	600	1900	3200	6400	11,200	16,000
Conv Cpe	1050	3350	5600	11,200	19,600	28,000
4d Sed	550	1700	2800	5600	9800	14,000

1936

	6	5	4	3	2	1
Crusader Model 80, 6-cyl., 111" wb						
2d Sed	500	1550	2600	5200	9200	13,100
2d Sed Trunk	500	1600	2650	5300	9200	13,200
4d Sed	500	1600	2650	5300	9200	13,200
4d Sed Trunk	500	1600	2650	5300	9300	13,300
Cavalier Model 90, 6-cyl., 115" wb						
Bus Cpe	550	1700	2850	5700	10,000	14,300
Cpe 2-4	550	1750	2900	5800	10,200	14,500
2d Sed	500	1600	2650	5300	9200	13,200
2d Sed Trunk	500	1600	2650	5300	9300	13,300
4d Sed	500	1600	2650	5300	9200	13,200
4d Sed Trunk	500	1600	2700	5400	9400	13,400
Model 110, Supercharged, 6-cyl., 115" wb						
Cpe	550	1750	2950	5900	10,300	14,700
Cpe 2-4	550	1800	3000	6000	10,500	15,000
2d Sed	500	1600	2700	5400	9400	13,400
2d Sed Trunk	500	1600	2700	5400	9500	13,500
4d Sed	500	1600	2700	5400	9500	13,500
4d Sed Trunk	500	1650	2750	5500	9700	13,800
4d Cus Sed	550	1700	2800	5600	9800	14,000

1937 Graham Cavalier coupe

1937

	6	5	4	3	2	1
Crusader, 6-cyl., 111" wb						
2d Sed	500	1550	2600	5200	9100	13,000
2d Sed Trunk	500	1550	2600	5200	9200	13,100
4d Sed	500	1600	2650	5300	9200	13,200
4d Sed Trunk	500	1600	2650	5300	9300	13,300
Cavalier, 6-cyl., 116" wb						
Bus Cpe	550	1750	2900	5800	10,200	14,500

	6	5	4	3	2	1
Cpe 3-5	550	1750	2950	5900	10,300	14,700
Conv Cpe	1000	3250	5400	10,800	18,900	27,000
2d Sed	500	1550	2600	5200	9200	13,100
2d Sed Trunk	500	1600	2650	5300	9200	13,200
4d Sed	500	1600	2650	5300	9300	13,300
4d Sed Trunk	500	1600	2700	5400	9400	13,400
Series 116, Supercharged, 6-cyl., 116" wb						
Bus Cpe	550	1800	3000	6000	10,500	15,000
Cpe 3-5	550	1850	3050	6100	10,700	15,300
Conv Cpe	1050	3350	5600	11,200	19,600	28,000
2d Sed	500	1600	2700	5400	9500	13,500
2d Sed Trunk	500	1650	2700	5400	9500	13,600
4d Sed	500	1650	2700	5400	9500	13,600
4d Sed Trunk	500	1650	2750	5500	9600	13,700
Series 120, Custom Supercharged, 6-cyl., 116" and 120" wb						
Bus Cpe	550	1800	3050	6100	10,600	15,200
Cpe 3-5	600	1850	3100	6200	10,900	15,500
Conv Cpe	1150	3600	6000	12,000	21,000	30,000
4d Sed	550	1700	2800	5600	9800	14,000
4d Sed Trunk	550	1700	2850	5700	9900	14,200

1938
Standard Model 96, 6-cyl., 120" wb

4d Sed	500	1500	2550	5100	8900	12,700

Special Model 96, 6-cyl., 120" wb

4d Sed	500	1550	2600	5200	9100	13,000

Model 97, Supercharged, 6-cyl., 120" wb

4d Sed	500	1600	2700	5400	9500	13,500

Custom Model 97, Supercharged, 6-cyl., 120" wb

4d Sed	550	1700	2800	5600	9800	14,000

1939
Special Model 96, 6-cyl., 120" wb

Cpe	550	1700	2800	5600	9800	14,000
2d Sed	500	1650	2750	5500	9600	13,700
4d Sed	500	1650	2750	5500	9700	13,800

Custom Special 96, 6-cyl., 120" wb

Cpe	550	1700	2850	5700	10,000	14,300
2d Sed	500	1650	2750	5500	9700	13,800
4 dr Sed	500	1650	2800	5600	9700	13,900

Model 97, Supercharged, 6-cyl., 120" wb

Cpe	650	2050	3400	6800	11,900	17,000
2d Sed	600	1950	3250	6500	11,400	16,300
4d Sed	600	2000	3300	6600	11,600	16,500

Custom Model 97, Supercharged, 6-cyl., 120" wb

Cpe	650	2100	3500	7000	12,300	17,500
2d Sed	600	2000	3300	6600	11,600	16,500
4d Sed	650	2050	3400	6800	11,900	17,000

1940
DeLuxe Model 108, 6-cyl., 120" wb

Cpe	550	1750	2900	5800	10,100	14,400
2d Sed	500	1650	2800	5600	9700	13,900
4d Sed	550	1700	2800	5600	9800	14,000

Custom Model 108, 6-cyl., 120" wb

Cpe	550	1750	2900	5800	10,200	14,500
2d Sed	550	1700	2800	5600	9800	14,000
4d Sed	550	1700	2850	5700	9900	14,200

DeLuxe Model 107, Supercharged, 6-cyl., 120" wb

Cpe	650	2050	3400	6800	11,900	17,000
2d Sed	600	2000	3300	6600	11,600	16,500
4d Sed	650	2000	3350	6700	11,700	16,700

Custom Model 107, Supercharged, 6-cyl., 120" wb

Cpe	650	2100	3500	7000	12,300	17,500
2d Sed	650	2000	3350	6700	11,700	16,700
4d Sed	650	2050	3400	6800	11,900	17,000

1941
Custom Hollywood Model 113, 6-cyl., 115" wb

4d Sed	700	2150	3600	7200	12,600	18,000

Custom Hollywood Model 113, Supercharged, 6-cyl., 115" wb

4d Sed	700	2300	3800	7600	13,300	19,000

HUDSON

	6	5	4	3	2	1
1909						
Model 20, 4-cyl.						
2d Rds	1150	3700	6200	12,400	21,700	31,000
1910						
Model 20, 4-cyl.						
2d Rds	1150	3600	6000	12,000	21,000	30,000
4d Tr	1150	3600	6000	12,000	21,000	30,000
1911						
Model 33, 4-cyl.						
2d Rds	1150	3600	6000	12,000	21,000	30,000
2d Tor Rds	1150	3700	6200	12,400	21,700	31,000
4d Pony Ton	1200	3850	6400	12,800	22,400	32,000
4d Tr	1250	3950	6600	13,200	23,100	33,000
1912						
Model 33, 4-cyl.						
2d Rds	1300	4200	7000	14,000	24,500	35,000
2d Tor Rds	1350	4300	7200	14,400	25,200	36,000
4d Tr	1450	4550	7600	15,200	26,600	38,000
2d Cpe	1000	3100	5200	10,400	18,200	26,000
4d Limo	1100	3500	5800	11,600	20,300	29,000
1913						
Model 37, 4-cyl.						
2d Rds	1200	3850	6400	12,800	22,400	32,000
2d Tor Rds	1250	3950	6600	13,200	23,100	33,000
4d Tr	1300	4100	6800	13,600	23,800	34,000
2d Cpe	950	3000	5000	10,000	17,500	25,000
4d Limo	1050	3350	5600	11,200	19,600	28,000
Model 54, 6-cyl.						
2d 2P Rds	1250	3950	6600	13,200	23,100	33,000
2d 5P Rds	1300	4100	6800	13,600	23,800	34,000
2d Tor Rds	1300	4200	7000	14,000	24,500	35,000
4d Tr	1350	4300	7200	14,400	25,200	36,000
4d 7P Tr	1400	4450	7400	14,800	25,900	37,000
2d Cpe	1000	3250	5400	10,800	18,900	27,000
4d Limo	1100	3500	5800	11,600	20,300	29,000
1914						
Model 40, 6-cyl.						
2d Rbt	1100	3500	5800	11,600	20,300	29,000
4d Tr	1150	3700	6200	12,400	21,700	31,000
2d Cabr	1150	3600	6000	12,000	21,000	30,000
Model 54, 6-cyl.						
4d 7P Tr	1200	3850	6400	12,800	22,400	32,000
1915						
Model 40, 6-cyl.						
2d Rds	1050	3350	5600	11,200	19,600	28,000
4d Phae	1150	3600	6000	12,000	21,000	30,000
4d Tr	1100	3500	5800	11,600	20,300	29,000
2d Cabr	1100	3500	5800	11,600	20,300	29,000
2d Cpe	700	2150	3600	7200	12,600	18,000
4d Limo	750	2400	4000	8000	14,000	20,000
4d Lan Limo	800	2500	4200	8400	14,700	21,000
Model 54, 6-cyl.						
4d Phae	1200	3850	6400	12,800	22,400	32,000
4d 7P Tr	1150	3700	6200	12,400	21,700	31,000
4d Sed	700	2300	3800	7600	13,300	19,000
4d Limo	850	2650	4400	8800	15,400	22,000
1916						
Super Six, 6-cyl.						
2d Rds	1000	3100	5200	10,400	18,200	26,000
2d Cabr	1000	3250	5400	10,800	18,900	27,000
4d Phae	1050	3350	5600	11,200	19,600	28,000
4d Tr Sed	650	2050	3400	6800	11,900	17,000
4d T&C	700	2150	3600	7200	12,600	18,000
Model 54, 6-cyl.						
4d 7P Phae	1150	3700	6200	12,400	21,700	31,000
1917						
Super Six, 6-cyl.						
2d Rds	900	2900	4800	9600	16,800	24,000
2d Cabr	950	3000	5000	10,000	17,500	25,000
4d 7P Phae	1000	3100	5200	10,400	18,200	26,000
4d Tr Sed	550	1800	3000	6000	10,500	15,000
4d T&C	700	2150	3600	7200	12,600	18,000

	6	5	4	3	2	1
4d Twn Lan	650	2050	3400	6800	11,900	17,000
4d Limo Lan	700	2150	3600	7200	12,600	18,000

1918
Super Six, 6-cyl.

	6	5	4	3	2	1
2d Rds	850	2650	4400	8800	15,400	22,000
2d Cabr	850	2750	4600	9200	16,100	23,000
4d 4P Phae	850	2750	4600	9200	16,100	23,000
4d 5P Phae	900	2900	4800	9600	16,800	24,000
2d 4P Cpe	550	1800	3000	6000	10,500	15,000
4d Tr Sed	600	1900	3200	6400	11,200	16,000
4d Sed	600	1900	3200	6400	11,200	16,000
4d Tr Limo	650	2050	3400	6800	11,900	17,000
4d T&C	650	2050	3400	6800	11,900	17,000
4d Limo	700	2150	3600	7200	12,600	18,000
4d Twn Limo	700	2150	3600	7200	12,600	18,000
4d Limo Lan	700	2150	3600	7200	12,600	18,000
4d F F Lan	700	2300	3800	7600	13,300	19,000

1919
Super Six Series O, 6-cyl.

	6	5	4	3	2	1
2d Cabr	700	2300	3800	7600	13,300	19,000
4d 4P Phae	750	2400	4000	8000	14,000	20,000
4d 7P Phae	800	2500	4200	8400	14,700	21,000
2d 4P Cpe	450	1450	2400	4800	8400	12,000
4d Sed	400	1300	2200	4400	7700	11,000
4d Tr Limo	450	1450	2400	4800	8400	12,000
4d T&C	500	1550	2600	5200	9100	13,000
4d Twn Lan	500	1550	2600	5200	9100	13,000
4d Limo Lan	550	1700	2800	5600	9800	14,000

1920
Super Six Series 10-12, 6-cyl.

	6	5	4	3	2	1
4d 4P Phae	750	2400	4000	8000	14,000	20,000
4d 7P Phae	800	2500	4200	8400	14,700	21,000
2d Cabr	600	1900	3200	6400	11,200	16,000
2d Cpe	400	1300	2200	4400	7700	11,000
4d Sed	400	1200	2000	4000	7000	10,000
4d Tr Limo	450	1450	2400	4800	8400	12,000
4d Limo	500	1550	2600	5200	9100	13,000

1921
Super Six, 6-cyl.

	6	5	4	3	2	1
4d 4P Phae	750	2400	4000	8000	14,000	20,000
4d 7P Phae	800	2500	4200	8400	14,700	21,000
2d Cabr	600	1900	3200	6400	11,200	16,000
2d 4P Cpe	400	1200	2000	4000	7000	10,000
4d Sed	450	1080	1800	3600	6300	9000
4d Tr Limo	400	1200	2000	4000	7000	10,000
4d Limo	400	1300	2200	4400	7700	11,000

1922
Super Six, 6-cyl.

	6	5	4	3	2	1
2d Spds	750	2400	4000	8000	14,000	20,000
4d Phae	700	2300	3800	7600	13,300	19,000
2d Cabr	600	1900	3200	6400	11,200	16,000
2d Cpe	450	1140	1900	3800	6650	9500
2d Sed	350	1020	1700	3400	5950	8500
4d Sed	350	1020	1700	3400	5950	8500
4d Tr Limo	400	1300	2200	4400	7700	11,000
4d Limo	400	1200	2000	4000	7000	10,000

1923
Super Six, 6-cyl.

	6	5	4	3	2	1
2d Spds	750	2400	4000	8000	14,000	20,000
4d Phae	700	2300	3800	7600	13,300	19,000
2d Cpe	450	1140	1900	3800	6650	9500
2d Sed	350	1020	1700	3400	5950	8500
4d Sed	350	1020	1700	3400	5950	8500
4d 7P Sed	450	1080	1800	3600	6300	9000

1924
Super Six, 6-cyl.

	6	5	4	3	2	1
2d Spds	700	2300	3800	7600	13,300	19,000
4d Phae	700	2150	3600	7200	12,600	18,000
2d Sed	350	975	1600	3200	5600	8000
4d Sed	350	975	1600	3250	5700	8100
4d 7P Sed	350	1020	1700	3400	5950	8500

1925
Super Six, 6-cyl.

	6	5	4	3	2	1
2d Spds	700	2300	3800	7600	13,300	19,000

	6	5	4	3	2	1
4d Phae	700	2150	3600	7200	12,600	18,000
2d Sed	450	1140	1900	3800	6650	9500
4d Brgm	400	1200	2000	4000	7000	10,000
4d Sed	450	1140	1900	3800	6650	9500
4d 7P Sed	400	1200	2000	4000	7000	10,000
1926						
Super Six, 6-cyl.						
4d Phae	750	2400	4000	8000	14,000	20,000
2d Sed	400	1200	2000	4000	7000	10,000
4d Brgm	400	1300	2200	4400	7700	11,000
4d 7P Sed	400	1250	2100	4200	7400	10,500
1927						
Standard Six, 6-cyl.						
4d Phae	750	2400	4000	8000	14,000	20,000
2d Sed	450	1160	1950	3900	6800	9700
2d Spl Sed	400	1200	2000	4000	7000	10,000
4d Brgm	400	1250	2100	4200	7400	10,500
4d 7P Sed	400	1250	2100	4200	7400	10,500
Super Six						
2d Cus Rds	1250	3950	6600	13,200	23,100	33,000
4d Cus Phae	1300	4100	6800	13,600	23,800	34,000
2d Sed	400	1300	2200	4400	7700	11,000
4d Sed	450	1450	2400	4800	8400	12,000
4d Cus Brgm	600	1900	3200	6400	11,200	16,000
4d Cus Sed	650	2050	3400	6800	11,900	17,000
1928						
First Series, 6-cyl., (Start June, 1927)						
2d Std Sed	450	1140	1900	3800	6650	9500
4d Std Sed	450	1160	1950	3900	6800	9700
2d Sed	400	1200	2000	4000	7000	10,000
4d Sed	400	1250	2100	4200	7400	10,500
2d Rds	750	2400	4000	8000	14,000	20,000
4d Cus Phae	850	2750	4600	9200	16,100	23,000
4d Cus Brgm	450	1450	2400	4800	8400	12,000
4d Cus Sed	500	1550	2600	5200	9100	13,000
Second Series, 6-cyl., (Start Jan. 1928)						
2d Sed	400	1200	2000	4000	7000	10,000
4d Sed	400	1250	2100	4200	7400	10,500
2d RS Cpe	450	1450	2400	4800	8400	12,000
2d Rds	750	2400	4000	8000	14,000	20,000
4d EWB Sed	400	1250	2100	4200	7400	10,500
4d Lan Sed	400	1250	2100	4200	7400	10,500
2d Vic	400	1250	2100	4200	7400	10,600
4d 7P Sed	400	1300	2200	4400	7700	11,000
1929						
Series Greater Hudson, 6-cyl., 122" wb						
2d RS Rds	1300	4200	7000	14,000	24,500	35,000
4d Phae	1400	4450	7400	14,800	25,900	37,000
2d Cpe	550	1800	3000	6000	10,500	15,000
2d Sed	550	1700	2800	5600	9800	14,000
2d Conv	1200	3850	6400	12,800	22,400	32,000
2d Vic	550	1800	3000	6000	10,500	15,000
4d Sed	450	1450	2400	4800	8400	12,000
4d Twn Sed	450	1500	2500	5000	8800	12,500
4d Lan Sed	500	1550	2600	5200	9100	13,000
Series Greater Hudson, 6-cyl., 139" wb						
4d Spt Sed	700	2150	3600	7200	12,600	18,000
4d 7P Sed	750	2400	4000	8000	14,000	20,000
4d Limo	850	2650	4400	8800	15,400	22,000
4d DC Phae	1700	5400	9000	18,000	31,500	45,000
1930						
Great Eight, 8-cyl., 119" wb						
2d Rds	1450	4700	7800	15,600	27,300	39,000
4d Phae	1550	4900	8200	16,400	28,700	41,000
2d RS Cpe	750	2400	4000	8000	14,000	20,000
2d Sed	550	1800	3000	6000	10,500	15,000
4d Sed	600	1850	3100	6200	10,900	15,500
4d Conv Sed	1600	5050	8400	16,800	29,400	42,000
Great Eight, 8-cyl., 126" wb						
4d Phae	1650	5300	8800	17,600	30,800	44,000
4d Tr Sed	600	1850	3100	6200	10,900	15,500
4d 7P Sed	600	1900	3200	6400	11,200	16,000
4d Brgm	600	1900	3200	6400	11,200	16,000

1931 Hudson coupe

	6	5	4	3	2	1
1931						
Greater Eight, 8-cyl., 119" wb						
2d Rds	1650	5300	8800	17,600	30,800	44,000
4d Phae	1750	5500	9200	18,400	32,200	46,000
2d Cpe	550	1700	2800	5600	9800	14,000
2d Spl Cpe	600	2000	3300	6600	11,600	16,500
2d RS Cpe	650	2050	3400	6800	11,900	17,000
2d Sed	500	1550	2600	5200	9100	13,000
4d Sed	500	1600	2650	5300	9200	13,200
4d Twn Sed	550	1700	2800	5600	9800	14,000
Great Eight, l.w.b., 8-cyl., 126" wb						
4d Spt Phae	1800	5750	9600	19,200	33,600	48,000
4d Brgm	700	2300	3800	7600	13,300	19,000
4d Fam Sed	700	2300	3800	7600	13,300	19,000
4d 7P Sed	700	2200	3700	7400	13,000	18,500
4d Clb Sed	700	2200	3700	7400	13,000	18,500
4d Tr Sed	600	1900	3200	6400	11,200	16,000
4d Spl Sed	600	2000	3300	6600	11,600	16,500
1932						
(Standard) Greater, 8-cyl., 119" wb						
2d 2P Cpe	500	1600	2700	5400	9500	13,500
2d 4P Cpe	550	1700	2800	5600	9800	14,000
2d Spl Cpe	550	1800	3000	6000	10,500	15,000
2d Conv	1150	3700	6200	12,400	21,700	31,000
2d Sed	500	1550	2600	5200	9100	13,000
4d 5P Sed	500	1600	2700	5400	9500	13,500
4d Twn Sed	500	1650	2700	5400	9500	13,600
(Sterling) Series, 8-cyl., 132" wb						
4d Spl Sed	550	1800	3000	6000	10,500	15,000
4d Sub	550	1700	2800	5600	9800	14,000
Major Series, 8-cyl., 132" wb						
4d Phae	1250	3950	6600	13,200	23,100	33,000
4d Tr Sed	550	1800	3000	6000	10,500	15,000
4d Clb Sed	600	1850	3100	6200	10,900	15,500
4d Brgm	600	2000	3300	6600	11,600	16,500
4d 7P Sed	600	1900	3200	6400	11,200	16,000
1933						
Pacemaker Super Six, 6-cyl., 113" wb						
2d Conv	850	2650	4400	8800	15,400	22,000
4d Phae	850	2750	4600	9200	16,100	23,000
2d Bus Cpe	400	1250	2100	4200	7400	10,500
2d RS Cpe	450	1400	2300	4600	8100	11,500
2d Sed	450	1080	1800	3600	6300	9000
4d Sed	450	1140	1900	3800	6650	9500
Pacemaker Standard, 8-cyl., 119" wb						
2d Conv	1000	3100	5200	10,400	18,200	26,000
2d RS Cpe	400	1250	2100	4200	7400	10,500
2d Sed	450	1140	1900	3800	6650	9500
4d Sed	450	1400	2300	4600	8100	11,500
Pacemaker Major, 8-cyl., 132" wb						
4d Phae	1050	3350	5600	11,200	19,600	28,000

	6	5	4	3	2	1
4d Tr Sed	450	1400	2300	4600	8100	11,500
4d Brgm	450	1400	2300	4600	8100	11,500
2d Clb Sed	450	1450	2400	4800	8400	12,000
4d 7P Sed	450	1500	2500	5000	8800	12,500

1934
Special, 8-cyl., 116" wb

	6	5	4	3	2	1
2d Conv	1100	3500	5800	11,600	20,300	29,000
2d Bus Cpe	400	1200	2050	4100	7100	10,200
2d Cpe	400	1250	2100	4200	7400	10,500
2d RS Cpe	450	1450	2400	4800	8400	12,000
2d Comp Vic	400	1300	2150	4300	7500	10,700
2d Sed	400	1250	2100	4200	7400	10,500
4d Sed	400	1200	2000	4000	7000	10,000
4d Comp Sed	400	1300	2200	4400	7700	11,000

DeLuxe Series, 8-cyl., 116" wb

	6	5	4	3	2	1
2d 2P Cpe	400	1250	2100	4200	7400	10,500
2d RS Cpe	450	1400	2300	4600	8100	11,500
2d Comp Vic	400	1300	2200	4400	7700	11,000
2d Sed	400	1300	2150	4300	7600	10,800
4d Sed	400	1250	2050	4100	7200	10,300
4d Comp Sed	400	1250	2100	4200	7400	10,600

Challenger Series, 8-cyl., 116" wb

	6	5	4	3	2	1
2d 2P Cpe	400	1250	2100	4200	7400	10,600
2d RS Cpe	450	1400	2350	4700	8300	11,800
2d Conv	1250	3950	6600	13,200	23,100	33,000
2d Sed	400	1250	2100	4200	7400	10,600
4d Sed	400	1300	2150	4300	7500	10,700

Major Series, 8-cyl., 123" wb
(Special)

	6	5	4	3	2	1
4d Tr Sed	450	1450	2400	4800	8400	12,000
4d Comp Trs	450	1450	2450	4900	8500	12,200

(DeLuxe)

	6	5	4	3	2	1
4d Clb Sed	450	1500	2500	5000	8800	12,500
4d Brgm	450	1450	2450	4900	8500	12,200
4d Comp Clb Sed	450	1450	2400	4800	8500	12,100

1935
Big Six, 6-cyl., 116" wb

	6	5	4	3	2	1
2d Conv	1150	3600	6000	12,000	21,000	30,000
2d Cpe	400	1250	2100	4200	7400	10,500
2d RS Cpe	400	1200	2000	4000	7000	10,000
4d Tr Brgm	400	1200	2000	4000	7000	10,000
2d Sed	450	1140	1900	3800	6650	9500
4d Sed	400	1200	2000	4000	7000	10,000
4d Sub Sed	400	1250	2100	4200	7300	10,400

Eight Special, 8-cyl., 117" wb

	6	5	4	3	2	1
2d Conv	1150	3700	6200	12,400	21,700	31,000
2d Cpe	400	1300	2150	4300	7500	10,700
2d RS Cpe	450	1400	2300	4600	8100	11,500
4d Tr Brgm	400	1200	2050	4100	7100	10,200
2d Sed	400	1200	2000	4000	7100	10,100
4d Sed	400	1250	2100	4200	7400	10,600
4d Sub Sed	400	1300	2150	4300	7500	10,700

Eight DeLuxe
Eight Special, 8-cyl., 124" wb

	6	5	4	3	2	1
4d Brgm	400	1250	2100	4200	7400	10,600
4d Tr Brgm	400	1300	2150	4300	7500	10,700
4d Clb Sed	400	1250	2100	4200	7400	10,500
4d Sub Sed	400	1250	2100	4200	7400	10,600

Eight DeLuxe, 8-cyl., 117" wb

	6	5	4	3	2	1
2d 2P Cpe	400	1300	2150	4300	7600	10,800
2d RS Cpe	450	1400	2300	4600	8100	11,600
2d Conv	1200	3850	6400	12,800	22,400	32,000
4d Tr Brgm	400	1250	2050	4100	7200	10,300
2d Sed	400	1200	2050	4100	7100	10,200
4d Sed	400	1300	2150	4300	7500	10,700
4d Sub Sed	400	1300	2150	4300	7600	10,800

Eight Custom, 8-cyl., 124" wb

	6	5	4	3	2	1
4d Brgm	400	1300	2150	4300	7500	10,700
4d Tr Brgm	400	1300	2150	4300	7600	10,800
4d Sed	400	1250	2100	4200	7400	10,500
Sub Sed	400	1300	2150	4300	7600	10,800

Late Special, 8-cyl., 124" wb

	6	5	4	3	2	1
4d Brgm	400	1200	2050	4100	7100	10,200
4d Tr Brgm	400	1250	2050	4100	7200	10,300
4d Clb Sed	400	1200	2000	4000	7100	10,100
4d Sub Sed	400	1300	2150	4300	7600	10,800

	6	5	4	3	2	1
Late DeLuxe, 8-cyl., 124" wb						
4d Brgm	400	1250	2050	4100	7200	10,300
4d Tr Brgm	400	1250	2100	4200	7300	10,400
4d Clb Sed	400	1200	2050	4100	7100	10,200
4d Sub Sed	400	1300	2200	4400	7600	10,900
1936						
Custom Six, 6-cyl., 120" wb						
2d Conv	1100	3500	5800	11,600	20,300	29,000
2d Cpe	400	1250	2100	4200	7400	10,500
2d RS Cpe	450	1450	2400	4800	8400	12,000
4d Brgm	400	1200	2000	4000	7000	10,000
4d Tr Brgm	400	1200	2000	4000	7100	10,100
4d Sed	400	1200	2000	4000	7000	10,000
4d Tr Sed	400	1250	2100	4200	7400	10,500
DeLuxe Eight, Series 64, 8-cyl., 120" wb						
2d Conv	1200	3850	6400	12,800	22,400	32,000
2d Cpe	400	1300	2150	4300	7500	10,700
2d RS Cpe	400	1250	2100	4200	7300	10,400
4d Brgm	400	1200	2050	4100	7100	10,200
4d Tr Brgm	400	1250	2050	4100	7200	10,300
DeLuxe Eight, Series 66, 8-cyl., 127" wb						
4d Sed	400	1300	2150	4300	7500	10,700
4d Tr Sed	400	1300	2200	4400	7700	11,000
Custom Eight, Series 65, 120" wb						
2d 2P Cpe	400	1300	2150	4300	7600	10,800
2d RS Cpe	450	1400	2300	4600	8100	11,500
2d Conv	1200	3850	6400	12,800	22,400	32,000
4d Brgm	400	1250	2050	4100	7200	10,300
4d Tr Brgm	400	1250	2100	4200	7300	10,400
Custom Eight, Series 67, 127" wb						
4d Sed	400	1250	2100	4200	7400	10,600
4d Tr Sed	400	1300	2150	4300	7500	10,700
1937						
Custom Six, Series 73, 6-cyl., 122" wb						
2d Conv	1150	3700	6200	12,400	21,700	31,000
2d Conv Brgm	1200	3850	6400	12,800	22,400	32,000
2d Bus Cpe	400	1250	2100	4200	7400	10,500
2d 3P Cpe	400	1300	2200	4400	7700	11,000
2d Vic Cpe	450	1400	2300	4600	8100	11,500
2d Brgm	400	1250	2100	4200	7400	10,500
2d Tr Brgm	400	1300	2150	4300	7500	10,700
4d Sed	400	1300	2200	4400	7700	11,000
4d Tr Sed	400	1350	2200	4400	7800	11,100
DeLuxe Eight, Series 74, 8-cyl., 122" wb						
2d Cpe	450	1450	2400	4800	8400	12,000
2d Vic Cpe	450	1500	2500	5000	8800	12,500
2d Conv	1150	3700	6200	12,400	21,700	31,000
2d Brgm	450	1500	2500	5000	8800	12,600
2d Tr Brgm	500	1500	2550	5100	8900	12,700
4d Sed	500	1500	2550	5100	8900	12,700
4d Tr Sed	500	1550	2550	5100	9000	12,800
2d Conv Brgm	1050	3350	5600	11,200	19,600	28,000
DeLuxe Eight, Series 76, 8-cyl., 129" wb						
4d Sed	500	1550	2600	5200	9100	13,000
4d Tr Sed	500	1600	2700	5400	9500	13,500
Custom Eight, Series 75, 8-cyl., 122" wb						
2d Cpe	450	1450	2400	4800	8400	12,000
2d Vic Cpe	450	1450	2450	4900	8500	12,200
2d Conv Cpe	1200	3850	6400	12,800	22,400	32,000
2d Brgm	450	1400	2350	4700	8300	11,800
2d Tr Brgm	450	1450	2400	4800	8400	12,000
4d Sed	450	1400	2350	4700	8300	11,800
4d Tr Sed	450	1450	2400	4800	8300	11,900
2d Conv Brgm	1250	3950	6600	13,200	23,100	33,000
Custom Eight, Series 77, 8-cyl., 129" wb						
4d Sed	450	1450	2400	4800	8400	12,000
4d Tr Sed	450	1450	2450	4900	8500	12,200
1938						
Standard Series 89, 6-cyl., 112" wb						
2d Conv	1150	3700	6200	12,400	21,700	31,000
2d Conv Brgm	1200	3850	6400	12,800	22,400	32,000
2d 3P Cpe	450	1450	2400	4800	8400	12,000
2d Vic Cpe	450	1500	2500	5000	8800	12,500
4d Brgm	450	1350	2300	4600	8000	11,400
4d Tr Brgm	450	1400	2300	4600	8100	11,500
4d Sed	450	1400	2300	4600	8100	11,600
4d Tr Sed	450	1400	2350	4700	8200	11,700

	6	5	4	3	2	1
Utility Series 89, 6-cyl., 112" wb						
2d Cpe	450	1400	2300	4600	8100	11,500
2d Sed	400	1300	2150	4300	7600	10,800
2d Tr Sed	400	1300	2200	4400	7600	10,900
DeLuxe Series 89, 6-cyl., 112" wb						
2d Conv	1150	3600	6000	12,000	21,000	30,000
2d Conv Brgm	1150	3700	6200	12,400	21,700	31,000
2d 3P Cpe	500	1550	2600	5200	9100	13,000
2d Vic Cpe	500	1600	2700	5400	9500	13,500
4d Brgm	450	1450	2400	4800	8400	12,000
4d Tr Brgm	450	1450	2450	4900	8500	12,200
4d Sed	450	1500	2450	4900	8600	12,300
4d Tr Sed	450	1500	2500	5000	8700	12,400
Custom Series 83, 6-cyl., 122" wb						
2d Conv	1150	3700	6200	12,400	21,700	31,000
2d Conv Brgm	1200	3850	6400	12,800	22,400	32,000
2d 3P Cpe	500	1600	2700	5400	9500	13,500
2d Vic Cpe	550	1700	2800	5600	9800	14,000
4d Brgm	450	1500	2500	5000	8800	12,500
4d Tr Brgm	450	1500	2500	5000	8800	12,600
4d Sed	450	1500	2500	5000	8700	12,400
4d Tr Sed	450	1500	2500	5000	8800	12,500
4d DeLuxe Series 84, 8-cyl., 122" wb						
2d Conv	1150	3700	6200	12,400	21,700	31,000
2d Conv Brgm	1200	3850	6400	12,800	22,400	32,000
2d 3P Cpe	550	1700	2800	5600	9800	14,000
2d Vic Cpe	550	1750	2900	5800	10,200	14,500
4d Brgm	500	1600	2650	5300	9200	13,200
4d Tr Brgm	450	1500	2500	5000	8800	12,500
4d Tr Sed	450	1450	2400	4800	8400	12,000
4d Custom Series 85, 8-cyl., 122" wb						
2d 3P Cpe	550	1800	3000	6000	10,500	15,000
2d Vic Cpe	600	1850	3100	6200	10,900	15,500
4d Brgm	550	1700	2800	5600	9800	14,000
4d Tr Brgm	550	1750	2900	5800	10,200	14,500
4d Sed	500	1600	2700	5400	9500	13,500
4d Tr Sed	500	1650	2700	5400	9500	13,600
Country Club Series 87, 8-cyl., 129" wb						
4d Sed	550	1800	3000	6000	10,500	15,000
4d Tr Sed	550	1800	3050	6100	10,600	15,200
1939						
DeLuxe Series 112, 6-cyl., 112" wb						
2d Conv	1150	3600	6000	12,000	21,000	30,000
2d Conv Brgm	450	1500	2500	5000	8700	12,400
2d Trav Cpe	450	1450	2400	4800	8400	12,000
2d Utl Cpe	450	1500	2500	5000	8800	12,500
2d 3P Cpe	500	1500	2550	5100	8900	12,700
2d Vic Cpe	500	1550	2600	5200	9100	13,000
2d Utl Sed	450	1400	2300	4600	8100	11,500
4d Tr Brgm	450	1450	2400	4800	8300	11,900
4d Tr Sed	450	1450	2400	4800	8400	12,000
4d Sta Wag	900	2900	4800	9600	16,800	24,000
4d Pacemaker Series 91, 6-cyl., 118" wb						
2d 3P Cpe	500	1600	2700	5400	9500	13,500
2d Vic Cpe	550	1700	2800	5600	9800	14,000
4d Tr Brgm	500	1600	2650	5300	9200	13,200
4d Tr Sed	500	1550	2600	5200	9100	13,000
Series 92, 6-cyl., 118" wb						
2d Conv	1200	3850	6400	12,800	22,400	32,000
2d Conv Brgm	1250	3950	6600	13,200	23,100	33,000
2d 3P Cpe	550	1800	3000	6000	10,500	15,000
2d Vic Cpe	600	1850	3100	6200	10,900	15,500
4d Tr Brgm	550	1750	2900	5800	10,200	14,500
4d Tr Sed	550	1700	2800	5600	9800	14,000
Country Club Series 93, 6-cyl., 122" wb						
2d Conv	1250	3950	6600	13,200	23,100	33,000
2d Conv Brgm	1300	4100	6800	13,600	23,800	34,000
2d 3P Cpe	600	1850	3100	6200	10,900	15,500
2d Vic Cpe	600	1900	3200	6400	11,200	16,000
4d Tr Brgm	600	1850	3100	6200	10,900	15,500
4d Tr Sed	550	1800	3000	6000	10,500	15,000
Big Boy Series 96, 6-cyl., 129" wb						
4d 6P Sed	600	1900	3200	6400	11,200	16,000
4d 7P Sed	600	1950	3250	6500	11,400	16,300

	6	5	4	3	2	1
Country Club Series 95, 8-cyl., 122" wb						
2d Conv	1300	4100	6800	13,600	23,800	34,000
2d Conv Brgm	1300	4200	7000	14,000	24,500	35,000
2d 3P Cpe	600	1900	3200	6400	11,200	16,000
2d Vic Cpe	600	2000	3300	6600	11,600	16,500
4d Tr Brgm	600	1900	3150	6300	11,100	15,800
4d Tr Sed	600	1850	3100	6200	10,900	15,500
Custom Series 97, 8-cyl., 129" wb						
4d 5P Tr Sed	600	1950	3250	6500	11,300	16,200
4d 7P Sed	600	2000	3300	6600	11,600	16,500
1940						
Traveler Series 40-T, 6-cyl., 113" wb						
2d Cpe	450	1450	2450	4900	8500	12,200
2d Vic Cpe	450	1500	2500	5000	8700	12,400
2d Tr Sed	450	1450	2400	4800	8400	12,000
4d Tr Sed	450	1450	2400	4800	8500	12,100
DeLuxe Series, 40-P, 6-cyl., 113" wb						
2d 6P Conv	1000	3100	5200	10,400	18,200	26,000
2d Cpe	450	1500	2500	5000	8800	12,600
2d Vic Cpe	500	1500	2550	5100	8900	12,700
2d Tr Sed	450	1450	2450	4900	8500	12,200
4d Sed	450	1500	2450	4900	8600	12,300
Super Series 41, 6-cyl., 118" wb						
2d 5P Conv	1000	3250	5400	10,800	18,900	27,000
2d 6P Conv	1050	3350	5600	11,200	19,600	28,000
2d Cpe	550	1700	2800	5600	9800	14,000
2d Vic Cpe	550	1750	2900	5800	10,200	14,500
2d Tr Sed	450	1450	2400	4800	8400	12,000
4d Tr Sed	450	1450	2450	4900	8500	12,200
Country Club Series 43, 6-cyl., 125" wb						
4d 6P Sed	500	1550	2600	5200	9100	13,000
4d 7P Sed	500	1600	2700	5400	9500	13,500
Series 44, 8-cyl., 118" wb						
2d 5P Conv	1050	3350	5600	11,200	19,600	28,000
2d 6P Conv	1100	3500	5800	11,600	20,300	29,000
2d Cpe	600	1900	3200	6400	11,200	16,000
2d Vic Cpe	600	2000	3300	6600	11,600	16,500
2d Tr Sed	600	1850	3100	6200	10,900	15,600
4d Tr Sed	600	1900	3150	6300	11,000	15,700
DeLuxe Series 45, 8-cyl., 118" wb						
2d Tr Sed	600	1900	3150	6300	11,100	15,800
4d Tr Sed	600	1900	3200	6400	11,100	15,900
Country Club Eight Series 47, 8-cyl., 125" wb						
4d Tr Sed	600	1950	3200	6400	11,300	16,100
4d 7P Sed	600	1950	3250	6500	11,300	16,200
Big Boy Series 48, 6-cyl., 125" wb						
4d C-A Sed	550	1800	3000	6000	10,500	15,000
4d 7P Sed	550	1800	3050	6100	10,600	15,200
1941						
Utility Series 10-C, 6-cyl., 116" wb						
2d Cpe	450	1500	2500	5000	8800	12,500
2d Sed	450	1400	2300	4600	8100	11,500
Traveler Series 10-T, 6-cyl., 116" wb						
2d Cpe	500	1550	2600	5200	9100	13,000
2d Clb Cpe	500	1600	2700	5400	9500	13,500
2d Sed	450	1400	2350	4700	8200	11,700
4d Sed	450	1450	2400	4800	8300	11,900
DeLuxe Series 10-P, 6-cyl., 116" wb						
2d Conv	1000	3250	5400	10,800	18,900	27,000
2d Cpe	550	1700	2800	5600	9800	14,000
2d Clb Cpe	550	1750	2900	5800	10,200	14,500
2d Sed	450	1450	2400	4800	8500	12,100
4d Sed	450	1450	2450	4900	8500	12,200
Super Series 11, 6-cyl., 121" wb						
2d Conv	1100	3500	5800	11,600	20,300	29,000
2d Cpe	550	1750	2900	5800	10,200	14,500
2d Clb Cpe	550	1800	3000	6000	10,500	15,000
2d Sed	450	1500	2500	5000	8700	12,400
4d Sed	450	1500	2500	5000	8800	12,500
4d Sta Wag	1000	3250	5400	10,800	18,900	27,000
Commodore Series 12, 6-cyl., 121" wb						
2d Conv	1150	3600	6000	12,000	21,000	30,000
2d Cpe	550	1800	3050	6100	10,600	15,200
2d Clb Cpe	600	1850	3100	6200	10,800	15,400
2d Sed	500	1550	2600	5200	9100	13,000
4d Sed	500	1550	2600	5200	9200	13,100

	6	5	4	3	2	1
Commodore Series 14, 8-cyl., 121" wb						
2d Conv	1150	3700	6200	12,400	21,700	31,000
2d Cpe	600	1850	3100	6200	10,900	15,500
2d Clb Cpe	600	1900	3150	6300	11,000	15,700
2d Sed	550	1750	2900	5800	10,200	14,600
4d Sed	550	1750	2950	5900	10,300	14,700
4d Sta Wag	1050	3350	5600	11,200	19,600	28,000
Commodore Custom Series 15, 8-cyl., 121" wb						
2d Cpe	600	1900	3150	6300	11,100	15,800
2d Clb Cpe	600	1900	3200	6400	11,200	16,000
Commodore Custom Series 17, 8-cyl., 128" wb						
4d Sed	550	1800	2950	5900	10,400	14,800
4d 7P Sed	550	1800	3000	6000	10,500	15,000
Big Boy Series 18, 6-cyl., 128" wb						
4d C-A Sed	550	1700	2850	5700	10,000	14,300
4d 7P Sed	550	1750	2900	5800	10,200	14,500

1942 Hudson Series 21 station wagon

1942

Traveler Series 20-T, 6-cyl., 116" wb						
2d Cpe	450	1500	2500	5000	8800	12,500
2d Clb Cpe	500	1500	2550	5100	8900	12,700
2d Sed	450	1400	2300	4600	8100	11,600
4d Sed	450	1400	2350	4700	8200	11,700
DeLuxe Series 20-P, 6-cyl., 116" wb						
2d Conv	1050	3350	5600	11,200	19,600	28,000
2d Cpe	500	1500	2550	5100	8900	12,700
2d Clb Cpe	500	1550	2600	5200	9100	13,000
2d Sed	450	1450	2400	4800	8400	12,000
4d Sed	450	1450	2400	4800	8500	12,100
Super Series 21, 6-cyl., 121" wb						
2d Conv	1100	3500	5800	11,600	20,300	29,000
2d Cpe	500	1550	2600	5200	9100	13,000
2d Clb Cpe	500	1600	2650	5300	9200	13,200
2d Sed	450	1500	2500	5000	8800	12,600
4d Sed	500	1500	2550	5100	8900	12,700
4d Sta Wag	1100	3500	5800	11,600	20,300	29,000
Commodore Series 22, 6-cyl., 121" wb						
2d Conv	1150	3700	6200	12,400	21,700	31,000
2d Cpe	500	1600	2700	5400	9500	13,500
2d Clb Cpe	550	1700	2800	5600	9800	14,000
2d Sed	450	1500	2500	5000	8800	12,500
4d Sed	450	1500	2500	5000	8800	12,600
Commodore Series 24, 8-cyl., 121" wb						
2d Conv	1200	3850	6400	12,800	22,400	32,000
2d Cpe	550	1800	3000	6000	10,500	15,000
2d Clb Cpe	600	1850	3100	6200	10,900	15,500
2d Sed	550	1700	2850	5700	9900	14,200
4d Sed	550	1700	2850	5700	10,000	14,300
Commodore Custom Series 25, 8-cyl., 121" wb						
2d Clb Cpe	600	1850	3100	6200	10,900	15,600
Commodore Series 27, 8-cyl., 128" wb						
4d Sed	550	1750	2900	5800	10,200	14,500

1946-1947	**6**	**5**	**4**	**3**	**2**	**1**
Super Series, 6-cyl., 121" wb						
2d Cpe	450	1450	2400	4800	8300	11,900
2d Clb Cpe	450	1450	2400	4800	8400	12,000
2d Conv	950	3000	5000	10,000	17,500	25,000
2d Sed	400	1300	2150	4300	7600	10,800
4d Sed	400	1300	2200	4400	7600	10,900
Commodore Series, 6-cyl., 121" wb						
2d Clb Cpe	450	1500	2500	5000	8800	12,600
4d Sed	450	1450	2400	4800	8400	12,000
Super Series, 8-cyl., 121" wb						
2d Clb Cpe	500	1500	2550	5100	8900	12,700
4d Sed	450	1450	2450	4900	8500	12,200
Commodore Series, 8-cyl., 121" wb						
2d Clb Cpe	500	1600	2650	5300	9300	13,300
2d Conv	1050	3350	5600	11,200	19,600	28,000
4d Sed	500	1550	2550	5100	9000	12,800
1948-1949						
Super Series, 6-cyl., 124" wb						
2d Cpe	450	1450	2400	4800	8400	12,000
2d Clb Cpe	450	1500	2450	4900	8600	12,300
2d Conv	1200	3850	6400	12,800	22,400	32,000
2d Sed	400	1350	2200	4400	7800	11,100
4d Sed	400	1300	2200	4400	7700	11,000
Commodore Series, 6-cyl., 124" wb						
2d Clb Cpe	500	1550	2600	5200	9100	13,000
2d Conv	1350	4300	7200	14,400	25,200	36,000
4d Sed	450	1500	2500	5000	8800	12,500
Super Series, 8-cyl., 124" wb						
2d Clb Cpe	500	1600	2700	5400	9500	13,500
2d Sed (1949 only)	450	1500	2500	5000	8800	12,600
4d Sed	450	1500	2500	5000	8800	12,500
Commodore Series, 8-cyl., 124" wb						
2d Clb Cpe	550	1700	2800	5600	9800	14,000
2d Conv	1450	4550	7600	15,200	26,600	38,000
4d Sed	500	1600	2700	5400	9500	13,500
1950						
Pacemaker Series 500, 6-cyl., 119" wb						
2d Bus Cpe	400	1300	2200	4400	7700	11,000
2d Clb Cpe	450	1450	2400	4800	8400	12,000
2d Conv	1300	4200	7000	14,000	24,500	35,000
2d Sed	400	1350	2200	4400	7800	11,100
4d Sed	400	1350	2250	4500	7800	11,200
DeLuxe Series 50A, 6-cyl., 119" wb						
2d Clb Cpe	500	1600	2650	5300	9200	13,200
2d Conv	1350	4300	7200	14,400	25,200	36,000
2d Sed	450	1400	2300	4600	8100	11,500
4d Sed	450	1400	2300	4600	8100	11,600
Super Six Series 501, 6-cyl., 124" wb						
2d Clb Cpe	500	1600	2700	5400	9500	13,500
2d Conv	1400	4450	7400	14,800	25,900	37,000
2d Sed	450	1450	2400	4800	8500	12,100
4d Sed	450	1450	2450	4900	8500	12,200
Commodore Series 502, 6-cyl., 124" wb						
2d Clb Cpe	550	1700	2800	5600	9800	14,000
2d Conv	1450	4550	7600	15,200	26,600	38,000
4d Sed	500	1550	2600	5200	9100	13,000
Super Series 503, 8-cyl., 124" wb						
2d Sed	500	1550	2600	5200	9100	13,000
2d Clb Cpe	550	1750	2900	5800	10,200	14,500
4d Sed	500	1500	2550	5100	8900	12,700
Commodore Series 504, 8-cyl., 124" wb						
2d Clb Cpe	550	1800	3000	6000	10,500	15,000
2d Conv	1500	4800	8000	16,000	28,000	40,000
4d Sed	500	1550	2600	5200	9100	13,000

1951 Hudson Pacemaker four-door sedan

1951	6	5	4	3	2	1
Pacemaker Custom Series 4A, 6-cyl., 119" wb						
2d Cpe	450	1500	2500	5000	8800	12,500
2d Clb Cpe	500	1600	2700	5400	9500	13,500
2d Conv	1300	4200	7000	14,000	24,500	35,000
2d Sed	450	1450	2400	4800	8500	12,100
4d Sed	450	1450	2400	4800	8400	12,000
Super Custom Series 5A, 6-cyl., 124" wb						
2d Clb Cpe	550	1700	2800	5600	9800	14,000
2d Hlywd HT	700	2150	3600	7200	12,600	18,000
2d Conv	1350	4300	7200	14,400	25,200	36,000
2d Sed	450	1500	2500	5000	8800	12,500
4d Sed	500	1500	2550	5100	8900	12,700
Commodore Custom Series 6A, 6-cyl., 124" wb						
2d Clb Cpe	550	1750	2900	5800	10,200	14,500
2d Hlywd HT	700	2300	3800	7600	13,300	19,000
2d Conv	1400	4450	7400	14,800	25,900	37,000
4d Sed	550	1750	2900	5800	10,200	14,600
Hornet Series 7A, 6-cyl., 124" wb						
2d Clb Cpe	550	1800	3000	6000	10,500	15,000
2d Hlywd HT	750	2400	4000	8000	14,000	20,000
2d Conv	1450	4700	7800	15,600	27,300	39,000
4d Sed	550	1800	3000	6000	10,600	15,100
Commodore Custom Series 8A, 8-cyl., 124" wb						
2d Clb Cpe	600	1850	3100	6200	10,900	15,500
2d Hlywd HT	800	2500	4200	8400	14,700	21,000
2d Conv	1500	4800	8000	16,000	28,000	40,000
4d Sed	600	1850	3100	6200	10,900	15,600
1952						
Pacemaker Series 4B, 6-cyl., 119" wb						
2d Cpe	500	1500	2550	5100	8900	12,700
2d Clb Cpe	500	1550	2550	5100	9000	12,800
2d Sed	450	1500	2500	5000	8800	12,500
4d Sed	450	1500	2500	5000	8800	12,600
Wasp Series 5B, 6-cyl., 119" wb						
2d Clb Cpe	500	1550	2600	5200	9100	13,000
2d Hlywd HT	600	1900	3200	6400	11,200	16,000
2d Conv	1300	4200	7000	14,000	24,500	35,000
2d Sed	450	1500	2500	5000	8800	12,600
4d Sed	500	1500	2550	5100	8900	12,700
Commodore Series 6B, 6-cyl., 124" wb						
2d Clb Cpe	500	1600	2650	5300	9200	13,200
2d Hlywd HT	650	2050	3400	6800	11,900	17,000
2d Conv	1350	4300	7200	14,400	25,200	36,000
4d Sed	500	1550	2600	5200	9100	13,000
Hornet Series 7B, 6-cyl., 124" wb						
2d Clb Cpe	500	1600	2700	5400	9400	13,400
2d Hlywd HT	700	2150	3600	7200	12,600	18,000
2d Conv	1400	4450	7400	14,800	25,900	37,000
4d Sed	500	1550	2600	5200	9200	13,100
Commodore Series 8B, 8-cyl., 124" wb						
2d Clb Cpe	500	1600	2700	5400	9400	13,400
2d Hlywd HT	700	2300	3800	7600	13,300	19,000
2d Conv	1450	4550	7600	15,200	26,600	38,000
4d Sed	500	1550	2600	5200	9200	13,100

1953 Hudson Super Jet four-door sedan

	6	5	4	3	2	1
1953						
Jet Series 1C, 6-cyl., 105" wb						
4d Sed	400	1300	2200	4400	7700	11,000
Super Jet Series 2C, 6-cyl., 105" wb						
2d Clb Sed	450	1400	2300	4600	8100	11,500
4d Sed	450	1400	2300	4600	8100	11,600
Wasp Series 4C, 6-cyl., 119" wb						
2d Clb Cpe	450	1400	2350	4700	8300	11,800
2d Sed	450	1400	2300	4600	8100	11,500
4d Sed	450	1400	2300	4600	8100	11,600
Super Wasp Series 5C, 6-cyl., 119" wb						
2d Clb Cpe	450	1450	2400	4800	8400	12,000
2d Hlywd HT	600	1900	3200	6400	11,200	16,000
2d Conv	1300	4200	7000	14,000	24,500	35,000
2d Sed	450	1400	2300	4600	8100	11,600
4d Sed	450	1400	2350	4700	8200	11,700
Hornet Series 7C, 6-cyl., 124" wb						
2d Clb Cpe	500	1600	2700	5400	9500	13,500
2d Hlywd HT	650	2100	3500	7000	12,300	17,600
2d Conv	1450	4550	7600	15,200	26,600	38,000
4d Sed	500	1550	2600	5200	9100	13,000
1954						
Jet Series 1D, 6-cyl., 105" wb						
2 dr Utl Sed	400	1300	2200	4400	7700	11,000
2d Clb Sed	400	1350	2250	4500	7800	11,200
4d Sed	400	1350	2250	4500	7900	11,300
Super Jet Series 2D, 6-cyl., 105" wb						
2d Clb Sed	450	1400	2300	4600	8100	11,500
4d Sed	450	1400	2300	4600	8100	11,600
Jet Liner Series 3D, 6-cyl., 105" wb						
2d Clb Sed	450	1450	2400	4800	8400	12,000
4d Sed	450	1450	2400	4800	8500	12,100
Wasp Series 4D, 6-cyl., 119" wb						
2d Clb Cpe	450	1400	2300	4600	8100	11,500
2d Clb Sed	400	1350	2250	4500	7900	11,300
4d Sed	450	1350	2300	4600	8000	11,400
Super Wasp Series 5D, 6-cyl., 119" wb						
2d Clb Cpe	450	1400	2350	4700	8200	11,700
2d Hlywd HT	550	1800	3000	6000	10,500	15,000
2d Conv	1350	4300	7200	14,400	25,200	36,000
2d Clb Sed	450	1400	2300	4600	8100	11,600
4d Sed	450	1400	2300	4600	8100	11,500
Hornet Special Series 6D, 6-cyl., 124" wb						
2d Clb Cpe	500	1550	2600	5200	9100	13,000
2d Clb Sed	450	1450	2400	4800	8500	12,100
4d Sed	450	1500	2500	5000	8700	12,400
Hornet Series 7D, 6-cyl., 124" wb						
2d Clb Cpe	550	1700	2800	5600	9800	14,000
2d Hlywd HT	650	2050	3400	6800	11,900	17,000
2d Brgm Conv	1450	4700	7800	15,600	27,300	39,000
4d Sed	450	1500	2500	5000	8800	12,600
Italia, 6-cyl.						
2d	1200	3850	6400	12,800	22,400	32,000

	6	5	4	3	2	1
1955						
Super Wasp, 6-cyl., 114" wb						
4d Sed	400	1250	2100	4200	7400	10,500
Custom Wasp, 6-cyl., 114" wb						
2d Hlywd HT	550	1800	3000	6000	10,500	15,000
4d Sed	400	1250	2100	4200	7400	10,600
Hornet Super, 6-cyl., 121" wb						
4d Sed	400	1300	2200	4400	7700	11,000
Hornet Custom, 6-cyl., 121" wb						
2d Hlywd HT	600	1900	3200	6400	11,200	16,000
4d Sed	450	1400	2300	4600	8100	11,500
Italia, 6-cyl.						
2d Cpe	1200	3850	6400	12,800	22,400	32,000

NOTE: Add 5 percent for V-8.
  For Hudson Rambler prices see AMC.

	6	5	4	3	2	1
1956						
Super Wasp, 6-cyl., 114" wb						
4d Sed	400	1200	2000	4000	7000	10,000
Super Hornet, 6-cyl., 121" wb						
4d Sed	400	1300	2200	4400	7700	11,000
Custom Hornet, 6-cyl., 121" wb						
2d Hlywd HT	650	2050	3400	6800	11,900	17,000
4d Sed	450	1450	2400	4800	8400	12,000
Hornet Super Special, 8-cyl., 114" wb						
2d Hlywd HT	700	2150	3600	7200	12,600	18,000
4d Sed	450	1450	2450	4900	8500	12,200
Hornet Custom, 8-cyl., 121" wb						
2d Hlywd HT	700	2300	3800	7600	13,300	19,000
4d Sed	450	1500	2500	5000	8800	12,500

NOTE: For Hudson Rambler prices see AMC.

1957 Hudson Hornet V-8 four-door sedan

	6	5	4	3	2	1
1957						
Hornet Super, 8-cyl., 121" wb						
2d Hlywd HT	700	2150	3600	7200	12,600	18,000
4d Sed	500	1600	2700	5400	9500	13,500
Hornet Custom, 8-cyl., 121" wb						
2d Hlywd HT	700	2300	3800	7600	13,300	19,000
4d Sed	550	1750	2900	5800	10,200	14,500

NOTE: For Hudson Rambler prices see AMC.

ESSEX

	6	5	4	3	2	1
1919						
Model A (4-cyl.)						
2d Rds	500	1550	2600	5200	9100	13,000
4d Tr	450	1500	2500	5000	8800	12,500
4d Sed	400	1300	2200	4400	7700	11,000
1920						
4-cyl.						
2d Rds	500	1550	2600	5200	9100	13,000

	6	5	4	3	2	1
4d Tr	450	1500	2500	5000	8800	12,500
4d Sed	400	1300	2200	4400	7700	11,000
1921						
4-cyl.						
2d Rds	500	1600	2700	5400	9500	13,500
4d Tr	450	1450	2400	4800	8400	12,000
2d Cabr	500	1550	2600	5200	9100	13,000
2d Sed	450	1140	1900	3800	6650	9500
4d Sed	450	1150	1900	3850	6700	9600
1922						
4-cyl.						
4d Tr	450	1450	2400	4800	8400	12,000
2d Cabr	500	1550	2600	5200	9100	13,000
2 dr Sed	450	1140	1900	3800	6650	9500
4d Sed	450	1150	1900	3850	6700	9600
1923						
4-cyl.						
2d Cabr	500	1550	2600	5200	9100	13,000
4d Phae	450	1450	2400	4800	8400	12,000
2d Sed	450	1080	1800	3600	6300	9000
1924						
Six, 6-cyl.						
4d Tr	500	1550	2600	5200	9100	13,000
2d Sed	450	1080	1800	3600	6300	9000
1925						
Six, 6-cyl.						
4d Tr	500	1550	2600	5200	9100	13,000
2d Sed	450	1050	1750	3550	6150	8800
1926						
Six, 6-cyl.						
4d Tr	500	1550	2600	5200	9100	13,000
2d Sed	450	1140	1900	3800	6650	9500
4d Sed	450	1150	1900	3850	6700	9600
1927						
Six, 6-cyl.						
4d Tr	550	1800	3000	6000	10,500	15,000
2d Sed	350	975	1600	3200	5600	8000
4d Sed	350	1000	1650	3300	5750	8200
Super Six, 6-cyl.						
2d BT Spds	850	2750	4600	9200	16,100	23,000
4d Tr	550	1800	3000	6000	10,500	15,000
2d 4P Spds	700	2300	3800	7600	13,300	19,000
2d Cpe	450	1140	1900	3800	6650	9500
2d Sed	350	1020	1700	3400	5950	8500
4d Sed	350	1040	1700	3450	6000	8600
4d DeL Sed	450	1080	1800	3600	6300	9000
1928						
First Series, 6-cyl.						
2d BT Spds	750	2400	4000	8000	14,000	20,000
2d 4P Spds	700	2300	3800	7600	13,300	19,000
2d Cpe	450	1130	1900	3800	6600	9400
2d Sed	350	1040	1700	3450	6000	8600
4d Sed	450	1050	1750	3550	6150	8800
Second Series, 6-cyl.						
2d Spt Rds	800	2500	4200	8400	14,700	21,000
4d Phae	750	2400	4000	8000	14,000	20,000
2d 2P Cpe	400	1200	2000	4000	7000	10,000
2d RS Cpe	400	1200	2050	4100	7100	10,200
2d Sed	350	1040	1700	3450	6000	8600
4d Sed	450	1050	1750	3550	6150	8800
1929						
Challenger Series, 6-cyl.						
2d Rds	1100	3500	5800	11,600	20,300	29,000
2d Phae	1050	3350	5600	11,200	19,600	28,000
2d 2P Cpe	450	1160	1950	3900	6800	9700
2d 4P Cpe	450	1190	2000	3950	6900	9900
2d Sed	450	1050	1800	3600	6200	8900
4d Sed	450	1130	1900	3800	6600	9400
2d RS Rds	1150	3600	6000	12,000	21,000	30,000
4d Phae	1100	3500	5800	11,600	20,300	29,000
2d Conv	1000	3250	5400	10,800	18,900	27,000

1929 Essex Speedabout boattail roadster

	6	5	4	3	2	1
2d RS Cpe	400	1200	2000	4000	7000	10,000
4d Twn Sed	400	1200	2000	4000	7100	10,100
4d DeL Sed	400	1250	2050	4100	7200	10,300
1930						
First Series, Standard, 6-cyl.						
2d Rds	1250	3950	6600	13,200	23,100	33,000
2d Conv	1100	3500	5800	11,600	20,300	29,000
4d Phae	1150	3600	6000	12,000	21,000	30,000
2d 2P Cpe	450	1130	1900	3800	6600	9400
2d RS Cpe	400	1200	2000	4000	7000	10,000
2d Sed	950	1100	1850	3700	6450	9200
4d Std Sed	450	1120	1875	3750	6500	9300
4d Twn Sed	450	1130	1900	3800	6600	9400
Second Series, Standard, 6-cyl.						
2d RS Rds	1300	4200	7000	14,000	24,500	35,000
4d Phae	1300	4100	6800	13,600	23,800	34,000
4d Sun Sed	500	1550	2600	5200	9100	13,000
4d Tr	1200	3850	6400	12,800	22,400	32,000
2d 2P Cpe	450	1130	1900	3800	6600	9400
2d RS Cpe	400	1250	2100	4200	7300	10,400
2d Sed	350	975	1600	3200	5600	8000
4d Sed	350	975	1600	3250	5700	8100
4d Twn Sed	450	1080	1800	3600	6300	9000
4d DeL Sed	450	1130	1900	3800	6600	9400
4d Brgm	400	1200	2000	4000	7000	10,000

1931 Essex Brougham four-door sedan

1931
Standard, 6-cyl.

	6	5	4	3	2	1
2d BT Rds	1750	5650	9400	18,800	32,900	47,000
4d Phae	1150	3700	6200	12,400	21,700	31,000

	6	5	4	3	2	1
2d RS Cpe	450	1450	2400	4800	8400	12,000
2d 2P Cpe	400	1300	2200	4400	7700	11,000
4d Sed	450	1130	1900	3800	6600	9400
2d Sed	450	1120	1875	3750	6500	9300
4d Tr Sed	450	1140	1900	3800	6650	9500

1932
Pacemaker, 6-cyl.

2d Conv	1050	3350	5600	11,200	19,600	28,000
4d Phae	1150	3600	6000	12,000	21,000	30,000
2d 2P Cpe	450	1450	2400	4800	8400	12,000
2d RS Cpe	500	1650	2800	5600	9700	13,900
2d Sed	450	1350	2300	4600	8000	11,400
4d Sed	450	1400	2300	4600	8100	11,500

TERRAPLANE

1933
Six, 6-cyl., 106" wb

2d Rds	1050	3350	5600	11,200	19,600	28,000
4d Phae	1100	3500	5800	11,600	20,300	29,000
2d 2P Cpe	400	1200	2000	4000	7000	10,000
2d RS Cpe	450	1350	2300	4600	8000	11,400
2d Sed	400	1250	2100	4200	7300	10,400
4d Sed	400	1250	2100	4200	7400	10,600

Special Six, 6-cyl., 113" wb

2d Spt Rds	1100	3500	5800	11,600	20,300	29,000
4d Phae	1150	3600	6000	12,000	21,000	30,000
2d Conv	1000	3250	5400	10,800	18,900	27,000
2d Bus Cpe	400	1350	2250	4500	7900	11,300
2d RS Cpe	450	1400	2300	4600	8100	11,600
2d Sed	400	1250	2100	4200	7400	10,600
4d Sed	400	1300	2150	4300	7600	10,800

DeLuxe Six, 6-cyl., 113" wb

2d Conv	1050	3350	5600	11,200	19,600	28,000
2d 2P Cpe	400	1250	2100	4200	7400	10,500
2d RS Cpe	450	1450	2400	4800	8400	12,000
2d Sed	400	1300	2150	4300	7500	10,700
4d Sed	400	1300	2200	4400	7700	11,000

Terraplane, 8-cyl.

2d 2P Rds	1100	3500	5800	11,600	20,300	29,000
2d RS Rds	1150	3600	6000	12,000	21,000	30,000
2d 2P Cpe	450	1400	2350	4700	8300	11,800
2d RS Cpe	500	1550	2600	5200	9100	13,000
2d Conv	1000	3250	5400	10,800	18,900	27,000
2d Sed	450	1400	2350	4700	8300	11,800
4d Sed	450	1450	2400	4800	8400	12,000

Terraplane DeLuxe Eight, 8-cyl.

2d Conv	1100	3500	5800	11,600	20,300	29,000
2P Cpe	450	1450	2400	4800	8400	12,000
2d RS Cpe	500	1600	2700	5400	9500	13,500
2d Sed	450	1400	2350	4700	8300	11,800
4d Sed	450	1450	2400	4800	8400	12,000

1934
Terraplane Challenger KS, 6-cyl., 112" wb

2P Cpe	400	1250	2100	4200	7300	10,400
2d RS Cpe	450	1350	2300	4600	8000	11,400
2d Sed	450	1160	1950	3900	6800	9700
4d Sed	400	1200	2000	4000	7000	10,000

Major Line KU, 6-cyl.

2P Cpe	400	1250	2100	4200	7400	10,500
2d RS Cpe	450	1400	2300	4600	8100	11,500
2d Conv	1050	3350	5600	11,200	19,600	28,000
2d Comp Vic	400	1250	2100	4200	7400	10,500
2d Sed	450	1080	1800	3600	6300	9000
4d Sed	400	1200	2000	4000	7100	10,100
4d Comp Sed	400	1250	2050	4100	7200	10,300

Special Line K, 8-cyl.

2P Cpe	400	1300	2200	4400	7700	11,000
2d RS Cpe	450	1450	2400	4800	8400	12,000
2d Conv	1100	3500	5800	11,600	20,300	29,000
2d Comp Vic	400	1250	2100	4200	7400	10,600
2d Sed	400	1200	2000	4000	7000	10,000
4d Sed	400	1200	2000	4000	7100	10,100
4d Comp Sed	400	1250	2050	4100	7200	10,300

	6	5	4	3	2	1
1935						
Special G, 6-cyl.						
2P Cpe	400	1250	2100	4200	7300	10,400
2d RS Cpe	400	1300	2150	4300	7500	10,700
4d Tr Brgm	400	1200	2050	4100	7100	10,200
2d Sed	400	1200	2000	4000	7100	10,100
4d Sed	400	1200	2050	4100	7100	10,200
4d Sub Sed	400	1250	2050	4100	7200	10,300
DeLuxe GU, 6-cyl., Big Six						
2d 2P Cpe	400	1250	2100	4200	7400	10,500
2d RS Cpe	400	1300	2200	4400	7700	11,000
2d Conv	1000	3100	5200	10,400	18,200	26,000
4d Tr Brgm	400	1250	2100	4200	7400	10,600
2d Sed	400	1250	2100	4200	7300	10,400
4d Sed	400	1250	2100	4200	7400	10,500
4d Sub Sed	400	1300	2150	4300	7500	10,700
1936						
DeLuxe 61, 6-cyl.						
2d Conv	1000	3100	5200	10,400	18,200	26,000
2d 2P Cpe	400	1200	2000	4000	7000	10,000
2d RS Cpe	400	1300	2200	4400	7700	11,000
4d Brgm	450	1150	1900	3850	6700	9600
4d Tr Brgm	400	1200	2000	4000	7000	10,000
4d Sed	450	1160	1950	3900	6800	9700
4d Tr Sed	450	1170	1975	3900	6850	9800
Custom 62, 6-cyl.						
2d Conv	1000	3250	5400	10,800	18,900	27,000
2d 2P Cpe	400	1250	2100	4200	7400	10,600
2d RS Cpe	450	1450	2400	4800	8400	12,000
4d Brgm	400	1250	2100	4200	7300	10,400
4d Tr Brgm	400	1250	2100	4200	7400	10,600
4d Sed	400	1250	2100	4200	7300	10,400
4d Tr Sed	400	1250	2100	4200	7400	10,500
1937						
DeLuxe 71, 6-cyl.						
2d Bus Cpe	400	1200	2000	4000	7000	10,000
2d 3P Cpe	400	1200	2000	4000	7100	10,100
2d Vic Cpe	400	1250	2100	4200	7300	10,400
2d Conv	950	3000	5000	10,000	17,500	25,000
4d Brgm	400	1200	2000	4000	7000	10,000
1938						
Terraplane Utility Series 80, 6-cyl., 117" wb						
2d 3P Cpe	450	1130	1900	3800	6600	9400
2d Sed	450	1090	1800	3650	6400	9100
4d Twn Sed	950	1100	1850	3700	6450	9200
4d Sed	450	1090	1800	3650	6400	9100
4d Tr Sed	950	1100	1850	3700	6450	9200
4d Sta Wag	550	1700	2800	5600	9800	14,000
Terraplane Deluxe Series 81, 6-cyl., 117" wb						
2d 3P Conv	950	3000	5000	10,000	17,500	25,000
2d Conv Brgm	1000	3100	5200	10,400	18,200	26,000
2d 3P Cpe	450	1150	1900	3850	6700	9600
2d Vic Cpe	400	1300	2200	4400	7700	11,000
4d Brgm	450	1120	1875	3750	6500	9300
4d Tr Brgm	450	1090	1800	3650	6400	9100
4d Sed	950	1100	1850	3700	6450	9200
4d Tr Sed	450	1120	1875	3750	6500	9300
Terraplane Super Series 82, 6-cyl., 117" wb						
2d Conv	1000	3100	5200	10,400	18,200	26,000
2d Conv Brgm	950	3000	5000	10,000	17,500	25,000
2d Vic Cpe	400	1300	2200	4400	7700	11,000
4d Brgm	400	1250	2100	4200	7300	10,400
4d Tr Brgm	400	1200	2050	4100	7100	10,200
4d Sed	400	1250	2050	4100	7200	10,300
4d Tr Sed	400	1250	2100	4200	7300	10,400

HUPMOBILE

	6	5	4	3	2	1
1909						
Model 20, 4-cyl., 16.9 hp, 86" wb						
2d 2P Rbt	1150	3700	6200	12,400	21,700	31,000
1910						
Model 20, 4-cyl., 18/20 hp, 86" wb						
2d 2P B Rbt	1150	3700	6200	12,400	21,700	31,000

	6	5	4	3	2	1
1911						
Model 20, 4-cyl., 20 hp, 86" wb						
2d 2P C Rbt	1150	3700	6200	12,400	21,700	31,000
2d 2P T Torp	1200	3850	6400	12,800	22,400	32,000
4d 4P D Tr	1250	3950	6600	13,200	23,100	33,000
2d 4P F Cpe	1050	3350	5600	11,200	19,600	28,000
1912						
Model 20, 4-cyl., 20 hp, 86" wb						
2d 2P Rbt	1150	3700	6200	12,400	21,700	31,000
2d 2P Rds	1200	3850	6400	12,800	22,400	32,000
2d 2P Cpe	1050	3350	5600	11,200	19,600	28,000
Model 32, 4-cyl., 32 hp, 106" wb						
4d 4P Torp Tr	1250	3950	6600	13,200	23,100	33,000
1913						
Model 20-C, 4-cyl., 20 hp, 86" wb						
2d 2P Rbt	1150	3700	6200	12,400	21,700	31,000
Model 20-E, 4-cyl., 20 hp, 110" wb						
2d Rds	1000	3250	5400	10,800	18,900	27,000
Model 32, 4-cyl., 32 hp, 106" wb						
4d 5P H Tr	1200	3850	6400	12,800	22,400	32,000
2d 2P H Rds	1250	3950	6600	13,200	23,100	33,000
2d H L Cpe	1000	3100	5200	10,400	18,200	26,000
Model 32, 4-cyl., 32 hp, 126" wb						
4d 6P Tr	1300	4100	6800	13,600	23,800	34,000
1914						
Model 32, 4-cyl., 32 hp, 106" wb						
4d 6P HM Tr	1100	3500	5800	11,600	20,300	29,000
2d 2P HR Rds	1150	3600	6000	12,000	21,000	30,000
4d 5P H Tr	1150	3700	6200	12,400	21,700	31,000
2d 3P HAK Cpe	900	2900	4800	9600	16,800	24,000
1915						
Model 32, 4-cyl., 32 hp, 106" wb						
4d 4P Tr	1150	3600	6000	12,000	21,000	30,000
2d 2P Rds	1100	3500	5800	11,600	20,300	29,000
Model K, 4-cyl., 36 hp, 119" wb						
2d 2P Rds	1150	3600	6000	12,000	21,000	30,000
4d 5P Tr	1150	3700	6200	12,400	21,700	31,000
2d 2P Cpe	850	2650	4400	8800	15,400	22,000
4d Limo	850	2750	4600	9200	16,100	23,000
1916						
Model N, 4-cyl., 22.5 hp, 119" wb						
4d 5P Tr	950	3000	5000	10,000	17,500	25,000
2d 2P Rds	900	2900	4800	9600	16,800	24,000
4d 5P Sed	700	2300	3800	7600	13,300	19,000
4d 5P Year-'Round Tr	1000	3100	5200	10,400	18,200	26,000
2d Year-'Round Cpe	750	2400	4000	8000	14,000	20,000
Model N, 4-cyl., 22.5 hp, 134" wb						
4d 7P Tr	1100	3500	5800	11,600	20,300	29,000
4d 7P Limo	850	2650	4400	8800	15,400	22,000
1917						
Model N, 4-cyl., 22 hp, 119" wb						
4d 5P Tr	850	2750	4600	9200	16,100	23,000
2d 6P Rds	900	2900	4800	9600	16,800	24,000
4d 5P Year-'Round Tr	950	3000	5000	10,000	17,500	25,000
2d 2P Year-'Round Cpe	550	1800	3000	6000	10,500	15,000
4d 5P Sed	550	1800	3000	6000	10,500	15,000
Model N, 4-cyl., 22.5 hp, 134" wb						
4d 7P Tr	1000	3100	5200	10,400	18,200	26,000
NOTE: Series R introduced October 1917.						
1918						
Series R-1, 4-cyl., 16.9 hp, 112" wb						
4d 5P Tr	700	2300	3800	7600	13,300	19,000
2d 2P Rds	700	2150	3600	7200	12,600	18,000
1919						
Series R-1,2,3, 4-cyl., 16.9 hp, 112" wb						
4d 5P Tr	750	2400	4000	8000	14,000	20,000
2d 2P Rds	700	2300	3800	7600	13,300	19,000
4d 5P Sed	450	1450	2400	4800	8400	12,000
2d 4P Cpe	550	1700	2800	5600	9800	14,000
1920						
Series R-3,4,5, 4-cyl., 35 hp, 112" wb						
4d 5P Tr	750	2400	4000	8000	14,000	20,000
2d 2P Rds	700	2300	3800	7600	13,300	19,000
2d 4P Cpe	550	1700	2800	5600	9800	14,000
4d 5P Sed	450	1450	2400	4800	8400	12,000

	6	5	4	3	2	1
1921						
Series R-4,5,6, 4-cyl., 35 hp, 112" wb						
4d 5P Tr	750	2400	4000	8000	14,000	20,000
2d 2P Rds	700	2300	3800	7600	13,300	19,000
2d 4P Cpe	550	1700	2800	5600	9800	14,000
4d 5P Sed	450	1450	2400	4800	8400	12,000
1922						
Series R-7,8,9,10, 4-cyl., 35 hp, 112" wb						
4d 5P Tr	750	2400	4000	8000	14,000	20,000
2d 2P Rds	700	2300	3800	7600	13,300	19,000
2d 2P Cpe	550	1700	2800	5600	9800	14,000
2d 4P Cpe	550	1750	2900	5800	10,200	14,500
4d 5P Sed	450	1450	2400	4800	8400	12,000
1923						
Series R-10,11,12, 4-cyl., 35 hp, 112" wb						
4d 5P Tr	700	2300	3800	7600	13,300	19,000
4d 5P Spl Tr	750	2400	4000	8000	14,000	20,000
2d 2P Rds	750	2400	4000	8000	14,000	20,000
2d Spl Rds	800	2500	4200	8400	14,700	21,000
4d 5P Sed	450	1450	2400	4800	8400	12,000
2d 4P Cpe	550	1800	3000	6000	10,500	15,000
2d 2P Cpe	550	1700	2800	5600	9800	14,000
1924						
Series R-12,13, 4-cyl., 39 hp, 115" wb						
4d 5P Tr	700	2150	3600	7200	12,600	18,000
4d 5P Spl Tr	700	2300	3800	7600	13,300	19,000
2d 2P Spl Rds	750	2400	4000	8000	14,000	20,000
2d 2P Cpe	550	1700	2800	5600	9800	14,000
2d 4P Cpe	550	1800	3000	6000	10,500	15,000
4d 5P Sed	450	1450	2400	4800	8400	12,000
4d 5P Clb Sed	500	1550	2600	5200	9100	13,000
1925						
Model R-14,15, 4-cyl., 39 hp, 115" wb						
4d 5P Tr	700	2150	3600	7200	12,600	18,000
2d 2P Rds	700	2300	3800	7600	13,300	19,000
2d 2P Cpe	500	1550	2600	5200	9100	13,000
4d 5P Clb Sed	500	1550	2600	5200	9100	13,000
4d 5P Sed	450	1450	2400	4800	8400	12,000
Model E-1, 8-cyl., 60 hp, 118-1/4" wb						
4d 5P Tr	850	2750	4600	9200	16,100	23,000
2d 2P Rds	900	2900	4800	9600	16,800	24,000
2d 4P Cpe	550	1800	3000	6000	10,500	15,000
4d 5P Sed	500	1550	2600	5200	9100	13,000
1926						
Model A-1, 6-cyl., 50 hp, 114" wb						
4d 5P Tr	700	2150	3600	7200	12,600	18,000
4d 5P Sed	450	1450	2400	4800	8400	12,000
Model E-2, 8-cyl., 63 hp, 118-1/4" wb						
2d 4P Rds	900	2900	4800	9600	16,800	24,000
4d 5P Tr	850	2750	4600	9200	16,100	23,000
2d 2P Cpe	550	1800	3000	6000	10,500	15,000
2d 4P Cpe	600	1900	3200	6400	11,200	16,000
4d 5P Sed	500	1550	2600	5200	9100	13,000
1927						
Series A, 6-cyl., 50 hp, 114" wb						
4d 5P Tr	700	2300	3800	7600	13,300	19,000
2d 2P Rds	750	2400	4000	8000	14,000	20,000
4d 5P Sed	450	1450	2400	4800	8400	12,000
2d 4P Cpe	550	1700	2800	5600	9800	14,000
4d 5P Brgm	500	1550	2600	5200	9100	13,000
Series E-3, 8-cyl., 67 hp, 125" wb						
2d 4P Rds	850	2750	4600	9200	16,100	23,000
4d 5P Tr	850	2650	4400	8800	15,400	22,000
4d 5P Spt Tr	850	2750	4600	9200	16,100	23,000
2d 2P Cpe	550	1800	3000	6000	10,500	15,000
4d 7P Tr	800	2500	4200	8400	14,700	21,000
4d 5P Sed	450	1450	2400	4800	8400	12,000
4d 7P Sed	450	1500	2500	5000	8800	12,500
4d 5P Berl	500	1550	2600	5200	9100	13,000
4d 5P Brgm	450	1500	2500	5000	8800	12,500
2d 5P Vic	500	1550	2600	5200	9100	13,000
4d Limo Sed	550	1700	2800	5600	9800	14,000

	6	5	4	3	2	1

1928

Century Series A, 6-cyl., 57 hp, 114" wb

	6	5	4	3	2	1
4d 5P Phae	850	2750	4600	9200	16,100	23,000
4d 7P Phae	850	2650	4400	8800	15,400	22,000
4d 4P Cpe	550	1700	2800	5600	9800	14,000
4d 5P Sed	450	1450	2400	4800	8400	12,000
2d 5P Sed	400	1300	2200	4400	7700	11,000

Century Series M, 8-cyl., 80 hp, 120" wb

	6	5	4	3	2	1
2d Rds	1000	3100	5200	10,400	18,200	26,000
4d 5P Tr	950	3000	5000	10,000	17,500	25,000
4d 7P Tr	900	2900	4800	9600	16,800	24,000
2d 2P Cpe	700	2150	3600	7200	12,600	18,000
4d Brgm	600	1900	3200	6400	11,200	16,000
2d Vic	650	2050	3400	6800	11,900	17,000
4d 5P Sed	500	1550	2600	5200	9100	13,000
4d 7P Sed	450	1450	2400	4800	8400	12,000
4d Sed-Limo	550	1700	2800	5600	9800	14,000

Century Series 125 (E-4), 8-cyl., 80 hp, 125" wb

	6	5	4	3	2	1
2d R.S. Rds	1000	3250	5400	10,800	18,900	27,000
4d 5P Tr	1000	3100	5200	10,400	18,200	26,000
4d 7P Tr	950	3000	5000	10,000	17,500	25,000
2d R.S. Cpe	700	2150	3600	7200	12,600	18,000
4d 5P Brgm	650	2050	3400	6800	11,900	17,000
4d 5P Sed	550	1700	2800	5600	9800	14,000
4d 7P Sed	500	1550	2600	5200	9100	13,000
2d Vic	700	2150	3600	7200	12,600	18,000
4d Sed-Limo	600	1900	3200	6400	11,200	16,000

NOTE: Series A and Series E-3 of 1927 carried over as 1928 models. Both Century Series A and M available in custom line.

1929

Series A, 6-cyl., 57 hp, 114" wb

	6	5	4	3	2	1
4d 5P Tr	1000	3100	5200	10,400	18,200	26,000
2d 4P Rds	1000	3250	5400	10,800	18,900	27,000
4d 7P Tr	950	3000	5000	10,000	17,500	25,000
4d 5P Brgm	600	1900	3200	6400	11,200	16,000
2d 4P Cpe	650	2050	3400	6800	11,900	17,000
4d 5P Sed	500	1550	2600	5200	9100	13,000
2d 2P Cabr	900	2900	4800	9600	16,800	24,000
2d 4P Cabr	950	3000	5000	10,000	17,500	25,000

Series M, 8-cyl., 80 hp, 120" wb

	6	5	4	3	2	1
4d 5P Tr	1000	3250	5400	10,800	18,900	27,000
2d 4P Rds	1050	3350	5600	11,200	19,600	28,000
4d 7P Tr	1000	3100	5200	10,400	18,200	26,000
4d 5P Brgm	650	2050	3400	6800	11,900	17,000
2d 4P Cpe	700	2150	3600	7200	12,600	18,000
4d 5P Sed	550	1700	2800	5600	9800	14,000
2d 5P Cabr	1000	3100	5200	10,400	18,200	26,000
4d 5P Twn Sed	600	1900	3200	6400	11,200	16,000
4d 7P Sed (130" wb)	650	2050	3400	6800	11,900	17,000
4d 7P Limo (130" wb)	850	2750	4600	9200	16,100	23,000

NOTE: Both series available in custom line models.

1930

Model S, 6-cyl., 70 hp, 114" wb

	6	5	4	3	2	1
4d Phae	1200	3850	6400	12,800	22,400	32,000
2d Cpe	700	2150	3600	7200	12,600	18,000
4d Sed	550	1700	2800	5600	9800	14,000
2d Conv Cabr	1100	3500	5800	11,600	20,300	29,000

Model C, 8-cyl., 100 hp, 121" wb

	6	5	4	3	2	1
2d Cpe	700	2150	3600	7200	12,600	18,000
4d Sed	550	1800	3000	6000	10,500	15,000
2d Cabr	1150	3700	6200	12,400	21,700	31,000
4d Tr Sed	600	1900	3200	6400	11,200	16,000

Model H, 8-cyl., 133 hp, 125" wb

	6	5	4	3	2	1
4d Sed	650	2050	3400	6800	11,900	17,000
2d Cpe	700	2300	3800	7600	13,300	19,000
2d Cabr	1200	3850	6400	12,800	22,400	32,000
4d Tr Sed	650	2050	3400	6800	11,900	17,000

Model U, 8-cyl., 133 hp, 137" wb

	6	5	4	3	2	1
4d Sed	700	2300	3800	7600	13,300	19,000
4d Sed Limo	900	2900	4800	9600	16,800	24,000

NOTE: All models available in custom line.

1931

Century Six, Model S, 70 hp, 114" wb

	6	5	4	3	2	1
4d Phae	1300	4100	6800	13,600	23,800	34,000
2d 2P Cpe	700	2150	3600	7200	12,600	18,000

	6	5	4	3	2	1
2d 4P Cpe	700	2300	3800	7600	13,300	19,000
2d Rds	1300	4200	7000	14,000	24,500	35,000
4d Sed	550	1700	2800	5600	9800	14.000

1931 Hupmobile Century Six roadster

	6	5	4	3	2	1
2d Cabr	1100	3500	5800	11,600	20,300	29,000
Century Eight, Model L, 90 hp, 118" wb						
4d Phae	1350	4300	7200	14,400	25,200	36,000
2d Rds	1400	4450	7400	14,800	25,900	37,000
2d 2P Cpe	700	2150	3600	7200	12,600	18,000
2d 4P Cpe	700	2300	3800	7600	13,300	19,000
4d Sed	550	1800	3000	6000	10,500	15,000
2d Cabr	1150	3600	6000	12,000	21,000	30,000
Model C, 8-cyl., 100 hp, 121" wb						
4d Spt Phae	1500	4800	8000	16,000	28,000	40,000
2d 4P Cpe	750	2400	4000	8000	14,000	20,000
4d Sed	600	1900	3200	6400	11,200	16,000
2d Vic Cpe	700	2300	3800	7600	13,300	19,000
2d Cabr	1150	3700	6200	12,400	21,700	31,000
4d Twn Sed	700	2150	3600	7200	12,600	18,000
Model H, 8-cyl., 133 hp, 125" wb						
2d Cpe	800	2500	4200	8400	14,700	21,000
4d Sed	650	2050	3400	6800	11,900	17,000
4d Twn Sed	700	2150	3600	7200	12,600	18,000
4d Phae	1600	5150	8600	17,200	30,100	43,000
2d Vic Cpe	750	2400	4000	8000	14,000	20,000
2d Cabr	1200	3850	6400	12,800	22,400	32,000
Model U, 8-cyl., 133 hp, 137" wb						
2d Vic Cpe	850	2650	4400	8800	15,400	22,000
4d Sed	700	2150	3600	7200	12,600	18,000
4d Sed Limo	850	2750	4600	9200	16,100	23,000
NOTE: All models available in custom line.						
1932						
Series S-214, 6-cyl., 70 hp, 114" wb						
2d Rds	1350	4300	7200	14,400	25,200	36,000
2d Cpe	700	2300	3800	7600	13,300	19,000
4d Sed	550	1800	3000	6000	10,500	15,000
2d Cabr	1300	4100	6800	13,600	23,800	34,000
Series B-216, 6-cyl., 75 hp, 116" wb						
4d Phae	1450	4550	7600	15,200	26,600	38,000
2d Rds	1450	4700	7800	15,600	27,300	39,000
2d 2P Cpe	700	2300	3800	7600	13,300	19,000
2d 4P Cpe	750	2400	4000	8000	14,000	20,000
4d Sed	600	1900	3200	6400	11,200	16,000
2d Conv Cabr	1400	4450	7400	14,800	25,900	37,000
Series L-218, 8-cyl., 90 hp, 118" wb						
2d Rds	1400	4450	7400	14,800	25,900	37,000
2d Cpe	750	2400	4000	8000	14,000	20,000
4d Sed	650	2050	3400	6800	11,900	17,000
2d Cabr	1350	4300	7200	14,400	25,200	36,000
Series C-221, 8-cyl., 100 hp, 121" wb						
4d Sed	700	2150	3600	7200	12,600	18,000

	6	5	4	3	2	1
2d Vic	750	2400	4000	8000	14,000	20,000
4d Twn Sed	650	2050	3400	6800	11,900	17,000
Series F-222, 8-cyl., 93 hp, 122" wb						
2d Cabr	1450	4550	7600	15,200	26,600	38,000
2d Cpe	750	2400	4000	8000	14,000	20,000
4d Sed	700	2150	3600	7200	12,600	18,000
2d Vic	800	2500	4200	8400	14,700	21,000
Series H-225, 8-cyl., 133 hp, 125" wb						
4d Sed	700	2300	3800	7600	13,300	19,000
Series I-226, 8-cyl., 103 hp, 126" wb						
2d Cpe	800	2500	4200	8400	14,700	21,000
2d Cabr Rds	1450	4700	7800	15,600	27,300	39,000
4d Sed	700	2300	3800	7600	13,300	19,000
2d Vic	850	2650	4400	8800	15,400	22,000
Series V-237, 8-cyl., 133 hp, 137" wb						
2d Vic	850	2750	4600	9200	16,100	23,000
4d Sed	750	2400	4000	8000	14,000	20,000

NOTE: Series S-214, L-218, C-221, H-225 and V-237 were carryovers of 1931 models. Horsepower of Series F-222 raised to 96 mid-year.

1933

	6	5	4	3	2	1
Series K-321, 6-cyl., 90 hp, 121" wb						
2d Cpe	650	2050	3400	6800	11,900	17,000
4d Sed	550	1700	2800	5600	9800	14,000
2d Vic	600	1900	3200	6400	11,200	16,000
2d Cabr	1350	4300	7200	14,400	25,200	36,000
Series KK-321A, 6-cyl., 90 hp, 121" wb						
2d Cpe	700	2150	3600	7200	12,600	18,000
4d Sed	550	1800	3000	6000	10,500	15,000
2d Vic	650	2050	3400	6800	11,900	17,000
Series F-322, 8-cyl., 96 hp, 122" wb						
2d Cpe	700	2300	3800	7600	13,300	19,000
4d Sed	600	1900	3200	6400	11,200	16,000
2d Vic	700	2150	3600	7200	12,600	18,000
2d Cabr	1400	4450	7400	14,800	25,900	37,000
Series I-326, 8-cyl., 109 hp, 126" wb						
2d Cpe	700	2300	3800	7600	13,300	19,000
4d Sed	650	2050	3400	6800	11,900	17,000
2d Vic	700	2150	3600	7200	12,600	18,000
2d Cabr	1450	4550	7600	15,200	26,600	38,000

1934

	6	5	4	3	2	1
Series 417-W, 6-cyl., 80 hp, 117" wb						
2d Cpe	600	1900	3200	6400	11,200	16,000
4d Sed	450	1450	2400	4800	8400	12,000
Series KK-421A, 6-cyl., 90 hp, 121" wb						
4d DeL Sed	550	1700	2800	5600	9800	14,000
4d Sed	500	1550	2600	5200	9100	13,000
4d Tr Sed	550	1700	2800	5600	9800	14,000
2d Cpe	700	2300	3800	7600	13,300	19,000
2d Cabr	1450	4550	7600	15,200	26,600	38,000
2d Vic	700	2150	3600	7200	12,600	18,000
Series K-421, 6-cyl., 90 hp, 121" wb						
2d Cpe	500	1550	2600	5200	9100	13,000
4d Sed	450	1450	2400	4800	8400	12,000
2d Vic	550	1700	2800	5600	9800	14,000
2d Cabr	1300	4100	6800	13,600	23,800	34,000
Series 421-J, 6-cyl., 93 hp, 121" wb						
2d Cpe	700	2300	3800	7600	13,300	19,000
4d Sed	550	1800	3000	6000	10,500	15,000
2d Vic	700	2300	3800	7600	13,300	19,000
Series F-442, 8-cyl., 96 hp, 122" wb						
2d Cpe	750	2400	4000	8000	14,000	20,000
4d Sed	600	1900	3200	6400	11,200	16,000
2d Vic	750	2400	4000	8000	14,000	20,000
2d Cabr	1300	4200	7000	14,000	24,500	35,000
Series I-426, 8-cyl., 109 hp, 126" wb						
2d Cpe	800	2500	4200	8400	14,700	21,000
4d Sed	650	2050	3400	6800	11,900	17,000
2d Vic	800	2500	4200	8400	14,700	21,000
2d Cabr	1350	4300	7200	14,400	25,200	36,000
Series 427-T, 8-cyl., 115 hp, 127" wb						
2d Cpe	850	2650	4400	8800	15,400	22,000
4d Sed	700	2150	3600	7200	12,600	18,000
2d Vic	850	2650	4400	8800	15,400	22,000

NOTE: Series KK-421A, K-421, F-422, I-426 were carryover 1933 models.

	6	5	4	3	2	1
1935						
Series 517-W, 6-cyl., 91 hp, 117" wb						
4d Sed	450	1140	1900	3800	6650	9500
4d Sed Tr	400	1200	2000	4000	7000	10,000
Series 518-D, 6-cyl., 91 hp, 118" wb						
4d Sed	400	1200	2000	4000	7000	10,000
Series 521-J, 6-cyl., 101 hp, 121" wb						
4d Sed	400	1250	2100	4200	7400	10,500
2d Cpe	450	1450	2400	4800	8400	12,000
2d Vic	450	1450	2400	4800	8400	12,000
Series 521-O, 8-cyl., 120 hp, 121" wb						
2d Cpe	450	1450	2400	4800	8400	12,000
2d Vic	450	1450	2400	4800	8400	12,000
2d Vic Tr	450	1500	2500	5000	8800	12,500
4d Sed	400	1250	2100	4200	7400	10,500
4d Sed Tr	400	1300	2200	4400	7700	11,000
Series 527-T, 8-cyl., 120 hp, 127-1/2" wb						
4d Sed	450	1500	2500	5000	8800	12,500
2d Cpe	550	1700	2800	5600	9800	14,000
2d Vic	550	1800	3000	6000	10,500	15,000

NOTE: All series except 517-W available in deluxe models.

1936						
Series 618-D, 6-cyl., 101 hp, 118" wb						
4d Sed	450	1080	1800	3600	6300	9000
4d Tr Sed	450	1140	1900	3800	6650	9500
Series 618-G, 6-cyl., 101 hp, 118" wb						
2d Bus Cpe	400	1300	2200	4400	7700	11,000
2d Cpe	450	1450	2400	4800	8400	12,000
4d Sed	400	1200	2000	4000	7000	10,000
2d Sed	450	1080	1800	3600	6300	9000
4d Tr Sed	400	1250	2100	4200	7400	10,500
2d Tr Sed	450	1140	1900	3800	6650	9500
Series 621-N, 8-cyl., 120 hp, 121" wb						
2d Cpe	450	1500	2500	5000	8800	12,500
2d Sed	400	1200	2000	4000	7000	10,000
4d Sed	400	1250	2100	4200	7400	10,500
4d Tr Sed	400	1300	2200	4400	7700	11,000
2d Tr Sed	400	1250	2100	4200	7400	10,500
Series 621-O, 8-cyl., 120 hp, 121" wb						
2d Cpe	500	1550	2600	5200	9100	13,000
4d Vic	550	1700	2800	5600	9800	14,000
4d Tr Vic	550	1750	2900	5800	10,200	14,500
4d Sed	400	1300	2200	4400	7700	11,000
4d Tr Sed	450	1400	2300	4600	8100	11,500

NOTE: Series 618-G and 621-N available in custom models. Series 618-D and 621-O available in deluxe models.

1937

Although ostensibly there were no 1937 Hupmobiles, beginning July 1937, some 1936 style 618-G and 621-N models were run off to use up parts. Some of these cars may have been sold in the U.S. as 1937 models.

1938						
Series 822-ES, 6-cyl., 101 hp, 122" wb						
4d Std Sed	200	720	1200	2400	4200	6000
Series 822-E, 6-cyl., 101 hp, 122" wb						
4d Sed	350	780	1300	2600	4550	6500
4d DeL Sed	350	840	1400	2800	4900	7000
4d Cus Sed	350	900	1500	3000	5250	7500
Series 825-H, 8-cyl., 120 hp, 125" wb						
4d Sed	350	975	1600	3200	5600	8000
4d DeL Sed	350	1020	1700	3400	5950	8500
4d Cus Sed	450	1080	1800	3600	6300	9000
1939						
Model R, 6-cyl., 101 hp, 115" wb						
4d Spt Sed	350	840	1400	2800	4900	7000
4d Cus Sed	350	860	1450	2900	5050	7200
Model E, 6-cyl., 101 hp, 122" wb						
4d DeL Sed	350	900	1500	3000	5250	7500
4d Cus Sed	350	950	1550	3100	5400	7700
Model H, 8-cyl., 120 hp, 125" wb						
4d DeL Sed	450	1140	1900	3800	6650	9500
4d Cus Sed	450	1160	1950	3900	6800	9700

NOTE: The first pilot models of the Skylark were built April, 1939.

1940 Hupmobile Skylark four-door sedan

1940	**6**	**5**	**4**	**3**	**2**	**1**
Skylark, 6-cyl., 101 hp, 115" wb						
4d Sed	650	2050	3400	6800	11,900	17,000
1941						
Series 115-R Skylark, 6-cyl., 101 hp, 115" wb						
4d Sed	700	2150	3600	7200	12,600	18,000

KAISER

1948 Kaiser four-door sedan

1947-1948						
Special, 6-cyl.						
4d Sed	500	1550	2600	5200	9100	13,000
Custom, 6-cyl.						
4d Sed	500	1600	2700	5400	9500	13,500
1949-1950						
Special, 6-cyl.						
4d Sed	500	1650	2750	5500	9700	13,800

	6	5	4	3	2	1
Traveler, 6-cyl.						
4d Sed	550	1700	2800	5600	9800	14,000
DeLuxe, 6-cyl.						
4d Sed	550	1700	2850	5700	10,000	14,300
4d Conv Sed	1450	4700	7800	15,600	27,300	39,000
Vagabond, 6-cyl.						
4d Sed	700	2150	3600	7200	12,600	18,000
Virginian, 6-cyl.						
4d Sed HT	1000	3100	5200	10,400	18,200	26,000

1951 Kaiser Deluxe two-door sedan

1951
Special, 6-cyl.

4d Sed	550	1700	2800	5600	9800	14,000
4d Trav Sed	550	1700	2850	5700	10,000	14,300
2d Sed	550	1700	2800	5600	9900	14,100
2d Trav Sed	550	1750	2900	5800	10,200	14,500
2d Bus Cpe	600	1900	3200	6400	11,200	16,000
DeLuxe						
4d Sed	550	1750	2900	5800	10,100	14,400
4d Trav Sed	550	1750	2900	5800	10,200	14,600
2d Sed	550	1750	2900	5800	10,200	14,500
2d Trav Sed	550	1750	2950	5900	10,300	14,700
2d Clb Cpe	700	2150	3600	7200	12,600	18,000

1952
Kaiser DeLuxe, 6-cyl.

4d Sed	550	1700	2800	5600	9800	14,000
Ta Sed	550	1750	2900	5800	10,200	14,500
2d Sed	550	1700	2800	5600	9800	14,000
2d Trav	550	1800	3000	6000	10,500	15,000
2d Bus Cpe	650	2100	3500	7000	12,300	17,500
Kaiser Manhattan, 6-cyl.						
4d Sed	600	1850	3100	6200	10,900	15,500
2d Sed	600	1900	3200	6400	11,200	16,000
2d Clb Cpe	700	2150	3600	7200	12,600	18,000
Virginian, 6-cyl.						
4d Sed	550	1750	2900	5800	10,200	14,500
2d Sed	550	1750	2900	5800	10,200	14,600
2d Clb Cpe	650	2050	3400	6800	11,900	17,000

1953
Carolina, 6-cyl.

2d Sed	550	1700	2850	5700	10,000	14,300
4d Sed	550	1700	2850	5700	9900	14,200
Deluxe						
2d Clb Sed	550	1750	2900	5800	10,200	14,500
4d Trav Sed	550	1750	2900	5800	10,200	14,600
4d Sed	550	1750	2900	5800	10,100	14,400
Manhattan, 6-cyl.						
2d Clb Sed	600	1900	3150	6300	11,000	15,700
4d Sed	600	1850	3100	6200	10,900	15,600
Dragon 4d Sed, 6-cyl.						
4d Sed	750	2400	4000	8000	14,000	20,000

	6	5	4	3	2	1
1954						
Early Special, 6-cyl.						
4d Sed	600	1850	3100	6200	10,900	15,600
2d Clb Sed	600	1900	3150	6300	11,000	15,700
Late Special, 6-cyl.						
4d Sed	600	1850	3100	6200	10,900	15,500
2d Clb Sed	600	1850	3100	6200	10,900	15,600

1954 Kaiser Manhattan four-door sedan

Manhattan, 6-cyl.						
4d Sed	600	1900	3200	6400	11,200	16,000
2d Clb Sed	600	1950	3250	6500	11,300	16,200

1954 Kaiser-Darrin sport convertible

Kaiser Darrin Spts Car, 6-cyl.						
2d Spt Car	1350	4300	7200	14,400	25,200	36,000
1955						
Manhattan, 6-cyl.						
4d Sed	600	2000	3300	6600	11,600	16,500
2d Clb Sed	600	2000	3300	6600	11,600	16,600

FRAZER

1947-1948	6	5	4	3	2	1
4d Sed	450	1500	2450	4900	8600	12,300
Manhattan, 6-cyl.						
4d Sed	500	1650	2700	5400	9500	13,600
1949-1950						
4d Sed	500	1550	2600	5200	9100	13,000
Manhattan, 6-cyl.						
4d Sed	550	1750	2900	5800	10,200	14,500
4d Conv Sed	1550	4900	8200	16,400	28,700	41,000
1951						
Manhattan, 6-cyl.						
4d Sed	550	1700	2800	5600	9800	14,000
4d Vag	600	1900	3200	6400	11,200	16,000
4d Sed HT	850	2650	4400	8800	15,400	22,000
4d Conv Sed	1450	4700	7800	15,600	27,300	39,000

HENRY J

1951 Henry J two-door sedan

1951						
Four						
2d Sed	400	1350	2200	4400	7800	11,100
DeLuxe Six						
2d Sed	400	1350	2250	4500	7900	11,300
1952						
Vagabond (4 cyl.)						
2d Sed	450	1400	2300	4600	8100	11,500
Vagabond (6 cyl.)						
2d Sed	450	1400	2350	4700	8200	11,700
Corsair (4 cyl.)						
2d Sed	450	1450	2400	4800	8400	12,000
Corsair (6 cyl.)						
2d Sed	450	1450	2450	4900	8500	12,200
Allstate						
2d 4-Cyl	450	1450	2400	4800	8500	12,100
2d DeL Six	450	1500	2450	4900	8600	12,300
1953						
Corsair (4 cyl.)						
2 dr Sed	450	1400	2300	4600	8100	11,500
Corsair (6 cyl.)						
2d DeL Sed	450	1400	2350	4700	8200	11,700
Allstate						
2d Sed 4-Cyl	450	1400	2300	4600	8100	11,600
2d Sed DeL Six	450	1400	2350	4700	8300	11,800

	6	5	4	3	2	1
1954						
Corsair (4 cyl.)						
2d Sed	450	1400	2350	4700	8200	11,700
Corsair Deluxe (6 cyl.)						
2d Sed	450	1400	2350	4700	8300	11,800

LINCOLN

	6	5	4	3	2	1
1920						
Lincoln, V-8, 130" - 136" wb						
3P Rds	1700	5400	9000	18,000	31,500	45,000
5P Phae	1800	5750	9600	19,200	33,600	48,000
7P Tr	1750	5500	9200	18,400	32,200	46,000
4P Cpe	1250	4000	6700	13,400	23,500	33,500
5P Sed	1200	3900	6500	13,000	22,800	32,500
Sub Sed	1200	3900	6500	13,000	22,800	32,500
7P Town Car	1300	4150	6900	13,800	24,200	34,500

1922 Lincoln Model L Brunn town car

	6	5	4	3	2	1
1921						
Lincoln, V-8, 130" - 136" wb						
3P Rds	1650	5300	8800	17,600	30,800	44,000
5P Phae	1750	5500	9200	18,400	32,200	46,000
7P Tr	1700	5400	9000	18,000	31,500	45,000
4P Cpe	1250	4000	6700	13,400	23,500	33,500
4P Sed	1200	3800	6300	12,600	22,100	31,500
5P Sed	1200	3900	6500	13,000	22,800	32,500
Sub Sed	1200	3900	6500	13,000	22,800	32,500
Town Car	1300	4150	6900	13,800	24,200	34,500
1922						
Lincoln, V-8, 130" wb						
3P Rds	1750	5650	9400	18,800	32,900	47,000
5P Phae	1700	5400	9000	18,000	31,500	45,000
7P Tr	1650	5300	8800	17,600	30,800	44,000
Conv Tr	1700	5400	9000	18,000	31,500	45,000
4P Cpe	1300	4150	6900	13,800	24,200	34,500
5P Sed	1250	4000	6700	13,400	23,500	33,500
Lincoln, V-8, 136" wb						
Spt Rds	1750	5500	9200	18,400	32,200	46,000
DeL Phae	1750	5650	9400	18,800	32,900	47,000
DeL Tr	1700	5400	9000	18,000	31,500	45,000
Std Sed	1300	4150	6900	13,800	24,200	34,500
Jud Sed	1350	4250	7100	14,200	24,900	35,500
FW Sed	1350	4250	7100	14,200	24,900	35,500
York Sed	1350	4250	7100	14,200	24,900	35,500
4P Jud Sed	1350	4400	7300	14,600	25,600	36,500
7P Jud Limo	1450	4700	7800	15,600	27,300	39,000
Sub Limo	1550	4900	8200	16,400	28,700	41,000

	6	5	4	3	2	1
Town Car	1600	5050	8400	16,800	29,400	42,000
FW Limo	1650	5300	8800	17,600	30,800	44,000
Std Limo	1600	5050	8400	16,800	29,400	42,000
FW Cabr	1850	5900	9800	19,600	34,300	49,000
FW Coll Cabr	2050	6500	10,800	21,600	37,800	54,000
FW Lan'let	1650	5300	8800	17,600	30,800	44,000
FW Town Car	1750	5500	9200	18,400	32,200	46,000
Holbrk Cabr	1850	5900	9800	19,600	34,300	49,000
Brn Town Car	1650	5300	8800	17,600	30,800	44,000
Brn OD Limo	1750	5500	9200	18,400	32,200	46,000
1923						
Model L, V-8						
Tr	1650	5300	8800	17,600	30,800	44,000
Phae	1700	5400	9000	18,000	31,500	45,000
Rds	1650	5300	8800	17,600	30,800	44,000
Cpe	1350	4400	7300	14,600	25,600	36,500
5P Sed	1350	4250	7100	14,200	24,900	35,500
7P Sed	1350	4400	7300	14,600	25,600	36,500
Limo	1550	4900	8200	16,400	28,700	41,000
OD Limo	1600	5050	8400	16,800	29,400	42,000
Town Car	1600	5150	8600	17,200	30,100	43,000
4P Sed	1300	4150	6900	13,800	24,200	34,500
Berl	1350	4250	7100	14,200	24,900	35,500
FW Cabr	1600	5150	8600	17,200	30,100	43,000
FW Limo	1600	5050	8400	16,800	29,400	42,000
FW Town Car	1600	5150	8600	17,200	30,100	43,000
Jud Cpe	1350	4400	7300	14,600	25,600	36,500
Brn Town Car	1600	5150	8600	17,200	30,100	43,000
Brn OD Limo	1650	5300	8800	17,600	30,800	44,000
Jud 2W Berl	1350	4400	7300	14,600	25,600	36,500
Jud 3W Berl	1350	4400	7300	14,600	25,600	36,500
Holbrk Cabr	1850	5900	9800	19,600	34,300	49,000
1924						
V-8						
Tr	1650	5300	8800	17,600	30,800	44,000
Phae	1700	5400	9000	18,000	31,500	45,000
Rds	1750	5500	9200	18,400	32,200	46,000
Cpe	1400	4500	7500	15,000	26,300	37,500
5P Sed	1350	4250	7100	14,200	24,900	35,500
7P Sed	1300	4150	6900	13,800	24,200	34,500
Limo	1350	4400	7300	14,600	25,600	36,500
4P Sed	1300	4150	6900	13,800	24,200	34,500
Town Car	1450	4700	7800	15,600	27,300	39,000
Twn Limo	1500	4800	8000	16,000	28,000	40,000
FW Limo	1550	4900	8200	16,400	28,700	41,000
Jud Cpe	1350	4250	7100	14,200	24,900	35,500
Jud Berl	1350	4400	7300	14,600	25,600	36,500
Brn Cabr	1600	5150	8600	17,200	30,100	43,000
Brn Cpe	1350	4400	7300	14,600	25,600	36,500
Brn OD Limo	1550	4900	8200	16,400	28,700	41,000
Leb Sed	1600	5050	8400	16,800	29,400	42,000
1925						
Model L, V-8						
Tr	1750	5650	9400	18,800	32,900	47,000
Spt Tr	1900	6100	10,200	20,400	35,700	51,000
Phae	1800	5750	9600	19,200	33,600	48,000
Rds	1750	5650	9400	18,800	32,900	47,000
Cpe	1450	4550	7600	15,200	26,600	38,000
4P Sed	1100	3500	5800	11,600	20,300	29,000
5P Sed	1050	3350	5600	11,200	19,600	28,000
7P Sed	1050	3350	5600	11,200	19,600	28,000
Limo	1450	4550	7600	15,200	26,600	38,000
FW Limo	1450	4700	7800	15,600	27,300	39,000
Jud Cpe	1300	4150	6900	13,800	24,200	34,500
Jud Berl	1350	4250	7100	14,200	24,900	35,500
Brn Cabr	1800	5750	9600	19,200	33,600	48,000
FW Coll Clb Rds	1750	5650	9400	18,800	32,900	47,000
FW Sed	1600	5050	8400	16,800	29,400	42,000
FW Brgm	1600	5150	8600	17,200	30,100	43,000
FW Cabr	1750	5500	9200	18,400	32,200	46,000
3W Jud Berl	1600	5150	8600	17,200	30,100	43,000
4P Jud Cpe	1600	5150	8600	17,200	30,100	43,000
Jud Brgm	1600	5050	8400	16,800	29,400	42,000
Mur OD Limo	1750	5500	9200	18,400	32,200	46,000
Holbrk Brgm	1650	5300	8800	17,600	30,800	44,000

	6	5	4	3	2	1
Holbrk Coll	1700	5400	9000	18,000	31,500	45,000
Brn OD Limo	1700	5400	9000	18,000	31,500	45,000
Brn Spt Phae	1900	6100	10,200	20,400	35,700	51,000
Brn Lan Sed	1700	5400	9000	18,000	31,500	45,000
Brn Town Car	1750	5500	9200	18,400	32,200	46,000
Brn Pan Brgm	1700	5400	9000	18,000	31,500	45,000
Hume Limo	1750	5650	9400	18,800	32,900	47,000
Hume Cpe	1600	5150	8600	17,200	30,100	43,000
5P Leb Sed	1750	5500	9200	18,400	32,200	46,000
4P Leb Sed	1650	5300	8800	17,600	30,800	44,000
Leb DC Phae	2500	7900	13,200	26,400	46,200	66,000
Leb Clb Rds	2050	6500	10,800	21,600	37,800	54,000
Leb Limo	1650	5300	8800	17,600	30,800	44,000
Leb Brgm	1700	5400	9000	18,000	31,500	45,000
Leb Twn Brgm	1750	5500	9200	18,400	32,200	46,000
Leb Cabr	1850	5900	9800	19,600	34,300	49,000
Leb Coll Spt Cabr	2050	6500	10,800	21,600	37,800	54,000
Lke Cabr	1950	6250	10,400	20,800	36,400	52,000
Dtrch Coll Cabr	2000	6350	10,600	21,200	37,100	53,000

1926
Model L, V-8

	6	5	4	3	2	1
Tr	1900	6100	10,200	20,400	35,700	51,000
Spt Tr	2100	6700	11,200	22,400	39,200	56,000
Phae	2050	6500	10,800	21,600	37,800	54,000
Rds	1950	6250	10,400	20,800	36,400	52,000
Cpe	1250	4000	6700	13,400	23,500	33,500
4P Sed	1100	3500	5800	11,600	20,300	29,000
5P Sed	1050	3350	5600	11,200	19,600	28,000
7P Sed	1050	3350	5600	11,200	19,600	28,000
Limo	1300	4150	6900	13,800	24,200	34,500
FW Limo	1350	4250	7100	14,200	24,900	35,500
Jud Cpe	1550	4900	8200	16,400	28,700	41,000
Jud Berl	1500	4800	8000	16,000	28,000	40,000
Brn Cabr	1900	6000	10,000	20,000	35,000	50,000
Holbrk Coll Cabr	1900	6100	10,200	20,400	35,700	51,000
Hume Limo	1500	4800	8000	16,000	28,000	40,000
W'by Limo	1500	4800	8000	16,000	28,000	40,000
W'by Lan'let	1550	4900	8200	16,400	28,700	41,000
Dtrch Sed	1450	4550	7600	15,200	26,600	38,000
Dtrch Coll Cabr	1950	6250	10,400	20,800	36,400	52,000
Dtrch Brgm	1600	5050	8400	16,800	29,400	42,000
Dtrch Cpe Rds	1900	6100	10,200	20,400	35,700	51,000
3W Jud Berl	1450	4700	7800	15,600	27,300	39,000
Jud Brgm	1450	4550	7600	15,200	26,600	38,000
Brn Phae	1900	6000	10,000	20,000	35,000	50,000
Brn Sed	1400	4500	7500	15,000	26,300	37,500
Brn Brgm	1450	4550	7600	15,200	26,600	38,000
Brn Semi-Coll Cabr	1900	6000	10,000	20,000	35,000	50,000
2W LeB Sed	1400	4500	7500	15,000	26,300	37,500
3W LeB Sed	1400	4500	7500	15,000	26,300	37,500
LeB Cpe	1450	4700	7800	15,600	27,300	39,000
LeB Spt Cabr	1900	6100	10,200	20,400	35,700	51,000
LeB A-W Cabr	1850	5900	9800	19,600	34,300	49,000
LeB Limo	1550	4900	8200	16,400	28,700	41,000
LeB Clb Rds	1950	6250	10,400	20,800	36,400	52,000
Lke Rds	2050	6500	10,800	21,600	37,800	54,000
Lke Semi-Coll Cabr	1850	5900	9800	19,600	34,300	49,000
Lke Cabr	1950	6250	10,400	20,800	36,400	52,000
LeB Conv Phae	2050	6500	10,800	21,600	37,800	54,000
LeB Conv	2050	6500	10,800	21,600	37,800	54,000

1927
Model L, V-8

	6	5	4	3	2	1
Spt Rds	2700	8650	14,400	28,800	50,400	72,000
Spt Tr	2650	8400	14,000	28,000	49,000	70,000
Phae	2800	8900	14,800	29,600	51,800	74,000
Cpe	1450	4700	7800	15,600	27,300	39,000
2W Sed	1150	3600	6000	12,000	21,000	30,000
3W Sed	1100	3500	5800	11,600	20,300	29,000
Sed	1050	3350	5600	11,200	19,600	28,000
FW Limo	1600	5050	8400	16,800	29,400	42,000
Jud Cpe	1550	4900	8200	16,400	28,700	41,000
Brn Cabr	2650	8400	14,000	28,000	49,000	70,000
Holbrk Cabr	2800	8900	14,800	29,600	51,800	74,000
Brn Brgm	1900	6000	10,000	20,000	35,000	50,000
Dtrch Conv Sed	2850	9100	15,200	30,400	53,200	76,000

	6	5	4	3	2	1
Dtrch Conv Vic	2850	9100	15,200	30,400	53,200	76,000
Brn Conv	2700	8650	14,400	28,800	50,400	72,000
Brn Semi-Coll Cabr	2800	8900	14,800	29,600	51,800	74,000
Holbrk Coll Cabr	2850	9100	15,200	30,400	53,200	76,000
LeB A-W Cabr	2850	9100	15,200	30,400	53,200	76,000
LeB A-W Brgm	2850	9100	15,200	30,400	53,200	76,000
W'by Semi-Coll Cabr	2800	8900	14,800	29,600	51,800	74,000
Jud Brgm	1900	6000	10,000	20,000	35,000	50,000
Clb Rds	2050	6500	10,800	21,600	37,800	54,000
2W Jud Berl	1450	4700	7800	15,600	27,300	39,000
3W Jud Berl	1450	4700	7800	15,600	27,300	39,000
7P E d Limo	1600	5150	8600	17,200	30,100	43,000
LeB Spt Cabr	2850	9100	15,200	30,400	53,200	76,000
W'by Lan'let	2650	8400	14,000	28,000	49,000	70,000
W'by Limo	1650	5300	8800	17,600	30,800	44,000
LeB Cpe	1600	5050	8400	16,800	29,400	42,000
Der Spt Sed	1550	4900	8200	16,400	28,700	41,000
Lke Conv Sed	2850	9100	15,200	30,400	53,200	76,000
Dtrch Cpe Rds	2800	8900	14,800	29,600	51,800	74,000
Dtrch Spt Phae	2850	9100	15,200	30,400	53,200	76,000

1928
Model L, V-8

	6	5	4	3	2	1
164 Spt Tr	3150	10,100	16,800	33,600	58,800	84,000
163 Lke Spt Phae	3300	10,550	17,600	35,200	61,600	88,000
151 Lke Spt Rds	3250	10,300	17,200	34,400	60,200	86,000
154 Clb Rds	3100	9850	16,400	32,800	57,400	82,000
156 Cpe	1800	5750	9600	19,200	33,600	48,000
144W 2W Sed	1150	3600	6000	12,000	21,000	30,000
144B Sed	1150	3600	6000	12,000	21,000	30,000
152 Sed	1100	3500	5800	11,600	20,300	29,000
147A Sed	1100	3500	5800	11,600	20,300	29,000
147B Limo	1800	5750	9600	19,200	33,600	48,000
161 Jud Berl	1900	6000	10,000	20,000	35,000	50,000
161C Jud Berl	1900	6000	10,000	20,000	35,000	50,000
Jud Cpe	2050	6500	10,800	21,600	37,800	54,000
159 Brn Cabr	3150	10,100	16,800	33,600	58,800	84,000
145 Brn Brgm	2650	8400	14,000	28,000	49,000	70,000
155A Hlbrk Coll Cabr	3300	10,550	17,600	35,200	61,600	88,000
155 LeB Spt Cabr	3700	11,750	19,600	39,200	68,600	98,000
157 W'by Lan'let Berl	3300	10,550	17,600	35,200	61,600	88,000
160 W'by Limo	3550	11,300	18,800	37,600	65,800	94,000
162A LeB A-W Cabr	3400	10,800	18,000	36,000	63,000	90,000
162 LeB A-W Lan'let	3250	10,300	17,200	34,400	60,200	86,000
Jud Spt Cpe	3000	9600	16,000	32,000	56,000	80,000
LeB Cpe	3150	10,100	16,800	33,600	58,800	84,000
Dtrch Conv Vic	3550	11,300	18,800	37,600	65,800	94,000
Dtrch Cpe Rds	3600	11,500	19,200	38,400	67,200	96,000
Dtrch Conv Sed	3700	11,750	19,600	39,200	68,600	98,000
Holbrk Cabr	3600	11,500	19,200	38,400	67,200	96,000
W'by Spt Sed	1750	5500	9200	18,400	32,200	46,000
Der Spt Sed	1750	5500	9200	18,400	32,200	46,000
Brn Spt Conv	3250	10,300	17,200	34,400	60,200	86,000

1929
Model L, V-8
Standard Line

	6	5	4	3	2	1
Lke Spt Rds	3550	11,300	18,800	37,600	65,800	94,000
Clb Rds	3450	11,050	18,400	36,800	64,400	92,000
Lke Spt Phae	3750	12,000	20,000	40,000	70,000	100,000
Lke TWS Spt Phae	4150	13,200	22,000	44,000	77,000	110,000
Lke Spt Phae TC & WS	4300	13,700	22,800	45,600	79,800	114,000
Lke Spt Tr	3600	11,500	19,200	38,400	67,200	96,000
Lke Clb Rds	3900	12,500	20,800	41,600	72,800	104,000
4P Cpe	1850	5900	9800	19,600	34,300	49,000
Twn Sed	1150	3700	6200	12,400	21,700	31,000
5P Sed	1150	3600	6000	12,000	21,000	30,000
7P Sed	1100	3500	5800	11,600	20,300	29,000
7P Limo	1800	5750	9600	19,200	33,600	48,000
2W Jud Berl	1950	6250	10,400	20,800	36,400	52,000
3W Jud Berl	1900	6100	10,200	20,400	35,700	51,000
Brn A-W Brgm	3300	10,550	17,600	35,200	61,600	88,000
Brn Cabr	3450	11,050	18,400	36,800	64,400	92,000
Brn Non-Coll Cabr	3300	10,550	17,600	35,200	61,600	88,000
Holbrk Coll Cabr	3700	11,750	19,600	39,200	68,600	98,000
LeB A-W Cabr	3750	12,000	20,000	40,000	70,000	100,000
LeB Semi-Coll Cabr	3300	10,550	17,600	35,200	61,600	88,000
LeB Coll Cabr	3700	11,750	19,600	39,200	68,600	98,000

	6	5	4	3	2	1
W'by Lan'let	2800	8900	14,800	29,600	51,800	74,000
W'by Limo	2650	8400	14,000	28,000	49,000	70,000
Dtrch Cpe	2400	7700	12,800	25,600	44,800	64,000
Dtrch Sed	2400	7700	12,800	25,600	44,800	64,000
Dtrch Conv	3550	11,300	18,800	37,600	65,800	94,000
LeB Spt Sed	2500	7900	13,200	26,400	46,200	66,000
Leb Aero Phae	3550	11,300	18,800	37,600	65,800	94,000
LeB Sal Cabr	3450	11,050	18,400	36,800	64,400	92,000
Brn Spt Conv	3550	11,300	18,800	37,600	65,800	94,000
Dtrch Conv Sed	3700	11,750	19,600	39,200	68,600	98,000
Dtrch Conv Vic	3750	12,000	20,000	40,000	70,000	100,000

1930
Model L, V-8
Standard Line

	6	5	4	3	2	1
Conv Rds	3550	11,300	18,800	37,600	65,800	94,000
5P Lke Spt Phae	3900	12,500	20,800	41,600	72,800	104,000
5P Lke Spt Phae TC & WS	4000	12,700	21,200	42,400	74,200	106,000
7P Lke Spt Phae	3700	11,750	19,600	39,200	68,600	98,000
Lke Rds	3900	12,500	20,800	41,600	72,800	104,000
4P Cpe	1850	5900	9800	19,600	34,300	49,000
Twn Sed	1150	3700	6200	12,400	21,700	31,000
5P Sed	1150	3600	6000	12,000	21,000	30,000
7P Sed	1100	3500	5800	11,600	20,300	29,000
7P Limo	1800	5750	9600	19,200	33,600	48,000

Custom Line

	6	5	4	3	2	1
Jud Cpe	2350	7450	12,400	24,800	43,400	62,000
2W Jud Berl	2700	8650	14,400	28,800	50,400	72,000
3W Jud Berl	2700	8650	14,400	28,800	50,400	72,000
Brn A-W Cabr	3300	10,550	17,600	35,200	61,600	88,000
Brn Non-Coll Cabr	2800	8900	14,800	29,600	51,800	74,000
LeB A-W Cabr	4150	13,200	22,000	44,000	77,000	110,000
LeB Semi-Coll Cabr	3900	12,500	20,800	41,600	72,800	104,000
W'by Limo	2700	8650	14,400	28,800	50,400	72,000
Dtrch Cpe	2500	7900	13,200	26,400	46,200	66,000
Dtrch Sed	2500	7900	13,200	26,400	46,200	66,000
2W W'by Twn Sed	2500	7900	13,200	26,400	46,200	66,000
3W W'by Twn Sed	2650	8400	14,000	28,000	49,000	70,000
W'by Pan Brgm	2800	8900	14,800	29,600	51,800	74,000
LeB Cpe	2500	7900	13,200	26,400	46,200	66,000
LeB Conv Rds	3900	12,500	20,800	41,600	72,800	104,000
LeB Spt Sed	3150	10,100	16,800	33,600	58,800	84,000
Der Spt Conv	4000	12,700	21,200	42,400	74,200	106,000
Der Conv Phae	4050	12,950	21,600	43,200	75,600	108,000
Brn Semi-Coll Cabr	3900	12,500	20,800	41,600	72,800	104,000
Dtrch Conv Cpe	4050	12,950	21,600	43,200	75,600	108,000
Dtrch Conv Sed	4150	13,200	22,000	44,000	77,000	110,000
Wolf Conv Sed	4150	13,200	22,000	44,000	77,000	110,000

1931
Model K, V-8
Type 201, V-8, 145" wb

	6	5	4	3	2	1
202B Spt Phae	4650	14,900	24,800	49,600	86,800	124,000
202A Spt Phae	4750	15,100	25,200	50,400	88,200	126,000
203 Spt Tr	4300	13,700	22,800	45,600	79,800	114,000
214 Conv Rds	4150	13,200	22,000	44,000	77,000	110,000
206 Cpe	2400	7700	12,800	25,600	44,800	64,000
204 Twn Sed	2000	6350	10,600	21,200	37,100	53,000
205 Sed	1900	6100	10,200	20,400	35,700	51,000
207A Sed	1900	6100	10,200	20,400	35,700	51,000
207B Limo	2500	7900	13,200	26,400	46,200	66,000
212 Conv Phae	4300	13,700	22,800	45,600	79,800	114,000
210 Conv Cpe	4150	13,200	22,000	44,000	77,000	110,000
211 Conv Sed	4300	13,700	22,800	45,600	79,800	114,000
216 W'by Pan Brgm	2700	8650	14,400	28,800	50,400	72,000
213A Jud Berl	2400	7700	12,800	25,600	44,800	64,000
213B Jud Berl	2400	7700	12,800	25,600	44,800	64,000
Jud Cpe	2400	7700	12,800	25,600	44,800	64,000
Brn Cabr	4150	13,200	22,000	44,000	77,000	110,000
LeB Cabr	4150	13,200	22,000	44,000	77,000	110,000
W'by Limo	2700	8650	14,400	28,800	50,400	72,000
Lke Spt Rds	4300	13,700	22,800	45,600	79,800	114,000
Der Conv Sed	4600	14,650	24,400	48,800	85,400	122,000
Leb Conv Rds	4350	13,900	23,200	46,400	81,200	116,000
Mur DC Phae	4750	15,100	25,200	50,400	88,200	126,000
Dtrch Conv Sed	4750	15,100	25,200	50,400	88,200	126,000
Dtrch Conv Cpe	4650	14,900	24,800	49,600	86,800	124,000
Wtrhs Conv Vic	4750	15,100	25,200	50,400	88,200	126,000

1932 Lincoln Model KB Judkins coupe

1932	6	5	4	3	2	1
Model KA, V-8, 8-cyl., 136" wb						
Rds	4000	12,700	21,200	42,400	74,200	106,000
Phae	4650	14,900	24,800	49,600	86,800	124,000
Twn Sed	2100	6700	11,200	22,400	39,200	56,000
Sed	2050	6500	10,800	21,600	37,800	54,000
Cpe	2700	8650	14,400	28,800	50,400	72,000
Vic	2650	8400	14,000	28,000	49,000	70,000
7P Sed	2650	8400	14,000	28,000	49,000	70,000
Limo	2800	8900	14,800	29,600	51,800	74,000
Model KB, V-12						
Standard, 12-cyl., 145" wb						
Phae	4350	13,900	23,200	46,400	81,200	116,000
Spt Phae	4500	14,400	24,000	48,000	84,000	120,000
Cpe	2700	8650	14,400	28,800	50,400	72,000
2W Tr Sed	2250	7200	12,000	24,000	42,000	60,000
3W Tr Sed	2200	7100	11,800	23,600	41,300	59,000
5P Sed	2200	6950	11,600	23,200	40,600	58,000
7P Sed	2150	6850	11,400	22,800	39,900	57,000
Limo	2650	8400	14,000	28,000	49,000	70,000
Custom, 145" wb						
LeB Conv Cpe	4900	15,600	26,000	52,000	91,000	130,000
2P Dtrch Cpe	3400	10,800	18,000	36,000	63,000	90,000
4P Dtrch Cpe	3250	10,300	17,200	34,400	60,200	86,000
Jud Cpe	3450	11,050	18,400	36,800	64,400	92,000
Jud Berl	3100	9850	16,400	32,800	57,400	82,000
W'by Limo	3150	10,100	16,800	33,600	58,800	84,000
Wtrhs Conv Vic	4750	15,100	25,200	50,400	88,200	126,000
Dtrch Conv Sed	4900	15,600	26,000	52,000	91,000	130,000
W'by Twn Brgm	3700	11,750	19,600	39,200	68,600	98,000
Brn Brgm	3600	11,500	19,200	38,400	67,200	96,000
Brn Non-Coll Cabr	4050	12,950	21,600	43,200	75,600	108,000
Brn Semi-Coll Cabr	4900	15,600	26,000	52,000	91,000	130,000
LeB Twn Cabr	5250	16,800	28,000	56,000	98,000	140,000
Dtrch Spt Berl	4150	13,200	22,000	44,000	77,000	110,000
5P Rlstn TwnC	4750	15,100	25,200	50,400	88,200	126,000
7P Rlstn TwnC	4750	15,100	25,200	50,400	88,200	126,000
Brn Phae	5100	16,300	27,200	54,400	95,200	136,000
Brn dbl-entry Spt Sed						
	4050	12,950	21,600	43,200	75,600	108,000
Brn A-W Brgm	5100	16,300	27,200	54,400	95,200	136,000
Brn Clb Sed	4050	12,950	21,600	43,200	75,600	108,000
Mur Conv Rds	6950	22,200	37,000	74,000	129,500	185,000
1933						
Model KA, V-12, 12-cyl., 136" wb						
512B Cpe	2700	8650	14,400	28,800	50,400	72,000
512A RS Cpe	2800	8900	14,800	29,600	51,800	74,000
513A Conv Rds	4150	13,200	22,000	44,000	77,000	110,000
514 Twn Sed	2200	6950	11,600	23,200	40,600	58,000
515 Sed	2150	6850	11,400	22,800	39,900	57,000
516 Cpe	2700	8650	14,400	28,800	50,400	72,000
517 Sed	2150	6850	11,400	22,800	39,900	57,000
517B Limo	2650	8400	14,000	28,000	49,000	70,000
518A DC Phae	4900	15,600	26,000	52,000	91,000	130,000

	6	5	4	3	2	1
518B Phae	4750	15,100	25,200	50,400	88,200	126,000
519 7P Tr	4600	14,650	24,400	48,800	85,400	122,000
520B RS Rds	4200	13,450	22,400	44,800	78,400	112,000
520A Rds	4150	13,200	22,000	44,000	77,000	110,000
Model KB, V-8						
12-cyl., 145" wb						
252A DC Phae	5100	16,300	27,200	54,400	95,200	136,000
252B Phae	4900	15,600	26,000	52,000	91,000	130,000
253 7P Tr	4900	15,600	26,000	52,000	91,000	130,000
Twn Sed	2400	7700	12,800	25,600	44,800	64,000
255 5P Sed	2500	7900	13,200	26,400	46,200	66,000
256 5P Cpe	2800	8900	14,800	29,600	51,800	74,000
257 7P Sed	2400	7700	12,800	25,600	44,800	64,000
257B Limo	2850	9100	15,200	30,400	53,200	76,000
258C Brn Semi-Coll Cabr						
	4750	15,100	25,200	50,400	88,200	126,000
258d Brn Non-Coll Cabr						
	4350	13,900	23,200	46,400	81,200	116,000
259 Brn Brgm	3600	11,500	19,200	38,400	67,200	96,000
260 Brn Conv Cpe	6950	22,200	37,000	74,000	129,500	185,000
Dtrch Conv Sed	7150	22,800	38,000	76,000	133,000	190,000
2P Dtrch Cpe	3550	11,300	18,800	37,600	65,800	94,000
4P Dtrch Cpe	3550	11,300	18,800	37,600	65,800	94,000
Jud Berl	3100	9850	16,400	32,800	57,400	82,000
2P Jud Cpe	3250	10,300	17,200	34,400	60,200	86,000
4P Jud Cpe	3250	10,300	17,200	34,400	60,200	86,000
Jud Limo	3400	10,800	18,000	36,000	63,000	90,000
LeB Conv Rds	5650	18,000	30,000	60,000	105,000	150,000
W'by Limo	3400	10,800	18,000	36,000	63,000	90,000
W'by Brgm	3550	11,300	18,800	37,600	65,800	94,000
1934						
Series K, V-12						
12-cyl., 136" wb						
4P Conv Rds	4200	13,450	22,400	44,800	78,400	112,000
4P Twn Sed	1900	6100	10,200	20,400	35,700	51,000
5P Sed	2250	7200	12,000	24,000	42,000	60,000
5P Cpe	2800	8900	14,800	29,600	51,800	74,000
7P Sed	2400	7700	12,800	25,600	44,800	64,000
7P Limo	2850	9100	15,200	30,400	53,200	76,000
2P Cpe	2850	9100	15,200	30,400	53,200	76,000
5P Conv Phae	4150	13,200	22,000	44,000	77,000	110,000
4P Cpe	2650	8400	14,000	28,000	49,000	70,000
V-12, 145" wb						
Tr	4050	12,950	21,600	43,200	75,600	108,000
Sed	2500	7900	13,200	26,400	46,200	66,000
Limo	2800	8900	14,800	29,600	51,800	74,000
2W Jud Berl	3150	10,100	16,800	33,600	58,800	84,000
3W Jud Berl	3100	9850	16,400	32,800	57,400	82,000
Jud Sed Limo	2850	9100	15,200	30,400	53,200	76,000
Brn Brgm	3100	9850	16,400	32,800	57,400	82,000
Brn Semi-Coll Cabr	3900	12,500	20,800	41,600	72,800	104,000
Brn Conv Cpe	4750	15,100	25,200	50,400	88,200	126,000
W'by Limo	2800	8900	14,800	29,600	51,800	74,000
LeB Rds	4750	15,100	25,200	50,400	88,200	126,000
Dtrch Conv Sed	5100	16,300	27,200	54,400	95,200	136,000
Brn Conv Vic	5100	16,300	27,200	54,400	95,200	136,000
LeB Cpe	3100	9850	16,400	32,800	57,400	82,000
Dtrch Conv Rds	4750	15,100	25,200	50,400	88,200	126,000
W'by Spt Sed	2800	8900	14,800	29,600	51,800	74,000
LeB Conv Cpe	4750	15,100	25,200	50,400	88,200	126,000
Brn Conv Sed	5100	16,300	27,200	54,400	95,200	136,000
Brn Cus Phae	5100	16,300	27,200	54,400	95,200	136,000
Brwstr Non-Coll Cabr	4000	12,700	21,200	42,400	74,200	106,000
1935						
Series K, V-12						
V-12, 136" wb						
LeB Conv Rds	4200	13,450	22,400	44,800	78,400	112,000
LeB Cpe	2200	7100	11,800	23,600	41,300	59,000
Cpe	2150	6850	11,400	22,800	39,900	57,000
Brn Conv Vic	4300	13,700	22,800	45,600	79,800	114,000
2W Sed	1800	5750	9600	19,200	33,600	48,000
3W Sed	1750	5650	9400	18,800	32,900	47,000
LeB Conv Phae	4350	13,900	23,200	46,400	81,200	116,000
V-12, 145" wb						
7P Tr	4150	13,200	22,000	44,000	77,000	110,000

	6	5	4	3	2	1
7P Sed	1850	5900	9800	19,600	34,300	49,000
7P Limo	2200	7100	11,800	23,600	41,300	59,000
LeB Conv Sed	4750	15,100	25,200	50,400	88,200	126,000
Brn Semi-Coll Cabr	3900	12,500	20,800	41,600	72,800	104,000
Brn Non-Coll Cabr	3750	12,000	20,000	40,000	70,000	100,000
Brn Brgm	2200	7100	11,800	23,600	41,300	59,000
W'by Limo	2350	7450	12,400	24,800	43,400	62,000
W'by Spt Sed	2200	7100	11,800	23,600	41,300	59,000
2W Jud Berl	2350	7450	12,400	24,800	43,400	62,000
3W Jud Berl	2200	7100	11,800	23,600	41,300	59,000
Jud Sed Limo	2400	7700	12,800	25,600	44,800	64,000
1936						
Zephyr, V-12, 122" wb						
4d Sed	1100	3500	5800	11,600	20,300	29,000
2d Sed	1150	3600	6000	12,000	21,000	30,000
12-cyl., 136" wb						
LeB Rds Cabr	3400	10,800	18,000	36,000	63,000	90,000
2P LeB Cpe	1700	5400	9000	18,000	31,500	45,000
5P Cpe	1600	5150	8600	17,200	30,100	43,000
Brn Conv Vic	3600	11,500	19,200	38,400	67,200	96,000
2W Sed	1450	4550	7600	15,200	26,600	38,000
3W Sed	1400	4450	7400	14,800	25,900	37,000
LeB Conv Sed	3750	12,000	20,000	40,000	70,000	100,000
V-12, 145" wb						
7P Tr	3750	12,000	20,000	40,000	70,000	100,000
7P Sed	1700	5400	9000	18,000	31,500	45,000
7P Limo	1850	5900	9800	19,600	34,300	49,000
LeB Conv Sed W/part	4000	12,700	21,200	42,400	74,200	106,000
Brn Semi-Coll Cabr	3600	11,500	19,200	38,400	67,200	96,000
Brn Non-Coll Cabr	2850	9100	15,200	30,400	53,200	76,000
Brn Brgm	1900	6000	10,000	20,000	35,000	50,000
W'by Limo	1950	6250	10,400	20,800	36,400	52,000
W'by Spt Sed	1800	5750	9600	19,200	33,600	48,000
2W Jud Berl	1900	6000	10,000	20,000	35,000	50,000
3W Jud Berl	1900	6100	10,200	20,400	35,700	51,000
Jud Limo	2000	6350	10,600	21,200	37,100	53,000
1937						
Zephyr, V-12						
3P Cpe	1000	3250	5400	10,800	18,900	27,000
2d Sed	900	2900	4800	9600	16,800	24,000
4d Sed	850	2750	4600	9200	16,100	23,000
Twn Sed	900	2900	4800	9600	16,800	24,000
Series K, V-12						
V-12, 136" wb						
LeB Conv Rds	3250	10,300	17,200	34,400	60,200	86,000
LeB Cpe	1650	5300	8800	17,600	30,800	44,000
W'by Cpe	1750	5500	9200	18,400	32,200	46,000
Brn Conv Vic	3400	10,800	18,000	36,000	63,000	90,000
2W Sed	1500	4800	8000	16,000	28,000	40,000
3W Sed	1450	4700	7800	15,600	27,300	39,000
V-12, 145" wb						
7P Sed	1600	5050	8400	16,800	29,400	42,000
7P Limo	1650	5300	8800	17,600	30,800	44,000
LeB Conv Sed	3450	11,050	18,400	36,800	64,400	92,000
LeB Conv Sed W/part	3600	11,500	19,200	38,400	67,200	96,000
Brn Semi-Coll Cabr	3250	10,300	17,200	34,400	60,200	86,000
Brn Non-Coll Cabr	2550	8150	13,600	27,200	47,600	68,000
Brn Brgm	1900	6100	10,200	20,400	35,700	51,000
Brn Tr Cabr	3400	10,800	18,000	36,000	63,000	90,000
2W Jud Berl	1900	6000	10,000	20,000	35,000	50,000
3W Jud Berl	1850	5900	9800	19,600	34,300	49,000
Jud Limo	2050	6600	11,000	22,000	38,500	55,000
W'by Tr	2350	7450	12,400	24,800	43,400	62,000
W'by Limo	2050	6500	10,800	21,600	37,800	54,000
W'by Spt Sed	1850	5900	9800	19,600	34,300	49,000
W'by Cpe	1900	6100	10,200	20,400	35,700	51,000
W'by Pan Brgm	1950	6250	10,400	20,800	36,400	52,000
Jud Cpe	1900	6100	10,200	20,400	35,700	51,000
1938						
Zephyr, V-12						
3P Cpe	1150	3600	6000	12,000	21,000	30,000
3P Conv Cpe	1500	4800	8000	16,000	28,000	40,000
4d Sed	700	2150	3600	7200	12,600	18,000
2d Sed	700	2300	3800	7600	13,300	19,000
Conv Sed	2100	6700	11,200	22,400	39,200	56,000
Twn Sed	800	2500	4200	8400	14,700	21,000

	6	5	4	3	2	1
Series K, V-12						
V-12, 136" wb						
LeB Conv Rds	3250	10,300	17,200	34,400	60,200	86,000
LeB Cpe	1650	5300	8800	17,600	30,800	44,000
W'by Cpe	1700	5400	9000	18,000	31,500	45,000
2W Sed	1500	4800	8000	16,000	28,000	40,000
3W Sed	1450	4700	7800	15,600	27,300	39,000
Brn Conv Vic	3300	10,550	17,600	35,200	61,600	88,000
V-12, 145" wb						
7P Sed	1550	4900	8200	16,400	28,700	41,000
Sed Limo	1600	5050	8400	16,800	29,400	42,000
LeB Conv Sed	3600	11,500	19,200	38,400	67,200	96,000
LeB Conv Sed W/part	3750	12,000	20,000	40,000	70,000	100,000
2W Jud Berl	1600	5050	8400	16,800	29,400	42,000
3W Jud Berl	1600	5150	8600	17,200	30,100	43,000
Jud Limo	1700	5400	9000	18,000	31,500	45,000
Brn Tr Cabr	3700	11,750	19,600	39,200	68,600	98,000
W'by Tr	2400	7700	12,800	25,600	44,800	64,000
W'by Spt Sed	1700	5400	9000	18,000	31,500	45,000
Brn Non-Coll Cabr	1900	6000	10,000	20,000	35,000	50,000
Brn Semi-Coll Cabr	3250	10,300	17,200	34,400	60,200	86,000
Brn Brgm	1700	5400	9000	18,000	31,500	45,000
W'by Pan Brgm	1500	4800	8000	16,000	28,000	40,000
W'by Limo	1900	6000	10,000	20,000	35,000	50,000
1939						
Zephyr, V-12						
3P Cpe	1100	3500	5800	11,600	20,300	29,000
Conv Cpe	1800	5750	9600	19,200	33,600	48,000
2d Sed	750	2400	4000	8000	14,000	20,000
5P Sed	750	2400	4000	8000	14,000	20,000
Conv Sed	2050	6600	11,000	22,000	38,500	55,000
Twn Sed	800	2500	4200	8400	14,700	21,000
Series K, V-12						
V-12, 136" wb						
LeB Conv Rds	2850	9100	15,200	30,400	53,200	76,000
LeB Cpe	1750	5500	9200	18,400	32,200	46,000
W'by Cpe	1750	5650	9400	18,800	32,900	47,000
2W Sed	1600	5150	8600	17,200	30,100	43,000
3W Sed	1600	5150	8600	17,200	30,100	43,000
Brn Conv Vic	2850	9100	15,200	30,400	53,200	76,000
V-12, 145" wb						
2W Jud Berl	1650	5300	8800	17,600	30,800	44,000
3W Jud Berl	1600	5150	8600	17,200	30,100	43,000
Jud Limo	1750	5500	9200	18,400	32,200	46,000
Brn Tr Cabr	2400	7700	12,800	25,600	44,800	64,000
7P Sed	1650	5300	8800	17,600	30,800	44,000
7P Limo	1750	5650	9400	18,800	32,900	47,000
LeB Conv Sed	3600	11,500	19,200	38,400	67,200	96,000
LeB Conv Sed W/part	3750	12,000	20,000	40,000	70,000	100,000
W'by Spt Sed	1900	6000	10,000	20,000	35,000	50,000
V-12, 145" wb, 6 wheels						
Brn Non-Coll Cabr	3250	10,300	17,200	34,400	60,200	86,000
Brn Semi-Coll Cabr	3600	11,500	19,200	38,400	67,200	96,000
Brn Brgm	2000	6350	10,600	21,200	37,100	53,000
W'by Limo	2150	6850	11,400	22,800	39,900	57,000

1940 Lincoln Continental Cabriolet convertible coupe

	6	5	4	3	2	1
1940						
Zephyr, V-12						
3P Cpe	1000	3250	5400	10,800	18,900	27,000
OS Cpe	950	3000	5000	10,000	17,500	25,000
Clb Cpe	1000	3100	5200	10,400	18,200	26,000
Conv Clb Cpe	1550	4900	8200	16,400	28,700	41,000
6P Sed	750	2400	4000	8000	14,000	20,000
Twn Limo	1150	3600	6000	12,000	21,000	30,000
Cont Clb Cpe	1850	5900	9800	19,600	34,300	49,000
Cont Conv Cabr	2500	7900	13,200	26,400	46,200	66,000
Series K, V-12						

Available on special request, black emblems rather than blue.

	6	5	4	3	2	1
1941						
Zephyr, V-12						
3P Cpe	1000	3250	5400	10,800	18,900	27,000
OS Cpe	950	3000	5000	10,000	17,500	25,000
Clb Cpe	1000	3100	5200	10,400	18,200	26,000
Conv Cpe	1500	4800	8000	16,000	28,000	40,000
Cont Cpe	1800	5750	9600	19,200	33,600	48,000
Cont Conv Cabr	2500	7900	13,200	26,400	46,200	66,000
6P Sed	750	2400	4000	8000	14,000	20,000
Cus Sed	800	2500	4200	8400	14,700	21,000
8P Limo	1000	3100	5200	10,400	18,200	26,000
1942						
Zephyr, V-12						
3P Cpe	700	2150	3600	7200	12,600	18,000
Clb Cpe	700	2300	3800	7600	13,300	19,000
Conv Clb Cpe	1450	4700	7800	15,600	27,300	39,000
Cont Cpe	1800	5750	9600	19,200	33,600	48,000
Cont Conv Cabr	2500	7900	13,200	26,400	46,200	66,000
6P Sed	600	1900	3200	6400	11,200	16,000
Cus Sed	650	2050	3400	6800	11,900	17,000
8P Limo	1000	3250	5400	10,800	18,900	27,000
1946-1948						
8th Series, V-12, 125" wb						
2d Clb Cpe	700	2150	3600	7200	12,600	18,000
2d Conv	1400	4450	7400	14,800	25,900	37,000
4d Sed	600	1900	3200	6400	11,200	16,000
2d Cont Cpe	1850	5900	9800	19,600	34,300	49,000
2d Cont Conv	2500	7900	13,200	26,400	46,200	66,000

1950 Lincoln Club Coupe two-door sedan

	6	5	4	3	2	1
1949-1950						
Model OEL, V-8, 121" wb						
4d Spt Sed	600	1900	3200	6400	11,200	16,000
2d Cpe	750	2400	4000	8000	14,000	20,000
2d Lido Cpe (1950 only)	950	3000	5000	10,000	17,500	25,000
Cosmopolitan, V-8, 125" wb						
4d Town Sed (1949 only)	650	2050	3400	6800	11,900	17,000
4d Spt Sed	650	2100	3500	7000	12,300	17,500
2d Cpe	850	2650	4400	8800	15,400	22,000
2d Capri (1950 only)	1000	3100	5200	10,400	18,200	26,000

	6	5	4	3	2	1
2d Conv	1150	3700	6200	12,400	21,700	31,000
1951						
Model Del, V-8, 121" wb						
4d Spt Sed	650	2050	3400	6800	11,900	17,000
2d Cpe	800	2500	4200	8400	14,700	21,000
2d Lido Cpe	900	2900	4800	9600	16,800	24,000
Cosmopolitan, V-8, 125" wb						
4d Spt Sed	700	2150	3600	7200	12,600	18,000
2d Cpe	850	2650	4400	8800	15,400	22,000
2d Capri	950	3000	5000	10,000	17,500	25,000
2d Conv	1200	3850	6400	12,800	22,400	32,000
1952-1953						
Model BH, V-8, 123" wb						
Cosmopolitan						
4d Sed	600	1900	3200	6400	11,200	16,000
2d HdTp	850	2750	4600	9200	16,100	23,000
Capri, V-8, 123" wb						
4d Sed	650	2050	3400	6800	11,900	17,000
2d HdTp	900	2900	4800	9600	16,800	24,000
2d Conv	1200	3850	6400	12,800	22,400	32,000
1954						
V-8, 123" wb						
4d Sed	600	1900	3200	6400	11,200	16,000
2d HT	900	2900	4800	9600	16,800	24,000
Capri, V-8, 123" wb						
4d Sed	600	1900	3200	6400	11,200	16,000
2d HT	1000	3100	5200	10,400	18,200	26,000
2d Conv	1250	3950	6600	13,200	23,100	33,000
1955						
V-8, 123" wb						
4d Sed	600	1900	3200	6400	11,200	16,000
2d HT	850	2750	4600	9200	16,100	23,000
Capri, V-8, 123" wb						
4d Sed	650	2050	3400	6800	11,900	17,000
2d HdTp	950	3000	5000	10,000	17,500	25,000
2d Conv	1350	4300	7200	14,400	25,200	36,000
1956						
Capri, V-8, 126" wb						
4d Sed	650	2050	3400	6800	11,900	17,000
2d HT	1000	3100	5200	10,400	18,200	26,000
Premiere, V-8, 126" wb						
4d Sed	700	2150	3600	7200	12,600	18,000
2d HT	1000	3250	5400	10,800	18,900	27,000
2d Conv	1450	4700	7800	15,600	27,300	39,000
Lincoln Continental Mark II, V-8, 126" wb						
2d HT	1450	4700	7800	15,600	27,300	39,000
1957						
Capri, V-8, 126" wb						
4d Sed	550	1800	3000	6000	10,500	15,000
4d HT	650	2050	3400	6800	11,900	17,000
2d HT	900	2900	4800	9600	16,800	24,000
Premiere, V-8, 126" wb						
4d Sed	600	1900	3200	6400	11,200	16,000
4d HT	700	2150	3600	7200	12,600	18,000
2d HT	950	3000	5000	10,000	17,500	25,000
2d Conv	1450	4550	7600	15,200	26,600	38,000
Lincoln Continental Mark II, V-8, 126" wb						
2d HT	1450	4700	7800	15,600	27,300	39,000
1958-1959						
Capri, V-8, 131" wb						
4d Sed	450	1450	2400	4800	8400	12,000
4d HT	550	1700	2800	5600	9800	14,000
2d HT	650	2050	3400	6800	11,900	17,000
Premiere, V-8, 131" wb						
4d Sed	500	1550	2600	5200	9100	13,000
4d HT	550	1800	3000	6000	10,500	15,000
2d HT	700	2150	3600	7200	12,600	18,000
Continental Mark III and IV, V-8, 131" wb						
4d Sed	550	1800	3000	6000	10,500	15,000
4d HT	650	2050	3400	6800	11,900	17,000
2d HT	750	2400	4000	8000	14,000	20,000
2d Conv	1000	3100	5200	10,400	18,200	26,000
4d Town Car (1959 only)	750	2400	4000	8000	14,000	20,000
4d Limo (1959 only)	800	2500	4200	8400	14,700	21,000

	6	5	4	3	2	1
1960						
Lincoln, V-8, 131" wb						
4d Sed	500	1550	2600	5200	9100	13,000
4d HT	550	1800	3000	6000	10,500	15,000
2d HT	650	2050	3400	6800	11,900	17,000
Premiere, V-8, 131" wb						
4d Sed	550	1700	2800	5600	9800	14,000
4d HT	600	1900	3200	6400	11,200	16,000
2d HT	700	2150	3600	7200	12,600	18,000
Continental Mark V, V-8, 131" wb						
4d Sed	600	1900	3200	6400	11,200	16,000
4d HT	700	2150	3600	7200	12,600	18,000
2d HT	850	2650	4400	8800	15,400	22,000
2d Conv	1100	3500	5800	11,600	20,300	29,000
4d Town Car	800	2500	4200	8400	14,700	21,000
4d Limo	850	2650	4400	8800	15,400	22,000
1961-1963						
Lincoln Continental, V-8, 123" wb						
4d Sed	450	1450	2400	4800	8400	12,000
4d Conv	850	2750	4600	9200	16,100	23,000
1964-1965						
Lincoln Continental, V-8, 126" wb						
4d Sed	450	1450	2400	4800	8400	12,000
4d Conv	900	2900	4800	9600	16,800	24,000
4d Exec Limo	550	1700	2800	5600	9800	14,000
1966						
Lincoln Continental, V-8, 126" wb						
4d Sed	450	1450	2400	4800	8400	12,000
2d HT	550	1800	3000	6000	10,500	15,000
4d Conv	900	2900	4800	9600	16,800	24,000

1967 Lincoln Continental two-door hardtop

	6	5	4	3	2	1
1967						
Lincoln Continental, V-8, 126" wb						
4d Sed	450	1450	2400	4800	8400	12,000
2d HT	550	1800	3000	6000	10,500	15,000
4d Conv	900	2900	4800	9600	16,800	24,000
1968						
Lincoln Continental, V-8, 126" wb						
4d Sed	400	1300	2200	4400	7700	11,000
2d HT	550	1700	2800	5600	9800	14,000
Continental, V-8, 117" wb						
2d HT	550	1800	3000	6000	10,500	15,000
1969						
Lincoln Continental, V-8, 126" wb						
4d Sed	400	1200	2000	4000	7000	10,000
2d HdTp	400	1300	2200	4400	7700	11,000
Continental Mark III, V-8, 117" wb						
2d HdTp	600	1900	3200	6400	11,200	16,000
1970						
Lincoln Continental						
4d Sed	400	1200	2000	4000	7000	10,000
2d HT	400	1300	2200	4400	7700	11,000

	6	5	4	3	2	1
Continental Mark III, V-8, 117" wb						
2d HT	600	1900	3200	6400	11,200	16,000
1971						
Continental						
4d Sed	400	1200	2000	4000	7000	10,000
2d	400	1300	2200	4400	7700	11,000
Mark III						
2d	600	1900	3200	6400	11,200	16,000
1972						
Continental						
4d Sed	400	1200	2000	4000	7000	10,000
2d	400	1300	2200	4400	7700	11,000
Mark IV						
2d	550	1800	3000	6000	10,500	15,000
1973						
Continental V-8						
2d HT	400	1250	2100	4200	7400	10,500
4d HT	450	1140	1900	3800	6650	9500
Mark IV V-8						
2d HT	550	1800	3000	6000	10,500	15,000
1974						
Continental, V-8						
4d Sed	450	1080	1800	3600	6300	9000
2d Cpe	450	1140	1900	3800	6650	9500
Mark IV, V-8						
2d HT	550	1700	2800	5600	9800	14,000
1975						
Continental, V-8						
4d Sed	450	1120	1875	3750	6500	9300
2d Cpe	450	1140	1900	3800	6650	9500
Mark IV, V-8						
2d HT	550	1700	2800	5600	9800	14,000

1976 Lincoln Continental Mark IV two-door hardtop

1976						
Continental, V-8						
4d Sed	450	1080	1800	3600	6300	9000
2d Cpe	450	1140	1900	3800	6650	9500
Mark IV, V-8						
2d Cpe	550	1700	2800	5600	9800	14,000
NOTE: Add 10 percent for 460 cid engine.						
1977						
Versailles, V-8						
4d Sed	350	840	1400	2800	4900	7000
Continental, V-8						
4d Sed	350	870	1450	2900	5100	7300
2d Cpe	350	900	1500	3000	5250	7500
Mark V, V-8						
2d Cpe	500	1550	2600	5200	9100	13,000
NOTE: Add 10 percent for 460 cid engine.						
1978						
Versailles						
4d Sed	350	780	1300	2600	4550	6500
Continental						
4d Sed	200	700	1050	2100	3650	5200
2d Cpe	200	650	1100	2150	3780	5400

Mark V	6	5	4	3	2	1
2d Cpe	550	1700	2800	5600	9800	14,000

NOTES: Add 10 percent for Diamond Jubilee.
Add 5 percent for Collector Series.
Add 5 percent for Designer Series.
Add 10 percent for 460 cid engine.

1979 Lincoln Continental Collector's Series four-door sedan

1979
Versailles, V-8

	6	5	4	3	2	1
4d Sed	200	720	1200	2400	4200	6000

Continental, V-8

4d Sed	200	660	1100	2200	3850	5500
2d Cpe	200	720	1200	2400	4200	6000

Mark V, V-8

2d Cpe	500	1550	2600	5200	9100	13,000

NOTES: Add 5 percent for Collector Series.
Add 5 percent for designer series.

1980
Versailles, V-8

4d Sed	200	730	1250	2450	4270	6100

Continental, V-8

4d Sed	200	720	1200	2400	4200	6000
2d Cpe	200	745	1250	2500	4340	6200

Mark VI, V-8

4d Sed	350	840	1400	2800	4900	7000
2d Cpe	350	860	1450	2900	5050	7200

1981
Town Car, V-8

4d Sed	200	670	1200	2300	4060	5800
2d Cpe	200	700	1200	2350	4130	5900

Mark VI

4d Sed	200	720	1200	2400	4200	6000
2d Cpe	200	745	1250	2500	4340	6200

1982
Town Car, V-8

4d Sed	350	780	1300	2600	4550	6500

Mark VI, V-8

4d Sed	200	730	1250	2450	4270	6100
2d Cpe	200	745	1250	2500	4340	6200

Continental, V-8

4d Sed	450	1080	1800	3600	6300	9000

1983
Town Car, V-8

4d Sed	350	820	1400	2700	4760	6800

Mark VI, V-8

4d Sed	200	730	1250	2450	4270	6100
2d Cpe	200	745	1250	2500	4340	6200

Continental, V-8

4d Sed	450	1080	1800	3600	6300	9000

1984
Town Car, V-8

4d Sed	350	830	1400	2950	4830	6900

	6	5	4	3	2	1
Mark VII, V-8						
2d Cpe	350	840	1400	2800	4900	7000
Continental, V-8						
4d Sed	450	1080	1800	3600	6300	9000
1985						
Town Car, V-8						
4d Sed	350	840	1400	2800	4900	7000
Mark VII, V-8						
2d Cpe	350	860	1450	2900	5050	7200
Continental, V-8						
4d Sed	450	1130	1900	3800	6600	9400
1986						
Town Car						
4d Sed	350	900	1500	3000	5250	7500
Mark VII						
2d Cpe	450	1080	1800	3600	6300	9000
2d LSC Cpe	450	1140	1900	3800	6650	9500
Continental						
4d Sed	450	1170	1975	3900	6850	9800
NOTE: Add 20 percent for Designer Series.						
1987						
Town Car, V-8						
4d Sed	350	950	1550	3150	5450	7800
4d Sed Signature	350	1020	1700	3400	5950	8500
4d Sed Cartier	450	1140	1900	3800	6650	9500
Mark VII, V-8						
2d Cpe	350	1020	1700	3400	5950	8500
2d Cpe LSC	450	1140	1900	3800	6650	9500
2d Cpe Bill Blass	400	1200	2000	4000	7000	10,000
Continental, V-8						
4d Sed	350	900	1500	3000	5250	7500
4d Sed Givenchy	350	1020	1700	3400	5950	8500
1988						
Town Car, V-8						
4d Sed	350	975	1600	3200	5600	8000
4d Sed Signature	450	1080	1800	3600	6300	9000
4d Sed Cartier	450	1140	1900	3800	6650	9500
Mark VII, V-8						
2d Cpe LSC	450	1170	1975	3900	6850	9800
2d Cpe Bill Blass	450	1190	2000	3950	6900	9900
Continental, V-6						
4d Sed	350	1000	1650	3350	5800	8300
4d Sed Signature	450	1120	1875	3750	6500	9300
1989						
Town Car, V-8						
4d Sed	450	1140	1900	3800	6650	9500
4d Sed Signature	400	1200	2000	4000	7000	10,000
4d Sed Cartier	400	1300	2200	4400	7700	11,000
Mark VII, V-8						
2d Cpe LSC	400	1200	2000	4000	7000	10,000
2d Cpe Bill Blass	400	1200	2000	4000	7000	10,000
Continental, V-6						
4d Sed	350	1020	1700	3400	5950	8500
4d Sed Signature	450	1140	1900	3800	6650	9500
1990						
Town Car, V-8						
4d Sed	400	1300	2200	4400	7700	11,000
4d Sed Signature	450	1450	2400	4800	8400	12,000
4d Sed Cartier	450	1500	2500	5000	8800	12,500
Mark VII, V-8						
2d LSC Cpe	400	1200	2000	4000	7000	10,000
2d Cpe Bill Blass	400	1250	2100	4200	7400	10,500
Continental, V-6						
4d Sed	450	1080	1800	3600	6300	9000
4d Sed Signature	450	1140	1900	3800	6650	9500
1991						
Town Car, V-8						
4d Sed	450	1080	1800	3600	6300	9000
4d Sed Signature	450	1140	1900	3800	6650	9500
4d Sed Cartier	400	1250	2100	4200	7400	10,500
Mark VII, V-8						
2d Cpe LSC	400	1200	2000	4000	7000	10,000
2d Cpe Bill Blass	400	1250	2100	4200	7400	10,500

	6	5	4	3	2	1
Continental, V-6						
4d Sed	350	1020	1700	3400	5950	8500
4d Sed Signature	450	1080	1800	3600	6300	9000
1992						
Town Car, V-8						
4d Sed Executive	400	1300	2150	4300	7600	10,800
4d Sed Signature	400	1300	2200	4400	7700	11,000
4d Sed Cartier	450	1400	2300	4600	8100	11,500
Mark VII, V-8						
2d Cpe LSC	450	1450	2400	4800	8400	12,000
2d Cpe Bill Blass	450	1450	2400	4800	8400	12,000
Continental, V-6						
4d Executive	350	975	1600	3200	5600	8000
4d Signature	350	1020	1700	3400	5950	8500

LOCOMOBILE

1901 Locomobile Style 03 Victoria Top Runabout

1901

Style 2 Steam Rbt	1400	4450	7400	14,800	25,900	37,000
Style 02 Steam Rbt	1450	4550	7600	15,200	26,600	38,000
Style 3 Buggy Top Rbt	1450	4700	7800	15,600	27,300	39,000
Style 03 Vic Top Rbt	1450	4700	7800	15,600	27,300	39,000
Style 003 Vic Top Rbt	1450	4700	7800	15,600	27,300	39,000
Style 5 Locosurrey	1500	4800	8000	16,000	28,000	40,000
Style 05 Locosurrey	1550	4900	8200	16,400	28,700	41,000

1902

4P Model A Steam Tr	1450	4700	7800	15,600	27,300	39,000
2/4P Model B Steam Tr	1500	4800	8000	16,000	28,000	40,000
2P Steam Vic	1400	4450	7400	14,800	25,900	37,000
Style No. 2 Std Steam Rbt	1350	4300	7200	14,400	25,200	36,000
Style No. 02 Steam Rbt	1400	4450	7400	14,800	25,900	37,000
4P Style No. 5 Steam Locosurrey	1450	4700	7800	15,600	27,300	39,000
4P Style No. 05 Steam Locosurrey	1500	4800	8000	16,000	28,000	40,000
Style No. 3 Steam Physician's Car	1400	4450	7400	14,800	25,900	37,000
Style No. 03 Steam Stanhope	1300	4200	7000	14,000	24,500	35,000
Style No. 003 Stanhope	1350	4300	7200	14,400	25,200	36,000
Steam Locotrap	1350	4300	7200	14,400	25,200	36,000

	6	5	4	3	2	1
Steam Locodelivery	1400	4450	7400	14,800	25,900	37,000
1903						
Steam Cars						
Dos-a-Dos	1450	4550	7600	15,200	26,600	38,000
Locosurrey	1450	4700	7800	15,600	27,300	39,000
Rbt	1400	4450	7400	14,800	25,900	37,000
Gasoline Car, 2-cyl., 9 hp, 76" wb						
5P Tonn	1450	4550	7600	15,200	26,600	38,000
Gasoline Car, 4-cyl., 16 hp, 86" wb						
5P Tonn	1550	4900	8200	16,400	28,700	41,000
1904						
Steam Cars						
Tr, 85" wb	1500	4800	8000	16,000	28,000	40,000
Tr, 79" wb	1550	4900	8200	16,400	28,700	41,000
Stanhope, 79" wb	1400	4450	7400	14,800	25,900	37,000
Dos-a-Dos, 79" wb	1450	4700	7800	15,600	27,300	39,000
LWB Rbt	1450	4550	7600	15,200	26,600	38,000
Locosurrey, 75" wb	1550	4900	8200	16,400	28,700	41,000
Spl Surrey, 93" wb	1600	5050	8400	16,800	29,400	42,000
Gasoline Model C, 2-cyl., 9/12 hp, 76" wb						
5P Tonn	1500	4800	8000	16,000	28,000	40,000
5P Canopy Top Tonn	1650	5300	8800	17,600	30,800	44,000
Gasoline Model D, 4-cyl., 16/22 hp, 86" wb						
6/8P Limo	1300	4100	6800	13,600	23,800	34,000
6P King of Belgian Tonn	1400	4450	7400	14,800	25,900	37,000
6P DeL Tonn	1250	3950	6600	13,200	23,100	33,000
1905						
Model E, 4-cyl., 15/20 hp, 92" wb						
5P Tr	1550	4900	8200	16,400	28,700	41,000
5P Lan'let	1450	4700	7800	15,600	27,300	39,000
Model D, 4-cyl., 20/25 hp, 96" wb						
7P Tr	1600	5050	8400	16,800	29,400	42,000
Model H, 4-cyl., 30/35 hp, 106" wb						
7P Tr	1600	5150	8600	17,200	30,100	43,000
7P Limo	1300	4200	7000	14,000	24,500	35,000
Model F, 4-cyl., 40/45 hp, 110" wb						
7P Limo	1350	4300	7200	14,400	25,200	36,000
1906						
Model E, 4-cyl., 15/20 hp, 93" wb						
5P Tr	1550	4900	8200	16,400	28,700	41,000
2P Fishtail Rbt	1600	5050	8400	16,800	29,400	42,000
5P Limo	1300	4100	6800	13,600	23,800	34,000
Model H, 4-cyl., 30/35 hp, 106" wb						
5/7P Tr	1600	5150	8600	17,200	30,100	43,000
5/7P Limo	1300	4200	7000	14,000	24,500	35,000
Special, 4-cyl., 90 hp, 110" wb						
Vanderbilt Racer	—			value not estimable		
1907						
Model E, 4-cyl., 20 hp, 96" wb						
5P Tr	1600	5050	8400	16,800	29,400	42,000
2P Fishtail Rbt	1600	5150	8600	17,200	30,100	43,000
5P Limo	1300	4200	7000	14,000	24,500	35,000
Model H, 4-cyl., 35 hp, 120" wb						
7P Tr	1650	5300	8800	17,600	30,800	44,000
7P Limo	1350	4300	7200	14,400	25,200	36,000
Special, 4-cyl., 90 hp, 120" wb						
Vanderbilt Racer	—			value not estimable		
1908						
Model E, 4-cyl., 20 hp, 102" wb						
Std Tr	1600	5150	8600	17,200	30,100	43,000
Model E, 4-cyl., 20 hp, 116" wb						
6P Limo	1300	4200	7000	14,000	24,500	35,000
6P Lan'let	1450	4550	7600	15,200	26,600	38,000
Model I, 4-cyl., 40 hp, 123" wb						
3P Rbt	1700	5400	9000	18,000	31,500	45,000
1909						
Model 30, 4-cyl., 32 hp, 120" wb						
5P Tr	1650	5300	8800	17,600	30,800	44,000
4P Rbt	1700	5400	9000	18,000	31,500	45,000
Model 40, 4-cyl., 40 hp, 123" wb						
7P Tr	1750	5500	9200	18,400	32,200	46,000
4P Baby Tonn	1750	5650	9400	18,800	32,900	47,000
7P Limo	1300	4200	7000	14,000	24,500	35,000

	6	5	4	3	2	1
1910						
Model 30(L), 4-cyl., 30 hp, 120" wb						
4P Rds	1750	5500	9200	18,400	32,200	46,000
4P Baby Tonn	1700	5400	9000	18,000	31,500	45,000
5P Tr	1650	5300	8800	17,600	30,800	44,000
Limo	1300	4200	7000	14,000	24,500	35,000
Model 40(I), 4-cyl., 40 hp, 123" wb						
7P Tr	1950	6250	10,400	20,800	36,400	52,000
Rbt	1900	6100	10,200	20,400	35,700	51,000
7P Limo	1600	5050	8400	16,800	29,400	42,000
7P Lan'let	1700	5400	9000	18,000	31,500	45,000
4P Baby Tonn	1900	6100	10,200	20,400	35,700	51,000
1911						
Model 30(L), 4-cyl., 32 hp, 120" wb						
5P Tr	1750	5500	9200	18,400	32,200	46,000
4P Baby Tonn	1800	5750	9600	19,200	33,600	48,000
4P Torp	1850	5900	9800	19,600	34,300	49,000
6P Limo	1400	4450	7400	14,800	25,900	37,000
6P Lan'let	1500	4800	8000	16,000	28,000	40,000
Model 48(M), 6-cyl., 48 hp, 125" wb						
7P Tr	2000	6350	10,600	21,200	37,100	53,000
4P Baby Tonn	2100	6700	11,200	22,400	39,200	56,000
7P Limo	1650	5300	8800	17,600	30,800	44,000
7P Lan'let	1750	5650	9400	18,800	32,900	47,000
1912						
Model 30(L), 4-cyl., 30 hp, 120" wb						
Tr	1750	5500	9200	18,400	32,200	46,000
Baby Tonn	1750	5650	9400	18,800	32,900	47,000
Torp	1800	5750	9600	19,200	33,600	48,000
Limo	1400	4450	7400	14,800	25,900	37,000
Berl	1550	4900	8200	16,400	28,700	41,000
Lan'let	1650	5300	8800	17,600	30,800	44,000
Model 48(M), 6-cyl., 48 hp, 135" wb						
Tr	2000	6350	10,600	21,200	37,100	53,000
4P Torp	2050	6500	10,800	21,600	37,800	54,000
5P Torp	2050	6600	11,000	22,000	38,500	55,000
Limo	1600	5150	8600	17,200	30,100	43,000
Berl	1750	5650	9400	18,800	32,900	47,000
Lan'let	1900	6000	10,000	20,000	35,000	50,000
1913						
Model 30(L), 4-cyl., 32.4 hp, 120" wb						
4P Torp	1850	5900	9800	19,600	34,300	49,000
5P Tr	1900	6000	10,000	20,000	35,000	50,000
Rds	1850	5900	9800	19,600	34,300	49,000
Model 38(R), 6-cyl., 43.8 hp, 128" wb						
4P Torp	2250	7200	12,000	24,000	42,000	60,000
5P Tr	2200	7100	11,800	23,600	41,300	59,000
Rds	2400	7700	12,800	25,600	44,800	64,000
Limo	1650	5300	8800	17,600	30,800	44,000
Lan'let	1750	5500	9200	18,400	32,200	46,000
Berl Limo	1850	5900	9800	19,600	34,300	49,000
Berl Lan'let	1900	6100	10,200	20,400	35,700	51,000
1914						
Model 38, 6-cyl., 43.8 hp, 132" wb						
4P Torp	2650	8400	14,000	28,000	49,000	70,000
5P Tr	2700	8650	14,400	28,800	50,400	72,000
2P Rds	2800	8900	14,800	29,600	51,800	74,000
7P Limo	1950	6250	10,400	20,800	36,400	52,000
7P Lan'let	2000	6350	10,600	21,200	37,100	53,000
7P Berl	2050	6600	11,000	22,000	38,500	55,000
Model 48, 6-cyl., 48.6 hp, 136 & 140" wb						
7P Tr	2700	8650	14,400	28,800	50,400	72,000
6P Torp	2800	8900	14,800	29,600	51,800	74,000
2P Rds	2850	9100	15,200	30,400	53,200	76,000
7P Limo	2050	6600	11,000	22,000	38,500	55,000
7P Lan'let	2150	6850	11,400	22,800	39,900	57,000
7P Berl	2200	7100	11,800	23,600	41,300	59,000
1915						
Model 38, 6-cyl., 43.3 hp, 132" wb						
5P Tr	2700	8650	14,400	28,800	50,400	72,000
2P Rds	2800	8900	14,800	29,600	51,800	74,000
4P Torp	2700	8650	14,400	28,800	50,400	72,000
7P Limo	1400	4450	7400	14,800	25,900	37,000
7P Lan'let	1450	4550	7600	15,200	26,600	38,000
7P Berl	1450	4700	7800	15,600	27,300	39,000

	6	5	4	3	2	1
Model 48, 6-cyl., 48.6 hp, 140" wb						
7P Tr	2800	8900	14,800	29,600	51,800	74,000
2P Rds	2850	9100	15,200	30,400	53,200	76,000
6P Torp	2800	8900	14,800	29,600	51,800	74,000
7P Limo	1450	4550	7600	15,200	26,600	38,000
7P Lan'let	1450	4700	7800	15,600	27,300	39,000
7P Berl	1500	4800	8000	16,000	28,000	40,000
1916						
Model 38, 6-cyl., 43.35 hp, 140" wb						
7P Tr	2950	9350	15,600	31,200	54,600	78,000
6P Tr	3000	9600	16,000	32,000	56,000	80,000
7P Limo	1400	4450	7400	14,800	25,900	37,000
7P Lan'let	1450	4550	7600	15,200	26,600	38,000
7P Berl	1450	4700	7800	15,600	27,300	39,000
Model 48, 6-cyl., 48.6 hp, 143" wb						
6P Tr	3600	11,500	19,200	38,400	67,200	96,000
7P Tr	3300	10,550	17,600	35,200	61,600	88,000
7P Lan'let	1550	4900	8200	16,400	28,700	41,000
7P Berl	1600	5050	8400	16,800	29,400	42,000
7P Limo	1500	4800	8000	16,000	28,000	40,000
1917						
Model 38, 6-cyl., 43.34 hp, 139" wb						
7P Tr	3450	11,050	18,400	36,800	64,400	92,000
6P Tr	3600	11,500	19,200	38,400	67,200	96,000
4P Tr	3700	11,750	19,600	39,200	68,600	98,000
7P Limo	1500	4800	8000	16,000	28,000	40,000
7P Lan'let	1550	4900	8200	16,400	28,700	41,000
7P Berl	1600	5150	8600	17,200	30,100	43,000
Model 48, 6-cyl., 48.6 hp, 142" wb						
Sportif	5650	18,000	30,000	60,000	105,000	150,000
6P Tr	3700	11,750	19,600	39,200	68,600	98,000
7P Tr	3600	11,500	19,200	38,400	67,200	96,000
7P Lan'let	1600	5150	8600	17,200	30,100	43,000
7P Berl	1700	5400	9000	18,000	31,500	45,000
7P Limo	1600	5050	8400	16,800	29,400	42,000
1918						
Model 38, Series Two, 6-cyl., 43.35 hp, 139" wb						
7P Tr	3450	11,050	18,400	36,800	64,400	92,000
6P Tr	3550	11,300	18,800	37,600	65,800	94,000
4P Tr	3600	11,500	19,200	38,400	67,200	96,000
7P Lan'let	1500	4800	8000	16,000	28,000	40,000
7P Berl	1600	5150	8600	17,200	30,100	43,000
7P Limo	1450	4700	7800	15,600	27,300	39,000
Model 48, Series Two, 6-cyl., 48.6 hp, 142" wb						
Sportif	5650	18,000	30,000	60,000	105,000	150,000
7P Tr	3600	11,500	19,200	38,400	67,200	96,000
6P Tr	3700	11,750	19,600	39,200	68,600	98,000
4P Tr	3700	11,750	19,600	39,200	68,600	98,000
7P Limo	1600	5050	8400	16,800	29,400	42,000
7P Lan'let	1600	5150	8600	17,200	30,100	43,000
7P Berl	1700	5400	9000	18,000	31,500	45,000

1919 Locomobile Model 48 touring

	6	5	4	3	2	1
1919						
Model 48, 6-cyl., 48.6 hp, 142" wb						
7P Tr	3700	11,750	19,600	39,200	68,600	98,000
Torp	3700	11,750	19,600	39,200	68,600	98,000
Sportif	5650	18,000	30,000	60,000	105,000	150,000
Limo	1900	6000	10,000	20,000	35,000	50,000
Lan'let	1950	6250	10,400	20,800	36,400	52,000
Berl	2050	6600	11,000	22,000	38,500	55,000
1920						
Model 48, 6-cyl., 142" wb						
4P Spl Tr	3750	12,000	20,000	40,000	70,000	100,000
4P Tr	3600	11,500	19,200	38,400	67,200	96,000
7P Tr	3400	10,800	18,000	36,000	63,000	90,000
7P Limo	2050	6600	11,000	22,000	38,500	55,000
7P Lan'let	2150	6850	11,400	22,800	39,900	57,000
7P Sed	1200	3850	6400	12,800	22,400	32,000
4P Cabr	1700	5400	9000	18,000	31,500	45,000
5P Semi-Tr	2050	6600	11,000	22,000	38,500	55,000
1921						
Model 48, 6-cyl., 95 hp, 142" wb						
7P Tr	3400	10,800	18,000	36,000	63,000	90,000
Sportif	5450	17,400	29,000	58,000	101,500	145,000
7P Limo	2050	6600	11,000	22,000	38,500	55,000
7P Lan	2150	6850	11,400	22,800	39,900	57,000
1922						
Model 48, 6-cyl., 95 hp, 142" wb						
7P Tr	3400	10,800	18,000	36,000	63,000	90,000
4P Sportif	5450	17,400	29,000	58,000	101,500	145,000
6P Limo	2050	6600	11,000	22,000	38,500	55,000
Lan'let	2150	6850	11,400	22,800	39,900	57,000
DC Phae	5250	16,800	28,000	56,000	98,000	140,000
Cpe-Limo	2250	7200	12,000	24,000	42,000	60,000
Cabr	2500	7900	13,200	26,400	46,200	66,000
Sed	1700	5400	9000	18,000	31,500	45,000
1923						
Model 48, 6-cyl., 95 hp, 142" wb						
4P Sportif	5650	18,000	30,000	60,000	105,000	150,000
7P Tr	3400	10,800	18,000	36,000	63,000	90,000
4P Tr	3600	11,500	19,200	38,400	67,200	96,000
7P Limo	2250	7200	12,000	24,000	42,000	60,000
4P DC Phae	5250	16,800	28,000	56,000	98,000	140,000
5P Cpe	1700	5400	9000	18,000	31,500	45,000
5P Cabr	2500	7900	13,200	26,400	46,200	66,000
7P Sed	1500	4800	8000	16,000	28,000	40,000
1924						
Model 48, 6-cyl., 95 hp, 142" wb						
4P Sportif	5250	16,800	28,000	56,000	98,000	140,000
7P Tr	3600	11,500	19,200	38,400	67,200	96,000
7P Tr Limo	2500	7900	13,200	26,400	46,200	66,000
5P Brgm	2250	7200	12,000	24,000	42,000	60,000
Encl Dr Limo	2350	7450	12,400	24,800	43,400	62,000
Vic Sed	1700	5400	9000	18,000	31,500	45,000
5P Cabr	2650	8400	14,000	28,000	49,000	70,000
1925						
Junior 8, 8-cyl., 66 hp, 124" wb						
5P Tr	2950	9350	15,600	31,200	54,600	78,000
5P Sed	1350	4300	7200	14,400	25,200	36,000
5P Brgm	1750	5500	9200	18,400	32,200	46,000
4P Rds	3100	9850	16,400	32,800	57,400	82,000
4P Cpe	1550	4900	8200	16,400	28,700	41,000
Model 48, 6-cyl., 103 hp, 142" wb						
4P Sportif	5450	17,400	29,000	58,000	101,500	145,000
7P Tr	3700	11,750	19,600	39,200	68,600	98,000
7P Tr Limo	2550	8150	13,600	27,200	47,600	68,000
6P Brgm	2350	7450	12,400	24,800	43,400	62,000
5P Vic Sed	1750	5500	9200	18,400	32,200	46,000
7P Encl Limo	2400	7700	12,800	25,600	44,800	64,000
7P Cabr	2700	8650	14,400	28,800	50,400	72,000
1926						
Junior 8, 8-cyl., 66 hp, 124" wb						
5P Tr	3000	9600	16,000	32,000	56,000	80,000
5P Sed	1350	4300	7200	14,400	25,200	36,000
5P Brgm	1550	4900	8200	16,400	28,700	41,000
4P Rds	3100	9850	16,400	32,800	57,400	82,000
4P Cpe	1600	5150	8600	17,200	30,100	43,000

	6	5	4	3	2	1
Model 90, 6-cyl., 86 hp, 138" wb						
4P Sportif	4950	15,850	26,400	52,800	92,400	132,000
4P Rds	4800	15,350	25,600	51,200	89,600	128,000
5P Vic Cpe	1600	5150	8600	17,200	30,100	43,000
5P Vic Sed	1550	4900	8200	16,400	28,700	41,000
5P Vic Div Sed	1750	5500	9200	18,400	32,200	46,000
7P Brgm	1800	5750	9600	19,200	33,600	48,000
7P Sub Limo	1850	5900	9800	19,600	34,300	49,000
7P Cabr	2500	7900	13,200	26,400	46,200	66,000
Model 48, 6-cyl., 103 hp, 138" wb						
4P Sportif	5200	16,550	27,600	55,200	96,600	138,000
7P Tr	3700	11,750	19,600	39,200	68,600	98,000
7P Cabr	2550	8150	13,600	27,200	47,600	68,000
5P Vic Sed	1750	5500	9200	18,400	32,200	46,000
7P Encl Dr Limo	2100	6700	11,200	22,400	39,200	56,000
7P Tr Limo	1900	6100	10,200	20,400	35,700	51,000
6P Twn Brgm	1900	6000	10,000	20,000	35,000	50,000
1927						
Junior 8, 8-cyl., 66 hp, 124" wb						
5P Tr	3300	10,550	17,600	35,200	61,600	88,000
5P Sed	1750	5500	9200	18,400	32,200	46,000
5P Brgm	2100	6700	11,200	22,400	39,200	56,000
4P Rds	3150	10,100	16,800	33,600	58,800	84,000
4P Cpe	2200	6950	11,600	23,200	40,600	58,000
Model 8-80, 8-cyl., 90 hp, 130" wb						
5P Sed	1550	4900	8200	16,400	28,700	41,000
Model 90, 6-cyl., 86 hp, 138" wb						
4P Tr	3450	11,050	18,400	36,800	64,400	92,000
4P Sportif	4950	15,850	26,400	52,800	92,400	132,000
4P Rds	3750	12,000	20,000	40,000	70,000	100,000
5P Vic Cpe	2350	7450	12,400	24,800	43,400	62,000
5P Sed	1900	6100	10,200	20,400	35,700	51,000
5P Div Sed	2000	6350	10,600	21,200	37,100	53,000
7P Sed	1950	6250	10,400	20,800	36,400	52,000
7P Brgm	2350	7450	12,400	24,800	43,400	62,000
7P Cabr	2700	8650	14,400	28,800	50,400	72,000
Model 48, 6-cyl., 103 hp, 138" wb						
4P Sportif	5200	16,550	27,600	55,200	96,600	138,000
7P Tr	3550	11,300	18,800	37,600	65,800	94,000
4P Rds	3850	12,250	20,400	40,800	71,400	102,000
5P Cabr	2950	9350	15,600	31,200	54,600	78,000
5P Vic Sed	1750	5500	9200	18,400	32,200	46,000
7P Encl Dr Limo	2100	6700	11,200	22,400	39,200	56,000
7P Tr Limo	2000	6350	10,600	21,200	37,100	53,000
6P Twn Brgm	2350	7450	12,400	24,800	43,400	62,000
1928						
Model 8-70, 8-cyl., 70 hp, 122" wb						
5P Sed	1350	4300	7200	14,400	25,200	36,000
5P Brgm	1450	4550	7600	15,200	26,600	38,000
5P DeL Brgm	1500	4800	8000	16,000	28,000	40,000
4P Vic Cpe	1600	5150	8600	17,200	30,100	43,000
Model 8-80, 8-cyl., 90 hp, 130" wb						
5P Spt Phae	2550	8150	13,600	27,200	47,600	68,000
5P Sed	1450	4550	7600	15,200	26,600	38,000
5P Brgm	1500	4800	8000	16,000	28,000	40,000
4P Vic Cpe	1750	5500	9200	18,400	32,200	46,000
Spl Rds	2650	8400	14,000	28,000	49,000	70,000
4P Collegiate Cpe	1850	5900	9800	19,600	34,300	49,000
7P Tr	2550	8150	13,600	27,200	47,600	68,000
Vic Sed	1500	4800	8000	16,000	28,000	40,000
7P Sed, 140" wb	1450	4550	7600	15,200	26,600	38,000
7P Sub, 140" wb	1500	4800	8000	16,000	28,000	40,000
Model 90, 6-cyl., 86 hp, 138" wb						
4P Sportif	3300	10,550	17,600	35,200	61,600	88,000
4P Rds	2950	9350	15,600	31,200	54,600	78,000
7P Tr	2850	9100	15,200	30,400	53,200	76,000
Cpe	1800	5750	9600	19,200	33,600	48,000
5P Vic Sed	1600	5150	8600	17,200	30,100	43,000
5P Div Vic Sed	1750	5500	9200	18,400	32,200	46,000
7P Sub	1750	5650	9400	18,800	32,900	47,000
7P Twn Brgm	1750	5650	9400	18,800	32,900	47,000
7P Cabr	2550	8150	13,600	27,200	47,600	68,000
7P Semi-Collapsbl.Cabr	2500	7900	13,200	26,400	46,200	66,000
Model 48, 6-cyl., 103 hp, 142" wb						
4P Sportif	3450	11,050	18,400	36,800	64,400	92,000
7P Tr	3300	10,550	17,600	35,200	61,600	88,000

	6	5	4	3	2	1
Rds	3400	10,800	18,000	36,000	63,000	90,000
7P Cabr	2650	8400	14,000	28,000	49,000	70,000
5P Vic Sed	2650	8400	14,000	28,000	49,000	70,000
7P Encl Dr Limo	2550	8150	13,600	27,200	47,600	68,000
7P Tr Limo	2700	8650	14,400	28,800	50,400	72,000
6P Twn Brgm	2700	8650	14,400	28,800	50,400	72,000

1929
Model 88, 8-cyl., 115 hp, 130" wb

	6	5	4	3	2	1
4P Phae	2950	9350	15,600	31,200	54,600	78,000
5P Sed	1550	4900	8200	16,400	28,700	41,000
Vic Cpe	2100	6700	11,200	22,400	39,200	56,000
5P Brgm	1900	6100	10,200	20,400	35,700	51,000
4P Collegiate Cpe	2200	6950	11,600	23,200	40,600	58,000
7P Sed	1450	4700	7800	15,600	27,300	39,000
7P Sub	1500	4800	8000	16,000	28,000	40,000
7P A/W Cabr	2350	7450	12,400	24,800	43,400	62,000

Model 90, 6-cyl., 86 hp, 138" wb

	6	5	4	3	2	1
4P Sportif	3300	10,550	17,600	35,200	61,600	88,000
4P Rds	3300	10,550	17,600	35,200	61,600	88,000
7P Tr	3000	9600	16,000	32,000	56,000	80,000
5P Vic Sed	2100	6700	11,200	22,400	39,200	56,000
5P Vic Div Sed	2350	7450	12,400	24,800	43,400	62,000
6P Twn Brgm	2400	7700	12,800	25,600	44,800	64,000
7P Cabr	2700	8650	14,400	28,800	50,400	72,000
Semi-Collapsible Cabr	2650	8400	14,000	28,000	49,000	70,000

Model 48, 6-cyl., 103 hp, 142" wb

	6	5	4	3	2	1
4P Sportif	3550	11,300	18,800	37,600	65,800	94,000
7P Tr	3300	10,550	17,600	35,200	61,600	88,000
Rds	3450	11,050	18,400	36,800	64,400	92,000
7P Cabr	2950	9350	15,600	31,200	54,600	78,000
5P Vic Sed	2350	7450	12,400	24,800	43,400	62,000
7P Encl Dr Limo	2500	7900	13,200	26,400	46,200	66,000
7P Tr Limo	2550	8150	13,600	27,200	47,600	68,000
6P Twn Brgm	2550	8150	13,600	27,200	47,600	68,000

MARMON

NOTE: Marmon production started in 1902, but the earliest car known to exist is a 1909 speedster. Therefore "ballpark values" on pre-1909 models are inestimable.

1909-1912
Model 32, 4-cyl., 32 hp, 120" wb

	6	5	4	3	2	1
Rds	1500	4800	8000	16,000	28,000	40,000
4P Tr	1550	4900	8200	16,400	28,700	41,000
5P Tr	1550	4900	8200	16,400	28,700	41,000
Spds	1450	4700	7800	15,600	27,300	39,000
Limo	1400	4450	7400	14,800	25,900	37,000

1913
Model 32, 4-cyl., 32 hp, 120" wb

	6	5	4	3	2	1
Rds	1500	4800	8000	16,000	28,000	40,000
5P Tr	1550	4900	8200	16,400	28,700	41,000
7P Tr	1600	5050	8400	16,800	29,400	42,000
Spds	1600	5150	8600	17,200	30,100	43,000
Limo	1400	4450	7400	14,800	25,900	37,000

Model 48, 6-cyl., 48 hp, 145" wb

	6	5	4	3	2	1
Rds	2100	6700	11,200	22,400	39,200	56,000
4P Tr	2150	6850	11,400	22,800	39,900	57,000
5P Tr	2200	6950	11,600	23,200	40,600	58,000
7P Tr	2200	7100	11,800	23,600	41,300	59,000
Spds	2400	7700	12,800	25,600	44,800	64,000
Limo	2000	6350	10,600	21,200	37,100	53,000

1914
Model 32, 4-cyl., 32 hp, 120" wb

	6	5	4	3	2	1
Rds	1500	4800	8000	16,000	28,000	40,000
4P Tr	1550	4900	8200	16,400	28,700	41,000
5P Tr	1600	5050	8400	16,800	29,400	42,000
Spds	1800	5750	9600	19,200	33,600	48,000
Limo	1550	4900	8200	16,400	28,700	41,000

Model 41, 6-cyl., 41 hp, 132" wb

	6	5	4	3	2	1
Rds	1600	5150	8600	17,200	30,100	43,000
4P Tr	1650	5300	8800	17,600	30,800	44,000
5P Tr	1700	5400	9000	18,000	31,500	45,000

	6	5	4	3	2	1
7P Tr	1750	5500	9200	18,400	32,200	46,000
Spds	1900	6100	10,200	20,400	35,700	51,000
Model 48, 6-cyl., 48 hp, 145" wb						
Rds	1950	6250	10,400	20,800	36,400	52,000
4P Tr	2000	6350	10,600	21,200	37,100	53,000
5P Tr	2050	6500	10,800	21,600	37,800	54,000
7P Tr	2050	6600	11,000	22,000	38,500	55,000
Spds	2250	7200	12,000	24,000	42,000	60,000
Limo	2000	6350	10,600	21,200	37,100	53,000
Ber Limo	2050	6500	10,800	21,600	37,800	54,000
1915						
Model 41, 6-cyl., 41 hp, 132" wb						
Rds	1600	5050	8400	16,800	29,400	42,000
4P Tr	1600	5150	8600	17,200	30,100	43,000
5P Tr	1650	5300	8800	17,600	30,800	44,000
7P Tr	1700	5400	9000	18,000	31,500	45,000
Spds	1900	6000	10,000	20,000	35,000	50,000
Model 48, 6-cyl., 48 hp, 145" wb						
7P Tr	1800	5750	9600	19,200	33,600	48,000
1916						
Model 41, 6-cyl., 41 hp, 132" wb						
Rds	1550	4900	8200	16,400	28,700	41,000
4P Tr	1600	5050	8400	16,800	29,400	42,000
5P Tr	1600	5150	8600	17,200	30,100	43,000
5P Tr	1650	5300	8800	17,600	30,800	44,000
Spds	1800	5750	9600	19,200	33,600	48,000
Model 34, 6-cyl., 34 hp, 136" wb						
Clb Rds	1500	4800	8000	16,000	28,000	40,000
5P Tr	1550	4900	8200	16,400	28,700	41,000
7P Tr	1600	5050	8400	16,800	29,400	42,000
Limo	1450	4700	7800	15,600	27,300	39,000
Lan'let	1500	4800	8000	16,000	28,000	40,000
Sed	1200	3850	6400	12,800	22,400	32,000
Twn Car	1300	4200	7000	14,000	24,500	35,000
1917						
Model 34, 6-cyl., 34 hp, 136" wb						
5P Tr	1200	3850	6400	12,800	22,400	32,000
4P Rds	1150	3700	6200	12,400	21,700	31,000
7P Tr	1300	4100	6800	13,600	23,800	34,000
Limo	750	2400	4000	8000	14,000	20,000
Lan'let	900	2900	4800	9600	16,800	24,000
Sed	700	2150	3600	7200	12,600	18,000
Twn Car	950	3000	5000	10,000	17,500	25,000
1918						
Model 34, 6-cyl., 34 hp, 136" wb						
5P Tr	1200	3850	6400	12,800	22,400	32,000
4P Rds	1150	3700	6200	12,400	21,700	31,000
7P Tr	1300	4100	6800	13,600	23,800	34,000
Sed	700	2150	3600	7200	12,600	18,000
Limo-Twn Car	950	3000	5000	10,000	17,500	25,000
Lan'let	1000	3100	5200	10,400	18,200	26,000
Rubay Twn Car	1100	3500	5800	11,600	20,300	29,000
Rubay Limo	1150	3600	6000	12,000	21,000	30,000
1919						
Model 34, 6-cyl., 34 hp, 136" wb						
5P Tr	1200	3850	6400	12,800	22,400	32,000
4P Rds	1150	3700	6200	12,400	21,700	31,000
7P Tr	1300	4100	6800	13,600	23,800	34,000
Sed	700	2150	3600	7200	12,600	18,000
Limo	900	2900	4800	9600	16,800	24,000
Twn Car	1000	3100	5200	10,400	18,200	26,000
Lan'let	1000	3250	5400	10,800	18,900	27,000
1920						
Model 34, 6-cyl., 34 hp, 136" wb						
4P Rds	1250	3950	6600	13,200	23,100	33,000
4P 4d Tr	1300	4100	6800	13,600	23,800	34,000
4P Cpe	700	2150	3600	7200	12,600	18,000
7P Sed	650	2050	3400	6800	11,900	17,000
Twn Car	800	2500	4200	8400	14,700	21,000
7P Tr	1150	3600	6000	12,000	21,000	30,000
1921						
Model 34, 6-cyl., 34 hp, 136" wb						
4P Rds	1250	3950	6600	13,200	23,100	33,000
7P Tr	1300	4200	7000	14,000	24,500	35,000
2P Spds	1500	4800	8000	16,000	28,000	40,000

	6	5	4	3	2	1
4P Cpe	700	2150	3600	7200	12,600	18,000
4P Tr	1100	3500	5800	11,600	20,300	29,000
7P Sed	650	2050	3400	6800	11,900	17,000
Limo	700	2150	3600	7200	12,600	18,000
Twn Car	800	2500	4200	8400	14,700	21,000

1922
Model 34, 6-cyl., 34 hp, 136" wb

	6	5	4	3	2	1
4P Rds	1150	3600	6000	12,000	21,000	30,000
4P Tr	1150	3700	6200	12,400	21,700	31,000
7P Tr	1200	3850	6400	12,800	22,400	32,000
2P Spds	1400	4450	7400	14,800	25,900	37,000
4P Spds	1350	4300	7200	14,400	25,200	36,000
W'by Cpe	750	2400	4000	8000	14,000	20,000
N & M Cpe	650	2050	3400	6800	11,900	17,000
7P N & M Sed	650	2050	3400	6800	11,900	17,000
Rubay Limo	1000	3250	5400	10,800	18,900	27,000
4P N & M Sed	550	1800	3000	6000	10,500	15,000
7P Sub	550	1800	3050	6100	10,600	15,200
Spt Sed	600	1850	3100	6200	10,900	15,500
N & H Sed	700	2150	3600	7200	12,600	18,000
Rubay Twn Car	1000	3100	5200	10,400	18,200	26,000
W'by Limo	1150	3700	6200	12,400	21,700	31,000
W'by Twn Car	1000	3250	5400	10,800	18,900	27,000

NOTE: N & M bodies by Nordyke & Marmon Co. (factory custom).

1923
Model 34, 6-cyl., 34 hp, 132" wb

	6	5	4	3	2	1
4P Phae	1150	3600	6000	12,000	21,000	30,000
2P Rds	1100	3500	5800	11,600	20,300	29,000
4P Rds	1100	3500	5800	11,600	20,300	29,000
7P Phae	1150	3700	6200	12,400	21,700	31,000
4P Tr	1150	3600	6000	12,000	21,000	30,000
2P Spds	1450	4700	7800	15,600	27,300	39,000
4P Spds	1450	4550	7600	15,200	26,600	38,000
4P Cpe	650	2050	3400	6800	11,900	17,000
4P Sed	550	1800	3000	6000	10,500	15,000
7P Sed	600	1850	3100	6200	10,900	15,500
7P Limo	1000	3100	5200	10,400	18,200	26,000
Twn Car	950	3050	5100	10,200	17,900	25,500
Sub Sed	550	1800	3000	6000	10,500	15,000

1924

Model 34, 6-cyl., 34 hp, 132" wb

	6	5	4	3	2	1
Spt Spds	1450	4700	7800	15,600	27,300	39,000
4P Spds	1450	4550	7600	15,200	26,600	38,000
4P Phae	1250	3950	6600	13,200	23,100	33,000
4P Conv Phae	1300	4100	6800	13,600	23,800	34,000
7P Conv Phae	1300	4200	7000	14,000	24,500	35,000
4P Cpe	650	2100	3500	7000	12,300	17,500
4P Sed	550	1800	3000	6000	10,500	15,000
7P Sed	600	1900	3200	6400	11,200	16,000
Sub Sed	550	1800	3000	6000	10,500	15,000
Limo	1000	3100	5200	10,400	18,200	26,000
Twn Car	950	3050	5100	10,200	17,900	25,500

NOTE: The Phaeton (Phae) is a touring car; the convertible Phaeton (Conv Phae) is a convertible sedan with glass slide-in windows.

The following Marmon models are authentic Classic Cars: all 16-cyl., all Models 74 (1925-26); all Models 75 (1927); all Models E75 (1928), 1930 "Big Eight" and 1931 Model "88" and "Big Eight".

1925
Model D-74, 6-cyl., 34 hp, 136" wb

	6	5	4	3	2	1
R/S Rds	1850	5900	9800	19,600	34,300	49,000
5P Phae	1900	6100	10,200	20,400	35,700	51,000
7P Tr	1600	5050	8400	16,800	29,400	42,000
Std Sed	750	2400	4000	8000	14,000	20,000
Brgm Cpe	750	2450	4100	8200	14,400	20,500
DeL Cpe	800	2500	4200	8400	14,700	21,000
DeL Sed	750	2450	4100	8200	14,400	20,500
7P DeL Sed	800	2500	4200	8400	14,700	21,000
5P Sed Limo	800	2500	4200	8400	14,700	21,000
7P Sed Limo	800	2500	4200	8400	14,700	21,000
7P Std Sed	750	2450	4100	8200	14,400	20,500
4P Vic Cpe	750	2450	4100	8200	14,400	20,500
2P Std Cpe	800	2500	4200	8400	14,700	21,000

1926 Marmon Model 74 seven-passenger phaeton

	6	5	4	3	2	1
1926						
Model D-74, 6-cyl., 34 hp, 136" wb						
2P Spds	1850	5900	9800	19,600	34,300	49,000
5P Phae	1900	6100	10,200	20,400	35,700	51,000
7P Tr	1600	5050	8400	16,800	29,400	42,000
Std Cpe	800	2500	4200	8400	14,700	21,000
Std Sed	750	2400	4000	8000	14,000	20,000
5P DeL Sed	750	2450	4100	8200	14,400	20,500
7P Del Sed	800	2500	4200	8400	14,700	21,000
Std Vic	800	2600	4300	8600	15,100	21,500
Std Brgm	750	2450	4100	8200	14,400	20,500
5P DeL Limo	800	2600	4300	8600	15,100	21,500
7P DeL Limo	850	2650	4400	8800	15,400	22,000
Spl Brgm	800	2500	4200	8400	14,700	21,000
7P Spl Sed	800	2500	4200	8400	14,700	21,000
5P Spl Sed	750	2450	4100	8200	14,400	20,500
1927						
Little Marmon Series, 8-cyl., 24 hp						
2P Spds	850	2650	4400	8800	15,400	22,000
4P Spds	800	2500	4200	8400	14,700	21,000
4d Sed	500	1550	2600	5200	9100	13,000
2d Sed	450	1500	2500	5000	8800	12,500
R/S Cpe	550	1800	3000	6000	10,500	15,000
Coll Rds Cpe	850	2650	4400	8800	15,400	22,000
4P Brgm	500	1600	2700	5400	9500	13,500
E-75 Series (Factory-body), 6-cyl., 34 hp, 136" wb						
5P Sed	800	2600	4300	8600	15,100	21,500
7P Sed	850	2650	4400	8800	15,400	22,000
5P Brgm	850	2700	4500	9000	15,800	22,500
R/M Cpe	850	2750	4600	9200	16,100	23,000
Twn Cpe	900	2800	4700	9400	16,500	23,500
Vic	900	2900	4800	9600	16,800	24,000
4P Spds	1750	5650	9400	18,800	32,900	47,000
2P Spds	1950	6250	10,400	20,800	36,400	52,000
E-75 Series (Custom Body), 6-cyl., 136" wb						
7P Sed	1000	3250	5400	10,800	18,900	27,000
5P Sed	1000	3100	5200	10,400	18,200	26,000
Limo	1000	3200	5300	10,600	18,600	26,500
7P Spds	2350	7450	12,400	24,800	43,400	62,000
1928						
Series 68, 8-cyl., 24 hp, 114" wb						
Rds	1200	3850	6400	12,800	22,400	32,000
Sed	500	1600	2700	5400	9500	13,500
Cpe	600	1850	3100	6200	10,900	15,500
Vic	600	1900	3200	6400	11,200	16,000
Series 78, 8-cyl., 28 hp, 120" wb						
Cpe	650	2050	3400	6800	11,900	17,000
Sed	550	1750	2900	5800	10,200	14,500
Rds	1200	3850	6400	12,800	22,400	32,000
Spds	1250	3950	6600	13,200	23,100	33,000
Coll Cpe	850	2750	4600	9200	16,100	23,000

	6	5	4	3	2	1
Vic Cpe	700	2150	3600	7200	12,600	18,000
Series 75 Standard Line, 6-cyl., 34 hp						
Twn Cpe	850	2750	4600	9200	16,100	23,000
2P Spds	1400	4450	7400	14,800	25,900	37,000
Cpe	800	2500	4200	8400	14,700	21,000
Vic	850	2650	4400	8800	15,400	22,000
Cpe Rds	1000	3100	5200	10,400	18,200	26,000
Brgm	800	2500	4200	8400	14,700	21,000
5P Sed	750	2400	4000	8000	14,000	20,000
7P Sed	750	2450	4100	8200	14,400	20,500
Series 75 Custom Line, 6-cyl., 34 hp						
4P Spds	1950	6250	10,400	20,800	36,400	52,000
7P Spds	1900	6100	10,200	20,400	35,700	51,000
5P Sed	750	2400	4000	8000	14,000	20,000
7P Sed	800	2500	4200	8400	14,700	21,000
Limo	800	2600	4300	8600	15,100	21,500

1929

Marmon Roosevelt, 8-cyl., 24 hp, 112.75" wb

	6	5	4	3	2	1
Sed	700	2300	3800	7600	13,300	19,000
Cpe	750	2400	4000	8000	14,000	20,000
Vic Cpe	750	2450	4100	8200	14,400	20,500
Coll Cpe	950	3000	5000	10,000	17,500	25,000
Series 68, 8-cyl., 28 hp, 114" wb						
Sed	750	2400	4000	8000	14,000	20,000
Coll Cpe	1100	3500	5800	11,600	20,300	29,000
Cpe	850	2650	4400	8800	15,400	22,000
Rds	1500	4800	8000	16,000	28,000	40,000
Vic Cpe	850	2750	4600	9200	16,100	23,000
Series 78, 8-cyl., 28 hp, 120" wb						
Sed	800	2500	4200	8400	14,700	21,000
Cpe	850	2750	4600	9200	16,100	23,000
Vic Cpe	900	2900	4800	9600	16,800	24,000
Coll Cpe	1300	4200	7000	14,000	24,500	35,000
Rds	1550	4900	8200	16,400	28,700	41,000
6P Spds	1700	5400	9000	18,000	31,500	45,000

1930

Marmon Roosevelt, 8-cyl., 24 hp, 112.75" wb

	6	5	4	3	2	1
Sed	700	2300	3800	7600	13,300	19,000
R/S Cpe	800	2500	4200	8400	14,700	21,000
Vic Cpe	750	2400	4000	8000	14,000	20,000
Conv	1300	4200	7000	14,000	24,500	35,000
Model 8-69, 8-cyl., 25.5 hp, 118" wb						
Sed	750	2400	4000	8000	14,000	20,000
Cpe	800	2500	4200	8400	14,700	21,000
Phae	1750	5500	9200	18,400	32,200	46,000
Conv	1700	5400	9000	18,000	31,500	45,000
Brgm	750	2400	4000	8000	14,000	20,000
Clb Sed	800	2500	4200	8400	14,700	21,000
Model 8-79, 8-cyl., 32.5 hp, 125" wb						
Sed	750	2400	4000	8000	14,000	20,000
R/S Cpe	850	2750	4600	9200	16,100	23,000
Phae	1900	6100	10,200	20,400	35,700	51,000
Conv	1900	6000	10,000	20,000	35,000	50,000
Brgm	850	2650	4400	8800	15,400	22,000
Clb Sed	700	2300	3800	7600	13,300	19,000
Model "Big Eight", 8-cyl., 34 hp, 136" wb						
5P Sed	1200	3850	6400	12,800	22,400	32,000
R/S Cpe	1450	4550	7600	15,200	26,600	38,000
7P Tr	2050	6600	11,000	22,000	38,500	55,000
Conv Sed	2400	7700	12,800	25,600	44,800	64,000
7P Sed	1250	3950	6600	13,200	23,100	33,000
Limo	1300	4200	7000	14,000	24,500	35,000
Brgm	1250	3950	6600	13,200	23,100	33,000
Clb Sed	1300	4100	6800	13,600	23,800	34,000

1931

Model "Big Eight" (First Series), 8-cyl., 33.8 hp, 136" wb

	6	5	4	3	2	1
5P Sed	1000	3250	5400	10,800	18,900	27,000
Cpe	1250	3950	6600	13,200	23,100	33,000
Tr	1700	5400	9000	18,000	31,500	45,000
Conv Sed	2150	6850	11,400	22,800	39,900	57,000
Weyman Sed	—				value inestimable	
7P Sed	1050	3350	5600	11,200	19,600	28,000
Limo	1150	3600	6000	12,000	21,000	30,000
Brgm	1050	3350	5600	11,200	19,600	28,000
Clb Sed	1100	3500	5800	11,600	20,300	29,000

	6	5	4	3	2	1
Model 8-79 (First Series), 8-cyl., 32.5 hp, 125" wb						
5P Sed	750	2400	4000	8000	14,000	20,000
Cpe	850	2750	4600	9200	16,100	23,000
Phae	1700	5400	9000	18,000	31,500	45,000
Conv Cpe	1600	5150	8600	17,200	30,100	43,000
Brgm	750	2400	4000	8000	14,000	20,000
Clb Sed	750	2400	4000	8000	14,000	20,000
Model 8-69 (First Series), 8-cyl., 25.3 hp, 118" wb						
Sed	750	2400	4000	8000	14,000	20,000
Cpe	850	2650	4400	8800	15,400	22,000
Phae	1500	4800	8000	16,000	28,000	40,000
Conv Cpe	1450	4700	7800	15,600	27,300	39,000
Brgm	700	2300	3800	7600	13,300	19,000
Clb Sed	700	2300	3800	7600	13,300	19,000
Marmon Roosevelt (First Series), 8-cyl., 25.3 hp, 112.75" wb						
Sed	700	2150	3600	7200	12,600	18,000
Cpe	750	2400	4000	8000	14,000	20,000
Vic Cpe	700	2300	3800	7600	13,300	19,000
Conv Cpe	1300	4200	7000	14,000	24,500	35,000
Model 70 (Second Series), 8-cyl., 25.3 hp, 112.75" wb						
Sed	650	2050	3400	6800	11,900	17,000
Cpe	700	2300	3800	7600	13,300	19,000
Vic Cpe	700	2150	3600	7200	12,600	18,000
Conv Cpe	1300	4100	6800	13,600	23,800	34,000

NOTE: Effective with release of the Second Series on January 1, 1931 the Roosevelt became the Marmon Model 70.

	6	5	4	3	2	1
Model 88 (Second Series), 8-cyl., 33.8 hp, 130"-136" wb						
5P Sed	1050	3300	5500	11,000	19,300	27,500
Cpe	1050	3350	5600	11,200	19,600	28,000
Conv Cpe	1950	6250	10,400	20,800	36,400	52,000
Spl Sed	1050	3350	5600	11,200	19,600	28,000
Clb Sed	1000	3250	5400	10,800	18,900	27,000
Tr	1750	5650	9400	18,800	32,900	47,000
Spl Cpe	1150	3650	6100	12,200	21,400	30,500
7P Sed	1050	3300	5500	11,000	19,300	27,500
Limo	1200	3800	6300	12,600	22,100	31,500
Series 16 (Second Series), 16-cyl., 62.5 hp, 145" wb						
5P Sed	2400	7700	12,800	25,600	44,800	64,000
2P Cpe	2500	7900	13,200	26,400	46,200	66,000
5P Cpe	2500	7900	13,200	26,400	46,200	66,000
Conv Cpe	5250	16,800	28,000	56,000	98,000	140,000
Conv Sed	6000	19,200	32,000	64,000	112,000	160,000
7P Sed	2550	8150	13,600	27,200	47,600	68,000
Limo	2650	8400	14,000	28,000	49,000	70,000
C.C. Sed	2650	8400	14,000	28,000	49,000	70,000
1932						
Series 70, 8-cyl., 25.3 hp, 112.75" wb						
Sed	750	2400	4000	8000	14,000	20,000
Cpe	850	2650	4400	8800	15,400	22,000
Series 125, 8-cyl., 33.8 hp, 125" wb						
Sed	800	2500	4200	8400	14,700	21,000
Cpe	900	2900	4800	9600	16,800	24,000
Conv Cpe	1650	5300	8800	17,600	30,800	44,000
Series 16, 16-cyl., 62.5 hp, 145" wb						
Sed	3250	10,300	17,200	34,400	60,200	86,000
Cpe	3400	10,800	18,000	36,000	63,000	90,000
2d Cpe	3450	11,050	18,400	36,800	64,400	92,000
Conv Cpe	10,150	32,400	54,000	108,000	189,000	270,000
Conv Sed	10,300	33,000	55,000	110,000	192,500	275,000
Sed	3400	10,800	18,000	36,000	63,000	90,000
Limo	3600	11,500	19,200	38,400	67,200	96,000
C.C. Sed	3450	11,050	18,400	36,800	64,400	92,000
1933						
Series 16, 16-cyl., 62.5 hp, 145" wb						
Sed	3250	10,300	17,200	34,400	60,200	86,000
2P Cpe	3400	10,800	18,000	36,000	63,000	90,000
5P Cpe	3450	11,050	18,400	36,800	64,400	92,000
Conv Cpe	10,150	32,400	54,000	108,000	189,000	270,000
Conv Sed	10,300	33,000	55,000	110,000	192,500	275,000
Sed	3400	10,800	18,000	36,000	63,000	90,000
Limo	3600	11,500	19,200	38,400	67,200	96,000
C.C. Sed	3450	11,050	18,400	36,800	64,400	92,000

NOTE: Marmon discontinued after close of 1933 model year.

MERCURY

1939	6	5	4	3	2	1
Series 99A, V-8, 116" wb						
2d Conv	1100	3500	5800	11,600	20,300	29,000
2d Cpe	700	2150	3600	7200	12,600	18,000
2d Sed	500	1600	2650	5300	9300	13,300
4d Sed	500	1600	2650	5300	9300	13,300
1940						
Series O9A, V-8, 116" wb						
2d Conv	1050	3350	5600	11,200	19,600	28,000
4d Conv Sed	900	2900	4800	9600	16,800	24,000
2d Cpe	650	2050	3400	6800	11,900	17,000
2d Sed	500	1600	2700	5400	9400	13,400
4d Sed	500	1600	2700	5400	9400	13,400

1941 Mercury Eight Series 19A convertible

1941						
Series 19A, V-8, 118" wb						
2d Conv	1000	3250	5400	10,800	18,900	27,000
2d Bus Cpe	550	1800	3000	6000	10,500	15,000
2d 5P Cpe	550	1850	3050	6100	10,700	15,300
2d 6P Cpe	600	1900	3150	6300	11,100	15,800
2d Sed	500	1550	2600	5200	9200	13,100
4d Sed	500	1550	2600	5200	9100	13,000
4d Sta Wag	1100	3500	5800	11,600	20,300	29,000
1942						
Series 29A, V-8, 118" wb						
2d Conv	1000	3100	5200	10,400	18,200	26,000
2d Bus Cpe	500	1650	2750	5500	9600	13,700
2d 6P Cpe	550	1700	2800	5600	9800	14,000
2d Sed	450	1500	2500	5000	8800	12,500
4d Sed	450	1500	2500	5000	8700	12,400
4d Sta Wag	1050	3350	5600	11,200	19,600	28,000

NOTE: Add 10 percent for liquamatic drive models.

1946-1948						
Series 69M, V-8, 118" wb						
2d Conv	1000	3100	5200	10,400	18,200	26,000
2d 6P Cpe	550	1800	3000	6000	10,500	15,000
2d Sed	450	1450	2450	4900	8500	12,200
4d Sed	450	1450	2400	4800	8500	12,100
4d Sta Wag	1050	3350	5600	11,200	19,600	28,000
2d Sptsman Conv (46-47 only)	1750	5500	9200	18,400	32,200	46,000

	6	5	4	3	2	1
1949-1950						
Series OCM, V-8, 118" wb						
2d Conv	1250	3950	6600	13,200	23,100	33,000
2d Cpe	900	2900	4800	9600	16,800	24,000
2d Clb Cpe	950	3000	5000	10,000	17,500	25,000
2d Mon Cpe (1950 only)	1000	3100	5200	10,400	18,200	26,000
4d Sed	550	1800	3000	6000	10,500	15,000
2d Sta Wag	950	3000	5000	10,000	17,500	25,000
1951						
Mercury, V-8, 118" wb						
4d Sed	600	1850	3100	6200	10,900	15,500
2d Cpe	950	3000	5000	10,000	17,500	25,000
2d Conv	1200	3850	6400	12,800	22,400	32,000
2d Sta Wag	1000	3100	5200	10,400	18,200	26,000
Monterey, V-8, 118" wb						
2d Clth Cpe	1000	3250	5400	10,800	18,900	27,000
2d Lthr Cpe	1050	3350	5600	11,200	19,600	28,000

1952 Mercury Series 2M Monterey convertible

	6	5	4	3	2	1
1952-1953						
Mercury Custom, V-8, 118" wb						
4d Sta Wag (1952 only)	550	1700	2800	5600	9800	14,000
4d Sed	450	1450	2400	4800	8500	12,100
2d Sed	500	1550	2600	5200	9100	13,000
2d HT	800	2500	4200	8400	14,700	21,000
Monterey Special Custom, V-8, 118" wb						
4d Sed	450	1500	2450	4900	8600	12,300
2d HT	850	2650	4400	8800	15,400	22,000
2d Conv	1000	3250	5400	10,800	18,900	27,000
4d Sta Wag(1953 only)	600	1900	3200	6400	11,200	16,000
1954						
Mercury Custom, V-8, 118" wb						
4d Sed	500	1650	2700	5400	9500	13,600
2d Sed	500	1600	2700	5400	9500	13,500
2d HT	800	2500	4200	8400	14,700	21,000
Monterey Special Custom, V-8, 118" wb						
4d Sed	500	1650	2750	5500	9700	13,800
2d HT SV	1100	3500	5800	11,600	20,300	29,000
2d HT	850	2650	4400	8800	15,400	22,000
2d Conv	1100	3500	5800	11,600	20,300	29,000
4d Sta Wag	650	2050	3400	6800	11,900	17,000
1955						
Custom Series, V-8, 119" wb						
4d Sed	450	1500	2500	5000	8800	12,500
2d Sed	450	1500	2500	5000	8700	12,400
2d HT	700	2150	3600	7200	12,600	18,000
4d Sta Wag	500	1550	2600	5200	9100	13,000
Monterey Series, V-8, 119" wb						
4d Sed	500	1550	2600	5200	9100	13,000
2d HT	700	2300	3800	7600	13,300	19,000
4d Sta Wag	550	1700	2800	5600	9800	14,000
Montclair Series, V-8, 119" wb						
4d Sed	500	1600	2700	5400	9500	13,500
2d HT	800	2500	4200	8400	14,700	21,000
2d HT SV	1100	3500	5800	11,600	20,300	29,000
2d Conv	1150	3600	6000	12,000	21,000	30,000

	6	5	4	3	2	1
1956						
Medalist Series, V-8, 119" wb						
4d Sed	450	1400	2300	4600	8100	11,500
2d Sed	450	1350	2300	4600	8000	11,400
2d HT	600	1900	3200	6400	11,200	16,000
Custom Series, V-8, 119" wb						
4d Sed	450	1450	2400	4800	8400	12,000
2d Sed	450	1450	2450	4900	8500	12,200
2d HT	650	2050	3400	6800	11,900	17,000
4d HT	550	1700	2800	5600	9800	14,000
2d Conv	1050	3350	5600	11,200	19,600	28,000
4d Sta Wag	550	1750	2900	5800	10,200	14,500
2d Sta Wag	550	1800	3000	6000	10,500	15,000
Monterey Series, V-8, 119" wb						
4d Sed	450	1500	2500	5000	8800	12,500
4d Spt Sed	500	1550	2600	5200	9100	13,000
2d HT	700	2300	3800	7600	13,300	19,000
4d HT	550	1800	3000	6000	10,500	15,000
4d Sta Wag	600	1850	3100	6200	10,900	15,500
Montclair Series, V-8, 119" wb						
4d Spt Sed	500	1600	2700	5400	9500	13,500
2d HT	800	2500	4200	8400	14,700	21,000
4d HT	600	1900	3200	6400	11,200	16,000
2d Conv	1150	3700	6200	12,400	21,700	31,000
1957						
Monterey Series, V-8, 122" wb						
4d Sed	450	1400	2300	4600	8100	11,500
2d Sed	450	1350	2300	4600	8000	11,400
4d HT	550	1800	3000	6000	10,500	15,000
2d HT	700	2150	3600	7200	12,600	18,000
2d Conv	800	2500	4200	8400	14,700	21,000
Montclair Series, V-8, 122" wb						
4d Sed	450	1450	2400	4800	8400	12,000
4d HT	600	1900	3200	6400	11,200	16,000
2d HT	700	2300	3800	7600	13,300	19,000
2d Conv	950	3000	5000	10,000	17,500	25,000
Turnpike Cruiser, V-8, 122" wb						
4d HT	750	2400	4000	8000	14,000	20,000
2d HT	950	3000	5000	10,000	17,500	25,000
2d Conv	1150	3700	6200	12,400	21,700	31,000
Station Wagons, V-8, 122" wb						
2d Voy HT	750	2400	4000	8000	14,000	20,000
4d Voy HT	750	2350	3900	7800	13,700	19,500
2d Com HT	800	2500	4200	8400	14,700	21,000
4d Com HT	750	2450	4100	8200	14,400	20,500
4d Col Pk HT	850	2750	4600	9200	16,100	23,000
1958						
Mercury, V-8, 122" wb						
4d Sed	400	1200	2000	4000	7000	10,000
2d Sed	400	1200	2050	4100	7100	10,200
Monterey, V-8, 122" wb						
4d Sed	400	1200	2050	4100	7100	10,200
2d Sed	400	1250	2050	4100	7200	10,300
4d HT	450	1450	2400	4800	8400	12,000
2d HT	550	1700	2800	5600	9800	14,000
2d Conv	800	2500	4200	8400	14,700	21,000
Montclair, V-8, 122" wb						
4d Sed	400	1200	2000	4000	7000	10,000
4d HT	550	1800	3000	6000	10,500	15,000
2d HT	700	2300	3800	7600	13,300	19,000
2d Conv	850	2750	4600	9200	16,100	23,000
Turnpike Cruiser, V-8, 122" wb						
4d HT	700	2150	3600	7200	12,600	18,000
2d HT	850	2650	4400	8800	15,400	22,000
Station Wagons, V-8, 122" wb						
2d Voy HT	700	2300	3800	7600	13,300	19,000
4d Voy HT	700	2200	3700	7400	13,000	18,500
2d Com HT	750	2450	4100	8200	14,400	20,500
4d Com HT	750	2350	3900	7800	13,700	19,500
4d Col Pk HT	850	2650	4400	8800	15,400	22,000
Park Lane, V-8, 125" wb						
4d HT	600	1900	3200	6400	11,200	16,000
2d HT	750	2400	4000	8000	14,000	20,000
2d Conv	1150	3600	6000	12,000	21,000	30,000

	6	5	4	3	2	1
1959						
Monterey, V-8, 126" wb						
4d Sed	450	1140	1900	3800	6650	9500
2d Sed	450	1150	1900	3850	6700	9600
4d HT	400	1300	2200	4400	7700	11,000
2d HT	550	1700	2800	5600	9800	14,000
2d Conv	850	2650	4400	8800	15,400	22,000
Montclair, V-8, 126" wb						
4d Sed	400	1200	2000	4000	7000	10,000
4d HT	450	1450	2400	4800	8400	12,000
2d HT	600	1900	3200	6400	11,200	16,000
Park Lane, V-8, 128" wb						
4d HT	500	1550	2600	5200	9100	13,000
2d HT	650	2050	3400	6800	11,900	17,000
2d Conv	850	2750	4600	9200	16,100	23,000
Country Cruiser Station Wagons, V-8, 126" wb						
2d Com HT	700	2150	3600	7200	12,600	18,000
4d Com HT	650	2100	3500	7000	12,300	17,500
4d Voy HT	700	2300	3800	7600	13,300	19,000
4d Col Pk HT	750	2350	3900	7800	13,700	19,500
1960						
Comet, 6-cyl., 114" wb						
4d Sed	350	880	1500	2950	5180	7400
2d Sed	350	870	1450	2900	5100	7300
4d Sta Wag	350	900	1500	3000	5250	7500
2d Sta Wag	350	950	1500	3050	5300	7600
Monterey, V-8, 126" wb						
4d Sed	350	900	1500	3000	5250	7500
2d Sed	350	880	1500	2950	5180	7400
4d HT	350	1020	1700	3400	5950	8500
2d HT	450	1450	2400	4800	8400	12,000
2d Conv	700	2300	3800	7600	13,300	19,000
Country Cruiser Station Wagons, V-8, 126" wb						
4d Com HT	600	1900	3200	6400	11,200	16,000
4d Col Pk HT	650	2050	3400	6800	11,900	17,000
Montclair, V-8, 126" wb						
4d Sed	350	950	1550	3150	5450	7800
4d HT	400	1300	2200	4400	7700	11,000
2d HT	500	1550	2600	5200	9100	13,000
Park Lane, V-8, 126" wb						
4d HT	450	1450	2400	4800	8400	12,000
2d HT	550	1800	3000	6000	10,500	15,000
2d Conv	900	2900	4800	9600	16,800	24,000
1961						
Comet, 6-cyl., 114" wb						
4d Sed	200	700	1200	2350	4130	5900
2d Sed	200	670	1200	2300	4060	5800
2d S-22 Cpe	450	1080	1800	3600	6300	9000
4d Sta Wag	350	790	1350	2650	4620	6600
2d Sta Wag	350	800	1350	2700	4700	6700
Meteor 600, V-8, 120" wb						
4d Sed	200	670	1200	2300	4060	5800
2d Sed	200	685	1150	2300	3990	5700
Meteor 800, V-8, 120" wb						
4d Sed	200	720	1200	2400	4200	6000
4d HT	200	730	1250	2450	4270	6100
2d Sed	200	700	1200	2350	4130	5900
2d HT	350	780	1300	2600	4550	6500
Monterey, V-8, 120" wb						
4d Sed	350	770	1300	2550	4480	6400
4d HT	350	780	1300	2600	4550	6500
2d HT	350	900	1500	3000	5250	7500
2d Conv	450	1450	2400	4800	8400	12,000
Station Wagon, V-8, 120" wb						
4d Com	350	1020	1700	3400	5950	8500
4d Col Pk	450	1080	1800	3600	6300	9000
1962						
Comet, 6-cyl.						
(Add 10 percent for Custom line)						
4d Sed	200	650	1100	2150	3780	5400
2d Sed	200	700	1075	2150	3700	5300
4d Sta Wag	200	700	1075	2150	3700	5300
2d Sta Wag	200	650	1100	2150	3780	5400
2d S-22 Cpe	450	1080	1800	3600	6300	9000
4d Vill Sta Wag	200	660	1100	2200	3850	5500

1962 Mercury Monterey Custom convertible

	6	5	4	3	2	1
Meteor, 8-cyl.						
(Deduct 10 percent for 6-cyl. Add 10 percent for Custom line).						
4d Sed	200	660	1100	2200	3850	5500
2d Sed	200	650	1100	2150	3780	5400
2d S-33 Cpe	350	900	1500	3000	5250	7500
Monterey, V-8						
(Add 10 percent for Custom line)						
4d Sed	200	670	1150	2250	3920	5600
4d HT Sed	200	685	1150	2300	3990	5700
2d Sed	200	650	1100	2150	3780	5400
2d HT	200	720	1200	2400	4200	6000
2d Conv	400	1200	2000	4000	7000	10,000
4d Sta Wag	350	780	1300	2600	4550	6500
Custom S-55 Sport Series, V-8						
2d HT	350	1020	1700	3400	5950	8500
2d Conv	450	1450	2400	4800	8400	12,000
NOTE: Add 30 percent for 406 cid.						
1963						
Comet, 6-cyl.						
(Add 10 percent for Custom line)						
4d Sed	200	650	1100	2150	3780	5400
2d Sed	200	700	1075	2150	3700	5300
2d Cus HT	350	900	1500	3000	5250	7500
2d Cus Conv	400	1200	2000	4000	7000	10,000
2d S-22 Cpe	350	1020	1700	3400	5950	8500
2d S-22 HT	450	1140	1900	3800	6650	9500
2d S-22 Conv	450	1450	2400	4800	8400	12,000
4d Sta Wag	200	650	1100	2150	3780	5400
2d Sta Wag	200	660	1100	2200	3850	5500
4d Vill Sta Wag	200	685	1150	2300	3990	5700
Meteor, V-8						
(Deduct 10 percent for 6-cyl. Add 10 percent for Custom line).						
4d Sed	200	660	1100	2200	3850	5500
2d Sed	200	650	1100	2150	3780	5400
4d Sta Wag	200	660	1100	2200	3850	5500
2d Cus HT	200	720	1200	2400	4200	6000
2d S-33 HT	350	975	1600	3200	5600	8000
Monterey, V-8						
(Add 10 percent for Custom line)						
4d Sed	200	685	1150	2300	3990	5700
4d HT	200	720	1200	2400	4200	6000
2d Sed	200	670	1150	2250	3920	5600
2d HT	200	730	1250	2450	4270	6100
2d Cus Conv	350	860	1450	2900	5050	7200
2d S-55 HT	450	1080	1800	3600	6300	9000
4d S-55 HT	450	1050	1800	3600	6200	8900
2d S-55 Conv	500	1550	2600	5200	9100	13,000
2d Maraud FBk	350	1020	1700	3400	5950	8500
2d Mar S-55 FBk	450	1140	1900	3800	6650	9500
4d Col Pk	350	900	1500	3000	5250	7500
NOTES: Add 30 percent for 406 cid.						
Add 60 percent for 427 cid.						

	6	5	4	3	2	1
1964						
Comet, 6-cyl., 114" wb						
4d Sed	200	720	1200	2400	4200	6000
2d Sed	200	700	1200	2350	4130	5900
4d Sta Wag	200	720	1200	2400	4200	6000
Comet 404, 6-cyl., 114" wb						
4d Sed	200	730	1250	2450	4270	6100
2d Sed	200	720	1200	2400	4200	6000
2d HT·	350	900	1500	3000	5250	7500
2d Conv	400	1200	2000	4000	7000	10,000
4d DeL Wag	200	745	1250	2500	4340	6200
4d Sta Wag	200	730	1250	2450	4270	6100
Comet Caliente, V-8 cyl., 114" wb						
4d Sed	200	745	1250	2500	4340	6200
2d HT	400	1200	2000	4000	7000	10,000
2d Conv	500	1550	2600	5200	9100	13,000
Comet Cyclone, V-8 cyl., 114" wb						
2d HT	450	1450	2400	4800	8400	12,000
NOTE: Deduct 25 percent for 6-cyl. Caliente.						
Monterey, V-8						
4d Sed	200	700	1200	2350	4130	5900
4d HT	200	730	1250	2450	4270	6100
2d Sed	200	670	1200	2300	4060	5800
2d HT	200	750	1275	2500	4400	6300
2d HT FBk	350	900	1500	3000	5250	7500
2d Conv	400	1250	2100	4200	7400	10,500
Montclair, V-8, 120" wb						
4d Sed	200	720	1200	2400	4200	6000
4d HT FBk	350	780	1300	2600	4550	6500
2d HT	350	975	1600	3200	5600	8000
2d HT FBk	350	1020	1700	3400	5950	8500
Park Lane, V-8, 120" wb						
4d Sed	200	745	1250	2500	4340	6200
4d HT	350	780	1300	2600	4550	6500
4d HT FBk	350	900	1500	3000	5250	7500
2d HT	450	1080	1800	3600	6300	9000
2d HT FBk	400	1200	2000	4000	7000	10,000
2d Conv	500	1550	2600	5200	9100	13,000
Station Wagon, V-8, 120" wb						
4d Col Pk	450	1140	1900	3800	6650	9500
4d Com	450	1130	1900	3800	6600	9400
NOTES: Add 10 percent for Marauder.						
Add 5 percent for bucket seat option where available.						
Add 60 percent for 427 Super Marauder.						
1965						
Comet 202, V-8, 114" wb						
(Deduct 20 percent for 6 cyl.)						
4d Sed	200	730	1250	2450	4270	6100
2d Sed	200	720	1200	2400	4200	6000
4d Sta Wag	200	730	1250	2450	4270	6100
Comet 404						
4d Sed	200	745	1250	2500	4340	6200
2d Sed	200	730	1250	2450	4270	6100
4d Vill Wag	200	745	1250	2500	4340	6200
4d Sta Wag	200	730	1250	2450	4270	6100
Comet Caliente, V-8, 114" wb						
(Deduct 20 percent for 6 cyl.)						
4d Sed	200	750	1275	2500	4400	6300
2d HT	350	975	1600	3200	5600	8000
2d Conv	500	1550	2600	5200	9100	13,000
Comet Cyclone, V-8, 114" wb						
2d HT	450	1450	2400	4800	8400	12,000
Monterey, V-8, 123" wb						
4d Sed	350	780	1300	2600	4550	6500
4d HT	350	840	1400	2800	4900	7000
4d Brzwy	350	900	1500	3000	5250	7500
2d Sed	350	770	1300	2550	4480	6400
2d HT	350	950	1550	3150	5450	7800
2d Conv	450	1450	2400	4800	8400	12,000
Montclair, V-8, 123" wb						
4d Brzwy	350	975	1600	3200	5600	8000
4d HT	350	840	1400	2800	4900	7000
2d HT	350	975	1600	3200	5600	8000
Park Lane, V-8, 123" wb						
4d Brzwy	350	1020	1700	3400	5950	8500
4d HT	350	975	1600	3200	5600	8000

	6	5	4	3	2	1
2d HT	350	1020	1700	3400	5950	8500
2d Conv	500	1550	2600	5200	9100	13,000
Station Wagon, V-8, 119" wb						
4d Col Pk	350	780	1300	2600	4550	6500
4d Com	350	770	1300	2550	4480	6400

NOTE: Add 60 percent for 427 cid engine.

1966
Comet Capri, V8, 116" wb

	6	5	4	3	2	1
4d Sed	200	745	1250	2500	4340	6200
2d HT	350	840	1400	2800	4900	7000
4d Sta Wag	200	750	1275	2500	4400	6300
Comet Caliente, V8, 116" wb						
4d Sed	200	750	1275	2500	4400	6300
2d HT	450	1080	1800	3600	6300	9000
2d Conv	400	1300	2200	4400	7700	11,000
Comet Cyclone, V8, 116" wb						
2d HT	450	1140	1900	3800	6650	9500
2d Conv	450	1450	2400	4800	8400	12,000
Comet Cyclone GT/GTA, V8, 116" wb						
2d HT	450	1450	2400	4800	8400	12,000
2d Conv	550	1700	2800	5600	9800	14,000
Comet 202, V8, 116" wb						
4d Sed	200	720	1200	2400	4200	6000
2d Sed	200	745	1250	2500	4340	6200
4d Sta Wag	200	720	1200	2400	4200	6000
Monterey, V-8, 123" wb						
4d Sed	200	750	1275	2500	4400	6300
4d Brzwy Sed	350	840	1400	2800	4900	7000
4d HT	350	900	1500	3000	5250	7500
2d Sed	350	770	1300	2550	4480	6400
2d HT FBk	350	975	1600	3200	5600	8000
2d Conv	400	1250	2100	4200	7400	10,500
Montclair, V-8, 123" wb						
4d Sed	350	780	1300	2600	4550	6500
4d HT	350	950	1550	3100	5400	7700
2d HT	350	975	1600	3200	5600	8000
Park Lane, V-8, 123" wb						
4d Brzwy Sed	350	975	1600	3200	5600	8000
4d HT	350	975	1600	3200	5600	8000
2d HT	350	1020	1700	3400	5950	8500
2d Conv	500	1550	2600	5200	9100	13,000
S-55, V-8, 123" wb						
2d HT	400	1200	2000	4000	7000	10,000
2d Conv	450	1450	2400	4800	8400	12,000
Station Wagons, V-8, 123" wb						
4d Comm	350	900	1500	3000	5250	7500
4d Col Pk	350	975	1600	3200	5600	8000

NOTE: Add 18 percent for 410 cid engine.

1967
Comet 202, V-8, 116" wb

	6	5	4	3	2	1
2d Sed	200	750	1275	2500	4400	6300
4d Sed	350	770	1300	2550	4480	6400
Capri, V-8, 116" wb						
2d HT	350	800	1350	2700	4700	6700
4d Sdn	200	750	1275	2500	4400	6300
Caliante, V-8, 116" wb						
4d Sed	350	820	1400	2700	4760	6800
2d HT	350	1020	1700	3400	5950	8500
2d Conv	450	1400	2300	4600	8100	11,500
Cyclone, V-8, 116" wb						
2d HT	400	1300	2200	4400	7700	11,000
2d Conv	550	1700	2800	5600	9800	14,000
Station Wagons, V-8, 113" wb						
4d Voyager	350	780	1300	2600	4550	6500
4d Villager	350	790	1350	2650	4620	6600
Cougar, V-8, 111" wb						
2d HT	500	1550	2600	5200	9100	13,000
2d X-R7 HT	550	1700	2800	5600	9800	14,000
Monterey, V-8, 123" wb						
4d Sed	200	750	1275	2500	4400	6300
4d Brzwy	350	840	1400	2800	4900	7000
2d Conv	400	1300	2200	4400	7700	11,000
2d HT	350	840	1400	2800	4900	7000
4d HT	350	780	1300	2600	4550	6500
Montclair, V-8, 123" wb						
4d Sed	350	770	1300	2550	4480	6400

	6	5	4	3	2	1
4d Brzwy	350	900	1500	3000	5250	7500
2d HT	350	900	1500	3000	5250	7500
4d HT	350	900	1500	3000	5250	7500
Park Lane, V-8, 123" wb						
4d Brzwy	350	975	1600	3200	5600	8000
2d Conv	450	1450	2400	4800	8400	12,000
2d HT	350	975	1600	3200	5600	8000
4d HT	350	975	1600	3200	5600	8000
Brougham, V-8, 123" wb						
4d Brzwy	350	1020	1700	3400	5950	8500
4d HT	350	975	1600	3200	5600	8000
Marquis, V-8, 123" wb						
2d HT	450	1080	1800	3600	6300	9000
Station Wagons, 119" wb						
4d Commuter	350	900	1500	3000	5250	7500
4d Col Park	350	975	1600	3200	5600	8000

NOTES: Add 10 percent for GT option.
  Add 15 percent for S-55 performance package.
  Add 60 percent for 427 cid engine.

1968 Mercury Cyclone GT two-door hardtop/fastback

1968

Comet, V-8

2d Ht	350	840	1400	2800	4900	7000
Montego, V-8						
4d Sed	200	660	1100	2200	3850	5500
2d HT	200	720	1200	2400	4200	6000
Montego MX						
4d Sta Wag	200	700	1075	2150	3700	5300
4d Sed	200	700	1075	2150	3700	5300
2d HT	350	840	1400	2800	4900	7000
2d Conv	400	1250	2100	4200	7400	10,500
Cyclone, V-8						
2d FBk Cpe	400	1300	2200	4400	7700	11,000
2d HT	400	1200	2000	4000	7000	10,000
Cyclone GT 427, V-8						
2d FBk Cpe	700	2300	3800	7600	13,300	19,000
2d HT	700	2150	3600	7200	12,600	18,000
Cyclone GT 428, V-8						
2d FBk Cpe	550	1700	2800	5600	9800	14,000
Cougar, V-8						
2d HT Cpe	400	1300	2200	4400	7700	11,000
2d XR-7 Cpe	500	1550	2600	5200	9100	13,000

NOTE: Add 10 percent for GTE package.
  Add 5 percent for XR-7G.

Monterey, V-8

4d Sed	200	700	1075	2150	3700	5300
2d Conv	400	1300	2200	4400	7700	11,000
2d HT	350	780	1300	2600	4550	6500
4d HT	200	750	1275	2500	4400	6300
Montclair, V-8						
4d Sed	200	650	1100	2150	3780	5400
2d HT	350	800	1350	2700	4700	6700
4d HT	350	780	1300	2600	4550	6500
Park Lane, V-8						
4d Sed	200	670	1200	2300	4060	5800

	6	5	4	3	2	1
2d Conv	450	1400	2300	4600	8100	11,500
2d HT	350	900	1500	3000	5250	7500
4d HT	350	830	1400	2950	4830	6900
Marquis, V-8						
2d HT	350	975	1600	3200	5600	8000
Station Wagons, V-8						
4d Commuter	350	900	1500	3000	5250	7500
4d Col Pk	350	975	1600	3200	5600	8000

NOTES: Deduct 5 percent for six-cylinder engine.
 Add 5 percent for Brougham package.
 Add 5 percent for 'yacht paneling'.
 Add 40 percent for 427 cid engine.
 Add 50 percent for 428 cid engine.

1969

	6	5	4	3	2	1
Comet, 6-cyl.						
2d HT	200	720	1200	2400	4200	6000
Montego, 6-cyl.						
4d Sed	150	650	975	1950	3350	4800
2d HT	200	675	1000	2000	3500	5000
Montego MX, V8						
4d Sed	200	675	1000	1950	3400	4900
2d HT	200	720	1200	2400	4200	6000
2d Conv	450	1080	1800	3600	6300	9000
4d Sta Wag	200	660	1100	2200	3850	5500
Cyclone, V-8						
2d HT	450	1080	1800	3600	6300	9000
Cyclone CJ, V-8						
2d HT	400	1200	2050	4100	7100	10,200
Cougar, V-8						
2d HT	400	1200	2000	4000	7000	10,000
2d Conv	450	1400	2300	4600	8100	11,500
2d XR-7	400	1300	2200	4400	7700	11,000
2d XR-7 Conv	450	1500	2500	5000	8800	12,500
2d HT	550	1700	2800	5600	9800	14,000

NOTES: Add 30 percent for Boss 302.
 Add 50 percent for 428 CJ.

	6	5	4	3	2	1
Monterey, V-8						
4d Sed	200	670	1200	2300	4060	5800
4d HT	200	700	1200	2350	4130	5900
2d HT	200	745	1250	2500	4340	6200
2d Conv	350	975	1600	3200	5600	8000
4d Sta Wag	200	720	1200	2400	4200	6000
Marauder, V-8						
2d HT	350	900	1500	3000	5250	7500
2d X-100 HT	400	1200	2000	4000	7000	10,000
Marquis, V-8						
4d Sed	200	700	1200	2350	4130	5900
4 dr HdTp	200	720	1200	2400	4200	6000
2d HT	350	900	1500	3000	5250	7500
2d Conv	400	1300	2200	4400	7700	11,000
4d Sta Wag	200	730	1250	2450	4270	6100
Marquis Brgm, V-8						
4d Sed	200	720	1200	2400	4200	6000
4d HT	350	780	1300	2600	4550	6500
2d HT	350	975	1600	3200	5600	8000

NOTES: Add 10 percent for Montego/Comet V-8.
 Add 15 percent for GT option.
 Add 20 percent for GT Spoiler II.
 Add 10 percent for bucket seats (except Cougar).
 Add 10 percent for bench seats (Cougar only).
 Add 40 percent for 'CJ' 428 V-8.
 Add 50 percent for 429 cid engine.

1970

	6	5	4	3	2	1
Montego						
4d Sed	200	700	1200	2350	4130	5900
2d HT	200	720	1200	2400	4200	6000
Montego MX, V-8						
4d Sed	200	750	1275	2500	4400	6300
2d HT	350	840	1400	2800	4900	7000
4d Sta Wag	200	720	1200	2400	4200	6000
Montego MX Brgm, V-8						
4d Sed	200	745	1250	2500	4340	6200
4d HT	350	780	1300	2600	4550	6500
2d HT	350	900	1500	3000	5250	7500
4d Vill Sta Wag	350	780	1300	2600	4550	6500
Cyclone, V-8						
2d HT	400	1250	2100	4200	7400	10,500

	6	5	4	3	2	1
Cyclone GT, V-8						
2d HT	450	1400	2300	4600	8100	11,500
Cyclone Spoiler, V-8						
2d HT	450	1500	2500	5000	8800	12,500
NOTE: Add 40 percent for 429 V-8 GT and Spoiler.						
Cougar, V-8						
2d HT	400	1250	2100	4200	7400	10,500
2d Conv	450	1450	2400	4800	8400	12,000
Cougar XR-7, V-8						
2d HT	450	1450	2400	4800	8400	12,000
2d Conv	550	1800	3000	6000	10,500	15,000
2d HT	550	1700	2800	5600	9800	14,000
NOTES: Add 30 percent for Boss 302.						
Add 50 percent for 428 CJ.						
Monterey, V-8						
4d Sed	200	720	1200	2400	4200	6000
4d HT	350	820	1400	2700	4760	6800
2d HT	350	870	1450	2900	5100	7300
2d Conv	450	1140	1900	3800	6650	9500
4d Sta Wag	350	860	1450	2900	5050	7200
Monterey Custom, V-8						
4d Sed	200	745	1250	2500	4340	6200
4d HT	350	840	1400	2800	4900	7000
2d HT	350	900	1500	3000	5250	7500
Marauder, V-8						
2d HT	350	975	1600	3200	5600	8000
2d X-100 HT	400	1200	2000	4000	7000	10,000
Marquis, V-8						
4d Sed	200	750	1275	2500	4400	6300
4d HT	350	860	1450	2900	5050	7200
2d HT	350	950	1550	3100	5400	7700
2d Conv	500	1550	2600	5200	9100	13,000
4d Sta Wag	200	720	1200	2400	4200	6000
4d Col Pk	350	780	1300	2600	4550	6500
Marquis Brgm, V-8						
4d Sed	350	780	1300	2600	4550	6500
4d HT	350	840	1400	2800	4900	7000
2d HT	350	950	1550	3100	5400	7700
NOTE: Add 50 percent for any 429 engine option.						
1971						
Comet, V-8						
4d Sed	200	700	1050	2050	3600	5100
2d Sed	200	700	1050	2100	3650	5200
2d HT GT	350	840	1400	2800	4900	7000
Montego, V-8						
4d Sed	200	675	1000	2000	3500	5000
2d HT	200	670	1200	2300	4060	5800
Montego MX						
4 Sed	200	700	1050	2050	3600	5100
2d HT	200	685	1150	2300	3990	5700
4d Sta Wag	200	700	1050	2100	3650	5200
Montego MX Brgm						
4d Sed	200	700	1050	2100	3650	5200
4d HT	200	670	1150	2250	3920	5600
2d HT	200	720	1200	2400	4200	6000
4d Villager Sta Wag	200	660	1100	2200	3850	5500
Cyclone, V-8						
2d HT	450	1080	1800	3600	6300	9000
Cyclone GT, V-8						
2d HT	400	1200	2000	4000	7000	10,000
Cyclone Spoiler, V-8						
2d HT	400	1250	2100	4200	7400	10,500
NOTE: Add 40 percent for 429 V-8 GT and Spoiler.						
Cougar, V-8						
2d HT	450	1080	1800	3600	6300	9000
2d Conv	400	1200	2000	4000	7000	10,000
Cougar XR-7, V-8						
2d HT	400	1250	2100	4200	7400	10,500
2d Conv	450	1400	2300	4600	8100	11,500
Monterey, V-8						
4d Sed	200	675	1000	2000	3500	5000
4d HT	200	650	1100	2150	3780	5400
2d HT	200	745	1250	2500	4340	6200
4d Sta Wag	200	720	1200	2400	4200	6000
Monterey Custom, V-8						
4d Sed	200	700	1050	2050	3600	5100

	6	5	4	3	2	1
4d HT	200	660	1100	2200	3850	5500
2d HT	350	780	1300	2600	4550	6500
Marquis, V-8						
4d Sed	200	700	1075	2150	3700	5300
4d HT	200	685	1150	2300	3990	5700
2d HT	350	840	1400	2800	4900	7000
4d Sta Wag	350	780	1300	2600	4550	6500
Marquis Brgm						
4d Sed	200	660	1100	2200	3850	5500
4d HT	200	720	1200	2400	4200	6000
2d HT	350	900	1500	3000	5250	7500
4d Col Pk	200	660	1100	2200	3850	5500
NOTE: Add 30 percent for 429.						
1972						
Comet, V-8						
4d Sed	200	700	1050	2050	3600	5100
2d Sed	200	660	1100	2200	3850	5500
Montego, V-8						
4d Sed	200	675	1000	2000	3500	5000
2d HT	200	650	1100	2150	3780	5400
Montego MX, V-8						
4d Sed	200	700	1050	2100	3650	5200
2d HT	200	720	1200	2400	4200	6000
4d Sta Wag	200	700	1075	2150	3700	5300
Montego Brgm, V-8						
4d Sed	200	700	1075	2150	3700	5300
2d HT	350	780	1300	2600	4550	6500
4d Sta Wag	200	650	1100	2150	3780	5400
Montego GT, V-8						
2d HT FBk	350	840	1400	2800	4900	7000
Cougar, V-8						
2d HT	450	1080	1800	3600	6300	9000
2d Conv	400	1250	2100	4200	7400	10,500
Cougar XR-7, V-8						
2d HT	400	1250	2100	4200	7400	10,500
2d Conv	450	1450	2400	4800	8400	12,000
Monterey, V-8						
4d Sed	200	700	1075	2150	3700	5300
4d HT	200	660	1100	2200	3850	5500
2d HT	200	720	1200	2400	4200	6000
4d Sta Wag	200	660	1100	2200	3850	5500
Monterey Custom, V-8						
4d Sed	200	650	1100	2150	3780	5400
4d HT	200	720	1200	2400	4200	6000
2d HT	350	780	1300	2600	4550	6500
Marquis, V-8						
4d Sed	200	660	1100	2200	3850	5500
4d HT	350	780	1300	2600	4550	6500
2d HT	350	900	1500	3000	5250	7500
4d Sta Wag	350	780	1300	2600	4550	6500
Marquis Brougham, V-8						
4d Sed	200	670	1150	2250	3920	5600
4d HT	200	685	1150	2300	3990	5700
2d HT	350	820	1400	2700	4760	6800
4d Col Pk	350	840	1400	2800	4900	7000
1973						
Comet, V-8						
4d Sed	200	700	1050	2050	3600	5100
2d Sed	200	660	1100	2200	3850	5500
Montego, V-8						
4d Sed	200	675	1000	2000	3500	5000
2d HT	200	670	1200	2300	4060	5800
Montego MX, V-8						
4d Sed	200	700	1050	2050	3600	5100
2d HT	200	720	1200	2400	4200	6000
Montego MX Brougham, V-8						
4d Sed	200	700	1050	2100	3650	5200
2d HT	200	745	1250	2500	4340	6200
Montego GT, V-8						
2d HT	350	840	1400	2800	4900	7000
Montego MX						
4d Village Wag	200	700	1050	2100	3650	5200
Cougar, V-8						
2d HT	350	1020	1700	3400	5950	8500
2d Conv	450	1140	1900	3800	6650	9500

	6	5	4	3	2	1
Cougar XR-7, V-8						
2d HT	450	1140	1900	3800	6650	9500
2d Conv	400	1250	2100	4200	7400	10,500
Monterey, V-8						
4d Sed	200	675	1000	2000	3500	5000
2d HT	200	700	1050	2050	3600	5100
Monterey Custom, V-8						
4d Sed	200	700	1050	2050	3600	5100
2d HT	200	720	1200	2400	4200	6000
Marquis, V-8						
4d Sed	200	700	1075	2150	3700	5300
4d HT	200	660	1100	2200	3850	5500
2d HT	350	780	1300	2600	4550	6500
Marquis Brougham, V-8						
4d Sed	200	650	1100	2150	3780	5400
4d HT	200	720	1200	2400	4200	6000
2d HT	350	900	1500	3000	5250	7500
Station Wagon, V-8						
4d Monterey	200	700	1075	2150	3700	5300
4d Marquis	200	650	1100	2150	3780	5400
4d Col Pk	350	870	1450	2900	5100	7300
1974						
Comet, V-8						
4d Sed	200	700	1050	2050	3600	5100
2d Sed	200	660	1100	2200	3850	5500
Montego, V-8						
4d Sed	200	700	1050	2100	3650	5200
2d HT	200	670	1150	2250	3920	5600
Montego MX, V-8						
4d Sed	200	700	1075	2150	3700	5300
2d HT	200	685	1150	2300	3990	5700
Montego MX Brougham, V-8						
4d Sed	200	650	1100	2150	3780	5400
2d HT	200	700	1200	2350	4130	5900
4d Villager	200	650	1100	2150	3780	5400
Cougar, V-8						
2d HT	350	900	1500	3000	5250	7500
Monterey, V-8						
4d Sed	200	700	1050	2050	3600	5100
2d HT	350	780	1300	2600	4550	6500
Monterey Custom, V-8						
4d Sed	200	700	1050	2100	3650	5200
2d HT	350	780	1300	2600	4550	6500
Marquis, V-8						
4d Sed	200	700	1075	2150	3700	5300
4d HT	200	660	1100	2200	3850	5500
2d HT	350	840	1400	2800	4900	7000
Marquis Brougham, V-8						
4d Sed	200	650	1100	2150	3780	5400
4d HT	200	720	1200	2400	4200	6000
2d HT	350	840	1400	2800	4900	7000
Station Wagons, V-8						
4d Monterey	350	840	1400	2800	4900	7000
4d Marquis	350	860	1450	2900	5050	7200
4d Col Pk	350	900	1500	3000	5250	7500
1975						
Bobcat 4-cyl.						
2d HBk	200	700	1050	2050	3600	5100
4d Sta Wag	200	675	1000	2000	3500	5000
Comet, V-8						
4d Sed	150	600	950	1850	3200	4600
2d Sed	150	650	950	1900	3300	4700
Monarch, V-8						
4d Sed	200	675	1000	1950	3400	4900
2d Cpe	200	675	1000	2000	3500	5000
Monarch Ghia, V-8						
4d Sed	200	675	1000	2000	3500	5000
2d Cpe	200	700	1050	2050	3600	5100
Monarch Grand Ghia, V-8						
4d Sed	200	700	1050	2100	3650	5200
Montego, V-8						
4d Sed	150	650	975	1950	3350	4800
2d HT	200	675	1000	1950	3400	4900
Montego MX, V-8						
4d Sed	200	675	1000	1950	3400	4900
2d HT	200	675	1000	2000	3500	5000

	6	5	4	3	2	1
Montego Brougham, V-8						
4d Sed	200	675	1000	2000	3500	5000
2d HT	200	700	1050	2050	3600	5100
Station Wagons, V-8						
4d Villager	200	675	1000	1950	3400	4900
Cougar, V-8						
2d HT	200	700	1050	2050	3600	5100
Marquis, V-8						
4d Sed	200	675	1000	1950	3400	4900
2d HT	200	675	1000	2000	3500	5000
Marquis Brgm, V-8						
4d Sed	200	675	1000	2000	3500	5000
2d HT	200	700	1050	2050	3600	5100
Grand Marquis, V-8						
4d Sed	200	700	1050	2050	3600	5100
2d HT	200	700	1050	2100	3650	5200
Station Wagons, V-8						
4d Marquis	200	720	1200	2400	4200	6000
4d Col Pk	350	840	1400	2800	4900	7000
1976						
Bobcat, 4-cyl.						
3d Hatchback	150	600	950	1850	3200	4600
4d Sta Wag	150	650	950	1900	3300	4700
Comet, V-8						
4d Sed	150	600	900	1800	3150	4500
2d Sed	150	575	900	1750	3100	4400
Monarch, V-8						
4d Sed	150	575	875	1700	3000	4300
2d Sed	200	675	1000	1950	3400	4900
Monarch Ghia, V-8						
4d Sed	150	600	900	1800	3150	4500
2d Sed	150	600	950	1850	3200	4600
Monarch Grand Ghia, V-8						
4d Sed	200	675	1000	1950	3400	4900
Montego, V-8						
4d Sed	150	600	950	1850	3200	4600
2d Cpe	150	650	950	1900	3300	4700
Montego MX, V-8						
4d Sed	150	650	975	1950	3350	4800
2d Cpe	200	675	1000	1950	3400	4900
Montego Brougham, V-8						
4d Sed	200	675	1000	2000	3500	5000
2d Cpe	200	700	1050	2050	3600	5100
Station Wagons, V-8						
4d Montego MX	150	650	950	1900	3300	4700
4d Montego Vill	150	650	975	1950	3350	4800
Cougar XR7, V-8						
2d HT	150	650	975	1950	3350	4800
Marquis, V-8						
4d Sed	150	600	950	1850	3200	4600
2d Cpe	150	650	950	1900	3300	4700
Marquis Brougham, V-8						
4d Sed	150	650	975	1950	3350	4800
2d Cpe	200	675	1000	1950	3400	4900
Grand Marquis, V-8						
4d Sed	200	675	1000	2000	3500	5000
2d Cpe	200	700	1050	2050	3600	5100
Station Wagons, V-8						
4d Marquis	200	660	1100	2200	3850	5500
4d Col Pk	200	720	1200	2400	4200	6000
1977						
Bobcat, 4-cyl.						
3d Hatchback	150	475	750	1475	2600	3700
4d Sta Wag	150	475	775	1500	2650	3800
4d Vill Wag	150	500	800	1550	2700	3900
NOTE: Add 5 percent for V-6.						
Comet, V-8						
4d Sed	125	450	750	1450	2500	3600
2d Sed	150	475	750	1475	2600	3700
Monarch, V-8						
4d Sed	125	400	700	1375	2400	3400
2d Sed	125	450	700	1400	2450	3500
Monarch Ghia, V-8						
4d Sed	125	450	750	1450	2500	3600
2d Sed	150	475	750	1475	2600	3700

	6	5	4	3	2	1
Cougar, V-8						
4d Sed	150	475	775	1500	2650	3800
2d Sed	150	500	800	1550	2700	3900
Cougar Brougham, V-8						
4d Sed	150	500	800	1550	2700	3900
2d Sed	150	500	800	1600	2800	4000
Cougar XR7, V-8						
2d HT	150	550	850	1675	2950	4200
Station Wagons, V-8						
4d Cougar	150	475	775	1500	2650	3800
4d Vill	150	500	800	1550	2700	3900
Marquis, V-8						
4d Sed	150	500	800	1550	2700	3900
2d Sed	150	500	800	1600	2800	4000
Marquis Brougham, V-8						
4d Sed	150	500	800	1550	2700	3900
2d Sed	150	500	800	1600	2800	4000
Grand Marquis, V-8						
4d HT	150	550	850	1650	2900	4100
2d HT	150	550	850	1675	2950	4200
Station Wagons, V-8						
4d 2S Marquis	150	550	850	1675	2950	4200
4d 3S Marquis	150	600	900	1800	3150	4500
1978						
Bobcat						
3d Rbt	125	450	750	1450	2500	3600
4d Sta Wag	150	475	750	1475	2600	3700
Zephyr						
4d Sed	125	400	675	1350	2300	3300
2d Sed	125	380	650	1300	2250	3200
2d Cpe	125	450	700	1400	2450	3500
4d Sta Wag	125	400	700	1375	2400	3400
Monarch						
4d Sed	125	400	675	1350	2300	3300
2d Sed	125	400	700	1375	2400	3400
Cougar						
4d Sed	125	450	700	1400	2450	3500
2d HT	125	450	750	1450	2500	3600
Cougar XR7						
2d HT	150	550	850	1650	2900	4100
Marquis						
4d Sed	150	475	775	1500	2650	3800
2d HT	150	500	800	1550	2700	3900
4d Sta Wag	150	475	775	1500	2650	3800
Marquis Brougham						
4d Sed	150	500	800	1550	2700	3900
2d HT	150	500	800	1600	2800	4000
Grand Marquis						
4d Sed	150	550	850	1650	2900	4100
2d HT	150	550	850	1675	2950	4200
1979						
Bobcat, 4-cyl.						
3d Rbt	150	475	750	1475	2600	3700
4d Wag	125	450	750	1450	2500	3600
4d Villager Wag	150	475	750	1475	2600	3700
Capri, 4-cyl.						
2d Cpe	150	475	775	1500	2650	3800
2d Ghia Cpe	150	500	800	1600	2800	4000
NOTES: Add 5 percent for 6-cyl.						
Add 8 percent for V-8.						
Zephyr, 6-cyl.						
4d Sed	125	400	700	1375	2400	3400
2d Cpe	125	450	750	1450	2500	3600
2d Spt Cpe	150	475	775	1500	2650	3800
4d Sta Wag	125	450	700	1400	2450	3500
NOTE: Add 5 percent for V-8.						
Monarch, V-8						
4d Sed	125	400	700	1375	2400	3400
2d Cpe	125	450	750	1450	2500	3600
NOTE: Deduct 5 percent for 6-cyl.						
Cougar, V-8						
4d Sed	125	450	750	1450	2500	3600
2d HT	150	475	750	1475	2600	3700
2d HT XR7	150	550	850	1650	2900	4100
Marquis, V-8						
4d Sed	150	475	775	1500	2650	3800

	6	5	4	3	2	1
2d HT	150	500	800	1550	2700	3900
Marquis Brougham, V-8						
4d Sed	150	500	800	1550	2700	3900
2d HT	150	500	800	1600	2800	4000
Grand Marquis, V-8						
4d Sed	150	500	800	1600	2800	4000
2d HT	150	550	850	1650	2900	4100
Station Wagons, V-8						
4d 3S Marquis	150	475	775	1500	2650	3800
4d 3S Colony Park	150	500	800	1600	2800	4000

1980 Mercury Cougar XR-7 coupe

1980
Bobcat, 4-cyl.

	6	5	4	3	2	1
2d HBk	125	450	700	1400	2450	3500
2d Sta Wag	125	450	750	1450	2500	3600
2d Sta Wag Villager	150	475	775	1500	2650	3800
Capri, 6-cyl.						
2d HBk	150	650	950	1900	3300	4700
2d HBk Ghia	200	675	1000	2000	3500	5000
NOTE: Deduct 10 percent for 4-cyl.						
Zephyr, 6-cyl.						
4d Sed	125	450	700	1400	2450	3500
2d Sed	125	400	700	1375	2400	3400
2d Cpe Z-7	150	550	850	1675	2950	4200
4d Sta Wag	150	500	800	1550	2700	3900
NOTE: Deduct 10 percent for 4-cyl.						
Monarch, V-8						
4d Sed	150	550	850	1675	2950	4200
2d Cpe	150	550	850	1650	2900	4100
NOTE: Deduct 10 percent for 4-cyl.						
Cougar XR7, V-8						
2d Cpe	200	670	1200	2300	4060	5800
Marquis, V-8						
4d Sed	150	575	900	1750	3100	4400
2d Sed	150	575	875	1700	3000	4300
Marquis Brougham, V-8						
4d Sed	150	600	950	1850	3200	4600
2d Sed	150	600	900	1800	3150	4500
Grand Marquis, V-8						
4d Sed	150	650	950	1900	3300	4700
2d Sed	150	600	950	1850	3200	4600
4d Sta Wag CP	200	675	1000	2000	3500	5000
4d Sta Wag	150	650	975	1950	3350	4800
4d Sta Wag CP	200	675	1000	2000	3500	5000

1981
Lynx, 4-cyl.

	6	5	4	3	2	1
2d HBk RS	150	475	750	1475	2600	3700
4d HBk RS	150	475	775	1500	2650	3800
2d HBk LS	150	475	775	1500	2650	3800
NOTE: Deduct 5 percent for lesser models.						
Zephyr, 6-cyl.						
4d Sed S	125	450	700	1400	2450	3500
4d Sed	125	450	750	1450	2500	3600
2d Sed	125	450	700	1400	2450	3500
2d Cpe Z-7	150	575	875	1700	3000	4300
4d Sta Wag	150	500	800	1600	2800	4000
NOTE: Deduct 10 percent for 4-cyl.						

	6	5	4	3	2	1
Capri, 6-cyl.						
2d HBk	150	600	900	1800	3150	4500
2d HBk GS	150	650	950	1900	3300	4700
NOTE: Deduct 10 percent for 4-cyl.						
Cougar, 6-cyl.						
4d Sed	150	550	850	1675	2950	4200
2d Sed	150	550	850	1650	2900	4100
NOTE: Deduct 10 percent for 4-cyl.						
Cougar XR7, V-8						
2d Cpe	200	700	1200	2350	4130	5900
NOTE: Deduct 12 percent for 6-cyl.						
Marquis, V-8						
4d Sed	150	575	900	1750	3100	4400
Marquis Brougham, V-8						
4d Sed	150	600	950	1850	3200	4600
2d Sed	150	600	900	1800	3150	4500
Grand Marquis, V-8						
4d Sed	150	650	975	1950	3350	4800
2d Sed	150	650	950	1900	3300	4700
4d Sta Wag	200	675	1000	1950	3400	4900
4d Sta Wag CP	200	675	1000	1950	3400	4900
1982						
Lynx, 4-cyl.						
2d HBk LS	150	475	775	1500	2650	3800
4d HBk LS	150	500	800	1550	2700	3900
4d Sta Wag LS	150	500	800	1600	2800	4000
2d HBk RS	150	500	800	1550	2700	3900
NOTE: Deduct 5 percent for lesser models.						
LN7, 4-cyl.						
2d HBk	150	600	950	1850	3200	4600
Zephyr, 6-cyl.						
4d Sed	150	475	750	1475	2600	3700
2d Cpe Z-7	150	575	875	1700	3000	4300
4d Sed GS	150	475	775	1500	2650	3800
2d Cpe Z-7 GS	150	600	900	1800	3150	4500
Capri, 6-cyl.						
2d HBk L	200	700	1075	2150	3700	5300
2d HBk GS	200	660	1100	2200	3850	5500
Capri, V-8						
2d HBk RS	200	670	1150	2250	3920	5600
NOTE: Deduct 10 percent for 4-cyl.						
Cougar, 6-cyl.						
4d Sed GS	150	500	800	1600	2800	4000
2d Sed GS	150	500	800	1550	2700	3900
4d Sta Wag GS	150	550	850	1675	2950	4200
4d Sed LS	150	550	850	1650	2900	4100
2d Sed LS	150	500	800	1600	2800	4000
Cougar XR7, V-8						
2d Cpe	200	720	1200	2400	4200	6000
2d Cpe LS	200	745	1250	2500	4340	6200
NOTE: Deduct 10 percent for 6-cyl.						
Marquis, V-8						
4d Sed	150	600	900	1800	3150	4500
Marquis Brougham, V-8						
4d Sed	150	650	950	1900	3300	4700
2d Cpe	150	600	950	1850	3200	4600
Grand Marquis, V-8						
4d Sed	200	675	1000	1950	3400	4900
2d Cpe	150	650	975	1950	3350	4800
4d Sta Wag	200	675	1000	1950	3400	4900
4d Sta Wag CP	200	675	1000	2000	3500	5000
1983						
Lynx, 4-cyl.						
2d HBk LS	150	475	775	1500	2650	3800
4d HBk LS	150	500	800	1550	2700	3900
4d Sta Wag LS	150	500	800	1600	2800	4000
2d HBk RS	150	500	800	1550	2700	3900
4 dr Hatch LTS	150	500	800	1600	2800	4000
NOTE: Deduct 5 percent for lesser models.						
LN7, 4-cyl.						
2d HBk	150	650	950	1900	3300	4700
2d HBk Spt	150	650	975	1950	3350	4800
2d HBk GS	200	675	1000	2000	3500	5000
2d HBk RS	200	700	1050	2100	3650	5200

	6	5	4	3	2	1
Zephyr, V-6						
4d Sed	150	475	775	1500	2650	3800
2d Cpe Z-7	150	575	900	1750	3100	4400
4d Sed GS	150	500	800	1550	2700	3900
2d Cpe Z-7 GS	150	600	950	1850	3200	4600
NOTE: Deduct 10 percent for 4-cyl.						
Capri, 6-cyl.						
2d HBk L	200	650	1100	2150	3780	5400
2d HBk GS	200	670	1150	2250	3920	5600
Capri, V-8						
2d HBk RS	200	685	1150	2300	3990	5700
NOTE: Deduct 10 percent for 4-cyl.						
Cougar, V-8						
2d Cpe	350	780	1300	2600	4550	6500
2d Cpe LS	350	800	1350	2700	4700	6700
NOTE: Deduct 15 percent for V-6.						
Marquis, 4-cyl.						
4d Sed	150	550	850	1675	2950	4200
4d Brgm	150	575	900	1750	3100	4400
Marquis, 6-cyl.						
4d Sed	150	575	900	1750	3100	4400
4d Sta Wag	150	650	950	1900	3300	4700
4d Sed Brgm	150	650	975	1950	3350	4800
4d Sta Wag Brgm	200	675	1000	1950	3400	4900
Grand Marquis, V-8						
4d Sed	200	700	1050	2100	3650	5200
2d Cpe	200	700	1050	2050	3600	5100
4d Sed LS	200	650	1100	2150	3780	5400
2d Cpe LS	200	700	1075	2150	3700	5300
4d Sta Wag	200	660	1100	2200	3850	5500
1984						
Lynx, 4-cyl.						
4d HBk LTS	125	450	700	1400	2450	3500
2d HBk RS	125	450	750	1450	2500	3600
2d HBk RS Turbo	150	475	775	1500	2650	3800
NOTE: Deduct 5 percent for lesser models.						
Topaz, 4-cyl.						
2d Sed	125	400	675	1350	2300	3300
4d Sed	125	400	675	1350	2300	3300
2d Sed GS	125	400	700	1375	2400	3400
4d Sed GS	125	400	700	1375	2400	3400
Capri, 4-cyl.						
2d HBk GS	150	575	900	1750	3100	4400
2d HBk RS Turbo	150	650	975	1950	3350	4800
2d HBk GS, V-6	150	600	950	1850	3200	4600
2d HBk GS, V-8	150	650	975	1950	3350	4800
2d HBk RS, V-8	200	675	1000	2000	3500	5000
Cougar, V-6						
2d Cpe	150	550	850	1675	2950	4200
2d Cpe LS	150	575	875	1700	3000	4300
Cougar, V-8						
2d Cpe	150	600	900	1800	3150	4500
2d Cpe LS	150	650	975	1950	3350	4800
2d Cpe XR7	200	660	1100	2200	3850	5500
Marquis, 4-cyl.						
4d Sed	150	550	850	1650	2900	4100
4d Sed Brgm	150	550	850	1675	2950	4200
Marquis, V-6						
4d Sed	150	550	850	1675	2950	4200
4d Sed Brgm	150	575	875	1700	3000	4300
4d Sta Wag	150	575	875	1700	3000	4300
4d Sta Wag Brgm	150	575	900	1750	3100	4400
Grand Marquis, V-8						
4d Sed	200	675	1000	1950	3400	4900
2d Sed	200	675	1000	1950	3400	4900
4d Sed LS	200	675	1000	2000	3500	5000
2d Sed LS	200	675	1000	2000	3500	5000
4d Sta Wag Colony Park	200	675	1000	2000	3500	5000
1985						
Lynx, 4-cyl.						
2d HBk GS	125	400	700	1375	2400	3400
4d HBk GS	125	450	700	1400	2450	3500
4d Sta Wag GS	125	450	700	1400	2450	3500
NOTE Deduct 20 percent for diesel.						
Deduct 5 percent for lesser models.						

	6	5	4	3	2	1
Topaz, 4-cyl.						
2d Sed	125	400	700	1375	2400	3400
4d Sed	125	400	700	1375	2400	3400
2d Sed LS	125	400	700	1375	2400	3400
4d Sed LS	125	450	700	1400	2450	3500
NOTE: Deduct 20 percent for diesel.						
Capri, 4-cyl.						
2d HBk GS	150	600	900	1800	3150	4500
2d HBk GS, V-6	150	600	950	1850	3200	4600
2d HBk GS, V-8	200	675	1000	1950	3400	4900
2d HBk 5.0 liter, V-8	200	700	1050	2100	3650	5200
Cougar, V-6						
2d Cpe	150	575	875	1700	3000	4300
2d Cpe LS	150	575	900	1750	3100	4400
2d Cpe, V-8	150	600	950	1850	3200	4600
2d Cpe LS, V-8	200	675	1000	1950	3400	4900
2d Cpe XR7 Turbo, 4-cyl.	200	670	1150	2250	3920	5600
Marquis, V-6						
4d Sed	150	575	875	1700	3000	4300
4d Sed Brgm	150	575	900	1750	3100	4400
4d Sta Wag	150	575	900	1750	3100	4400
4d Sta Wag Brgm	150	600	900	1800	3150	4500
NOTE: Deduct 20 percent for 4-cyl. where available.						
Grand Marquis, V-8						
4d Sed	200	675	1000	2000	3500	5000
2d Sed	200	675	1000	1950	3400	4900
4d Sed LS	200	700	1050	2050	3600	5100
2d Sed LS	200	675	1000	2000	3500	5000
4d Sta Wag Colony Park	200	700	1050	2100	3650	5200
1986						
Lynx						
2d HBk	125	450	700	1400	2450	3500
4d HBk	150	475	750	1475	2600	3700
4d Sta Wag	150	475	750	1475	2600	3700
Capri						
2d HBk	150	600	950	1850	3200	4600
Topaz						
2d Sed	125	450	750	1450	2500	3600
4d Sed	125	450	750	1450	2500	3600
Marquis						
4d Sed	150	575	900	1750	3100	4400
4d Sta Wag	150	600	900	1800	3150	4500
Marquis Brougham						
4d Sed	150	600	900	1800	3150	4500
4d Sta Wag	150	600	950	1850	3200	4600
Cougar						
2d Cpe	150	650	975	1950	3350	4800
2d LS Cpe	200	675	1000	2000	3500	5000
XR7 2d Cpe	200	685	1150	2300	3990	5700
Grand Marquis						
2d Sed	200	700	1050	2050	3600	5100
4d Sed	200	700	1050	2100	3650	5200
4d Sta Wag	200	660	1100	2200	3850	5500
NOTES: Add 10 percent for deluxe models.						
Deduct 5 percent for smaller engines.						
1987						
Lynx, 4-cyl.						
2d HBk L	150	475	750	1475	2600	3700
2d HBk GS	150	475	775	1500	2650	3800
4d HBk GS	150	500	800	1550	2700	3900
4d Sta Wag GS	150	500	800	1550	2700	3900
2d HBk XR3	150	500	800	1600	2800	4000
Topaz, 4-cyl.						
2d Sed GS	150	475	775	1500	2650	3800
4d Sed GS	150	500	800	1550	2700	3900
2d Sed GS Spt	150	500	800	1550	2700	3900
4d Sed GS Spt	150	500	800	1600	2800	4000
4d Sed LS	150	550	850	1650	2900	4100
Cougar						
2d Cpe LS, V-6	350	770	1300	2550	4480	6400
2d Cpe LS, V-8	350	840	1400	2800	4900	7000
2d Cpe XR-7, V-8	350	860	1450	2900	5050	7200
NOTE: Add 10 percent for Anniversary Model.						
Sable, V-6						
4d Sed GS	200	675	1000	2000	3500	5000
4d Sed LS	200	700	1050	2050	3600	5100

	6	5	4	3	2	1
4d Sta Wag GS	200	700	1050	2050	3600	5100
4d Sta Wag LS	200	700	1050	2100	3650	5200
Grand Marquis, V-8						
4d Sed GS	200	685	1150	2300	3990	5700
4d Sta Wag Col Park GS	200	700	1200	2350	4130	5900
2d Sed LS	200	685	1150	2300	3990	5700
4d Sed LS	200	670	1200	2300	4060	5800
4d Sta Wag Col Park LS	200	720	1200	2400	4200	6000
1988						
Tracer, 4-cyl.						
2d HBk	100	360	600	1200	2100	3000
4d HBk	125	370	650	1250	2200	3100
4d Sta Wag	125	400	675	1350	2300	3300
Topaz, 4-cyl.						
2d Sed	125	380	650	1300	2250	3200
4d Sed	125	400	675	1350	2300	3300
4d Sed LS	125	450	750	1450	2500	3600
4d Sed LTS	150	475	775	1500	2650	3800
2d Sed XR5	150	500	800	1600	2800	4000
Cougar						
2d LS V-6	200	670	1200	2300	4060	5800
2d LS V-8	200	745	1250	2500	4340	6200
2d XR7 V-8	350	820	1400	2700	4760	6800
Sable, V-6						
4d Sed GS	150	600	950	1850	3200	4600
4d Sta Wag GS	200	700	1050	2100	3650	5200
4d Sed LS	150	650	975	1950	3350	4800
4d Sta Wag LS	200	670	1200	2300	4060	5800
Grand Marquis, V-8						
4d Sed GS	200	660	1100	2200	3850	5500
4d Sta Wag Col Park GS	200	670	1200	2300	4060	5800
4d Sed LS	200	670	1150	2250	3920	5600
4d Sta Wag Col Park LS	200	730	1250	2450	4270	6100
1989						
Tracer, 4-cyl.						
4d HBk	150	500	800	1550	2700	3900
2d HBk	150	475	775	1500	2650	3800
4d Sta Wag	150	500	800	1600	2800	4000
Topaz, 4-cyl.						
2d Sed GS	125	450	750	1450	2500	3600
4d Sed GS	150	475	750	1475	2600	3700
4d Sed LS	150	500	800	1550	2700	3900
4d Sed LTS	150	575	875	1700	3000	4300
2d Sed XR5	200	675	1000	1950	3400	4900
Cougar, V-6						
2d Cpe LS	350	840	1400	2800	4900	7000
2d Cpe XR7	350	975	1600	3200	5600	8000
Sable, V-6						
4d Sed GS	200	700	1075	2150	3700	5300
4d Sta Wag GS	200	745	1250	2500	4340	6200
4d Sed LS	200	700	1200	2350	4130	5900
4d Sta Wag LS	350	860	1450	2900	5050	7200
Grand Marquis, V-8						
4d Sed GS	200	750	1275	2500	4400	6300
4d Sed LS	350	770	1300	2550	4480	6400
4d Sta Wag Col Park GS	350	800	1350	2700	4700	6700
4d Sta Wag Col Park LS	350	830	1400	2950	4830	6900
1990						
Topaz, 4-cyl						
2d Sed GS	150	500	800	1550	2700	3900
4d Sed GS	150	500	800	1600	2800	4000
4d Sed LS	150	550	850	1675	2950	4200
4d Sed LTS	150	600	950	1850	3200	4600
2d Sed XR5	150	550	850	1675	2950	4200
Cougar, V-6						
2d Cpe LS	350	780	1300	2600	4550	6500
2d Cpe XR7	350	840	1400	2800	4900	7000
Sable, V-6						
4d Sed GS	200	660	1100	2200	3850	5500
4d Sed LS	200	720	1200	2400	4200	6000
4d Sta Wag GS	200	720	1200	2400	4200	6000
4d Sta Wag LS	350	780	1300	2600	4550	6500
Grand Marquis, V-8						
4d Sed GS	350	780	1300	2600	4550	6500
4d Sed LS	350	840	1400	2800	4900	7000
4d Sta Wag GS	350	840	1400	2800	4900	7000

	6	5	4	3	2	1
4d Sta Wag LS	350	900	1500	3000	5250	7500

1991
Tracer, 4-cyl.

	6	5	4	3	2	1
4d NBk	125	450	700	1400	2450	3500
4d NBk LTS	150	475	750	1475	2600	3700
4d Sta Wag	150	500	800	1550	2700	3900

Topaz, 4-cyl.

	6	5	4	3	2	1
2d Sed GS	150	475	750	1475	2600	3700
4d Sed GS	150	475	750	1475	2600	3700
4d Sed LS	150	500	800	1550	2700	3900
4d Sed LTS	150	500	800	1600	2800	4000
2d Sed XR5	150	550	850	1675	2950	4200

Capri, 4-cyl.

	6	5	4	3	2	1
2d Conv	200	675	1000	2000	3500	5000
2d Conv XR2 Turbo	200	660	1100	2200	3850	5500

Cougar

	6	5	4	3	2	1
2d Cpe LS, V-6	200	720	1200	2400	4200	6000
2d Cpe LS, V-8	350	840	1400	2800	4900	7000
2d Cpe XR7, V-8	350	900	1500	3000	5250	7500

Sable, V-6

	6	5	4	3	2	1
4d Sed GS	150	475	750	1475	2600	3700
4d Sta Wag GS	150	500	800	1550	2700	3900
4d Sed LS	150	475	775	1500	2650	3800
4d Sta Wag LS	150	500	800	1600	2800	4000

Grand Marquis, V-8

	6	5	4	3	2	1
4d Sed GS	150	600	950	1850	3200	4600
4d Sed LS	150	650	975	1950	3350	4800

Grand Marquis Colony Park, V-8

	6	5	4	3	2	1
4d Sta Wag GS35	200	660	1100	2200	3850	5500
4d Sta Wag GS25	200	650	1100	2150	3780	5400
4d Sta Wag LS35	200	670	1150	2250	3920	5600
4d Sta Wag LS25	200	660	1100	2200	3850	5500

1992
Tracer, 4-cyl.

	6	5	4	3	2	1
4d Sed	150	550	850	1650	2900	4100
4d Sed LTS	150	550	850	1675	2950	4200
4d Sta Wag	150	600	950	1850	3200	4600

Topaz, 4-cyl. & V-6

	6	5	4	3	2	1
2d Cpe GS	150	500	800	1550	2700	3900
4d Sed GS	150	500	800	1600	2800	4000
4d Sed LS	150	550	850	1675	2950	4200
4d Sed LTS V-6	200	670	1150	2250	3920	5600
2d Cpe XR5 V-6	200	670	1150	2250	3920	5600

Capri, 4-cyl.

	6	5	4	3	2	1
2d Conv	200	720	1200	2400	4200	6000
2d Conv XR2 Turbo	200	745	1250	2500	4340	6200

Cougar

	6	5	4	3	2	1
2d Cpe LS V-6	350	870	1450	2900	5100	7300
2d LS Cpe V-8	350	950	1550	3100	5400	7700
2d Cpe XR7 V-8	350	975	1600	3200	5500	7900

Sable, V-6

	6	5	4	3	2	1
4d Sed GS	200	720	1200	2400	4200	6000
4d Sta Wag GS	200	720	1200	2400	4200	6000
4d Sed LS	200	745	1250	2500	4340	6200
4d Sta Wag LS	200	745	1250	2500	4340	6200

Grand Marquis, V-8

	6	5	4	3	2	1
4d Sed GS	350	840	1400	2800	4900	7000
4d Sed LS	350	860	1450	2900	5050	7200

RAMBLER

1902
One cylinder, 4 hp

	6	5	4	3	2	1
2P Rbt	1400	4450	7400	14,800	25,900	37,000

1903
One cylinder, 6 hp

	6	5	4	3	2	1
2/4P Lt Tr	1350	4300	7200	14,400	25,200	36,000

1904
Model E, 1-cyl., 7 hp, 78" wb

	6	5	4	3	2	1
Rbt	1200	3850	6400	12,800	22,400	32,000

Model G, 1-cyl., 7 hp, 81" wb

	6	5	4	3	2	1
Rbt	1250	3950	6600	13,200	23,100	33,000

Model H, 1-cyl., 7 hp, 81" wb

	6	5	4	3	2	1
Tonn	1250	3950	6600	13,200	23,100	33,000

	6	5	4	3	2	1
Model J, 2-cyl., 16 hp, 84" wb						
Rbt	1300	4100	6800	13,600	23,800	34,000
Model K, 2-cyl., 16 hp, 84" wb						
Tonn	1300	4100	6800	13,600	23,800	34,000
Model L, 2-cyl., 16 hp, 84" wb						
Canopy Tonn	1300	4200	7000	14,000	24,500	35,000
1905						
Model G, 1-cyl., 8 hp, 81" wb						
Rbt	1200	3850	6400	12,800	22,400	32,000
Model H, 1-cyl., 8 hp, 81" wb						
Tr	1200	3850	6400	12,800	22,400	32,000
Type One, 2-cyl., 18 hp, 90" wb						
Tr	1250	3950	6600	13,200	23,100	33,000
Type Two, 2-cyl., 20 hp, 100" wb						
Surrey	1300	4100	6800	13,600	23,800	34,000
Limo	1350	4300	7200	14,400	25,200	36,000

1906 Rambler Type 1 surrey

1906

	6	5	4	3	2	1
Model 17, 2-cyl., 10/12 hp, 88" wb						
2P Rbt	1150	3700	6200	12,400	21,700	31,000
Type One, 2-cyl., 18/20 hp, 90" wb						
5P Surrey	1200	3850	6400	12,800	22,400	32,000
Type Two, 2-cyl., 20 hp, 100" wb						
5P Surrey	1250	3950	6600	13,200	23,100	33,000
Type Three, 2-cyl., 18/20 hp, 96" wb						
5P Surrey	1300	4100	6800	13,600	23,800	34,000
Model 14, 4-cyl., 25 hp, 106" wb						
5P Tr	1300	4200	7000	14,000	24,500	35,000
Model 15, 4-cyl., 35/40 hp, 112" wb						
5P Tr	1400	4450	7400	14,800	25,900	37,000
Model 16, 4-cyl., 35/40 hp, 112" wb						
5P Limo	1300	4100	6800	13,600	23,800	34,000
1907						
Model 27, 2-cyl., 14/16 hp, 90" wb						
2P Rbt	1150	3700	6200	12,400	21,700	31,000
Model 22, 2-cyl., 20/22 hp, 100" wb						
2P Rbt	1200	3850	6400	12,800	22,400	32,000
Model 21, 2-cyl., 20/22 hp, 100" wb						
5P Tr	1250	3950	6600	13,200	23,100	33,000
Model 24, 4-cyl., 25/30 hp, 108" wb						
5P Tr	1300	4100	6800	13,600	23,800	34,000
Model 25, 4-cyl., 35/40 hp, 112" wb						
5P Tr	1350	4300	7200	14,400	25,200	36,000
1908						
Model 31, 2-cyl., 22 hp, 106" wb						
Det Tonneau	1300	4100	6800	13,600	23,800	34,000

	6	5	4	3	2	1
Model 34, 4-cyl., 32 hp, 112" wb						
3P Rds	1300	4200	7000	14,000	24,500	35,000
5P Tr	1350	4300	7200	14,400	25,200	36,000
1909						
Model 47, 2-cyl., 22 hp, 106" wb						
2P Rbt	1300	4100	6800	13,600	23,800	34,000
Model 41, 2-cyl., 22 hp, 106" wb						
5P Tr	1300	4200	7000	14,000	24,500	35,000
Model 44, 4-cyl., 34 hp, 112" wb						
5P Tr	1350	4300	7200	14,400	25,200	36,000
4P C.C. Tr	1400	4450	7400	14,800	25,900	37,000
Model 45, 4-cyl., 45 hp, 123" wb						
7P Tr	1600	5050	8400	16,800	29,400	42,000
4P C.C. Tr	1600	5150	8600	17,200	30,100	43,000
3P Rds	1550	4900	8200	16,400	28,700	41,000
1910						
Model 53, 4-cyl., 34 hp, 109" wb						
Tr	1450	4700	7800	15,600	27,300	39,000
Model 54, 4-cyl., 45 hp, 117" wb						
Tr	1550	4900	8200	16,400	28,700	41,000
Model 55, 4-cyl., 45 hp, 123" wb						
Tr	1600	5150	8600	17,200	30,100	43,000
Limo	1300	4100	6800	13,600	23,800	34,000
1911						
Model 63, 4-cyl., 34 hp, 112" wb						
Tr	1450	4550	7600	15,200	26,600	38,000
Rds	1400	4450	7400	14,800	25,900	37,000
Cpe	800	2500	4200	8400	14,700	21,000
Twn Car	850	2750	4600	9200	16,100	23,000
Model 64, 4-cyl., 34 hp, 120" wb						
Tr	1500	4800	8000	16,000	28,000	40,000
Toy Tonn	1550	4900	8200	16,400	28,700	41,000
Lan'let	1150	3700	6200	12,400	21,700	31,000
Model 65, 4-cyl., 34 hp, 128" wb						
Tr	1600	5050	8400	16,800	29,400	42,000
Toy Tonn	1600	5150	8600	17,200	30,100	43,000
Limo	1150	3700	6200	12,400	21,700	31,000
1912						
Four, 38 hp, 120" wb						
5P Cr Ctry Tr	1550	4900	8200	16,400	28,700	41,000
4P Sub Ctry Clb	1500	4800	8000	16,000	28,000	40,000
2P Rds	1500	4800	8000	16,000	28,000	40,000
4P Sed	800	2500	4200	8400	14,700	21,000
7P Gotham Limo	1000	3100	5200	10,400	18,200	26,000
Four, 50 hp, 120" wb						
Ctry Clb	1600	5050	8400	16,800	29,400	42,000
Valkyrie	1550	4900	8200	16,400	28,700	41,000
Four, 50 hp, 128" wb						
Morraine Tr	1650	5300	8800	17,600	30,800	44,000
Metropolitan	1700	5400	9000	18,000	31,500	45,000
Greyhound	1700	5400	9000	18,000	31,500	45,000
Knickerbocker	2200	6950	11,600	23,200	40,600	58,000
1913						
Four, 42 hp, 120" wb						
2/3P Cr Ctry Rds	1500	4800	8000	16,000	28,000	40,000
4/5P Cr Ctry Tr	1550	4900	8200	16,400	28,700	41,000
4P Inside Drive Cpe	900	2900	4800	9600	16,800	24,000
7P Gotham Limo	1000	3250	5400	10,800	18,900	27,000

JEFFERY

	6	5	4	3	2	1
1914						
Four, 40 hp, 116" wb						
4d 5P Tr	1350	4300	7200	14,400	25,200	36,000
4d 5P Sed	600	1900	3200	6400	11,200	16,000
Four, 27 hp, 120" wb						
2d 2P Rds	1400	4450	7400	14,800	25,900	37,000
4d 4P/5P/7P Tr	1450	4550	7600	15,200	26,600	38,000
Six, 48 hp, 128" wb						
4d 5P Tr	1500	4800	8000	16,000	28,000	40,000
4d 6P Tr	1550	4900	8200	16,400	28,700	41,000
4d 7P Limo	950	3000	5000	10,000	17,500	25,000

	6	5	4	3	2	1
1915						
Four, 40 hp, 116" wb						
4d 5P Tr	1500	4800	8000	16,000	28,000	40,000
2d 2P Rds	1450	4700	7800	15,600	27,300	39,000
2d 2P A/W	1050	3350	5600	11,200	19,600	28,000
4d 7P Limo	900	2900	4800	9600	16,800	24,000
4d 4P Sed	750	2400	4000	8000	14,000	20,000
Chesterfield Six, 48 hp, 122" wb						
4d 5P Tr	1700	5400	9000	18,000	31,500	45,000
2d 2P Rds	1600	5150	8600	17,200	30,100	43,000
2d 2P A/W	1600	5050	8400	16,800	29,400	42,000
1916						
Four, 40 hp, 116" wb						
4d 7P Tr	1650	5300	8800	17,600	30,800	44,000
4d 5P Tr	1600	5150	8600	17,200	30,100	43,000
4d 7P Sed	800	2500	4200	8400	14,700	21,000
4d 5P Sed	750	2400	4000	8000	14,000	20,000
2d 3P Rds	1550	4900	8200	16,400	28,700	41,000
Chesterfield Six, 48 hp, 122" wb						
4d 5P Tr	1800	5750	9600	19,200	33,600	48,000
1917						
Model 472, 4-cyl., 40 hp, 116" wb						
4d 7P Tr	1550	4900	8200	16,400	28,700	41,000
2d 2P Rds	1500	4800	8000	16,000	28,000	40,000
4d 7P Sed	750	2400	4000	8000	14,000	20,000
Model 671, 6-cyl., 48 hp, 125" wb						
4d 7P Tr	1700	5400	9000	18,000	31,500	45,000
2d 3P Rds	1650	5300	8800	17,600	30,800	44,000
4d 5P Sed	750	2400	4000	8000	14,000	20,000

NASH

	6	5	4	3	2	1
1918						
Series 680, 6-cyl.						
4d 7P Tr	1100	3500	5800	11,600	20,300	29,000
4d 5P Tr	1050	3350	5600	11,200	19,600	28,000
4d 4P Rds	1150	3600	6000	12,000	21,000	30,000
4d Sed	700	2300	3800	7600	13,300	19,000
2d Cpe	700	2300	3850	7700	13,400	19,200
1919						
Series 680, 6-cyl.						
2d Rds	1100	3500	5800	11,600	20,300	29,000
2d Spt Rds	1050	3350	5600	11,200	19,600	28,000
4d 5P Tr	1150	3600	6000	12,000	21,000	30,000
4d 7P Tr	1150	3700	6200	12,400	21,700	31,000
2d 4P Rds	1150	3600	6000	12,000	21,000	30,000
4d Sed	700	2150	3600	7200	12,600	18,000
2d Cpe	700	2200	3700	7400	13,000	18,500
1920						
Series 680, 6-cyl.						
4d 5P Tr	1050	3350	5600	11,200	19,600	28,000
2d Rds	1000	3250	5400	10,800	18,900	27,000
4d 7P Tr	1100	3500	5800	11,600	20,300	29,000
2d Cpe	700	2200	3700	7400	13,000	18,500
4d Sed	700	2150	3600	7200	12,600	18,000
4d Spt Tr	1150	3600	6000	12,000	21,000	30,000
1921						
Series 680, 6-cyl.						
4d 5P Tr	1000	3100	5200	10,400	18,200	26,000
2d Rds	1000	3250	5400	10,800	18,900	27,000
4d Spt Tr	1050	3350	5600	11,200	19,600	28,000
4d Tr	1000	3250	5400	10,800	18,900	27,000
2d Cpe	700	2200	3700	7400	13,000	18,500
4d Sed	650	2050	3400	6800	11,900	17,000
Series 40, 4-cyl.						
4d Tr	950	3000	5000	10,000	17,500	25,000
2d Rds	1000	3100	5200	10,400	18,200	26,000
2d Cpe	600	1900	3200	6400	11,200	16,000
4d Sed	550	1700	2800	5600	9800	14,000
2d Cabr	900	2900	4800	9600	16,800	24,000
1922						
Series 680, 6-cyl.						
4d 5P Tr	1000	3100	5200	10,400	18,200	26,000

	6	5	4	3	2	1
4d 7P Tr	1000	3250	5400	10,800	18,900	27,000
4d 7P Sed	600	1900	3200	6400	11,200	16,000
2d Cpe	700	2150	3600	7200	12,600	18,000
2d Rds	1050	3350	5600	11,200	19,600	28,000
2d Spt	1100	3500	5800	11,600	20,300	29,000
4d 5P Sed	650	2050	3400	6800	11,900	17,000
Series 40, 4-cyl.						
4d Tr	950	3000	5000	10,000	17,500	25,000
2d Rds	1000	3100	5200	10,400	18,200	26,000
2d Cpe	650	2050	3400	6800	11,900	17,000
4d Sed	500	1550	2600	5200	9100	13,000
2d Cabr	750	2400	4000	8000	14,000	20,000
Ca'ole	550	1800	3000	6000	10,500	15,000
1923						
Series 690, 6-cyl., 121" wb						
2d Rds	1000	3250	5400	10,800	18,900	27,000
4d Tr	1050	3350	5600	11,200	19,600	28,000
4d Spt Tr	1100	3500	5800	11,600	20,300	29,000
4d Sed	450	1450	2400	4800	8400	12,000
2d Cpe	550	1800	3000	6000	10,500	15,000
Series 690, 6-cyl., 127" wb						
4d Tr	1050	3350	5600	11,200	19,600	28,000
4d Sed	450	1500	2500	5000	8800	12,500
2d Cpe	600	1850	3100	6200	10,900	15,500
Series 40, 4-cyl.						
4d Tr	1000	3100	5200	10,400	18,200	26,000
2d Rds	1000	3250	5400	10,800	18,900	27,000
4d Spt Tr	1050	3350	5600	11,200	19,600	28,000
Ca'ole	550	1700	2800	5600	9800	14,000
4d Sed	500	1550	2600	5200	9100	13,000
1924						
Series 690, 6-cyl., 121" wb						
2d Rds	1000	3250	5400	10,800	18,900	27,000
4d Tr	1000	3100	5200	10,400	18,200	26,000
4d Spl DeL	400	1200	2000	4000	7000	10,000
2d Cpe	450	1450	2400	4800	8400	12,000
4d Spl Sed	400	1300	2200	4400	7700	11,000
Series 690, 6-cyl., 127" wb						
4d 7P Tr	1050	3350	5600	11,200	19,600	28,000
4d 7P Sed	400	1250	2100	4200	7400	10,500
2d Vic	400	1300	2200	4400	7700	11,000
4 cyl.						
4d Tr	1000	3250	5400	10,800	18,900	27,000
2d Rds	1050	3350	5600	11,200	19,600	28,000
2d Cab	1000	3100	5200	10,400	18,200	26,000
4d 5P Sed	400	1300	2200	4400	7700	11,000
4d Sed	400	1200	2000	4000	7000	10,000
4d Spt Sed	450	1450	2400	4800	8400	12,000
2d Cpe	500	1550	2600	5200	9100	13,000
1925						
Advanced models, 6-cyl.						
4d Tr	900	2900	4800	9600	16,800	24,000
4d 7P Tr	950	3000	5000	10,000	17,500	25,000
4d Sed	450	1450	2400	4800	8400	12,000
2d Vic Cpe	500	1550	2600	5200	9100	13,000
4d 7P Sed	450	1500	2500	5000	8800	12,500
2d Rds	950	3000	5000	10,000	17,500	25,000
2d Cpe	450	1450	2400	4800	8400	12,000
2d Sed	400	1200	2000	4000	7000	10,000
Special models, 6-cyl.						
4d Tr	850	2750	4600	9200	16,100	23,000
4d Sed	400	1300	2200	4400	7700	11,000
2d Rds	900	2900	4800	9600	16,800	24,000
2d Sed	400	1300	2150	4300	7600	10,800
Light six, (Ajax), 6-cyl.						
4d Tr	700	2300	3800	7600	13,300	19,000
4d Sed	400	1200	2000	4000	7000	10,000
1926						
Advanced models, 6-cyl.						
4d 5P Tr	900	2900	4800	9600	16,800	24,000
4d 7P Tr	950	3000	5000	10,000	17,500	25,000
2d Sed	400	1200	2000	4000	7000	10,000
4d Sed	400	1200	2050	4100	7100	10,200
4d 7P Sed	400	1250	2100	4200	7400	10,500
2d Cpe	400	1300	2200	4400	7600	10,900

	6	5	4	3	2	1
2d Rds	950	3000	5000	10,000	17,500	25,000
2d Vic Cpe	500	1550	2600	5200	9100	13,000
Special models, 6-cyl.						
2d Rds	850	2750	4600	9200	16,100	23,000
2d Sed	400	1250	2100	4200	7400	10,500
4d 7P Sed	400	1300	2150	4300	7500	10,700
2d Cpe	400	1300	2200	4400	7700	11,000
4d Sed	400	1250	2100	4200	7400	10,600
2d Spl Rds	1000	3100	5200	10,400	18,200	26,000
Light Six (formerly Ajax)						
4d Tr	700	2150	3600	7200	12,600	18,000
2d Sed	400	1250	2100	4200	7400	10,500

1927 Nash Model 241 2/4-passenger cabriolet

1927
Standard, 6-cyl.

	6	5	4	3	2	1
4d Tr	750	2400	4000	8000	14,000	20,000
2d Cpe	450	1400	2300	4600	8100	11,500
2d Sed	400	1250	2100	4200	7400	10,600
4d Sed	450	1150	1900	3850	6700	9600
4d DeL Sed	400	1300	2150	4300	7500	10,700
Special, 6-cyl.						
(Begin September 1926)						
2d Rds	800	2500	4200	8400	14,700	21,000
4d Tr	750	2400	4000	8000	14,000	20,000
2d Cpe	450	1450	2400	4800	8400	12,000
2d Sed	400	1300	2200	4400	7700	11,000
4d Sed	400	1350	2250	4500	7800	11,200
(Begin January 1927)						
4d Cav Sed	450	1400	2300	4600	8100	11,500
4d Sed	450	1350	2300	4600	8000	11,400
2d RS Cab	650	2050	3400	6800	11,900	17,000
2d RS Rds	750	2400	4000	8000	14,000	20,000
Advanced, 6-cyl.						
(Begin August 1926)						
2d Rds	900	2900	4800	9600	16,800	24,000
4d 5P Tr	850	2750	4600	9200	16,100	23,000
4d 7P Tr	900	2900	4800	9600	16,800	24,000
2d Cpe	500	1550	2600	5200	9100	13,000
2d Vic	550	1700	2800	5600	9800	14,000
2d Sed	400	1300	2200	4400	7700	11,000
4d Sed	400	1350	2250	4500	7800	11,200
4d 7P Sed	450	1400	2300	4600	8100	11,500
(Begin January 1927)						
2d RS Cpe	550	1800	3000	6000	10,500	15,000
4d Spl Sed	450	1400	2300	4600	8100	11,500
4d Amb Sed	450	1400	2350	4700	8200	11,700

1928
Standard, 6-cyl.

	6	5	4	3	2	1
4d Tr	700	2150	3600	7200	12,600	18,000
2d Cpe	450	1450	2400	4800	8400	12,000
2d Conv Cabr	800	2500	4200	8400	14,700	21,000
2d Sed	400	1250	2100	4200	7400	10,500

	6	5	4	3	2	1
4d Sed	400	1250	2100	4200	7400	10,600
4d Lan Sed	400	1300	2150	4300	7500	10,700
Special, 6-cyl.						
4d Tr	650	2100	3500	7000	12,200	17,400
2d RS Rds	700	2300	3800	7600	13,300	19,000
2d Cpe	450	1450	2400	4800	8400	12,000
2d Conv Cabr	850	2750	4600	9200	16,100	23,000
2d Vic	550	1800	3000	6000	10,500	15,000
2d Sed	500	1550	2600	5200	9100	13,000
4d Sed	500	1600	2650	5300	9200	13,200
4d Cpe	500	1600	2700	5400	9500	13,500
Advanced, 6-cyl.						
4d Spt Tr	1000	3100	5200	10,400	18,200	26,000
4d Tr	950	3000	5000	10,000	17,500	25,000
2d RS Rds	1000	3250	5400	10,800	18,900	27,000
2d Cpe	500	1550	2600	5200	9100	13,000
2d Vic	500	1600	2700	5400	9500	13,500
2d Sed	400	1350	2250	4500	7900	11,300
4d Sed	450	1400	2300	4600	8100	11,600
4d Cpe	450	1450	2400	4800	8400	12,000
4d 7P Sed	450	1350	2300	4600	8000	11,400
1929						
Standard, 6-cyl.						
4d Sed	400	1200	2050	4100	7100	10,200
4d Tr	850	2750	4600	9200	16,100	23,000
2d Cabr	650	2050	3400	6800	11,900	17,000
2d Sed	400	1200	2050	4100	7100	10,200
2P Cpe	400	1200	2000	4000	7100	10,100
4P Cpe	400	1250	2100	4200	7300	10,400
4d Lan Sed	400	1250	2050	4100	7200	10,300
Special, 6-cyl.						
2d Sed	400	1300	2200	4400	7700	11,000
2d 2P Cpe	450	1400	2300	4600	8100	11,500
2d 4P Cpe	450	1450	2400	4800	8400	12,000
2d Rds	1050	3350	5600	11,200	19,600	28,000
4d Sed	400	1300	2200	4400	7700	11,000
2d Cabr	850	2650	4400	8800	15,400	22,000
2d Vic	450	1350	2300	4600	8000	11,400
Advanced, 6-cyl.						
2d Cpe	450	1450	2400	4800	8400	12,000
2d Cabr	1000	3100	5200	10,400	18,200	26,000
2d Sed	450	1350	2300	4600	8000	11,400
4d 7P Sed	450	1400	2300	4600	8100	11,500
4d Amb Sed	450	1400	2350	4700	8300	11,800
4d Sed	450	1400	2300	4600	8100	11,500
1930						
Single, 6-cyl.						
2d Rds	800	2500	4200	8400	14,700	21,000
4d Tr	750	2400	4000	8000	14,000	20,000
2P Cpe	450	1400	2300	4600	8100	11,500
2d Sed	400	1300	2200	4400	7700	11,000
4P Cpe	450	1500	2500	5000	8700	12,400
2d Cabr	750	2400	4000	8000	14,000	20,000
4d Sed	400	1350	2200	4400	7800	11,100
4d DeL Sed	400	1350	2250	4500	7900	11,300
4d Lan'let	450	1450	2400	4800	8400	12,000
Twin-Ign, 6-cyl.						
2d Rds	1150	3700	6200	12,400	21,700	31,000
4d 7P Tr	1150	3600	6000	12,000	21,000	30,000
4d 5P Tr	1100	3500	5800	11,600	20,300	29,000
2d 2P Cpe	450	1450	2400	4800	8400	12,000
2d 4P Cpe	450	1450	2450	4900	8500	12,200
2d Sed	400	1300	2200	4400	7700	11,000
2d Cabr	850	2650	4400	8800	15,400	22,000
2d Vic	550	1800	3000	6000	10,500	15,000
4d Sed	450	1500	2500	5000	8700	12,400
4d 7P Sed	500	1500	2550	5100	8900	12,700
Twin-Ign, 8-cyl.						
2d Sed	550	1750	2900	5800	10,100	14,400
2d 2P Cpe	650	2100	3500	7000	12,300	17,500
2d 4P Cpe	700	2150	3600	7200	12,600	18,000
2d Vic	750	2400	4000	8000	14,000	20,000
2d Cabr	1500	4800	8000	16,000	28,000	40,000
4d Sed	550	1750	2900	5800	10,200	14,500
4d Amb Sed	600	1850	3100	6200	10,900	15,500
4d 7P Sed	550	1800	3000	6000	10,500	15,000

	6	5	4	3	2	1
4d 7P Limo	600	1900	3200	6400	11,200	16,000

1931
Series 660, 6-cyl.
	6	5	4	3	2	1
4d 5P Tr	950	3000	5000	10,000	17,500	25,000
2d 2P Cpe	450	1500	2500	5000	8800	12,500
2d 4P Cpe	500	1500	2550	5100	8900	12,700
2d Sed	450	1450	2400	4800	8400	12,000
4d Sed	450	1450	2400	4800	8400	12,000

Series 870, 8-cyl.
	6	5	4	3	2	1
2d 2P Cpe	550	1800	3000	6000	10,500	15,000
2d 4P Cpe	550	1800	3050	6100	10,600	15,200
4d Conv Sed	1900	6000	10,000	20,000	35,000	50,000
2d Sed	550	1700	2850	5700	9900	14,200
4d Spl Sed	550	1750	2900	5800	10,100	14,400

Series 880 - Twin-Ign, 8-cyl.
	6	5	4	3	2	1
2d 2P Cpe	650	2050	3400	6800	11,900	17,000
2d 4P Cpe	650	2100	3500	7000	12,300	17,500
4d Conv Sed	2000	6350	10,600	21,200	37,100	53,000
2d Sed	550	1800	3000	6000	10,500	15,000
4d Twn Sed	600	1850	3100	6200	10,900	15,500

Series 890 - Twin-Ign, 8-cyl.
	6	5	4	3	2	1
4d 7P Tr	1700	5400	9000	18,000	31,500	45,000
2d 2P Cpe	850	2750	4600	9200	16,100	23,000
2d 4P Cpe	900	2900	4800	9600	16,800	24,000
2d Cabr	1900	6000	10,000	20,000	35,000	50,000
2d Vic	750	2400	4000	8000	14,000	20,000
2d Sed	700	2150	3600	7200	12,600	18,000
4d Amb Sed	700	2300	3800	7600	13,300	19,000
4d 7P Sed	750	2400	4000	8000	14,000	20,000
4d 7P Limo	850	2650	4400	8800	15,400	22,000

1932
Series 960, 6-cyl.
	6	5	4	3	2	1
4d 5P Tr	1150	3700	6200	12,400	21,700	31,000
2d 2P Cpe	500	1550	2600	5200	9100	13,000
2d 4P Cpe	500	1600	2700	5400	9500	13,500
2d Sed	400	1200	2000	4000	7000	10,000
4d Sed	400	1200	2050	4100	7100	10,200

Series 970, 8-cyl., 116.5" wb
	6	5	4	3	2	1
2d 2P Cpe	600	1900	3200	6400	11,200	16,000
2d 4P Cpe	600	2000	3300	6600	11,600	16,500
4d Conv Sed	2050	6500	10,800	21,600	37,800	54,000
2d Sed	500	1600	2700	5400	9500	13,500
4d Spl Sed	500	1650	2750	5500	9600	13,700

Series 980 - Twin-Ign, 8-cyl., 121" wb
	6	5	4	3	2	1
2d 2P Cpe	900	2900	4800	9600	16,800	24,000
2d 4P Cpe	950	3000	5000	10,000	17,500	25,000
4d Conv Sed	1950	6250	10,400	20,800	36,400	52,000
4d Sed	800	2500	4200	8400	14,700	21,000
4d Twn Sed	850	2650	4400	8800	15,400	22,000

Series 990 - Twin-Ign, 8-cyl., 124"-133" wb
	6	5	4	3	2	1
4d 7P Tr	1800	5750	9600	19,200	33,600	48,000
2d 2P Cpe	1000	3100	5200	10,400	18,200	26,000
2d 4P Cpe	1000	3250	5400	10,800	18,900	27,000
2d Cabr	1900	6000	10,000	20,000	35,000	50,000
2d Vic	1000	3100	5200	10,400	18,200	26,000
2d Sed	850	2650	4400	8800	15,400	22,000
4d Spl Sed	900	2900	4800	9600	16,800	24,000
4d Amb Sed	950	3000	5000	10,000	17,500	25,000
4d 7P Sed	900	2900	4800	9600	16,800	24,000
4d Limo	1100	3500	5800	11,600	20,300	29,000

1933
Standard Series
	6	5	4	3	2	1
2d Rds	900	2900	4800	9600	16,800	24,000
2d 2P Cpe	450	1400	2300	4600	8100	11,500
2d 4P Cpe	400	1300	2200	4400	7700	11,000
4d Sed	400	1200	2000	4000	7000	10,000
4d Twn Sed	400	1250	2100	4200	7400	10,500

Special Series, 8-cyl.
	6	5	4	3	2	1
2d Rds	1050	3350	5600	11,200	19,600	28,000
2d 2P Cpe	500	1600	2700	5400	9500	13,500
2d 4P Cpe	550	1700	2800	5600	9800	14,000
4d Sed	500	1550	2600	5200	9100	13,000
4d Conv Sed	1700	5400	9000	18,000	31,500	45,000
4d Twn Sed	500	1600	2700	5400	9500	13,500

Advanced Series, 8-cyl.
	6	5	4	3	2	1
2d Cabr	1300	4200	7000	14,000	24,500	35,000

	6	5	4	3	2	1
2d 2P Cpe	550	1700	2800	5600	9800	14,000
2d 4P Cpe	550	1750	2900	5800	10,200	14,500
4d Sed	450	1450	2450	4900	8500	12,200
4d Conv Sed	1950	6250	10,400	20,800	36,400	52,000
2d Vic	550	1800	3000	6000	10,500	15,000
Ambassador Series, 8-cyl.						
2d Cabr	1700	5400	9000	18,000	31,500	45,000
2d Cpe	600	1900	3200	6400	11,200	16,000
4d Sed	550	1800	3000	6000	10,500	15,000
4d Conv Sed	2050	6600	11,000	22,000	38,500	55,000
2d Vic	1000	3250	5400	10,800	18,900	27,000
4d 142" Brgm	900	2900	4800	9600	16,800	24,000
4d 142" Sed	850	2650	4400	8800	15,400	22,000
4d 142" Limo	1050	3350	5600	11,200	19,600	28,000
1934						
Big Six, 6-cyl.						
2d Bus Cpe	450	1500	2500	5000	8800	12,500
2d Cpe	500	1550	2600	5200	9100	13,000
4d Brgm	450	1400	2300	4600	8100	11,500
2d Sed	400	1300	2200	4400	7700	11,000
4d Twn Sed	450	1400	2300	4600	8100	11,500
4d Tr Sed	450	1350	2300	4600	8000	11,400
Advanced, 8-cyl.						
2d Bus Cpe	500	1550	2600	5200	9100	13,000
2d Cpe	500	1600	2700	5400	9500	13,500
4d Brgm	500	1550	2600	5200	9100	13,000
2d Sed	500	1600	2700	5400	9500	13,500
4d Twn Sed	500	1600	2700	5400	9500	13,500
4d Tr Sed	500	1550	2600	5200	9100	13,000
Ambassador, 8-cyl.						
4d Brgm	500	1600	2700	5400	9500	13,500
2d Sed	500	1550	2600	5200	9100	13,000
4d Tr Sed	500	1600	2650	5300	9200	13,200
4d 7P Sed	550	1700	2800	5600	9800	14,000
4d Limo	600	1900	3200	6400	11,200	16,000
Lafayette, 6-cyl.						
2d Sed	400	1200	2000	4000	7000	10,000
4d Twn Sed	400	1200	2000	4000	7100	10,100
4d Brgm	400	1250	2050	4100	7200	10,300
2d Spl Cpe	450	1400	2300	4600	8100	11,500
2d Spl 4P Cpe	450	1450	2400	4800	8400	12,000
4d Spl Tr Sed	400	1250	2100	4200	7400	10,500
4d Spl Sed	400	1300	2150	4300	7500	10,700
4d Brgm	400	1300	2200	4400	7700	11,000
1935						
Lafayette, 6-cyl.						
2d Bus Cpe	400	1250	2100	4200	7400	10,500
2d Sed	450	1160	1950	3900	6800	9700
4d Brgm	400	1200	2000	4000	7000	10,000
4d Tr Sed	450	1170	1975	3900	6850	9800
4d Twn Sed	450	1190	2000	3950	6900	9900
2d Spl Cpe	450	1400	2300	4600	8100	11,500
4d Spl 6W Sed	400	1250	2100	4200	7400	10,500
4d 6W Brgm	400	1250	2100	4200	7400	10,600
Advanced, 6-cyl.						
2d Vic	400	1300	2200	4400	7700	11,000
4d 6W Sed	400	1200	2000	4000	7000	10,000
Advanced, 8-cyl.						
2d Vic	500	1600	2650	5300	9200	13,200
4d 6W Sed	450	1450	2450	4900	8500	12,200
Ambassador, 8-cyl.						
2d Vic	500	1600	2700	5400	9500	13,500
4d 6W Sed	450	1500	2500	5000	8800	12,500
1936						
Lafayette, 6-cyl.						
2d Bus Cpe	400	1250	2100	4200	7400	10,500
2d Cpe	400	1300	2150	4300	7500	10,700
2d Cabr	700	2300	3800	7600	13,300	19,000
4d Sed	450	1140	1900	3800	6650	9500
2d Vic	400	1200	2000	4000	7000	10,000
4d Tr Sed	450	1150	1900	3850	6700	9600
400 Series, 6-cyl.						
2d Bus Cpe	400	1300	2150	4300	7500	10,700
2d Cpe	400	1300	2200	4400	7700	11,000
2d Vic	400	1250	2100	4200	7400	10,500
4d Tr Vic	400	1300	2200	4400	7700	11,000

	6	5	4	3	2	1
4d Sed	450	1150	1900	3850	6700	9600
4d Tr Sed	450	1160	1950	3900	6800	9700
2d Spl Bus Cpe	400	1300	2200	4400	7700	11,000
2d Spl Cpe	450	1400	2300	4600	8100	11,500
2d Spl Spt Cabr	850	2750	4600	9200	16,100	23,000
2d Spl Vic	400	1250	2100	4200	7400	10,500
2d Spl Tr Vic	400	1300	2200	4400	7700	11,000
4d Spl Sed	450	1150	1900	3850	6700	9600
4d Spl Tr Sed	450	1160	1950	3900	6800	9700
Ambassador Series, 6-cyl.						
2d Vic	450	1450	2400	4800	8400	12,000
4d Tr Sed	400	1300	2200	4400	7700	11,000
Ambassador Series, 8-cyl.						
4d Tr Sed	450	1450	2400	4800	8400	12,000
1937						
Lafayette 400, 6-cyl.						
2d Bus Cpe	450	1400	2300	4600	8100	11,500
2d Cpe	450	1450	2400	4800	8400	12,000
2d A-P Cpe	450	1450	2400	4800	8400	12,000
2d Cabr	700	2300	3800	7600	13,300	19,000
2d Vic Sed	400	1200	2000	4000	7000	10,000
4d Tr Sed	400	1200	2000	4000	7100	10,100
Ambassador, 6-cyl.						
2d Bus Cpe	450	1450	2400	4800	8400	12,000
2d Cpe	450	1500	2500	5000	8800	12,500
2d A-P Cpe	500	1500	2550	5100	8900	12,700
2d Cabr	750	2400	4000	8000	14,000	20,000
2d Vic Sed	400	1300	2200	4400	7700	11,000
4d Tr Sed	400	1350	2200	4400	7800	11,100
Ambassador, 8-cyl.						
2d Bus Cpe	500	1600	2700	5400	9500	13,500
2d Cpe	550	1700	2800	5600	9800	14,000
2d A-P Cpe	550	1750	2900	5800	10,100	14,400
2d Cabr	850	2650	4400	8800	15,400	22,000
2d Vic Sed	450	1500	2500	5000	8800	12,500
4d Tr Sed	450	1500	2500	5000	8800	12,600
1938						
Lafayette						
Master, 6-cyl.						
2d Bus Cpe	400	1250	2100	4200	7400	10,600
2d Vic	400	1250	2100	4200	7300	10,400
4d Tr Sed	450	1140	1900	3800	6650	9500
DeLuxe, 6-cyl.						
2d Bus Cpe	400	1300	2150	4300	7600	10,800
2d A-P Cpe	400	1300	2200	4400	7700	11,000
2d Cabr	650	2050	3400	6800	11,900	17,000
2d Vic	400	1250	2100	4200	7400	10,500
4d Tr Sed	450	1150	1900	3850	6700	9600
Ambassador, 6-cyl.						
2d Bus Cpe	400	1250	2100	4200	7400	10,500
2d A-P Cpe	400	1300	2200	4400	7700	11,000
2d Cabr	700	2150	3600	7200	12,600	18,000
2d Vic	400	1200	2000	4000	7000	10,000
4d Tr Sed	450	1090	1800	3650	6400	9100
Ambassador, 8-cyl.						
2d Bus Cpe	400	1300	2200	4400	7700	11,000
2d A-P Cpe	450	1400	2300	4600	8100	11,500
2d Cabr	750	2400	4000	8000	14,000	20,000
2d Vic	400	1350	2200	4400	7800	11,100
4d Tr Sed	400	1300	2200	4400	7700	11,000
1939						
Lafayette, 6-cyl.						
(Add 10 percent for DeLuxe)						
2d Bus Cpe	400	1250	2100	4200	7400	10,500
2d Sed	400	1200	2000	4000	7000	10,000
4d Sed	450	1090	1800	3650	6400	9100
4d Tr Sed	950	1100	1850	3700	6450	9200
2d A-P Cpe	450	1400	2300	4600	8100	11,500
2d A-P Cabr	800	2500	4200	8400	14,700	21,000
Ambassador, 6-cyl.						
2d Bus Cpe	450	1400	2300	4600	8100	11,600
2d A-P Cpe	450	1450	2400	4800	8400	12,000
2d A-P Cabr	850	2750	4600	9200	16,100	23,000
2d Sed	450	1160	1950	3900	6800	9700
4d Sed	450	1170	1975	3900	6850	9800

	6	5	4	3	2	1
4d Tr Sed	400	1200	2000	4000	7000	10,000
Ambassador, 8-cyl.						
2d Bus Cpe	500	1600	2700	5400	9500	13,500
2d A-P Cpe	500	1650	2700	5400	9500	13,600
2d A-P Cabr	1100	3500	5800	11,600	20,300	29,000
2d Sed	450	1400	2300	4600	8100	11,500
4d Sed	450	1400	2300	4600	8100	11,600
4d Tr Sed	450	1400	2350	4700	8200	11,700

1940 Nash Ambassador coupe

1940

DeLuxe Lafayette, 6-cyl.

2d Bus Cpe	450	1400	2300	4600	8100	11,500
2d A-P Cpe	450	1400	2300	4600	8100	11,600
2d A-P Cabr	1000	3100	5200	10,400	18,200	26,000
2d FBk	400	1200	2050	4100	7100	10,200
4d FBk	400	1250	2050	4100	7200	10,300
4d Trk Sed	400	1250	2100	4200	7300	10,400
Ambassador, 6-cyl.						
2d Bus Cpe	450	1500	2500	5000	8800	12,600
2d A-P Cpe	500	1550	2600	5200	9100	13,000
2d A-P Cabr	1200	3850	6400	12,800	22,400	32,000
2d FBk	450	1400	2300	4600	8100	11,600
4d FBk	450	1400	2350	4700	8200	11,700
4d Trk Sed	450	1400	2350	4700	8300	11,800
Ambassador, 8-cyl.						
2d Bus Cpe	550	1750	2900	5800	10,200	14,500
2d A-P Cpe	550	1750	2900	5800	10,200	14,600
2d A-P Cabr	1300	4200	7000	14,000	24,500	35,000
2d FBk	500	1550	2600	5200	9100	13,000
4d FBk	500	1550	2600	5200	9200	13,100
4d Trk Sed	500	1600	2650	5300	9200	13,200

1941

Ambassador 600, 6-cyl.

2d Bus Cpe	450	1450	2400	4800	8400	12,000
2d FBk	400	1250	2100	4200	7400	10,600
4d FBk	400	1300	2150	4300	7500	10,700
2d DeL Bus Cpe	450	1500	2500	5000	8800	12,600
4d DeL Brgm	450	1400	2300	4600	8100	11,500
2d DeL FBk	400	1300	2200	4400	7700	11,000
4d DeL FBk	400	1350	2200	4400	7800	11,100
4d Tr Sed	400	1350	2250	4500	7800	11,200
Ambassador, 6-cyl.						
2d Bus Cpe	500	1650	2700	5400	9500	13,600
2d Spl Bus Cpe	500	1650	2750	5500	9600	13,700
2d A-P Cabr	1050	3350	5600	11,200	19,600	28,000
2d Brgm	450	1500	2500	5000	8700	12,400

	6	5	4	3	2	1
4d Spl Sed	450	1500	2500	5000	8800	12,500
4d Spl FBk	450	1500	2500	5000	8700	12,400
4d DeL FBk	450	1500	2500	5000	8800	12,500
4d Tr Sed	450	1500	2500	5000	8800	12,600
Ambassador, 8-cyl.						
2d A-P Cabr	1150	3700	6200	12,400	21,700	31,000
2d DeL Brgm	500	1600	2700	5400	9500	13,500
4d Spl FBk	500	1650	2700	5400	9500	13,600
4d DeL FBk	500	1650	2750	5500	9600	13,700
4d Tr Sed	500	1650	2750	5500	9700	13,800
1942						
Ambassador 600, 6-cyl.						
2d Bus Cpe	500	1500	2550	5100	8900	12,700
2d Brgm	450	1400	2300	4600	8100	11,600
2d SS	450	1400	2300	4600	8100	11,500
4d SS	450	1400	2300	4600	8100	11,600
4d Tr Sed	450	1400	2350	4700	8200	11,700
Ambassador, 6-cyl.						
2d Bus Cpe	550	1700	2800	5600	9800	14,000
2d Brgm	500	1550	2550	5100	9000	12,800
2d SS	500	1500	2550	5100	8900	12,700
4d SS	500	1550	2550	5100	9000	12,800
4d Tr Sed	500	1550	2600	5200	9000	12,900
Ambassador, 8-cyl.						
2d Bus Cpe	500	1600	2700	5400	9500	13,500
2d Brgm	500	1550	2600	5200	9100	13,000
2d SS	500	1550	2550	5100	9000	12,800
4d SS	500	1550	2600	5200	9000	12,900
4d Tr Sed	500	1550	2600	5200	9100	13,000
1946						
600, 6-cyl.						
2d Brgm	400	1350	2200	4400	7800	11,100
4d Sed	400	1300	2200	4400	7700	11,000
4d Trk Sed	400	1350	2250	4500	7900	11,300
Ambassador, 6-cyl.						
2d Brgm	450	1500	2500	5000	8800	12,500
4d Sed	450	1500	2500	5000	8800	12,600
4d Trk Sed	500	1500	2550	5100	8900	12,700
4d Sub Sed	900	2900	4800	9600	16,800	24,000
1947						
600, 6-cyl.						
2d Brgm	400	1350	2200	4400	7800	11,100
4d Sed	400	1300	2200	4400	7700	11,000
4d Trk Sed	400	1350	2250	4500	7900	11,300
Ambassador, 6-cyl.						
2d Brgm	450	1500	2500	5000	8800	12,500
4d Sed	450	1500	2500	5000	8800	12,600
4d Trk Sed	500	1500	2550	5100	8900	12,700
4d Sub Sed	900	2900	4800	9600	16,800	24,000
1948						
600, 6-cyl.						
DeL Bus Cpe	500	1550	2550	5100	9000	12,800
4d Sup Sed	400	1250	2100	4200	7400	10,600
4d Sup Trk Sed	400	1300	2150	4300	7500	10,700
2d Sup Brgm	400	1300	2150	4300	7500	10,700
4d Cus Sed	400	1300	2150	4300	7600	10,800
4d Cus Trk Sed	400	1300	2200	4400	7600	10,900
2d Cus Brgm	400	1300	2200	4400	7700	11,000
Ambassador, 6-cyl.						
4d Sed	450	1450	2450	4900	8500	12,200
4d Trk Sed	450	1500	2450	4900	8600	12,300
2d Brgm	450	1500	2450	4900	8600	12,300
4d Sub Sed	950	3000	5000	10,000	17,500	25,000
Custom Ambassador, 6-cyl.						
4d Sed	450	1500	2500	5000	8800	12,500
4d Trk Sed	450	1450	2400	4800	8400	12,000
2d Brgm	450	1500	2500	5000	8800	12,500
2d Cabr	1000	3100	5200	10,400	18,200	26,000
1949						
600 Super, 6-cyl.						
4d Sed	450	1450	2400	4800	8400	12,000
2d Sed	450	1450	2400	4800	8500	12,100
2d Brgm	450	1450	2450	4900	8500	12,200

1949 Nash 600 four-door sedan

	6	5	4	3	2	1
600 Super Special, 6-cyl.						
4d Sed	450	1450	2400	4800	8500	12,100
2d Sed	450	1450	2450	4900	8500	12,200
2d Brgm	450	1500	2450	4900	8600	12,300
600 Custom, 6-cyl.						
4d Sed	450	1500	2450	4900	8600	12,300
2d Sed	450	1500	2500	5000	8700	12,400
2d Brgm	450	1500	2500	5000	8800	12,500
Ambassador Super, 6-cyl.						
4d Sed	500	1550	2600	5200	9200	13,100
2d Sed	500	1600	2650	5300	9200	13,200
2d Brgm	500	1600	2650	5300	9300	13,300
Ambassador Super Special, 6-cyl.						
4d Sed	500	1600	2650	5300	9200	13,200
2d Sed	500	1600	2650	5300	9300	13,300
2d Brgm	500	1600	2700	5400	9400	13,400
Ambassador Custom, 6-cyl.						
4d Sed	500	1600	2700	5400	9400	13,400
2d Sed	500	1600	2700	5400	9500	13,500
2d Brgm	500	1650	2700	5400	9500	13,600
1950						
Rambler Custom, 6-cyl.						
2d Conv Lan	600	1900	3200	6400	11,200	16,000
2d Sta Wag	450	1500	2500	5000	8800	12,500
Nash Super Statesman, 6-cyl.						
2d DeL Cpe	450	1500	2450	4900	8600	12,300
4d Sed	450	1450	2400	4800	8500	12,100
2d Sed	450	1450	2450	4900	8500	12,200
2d Clb Cpe	450	1500	2450	4900	8600	12,300
Nash Custom Statesman, 6-cyl.						
4d Sed	450	1500	2500	5000	8700	12,400
2d Sed	450	1500	2500	5000	8800	12,500
2d Clb Cpe	450	1500	2500	5000	8800	12,600
Ambassador, 6-cyl.						
4d Sed	500	1550	2600	5200	9100	13,000
2d Sed	500	1600	2650	5300	9200	13,200
2d Clb Cpe	500	1600	2650	5300	9300	13,300
Ambassador Custom, 6-cyl.						
4d Sed	500	1600	2700	5400	9400	13,400
2d Sed	500	1600	2700	5400	9500	13,500
2d Clb Cpe	500	1650	2700	5400	9500	13,600
1951						
Rambler, 6-cyl.						
2d Utl Wag	450	1500	2500	5000	8800	12,500
2d Sta Wag	500	1500	2550	5100	8900	12,700
2d Cus Clb Sed	450	1500	2500	5000	8700	12,400
2d Cus Conv	600	1900	3200	6400	11,200	16,000
2d Ctry Clb HT	550	1700	2800	5600	9800	14,000
2d Cus Sta Wag	500	1550	2600	5200	9100	13,000
Nash Statesman, 6-cyl.						
2d DeL Bus Cpe	450	1500	2500	5000	8800	12,500

	6	5	4	3	2	1
4d Sup Sed	450	1500	2450	4900	8600	12,300
2d Sup	450	1450	2450	4900	8500	12,200
2d Sup Cpe	450	1500	2500	5000	8800	12,500
2d Cus Cpe	450	1500	2500	5000	8800	12,600
2d Cus	450	1500	2500	5000	8800	12,500
Ambassador, 6-cyl.						
4d Sup Sed	500	1600	2650	5300	9200	13,200
2d Sup	500	1550	2600	5200	9200	13,100
2d Sup Cpe	500	1600	2650	5300	9300	13,300
4d Cus Sed	500	1600	2700	5400	9400	13,400
2d Cus	500	1600	2650	5300	9200	13,200
2d Cus Cpe	500	1600	2650	5300	9300	13,300
Nash-Healey						
Spt Rds	1200	3850	6400	12,800	22,400	32,000

1953 Nash-Healey roadster

1952-1953
Rambler, 6-cyl.

2d Utl Wag	450	1500	2500	5000	8800	12,500
2d Sta Wag	500	1500	2550	5100	8900	12,700
2d Cus Clb Sed	450	1500	2500	5000	8800	12,500
2d Cus Conv	600	1900	3200	6400	11,200	16,000
2d Cus Ctry Clb HT	550	1700	2800	5600	9800	14,000
2d Cus Sta Wag	500	1550	2600	5200	9100	13,000
Nash Statesman, 6-cyl.						
(Add 10 percent for Custom)						
2d Sed	500	1500	2550	5100	8900	12,700
4d Sed	450	1500	2500	5000	8800	12,600
2d Cus Ctry Clb	550	1800	3000	6000	10,500	15,000
Ambassador, 6-cyl.						
(Add 10 percent for Custom)						
2d Sed	500	1550	2600	5200	9100	13,000
4d Sed	500	1550	2600	5200	9100	13,000
2d Cus Ctry Clb	600	1900	3200	6400	11,200	16,000
Nash-Healey						
2d Cpe	1350	4300	7200	14,400	25,200	36,000
(1953 only)						
2d Spt Rds	1500	4800	8000	16,000	28,000	40,000
1954						
Rambler, 6-cyl.						
2d DeL Clb Sed	450	1500	2500	5000	8800	12,500
2d Sup Clb Sed	450	1500	2500	5000	8800	12,600
2d Sup Ctry Clb HT	500	1600	2700	5400	9500	13,500
2d Sup Suburban Sta Wag	500	1550	2550	5100	9000	12,800
4d Sup Sed (108")	450	1500	2500	5000	8800	12,600
2d Cus Ctry Clb HT	550	1750	2900	5800	10,200	14,500
2d Cus Conv	650	2050	3400	6800	11,900	17,000
2d Cus Sta Wag	500	1600	2700	5400	9500	13,500

	6	5	4	3	2	1
4d Cus Sed (108")	500	1500	2550	5100	8900	12,700
4d Cus Wag (108)	500	1650	2700	5400	9500	13,600
2d Cus Wag (108")	550	1700	2800	5600	9800	14,000
Nash Statesman, 6-cyl.						
4d Sup Sed	450	1450	2400	4800	8400	12,000
2d Sup Sed	450	1450	2400	4800	8500	12,100
4d Cus Sed	450	1450	2450	4900	8500	12,200
2d Cus Ctry Clb HT	600	1900	3200	6400	11,200	16,000

1954 Nash Ambassador Custom four-door sedan

Nash Ambassador, 6-cyl.
(Add 5 percent for LeMans option).

	6	5	4	3	2	1
4d Sup Sed	500	1600	2650	5300	9200	13,200
2d Sup Sed	500	1600	2650	5300	9300	13,300
4d Cus Sed	500	1600	2700	5400	9500	13,500
2d Cus Ctry Clb HT	600	1900	3200	6400	11,200	16,000
Nash-Healey						
2d Cpe	1400	4500	7500	15,000	26,300	37,500

1955
Rambler, 6-cyl.

	6	5	4	3	2	1
2d DeL Clb Sed	450	1500	2500	5000	8800	12,500
2d DeL Bus Sed	450	1500	2500	5000	8700	12,400
4d DeL Sed (108")	450	1500	2500	5000	8800	12,600
2d Sup Clb Sed	450	1500	2500	5000	8800	12,600
2d Sup Sta Wag	450	1500	2500	5000	8700	12,400
4d Sup Sed (108")	450	1500	2500	5000	8800	12,600
4d Sup Crs Ctry (108")	500	1550	2600	5200	9100	13,000
2d Cus Ctry Clb HT	550	1800	3000	6000	10,500	15,000
4d Cus Sed (108")	500	1500	2550	5100	8900	12,700
4d Cus Crs Ctry (108")	550	1700	2800	5600	9800	14,000
Nash Statesman, 6-cyl.						
4d Sup Sed	450	1500	2500	5000	8800	12,500
4d Cus Sed	450	1500	2500	5000	8800	12,600
2d Cus Ctry Clb	600	1850	3100	6200	10,900	15,500
Nash Ambassador, 6-cyl.						
4d Sup Sed	500	1650	2700	5400	9500	13,600
4d Cus Sed	500	1650	2750	5500	9600	13,700
2d Cus Ctry Clb	650	2050	3400	6800	11,900	17,000
Nash Ambassador, 8-cyl.						
4d Sup Sed	500	1650	2750	5500	9600	13,700
4d Cus Sed	550	1750	2950	5900	10,300	14,700
2d Cus Ctry Clb	650	2050	3400	6800	11,900	17,000

1956
Rambler, 6-cyl.

	6	5	4	3	2	1
4d DeL Sed	400	1350	2250	4500	7800	11,200
4d Sup Sed	400	1350	2250	4500	7900	11,300
4d Sup Crs Ctry	450	1450	2400	4800	8500	12,100
4d Cus Sed	450	1450	2450	4900	8500	12,200
4d Cus HT	500	1550	2600	5200	9100	13,000
4d Cus Crs Ctry	450	1500	2500	5000	8800	12,600
4d HT Wag	500	1550	2600	5200	9100	13,000
Nash Statesman, 6-cyl.						
4d Sup Sed	450	1500	2500	5000	8800	12,500

	6	5	4	3	2	1
Nash Ambassador, 6-cyl.						
4d Sup Sed	500	1550	2600	5200	9100	13,000
Nash Ambassador, 8-cyl.						
4d Sup Sed	500	1600	2650	5300	9200	13,200
4d Cus Sed	500	1600	2700	5400	9500	13,500
2d Cus HT	700	2150	3600	7200	12,600	18,000

1957 Nash Ambassador Country Club V-8 two-door hardtop

1957

	6	5	4	3	2	1
Rambler, 6-cyl.						
4d DeL Sed	400	1250	2050	4100	7200	10,300
4d Sup Sed	400	1250	2100	4200	7400	10,500
4d Sup HT	400	1300	2200	4400	7700	11,000
4d Sup Crs Ctry	400	1350	2250	4500	7800	11,200
4d Cus Sed	400	1250	2100	4200	7300	10,400
4d Cus Crs Ctry	400	1350	2250	4500	7800	11,200
Rambler, 8-cyl.						
4d Sup Sed	400	1250	2100	4200	7400	10,500
4d Sup Crs Ctry Wag	400	1350	2250	4500	7800	11,200
4d Cus Sed	400	1250	2100	4200	7400	10,600
4d Cus HT	400	1350	2250	4500	7900	11,300
4d Cus Crs Ctry Wag	450	1350	2300	4600	8000	11,400
4d Cus HT Crs Ctry	450	1450	2400	4800	8400	12,000
Rebel, 8-cyl.						
4d HT	550	1700	2800	5600	9800	14,000
Nash Ambassador, 8-cyl.						
4d Sup Sed	500	1500	2550	5100	8900	12,700
2d Sup HT	650	2050	3400	6800	11,900	17,000
4d Cus Sed	500	1550	2600	5200	9100	13,000
2d Cus HT	700	2150	3600	7200	12,600	18,000

AMC

1958-1959

	6	5	4	3	2	1
American DeLuxe, 6-cyl.						
2d Sed	350	860	1450	2900	5050	7200
2d Sta Wag (1959 only)	350	870	1450	2900	5100	7300

1959 Rambler Rebel Custom four-door sedan

	6	5	4	3	2	1
American Super, 6-cyl.						
2d Sed	350	870	1450	2900	5100	7300
2d Sta Wag (1959 only)	350	880	1500	2950	5180	7400
Rambler DeLuxe, 6-cyl.						
4d Sed	350	860	1450	2900	5050	7200
4d Sta Wag	350	870	1450	2900	5100	7300
Rambler Super, 6-cyl.						
4d Sed	350	870	1450	2900	5100	7300
4d HT	350	900	1500	3000	5250	7500
4d Sta Wag	350	880	1500	2950	5180	7400
Rambler Custom, 6-cyl.						
4d Sed	350	950	1550	3100	5400	7700
4d HT	350	975	1600	3200	5500	7900
4d Sta Wag	350	900	1500	3000	5250	7500
Rebel Super V-8						
4d Sed DeL (1958 only)	350	950	1550	3100	5400	7700
4d Sed	350	950	1550	3150	5450	7800
4d Sta Wag	350	975	1600	3200	5500	7900
Rebel Custom, V-8						
4d Sed	350	975	1600	3200	5500	7900
4d HT	350	975	1600	3200	5600	8000
4d Sta Wag	350	975	1600	3200	5600	8000
Ambassador Super, V-8						
4d Sed	350	1040	1750	3500	6100	8700
4d Sta Wag	450	1050	1750	3550	6150	8800
Ambassador Custom, V-8						
4d Sed	450	1050	1750	3550	6150	8800
4d Ht	450	1050	1800	3600	6200	8900
4d Sta Wag	450	1050	1800	3600	6200	8900
4d HT Sta Wag	450	1090	1800	3650	6400	9100

1960 Rambler American station wagon

1960

	6	5	4	3	2	1
American DeLuxe, 6-cyl.						
2d Sed	350	975	1600	3250	5700	8100
4d Sed	350	975	1600	3200	5600	8000
2d Sta Wag	350	1000	1650	3300	5750	8200
American Super, 6-cyl.						
2d Sed	350	1000	1650	3300	5750	8200
4d Sed	350	975	1600	3250	5700	8100
2d Sta Wag	350	1000	1650	3350	5800	8300
American Custom, 6-cyl.						
2d Sed	350	1000	1650	3350	5800	8300
4d Sed	350	1000	1650	3300	5750	8200
2d Sta Wag	350	1020	1700	3400	5900	8400
Rambler DeLuxe, 6-cyl.						
4d Sed	350	975	1600	3250	5700	8100
4d Sta Wag	350	1000	1650	3300	5750	8200
Rambler Super, 6-cyl.						
4d Sed	350	1000	1650	3300	5750	8200
4d 6P Sta Wag	350	1000	1650	3350	5800	8300
4d 8P Sta Wag	350	1020	1700	3400	5900	8400

	6	5	4	3	2	1
Rambler Custom, 6-cyl.						
4d Sed	350	1000	1650	3350	5800	8300
4d HT	350	1020	1700	3400	5900	8400
4d 6P Sta Wag	350	1020	1700	3400	5900	8400
4d 8P Sta Wag	350	1020	1700	3400	5950	8500
Rebel Super, V-8						
Sed	350	1020	1700	3400	5900	8400
4d 6P Sta Wag	350	1020	1700	3400	5950	8500
4d 8P Sta Wag	350	1040	1700	3450	6000	8600
Rebel Custom, V-8						
4d Sed	350	1020	1700	3400	5950	8500
4d HT	350	1040	1700	3450	6000	8600
4d 6P Sta Wag	350	1040	1700	3450	6000	8600
4d 8P Sta Wag	350	1040	1750	3500	6100	8700
Ambassador Super, V-8						
4d Sed	350	1040	1700	3450	6000	8600
4d 6P Sta Wag	350	1040	1750	3500	6100	8700
4d 8P Sta Wag	450	1050	1750	3550	6150	8800
Ambassador Custom, V-8						
4d Sed	350	1040	1750	3500	6100	8700
4d HT	450	1050	1800	3600	6200	8900
6P Sta Wag	450	1050	1750	3550	6150	8800
4d HT Sta Wag	450	1080	1800	3600	6300	9000
4d 8P Sta Wag	450	1050	1800	3600	6200	8900
1961						
American						
4d DeL Sed	350	840	1400	2800	4900	7000
2d DeL Sed	350	850	1450	2850	4970	7100
4d DeL Sta Wag	350	860	1450	2900	5050	7200
2d DeL Sta Wag	350	850	1450	2850	4970	7100
4d Sup Sed	350	850	1450	2850	4970	7100
2d Sup Sed	350	860	1450	2900	5050	7200
4d Sup Sta Wag	350	870	1450	2900	5100	7300
2d Sup Sta Wag	350	850	1450	2850	4970	7100
4d Cus Sed	350	850	1450	2850	4970	7100
2d Cus Sed	350	860	1450	2900	5050	7200
2d Cus Conv	450	1080	1800	3600	6300	9000
4d Cus Sta Wag	350	860	1450	2900	5050	7200
2d Cus Sta Wag	350	870	1450	2900	5100	7300
4d 400 Sed	350	860	1450	2900	5050	7200
2d 400 Conv	950	1100	1850	3700	6450	9200
Rambler Classic						
4d DeL Sed	350	840	1400	2800	4900	7000
4d DeL Sta Wag	350	850	1450	2850	4970	7100
4d Sup Sed	350	850	1450	2850	4970	7100
4d Sup Sta Wag	350	860	1450	2900	5050	7200
4d Cus Sed	350	860	1450	2900	5050	7200
4d Cus Sta Wag	350	870	1450	2900	5100	7300
4d 400 Sed	350	870	1450	2900	5100	7300
NOTE: Add 5 percent for V-8.						
Ambassador						
4d DeL Sed	350	850	1450	2850	4970	7100
4d Sup Sed	350	860	1450	2900	5050	7200
5d Sup Sta Wag	350	870	1450	2900	5100	7300
4d Sup Sta Wag	350	860	1450	2900	5050	7200
4d Cus Sed	350	870	1450	2900	5100	7300
5d Cus Sta Wag	350	900	1500	3000	5250	7500
4d Cus Sta Wag	350	880	1500	2950	5180	7400
4d 400 Sed	350	880	1500	2950	5180	7400
1962						
American						
4d DeL Sed	200	720	1200	2400	4200	6000
2d DeL Sed	200	730	1250	2450	4270	6100
4d DeL Sta Wag	200	730	1250	2450	4270	6100
2d DeL Sta Wag	200	720	1200	2400	4200	6000
4d Cus Sed	200	730	1250	2450	4270	6100
2d Cus Sed	200	730	1250	2450	4270	6100
4d Cus Sta Wag	200	745	1250	2500	4340	6200
2d Cus Sta Wag	200	730	1250	2450	4270	6100
4d 400	200	730	1250	2450	4270	6100
2d 400	200	745	1250	2500	4340	6200
2d 400 Conv	950	1100	1850	3700	6450	9200
4d 400 Sta Wag	350	780	1300	2600	4550	6500
Classic						
4d DeL Sed	200	720	1200	2400	4200	6000
2d DeL	200	730	1250	2450	4270	6100

	6	5	4	3	2	1
4d DeL Sta Wag	200	745	1250	2500	4340	6200
4d Cus Sed	200	750	1275	2500	4400	6300
2d Cus	350	770	1300	2550	4480	6400
4d Cus Sta Wag	200	750	1275	2500	4400	6300
5d Cus Sta Wag	350	770	1300	2550	4480	6400
4d 400 Sed	350	770	1300	2550	4480	6400
2d 400	350	780	1300	2600	4550	6500
4d 400 Sta Wag	350	790	1350	2650	4620	6600

NOTE: Add 5 percent for V-8.

Ambassador

	6	5	4	3	2	1
4d Cus Sed	200	745	1250	2500	4340	6200
2d Cus Sed	200	750	1275	2500	4400	6300
4d Cus Sta Wag	350	800	1350	2700	4700	6700
4d 400 Sed	350	780	1300	2600	4550	6500
2d 400 Sed	350	790	1350	2650	4620	6600
4d 400 Sta Wag	350	800	1350	2700	4700	6700
5d 400 Sta Wag	350	820	1400	2700	4760	6800

1963

American

	6	5	4	3	2	1
4d 220 Sed	200	670	1150	2250	3920	5600
2d 220 Sed	200	685	1150	2300	3990	5700
4d 220 Bus Sed	200	660	1100	2200	3850	5500
4d 220 Sta Wag	200	685	1150	2300	3990	5700
2 dr 220 Sta Wag	200	670	1150	2250	3920	5600
4d 330 Sed	200	685	1150	2300	3990	5700
2d 330 Sed	200	670	1150	2250	3920	5600
4d 330 Sta Wag	200	700	1200	2350	4130	5900
2d 330 Sta Wag	200	720	1200	2400	4200	6000
4d 440 Sed	200	700	1200	2350	4130	5900
2d 440 Sed	200	720	1200	2400	4200	6000
2d 440 HT	200	750	1275	2500	4400	6300
2d 440-H HT	350	840	1400	2800	4900	7000
2d 440 Conv	350	1020	1700	3400	5950	8500
4d 440 Sta Wag	200	730	1250	2450	4270	6100

Classic

	6	5	4	3	2	1
4d 550 Sed	200	660	1100	2200	3850	5500
2d 550 Sed	200	670	1150	2250	3920	5600
4d 550 Sta Wag	200	660	1100	2200	3850	5500
4d 660 Sed	200	660	1100	2200	3850	5500
2d 660 Sed	200	670	1150	2250	3920	5600
4d 660 Sta Wag	200	685	1150	2300	3990	5700
4d 770 Sed	200	700	1200	2350	4130	5900
2d 770 Sed	200	670	1200	2300	4060	5800
4d 770 Sta Wag	200	730	1250	2450	4270	6100

NOTE: Add 5 percent for V-8 models.

Ambassador

	6	5	4	3	2	1
4d 800 Sed	200	670	1200	2300	4060	5800
2d 800 Sed	200	700	1200	2350	4130	5900
4d 880 Sta Wag	200	720	1200	2400	4200	6000
4d 880 Sed	200	700	1200	2350	4130	5900
2d 880 Sed	200	720	1200	2400	4200	6000
4d 880 Sta Wag	200	730	1250	2450	4270	6100
4d 990 Sed	200	720	1200	2400	4200	6000
2d 990 Sed	200	730	1250	2450	4270	6100
5d 990 Sta Wag	200	750	1275	2500	4400	6300
4d 990 Sta Wag	200	745	1250	2500	4340	6200

1964

American

	6	5	4	3	2	1
4d 220 Sed	200	670	1150	2250	3920	5600
2d 220	200	685	1150	2300	3990	5700
4d 220 Sta Wag	200	670	1200	2300	4060	5800
4d 330 Sed	200	670	1200	2300	4060	5800
2d 330	200	700	1200	2350	4130	5900
4d 330 Sta Wag	200	700	1200	2350	4130	5900
4d 440 Sed	200	670	1200	2300	4060	5800
2d 440 HT	200	750	1275	2500	4400	6300
2d 440-H HT	350	840	1400	2800	4900	7000
2d Conv	350	1020	1700	3400	5950	8500

Classic

	6	5	4	3	2	1
4d 550 Sed	200	660	1100	2200	3850	5500
2d 550	200	670	1150	2250	3920	5600
4d 550 Sta Wag	200	685	1150	2300	3990	5700
4d 660 Sed	200	670	1150	2250	3920	5600
2d 660	200	685	1150	2300	3990	5700
4d 660 Sta Wag	200	670	1200	2300	4060	5800
4d 770 Sed	200	685	1150	2300	3990	5700

	6	5	4	3	2	1
2d 770	200	670	1200	2300	4060	5800
2d 770 Ht	350	870	1450	2900	5100	7300
2d 770 Typhoon HT	350	1020	1700	3400	5950	8500
4d 770 Sta Wag	200	670	1200	2300	4060	5800

NOTE: Add 5 percent for V-8 models.

Ambassador

	6	5	4	3	2	1
4d Sed	200	750	1275	2500	4400	6300
2d HT	350	820	1400	2700	4760	6800
4d 990H	350	840	1400	2800	4900	7000
4d Sta Wag	200	720	1200	2400	4200	6000

1965
American

	6	5	4	3	2	1
4d 220 Sed	200	685	1150	2300	3990	5700
2d 220	200	670	1200	2300	4060	5800
4d 220 Sta Wag	200	670	1200	2300	4060	5800
4d 330 Sed	200	670	1200	2300	4060	5800
2 dr 330	200	720	1200	2400	4200	6000
4d 330 Sta Wag	200	730	1250	2450	4270	6100
4d 440 Sed	200	720	1200	2400	4200	6000
2d 440 HT	350	840	1400	2800	4900	7000
2d 440-H HT	350	860	1450	2900	5050	7200
2d Conv	350	1040	1700	3450	6000	8600

Classic

	6	5	4	3	2	1
4d 550 Sed	200	670	1150	2250	3920	5600
2d 550	200	685	1150	2300	3990	5700
4d 550 Sta Wag	200	685	1150	2300	3990	5700
4d 660 Sed	200	700	1200	2350	4130	5900
2d 660	200	720	1200	2400	4200	6000
4d 660 Sta Wag	200	730	1250	2450	4270	6100
4d 770 Sed	200	700	1200	2350	4130	5900
2d 770 HT	200	745	1250	2500	4340	6200
2d 770-H HT	350	870	1450	2900	5100	7300
2d 770 Conv	350	1040	1750	3500	6100	8700
4d 770 Sta Wag	200	720	1200	2400	4200	6000

NOTE: Add 5 percent for V-8 models.

Marlin

	6	5	4	3	2	1
2d FBk	350	900	1500	3000	5250	7500

Ambassador

	6	5	4	3	2	1
4d 880 Sed	200	720	1200	2400	4200	6000
2d 880	200	730	1250	2450	4270	6100
4d 880 Sta Wag	200	745	1250	2500	4340	6200
4d 990 Sed	200	730	1250	2450	4270	6100
2d 990 HT	200	750	1275	2500	4400	6300
2d 990-H HT	350	880	1500	2950	5180	7400
2d Conv	450	1050	1800	3600	6200	8900
4d Sta Wag	200	745	1250	2500	4340	6200

Marlin, V-8

	6	5	4	3	2	1
2d FBk	350	860	1450	2900	5050	7200

1966
American

	6	5	4	3	2	1
4d 220 Sed	200	660	1100	2200	3850	5500
2d 220 Sed	200	670	1150	2250	3920	5600
4d 220 Wag	200	685	1150	2300	3990	5700
4d 440 Sed	200	670	1200	2300	4060	5800
2d 440 Sed	200	700	1200	2350	4130	5900
2d 440 Conv	200	670	1200	2300	4060	5800
4d 440 Wag	200	685	1150	2300	3990	5700
2d 440 HT	350	780	1300	2600	4550	6500
2d Rogue HT	350	900	1500	3000	5250	7500

Classic

	6	5	4	3	2	1
4d 550 Sed	200	670	1150	2250	3920	5600
2d 550 Sed	200	670	1150	2250	3920	5600
4d 550 Sta Wag	200	685	1150	2300	3990	5700
4d 770 Sed	200	670	1200	2300	4060	5800
2d 770 HT	200	745	1250	2500	4340	6200
2d 770 Conv	350	900	1500	3000	5250	7500
4d 770 Sta Wag	200	685	1150	2300	3990	5700

Rebel

	6	5	4	3	2	1
2d HT	350	900	1500	3000	5250	7500

Marlin

	6	5	4	3	2	1
2d FBk Cpe	350	900	1500	3000	5250	7500

Ambassador

	6	5	4	3	2	1
4d 880 Sed	200	700	1200	2350	4130	5900
2d 880 Sed	200	720	1200	2400	4200	6000
4d 880 Sta Wag	200	745	1250	2500	4340	6200
4d 990 Sed	200	730	1250	2450	4270	6100

	6	5	4	3	2	1
2d 990 HT	350	840	1400	2800	4900	7000
2d 990 Conv	450	1080	1800	3600	6300	9000
4d 990 Sta Wag	200	700	1200	2350	4130	5900
DPL (Diplomat)						
2d DPL HT	350	950	1550	3150	5450	7800
1967						
American 220						
4d Sed	200	660	1100	2200	3850	5500
2d Sed	200	660	1100	2200	3850	5500
4d Sta Wag	200	670	1150	2250	3920	5600
American 440						
4d Sed	200	670	1150	2250	3920	5600
2d Sed	200	670	1150	2250	3920	5600
2d HT	200	720	1200	2400	4200	6000
4d Sta Wag	200	685	1150	2300	3990	5700
American Rogue						
2d HT	350	950	1500	3050	5300	7600
2d Conv	350	1020	1700	3400	5950	8500
Rebel 550						
4d Sed	200	660	1100	2200	3850	5500
2d Sed	200	660	1100	2200	3850	5500
4d Sta Wag	200	670	1150	2250	3920	5600
Rebel 770						
4d Sed	200	670	1150	2250	3920	5600
2d HT	200	720	1200	2400	4200	6000
4d Sta Wag	200	670	1150	2250	3920	5600
Rebel SST						
2d HT	200	745	1250	2500	4340	6200
2d Conv	350	1020	1700	3400	5950	8500
Rambler Marlin						
2d FBk Cpe	350	900	1500	3000	5250	7500
Ambassador 880						
4d Sed	200	685	1150	2300	3990	5700
2d Sed	200	685	1150	2300	3990	5700
4d Sta Wag	200	670	1200	2300	4060	5800
Ambassador 990						
4d Sed	200	720	1200	2400	4200	6000
2d HT	350	820	1400	2700	4760	6800
4d Sta Wag	200	730	1250	2450	4270	6100
Ambassador DPL						
2d HT	350	900	1500	3000	5250	7500
2d Conv	450	1080	1800	3600	6300	9000
1968						
American 220						
4d Sed	200	685	1150	2300	3990	5700
2d Sed	200	685	1150	2300	3990	5700
American 440						
4d Sed	200	670	1200	2300	4060	5800
4d Sta Wag	200	700	1200	2350	4130	5900
Rogue						
2d HT	350	975	1600	3200	5600	8000
Rebel 550						
4d Sed	200	685	1150	2300	3990	5700
2d Conv	350	1040	1750	3500	6100	8700
4d Sta Wag	200	660	1100	2200	3850	5500
2d HT	200	745	1250	2500	4340	6200
Rebel 770						
4d Sed	200	685	1150	2300	3990	5700
4d Sta Wag	200	670	1150	2250	3920	5600
2d HT	350	770	1300	2550	4480	6400
Rebel SST						
2d Conv	450	1050	1800	3600	6200	8900
2d HT	350	790	1350	2650	4620	6600
Ambassador						
4d Sed	200	670	1200	2300	4060	5800
2d HT	350	780	1300	2600	4550	6500
Ambassador DPL						
4d Sed	200	720	1200	2400	4200	6000
2d HT	350	800	1350	2700	4700	6700
4d Sta Wag	200	730	1250	2450	4270	6100
Ambassador SST						
4d Sed	200	720	1200	2400	4200	6000
2d HT	350	840	1400	2800	4900	7000
Javelin						
2d FBk	350	1020	1700	3400	5950	8500

	6	5	4	3	2	1
Javelin SST						
2d FsBk	400	1250	2100	4200	7400	10,500
NOTE: Add 20 percent for GO pkg.						
Add 30 percent for Big Bad pkg.						
AMX						
2d FBk	550	1700	2800	5600	9800	14,000
NOTE: Add 25 percent for Craig Breedlove Edit.						
1969						
Rambler						
4d Sed	200	670	1150	2250	3920	5600
2d Sed	200	670	1150	2250	3920	5600
Rambler 440						
4d Sed	200	685	1150	2300	3990	5700
2d Sed	200	685	1150	2300	3990	5700
Rambler Rogue						
2d HT	350	975	1600	3200	5600	8000
Rambler Hurst S/C						
2d HT	500	1550	2600	5200	9100	13,000
Rebel						
4d Sed	200	660	1100	2200	3850	5500
2d HT	200	720	1200	2400	4200	6000
4d Sta Wag	200	670	1150	2250	3920	5600
Rebel SST						
4d Sed	200	685	1150	2300	3990	5700
2d HT	200	745	1250	2500	4340	6200
4d Sta Wag	200	685	1150	2300	3990	5700
AMX						
2d FBk Cpe	550	1700	2800	5600	9800	14,000
NOTE: Add 25 percent for Big Bad Pkg.						
Javelin						
2d FBk Cpe	450	1080	1800	3600	6300	9000
Javelin SST						
2d FBk Cpe	400	1250	2100	4200	7400	10,500
NOTE: Add 20 percent for GO Pkg.						
Add 30 percent for Big Bad Pkg.						
Ambassador						
4d Sed	200	670	1200	2300	4060	5800
Ambassador DPL						
4d Sed	200	720	1200	2400	4200	6000
4d Sta Wag	200	720	1200	2400	4200	6000
2d HT	200	745	1250	2500	4340	6200
Ambassador SST						
4d Sed	200	670	1200	2300	4060	5800
2d HT	200	750	1275	2500	4400	6300
1970						
Hornet						
4d Sed	200	675	1000	2000	3500	5000
2d Sed	200	675	1000	2000	3500	5000
Hornet SST						
4d Sed	200	700	1050	2050	3600	5100
2d Sed	200	700	1050	2050	3600	5100
Rebel						
4d Sed	200	700	1050	2100	3650	5200
2d HT	200	720	1200	2400	4200	6000
4d Sta Wag	200	670	1150	2250	3920	5600
Rebel SST						
4d Sed	200	700	1075	2150	3700	5300
2d HT	350	780	1300	2600	4550	6500
4d Sta Wag	200	700	1050	2100	3650	5200
Rebel 'Machine'						
2d HT	450	1500	2500	5000	8800	12,500
AMX						
2d FBk Cpe	550	1700	2800	5600	9800	14,000
Gremlin						
2d Comm	200	700	1075	2150	3700	5300
2d Sed	200	650	1100	2150	3780	5400
Javelin						
2d FBk Cpe	350	975	1600	3200	5600	8000
Javelin SST						
2d FBk Cpe	450	1130	1900	3800	6600	9400
NOTE: Add 20 percent for GO pkg.						
Add 30 percent for Big Bad pkg.						
'Trans Am'						
2d FBk Cpe	400	1200	2000	4000	7000	10,000
'Mark Donohue'						
2d FBk Cpe	450	1140	1900	3800	6650	9500

	6	5	4	3	2	1
Ambassador						
4d Sed	200	700	1075	2150	3700	5300
Ambassador DPL						
4d Sed	200	650	1100	2150	3780	5400
2d HT	200	660	1100	2200	3850	5500
4d Sta Wag	200	700	1075	2150	3700	5300
Ambassador SST						
4d Sed	200	660	1100	2200	3850	5500
2d HT	200	670	1150	2250	3920	5600
4d Sta Wag	200	650	1100	2150	3780	5400
1971						
Gremlin						
2d Sed	200	675	1000	2000	3500	5000
4d Sed	200	675	1000	2000	3500	5000
Hornet						
2d Sed	200	700	1050	2050	3600	5100
4d Sed	200	700	1050	2050	3600	5100
Hornet SST						
2d Sed	200	700	1050	2100	3650	5200
4d Sed	200	700	1050	2100	3650	5200
Hornet SC/360						
2d HT	350	975	1600	3200	5600	8000
Javelin						
2d HT	200	660	1100	2200	3850	5500
2d SST HT	200	720	1200	2400	4200	6000
NOTE: Add 10 percent for 401 V-8.						
Javelin AMX						
2d HT	350	900	1500	3000	5250	7500
NOTE: Add 15 percent for GO Pkg.						
Matador						
4d Sed	200	700	1050	2050	3600	5100
2d HT	200	660	1100	2200	3850	5500
4d Sta Wag	200	700	1050	2100	3650	5200
Ambassador DPL						
4d Sed	200	700	1050	2050	3600	5100
Ambassador SST						
4d Sed	200	700	1050	2100	3650	5200
2d HT	200	650	1100	2150	3780	5400
4d Sta Wag	200	700	1075	2150	3700	5300
NOTE: Add 10 percent to Ambassador SST for Broughams.						

1972 AMC Gremlin X hatchback coupe

	6	5	4	3	2	1
1972						
Hornet SST						
2d Sed	150	500	800	1600	2800	4000
4d Sed	150	550	850	1650	2900	4100
4d Sta Wag	150	550	850	1675	2950	4200

	6	5	4	3	2	1
2d Gucci	200	675	1000	2000	3500	5000
4d DeL Wag	150	575	875	1700	3000	4300
4d 'X' Wag	150	550	850	1675	2950	4200
Matador						
4d Sed	150	550	850	1675	2950	4200
2d HT	150	575	900	1750	3100	4400
4d Sta Wag	150	575	875	1700	3000	4300
Gremlin						
2d Sed	150	550	850	1650	2900	4100
2d 'X' Sed	200	675	1000	2000	3500	5000
Javelin						
2d SST	200	675	1000	2000	3500	5000
2d AMX	200	720	1200	2400	4200	6000
2d Go '360'	350	840	1400	2800	4900	7000
2d Go '401'	350	975	1600	3200	5500	7900
2d Cardin	350	820	1400	2700	4760	6800

NOTE: Add 20 percent for 401 V-8.
   Add 25 percent for 401 Police Special V-8.
   Add 30 percent for GO Pkg.

	6	5	4	3	2	1
Ambassador SST						
4d Sed	150	550	850	1675	2950	4200
2d HT	150	575	900	1750	3100	4400
4d Sta Wag	150	575	875	1700	3000	4300
Ambassador Brougham						

NOTE: Add 10 percent to SST prices for Brougham.

	6	5	4	3	2	1
Gremlin V8						
2d	150	600	950	1850	3200	4600
Hornet V8						
2d	150	575	900	1750	3100	4400
4d	150	650	975	1950	3350	4800
2d HBk	150	600	900	1800	3150	4500
4d Sta Wag	150	575	900	1750	3100	4400
AMX V8						
2d HT	350	1000	1650	3300	5750	8200

NOTE: Add 15 percent for GO Pkg.

	6	5	4	3	2	1
Matador V8						
4d Sed	150	550	850	1675	2950	4200
2d HT	150	575	875	1700	3000	4300
Sta Wag	150	550	850	1675	2950	4200
Ambassador Brgm V8						
4d Sed	150	575	875	1700	3000	4300
2d HT	150	475	775	1500	2650	3800
4d Sta Wag	150	575	875	1700	3000	4300
1973						
Gremlin V8						
2d	150	600	900	1800	3150	4500
Hornet V8						
2d	150	500	800	1550	2700	3900
4d	150	475	775	1500	2650	3800
2d 2d HBk	150	500	800	1600	2800	4000
4d Sta Wag	150	500	800	1550	2700	3900
Javelin V8						
2d HT	200	675	1000	2000	3500	5000
AMX V8						
2d HT	350	975	1600	3200	5600	8000
Matador V8						
4d Sed	150	475	750	1475	2600	3700
2d HT	150	475	775	1500	2650	3800
4d Sta Wag	150	475	750	1475	2600	3700
Ambassador Brgm V8						
4d Sed	150	475	775	1500	2650	3800
2d HT	150	500	800	1550	2700	3900
4d Sta Wag	150	475	775	1500	2650	3800
1974						
Gremlin V8						
2d Sed	150	600	900	1800	3150	4500
Hornet						
4d Sed	125	400	700	1375	2400	3400
2d Sed	125	450	700	1400	2450	3500
2d HBk	125	450	750	1450	2500	3600
4d Sta Wag	125	450	700	1400	2450	3500
Javelin						
2d FBk	150	550	850	1675	2950	4200
Javelin AMX						
2d FBk	350	780	1300	2600	4550	6500

	6	5	4	3	2	1
Matador						
4d Sed	125	380	650	1300	2250	3200
2d Sed	125	450	750	1450	2500	3600
4d Sta Wag	125	400	675	1350	2300	3300
Matador Brougham						
2d Cpe	150	475	750	1475	2600	3700
Matador 'X'						
2d Cpe	150	475	775	1500	2650	3800
Ambassador Brougham						
4d Sed	125	400	675	1350	2300	3300
4d Sta Wag	125	400	700	1375	2400	3400

NOTE: Add 10 percent for Oleg Cassini coupe.
Add 12 percent for 'Go-Package'.

1975

	6	5	4	3	2	1
Gremlin						
2d Sed	150	475	775	1500	2650	3800
Hornet						
4d Sed	125	450	700	1400	2450	3500
2d Sed	125	400	700	1375	2400	3400
2d HBk	125	450	700	1400	2450	3500
4d Sta Wag	125	450	700	1400	2450	3500
Pacer						
2d Sed	150	500	800	1550	2700	3900
Matador						
4d Sed	125	400	700	1375	2400	3400
2d Cpe	125	450	750	1450	2500	3600
4d Sta Wag	125	450	700	1400	2450	3500

1976

	6	5	4	3	2	1
Gremlin, V-8						
2d Sed	125	450	700	1400	2450	3500
2d Cus Sed	150	475	775	1500	2650	3800
Hornet, V-8						
4d Sed	125	370	650	1250	2200	3100
2d Sed	100	360	600	1200	2100	3000
2d HBk	125	380	650	1300	2250	3200
4d Sptabt	125	400	675	1350	2300	3300
Pacer, 6-cyl.						
2d Sed	125	450	700	1400	2450	3500
Matador, V-8						
4d Sed	100	360	600	1200	2100	3000
2d Cpe	125	380	650	1300	2250	3200
4d Sta Wag	125	370	650	1250	2200	3100

NOTE: Deduct 5 percent for 6 cylinder.

1977

	6	5	4	3	2	1
Gremlin, V-8						
2d Sed	150	475	750	1475	2600	3700
2d Cus Sed	150	475	775	1500	2650	3800
Hornet, V-8						
4d Sed	125	380	650	1300	2250	3200
2d Sed	125	370	650	1250	2200	3100
2d HBk	125	400	675	1350	2300	3300
4d Sta Wag	125	400	700	1375	2400	3400
Pacer, 6-cyl.						
2d Sed	125	450	750	1450	2500	3600
4d Sta Wag	150	475	750	1475	2600	3700
Matador, V-8						
4d Sed	125	370	650	1250	2200	3100
2d Cpe	125	400	675	1350	2300	3300
4d Sta Wag	125	380	650	1300	2250	3200

NOTE: Deduct 5 percent for 6 cylinder.
Add 10 percent for AMX package.

1978

	6	5	4	3	2	1
Gremlin						
2d Sed	125	400	700	1375	2400	3400
2d Cus Sed	125	450	700	1400	2450	3500
Concord						
4d Sed	100	350	600	1150	2000	2900
2d Sed	100	330	575	1150	1950	2800
2d HBk	100	360	600	1200	2100	3000
4d Sta Wag	125	370	650	1250	2200	3100
Pacer						
2 dr Hatch	125	400	675	1350	2300	3300
4d Sta Wag	125	400	700	1375	2400	3400
AMX						
2 dr Hatch	125	450	750	1450	2500	3600

	6	5	4	3	2	1
Matador						
4d Sed	100	330	575	1150	1950	2800
2d Cpe	100	360	600	1200	2100	3000
4d Sta Wag	100	350	600	1150	2000	2900
1979						
Spirit, 6-cyl.						
2d HBk	125	450	700	1400	2450	3500
2d Sed	125	400	700	1375	2400	3400
Spirit DL, 6-cyl.						
2d HBk	125	450	750	1450	2500	3600
2d Sed	125	450	700	1400	2450	3500
Spirit Limited, 6-cyl.						
2d HBk	150	475	750	1475	2600	3700
2d Sed	125	450	750	1450	2500	3600
NOTE: Deduct 5 percent for 4-cyl.						
Concord, V-8						
4d Sed	125	370	650	1250	2200	3100
2d Sed	100	360	600	1200	2100	3000
2d HBk	125	380	650	1300	2250	3200
4d Sta Wag	125	380	650	1300	2250	3200
Concord DL, V-8						
4d Sed	125	380	650	1300	2250	3200
2d Sed	125	370	650	1250	2200	3100
2d HBk	125	400	675	1350	2300	3300
4d Sta Wag	125	400	675	1350	2300	3300
Concord Limited, V-8						
4d Sed	125	400	675	1350	2300	3300
2d Sed	125	380	650	1300	2250	3200
4d Sta Wag	125	400	700	1375	2400	3400
NOTE: Deduct 5 percent for 6-cyl.						
Pacer DL, V-8						
2d HBk	125	400	700	1375	2400	3400
2d Sta Wag	125	450	700	1400	2450	3500
Pacer Limited, V-8						
2d HBk	125	450	700	1400	2450	3500
2d Sta Wag	125	450	750	1450	2500	3600
NOTE: Deduct 5 percent for 6-cyl.						
AMX, V-8						
2d HBk	150	475	750	1475	2600	3700
NOTE: Deduct 7 percent for 6-cyl.						
1980						
Spirit, 6-cyl.						
2d HBk	150	500	800	1600	2800	4000
2d Cpe	150	500	800	1550	2700	3900
2d HBk DL	150	550	850	1650	2900	4100
2d Cpe DL	150	500	800	1600	2800	4000
2d HBk Ltd	150	575	875	1700	3000	4300
2d Cpe Ltd	150	550	850	1675	2950	4200
NOTE: Deduct 10 percent for 4-cyl.						
Concord, 6-cyl.						
4d Sed	125	450	750	1450	2500	3600
2d Cpe	125	450	700	1400	2450	3500
4d Sta Wag	150	475	750	1475	2600	3700
4d Sed DL	150	475	750	1475	2600	3700
2d Cpe DL	125	450	750	1450	2500	3600
4d Sta Wag DL	150	475	775	1500	2650	3800
4d Sed Ltd	150	500	800	1550	2700	3900
2d Cpe Ltd	150	475	775	1500	2650	3800
4d Sta Wag Ltd	150	500	800	1550	2700	3900
Pacer, 6-cyl.						
2d HBk DL	125	450	750	1450	2500	3600
2d Sta Wag DL	150	475	750	1475	2600	3700
2d HBk Ltd	150	475	775	1500	2650	3800
2d Sta Wag Ltd	150	500	800	1550	2700	3900
AMX, 6-cyl.						
2d HBk	150	550	850	1675	2950	4200
Eagle 4WD, 6-cyl.						
4d Sed	200	675	1000	2000	3500	5000
2d Cpe	200	675	1000	1950	3400	4900
4d Sta Wag	200	700	1050	2100	3650	5200
4d Sed Ltd	200	700	1050	2100	3650	5200
2d Cpe Ltd	200	700	1050	2050	3600	5100
4d Sta Wag Ltd	200	650	1100	2150	3780	5400
1981						
Spirit, 4-cyl.						
2d HBk	150	475	750	1475	2600	3700

	6	5	4	3	2	1
2d Cpe	125	450	750	1450	2500	3600
2d HBk DL	150	500	800	1550	2700	3900
2d Cpe DL	150	475	775	1500	2650	3800
Spirit, 6-cyl.						
2d HBk	150	550	850	1650	2900	4100
2d Cpe	150	500	800	1600	2800	4000
2d HBk DL	150	575	875	1700	3000	4300
2d Cpe DL	150	550	850	1675	2950	4200
Concord, 6-cyl.						
4d Sed	150	475	750	1475	2600	3700
2d Cpe	125	450	750	1450	2500	3600
4d Sta Wag	150	475	775	1500	2650	3800
4d Sed DL	150	475	775	1500	2650	3800
2d Cpe DL	150	475	750	1475	2600	3700
4d Sta Wag DL	150	500	800	1550	2700	3900
4d Sed Ltd	150	500	800	1550	2700	3900
2d Cpe Ltd	150	475	775	1500	2650	3800
4d Sta Wag Ltd	150	500	800	1600	2800	4000
NOTE: Deduct 12 percent for 4-cyl.						
Eagle 50 4WD, 4-cyl.						
2d HBk SX4	200	675	1000	2000	3500	5000
2d HBk	200	675	1000	1950	3400	4900
2d HBk SX4 DL	200	700	1050	2100	3650	5200
2d HBk DL	200	700	1050	2050	3600	5100
Eagle 50 4WD, 6-cyl.						
2d HBk SX4	200	650	1100	2150	3780	5400
2d HBk	200	700	1075	2150	3700	5300
2d HBk SX4 DL	200	670	1150	2250	3920	5600
2d HBk DL	200	660	1100	2200	3850	5500
1982						
Spirit, 6-cyl.						
2d HBk	150	550	850	1675	2950	4200
2d Cpe	150	550	850	1650	2900	4100
2d HBk DL	150	575	900	1750	3100	4400
2d Cpe DL	150	575	875	1700	3000	4300
NOTE: Deduct 10 percent for 4-cyl.						
Concord, 6-cyl.						
4d Sed	150	475	775	1500	2650	3800
2d Cpe	150	475	750	1475	2600	3700
4d Sta Wag	150	500	800	1550	2700	3900
4d Sed DL	150	500	800	1550	2700	3900
2d Cpe DL	150	475	775	1500	2650	3800
4d Sta Wag DL	150	500	800	1600	2800	4000
4d Sed Ltd	150	500	800	1600	2800	4000
2d Cpe Ltd	150	500	800	1550	2700	3900
4d Sta Wag Ltd	150	550	850	1650	2900	4100
NOTE: Deduct 12 percent for 4-cyl.						
Eagle 50 4WD, 4-cyl.						
2d HBk SX4	200	700	1050	2050	3600	5100
2d HBk	200	675	1000	2000	3500	5000
2d HBk SX4 DL	200	700	1075	2150	3700	5300
2d HBk DL	200	700	1050	2100	3650	5200
Eagle 50 4WD, 6-cyl.						
2d HBk SX4	200	660	1100	2200	3850	5500
2d HBk	200	650	1100	2150	3780	5400
2d HBk SX4 DL	200	685	1150	2300	3990	5700
2d HBk DL	200	670	1150	2250	3920	5600
Eagle 30 4WD, 4-cyl.						
4d Sed	200	675	1000	1950	3400	4900
2d Cpe	150	650	975	1950	3350	4800
4d Sta Wag	200	675	1000	2000	3500	5000
4d Sed Ltd	200	675	1000	2000	3500	5000
2d Cpe Ltd	200	675	1000	1950	3400	4900
4d Sta Wag Ltd	200	700	1050	2100	3650	5200
Eagle 30 4WD, 6-cyl.						
4d Sed	200	700	1075	2150	3700	5300
2d Cpe	200	700	1050	2100	3650	5200
4d Sta Wag	200	660	1100	2200	3850	5500
4d Sed Ltd	200	660	1100	2200	3850	5500
2d Cpe Ltd	200	650	1100	2150	3780	5400
4d Sta Wag Ltd	200	685	1150	2300	3990	5700
1983						
Spirit, 6-cyl.						
2d HBk DL	150	575	875	1700	3000	4300
2d HBk GT	150	575	900	1750	3100	4400

	6	5	4	3	2	1
Concord, 6-cyl.						
4d Sed	150	500	800	1550	2700	3900
4d Sta Wag	150	500	800	1600	2800	4000
4d Sed DL	150	500	800	1600	2800	4000
4d Sta Wag DL	150	550	850	1650	2900	4100
4d Sta Wag Ltd	150	575	875	1700	3000	4300
Alliance, 4-cyl.						
2d Sed	125	450	750	1450	2500	3600
4d Sed L	150	475	750	1475	2600	3700
2d Sed L	150	475	750	1475	2600	3700
4d Sed DL	150	475	775	1500	2650	3800
2d Sed DL	150	475	775	1500	2650	3800
4d Sed Ltd	150	500	800	1550	2700	3900
Eagle 50 4WD, 4-cyl.						
2d HBk SX4	200	700	1050	2100	3650	5200
2d HBk SX4 DL	200	650	1100	2150	3780	5400
Eagle 50 4WD, 6-cyl.						
2d HBk SX4	200	670	1150	2250	3920	5600
2d HBk SX4 DL	200	670	1200	2300	4060	5800
Eagle 30 4WD, 4-cyl.						
4d Sed	200	675	1000	2000	3500	5000
4d Sta Wag	200	700	1050	2100	3650	5200
4d Sta Wag Ltd	200	650	1100	2150	3780	5400
Eagle 30 4WD, 6-cyl.						
4d Sed	200	650	1100	2150	3780	5400
4d Sta Wag	200	670	1150	2250	3920	5600
4d Sta Wag Ltd	200	670	1200	2300	4060	5800
1984						
Alliance, 4-cyl.						
2d	150	475	750	1475	2600	3700
L						
4d	150	475	775	1500	2650	3800
2d	150	475	775	1500	2650	3800
DL						
4d	150	500	800	1550	2700	3900
2d	150	500	800	1550	2700	3900
Limited						
4d	150	500	800	1600	2800	4000
Encore, 4-cyl.						
2d Liftback	125	400	700	1375	2400	3400
S						
2d Liftback	125	450	700	1400	2450	3500
4d Liftback	125	450	700	1400	2450	3500
LS						
2d Liftback	125	450	750	1450	2500	3600
4d Liftback	125	450	750	1450	2500	3600
GS						
2d Liftback	150	475	750	1475	2600	3700
Eagle 4WD, 4-cyl.						
4d Sed	200	700	1050	2050	3600	5100
4d Sta Wag	200	700	1075	2150	3700	5300
4d Sta Wag Ltd	200	660	1100	2200	3850	5500
Eagle 4WD, 6-cyl.						
4d Sed	200	660	1100	2200	3850	5500
4d Sta Wag	200	685	1150	2300	3990	5700
4d Sta Wag Ltd	200	700	1200	2350	4130	5900
1985						
Alliance						
2d Sed	100	320	550	1050	1850	2600
4d Sed L	100	330	575	1150	1950	2800
2d Sed L	100	350	600	1150	2000	2900
Conv L	150	475	750	1475	2600	3700
4d Sed DL	125	380	650	1300	2250	3200
2d Sed DL	125	450	700	1400	2450	3500
Conv DL	150	550	850	1650	2900	4100
4d Ltd Sed	150	500	800	1550	2700	3900
Eagle 4WD						
4d Sed	200	670	1150	2250	3920	5600
4d Sta Wag	200	670	1200	2300	4060	5800
4d Ltd Sta Wag	200	720	1200	2400	4200	6000
1986						
Encore 90						
2d HBk	125	450	700	1400	2450	3500
4d HBk	125	450	750	1450	2500	3600

	6	5	4	3	2	1
Alliance						
2d Sed	125	450	750	1450	2500	3600
4d Sed	150	475	750	1475	2600	3700
Conv	200	660	1100	2200	3850	5500
Eagle						
4d Sed	200	685	1150	2300	3990	5700
4d Sta Wag	200	670	1200	2300	4060	5800
4d Ltd Sta Wag	200	720	1200	2400	4200	6000

NOTES: Add 10 percent for deluxe models.
  Deduct 5 percent for smaller engines.

1987						
2d Sed	150	500	800	1600	2800	4000
4d Sed	150	500	800	1600	2800	4000
2d HBk	150	550	850	1650	2900	4100
4d HBk	150	550	850	1650	2900	4100
2d Conv	350	820	1400	2700	4760	6800

NOTES: Add 10 percent for deluxe models.
  Add 20 percent for GTA models.

Eagle						
4d Sed	350	780	1300	2600	4550	6500
4d Sta Wag	350	800	1350	2700	4700	6700
4d Sta Wag Ltd	350	830	1400	2950	4830	6900

AMC-CHRYSLER CORP.

1988						
Medallion, 4-cyl.						
4d Sed	100	325	550	1100	1900	2700
4d Sta Wag	100	350	600	1150	2000	2900
4d LX Sed	100	360	600	1200	2100	3000
Premier, V-6						
4d LX Sed	125	450	700	1400	2450	3500
4d ES Sed	150	500	800	1600	2800	4000
Eagle, 6-cyl.						
4d Ltd Sta Wag	200	720	1200	2400	4200	6000
1989						
Jeep/Eagle						
Summit, 4-cyl.						
4d Sed DL	125	450	700	1400	2450	3500
4d Sed LX	150	500	800	1600	2800	4000
4d Sed LX DOHC	150	550	850	1675	2950	4200
Medallion, 4-cyl.						
4d Sed DL	125	370	650	1250	2200	3100
4d Sta Wag DL	125	380	650	1300	2250	3200
4d Sed LX	125	400	675	1350	2300	3300
4d Sta Wag LX	125	400	700	1375	2400	3400
Premier, V-6						
4d Sed LX, 4-cyl.	125	400	700	1375	2400	3400
4d Sed LX	150	475	775	1500	2650	3800
4d Sed ES	150	500	800	1550	2700	3900
4d Sed ES Ltd	150	600	900	1800	3150	4500
1990						
Jeep/Eagle						
Summit, 4-cyl.						
4d Sed	125	450	700	1400	2450	3500
4d Sed DL	150	475	750	1475	2600	3700
4d Sed LX	150	500	800	1600	2800	4000
4d Sed ES	150	550	850	1675	2950	4200
Talon, 4-cyl.						
2d Cpe	350	840	1400	2800	4900	7000
2d Cpe Turbo	350	975	1600	3200	5600	8000
2d Cpe Turbo 4x4	450	1080	1800	3600	6300	9000
Premier, V-6						
4d Sed LX	150	500	800	1600	2800	4000
4d Sed ES	150	600	900	1800	3150	4500
4d Sed ES Ltd	200	675	1000	2000	3500	5000
1991						
Summit, 4-cyl.						
2d HBk	125	450	700	1400	2450	3500
2d HBk ES	125	450	750	1450	2500	3600
4d Sed	125	450	750	1450	2500	3600
4d Sed ES	150	475	750	1475	2600	3700
Talon, 4-cyl.						
2d Cpe	200	660	1100	2200	3850	5500
2d Cpe TSi Turbo	350	780	1300	2600	4550	6500

	6	5	4	3	2	1
2d Cpe TSi Turbo 4x4	350	900	1500	3000	5250	7500
Premier, V-6						
4d Sed LX	125	450	750	1450	2500	3600
4d Sed ES	150	550	850	1675	2950	4200
4d Sed ES Ltd	150	600	900	1800	3150	4500

METROPOLITAN

1954
Series E, (Nash), 4-cyl., 85" wb, 42 hp

HT	350	950	1550	3100	5400	7700
Conv	350	1040	1750	3500	6100	8700

1955
Series A & B, Nash/Hudson, 4-cyl., 85" wb, 42 hp

HT	350	950	1550	3100	5400	7700
Conv	350	1040	1750	3500	6100	8700

1956
Series 1500, Nash/Hudson, 4-cyl., 85" wb, 52 hp

HT	350	950	1550	3150	5450	7800
Conv	450	1050	1750	3550	6150	8800

Series A, Nash/Hudson, 4-cyl., 85" wb, 42 hp

HT	350	900	1500	3000	5250	7500
Conv	350	1000	1650	3350	5800	8300

1957
Series 1500, Nash/Hudson, 4-cyl., 85" wb, 52 hp

HT	350	950	1550	3150	5450	7800
Conv	450	1050	1750	3550	6150	8800

Series A-85, Nash/Hudson, 4-cyl., 85" wb, 42 hp

HT	350	900	1500	3000	5250	7500
Conv	350	1000	1650	3350	5800	8300

1958
Series 1500, (AMC), 4-cyl., 85" wb, 55 hp

HT	350	950	1550	3150	5450	7800
Conv	450	1050	1750	3550	6150	8800

1959
Series 1500, (AMC), 4-cyl., 85" wb, 55 hp

HT	350	975	1600	3250	5700	8100
Conv	450	1080	1800	3600	6300	9000

1960 Metropolitan convertible

1960
Series 1500, (AMC), 4-cyl., 85" wb, 55 hp

HT	350	975	1600	3250	5700	8100
Conv	450	1080	1800	3600	6300	9000

	6	5	4	3	2	1
1961						
HT	350	975	1600	3250	5700	8100
Conv	450	1080	1800	3600	6300	9000
1962						
Series 1500, (AMC), 4-cyl., 85" wb, 55 hp						
HT	350	975	1600	3250	5700	8100
Conv	450	1080	1800	3600	6300	9000

OLDSMOBILE

	6	5	4	3	2	1
1901						
Curved dash 1 cyl.						
Rbt	1450	4700	7800	15,600	27,300	39,000
1902						
Curved Dash, 1-cyl.						
Rbt	1450	4550	7600	15,200	26,600	38,000
1903						
Curved Dash, 1-cyl.						
Rbt	1450	4550	7600	15,200	26,600	38,000
1904						
Curved Dash, 1-cyl.						
Rbt	1450	4550	7600	15,200	26,600	38,000
French Front, 1-cyl., 7 hp						
Rbt	1300	4200	7000	14,000	24,500	35,000
Light Tonneau, 1-cyl., 10 hp						
Tonn	1300	4100	6800	13,600	23,800	34,000
1905						
Curved Dash, 1-cyl.						
Rbt	1450	4550	7600	15,200	26,600	38,000
French Front, 1-cyl., 7 hp						
Rbt	1300	4200	7000	14,000	24,500	35,000
Touring Car, 2-cyl.						
Tr	1300	4100	6800	13,600	23,800	34,000
1906						
Straight Dash B, 1-cyl.						
Rbt	1150	3700	6200	12,400	21,700	31,000
Curved Dash B, 1-cyl.						
Rbt	1450	4550	7600	15,200	26,600	38,000
Model L, 2-cyl.						
Tr	1200	3850	6400	12,800	22,400	32,000
Model S, 4-cyl.						
Tr	1300	4200	7000	14,000	24,500	35,000
1907						
Straight Dash F, 2-cyl.						
Rbt	1150	3700	6200	12,400	21,700	31,000
Model H, 4-cyl.						
Fly Rds	1300	4100	6800	13,600	23,800	34,000
Model A, 4-cyl.						
Pal Tr	1400	4450	7400	14,800	25,900	37,000
Limo	1350	4300	7200	14,400	25,200	36,000
1908						
Model X, 4-cyl.						
Tr	1300	4100	6800	13,600	23,800	34,000
Model M-MR, 4-cyl.						
Rds	1300	4200	7000	14,000	24,500	35,000
Tr	1300	4100	6800	13,600	23,800	34,000
Model Z, 6-cyl.						
Tr	1700	5400	9000	18,000	31,500	45,000
1909						
Model D, 4-cyl.						
Tr	1800	5750	9600	19,200	33,600	48,000
Limo	1700	5400	9000	18,000	31,500	45,000
Lan	1650	5300	8800	17,600	30,800	44,000
Model DR, 4-cyl.						
Rds	1750	5650	9400	18,800	32,900	47,000
Cpe	1600	5050	8400	16,800	29,400	42,000
Model X, 4-cyl.						
Rbt	1300	4100	6800	13,600	23,800	34,000
Model Z, 6-cyl.						
Rbt	2500	7900	13,200	26,400	46,200	66,000
Tr	2550	8150	13,600	27,200	47,600	68,000

1910 Oldsmobile Limited touring

	6	5	4	3	2	1
1910						
Special, 4-cyl.						
Rbt	1300	4100	6800	13,600	23,800	34,000
Tr	1350	4300	7200	14,400	25,200	36,000
Limo	1450	4550	7600	15,200	26,600	38,000
Limited, 6-cyl.						
Rbt	3400	10,800	18,000	36,000	63,000	90,000
Tr	4000	12,700	21,200	42,400	74,200	106,000
Limo	2350	7450	12,400	24,800	43,400	62,000
1911						
Special, 4-cyl.						
Rbt	1300	4100	6800	13,600	23,800	34,000
Tr	1350	4300	7200	14,400	25,200	36,000
Limo	1300	4200	7000	14,000	24,500	35,000
Autocrat, 4-cyl.						
Rbt	2150	6850	11,400	22,800	39,900	57,000
Tr	2200	6950	11,600	23,200	40,600	58,000
Limo	2200	6950	11,600	23,200	40,600	58,000
Limited, 6-cyl.						
Rbt	3400	10,800	18,000	36,000	63,000	90,000
Tr	4000	12,700	21,200	42,400	74,200	106,000
Limo	2250	7200	12,000	24,000	42,000	60,000
1912						
Autocrat, 4-cyl., 40 hp						
2d Rds	2500	7900	13,200	26,400	46,200	66,000
4d Tr	2500	7900	13,200	26,400	46,200	66,000
4d Limo	2550	8150	13,600	27,200	47,600	68,000
Despatch, 4-cyl., 26 hp						
2d Rds	1300	4200	7000	14,000	24,500	35,000
4d Tr	1400	4450	7400	14,800	25,900	37,000
2d Cpe	1200	3850	6400	12,800	22,400	32,000
Defender, 4-cyl., 35 hp						
2d 2P Tr	1350	4300	7200	14,400	25,200	36,000
4d 4P Tr	1400	4450	7400	14,800	25,900	37,000
2d 2P Rds	1300	4200	7000	14,000	24,500	35,000
2d 3P Cpe	1200	3850	6400	12,800	22,400	32,000
2d 5P Cpe	1150	3700	6200	12,400	21,700	31,000
Limited, 6-cyl.						
2d Rds	3250	10,300	17,200	34,400	60,200	86,000
4d Tr	3750	12,000	20,000	40,000	70,000	100,000
4d Limo	2500	7900	13,200	26,400	46,200	66,000
1913						
Light Six, 6-cyl.						
4d 4P Tr	1250	3950	6600	13,200	23,100	33,000
4d Phae	1300	4100	6800	13,600	23,800	34,000
4d 7P Tr	1200	3850	6400	12,800	22,400	32,000

	6	5	4	3	2	1
4d Limo	1250	3950	6600	13,200	23,100	33,000
6-cyl., 60 hp						
4d Tr	2500	7900	13,200	26,400	46,200	66,000
4-cyl., 35 hp						
4d Tr	1600	5050	8400	16,800	29,400	42,000
1914						
Model 54, 6-cyl.						
4d Phae	1550	4900	8200	16,400	28,700	41,000
4d 5P Tr	1500	4800	8000	16,000	28,000	40,000
4d 7P Tr	1550	4900	8200	16,400	28,700	41,000
4d Limo	1300	4200	7000	14,000	24,500	35,000
Model 42, 4-cyl.						
4d 5P Tr	1200	3850	6400	12,800	22,400	32,000
1915						
Model 42, 4-cyl.						
2d Rds	1150	3600	6000	12,000	21,000	30,000
4d Tr	1150	3700	6200	12,400	21,700	31,000
Model 55, 6-cyl.						
4d Tr	2050	6600	11,000	22,000	38,500	55,000
1916						
Model 43, 4-cyl.						
2d Rds	1100	3500	5800	11,600	20,300	29,000
4d 5P Tr	1150	3600	6000	12,000	21,000	30,000
Model 44, V-8						
2d Rds	1550	4900	8200	16,400	28,700	41,000
4d Tr	1600	5050	8400	16,800	29,400	42,000
4d Sed	850	2650	4400	8800	15,400	22,000
2d Cabr	1500	4800	8000	16,000	28,000	40,000
1917						
Model 37, 6-cyl.						
4d Tr	1000	3250	5400	10,800	18,900	27,000
2d Rds	1000	3100	5200	10,400	18,200	26,000
2d Cabr	950	3000	5000	10,000	17,500	25,000
4d Sed	700	2150	3600	7200	12,600	18,000
Model 45, V-8						
4d 5P Tr	1500	4800	8000	16,000	28,000	40,000
4d 7P Tr	1550	4900	8200	16,400	28,700	41,000
4d Conv Sed	1500	4800	8000	16,000	28,000	40,000
2d Rds	1450	4550	7600	15,200	26,600	38,000
Model 44-B, V-8						
2d Rds	1450	4700	7800	15,600	27,300	39,000
4d Tr	1450	4550	7600	15,200	26,600	38,000
1918						
Model 37, 6-cyl.						
2d Rds	800	2500	4200	8400	14,700	21,000
4d Tr	850	2650	4400	8800	15,400	22,000
2d Cabr	750	2400	4000	8000	14,000	20,000
2d Cpe	550	1800	3000	6000	10,500	15,000
4d Sed	500	1550	2600	5200	9100	13,000
Model 45-A, V-8						
4d 5P Tr	1400	4450	7400	14,800	25,900	37,000
4d 7P Tr	1450	4550	7600	15,200	26,600	38,000
2d Rds	1350	4300	7200	14,400	25,200	36,000
4d Spt Tr	1400	4450	7400	14,800	25,900	37,000
2d Cabr	1300	4200	7000	14,000	24,500	35,000
4d Sed	1050	3350	5600	11,200	19,600	28,000
1919						
Model 37-A, 6-cyl.						
2d Rds	750	2400	4000	8000	14,000	20,000
4d Tr	800	2500	4200	8400	14,700	21,000
4d Sed	500	1550	2600	5200	9100	13,000
2d Cpe	550	1800	3000	6000	10,500	15,000
Model 45-A, V-8						
2d Rds	1250	3950	6600	13,200	23,100	33,000
4d Tr	1300	4100	6800	13,600	23,800	34,000
Model 45-B, V-8						
4d 4P Tr	1300	4100	6800	13,600	23,800	34,000
4d 7P Tr	1300	4200	7000	14,000	24,500	35,000
1920						
Model 37-A, 6-cyl.						
2d Rds	700	2150	3600	7200	12,600	18,000
4d Tr	700	2300	3800	7600	13,300	19,000
Model 37-B, 6-cyl.						
2d Cpe	500	1550	2600	5200	9100	13,000

	6	5	4	3	2	1
4d Sed	400	1300	2200	4400	7700	11,000
Model 45-B, V-8						
4d 4P Tr	1050	3350	5600	11,200	19,600	28,000
4d 5P Tr	1100	3500	5800	11,600	20,300	29,000
4d 7P Sed	750	2400	4000	8000	14,000	20,000
1921						
Model 37, 6-cyl.						
2d Rds	650	2050	3400	6800	11,900	17,000
4d Tr	700	2150	3600	7200	12,600	18,000
2d Cpe	450	1450	2400	4800	8400	12,000
4d Sed	400	1200	2000	4000	7000	10,000
Model 43-A, 4-cyl.						
2d Rds	550	1800	3000	6000	10,500	15,000
4d Tr	600	1900	3200	6400	11,200	16,000
2d Cpe	400	1300	2200	4400	7700	11,000
Model 46, V-8						
4d 4P Tr	1000	3100	5200	10,400	18,200	26,000
4d Tr	1000	3250	5400	10,800	18,900	27,000
4d 7P Sed	650	2050	3400	6800	11,900	17,000
Model 47, V-8						
4d Spt Tr	1000	3250	5400	10,800	18,900	27,000
2d 4P Cpe	750	2400	4000	8000	14,000	20,000
4d 5P Sed	1050	3350	5600	11,200	19,600	28,000
1922						
Model 46, V-8						
4d Spt Tr	1000	3250	5400	10,800	18,900	27,000
4d 4P Tr	950	3000	5000	10,000	17,500	25,000
4d 7P Tr	1000	3100	5200	10,400	18,200	26,000
4d 7P Sed	600	1900	3200	6400	11,200	16,000
Model 47, V-8						
2d Rds	950	3000	5000	10,000	17,500	25,000
4d Tr	1000	3250	5400	10,800	18,900	27,000
4d 4P Spt	1050	3350	5600	11,200	19,600	28,000
2d 4P Cpe	700	2150	3600	7200	12,600	18,000
4d 5P Sed	550	1800	3000	6000	10,500	15,000

1923 Oldsmobile Model 47 V-8 touring

1923
Model M30-A, 6-cyl.

	6	5	4	3	2	1
2d Rds	700	2300	3800	7600	13,300	19,000
4d Tr	750	2400	4000	8000	14,000	20,000
2d Cpe	450	1450	2400	4800	8400	12,000
4d Sed	400	1200	2000	4000	7000	10,000
4d Spt Tr	850	2650	4400	8800	15,400	22,000
Model 43-A, 4-cyl.						
2d Rds	750	2400	4000	8000	14,000	20,000
4d Tr	800	2500	4200	8400	14,700	21,000
2d Cpe	450	1450	2400	4800	8400	12,000
4d Sed	400	1200	2000	4000	7000	10,000
4d Brgm	400	1300	2200	4400	7700	11,000
4d Cal Tp Sed	450	1450	2400	4800	8400	12,000
Model 47, V-8						
4d 4P Tr	1000	3100	5200	10,400	18,200	26,000

	6	5	4	3	2	1
4d 5P Tr	1000	3250	5400	10,800	18,900	27,000
2d Rds	950	3000	5000	10,000	17,500	25,000
4d Sed	600	1900	3200	6400	11,200	16,000
2d Cpe	700	2150	3600	7200	12,600	18,000
4d Spt Tr	1050	3350	5600	11,200	19,600	28,000

1924
Model 30-B, 6-cyl.

2d Rds	550	1800	3000	6000	10,500	15,000
4d Tr	600	1900	3200	6400	11,200	16,000
2d Spt Rds	600	1900	3200	6400	11,200	16,000
4d Spt Tr	650	2050	3400	6800	11,900	17,000
2d Cpe	450	1080	1800	3600	6300	9000
4d Sed	350	975	1600	3200	5600	8000
2d Sed	350	900	1500	3000	5250	7500
4d DeL Sed	350	975	1600	3200	5600	8000

1925
Series 30-C, 6-cyl.

2d Rds	550	1800	3000	6000	10,500	15,000
4d Tr	600	1900	3200	6400	11,200	16,000
2d Spt Rds	600	1900	3200	6400	11,200	16,000
4d Spt Tr	650	2050	3400	6800	11,900	17,000
2d Cpe	350	975	1600	3200	5600	8000
4d Sed	350	900	1500	3000	5250	7500
4d DeL Sed	350	950	1550	3150	5450	7800
2d DeL	350	840	1400	2800	4900	7000

1926
Model 30-D, 6-cyl.

2d DeL Rds	700	2150	3600	7200	12,600	18,000
4d Tr	650	2050	3400	6800	11,900	17,000
4d DeL Tr	650	2100	3500	7000	12,300	17,500
2d Cpe	450	1080	1800	3600	6300	9000
2d DeL Cpe	450	1140	1900	3800	6650	9500
2d Sed	350	780	1300	2600	4550	6500
2d DeL Sed	350	840	1400	2800	4900	7000
4d Sed	350	840	1400	2800	4900	7000
4d DeL Sed	350	900	1500	3000	5250	7500
4d Lan Sed	500	1550	2600	5200	9100	13,000

1927
Series 30-E, 6-cyl.

2d DeL Rds	550	1700	2800	5600	9800	14,000
4d Tr	500	1550	2600	5200	9100	13,000
4d DeL Tr	550	1700	2800	5600	9800	14,000
2d Cpe	450	1080	1800	3600	6300	9000
2d DeL Cpe	450	1140	1900	3800	6650	9500
2d Spt Cpe	400	1200	2000	4000	7000	10,000
2d Sed	350	900	1500	3000	5250	7500
2d DeL Sed	350	975	1600	3200	5600	8000
4d Sed	350	975	1600	3200	5600	8000
4d DeL Sed	350	1020	1700	3400	5950	8500
4d Lan	400	1300	2200	4400	7700	11,000

1928
Model F-28, 6-cyl.

2d Rds	550	1800	3000	6000	10,500	15,000
2d DeL Rds	600	1900	3200	6400	11,200	16,000
4d Tr	600	1900	3200	6400	11,200	16,000
4d DeL Tr	650	2050	3400	6800	11,900	17,000
2d Cpe	400	1200	2000	4000	7000	10,000
2d Spl Cpe	400	1250	2100	4200	7400	10,500
2d Spt Cpe	400	1300	2200	4400	7700	11,000
2d DeL Spt Cpe	450	1400	2300	4600	8100	11,500
2d Sed	350	975	1600	3200	5600	8000
4d Sed	350	1000	1650	3300	5750	8200
4d DeL Sed	350	1020	1700	3400	5950	8500
4d Lan	400	1200	2000	4000	7000	10,000
4d DeL Lan	400	1300	2200	4400	7700	11,000

1929
Model F-29, 6-cyl.

2d Rds	750	2400	4000	8000	14,000	20,000
2d Conv	700	2150	3600	7200	12,600	18,000
4d Tr	700	2300	3800	7600	13,300	19,000
2d Cpe	450	1400	2300	4600	8100	11,500
2d Spt Cpe	450	1400	2350	4700	8200	11,700
2d Sed	450	1080	1800	3600	6300	9000
4d Sed	950	1100	1850	3700	6450	9200

	6	5	4	3	2	1
4d Lan	450	1140	1900	3800	6650	9500

1929
Viking, V-8

	6	5	4	3	2	1
2d Conv Cpe	1000	3100	5200	10,400	18,200	26,000
4d Sed	700	2300	3800	7600	13,300	19,000
4d CC Sed	750	2400	4000	8000	14,000	20,000

1930
Model F-30, 6-cyl.

	6	5	4	3	2	1
2d Conv	800	2500	4200	8400	14,700	21,000
4d Tr	850	2650	4400	8800	15,400	22,000
2d Cpe	400	1300	2200	4400	7700	11,000
2d Spt Cpe	450	1450	2400	4800	8400	12,000
2d Sed	400	1200	2000	4000	7000	10,000
4d Sed	750	2400	4000	8000	14,000	20,000
4d Pat Sed	800	2500	4200	8400	14,700	21,000

1930
Viking, V-8

	6	5	4	3	2	1
2d Conv Cpe	950	3000	5000	10,000	17,500	25,000
4d Sed	450	1450	2400	4800	8400	12,000
4d CC Sed	500	1550	2600	5200	9100	13,000

1931
Model F-31, 6-cyl.

	6	5	4	3	2	1
2d Conv	900	2900	4800	9600	16,800	24,000
2d Cpe	450	1500	2500	5000	8800	12,500
2d Spt Cpe	700	2150	3600	7200	12,600	18,000
2d Sed	550	1800	3000	6000	10,500	15,000
4d Sed	550	1800	3000	6000	10,500	15,000
4d Pat Sed	600	1850	3100	6200	10,900	15,500

1932 Oldsmobile Series L Eight sport coupe

1932
Model F-32, 6-cyl.

2d Conv	1000	3250	5400	10,800	18,900	27,000
2d Cpe	700	2150	3600	7200	12,600	18,000
2d Spt Cpe	700	2300	3800	7600	13,300	19,000
2d Sed	600	1850	3100	6200	10,900	15,500
4d Sed	600	2000	3300	6600	11,600	16,500
4d Pat Sed	650	2050	3400	6800	11,900	17,000

Model L-32, 8-cyl.

2d Conv	1150	3600	6000	12,000	21,000	30,000
2d Cpe	700	2300	3800	7600	13,300	19,000
2d Spt Cpe	750	2400	4000	8000	14,000	20,000
2 dr Sed	600	2000	3300	6600	11,600	16,500
4d Sed	650	2100	3500	7000	12,300	17,500
4d Pat Sed	700	2150	3600	7200	12,600	18,000

1933
Model F-33, 6-cyl.

2d Conv	900	2900	4800	9600	16,800	24,000
2d Bus Cpe	500	1600	2700	5400	9500	13,500
2d Spt Cpe	550	1800	3000	6000	10,500	15,000
2d 5P Cpe	550	1750	2900	5800	10,200	14,500
2d Tr Cpe	500	1600	2700	5400	9500	13,500
4d Sed	500	1600	2650	5300	9200	13,200
4d Trk Sed	500	1600	2700	5400	9500	13,500

	6	5	4	3	2	1
Model L-33, 8-cyl.						
2d Conv	950	3000	5000	10,000	17,500	25,000
2d Bus Cpe	550	1700	2800	5600	9800	14,000
2d Spt Cpe	550	1800	3000	6000	10,500	15,000
2d 5P Cpe	550	1750	2900	5800	10,200	14,500
4d Sed	500	1600	2700	5400	9500	13,500
4d Trk Sed	550	1700	2800	5600	9800	14,000
1934						
Model F-34, 6-cyl.						
2d Bus Cpe	450	1400	2300	4600	8100	11,500
2d Spt Cpe	450	1450	2400	4800	8400	12,000
2d 5P Cpe	400	1300	2200	4400	7700	11,000
4d SB Sed	400	1250	2100	4200	7400	10,500
4d Trk Sed	400	1300	2150	4300	7500	10,700
Model L-34, 8-cyl.						
2d Conv	950	3000	5000	10,000	17,500	25,000
2d Bus Cpe	500	1550	2600	5200	9100	13,000
2d Spt Cpe	550	1700	2800	5600	9800	14,000
2d 5P Cpe	500	1600	2700	5400	9500	13,500
2d Tr Cpe	450	1450	2400	4800	8400	12,000
4d Sed	400	1300	2200	4400	7700	11,000
4d Trk Sed	400	1350	2250	4500	7900	11,300
1935						
F-35, 6-cyl.						
2d Conv	850	2750	4600	9200	16,100	23,000
2d Clb Cpe	450	1160	1950	3900	6800	9700
2d Bus Cpe	450	1130	1900	3800	6600	9400
2d Spt Cpe	450	1190	2000	3950	6900	9900
2d Tr Cpe	450	1120	1875	3750	6500	9300
4d Sed	350	975	1600	3250	5700	8100
4d Trk Sed	350	1000	1650	3300	5750	8200
L-35, 8-cyl.						
2d Conv	950	3000	5000	10,000	17,500	25,000
2d Clb Cpe	400	1250	2100	4200	7300	10,400
2d Bus Cpe	400	1200	2000	4000	7100	10,100
2d Spt Cpe	400	1300	2200	4400	7700	11,000
2d Sed	350	1040	1750	3500	6100	8700
2d Trk Sed	450	1050	1800	3600	6200	8900
4d Sed	450	1050	1800	3600	6200	8900
4d Trk Sed	450	1090	1800	3650	6400	9100
1936						
F-36, 6-cyl.						
2d Conv	950	3000	5000	10,000	17,500	25,000
2d Bus Cpe	400	1250	2100	4200	7400	10,500
2d Spt Cpe	400	1300	2200	4400	7700	11,000
2d Sed	450	1050	1750	3550	6150	8800
2d Trk Sed	450	1080	1800	3600	6300	9000
4d Sed	450	1090	1800	3650	6400	9100
4d Trk Sed	950	1100	1850	3700	6450	9200
L-36, 8-cyl.						
2d Conv	1000	3250	5400	10,800	18,900	27,000
2d Bus Cpe	400	1200	2000	4000	7000	10,000
2d Spt Cpe	400	1250	2100	4200	7400	10,500
2d Sed	950	1100	1850	3700	6450	9200
2d Trk Sed	450	1140	1900	3800	6650	9500
4d Sed	450	1160	1950	3900	6800	9700
4d Trk Sed	450	1190	2000	3950	6900	9900
1937						
F-37, 6-cyl.						
2d Conv	1050	3350	5600	11,200	19,600	28,000
2d Bus Cpe	400	1250	2100	4200	7300	10,400
2d Clb Cpe	450	1400	2300	4600	8100	11,500
2d Sed	400	1300	2200	4400	7700	11,000
2d Trk Sed	400	1200	2000	4000	7100	10,100
4d Sed	400	1300	2200	4400	7700	11,000
4d Trk Sed	400	1200	2050	4100	7100	10,200
L-37, 8-cyl.						
2d Conv	1150	3700	6200	12,400	21,700	31,000
2d Bus Cpe	400	1350	2250	4500	7800	11,200
2d Clb Cpe	400	1300	2200	4400	7700	11,000
2d Sed	400	1250	2100	4200	7300	10,400
2d Trk Sed	400	1250	2100	4200	7400	10,500
4d Sed	400	1250	2100	4200	7300	10,400
4d Trk Sed	400	1250	2100	4200	7400	10,600

	6	5	4	3	2	1
1938						
F-38, 6-cyl.						
2d Conv	1150	3600	6000	12,000	21,000	30,000
2d Bus Cpe	400	1250	2100	4200	7300	10,400
2d Clb Cpe	400	1300	2200	4400	7600	10,900
2d Sed	450	1140	1900	3800	6650	9500
2d Tr Sed	400	1200	2000	4000	7000	10,000
4d Sed	450	1190	2000	3950	6900	9900
4d Tr Sed	400	1200	2000	4000	7000	10,000
L-38, 8-cyl.						
2d Conv	1300	4100	6800	13,600	23,800	34,000
2d Bus Cpe	400	1300	2200	4400	7600	10,900
2d Clb Cpe	450	1350	2300	4600	8000	11,400
2d Sed	400	1200	2000	4000	7000	10,000
2d Tr Sed	400	1250	2100	4200	7400	10,500
4d Sed	400	1250	2050	4100	7200	10,300
4d Tr Sed	400	1250	2100	4200	7400	10,500
1939						
F-39 "60" Series, 6-cyl.						
2d Bus Cpe	400	1250	2050	4100	7200	10,300
2d Clb Cpe	400	1250	2100	4200	7300	10,400
2d Sed	400	1200	2050	4100	7100	10,200
4d Sed	400	1250	2100	4200	7300	10,400
G-39 "70" Series, 6-cyl.						
2d Conv	1050	3350	5600	11,200	19,600	28,000
2d Bus Sed	400	1250	2100	4200	7400	10,500
2d Clb Cpe	400	1300	2150	4300	7500	10,700
2d Sed	400	1250	2100	4200	7300	10,400
2d SR Sed	400	1250	2100	4200	7400	10,600
4d Sed	400	1250	2100	4200	7400	10,500
4d SR Sed	400	1250	2100	4200	7400	10,600
L-39, 8-cyl.						
2d Conv	1150	3700	6200	12,400	21,700	31,000
2d Bus Cpe	400	1300	2200	4400	7700	11,000
2d Clb Cpe	450	1350	2300	4600	8000	11,400
2d Sed	400	1300	2150	4300	7500	10,700
2d SR Sed	400	1300	2200	4400	7700	11,000
4d Sed	400	1350	2200	4400	7800	11,100
4d SR Sed	400	1300	2150	4300	7600	10,800
1940						
Series 60, 6-cyl.						
2d Conv	1100	3500	5800	11,600	20,300	29,000
2d Bus Cpe	450	1350	2300	4600	8000	11,400
2d Clb Cpe	450	1450	2400	4800	8400	12,000
4d Sta Wag	750	2400	4000	8000	14,000	20,000
2d Sed	400	1300	2150	4300	7500	10,700
2d SR Sed	400	1300	2200	4400	7700	11,000
4d Sed	400	1300	2150	4300	7600	10,800
4d SR Sed	400	1350	2200	4400	7800	11,100
Series 70, 6-cyl.						
2d Conv	1150	3700	6200	12,400	21,700	31,000
2d Bus Cpe	450	1450	2400	4800	8400	12,000
2d Clb Cpe	450	1400	2300	4600	8100	11,500
2d Sed	450	1350	2300	4600	8000	11,400
4d Sed	450	1400	2300	4600	8100	11,600
Series 90, 8-cyl.						
2d Conv Cpe	1750	5650	9400	18,800	32,900	47,000
4d Conv Sed	1800	5750	9600	19,200	33,600	48,000
2d Clb Cpe	600	1900	3200	6400	11,200	16,000
4d Tr Sed	550	1700	2800	5600	9800	14,000
1941						
Series 66, 6-cyl.						
2d Conv Cpe	1000	3100	5200	10,400	18,200	26,000
2d Bus Cpe	400	1300	2200	4400	7700	11,000
2d Clb Cpe	450	1400	2300	4600	8100	11,500
2d Sed	400	1250	2100	4200	7300	10,400
4d Sed	400	1250	2100	4200	7400	10,600
4d Twn Sed	400	1300	2150	4300	7500	10,700
4d Sta Wag	1050	3350	5600	11,200	19,600	28,000
Series 68, 8-cyl.						
2d Conv Cpe	1050	3350	5600	11,200	19,600	28,000
2d Bus Cpe	450	1400	2300	4600	8100	11,500
2d Clb Cpe	450	1450	2400	4800	8400	12,000
2d Sed	400	1250	2100	4200	7400	10,600
4d Sed	400	1300	2150	4300	7600	10,800

	6	5	4	3	2	1
4d Twn Sed	400	1300	2200	4400	7700	11,000
4d Sta Wag	1050	3350	5600	11,200	19,600	28,000
Series 76, 6-cyl.						
2d Bus Cpe	450	1450	2400	4800	8400	12,000
2d Clb Sed	400	1300	2200	4400	7700	11,000
4d Sed	400	1300	2200	4400	7700	11,000

1941 Oldsmobile 78 four-door sedan

	6	5	4	3	2	1
Series 78, 8-cyl.						
2d Bus Sed	400	1350	2200	4400	7800	11,100
2d Clb Sed	450	1350	2300	4600	8000	11,400
4d Sed	450	1400	2300	4600	8100	11,500
Series 96, 6-cyl.						
2d Conv Cpe	1550	4900	8200	16,400	28,700	41,000
2d Clb Cpe	550	1800	3000	6000	10,500	15,000
4d Sed	500	1550	2600	5200	9100	13,000
Series 98, 8-cyl.						
2d Conv Cpe	1800	5750	9600	19,200	33,600	48,000
4d Conv Sed	1850	5900	9800	19,600	34,300	49,000
2d Clb Cpe	600	1900	3200	6400	11,200	16,000
4d Sed	550	1700	2800	5600	9800	14,000
1942						
Special Series 66 & 68						
2d Conv	950	3000	5000	10,000	17,500	25,000
2d Bus Cpe	400	1250	2100	4200	7400	10,500
2d Clb Cpe	400	1300	2200	4400	7700	11,000
2d Clb Sed	400	1250	2100	4200	7400	10,600
2d Sed	400	1250	2050	4100	7200	10,300
4d Sed	400	1250	2100	4200	7400	10,500
4d Twn Sed	400	1300	2150	4300	7500	10,700
4d Sta Wag	1000	3250	5400	10,800	18,900	27,000
NOTE: Add 10 percent for 8-cyl.						
Dynamic Series 76-78						
2d Clb Sed	450	1400	2300	4600	8100	11,500
4d Sed	400	1300	2200	4400	7700	11,000
NOTE: Add 10 percent for 8-cyl.						
Custom Series 98, 8-cyl.						
2d Conv	1100	3500	5800	11,600	20,300	29,000
2d Clb Sed	500	1600	2700	5400	9500	13,500
4d Sed	500	1600	2650	5300	9200	13,200
1946-1947						
Special Series 66, 6-cyl.						
2d Conv	950	3000	5000	10,000	17,500	25,000
2d Clb Cpe	400	1250	2100	4200	7400	10,600
2d Clb Sed	400	1250	2100	4200	7300	10,400
4d Sed	400	1250	2050	4100	7200	10,300
4d Sta Wag	1000	3250	5400	10,800	18,900	27,000
Special Series 68, 8-cyl.						
2d Conv	1000	3100	5200	10,400	18,200	26,000
2d Clb Cpe	450	1400	2300	4600	8100	11,600
2d Clb Sed	450	1350	2300	4600	8000	11,400
4d Sed	400	1350	2250	4500	7900	11,300
4d Sta Wag	1050	3350	5600	11,200	19,600	28,000
Dynamic Cruiser, Series 76, 6-cyl.						
2d Clb Sed	400	1300	2150	4300	7500	10,700
2d DeL Clb Sed (1947 only)	400	1300	2150	4300	7600	10,800

	6	5	4	3	2	1
4d Sed	400	1250	2100	4200	7400	10,600
4d DeL Sed (1947 only)	400	1300	2150	4300	7500	10,700
Dynamic Cruiser Series 78, 8-cyl.						
2d Clb Sed	450	1400	2350	4700	8200	11,700
2d DeL Clb Sed (1947 only)	450	1400	2350	4700	8300	11,800
4d Sed	450	1400	2300	4600	8100	11,600
4d DeL Sed (1947 only)	450	1400	2350	4700	8200	11,700
Custom Cruiser Series 98, 8-cyl.						
2d Conv	1000	3250	5400	10,800	18,900	27,000
2d Clb Sed	450	1500	2500	5000	8800	12,500
4d Sed	450	1450	2450	4900	8500	12,200
1948						
Dynamic Series 66, 6-cyl., 119" wb						
2d Conv	1000	3100	5200	10,400	18,200	26,000
2d Clb Cpe	400	1250	2100	4200	7400	10,500
2d Clb Sed	400	1200	2050	4100	7100	10,200
4d Sed	400	1250	2050	4100	7200	10,300
4d Sta Wag	1000	3250	5400	10,800	18,900	27,000
Dynamic Series 68, 8-cyl., 119" wb						
2d Conv	1000	3250	5400	10,800	18,900	27,000
2d Clb Cpe	450	1400	2300	4600	8100	11,500
2d Clb Sed	400	1350	2250	4500	7800	11,200
4d Sed	450	1400	2300	4600	8100	11,600
4d Sta Wag	1050	3350	5600	11,200	19,600	28,000
Dynamic Series 76, 6-cyl., 125" wb						
2d Clb Sed	400	1250	2100	4200	7400	10,500
4d Sed	400	1250	2100	4200	7400	10,600
Dynamic Series 78, 8-cyl., 125" wb						
2d Clb Sed	450	1400	2300	4600	8100	11,500
4d Sed	450	1400	2300	4600	8100	11,600
Futuramic Series 98, 8-cyl., 125" wb						
2d Conv	1050	3350	5600	11,200	19,600	28,000
2d Clb Sed	450	1450	2400	4800	8400	12,000
4d Sed	450	1450	2400	4800	8400	12,000
1949						
Futuramic 76, 6-cyl., 119.5" wb						
2d Conv	1000	3100	5200	10,400	18,200	26,000
4d Clb Cpe	450	1450	2400	4800	8400	12,000
2d Sed	400	1200	2000	4000	7100	10,100
4d Sed	400	1200	2000	4000	7000	10,000
4d Sta Wag	550	1800	3000	6000	10,500	15,000
Futuramic Series 88, V-8, 119.5" wb						
2d Conv	1400	4450	7400	14,800	25,900	37,000
2d Clb Cpe	700	2150	3600	7200	12,600	18,000
2d Clb Sed	650	2050	3400	6800	11,900	17,000
4d Sed	500	1550	2600	5200	9100	13,000
4d Sta Wag	800	2500	4200	8400	14,700	21,000
Futuramic Series 98, V-8, 125" wb						
2d Conv	1350	4300	7200	14,400	25,200	36,000
2d Holiday	850	2750	4600	9200	16,100	23,000
2d Clb Sed	550	1700	2800	5600	9800	14,000
4d Sed	550	1700	2800	5600	9800	14,000

1950 Oldsmobile 88 two-door Club Sedan

	6	5	4	3	2	1
1950						
Futuramic 76, 6-cyl., 119.5" wb						
2d Conv	1150	3600	6000	12,000	21,000	30,000
2d Holiday	950	3000	5000	10,000	17,500	25,000
2d Clb Cpe	600	1900	3200	6400	11,200	16,000
2d Sed	400	1200	2050	4100	7100	10,200
2d Clb Sed	550	1800	3000	6000	10,500	15,000
4d Sed	400	1200	2000	4000	7100	10,100
4d Sta Wag	750	2400	4000	8000	14,000	20,000
Futuramic 88, V-8, 119.5" wb						
2d Conv	1600	5050	8400	16,800	29,400	42,000
2d DeL Holiday	1100	3500	5800	11,600	20,300	29,000
2d DeL Clb Cpe	700	2150	3600	7200	12,600	18,000
2d DeL	550	1800	3000	6000	10,500	15,000
2d DeL Clb Sed	600	1850	3100	6200	10,900	15,500
4d DeL Sed	550	1800	3000	6000	10,400	14,900
4d DeL Sta Wag	1000	3100	5200	10,400	18,200	26,000
Futuramic 98, V-8, 122" wb						
2d DeL Conv	1400	4450	7400	14,800	25,900	37,000
2d DeL Holiday HT	950	3000	5000	10,000	17,500	25,000
2d Holiday HT	900	2900	4800	9600	16,800	24,000
2d DeL Clb Sed	550	1750	2900	5800	10,200	14,500
4d DeL FBk	550	1700	2800	5600	9800	14,000
4d DeL FsBk	550	1700	2800	5600	9900	14,100
4d DeL Sed	500	1650	2700	5400	9500	13,600
4d DeL Twn Sed	550	1800	3000	6000	10,500	15,000
NOTE: Deduct 10 percent for 6-cyl.						
1951-1952						
Standard 88, V-8, 119.5" wb						
2d Sed (1951 only)	550	1750	2900	5800	10,200	14,500
4d Sed (1951 only)	550	1750	2900	5800	10,100	14,400
DeLuxe 88, V-8, 120" wb						
2d Sed	450	1500	2500	5000	8800	12,600
4d Sed	450	1500	2500	5000	8800	12,500
Super 88, V-8, 120" wb						
2d Conv	1000	3250	5400	10,800	18,900	27,000
2d Holiday HT	850	2650	4400	8800	15,400	22,000
2d Clb Cpe	550	1800	3000	6000	10,500	15,000
2d Sed	500	1550	2550	5100	9000	12,800
4d Sed	500	1500	2550	5100	8900	12,700
Series 98, V-8, 122" wb						
2d Conv	1100	3500	5800	11,600	20,300	29,000
2d DeL Holiday HT ('51)	900	2900	4800	9600	16,800	24,000
2d Holiday HT	850	2750	4600	9200	16,100	23,000
4d Sed	500	1550	2600	5200	9100	13,000
1953						
Series 88, V-8, 120" wb						
2d Sed	400	1300	2200	4400	7600	10,900
4d Sed	400	1300	2200	4400	7700	11,000
Series Super 88, V-8, 120" wb						
2d Conv	1150	3600	6000	12,000	21,000	30,000
2d Holiday HT	900	2900	4800	9600	16,800	24,000
2d Sed	400	1300	2200	4400	7700	11,000
4d Sed	400	1350	2200	4400	7800	11,100
Classic 98, V-8, 124" wb						
2d Conv	1300	4100	6800	13,600	23,800	34,000
2d Holiday HT	1000	3100	5200	10,400	18,200	26,000
4d Sed	450	1500	2500	5000	8800	12,500
Fiesta 98, V-8, 124" wb						
2d Conv	2650	8400	14,000	28,000	49,000	70,000
1954						
Series 88, V-8, 122" wb						
2d Holiday HT	850	2750	4600	9200	16,100	23,000
2d Sed	450	1400	2300	4600	8100	11,600
4d Sed	450	1400	2300	4600	8100	11,500
Series Super 88, V-8, 122" wb						
2d Conv	1200	3850	6400	12,800	22,400	32,000
2d Holiday HT	950	3000	5000	10,000	17,500	25,000
2d Sed	450	1450	2450	4900	8500	12,200
4d Sed	450	1450	2400	4800	8400	12,000
Classic 98, V-8, 126" wb						
2d Starfire Conv	1450	4700	7800	15,600	27,300	39,000
2d DeL Holiday HT	1100	3500	5800	11,600	20,300	29,000
2d Holiday HT	1050	3350	5600	11,200	19,600	28,000
4d Sed	550	1700	2800	5600	9800	14,000

	6	5	4	3	2	1
1955						
Series 88, V-8, 122" wb						
2d DeL Holiday HT	800	2500	4200	8400	14,700	21,000
4d Holiday HT	550	1700	2800	5600	9800	14,000
2d Sed	450	1400	2300	4600	8100	11,600
4d Sed	450	1400	2300	4600	8100	11,500
Series Super 88, V-8, 122" wb						
2d Conv	1150	3700	6200	12,400	21,700	31,000
2d DeL Holiday HT	850	2750	4600	9200	16,100	23,000
4d Holiday HT	550	1800	3000	6000	10,500	15,000
2d Sed	450	1450	2400	4800	8500	12,100
4d Sed	450	1450	2400	4800	8400	12,000
Classic 98, V-8, 126" wb						
2d Starfire Conv	1400	4450	7400	14,800	25,900	37,000
2d DeL Holiday HT	1000	3250	5400	10,800	18,900	27,000
4d DeL Holiday HT	600	1900	3200	6400	11,200	16,000
4d Sed	550	1700	2800	5600	9800	14,000
1956						
Series 88, V-8, 122" wb						
2d Holiday HT	850	2750	4600	9200	16,100	23,000
4d Holiday HT	600	1900	3200	6400	11,200	16,000
2d Sed	500	1550	2600	5200	9100	13,000
4d Sed	450	1500	2500	5000	8800	12,500
Series Super 88, V-8, 122" wb						
2d Conv	1150	3700	6200	12,400	21,700	31,000
2d Holiday HT	950	3000	5000	10,000	17,500	25,000
4d Holiday HT	700	2150	3600	7200	12,600	18,000
2d Sed	550	1700	2800	5600	9800	14,000
4d Sed	500	1600	2700	5400	9500	13,500
Series 98, V-8, 126" wb						
2d Starfire Conv	1450	4550	7600	15,200	26,600	38,000
2d DeL Holiday HT	1000	3100	5200	10,400	18,200	26,000
4d DeL Holiday HT	700	2300	3800	7600	13,300	19,000
4d Sed	550	1800	3000	6000	10,500	15,000
1957						
Series 88, V-8, 122" wb						
2d Conv	1250	3950	6600	13,200	23,100	33,000
2d Holiday HT	850	2750	4600	9200	16,100	23,000
4d Holiday HT	600	1900	3200	6400	11,200	16,000
2d Sed	450	1500	2500	5000	8800	12,600
4d Sed	450	1500	2500	5000	8800	12,500
4d HT Wag	700	2300	3800	7600	13,300	19,000
4d Sta Wag	550	1700	2800	5600	9800	14,000
Series Super 88, V-8, 122" wb						
2d Conv	1400	4450	7400	14,800	25,900	37,000
2d Holiday HT	950	3000	5000	10,000	17,500	25,000
4d Holiday HT	700	2150	3600	7200	12,600	18,000
2d Sed	500	1650	2700	5400	9500	13,600
4d Sed	500	1600	2700	5400	9500	13,500
4d HT Wag	800	2500	4200	8400	14,700	21,000
Series 98, V-8, 126" wb						
2d Starfire Conv	1500	4800	8000	16,000	28,000	40,000
2d Holiday HT	1000	3100	5200	10,400	18,200	26,000
4d Holiday HT	750	2400	4000	8000	14,000	20,000
4d Sed	550	1750	2900	5800	10,200	14,500
NOTE: Add 10 percent for J-2 option.						
1958						
Series 88, V-8, 122.5" wb						
2d Conv	850	2750	4600	9200	16,100	23,000
2d Holiday HT	850	2650	4400	8800	15,400	22,000
4d Holiday HT	550	1800	3000	6000	10,500	15,000
2d Sed	450	1400	2300	4600	8100	11,500
4d Sed	450	1350	2300	4600	8000	11,400
4d HT Wag	600	1900	3200	6400	11,200	16,000
4d Sta Wag	500	1550	2600	5200	9100	13,000
Series Super 88, V-8, 122.5" wb						
2d Conv	1050	3350	5600	11,200	19,600	28,000
2d Holiday HT	950	3000	5000	10,000	17,500	25,000
4d Holiday HT	650	2050	3400	6800	11,900	17,000
4d Sed	450	1450	2400	4800	8400	12,000
4d HT Wag	700	2150	3600	7200	12,600	18,000
Series 98, V-8, 126.5" wb						
2d Conv	1250	3950	6600	13,200	23,100	33,000
2d Holiday HT	900	2900	4800	9600	16,800	24,000
4d Holiday HT	700	2300	3800	7600	13,300	19,000

	6	5	4	3	2	1
4d Sed	500	1550	2600	5200	9100	13,000

NOTE: Add 10 percent for J-2 option.

1959
Series 88, V-8, 123" wb

	6	5	4	3	2	1
2d Conv	950	3000	5000	10,000	17,500	25,000
2d Holiday HT	750	2400	4000	8000	14,000	20,000
4d Holiday HT	550	1800	3000	6000	10,500	15,000
4d Sed	400	1200	2000	4000	7000	10,000
4d Sta Wag	400	1250	2100	4200	7400	10,500

Series Super 88, V-8, 123" wb

	6	5	4	3	2	1
2d Conv	1000	3250	5400	10,800	18,900	27,000
2d Holiday HT	850	2650	4400	8800	15,400	22,000
4d Holiday HT	650	2050	3400	6800	11,900	17,000
4d Sed	400	1250	2100	4200	7400	10,500
4d Sta Wag	400	1300	2200	4400	7700	11,000

Series 98, V-8, 126.3" wb

	6	5	4	3	2	1
2d Conv	1150	3700	6200	12,400	21,700	31,000
2d Holiday HT	900	2900	4800	9600	16,800	24,000
4d Holiday HT	700	2300	3800	7600	13,300	19,000
4d Sed	400	1300	2200	4400	7700	11,000

NOTE: Add 10 percent for hp option.

1960 Oldsmobile Super 88 SceniCoupe two-door hardtop

1960
Series 88, V-8, 123" wb

	6	5	4	3	2	1
2d Conv	900	2900	4800	9600	16,800	24,000
2d Holiday HT	700	2150	3600	7200	12,600	18,000
4d Holiday HT	550	1700	2800	5600	9800	14,000
4d Sed	400	1200	2000	4000	7000	10,000
4d Sta Wag	400	1250	2100	4200	7400	10,500

Series Super 88, V-8, 123" wb

	6	5	4	3	2	1
2d Conv	1000	3250	5400	10,800	18,900	27,000
2d Holiday HT	750	2400	4000	8000	14,000	20,000
4d Holiday HT	600	1900	3200	6400	11,200	16,000
4d Sed	400	1250	2100	4200	7400	10,500
4d Sta Wag	400	1300	2200	4400	7700	11,000

Series 98, V-8, 126.3" wb

	6	5	4	3	2	1
2d Conv	1150	3700	6200	12,400	21,700	31,000
2d Holiday HT	850	2650	4400	8800	15,400	22,000
4d Holiday HT	650	2050	3400	6800	11,900	17,000
4d Sed	400	1300	2200	4400	7700	11,000

1961
F-85, V-8, 112" wb

	6	5	4	3	2	1
4d Sed	350	830	1400	2950	4830	6900
2d Clb Cpe	350	840	1400	2800	4900	7000
4d Sta Wag	350	900	1500	3000	5250	7500

Dynamic 88, V-8, 123" wb

	6	5	4	3	2	1
2d Sed	350	880	1500	2950	5180	7400
4d Sed	350	900	1500	3000	5250	7500
2d Holiday HT	550	1800	3000	6000	10,500	15,000
4d Holiday HT	400	1300	2200	4400	7700	11,000
2d Conv	850	2650	4400	8800	15,400	22,000
4d Sta Wag	450	1140	1900	3800	6650	9500

Super 88, V-8, 123" wb

	6	5	4	3	2	1
4d Sed	350	975	1600	3200	5600	8000

	6	5	4	3	2	1
4d Holiday HT	450	1450	2400	4800	8400	12,000
2d Holiday HT	650	2050	3400	6800	11,900	17,000
2d Conv	950	3000	5000	10,000	17,500	25,000
4d Sta Wag	400	1200	2000	4000	7000	10,000
2d Starfire Conv	1200	3850	6400	12,800	22,400	32,000
Series 98, V-8, 126" wb						
4d Twn Sed	400	1250	2100	4200	7400	10,500
4d Spt Sed	400	1300	2150	4300	7500	10,700
4d Holiday HT	500	1550	2600	5200	9100	13,000
2d Holiday HT	700	2150	3600	7200	12,600	18,000
2d Conv	1000	3250	5400	10,800	18,900	27,000

NOTE: Deduct 10 percent for std. line values; add 10 percent for Cutlass.

1962
F-85 Series, V-8, 112" wb

	6	5	4	3	2	1
4d Sed	350	840	1400	2800	4900	7000
2d Cutlass Cpe	350	975	1600	3200	5600	8000
2d Cutlass Conv	400	1200	2000	4000	7000	10,000
4d Sta Wag	350	840	1400	2800	4900	7000
Jetfire Turbo-charged, V-8, 112" wb						
2d HT	450	1450	2400	4800	8400	12,000
Dynamic 88, V-8, 123" wb						
4d Sed	350	900	1500	3000	5250	7500
4d Holiday HT	400	1300	2200	4400	7700	11,000
2d Holiday HT	600	1900	3200	6400	11,200	16,000
2d Conv	850	2650	4400	8800	15,400	22,000
4d Sta Wag	450	1140	1900	3800	6650	9500
Super 88, V-8, 123" wb						
4d Sed	350	975	1600	3200	5600	8000
4d Holiday HT	450	1450	2400	4800	8400	12,000
2d Holiday HT	650	2050	3400	6800	11,900	17,000
4d Sta Wag	400	1200	2000	4000	7000	10,000
Starfire, 345 hp V-8, 123" wb						
2d HT	850	2750	4600	9200	16,100	23,000
2d Conv	1100	3500	5800	11,600	20,300	29,000
Series 98, V-8, 126" wb						
4d Twn Sed	450	1140	1900	3800	6650	9500
4d Spt Sed	450	1160	1950	3900	6800	9700
4d Holiday HT	550	1700	2800	5600	9800	14,000
2d Holiday Spt HT	700	2300	3800	7600	13,300	19,000
2d Conv	950	3000	5000	10,000	17,500	25,000

1963
F-85 Series, V-8, 112" wb

	6	5	4	3	2	1
4d Sed	350	840	1400	2800	4900	7000
2d Cutlass Cpe	350	975	1600	3200	5600	8000
2d Cutlass Conv	400	1300	2200	4400	7700	11,000
4d Sta Wag	350	900	1500	3000	5250	7500
Jetfire Series, V-8, 112" wb						
2d HT	450	1450	2400	4800	8400	12,000
Dynamic 88, V-8, 123" wb						
4d Sed	350	1020	1700	3400	5950	8500
4d Holiday HT	400	1300	2200	4400	7700	11,000
2d Holiday HT	550	1800	3000	6000	10,500	15,000
2d Conv	700	2300	3800	7600	13,300	19,000
4d Sta Wag	450	1080	1800	3600	6300	9000
Super 88, V-8, 123" wb						
4d Sed	450	1080	1800	3600	6300	9000
4d Holiday HT	450	1450	2400	4800	8400	12,000
2d Holiday HT	600	1900	3200	6400	11,200	16,000
4d Sta Wag	450	1140	1900	3800	6650	9500
Starfire, V-8, 123" wb						
2d Cpe	750	2400	4000	8000	14,000	20,000
2d Conv	1100	3500	5800	11,600	20,300	29,000
Series 98, V-8, 126" wb						
4d Sed	450	1080	1800	3600	6300	9000
4d 4W Holiday HT	500	1550	2600	5200	9100	13,000
4d 6W Holiday HT	450	1400	2300	4600	8100	11,500
2d Holiday HT	650	2050	3400	6800	11,900	17,000
2d Cus Spt HT	650	2100	3500	7000	12,300	17,500
2d Conv	1000	3100	5200	10,400	18,200	26,000

1964
F-85 Series, V-8, 115" wb

	6	5	4	3	2	1
4d Sed	350	900	1500	3000	5250	7500
4d Sta Wag	350	860	1450	2900	5050	7200
Cutlass 3200, V-8						
2d Spt Cpe	350	975	1600	3200	5600	8000

	6	5	4	3	2	1
2d HT	450	1140	1900	3800	6650	9500
2d Conv	450	1450	2400	4800	8400	12,000
Cutlass 4-4-2						
2d Sed	350	1040	1700	3450	6000	8600
2d HT	400	1250	2100	4200	7400	10,500
2d Conv	550	1700	2800	5600	9800	14,000
Vista Cruiser, V-8, 120" wb						
4d Sta Wag	350	975	1600	3200	5600	8000
4d Cus Wag	350	1000	1650	3300	5750	8200
Jetstar, V-8, 123" wb						
4d Sed	350	975	1600	3200	5600	8000
4d HT	450	1140	1900	3800	6650	9500
2d HT	400	1300	2200	4400	7700	11,000
2d Conv	700	2300	3800	7600	13,300	19,000
Jetstar I, V-8, 123" wb						
2d HT	600	1900	3200	6400	11,200	16,000
Dynamic 88, V-8, 123" wb						
4d Sed	350	1020	1700	3400	5950	8500
4d HT	400	1200	2000	4000	7000	10,000
2d HT	550	1800	3000	6000	10,500	15,000
2d Conv	800	2500	4200	8400	14,700	21,000
4d Sta Wag	400	1200	2000	4000	7000	10,000
Super 88, V-8, 123" wb						
4d Sed	450	1080	1800	3600	6300	9000
4d HT	400	1300	2200	4400	7700	11,000
Starfire, 123" wb						
2d HT	750	2400	4000	8000	14,000	20,000
2d Conv	1000	3100	5200	10,400	18,200	26,000
Series 98, V-8, 126" wb						
4d Sed	450	1140	1900	3800	6650	9500
4d 6W HT	450	1450	2400	4800	8400	12,000
4d 4W HT	500	1550	2600	5200	9100	13,000
2d HT	650	2050	3400	6800	11,900	17,000
2d Cus Spt HT	650	2100	3500	7000	12,300	17,500
2d Conv	1000	3100	5200	10,400	18,200	26,000
1965						
F-85 Series, V-8, 115" wb						
4d Sed	350	850	1450	2850	4970	7100
2d Cpe	350	900	1500	3000	5250	7500
4d Sta Wag	350	860	1450	2900	5050	7200
4d DeL Sed	350	870	1450	2900	5100	7300
4d DeL Wag	350	900	1500	3000	5250	7500
Cutlass Series, V-8, 115" wb						
2d Cpe	350	1020	1700	3400	5950	8500
2d HT	400	1250	2100	4200	7400	10,500
2d Conv	450	1400	2300	4600	8100	11,500
Cutlass 4-4-2						
2d Sed	450	1170	1975	3900	6850	9800
2d HT	450	1450	2400	4800	8400	12,000
2d Conv	550	1800	3000	6000	10,500	15,000
Vista Cruiser, V-8, 120" wb						
4d Sta Wag	350	975	1600	3200	5600	8000
Jetstar Series, V-8, 123" wb						
4d Sed	350	950	1550	3150	5450	7800
4d HT	450	1140	1900	3800	6650	9500
2d HT	450	1400	2300	4600	8100	11,500
2d Conv	500	1550	2600	5200	9100	13,000
Dynamic 88, V-8, 123" wb						
4d Sed	350	975	1600	3200	5600	8000
4d HT	400	1250	2100	4200	7400	10,500
2d HT	450	1400	2300	4600	8100	11,500
2d Conv	550	1800	3000	6000	10,500	15,000
Delta 88, V-8, 123" wb						
4d Sed	350	1020	1700	3400	5950	8500
4d HT	400	1250	2100	4200	7400	10,500
2d HT	450	1500	2500	5000	8800	12,500
Jetstar I, V-8, 123" wb						
2d HT	500	1550	2600	5200	9100	13.000
Starfire, 123" wb						
2d HT	550	1800	3000	6000	10,500	15,000
2d Conv	650	2050	3400	6800	11,900	17,000
Series 98, V-8, 126" wb						
4d Twn Sed	450	1080	1800	3600	6300	9000
4d Lux Sed	950	1100	1850	3700	6450	9200
4d HT	400	1200	2000	4000	7000	10,000
2d HT	500	1550	2600	5200	9100	13,000
2d Conv	650	2050	3400	6800	11,900	17,000

	6	5	4	3	2	1
1966						
F-85 Series, Standard V-8, 115" wb						
4d Sed	350	850	1450	2850	4970	7100
2d Cpe	350	900	1500	3000	5250	7500
4d Sta Wag	350	900	1500	3000	5250	7500
F-85 Series, Deluxe, V-8, 115" wb						
4d Sed	350	860	1450	2900	5050	7200
4d HT	350	950	1500	3050	5300	7600
2d HT	450	1080	1800	3600	6300	9000
4d Sta Wag	350	950	1550	3100	5400	7700
Cutlass, V-8, 115" wb						
4d Sed	350	870	1450	2900	5100	7300
4d HT	350	950	1550	3100	5400	7700
2d Cpe	350	950	1500	3050	5300	7600
2d HT	450	1140	1900	3800	6650	9500
2d Conv	550	1700	2800	5600	9800	14,000
Cutlass 4-4-2						
2d Sed	500	1550	2600	5200	9100	13,000
2d HT	550	1800	3000	6000	10,500	15,000
2d Conv	700	2150	3600	7200	12,600	18,000
NOTE: Add 30 percent for triple two-barrel carbs. Add 90 percent for W-30.						
4d 3S Sta Wag	350	1020	1700	3400	5950	8500
4d 2S Sta Wag	350	1000	1650	3350	5800	8300
4d 3S Cus Sta Wag	350	1040	1750	3500	6100	8700
4d Cus Sta Wag 2S	350	1020	1700	3400	5950	8500
Jetstar 88, V-8, 123" wb						
4d Sed	350	900	1500	3000	5250	7500
4d HT	350	975	1600	3200	5600	8000
2d HT	400	1200	2000	4000	7000	10,000
Dynamic 88, V-8, 123" wb						
4d Sed	350	950	1550	3100	5400	7700
4d HT	350	1020	1700	3400	5950	8500
2d HT	400	1300	2150	4300	7500	10,700
2d Conv	450	1450	2400	4800	8400	12,000
Delta 88, V-8, 123" wb						
4d Sed	350	975	1600	3200	5600	8000
4d HT	450	1080	1800	3600	6300	9000
2d HT	400	1300	2200	4400	7700	11,000
2d Conv	450	1450	2400	4800	8400	12,000
Starfire, V-8, 123" wb						
2d HT	500	1550	2600	5200	9100	13,000
Ninety-Eight, V-8, 126" wb						
4d Twn Sed	350	1000	1650	3300	5750	8200
4d Lux Sed	350	1000	1650	3350	5800	8300
4d HT	450	1140	1900	3800	6650	9500
2d HT	450	1450	2400	4800	8400	12,000
2d Conv	550	1700	2800	5600	9800	14,000
Toronado, FWD V-8, 119" wb						
2d Spt HT	450	1450	2400	4800	8400	12,000
2d Cus HT	450	1500	2500	5000	8800	12,500
1967						
F-85 Series, Standard, V-8, 115" wb						
4d Sed	350	850	1450	2850	4970	7100
2d Cpe	350	900	1500	3000	5250	7500
4d 2S Sta Wag	350	850	1450	2850	4970	7100
Cutlass, V-8, 115" wb						
4d Sed	350	870	1450	2900	5100	7300
4d HT	350	900	1500	3000	5250	7500
2d HT	450	1140	1900	3800	6650	9500
2d Conv	650	2050	3400	6800	11,900	17,000
4d 2S Sta Wag	350	900	1500	3000	5250	7500
NOTE: Deduct 20 percent for 6-cyl.						
Cutlass-Supreme, V-8, 115" wb						
4d Sed	350	900	1500	3000	5250	7500
4d HT	350	975	1600	3200	5500	7900
2d Cpe	350	975	1600	3250	5700	8100
2d HT	450	1450	2400	4800	8400	12,000
2d Conv	700	2150	3600	7200	12,600	18,000
Cutlass 4-4-2						
2d Sed	500	1550	2600	5200	9100	13,000
2d HT	600	1900	3200	6400	11,200	16,000
2d Conv	700	2300	3800	7600	13,300	19,000
NOTE: Add 70 percent for W-30.						

	6	5	4	3	2	1
Vista Cruiser, V-8, 120" wb						
4d 3S Sta Wag	350	975	1600	3200	5600	8000
4d 2S Cus Sta Wag	350	1020	1700	3400	5950	8500
4d 3S Cus Sta Wag	350	1040	1750	3500	6100	8700
Delmont 88, 330 V-8, 123" wb						
4d Sed	350	840	1400	2800	4900	7000
4d HT	350	900	1500	3000	5250	7500
2d HT	450	1080	1800	3600	6300	9000
Delmont 88, 425 V-8, 123" wb						
4d Sed	350	900	1500	3000	5250	7500
4d HT	350	975	1600	3200	5600	8000
2d HT	450	1140	1900	3800	6650	9500
2d Conv	550	1700	2800	5600	9800	14,000
Delta 88, V-8, 123" wb						
4d Sed	350	950	1550	3150	5450	7800
4d HT	350	1000	1650	3350	5800	8300
2d HT	400	1250	2100	4200	7400	10,500
2d Conv	600	1900	3200	6400	11,200	16,000
Delta 88, Custom V-8, 123" wb						
4d HT	350	1020	1700	3400	5950	8500
2d HT	400	1300	2150	4300	7600	10,800
Ninety-Eight, V-8, 126" wb						
4d Twn Sed	350	1020	1700	3400	5950	8500
4d Lux Sed	350	1040	1700	3450	6000	8600
4d HT	450	1120	1875	3750	6500	9300
2d HT	400	1300	2200	4400	7700	11,000
2d Conv	650	2050	3400	6800	11,900	17,000
Toronado, V-8, 119" wb						
2d HT	450	1400	2300	4600	8100	11,500
2d Cus HT	450	1450	2400	4800	8400	12,000

NOTE: Add 10 percent for "425" Delmont Series.
Add 30 percent for W-30.

1968
F-85, V-8, 116" wb, 2 dr 112" wb

	6	5	4	3	2	1
4d Sed	350	860	1450	2900	5050	7200
2d Cpe	350	900	1500	3000	5250	7500
Cutlass, V-8, 116" wb, 2 dr 112" wb						
4d Sed	350	870	1450	2900	5100	7300
4d HT	350	880	1500	2950	5180	7400
2d Cpe S	350	950	1550	3100	5400	7700
2d HT S	450	1140	1900	3800	6650	9500
2d Conv S	650	2050	3400	6800	11,900	17,000
4d Sta Wag	350	900	1500	3000	5250	7500
Cutlass Supreme, V-8, 116" wb, 2 dr 112" wb						
4d Sed	350	900	1500	3000	5250	7500
4d HT	350	975	1600	3200	5500	7900
2d HT	400	1250	2100	4200	7400	10,500

NOTE: Deduct 5 percent for 6-cyl.

4-4-2, V-8, 112" wb						
2d Cpe	500	1550	2600	5200	9100	13,000
2d HT	550	1800	3000	6000	10,500	15,000
2d Conv	700	2300	3800	7600	13,300	19,000
Hurst/Olds						
2d HT	700	2150	3600	7200	12,600	18,000
2d Sed	600	1900	3200	6400	11,200	16,000
Vista Cruiser, V-8, 121" wb						
4d 2S Sta Wag	350	860	1450	2900	5050	7200
4d 3S Sta Wag	350	900	1500	3000	5250	7500
Delmont 88, V-8, 123" wb						
4d Sed	350	900	1500	3000	5250	7500
4d HT	350	950	1550	3100	5400	7700
2d HT	450	1140	1900	3800	6650	9500
2d Conv	550	1800	3000	6000	10,500	15,000
Delta 88, V-8, 123" wb						
4d Sed	350	950	1550	3100	5400	7700
2d HT	400	1200	2000	4000	7000	10,000
4d HT	350	975	1600	3200	5600	8000
Ninety-Eight, V-8, 126" wb						
4d Sed	350	1000	1650	3300	5750	8200
4d Lux Sed	350	1020	1700	3400	5900	8400
4d HT	450	1080	1800	3600	6300	9000
2d HT	400	1300	2200	4400	7700	11,000
2d Conv	600	1900	3200	6400	11,200	16,000
Toronado, V-8, 119" wb						
2d Cus Cpe	400	1250	2100	4200	7400	10,500

	6	5	4	3	2	1

NOTE: Add 30 percent for W-30.
Add 20 percent for 455 when not standard.
Add 20 percent for W-34 option on Toronado.

1969

F-85, V-8, 116" wb, 2d 112" wb

	6	5	4	3	2	1
2d Cpe	350	840	1400	2800	4900	7000
Cutlass, V-8, 116" wb, 2d 112" wb						
4d Sed	350	790	1350	2650	4620	6600
4d HT	350	820	1400	2700	4760	6800
4d Sta Wag	350	790	1350	2650	4620	6600
Cutlass - S						
2d Cpe	350	900	1500	3000	5250	7500
2d HT	400	1200	2000	4000	7000	10,000
2d Conv	600	1900	3200	6400	11,200	16,000
Cutlass Supreme, V-8, 116" wb, 2d 112" wb						
4d Sed	350	850	1450	2850	4970	7100
4d HT	350	900	1500	3000	5250	7500
2d HT	550	1700	2800	5600	9800	14,000
4-4-2, V-8 112" wb						
2d Cpe	500	1550	2600	5200	9100	13,000
2d HT	550	1800	3000	6000	10,500	15,000
2d Conv	700	2300	3800	7600	13,300	19,000
Hurst/Olds						
2d HT	700	2300	3800	7600	13,300	19,000
Vista Cruiser						
4d 2S Sta Wag	350	860	1450	2900	5050	7200
4d 3S Sta Wag	350	870	1450	2900	5100	7300
Delta 88, V-8, 124" wb						
4d Sed	350	975	1600	3200	5600	8000
2d Conv	450	1450	2400	4800	8400	12,000
4d HT	350	1020	1700	3400	5950	8500
2d HT	400	1200	2000	4000	7000	10,000
Delta 88 Custom, V-8, 124" wb						
4d Sed	350	950	1550	3150	5450	7800
4d HT	450	1080	1800	3600	6300	9000
2d HT	400	1250	2100	4200	7400	10,500
Delta 88 Royale, V-8, 124" wb						
2d HT	400	1300	2200	4400	7700	11,000
Ninety Eight, V-8, 127" wb						
4d Sed	350	1020	1700	3400	5950	8500
4d Lux Sed	350	1040	1700	3450	6000	8600
4d Lux HT	450	1150	1900	3850	6700	9600
4d HT	450	1140	1900	3800	6650	9500
2d HT	450	1450	2400	4800	8400	12,000
2d Conv	550	1700	2800	5600	9800	14,000
2d Cus Cpe	450	1160	1950	3900	6800	9700
Toronado, V-8, 119" wb						
2d HT	400	1250	2100	4200	7400	10,500

NOTE: Add 30 percent for W-30.
Add 20 percent for W-34 option on Toronado.
Add 20 percent for 455 when not standard.

1970

F-85, V-8, 116" wb, 2d 112" wb

	6	5	4	3	2	1
2d Cpe	350	900	1500	3000	5250	7500
Cutlass, V-8, 116" wb, 2d 112" wb						
4d Sed	350	840	1400	2800	4900	7000
4d HT	350	900	1500	3000	5250	7500
4d Sta Wag	350	860	1450	2900	5050	7200

NOTE: Deduct 5 percent for 6-cyl.

Cutlass-S, V-8, 112" wb

	6	5	4	3	2	1
2d Cpe	350	840	1400	2800	4900	7000
2d HT	500	1550	2600	5200	9100	13,000

NOTE: Add 25 percent for W45-W30-W31.

Cutlass-Supreme, V-8, 112" wb

	6	5	4	3	2	1
4d HT	350	900	1500	3000	5250	7500
2d HT	550	1800	3000	6000	10,500	15,000
2d Conv	700	2300	3800	7600	13,300	19,000
4-4-2, V-8, 112" wb						
2d Cpe	550	1800	3000	6000	10,500	15,000
2d HT	700	2300	3800	7600	13,300	19,000
2d Conv	850	2650	4400	8800	15,400	22,000
Rallye 350 112" wb						
2d HT	700	2150	3600	7200	12,600	18,000
Vista Cruiser, V-8, 121" wb						
4d 2S Sta Wag	350	860	1450	2900	5050	7200
4d 3S Sta Wag	350	870	1450	2900	5100	7300

	6	5	4	3	2	1
Delta 88, V-8, 124" wb						
4d Sed	350	870	1450	2900	5100	7300
4d HT	350	900	1500	3000	5250	7500
2d HT	450	1140	1900	3800	6650	9500
2d Conv	500	1550	2600	5200	9100	13,000
Delta 88 Custom, V-8, 124" wb						
4d Sed	350	900	1500	3000	5250	7500
4d HT	350	950	1500	3050	5300	7600
2d HT	400	1200	2000	4000	7000	10,000
Delta 88 Royale, V-8, 124" wb						
2d HT	400	1250	2100	4200	7400	10,500
Ninety Eight, V-8, 127" wb						
4d Sed	350	950	1500	3050	5300	7600
4d Lux Sed	350	950	1550	3150	5450	7800
4d Lux HT	350	975	1600	3250	5700	8100
4d HT	350	975	1600	3200	5600	8000
2d HT	400	1300	2200	4400	7700	11,000
2d Conv	550	1700	2800	5600	9800	14,000
Toronado, V-8, 119" wb						
2d Std Cpe	450	1140	1900	3800	6650	9500
2d Cus Cpe	400	1200	2000	4000	7000	10,000

NOTE: Add 20 percent for SX Cutlass Supreme option.
  Add 35 percent for Y-74 Indy Pace Car option.
  Add 50 percent for W-30.
  Add 20 percent for 455 when not standard.
  Add 15 percent for Toronado GT W-34 option.

1971

	6	5	4	3	2	1
F-85, V-8, 116" wb						
4d Sed	200	650	1100	2150	3780	5400
Cutlass, V-8, 116" wb, 2d 112" wb						
4d Sed	200	660	1100	2200	3850	5500
2d HT	400	1250	2100	4200	7400	10,500
4d Sta Wag	200	650	1100	2150	3780	5400
Cutlass -S, V-8, 112" wb						
2d Cpe	350	975	1600	3200	5600	8000
2d HT	400	1300	2200	4400	7700	11,000

NOTE: Deduct 5 percent for 6 cyl.

	6	5	4	3	2	1
Cutlass Supreme, V-8, 116" wb, 2d 112" wb						
4d Sed	350	790	1350	2650	4620	6600
2d HT	500	1550	2600	5200	9100	13,000
2d Conv	700	2150	3600	7200	12,600	18,000

NOTE: Add 15 percent for SX Cutlass Supreme option.

	6	5	4	3	2	1
4-4-2, V-8, 112" wb						
2d HT	700	2150	3600	7200	12,600	18,000
2d Conv	850	2650	4400	8800	15,400	22,000
Vista Cruiser, 121" wb						
4d 2S Sta Wag	200	660	1100	2200	3850	5500
4d 3S Sta Wag	200	670	1150	2250	3920	5600
Delta 88, V-8, 124" wb						
4d Sed	200	660	1100	2200	3850	5500
4d HT	200	720	1200	2400	4200	6000
2d HT	350	975	1600	3200	5600	8000
Delta 88 Custom V-8, 124" wb						
4d Sed	200	670	1150	2250	3920	5600
4d HT	200	745	1250	2500	4340	6200
2d HT	350	1020	1700	3400	5950	8500
Delta 88 Royale, V-8, 124" wb						
2d HT	450	1080	1800	3600	6300	9000
2d Conv	450	1450	2400	4800	8400	12,000
Ninety Eight, V-8, 127" wb						
2d HT	400	1250	2100	4200	7400	10,500
4d HT	350	780	1300	2600	4550	6500
4d Lux HT	350	800	1350	2700	4700	6700
2d Lux HT	400	1200	2000	4000	7000	10,000
Custom Cruiser, V-8, 127" wb						
4d 2S Sta Wag	350	780	1300	2600	4550	6500
4d 3S Sta Wag	350	800	1350	2700	4700	6700
Toronado, 122" wb						
2d HT	400	1200	2000	4000	7000	10,000

NOTES: Add 40 percent for W-30.
  Add 20 percent for 455 when not standard.

	6	5	4	3	2	1
1972						
F-85, V-8, 116" wb						
4d Sed	200	650	1100	2150	3780	5400
Cutlass, V-8, 116" wb, 2d 112" wb						
4d Sed	200	660	1100	2200	3850	5500
2d HT	400	1300	2200	4400	7700	11,000
4d Sta Wag	200	650	1100	2150	3780	5400
Cutlass -S, V-8, 112" wb						
2d Cpe	350	975	1600	3200	5600	8000
2d HT	500	1550	2600	5200	9100	13,000
NOTE: Deduct 5 percent for 6-cyl. Add 5 percent for 4-4-2 option.						
Cutlass Supreme, V-8, 116" wb. 2d 112" wb						
4d HT	350	900	1500	3000	5250	7500
2d HT	550	1700	2800	5600	9800	14,000
2d Conv	700	2150	3600	7200	12,600	18,000
Add 20 percent for Hurst option.						
Vista Cruiser, 121" wb						
4d 2S Sta Wag	200	660	1100	2200	3850	5500
4d 3S Sta Wag	200	670	1150	2250	3920	5600
Delta 88, V-8, 124" wb						
4d Sed	200	700	1075	2150	3700	5300
4d HT	200	720	1200	2400	4200	6000
2d HT	400	1200	2000	4000	7000	10,000
Delta 88 Royale, 124" wb						
4d Sed	200	650	1100	2150	3780	5400
4d HT	200	745	1250	2500	4340	6200
2d HT	400	1250	2100	4200	7400	10,500
2d Conv	450	1450	2400	4800	8400	12,000
Custom Cruiser, 127" wb						
4d 2S Sta Wag	200	720	1200	2400	4200	6000
4d 3S Sta Wag	200	745	1250	2500	4340	6200
Ninety-Eight, 127" wb						
4d HT	200	745	1250	2500	4340	6200
2d HT	400	1200	2000	4000	7000	10,000
Ninety-Eight Luxury, 127" wb						
4d HT	350	780	1300	2600	4550	6500
2d HT	400	1250	2100	4200	7400	10,500

1972 Oldsmobile Toronado Custom two-door hardtop

Toronado, 122" wb						
2d HT	400	1200	2000	4000	7000	10,000
NOTES: Add 30 percent for W-30.						
Add 20 percent for 455 when not standard.						
1973						
Omega, V-8, 111" wb						
4d Sed	200	650	1100	2150	3780	5400
2d Cpe	200	670	1150	2250	3920	5600
2d HBk	200	700	1200	2350	4130	5900
Cutlass, 112" - 116" wb						
2d Col HT	200	730	1250	2450	4270	6100
4d Col HT	200	685	1150	2300	3990	5700
Cutlass S, 112" wb						
2d Cpe	350	770	1300	2550	4480	6400
NOTE: Add 5 percent for 4-4-2 option.						
Cutlass Supreme, 112" - 116" wb						
2d Col HT	350	780	1300	2600	4550	6500

	6	5	4	3	2	1
4d Col HT	200	670	1200	2300	4060	5800
Vista Cruiser, 116" wb						
4d 2S Sta Wag	200	720	1200	2400	4200	6000
4d 3S Sta Wag	200	730	1250	2450	4270	6100
Delta 88, 124" wb						
4d Sed	200	700	1075	2150	3700	5300
4d HT	200	720	1200	2400	4200	6000
2d HT	350	975	1600	3200	5600	8000
Delta 88 Royale, 124" wb						
4d Sed	200	650	1100	2150	3780	5400
4d HT	200	745	1250	2500	4340	6200
2d HT	350	1020	1700	3400	5950	8500
2d Conv	400	1250	2100	4200	7400	10,500
Custom Cruiser, 127" wb						
3S Sta Wag	200	745	1250	2500	4340	6200
2S Sta Wag	200	720	1200	2400	4200	6000
3S Roy Wag	350	770	1300	2550	4480	6400
2S Roy Wag	200	745	1250	2500	4340	6200
Ninety-Eight, 127" wb						
4d HT	200	720	1200	2400	4200	6000
2d HT	350	975	1600	3200	5600	8000
4d Lux HT	350	770	1300	2550	4480	6400
2d Lux HT	350	1020	1700	3400	5950	8500
4d HT Reg	350	780	1300	2600	4550	6500
Toronado, 122" wb						
2d HT Cpe	350	1020	1700	3400	5950	8500

NOTE: Add 20 percent for Hurst/Olds.

1974

	6	5	4	3	2	1
Omega, 111" wb						
2d Cpe	200	700	1050	2100	3650	5200
2d HBk	200	660	1100	2200	3850	5500
4d Sed	200	675	1000	2000	3500	5000
Cutlass, 112" - 116" wb						
2d Cpe	200	670	1150	2250	3920	5600
4d Sed	200	675	1000	2000	3500	5000
Cutlass S, 112" wb						
2d Cpe	200	670	1150	2250	3920	5600
Cutlass Supreme, 112" - 116" wb						
4d Sed	200	700	1050	2100	3650	5200
2d Cpe	200	670	1200	2300	4060	5800

NOTE: Add 5 percent for 4-4-2 option. Add 20 percent for Hurst/Olds.

	6	5	4	3	2	1
Vista Cruiser, 116" wb						
4d 6P Sta Wag	150	650	975	1950	3350	4800
4d 8P Sta Wag	200	675	1000	1950	3400	4900
Delta 88, 124" wb						
2d HT	200	720	1200	2400	4200	6000
4d HT	200	650	1100	2150	3780	5400
4d Sed	200	675	1000	2000	3500	5000
Custom Cruiser, 127" wb						
4d 6P Sta Wag	200	700	1075	2150	3700	5300
4d 8P Sta Wag	200	660	1100	2200	3850	5500
Delta 88 Royale, 124" wb						
2d HT	350	780	1300	2600	4550	6500
4d HT	200	670	1150	2250	3920	5600
4d Sed	200	700	1050	2050	3600	5100
2d Conv	400	1200	2000	4000	7000	10,000

NOTE: Add 20 percent for Indy Pace car.

	6	5	4	3	2	1
Ninety-Eight, 127" wb						
4d HT	200	720	1200	2400	4200	6000
2d HT Lux	350	840	1400	2800	4900	7000
4d HT Lux	200	730	1250	2450	4270	6100
2d HT Reg	350	900	1500	3000	5250	7500
4d Reg Sed	200	730	1250	2450	4270	6100
Toronado, 122" wb						
2d Cpe	350	975	1600	3200	5600	8000

1975

	6	5	4	3	2	1
Starfire, 97" wb						
2d Cpe 'S'	150	550	850	1650	2900	4100
2d Cpe	150	550	850	1675	2950	4200
Omega, 111" wb						
2d Cpe	150	550	850	1650	2900	4100
2d HBk	150	600	900	1800	3150	4500
4d Sed	150	550	850	1675	2950	4200
Omega Salon, 111" wb						
2d Cpe	150	575	900	1750	3100	4400

	6	5	4	3	2	1
2d HBk	150	600	950	1850	3200	4600
4d Sed	150	600	900	1800	3150	4500
Cutlass, 112" - 116" wb						
2d Cpe	150	650	950	1900	3300	4700
4d Sed	150	550	850	1675	2950	4200
2d Cpe 'S'	150	650	975	1950	3350	4800
Cutlass Supreme, 112" - 116" wb						
2d Cpe	200	675	1000	1950	3400	4900
4d Sed	150	600	900	1800	3150	4500
Cutlass Salon, 112" - 116" wb						
2d Cpe	200	675	1000	2000	3500	5000
4d Sed	150	600	950	1850	3200	4600
NOTE: Add 5 percent for 4-4-2 option. Add 20 percent for Hurst/Olds.						
Vista Cruiser, 116" wb						
4d Sta Wag	150	575	900	1750	3100	4400
Delta 88, 124" wb						
2d Cpe	150	600	900	1800	3150	4500
4d Twn Sed	150	550	850	1650	2900	4100
4d HT	200	675	1000	2000	3500	5000
Delta 88 Royale, 124" wb						
2d Cpe	150	600	950	1850	3200	4600
4d Twn Sed	150	550	850	1675	2950	4200
4d HT	200	700	1050	2100	3650	5200
2d Conv	450	1140	1900	3800	6650	9500
Ninety-Eight, 127" wb						
2d Lux Cpe	200	670	1200	2300	4060	5800
4d Lux HT	200	660	1100	2200	3850	5500
2d Reg Cpe	200	700	1200	2350	4130	5900
4d Reg HT	200	685	1150	2300	3990	5700
Toronado, 122" wb						
2d Cus Cpe	350	840	1400	2800	4900	7000
2d Brgm Cpe	350	900	1500	3000	5250	7500
Custom Cruiser, 127" wb						
4d Sta Wag	150	600	950	1850	3200	4600
NOTE: Add 20 percent for Hurst/Olds.						
1976						
Starfire, V-6						
2d Spt Cpe	150	575	875	1700	3000	4300
2d Spt Cpe SX	150	575	900	1750	3100	4400
NOTE: Add 5 percent for V-8.						
Omega F-85, V-8						
2d Cpe	150	550	850	1650	2900	4100
Omega, V-8						
4d Sed	150	550	850	1675	2950	4200
2d Cpe	150	575	875	1700	3000	4300
2d HBk	150	575	900	1750	3100	4400
Omega Brougham V-8						
4d Sed	150	575	875	1700	3000	4300
2d Cpe	150	575	900	1750	3100	4400
2d HBk	150	600	900	1800	3150	4500
Cutlass "S", V-8						
4d Sed	150	550	850	1650	2900	4100
2d Cpe	150	650	950	1900	3300	4700
NOTE: Add 5 percent for 4-4-2 option.						
Cutlass Supreme, V-8						
4d Sed	150	550	850	1675	2950	4200
2d Cpe	150	650	975	1950	3350	4800
Cutlass Salon, V-8						
4d Sed	150	575	900	1750	3100	4400
2d Cpe	200	675	1000	1950	3400	4900
Cutlass Supreme Brougham, V-8						
2d Cpe	200	675	1000	2000	3500	5000
NOTE: Add 20 percent for Hurst/Olds.						
Station Wagons, V-8						
4d 2S Cruiser	150	600	900	1800	3150	4500
4d 3S Cruiser	150	600	950	1850	3200	4600
4d 2S Vista Cruiser	150	600	950	1850	3200	4600
4d 3S Vista Cruiser	150	650	950	1900	3300	4700
Delta 88, V-8						
4d Sed	150	575	900	1750	3100	4400
4d HT	150	650	975	1950	3350	4800
2d Sed	150	600	900	1800	3150	4500
Delta 88 Royle, V-8						
4d Sed	150	600	950	1850	3200	4600
4d HT	200	675	1000	2000	3500	5000
2d Sed	150	650	950	1900	3300	4700

	6	5	4	3	2	1
Station Wagons, V-8						
4d 2S Cus Cruiser	200	675	1000	2000	3500	5000
4d 3S Cus Cruiser	200	675	1000	2000	3500	5000
Ninety-Eight, V-8						
4d Lux HT	200	700	1050	2100	3650	5200
2d Lux Cpe	200	670	1150	2250	3920	5600
4d HT Reg	200	660	1100	2200	3850	5500
2d Reg Cpe	200	685	1150	2300	3990	5700
Toronado, V-8						
2d Cus Cpe	350	780	1300	2600	4550	6500
2d Brgm Cpe	350	840	1400	2800	4900	7000
NOTE: Deduct 5 percent for V-6.						
1977						
Starfire, V-6						
2d Spt Cpe	150	500	800	1550	2700	3900
2d Spt Cpe SX	150	550	850	1650	2900	4100
NOTE: Add 5 percent for V-8.						
Omega F85, V-8						
2d Cpe	150	475	750	1475	2600	3700
Omega, V-8						
4d Sed	150	575	900	1750	3100	4400
2d Cpe	150	600	900	1800	3150	4500
2d HBk	150	600	950	1850	3200	4600
Omega Brougham, V-8						
4d Sed	150	600	900	1800	3150	4500
2d Cpe	150	600	950	1850	3200	4600
2d HBk	150	650	950	1900	3300	4700
NOTE: Deduct 5 percent for V-6.						
Cutlass - "S", V-8						
4d Sed	150	550	850	1675	2950	4200
2d Sed	150	575	875	1700	3000	4300
NOTE: Add 5 percent for 4-4-2 option.						
Cutlass Supreme, V-8						
4d Sed	150	575	900	1750	3100	4400
2d Sed	150	600	900	1800	3150	4500
Cutlass Salon, V-8						
2d	150	600	900	1800	3150	4500
Cutlass Supreme Brougham, V-8						
4d Sed	150	600	950	1850	3200	4600
2d Sed	150	650	975	1950	3350	4800
Station Wagons, V-8						
4d 3S Cruiser	150	600	900	1800	3150	4500
Delta 88, V-8						
4d Sed	150	600	900	1800	3150	4500
2d Cpe	150	600	950	1850	3200	4600
Delta 88 Royale, V-8						
4d Sed	150	650	950	1900	3300	4700
2d Cpe	150	650	975	1950	3350	4800
Station Wagons, V-8						
4d 2S Cus Cruiser	150	600	950	1850	3200	4600
4d 3S Cus Cruiser	150	650	950	1900	3300	4700
Ninety Eight, V-8						
4d Lux Sed	200	675	1000	1950	3400	4900
2d Lux Cpe	200	675	1000	2000	3500	5000
4d Regency Sed	200	675	1000	2000	3500	5000
2d Regency Cpe	200	700	1050	2050	3600	5100
Toronado Brougham, V-8						
2d Cpe XS	350	900	1500	3000	5250	7500
2d Cpe	200	720	1200	2400	4200	6000
NOTE: Deduct 5 percent for V-6.						
1978						
Starfire						
2d Cpe	100	360	600	1200	2100	3000
2d Cpe SX	125	380	650	1300	2250	3200
Omega						
4d Sed	125	450	700	1400	2450	3500
2d Cpe	125	450	750	1450	2500	3600
2d HBk	150	475	750	1475	2600	3700
Omega Brougham						
4d Sed	125	450	750	1450	2500	3600
2d Cpe	150	475	750	1475	2600	3700
Cutlass Salon						
4d Sed	125	400	675	1350	2300	3300
2d Cpe	125	400	700	1375	2400	3400

	6	5	4	3	2	1
Cutlass Salon Brougham						
4d Sed	125	400	700	1375	2400	3400
2d Cpe	125	450	700	1400	2450	3500
Cutlass Supreme						
2d Cpe	125	450	750	1450	2500	3600
Cutlass Calais						
2d Cpe	150	475	750	1475	2600	3700
Cutlass Supreme Brougham						
2d Cpe	150	475	775	1500	2650	3800
NOTE: Add 5 percent for 4-4-2 option.						
Cutlass Cruiser						
4d 2S Sta Wag	125	450	700	1400	2450	3500
Delta 88						
4d Sed	125	450	750	1450	2500	3600
2d Cpe	150	475	750	1475	2600	3700
Delta 88 Royale						
4d Sed	150	475	750	1475	2600	3700
2d Cpe	150	475	775	1500	2650	3800
Custom Cruiser						
4d Sta Wag	125	450	750	1450	2500	3600
Ninety Eight						
4d Lux Sed	150	500	800	1550	2700	3900
2d Lux Cpe	150	500	800	1600	2800	4000
4d Regency Sed	150	500	800	1600	2800	4000
2d Regency Cpe	150	550	850	1650	2900	4100
Toronado Brougham, V-8						
2d Cpe XS	350	900	1500	3000	5250	7500
2d Cpe	200	720	1200	2400	4200	6000
1979						
Starfire, 4-cyl.						
2d Spt Cpe	125	370	650	1250	2200	3100
2d Spt Cpe SX	125	380	650	1300	2250	3200
Omega, V-8						
4d Sed	125	450	750	1450	2500	3600
2d Cpe	150	475	750	1475	2600	3700
2d HBk	150	475	775	1500	2650	3800
Omega Brougham, V-8						
4d Sed	150	475	750	1475	2600	3700
2d Cpe	150	475	775	1500	2650	3800
Cutlass Salon, V-8						
4d Sed	125	400	700	1375	2400	3400
2d Cpe	125	450	700	1400	2450	3500
NOTE: Add 5 percent for 4-4-2 option.						
Cutlass Salon Brougham, V-8						
4d Sed	125	450	700	1400	2450	3500
2d Cpe	125	450	750	1450	2500	3600
Cutlass Supreme, V-8						
2d Cpe	150	475	750	1475	2600	3700
Cutlass Calais, V-8						
2d Cpe	150	475	775	1500	2650	3800
Cutlass Supreme Brougham, V-8						
2d Cpe	150	500	800	1550	2700	3900
Cutlass Cruiser, V-8						
4d Sta Wag	125	450	750	1450	2500	3600
Cutlass Cruiser Brougham, V-8						
4d Sta Wag	150	475	750	1475	2600	3700
Delta 88, V-8						
4d Sed	150	475	775	1500	2650	3800
2d Cpe	150	500	800	1550	2700	3900
Delta 88 Royale, V-8						
4d Sed	150	500	800	1550	2700	3900
2d Cpe	150	500	800	1600	2800	4000
Custom Cruiser, V-8						
4d 2S Sta Wag	150	500	800	1550	2700	3900
4d 3S Sta Wag	150	500	800	1600	2800	4000
Ninety Eight						
4d Lux Sed	150	550	850	1650	2900	4100
2d Lux Cpe	150	550	850	1675	2950	4200
4d Regency Sed	150	575	875	1700	3000	4300
2d Regency Cpe	150	575	900	1750	3100	4400
Toronado						
2d Cpe	200	675	1000	2000	3500	5000

NOTE: Deduct 5 percent for V-6.
  Add 40 percent for Hurst/Olds option.
  Deduct 10 percent for diesel.

	6	5	4	3	2	1
1980						
Starfire, 4-cyl.						
2d Cpe	150	475	775	1500	2650	3800
2d Cpe SX	150	500	800	1550	2700	3900
Omega, V-6						
4d Sed	150	475	775	1500	2650	3800
2d Cpe	150	500	800	1550	2700	3900
NOTE: Deduct 10 percent for 4-cyl.						
Omega Brougham, V-6						
4d Sed	150	500	800	1550	2700	3900
2d Cpe	150	500	800	1600	2800	4000
NOTE: Deduct 10 percent for 4-cyl.						
Cutlass, V-8						
4d Sed	125	450	750	1450	2500	3600
NOTE: Deduct 12 percent for V-6.						
Cutlass Salon, V-8						
2d Cpe	150	500	800	1550	2700	3900
NOTE: Deduct 12 percent for V-6.						
Cutlass Salon Brougham, V-8						
2d Cpe	150	500	800	1600	2800	4000
NOTE: Deduct 12 percent for V-6.						
Cutlass Supreme, V-8						
2d Cpe	150	550	850	1650	2900	4100
NOTE: Deduct 12 percent for V-6.						
Cutlass LS, V-8						
4d Sed	150	475	750	1475	2600	3700
NOTE: Deduct 12 percent for V-6.						
Cutlass Calais, V-8						
2d Cpe	150	550	850	1675	2950	4200
NOTE: Deduct 12 percent for V-6.						
Cutlass Brougham, V-8						
4d Sed	150	475	775	1500	2650	3800
2d Cpe Supreme	150	550	850	1675	2950	4200
NOTE: Deduct 12 percent for V-6.						
Cutlass Cruiser, V-8						
4d Sta Wag	150	500	800	1550	2700	3900
4d Sta Wag Brgm	150	500	800	1600	2800	4000
NOTE: Deduct 12 percent for V-6.						
Delta 88, V-8						
4d Sed	150	550	850	1650	2900	4100
2d Cpe	150	550	850	1675	2950	4200
NOTE: Deduct 12 percent for V-6.						
Delta 88 Royale, V-8						
4d Sed	150	550	850	1675	2950	4200
2d Cpe	150	575	875	1700	3000	4300
NOTE: Deduct 12 percent for V-6.						
Delta 88 Royale Brougham, V-8						
4d Sed	150	575	900	1750	3100	4400
2d Cpe	150	600	900	1800	3150	4500
NOTE: Deduct 12 percent for V-6.						
Custom Cruiser, V-8						
4d 2S Sta Wag	150	575	875	1700	3000	4300
4d 3S Sta Wag	150	575	900	1750	3100	4400
Ninety Eight, V-8						
4d Lux Sed	150	600	950	1850	3200	4600
4d Regency Sed	200	675	1000	1950	3400	4900
2d Regency Cpe	200	700	1050	2050	3600	5100
Toronado Brougham, V-8						
2d Cpe	350	770	1300	2550	4480	6400
1981						
Omega, V-6						
4d Sed	150	500	800	1550	2700	3900
2d Cpe	150	500	800	1600	2800	4000
NOTE: Deduct 10 percent for 4-cyl.						
Omega Brougham, V-6						
4d Sed	150	500	800	1600	2800	4000
2d Cpe	150	550	850	1650	2900	4100
NOTE: Deduct 10 percent for 4-cyl.						
Cutlass, V-8						
4d Sed	150	475	750	1475	2600	3700
NOTE: Deduct 12 percent for V-6.						
Cutlass Supreme, V-8						
2d Cpe	150	550	850	1675	2950	4200
NOTE: Deduct 12 percent for V-6.						

	6	5	4	3	2	1
Cutlass LS, V-8						
4d Sed	150	475	775	1500	2650	3800
NOTE: Deduct 12 percent for V-6.						
Cutlass Calais, V-8						
2d Cpe	150	575	900	1750	3100	4400
NOTE: Deduct 12 percent for V-6.						
Cutlass Supreme Brougham, V-8						
2d Cpe	150	575	875	1700	3000	4300
NOTE: Deduct 12 percent for V-6.						
Cutlass Brougham, V-8						
4d Sed	150	500	800	1550	2700	3900
NOTE: Deduct 12 percent for V-6.						
Cutlass Cruiser, V-8						
4d Sta Wag	150	500	800	1550	2700	3900
4d Brgm Sta Wag	150	500	800	1600	2800	4000
NOTE: Deduct 12 percent for V-6.						
Delta 88, V-8						
4d Sed	150	550	850	1675	2950	4200
2d Cpe	150	575	875	1700	3000	4300
NOTE: Deduct 12 percent for V-6.						
Delta 88 Royale, V-8						
4d Sed	150	575	875	1700	3000	4300
2d Cpe	150	575	900	1750	3100	4400
NOTE: Deduct 12 percent for V-6.						
Delta 88 Royale Brougham, V-8						
4d Sed	150	600	900	1800	3150	4500
2d Cpe	150	600	950	1850	3200	4600
Custom Cruiser, V-8						
4d 2S Sta Wag	150	575	900	1750	3100	4400
4d 3S Sta Wag	150	600	900	1800	3150	4500
Ninety Eight, V-8						
4d Lux Sed	150	650	950	1900	3300	4700
4d Regency Sed	150	650	975	1950	3350	4800
2d Regency Cpe	200	675	1000	1950	3400	4900
NOTE: Deduct 12 percent for V-6.						
Toronado Brougham, V-8						
2d Cpe	350	800	1350	2700	4700	6700
NOTE: Deduct 12 percent for V-6.						
1982						
Firenza, 4-cyl.						
2d Cpe	150	550	850	1675	2950	4200
4d Sed	150	575	875	1700	3000	4300
4d Sta Wag	150	600	900	1800	3150	4500
Cutlass Calais, 4 Cyl.						
NOTE: Deduct 5 percent for lesser models.						
2d Cpe	150	575	900	1750	3100	4400
4d Sed	150	600	900	1800	3150	4500
2d Cpe SL	150	650	975	1950	3350	4800
2d Cpe Int.	200	660	1100	2200	3850	5500
4d Sed Int.	200	670	1150	2250	3920	5600
2d Cpe V-6	200	700	1050	2100	3650	5200
4d Sed V-6	200	700	1075	2150	3700	5300
2d Cpe SL V-6	200	650	1100	2150	3780	5400
4d Sed SL V-6	200	660	1100	2200	3850	5500
Cutlass Ciera, 4 Cyl.						
2d Cpe	200	675	1000	1950	3400	4900
4d Sed	200	675	1000	2000	3500	5000
4d Sta Wag	200	700	1050	2050	3600	5100
2d Cpe Brgm	200	675	1000	2000	3500	5000
4d Sed Brgm SL	75	230	380	760	1330	1900
4d Sta Wag Brgm	200	700	1050	2100	3650	5200
2d Cpe V-6	200	700	1050	2050	3600	5100
4d Sed V-6	200	700	1050	2100	3650	5200
4d Sta Wag V-6	200	700	1075	2150	3700	5300
2d Cpe SL V-6	200	650	1100	2150	3780	5400
4d Sed V-6	200	660	1100	2200	3850	5500
4d Sta Wag V-6	200	670	1150	2250	3920	5600
2d Cpe Int. V-6	200	670	1200	2300	4060	5800
4d Sed Int. V-6	200	700	1200	2350	4130	5900
Cutlass Supreme						
2d Cpe V-6	200	730	1250	2450	4270	6100
2d Cpe SL V-6	350	780	1300	2600	4550	6500
2d Cpe Int. V-6	350	800	1350	2700	4700	6700
2d Cpe V-8	350	790	1350	2650	4620	6600
2d Cpe Brgm V-8	350	780	1300	2600	4550	6500

	6	5	4	3	2	1
Delta 88 Royale						
2d Cpe V-6	200	660	1100	2200	3850	5500
4d Sed V-6	200	670	1150	2250	3920	5600
2d Cpe Brgm V-6	200	700	1200	2350	4130	5900
4d Sed Brgm V-6	200	720	1200	2400	4200	6000
Custom Cruiser V-8						
4d Sta Wag	350	780	1300	2600	4550	6500
Ninety Eight, V-6						
4d Sed Regency	350	780	1300	2600	4550	6500
4d Sed Regency Brgm	350	840	1400	2800	4900	7000
4d Sed Touring Sed	350	840	1400	2800	4900	7000
Toronado V-8						
2d Cpe	350	900	1500	3000	5250	7500
2d Cpe Brgm	350	1020	1700	3400	5950	8500
Custom Cruiser, V-8						
4d Sta Wag	200	675	1000	1950	3400	4900
Ninety Eight Regency, V-8						
4d Sed	200	700	1050	2050	3600	5100
2d Cpe	200	700	1050	2100	3650	5200
4d Brgm Sed	200	700	1050	2100	3650	5200
NOTE: Deduct 12 percent for V-6.						
Toronado Brougham, V-8						
2d Cpe	350	820	1400	2700	4760	6800
NOTE: Deduct 12 percent for V-6.						
1983						
Firenza, 4-cyl.						
4d LX Sed	150	550	850	1650	2900	4100
2d SX Cpe	150	550	850	1675	2950	4200
4d LX Sta Wag	150	575	875	1700	3000	4300
NOTE: Deduct 5 percent for lesser models.						
Omega, V-6						
4d Sed	150	550	850	1650	2900	4100
2d Cpe	150	550	850	1675	2950	4200
NOTE: Deduct 10 percent for 4-cyl.						
Omega Brougham, V-6						
4d Sed	150	550	850	1675	2950	4200
2d Cpe	150	575	875	1700	3000	4300
NOTE: Deduct 10 percent for 4-cyl.						
Cutlass Supreme, V-8						
4d Sed	150	600	950	1850	3200	4600
2d Cpe	150	650	950	1900	3300	4700
NOTE: Deduct 12 percent for V-6.						
Cutlass Supreme Brougham, V-8						
4d Sed	150	650	950	1900	3300	4700
2d Cpe	150	650	975	1950	3350	4800
NOTE: Deduct 12 percent for V-6.						
Cutlass Calais, V-8						
2d Cpe Hurst/Olds	400	1200	2050	4100	7100	10,200
2d Cpe	200	675	1000	1950	3400	4900
NOTE: Deduct 12 percent for V-6.						
Cutlass Cruiser, V-8						
4d Sta Wag	150	650	975	1950	3350	4800
NOTE: Deduct 12 percent for V-6.						
Cutlass Ciera, V-6						
4d Sed	150	600	950	1850	3200	4600
2d Cpe	150	650	950	1900	3300	4700
NOTE: Deduct 10 percent for 4-cyl.						
Cutlass Ciera Brougham, V-6						
4d Sed	150	650	950	1900	3300	4700
2d Cpe	150	650	975	1950	3350	4800
NOTE: Deduct 10 percent for 4-cyl.						
Delta 88, V-8						
4d Sed	150	650	975	1950	3350	4800
NOTE: Deduct 12 percent for V-6.						
Delta 88 Royale, V-8						
4d Sed	200	675	1000	1950	3400	4900
2d Cpe	200	675	1000	2000	3500	5000
NOTE: Deduct 12 percent for V-6.						
Delta 88 Royale Brougham, V-8						
4d Sed	200	700	1050	2050	3600	5100
2d Cpe	200	700	1050	2100	3650	5200
NOTE: Deduct 12 percent for V-6.						
Custom Cruiser, V-8						
4d Sta Wag	200	700	1050	2050	3600	5100

	6	5	4	3	2	1
Ninety Eight Regency, V-8						
4d Sed	200	700	1075	2150	3700	5300
2d Cpe	200	660	1100	2200	3850	5500
4d Sed Brgm	200	650	1100	2150	3780	5400
NOTE: Deduct 13 percent for V-6.						
Toronado Brougham, V-8						
2d Cus Cpe	350	830	1400	2950	4830	6900
NOTE: Deduct 13 percent for V-6.						

1984 Oldsmobile Cutlass Hurst/Olds coupe

1984

	6	5	4	3	2	1
Firenza, 4-cyl.						
4d LX Sed	150	550	850	1650	2900	4100
2d LX Sed	150	550	850	1650	2900	4100
4d LX Sta Wag Cruiser	150	575	875	1700	3000	4300
NOTE: Deduct 5 percent for lesser models.						
4d Sed Brgm	150	575	875	1700	3000	4300
2d Sed Brgm	150	575	875	1700	3000	4300
NOTE: Deduct 5 percent for 4-cyl.						
Deduct 8 percent for 4cyl.						
Cutlass, V-8						
4d Sed Supreme Brgm	150	650	975	1950	3350	4800
2d Sed Supreme Brgm	150	650	975	1950	3350	4800
2d Sed Calais	200	675	1000	1950	3400	4900
2d Sed Calais Hurst/Olds	200	660	1100	2200	3850	5500
Cutlass Ciera, V-6						
4d Sed	150	600	950	1850	3200	4600
2d Sed	150	600	950	1850	3200	4600
4d Sta Wag Cruiser	150	600	950	1850	3200	4600
4d Sed Brgm	150	650	950	1900	3300	4700
2d Sed Brgm	150	650	950	1900	3300	4700
NOTE: Deduct 8 percent for 4-cyl.						
Cutlass Ciera, V-8						
4d Sed	150	650	975	1950	3350	4800
2d Sed	150	650	975	1950	3350	4800
4d Sta Wag	150	650	975	1950	3350	4800
4d Sed Brgm	200	675	1000	1950	3400	4900
2d Sed Brgm	200	675	1000	1950	3400	4900
Delta 88 Royale, V-8						
4d Sed	200	675	1000	2000	3500	5000
2d Sed	200	675	1000	2000	3500	5000
4d Sed Brgm	200	700	1050	2100	3650	5200
2d Sed Brgm	200	700	1050	2100	3650	5200
4d Cus Sta Wag Cruiser	200	700	1075	2150	3700	5300
4d LS Sed	200	700	1075	2150	3700	5300
NOTE: Deduct 10 percent for V-6 cyl.						
Ninety Eight Regency, V-8						
4d Sed	200	660	1100	2200	3850	5500
2d Sed	200	660	1100	2200	3850	5500
4d Sed Brgm	200	670	1150	2250	3920	5600
Toronado Brgm						
2d V-6 Cpe	350	780	1300	2600	4550	6500
2d V-8 Cpe	350	840	1400	2800	4900	7000
1985						
Firenza, V-6						
4d LX Sed	150	575	875	1700	3000	4300
2d LX Sed	150	575	875	1700	3000	4300

	6	5	4	3	2	1
4d LX Sta Wag	150	575	900	1750	3100	4400

NOTE: Deduct 8 percent for 4-cyl.
 Deduct 5 percent for lesser models.

Cutlass, V-8

	6	5	4	3	2	1
4d Sed	150	650	975	1950	3350	4800
2d Sed	150	650	975	1950	3350	4800

Cutlass Supreme Brougham, V-8

	6	5	4	3	2	1
4d Sed	150	650	975	1950	3350	4800
2d Sed	150	650	975	1950	3350	4800

Cutlass Salon, V-8

	6	5	4	3	2	1
2d Cpe	200	675	1000	1950	3400	4900
2d 442 Cpe	350	820	1400	2700	4760	6800

NOTE: Deduct 8 percent for 4-cyl.
 Deduct 30 percent for diesel.

Calais, V-6

	6	5	4	3	2	1
2d Sed	200	675	1000	1950	3400	4900
2d Sed Brgm	200	675	1000	1950	3400	4900

NOTE: Deduct 8 percent for 4-cyl.

Cutlass Ciera, V-6

	6	5	4	3	2	1
4d Sed	150	600	950	1850	3200	4600
2d Sed	150	600	950	1850	3200	4600
4d Sta Wag	150	650	950	1900	3300	4700

Cutlass Ciera Brougham, V-6

	6	5	4	3	2	1
4d Sed	150	650	950	1900	3300	4700
2d Sed	150	650	950	1900	3300	4700

NOTE: Deduct 8 percent for 4-cyl.
 Deduct 30 percent for diesel.

Delta 88 Royale, V-8

	6	5	4	3	2	1
4d Sed	200	700	1050	2050	3600	5100
2d Sed	200	700	1050	2050	3600	5100
4 dr Sed Brgm	200	700	1075	2150	3700	5300
2d Sed Brgm	200	700	1075	2150	3700	5300
4d Sta Wag	200	650	1100	2150	3780	5400

NOTE: Deduct 10 percent for V-6 where available.
 Deduct 30 percent for diesel.

Ninety Eight Regency, V-6

	6	5	4	3	2	1
4d Sed	200	670	1150	2250	3920	5600
2d Sed	200	670	1150	2250	3920	5600
4d Sed Brgm	200	685	1150	2300	3990	5700
2d Sed Brgm	200	685	1150	2300	3990	5700

Toronado, V-8

	6	5	4	3	2	1
2d Cpe	350	850	1450	2850	4970	7100

NOTE: Deduct 30 percent for diesel.

1986

Firenza, 4-cyl.

	6	5	4	3	2	1
4d Sed	150	600	900	1800	3150	4500
2d Cpe	150	575	900	1750	3100	4400
2d HBk	150	600	900	1800	3150	4500
4d Sed LX	150	600	950	1850	3200	4600
2d Cpe LC	150	600	900	1800	3150	4500
4d Sta Wag	150	600	950	1850	3200	4600
2d HBk GT V-6	150	650	950	1900	3300	4700

Cutlass Supreme V-6

	6	5	4	3	2	1
4d Sed	150	650	950	1900	3300	4700
2d Cpe	150	650	950	1900	3300	4700
4d Sed Brgm	150	650	975	1950	3350	4800
2d Cpe Brgm	150	650	975	1950	3350	4800

Cutlass Salon, V-6

	6	5	4	3	2	1
2d Cpe	200	675	1000	1950	3400	4900
2d Cpe 442-V-8	350	820	1400	2700	4760	6800

NOTE: Add 20 percent for V-8.

Calais, 4-cyl.

	6	5	4	3	2	1
4d Sed	200	700	1050	2050	3600	5100
2d Cpe	200	700	1050	2050	3600	5100
4d Sed Supreme	200	700	1050	2100	3650	5200
2d Cpe Supreme	200	700	1050	2100	3650	5200

NOTE: Add 10 percent for V-6.

Cutlass Ciera, V-6

	6	5	4	3	2	1
4d Sed LS	200	700	1050	2100	3650	5200
2d Cpe LS	200	700	1050	2100	3650	5200
2d Cpe S LS	200	700	1075	2150	3700	5300
4d Sta Wag LS	200	650	1100	2150	3780	5400
4d Sed Brgm	200	650	1100	2150	3780	5400
2d Cpe Brgm	200	650	1100	2150	3780	5400
2d Cpe Brgm SL	200	660	1100	2200	3850	5500

	6	5	4	3	2	1
Delta 88						
4d Sed	200	650	1100	2150	3780	5400
2d Cpe	200	650	1100	2150	3780	5400
4d Sed Brgm	200	660	1100	2200	3850	5500
2d Cpe Brgm	200	660	1100	2200	3850	5500
Custom Cruiser, V-8						
4d Sta Wag	200	745	1250	2500	4340	6200
Ninety Eight Regency						
4d Sed	200	685	1150	2300	3990	5700
2d Cpe	200	685	1150	2300	3990	5700
4d Sed Brgm	200	670	1200	2300	4060	5800
2d Cpe Brgm	200	670	1200	2300	4060	5800
Toronado						
2d Cpe	350	900	1500	3000	5250	7500
1987						
Firenza, 4-cyl.						
4d Sed	150	600	900	1800	3150	4500
2d Cpe	150	575	900	1750	3100	4400
2d HBk S	150	600	900	1800	3150	4500
4d Sed LX	150	600	950	1850	3200	4600
2d Cpe LC	150	600	900	1800	3150	4500
4d Sta Wag	150	600	950	1850	3200	4600
2d HBk GT	150	600	950	1850	3200	4600
Cutlass Supreme, V-6						
4d Sed	150	650	975	1950	3350	4800
2d Cpe	150	650	950	1900	3300	4700
Cutlass Supreme, V-8						
4d Sed	200	675	1000	2000	3500	5000
2d Cpe	200	675	1000	1950	3400	4900
2d Cpe 442	350	950	1550	3150	5450	7800
Cutlass Supreme Brougham, V-6						
4d Sed	200	675	1000	1950	3400	4900
2d Cpe	150	650	975	1950	3350	4800
Cutlass Supreme Brougham, V-8						
4d Sed	200	700	1050	2050	3600	5100
2d Cpe	200	675	1000	2000	3500	5000
Cutlass Salon						
2d Cpe V-6	200	700	1050	2050	3600	5100
2d Cpe V-8	200	700	1050	2100	3650	5200
Calais, 4-cyl.						
4d Sed	200	700	1050	2100	3650	5200
2d Cpe	200	700	1050	2050	3600	5100
Calais, V-6						
4d Sed	200	700	1075	2150	3700	5300
2d Cpe	200	700	1050	2100	3650	5200
Calais Supreme, 4-cyl.						
4d Sed	200	700	1075	2150	3700	5300
2d Cpe	200	700	1050	2100	3650	5200
Calais Supreme, V-6						
4d Sed	200	650	1100	2150	3780	5400
2d Cpe	200	700	1075	2150	3700	5300
Cutlass Ciera, 4-cyl.						
4d Sed	200	650	1100	2150	3780	5400
2d Cpe	200	700	1075	2150	3700	5300
4d Sta Wag	200	660	1100	2200	3850	5500
Cutlass Ciera, V-6						
4d Sed	200	660	1100	2200	3850	5500
2d Cpe	200	650	1100	2150	3780	5400
4d Sta Wag	200	670	1150	2250	3920	5600
Cutlass Ciera Brougham, 4-cyl.						
4d Sed	200	660	1100	2200	3850	5500
2d Cpe SL	200	650	1100	2150	3780	5400
4d Sta Wag	200	670	1150	2250	3920	5600
Cutlass Ciera Brougham, V-6						
4d Sed	200	670	1150	2250	3920	5600
2d Cpe SL	200	660	1100	2200	3850	5500
4d Sta Wag	200	685	1150	2300	3990	5700
Delta 88 Royale, V-6						
4d Sed	200	650	1100	2150	3780	5400
2d Cpe	200	700	1075	2150	3700	5300
4d Sed Brgm	200	670	1150	2250	3920	5600
2d Cpe Brgm	200	660	1100	2200	3850	5500
Custom Cruiser, V-8						
4d Sta Wag	200	660	1100	2200	3850	5500
Ninety Eight, V-6						
4d Sed	200	670	1150	2250	3920	5600

	6	5	4	3	2	1
4d Sed Regency Brgm	200	685	1150	2300	3990	5700
2d Sed Regency Brgm	200	670	1150	2250	3920	5600
Toronado, V-6						
2d Cpe Brgm	350	880	1500	2950	5180	7400

NOTE: Add 10 percent for Trofeo option.

1988
Firenza, 4-cyl.

	6	5	4	3	2	1
2d Cpe	150	550	850	1675	2950	4200
4d Sed	150	575	875	1700	3000	4300
4d Sta Wag	150	600	900	1800	3150	4500
Cutlass Calais, 4-cyl.						
2d Cpe	150	575	900	1750	3100	4400
4d Sed	150	600	900	1800	3150	4500
2d SL Cpe	150	650	975	1950	3350	4800
4d SL Sed	200	675	1000	1950	3400	4900
2d Int'l Cpe	200	660	1100	2200	3850	5500
4d Int'l Sed	200	670	1150	2250	3920	5600
2d Cpe, V-6	200	700	1050	2100	3650	5200
4d Sed, V-6	200	700	1075	2150	3700	5300
2d SL Cpe, V-6	200	650	1100	2150	3780	5400
4d SL Sed, V-6	200	660	1100	2200	3850	5500
Cutlass Ciera, 4-cyl.						
2d Cpe	200	675	1000	1950	3400	4900
4d Sed	200	675	1000	2000	3500	5000
4d Sta Wag	200	700	1050	2050	3600	5100
Cutlass Ciera Brougham, 4-cyl.						
2d Cpe	200	675	1000	2000	3500	5000
4d SL Sed	200	700	1050	2050	3600	5100
4d Sta Wag	200	700	1050	2100	3650	5200
Cutlass Ciera, V-6						
2d Cpe	200	700	1050	2050	3600	5100
4d Sed	200	700	1050	2100	3650	5200
4d Sta Wag	200	700	1075	2150	3700	5300
Cutlass Ciera Brougham, V-6						
2d Cpe SL	200	650	1100	2150	3780	5400
4d Sed	200	660	1100	2200	3850	5500
4d Sta Wag	200	670	1150	2250	3920	5600
2d Int'l Cpe	200	670	1200	2300	4060	5800
4d Int'l Cpe	200	700	1200	2350	4130	5900
Cutlass Supreme, V-6						
2d Cpe	200	730	1250	2450	4270	6100
2d SL Cpe	350	780	1300	2600	4550	6500
2d Int'l Cpe	350	800	1350	2700	4700	6700
Cutlass Supreme, V-8						
2d Cpe	200	750	1275	2500	4400	6300
2d Cpe Brgm	350	780	1300	2600	4550	6500
Delta 88 Royale, V-6						
2d Cpe	200	660	1100	2200	3850	5500
4d Sed	200	670	1150	2250	3920	5600
2d Cpe Brgm	200	700	1200	2350	4130	5900
4d Sed Brgm	200	720	1200	2400	4200	6000
Custom Cruiser, V-8						
4d Sta Wag	350	780	1300	2600	4550	6500
Ninety Eight, V-6						
4d Sed Regency	350	780	1300	2600	4550	6500
4d Sed Regency Brgm	350	840	1400	2800	4900	7000
4d Trg Sed	350	975	1600	3200	5600	8000
Toronado, V-6						
2d Cpe	350	900	1500	3000	5250	7500
2d Cpe Trofeo	350	1020	1700	3400	5950	8500

1989
Cutlass Calais
4-cyl.

	6	5	4	3	2	1
4d Sed	150	600	900	1800	3150	4500
2d Cpe	150	575	900	1750	3100	4400
4d Sed S	150	650	975	1950	3350	4800
2d Cpe S	150	650	950	1900	3300	4700
4d Sed SL	200	700	1075	2150	3700	5300
2d Cpe SL	200	700	1050	2100	3650	5200
4d Sed Int'l Series	350	780	1300	2600	4550	6500
2d Cpe Int'l Series	350	770	1300	2550	4480	6400
V-6						
4d Sed S	200	700	1075	2150	3700	5300
2d Cpe S	200	700	1050	2100	3650	5200
4d Sed SL	200	670	1150	2250	3920	5600
2d Cpe SL	200	660	1100	2200	3850	5500

	6	5	4	3	2	1
Cutlass Ciera						
4-cyl.						
4d Sed	200	675	1000	1950	3400	4900
2d Cpe	150	650	975	1950	3350	4800
4d Sta Wag	200	720	1200	2400	4200	6000
4d Sed SL	200	685	1150	2300	3990	5700
2d Cpe SL	200	670	1150	2250	3920	5600
4d Sta Wag SL	200	745	1250	2500	4340	6200
V-6						
4d Sed	200	660	1100	2200	3850	5500
2d Cpe	200	650	1100	2150	3780	5400
4d Sta Wag	200	750	1275	2500	4400	6300
4d Sed SL	200	685	1150	2300	3990	5700
2d Cpe SL	200	670	1150	2250	3920	5600
4d Sta Wag SL	350	780	1300	2600	4550	6500
4d Sed Int'l Series	350	790	1350	2650	4620	6600
2d Cpe Int'l Series	350	780	1300	2600	4550	6500
Cutlass Supreme, V-6						
2d Cpe	350	840	1400	2800	4900	7000
2d Cpe SL	350	900	1500	3000	5250	7500
2d Cpe Int'l Series	350	975	1600	3200	5600	8000
Eighty Eight Royale, V-6						
4d Sed	350	840	1400	2800	4900	7000
2d Cpe	350	830	1400	2950	4830	6900
4d Sed Brgm	350	900	1500	3000	5250	7500
2d Cpe Brgm	350	880	1500	2950	5180	7400
Custom Cruiser, V-8						
4d Sta Wag	350	900	1500	3000	5250	7500
Ninety Eight, V-6						
4d Sed Regency	350	900	1500	3000	5250	7500
4d Sed Regency Brgm	350	1020	1700	3400	5950	8500
4d Sed Trg	450	1140	1900	3800	6650	9500
Toronado, V-6						
2d Cpe	350	1020	1700	3400	5950	8500
2d Cpe Trofeo	450	1140	1900	3800	6650	9500
1990						
Cutlass Calais						
4-cyl.						
2d Cpe	150	650	975	1950	3350	4800
4d Sed	200	675	1000	1950	3400	4900
2d Cpe S	200	675	1000	1950	3400	4900
4d Sed S	200	675	1000	2000	3500	5000
2d Cpe SL Quad	200	660	1100	2200	3850	5500
4d Sed SL Quad	200	670	1150	2250	3920	5600
2d Cpe Int'l Quad	200	670	1150	2250	3920	5600
4d Sed Int'l Quad	200	685	1150	2300	3990	5700
V-6						
2d Cpe SL	200	670	1200	2300	4060	5800
4d Sed SL	200	700	1200	2350	4130	5900
Cutlass Ciera						
4-cyl.						
4d Sed	200	675	1000	2000	3500	5000
2d Cpe S	200	700	1050	2050	3600	5100
4d Sed S	200	700	1050	2100	3650	5200
4d Sta Wag S	200	660	1100	2200	3850	5500
V-6						
4d Sed	200	700	1050	2100	3650	5200
2d Cpe S	200	660	1100	2200	3850	5500
4d Sed S	200	670	1150	2250	3920	5600
4d Sta Wag S	200	685	1150	2300	3990	5700
4d Sed SL	200	670	1200	2300	4060	5800
4d Sta Wag SL	200	700	1200	2350	4130	5900
2d Cpe Int'l	200	720	1200	2400	4200	6000
4d Sed Int'l	200	730	1250	2450	4270	6100
Cutlass Supreme						
4-cyl.						
2d Cpe Quad	350	780	1300	2600	4550	6500
4d Sed Quad	350	790	1350	2650	4620	6600
2d Cpe Int'l Quad	350	900	1500	3000	5250	7500
4d Sed Int'l Quad	350	950	1550	3100	5400	7700
V-6						
2d Cpe	350	800	1350	2700	4700	6700
4d Sed	350	820	1400	2700	4760	6800
2d Cpe SL	350	830	1400	2950	4830	6900
2d Conv	350	975	1600	3200	5600	8000

	6	5	4	3	2	1
4d Sed SL	350	840	1400	2800	4900	7000
2d Cpe Int'l	350	900	1500	3000	5250	7500
4d Sed Int'l	350	950	1500	3050	5300	7600
Eighty Eight Royale, V-6						
4d Sed	350	840	1400	2800	4900	7000
2d Cpe Brgm	350	900	1500	3000	5250	7500
4d Sed Brgm	350	950	1500	3050	5300	7600
Custom Cruiser, V-8						
4d Sta Wag	350	900	1500	3000	5250	7500
Ninety Eight, V-6						
4d Sed Regency	350	975	1600	3200	5600	8000
4d Sed Regency Brgm	350	1020	1700	3400	5950	8500
4d Sed Trg	450	1140	1900	3800	6650	9500
Toronado, V-6						
2d Cpe	350	1020	1700	3400	5950	8500
2d Cpe Trofeo	450	1140	1900	3800	6650	9500
1991						
Cutlass Calais, 4-cyl.						
2d Cpe	150	600	950	1850	3200	4600
4d Sed	150	600	950	1850	3200	4600
2d Cpe S	200	675	1000	1950	3400	4900
4d Sed S	200	675	1000	1950	3400	4900
2d Cpe SL	200	660	1100	2200	3850	5500
4d Sed SL	200	660	1100	2200	3850	5500
2d Cpe Int'l Quad	200	730	1250	2450	4270	6100
4d Sed Int'l Quad	200	730	1250	2450	4270	6100
Cutlass Calais, V-6						
2d Cpe SL	200	685	1150	2300	3990	5700
4d Sed SL	200	685	1150	2300	3990	5700
Cutlass Ciera, 4-cyl.						
4d Sed	150	650	975	1950	3350	4800
2d Cpe S	200	675	1000	2000	3500	5000
4d Sed S	200	675	1000	2000	3500	5000
4d Sta Wag S	200	660	1100	2200	3850	5500
Cutlass Ciera, V-6						
4d Sed	200	675	1000	2000	3500	5000
2d Cpe S	200	660	1100	2200	3850	5500
4d Sed S	200	660	1100	2200	3850	5500
4d Sta Wag S	200	685	1150	2300	3990	5700
4d Sed SL	200	685	1150	2300	3990	5700
4d Sta Wag SL	200	700	1200	2350	4130	5900
Cutlass Supreme, 4-cyl.						
2d Cpe Quad	200	720	1200	2400	4200	6000
4d Sed Quad	200	720	1200	2400	4200	6000
Cutlass Supreme, V-6						
2d Cpe	200	745	1250	2500	4340	6200
4d Sed	200	745	1250	2500	4340	6200
2d Conv	400	1250	2100	4200	7400	10,500
2d Cpe SL	350	840	1400	2800	4900	7000
4d Sed SL	350	840	1400	2800	4900	7000
2d Cpe Int'l	350	900	1500	3000	5250	7500
4d Sed Int'l	350	900	1500	3000	5250	7500
Eighty Eight Royale, V-6						
2d Cpe	350	820	1400	2700	4760	6800
4d Sed	350	820	1400	2700	4760	6800
2d Cpe Brgm	350	860	1450	2900	5050	7200
4d Sed Brgm	350	860	1450	2900	5050	7200
Custom Cruiser, V-8						
4d Sta Wag	450	1140	1900	3800	6650	9500
Ninety Eight, V-6						
4d Sed	350	1020	1700	3400	5950	8500
4d Sed Trg	450	1140	1900	3800	6650	9500
Toronado, V-6						
2d Cpe	350	975	1600	3200	5600	8000
2d Cpe Trofeo	450	1080	1800	3600	6300	9000
1992						
Achieva, 4-cyl.						
4d Sed S	200	660	1100	2200	3850	5500
2d Cpe S	200	660	1100	2200	3850	5500
4d Sed SL	200	700	1200	2350	4130	5900
2d Cpe SL	200	700	1200	2350	4130	5900
NOTE: Add 10 percent for V-6.						
Cutlass Ciera, V-6						
4d Sed S	350	770	1300	2550	4480	6400
4d Sta Wag S	350	780	1300	2600	4550	6500
4d Sed SL	350	830	1400	2950	4830	6900

	6	5	4	3	2	1
4d Sta Wag SL	350	840	1400	2800	4900	7000

NOTE: Deduct 10 percent for 4-cyl.

Cutlass Supreme, V-6

	6	5	4	3	2	1
4d Sed S	350	900	1500	3000	5250	7500
2d Cpe S	350	900	1500	3000	5250	7500
4d Sed Int'l	450	1080	1800	3600	6300	9000
2d Cpe Int'l	450	1080	1800	3600	6300	9000
2d Conv	450	1450	2400	4800	8400	12,000

Eighty-Eight, V-6

	6	5	4	3	2	1
4d Sed	350	975	1600	3200	5600	8000
4d Sed LS	350	1020	1700	3400	5950	8500
4d Sta Wag	400	1250	2100	4200	7400	10,500

Ninety-Eight, V-6

	6	5	4	3	2	1
4d Sed Regency	450	1080	1800	3600	6300	9000
4d Sed Regency Elite	450	1140	1900	3800	6650	9500
4d Sed Trg	400	1200	2000	4000	7000	10,000

Toronado, V-6

	6	5	4	3	2	1
2d Cpe	400	1250	2100	4200	7400	10,500
2d Cpe Trofeo	450	1450	2400	4800	8400	12,000

PACKARD

1899
Model A, 1-cyl.
Rds — value not estimable

1900
Model B, 1-cyl.
Rds — value not estimable

1901
Model C, 1-cyl.
Rds — value not estimable

1903 Packard Model F runabout

1902-03
Model F, 4-cyl.

	6	5	4	3	2	1
Tr	2500	7900	13,200	26,400	46,200	66,000

1904
Model L, 4-cyl.

	6	5	4	3	2	1
Tr	2250	7200	12,000	24,000	42,000	60,000

	6	5	4	3	2	1
Model M, 4-cyl.						
Tr	2350	7450	12,400	24,800	43,400	62,000
1905						
Model N, 4-cyl.						
Tr	2050	6600	11,000	22,000	38,500	55,000
1906						
Model S, 4-cyl., 24 hp						
Tr	2050	6600	11,000	22,000	38,500	55,000
1907						
Model U, 4-cyl., 30 hp						
Tr	2150	6850	11,400	22,800	39,900	57,000
1908						
Model UA, 4-cyl., 30 hp						
Tr	2050	6600	11,000	22,000	38,500	55,000
Rds	1950	6250	10,400	20,800	36,400	52,000
1909						
Model UB UBS, 4-cyl., 30 hp						
Tr	2000	6350	10,600	21,200	37,100	53,000
Rbt	1600	5150	8600	17,200	30,100	43,000
Model NA, 4-cyl., 18 hp						
Tr	1700	5400	9000	18,000	31,500	45,000
1910-11						
Model UC UCS, 4-cyl., 30 hp						
Tr	2050	6600	11,000	22,000	38,500	55,000
Rbt	2000	6350	10,600	21,200	37,100	53,000
Model NB, 4-cyl., 18 hp						
Tr	1900	6000	10,000	20.000	35.000	50.000
1912						
Model NE, 4-cyl., 18 hp						
Tr	1700	5400	9000	18,000	31,500	45,000
Rbt	1750	5500	9200	18,400	32,200	46,000
Cpe	1150	3600	6000	12,000	21,000	30,000
Limo	1400	4450	7400	14,800	25,900	37,000
Imp Limo	1500	4800	8000	16,000	28,000	40,000
1911-12						
Model UE, 4-cyl., 30 hp						
Tr	2250	7200	12,000	24,000	42,000	60,000
Phae	2350	7450	12,400	24,800	43,400	62,000
Rbt	2400	7700	12,800	25,600	44,800	64,000
Cpe	1300	4200	7000	14,000	24,500	35,000
Brgm	1200	3850	6400	12,800	22,400	32,000
Limo	1500	4800	8000	16,000	28,000	40,000
Imp Limo	1600	5050	8400	16,800	29,400	42,000
1912						
Model 12-48, 6-cyl., 36 hp						
Tr	2850	9100	15,200	30,400	53,200	76,000
Phae	2650	8400	14,000	28,000	49,000	70,000
Rbt	2500	7900	13,200	26,400	46,200	66,000
Cpe	1600	5050	8400	16,800	29,400	42,000
Brgm	1450	4700	7800	15,600	27,300	39,000
Limo	1600	5050	8400	16,800	29,400	42,000
Imp Limo	1650	5300	8800	17,600	30,800	44,000
Model 1-38, 6-cyl., 38 hp						
Tr	2050	6600	11,000	22,000	38,500	55,000
Phae	2100	6700	11,200	22,400	39,200	56,000
4P Phae	2150	6850	11,400	22,800	39,900	57,000
Rbt	1900	6000	10,000	20,000	35,000	50,000
Cpe	1700	5400	9000	18,000	31,500	45,000
Imp Cpe	1750	5500	9200	18,400	32,200	46,000
Lan'let	1750	5650	9400	18,800	32,900	47,000
Imp Lan'let	1800	5750	9600	19,200	33,600	48,000
Limo	1900	6000	10,000	20,000	35,000	50,000
Imp Limo	2000	6350	10,600	21,200	37,100	53,000

1913 Packard Model 2-48 phaeton

	6	5	4	3	2	1
1913						
Model 13-48, 6-cyl.						
Tr	2050	6600	11,000	22,000	38,500	55,000
1914						
Model 2-38, 6-cyl.						
Tr	1950	6250	10,400	20,800	36,400	52,000
Sal Tr	2000	6350	10,600	21,200	37,100	53,000
Spl Tr	2050	6500	10,800	21,600	37,800	54,000
Phae	2050	6600	11,000	22,000	38,500	55,000
4P Phae	2100	6700	11,200	22,400	39,200	56,000
Cpe	1700	5400	9000	18,000	31,500	45,000
Brgm	1500	4800	8000	16,000	28,000	40,000
4P Brgm	1500	4800	8000	16,000	28,000	40,000
2-38						
Lan'let	1600	5050	8400	16,800	29,400	42,000
Cabr Lan'let	1750	5650	9400	18,800	32,900	47,000
Limo	1500	4800	8000	16,000	28,000	40,000
Cabr Limo	1800	5750	9600	19,200	33,600	48,000
Imp Limo	1750	5500	9200	18,400	32,200	46,000
Sal Limo	1750	5650	9400	18,800	32,900	47,000
Model 14-48, 6-cyl.						
Tr	1900	6000	10,000	20,000	35,000	50,000
Model 4-48, 6-cyl., 48 hp						
Tr	1900	6100	10,200	20,400	35,700	51,000
Sal Tr	1900	6100	10,200	20,400	35,700	51,000
Phae	2050	6600	11,000	22,000	38,500	55,000
4P Phae	2100	6700	11,200	22,400	39,200	56,000
Cpe	1750	5500	9200	18,400	32,200	46,000
Brgm	1700	5400	9000	18,000	31,500	45,000
Sal Brgm	1750	5500	9200	18,400	32,200	46,000
Lan'let	1750	5650	9400	18,800	32,900	47,000
Cabr Lan'let	1900	6000	10,000	20,000	35,000	50,000
Limo	1750	5650	9400	18,800	32,900	47,000
Imp Limo	1850	5900	9800	19,600	34,300	49,000
Sal Limo	1900	6000	10,000	20,000	35,000	50,000
1915						
Model 3-38, 6-cyl.						
Tr	1900	6000	10,000	20,000	35,000	50,000
Sal Tr	1950	6250	10,400	20,800	36,400	52,000
Spl Tr	2050	6500	10,800	21,600	37,800	54,000
Phae	2050	6600	11,000	22,000	38,500	55,000
4P Phae	2050	6500	10,800	21,600	37,800	54,000
3-38 (38 hp)						
Brgm	1550	4900	8200	16,400	28,700	41,000
4P Brgm	1500	4800	8000	16,000	28,000	40,000
Cpe	1600	5050	8400	16,800	29,400	42,000
Lan'let	1700	5400	9000	18,000	31,500	45,000
Cabr Lan'let	1950	6250	10,400	20,800	36,400	52,000

	6	5	4	3	2	1
Limo	1750	5650	9400	18,800	32,900	47,000
Limo Cabr	1900	6000	10,000	20,000	35,000	50,000
Imp Limo	1850	5900	9800	19,600	34,300	49,000
Sal Limo	1900	6100	10,200	20,400	35,700	51,000
Model 5-48, 6-cyl., 48 hp						
Tr	1900	6100	10,200	20,400	35,700	51,000
Sal Tr	1950	6250	10,400	20,800	36,400	52,000
Phae	2000	6350	10,600	21,200	37,100	53,000
4P Phae	2050	6500	10,800	21,600	37,800	54,000
Rbt	2200	6950	11,600	23,200	40,600	58,000
Cpe	1500	4800	8000	16,000	28,000	40,000
Brgm	1450	4700	7800	15,600	27,300	39,000
Sal Brgm	1500	4800	8000	16,000	28,000	40,000
Lan'let	1900	6000	10,000	20,000	35,000	50,000
Cabr Lan'let	2050	6500	10,800	21,600	37,800	54,000
Limo	2150	6850	11,400	22,800	39,900	57,000
Cabr Limo	2350	7450	12,400	24,800	43,400	62,000
Imp Limo	2350	7450	12,400	24,800	43,400	62,000
1916						
Twin Six, 12-cyl., 125" wb						
Tr	1900	6100	10,200	20,400	35,700	51,000
Sal Tr	1950	6250	10,400	20,800	36,400	52,000
Phae	2000	6350	10,600	21,200	37,100	53,000
Sal Phae	2050	6500	10,800	21,600	37,800	54,000
Rbt	1950	6250	10,400	20,800	36,400	52,000
Brgm	1500	4800	8000	16,000	28,000	40,000
Cpe	1550	4900	8200	16,400	28,700	41,000
Lan'let	1600	5150	8600	17,200	30,100	43,000
Limo	1650	5300	8800	17,600	30,800	44,000
Twin Six, 12-cyl., 135" wb						
Tr	2050	6500	10,800	21,600	37,800	54,000
Sal Tr	2050	6600	11,000	22,000	38,500	55,000
Phae	2050	6500	10,800	21,600	37,800	54,000
Sal Phae	2100	6700	11,200	22,400	39,200	56,000
Brgm	1600	5150	8600	17,200	30,100	43,000
Lan'let	1700	5400	9000	18,000	31,500	45,000
Sal Lan'let	1750	5500	9200	18,400	32,200	46,000
Cabr Lan'let	2000	6350	10,600	21,200	37,100	53,000
Limo	1750	5500	9200	18,400	32,200	46,000
Cabr Limo	2050	6500	10,800	21,600	37,800	54,000
Imp Limo	2000	6350	10,600	21,200	37,100	53,000
1917 Series II						
Twin Six, 12-cyl., 126" wb						
Tr	1750	5500	9200	18,400	32,200	46,000
Phae	1750	5650	9400	18,800	32,900	47,000
Sal Phae	1800	5750	9600	19,200	33,600	48,000
2P Rbt	1700	5400	9000	18,000	31,500	45,000
4P Rbt	1750	5500	9200	18,400	32,200	46,000
Brgm	1300	4100	6800	13,600	23,800	34,000
Cpe	1350	4300	7200	14,400	25,200	36,000
Lan'let	1600	5150	8600	17,200	30,100	43,000
Limo	1650	5300	8800	17,600	30,800	44,000
Twin Six, 12-cyl., 135" wb						
Tr	1850	5900	9800	19,600	34,300	49,000
Sal Tr	1900	6000	10,000	20,000	35,000	50,000
Phae	1900	6100	10,200	20,400	35,700	51,000
Sal Phae	1950	6250	10,400	20,800	36,400	52,000
Brgm	1150	3600	6000	12,000	21,000	30,000
Lan'let	1550	4900	8200	16,400	28,700	41,000
Cabr Lan'let	1650	5300	8800	17,600	30,800	44,000
Limo	1600	5150	8600	17,200	30,100	43,000
Cabr Limo	1650	5300	8800	17,600	30,800	44,000
Imp Limo	1700	5400	9000	18,000	31,500	45,000
1918-1920						
Twin Six, 12-cyl., 128" wb						
Tr	1650	5300	8800	17,600	30,800	44,000
Sal Tr	1700	5400	9000	18,000	31,500	45,000
Phae	1750	5650	9400	18,800	32,900	47,000
Sal Phae	1850	5900	9800	19,600	34,300	49,000
Rbt	1800	5750	9600	19,200	33,600	48,000
2d Brgm	1200	3850	6400	12,800	22,400	32,000
Cpe	1300	4100	6800	13,600	23,800	34,000
Lan'let	1600	5050	8400	16,800	29,400	42,000
Limo	1650	5300	8800	17,600	30,800	44,000

	6	5	4	3	2	1
Twin Six, 12-cyl., 136" wb						
Tr	1850	5900	9800	19,600	34,300	49,000
Sal Tr	1900	6100	10,200	20,400	35,700	51,000
Brgm	1250	3950	6600	13,200	23,100	33,000
Lan'let	1650	5300	8800	17,600	30,800	44,000
Limo	1700	5400	9000	18,000	31,500	45,000
Imp Limo	1750	5650	9400	18,800	32,900	47,000

1922 Packard Single Six roadster

1921-1922

	6	5	4	3	2	1
Single Six (1st Series), 116" wb						
5P Tr	1300	4100	6800	13,600	23,800	34,000
Rbt	1250	3950	6600	13,200	23,100	33,000
7P Tr	1300	4200	7000	14,000	24,500	35,000
Cpe	1100	3500	5800	11,600	20,300	29,000
Sed	1000	3250	5400	10,800	18,900	27,000
Single Six, 6-cyl., 126" wb						
Rbt	1350	4300	7200	14,400	25,200	36,000
Rds	1450	4550	7600	15,200	26,600	38,000
Tr	1400	4450	7400	14,800	25,900	37,000
Cpe	1150	3600	6000	12,000	21,000	30,000
5P Cpe	1100	3500	5800	11,600	20,300	29,000
Sed	1050	3350	5600	11,200	19,600	28,000
Limo Sed	1150	3700	6200	12,400	21,700	31,000
Single Six, 6-cyl., 133" wb						
Tr	1450	4550	7600	15,200	26,600	38,000
Sed	1050	3350	5600	11,200	19,600	28,000
Limo	1150	3700	6200	12,400	21,700	31,000
Single Eight, 8-cyl., 136" wb						
Rbt	1450	4550	7600	15,200	26,600	38,000
Spt Rds	1500	4800	8000	16,000	28,000	40,000
Cpe	1150	3600	6000	12,000	21,000	30,000
5P Cpe	1100	3500	5800	11,600	20,300	29,000
Sed	1000	3250	5400	10,800	18,900	27,000
Sed Limo	1150	3600	6000	12,000	21,000	30,000
Single Eight, 8-cyl., 143" wb						
Tr	1450	4700	7800	15,600	27,300	39,000
Sed	1100	3500	5800	11,600	20,300	29,000
Sed Limo	1200	3850	6400	12,800	22,400	32,000
Rds	1550	4900	8200	16,400	28,700	41,000
1923-24						
Single Six, 6-cyl., 126" wb						
Rbt	1200	3850	6400	12,800	22,400	32,000
Spt Rds	1300	4100	6800	13,600	23,800	34,000
Tr	1250	3950	6600	13,200	23,100	33,000
Sed	900	2900	4800	9600	16,800	24,000
Tr Sed	950	3000	5000	10,000	17,500	25,000
Limo Sed	1050	3350	5600	11,200	19,600	28,000
Single Six, 6-cyl., 133" wb						
Tr	1300	4200	7000	14,000	24,500	35,000
Sed	950	3000	5000	10,000	17,500	25,000
Sed Limo	1100	3500	5800	11,600	20,300	29,000

	6	5	4	3	2	1
Single Eight, 8-cyl., 136" wb						
Tr	1500	4800	8000	16,000	28,000	40,000
Rbt	1600	5050	8400	16,800	29,400	42,000
Spt Rds	1700	5400	9000	18,000	31,500	45,000
Cpe	1050	3350	5600	11,200	19,600	28,000
5P Cpe	1000	3250	5400	10,800	18,900	27,000
Sed	1000	3100	5200	10,400	18,200	26,000
Sed Limo	1150	3600	6000	12,000	21,000	30,000
Single Eight, 8-cyl., 143" wb						
Tr	1600	5050	8400	16,800	29,400	42,000
Sed	1000	3250	5400	10,800	18,900	27,000
Clb Sed	1050	3350	5600	11,200	19,600	28,000
Sed Limo	1150	3700	6200	12,400	21,700	31,000
1925-26						
Single Six (3rd Series), 6-cyl., 126" wb						
Rbt	1300	4100	6800	13,600	23,800	34,000
Spt Rds	1400	4450	7400	14,800	25,900	37,000
Phae	1450	4550	7600	15,200	26,600	38,000
2P Cpe	1000	3100	5200	10,400	18,200	26,000
Cpe	950	3000	5000	10,000	17,500	25,000
5P Cpe	900	2900	4800	9600	16,800	24,000
Sed	850	2650	4400	8800	15,400	22,000
Sed Limo	1000	3250	5400	10,800	18,900	27,000
Single Six (3rd Series), 6-cyl., 133" wb						
Tr	1200	3850	6400	12,800	22,400	32,000
Sed	850	2750	4600	9200	16,100	23,000
Clb Sed	900	2900	4800	9600	16,800	24,000
Sed Limo	1050	3350	5600	11,200	19,600	28,000
1927						
Single Six (4th Series), 6-cyl., 126" wb						
Rds	1350	4300	7200	14,400	25,200	36,000
Phae	1400	4450	7400	14,800	25,900	37,000
Sed	900	2900	4800	9600	16,800	24,000
Single Six (4th Series), 6-cyl., 133" wb						
Tr	1400	4450	7400	14,800	25,900	37,000
Cpe	1000	3100	5200	10,400	18,200	26,000
Sed	950	3000	5000	10,000	17,500	25,000
Clb Sed	1000	3100	5200	10,400	18,200	26,000
Sed Limo	1100	3500	5800	11,600	20,300	29,000
Single Eight (3rd Series), 8-cyl., 136" wb						
Rbt	1650	5300	8800	17,600	30,800	44,000
Phae	1600	5150	8600	17,200	30,100	43,000
Sed	900	2900	4800	9600	16,800	24,000
Single Eight (3rd Series), 8-cyl., 143" wb						
Tr	1750	5500	9200	18,400	32,200	46,000
Cpe	1050	3350	5600	11,200	19,600	28,000
Sed	950	3000	5000	10,000	17,500	25,000
Clb Sed	1000	3100	5200	10,400	18,200	26,000
Sed Limo	1100	3500	5800	11,600	20,300	29,000
1928						
Single Six (5th Series), 6-cyl., 126" wb						
Phae	1500	4800	8000	16,000	28,000	40,000
Rbt	1450	4700	7800	15,600	27,300	39,000
Conv	1300	4200	7000	14,000	24,500	35,000
RS Cpe	900	2900	4800	9600	16,800	24,000
Sed	850	2650	4400	8800	15,400	22,000
Single Six (5th Series), 6-cyl., 133" wb						
Phae	1750	5500	9200	18,400	32,200	46,000
7P Tr	1750	5650	9400	18,800	32,900	47,000
Rbt	1650	5300	8800	17,600	30,800	44,000
Sed	850	2750	4600	9200	16,100	23,000
Clb Sed	900	2900	4800	9600	16,800	24,000
Sed Limo	950	3000	5000	10,000	17,500	25,000
Standard, Single Eight (4th Series), 8-cyl., 143" wb						
Rds	1900	6000	10,000	20,000	35,000	50,000
Phae	1950	6250	10,400	20,800	36,400	52,000
Conv	1650	5300	8800	17,600	30,800	44,000
7P Tr	1900	6100	10,200	20,400	35,700	51,000
4P Cpe	850	2750	4600	9200	16,100	23,000
4P Cpe	900	2900	4800	9600	16,800	24,000
5P Cpe	950	3000	5000	10,000	17,500	25,000
Sed	850	2650	4400	8800	15,400	22,000
Clb Sed	850	2750	4600	9200	16,100	23,000
Sed Limo	950	3000	5000	10,000	17,500	25,000

	6	5	4	3	2	1
Custom, Single Eight (4th Series), 8-cyl., 143" wb						
7P Tr	2350	7450	12,400	24,800	43,400	62,000
Phae	2350	7450	12,400	24,800	43,400	62,000
RDS	2250	7200	12,000	24,000	42,000	60,000
Conv Cpe	2050	6600	11,000	22,000	38,500	55,000
RS Cpe	950	3000	5000	10,000	17,500	25,000
7P Sed	900	2900	4800	9600	16,800	24,000
Sed	850	2750	4600	9200	16,100	23,000
Sed Limo	1000	3100	5200	10,400	18,200	26,000
1929						
Model 626, Standard Eight (6th Series), 8-cyl.						
Conv	2700	8650	14,400	28,800	50,400	72,000
Cpe	1150	3600	6000	12,000	21,000	30,000
Sed	950	3000	5000	10,000	17,500	25,000
Model 633, Standard Eight (6th Series), 8-cyl.						
Phae	3250	10,300	17,200	34,400	60,200	86,000
ROS	3400	10,800	18,000	36,000	63,000	90,000
7P Tr	3250	10,300	17,200	34,400	60,200	86,000
Cpe	1500	4800	8000	16,000	28,000	40,000
Sed	1000	3250	5400	10,800	18,900	27,000
Clb Sed	1050	3350	5600	11,200	19,600	28,000
Limo Sed	1300	4100	6800	13,600	23,800	34,000
Model 626, Speedster Eight (6th Series), 8-cyl.						
Phae	9000	28,800	48,000	96,000	168,000	240,000
Rds	9950	31,800	53,000	106,000	185,500	265,000
Model 640, Custom Eight (6th Series), 8-cyl.						
DC Phae	4750	15,100	25,200	50,400	88,200	126,000
7P Tr	4500	14,400	24,000	48,000	84,000	120,000
Rds	4500	14,400	24,000	48,000	84,000	120,000
Conv	4350	13,900	23,200	46,400	81,200	116,000
RS Cpe	2050	6600	11,000	22,000	38,500	55,000
4P Cpe	1700	5400	9000	18,000	31,500	45,000
Sed	1100	3500	5800	11,600	20,300	29,000
Clb Sed	1150	3600	6000	12,000	21,000	30,000
Limo	1250	3950	6600	13,200	23,100	33,000
Model 645, DeLuxe Eight (6th Series), 8-cyl.						
Phae	5250	16,800	28,000	56,000	98,000	140,000
Spt Phae	5250	16,800	28,000	56,000	98,000	140,000
7P Tr	5250	16,800	28,000	56,000	98,000	140,000
Rds	5250	16,800	28,000	56,000	98,000	140,000
RS Cpe	2250	7200	12,000	24,000	42,000	60,000
5P Cpe	1900	6000	10,000	20,000	35,000	50,000
Sed	1500	4800	8000	16,000	28,000	40,000
Clb Sed	1600	5050	8400	16,800	29,400	42,000
Limo	1750	5500	9200	18,400	32,200	46,000
1930						
Model 726, Standard 8 (7th Series), 8-cyl.						
Sed	1150	3700	6200	12,400	21,700	31,000
Model 733, Standard 8 (7th Series), 8-cyl., 134" wb						
Phae	4450	14,150	23,600	47,200	82,600	118,000
Spt Phae	4500	14,400	24,000	48,000	84,000	120,000
Rds	4450	14,150	23,600	47,200	82,600	118,000
7P Tr	4350	13,900	23,200	46,400	81,200	116,000
RS Cpe	2250	7200	12,000	24,000	42,000	60,000
4P Cpe	1300	4200	7000	14,000	24,500	35,000
Conv	3400	10,800	18,000	36,000	63,000	90,000
Sed	1400	4450	7400	14,800	25,900	37,000
Clb Sed	1450	4700	7800	15,600	27,300	39,000
Limo Sed	1600	5150	8600	17,200	30,100	43,000
Model 734, Speedster Eight (7th Series), 8-cyl.						
Boat	9750	31,200	52,000	104,000	182,000	260,000
RS Rds	9200	29,400	49,000	98,000	171,500	245,000
Phae	9400	30,000	50,000	100,000	175,000	250,000
Vic	4350	13,900	23,200	46,400	81,200	116,000
Sed	3400	10,800	18,000	36,000	63,000	90,000
Model 740, Custom Eight (7th Series), 8-cyl.						
Phae	4750	15,100	25,200	50,400	88,200	126,000
Spt Phae	4750	15,100	25,200	50,400	88,200	126,000
7P Tr	5250	16,800	28,000	56,000	98,000	140,000
Rds	6200	19,800	33,000	66,000	115,500	165,000
Conv	5250	16,800	28,000	56,000	98,000	140,000
RS Cpe	2650	8400	14,000	28,000	49,000	70,000
5P Cpe	1900	6000	10,000	20,000	35,000	50,000
Sed	1800	5750	9600	19,200	33,600	48,000
7P Sed	1850	5900	9800	19,600	34,300	49,000
Clb Sed	1900	6000	10,000	20,000	35,000	50,000

	6	5	4	3	2	1
Limo	2050	6500	10,800	21,600	37,800	54,000

Model 745, DeLuxe Eight (7th Series)

	6	5	4	3	2	1
Phae	9000	28,800	48,000	96,000	168,000	240,000
Spt Phae	9400	30,000	50,000	100,000	175,000	250,000
Rds	8800	28,200	47,000	94,000	164,500	235,000
Conv	9550	30,600	51,000	102,000	178,500	255,000
7P Tr	8650	27,600	46,000	92,000	161,000	230,000
RS Cpe	2850	9100	15,200	30,400	53,200	76,000
5P Cpe	2500	7900	13,200	26,400	46,200	66,000
Sed	2050	6600	11,000	22,000	38,500	55,000
7P Sed	2150	6850	11,400	22,800	39,900	57,000
Clb Sed	2200	7100	11,800	23,600	41,300	59,000
Limo	2550	8150	13,600	27,200	47,600	68,000

1931

Model 826, Standard Eight (8th Series)

	6	5	4	3	2	1
Sed	1150	3700	6200	12,400	21,700	31,000

Model 833, Standard Eight (8th Series)

	6	5	4	3	2	1
Phae	4350	13,900	23,200	46,400	81,200	116,000
Spt Phae	4450	14,150	23,600	47,200	82,600	118,000
7P Tr	4300	13,700	22,800	45,600	79,800	114,000
Conv Sed	4900	15,600	26,000	52,000	91,000	130,000
Rds	4350	13,900	23,200	46,400	81,200	116,000
Conv	3600	11,500	19,200	38,400	67,200	96,000
RS Cpe	2250	7200	12,000	24,000	42,000	60,000
5P Cpe	2000	6350	10,600	21,200	37,100	53,000
7P Sed	1500	4800	8000	16,000	28,000	40,000
Clb Sed	1550	4900	8200	16,400	28,700	41,000

NOTE: Add 45 percent for 845 models.

Model 840, Custom

	6	5	4	3	2	1
A/W Cabr	6200	19,800	33,000	66,000	115,500	165,000
A/W Spt Cabr	6400	20,400	34,000	68,000	119,000	170,000
A/W Lan'let	6550	21,000	35,000	70,000	122,500	175,000
A/W Spt Lan'let	6750	21,600	36,000	72,000	126,000	180,000
Dtrch Cv Sed	6950	22,200	37,000	74,000	129,500	185,000
Limo Cabr	6950	22,200	37,000	74,000	129,500	185,000
A/W Twn Car	6750	21,600	36,000	72,000	126,000	180,000
Dtrch Cv Vic	7150	22,800	38,000	76,000	133,000	190,000
Conv	7300	23,400	39,000	78,000	136,500	195,000
Spt Phae	7900	25,200	42,000	84,000	147,000	210,000
Phae	7700	24,600	41,000	82,000	143,500	205,000
Rds	7500	24,000	40,000	80,000	140,000	200,000
Tr	7300	23,400	39,000	78,000	136,500	195,000
Rs Cpe	2950	9350	15,600	31,200	54,600	78,000
5P Cpe	2250	7200	12,000	24,000	42,000	60,000
Sed	1900	6000	10,000	20,000	35,000	50,000
Clb Sed	2000	6350	10,600	21,200	37,100	53,000

Model 840, Individual Custom

	6	5	4	3	2	1
A/W Cabr	9550	30,600	51,000	102,000	178,500	255,000
A/W Spt Cabr	9750	31,200	52,000	104,000	182,000	260,000
A/W Lan'let	8250	26,400	44,000	88,000	154,000	220,000
A/W Spt Lan'let	8450	27,000	45,000	90,000	157,500	225,000
Dtrch Conv Sed	9200	29,400	49,000	98,000	171,500	245,000
Cabr Sed Limo	8450	27,000	45,000	90,000	157,500	225,000
A/W Twn Car	9000	28,800	48,000	96,000	168,000	240,000
Lan'let Twn Car	7900	25,200	42,000	84,000	147,000	210,000
Conv Vic	9400	30,000	50,000	100,000	175,000	250,000
Sed	2500	7900	13,200	26,400	46,200	66,000
Sed Limo	3000	9600	16,000	32,000	56,000	80,000

1932

Model 900, Light Eight (9th Series)

	6	5	4	3	2	1
Rds	2350	7450	12,400	24,800	43,400	62,000
Cpe	1150	3700	6200	12,400	21,700	31,000
Cpe Sed	1100	3500	5800	11,600	20,300	29,000
Sed	1000	3250	5400	10,800	18,900	27,000

1932

Model 901 Standard Eight (9th Series) 129" wb

	6	5	4	3	2	1
Sed	1000	3250	5400	10,800	18,900	27,000

Model 902 Standard Eight (9th Series) 136" wb

	6	5	4	3	2	1
Rds	4200	13,450	22,400	44,800	78,400	112,000
Phae	4500	14,400	24,000	48,000	84,000	120,000
Spt Phae	4750	15,100	25,200	50,400	88,200	126,000
RS Cpe	1900	6000	10,000	20,000	35,000	50,000
5P Cpe	1700	5400	9000	18,000	31,500	45,000
Sed	1150	3700	6200	12,400	21,700	31,000
7P Sed	1200	3850	6400	12,800	22,400	32,000

	6	5	4	3	2	1
Clb Sed	1250	3950	6600	13,200	23,100	33,000
Limo	1300	4200	7000	14,000	24,500	35,000
Tr	4450	14,150	23,600	47,200	82,600	118,000
Conv Sed	4750	15,100	25,200	50,400	88,200	126,000
Conv Vic	4900	15,600	26,000	52,000	91,000	130,000
Model 903, DeLuxe Eight, 142" wb						
Conv	4900	15,600	26,000	52,000	91,000	130,000
Phae	4900	15,600	26,000	52,000	91,000	130,000
Spt Phae	5250	16,800	28,000	56,000	98,000	140,000
Conv Sed	5250	16,800	28,000	56,000	98,000	140,000
Conv Vic	5250	16,800	28,000	56,000	98,000	140,000
7P Tr	4000	12,700	21,200	42,400	74,200	106,000
RS Cpe	2500	7900	13,200	26,400	46,200	66,000
5P Cpe	2350	7450	12,400	24,800	43,400	62,000
Sed	1600	5050	8400	16,800	29,400	42,000
Clb Sed	1650	5300	8800	17,600	30,800	44,000
Model 904, DeLuxe Eight, 147" wb						
Sed	2350	7450	12,400	24,800	43,400	62,000
Limo	2700	8650	14,400	28,800	50,400	72,000
Model 904, Individual Custom, 147" wb						
Dtrch Conv Cpe	9550	30,600	51,000	102,000	178,500	255,000
Dtrch Cpe	6200	19,800	33,000	66,000	115,500	165,000
Cabr	9750	31,200	52,000	104,000	182,000	260,000
Spt Cabr	10,150	32,400	54,000	108,000	189,000	270,000
A/W Brgm	10,300	33,000	55,000	110,000	192,500	275,000
Dtrch Spt Phae	10,300	33,000	55,000	110,000	192,500	275,000
Dtrch Conv Sed	10,500	33,600	56,000	112,000	196,000	280,000
Spt Sed	6200	19,800	33,000	66,000	115,500	165,000
Limo Cabr	10,150	32,400	54,000	108,000	189,000	270,000
Dtrch Limo	7150	22,800	38,000	76,000	133,000	190,000
A-W Twn Car	10,500	33,600	56,000	112,000	196,000	280,000
Dtrch Conv Vic	10,900	34,800	58,000	116,000	203,000	290,000
Lan'let	6750	21,600	36,000	72,000	126,000	180,000
Spt Lan	7150	22,800	38,000	76,000	133,000	190,000
Twn Car Lan'let	7500	24,000	40,000	80,000	140,000	200,000
Model 905, Twin Six, (9th Series), 142" wb						
Conv	10,300	33,000	55,000	110,000	192,500	275,000
Phae	10,150	32,400	54,000	108,000	189,000	270,000
Spt Phae	9950	31,800	53,000	106,000	185,500	265,000
7P Tr	9550	30,600	51,000	102,000	178,500	255,000
Conv Sed	10,300	33,000	55,000	110,000	192,500	275,000
Conv Vic	10,500	33,600	56,000	112,000	196,000	280,000
RS Cpe	3600	11,500	19,200	38,400	67,200	96,000
5P Cpe	3400	10,800	18,000	36,000	63,000	90,000
Sed	2650	8400	14,000	28,000	49,000	70,000
Clb Sed	2700	8650	14,400	28,800	50,400	72,000
Model 906, Twin Six, 147" wb						
7P Sed	3400	10,800	18,000	36,000	63,000	90,000
Limo	4000	12,700	21,200	42,400	74,200	106,000
Model 906, Individual Custom, Twin Six, 147" wb						
Conv					value not estimable	
Cabr					value not estimable	
Dtrch Spt Phae					value not estimable	
Dtrch Conv Vic					value not estimable	
Dtrch Sed					value not estimable	
Dtrch Cpe					value not estimable	
Lan'let					value not estimable	
Twn Car Lan'let					value not estimable	
A/W Twn Car					value not estimable	

1933

10th Series

	6	5	4	3	2	1
Model 1001, Eight, 127" wb						
Conv	4000	12,700	21,200	42,400	74,200	106,000
RS Cpe	1300	4200	7000	14,000	24,500	35,000
Cpe Sed	1250	3950	6600	13,200	23,100	33,000
Sed	1150	3700	6200	12,400	21,700	31,000
Model 1002, Eight, 136" wb						
Phae	5450	17,400	29,000	58,000	101,500	145,000
Conv Sed	5650	18,000	30,000	60,000	105,000	150,000
Conv Vic	5800	18,600	31,000	62,000	108,500	155,000
7P Tr	4900	15,600	26,000	52,000	91,000	130,000
RS Cpe	1700	5400	9000	18,000	31,500	45,000
5P Cpe	1400	4450	7400	14,800	25,900	37,000

1933 Packard Twelve four-door club sedan

	6	5	4	3	2	1
Sed	1300	4200	7000	14,000	24,500	35,000
7P Sed	1350	4300	7200	14,400	25,200	36,000
Clb Sed	1400	4450	7400	14,800	25,900	37,000
Limo	1500	4800	8000	16,000	28,000	40,000
Model 1003, Super Eight, 135" wb						
Sed	1500	4800	8000	16,000	28,000	40,000
Model 1004, Super Eight, 142" wb						
Conv	6200	19,800	33,000	66,000	115,500	165,000
Phae	6400	20,400	34,000	68,000	119,000	170,000
Spt Phae	6950	22,200	37,000	74,000	129,500	185,000
Conv Vic	7300	23,400	39,000	78,000	136,500	195,000
Conv Sed	6950	22,200	37,000	74,000	129,500	185,000
7P Tr	6550	21,000	35,000	70,000	122,500	175,000
RS Cpe	2250	7200	12,000	24,000	42,000	60,000
5P Cpe	1900	6000	10,000	20,000	35,000	50,000
Sed	1300	4200	7000	14,000	24,500	35,000
Clb Sed	1400	4450	7400	14,800	25,900	37,000
Limo	1650	5300	8800	17,600	30,800	44,000
Fml Sed	1750	5650	9400	18,800	32,900	47,000
Model 1005, Twelve, 142" wb						
Conv	9200	29,400	49,000	98,000	171,500	245,000
Spt Phae	9400	30,000	50,000	100,000	175,000	250,000
Conv Sed	9400	30,000	50,000	100,000	175,000	250,000
Conv Vic	9550	30,600	51,000	102,000	178,500	255,000
RS Cpe	2950	9350	15,600	31,200	54,600	78,000
5P Cpe	2400	7700	12,800	25,600	44,800	64,000
Sed	1900	6000	10,000	20,000	35,000	50,000
Fml Sed	2000	6350	10,600	21,200	37,100	53,000
Clb Sed	2050	6500	10,800	21,600	37,800	54,000
Model 1006, Standard, 147" wb						
7P Sed	2850	9100	15,200	30,400	53,200	76,000
Limo	3100	9850	16,400	32,800	57,400	82,000
Model 1006, Custom Twelve, 147" wb, Dietrich						
Conv	9750	31,200	52,000	104,000	182,000	260,000
Conv Vic	10,150	32,400	54,000	108,000	189,000	270,000
Spt Phae	9950	31,800	53,000	106,000	185,500	265,000
Conv Sed	10,150	32,400	54,000	108,000	189,000	270,000
Cpe	3250	10,300	17,200	34,400	60,200	86,000
Fml Sed	3100	9850	16,400	32,800	57,400	82,000
Model 1006, LeBaron Custom, Twelve, 147" wb						
A/W Cabr					value not estimable	
A/W Twn Car					value not estimable	
Model 1006, Packard Custom, Twelve, 147" wb						
A/W Cabr					value not estimable	
A/W Lan'let					value not estimable	
Spt Sed					value not estimable	
A/W Twn Car					value not estimable	
Twn Car Lan'let					value not estimable	
Limo					value not estimable	
Lan'let Limo					value not estimable	
A/W Cabr					value not estimable	
A/W Twn Car					value not estimable	

	6	5	4	3	2	1
1934						
11th Series						
Model 1100, Eight, 129" wb						
Sed	1500	4800	8000	16,000	28,000	40,000
Model 1101, Eight, 141" wb						
Conv	4000	12,700	21,200	42,400	74,200	106,000
Phae	4200	13,450	22,400	44,800	78,400	112,000
Conv Vic	4300	13,700	22,800	45,600	79,800	114,000
Conv Sed	4350	13,900	23,200	46,400	81,200	116,000
RS Cpe	1900	6000	10,000	20,000	35,000	50,000
5P Cpe	1600	5050	8400	16,800	29,400	42,000
Sed	1500	4800	8000	16,000	28,000	40,000
Clb Sed	1550	4900	8200	16,400	28,700	41,000
Fml Sed	1600	5050	8400	16,800	29,400	42,000
Model 1102, Eight, 141" wb						
7P Sed	1600	5150	8600	17,200	30,100	43,000
Limo	1700	5400	9000	18,000	31,500	45,000
Model 1103, Super Eight, 135" wb						
Sed	1650	5300	8800	17,600	30,800	44,000
Model 1104, Super Eight, 142" wb						
Conv	4750	15,100	25,200	50,400	88,200	126,000
Phae	4800	15,350	25,600	51,200	89,600	128,000
Spt Phae	5250	16,800	28,000	56,000	98,000	140,000
Conv Vic	5250	16,800	28,000	56,000	98,000	140,000
Conv Sed	5250	16,800	28,000	56,000	98,000	140,000
RS Cpe	3000	9600	16,000	32,000	56,000	80,000
5P Cpe	2500	7900	13,200	26,400	46,200	66,000
Clb Sed	2400	7700	12,800	25,600	44,800	64,000
Fml Sed	2500	7900	13,200	26,400	46,200	66,000
Model 1105, Super Eight, Standard, 147" wb						
7P Sed	2700	8650	14,400	28,800	50,400	72,000
Limo	2850	9100	15,200	30,400	53,200	76,000
Model 1105, Dietrich, Super Eight, 147" wb						
Conv	5450	17,400	29,000	58,000	101,500	145,000
Conv Vic	6550	21,000	35,000	70,000	122,500	175,000
Conv Sed	6400	20,400	34,000	68,000	119,000	170,000
Cpe	3550	11,300	18,800	37,600	65,800	94,000
Spt Sed	3450	11,050	18,400	36,800	64,400	92,000
Model 1105, LeBaron, Super Eight, 147" wb						
Model 1106, Twelve, LeBaron, 135" wb						
Spds					value not estimable	
Spt Phae					value not estimable	
Model 1107, Twelve, 142" wb						
Conv					value not estimable	
Phae					value not estimable	
Spt Phae					value not estimable	
Conv Vic					value not estimable	
Conv Sed					value not estimable	
7P Tr					value not estimable	
RS Cpe					value not estimable	
5P Cpe					value not estimable	
Sed					value not estimable	
Clb Sed					value not estimable	
Fml Sed					value not estimable	
Model 1108, Twelve, Standard, 147" wb						
7P Sed	3250	10,300	17,200	34,400	60,200	86,000
Limo	3400	10,800	18,000	36,000	63,000	90,000
Model 1108, Twelve, Dietrich, 147" wb						
Conv					value not estimable	
Spt Phae					value not estimable	
Conv Sed					value not estimable	
Vic Conv					value not estimable	
Cpe					value not estimable	
Spt Sed					value not estimable	
Model 1108, Twelve, LeBaron, 147" wb						
Cabr					value not estimable	
Spt Phae					value not estimable	
A/W Twn Car					value not estimable	
1935						
120-A, 8 cyl., 120" wb						
Conv	1700	5400	9000	18,000	31,500	45,000
Bus Cpe	1050	3350	5600	11,200	19,600	28,000
Spt Cpe	1150	3600	6000	12,000	21,000	30,000
Tr Cpe	1150	3600	6000	12,000	21,000	30,000
Sed	750	2400	4000	8000	14,000	20,000

	6	5	4	3	2	1
Clb Sed	850	2650	4400	8800	15,400	22,000
Tr Sed	800	2500	4200	8400	14,700	21,000
Series 1200, 8 cyl., 127" wb						
Sed	900	2900	4800	9600	16,800	24,000
Series 1201, 8 cyl., 134" wb						
Cpe Rds	2350	7450	12,400	24,800	43,400	62,000
Phae	2400	7700	12,800	25,600	44,800	64,000
Conv Vic	2700	8650	14,400	28,800	50,400	72,000
LeB A/W Cabr	3000	9600	16,000	32,000	56,000	80,000
RS Cpe	1800	5750	9600	19,200	33,600	48,000
5P Cpe	1750	5650	9400	18,800	32,900	47,000
Sed	1350	4300	7200	14,400	25,200	36,000
Fml Sed	1300	4200	7000	14,000	24,500	35,000
Clb Sed	1400	4450	7400	14,800	25,900	37,000
Series 1202, 8 cyl., 139" wb						
7P Sed	1700	5400	9000	18,000	31,500	45,000
Limo	1900	6000	10,000	20,000	35,000	50,000
Conv Sed	3400	10,800	18,000	36,000	63,000	90,000
LeB A/W Twn Car	3750	12,000	20,000	40,000	70,000	100,000
Series 1203, Super 8, 132" wb						
5P Sed	1800	5750	9600	19,200	33,600	48,000
Series 1204, Super 8, 139" wb						
Rds	3400	10,800	18,000	36,000	63,000	90,000
Phae	3450	11,050	18,400	36,800	64,400	92,000
Spt Phae	3600	11,500	19,200	38,400	67,200	96,000
Conv Vic	3550	11,300	18,800	37,600	65,800	94,000
RS Cpe	2350	7450	12,400	24,800	43,400	62,000
5P Cpe	2000	6350	10,600	21,200	37,100	53,000
Clb Sed	1700	5400	9000	18,000	31,500	45,000
Fml Sed	1650	5300	8800	17,600	30,800	44,000
LeB A/W Cabr	3400	10,800	18,000	36,000	63,000	90,000
Series 1205, Super 8, 144" wb						
Tr Sed	2550	8150	13,600	27,200	47,600	68,000
Conv Sed	3750	12,000	20,000	40,000	70,000	100,000
7P Sed	1900	6000	10,000	20,000	35,000	50,000
Limo	2150	6850	11,400	22,800	39,900	57,000
LeB A/W Twn Car	3600	11,500	19,200	38,400	67,200	96,000
Series 1207, V-12, 139" wb						
Rds	5650	18,000	30,000	60,000	105,000	150,000
Phae	5800	18,600	31,000	62,000	108,500	155,000
Spt Phae	6200	19,800	33,000	66,000	115,500	165,000
RS Cpe	3000	9600	16,000	32,000	56,000	80,000
5P Cpe	2800	8900	14,800	29,600	51,800	74,000
Clb Sed	2500	7900	13,200	26,400	46,200	66,000
Sed	2550	8150	13,600	27,200	47,600	68,000
Fml Sed	2650	8400	14,000	28,000	49,000	70,000
Conv Vic	5650	18,000	30,000	60,000	105,000	150,000
LeB A/W Cabr	5800	18,600	31,000	62,000	108,500	155,000
Series 1208, V-12, 144" wb						
Conv Sed	6950	22,200	37,000	74,000	129,500	185,000
7P Sed	2650	8400	14,000	28,000	49,000	70,000
Limo	3000	9600	16,000	32,000	56,000	80,000
LeB A/W Twn Car	6400	20,400	34,000	68,000	119,000	170,000

1936 14th Series

	6	5	4	3	2	1
Series 120-B, 8 cyl., 120" wb						
Conv	2050	6600	11,000	22,000	38,500	55,000
Conv Sed	2200	6950	11,600	23,200	40,600	58,000
Bus Cpe	1150	3600	6000	12,000	21,000	30,000
Spt Cpe	1150	3700	6200	12,400	21,700	31,000
Tr Cpe	1150	3600	6000	12,000	21,000	30,000
2d Sed	600	1900	3200	6400	11,200	16,000
Sed	650	2050	3400	6800	11,900	17,000
Clb Sed	700	2300	3800	7600	13,300	19,000
Tr Sed	700	2150	3600	7200	12,600	18,000
Series 1400, 8 cyl., 127" wb						
Sed	750	2400	4000	8000	14,000	20,000
Series 1401, 8 cyl., 134" wb						
Rds	3250	10,300	17,200	34,400	60,200	86,000
Phae	3300	10,550	17,600	35,200	61,600	88,000
Conv Vic	3700	11,750	19,600	39,200	68,600	98,000
LeB A/W Cabr	3400	10,800	18,000	36,000	63,000	90,000
RS Cpe	1700	5400	9000	18,000	31,500	45,000
5P Cpe	1600	5150	8600	17,200	30,100	43,000
Clb Sed	1400	4450	7400	14,800	25,900	37,000
Sed	1300	4200	7000	14,000	24,500	35,000
Fml Sed	1350	4300	7200	14,400	25,200	36,000

	6	5	4	3	2	1
Series 1402, 8 cyl., 139" wb						
Conv Sed	4000	12,700	21,200	42,400	74,200	106,000
7P Tr	3850	12,250	20,400	40,800	71,400	102,000
7P Sed	1700	5400	9000	18,000	31,500	45,000
Bus Sed	1600	5150	8600	17,200	30,100	43,000
Limo	1900	6000	10,000	20,000	35,000	50,000
Bus Limo	1800	5750	9600	19,200	33,600	48,000
LeB Twn Car	3600	11,500	19,200	38,400	67,200	96,000
Series 1403, Super 8, 132" wb						
Sed	1600	5150	8600	17,200	30,100	43,000
Series 1404, Super 8, 139" wb						
Cpe Rds	3450	11,050	18,400	36,800	64,400	92,000
Phae	3750	12,000	20,000	40,000	70,000	100,000
Spt Phae	4000	12,700	21,200	42,400	74,200	106,000
Conv Vic	3850	12,250	20,400	40,800	71,400	102,000
LeB A/W Cabr	4000	12,700	21,200	42,400	74,200	106,000
RS Cpe	2350	7450	12,400	24,800	43,400	62,000
5P Cpe	2150	6850	11,400	22,800	39,900	57,000
Clb Sed	1950	6250	10,400	20,800	36,400	52,000
Fml Sed	1900	6000	10,000	20,000	35,000	50,000
Series 1405, Super 8, 144" wb						
7P Tr	4200	13,450	22,400	44,800	78,400	112,000
Conv Sed	4350	13,900	23,200	46,400	81,200	116,000
Series 1407, V-12, 139" wb						
Cpe Rds	5650	18,000	30,000	60,000	105,000	150,000
Phae	5800	18,600	31,000	62,000	108,500	155,000
Spt Phae	5800	18,600	31,000	62,000	108,500	155,000
LeB A/W Cabr	6000	19,200	32,000	64,000	112,000	160,000
Conv Vic	6000	19,200	32,000	64,000	112,000	160,000
RS Cpe	2850	9100	15,200	30,400	53,200	76,000
5P Cpe	2500	7900	13,200	26,400	46,200	66,000
Clb Sed	1900	6100	10,200	20,400	35,700	51,000
Sed	1750	5500	9200	18,400	32,200	46,000
Fml Sed	1700	5400	9000	18,000	31,500	45,000
Series 1408, V-12, 144" wb						
7P Tr	6000	19,200	32,000	64,000	112,000	160,000
Conv Sed	6200	19,800	33,000	66,000	115,500	165,000
7P Sed	1900	6000	10,000	20,000	35,000	50,000
Limo	2250	7200	12,000	24,000	42,000	60,000
LeB A/W Twn Car	6400	20,400	34,000	68,000	119,000	170,000
1937 15th Series						
Model 115-C, 6 cyl., 115" wb						
Conv	1500	4800	8000	16,000	28,000	40,000
Bus Cpe	950	3000	5000	10,000	17,500	25,000
Spt Cpe	1000	3250	5400	10,800	18,900	27,000
2d Sed	700	2150	3600	7200	12,600	18,000
Sed	650	2050	3400	6800	11,900	17,000
Clb Sed	700	2300	3800	7600	13,300	19,000
Tr Sed	700	2150	3600	7200	12,600	18,000
Sta Wag	1500	4800	8000	16,000	28,000	40,000
Model 120-C, 8 cyl., 120" wb						
Conv	1900	6000	10,000	20,000	35,000	50,000
Conv Sed	1950	6250	10,400	20,800	36,400	52,000
Bus Cpe	1200	3850	6400	12,800	22,400	32,000
Spt Cpe	1250	3950	6600	13,200	23,100	33,000
2d Sed	850	2650	4400	8800	15,400	22,000
Sed	800	2500	4200	8400	14,700	21,000
Clb Sed	850	2750	4600	9200	16,100	23,000
Tr Sed	850	2650	4400	8800	15,400	22,000
Sta Wag	1700	5400	9000	18,000	31,500	45,000
Model 120-CD, 8 cyl., 120" wb						
2d Sed	950	3000	5000	10,000	17,500	25,000
Clb Sed	1000	3250	5400	10,800	18,900	27,000
Tr Sed	1000	3100	5200	10,400	18,200	26,000
Model 138-CD, 8 cyl., 138" wb						
Tr Sed	1050	3350	5600	11,200	19,600	28,000
Tr Limo	1150	3700	6200	12,400	21,700	31,000
Model 1500, Super 8, 127" wb						
Sed	1000	3250	5400	10,800	18,900	27,000
Model 1501, Super 8, 134" wb						
Conv	3400	10,800	18,000	36,000	63,000	90,000
LeB A/W Cabr	3600	11,500	19,200	38,400	67,200	96,000
RS Cpe	2150	6850	11,400	22,800	39,900	57,000
5P Cpe	1900	6000	10,000	20,000	35,000	50,000
Clb Sed	1350	4300	7200	14,400	25,200	36,000

	6	5	4	3	2	1
Tr Sed	1250	3950	6600	13,200	23,100	33,000
Fml Sed	1300	4100	6800	13,600	23,800	34,000
Vic	2700	8650	14,400	28,800	50,400	72,000
Model 1502, Super 8, 139" wb						
Conv Sed	3750	12,000	20,000	40,000	70,000	100,000
Bus Sed	1300	4200	7000	14,000	24,500	35,000
Tr Sed	1350	4300	7200	14,400	25,200	36,000
Tr Limo	1500	4800	8000	16,000	28,000	40,000
Bus Limo	1450	4700	7800	15,600	27,300	39,000
LeB A/W Twn Car	4150	13,200	22,000	44,000	77,000	110,000
Model 1506, V-12, 132" wb						
Tr Sed	1500	4800	8000	16,000	28,000	40,000
Model 1507, V-12, 139" wb						
Conv	5650	18,000	30,000	60,000	105,000	150,000
LeB A/W Cabr	5800	18,600	31,000	62,000	108,500	155,000
RS Cpe	2400	7700	12,800	25,600	44,800	64,000
5P Cpe	2350	7450	12,400	24,800	43,400	62,000
Clb Sed	1700	5400	9000	18,000	31,500	45,000
Fml Sed	1650	5300	8800	17,600	30,800	44,000
Tr Sed	1600	5150	8600	17,200	30,100	43,000
Conv Vic	5100	16,300	27,200	54,400	95,200	136,000
Model 1508, V-12, 144" wb						
Conv Sed	9000	28,800	48,000	96,000	168,000	240,000
Tr Sed	3000	9600	16,000	32,000	56,000	80,000
Tr Limo	3250	10,300	17,200	34,400	60,200	86,000
LeB A/W Twn Car	6950	22,200	37,000	74,000	129,500	185,000
1938 16th Series						
Model 1600, 6 cyl., 122" wb						
Conv	1400	4450	7400	14,800	25,900	37,000
Bus Cpe	800	2500	4200	8400	14,700	21,000
Clb Cpe	750	2400	4000	8000	14,000	20,000
2d Sed	550	1700	2800	5600	9800	14,000
Sed	550	1800	3000	6000	10,500	15,000
Model 1601, 8 cyl., 127" wb						
Conv	1700	5400	9000	18,000	31,500	45,000
Conv Sed	1750	5650	9400	18,800	32,900	47,000
Bus Cpe	1000	3250	5400	10,800	18,900	27,000
Clb Cpe	1050	3350	5600	11,200	19,600	28,000
2d Sed	750	2400	4000	8000	14,000	20,000
Sed	700	2300	3800	7600	13,300	19,000
Model 1601-D, 8 cyl., 127" wb						
Tr Sed	900	2900	4800	9600	16,800	24,000
Model 1601, 8 cyl., 139" wb						
Roll A/W Cabr	4150	13,200	22,000	44,000	77,000	110,000
Roll A/W Twn Car	4000	12,700	21,200	42,400	74,200	106,000
Roll Brgm	3600	11,500	19,200	38,400	67,200	96,000
Model 1602, 8 cyl., 148" wb						
Tr Sed	1150	3600	6000	12,000	21,000	30,000
Tr Limo	1300	4200	7000	14,000	24,500	35,000
Model 1603, Super 8, 127" wb						
Tr Sed	1350	4300	7200	14,400	25,200	36,000
Model 1604, Super 8, 134" wb						
Conv	3400	10,800	18,000	36,000	63,000	90,000
RS Cpe	1700	5400	9000	18,000	31,500	45,000
5P Cpe	1500	4800	8000	16,000	28,000	40,000
Clb Sed	1000	3250	5400	10,800	18,900	27,000
Tr Sed	950	3000	5000	10,000	17,500	25,000
Fml Sed	1000	3100	5200	10,400	18,200	26,000
Vic	3250	10,300	17,200	34,400	60,200	86,000
Model 1605, Super 8, 139" wb						
Bus Sed	1300	4200	7000	14,000	24,500	35,000
Conv Sed	3750	12,000	20,000	40,000	70,000	100,000
Bus Limo	1900	6000	10,000	20,000	35,000	50,000
Model 1605, Super 8, Customs						
Brn A/W Cabr					value not estimable	
Brn Tr Cabr					value not estimable	
Roll A/W Cabr					value not estimable	
Roll A/W Twn Car					value not estimable	
Model 1607, V-12, 134" wb						
Conv Cpe	6950	22,200	37,000	74,000	129,500	185,000
2-4P Cpe	2400	7700	12,800	25,600	44,800	64,000
5P Cpe	2350	7450	12,400	24,800	43,400	62,000
Clb Sed	1900	6100	10,200	20,400	35,700	51,000
Conv Vic	6950	22,200	37,000	74,000	129,500	185,000
Tr Sed	1800	5750	9600	19,200	33,600	48,000
Fml Sed	1900	6000	10,000	20,000	35,000	50,000

	6	5	4	3	2	1
Model 1608, V-12, 139" wb						
Conv Sed	7150	22,800	38,000	76,000	133,000	190,000
Tr Sed	2400	7700	12,800	25,600	44,800	64,000
Tr Limo	2550	8150	13,600	27,200	47,600	68,000
Model 1607-8, V-12, 139" wb						
Brn A/W Cabr					value not estimable	
Brn Tr Cabr					value not estimable	
Roll A/W Cabr					value not estimable	
Roll A/W Twn Car					value not estimable	

1939 Packard Six four-door touring sedan

1939 17th Series

	6	5	4	3	2	1
Model 1700, 6 cyl., 122" wb						
Conv	1300	4200	7000	14,000	24,500	35,000
Bus Cpe	700	2300	3800	7600	13,300	19,000
Clb Cpe	750	2400	4000	8000	14,000	20,000
2d Sed	550	1700	2800	5600	9800	14,000
Tr Sed	550	1750	2900	5800	10,200	14,500
Sta Wag	1150	3700	6200	12,400	21,700	31,000
Model 1701, 8 cyl., 127" wb						
Conv	2200	6950	11,600	23,200	40,600	58,000
Conv Sed	2200	7100	11,800	23,600	41,300	59,000
Clb Cpe	850	2750	4600	9200	16,100	23,000
Bus Cpe	800	2500	4200	8400	14,700	21,000
2d Sed	650	2050	3400	6800	11,900	17,000
Sed	650	2050	3400	6800	11,900	17,000
Sta Wag	1200	3850	6400	12,800	22,400	32,000
Model 1702, 8-cyl., 148" wb						
Tr Sed	850	2650	4400	8800	15,400	22,000
Tr Limo	950	3000	5000	10,000	17,500	25,000
Model 1703, Super 8, 127" wb						
Tr Sed	1000	3250	5400	10,800	18,900	27,000
Conv	2350	7450	12,400	24,800	43,400	62,000
Conv Sed	2400	7700	12,800	25,600	44,800	64,000
Clb Cpe	1300	4200	7000	14,000	24,500	35,000
Model 1705, Super 8, 148" wb						
Tr Sed	1150	3600	6000	12,000	21,000	30,000
Tr Limo	1300	4200	7000	14,000	24,500	35,000
Model 1707, V-12, 134" wb						
Conv Cpe	6200	19,800	33,000	66,000	115,500	165,000
Conv Vic	6200	19,800	33,000	66,000	115,500	165,000
Roll A/W Cabr	4900	15,600	26,000	52,000	91,000	130,000
2-4P Cpe	2500	7900	13,200	26,400	46,200	66,000
5P Cpe	2250	7200	12,000	24,000	42,000	60,000
Sed	1900	6000	10,000	20,000	35,000	50,000
Clb Sed	1900	6100	10,200	20,400	35,700	51,000
Fml Sed	2150	6850	11,400	22,800	39,900	57,000
Model 1708, V-12, 139" wb						
Conv Sed					value not estimable	
Brn Tr Cabr					value not estimable	
Brn A/W Cabr					value not estimable	

	6	5	4	3	2	1
Tr Sed	2850	9100	15,200	30,400	53,200	76,000
Tr Limo	2950	9350	15,600	31,200	54,600	78,000
Roll A/W Twn Car					value not estimable	

1940 18th Series
Model 1800, 6 cyl., 122" wb, (110)

	6	5	4	3	2	1
Conv	1300	4200	7000	14,000	24,500	35,000
Bus Cpe	750	2400	4000	8000	14,000	20,000
Clb Cpe	800	2500	4200	8400	14,700	21,000
2d Sed	550	1700	2800	5600	9800	14,000
Sed	550	1700	2800	5600	9800	14,000
Sta Wag	1150	3600	6000	12,000	21,000	30,000

Model 1801, Std., 8 cyl., 127" wb, (120)

	6	5	4	3	2	1
Conv	1600	5050	8400	16,800	29,400	42,000
Conv Sed	1850	5900	9800	19,600	34,300	49,000
Bus Cpe	900	2900	4800	9600	16,800	24,000
Clb Cpe	950	3000	5000	10,000	17,500	25,000
2d Sed	700	2150	3600	7200	12,600	18,000
Clb Sed	700	2300	3800	7600	13,300	19,000
Sed	700	2150	3600	7200	12,600	18,000
Darr Vic	3750	12,000	20,000	40,000	70,000	100,000
Sta Wag	1250	3950	6600	13,200	23,100	33,000

Model 1801, DeLuxe, 8-cyl., 127" wb, (120)

	6	5	4	3	2	1
Conv	1700	5400	9000	18,000	31,500	45,000
Clb Cpe	950	3000	5000	10,000	17,500	25,000
Clb Sed	750	2400	4000	8000	14,000	20,000
Tr Sed	700	2300	3800	7600	13,300	19,000

Model 1803, Super 8, 127" wb, (160)

	6	5	4	3	2	1
Conv	2800	8900	14,800	29,600	51,800	74,000
Conv Sed	2950	9350	15,600	31,200	54,600	78,000
Bus Cpe	1000	3250	5400	10,800	18,900	27,000
Clb Cpe	1100	3500	5800	11,600	20,300	29,000
Clb Sed	1000	3250	5400	10,800	18,900	27,000
Sed	950	3000	5000	10,000	17,500	25,000

Model 1804, Super 8, 138" wb, (160)

	6	5	4	3	2	1
Sed	1050	3350	5600	11,200	19,600	28,000

Model 1805, Super 8, 148" wb, (160)

	6	5	4	3	2	1
Tr Sed	1100	3500	5800	11,600	20,300	29,000
Tr Limo	1150	3600	6000	12,000	21,000	30,000

Model 1806, Custom, Super 8, 127" wb, (180)

	6	5	4	3	2	1
Clb Sed	1300	4100	6800	13,600	23,800	34,000
Darr Conv Vic	4350	13,900	23,200	46,400	81,200	116,000

Model 1807, Custom, Super 8, 138" wb, (180)

	6	5	4	3	2	1
Darr Conv Sed	4500	14,400	24,000	48,000	84,000	120,000
Roll A/W Cabr	4150	13,200	22,000	44,000	77,000	110,000
Darr Spt Sed	3400	10,800	18,000	36,000	63,000	90,000
Fml Sed	1700	5400	9000	18,000	31,500	45,000
Tr Sed	1650	5300	8800	17,600	30,800	44,000

Model 1808, Custom, Super 8, 148" wb, (180)

	6	5	4	3	2	1
Roll A/W Twn Car	3400	10,800	18,000	36,000	63,000	90,000
Tr Sed	1700	5400	9000	18,000	31,500	45,000
Tr Limo	1750	5650	9400	18,800	32,900	47,000

1941 19th Series
Model 1900, Std., 6 cyl., 122" wb, (110)

	6	5	4	3	2	1
Conv	1200	3850	6400	12,800	22,400	32,000
Bus Cpe	650	2050	3400	6800	11,900	17,000
Clb Cpe	700	2150	3600	7200	12,600	18,000
2d Sed	550	1700	2800	5600	9800	14,000
Tr Sed	550	1700	2800	5600	9800	14,000
Sta Wag	1450	4700	7800	15,600	27,300	39,000

Model 1900, Dlx., 6-cyl., 122" wb, (110)

	6	5	4	3	2	1
Conv	1400	4450	7400	14,800	25,900	37,000
Clb Cpe	750	2400	4000	8000	14,000	20,000
2d Sed	650	2050	3400	6800	11,900	17,000
Sed	550	1800	3000	6000	10,500	15,000
Sta Wag	1550	4900	8200	16,400	28,700	41,000

Model 1901, 8-cyl., 127" wb, (120)

	6	5	4	3	2	1
Conv	1500	4800	8000	16,000	28,000	40,000
Conv Sed	1600	5050	8400	16,800	29,400	42,000
Bus Cpe	850	2650	4400	8800	15,400	22,000
Clb Cpe	850	2750	4600	9200	16,100	23,000
2d Sed	700	2300	3800	7600	13,300	19,000
Sed	650	2050	3400	6800	11,900	17,000
Sta Wag	1750	5650	9400	18,800	32,900	47,000
DeL Sta Wag	1900	6000	10,000	20,000	35,000	50,000

Model 1903, Super 8, 127" wb, (160)

	6	5	4	3	2	1
Conv	2700	8650	14,400	28,800	50,400	72,000

	6	5	4	3	2	1
DeL Conv	2800	8900	14,800	29,600	51,800	74,000
Conv Sed	2850	9100	15,200	30,400	53,200	76,000
DeL Conv Sed	2950	9350	15,600	31,200	54,600	78,000
Clb Cpe	950	3000	5000	10,000	17,500	25,000
Bus Cpe	900	2900	4800	9600	16,800	24,000
Sed	850	2750	4600	9200	16,100	23,000
Model 1904, Super 8, 138" wb, (160)						
Sed	1000	3250	5400	10,800	18,900	27,000
Model 1905, Super 8, 148" wb, (160)						
Tr Sed	1100	3500	5800	11,600	20,300	29,000
Tr Limo	1200	3850	6400	12,800	22,400	32,000
Model 1906, Custom, Super 8, 127" wb, (180)						
Darr Conv Vic	4000	12,700	21,200	42,400	74,200	106,000
Model 1907, Custom, Super 8, 138" wb, (180)						
Leb Spt Brgm	2650	8400	14,000	28,000	49,000	70,000
Roll A/W Cabr	3400	10,800	18,000	36,000	63,000	90,000
Darr Spt Sed	2850	9100	15,200	30,400	53,200	76,000
Tr Sed	1500	4800	8000	16,000	28,000	40,000
Fml Sed	1600	5050	8400	16,800	29,400	42,000
Model 1908, Custom, Super 8, 148" wb, (180)						
Roll A/W Twn Car	3300	10,550	17,600	35,200	61,600	88,000
Tr Sed	1700	5400	9000	18,000	31,500	45,000
LeB Tr Sed	1900	6000	10,000	20,000	35,000	50,000
Tr Limo	1950	6250	10,400	20,800	36,400	52,000
LeB Tr Limo	2250	7200	12,000	24,000	42,000	60,000
Series 1951, Clipper, 8 cyl., 127" wb						
Sed	600	1900	3200	6400	11,200	16,000
1942 20th Series						
Clipper Series -(6 cyl.)						
Series 2000, Special, 120" wb						
Bus Cpe	600	1900	3200	6400	11,200	16,000
Clb Sed	550	1800	3000	6000	10,500	15,000
Tr Sed	550	1700	2800	5600	9800	14,000
Series 2010, Custom, 120" wb						
Clb Sed	700	2150	3600	7200	12,600	18,000
Tr Sed	650	2050	3400	6800	11,900	17,000
Series 2020, Custom, 122" wb						
Conv	1350	4300	7200	14,400	25,200	36,000
Clipper Series -(8 cyl.)						
Series 2001, Special, 120" wb						
Bus Cpe	650	2050	3400	6800	11,900	17,000
Clb Sed	700	2150	3600	7200	12,600	18,000
Tr Sed	650	2050	3400	6800	11,900	17,000
Series 2011, Custom, 120" wb						
Clb Sed	800	2500	4200	8400	14,700	21,000
Tr Sed	750	2400	4000	8000	14,000	20,000
Series 2021, Custom, 127" wb						
Conv	1500	4800	8000	16,000	28,000	40,000
Super 8, 160 Series, Clipper, 127" wb, 2003						
Clb Sed	950	3000	5000	10,000	17,500	25,000
Tr Sed	900	2900	4800	9600	16,800	24,000
Super 8, 160, 127" wb, 2023						
Conv	2700	8650	14,400	28,800	50,400	72,000
Super 8, 160, 138" wb, 2004						
Tr Sed	1000	3250	5400	10,800	18,900	27,000
Super 8, 160, 148" wb, 2005						
7P Sed	1100	3500	5800	11,600	20,300	29,000
Limo	1150	3700	6200	12,400	21,700	31,000
Super 8, 160, 148" wb, 2055						
Bus Sed	1000	3250	5400	10,800	18,900	27,000
Bus Limo	1100	3500	5800	11,600	20,300	29,000
Super 8, 180, Clipper, 127" wb, 2006						
Clb Sed	1000	3100	5200	10,400	18,200	26,000
Tr Sed	950	3000	5000	10,000	17,500	25,000
Super 8, 180, Special, 127" wb, 2006						
Darr Conv Vic	4350	13,900	23,200	46,400	81,200	116,000
Super 8, 180, 138" wb, 2007						
Tr Sed	950	3000	5000	10,000	17,500	25,000
Fml Sed	1000	3250	5400	10,800	18,900	27,000
Roll A/W Cabr	3400	10,800	18,000	36,000	63,000	90,000
Super 8, 180, 148" wb, 2008						
Tr Sed	1200	3850	6400	12,800	22,400	32,000
Limo	1300	4200	7000	14,000	24,500	35,000
LeB Sed	1750	5650	9400	18,800	32,900	47,000
LeB Limo	1900	6100	10,200	20,400	35,700	51,000

	6	5	4	3	2	1
Roll A/W Twn Car	3400	10,800	18,000	36,000	63,000	90,000

1946 21st Series
Clipper, 6-cyl., 120" wb, 2100

	6	5	4	3	2	1
Clb Sed	550	1700	2800	5600	9800	14,000
Sed	500	1550	2600	5200	9100	13,000

Clipper, 6-cyl., 120" wb, 2130

4d Taxi					value not	estimable

Clipper, 8-cyl., 120" wb, 2101

	6	5	4	3	2	1
Tr Sed	500	1550	2600	5200	9100	13,000

Clipper, DeLuxe, 8-cyl., 120" wb, 2111

	6	5	4	3	2	1
Clb Sed	550	1800	3000	6000	10,500	15,000
Tr Sed	550	1700	2800	5600	9800	14,000

Clipper, Super 8, 127" wb, 2103

	6	5	4	3	2	1
Clb Sed	600	1900	3200	6400	11,200	16,000
Tr Sed	550	1800	3000	6000	10,500	15,000

Clipper, Super 8, 127" wb, 2106 Custom

	6	5	4	3	2	1
Clb Sed	700	2150	3600	7200	12,600	18,000
Tr Sed	650	2050	3400	6800	11,900	17,000

Clipper, Super, 148" wb, 2126 Custom

	6	5	4	3	2	1
8P Sed	900	2900	4800	9600	16,800	24,000
Limo	1100	3500	5800	11,600	20,300	29,000

1947 21st Series
Clipper, 6-cyl., 120" wb, 2100

	6	5	4	3	2	1
Clb Sed	550	1700	2800	5600	9800	14,000
Tr Sed	500	1550	2600	5200	9100	13,000

Clipper, DeLuxe, 8-cyl., 120" wb, 2111

	6	5	4	3	2	1
Clb Sed	550	1700	2800	5600	9800	14,000
Tr Sed	500	1550	2600	5200	9100	13,000

Clipper, Super 8, 127" wb, 2103

	6	5	4	3	2	1
Clb Sed	700	2150	3600	7200	12,600	18,000
Tr Sed	600	1900	3200	6400	11,200	16,000

Clipper, Super 8, 127" wb, 2106 Custom

	6	5	4	3	2	1
Clb Sed	800	2500	4200	8400	14,700	21,000
Tr Sed	700	2150	3600	7200	12,600	18,000

Clipper, Super 8, 148" wb, 2126 Custom

	6	5	4	3	2	1
7P Sed	900	2900	4800	9600	16,800	24,000
Limo	1100	3500	5800	11,600	20,300	29,000

1948 Packard Super Eight Victoria convertible

1948 & Early 1949 22nd Series
Series 2201, 8-cyl., 120" wb

	6	5	4	3	2	1
Clb Sed	500	1550	2600	5200	9100	13,000
Sed	450	1450	2400	4800	8400	12,000
Sta Sed	1450	4550	7600	15,200	26,600	38,000

Series 2211, DeLuxe, 8-cyl., 120" wb

	6	5	4	3	2	1
Clb Sed	550	1800	3000	6000	10,500	15,000
Tr Sed	550	1700	2800	5600	9800	14,000

Super 8, 120" wb, 2202

	6	5	4	3	2	1
Clb Sed	700	2150	3600	7200	12,600	18,000
Sed	650	2050	3400	6800	11,900	17,000

Super 8, 120" wb, 2232

	6	5	4	3	2	1
Conv	1450	4550	7600	15,200	26,600	38,000

Super 8, 141" wb, 2222

	6	5	4	3	2	1
Sed	850	2750	4600	9200	16.100	23.000

	6	5	4	3	2	1
Limo	1050	3350	5600	11,200	19,600	28,000
Super 8, DeLuxe, 141" wb						
Sed	900	2900	4800	9600	16,800	24,000
Limo	1100	3500	5800	11,600	20,300	29,000
Custom 8, 127" wb, 2206						
Clb Sed	850	2750	4600	9200	16,100	23,000
Tr Sed	850	2650	4400	8800	15,400	22,000
Custom 8, 127" wb, 2233						
Conv	1500	4800	8000	16,000	28,000	40,000
Custom 8, 148" wb, 2226						
7P Sed	1100	3500	5800	11,600	20,300	29,000
Limo	1150	3600	6000	12,000	21,000	30,000
1949-1950 23rd Series						
Series 2301, 120" wb						
Clb Sed	550	1700	2800	5600	9800	14,000
Sed	500	1550	2600	5200	9100	13,000
Sta Sed	1450	4550	7600	15,200	26,600	38,000
2301 DeLuxe, 120" wb						
Clb Sed	550	1800	3000	6000	10,500	15,000
Sed	550	1700	2800	5600	9800	14,000
Super 8, 127" wb, 2302						
Clb Sed	650	2050	3400	6800	11,900	17,000
Sed	600	1900	3200	6400	11,200	16,000
Super 8, 2302 DeLuxe						
Clb Sed	700	2150	3600	7200	12,600	18,000
Sed	650	2050	3400	6800	11,900	17,000
Super 8, Super DeLuxe, 127" wb, 2332						
Conv	1450	4550	7600	15,200	26,600	38,000
Super 8, 141" wb, 2322						
7P Sed	950	3000	5000	10,000	17,500	25,000
Limo	1100	3500	5800	11,600	20,300	29,000
Custom 8, 127" wb, 2306						
Sed	850	2650	4400	8800	15,400	22,000
Custom 8, 127" wb, 2333						
Conv	1500	4800	8000	16,000	28,000	40,000
1951 24th Series						
200, Standard, 122" wb, 2401						
Bus Cpe	400	1300	2200	4400	7700	11,000
2d Sed	450	1400	2300	4600	8100	11,500
Sed	450	1450	2400	4800	8400	12,000
200, DeLuxe						
2d Sed	450	1450	2400	4800	8400	12,000
Sed	450	1500	2500	5000	8800	12,500
122" wb, 2402						
M.F HT	550	1800	3000	6000	10,500	15,000
Conv	1000	3100	5200	10,400	18,200	26,000
300, 127" wb, 2402						
Sed	500	1550	2600	5200	9100	13,000
Patrician, 400, 127" wb, 2406						
Sed	550	1800	3000	6000	10,500	15,000
1952 25th Series						
200, Std., 122" wb, 2501						
2d Sed	450	1400	2300	4600	8100	11,500
Sed	450	1450	2400	4800	8400	12,000
200, DeLuxe						
2d Sed	450	1500	2450	4900	8600	12,300
Sed	450	1500	2500	5000	8800	12,500
122" wb, 2531						
Conv	1000	3100	5200	10,400	18,200	26,000
M.F HT	600	1900	3200	6400	11,200	16,000
300, 122" wb, 2502						
Sed	500	1600	2700	5400	9500	13,500
Patrician, 400, 127" wb, 2506						
Sed	550	1800	3000	6000	10,500	15,000
Der Cus Sed	600	1900	3200	6400	11,200	16,000
1953 26th Series						
Clipper, 122" wb, 2601						
2d HT	550	1800	3000	6000	10,500	15,000
2d Sed	450	1450	2400	4800	8400	12,000
Sed	450	1450	2450	4900	8500	12,200
Clipper DeLuxe						
2d Sed	450	1500	2500	5000	8800	12,500
Sed	450	1500	2500	5000	8800	12,600
Cavalier, 127" wb, 2602						
Cav Sed	500	1550	2600	5200	9100	13,000

	6	5	4	3	2	1
Packard 8, 122" wb, 2631						
Conv	1050	3350	5600	11,200	19,600	28,000
Carr Conv	1500	4800	8000	16,000	28,000	40,000
M.F HdTp	600	1900	3200	6400	11,200	16,000
Patrician, 127" wb, 2606						
Sed	600	1900	3200	6400	11,200	16,000
Der Fml Sed	700	2150	3600	7200	12,600	18,000
149" wb, 2626						
Exec Sed	650	2050	3400	6800	11,900	17,000
Corp Limo	700	2300	3800	7600	13,300	19,000
1954 54th Series						
Clipper, 122" wb, DeLuxe 5401						
2d HdTp	550	1800	3000	6000	10,500	15,000
Clb Sed	450	1450	2400	4800	8400	12,000
Sed	450	1450	2450	4900	8500	12,200
Clipper Super 5411						
Pan HT	600	1900	3200	6400	11,200	16,000
Clb Sed	500	1550	2600	5200	9100	13,000
Sed	500	1600	2650	5300	9200	13,200
Cavalier, 127" wb, 5402						
Sed	550	1700	2800	5600	9800	14,000
Packard 8, 122" wb, 5431						
Pac HT	650	2050	3400	6800	11,900	17,000
Conv	1050	3350	5600	11,200	19,600	28,000
Carr Conv	1500	4800	8000	16,000	28,000	40,000
Patrician, 127" wb, 5406						
Sed	550	1800	3000	6000	10,500	15,000
Der Cus Sed	650	2050	3400	6800	11,900	17,000
149" wb, 5426						
8P Sed	700	2150	3600	7200	12,600	18,000
Limo	700	2300	3800	7600	13,300	19,000

1955 Packard Clipper Constellation two-door hardtop

	6	5	4	3	2	1
1955 55th Series						
Clipper, DeLuxe, 122" wb, 5540						
Sed	400	1200	2000	4000	7000	10,000
Clipper, Super, 5540						
Pan HT	550	1700	2800	5600	9800	14,000
Sed	400	1250	2100	4200	7400	10,500
Clipper Custom 5560 (352 cid V-8)						
Con HdTp	600	1900	3200	6400	11,200	16,000
Sed	400	1300	2200	4400	7700	11,000
Packard, 400, 127" wb, 5580						
"400" HT	950	3000	5000	10,000	17,500	25,000
Caribbean 5580						
Conv	1650	5300	8800	17,600	30,800	44,000
Patrician 5580						
Sed	650	2050	3400	6800	11,900	17,000
1956 56th Series						
Clipper, DeLuxe, 122" wb, 5640						
Sed	400	1250	2100	4200	7400	10,500

	6	5	4	3	2	1
Clipper, Super, 5640						
HT	550	1800	3000	6000	10,500	15,000
Sed	400	1300	2200	4400	7700	11,000
Clipper, Custom, 5660						
Con HT	600	1900	3200	6400	11,200	16,000
Sed	450	1450	2400	4800	8400	12,000
Clipper Executive						
HT	650	2050	3400	6800	11,900	17,000
Sed	500	1550	2600	5200	9100	13,000
Packard, 400, 127" wb, 5680						
"400" HT	1000	3100	5200	10,400	18,200	26,000
Caribbean, 5688						
Conv	1700	5400	9000	18,000	31,500	45,000
HT	1100	3500	5800	11,600	20,300	29,000
Patrician, 5680						
Sed	600	1900	3200	6400	11,200	16,000
1957 57th L Series						
Clipper						
Sed	450	1140	1900	3800	6650	9500
Sta Wag	400	1200	2000	4000	7000	10,000

1958 Packard two-door hardtop

1958 58th L Series						
HT	500	1550	2600	5200	9100	13,000
Sed	950	1100	1850	3700	6450	9200
Sta Wag	400	1200	2000	4000	7000	10,000
Hawk	900	2900	4800	9600	16,800	24,000

PIERCE-ARROW

1901						
1-cyl., 2-3/4 hp						
Motorette	1800	5750	9600	19,200	33,600	48,000
1-cyl., 3-3/4 hp						
Motorette	1900	6000	10,000	20,000	35,000	50,000
1902						
1-cyl., 3-1/2 hp, 58" wb						
Motorette	1900	6000	10,000	20,000	35,000	50,000
1903						
1-cyl., 5 hp						
Rbt	1950	6250	10,400	20,800	36,400	52,000
1-cyl., 6-1/2 hp						
Stanhope	2050	6500	10,800	21,600	37,800	54,000
2-cyl., 15 hp						
5P Tr	2200	6950	11,600	23,200	40,600	58,000
1904						
1-cyl., 8 hp, 70" wb						
Stanhope	1900	6000	10,000	20,000	35,000	50,000
2P Stanhope	1800	5750	9600	19,200	33,600	48,000

	6	5	4	3	2	1
4 cyl., 24/28 hp, 93" wb						
5P Great Arrow Tr	2700	8650	14,400	28,800	50,400	72,000
2-cyl., 15 hp, 81" wb						
5P Tr	1700	5400	9000	18,000	31,500	45,000
4-cyl., 24/28 hp 93" wb						
Great Arrow Tr	2400	7700	12,800	25,600	44,800	64,000

1905
1-cyl., 8 hp, 70" wb

	6	5	4	3	2	1
Stanhope	1450	4550	7600	15,200	26,600	38,000
Stanhope	1500	4800	8000	16,000	28,000	40,000
Great Arrow - 4-cyl., 24/28 hp, 100" wb						
5P Tonn	2350	7450	12,400	24,800	43,400	62,000
5P Canopy Tonn	2400	7700	12,800	25,600	44,800	64,000
5P Vic	2050	6600	11,000	22,000	38,500	55,000
5P Cape Tonn	2150	6850	11,400	22,800	39,900	57,000
Great Arrow - 4-cyl., 28/32 hp, 104" wb						
5P Tonn	2500	7900	13,200	26,400	46,200	66,000
5P Canopy Tonn	2400	7700	12,800	25,600	44,800	64,000
5P Vic	2350	7450	12,400	24,800	43,400	62,000
5P Cape Tonn	2400	7700	12,800	25,600	44,800	64,000
Great Arrow - 4-cyl., 28/32 hp, 109" wb						
7P Lan'let	1900	6000	10,000	20,000	35,000	50,000
7P Sub	1700	5400	9000	18,000	31,500	45,000
8P Opera Coach	1950	6250	10,400	20,800	36,400	52,000
4-cyl., 24/28 hp, 100" wb						
Great Arrow Tr	2400	7700	12,800	25,600	44,800	64,000
Great Arrow Lan'let	2200	7100	11,800	23,600	41,300	59,000
Great Arrow Sub	2050	6600	11,000	22,000	38,500	55,000
4-cyl., 28/32 hp, 104" wb						
Great Arrow Opera Ch	2550	8150	13,600	27,200	47,600	68,000

1906
Motorette - 1-cyl., 8 hp, 70" wb

	6	5	4	3	2	1
Stanhope	1150	3600	6000	12,000	21,000	30,000
Great Arrow - 4-cyl., 28/32 hp, 107" wb						
5P Tr	2500	7900	13,200	26,400	46,200	66,000
5P Vic	2050	6600	11,000	22,000	38,500	55,000
8P Open Coach	2650	8400	14,000	28,000	49,000	70,000
7P Sub	2550	8150	13,600	27,200	47,600	68,000
7P Lan'let	2350	7450	12,400	24,800	43,400	62,000
Great Arrow - 4-cyl., 40/45 hp, 109" wb						
7P Tr	2700	8650	14,400	28,800	50,400	72,000
8P Open Coach	2800	8900	14,800	29,600	51,800	74,000
7P Sub	2700	8650	14,400	28,800	50,400	72,000
7P Lan'let	2500	7900	13,200	26,400	46,200	66,000

1907
Great Arrow - 4-cyl., 28/32 hp, 112" wb

	6	5	4	3	2	1
5P Tr	2800	8900	14,800	29,600	51,800	74,000
5P Limo	2500	7900	13,200	26,400	46,200	66,000
7P Sub	2550	8150	13,600	27,200	47,600	68,000
Great Arrow - 4-cyl., 40/45 hp, 124" wb						
7P Tr	2850	9100	15,200	30,400	53,200	76,000
7P Limo	2700	8650	14,400	28,800	50,400	72,000
7P Sub	2800	8900	14,800	29,600	51,800	74,000
Great Arrow - 6-cyl., 65 hp, 135" wb						
7P Tr	2850	9100	15,200	30,400	53,200	76,000

1908
Great Arrow - 4-cyl., 30 hp, 112" wb

	6	5	4	3	2	1
Tr	2650	8400	14,000	28,000	49,000	70,000
Great Arrow - 4-cyl., 40 hp, 124" wb						
Tr	2850	9100	15,200	30,400	53,200	76,000
Sub	2700	8650	14,400	28,800	50,400	72,000
Great Arrow - 6-cyl., 40 hp, 130" wb						
Tr	3100	9850	16,400	32,800	57,400	82,000
Sub	2850	9100	15,200	30,400	53,200	76,000
Rds	3000	9600	16,000	32,000	56,000	80,000
Great Arrow - 6-cyl., 60 hp, 135" wb						
Tr	3400	10,800	18,000	36,000	63,000	90,000
Sub	3000	9600	16,000	32,000	56,000	80,000
Rds	3250	10,300	17,200	34,400	60,200	86,000

1909 Pierce-Arrow Model 40 suburban

	6	5	4	3	2	1
1909						
Model 24 - 4 cyl., 24 hp, 111-1/2" wb						
3P Rbt	1300	4200	7000	14,000	24,500	35,000
3P Vic Top Rbt	1400	4450	7400	14,800	25,900	37,000
2P Rbt	1300	4100	6800	13,600	23,800	34,000
4P Tr Car	1500	4800	8000	16,000	28,000	40,000
5P Lan'let	1450	4550	7600	15,200	26,600	38,000
5P Brgm	1450	4700	7800	15,600	27,300	39,000
Model 36 - 6-cyl., 36 hp, 119" wb						
5P Tr	1650	5300	8800	17,600	30,800	44,000
5P Cape Top Tr	1700	5400	9000	18,000	31,500	45,000
2P Rbt	1450	4700	7800	15,600	27,300	39,000
3P Rbt	1500	4750	7900	15,800	27,700	39,500
4P Tr	1600	5150	8600	17,200	30,100	43,000
5P Brgm	1500	4800	8000	16,000	28,000	40,000
5P Lan'let	1600	5050	8400	16,800	29,400	42,000
Model 40 - 4-cyl., 40 hp, 124" wb						
7P Sub	1900	6000	10,000	20,000	35,000	50,000
4P Tr Car	1850	5900	9800	19,600	34,300	49,000
7P Tr	1900	6000	10,000	20,000	35,000	50,000
7P Lan	1700	5400	9000	18,000	31,500	45,000
Model 48 - 6-cyl., 48 hp, 130" wb						
4P Tr	2150	6850	11,400	22,800	39,900	57,000
4P Cape Top Tr	2200	7100	11,800	23,600	41,300	59,000
2P Tr	2050	6600	11,000	22,000	38,500	55,000
3P Tr	2150	6850	11,400	22,800	39,900	57,000
7P Tr	2350	7450	12,400	24,800	43,400	62,000
7P Lan	2050	6600	11,000	22,000	38,500	55,000
7P Sub	2350	7450	12,400	24,800	43,400	62,000
Model 60 - 6-cyl., 60 hp, 135" wb						
7P Tr	2850	9100	15,200	30,400	53,200	76,000
7P Cape Top Tr	2950	9350	15,600	31,200	54,600	78,000
7P Sub	2950	9350	15,600	31,200	54,600	78,000
7P Lan	2650	8400	14,000	28,000	49,000	70,000
1910						
Model 36 - 6-cyl., 36 hp, 125" wb						
5P Lan'let	1650	5300	8800	17,600	30,800	44,000
4P Miniature Tonn	1600	5050	8400	16,800	29,400	42,000
5P Tr	1650	5300	8800	17,600	30,800	44,000
5P Brgm	1500	4800	8000	16,000	28,000	40,000
Rbt (119" wb)	1500	4800	8000	16,000	28,000	40,000
Model 48 - 6-cyl., 48 hp, 134-1/2" wb						
7P Lan'let	1900	6000	10,000	20,000	35,000	50,000
Miniature Tonn	1800	5750	9600	19,200	33,600	48,000
7P Tr	2050	6600	11,000	22,000	38,500	55,000
7P Sub	2050	6600	11,000	22,000	38,500	55,000
Rbt (128" wb)	1900	6000	10,000	20,000	35,000	50,000
Model 66 - 6-cyl., 66 hp, 140" wb						
7P Tr	2850	9100	15,200	30,400	53,200	76,000

	6	5	4	3	2	1
4P Miniature Tonn	2650	8400	14,000	28,000	49,000	70,000
7P Sub	2850	9100	15,200	30,400	53,200	76,000
7P Lan'let	2650	8400	14,000	28,000	49,000	70,000
Rbt (133-1/2" wb)	2550	8150	13,600	27,200	47,600	68,000

1911
Model 36T - 6-cyl., 38 hp, 125" wb

	6	5	4	3	2	1
5P Tr	2550	8150	13,600	27,200	47,600	68,000
3P Rbt	2400	7700	12,800	25,600	44,800	64,000
4P Miniature Tonn	2400	7700	12,800	25,600	44,800	64,000
5P Brgm	2150	6850	11,400	22,800	39,900	57,000
5P Lan'let	2350	7450	12,400	24,800	43,400	62,000

Model 48T - 6-cyl., 48 hp, 134-1/2" wb

	6	5	4	3	2	1
7P Tr	2800	8900	14,800	29,600	51,800	74,000
Rbt	2500	7900	13,200	26,400	46,200	66,000
Miniature Tonn	2550	8150	13,600	27,200	47,600	68,000
5P Close Coupled	2050	6600	11,000	22,000	38,500	55,000
5P Protected Tr	2500	7900	13,200	26,400	46,200	66,000
Sub	2700	8650	14,400	28,800	50,400	72,000
Lan	2700	8650	14,400	28,800	50,400	72,000

Model 66T - 6-cyl., 66 hp, 140" wb

	6	5	4	3	2	1
7P Tr	3100	9850	16,400	32,800	57,400	82,000
Rbt	2850	9100	15,200	30,400	53,200	76,000
Miniature Tonn	2950	9350	15,600	31,200	54,600	78,000
5P Protected Tr	2850	9100	15,200	30,400	53,200	76,000
Close Coupled	2500	7900	13,200	26,400	46,200	66,000
Sub	3000	9600	16,000	32,000	56,000	80,000
Lan	3000	9600	16,000	32,000	56,000	80,000

1912
Model 36T - 6 cyl., 36 hp, 127-1/2" wb

	6	5	4	3	2	1
4P Tr	2500	7900	13,200	26,400	46,200	66,000
5P Tr	2500	7900	13,200	26,400	46,200	66,000
Brgm	2350	7450	12,400	24,800	43,400	62,000
Lan'let	2350	7450	12,400	24,800	43,400	62,000
Rbt (119" wb)	2400	7700	12,800	25,600	44,800	64,000

Model 48 - 6-cyl., 48 hp, 134-1/2" wb

	6	5	4	3	2	1
4P Tr	2700	8650	14,400	28,800	50,400	72,000
5P Tr	2700	8650	14,400	28,800	50,400	72,000
7P Tr	2800	8900	14,800	29,600	51,800	74,000
Brgm	2500	7900	13,200	26,400	46,200	66,000
Lan'let	2500	7900	13,200	26,400	46,200	66,000
Sub	2650	8400	14,000	28,000	49,000	70,000
Lan	2650	8400	14,000	28,000	49,000	70,000
Vestibule Sub	2550	8150	13,600	27,200	47,600	68,000
Rbt (128" wb)	2550	8150	13,600	27,200	47,600	68,000

Model 66 - 6-cyl., 66 hp, 140" wb

	6	5	4	3	2	1
4P Tr	3000	9600	16,000	32,000	56,000	80,000
5P Tr	3100	9850	16,400	32,800	57,400	82,000
7P Tr	3150	10,100	16,800	33,600	58,800	84,000
Sub	3100	9850	16,400	32,800	57,400	82,000
Lan	3000	9600	16,000	32,000	56,000	80,000
Vestibule Sub	3000	9600	16,000	32,000	56,000	80,000
Rbt (133-1/2" wb)	3000	9600	16,000	32,000	56,000	80,000

1913
Model 38-C - 6-cyl., 38.4 hp, 119" wb

	6	5	4	3	2	1
3P Rbt	2050	6600	11,000	22,000	38,500	55,000
4P Tr	2150	6850	11,400	22,800	39,900	57,000
5P Tr	2200	7100	11,800	23,600	41,300	59,000
6P Brgm	2000	6350	10,600	21,200	37,100	53,000
6P Lan'let	2050	6500	10,800	21,600	37,800	54,000

Model 48-B - 6-cyl., 48.6 hp, 134-1/2" wb

	6	5	4	3	2	1
5P Tr	2700	8650	14,400	28,800	50,400	72,000
Rbt	2650	8400	14,000	28,000	49,000	70,000
4P Tr	2700	8650	14,400	28,800	50,400	72,000
7P Tr	2800	8900	14,800	29,600	51,800	74,000
Brgm	2050	6600	11,000	22,000	38,500	55,000
Lan'let	2150	6850	11,400	22,800	39,900	57,000
7P Sub	2350	7450	12,400	24,800	43,400	62,000
7P Lan	2200	7100	11,800	23,600	41,300	59,000
Vestibule Sub	2400	7700	12,800	25,600	44,800	64,000
Vestibule Lan	2400	7700	12,800	25,600	44,800	64,000

Model 66-A - 6-cyl., 60 hp, 147-1/2" wb

	6	5	4	3	2	1
7P Tr	3300	10,550	17,600	35,200	61,600	88,000
Rbt	3000	9600	16,000	32,000	56,000	80,000
4P Tr	3250	10,300	17,200	34,400	60,200	86,000
5P Tr	3250	10,300	17,200	34,400	60,200	86,000

	6	5	4	3	2	1
Brgm	2650	8400	14,000	28,000	49,000	70,000
Lan'let	2650	8400	14,000	28,000	49,000	70,000
7P Sub	2850	9100	15,200	30,400	53,200	76,000
7P Lan	2850	9100	15,200	30,400	53,200	76,000
Vestibule Sub	2950	9350	15,600	31,200	54,600	78,000
Vestibule Lan	2950	9350	15,600	31,200	54,600	78,000

1914
Model 38-C - 6-cyl., 38.4 hp, 132" wb

	6	5	4	3	2	1
5P Tr	2200	7100	11,800	23,600	41,300	59,000
4P Tr	2150	6850	11,400	22,800	39,900	57,000
7P Brgm	2000	6350	10,600	21,200	37,100	53,000
7P Lan'let	2050	6500	10,800	21,600	37,800	54,000
Vestibule Brgm	2050	6600	11,000	22,000	38,500	55,000
Vestibule Lan	2050	6600	11,000	22,000	38,500	55,000
3P Rbt (127-1/2" wb)	2150	6850	11,400	22,800	39,900	57,000

Model 48-B - 6-cyl., 48.6 hp, 142" wb

	6	5	4	3	2	1
4P Tr	2700	8650	14,400	28,800	50,400	72,000
5P Tr	2800	8900	14,800	29,600	51,800	74,000
7P Tr	2850	9100	15,200	30,400	53,200	76,000
7P Sub	2800	8900	14,800	29,600	51,800	74,000
7P Lan	2550	8150	13,600	27,200	47,600	68,000
Vestibule Sub	2500	7900	13,200	26,400	46,200	66,000
Vestibule Lan	2500	7900	13,200	26,400	46,200	66,000
Brgm	2500	7900	13,200	26,400	46,200	66,000
Lan	2550	8150	13,600	27,200	47,600	68,000
Vestibule Brgm	2550	8150	13,600	27,200	47,600	68,000
Vestibule Lan'let	2550	8150	13,600	27,200	47,600	68,000
3P Rbt (134-1/2" wb)	2650	8400	14,000	28,000	49,000	70,000

Model 66-A - 6-cyl., 60 hp, 147-1/2" wb

	6	5	4	3	2	1
4P Tr	3150	10,100	16,800	33,600	58,800	84,000
5P Tr	3250	10,300	17,200	34,400	60,200	86,000
7P Tr	3300	10,550	17,600	35,200	61,600	88,000
7P Sub	3150	10,100	16,800	33,600	58,800	84,000
7P Lan	3000	9600	16,000	32,000	56,000	80,000
Vestibule Lan	3000	9600	16,000	32,000	56,000	80,000
7P Brgm	3000	9600	16,000	32,000	56,000	80,000
7P Lan	3000	9600	16,000	32,000	56,000	80,000
Vestibule Brgm	3100	9850	16,400	32,800	57,400	82,000
Vestibule Lan	3100	9850	16,400	32,800	57,400	82,000
3P Rbt	3100	9850	16,400	32,800	57,400	82,000

1915
Model 38-C - 6-cyl., 38.4 hp, 134" wb

	6	5	4	3	2	1
5P Tr	2350	7450	12,400	24,800	43,400	62,000
4P Tr	2250	7200	12,000	24,000	42,000	60,000
2P Rbt	2150	6850	11,400	22,800	39,900	57,000
2P Cpe Rbt	2050	6600	11,000	22,000	38,500	55,000
7P Brgm	2050	6500	10,800	21,600	37,800	54,000
7P Lan'let	2050	6500	10,800	21,600	37,800	54,000
7P Sed	1900	6000	10,000	20,000	35,000	50,000
7P Brgm Lan'let	2050	6600	11,000	22,000	38,500	55,000
Vestibule Brgm	2150	6850	11,400	22,800	39,900	57,000
Vestibule Lan'let	2150	6850	11,400	22,800	39,900	57,000
Vestibule Brgm Lan'let	2150	6850	11,400	22,800	39,900	57,000

Model 48-B - 6-cyl., 48.6 hp, 142" wb

	6	5	4	3	2	1
5P Tr	2800	8900	14,800	29,600	51,800	74,000
4P Tr	2800	8900	14,800	29,600	51,800	74,000
7P Tr	2850	9100	15,200	30,400	53,200	76,000
2P Rbt	2700	8650	14,400	28,800	50,400	72,000
2P Cpe Rbt	2650	8400	14,000	28,000	49,000	70,000
Cpe	2550	8150	13,600	27,200	47,600	68,000
7P Sub	2500	7900	13,200	26,400	46,200	66,000
7P Lan	2500	7900	13,200	26,400	46,200	66,000
7P Brgm	2500	7900	13,200	26,400	46,200	66,000
Sub Lan	2500	7900	13,200	26,400	46,200	66,000
Vestibule Sub	2550	8150	13,600	27,200	47,600	68,000
Vestibule Lan	2550	8150	13,600	27,200	47,600	68,000
Vestibule Brgm	2500	7900	13,200	26,400	46,200	66,000
Vestibule Sub Lan	2500	7900	13,200	26,400	46,200	66,000

Model 66-A - 6-cyl., 60 hp, 147-1/2" wb

	6	5	4	3	2	1
7P Tr	3300	10,550	17,600	35,200	61,600	88,000
4P Tr	3150	10,100	16,800	33,600	58,800	84,000
5P Tr	3250	10,300	17,200	34,400	60,200	86,000
2P Rbt	3100	9850	16,400	32,800	57,400	82,000
2P Cpe Rbt	3000	9600	16,000	32,000	56,000	80,000
7P Sub	3150	10,100	16,800	33,600	58,800	84,000
7P Lan	3150	10,100	16,800	33,600	58,800	84,000

	6	5	4	3	2	1
7P Brgm	3150	10,100	16,800	33,600	58,800	84,000
7P Sub Lan	3150	10,100	16,800	33,600	58,800	84,000
Vestibule Lan	3250	10,300	17,200	34,400	60,200	86,000
Vestibule Sub	3250	10,300	17,200	34,400	60,200	86,000
Vestibule Brgm	3150	10,100	16,800	33,600	58,800	84,000
Vestibule Sub Lan	3250	10,300	17,200	34,400	60,200	86,000

1916
Model 38-C - 6-cyl., 38.4 hp, 134" wb

	6	5	4	3	2	1
5P Tr	2400	7700	12,800	25,600	44,800	64,000
4P Tr	2400	7700	12,800	25,600	44,800	64,000
2P Rbt	2350	7450	12,400	24,800	43,400	62,000
3P Rbt	2350	7450	12,400	24,800	43,400	62,000
3P Cpe	1900	6000	10,000	20,000	35,000	50,000
2P Cpe	1900	6000	10,000	20,000	35,000	50,000
7P Brgm	1850	5900	9800	19,600	34,300	49,000
7P Lan'let	1850	5900	9800	19,600	34,300	49,000
7P Sed	1750	5650	9400	18,800	32,900	47,000
Brgm Lan'let	1900	6000	10,000	20,000	35,000	50,000
Vestibule Brgm	1950	6250	10,400	20,800	36,400	52,000
Vestibule Lan'let	1950	6250	10,400	20,800	36,400	52,000
Vestibule Brgm Lan'let	1950	6250	10,400	20,800	36,400	52,000

Model 48-B - 6-cyl., 48.6 hp, 142" wb

	6	5	4	3	2	1
7P Tr	2800	8900	14,800	29,600	51,800	74,000
4P Tr	2700	8650	14,400	28,800	50,400	72,000
5P Tr	2800	8900	14,800	29,600	51,800	74,000
2P Rbt	2700	8650	14,400	28,800	50,400	72,000
3P Rbt	2700	8650	14,400	28,800	50,400	72,000
2P Cpe	2350	7450	12,400	24,800	43,400	62,000
3P Cpe	2350	7450	12,400	24,800	43,400	62,000
7P Sub	2500	7900	13,200	26,400	46,200	66,000
7P Lan	2500	7900	13,200	26,400	46,200	66,000
7P Brgm	2400	7700	12,800	25,600	44,800	64,000
Sub Lan	2500	7900	13,200	26,400	46,200	66,000
Vestibule Sub	2500	7900	13,200	26,400	46,200	66,000
Vestibule Lan	2500	7900	13,200	26,400	46,200	66,000
Vestibule Brgm	2400	7700	12,800	25,600	44,800	64,000
Vestibule Sub Lan	2500	7900	13,200	26,400	46,200	66,000

Model 66-A - 6-cyl., 60 hp, 147-1/2" wb

	6	5	4	3	2	1
7P Tr	3250	10,300	17,200	34,400	60,200	86,000
4P Tr	3150	10,100	16,800	33,600	58,800	84,000
5P Tr	3150	10,100	16,800	33,600	58,800	84,000
2P Rbt	3100	9850	16,400	32,800	57,400	82,000
3P Rbt	3150	10,100	16,800	33,600	58,800	84,000
2P Cpe	2850	9100	15,200	30,400	53,200	76,000
3P Cpe	2850	9100	15,200	30,400	53,200	76,000
7P Sub	3000	9600	16,000	32,000	56,000	80,000
7P Lan	2950	9350	15,600	31,200	54,600	78,000
7P Brgm	2950	9350	15,600	31,200	54,600	78,000
Sub Lan	2950	9350	15,600	31,200	54,600	78,000
Vestibule Lan	2950	9350	15,600	31,200	54,600	78,000
Vestibule Sub	2950	9350	15,600	31,200	54,600	78,000
Vestibule Brgm	2950	9350	15,600	31,200	54,600	78,000
Vestibule Sub Lan	2950	9350	15,600	31,200	54,600	78,000

1917
Model 38 - 6-cyl., 38.4 hp, 134" wb

	6	5	4	3	2	1
5P Tr	2050	6600	11,000	22,000	38,500	55,000
2P Rbt	2000	6350	10,600	21,200	37,100	53,000
3P Rbt	2000	6350	10,600	21,200	37,100	53,000
2P Cpe	1500	4800	8000	16,000	28,000	40,000
3P Cpe	1550	4900	8200	16,400	28,700	41,000
4P Tr	2050	6500	10,800	21,600	37,800	54,000
Brgm	1450	4700	7800	15,600	27,300	39,000
Lan'let	1450	4700	7800	15,600	27,300	39,000
Sed	1350	4300	7200	14,400	25,200	36,000
Vestibule Brgm	1500	4800	8000	16,000	28,000	40,000
Brgm Lan'let	1500	4800	8000	16,000	28,000	40,000
Vestibule Brgm Lan'let	1600	5050	8400	16,800	29,400	42,000
Fr Brgm	1600	5050	8400	16,800	29,400	42,000
Fr Brgm Lan'let	1600	5050	8400	16,800	29,400	42,000

Model 48 - 6-cyl., 48.6 hp, 142" wb

	6	5	4	3	2	1
7P Tr	2500	7900	13,200	26,400	46,200	66,000
2P Rbt	2350	7450	12,400	24,800	43,400	62,000
3P Rbt	2400	7700	12,800	25,600	44,800	64,000
2P Cpe	1900	6000	10,000	20,000	35,000	50,000
3P Cpe	1900	6000	10,000	20,000	35,000	50,000
5P Tr	2500	7900	13,200	26,400	46,200	66,000

	6	5	4	3	2	1
4P Tr	2400	7700	12,800	25,600	44,800	64,000
Brgm	1850	5900	9800	19,600	34,300	49,000
Sub	1900	6000	10,000	20,000	35,000	50,000
Lan	1900	6000	10,000	20,000	35,000	50,000
Sub Lan	1900	6000	10,000	20,000	35,000	50,000
Vestibule Sub	1950	6250	10,400	20,800	36,400	52,000
Vestibule Lan	1950	6250	10,400	20,800	36,400	52,000
Vestibule Brgm	1900	6100	10,200	20,400	35,700	51,000
Vestibule Sub Lan	1950	6250	10,400	20,800	36,400	52,000
Model 66 - 6-cyl., 60 hp, 147-1/2" wb						
7P Tr	3250	10,300	17,200	34,400	60,200	86,000
2P Rbt	3100	9850	16,400	32,800	57,400	82,000
3P Rbt	3100	9850	16,400	32,800	57,400	82,000
2P Cpe	2850	9100	15,200	30,400	53,200	76,000
3P Cpe	2850	9100	15,200	30,400	53,200	76,000
4P Tr	3150	10,100	16,800	33,600	58,800	84,000
5P Tr	3150	10,100	16,800	33,600	58,800	84,000
Brgm	2550	8150	13,600	27,200	47,600	68,000
Sub	2650	8400	14,000	28,000	49,000	70,000
Lan	2650	8400	14,000	28,000	49,000	70,000
Sub Lan	2650	8400	14,000	28,000	49,000	70,000
Vestibule Sub	2650	8400	14,000	28,000	49,000	70,000
Vestibule Lan	2650	8400	14,000	28,000	49,000	70,000
Vestibule Brgm	2650	8400	14,000	28,000	49,000	70,000
Vestibule Sub Lan	2650	8400	14,000	28,000	49,000	70,000
1918						
Model 38 - 6-cyl., 38.4 hp, 134" wb						
5P Tr	2500	7900	13,200	26,400	46,200	66,000
2P Rbt	2400	7700	12,800	25,600	44,800	64,000
3P Rbt	2400	7700	12,800	25,600	44,800	64,000
2P Cpe	2050	6500	10,800	21,600	37,800	54,000
3P Cpe	2050	6500	10,800	21,600	37,800	54,000
2P Conv Rds	2400	7700	12,800	25,600	44,800	64,000
3P Conv Rds	2400	7700	12,800	25,600	44,800	64,000
4P Rds	2500	7900	13,200	26,400	46,200	66,000
4P Tr	2400	7700	12,800	25,600	44,800	64,000
Brgm	2050	6600	11,000	22,000	38,500	55,000
Lan'let	2050	6600	11,000	22,000	38,500	55,000
Sed	1900	6000	10,000	20,000	35,000	50,000
Vestibule Brgm	1950	6250	10,400	20,800	36,400	52,000
Brgm Lan'let	1900	6100	10,200	20,400	35,700	51,000
Vestibule Lan'let	2050	6500	10,800	21,600	37,800	54,000
Vestibule Brgm Lan'let	2050	6500	10,800	21,600	37,800	54,000
Fr Brgm	2000	6350	10,600	21,200	37,100	53,000
Fr Brgm Lan'let	2050	6500	10,800	21,600	37,800	54,000
Twn Brgm	2000	6350	10,600	21,200	37,100	53,000
Model 48 - 6-cyl., 48.6 hp, 142" wb						
2P Rbt	2500	7900	13,200	26,400	46,200	66,000
4P Rbt	2500	7900	13,200	26,400	46,200	66,000
3P Rbt	2500	7900	13,200	26,400	46,200	66,000
2P Cpe	2150	6850	11,400	22,800	39,900	57,000
3P Cpe	2150	6850	11,400	22,800	39,900	57,000
2P Conv Rds	2500	7900	13,200	26,400	46,200	66,000
3P Conv Rds	2550	8150	13,600	27,200	47,600	68,000
4P Tr	2650	8400	14,000	28,000	49,000	70,000
5P Tr	2650	8400	14,000	28,000	49,000	70,000
Brgm	2350	7450	12,400	24,800	43,400	62,000
Sub	2350	7450	12,400	24,800	43,400	62,000
Lan	2350	7450	12,400	24,800	43,400	62,000
Sub Lan	2350	7450	12,400	24,800	43,400	62,000
Vestibule Sub	2350	7450	12,400	24,800	43,400	62,000
Vestibule Lan	2350	7450	12,400	24,800	43,400	62,000
Vestibule Brgm	2400	7700	12,800	25,600	44,800	64,000
Vestibule Sub Lan	2500	7900	13,200	26,400	46,200	66,000
Fr Brgm	2350	7450	12,400	24,800	43,400	62,000
7P Tr	2700	8650	14,400	28,800	50,400	72,000
7P Sub Lan	2500	7900	13,200	26,400	46,200	66,000
Model 66 - 6-cyl., 60 hp, 147-1/2" wb						
2P Rbt	3000	9600	16,000	32,000	56,000	80,000
3P Rbt	3000	9600	16,000	32,000	56,000	80,000
2P Cpe	2850	9100	15,200	30,400	53,200	76,000
3P Cpe	2850	9100	15,200	30,400	53,200	76,000
2P Con Rds	3000	9600	16,000	32,000	56,000	80,000
3P Con Rds	3100	9850	16,400	32,800	57,400	82,000
4P Tr	3150	10,100	16,800	33,600	58,800	84,000
5P Tr	3150	10,100	16,800	33,600	58,800	84,000

	6	5	4	3	2	1
7P Tr	3250	10,300	17,200	34,400	60,200	86,000
Brgm	2650	8400	14,000	28,000	49,000	70,000
Sub	2700	8650	14,400	28,800	50,400	72,000
Lan	2700	8650	14,400	28,800	50,400	72,000
Sub Lan	2700	8650	14,400	28,800	50,400	72,000
Vestibule Lan	2850	9100	15,200	30,400	53,200	76,000
Vestibule Brgm	2850	9100	15,200	30,400	53,200	76,000
Vestibule Sub	2850	9100	15,200	30,400	53,200	76,000
Vestibule Sub Lan	2850	9100	15,200	30,400	53,200	76,000

1919
Model 48-B-5 - 6-cyl., 48.6 hp, 142" wb

	6	5	4	3	2	1
7P Tr	2850	9100	15,200	30,400	53,200	76,000
2P Rbt	2550	8150	13,600	27,200	47,600	68,000
3P Rbt	2550	8150	13,600	27,200	47,600	68,000
4P Tr	2650	8400	14,000	28,000	49,000	70,000
4P Rds	2800	8900	14,800	29,600	51,800	74,000
5P Tr	2850	9100	15,200	30,400	53,200	76,000
2P Cpe	2250	7200	12,000	24,000	42,000	60,000
3P Cpe	2250	7200	12,000	24,000	42,000	60,000
2P Con Rds	2500	7900	13,200	26,400	46,200	66,000
3P Con Rds	2500	7900	13,200	26,400	46,200	66,000
Brgm	2250	7200	12,000	24,000	42,000	60,000
Brgm Lan'let	2250	7200	12,000	24,000	42,000	60,000
Fr Brgm	2350	7450	12,400	24,800	43,400	62,000
Fr Brgm Lan'let	2400	7700	12,800	25,600	44,800	64,000
Sub	2250	7200	12,000	24,000	42,000	60,000
Sub Lan	2250	7200	12,000	24,000	42,000	60,000
Vestibule Brgm	2350	7450	12,400	24,800	43,400	62,000
Vestibule Brgm Lan	2400	7700	12,800	25,600	44,800	64,000
Vestibule Sub	2350	7450	12,400	24,800	43,400	62,000
Vestibule Lan	2350	7450	12,400	24,800	43,400	62,000
Vestibule Sub Lan	2400	7700	12,800	25,600	44,800	64,000

1920
Model 38 - 6 cyl., 38 hp, 134" wb

	6	5	4	3	2	1
2P & 3P Rbt	2050	6600	11,000	22,000	38,500	55,000
4P Tr	2100	6700	11,200	22,400	39,200	56,000
4P Rds	2150	6850	11,400	22,800	39,900	57,000
5P Tr	2200	6950	11,600	23,200	40,600	58,000
7P Tr	2250	7200	12,000	24,000	42,000	60,000
2P & 3P Cpe	1700	5400	9000	18,000	31,500	45,000
4P Sed	1150	3600	6000	12,000	21,000	30,000
7P Sed	1200	3850	6400	12,800	22,400	32,000
Brgm	1300	4200	7000	14,000	24,500	35,000
Fr Brgm	1400	4450	7400	14,800	25,900	37,000
Brgm Lan'let	1450	4550	7600	15,200	26,600	38,000
Tourer Brgm	1450	4700	7800	15,600	27,300	39,000
Vestibule Brgm	1500	4800	8000	16,000	28,000	40,000

Model 48 - 6-cyl., 48 hp, 142" wb

	6	5	4	3	2	1
2P & 4P Rbt	2200	6950	11,600	23,200	40,600	58,000
4P Tr	2250	7200	12,000	24,000	42,000	60,000
4P Rds	2250	7200	12,000	24,000	42,000	60,000
5P Tr	2350	7450	12,400	24,800	43,400	62,000
6P Tr	2500	7900	13,200	26,400	46,200	66,000
2P & 3P Cpe	1900	6000	10,000	20,000	35,000	50,000
5P Brgm	2050	6500	10,800	21,600	37,800	54,000
7P Fr Brgm	2050	6500	10,800	21,600	37,800	54,000
7P Sub	2100	6700	11,200	22,400	39,200	56,000
7P Vestibule Sub	2200	6950	11,600	23,200	40,600	58,000
7P Fr Sub	2100	6700	11,200	22,400	39,200	56,000

1921
Model 38 - 6-cyl., 38 hp, 138" wb

	6	5	4	3	2	1
4P Tr	2100	6700	11,200	22,400	39,200	56,000
6P Tr	2100	6700	11,200	22,400	39,200	56,000
7P Tr	2200	6950	11,600	23,200	40,600	58,000
3P Rds	2200	6950	11,600	23,200	40,600	58,000
4P Cpe	1700	5400	9000	18,000	31,500	45,000
7P Brgm	1500	4800	8000	16,000	28,000	40,000
7P Limo	1600	5050	8400	16,800	29,400	42,000
6P Sed	1500	4800	8000	16,000	28,000	40,000
6P Vestibule Sed	1600	5050	8400	16,800	29,400	42,000
7P Lan	1650	5300	8800	17,600	30,800	44,000

1922
Model 38 - 6-cyl., 38 hp, 138" wb

	6	5	4	3	2	1
4P Tr	2100	6700	11,200	22,400	39,200	56,000
7P Tr	2200	6950	11,600	23,200	40,600	58,000

	6	5	4	3	2	1
3P Rds	2100	6700	11,200	22,400	39,200	56,000
7P Brgm	1500	4800	8000	16,000	28,000	40,000
Cpe Sed	1500	4800	8000	16,000	28,000	40,000
3P Cpe	1700	5400	9000	18,000	31,500	45,000
4P Sed	1750	5500	9200	18,400	32,200	46,000
Lan'let	1500	4800	8000	16,000	28,000	40,000
Limo	1600	5050	8400	16,800	29,400	42,000
Fml Limo	1650	5300	8800	17,600	30,800	44,000
Vestibule Sed	1700	5400	9000	18,000	31,500	45,000
Sed	1650	5300	8800	17,600	30,800	44,000

1923
Model 38 - 6-cyl., 138" wb

	6	5	4	3	2	1
7P Tr	1900	6000	10,000	20,000	35,000	50,000
4P Tr	1800	5750	9600	19,200	33,600	48,000
2P Rbt	1700	5400	9000	18,000	31,500	45,000
3P Cpe	1450	4550	7600	15,200	26,600	38,000
4P Cpe Sed	1350	4300	7200	14,400	25,200	36,000
6P Brgm	1300	4200	7000	14,000	24,500	35,000
4P Sed	1200	3850	6400	12,800	22,400	32,000
7P Sed	1300	4100	6800	13,600	23,800	34,000
6P Lan'let	1500	4800	8000	16,000	28,000	40,000
7P Limo	1600	5050	8400	16,800	29,400	42,000
7P Encl Drive Limo	1650	5300	8800	17,600	30,800	44,000
7P Fml Limo	1700	5400	9000	18,000	31,500	45,000

1924
Model 33 - 6-cyl., 138" wb

	6	5	4	3	2	1
7P Tr	1900	6000	10,000	20,000	35,000	50,000
6P Tr	1800	5750	9600	19,200	33,600	48,000
4P Tr	1750	5500	9200	18,400	32,200	46,000
Rbt	1600	5050	8400	16,800	29,400	42,000
6P Brgm	1500	4800	8000	16,000	28,000	40,000
3P Cpe	1550	4900	8200	16,400	28,700	41,000
4P Cpe Sed	1550	4900	8200	16,400	28,700	41,000
4d 4P Sed	1450	4550	7600	15,200	26,600	38,000
7P Encl Drive Limo	1750	5650	9400	18,800	32,900	47,000
7P Fml Limo	1800	5750	9600	19,200	33,600	48,000
6P Lan'let	1850	5900	9800	19,600	34,300	49,000
7P Limo	1900	6000	10,000	20,000	35,000	50,000
7P Sed	1800	5750	9600	19,200	33,600	48,000
7P Fml Lan	1900	6000	10,000	20,000	35,000	50,000
7P Limo Lan	1900	6100	10,200	20,400	35,700	51,000
4P Sed Lan	1900	6000	10,000	20,000	35,000	50,000
3P Cpe Lan	2050	6600	11,000	22,000	38,500	55,000
7P Encl Drive Lan	2050	6600	11,000	22,000	38,500	55,000
7P Sed Lan	2050	6500	10,800	21,600	37,800	54,000

1925
Model 80 - 6-cyl., 130" wb

	6	5	4	3	2	1
7P Tr	1900	6000	10,000	20,000	35,000	50,000
4P Tr	1850	5900	9800	19,600	34,300	49,000
5P Sed	1400	4450	7400	14,800	25,900	37,000
4P Cpe	1600	5150	8600	17,200	30,100	43,000
7P Sed	1450	4550	7600	15,200	26,600	38,000
Encl Drive Limo	1700	5400	9000	18,000	31,500	45,000
2P Rbt	1750	5650	9400	18,800	32,900	47,000

Model 33 - 6-cyl., 138" wb

	6	5	4	3	2	1
2P Rbt	1950	6250	10,400	20,800	36,400	52,000
4P Tr	2000	6350	10,600	21,200	37,100	53,000
6P Tr	2050	6500	10,800	21,600	37,800	54,000
7P Tr	2050	6600	11,000	22,000	38,500	55,000
Brgm	1750	5650	9400	18,800	32,900	47,000
Cpe	1900	6000	10,000	20,000	35,000	50,000
4P Sed	1700	5400	9000	18,000	31,500	45,000
Cpe Sed	1700	5400	9000	18,000	31,500	45,000
Lan'let	1750	5650	9400	18,800	32,900	47,000
7P Sed	1750	5500	9200	18,400	32,200	46,000
Encl Drive Sed	1750	5650	9400	18,800	32,900	47,000
Limo	1900	6000	10,000	20,000	35,000	50,000
Lan	1850	5900	9800	19,600	34,300	49,000
Encl Drive Lan	1900	6100	10,200	20,400	35,700	51,000

1926
Model 80 - 6-cyl., 70 hp, 130" wb

	6	5	4	3	2	1
7P Tr	1900	6000	10,000	20,000	35,000	50,000
4P Tr	1750	5650	9400	18,800	32,900	47,000
2P Rds	1800	5750	9600	19,200	33,600	48,000
4P Cpe	2000	6350	10,600	21,200	37,100	53,000
7P Sed	1900	6000	10,000	20,000	35,000	50,000

	6	5	4	3	2	1
7P Encl Drive Limo	2050	6600	11,000	22,000	38,500	55,000
5P Sed	1850	5900	9800	19,600	34,300	49,000
4P Cpe Lan	1750	5650	9400	18,800	32,900	47,000
5P Coach	1400	4450	7400	14,800	25,900	37,000
Model 33 - 6-cyl., 100 hp, 138" wb						
4P Tr	2500	7900	13,200	26,400	46,200	66,000
2P Rbt	2400	7700	12,800	25,600	44,800	64,000
6P Tr	2550	8150	13,600	27,200	47,600	68,000
7P Tr	2700	8650	14,400	28,800	50,400	72,000
6P Brgm	2250	7200	12,000	24,000	42,000	60,000
3P Cpe	1950	6250	10,400	20,800	36,400	52,000
4P Sed	1900	6000	10,000	20,000	35,000	50,000
4P Cpe Sed	1900	6100	10,200	20,400	35,700	51,000
4P Encl Drive Limo	2350	7450	12,400	24,800	43,400	62,000
7P Sed	2150	6850	11,400	22,800	39,900	57,000
6P Lan'let	2350	7450	12,400	24,800	43,400	62,000
7P Fr Limo	2350	7450	12,400	24,800	43,400	62,000
7P Sed Lan'let	2350	7450	12,400	24,800	43,400	62,000
4P Sed Lan'let	2350	7450	12,400	24,800	43,400	62,000
3P Cpe Lan'let	2400	7700	12,800	25,600	44,800	64,000
7P Limo	2400	7700	12,800	25,600	44,800	64,000
7P Encl Drive Limo	2500	7900	13,200	26,400	46,200	66,000
7P Encl Drive Lan'let	2550	8150	13,600	27,200	47,600	68,000
1927						
Model 80 - 6-cyl., 70 hp, 130" wb						
7P Tr	2100	6700	11,200	22,400	39,200	56,000
4P Tr	2050	6600	11,000	22,000	38,500	55,000
2P Rds	2050	6500	10,800	21,600	37,800	54,000
4P Cpe	1800	5750	9600	19,200	33,600	48,000
7P Sed	1600	5050	8400	16,800	29,400	42,000
7P Encl Drive Limo	2050	6600	11,000	22,000	38,500	55,000
5P Sed	1550	4900	8200	16,400	28,700	41,000
2d 5P Coach	1600	5050	8400	16,800	29,400	42,000
4d 5P Coach	1700	5400	9000	18,000	31,500	45,000
4P Cpe	1850	5900	9800	19,600	34,300	49,000
2P Cpe	1750	5650	9400	18,800	32,900	47,000
4d 7P Coach	1750	5650	9400	18,800	32,900	47,000
7P Limo Coach	1950	6250	10,400	20,800	36,400	52,000
Model 36 - 6-cyl., 100 hp, 138" wb						
2P Rbt	2350	7450	12,400	24,800	43,400	62,000
4P Tr	2400	7700	12,800	25,600	44,800	64,000
7P Tr	2550	8150	13,600	27,200	47,600	68,000
3P Cpe	2200	7100	11,800	23,600	41,300	59,000
4d 4P Sed	1900	6000	10,000	20,000	35,000	50,000
4P Cpe Sed	1950	6250	10,400	20,800	36,400	52,000
4P Encl Drive Limo	2200	6950	11,600	23,200	40,600	58,000
7P Encl Drive Lan	2150	6850	11,400	22,800	39,900	57,000
7P Sed	2050	6600	11,000	22,000	38,500	55,000
7P Fr Lan	2100	6700	11,200	22,400	39,200	56,000
7P Sed Lan	2100	6700	11,200	22,400	39,200 ·	56,000
4P Sed Lan	2050	6600	11,000	22,000	38,500	55,000
7P Encl Drive Limo	2200	7100	11,800	23,600	41,300	59,000
7P Fr Limo	2150	6850	11,400	22,800	39,900	57,000
4P Encl Drive Limo	2200	6950	11,600	23,200	40,600	58,000
1928						
Model 81 - 6-cyl., 75 hp, 130" wb						
4P Rbt	2250	7200	12,000	24,000	42,000	60,000
4P Tr	2350	7450	12,400	24,800	43,400	62,000
4P Rds	2400	7700	12,800	25,600	44,800	64,000
5P Brgm	2050	6500	10,800	21,600	37,800	54,000
2P Cpe	2050	6600	11,000	22,000	38,500	55,000
5P Clb Sed	2050	6500	10,800	21,600	37,800	54,000
4P Cpe	2100	6700	11,200	22,400	39,200	56,000
5P Sed	1950	6250	10,400	20,800	36,400	52,000
Spt Sed Lan	2000	6350	10,600	21,200	37,100	53,000
Clb Sed Lan	2050	6500	10,800	21,600	37,800	54,000
7P Sed	2050	6500	10,800	21,600	37,800	54,000
4P Cpe DeL	2150	6850	11,400	22,800	39,900	57,000
7P Encl Drive Limo	2200	7100	11,800	23,600	41,300	59,000
Model 36 - 6-cyl., 100 hp, 138" wb						
4P Rbt	2850	9100	15,200	30,400	53,200	76,000
4P Tr	2950	9350	15,600	31,200	54,600	78,000
7P Tr	3000	9600	16,000	32,000	56,000	80,000
Encl Drive Limo	2650	8400	14,000	28,000	49,000	70,000
7P Sed	2400	7700	12,800	25,600	44,800	64,000

	6	5	4	3	2	1
7P Encl Drive Lan'let	2650	8400	14,000	28,000	49,000	70,000
7P Sed Lan	2500	7900	13,200	26,400	46,200	66,000
3P Cpe	2500	7900	13,200	26,400	46,200	66,000
4P Cpe Sed	2500	7900	13,200	26,400	46,200	66,000
4P Encl Drive Sed	2700	8650	14,400	28,800	50,400	72,000
4P Sed	2250	7200	12,000	24,000	42,000	60,000
6P Encl Drive Limo	2850	9100	15,200	30,400	53,200	76,000
4P CC Sed	2550	8150	13,600	27,200	47,600	68,000
4P Sed Lan	2650	8400	14,000	28,000	49,000	70,000
4P Encl Drive Lan	2550	8150	13,600	27,200	47,600	68,000
6P Fml Limo	2850	9100	15,200	30,400	53,200	76,000
6P Fr Lan	2950	9350	15,600	31,200	54,600	78,000

1929 Pierce-Arrow four-door sedan

1929
Model 125 - 8-cyl., 125 hp, 133" wb

	6	5	4	3	2	1
4P Rds	3400	10,800	18,000	36,000	63,000	90,000
4P Tr	3300	10,550	17,600	35,200	61,600	88,000
5P Brgm	2250	7200	12,000	24,000	42,000	60,000
4P Cpe	2550	8150	13,600	27,200	47,600	68,000
5P Sed	2350	7450	12,400	24,800	43,400	62,000
5P Twn Sed	2400	7700	12,800	25,600	44,800	64,000
7P Sed	2400	7700	12,800	25,600	44,800	64,000
7P Encl Drive Limo	2650	8400	14,000	28,000	49,000	70,000

Model 126 - 8-cyl., 125 hp, 143" wb

	6	5	4	3	2	1
7P Tr	3600	11,500	19,200	38,400	67,200	96,000
4P Conv Cpe	3700	11,750	19,600	39,200	68,600	98,000
7P Sed	2800	8900	14,800	29,600	51,800	74,000
7P Encl Drive Limo	2850	9100	15,200	30,400	53,200	76,000
4P Sed	2650	8400	14,000	28,000	49,000	70,000

1930
Model C - 8-cyl., 115 hp, 132" wb

	6	5	4	3	2	1
Clb Brgm	1900	6000	10,000	20,000	35,000	50,000
Cpe	1950	6250	10,400	20,800	36,400	52,000
Sed	1750	5650	9400	18,800	32,900	47,000

Model B - 8-cyl., 125 hp, 134" wb

	6	5	4	3	2	1
Rds	3750	12,000	20,000	40,000	70,000	100,000
Tr	3750	12,000	20,000	40,000	70,000	100,000
Spt Phae	4000	12,700	21,200	42,400	74,200	106,000
Conv Cpe	3700	11,750	19,600	39,200	68,600	98,000

Model B8-cyl., 125 hp, 139" wb

	6	5	4	3	2	1
5P Sed	2550	8150	13,600	27,200	47,600	68,000
Vic Cpe	2650	8400	14,000	28,000	49,000	70,000
7P Sed	2550	8150	13,600	27,200	47,600	68,000
Clb Sed	2650	8400	14,000	28,000	49,000	70,000
Encl Drive Limo	3000	9600	16,000	32,000	56,000	80,000

Model A - 8-cyl., 132 hp, 144" wb

	6	5	4	3	2	1
Tr	4150	13,200	22,000	44,000	77,000	110,000
Conv Cpe	4000	12,700	21,200	42,400	74,200	106,000
Sed	2850	9100	15,200	30,400	53,200	76,000
Encl Drive Limo	3600	11,500	19,200	38,400	67,200	96,000
Twn Car	3300	10,550	17,600	35,200	61,600	88,000

	6	5	4	3	2	1
1931						
Model 43 - 8-cyl., 125 hp, 134" wb						
Rds	3750	12,000	20,000	40,000	70,000	100,000
Tourer	3750	12,000	20,000	40,000	70,000	100,000
Cpe	2650	8400	14,000	28,000	49,000	70,000
Model 43 - 8-cyl., 125 hp, 137" wb						
5P Sed	1900	6000	10,000	20,000	35,000	50,000
Clb Sed	2050	6600	11,000	22,000	38,500	55,000
7P Sed	2150	6850	11,400	22,800	39,900	57,000
Encl Drive Limo	2250	7200	12,000	24,000	42,000	60,000
Model 42 - 8-cyl., 132 hp, 142" wb						
Rds	4150	13,200	22,000	44,000	77,000	110,000
Tourer	4150	13,200	22,000	44,000	77,000	110,000
Spt Tourer	4350	13,900	23,200	46,400	81,200	116,000
Conv Cpe	3850	12,250	20,400	40,800	71,400	102,000
5P Sed	2050	6600	11,000	22,000	38,500	55,000
Clb Sed	2200	6950	11,600	23,200	40,600	58,000
7P Sed	2150	6850	11,400	22,800	39,900	57,000
Clb Berl	2250	7200	12,000	24,000	42,000	60,000
Encl Drive Limo	2650	8400	14,000	28,000	49,000	70,000
Model 41 - 8-cyl., 132 hp, 147" wb						
Tr	4150	13,200	22,000	44,000	77,000	110,000
Conv Cpe	4150	13,200	22,000	44,000	77,000	110,000
Sed	2250	7200	12,000	24,000	42,000	60,000
Encl Drive Limo	2650	8400	14,000	28,000	49,000	70,000
Twn Car	2650	8400	14,000	28,000	49,000	70,000
1932						
Model 54 - 8-cyl., 125 hp, 137" wb						
Conv Cpe Rds	3900	12,500	20,800	41,600	72,800	104,000
5P Tr	3750	12,000	20,000	40,000	70,000	100,000
Phae	3750	12,000	20,000	40,000	70,000	100,000
Brgm	2050	6500	10,800	21,600	37,800	54,000
Cpe	2250	7200	12,000	24,000	42,000	60,000
5P Sed	2000	6350	10,600	21,200	37,100	53,000
Clb Sed	2050	6500	10,800	21,600	37,800	54,000
Clb Berl	2050	6600	11,000	22,000	38,500	55,000
Con Sed	3850	12,250	20,400	40,800	71,400	102,000
Model 54 - 8-cyl., 125 hp, 142" wb						
7P Tr	4000	12,700	21,200	42,400	74,200	106,000
7P Sed	2050	6600	11,000	22,000	38,500	55,000
Limo	2250	7200	12,000	24,000	42,000	60,000
Model 53 - 12-cyl., 140 hp, 137" wb						
Conv Cpe Rds	4150	13,200	22,000	44,000	77,000	110,000
5P Tr	4200	13,450	22,400	44,800	78,400	112,000
Phae	4150	13,200	22,000	44,000	77,000	110,000
Clb Brgm	2250	7200	12,000	24,000	42,000	60,000
Cpe	2350	7450	12,400	24,800	43,400	62,000
5P Sed	2150	6850	11,400	22,800	39,900	57,000
Clb Sed	2200	7100	11,800	23,600	41,300	59,000
Clb Berl	2500	7900	13,200	26,400	46,200	66,000
Con Sed	3850	12,250	20,400	40,800	71,400	102,000
Model 53 - 12-cyl., 140 hp, 142" wb						
7P Tr	4150	13,200	22,000	44,000	77,000	110,000
7P Sed	2500	7900	13,200	26,400	46,200	66,000
Limo	2700	8650	14,400	28,800	50,400	72,000
Model 51 - 12-cyl., 150 hp, 147" wb						
Cpe	2550	8150	13,600	27,200	47,600	68,000
Conv Vic Cpe	4350	13,900	23,200	46,400	81,200	116,000
Clb Sed	2550	8150	13,600	27,200	47,600	68,000
Conv Sed	3750	12,000	20,000	40,000	70,000	100,000
Encl Drive Limo	3100	9850	16,400	32,800	57,400	82,000
A/W Twn Brgm	3600	11,500	19,200	38,400	67,200	96,000
A/W Twn Cabr	3850	12,250	20,400	40,800	71,400	102,000
Encl Drive Brgm	3450	11,050	18,400	36,800	64,400	92,000
1933						
Model 836 - 8-cyl., 135 hp, 136" wb						
5P Clb Brgm	1750	5500	9200	18,400	32,200	46,000
5P Sed	1750	5650	9400	18,800	32,900	47,000
5P Clb Sed	1900	6100	10,200	20,400	35,700	51,000
7P Sed	1800	5750	9600	19,200	33,600	48,000
7P Encl Drive Limo	2050	6600	11,000	22,000	38,500	55,000
Model 1236 - 12-cyl., 160 hp, 136" wb						
5P Clb Brgm	1900	6100	10,200	20,400	35,700	51,000
5P Sed	1950	6250	10,400	20,800	36,400	52,000
5P Clb Sed	2100	6700	11,200	22,400	39,200	56,000

	6	5	4	3	2	1
7P Sed (139")	2000	6350	10,600	21,200	37,100	53,000
7P Encl Drive Limo	2250	7200	12,000	24,000	42,000	60,000
Model 1242 - 12-cyl., 175 hp, 137" wb						
5P Tr	3600	11,500	19,200	38,400	67,200	96,000
5P Spt Phae	3850	12,250	20,400	40,800	71,400	102,000
7P Tourer (142")	3700	11,750	19,600	39,200	68,600	98,000
5P Clb Brgm	2000	6350	10,600	21,200	37,100	53,000
5P Sed	2050	6500	10,800	21,600	37,800	54,000
5P Clb Sed	2200	6950	11,600	23,200	40,600	58,000
5P Clb Berl	2250	7200	12,000	24,000	42,000	60,000
4P Cpe	1950	6250	10,400	20,800	36,400	52,000
4P Cus Rds	3900	12,500	20,800	41,600	72,800	104,000
5P Conv Sed	3600	11,500	19,200	38,400	67,200	96,000
7P Sed (142")	2050	6600	11,000	22,000	38,500	55,000
7P Encl Drive Limo	2500	7900	13,200	26,400	46,200	66,000
Model 1247 - 12-cyl., 175 hp, 142" wb						
5P Sed	2500	7900	13,200	26,400	46,200	66,000
5P Clb Sed	2550	8150	13,600	27,200	47,600	68,000
7P Sed (147")	2550	8150	13,600	27,200	47,600	68,000
5P Clb Berl	2550	8150	13,600	27,200	47,600	68,000
7P Encl Drive Limo	2700	8650	14,400	28,800	50,400	72,000
5P Conv Sed	3600	11,500	19,200	38,400	67,200	96,000
4P Cpe (147")	2850	9100	15,200	30,400	53,200	76,000
5P Conv Sed (147")	4350	13,900	23,200	46,400	81,200	116,000
5P Clb Sed (147")	2700	8650	14,400	28,800	50,400	72,000
Encl Drive Limo (147")	2850	9100	15,200	30,400	53,200	76,000
7P Twn Brgm (147")	2950	9350	15,600	31,200	54,600	78,000
7P Twn Car (147")	3100	9850	16,400	32,800	57,400	82,000
7P Twn Cabr (147")	4600	14,650	24,400	48,800	85,400	122,000
7P Encl Drive Brgm	3100	9850	16,400	32,800	57,400	82,000

1934
Model 836A, 136" wb

	6	5	4	3	2	1
Clb Brgm	1800	5750	9600	19,200	33,600	48,000
Clb Brgm Salon	1900	6000	10,000	20,000	35,000	50,000
4d Sed	1900	6000	10,000	20,000	35,000	50,000
4d Sed Salon	1950	6250	10,400	20,800	36,400	52,000
Model 840A - 8-cyl., 139" wb						
Rds	2700	8650	14,400	28,800	50,400	72,000
Brgm	1950	6250	10,400	20,800	36,400	52,000
Sed	2000	6350	10,600	21,200	37,100	53,000
Clb Sed	2050	6500	10,800	21,600	37,800	54,000
Cpe	2150	6850	11,400	22,800	39,900	57,000
Model 840A - 8-cyl., 144" wb						
Silver Arrow	4350	13,900	23,200	46,400	81,200	116,000
Sed	2050	6600	11,000	22,000	38,500	55,000
Encl Drive Limo	2500	7900	13,200	26,400	46,200	66,000
Model 1240A - 12-cyl., 139" wb						
Rds	3450	11,050	18,400	36,800	64,400	92,000
Brgm	2050	6600	11,000	22,000	38,500	55,000
Sed	2100	6700	11,200	22,400	39,200	56,000
Clb Sed	2150	6850	11,400	22,800	39,900	57,000
Cpe	2250	7200	12,000	24,000	42,000	60,000
Model 1250A - 12-cyl., 144" wb						
Silver Arrow	4750	15,100	25,200	50,400	88,200	126,000
Sed	2250	7200	12,000	24,000	42,000	60,000
Encl Drive Limo	2700	8650	14,400	28,800	50,400	72,000
Model 1248A - 12-cyl., 147" wb						
Sed	2500	7900	13,200	26,400	46,200	66,000
Encl Drive Limo	2850	9100	15,200	30,400	53,200	76,000

1935
Model 845 - 8-cyl., 140 hp, 138" wb

	6	5	4	3	2	1
Conv Rds	2650	8400	14,000	28,000	49,000	70,000
Clb Brgm	1900	6000	10,000	20,000	35,000	50,000
Cpe	2050	6600	11,000	22,000	38,500	55,000
5P Sed	1900	6100	10,200	20,400	35,700	51,000
Clb Sed	1950	6250	10,400	20,800	36,400	52,000
Model 845 - 8-cyl., 140 hp, 144" wb						
7P Sed	2000	6350	10,600	21,200	37,100	53,000
Encl Drive Limo	2250	7200	12,000	24,000	42,000	60,000
Silver Arrow	4350	13,900	23,200	46,400	81,200	116,000
Model 1245 - 12-cyl., 175 hp, 138" wb						
Conv Rds	3250	10,300	17,200	34,400	60,200	86,000
Clb Brgm	2050	6600	11,000	22,000	38,500	55,000

1935 Pierce-Arrow Twelve coupe

	6	5	4	3	2	1
Cpe	2250	7200	12,000	24,000	42,000	60,000
5P Sed	2100	6700	11,200	22,400	39,200	56,000
Clb Sed	2150	6850	11,400	22,800	39,900	57,000
Model 1245 - 12-cyl., 175 hp, 144" wb						
7P Sed	2350	7450	12,400	24,800	43,400	62,000
Encl Drive Limo	2500	7900	13,200	26,400	46,200	66,000
Silver Arrow	4750	15,100	25,200	50,400	88,200	126,000
Model 1255 - 12-cyl., 175 hp, 147" wb						
7P Sed	2500	7900	13,200	26,400	46,200	66,000
Encl Drive Limo	2700	8650	14,400	28,800	50,400	72,000
1936						
Deluxe 8 - 150 hp, 139" wb						
Cpe	1900	6000	10,000	20,000	35,000	50,000
Ctry Club Rds	2500	7900	13,200	26,400	46,200	66,000
Clb Sed	1700	5400	9000	18,000	31,500	45,000
5P Sed	1650	5300	8800	17,600	30,800	44,000
Clb Berl	1900	6000	10,000	20,000	35,000	50,000
Deluxe 8 - 150 hp, 144" wb						
7P Sed	1750	5650	9400	18,800	32,900	47,000
Limo	2050	6600	11,000	22,000	38,500	55,000
Metropolitan Twn Car	2250	7200	12,000	24,000	42,000	60,000
Conv Sed	2700	8650	14,400	28,800	50,400	72,000
Salon Twelve - 185 hp, 139" wb						
Cpe	2050	6600	11,000	22,000	38,500	55,000
Ctry Club Rds	2850	9100	15,200	30,400	53,200	76,000
Clb Sed	1850	5900	9800	19,600	34,300	49,000
5P Sed	1800	5750	9600	19,200	33,600	48,000
Clb Berl	2050	6600	11,000	22,000	38,500	55,000
Salon Twelve - 185 hp, 144" wb						
7P Sed	2000	6350	10,600	21,200	37,100	53,000
Limo	2250	7200	12,000	24,000	42,000	60,000
Metropolitan Twn Car	2500	7900	13,200	26,400	46,200	66,000
Conv Sed	3100	9850	16,400	32,800	57,400	82,000
7P Sed (147")	2250	7200	12,000	24,000	42,000	60,000
7P Encl Drive Limo	2550	8150	13,600	27,200	47,600	68,000
1937						
Pierce-Arrow 8 - 150 hp, 138" wb						
Cpe	1850	5900	9800	19,600	34,300	49,000
5P Sed	1600	5150	8600	17,200	30,100	43,000
Conv Rds	2500	7900	13,200	26,400	46,200	66,000
Clb Sed	1700	5400	9000	18,000	31,500	45,000
Clb Berl	1300	4200	7000	14,000	24,500	35,000
Fml Sed	1900	6100	10,200	20,400	35,700	51,000
Pierce-Arrow 8 - 150 hp, 144" wb						
7P Fml Sed	2050	6600	11,000	22,000	38,500	55,000
7P Sed	1950	6250	10,400	20,800	36,400	52,000
Limo	2250	7200	12,000	24,000	42,000	60,000
Conv Sed	2850	9100	15,200	30,400	53,200	76,000
Brunn Metro Twn Car	2500	7900	13,200	26,400	46,200	66,000
Twn Brgm	2350	7450	12,400	24,800	43,400	62,000
5P Encl Drive Limo (147")	2350	7450	12,400	24,800	43,400	62,000

	6	5	4	3	2	1
Pierce-Arrow 12 - 185 hp, 139" wb						
Cpe	2000	6350	10,600	21,200	37,100	53,000
5P Sed	1750	5650	9400	18,800	32,900	47,000
Conv Rds	2850	9100	15,200	30,400	53,200	76,000
Clb Sed	1800	5750	9600	19,200	33,600	48,000
Clb Berl	1850	5900	9800	19,600	34,300	49,000
5P Fml Sed	2050	6600	11,000	22,000	38,500	55,000
Pierce-Arrow 12 - 185 hp, 144" wb						
7P Sed	1900	6000	10,000	20,000	35,000	50,000
Limo	2050	6600	11,000	22,000	38,500	55,000
Conv Sed	3450	11,050	18,400	36,800	64,400	92,000
Brunn Metro Twn Brgm	2850	9100	15,200	30,400	53,200	76,000
Pierce-Arrow 12 - 185 hp, 147" wb						
7P Sed	2250	7200	12,000	24,000	42,000	60,000
Encl Drive Limo	2550	8150	13,600	27,200	47,600	68,000
Metro Twn Car	2950	9350	15,600	31,200	54,600	78,000
1938						
Pierce-Arrow 8 - 150 hp, 139" wb						
5P Sed	1550	4900	8200	16,400	28,700	41,000
Clb Sed	1600	5150	8600	17,200	30,100	43,000
Cpe	1800	5750	9600	19,200	33,600	48,000
Conv Cpe	2500	7900	13,200	26,400	46,200	66,000
Clb Berl	1750	5650	9400	18,800	32,900	47,000
Fml Sed	1650	5300	8800	17,600	30,800	44,000
Pierce-Arrow 8 - 150 hp, 144" wb						
Brunn Metro Twn Brgm	2350	7450	12,400	24,800	43,400	62,000
7P Sed	2000	6350	10,600	21,200	37,100	53,000
Encl Drive Limo	2150	6850	11,400	22,800	39,900	57,000
Con Sed	2850	9100	15,200	30,400	53,200	76,000
Spl Sed	1950	6250	10,400	20,800	36,400	52,000
Fml Sed	2050	6600	11,000	22,000	38,500	55,000
Pierce-Arrow 12 - 185 hp, 139" wb						
5P Sed	2050	6600	11,000	22,000	38,500	55,000
Clb Sed	2150	6850	11,400	22,800	39,900	57,000
Cpe	2400	7700	12,800	25,600	44,800	64,000
Conv Cpe	3100	9850	16,400	32,800	57,400	82,000
Clb Berl	1900	6000	10,000	20,000	35,000	50,000
Fml Sed	1900	6000	10,000	20,000	35,000	50,000
Pierce-Arrow 12 - 185 hp, 144" wb						
Spl Sed	2250	7200	12,000	24,000	42,000	60,000
7P Sed	2350	7450	12,400	24,800	43,400	62,000
Encl Drive Limo	2700	8650	14,400	28,800	50,400	72,000
Conv Sed	3150	10,100	16,800	33,600	58,800	84,000
Brunn Metro Twn Brgm	2800	8900	14,800	29,600	51,800	74,000
Pierce-Arrow 12 - 147" wb						
7P Sed	2400	7700	12,800	25,600	44,800	64,000
Encl Drive Limo	2850	9100	15,200	30,400	53,200	76,000

PLYMOUTH

1928						
Model Q, 4-cyl.						
2d Rds	850	2650	4400	8800	15,400	22,000
4d Tr	800	2500	4200	8400	14,700	21,000
2d Cpe	400	1200	2000	4000	7000	10,000
2d DeL Cpe	400	1250	2100	4200	7400	10,500
2d Sed	350	950	1550	3100	5400	7700
4d Sed	350	975	1600	3200	5600	8000
4d DeL Sed	350	975	1600	3250	5700	8100

1929 Plymouth Model U two-door sedan

	6	5	4	3	2	1
1929-30						
Model U, 4-cyl.						
2d Rds	850	2750	4600	9200	16,100	23,000
4d Tr	850	2650	4400	8800	15,400	22,000
2d Cpe	450	1140	1900	3800	6650	9500
2d DeL Cpe	400	1200	2000	4000	7000	10,000
2d Sed	350	1040	1700	3450	6000	8600
4d Sed	350	1020	1700	3400	5950	8500
4d DeL Sed	450	1080	1800	3600	6300	9000

NOTE: Factory prices reduced app. 40 percent for 1930 model year.

1931
PA, 4-cyl.

	6	5	4	3	2	1
2d Rds	900	2900	4800	9600	16,800	24,000
4d Tr	850	2750	4600	9200	16,100	23,000
2d Conv	800	2500	4200	8400	14,700	21,000
2d Cpe	400	1200	2000	4000	7000	10,000
2d Sed	350	950	1500	3050	5300	7600
4d Sed	350	1000	1650	3300	5750	8200
4d DeL Sed	450	1080	1800	3600	6300	9000

1932
Model PA, 4-cyl., 109" wb

	6	5	4	3	2	1
2d Rds	850	2750	4600	9200	16,100	23,000
2d Conv	900	2900	4800	9600	16,800	24,000
2d Cpe	400	1250	2100	4200	7400	10,500
2d RS Cpe	400	1300	2200	4400	7700	11,000
2d Sed	450	1080	1800	3600	6300	9000
4d Sed	450	1080	1800	3600	6300	9000
4d Phae	850	2750	4600	9200	16,100	23,000

Model PB, 4-cyl., 112" wb

	6	5	4	3	2	1
2d Rds	850	2750	4600	9200	16,100	23,000
2d Conv	900	2900	4800	9600	16,800	24,000
4d Conv Sed	950	3000	5000	10,000	17,500	25,000
2d RS Cpe	450	1400	2300	4600	8100	11,500
2d Sed	450	1140	1900	3800	6650	9500
4d Sed	450	1140	1900	3800	6650	9500
4d DeL Sed	450	1160	1950	3900	6800	9700

1933
PC, 6-cyl., 108" wb

	6	5	4	3	2	1
2d Conv	950	3000	5000	10,000	17,500	25,000
2d Cpe	400	1300	2200	4400	7700	11,000
2d RS Cpe	450	1400	2300	4600	8100	11,500
2d Sed	400	1200	2000	4000	7100	10,100
4d Sed	400	1200	2000	4000	7000	10,000

PD, 6-cyl.
NOTE: Deduct 4 percent for PCXX models.

	6	5	4	3	2	1
2d Conv	1000	3100	5200	10,400	18,200	26,000

	6	5	4	3	2	1
2d Cpe	450	1400	2300	4600	8100	11,500
2d RS Cpe	450	1450	2400	4800	8400	12,000
2d Sed	400	1250	2100	4200	7400	10,600
4d Sed	400	1250	2100	4200	7300	10,400

1934
Standard PG, 6-cyl., 108" wb

2d Bus Cpe	400	1200	2000	4000	7000	10,000
2d Sed	350	900	1500	3000	5250	7500

Standard PF, 6-cyl., 108" wb

2d Bus Cpe	400	1200	2050	4100	7100	10,200
2d RS Cpe	400	1300	2200	4400	7700	11,000
2d Sed	350	950	1550	3100	5400	7700
4d Sed	350	950	1550	3150	5450	7800

DeLuxe PE, 6-cyl., 114" wb

2d Conv	950	3000	5000	10,000	17,500	25,000
2d Cpe	400	1250	2100	4200	7400	10,500
2d RS Cpe	450	1400	2300	4600	8100	11,500
2d Sed	350	1020	1700	3400	5950	8500
4d Sed	350	1040	1700	3450	6000	8600
4d Twn Sed	450	1080	1800	3600	6300	9000

1935 Plymouth Model PJ station wagon

1935
PJ, 6-cyl., 113" wb

2P Cpe	450	1140	1900	3800	6650	9500
2d Bus Cpe	350	1040	1700	3450	6000	8600
2d Sed	350	950	1550	3150	5450	7800
4d Bus Sed	350	1000	1650	3350	5800	8300

PJ DeLuxe, 6-cyl., 113" wb

2d Conv	850	2650	4400	8800	15,400	22,000
2d Bus Cpe	400	1200	2000	4000	7000	10,000
2d RS Cpe	400	1250	2100	4200	7400	10,500
2d Sed	350	1000	1650	3350	5800	8300
2d Tr Sed	350	1020	1700	3400	5950	8500
4d Sed	450	1050	1750	3550	6150	8800
4d Tr Sed	450	1120	1875	3750	6500	9300
4d 7P Sed	450	1170	1975	3900	6850	9800
4d Trav Sed	450	1190	2000	3950	6900	9900

1936
P1 Business Line, 6-cyl., 113" wb

2d Bus Cpe	450	1140	1900	3800	6650	9500
2d Bus Sed	350	1000	1650	3350	5800	8300
4d Bus Sed	350	1020	1700	3400	5900	8400
4d Sta Wag	500	1600	2700	5400	9500	13,500

P2 DeLuxe, 6-cyl., 113"-125" wb

2d Conv	950	3000	5000	10,000	17,500	25,000
2d Cpe	400	1200	2000	4000	7000	10,000
2d RS Cpe	400	1250	2050	4100	7200	10,300
2d Sed	450	1050	1750	3550	6150	8800
2d Tr Sed	450	1120	1875	3750	6500	9300
4d Sed	450	1050	1750	3550	6150	8800
4d Tr Sed	450	1120	1875	3750	6500	9300

	6	5	4	3	2	1
4d 7P Sed	450	1140	1900	3800	6650	9500

1937
Roadking, 6-cyl., 112" wb

	6	5	4	3	2	1
2d Cpe	450	1140	1900	3800	6650	9500
2d Sed	350	850	1450	2850	4970	7100
4d Sed	350	870	1450	2900	5100	7300

DeLuxe, 6-cyl., 112"-132" wb

	6	5	4	3	2	1
2d Conv	850	2750	4600	9200	16,100	23,000
2d Cpe	400	1200	2000	4000	7000	10,000
2d RS Cpe	400	1250	2050	4100	7200	10,300
2d Sed	350	975	1600	3200	5600	8000
2d Tr Sed	350	1000	1650	3300	5750	8200
4d Sed	350	975	1600	3200	5500	7900
4d Tr Sed	350	975	1600	3200	5600	8000
4d Limo	450	1170	1975	3900	6850	9800
4d Sub	400	1200	2000	4000	7000	10,000

1938
Roadking, 6-cyl., 112" wb

	6	5	4	3	2	1
2d Cpe	450	1140	1900	3800	6650	9500
2d Sed	350	850	1450	2850	4970	7100
4d Sed	350	870	1450	2900	5100	7300
2d Tr Sed	350	900	1500	3000	5250	7500
4d Tr Sed	350	770	1300	2550	4480	6400

DeLuxe, 6-cyl., 112"-132" wb

	6	5	4	3	2	1
2d Conv	850	2750	4600	9200	16,100	23,000
2d Cpe	400	1200	2000	4000	7000	10,000
2d RS Cpe	400	1250	2050	4100	7200	10,300
2d Sed	350	975	1600	3200	5600	8000
2d Tr Sed	350	975	1600	3250	5700	8100
4d Sed	350	975	1600	3200	5500	7900
4d Tr Sed	350	975	1600	3200	5600	8000
4d 7P Sed	450	1120	1875	3750	6500	9300
4d Limo	400	1250	2100	4200	7400	10,500
4d Sub	400	1200	2000	4000	7000	10,000

1939

P7 Roadking, 6-cyl., 114" wb

	6	5	4	3	2	1
2d Cpe	450	1140	1900	3800	6650	9500
2d Sed	350	900	1500	3000	5250	7500
2d Tr Sed	350	950	1500	3050	5300	7600
4d Sed	350	950	1550	3100	5400	7700
4d Tr Sed	350	950	1550	3150	5450	7800
4d Utl Sed	350	950	1550	3100	5400	7700

P8 DeLuxe, 6-cyl., 114"-134" wb

	6	5	4	3	2	1
2d Conv	800	2500	4200	8400	14,700	21,000
4d Conv Sed	850	2650	4400	8800	15,400	22,000
2P Cpe	400	1200	2000	4000	7000	10,000
2d RS Cpe	400	1250	2100	4200	7400	10,500
2d Sed	350	975	1600	3200	5600	8000
2d Tr Sed	350	975	1600	3250	5700	8100
4d Sed	350	975	1600	3200	5600	8000
4d Tr Sed	350	1000	1650	3300	5750	8200
4d Sta Wag W/C	800	2500	4200	8400	14,700	21,000
4d Sta Wag W/G	850	2650	4400	8800	15,400	22,000
4d 7P Ewb Sed	450	1080	1800	3600	6300	9000
4d Ewb Limo	400	1200	2000	4000	7000	10,000

1940
P9 Roadking, 6-cyl., 117" wb

	6	5	4	3	2	1
2d Cpe	400	1200	2000	4000	7000	10,000
2d Tr Sed	350	1020	1700	3400	5950	8500
4d Tr Sed	350	1020	1700	3400	5900	8400
4d Utl Sed	350	870	1450	2900	5100	7300

P10 DeLuxe, 6-cyl., 137" wb

	6	5	4	3	2	1
2d Conv	850	2750	4600	9200	16,100	23,000
2d DeL Cpe	400	1300	2200	4400	7700	11,000
2d 4P Cpe	450	1400	2300	4600	8100	11,500
2d Sed	350	975	1600	3200	5600	8000
4d Sed	350	975	1600	3200	5500	7900
4d Sta Wag	850	2650	4400	8800	15,400	22,000
4d 7P Sed	450	1050	1750	3550	6150	8800
4d Sed Limo	400	1250	2100	4200	7400	10,500

1941
P11 Standard, 6-cyl., 117" wb

	6	5	4	3	2	1
2d Cpe	400	1250	2100	4200	7400	10,500
2d Sed	350	1020	1700	3400	5950	8500

	6	5	4	3	2	1
4d Sed	350	1020	1700	3400	5900	8400
4d Utl Sed	350	900	1500	3000	5250	7500
P11 DeLuxe, 6-cyl., 117" wb						
2d Cpe	400	1300	2150	4300	7500	10,700
2d Sed	350	1040	1750	3500	6100	8700
4d Sed	350	1040	1700	3450	6000	8600
P12 Special DeLuxe, 6 cyl., 117"-137" wb						
2d Conv	850	2650	4400	8800	15,400	22,000
2d DeL Cpe	400	1300	2200	4400	7700	11,000
2d 4P Cpe	450	1400	2300	4600	8100	11,500
2d Sed	350	1020	1700	3400	5950	8500
4d Sed	350	1040	1700	3450	6000	8600
4d Sta Wag	850	2650	4400	8800	15,400	22,000
4d 7P Sed	450	1050	1750	3550	6150	8800
4d Limo	400	1250	2100	4200	7400	10,500
1942						
P14S DeLuxe, 6-cyl., 117" wb						
2d Cpe	400	1200	2000	4000	7000	10,000
2d Sed	350	830	1400	2950	4830	6900
4d Utl Sed	350	790	1350	2650	4620	6600
2d Clb Cpe	400	1250	2100	4200	7400	10,500
4d Sed	350	800	1350	2700	4700	6700
P14C Special DeLuxe, 6-cyl., 117" wb						
2d Conv	700	2300	3800	7600	13,300	19,000
2d Cpe	400	1300	2200	4400	7700	11,000
2d Sed	350	850	1450	2850	4970	7100
4d Sed	350	840	1400	2800	4900	7000
4d Twn Sed	350	850	1450	2850	4970	7100
2d Clb Cpe	450	1400	2300	4600	8100	11,500
4d Sta Wag	850	2650	4400	8800	15,400	22,000

NOTE: Pricing will return in a future issue.

1947 Plymouth Special Deluxe convertible

1946-1948

P15 DeLuxe, 6-cyl., 117" wb						
2d Cpe	400	1200	2000	4000	7000	10,000
2d Clb Cpe	400	1250	2100	4200	7400	10,500
2d Sed	450	1080	1800	3600	6300	9000
4d 2d Sed	450	1050	1800	3600	6200	8900
P15 Special DeLuxe, 6-cyl., 117" wb						
2d Conv	850	2650	4400	8800	15,400	22,000
2d Cpe	400	1250	2100	4200	7400	10,500
2d Clb Cpe	400	1300	2200	4400	7700	11,000
2d Sed	450	1140	1900	3800	6650	9500
4d Sed	450	1130	1900	3800	6600	9400
4d Sta Wag	850	2750	4600	9200	16,100	23,000

	6	5	4	3	2	1
1949						
First Series 1949 is the same as 1948						
Second Series						
DeLuxe, 6-cyl., 111" wb						
2d Cpe	450	1080	1800	3600	6300	9000
2d Sed	350	1020	1700	3400	5950	8500
2d Sta Wag	400	1200	2000	4000	7000	10,000
DeLuxe, 6-cyl., 118.5" wb						
2d Clb Cpe	450	1140	1900	3800	6650	9500
4d Sed	350	1020	1700	3400	5900	8400
Special DeLuxe, 6-cyl., 118.5" wb						
2d Conv	750	2400	4000	8000	14,000	20,000
2d Clb Cpe	450	1160	1950	3900	6800	9700
4d Sed	350	1040	1700	3450	6000	8600
4d Sta Wag	500	1550	2600	5200	9100	13,000
1950						
DeLuxe, 6-cyl., 111" wb						
2d Cpe	450	1140	1900	3800	6650	9500
2d Sed	450	1080	1800	3600	6300	9000
2d Sta Wag	400	1200	2000	4000	7000	10,000
DeLuxe, 6-cyl., 118.5" wb						
2d Clb Cpe	450	1150	1900	3850	6700	9600
4d Sed	950	1100	1850	3700	6450	9200
Special DeLuxe, 6-cyl., 118.5" wb						
2d Conv	700	2300	3800	7600	13,300	19,000
2d Clb Cpe	450	1160	1950	3900	6800	9700
4d Sed	450	1140	1900	3800	6650	9500
4d Sta Wag	550	1800	3000	6000	10,500	15,000
NOTE: Add 5 percent for P-19 Special DeLuxe Suburban.						
1951-1952						
P22 Concord, 6-cyl., 111" wb						
2d Sed	350	975	1600	3200	5600	8000
2d Cpe	350	1020	1700	3400	5950	8500
2d Sta Wag	400	1200	2000	4000	7000	10,000
P23 Cambridge, 6-cyl., 118.5" wb						
4d Sed	350	1000	1650	3300	5750	8200
2d Clb Cpe	450	1080	1800	3600	6300	9000
P23 Cranbrook, 6-cyl., 118.5" wb						
4d Sed	350	1020	1700	3400	5900	8400
2d Clb Cpe	450	1140	1900	3800	6650	9500
2d HT	550	1700	2800	5600	9800	14,000
2d Conv	700	2300	3800	7600	13,300	19,000
1953						
P24-1 Cambridge, 6-cyl., 114" wb						
4d Sed	350	950	1550	3100	5400	7700
2d Sed	350	950	1500	3050	5300	7600
2d Bus Cpe	350	950	1550	3150	5450	7800
2d Sta Wag	400	1300	2200	4400	7700	11,000
P24-2 Cranbrook, 6-cyl., 114" wb						
4d Sed	350	975	1600	3200	5600	8000
2d Clb Cpe	350	1020	1700	3400	5950	8500
2d HT	550	1800	3000	6000	10,500	15,000
2d Sta Wag	400	1200	2000	4000	7000	10,000
2d Conv	800	2500	4200	8400	14,700	21,000
1954						
P25-1 Plaza, 6-cyl., 114" wb						
4d Sed	450	1050	1750	3550	6150	8800
2d Sed	450	1050	1800	3600	6200	8900
2d Bus Cpe	450	1080	1800	3600	6300	9000
2d Sta Wag	450	1400	2300	4600	8100	11,500
P25-2 Savoy, 6-cyl., 114" wb						
4d Sed	450	1080	1800	3600	6300	9000
2d Sed	450	1090	1800	3650	6400	9100
2d Clb Cpe	450	1140	1900	3800	6650	9500
P25-3 Belvedere, 6-cyl., 114" wb						
4d Sed	450	1140	1900	3800	6650	9500
2d HT	600	1900	3200	6400	11,200	16,000
2d Conv	850	2650	4400	8800	15,400	22,000
4d Sta Wag	400	1300	2200	4400	7700	11,000
1955						
Plaza, V-8, 115" wb						
4d Sed	350	975	1600	3200	5500	7900
2d Sed	350	975	1600	3200	5600	8000
2d Sta Wag	350	975	1600	3200	5600	8000

	6	5	4	3	2	1
4d Sta Wag	450	1080	1800	3600	6300	9000
Savoy, V-8, 115" wb						
4d Sed	350	975	1600	3200	5600	8000
2d Sed	350	975	1600	3250	5700	8100
Belvedere, V-8, 115" wb						
4d Sed	350	1020	1700	3400	5950	8500
2d Sed	350	1020	1700	3400	5900	8400
2d HT	650	2050	3400	6800	11,900	17,000
2d Conv	950	3000	5000	10,000	17,500	25,000
4d Sta Wag	400	1200	2000	4000	7000	10,000

NOTE: Deduct 10 percent for 6-cyl. models.

1956
Plaza, V-8, 115" wb

	6	5	4	3	2	1
4d Sed	350	880	1500	2950	5180	7400
2d Sed	350	900	1500	3000	5250	7500
Bus Cpe	350	860	1450	2900	5050	7200
Savoy, V-8, 115" wb						
4d Sed	350	900	1500	3000	5250	7500
2d 2d Sed	350	950	1500	3050	5300	7600
2d HT	550	1800	3000	6000	10,500	15,000
Belvedere, V-8, 115" wb (conv. avail. as 8 cyl. only)						
4d Sed	350	975	1600	3200	5600	8000
4d HT	400	1200	2000	4000	7000	10,000
2d Sed	350	975	1600	3200	5600	8000
2d HT	700	2300	3800	7600	13,300	19,000
2d Conv	1000	3100	5200	10,400	18,200	26,000
Suburban, V-8, 115" wb						
4d DeL Sta Wag	450	1140	1900	3800	6650	9500
4d Cus Sta Wag	400	1200	2000	4000	7000	10,000
4d Spt Sta Wag	400	1250	2100	4200	7400	10,500
Fury, V-8, (avail. as 8-cyl. only)						
2d HT	900	2900	4800	9600	16,800	24,000

NOTE: Deduct 10 percent for 6-cyl. models.

1957 Plymouth Belvedere four-door sedan

1957-1958
Plaza, V-8, 118" wb

	6	5	4	3	2	1
4d Sed	200	750	1275	2500	4400	6300
2d Sed	200	745	1250	2500	4340	6200
2d Bus Cpe	200	730	1250	2450	4270	6100
Savoy, V-8						
4d Sed	350	770	1300	2550	4480	6400
4d HT	350	1020	1700	3400	5950	8500
2d Sed	350	880	1500	2950	5180	7400
2d HT	550	1800	3000	6000	10,500	15,000
Belvedere, V-8, 118" wb (conv. avail. as 8-cyl. only)						
4d Sed	350	850	1450	2850	4970	7100
4d Spt HT	450	1140	1900	3800	6650	9500
2d Sed	350	840	1400	2800	4900	7000
2d HT	850	2750	4600	9200	16,100	23,000
2d Conv	1100	3500	5800	11,600	20,300	29,000

	6	5	4	3	2	1
Suburban, V-8, 122" wb						
4d Cus Sta Wag	450	1080	1800	3600	6300	9000
2d Cus Sta Wag	450	1140	1900	3800	6650	9500
4d Spt Sta Wag	400	1200	2000	4000	7000	10,000
Fury, V-8, 118" wb (318 cid/290 hp, 1958)						
2d HT	950	3000	5000	10,000	17,500	25,000

NOTE: Deduct 10 percent for 6-cyl. model. Add 20 percent for 350 cid/305 hp V-8. (1957). Add 50 percent for 315 hp Bendix EFI V-8.

1959

	6	5	4	3	2	1
Savoy, 6-cyl., 118" wb						
4d Sed	200	730	1250	2450	4270	6100
2d Sed	200	720	1200	2400	4200	6000
Belvedere, V-8, 118" wb						
4d Sed	200	720	1200	2400	4200	6000
4d HT	350	900	1500	3000	5250	7500
2d Sed	200	720	1200	2400	4200	6000
2d HT	550	1800	3000	6000	10,500	15,000
2d Conv	950	3000	5000	10,000	17,500	25,000
Fury, V-8, 118" wb						
4d Sed	200	720	1200	2400	4200	6000
4d HT	350	975	1600	3200	5600	8000
2d HT	600	1900	3200	6400	11,200	16,000
Sport Fury, V-8, 118" wb (260 hp - V-8 offered)						
2d HT	650	2050	3400	6800	11,900	17,000
2d Conv	1000	3250	5400	10,800	18,900	27,000
Suburban, V-8, 122" wb						
4d Spt Sta Wag	350	950	1550	3100	5400	7700
2d Cus Sta Wag	350	950	1500	3050	5300	7600
4d Cus Sta Wag	350	900	1500	3000	5250	7500

NOTE: Deduct 10 percent for 6-cyl. models.

1960

	6	5	4	3	2	1
Valiant 100, 6-cyl., 106.5" wb						
4d Sed	200	745	1250	2500	4340	6200
4d Sta Wag	200	750	1275	2500	4400	6300
Valiant 200, 6-cyl., 106" wb						
4d Sed	200	750	1275	2500	4400	6300
4d Sta Wag	350	770	1300	2550	4480	6400
Fleet Special, V8, 118" wb						
4d Sed	200	750	1275	2500	4400	6300
2d Sed	200	745	1250	2500	4340	6200
Savoy, V-8, 118" wb						
4d Sed	350	820	1400	2700	4760	6800
2d Sed	350	800	1350	2700	4700	6700
Belvedere, V-8, 118" wb						
4d Sed	350	830	1400	2950	4830	6900
2d Sed	350	820	1400	2700	4760	6800
2d HT	400	1300	2200	4400	7700	11,000
Fury, V-8, 118" wb (conv. avail. as 8-cyl. only)						
4d Sed	350	900	1500	3000	5250	7500
4d HT	450	1080	1800	3600	6300	9000
2d HT	500	1550	2600	5200	9100	13,000
2d Conv	600	1900	3200	6400	11,200	16,000
Suburban, V-8, 122" wb						
4d DeL Sta Wag	350	950	1550	3100	5400	7700
2d DeL Sta Wag	350	950	1500	3050	5300	7600
4d 9P Cus Sta Wag	350	950	1550	3100	5400	7700
4d 9P Spt Sta Wag	350	950	1550	3150	5450	7800

NOTE: Deduct 20 percent for 6-cyl. model except Valiant.

1961

	6	5	4	3	2	1
Valiant 100, 6-cyl., 106.5" wb						
4d Sed	350	830	1400	2950	4830	6900
2d Sed	350	820	1400	2700	4760	6800
4d Sta Wag	350	820	1400	2700	4760	6800
Valiant 200, 6-cyl., 106.5" wb						
4d Sed	350	840	1400	2800	4900	7000
2d HT	450	1080	1800	3600	6300	9000
4d Sta Wag	350	800	1350	2700	4700	6700

NOTE: Add 20 percent for Hyper Pak 170 cid/148 hp and 30 percent for Hyper Pak 225 cid/200 hp engines.

	6	5	4	3	2	1
Fleet Special, V8, 118" wb						
4d Sed	350	800	1350	2700	4700	6700
2d Sed	350	790	1350	2650	4620	6600
Savoy, V-8, 118" wb						
4d Sed	350	820	1400	2700	4760	6800
2d Sed	350	800	1350	2700	4700	6700
Belvedere, V-8, 118" wb						
4d Sed	350	800	1350	2700	4700	6700

	6	5	4	3	2	1
2d Clb Sed	350	800	1350	2700	4700	6700
2d HT	350	1020	1700	3400	5950	8500
Fury, V-8, 118" wb						
4d Sed	350	830	1400	2950	4830	6900
4d HT	350	975	1600	3200	5600	8000
2d HT	450	1450	2400	4800	8400	12,000
2d Conv	550	1700	2800	5600	9800	14,000
Suburban, V-8, 122" wb						
4d 6P DeL Sta Wag	350	860	1450	2900	5050	7200
2d 6P DeL Sta Wag	350	850	1450	2850	4970	7100
4d 6P Cus Sta Wag	350	860	1450	2900	5050	7200
4d 9P Spt Sta Wag	350	870	1450	2900	5100	7300

NOTE: Deduct 10 percent for 6-cyl. models.
   Add 30 percent for 330, 340, 350, 375 hp engines.

1962

	6	5	4	3	2	1
Valiant 100, 6-cyl., 106.5" wb						
4d Sed	350	800	1350	2700	4700	6700
2d Sed	350	790	1350	2650	4620	6600
4d Sta Wag	350	820	1400	2700	4760	6800
Valiant 200, 6-cyl., 106.5" wb						
4d Sed	350	820	1400	2700	4760	6800
2d Sed	350	800	1350	2700	4700	6700
4d Sta Wag	350	830	1400	2950	4830	6900
Valiant Signet, 6-cyl., 106.5" wb						
2d HT	350	1020	1700	3400	5950	8500

NOTE: Add 20 percent for Hyper Pak 170 cid/148 hp and 30 percent for Hyper Pak 225 cid/200 hp engines.

	6	5	4	3	2	1
Fleet Special, V8, 116" wb						
4d Sed	350	790	1350	2650	4620	6600
2d Sed	350	780	1300	2600	4550	6500
Savoy, V-8, 116" wb						
4d Sed	350	800	1350	2700	4700	6700
2d Sed	350	790	1350	2650	4620	6600
Belvedere, V-8, 116" wb						
4d Sed	350	820	1400	2700	4760	6800
2d Sed	350	800	1350	2700	4700	6700
2d HT	450	1140	1900	3800	6650	9500
Fury, V-8, 116" wb						
4d Sed	350	830	1400	2950	4830	6900
4d HT	350	900	1500	3000	5250	7500
2d HT	400	1300	2200	4400	7700	11,000
2d Conv	550	1700	2800	5600	9800	14,000
Sport Fury, V-8, 116" wb						
2d HT	450	1450	2400	4800	8400	12,000
2d Conv	550	1800	3000	6000	10,500	15,000
Suburban, V-8, 116" wb						
4d 6P Savoy Sta Wag	350	860	1450	2900	5050	7200
4d 6P Belv Sta Wag	350	870	1450	2900	5100	7300
4d 9P Fury Sta Wag	350	880	1500	2950	5180	7400

NOTE: Deduct 10 percent for 6-cyl. models.
   Add 30 percent for Golden Commando 361 ci.
   Add 50 percent for Golden Commando 383 ci.
   Add 75 percent for Super Stock 413, 410 hp.

1963

	6	5	4	3	2	1
Valiant 100, 6-cyl., 106.5" wb						
4d Sed	200	730	1250	2450	4270	6100
2d Sed	200	720	1200	2400	4200	6000
4d Sta Wag	200	730	1250	2450	4270	6100
Valiant 200, 6-cyl., 106.5" wb						
4d Sed	200	745	1250	2500	4340	6200
2d Sed	200	730	1250	2450	4270	6100
2d Conv	400	1250	2100	4200	7400	10,500
4d Sta Wag	200	730	1250	2450	4270	6100
Valiant Signet, 6-cyl., 106.5" wb						
2d HT	400	1250	2100	4200	7400	10,500
2d Conv	450	1400	2300	4600	8100	11,500
Savoy, V-8, 116" wb						
4d Sed	350	780	1300	2600	4550	6500
2d Sed	350	790	1350	2650	4620	6600
4d 6P Sta Wag	350	770	1300	2550	4480	6400
Belvedere, V-8, 116" wb						
4d Sed	350	790	1350	2650	4620	6600
2d Sed	350	790	1350	2650	4620	6600
4d HT	350	860	1450	2900	5050	7200
4d 6P Sta Wag	350	840	1400	2800	4900	7000
Fury, V-8, 116" wb						
4d Sed	350	800	1350	2700	4700	6700

	6	5	4	3	2	1
4d HT	350	900	1500	3000	5250	7500
2d HT	450	1400	2300	4600	8100	11,500
2d Conv	500	1550	2600	5200	9100	13,000
4d 9P Sta Wag	350	850	1450	2850	4970	7100
Sport Fury, V-8, 116" wb						
2d HT	450	1500	2500	5000	8800	12,500
2d Conv	500	1600	2700	5400	9500	13,500

NOTES: Deduct 10 percent for 6-cyl. models.
Add 75 percent for Max Wedge II 426 engine.
Add 40 percent for 413.

1964

Valiant 100, 6-cyl., 106.5" wb						
4d Sed	200	730	1250	2450	4270	6100
2d Sed	200	720	1200	2400	4200	6000
4d Sta Wag	200	730	1250	2450	4270	6100
Valiant 200, 6 or V-8, 106.5" wb						
4d Sed	200	745	1250	2500	4340	6200
2d Sed	200	730	1250	2450	4270	6100
2d Conv	450	1450	2400	4800	8400	12,000
4d Sta Wag	200	730	1250	2450	4270	6100
Valiant Signet, V-8 cyl., 106.5" wb						
2d HT	400	1300	2200	4400	7700	11,000
2d Barracuda	500	1550	2600	5200	9100	13,000
2d Conv	600	1900	3200	6400	11,200	16,000
Savoy, V-8, 116" wb						
4d Sed	350	780	1300	2600	4550	6500
2d Sed	350	790	1350	2650	4620	6600
4d 6P Sta Wag	350	800	1350	2700	4700	6700
Belvedere, V-8, 116" wb						
2d HT	400	1200	2000	4000	7000	10,000
4d Sed	350	790	1350	2650	4620	6600
2d Sed	350	790	1350	2650	4620	6600
4d 6P Sta Wag	350	830	1400	2950	4830	6900
Fury, V-8, 116" wb						
4d Sed	350	800	1350	2700	4700	6700
4d HT	350	850	1450	2850	4970	7100
2d HT	450	1450	2400	4800	8400	12,000
2d Conv	500	1550	2600	5200	9100	13,000
4d 9P Sta Wag	350	850	1450	2850	4970	7100
Sport Fury, V-8, 116" wb						
2d HT	550	1700	2800	5600	9800	14,000
Conv	650	2050	3400	6800	11,900	17,000

NOTES: Deduct 10 percent for 6-cyl. models.
Add 75 percent for 426-415 MW III.
Autos equipped with 426 Hemi value inestimable.

1965

Valiant 100, V8, 106" wb						
4d Sed	200	730	1250	2450	4270	6100
2d Sed	200	720	1200	2400	4200	6000
4d Sta Wag	200	730	1250	2450	4270	6100
Valiant 200, V-8, 106" wb						
4d Sed	200	745	1250	2500	4340	6200
2d Sed	200	730	1250	2450	4270	6100
2d Conv	450	1450	2400	4800	8400	12,000
4d Sta Wag	200	730	1250	2450	4270	6100
Valiant Signet, V8, 106" wb						
2d HT	500	1550	2600	5200	9100	13,000
2d Conv	650	2050	3400	6800	11,900	17,000
Barracuda, V-8, 106" wb						
2d HT	600	1900	3200	6400	11,200	16,000
NOTE: Add 10 percent for Formula S option.						
Belvedere I, V-8, 116" wb						
4d Sed	200	745	1250	2500	4340	6200
2d Sed	200	730	1250	2450	4270	6100
4d Sta Wag	200	745	1250	2500	4340	6200
Belvedere II, V8, 116" wb						
4d Sed	350	770	1300	2550	4480	6400
2d HT	350	1020	1700	3400	5950	8500
2d Conv	450	1140	1900	3800	6650	9500
4d 9P Sta Wag	350	780	1300	2600	4550	6500
4d 6P Sta Wag	350	770	1300	2550	4480	6400
Satellite, V8, 116"wb						
2d	450	1450	2400	4800	8400	12,000
2d Conv	700	2300	3800	7600	13,300	19,000
Fury, V-8, 119" wb.; 121" Sta. Wag.						
4d Sed	350	790	1350	2650	4620	6600

	6	5	4	3	2	1
2d Sed	350	780	1300	2600	4550	6500
4d Sta Wag	350	790	1350	2650	4620	6600
Fury II, V8, 119" wb, Sta Wag 121" wb						
4d Sed	350	800	1350	2700	4700	6700
2d Sed	350	820	1400	2700	4760	6800
4d 9P Sta Wag	350	820	1400	2700	4760	6800
4d 6P Sta Wag	350	800	1350	2700	4700	6700
Fury III, V8, 119" wb, Sta Wag 121" wb						
4d Sed	350	820	1400	2700	4760	6800
4d HT	350	900	1500	3000	5250	7500
2d HT	400	1250	2100	4200	7400	10,500
2d Conv	600	1900	3200	6400	11,200	16,000
4d 9P Sta Wag	350	830	1400	2950	4830	6900
4d 6P Sta Wag	350	820	1400	2700	4760	6800
Sport Fury, V-8						
2d HT	500	1550	2600	5200	9100	13,000
2d Conv	600	1900	3200	6400	11,200	16,000

NOTES: Deduct 5 percent for 6-cyl. models.
   Add 60 percent for 426 Commando engine option.
   Add 75 percent for 426 Hemi.

1966

Valiant 100, V8, 106" wb	6	5	4	3	2	1
4d Sed	200	745	1250	2500	4340	6200
2d Sed	200	730	1250	2450	4270	6100
4d Sta Wag	350	770	1300	2550	4480	6400
Valiant 200, V8, 106" wb						
4d Sed	200	750	1275	2500	4400	6300
4d Sta Wag	350	780	1300	2600	4550	6500
Valiant Signet, V8, 106" wb						
2d HT	450	1400	2300	4600	8100	11,500
2d Conv	550	1700	2800	5600	9800	14,000
Barracuda, V8, 106" wb						
2d HT	500	1550	2600	5200	9100	13,000

NOTE: Add 10 percent for Formula S.

Belvedere I, V-8, 116" wb	6	5	4	3	2	1
4d Sed	200	750	1275	2500	4400	6300
2d Sed	200	745	1250	2500	4340	6200
4d Sta Wag	350	790	1350	2650	4620	6600
Belvedere II, V8, 116" wb						
4d Sed	350	770	1300	2550	4480	6400
2d HT	400	1250	2100	4200	7400	10,500
2d Conv	450	1450	2400	4800	8400	12,000
4d Sta Wag	350	800	1350	2700	4700	6700
Satellite, V-8, 116" wb						
2d HT	500	1550	2600	5200	9100	13,000
2d Conv	550	1800	3000	6000	10,500	15,000
Fury I, V-8, 119" wb						
4d Sed	350	780	1300	2600	4550	6500
2d Sed	350	770	1300	2550	4480	6400
4d 6P Sta Wag	350	820	1400	2700	4760	6800

NOTE: Deduct 5 percent for 6-cyl. models.

Fury II, V-8, 119" wb	6	5	4	3	2	1
4d Sed	350	790	1350	2650	4620	6600
2d Sed	350	780	1300	2600	4550	6500
4d 9P Sta Wag	350	830	1400	2950	4830	6900
Fury III, V8, 119" wb						
4d Sed	350	800	1350	2700	4700	6700
2d HT	450	1400	2300	4600	8100	11,500
4d HT	350	860	1450	2900	5050	7200
2d Conv	550	1800	3000	6000	10,500	15,000
4d 9P Sta Wag	350	840	1400	2800	4900	7000
Sport Fury, V-8, 119" wb						
2d HT	450	1450	2400	4800	8400	12,000
2d Conv	600	1900	3200	6400	11,200	16,000
VIP, V-8, 119" wb						
4d HT	350	1020	1700	3400	5950	8500
2d HT	450	1450	2400	4800	8400	12,000

NOTE: Autos equipped with 426 Street Hemi or Race Hemi, value inestimable.

1967

Valiant 100, V8, 108" wb	6	5	4	3	2	1
4d Sed	200	745	1250	2500	4340	6200
2d Sed	200	730	1250	2450	4270	6100
Valiant Signet, V-8, 108" wb						
4d Sed	200	750	1275	2500	4400	6300
2d Sed	200	745	1250	2500	4340	6200

	6	5	4	3	2	1
Barracuda, V-8, 108" wb						
2d HT	450	1450	2400	4800	8400	12,000
2d FBk	500	1550	2600	5200	9100	13,000
2d Conv	550	1800	3000	6000	10,500	15,000
NOTE: Add 10 percent for Formula S and 40 percent for 383 CID.						
Belvedere I, V-8, 116" wb						
4d Sed	200	750	1275	2500	4400	6300
2d Sed	200	745	1250	2500	4340	6200
4d 6P Sta Wag	200	745	1250	2500	4340	6200
Belvedere II, V8, 116" wb						
4d Sed	350	770	1300	2550	4480	6400
2d HT	400	1250	2100	4200	7400	10,500
2d Conv	500	1550	2600	5200	9100	13,000
4d 9P Sta Wag	350	770	1300	2550	4480	6400
Satellite, V-8, 116" wb						
2d HT	700	2150	3600	7200	12,600	18,000
2d Conv	650	2100	3500	7000	12,300	17,500
GTX, V8, 116" wb						
2d HT	700	2300	3800	7600	13,300	19,000
2d Conv	700	2300	3800	7600	13,300	19,000
Fury I, V8, 122" wb						
4d Sed	350	790	1350	2650	4620	6600
2d Sed	350	780	1300	2600	4550	6500
4d 6P Sta Wag	350	800	1350	2700	4700	6700
Fury II, V8, 122" wb						
4d Sed	350	800	1350	2700	4700	6700
2d Sed	350	790	1350	2650	4620	6600
4d 9P Sta Wag	350	820	1400	2700	4760	6800
Fury III, V8, 122" wb						
4d Sed	350	820	1400	2700	4760	6800
4d HT	350	870	1450	2900	5100	7300
2d HT	400	1250	2100	4200	7400	10,500
2d Conv	500	1550	2600	5200	9100	13,000
4d 9P Sta Wag	350	820	1400	2700	4760	6800

1967 Plymouth Sport Fury two-door hardtop

	6	5	4	3	2	1
Sport Fury, V-8, 119" wb						
2d HT	400	1200	2000	4000	7000	10,000
2d FBk	400	1250	2100	4200	7400	10,500
2d Conv	500	1550	2600	5200	9100	13,000
VIP, V-8, 119" wb						
4d HT	350	1020	1700	3400	5950	8500
2d HT	400	1250	2100	4200	7400	10,500
NOTE: Add 50 percent for 440 engine. Autos equipped with 426 Hemi, value inestimable.						
1968						
Valiant 100, V8, 108" wb						
4d Sed	200	750	1275	2500	4400	6300
2d Sed	200	745	1250	2500	4340	6200
Valiant Signet, V-8, 108" wb						
4d Sed	350	780	1300	2600	4550	6500
2d Sed	350	770	1300	2550	4480	6400
Barracuda, V-8, 108" wb						
2d HT	500	1550	2600	5200	9100	13,000
2d FBk	550	1700	2800	5600	9800	14,000
2d Conv	650	2050	3400	6800	11,900	17,000
NOTE: Add 20 percent for Barracuda/Formula S' and 40 percent for 383 cid.						

	6	5	4	3	2	1
Belvedere, V8, 116" wb						
4d Sed	350	770	1300	2550	4480	6400
2d Sed	200	750	1275	2500	4400	6300
4d 6P Sta Wag	350	780	1300	2600	4550	6500
Satellite, V8, 116" wb						
4d Sed	350	780	1300	2600	4550	6500
2d HT	450	1450	2400	4800	8400	12,000
2d Conv	500	1550	2600	5200	9100	13,000
4d Sta Wag	350	790	1350	2650	4620	6600
Sport Satellite, V8, 116" wb						
2d HT	550	1700	2800	5600	9800	14,000
2d Conv	550	1800	3000	6000	10,500	15,000
4d Sta Wag	350	800	1350	2700	4700	6700
Road Runner, V8, 116" wb						
2d Cpe	800	2500	4200	8400	14,700	21,000
2d HT	850	2700	4500	9000	15,800	22,500
GTX, V8, 116" wb						
2d HT	850	2650	4400	8800	15,400	22,000
2d Conv	950	3050	5100	10,200	17,900	25,500
Fury I, V8, 119" & 122" wb						
4d Sed	350	800	1350	2700	4700	6700
2d Sed	350	790	1350	2650	4620	6600
4d 6P Sta Wag	350	820	1400	2700	4760	6800
Fury II, V8, 119" & 122" wb						
4d Sed	350	820	1400	2700	4760	6800
2d Sed	350	800	1350	2700	4700	6700
4d 6P Sta Wag	350	830	1400	2950	4830	6900
Fury III, V8, 119" & 122" wb						
4d Sed	350	830	1400	2950	4830	6900
4d HT	350	950	1550	3100	5400	7700
2d HT	400	1300	2200	4400	7700	11,000
2d HT FBk	400	1250	2100	4200	7400	10,500
2d Conv	500	1550	2600	5200	9100	13,000
4d 6P Sta Wag	350	840	1400	2800	4900	7000
Suburban, V-8, 121" wb						
4d 6P Cus Sta Wag	350	800	1350	2700	4700	6700
4d 9P Cus Sta Wag	350	820	1400	2700	4760	6800
4d 6P Spt Sta Wag	350	830	1400	2950	4830	6900
4d 9P Spt Sta Wag	350	840	1400	2800	4900	7000
Sport Fury, V8, 119" wb						
2d HT	400	1300	2200	4400	7700	11,000
2d HT FBk	450	1400	2300	4600	8100	11,500
2d Conv	500	1550	2600	5200	9100	13,000
VIP, V8, 119" wb						
4d HT	450	1140	1900	3800	6650	9500
2d FBk	450	1400	2300	4600	8100	11,500

NOTES: Add 50 percent for 440 engine.
Autos equipped with 426 Hemi value inestimable.

1969

	6	5	4	3	2	1
Valiant 100, V8, 108" wb						
4d Sed	200	700	1200	2350	4130	5900
2d Sed	200	670	1200	2300	4060	5800
Valiant Signet, V-8, 108" wb						
4d Sed	200	720	1200	2400	4200	6000
2d Sed	200	700	1200	2350	4130	5900
Barracuda, V-8, 108" wb						
2d HT	600	1900	3200	6400	11,200	16,000
2d HT FBk	650	2050	3400	6800	11,900	17,000
2d Conv	700	2300	3800	7600	13,300	19,000

NOTE: Add 40 percent for Formula S 383 cid option. Add 50 percent for Barracuda 440.

	6	5	4	3	2	1
Belvedere, V-8, 117" wb						
4d Sed	200	745	1250	2500	4340	6200
2d Sed	200	730	1250	2450	4270	6100
4d 6P Sta Wag	200	745	1250	2500	4340	6200
Satellite, V8, 116" & 117" wb						
4d Sed	200	750	1275	2500	4400	6300
2d HT	450	1450	2400	4800	8400	12,000
2d Conv	550	1700	2800	5600	9800	14,000
4d 6P Sta Wag	350	770	1300	2550	4480	6400
Sport Satellite, V8, 116" & 117" wb						
4d Sed	350	770	1300	2550	4480	6400
2d HT	500	1550	2600	5200	9100	13,000
2d Conv	650	2050	3400	6800	11,900	17,000
4d 9P Sta Wag	350	780	1300	2600	4550	6500

	6	5	4	3	2	1
Road Runner, V8, 116" wb						
2d Sed	750	2400	4000	8000	14,000	20,000
2d HT	850	2750	4600	9200	16,100	23,000
2d Conv	1000	3250	5400	10,800	18,900	27,000
GTX, V8, 116" wb						
2d HT	850	2700	4500	9000	15,800	22,500
2d Conv	1000	3200	5300	10,600	18,600	26,500
Fury I, V-8, 120" & 122" wb						
4d Sed	350	790	1350	2650	4620	6600
2d Sed	350	780	1300	2600	4550	6500
4d 6P Sta Wag	350	800	1350	2700	4700	6700
Fury II, V8, 120" & 122" wb						
4d Sed	350	800	1350	2700	4700	6700
2d Sed	350	790	1350	2650	4620	6600
4d 6P Sta Wag	350	820	1400	2700	4760	6800
Fury III, V8, 120" & 122" wb						
4d Sed	350	820	1400	2700	4760	6800
4d HT	350	870	1450	2900	5100	7300
2d HT	400	1200	2000	4000	7000	10,000
2d Conv	450	1400	2300	4600	8100	11,500
4d 9P Sta Wag	350	830	1400	2950	4830	6900
Sport Fury						
2d HT	400	1250	2100	4200	7400	10,500
2d Conv	450	1450	2400	4800	8400	12,000
VIP						
4d HT	350	900	1500	3000	5250	7500
2d HT	400	1300	2200	4400	7700	11,000

NOTES: Add 75 percent for 440 6 pack.
  Autos equipped with 426 Hemi value inestimable.

1970

	6	5	4	3	2	1
Valiant						
4d Sed	200	670	1200	2300	4060	5800
Valiant Duster						
2d Cpe	350	840	1400	2800	4900	7000
Duster '340'						
2d Cpe	450	1140	1900	3800	6650	9500
Barracuda						
2d HT	700	2150	3600	7200	12,600	18,000
2d Conv	700	2300	3800	7600	13,300	19,000
Gran Coupe						
2d HT	850	2650	4400	8800	15,400	22,000
2d Conv	850	2750	4600	9200	16,100	23,000
Cuda						
2d HT	900	2900	4800	9600	16,800	24,000
2d Conv	950	3000	5000	10,000	17,500	25,000
2d Hemi Cuda Conv					value inestimable	
Cuda AAR						
2d HT	1150	3700	6200	12,400	21,700	31,000
Belvedere						
4d Sed	200	745	1250	2500	4340	6200
2d Cpe	200	730	1250	2450	4270	6100
4d Wag	200	750	1275	2500	4400	6300
Road Runner						
2d Cpe	650	2050	3400	6800	11,900	17,000
2d HT	750	2400	4000	8000	14,000	20,000
2d Superbird	2050	6600	11,000	22,000	38,500	55,000
2d Conv	950	3000	5000	10,000	17,500	25,000
Satellite						
4d Sed	200	750	1275	2500	4400	6300
2d HT	450	1450	2400	4800	8400	12,000
2d Conv	500	1550	2600	5200	9100	13,000
4d 6P Wag	350	770	1300	2550	4480	6400
4d 9P Wag	350	780	1300	2600	4550	6500
Sport Satellite						
4d Sed	350	780	1300	2600	4550	6500
2d HT	550	1800	3000	6000	10,500	15,000
4d 6P Wag	350	780	1300	2600	4550	6500
4d 9P Wag	350	790	1350	2650	4620	6600
GTX						
2d HT	750	2400	4000	8000	14,000	20,000
Fury I						
4d Sed	350	790	1350	2650	4620	6600
2d Sed	350	780	1300	2600	4550	6500
Fury II						
4d Sed	350	800	1350	2700	4700	6700
2d Sed	350	790	1350	2650	4620	6600

	6	**5**	**4**	**3**	**2**	**1**
4d 6P Wag	350	800	1350	2700	4700	6700
4d 9P Wag	350	820	1400	2700	4760	6800
Gran Coupe						
2d Sed	450	1080	1800	3600	6300	9000
Fury III						
4d Sed	350	820	1400	2700	4760	6800
2d HT	350	1020	1700	3400	5950	8500
4d HT	350	870	1450	2900	5100	7300
2d Fml	350	1000	1650	3300	5750	8200
2d Conv	450	1450	2400	4800	8400	12,000
4d 6P Wag	350	820	1400	2700	4760	6800
4d 9P Wag	350	830	1400	2950	4830	6900
Sport Fury						
4d Sed	350	830	1400	2950	4830	6900
2d HT	450	1140	1900	3800	6650	9500
4d HT	350	880	1500	2950	5180	7400
2d Fml	450	1080	1800	3600	6300	9000
4d Wag	350	830	1400	2950	4830	6900
Fury S-23						
2d HT	450	1500	2500	5000	8800	12,500
Fury GT						
2d HT	500	1550	2600	5200	9100	13,000

NOTES: Add 60 percent for 440 6 pack.
Autos equipped with 426 Hemi value inestimable.
Add 40 percent for 'Cuda 340.
Add 40 percent for 'Cuda 383 (not avail. on conv.).

1971
Valiant

4d Sed	200	685	1150	2300	3990	5700
Duster						
2d Cpe	200	720	1200	2400	4200	6000
Duster '340'						
2d Cpe	450	1150	1900	3850	6700	9600
Scamp						
2d HT	350	1020	1700	3400	5950	8500
Barracuda						
2d Cpe	550	1700	2800	5600	9800	14,000
2d HT	600	1900	3200	6400	11,200	16,000
2d Conv	700	2150	3600	7200	12,600	18,000
Gran Coupe						
2d HT	700	2150	3600	7200	12,600	18,000
'Cuda						
2d HT	750	2400	4000	8000	14,000	20,000
2d Conv	850	2650	4400	8800	15,400	22,000
Satellite						
4d Sed	200	670	1200	2300	4060	5800
2d Cpe	350	840	1400	2800	4900	7000
4d Sta Wag	200	685	1150	2300	3990	5700
Satellite Sebring						
2d HT	450	1500	2500	5000	8800	12,500
Satellite Custom						
4d Sed	200	700	1200	2350	4130	5900
4d 6P Sta Wag	200	670	1200	2300	4060	5800
4d 9P Sta Wag	200	700	1200	2350	4130	5900
Road Runner						
2d HT	650	2050	3400	6800	11,900	17,000
Sebring Plus						
2d HT	450	1450	2400	4800	8400	12,000
Satellite Brougham						
4d Sed	200	720	1200	2400	4200	6000
Regent Wagon						
4d 6P Sta Wag	200	720	1200	2400	4200	6000
4d 9P Sta Wag	200	730	1250	2450	4270	6100
GTX						
2d HT	500	1550	2600	5200	9100	13,000
Fury I						
4d Sed	200	745	1250	2500	4340	6200
2d Sed	200	730	1250	2450	4270	6100
Fury Custom						
4d Sed	200	750	1275	2500	4400	6300
2d Sed	200	745	1250	2500	4340	6200
Fury II						
4d Sed	350	770	1300	2550	4480	6400
2d HT	450	1080	1800	3600	6300	9000
4d 6P Sta Wag	350	770	1300	2550	4480	6400

	6	5	4	3	2	1
4d 9P Sta Wag	350	780	1300	2600	4550	6500
Fury III						
4d Sed	350	780	1300	2600	4550	6500
2d HT	450	1140	1900	3800	6650	9500
4d HT	350	840	1400	2800	4900	7000
2d Fml Cpe	450	1170	1975	3900	6850	9800
4d 6P Sta Wag	350	780	1300	2600	4550	6500
4d 9P Sta Wag	350	790	1350	2650	4620	6600
Sport Fury						
4d Sed	350	800	1350	2700	4700	6700
4d HT	350	860	1450	2900	5050	7200
2d Fml Cpe	350	975	1600	3200	5600	8000
2d HT	350	1020	1700	3400	5950	8500
4d 9P Sta Wag	350	820	1400	2700	4760	6800
4d 6P Sta Wag	350	800	1350	2700	4700	6700
Sport Fury 'GT'						
2d HT	450	1400	2300	4600	8100	11,500

NOTES: Add 60 percent for 440 engine.
  Deduct 10 percent for Cuda 340.
  Add 70 percent for 440 6 pack.
  Autos equipped with 426 Hemi value inestimable.

1972

Valiant	6	5	4	3	2	1
4d Sed	200	685	1150	2300	3990	5700
Duster						
2d Cpe	350	900	1500	3000	5250	7500
2d '340' Cpe	450	1140	1900	3800	6650	9500
Scamp						
2d HT	450	1140	1900	3800	6650	9500
Barracuda						
2d HT	500	1550	2600	5200	9100	13,000
'Cuda'						
2d HT	550	1700	2800	5600	9800	14,000
Satellite						
4d Sed	200	700	1200	2350	4130	5900
2d Cpe	350	900	1500	3000	5250	7500
4d 6P Wag	200	700	1200	2350	4130	5900
Satellite Sebring						
2d HT	450	1400	2300	4600	8100	11,500
Satellite Custom						
4d Sed	200	720	1200	2400	4200	6000
4d 6P Wag	200	750	1275	2500	4400	6300
4d 9P Wag	200	745	1250	2500	4340	6200
Sebring-Plus						
2d HT	450	1450	2400	4800	8400	12,000
Regent						
4d 6P Wag	200	650	1100	2150	3780	5400
4d 9P Wag	200	660	1100	2200	3850	5500
Road Runner						
2d HT	550	1800	3000	6000	10,500	15,000
Fury I						
4d Sed	200	670	1150	2250	3920	5600
Fury II						
4d Sed	200	685	1150	2300	3990	5700
2d HT	350	1020	1700	3400	5950	8500
Fury III						
4d Sed	200	670	1200	2300	4060	5800
4d HT	200	720	1200	2400	4200	6000
2d Fml Cpe	350	1040	1750	3500	6100	8700
2d HT	350	1040	1700	3450	6000	8600
Gran Fury						
4d HT	200	745	1250	2500	4340	6200
2d Fml Cpe	450	1050	1750	3550	6150	8800
Suburban						
4d 6P Sta Wag	200	650	1100	2150	3780	5400
4d 9P Sta Wag	200	660	1100	2200	3850	5500
4d 6P Cus Wag	200	660	1100	2200	3850	5500
4d 9P Cus Wag	200	670	1150	2250	3920	5600
4d 6P Spt Wag	200	685	1150	2300	3990	5700
4d 9P Spt Wag	200	670	1200	2300	4060	5800

NOTE: Add 20 percent for 440 engine where available.

1973

Valiant, V-8	6	5	4	3	2	1
4d Sed	200	700	1050	2050	3600	5100
Duster, V-8						
2d Cpe Sport	200	670	1150	2250	3920	5600

	6	5	4	3	2	1
2d 340 Cpe Spt	350	840	1400	2800	4900	7000
Scamp, V-8						
2d HT	350	860	1450	2900	5050	7200
Barracuda, V-8						
2d HT	450	1450	2400	4800	8400	12,000
2d 'Cuda HT	500	1550	2600	5200	9100	13,000
Satellite Custom, V-8						
4d Sed	200	700	1200	2350	4130	5900
4d 3S Sta Wag	200	700	1200	2350	4130	5900
4d 3S Sta Wag Regent	200	720	1200	2400	4200	6000
4d Satellite Cpe	200	750	1275	2500	4400	6300
Road Runner, V-8						
2d Cpe	400	1200	2000	4000	7000	10,000
Satellite Plus, V-8						
2d HT	450	1140	1900	3800	6650	9500
Satellite Sebring, V-8						
2d HT	450	1080	1800	3600	6300	9000
Fury, V-8						
4d Sed I	200	720	1200	2400	4200	6000
4d Sed II	200	730	1250	2450	4270	6100
4d Sed III	200	745	1250	2500	4340	6200
2d HT	350	975	1600	3200	5600	8000
4d HT	200	750	1275	2500	4400	6300
Gran Fury, V-8						
2d HT	350	1020	1700	3400	5950	8500
4d HT	200	750	1275	2500	4400	6300
Fury Suburban, V-8						
4d 3S Spt Sta Wag	200	670	1200	2300	4060	5800

NOTE: Add 20 percent for 440 engine where available.

1974

	6	5	4	3	2	1
Valiant						
4d Sed	200	675	1000	2000	3500	5000
Duster						
2d Cpe	200	700	1050	2050	3600	5100
Scamp						
2d HT	350	790	1350	2650	4620	6600
Duster '360'						
2d Cpe	200	745	1250	2500	4340	6200
Valiant Brougham						
4d Sed	200	700	1050	2100	3650	5200
2d HT	350	900	1500	3000	5250	7500
Barracuda						
2d Spt Cpe	400	1300	2200	4400	7700	11,000
'Cuda						
2d Spt Cpe	450	1450	2400	4800	8400	12,000
Satellite						
4d Sed	200	700	1050	2050	3600	5100
2d Cpe	200	700	1050	2100	3650	5200
Satellite Custom						
4d Sed	200	700	1075	2150	3700	5300
Sebring						
2d HT	450	1050	1750	3550	6150	8800
Sebring-Plus						
2d HT	450	1090	1800	3650	6400	9100
Road Runner						
2d Cpe	400	1200	2000	4000	7100	10,100
Satellite Wagon						
4d Std Wag	200	650	1100	2150	3780	5400
4d 6P Cus Wag	200	660	1100	2200	3850	5500
4d 9P Cus Wag	200	670	1150	2250	3920	5600
4d 6P Regent	200	660	1100	2200	3850	5500
4d 9P Regent	200	670	1150	2250	3920	5600
Fury I						
4d Sed	200	700	1050	2100	3650	5200
Fury II						
4d Sed	200	700	1075	2150	3700	5300
Fury III						
4d Sed	200	650	1100	2150	3780	5400
2d HT	200	700	1200	2350	4130	5900
4d HT	200	685	1150	2300	3990	5700
Gran Fury						
2d HT	350	780	1300	2600	4550	6500
4d HT	200	670	1200	2300	4060	5800
Suburban						
4d Std Wag	200	700	1050	2050	3600	5100
4d 6P Cus	200	700	1050	2100	3650	5200

	6	5	4	3	2	1
4d 9P Cus	200	700	1075	2150	3700	5300
4d 6P Spt	200	700	1075	2150	3700	5300
4d 9P Spt	200	650	1100	2150	3780	5400
1975						
Valiant						
4d Sed	150	600	900	1800	3150	4500
4d Cus Sed	125	450	750	1450	2500	3600
Brougham						
4d Sed	150	600	950	1850	3200	4600
2d HT	200	700	1075	2150	3700	5300
Duster						
2d Cpe	150	550	850	1650	2900	4100
2d Cus	150	550	850	1675	2950	4200
2d '360' Cpe	200	675	1000	2000	3500	5000
Scamp						
2d HT	150	600	900	1800	3150	4500
2d Brghm	150	650	950	1900	3300	4700
Fury						
2d HT	150	600	950	1850	3200	4600
2d Cus HT	150	650	950	1900	3300	4700
2d Spt HT	150	650	975	1950	3350	4800
4d Sed	150	650	950	1900	3300	4700
4d Cus Sed	150	650	975	1950	3350	4800
Suburban						
4d Std Wag	150	550	850	1650	2900	4100
4d 6P Cus	150	550	850	1675	2950	4200
4d 9P Cus	150	575	900	1750	3100	4400
4d 6P Spt	150	575	875	1700	3000	4300
4d 9P Spt	150	600	900	1800	3150	4500
Road Runner						
2d HT	150	550	850	1650	2900	4100
Gran Fury						
4d Sed	150	650	950	1900	3300	4700
Gran Fury Custom						
4d Sed	200	675	1000	1950	3400	4900
4d HT	200	650	1100	2150	3780	5400
2d HT	200	670	1200	2300	4060	5800
Gran Fury Brougham						
4d HT	200	660	1100	2200	3850	5500
2d HT	200	700	1200	2350	4130	5900
Suburban						
4d Std	200	675	1000	1950	3400	4900
4d 6P Cus	200	675	1000	2000	3500	5000
4d 9P Cus	200	700	1050	2050	3600	5100
4d 6P Spt	200	700	1050	2050	3600	5100
4d 9P Spt	200	700	1050	2100	3650	5200
1976						
Arrow, 4-cyl.						
2d HBk	125	400	675	1350	2300	3300
2d GT HBk	125	400	700	1375	2400	3400
Valiant, 6-cyl.						
2d Duster Spt Cpe	125	400	700	1375	2400	3400
4d Sed Valiant	125	380	650	1300	2250	3200
2d HT Scamp Spec	125	400	675	1350	2300	3300
2d HT Scamp	125	450	700	1400	2450	3500
Volare, V-8						
4d Sed	150	475	750	1475	2600	3700
2d Spt Cpe	150	550	850	1650	2900	4100
4d Sta Wag	150	475	775	1500	2650	3800
Volare Custom, V-8						
4d Sed	150	475	775	1500	2650	3800
2d Spt Cpe	150	550	850	1675	2950	4200
Volare Premier, V-8						
4d Sed	150	500	800	1550	2700	3900
2d Spt Cpe	150	575	900	1750	3100	4400
4d Sta Wag	150	500	800	1600	2800	4000
Fury, V-8						
4d Sed	125	400	675	1350	2300	3300
2d HT	150	550	850	1650	2900	4100
4d Sed Salon	125	400	700	1375	2400	3400
2d HT Spt	150	575	875	1700	3000	4300
4d 2S Suburban	125	400	700	1375	2400	3400
4d 3S Suburban	125	450	700	1400	2450	3500
4d 2S Spt Suburban	125	450	750	1450	2500	3600
4d 3S Spt Suburban	150	475	775	1500	2650	3800

	6	5	4	3	2	1
Gran Fury, V-8						
4d Sed	125	400	700	1375	2400	3400
Gran Fury Custom, V-8						
4d Sed	125	450	700	1400	2450	3500
2d HT	150	475	775	1500	2650	3800
Gran Fury Brougham, V-8						
4d Sed	125	450	700	1400	2450	3500
2d HT	150	550	850	1650	2900	4100
4d 2S Gran Fury Sta Wag	150	475	775	1500	2650	3800
4d 3S Gran Fury Sta Wag	150	500	800	1600	2800	4000

1977 Plymouth Gran Fury Brougham coupe

1977

	6	5	4	3	2	1
Arrow, 4-cyl.						
2d HBk	125	400	675	1350	2300	3300
2d GS HBk	125	400	700	1375	2400	3400
2d GT HBk	125	450	700	1400	2450	3500
Volare, V-8						
4d Sed	125	400	675	1350	2300	3300
2d Spt Cpe	125	450	700	1400	2450	3500
4d Sta Wag	125	400	700	1375	2400	3400
Volare Custom, V-8						
4d Sed	125	400	700	1375	2400	3400
2d Spt Cpe	125	450	750	1450	2500	3600
Volare Premier, V-8						
4d Sed	125	450	700	1400	2450	3500
2d Spt Cpe	150	475	750	1475	2600	3700
4d Sta Wag	125	450	750	1450	2500	3600
Fury, V-8						
4d Spt Sed	125	400	700	1375	2400	3400
2d Spt HT	150	550	850	1675	2950	4200
4d 3S Sub	125	380	650	1300	2250	3200
4d 3S Spt Sub	125	400	675	1350	2300	3300
Gran Fury, V-8						
4d Sed	125	450	700	1400	2450	3500
2d HT	150	500	800	1600	2800	4000
Gran Fury Brougham, V-8						
4d Sed	125	450	750	1450	2500	3600
2d HT	150	550	850	1675	2950	4200
Station Wagons, V-8						
2S Gran Fury	125	400	700	1375	2400	3400
3S Gran Fury Spt	125	450	750	1450	2500	3600
1978						
Horizon						
4d HBk	125	400	700	1375	2400	3400
Arrow						
2d HBk	125	450	700	1400	2450	3500
2d GS HBk	125	450	750	1450	2500	3600
2d GT HBk	150	475	750	1475	2600	3700
Volare						
4d Sed	125	450	750	1450	2500	3600
Spt Cpe	150	475	775	1500	2650	3800
Sta Wag	150	475	750	1475	2600	3700
Sapporo						
Cpe	150	475	775	1500	2650	3800

	6	5	4	3	2	1
Fury						
4d Sed	125	450	750	1450	2500	3600
2d	150	475	750	1475	2600	3700
4d Salon	150	475	750	1475	2600	3700
2d Spt	150	475	775	1500	2650	3800
Station Wagons						
3S Fury Sub	150	475	750	1475	2600	3700
2S Fury Sub	125	450	750	1450	2500	3600
3S Spt Fury Sub	150	475	775	1500	2650	3800
2S Spt Fury Sub	150	475	750	1475	2600	3700
1979						
Champ, 4-cyl.						
2d HBk	125	400	700	1375	2400	3400
2d Cus HBk	125	450	700	1400	2450	3500
Horizon, 4-cyl.						
4d HBk	125	450	700	1400	2450	3500
TC 3 HBk	150	475	750	1475	2600	3700
Fire-Arrow, 4-cyl.						
2d HBk	125	450	750	1450	2500	3600
2d GS HBk	150	475	750	1475	2600	3700
2d GT HBk	150	475	775	1500	2650	3800
Volare, V-8						
Sed	150	475	775	1500	2650	3800
Spt Cpe	150	500	800	1600	2800	4000
Sta Wag	150	500	800	1550	2700	3900
Sapporo, 4-cyl.						
Cpe	150	500	800	1550	2700	3900
1980						
Champ, 4-cyl.						
2d HBk	125	400	675	1350	2300	3300
2d Cus HBk	125	400	700	1375	2400	3400
Horizon, 4-cyl.						
4d HBk	125	400	700	1375	2400	3400
2d HBk 2 plus 2 TC3	150	475	775	1500	2650	3800
Arrow, 4-cyl.						
2d HBk	150	600	900	1800	3150	4500
Fire Arrow, 4-cyl.						
2d HBk	150	600	950	1850	3200	4600
Volare, V-8						
4d Sed	125	400	700	1375	2400	3400
2d Cpe	125	450	700	1400	2450	3500
4d Sta Wag	150	475	750	1475	2600	3700
NOTE: Deduct 10 percent for 6-cyl.						
Sapporo, 4-cyl.						
2d Cpe	150	500	800	1550	2700	3900
Gran Fury, V-8						
4d Sed	150	475	775	1500	2650	3800
NOTE: Deduct 10 percent for 6-cyl.						
Gran Fury Salon, V-8						
4d Sed	150	500	800	1600	2800	4000
NOTE: Deduct 10 percent for 6-cyl.						
1981						
Champ, 4-cyl.						
2d HBk	125	400	700	1375	2400	3400
2d DeL HBk	125	450	700	1400	2450	3500
2d Cus HBk	125	450	750	1450	2500	3600
Horizon, 4-cyl.						
4d Miser HBk	125	450	700	1400	2450	3500
4d Miser HBk TC3	150	475	775	1500	2650	3800
4d HBk	150	475	750	1475	2600	3700
2d HBk TC3	150	500	800	1600	2800	4000
Reliant, 4-cyl.						
4d Sed	125	400	700	1375	2400	3400
2d Cpe	125	450	700	1400	2450	3500
Reliant Custom, 4-cyl.						
4d Sed	125	450	700	1400	2450	3500
2d Cpe	125	450	750	1450	2500	3600
4d Sta Wag	150	475	775	1500	2650	3800
Reliant SE, 4-cyl.						
4d Sed	125	450	750	1450	2500	3600
2d Cpe	150	475	750	1475	2600	3700
4d Sta Wag	150	500	800	1550	2700	3900
Sapporo, 4-cyl.						
2d HT	150	500	800	1600	2800	4000
Gran Fury, V-8						
4d Sed	150	550	850	1650	2900	4100

	6	5	4	3	2	1
NOTE: Deduct 10 percent for 6-cyl.						
1982						
Champ, 4-cyl.						
4d Cus HBk	125	450	750	1450	2500	3600
2d Cus HBk	150	475	750	1475	2600	3700
NOTE: Deduct 5 percent for lesser models.						
Horizon, 4-cyl.						
4d Miser HBk	125	450	750	1450	2500	3600
2d Miser HBk TC3	150	500	800	1550	2700	3900
4d Cus HBk	150	475	750	1475	2600	3700
2d Cus HBk	150	475	775	1500	2650	3800
4d E Type HBk	150	500	800	1550	2700	3900
Turismo, 4-cyl.						
2d HBk TC3	150	600	900	1800	3150	4500
Reliant, 4-cyl.						
4d Sed	125	450	750	1450	2500	3600
2d Cpe	150	475	750	1475	2600	3700
Reliant Custom, 4-cyl.						
4d Sed	150	475	750	1475	2600	3700
2d Cpe	150	475	775	1500	2650	3800
4d Sta Wag	150	500	800	1550	2700	3900
Reliant SE, 4-cyl.						
4d Sed	150	475	775	1500	2650	3800
2d Cpe	150	500	800	1550	2700	3900
4d Sta Wag	150	500	800	1600	2800	4000
Sapporo						
2d HT	150	650	950	1900	3300	4700
Gran Fury, V-8						
4d Sed	150	500	800	1600	2800	4000
NOTE: Deduct 10 percent for 6-cyl.						
1983						
Colt, 4-cyl.						
4d Cus HBk	150	500	800	1600	2800	4000
2d Cus HBk	150	550	850	1650	2900	4100
NOTE: Deduct 5 percent for lesser models.						
Horizon, 4-cyl.						
4d HBk	150	475	775	1500	2650	3800
4d Cus HBk	150	500	800	1550	2700	3900
Turismo, 4-cyl.						
2d HBk	150	600	900	1800	3150	4500
2d HBk 2 plus 2	150	650	975	1950	3350	4800
Reliant, 4-cyl.						
4d Sed	150	475	750	1475	2600	3700
2d Cpe	150	475	775	1500	2650	3800
4d Sta Wag	150	500	800	1600	2800	4000
Reliant SE, 4-cyl.						
4d Sed	150	475	775	1500	2650	3800
2d Cpe	150	500	800	1550	2700	3900
4d Sta Wag	150	550	850	1650	2900	4100
Sapporo, 4-cyl.						
2d HT	150	650	975	1950	3350	4800
Gran Fury, V-8						
4d Sed	150	550	850	1650	2900	4100
NOTE: Deduct 10 percent for 6-cyl.						
1984						
Colt, 4-cyl.						
4d HBk DL	150	475	750	1475	2600	3700
2d HBk DL	150	475	750	1475	2600	3700
4d Sta Wag Vista	150	475	750	1475	2600	3700
NOTE: Deduct 5 percent for lesser models.						
Horizon, 4-cyl.						
4d HBk	150	475	775	1500	2650	3800
4d HBk SE	150	500	800	1550	2700	3900
Turismo, 4-cyl.						
2d HBk	150	650	950	1900	3300	4700
2d HBk 2 plus 2	150	650	975	1950	3350	4800
Reliant, 4-cyl.						
4d Sed	125	450	750	1450	2500	3600
2d Sed	125	450	750	1450	2500	3600
4d Sta Wag	150	475	750	1475	2600	3700
Conquest, 4-cyl.						
2d HBk	150	600	900	1800	3150	4500
Gran Fury, V-8						
4d Sed	150	550	850	1675	2950	4200

	6	5	4	3	2	1
1985						
Colt, 4-cyl.						
4d HBk E	150	475	750	1475	2600	3700
2d HBk E	150	475	750	1475	2600	3700
4d Sed DL	150	475	775	1500	2650	3800
2d HBk DL	150	475	775	1500	2650	3800
4d Sed Premier	150	475	775	1500	2650	3800
4d Sta Wag Vista	150	500	800	1550	2700	3900
4d Sta Wag Vista 4WD	150	650	950	1900	3300	4700
Horizon, 4-cyl.						
4d HBk	150	500	800	1550	2700	3900
4d HBk SE	150	500	800	1600	2800	4000
Turismo, 4-cyl.						
2d HBk	150	650	975	1950	3350	4800
2d HBk 2 plus 2	200	675	1000	1950	3400	4900
Reliant, 4-cyl.						
4d Sed	150	475	750	1475	2600	3700
2d Sed	150	475	750	1475	2600	3700
4d Sed SE	150	475	775	1500	2650	3800
2d Sed SE	150	475	775	1500	2650	3800
4d Sta Wag SE	150	475	775	1500	2650	3800
4d Sed LE	150	500	800	1550	2700	3900
2d Sed LE	150	500	800	1550	2700	3900
4d Sta Wag LE	150	500	800	1550	2700	3900
Conquest, 4-cyl.						
2d HBk Turbo	150	650	950	1900	3300	4700
Caravelle, 4-cyl.						
4d Sed SE	150	550	850	1650	2900	4100
NOTE: Add 10 percent for turbo.						
Grand Fury, V-8						
4d Sed Salon	150	575	875	1700	3000	4300

1986 Plymouth Turismo Duster hatchback coupe

	6	5	4	3	2	1
1986						
Colt						
4d Sed E	150	550	850	1650	2900	4100
2d HBk E	150	500	800	1600	2800	4000
4d Sed DL	150	550	850	1675	2950	4200
2d HBK DL	150	550	850	1650	2900	4100
4d Sed Premier	150	575	875	1700	3000	4300
4d Vista Sta Wag	150	600	950	1850	3200	4600
4d Vista Sta Wag 4WD	200	670	1150	2250	3920	5600
Horizon						
4d HBk	150	500	800	1600	2800	4000
Turismo						
2d HBk	200	675	1000	1950	3400	4900
Reliant						
2d Sed	150	475	775	1500	2650	3800
4d Sed	150	500	800	1550	2700	3900
Caravelle						
4d Sed	150	550	850	1675	2950	4200
Grand Fury						
4d Salon Sed	150	650	950	1900	3300	4700
NOTES: Add 10 percent for deluxe models.						
Deduct 5 percent for smaller engines.						

	6	5	4	3	2	1
1987						
Colt, 4-cyl.						
4d Sed E	150	550	850	1675	2950	4200
2d HBk E	150	550	850	1650	2900	4100
4d Sed DL	150	575	875	1700	3000	4300
2d HBk DL	150	550	850	1675	2950	4200
4d Sed Premier	150	575	900	1750	3100	4400
4d Vista Sta Wag	150	650	950	1900	3300	4700
4d Vista Sta Wag 4WD	200	685	1150	2300	3990	5700
Horizon, 4-cyl.						
4d HBk	150	550	850	1675	2950	4200
Turismo, 4-cyl.						
2d HBk	150	600	900	1800	3150	4500
Sundance, 4-cyl.						
2d LBk	150	575	875	1700	3000	4300
4d LBk	150	575	900	1750	3100	4400
NOTE: Add 5 percent for 2.2 Turbo.						
Reliant, 4-cyl.						
2d Sed	150	550	850	1675	2950	4200
4d Sed	150	575	875	1700	3000	4300
2d Sed LE	150	575	875	1700	3000	4300
4d Sed LE	150	575	900	1750	3100	4400
4d Sta Wag LE	150	575	900	1750	3100	4400
Caravelle, 4-cyl.						
4d Sed	150	600	900	1800	3150	4500
4d Sed SE	150	600	950	1850	3200	4600
NOTE: Add 5 percent for 2.2 Turbo.						
Grand Fury, V-8						
4d Sed	200	660	1100	2200	3850	5500
1988						
Colt, 4-cyl.						
3d HBk	100	260	450	900	1540	2200
4d Sed E	100	330	575	1150	1950	2800
3d HBk E	100	320	550	1050	1850	2600
4d Sed DL	100	350	600	1150	2000	2900
3d HBk DL	100	330	575	1150	1950	2800
4d Sta Wag DL	100	360	600	1200	2100	3000
4d Sed Premier	125	450	700	1400	2450	3500
4d Sta Wag Vista	150	500	800	1600	2800	4000
4d Sta Wag Vista 4x4	200	675	1000	2000	3500	5000
Horizon, 4-cyl.						
4d HBk	100	330	575	1150	1950	2800
Reliant, 4-cyl.						
2d Sed	100	330	575	1150	1950	2800
4d Sed	100	350	600	1150	2000	2900
4d Sta Wag	125	400	675	1350	2300	3300
Sundance, 4-cyl.						
2d HBk	125	380	650	1300	2250	3200
4d HBk	125	400	700	1375	2400	3400
Caravelle, 4-cyl.						
4d Sed	125	450	700	1400	2450	3500
4d Sed SE	150	500	800	1550	2700	3900
Gran Fury, V-8						
4d Salon	150	475	775	1500	2650	3800
4d SE	150	550	850	1675	2950	4200
1989						
Colt, 4-cyl.						
2d HBk	150	475	775	1500	2650	3800
2d HBk E	150	500	800	1550	2700	3900
2d HBk GT	150	550	850	1650	2900	4100
4d Sta Wag DL	200	675	1000	2000	3500	5000
4d Sta Wag DL 4x4	200	650	1100	2150	3780	5400
4d Sta Wag Vista	200	700	1050	2100	3650	5200
4d Sta Wag Vista 4x4	200	670	1150	2250	3920	5600
Horizon, 4-cyl.						
4d HBk	125	450	750	1450	2500	3600
Reliant, 4-cyl.						
4d Sed	125	450	700	1400	2450	3500
2d Sed	125	400	700	1375	2400	3400
Sundance, 4-cyl.						
4d HBk	150	550	850	1675	2950	4200
2d HBk	150	550	850	1650	2900	4100
Acclaim, 4-cyl.						
4d Sed	200	700	1050	2100	3650	5200
4d Sed LE	200	700	1075	2150	3700	5300

	6	5	4	3	2	1
Gran Fury, V-8						
4d Sed Salon	200	650	1100	2150	3780	5400
1990						
Colt, 4-cyl.						
2d HBk	150	475	775	1500	2650	3800
2d HBk GL	150	500	800	1600	2800	4000
2d HBk GT	150	550	850	1675	2950	4200
4d Sta Wag DL	150	600	950	1850	3200	4600
4d Sta Wag DL 4x4	200	660	1100	2200	3850	5500
4d Vista	200	700	1050	2100	3650	5200
4d Vista 4x4	200	745	1250	2500	4340	6200
Horizon, 4-cyl.						
4d HBk	125	450	700	1400	2450	3500
Sundance, 4-cyl.						
2d HBk	150	550	850	1675	2950	4200
4d HBk	150	550	850	1650	2900	4100
Laser, 4-cyl.						
2d HBk	200	675	1000	2000	3500	5000
2d HBk RS	200	660	1100	2200	3850	5500
2d HBk Turbo RS	200	720	1200	2400	4200	6000
Acclaim						
4-cyl.						
4d Sed	150	500	800	1600	2800	4000
4d Sed LE	150	600	900	1800	3150	4500
V-6						
4d Sed	150	575	900	1750	3100	4400
4d Sed LE	200	675	1000	2000	3500	5000
4d Sed LX	200	660	1100	2200	3850	5500
1991						
Colt, 4-cyl.						
2d HBk	100	360	600	1200	2100	3000
2d HBk GL	125	450	700	1400	2450	3500
Sundance, 4-cyl.						
2d HBk America	125	450	700	1400	2450	3500
4d HBk America	125	450	700	1400	2450	3500
2d HBk	150	475	750	1475	2600	3700
4d HBk	150	475	750	1475	2600	3700
2d HBk RS	150	550	850	1675	2950	4200
4d HBk RS	150	550	850	1675	2950	4200
Laser, 4-cyl.						
2d HBk	150	600	900	1800	3150	4500
2d HBk RS	150	600	950	1850	3200	4600
2d HBk Turbo RS	150	650	975	1950	3350	4800
Acclaim						
4-cyl.						
4d Sed	150	500	800	1600	2800	4000
4d Sed LE	150	575	875	1700	3000	4300
V-6						
4d Sed	150	575	875	1700	3000	4300
4d Sed LE	150	600	950	1850	3200	4600
4d LX Sed	150	650	975	1950	3350	4800
1992						
Colt, 4-cyl.						
2d HBk	125	450	750	1450	2500	3600
2d GL HBk	150	500	800	1600	2800	4000
3d Sta Wag	150	600	900	1800	3150	4500
3d SE Sta Wag	150	600	950	1850	3200	4600
3d Sta Wag 4x4	200	660	1100	2200	3850	5500
Sundance, 4-cyl. & V-6						
4d HBk America	150	500	800	1600	2800	4000
2d HBk America	150	500	800	1600	2800	4000
4d HBk	150	550	850	1675	2950	4200
2d HBk	150	550	850	1675	2950	4200
4d Duster HBk, V-6	200	675	1000	2000	3500	5000
2d Duster HBk, V-6	200	675	1000	2000	3500	5000
Laser, 4-cyl.						
2d HBk	200	675	1000	2000	3500	5000
2d RS HBk	200	660	1100	2200	3850	5500
2d RS HBk Turbo	200	720	1200	2400	4200	6000
2d RS HBk Turbo 4x4	350	900	1500	3000	5250	7500
Acclaim, 4-cyl. & V-6						
4d Sed	200	675	1000	2000	3500	5000
4d Sed, V-6	200	660	1100	2200	3850	5500

PONTIAC

1926 Pontiac Series 6-27 coupe

	6	5	4	3	2	1
1926						
Model 6-27, 6-cyl.						
2d Cpe	550	1750	2900	5800	10,200	14,500
2d Sed	500	1600	2700	5400	9500	13,500
1927						
Model 6-27, 6-cyl.						
2d Spt Rds	700	2150	3600	7200	12,600	18,000
2d Spt Cabr	650	2050	3400	6800	11,900	17,000
2d Cpe	500	1550	2600	5200	9100	13,000
2d DeL Cpe	500	1600	2700	5400	9500	13,500
2d Sed	450	1450	2400	4800	8400	12,000
4d Lan Sed	500	1550	2600	5200	9100	13,000
1928						
Model 6-28, 6-cyl.						
2d Rds	700	2150	3600	7200	12,600	18,000
2d Cabr	650	2050	3400	6800	11,900	17,000
4d Phae	650	2050	3400	6800	11,900	17,000
2d Sed	400	1300	2200	4400	7700	11,000
4d Sed	400	1250	2100	4200	7400	10,500
4d Trs	450	1400	2300	4600	8100	11,500
2d Cpe	450	1500	2500	5000	8800	12,500
2d Spt Cpe	500	1600	2700	5400	9500	13,500
4d Lan Sed	550	1700	2800	5600	9800	14,000
1929						
Model 6-29A, 6-cyl.						
2d Rds	800	2500	4200	8400	14,700	21,000
4d Phae	750	2450	4100	8200	14,400	20,500
2d Conv	450	1450	2400	4800	8400	12,000
2d Cpe	450	1500	2500	5000	8800	12,500
2d Sed	400	1300	2200	4400	7700	11,000
4d Sed	400	1300	2200	4400	7700	11,000
4d Spt Lan Sed	450	1400	2300	4600	8100	11,500
NOTE: Add 5 percent for horizontal louvers on early year cars.						
1930						
Model 6-30B, 6-cyl.						
2d Spt Rds	750	2400	4000	8000	14,000	20,000
4d Phae	750	2350	3900	7800	13,700	19,500

	6	5	4	3	2	1
2d Cpe	400	1300	2200	4400	7700	11,000
2d Spt Cpe	450	1400	2300	4600	8100	11,500
2d Sed	400	1200	2000	4000	7000	10,000
4d Sed	400	1200	2000	4000	7000	10,000
4d Cus Sed	400	1250	2100	4200	7400	10,500
1931						
Model 401, 6-cyl.						
2d Conv	800	2500	4200	8400	14,700	21,000
2P Cpe	500	1600	2700	5400	9500	13,500
2d Spt Cpe	550	1700	2800	5600	9800	14,000
2d Sed	400	1350	2250	4500	7800	11,200
4d Sed	450	1400	2300	4600	8100	11,500
4d Cus Sed	450	1450	2400	4800	8400	12,000
1932						
Model 402, 6-cyl.						
2d Conv	950	3000	5000	10,000	17,500	25,000
2d Cpe	550	1750	2900	5800	10,200	14,500
2d RS Cpe	550	1800	3000	6000	10,500	15,000
2d Sed	450	1400	2300	4600	8100	11,500
4d Cus Sed	450	1450	2400	4800	8400	12,000
Model 302, V-8						
2d Conv	1050	3350	5600	11,200	19,600	28,000
2d Cpe	600	2000	3300	6600	11,600	16,500
2d Spt Cpe	650	2050	3400	6800	11,900	17,000
2d Sed	450	1500	2500	5000	8800	12,500
4d Sed	500	1550	2600	5200	9100	13,000
4d Cus Sed	550	1700	2800	5600	9800	14,000
1933						
Model 601, 8-cyl.						
2d Rds	850	2750	4600	9200	16,100	23,000
2d Conv	800	2500	4200	8400	14,700	21,000
2d Cpe	550	1700	2800	5600	9800	14,000
2d Spt Cpe	550	1800	3000	6000	10,500	15,000
2d Sed	450	1400	2300	4600	8100	11,500
2d Trg Sed	450	1400	2350	4700	8200	11,700
4d Sed	450	1450	2400	4800	8400	12,000
1934						
Model 603, 8-cyl.						
2d Conv	750	2400	4000	8000	14,000	20,000
2d Cpe	550	1800	3000	6000	10,500	15,000
2d Spt Cpe	600	1850	3100	6200	10,900	15,500
2d Sed	400	1250	2100	4200	7400	10,500
2d Trg Sed	400	1300	2200	4400	7700	11,000
4d Sed	400	1300	2200	4400	7600	10,900
4d Trg Sed	400	1300	2200	4400	7700	11,000
1935						
Master Series 701, 6-cyl.						
2d Cpe	450	1450	2400	4800	8400	12,000
2d Sed	450	1130	1900	3800	6600	9400
2d Trg Sed	450	1140	1900	3800	6650	9500
4d Sed	400	1200	2000	4000	7000	10,000
4d Trg Sed	400	1250	2100	4200	7400	10,500
DeLuxe Series 701, 6-cyl.						
2d Cpe	450	1500	2500	5000	8800	12,500
2d Spt Cpe	500	1550	2600	5200	9100	13,000
2d Cabr	600	1900	3200	6400	11,200	16,000
2d Sed	450	1140	1900	3800	6650	9500
2d Trg Sed	450	1150	1900	3850	6700	9600
4d Sed	450	1160	1950	3900	6800	9700
4d Trg Sed	400	1200	2000	4000	7000	10,000
Series 605, 8-cyl.						
2d Cpe	500	1550	2600	5200	9100	13,000
2d Spt Cpe	500	1600	2700	5400	9500	13,500
2d Cabr	750	2400	4000	8000	14,000	20,000
2d Sed	450	1150	1900	3850	6700	9600
2d Trg Sed	400	1200	2000	4000	7000	10,000
4d Sed	400	1300	2200	4400	7700	11,000
4d Trg Sed	450	1400	2300	4600	8100	11,500
1936						
DeLuxe Series Silver Streak, 6-cyl.						
2d Cpe	500	1600	2700	5400	9500	13,500
2d Spt Cpe	550	1700	2800	5600	9800	14,000
2d Cabr	800	2500	4200	8400	14,700	21,000
2d Sed	450	1130	1900	3800	6600	9400

	6	5	4	3	2	1
2d Trg Sed	450	1150	1900	3850	6700	9600
4d Sed	450	1160	1950	3900	6800	9700
4d Trg Sed	400	1200	2000	4000	7000	10,000
DeLuxe Series Silver Streak, 8-cyl.						
2d Cpe	550	1700	2800	5600	9800	14,000
2d Spt Cpe	550	1750	2900	5800	10,200	14,500
2d Cabr	700	2300	3800	7600	13,300	19,000
2d Sed	400	1200	2000	4000	7000	10,000
2d Trg Sed	400	1200	2050	4100	7100	10,200
4d Sed	400	1200	2000	4000	7100	10,100
4d Trg Sed	400	1250	2050	4100	7200	10,300

1937 Pontiac convertible sedan

1937-1938
DeLuxe Model 6DA, 6-cyl.

2d Conv	1000	3250	5400	10,800	18,900	27,000
4d Conv Sed	1050	3350	5600	11,200	19,600	28,000
2d Bus Cpe	500	1550	2600	5200	9100	13,000
2d Spt Cpe	550	1700	2800	5600	9800	14,000
2d Sed	450	1130	1900	3800	6600	9400
2d Trg Sed	450	1140	1900	3800	6650	9500
4d Sed	400	1200	2000	4000	7000	10,000
4d Trg Sed	400	1200	2000	4000	7100	10,100
4d Sta Wag	1050	3350	5600	11,200	19,600	28,000
DeLuxe Model 8DA, 8-cyl.						
2d Conv	1100	3500	5800	11,600	20,300	29,000
4d Conv Sed	1150	3600	6000	12,000	21,000	30,000
2d Bus Cpe	550	1750	2900	5800	10,200	14,500
2d Spt Cpe	550	1800	3000	6000	10,500	15,000
2d Sed	400	1250	2100	4200	7400	10,500
2d Trg Sed	400	1250	2100	4200	7400	10,600
4d Sed	400	1250	2100	4200	7400	10,600
4d Trg Sed	400	1300	2150	4300	7500	10,700

1939
Special Series 25, 6-cyl.

2d Bus Cpe	500	1550	2600	5200	9100	13,000
2d Spt Cpe	550	1700	2800	5600	9800	14,000
2d Trg Sed	400	1300	2200	4400	7700	11,000
4d Trg Sed	400	1300	2200	4400	7700	11,000
4d Sta Wag	1050	3350	5600	11,200	19,600	28,000
DeLuxe Series 26, 6-cyl.						
2d Conv	950	3000	5000	10,000	17,500	25,000
2d Bus Cpe	500	1600	2700	5400	9500	13,500

	6	5	4	3	2	1
2d Spt Cpe	550	1750	2900	5800	10,200	14,500
2d Sed	400	1300	2200	4400	7700	11,000
4d Sed	400	1350	2200	4400	7800	11,100
DeLuxe Series 28, 8-cyl.						
2d Conv	1000	3250	5400	10,800	18,900	27,000
2d Bus Cpe	550	1700	2800	5600	9800	14,000
2d Spt Cpe	550	1800	3000	6000	10,500	15,000
2d Sed	450	1400	2300	4600	8100	11,500
4d Trg Sed	450	1400	2300	4600	8100	11,600

1940
Special Series 25, 6-cyl., 117" wb
	6	5	4	3	2	1
2d Bus Cpe	500	1550	2600	5200	9100	13,000
2d Spt Cpe	550	1700	2800	5600	9800	14,000
2d Sed	400	1250	2100	4200	7300	10,400
4d Sed	400	1250	2100	4200	7400	10,500
4d Sta Wag	1000	3100	5200	10,400	18,200	26,000
DeLuxe Series 26, 6-cyl., 120" wb						
2d Conv	1000	3100	5200	10,400	18,200	26,000
2d Bus Cpe	500	1600	2700	5400	9500	13,500
2d Spt Cpe	550	1750	2900	5800	10,200	14,500
2d Sed	400	1200	2000	4000	7000	10,000
4d Sed	400	1300	2150	4300	7500	10,700
DeLuxe Series 28, 8-cyl., 120" wb						
2d Conv	1000	3250	5400	10,800	18,900	27,000
2d Bus Cpe	550	1700	2800	5600	9800	14,000
2d Spt Cpe	550	1800	3000	6000	10,500	15,000
2d Sed	400	1300	2150	4300	7500	10,700
4d Sed	400	1300	2150	4300	7600	10,800
Torpedo Series 29, 8-cyl., 122" wb						
2d Spt Cpe	600	1850	3100	6200	10,900	15,500
4d Sed	500	1600	2700	5400	9500	13,500

1941
DeLuxe Torpedo, 8-cyl.
	6	5	4	3	2	1
2d Bus Cpe	450	1500	2500	5000	8800	12,500
2d Spt Cpe	500	1550	2600	5200	9100	13,000
2d Conv	1000	3250	5400	10,800	18,900	27,000
2d Sed	400	1250	2100	4200	7300	10,400
4d 4W Sed	400	1250	2100	4200	7400	10,600
4d 6W Sed	400	1250	2100	4200	7400	10,500
Streamliner, 8-cyl.						
2d Cpe	500	1600	2700	5400	9500	13,500
4d Sed	450	1450	2400	4800	8400	12,000
Super Streamliner, 8-cyl.						
2d Cpe	550	1700	2800	5600	9800	14,000
4d Sed	450	1500	2500	5000	8800	12,500
Custom, 8-cyl.						
2d Spt Cpe	600	1900	3200	6400	11,200	16,000
4d Sed	550	1700	2800	5600	9800	14,000
4d Sta Wag	1050	3350	5600	11,200	19,600	28,000
4d DeL Sta Wag	1100	3500	5800	11,600	20,300	29,000

NOTE: Deduct 10 percent for 6-cyl. models.

1942
Torpedo, 8-cyl.
	6	5	4	3	2	1
2d Conv	800	2500	4200	8400	14,700	21,000
2d Bus Cpe	450	1450	2400	4800	8400	12,000
2d Spt Cpe	450	1500	2500	5000	8800	12,500
2d 5P Cpe	500	1550	2600	5200	9100	13,000
2d Sed	400	1250	2100	4200	7400	10,500
4d Sed	400	1250	2100	4200	7300	10,400
4d Metro Sed	400	1300	2150	4300	7600	10,800
Streamliner, 8-cyl.						
2d Cpe	500	1550	2600	5200	9100	13,000
4d Sed	450	1400	2300	4600	8100	11,500
4d Sta Wag	1000	3100	5200	10,400	18,200	26,000
Chieftain, 8-cyl.						
2d Cpe	500	1600	2700	5400	9500	13,500
4d Sed	450	1400	2350	4700	8200	11,700
4d Sta Wag	1000	3250	5400	10,800	18,900	27,000

NOTE: Deduct 10 percent for 6-cyl. models.

1946
Torpedo, 8-cyl.
	6	5	4	3	2	1
2d Conv	800	2500	4200	8400	14,700	21,000
2d Bus Cpe	500	1550	2600	5200	9100	13,000
2d Spt Cpe	500	1600	2700	5400	9500	13,500
2d 5P Cpe	550	1700	2800	5600	9800	14,000

	6	5	4	3	2	1
2d Sed	450	1400	2300	4600	8100	11,500
4d Sed	450	1400	2300	4600	8100	11,600
Streamliner, 8-Cyl.						
5P Cpe	550	1800	3000	6000	10,500	15,000
4d Sed	450	1400	2350	4700	8300	11,800
4d Sta Wag	1000	3250	5400	10,800	18,900	27,000
4d DeL Sta Wag	1050	3350	5600	11,200	19,600	28,000

NOTE: Deduct 5 percent for 6-cyl. models.

1947 Pontiac Streamliner station wagon

1947
Torpedo, 8-cyl.

	6	5	4	3	2	1
2d Conv	800	2500	4200	8400	14,700	21,000
2d DeL Conv	850	2750	4600	9200	16,100	23,000
2d Bus Cpe	500	1550	2600	5200	9100	13,000
2d Spt Cpe	500	1600	2700	5400	9500	13,500
2d 5P Cpe	550	1700	2800	5600	9800	14,000
2d Sed	450	1400	2300	4600	8100	11,500
4d Sed	450	1400	2300	4600	8100	11,600
Streamliner, 8-cyl.						
2d Cpe	550	1750	2900	5800	10,200	14,500
4d Sed	450	1400	2350	4700	8300	11,800
4d Sta Wag	1000	3250	5400	10,800	18,900	27,000
4d DeL Sta Wag	1050	3350	5600	11,200	19,600	28,000

NOTE: Deduct 5 percent for 6-cyl. models.

1948
Torpedo, 8-cyl.

	6	5	4	3	2	1
2d Bus Cpe	500	1600	2700	5400	9500	13,500
2d Spt Cpe	550	1700	2800	5600	9800	14,000
2d 5P Cpe	550	1750	2900	5800	10,200	14,500
2d Sed	450	1400	2300	4600	8100	11,500
4d Sed	400	1300	2200	4400	7700	11,000
DeLuxe Torpedo, 8-cyl.						
2d Conv	850	2650	4400	8800	15,400	22,000
2d Spt Cpe	550	1750	2900	5800	10,200	14,500
2d 5P Cpe	550	1800	3000	6000	10,500	15,000
4d Sed	500	1500	2550	5100	8900	12,700
DeLuxe Streamliner, 8-cyl.						
2d Cpe	550	1750	2900	5800	10,200	14,500
4d Sed	450	1450	2400	4800	8400	12,000
4d Sta Wag	1050	3350	5600	11,200	19,600	28,000

NOTE: Deduct 5 percent for 6-cyl. models.

1949-1950
Streamliner, 8-cyl.

	6	5	4	3	2	1
2d Cpe Sed	400	1200	2050	4100	7100	10,200
4d Sed	400	1200	2000	4000	7100	10,100
4d Sta Wag	450	1400	2300	4600	8100	11,500
4d Wood Sta Wag ('49 only)	550	1700	2800	5600	9800	14,000
Streamliner DeLuxe, 8-cyl.						
4d Sed	400	1250	2050	4100	7200	10,300
2d Cpe Sed	400	1250	2100	4200	7300	10,400
4d Stl Sta Wag	400	1300	2200	4400	7700	11,000
4d Woodie (1949 only)	600	1900	3200	6400	11,200	16,000

	6	5	4	3	2	1
2d Sed Dely	550	1700	2800	5600	9800	14,000
Chieftain, 8-cyl.						
4d Sed	400	1250	2100	4200	7300	10,400
2d Sed	400	1200	2050	4100	7100	10,200
2d Cpe Sed	400	1250	2100	4200	7400	10,600
2d Bus Cpe	450	1400	2300	4600	8100	11,500
Chieftain DeLuxe, 8-cyl.						
4d Sed	400	1250	2100	4200	7400	10,500
2d Sed	400	1250	2050	4100	7200	10,300
2d Bus Cpe (1949 only)	450	1500	2500	5000	8800	12,500
2d HT (1950 only)	600	1850	3100	6200	10,900	15,500
2d Cpe Sed	400	1300	2150	4300	7500	10,700
2d Sup HT (1950 only)	650	2050	3400	6800	11,900	17,000
2d Conv	800	2500	4200	8400	14,700	21,000

NOTE: Deduct 5 percent for 6-cyl. models.

1951-1952
Streamliner, 8-cyl. (1951 only)

	6	5	4	3	2	1
2d Cpe Sed	400	1250	2050	4100	7200	10,300
4d Sta Wag	450	1400	2300	4600	8100	11,500
Streamliner DeLuxe, 8-cyl. (1951 only)						
2d Cpe Sed	400	1250	2100	4200	7400	10,500
4d Sta Wag	450	1450	2400	4800	8400	12,000
2d Sed Dely	500	1600	2700	5400	9500	13,500
Chieftain, 8-cyl.						
4d Sed	400	1250	2100	4200	7400	10,500
2d Sed	400	1250	2050	4100	7200	10,300
2d Cpe Sed	400	1250	2100	4200	7400	10,600
2d Bus Cpe	450	1400	2300	4600	8100	11,500
Chieftain DeLuxe, 8-cyl.						
4d Sed	400	1250	2100	4200	7400	10,600
2d Sed	400	1250	2100	4200	7400	10,500
2d Cpe Sed	400	1300	2200	4400	7700	11,000
2d HT	650	2100	3500	7000	12,300	17,500
2d HT Sup	700	2200	3700	7400	13,000	18,500
2d Conv	850	2650	4400	8800	15,400	22,000

NOTE: Deduct 5 percent for 6-cyl. models.

1953
Chieftain, 8-cyl., 122" wb

	6	5	4	3	2	1
4d Sed	400	1250	2100	4200	7400	10,600
2d Sed	400	1250	2100	4200	7400	10,500
4d Paint Sta Wag	450	1400	2300	4600	8100	11,500
4d Woodgrain Sta Wag	450	1450	2400	4800	8400	12,000
2d Sed Dely	600	1900	3200	6400	11,200	16,000
Chieftain DeLuxe, 8-cyl.						
4d Sed	400	1300	2150	4300	7500	10,700
2d Sed	400	1250	2100	4200	7400	10,600
2d HT	650	2050	3400	6800	11,900	17,000
2d Conv	900	2900	4800	9600	16,800	24,000
4d Mtl Sta Wag	400	1300	2200	4400	7700	11,000
4d Sim W Sta Wag	450	1450	2400	4800	8400	12,000
Custom Catalina, 8-cyl.						
2d HT	650	2100	3500	7000	12,300	17,500

NOTE: Deduct 5 percent for 6-cyl. models.

1954
Chieftain, 8-cyl., 122" wb

	6	5	4	3	2	1
4d Sed	400	1300	2150	4300	7600	10,800
2d Sed	400	1300	2150	4300	7500	10,700
4d Sta Wag	450	1450	2400	4800	8400	12,000
Chieftain DeLuxe, 8-cyl.						
4d Sed	400	1300	2200	4400	7700	11,000
2d Sed	400	1300	2150	4300	7600	10,800
2d HT	650	2050	3400	6800	11,900	17,000
4d Sta Wag	450	1500	2500	5000	8800	12,500
Custom Catalina, 8-cyl.						
2d HT	700	2300	3800	7600	13,300	19,000
Star Chief DeLuxe, 8-cyl.						
4d Sed	450	1450	2400	4800	8400	12,000
2d Conv	950	3000	5000	10,000	17,500	25,000
Custom Star Chief, 8-cyl.						
4d Sed	500	1550	2600	5200	9100	13,000
Custom Catalina						
2d HT	750	2400	4000	8000	14,000	20,000

NOTE: Deduct 5 percent for 6-cyl. models.

	6	5	4	3	2	1
1955						
Chieftain 860, V-8						
4d Sed	400	1200	2000	4000	7000	10,000
2d Sed	400	1200	2000	4000	7100	10,100
2d Sta Wag	450	1450	2400	4800	8400	12,000
4d Sta Wag	450	1400	2300	4600	8100	11,500
Chieftain 870, V-8, 122" wb						
4d Sed	400	1250	2100	4200	7400	10,500
2d Sed	400	1250	2100	4200	7400	10,600
2d HT	700	2150	3600	7200	12,600	18,000
4d Sta Wag	450	1450	2400	4800	8400	12,000
Star Chief Custom Safari, 122" wb						
2d Sta Wag	800	2500	4200	8400	14,700	21,000
Star Chief, V-8, 124" wb						
4d Sed	450	1400	2300	4600	8100	11,500
2d Conv	1200	3850	6400	12,800	22,400	32,000
Custom Star Chief, V-8, 124" wb						
4d Sed	450	1500	2500	5000	8800	12,500
Custom Catalina						
2d HT	800	2500	4200	8400	14,700	21,000
1956						
Chieftain 860, V-8, 122" wb						
4d Sed	400	1200	2000	4000	7000	10,000
4d HT	400	1300	2200	4400	7700	11,000
2d Sed	400	1200	2000	4000	7000	10,000
2d HT	650	2050	3400	6800	11,900	17,000
2d Sta Wag	500	1550	2600	5200	9100	13,000
4d Sta Wag	450	1500	2500	5000	8800	12,500
Chieftain 870, V-8, 122" wb						
4d Sed	400	1250	2050	4100	7200	10,300
4d HT	450	1450	2400	4800	8400	12,000
2d HT	700	2300	3800	7600	13,300	19,000
4d Sta Wag	500	1600	2700	5400	9500	13,500
Custom Star Chief Safari, V-8, 122" wb						
2d Sta Wag	850	2650	4400	8800	15,400	22,000
Star Chief, V-8, 124" wb						
4d Sed	400	1300	2200	4400	7700	11,000
2d Conv	1300	4200	7000	14,000	24,500	35,000
Custom Star Chief, V-8, 124" wb						
4d HT	550	1700	2800	5600	9800	14,000
Custom Catalina						
2d HT	850	2650	4400	8800	15,400	22,000

1957 Pontiac Star Chief Custom Bonneville convertible

	6	5	4	3	2	1
1957						
Chieftain, V-8, 122" wb						
4d Sed	400	1200	2000	4000	7000	10,000
4d HT	400	1300	2200	4400	7700	11,000
2d Sed	400	1300	2150	4300	7500	10,700
2d HT	600	1900	3200	6400	11,200	16,000
4d Sta Wag	450	1400	2300	4600	8100	11,500
2d Sta Wag	450	1450	2400	4800	8400	12,000
Super Chief, V-8, 122" wb						
4d Sed	400	1250	2100	4200	7400	10,500
4d HT	450	1450	2400	4800	8400	12,000
2d HT	700	2150	3600	7200	12,600	18,000
4d Sta Wag	500	1550	2600	5200	9100	13,000

	6	5	4	3	2	1
Star Chief Custom Safari, V-8, 122" wb						
4d Sta Wag	750	2400	4000	8000	14,000	20,000
2d Sta Wag	850	2750	4600	9200	16,100	23,000
Star Chief, V-8, 124" wb						
4d Sed	450	1450	2400	4800	8400	12,000
2d Conv	1250	3950	6600	13,200	23,100	33,000
2d Bonneville Conv*	2250	7200	12,000	24,000	42,000	60,000
Custom Star Chief, V-8, 124" wb						
4d Sed	450	1500	2500	5000	8800	12,500
4d HT	550	1700	2800	5600	9800	14,000
2d HT	850	2650	4400	8800	15,400	22,000

*Available on one-to-a-dealer basis.

1958

	6	5	4	3	2	1
Chieftain, V-8, 122" wb						
4d Sed	350	975	1600	3250	5700	8100
4d HT	400	1250	2100	4200	7400	10,500
2d Sed	450	1080	1800	3600	6300	9000
2d HT	550	1800	3000	6000	10,500	15,000
2d Conv	1000	3250	5400	10,800	18,900	27,000
4d 9P Safari	400	1300	2200	4400	7700	11,000
Super-Chief, V-8, 122" wb						
4d Sed	350	1040	1700	3450	6000	8600
4d HT	450	1450	2400	4800	8400	12,000
2d HT	600	1900	3200	6400	11,200	16,000
Star Chief, V-8, 124" wb						
4d Cus Sed	450	1080	1800	3600	6300	9000
4d HT	500	1550	2600	5200	9100	13,000
2d HT	650	2050	3400	6800	11,900	17,000
4d Cus Safari	550	1700	2800	5600	9800	14,000
Bonneville, V-8, 122" wb						
2d HT	1150	3600	6000	12,000	21,000	30,000
2d Conv	1900	6000	10,000	20,000	35,000	50,000

NOTE: Add 20 percent for fuel-injection Bonneville.

1959

	6	5	4	3	2	1
Catalina, V-8, 122" wb						
4d Sed	350	975	1600	3200	5600	8000
4d HT	450	1080	1800	3600	6300	9000
2d Sed	350	900	1500	3000	5250	7500
2d HT	550	1700	2800	5600	9800	14,000
2d Conv	850	2650	4400	8800	15,400	22,000
Safari, V-8, 124" wb						
4d 6P Sta Wag	400	1200	2000	4000	7000	10,000
4d 9P Sta Wag	400	1200	2050	4100	7100	10,200
Star Chief, V-8, 124" wb						
4d Sed	450	1080	1800	3600	6300	9000
4d HT	400	1300	2200	4400	7700	11,000
2d Sed	450	1140	1900	3800	6650	9500
Bonneville, V-8, 124" wb						
4d HT	450	1450	2400	4800	8400	12,000
2d HT	650	2050	3400	6800	11,900	17,000
2d Conv	1050	3350	5600	11,200	19,600	28,000
Custom Safari, V-8, 122" wb						
4d Sta Wag	450	1500	2500	5000	8800	12,500

1960

	6	5	4	3	2	1
Catalina, V-8, 122" wb						
4d Sed	350	950	1500	3050	5300	7600
4d HT	450	1080	1800	3600	6300	9000
2d Sed	350	975	1600	3200	5600	8000
2d HT	550	1700	2800	5600	9800	14,000
2d Conv	850	2750	4600	9200	16,100	23,000
Safari, V-8, 122" wb						
4d Sta Wag	400	1300	2200	4400	7700	11,000
4d 6P Sta Wag	450	1400	2300	4600	8100	11,500
Ventura, V-8, 122" wb						
4d HT	400	1200	2000	4000	7000	10,000
2d HT	550	1800	3000	6000	10,500	15,000
Star Chief, V-8, 124" wb						
4d Sed	450	1140	1900	3800	6650	9500
4d HT	400	1300	2200	4400	7700	11,000
2d Sed	400	1200	2000	4000	7000	10,000
Bonneville, V-8, 124" wb						
4d HT	450	1450	2400	4800	8400	12,000
2d HT	700	2150	3600	7200	12,600	18,000
2d Conv	1000	3250	5400	10,800	18,900	27,000
Bonneville Safari, V-8, 122" wb						
4d Sta Wag	500	1550	2600	5200	9100	13,000

	6	5	4	3	2	1
1961						
Tempest Compact, 4-cyl.						
4d Sed	350	800	1350	2700	4700	6700
2d Cpe	350	820	1400	2700	4760	6800
2d Cus Cpe	350	840	1400	2800	4900	7000
4d Safari Wag	350	840	1400	2800	4900	7000
NOTE: Add 20 percent for Tempest V-8.						
Catalina, V-8, 119" wb						
4d Sed	350	900	1500	3000	5250	7500
4d HT	350	1020	1700	3400	5950	8500
2d Sed	350	950	1500	3050	5300	7600
2d HT	450	1450	2400	4800	8400	12,000
2d Conv	650	2050	3400	6800	11,900	17,000
4d Safari Wag	400	1200	2000	4000	7000	10,000
Ventura, V-8, 119" wb						
4d HT	450	1140	1900	3800	6650	9500
2d HT	550	1700	2800	5600	9800	14,000
Star Chief, V-8, 123" wb						
4d Sed	350	1020	1700	3400	5950	8500
4d HT	400	1200	2000	4000	7000	10,000
Bonneville, V-8, 123" wb						
4d HT	400	1250	2100	4200	7400	10,500
2d HT	550	1700	2800	5600	9800	14,000
2d Conv	850	2650	4400	8800	15,400	22,000
Bonneville Safari, V-8, 119" wb						
4d Sta Wag	400	1300	2200	4400	7700	11,000
1962						
Tempest Series, 4-cyl., 122" wb						
4d Sed	350	800	1350	2700	4700	6700
2d Cpe	350	820	1400	2700	4760	6800
2d HT	450	1080	1800	3600	6300	9000
2d Conv	450	1450	2400	4800	8400	12,000
4d Safari	350	840	1400	2800	4900	7000
NOTE: Add 20 percent for Tempest V-8.						
Catalina Series, V-8, 120" wb						
4d Sed	350	900	1500	3000	5250	7500
4d HT	350	1020	1700	3400	5950	8500
2d Sed	350	950	1500	3050	5300	7600
2d HT	450	1450	2400	4800	8400	12,000
2d Conv	600	1900	3200	6400	11,200	16,000
4d Sta Wag	450	1140	1900	3800	6650	9500
2d HT (421/405)	1950	6250	10,400	20,800	36,400	52,000
2d Sed (421/405)	1950	6250	10,400	20,800	36,400	52,000
Star Chief Series, V-8, 123" wb						
4d Sed	350	975	1600	3200	5600	8000
4d HT	450	1140	1900	3800	6650	9500
Bonneville Series, V-8, 123" wb, Sta Wag 119" wb						
4d HT	400	1200	2000	4000	7000	10,000
2d HT	550	1700	2800	5600	9800	14,000
2d Conv	750	2400	4000	8000	14,000	20,000
4d Sta Wag	400	1250	2100	4200	7400	10,500
Grand Prix Series, V-8, 120" wb						
2d HT	550	1700	2800	5600	9800	14,000
NOTE: Add 30 percent for 421.						
Add 30 percent for "421" S-D models.						
1963						
Tempest (Compact) Series, 4-cyl., 112" wb						
4d Sed	350	780	1300	2600	4550	6500
2d Cpe	350	840	1400	2800	4900	7000
2d HT	350	1020	1700	3400	5950	8500
2d Conv	450	1450	2400	4800	8400	12,000
4d Sta Wag	350	840	1400	2800	4900	7000
NOTE: Add 20 percent for Tempest V-8.						
LeMans Series, V-8, 112" wb						
2d HT	400	1200	2000	4000	7000	10,000
2d Conv	500	1550	2600	5200	9100	13,000
Catalina Series, V-8, 119" wb						
4d Sed	350	850	1450	2850	4970	7100
4d HT	350	1040	1700	3450	6000	8600
2d Sed	350	950	1500	3050	5300	7600
2d HT	500	1550	2600	5200	9100	13,000
2d Conv	550	1800	3000	6000	10,500	15,000
4d Sta Wag	400	1200	2000	4000	7000	10,000
Catalina Super-Duty						
2d HT (421/405)	1900	6000	10,000	20,000	35,000	50,000
2d HT (421/410)	1950	6250	10,400	20,800	36,400	52,000

	6	5	4	3	2	1
2d Sed (421/405)	1900	6000	10,000	20,000	35,000	50,000
2d Sed (421/410)	1900	6000	10,000	20,000	35,000	50,000

NOTE: Add 5 percent for 4-speed.

Star Chief Series, V-8, 123" wb

	6	5	4	3	2	1
4d Sed	350	900	1500	3000	5250	7500
4d HT	450	1140	1900	3800	6650	9500

Bonneville Series, V-8, 123" wb

	6	5	4	3	2	1
2d HT	550	1700	2800	5600	9800	14,000
4d HT	400	1250	2100	4200	7400	10,500
2d Conv	700	2300	3800	7600	13,300	19,000
4d Sta Wag	400	1250	2100	4200	7400	10,500

Grand Prix Series, V-8, 120" wb

	6	5	4	3	2	1
2d HT	550	1800	3000	6000	10,500	15,000

NOTE: Add 5 percent for Catalina Ventura.
   Add 30 percent for "421" engine option.

1964
Tempest Custom 21, V-8, 115" wb

	6	5	4	3	2	1
4d Sed	350	800	1350	2700	4700	6700
2d HT	350	1020	1700	3400	5950	8500
2d Conv	450	1450	2400	4800	8400	12,000
4d Sta Wag	350	840	1400	2800	4900	7000

NOTE: Deduct 10 percent for 6-cyl. where available.

LeMans Series, V-8, 115" wb

	6	5	4	3	2	1
2d HT	450	1450	2400	4800	8400	12,000
2d Cpe	400	1250	2100	4200	7400	10,500
2d Conv	500	1550	2600	5200	9100	13,000
2d GTO Cpe	600	1900	3200	6400	11,200	16,000
2d GTO Conv	850	2650	4400	8800	15,400	22,000
2d GTO HT	700	2150	3600	7200	12,600	18,000

NOTE: Deduct 20 percent for Tempest 6-cyl.

Catalina Series, V-8, 120" wb

	6	5	4	3	2	1
4d Sed	350	900	1500	3000	5250	7500
4d HT	350	1020	1700	3400	5950	8500
2d Sed	350	900	1500	3000	5250	7500
2d HT	450	1450	2400	4800	8400	12,000
2d Conv	550	1800	3000	6000	10,500	15,000
4d Sta Wag	450	1080	1800	3600	6300	9000

Star Chief Series, V-8, 123" wb

	6	5	4	3	2	1
4d Sed	350	900	1500	3000	5250	7500
4d HT	450	1140	1900	3800	6650	9500

Bonneville Series, V-8, 123" wb

	6	5	4	3	2	1
4d HT	400	1250	2100	4200	7400	10,500
2d HT	500	1550	2600	5200	9100	13,000
2d Conv	700	2150	3600	7200	12,600	18,000
4d Sta Wag	400	1250	2100	4200	7400	10,500

Grand Prix Series, V-8, 120" wb

	6	5	4	3	2	1
2d HT	550	1700	2800	5600	9800	14,000

NOTES: Add 30 percent for tri power.
   Add 5 percent for Catalina-Ventura option.
   Add 10 percent for 2 plus 2.

1965
Tempest Series, V-8, 115" wb

	6	5	4	3	2	1
4d Sed	350	790	1350	2650	4620	6600
2d Spt Cpe	350	850	1450	2850	4970	7100
2d HT	350	1020	1700	3400	5950	8500
2d Conv	400	1200	2000	4000	7000	10,000
4d Sta Wag	350	840	1400	2800	4900	7000

NOTE: Add 20 percent for V-8.

LeMans Series, V-8, 115" wb

	6	5	4	3	2	1
4d Sed	350	840	1400	2800	4900	7000
2d Cpe	350	1020	1700	3400	5950	8500
2d HT	400	1250	2100	4200	7400	10,500
2d Conv	550	1800	3000	6000	10,500	15,000
2d GTO Conv	900	2900	4800	9600	16,800	24,000
2d GTO HT	750	2400	4000	8000	14,000	20,000
2d GTO Cpe	700	2150	3600	7200	12,600	18,000

NOTE: Deduct 20 percent for 6-cyl. where available.
   Add 5 percent for 4-speed.

Catalina Series, V-8, 121" wb

	6	5	4	3	2	1
4d Sed	350	820	1400	2700	4760	6800
4d HT	350	975	1600	3200	5600	8000
2d Sed	350	900	1500	3000	5250	7500
2d HT	400	1250	2100	4200	7400	10,500
2d Conv	500	1550	2600	5200	9100	13,000
4d Sta Wag	400	1250	2100	4200	7400	10,500

	6	5	4	3	2	1
Star Chief Series, V-8, 123" wb						
4d Sed	350	840	1400	2800	4900	7000
4d HT	350	1020	1700	3400	5950	8500
Bonneville Series, V-8, 123" wb						
4d HT	450	1140	1900	3800	6650	9500
2d HT	450	1450	2400	4800	8400	12,000
2d Conv	650	2050	3400	6800	11,900	17,000
4d 2S Sta Wag	400	1250	2100	4200	7400	10,500
Grand Prix Series, 120" wb						
2d HT	450	1450	2400	4800	8400	12,000

NOTE: Add 30 percent for "421" H.O. Tri-power V-8.
  Add 30 percent for tri power.
  Add 10 percent for 2 plus 2.
  Add 10 percent for Catalina-Ventura option.
  Add 10 percent for Ram Air.

1966 Pontiac Catalina 2+2 two-door hardtop

1966

	6	5	4	3	2	1
Tempest Custom, OHC-6, 115" wb						
4d Sed	350	790	1350	2650	4620	6600
4d HT	350	800	1350	2700	4700	6700
2d HT	450	1120	1875	3750	6500	9300
2d Cpe	350	975	1600	3200	5600	8000
2d Conv	400	1200	2000	4000	7000	10,000
4d Sta Wag	350	780	1300	2600	4550	6500

NOTE: Add 20 percent for V-8.

	6	5	4	3	2	1
Lemans Series, OHC-6, 115" wb						
4d HT	350	830	1400	2950	4830	6900
2d Cpe	350	950	1550	3150	5450	7800
2d HT	400	1200	2000	4000	7000	10,000
2d Conv	450	1400	2300	4600	8100	11,500

NOTE: Add 20 percent for V-8.

	6	5	4	3	2	1
GTO Series, V-8, 115" wb						
2d HT	650	2050	3400	6800	11,900	17,000
2d Cpe	550	1800	3000	6000	10,500	15,000
2d Conv	800	2500	4200	8400	14,700	21,000

NOTE: Add 5 percent for 4-speed.

	6	5	4	3	2	1
Catalina, V-8, 121" wb						
4d Sed	350	800	1350	2700	4700	6700
4d HT	350	975	1600	3200	5600	8000
2d Sed	350	900	1500	3000	5250	7500
2d HT	450	1400	2300	4600	8100	11,500
2d Conv	600	1900	3200	6400	11,200	16,000
4d Sta Wag	400	1200	2000	4000	7000	10,000
2 Plus 2, V-8, 121" wb						
2d HT	450	1500	2500	5000	8800	12,500
2d Conv	550	1800	3000	6000	10,500	15,000
Executive, V-8, 124" wb						
4d Sed	350	900	1500	3000	5250	7500
4d HT	350	1020	1700	3400	5950	8500
2d HT	450	1400	2300	4600	8100	11,500
Bonneville, V-8, 124" wb						
4d HT	450	1140	1900	3800	6650	9500
2d HT	450	1500	2500	5000	8800	12,500
2d Conv	700	2150	3600	7200	12,600	18,000

	6	5	4	3	2	1
4d Sta Wag	400	1200	2000	4000	7000	10,000
Grand Prix, V-8, 121" wb						
2d HT	500	1550	2600	5200	9100	13,000

NOTE: Add 30 percent for 421.
  Add 20 percent for Ram Air.
  Add 30 percent for tri power.
  Add 10 percent for Ventura Custom trim option.

1967

	6	5	4	3	2	1
Tempest, 6-cyl., 115" wb						
4d Sed	350	780	1300	2600	4550	6500
2d Cpe	350	840	1400	2800	4900	7000
4d Sta Wag	350	950	1500	3050	5300	7600

NOTE: Add 20 percent for V-8.

	6	5	4	3	2	1
Tempest Custom, 6-cyl., 115" wb						
2d Cpe	350	850	1450	2850	4970	7100
2d HT	350	1040	1700	3450	6000	8600
2d Conv	400	1200	2000	4000	7000	10,000
4d HT	350	860	1450	2900	5050	7200
4d Sed	350	790	1350	2650	4620	6600
4d Sta Wag	350	840	1400	2800	4900	7000

NOTE: Add 20 percent for V-8.

	6	5	4	3	2	1
Lemans, 6-cyl., 115" wb						
4d HT	350	840	1400	2800	4900	7000
2d Cpe	350	860	1450	2900	5050	7200
2d HT	450	1080	1800	3600	6300	9000
2d Conv	450	1400	2300	4600	8100	11,500

NOTE: Add 20 percent for V-8.

	6	5	4	3	2	1
Tempest Safari, 6-cyl., 115" wb						
4d Sta Wag	350	840	1400	2800	4900	7000

NOTE: Add 20 percent for V-8.

	6	5	4	3	2	1
GTO, V-8, 115" wb						
2d Cpe	500	1550	2600	5200	9100	13,000
2d HT	600	1900	3200	6400	11,200	16,000
2d Conv	700	2300	3800	7600	13,300	19,000
Catalina, V-8, 121" wb						
4d Sed	350	800	1350	2700	4700	6700
4d HT	350	975	1600	3200	5600	8000
2d Sed	350	950	1500	3050	5300	7600
2d HT	400	1250	2100	4200	7400	10,500
2d Conv	450	1450	2400	4800	8400	12,000
2 Plus 2, V-8, 121" Wb						
2d HT	450	1500	2500	5000	8800	12,500
2d Conv	700	2150	3600	7200	12,600	18,000
4d 3S Sta Wag	450	1080	1800	3600	6300	9000
Executive, V-8, 124" wb, Sta Wag 121" wb						
4d Sed	350	840	1400	2800	4900	7000
4d HT	350	1020	1700	3400	5950	8500
2d HT	450	1400	2300	4600	8100	11,500
4d 3S Sta Wag	400	1200	2000	4000	7000	10,000
Bonneville, V-8, 124" wb						
4d HT	450	1080	1800	3600	6300	9000
2d HT	450	1400	2300	4600	8100	11,500
2d Conv	550	1800	3000	6000	10,500	15,000
4d Sta Wag	400	1200	2000	4000	7000	10,000
Grand Prix, V-8, 121" wb						
2d HT	400	1300	2200	4400	7700	11,000
Conv	650	2050	3400	6800	11,900	17,000

NOTE: Add 30 percent for 428.
  Add 10 percent for Sprint option.
  Add 15 percent for 2 plus 2 option.
  Add 10 percent for Ventura Custom trim option.

	6	5	4	3	2	1
Firebird, V-8, 108" wb						
2d Cpe	400	1250	2100	4200	7400	10,500
2d Conv	450	1400	2300	4600	8100	11,500

NOTE: Deduct 25 percent for 6-cyl.
  Add 15 percent for 350 HO.
  Add 10 percent for 4-speed.
  Add 30 percent for the Ram Air 400 Firebird.

1968

	6	5	4	3	2	1
Tempest, 6-cyl., 112" wb						
2d Spt Cpe	350	840	1400	2800	4900	7000
2d Cus "S" Cpe	350	900	1500	3000	5250	7500
2d Cus "S" HT	450	1080	1800	3600	6300	9000
2d Cus "S" Conv	400	1200	2000	4000	7000	10,000
2d LeMans	350	840	1400	2800	4900	7000

	6	5	4	3	2	1
2d LeMans Spt Cpe	350	975	1600	3200	5600	8000
2d LeMans Conv	550	1700	2800	5600	9800	14,000

NOTE: Add 20 percent for V-8.

GTO, V-8, 112" wb

	6	5	4	3	2	1
2d HT	550	1800	3000	6000	10,500	15,000
2d Conv	700	2300	3800	7600	13,300	19,000

NOTE: Add 25 percent for Ram Air I, 40 percent for Ram Air II.

Catalina, V-8, 122" wb

	6	5	4	3	2	1
4d Sed	350	780	1300	2600	4550	6500
4d HT	350	840	1400	2800	4900	7000
2d Sed	350	950	1550	3100	5400	7700
2d HT	450	1080	1800	3600	6300	9000
2d Conv	400	1300	2200	4400	7700	11,000
4d Sta Wag	450	1080	1800	3600	6300	9000

Executive, V-8, 124" wb, Sta Wag 121" wb

	6	5	4	3	2	1
4d Sed	350	900	1500	3000	5250	7500
4d HT	350	975	1600	3200	5600	8000
2d HT	400	1250	2100	4200	7400	10,500
4d 3S Sta Wag	400	1200	2000	4000	7000	10,000

Bonneville, V-8, 125" wb

	6	5	4	3	2	1
4d Sed	350	950	1550	3100	5400	7700
4d HT	350	1020	1700	3400	5950	8500
2d HT	400	1300	2200	4400	7700	11,000
2d Conv	500	1550	2600	5200	9100	13,000
4d Sta Wag	400	1250	2100	4200	7400	10,500

Grand Prix, V-8, 118" wb

	6	5	4	3	2	1
2d HT	400	1300	2200	4400	7700	11,000

NOTES: Add 10 percent for Sprint option.
  Add 30 percent for 428.
  Add 25 percent for Ram Air I, 40 percent for Ram Air II.
  Add 10 percent for Ventura Custom trim option.

Firebird, V-8, 108" wb

	6	5	4	3	2	1
2d Cpe	400	1200	2000	4000	7000	10,000
2d Conv	450	1400	2300	4600	8100	11,500

NOTE: Deduct 25 percent for 6-cyl.
  Add 10 percent for 350 HO.
  Add 10 percent for 4-speed.
  Add 25 percent for the Ram Air 400 Firebird.

1969

Tempest, 6-cyl., 116" wb, 2 dr 112" wb

	6	5	4	3	2	1
4d Sed	200	730	1250	2450	4270	6100
2d Cpe	200	745	1250	2500	4340	6200

NOTE: Add 20 percent for V-8.

Tempest 'S' Custom, 6-cyl., 116" wb, 2 dr 112" wb

	6	5	4	3	2	1
4d Sed	200	745	1250	2500	4340	6200
4d HT	350	770	1300	2550	4480	6400
2d Cpe	200	750	1275	2500	4400	6300
2d HT	350	975	1600	3200	5600	8000
2d Conv	450	1080	1800	3600	6300	9000
4d Sta Wag	350	780	1300	2600	4550	6500

NOTE: Add 20 percent for V-8.

Tempest Lemans, 6-cyl., 116" wb, 2 dr 112" wb

	6	5	4	3	2	1
4d HT	350	780	1300	2600	4550	6500
2d Cpe	350	780	1300	2600	4550	6500
2d HT	350	1020	1700	3400	5950	8500
2d Conv	400	1250	2100	4200	7400	10,500

NOTE: Add 20 percent for V-8.

Tempest Safari, 6-cyl., 116" wb

	6	5	4	3	2	1
4d Sta Wag	350	800	1350	2700	4700	6700

NOTE: Add 20 percent for V-8.

GTO, V-8, 112" wb

	6	5	4	3	2	1
2d HT	650	2050	3400	6800	11,900	17,000
2d Conv	800	2500	4200	8400	14,700	21,000

Catalina, V-8, 122" wb

	6	5	4	3	2	1
4d Sed	350	780	1300	2600	4550	6500
4d HT	350	800	1350	2700	4700	6700
2d HT	350	1020	1700	3400	5950	8500
2d Conv	400	1250	2100	4200	7400	10,500
4d 3S Sta Wag	350	975	1600	3200	5600	8000

Executive, V-8, 125" wb, Sta Wag 122" wb

	6	5	4	3	2	1
4d Sed	350	790	1350	2650	4620	6600
4d HT	350	820	1400	2700	4760	6800
2d HT	450	1080	1800	3600	6300	9000
4d 3S Sta Wag	350	1000	1650	3300	5750	8200

Bonneville, V-8, 125" wb

	6	5	4	3	2	1
4d Sed	350	790	1350	2650	4620	6600

	6	5	4	3	2	1
4d HT	350	840	1400	2800	4900	7000
2d HT	450	1140	1900	3800	6650	9500
2d Conv	450	1400	2300	4600	8100	11,500
4d Sta Wag	350	1020	1700	3400	5950	8500
Grand Prix, V-8, 118" wb						
2d HT	400	1200	2000	4000	7000	10,000

NOTES: Add 10 percent for LeMans Rally E Pkg.
Add 30 percent for 428 cid V-8.
Add 25 percent for Ram Air III.
Add 40 percent for Ram Air IV.
Add 40 percent for GTO Judge option.
Add 25 percent for Ram Air IV.

	6	5	4	3	2	1
Firebird, V-8, 108" wb						
2d Cpe	400	1250	2100	4200	7400	10,500
2d Conv	400	1300	2200	4400	7700	11,000
2d Trans Am Cpe	550	1800	3000	6000	10,500	15,000
2d Trans Am Conv	850	2650	4400	8800	15,400	22,000

NOTE: Deduct 25 percent for 6-cyl.
Add 15 percent for "HO" 400 Firebird.
Add 10 percent for 4-speed.
Add 20 percent for Ram Air IV Firebird.
Add 50 percent for '303' V-8 SCCA race engine.

1970
Tempest, 6-cyl., 116" wb, 2 dr 112" wb

	6	5	4	3	2	1
4d Sed	200	750	1275	2500	4400	6300
2d HT	350	975	1600	3200	5600	8000
2d Cpe	350	780	1300	2600	4550	6500

NOTE: Add 20 percent for V-8.
LeMans, 6 cyl., 116" wb, 2 dr 112" wb

	6	5	4	3	2	1
4d Sed	350	770	1300	2550	4480	6400
4d HT	350	840	1400	2800	4900	7000
2d Cpe	350	790	1350	2650	4620	6600
2d HT	350	1020	1700	3400	5950	8500
4d Sta Wag	350	820	1400	2700	4760	6800

NOTE: Add 20 percent for V-8.
LeMans Sport, 6 cyl., 116" wb, 2 dr 112" wb

	6	5	4	3	2	1
4d HT	350	860	1450	2900	5050	7200
2d Cpe	350	900	1500	3000	5250	7500
2d HT	450	1080	1800	3600	6300	9000
2d Conv	450	1140	1900	3800	6650	9500
4d Sta Wag	350	840	1400	2800	4900	7000

NOTE: Add 20 percent for V-8.
LeMans GT 37, V-8, 112" wb

	6	5	4	3	2	1
2d Cpe	450	1080	1800	3600	6300	9000
2d HT	400	1250	2100	4200	7400	10,500
GTO, V-8, 112" wb						
2d HT	700	2150	3600	7200	12,600	18,000
2d Conv	850	2650	4400	8800	15,400	22,000
Catalina, V-8, 122" wb						
4d Sed	350	780	1300	2600	4550	6500
4d HT	350	900	1500	3000	5250	7500
2d HT	450	1080	1800	3600	6300	9000
2d Conv	400	1200	2000	4000	7000	10,000
4d 3S Sta Wag	350	975	1600	3200	5600	8000

Executive, V-8, 125" wb, Sta Wag 122" wb

	6	5	4	3	2	1
4d Sed	350	790	1350	2650	4620	6600
4d HT	350	975	1600	3200	5600	8000
2d HT	450	1140	1900	3800	6650	9500
4d 3S Sta Wag	350	1000	1650	3300	5750	8200
Bonneville, V-8, 125" wb, Sta Wag 122" wb						
4d Sed	350	840	1400	2800	4900	7000
4d HT	350	1020	1700	3400	5950	8500
2d HT	400	1200	2000	4000	7000	10,000
2d Conv	450	1400	2300	4600	8100	11,500
4d 3S Sta Wag	350	1020	1700	3400	5950	8500
Grand Prix, V-8, 118" wb						
2d Hurst "SSJ" HT	450	1400	2300	4600	8100	11,500
2d HT	400	1250	2100	4200	7400	10,500

NOTES: Add 10 percent for V-8 LeMans Rally Pkg.
Add 40 percent for GTO Judge.
Add 40 percent for 455 HO V-8.
Add 10 percent for Grand Prix S.J.
Add 25 percent for Ram Air III.
Add 40 percent for Ram Air IV.

	6	5	4	3	2	1
Firebird, V-8, 108" wb						
2d Firebird	400	1300	2200	4400	7700	11,000

	6	5	4	3	2	1
2d Esprit	450	1400	2300	4600	8100	11,500
2d Formula 400	450	1450	2400	4800	8400	12,000
2d Trans Am	550	1800	3000	6000	10,500	15,000

NOTES: Deduct 25 percent for 6-cyl.
  Add 10 percent for Trans Am with 4-speed.
  Add 25 percent for Ram Air IV Firebird.

1971

Ventura II, 6 cyl., 111" wb

	6	5	4	3	2	1
2d Cpe	200	720	1200	2400	4200	6000
4d Sed	200	745	1250	2500	4340	6200

Ventura II, V-8, 111" wb

2d Cpe	350	790	1350	2650	4620	6600
4d Sed	350	820	1400	2700	4760	6800

LeMans T37, 6 cyl., 116" wb, 2 dr 112" wb

2d Sed	350	780	1300	2600	4550	6500
4d Sed	200	720	1200	2400	4200	6000
2d HT	350	975	1600	3200	5600	8000

LeMans, 6 cyl., 116" wb, 2 dr 112" wb

2d Sed	200	720	1200	2400	4200	6000
4d Sed	200	730	1250	2450	4270	6100
4d HT	350	770	1300	2550	4480	6400
2d HT	450	1080	1800	3600	6300	9000
4d 3S Sta Wag	200	720	1200	2400	4200	6000

LeMans Sport, 6 cyl., 116" wb, 2 dr 112" wb

4d HT	200	750	1275	2500	4400	6300
2d HT	450	1140	1900	3800	6650	9500
2d Conv	400	1300	2200	4400	7700	11,000

NOTE: Add 20 percent for V-8.

LeMans GT 37, V-8, 112" wb

2d HT	400	1300	2200	4400	7700	11,000

GTO

2d HT	550	1800	3000	6000	10,500	15,000
2d Conv	850	2750	4600	9200	16,100	23,000

NOTE: Add 40 percent for GTO Judge option.

Catalina

4d	350	790	1350	2650	4620	6600
4d HT	350	800	1350	2700	4700	6700
2d HT	350	900	1500	3000	5250	7500
2d Conv	400	1200	2000	4000	7000	10,000

Safari, V-8, 127" wb

4d 2S Sta Wag	350	800	1350	2700	4700	6700
4d 3S Sta Wag	350	820	1400	2700	4760	6800

Catalina Brougham, V-8, 123" wb

4d Sed	350	820	1400	2700	4760	6800
4d HT	350	830	1400	2950	4830	6900
2d HT	350	950	1550	3100	5400	7700

Grand Safari, V-8, 127" wb

4d 2S Sta Wag	200	720	1200	2400	4200	6000
4d 3S Sta Wag	200	730	1250	2450	4270	6100

Bonneville

4d Sed	350	830	1400	2950	4830	6900
4d HT	350	840	1400	2800	4900	7000
2d HT	350	975	1600	3200	5600	8000

Grandville

4d HT	350	840	1400	2800	4900	7000
2d HT	350	1000	1650	3300	5750	8200
2d Conv	500	1550	2600	5200	9100	13,000

Grand Prix

2d HT	450	1080	1800	3600	6300	9000
2d Hurst "SSJ" Cpe	400	1250	2100	4200	7400	10,500

Firebird, V-8, 108" wb

2d Firebird	450	1400	2300	4600	8100	11,500
2d Esprit	400	1300	2200	4400	7700	11,000
2d Formula	450	1450	2400	4800	8400	12,000
2d Trans Am	550	1800	3000	6000	10,500	15,000

NOTES: Add 25 percent for Formula 455.
  Deduct 25 percent for 6-cyl.
  Add 40 percent for 455 HO V-8.
  Add 10 percent for 4-speed.
  (Formula Series -350, 400, 455).

1972

Ventura, 6 cyl., 111" wb

4d Sed	200	685	1150	2300	3990	5700
2d Cpe	200	660	1100	2200	3850	5500

NOTE: Add 20 percent for V-8.

	6	5	4	3	2	1
LeMans, 6 cyl., 116" wb, 2 dr 112" wb						
2d Cpe	200	720	1200	2400	4200	6000
4d Sed	200	670	1200	2300	4060	5800
2d HT	450	1140	1900	3800	6650	9500
2d Conv	400	1300	2200	4400	7700	11,000
4d 3S Sta Wag	200	720	1200	2400	4200	6000
GTO						
2d HT	500	1550	2600	5200	9100	13,000
2d Sed	400	1200	2000	4000	7000	10,000
Luxury LeMans, V-8						
4d HT	200	745	1250	2500	4340	6200
2d HT	400	1200	2000	4000	7000	10,000
NOTE: Add 20 percent for V-8.						
Catalina, V-8, 123" wb						
4d Sed	200	660	1100	2200	3850	5500
4d HT	200	685	1150	2300	3990	5700
2d HT	350	900	1500	3000	5250	7500
2d Conv	400	1250	2100	4200	7400	10,500
Catalina Brougham, V-8, 123" wb						
4d Sed	200	670	1150	2250	3920	5600
4d HT	200	720	1200	2400	4200	6000
2d HT	350	975	1600	3200	5600	8000
Bonneville						
4d Sed	200	685	1150	2300	3990	5700
4d HT	350	780	1300	2600	4550	6500
2d HT	350	1020	1700	3400	5950	8500
Grandville						
4d HT	350	780	1300	2600	4550	6500
2d HT	350	1040	1750	3500	6100	8700
2d Conv	450	1450	2400	4800	8400	12,000
Safari, V-8, 127" wb						
4d 2S Sta Wag	200	670	1150	2250	3920	5600
4d 3S Sta Wag	200	685	1150	2300	3990	5700
Grand Safari, V-8, 127" wb						
4d 2S Sta Wag	200	670	1200	2300	4060	5800
4d 3S Sta Wag	200	700	1200	2350	4130	5900
Grand Prix						
2d Hurst "SSJ" HdTp	450	1140	1900	3800	6650	9500
2d HT	350	1000	1650	3300	5750	8200
Firebird, V-8, 108" wb						
2d Firebird	400	1250	2100	4200	7400	10,500
2d Esprit	400	1200	2000	4000	7000	10,000
2d Formula	400	1300	2200	4400	7700	11,000
2d Trans Am	550	1700	2800	5600	9800	14,000

NOTE: Add 10 percent for Trans Am with 4-speed.
   Deduct 25 percent for 6-cyl.
   Add 40 percent for 455 HO V-8.

1973 Pontiac Firebird Trans Am coupe

1973
Ventura

4d Sed	200	700	1050	2100	3650	5200
2d Cpe	200	675	1000	1950	3400	4900
2d HBk Cpe	200	700	1075	2150	3700	5300
Ventura Custom						
4d Sed	200	700	1075	2150	3700	5300

	6	5	4	3	2	1
2d Cpe	200	650	1100	2150	3780	5400
2d HBk Cpe	200	700	1050	2050	3600	5100

NOTE: Deduct 5 percent for 6-cyl.

LeMans

	6	5	4	3	2	1
4d Sed	200	660	1100	2200	3850	5500
2d HT	350	800	1350	2700	4700	6700

LeMans Spt

	6	5	4	3	2	1
2d Cpe	200	720	1200	2400	4200	6000

Luxury LeMans

	6	5	4	3	2	1
2d Cpe	200	745	1250	2500	4340	6200
4d HT	200	720	1200	2400	4200	6000

LeMans Safari, V-8, 116" wb

	6	5	4	3	2	1
4d 2S Sta Wag	200	660	1100	2200	3850	5500
4d 3S Sta Wag	200	660	1100	2200	3850	5500

Grand AM

	6	5	4	3	2	1
2d HT	450	1080	1800	3600	6300	9000
4d HT	350	780	1300	2600	4550	6500
2d GTO Spt Cpe	450	1080	1800	3600	6300	9000

Deduct 5 percent for 6-cyl.

Catalina

	6	5	4	3	2	1
4d HT	200	700	1050	2050	3600	5100
2d HT	350	780	1300	2600	4550	6500

Bonneville

	6	5	4	3	2	1
4d Sed	200	700	1050	2100	3650	5200
4d HT	200	660	1100	2200	3850	5500
2d HT	350	830	1400	2950	4830	6900

Safari, V-8, 127" wb

	6	5	4	3	2	1
4d 2S Sta Wag	200	660	1100	2200	3850	5500
4d 3S Sta Wag	200	670	1150	2250	3920	5600

Grand Safari, V-8, 127" wb

	6	5	4	3	2	1
4d 2S Sta Wag	200	685	1150	2300	3990	5700
4d 3S Sta Wag	200	670	1200	2300	4060	5800

Grandville

	6	5	4	3	2	1
4d HT	200	685	1150	2300	3990	5700
2d HT	350	850	1450	2850	4970	7100
2d Conv	450	1450	2400	4800	8400	12,000

Grand Prix

	6	5	4	3	2	1
2d HT	350	900	1500	3000	5250	7500
2d 'SJ' HT	350	950	1550	3100	5400	7700

Firebird, V-8, 108" wb

	6	5	4	3	2	1
2d Cpe	400	1200	2000	4000	7000	10,000
2d Esprit	400	1250	2100	4200	7400	10,500
2d Formula	400	1300	2200	4400	7700	11,000
2d Trans Am	450	1400	2300	4600	8100	11,500

NOTE: Add 50 percent for 455 SD V-8 (Formula & Trans Am only).
Deduct 25 percent for 6-cyl.
Add 10 percent for 4-speed.

1974

Ventura

	6	5	4	3	2	1
4d Sed	150	650	950	1900	3300	4700
2d Cpe	150	575	900	1750	3100	4400
2d HBk	150	650	975	1950	3350	4800

Ventura Custom

	6	5	4	3	2	1
4d Sed	150	650	975	1950	3350	4800
2d Cpe	150	600	900	1800	3150	4500
2d HBk	200	675	1000	1950	3400	4900
2d GTO	350	780	1300	2600	4550	6500

NOTE: Deduct 4 percent for 6-cyl.

LeMans

	6	5	4	3	2	1
4d HT	150	550	850	1675	2950	4200
2d HT	200	685	1150	2300	3990	5700
4d Sta Wag	150	600	900	1800	3150	4500

LeMans Sport

	6	5	4	3	2	1
2d Cpe	200	675	1000	2000	3500	5000

Luxury LeMans

	6	5	4	3	2	1
4d HT	150	650	975	1950	3350	4800
2d HT	200	745	1250	2500	4340	6200
4d Safari	200	675	1000	2000	3500	5000

NOTE: Add 10 percent for GT option.

Grand AM

	6	5	4	3	2	1
2d HT	350	975	1600	3200	5600	8000
4d HT	200	670	1200	2300	4060	5800

Catalina

	6	5	4	3	2	1
4d HT	150	650	975	1950	3350	4800
2d HT	200	720	1200	2400	4200	6000

	6	5	4	3	2	1
4d Sed	150	500	800	1600	2800	4000
4d Safari	150	650	975	1950	3350	4800
Bonneville						
4d Sed	150	550	850	1675	2950	4200
4d HT	200	675	1000	2000	3500	5000
2d HT	350	770	1300	2550	4480	6400
Grandville						
4d HT	200	700	1050	2050	3600	5100
2d HT	350	780	1300	2600	4550	6500
2d Conv	400	1300	2200	4400	7700	11,000
Grand Prix						
2d HT	350	840	1400	2800	4900	7000
2d 'SJ' Cpe	350	860	1450	2900	5050	7200
Firebird, V-8, 108" wb						
2d Firebird	350	1020	1700	3400	5950	8500
2d Esprit	450	1080	1800	3600	6300	9000
2d Formula	400	1250	2100	4200	7400	10,500
2d Trans Am	400	1300	2200	4400	7700	11,000

NOTE: Add 40 percent for 455-SD V-8 (Formula & Trans Am only).
Deduct 25 percent for 6-cyl.
Add 10 percent for 4-speed.

1975
Astre S

	6	5	4	3	2	1
2d Cpe	150	575	875	1700	3000	4300
2d HBk	150	575	900	1750	3100	4400
4d Safari	150	600	900	1800	3150	4500
Astre						
2d HBk	150	575	900	1750	3100	4400
4d Safari	150	600	900	1800	3150	4500

NOTE: Add 10 percent for Astre 'SJ'.

Ventura

	6	5	4	3	2	1
4d Sed	150	575	900	1750	3100	4400
2d Cpe	150	600	900	1800	3150	4500
2d HBk	150	600	950	1850	3200	4600

NOTES: Deduct 5 percent for Ventura 'S'.
Add 15 percent for Ventura 'SJ'.
Add 5 percent for Ventura Custom.

LeMans

	6	5	4	3	2	1
4d HT	150	600	900	1800	3150	4500
2d HT	200	660	1100	2200	3850	5500
4d Safari	150	600	950	1850	3200	4600

NOTE: Add 10 percent for Grand LeMans.

LeMans Sport

	6	5	4	3	2	1
2d HT Cpe	200	685	1150	2300	3990	5700

Grand AM

	6	5	4	3	2	1
4d HT	150	600	950	1850	3200	4600
2d HT	200	720	1200	2400	4200	6000

NOTE: Add 5 percent for 4-speed.
Add 20 percent for 455 HO V-8.

Catalina

	6	5	4	3	2	1
4d Sed	150	550	850	1650	2900	4100
2d Cpe	150	600	900	1800	3150	4500
4d Safari	150	500	800	1600	2800	4000

Bonneville

	6	5	4	3	2	1
4d HT	150	575	875	1700	3000	4300
2d Cpe	150	600	950	1850	3200	4600
4d Gr. Safari	150	575	900	1750	3100	4400

Grand Ville Brougham

	6	5	4	3	2	1
4d HT	150	575	900	1750	3100	4400
2d Cpe	150	650	975	1950	3350	4800
2d Conv	500	1550	2600	5200	9100	13,000

NOTE: Add 20 percent for 455 V-8.

Grand Prix

	6	5	4	3	2	1
2d Cpe	200	660	1100	2200	3850	5500
2d 'LJ' Cpe	200	670	1150	2250	3920	5600
2d 'SJ' Cpe	200	685	1150	2300	3990	5700

NOTE: Add 12 percent for 455 V-8.

Firebird, V-8, 108" wb

	6	5	4	3	2	1
2d Cpe	350	900	1500	3000	5250	7500
2d Esprit	350	1020	1700	3400	5950	8500
2d Formula	350	1020	1700	3400	5950	8500
Trans Am	450	1140	1900	3800	6650	9500

NOTE: Add 18 percent for 455 HO V-8.
Deduct 25 percent for 6-cyl.
Add 10 percent for 4-speed.
Add $150.00 for Honeycomb wheels.

	6	5	4	3	2	1
1976						
Astre, 4-cyl.						
2d Cpe	125	450	750	1450	2500	3600
2d HBk	150	475	750	1475	2600	3700
4d Sta Wag	150	475	775	1500	2650	3800
Sunbird, 4-cyl.						
2d Cpe	150	650	975	1950	3350	4800
Ventura, V-8						
4d Sed	150	600	950	1850	3200	4600
2d Cpe	150	650	950	1900	3300	4700
2d HBk	150	650	975	1950	3350	4800
Ventura SJ, V-8						
4d Sed	150	650	950	1900	3300	4700
2d Cpe	150	650	975	1950	3350	4800
2d HBk	200	675	1000	1950	3400	4900
LeMans, V-8						
4d Sed	150	650	975	1950	3350	4800
2d Cpe	200	675	1000	1950	3400	4900
4d 2S Safari Wag	150	600	950	1850	3200	4600
4d 3S Safari Wag	150	650	950	1900	3300	4700
LeMans Sport Cpe, V-8						
2d Cpe	200	700	1050	2100	3650	5200
Grand LeMans, V-8						
4d Sed	200	675	1000	1950	3400	4900
2d Sed	200	675	1000	2000	3500	5000
4d 2S Safari Wag	150	650	975	1950	3350	4800
4d 3S Safari Wag	200	675	1000	1950	3400	4900
Catalina, V-8						
4d Sed	150	650	950	1900	3300	4700
2d Cpe	150	650	975	1950	3350	4800
4d 2S Safari Wag	200	700	1050	2050	3600	5100
4d 3S Safari Wag	150	650	950	1900	3300	4700
Bonneville, V-8						
4d Sed	200	675	1000	1950	3400	4900
2d Cpe	200	675	1000	2000	3500	5000
Bonneville Brougham, V-8						
4d Sed	200	700	1050	2050	3600	5100
2d Cpe	200	700	1075	2150	3700	5300
Grand Safari, V-8						
4d 2S Sta Wag	150	650	975	1950	3350	4800
4d 3S Sta Wag	200	675	1000	1950	3400	4900
Grand Prix, V-8						
2d Cpe	200	660	1100	2200	3850	5500
2d Cpe SJ	200	685	1150	2300	3990	5700
2d Cpe LJ	200	745	1250	2500	4340	6200
NOTE: Add 10 percent for T tops & Anniversary model.						
Firebird, V-8						
2d Cpe	200	745	1250	2500	4340	6200
2d Esprit Cpe	350	780	1300	2600	4550	6500
2d Formula Cpe	350	800	1350	2700	4700	6700
2d Trans Am Cpe	350	830	1400	2950	4830	6900
NOTE: Add 20 percent for 455 HO V-8.						
Deduct 25 percent for 6-cyl.						
Add 10 percent for 4-speed.						
Add $150.00 for Honeycomb wheels.						
1977						
Astre, 4-cyl.						
2d Cpe	100	330	575	1150	1950	2800
2d HBk	100	350	600	1150	2000	2900
4d Sta Wag	100	360	600	1200	2100	3000
Sunbird, 4-cyl.						
2d Cpe	150	500	800	1600	2800	4000
2d HBk	150	550	850	1650	2900	4100
Phoenix, V-8						
4d Sed	150	500	800	1550	2700	3900
2d Cpe	150	500	800	1600	2800	4000
Ventura, V-8						
4d Sed	150	500	800	1550	2700	3900
2d Cpe	150	500	800	1600	2800	4000
2d HBk	150	550	850	1650	2900	4100
Ventura SJ, V-8						
4d Sed	150	500	800	1600	2800	4000
2d Cpe	150	550	850	1650	2900	4100
2d HBk	150	550	850	1675	2950	4200

	6	5	4	3	2	1
LeMans, V-8						
4d Sed	150	500	800	1600	2800	4000
2d Cpe	150	550	850	1650	2900	4100
4d 2S Sta Wag	150	500	800	1550	2700	3900
4d 3S Sta Wag	150	500	800	1600	2800	4000
LeMans Sport Cpe, V-8						
NOTE: Add 20 percent for Can Am option.						
2d Cpe	150	575	900	1750	3100	4400
Grand LeMans, V-8						
4d Sed	150	550	850	1650	2900	4100
2d Cpe	150	550	850	1675	2950	4200
4d 2S Sta Wag	150	500	800	1600	2800	4000
4d 3S Sta Wag	150	550	850	1650	2900	4100
Catalina, V-8						
4d Sed	150	500	800	1550	2700	3900
2d Cpe	150	500	800	1600	2800	4000
4d 2S Safari Wag	150	475	775	1500	2650	3800
4d 3S Safari Wag	150	500	800	1550	2700	3900
Bonneville, V-8						
4d Sed	150	550	850	1650	2900	4100
2d Cpe	150	550	850	1675	2950	4200
Bonneville Brougham, V-8						
4d Sed	150	575	875	1700	3000	4300
2d Cpe	150	600	900	1800	3150	4500
Grand Safari						
4d 2S Sta Wag	150	550	850	1675	2950	4200
4d 3S Sta Wag	150	575	875	1700	3000	4300
Grand Prix, V-8						
2d Cpe	150	650	950	1900	3300	4700
2d Cpe LJ	200	675	1000	2000	3500	5000
2d Cpe SJ	200	720	1200	2400	4200	6000
Firebird, V-8						
2d Cpe	200	670	1200	2300	4060	5800
2d Esprit Cpe	200	720	1200	2400	4200	6000
2d Formula Cpe	200	750	1275	2500	4400	6300
2d Trans Am Cpe	350	780	1300	2600	4550	6500
NOTE: Add 10 percent for 4-speed.						
1978						
Sunbird						
2d Cpe	100	350	600	1150	2000	2900
2d Spt Cpe	100	360	600	1200	2100	3000
2d Spt HBk	125	370	650	1250	2200	3100
4d Spt Wag	100	360	600	1200	2100	3000
Phoenix						
4d Sed	100	360	600	1200	2100	3000
2d Cpe	125	400	675	1350	2300	3300
2d HBk	125	370	650	1250	2200	3100
Phoenix LJ						
4d Sed	125	370	650	1250	2200	3100
2d Cpe	125	450	700	1400	2450	3500
LeMans						
4d Sed	150	500	800	1600	2800	4000
2d Cpe	150	550	850	1675	2950	4200
4d 2S Sta Wag	150	500	800	1600	2800	4000
Grand LeMans						
4d Sed	150	550	850	1650	2900	4100
2d Cpe	150	575	875	1700	3000	4300
4d 2S Sta Wag	150	550	850	1650	2900	4100
Grand Am						
4d Sed	150	550	850	1675	2950	4200
2d Cpe	150	600	900	1800	3150	4500
Catalina						
4d Sed	150	500	800	1600	2800	4000
2d Cpe	150	550	850	1650	2900	4100
4d 2S Sta Wag	150	550	850	1675	2950	4200
Bonneville						
4d Sed	150	575	875	1700	3000	4300
2d Cpe	150	600	900	1800	3150	4500
4d 2S Sta Wag	150	600	900	1800	3150	4500
Bonneville Brougham						
4d Sed	150	600	900	1800	3150	4500
2d Cpe	150	650	950	1900	3300	4700
Grand Prix						
2d Cpe	200	675	1000	1950	3400	4900
2d Cpe LJ	200	675	1000	2000	3500	5000
2d Cpe SJ	200	700	1050	2100	3650	5200

	6	5	4	3	2	1
Firebird, V-8, 108" wb						
2d Cpe	200	670	1200	2300	4060	5800
2d Esprit Cpe	200	720	1200	2400	4200	6000
2d Formula Cpe	200	750	1275	2500	4400	6300
2d Trans Am Cpe	350	780	1300	2600	4550	6500

NOTE: Add 10 percent for 4-speed.

1979

Sunbird

	6	5	4	3	2	1
2d Cpe	100	360	600	1200	2100	3000
2d Spt Cpe	125	370	650	1250	2200	3100
2d HBk	125	370	650	1250	2200	3100
4d Sta Wag	125	380	650	1300	2250	3200
Phoenix						
2d Sed	125	370	650	1250	2200	3100
2d Cpe	125	400	675	1350	2300	3300
2d HBk	125	380	650	1300	2250	3200
Phoenix LJ						
4d Sed	125	380	650	1300	2250	3200
2d Cpe	125	400	700	1375	2400	3400
LeMans						
4d Sed	150	550	850	1650	2900	4100
2d Cpe	150	575	875	1700	3000	4300
4d Sta Wag	150	550	850	1650	2900	4100
Grand LeMans						
4d Sed	150	550	850	1675	2950	4200
2d Cpe	150	600	900	1800	3150	4500
4d Sta Wag	150	550	850	1675	2950	4200
Grand Am						
4d Sed	150	600	900	1800	3150	4500
2d Cpe	150	650	950	1900	3300	4700
Catalina						
4d Sed	150	550	850	1650	2900	4100
2d Cpe	150	550	850	1675	2950	4200
4d Sta Wag	150	550	850	1650	2900	4100
Bonneville						
4d Sed	150	575	900	1750	3100	4400
2d Cpe	150	600	900	1800	3150	4500
4d Sta Wag	150	575	900	1750	3100	4400
Bonneville Brougham						
4d Sed	150	600	950	1850	3200	4600
2d Cpe	150	650	975	1950	3350	4800
Grand Prix						
2d Cpe	200	675	1000	2000	3500	5000
2d LJ Cpe	200	700	1050	2100	3650	5200
2d SJ Cpe	200	650	1100	2150	3780	5400
Firebird, V-8, 108" wb						
2d Cpe	200	745	1250	2500	4340	6200
2d Esprit Cpe	350	770	1300	2550	4480	6400
2d Formula Cpe	350	790	1350	2650	4620	6600
2d Trans Am Cpe	350	975	1600	3200	5600	8000

NOTE: Add 15 percent for 10th Anniversary Edition.
     Add 10 percent for 4-speed.

1980

Sunbird, V-6

	6	5	4	3	2	1
2d Cpe	125	450	700	1400	2450	3500
2d HBk	125	450	750	1450	2500	3600
2d Spt Cpe	125	450	750	1450	2500	3600
2d Cpe HBk	150	475	750	1475	2600	3700

NOTE: Deduct 10 percent for 4-cyl.

Phoenix, V-6

	6	5	4	3	2	1
2d Cpe	150	475	750	1475	2600	3700
4d Sed HBk	125	450	750	1450	2500	3600

NOTE: Deduct 10 percent for 4-cyl.

Phoenix LJ, V-6

	6	5	4	3	2	1
2d Cpe	150	475	775	1500	2650	3800
4d Sed HBk	150	475	750	1475	2600	3700

NOTE: Deduct 10 percent for 4-cyl.

LeMans, V-8

	6	5	4	3	2	1
4d Sed	150	475	750	1475	2600	3700
2d Cpe	150	500	800	1550	2700	3900
4d Sta Wag	150	475	775	1500	2650	3800

NOTE: Deduct 10 percent for V-6.

Grand LeMans, V-8

	6	5	4	3	2	1
4d Sed	150	475	775	1500	2650	3800
2d Cpe	150	500	800	1600	2800	4000

	6	5	4	3	2	1
4d Sta Wag	150	500	800	1550	2700	3900

NOTE: Deduct 10 percent for V-6.

Grand Am, V-8

	6	5	4	3	2	1
2d Cpe	150	550	850	1650	2900	4100

Firebird, V-8

	6	5	4	3	2	1
2d Cpe	200	700	1200	2350	4130	5900
2d Cpe Esprit	200	720	1200	2400	4200	6000
2d Cpe Formula	200	730	1250	2450	4270	6100
2d Cpe Trans Am	200	750	1275	2500	4400	6300

NOTE: Deduct 15 percent for V-6.

Catalina, V-8

	6	5	4	3	2	1
4d Sed	150	475	775	1500	2650	3800
2d Cpe	150	500	800	1550	2700	3900
4d 2S Sta Wag	150	500	800	1550	2700	3900
4d 3S Sta Wag	150	500	800	1600	2800	4000

NOTE: Deduct 10 percent for V-6.

Bonneville, V-8

	6	5	4	3	2	1
4d Sed	150	500	800	1550	2700	3900
2d Cpe	150	500	800	1600	2800	4000
4d 2S Sta Wag	150	500	800	1600	2800	4000
4d 3S Sta Wag	150	550	850	1650	2900	4100

NOTE: Deduct 10 percent for V-6.

Bonneville Brougham, V-8

	6	5	4	3	2	1
4d Sed	150	550	850	1650	2900	4100
2d Cpe	150	575	875	1700	3000	4300

NOTE: Deduct 10 percent for V-6.

Grand Prix, V-8

	6	5	4	3	2	1
2d Cpe	200	650	1100	2150	3780	5400
2d Cpe LJ	200	660	1100	2200	3850	5500
2d Cpe SJ	200	670	1150	2250	3920	5600

NOTE: Deduct 10 percent for V-6.

1981

T1000, 4-cyl.

	6	5	4	3	2	1
2d Sed HBk	125	450	700	1400	2450	3500
4d Sed HBk	125	450	750	1450	2500	3600

Phoenix, V-6

	6	5	4	3	2	1
2d Cpe	150	475	750	1475	2600	3700
4d Sed HBk	125	450	750	1450	2500	3600

NOTE: Deduct 10 percent for 4-cyl.

Phoenix LJ, V-6

	6	5	4	3	2	1
2d Cpe	150	475	775	1500	2650	3800
4d Sed HBk	150	475	750	1475	2600	3700

NOTE: Deduct 10 percent for 4-cyl.

LeMans, V-8

	6	5	4	3	2	1
4d Sed	150	500	800	1550	2700	3900
4d Sed LJ	150	500	800	1600	2800	4000
2d Cpe	150	500	800	1600	2800	4000
4d Sta Wag	150	500	800	1600	2800	4000

NOTE: Deduct 10 percent for V-6.

Grand LeMans, V-8

	6	5	4	3	2	1
4d Sed	150	600	950	1850	3200	4600
2d Cpe	150	550	850	1675	2950	4200
4d Sta Wag	150	550	850	1675	2950	4200

NOTE: Deduct 10 percent for V-6.

Firebird, V-8

	6	5	4	3	2	1
2d Cpe	200	720	1200	2400	4200	6000
2 pe Esprit	200	730	1250	2450	4270	6100
2d Cpe Formula	200	745	1250	2500	4340	6200
2d Cpe Trans Am	350	780	1300	2600	4550	6500
2d Cpe Trans Am SE	350	820	1400	2700	4760	6800

NOTE: Deduct 15 percent for V-6.

Catalina, V-8

	6	5	4	3	2	1
4d Sed	150	550	850	1675	2950	4200
2d Cpe	150	575	875	1700	3000	4300
4d 2S Sta Wag	150	575	875	1700	3000	4300
4d 3S Sta Wag	150	575	900	1750	3100	4400

NOTE: Deduct 10 percent for V-6.

Bonneville, V-8

	6	5	4	3	2	1
4d Sed	150	575	875	1700	3000	4300
2d Cpe	150	575	900	1750	3100	4400
4d 2S Sta Wag	150	575	900	1750	3100	4400
4d 3S Sta Wag	150	600	900	1800	3150	4500

NOTE: Deduct 10 percent for V-6.

Bonneville Brougham, V-8

	6	5	4	3	2	1
4d Sed	150	600	900	1800	3150	4500
2d Cpe	150	600	950	1850	3200	4600

	6	5	4	3	2	1
Grand Prix, V-8						
2d Cpe	200	650	1100	2150	3780	5400
2d Cpe LJ	200	660	1100	2200	3850	5500
2d Cpe Brgm	200	670	1150	2250	3920	5600
NOTE: Deduct 10 percent for V-6.						
1982						
T1000, 4-cyl.						
4d Sed HBk	150	475	750	1475	2600	3700
2d Cpe HBk	125	450	750	1450	2500	3600
J2000 S, 4-cyl.						
4d Sed	150	500	800	1550	2700	3900
2d Cpe	150	500	800	1600	2800	4000
4d Sta Wag	150	500	800	1600	2800	4000
J2000, 4-cyl.						
4d Sed	150	500	800	1600	2800	4000
2d Cpe	150	550	850	1650	2900	4100
2d Cpe HBk	150	550	850	1675	2950	4200
4d Sta Wag	150	550	850	1675	2950	4200
J2000 LE, 4-cyl.						
4d Sed	150	550	850	1650	2900	4100
2d Cpe	150	550	850	1675	2950	4200
J2000 SE, 4-cyl.						
2d Cpe HBk	150	575	900	1750	3100	4400
Phoenix, V-6						
4d Sed HBk	150	475	775	1500	2650	3800
2d Cpe	150	500	800	1550	2700	3900
NOTE: Deduct 10 percent for 4-cyl.						
Phoenix LJ, V-6						
4d Sed HBk	150	500	800	1550	2700	3900
2d Cpe	150	500	800	1600	2800	4000
NOTE: Deduct 10 percent for 4-cyl.						
Phoenix SJ, V-6						
4d Sed HBk	150	500	800	1600	2800	4000
2d Cpe	150	550	850	1650	2900	4100
6000, V-6						
4d Sed	150	550	850	1675	2950	4200
2d Cpe	150	575	875	1700	3000	4300
NOTE: Deduct 10 percent for 4-cyl.						
6000 LE, V-6						
4d Sed	150	575	875	1700	3000	4300
2d Cpe	150	575	900	1750	3100	4400
NOTE: Deduct 10 percent for 4-cyl.						
Firebird, V-8						
2d Cpe	200	750	1275	2500	4400	6300
2d Cpe SE	350	790	1350	2650	4620	6600
2d Cpe Trans Am	350	830	1400	2950	4830	6900
NOTE: Deduct 15 percent for V-6.						
Bonneville, V-6						
4d Sed	150	600	900	1800	3150	4500
4d Sta Wag	150	600	900	1800	3150	4500
Bonneville Brougham						
4d Sed	150	650	950	1900	3300	4700
Grand Prix, V-6						
2d Cpe	200	700	1200	2350	4130	5900
2d Cpe LJ	200	730	1250	2450	4270	6100
2d Cpe Brgm	200	745	1250	2500	4340	6200
1983						
1000, 4-cyl.						
4d Sed HBk	150	475	775	1500	2650	3800
2d Cpe	150	475	750	1475	2600	3700
2000, 4-cyl.						
4d Sed	150	500	800	1600	2800	4000
2d Cpe	150	550	850	1650	2900	4100
2d Cpe HBk	150	550	850	1675	2950	4200
4d Sta Wag	150	550	850	1675	2950	4200
2000 LE, 4-cyl.						
4d Sed	150	550	850	1675	2950	4200
2d Cpe	150	575	875	1700	3000	4300
4d Sta Wag	150	575	875	1700	3000	4300
2000 SE, 4-cyl.						
2d Cpe HBk	150	575	900	1750	3100	4400
Sunbird, 4-cyl.						
2d Conv	350	1020	1700	3400	5950	8500
Phoenix, V-6						
4d Sed HBk	150	500	800	1550	2700	3900

	6	5	4	3	2	1
2d Cpe	150	500	800	1600	2800	4000

NOTE: Deduct 10 percent for 4-cyl.

Phoenix LJ, V-6

	6	5	4	3	2	1
4d Sed HBk	150	500	800	1600	2800	4000
2d Cpe	150	550	850	1650	2900	4100

NOTE: Deduct 10 percent for 4-cyl.

Phoenix SJ, V-6

	6	5	4	3	2	1
4d Sed HBk	150	550	850	1650	2900	4100
2d Cpe	150	550	850	1675	2950	4200

6000, V-6

	6	5	4	3	2	1
4d Sed	150	575	875	1700	3000	4300
2d Cpe	150	575	900	1750	3100	4400

NOTE: Deduct 10 percent for 4-cyl.

6000 LE, V-6

	6	5	4	3	2	1
4d Sed	150	575	900	1750	3100	4400
2d Cpe	150	600	900	1800	3150	4500

NOTE: Deduct 10 percent for 4-cyl.

6000 STE, V-6

	6	5	4	3	2	1
4d Sed	150	650	950	1900	3300	4700

Firebird, V-8

	6	5	4	3	2	1
2d Cpe	200	750	1275	2500	4400	6300
2d Cpe SE	350	770	1300	2550	4480	6400
2d Cpe Trans Am	350	790	1350	2650	4620	6600

NOTE: Deduct 15 percent for V-6.

Bonneville, V-8

	6	5	4	3	2	1
4d Sed	150	650	975	1950	3350	4800
4d Brgm	200	675	1000	1950	3400	4900
4d Sta Wag	200	675	1000	1950	3400	4900

NOTE: Deduct 10 percent for V-6.

Grand Prix, V-8

	6	5	4	3	2	1
2d Cpe	200	660	1100	2200	3850	5500
2d Cpe LJ	200	685	1150	2300	3990	5700
2d Cpe Brgm	200	670	1200	2300	4060	5800

1984 Pontiac Fiero coupe

1984

1000, 4-cyl.

	6	5	4	3	2	1
4d HBk	150	475	775	1500	2650	3800
2d HBk	150	475	750	1475	2600	3700

Sunbird 2000, 4-cyl.

	6	5	4	3	2	1
4d Sed LE	150	550	850	1650	2900	4100
2d Sed LE	150	500	800	1600	2800	4000
2d Conv LE	350	1020	1700	3400	5950	8500
4d Sta Wag LE	150	550	850	1675	2950	4200
4d Sed SE	150	550	850	1675	2950	4200
2d Sed SE	150	550	850	1650	2900	4100
2d HBk SE	150	575	875	1700	3000	4300

NOTE: Deduct 5 percent for lesser models.

Phoenix, 4-cyl.

	6	5	4	3	2	1
2d Sed	150	500	800	1550	2700	3900
4d HBk	150	500	800	1600	2800	4000
2d Sed LE	150	500	800	1600	2800	4000
4d HBk LE	150	550	850	1650	2900	4100

Phoenix, V-6

	6	5	4	3	2	1
2d Sed	150	550	850	1650	2900	4100
4d HBk	150	550	850	1675	2950	4200
2d Sed LE	150	550	850	1675	2950	4200
4d HBk LE	150	575	875	1700	3000	4300
2d Sed SE	150	575	900	1750	3100	4400

	6	5	4	3	2	1
6000, 4-cyl.						
4d Sed LE	150	600	900	1800	3150	4500
2d Sed LE	150	600	950	1850	3200	4600
4d Sta Wag LE	150	650	950	1900	3300	4700
NOTE: Deduct 5 percent for lesser models.						
6000, V-6						
4d Sed LE	150	600	950	1850	3200	4600
2d Sed LE	150	650	950	1900	3300	4700
4d Sta Wag LE	150	650	975	1950	3350	4800
4d Sed STE	200	675	1000	1950	3400	4900
NOTE: Deduct 5 percent for lesser models.						
Fiero, 4-cyl.						
2d Cpe	200	670	1200	2300	4060	5800
2d Cpe Spt	200	700	1200	2350	4130	5900
2d Cpe SE	200	720	1200	2400	4200	6000
NOTE: Add 40 percent for Indy Pace Car.						
Firebird, V-6						
2d Cpe	200	730	1250	2450	4270	6100
2d Cpe SE	200	750	1275	2500	4400	6300
Firebird, V-8						
2d Cpe	350	790	1350	2650	4620	6600
2d Cpe SE	350	800	1350	2700	4700	6700
2d Cpe TA	350	820	1400	2700	4760	6800
Bonneville, V-6						
4d Sed	150	600	950	1850	3200	4600
4d Sed LE	150	650	950	1900	3300	4700
4d Sed Brgm	150	650	975	1950	3350	4800
Bonneville, V-8						
4d Sed	150	650	975	1950	3350	4800
4d Sed LE	200	675	1000	1950	3400	4900
4d Sed Brgm	200	675	1000	2000	3500	5000
Grand Prix, V-6						
2d Cpe	200	660	1100	2200	3850	5500
2d Cpe LE	200	685	1150	2300	3990	5700
2d Cpe Brgm	200	700	1200	2350	4130	5900
Grand Prix, V-8						
2d Cpe	200	670	1200	2300	4060	5800
2d Cpe LE	200	720	1200	2400	4200	6000
2d Cpe Brgm	350	770	1300	2550	4480	6400
Parisienne, V-6						
4d Sed	150	600	900	1800	3150	4500
4d Sed Brgm	150	600	950	1850	3200	4600
Parisienne, V-8						
4d Sed	150	650	950	1900	3300	4700
4d Sed Brgm	150	650	975	1950	3350	4800
4d Sta Wag	200	675	1000	1950	3400	4900
1985						
1000, 4-cyl.						
4d Sed	150	475	775	1500	2650	3800
2d Sed	150	475	750	1475	2600	3700
2d HBk	150	500	800	1550	2700	3900
4d Sta Wag	150	500	800	1600	2800	4000
Sunbird, 4-cyl.						
4d Sed	150	550	850	1650	2900	4100
2d Cpe	150	500	800	1600	2800	4000
Conv	350	1020	1700	3400	5950	8500
4d Sta Wag	150	550	850	1675	2950	4200
4d Sed SE	150	550	850	1675	2950	4200
2d Cpe SE	150	550	850	1650	2900	4100
2d HBk SE	150	575	875	1700	3000	4300
NOTE: Add 20 percent for turbo.						
Grand AM, V-6						
2d Cpe	150	600	900	1800	3150	4500
2d Cpe LE	150	600	950	1850	3200	4600
NOTE: Deduct 15 percent for 4-cyl.						
6000, V-6						
4d Sed LE	150	600	950	1850	3200	4600
2d Sed LE	150	650	950	1900	3300	4700
4d Sta Wag LE	150	650	975	1950	3350	4800
4d Sed STE	200	675	1000	1950	3400	4900
NOTE: Deduct 20 percent for 4-cyl. where available. Deduct 5 percent for lesser models.						
Fiero, V-6						
2d Cpe	200	720	1200	2400	4200	6000
2d Cpe Spt	200	730	1250	2450	4270	6100
2d Cpe SE	200	745	1250	2500	4340	6200

	6	5	4	3	2	1
2d Cpe GT	200	750	1275	2500	4400	6300

NOTE: Deduct 20 percent for 4-cyl. where available.

Firebird, V-8

	6	5	4	3	2	1
2d Cpe	350	790	1350	2650	4620	6600
2d Cpe SE	350	800	1350	2700	4700	6700
2d Cpe Trans AM	350	820	1400	2700	4760	6800

NOTE: Deduct 30 percent for V-6 where available.

Bonneville, V-8

	6	5	4	3	2	1
4d Sed	150	600	950	1850	3200	4600
4d Sed LE	150	650	950	1900	3300	4700
4d Sed Brgm	150	650	975	1950	3350	4800

NOTE: Deduct 25 percent for V-6.

Grand Prix, V-8

	6	5	4	3	2	1
2d Cpe	200	660	1100	2200	3850	5500
2d Cpe LE	200	685	1150	2300	3990	5700
2d Cpe Brgm	200	700	1200	2350	4130	5900

NOTE: Deduct 25 percent for V-6.

Parisienne, V-8

	6	5	4	3	2	1
4d Sed	150	650	950	1900	3300	4700
4d Sed Brgm	150	650	975	1950	3350	4800
4d Sta Wag	200	675	1000	1950	3400	4900

NOTE: Deduct 20 percent for V-6 where available.
Deduct 30 percent for diesel.

1986

Fiero, V-6

	6	5	4	3	2	1
2d Cpe Spt	200	720	1200	2400	4200	6000
2d Cpe SE	200	730	1250	2450	4270	6100
2d Cpe GT	200	750	1275	2500	4400	6300

NOTE: Deduct 20 percent for 4-cyl. where available.

	6	5	4	3	2	1
2d HBk	150	475	775	1500	2650	3800
4d HBk	150	500	800	1550	2700	3900

Sunbird

	6	5	4	3	2	1
2d Cpe	150	500	800	1600	2800	4000
2d HBk	150	550	850	1650	2900	4100
2d Conv	350	1040	1700	3450	6000	8600
4d GT Sed	150	550	850	1650	2900	4100
2d GT Conv	450	1050	1750	3550	6150	8800

Grand Am

	6	5	4	3	2	1
2d Cpe	150	650	950	1900	3300	4700
4d Sed	150	600	950	1850	3200	4600

Firebird

	6	5	4	3	2	1
2d Cpe	350	790	1350	2650	4620	6600
2d SE V-8 Cpe	350	800	1350	2700	4700	6700
Trans Am Cpe	350	830	1400	2950	4830	6900

6000

	6	5	4	3	2	1
2d Cpe	150	650	975	1950	3350	4800
4d Sed	150	650	950	1900	3300	4700
4d Sta Wag	150	650	975	1950	3350	4800
4d STE Sed	200	675	1000	2000	3500	5000

Grand Prix

	6	5	4	3	2	1
2d Cpe	200	685	1150	2300	3990	5700

Bonneville

	6	5	4	3	2	1
4d Sed	150	650	975	1950	3350	4800

Parisienne

	6	5	4	3	2	1
4d Sed	200	675	1000	1950	3400	4900
4d Sta Wag	200	670	1200	2300	4060	5800
4d Brgm Sed	200	675	1000	2000	3500	5000

NOTES: Add 10 percent for deluxe models.

1986-1/2 Grand Prix 2 plus 2

	6	5	4	3	2	1
2d Aero Cpe	450	1050	1800	3600	6200	8900

Deduct 5 percent for smaller engines.

1987

1000, 4-cyl.

	6	5	4	3	2	1
2d HBk	150	475	775	1500	2650	3800
4d HBk	150	500	800	1550	2700	3900

Sunbird, 4-cyl.

	6	5	4	3	2	1
4d Sed	150	500	800	1550	2700	3900
4d Sta Wag	150	500	800	1600	2800	4000
2d SE Cpe	150	550	850	1650	2900	4100
2d SE HBk	150	550	850	1675	2950	4200
2d SE Conv	450	1080	1800	3600	6300	9000
4d GT Turbo Sed	150	575	875	1700	3000	4300
2d GT Turbo Cpe	150	550	850	1675	2950	4200
2d GT Turbo HBk	150	575	875	1700	3000	4300
2d GT Turbo Conv	400	1200	2000	4000	7000	10,000

NOTE: Add 5 percent for Turbo on all models except GT.

	6	5	4	3	2	1
Grand Am, 4-cyl.						
4d Sed	150	650	975	1950	3350	4800
2d Cpe	200	675	1000	1950	3400	4900
4d LE Sed	200	675	1000	1950	3400	4900
2d LE Cpe	200	675	1000	2000	3500	5000
4d SE Sed	200	700	1050	2050	3600	5100
2d SE Cpe	200	700	1050	2100	3650	5200
Grand Am, V-6						
4d Sed	200	675	1000	1950	3400	4900
2d Cpe	200	675	1000	2000	3500	5000
4d LE Sed	200	675	1000	2000	3500	5000
2d LE Cpe	200	700	1050	2050	3600	5100
4d SE Sed	200	700	1075	2150	3700	5300
2d SE Cpe	200	650	1100	2150	3780	5400
6000, 4-cyl.						
4d Sed	200	675	1000	2000	3500	5000
2d Cpe	200	675	1000	1950	3400	4900
4d Sta Wag	200	700	1050	2050	3600	5100
4d LE Sed	200	700	1050	2050	3600	5100
4d LE Sta Wag	200	700	1050	2100	3650	5200
6000, V-6						
4d Sed	200	700	1050	2050	3600	5100
2d Cpe	200	675	1000	2000	3500	5000
4d Sta Wag	200	700	1050	2100	3650	5200
4d LE Sed	200	700	1050	2100	3650	5200
4d LE Sta Wag	200	700	1075	2150	3700	5300
4d SE Sed	200	700	1075	2150	3700	5300
4d SE Sta Wag	200	650	1100	2150	3780	5400
4d STE Sed	200	650	1100	2150	3780	5400
Fiero, V-6						
2d Cpe	200	730	1250	2450	4270	6100
2d Spt Cpe	200	745	1250	2500	4340	6200
2d SE Cpe	200	750	1275	2500	4400	6300
NOTE: Deduct 20 percent for 4-cyl.						
Fiero, V-6						
2d GT Cpe	350	780	1300	2600	4550	6500
Firebird, V-6						
2d Cpe	350	800	1350	2700	4700	6700
Firebird, V-8						
2d Cpe	350	830	1400	2950	4830	6900
2d Cpe Formula	350	840	1400	2800	4900	7000
2d Cpe Trans Am	350	860	1450	2900	5050	7200
2d Cpe GTA	350	880	1500	2950	5180	7400
NOTE: Add 10 percent for 5.7 liter V-8 where available.						
Bonneville, V-6						
4d Sed	200	675	1000	2000	3500	5000
4d LE Sed	200	700	1050	2100	3650	5200
Grand Prix, V-6						
2d Cpe	200	670	1200	2300	4060	5800
2d LE Cpe	200	700	1200	2350	4130	5900
2d Brgm Cpe	200	720	1200	2400	4200	6000
Grand Prix, V-8						
2d Cpe	200	720	1200	2400	4200	6000
2d LE Cpe	200	730	1250	2450	4270	6100
2d Brgm Cpe	200	745	1250	2500	4340	6200
Safari, V-8						
4d Sta Wag	200	700	1050	2100	3650	5200
1988						
LeMans, 4-cyl.						
3d HBk	100	300	500	1000	1750	2500
4d Sed	100	330	575	1150	1950	2800
4d SE Sed	100	360	600	1200	2100	3000
Sunbird, 4-cyl.						
4d Sed	125	400	700	1375	2400	3400
2d SE Cpe	125	450	750	1450	2500	3600
4d SE Sed	150	475	750	1475	2600	3700
4d Sta Wag	150	475	775	1500	2650	3800
2d GT Cpe	200	675	1000	2000	3500	5000
2d GT Conv	350	1020	1700	3400	5950	8500
Grand Am, 4-cyl.						
2d Cpe	150	600	900	1800	3150	4500
4d Sed	150	600	950	1850	3200	4600
2d LE Cpe	150	650	975	1950	3350	4800
4d Sed LE	200	675	1000	1950	3400	4900
2d SE Turbo Cpe	200	670	1150	2250	3920	5600
4d SE Turbo Sed	200	685	1150	2300	3990	5700

	6	5	4	3	2	1
6000, 4-cyl.						
4d Sed	150	500	800	1550	2700	3900
4d Sta Wag	150	500	800	1600	2800	4000
4d LE Sed	150	500	800	1600	2800	4000
4d LE Sta Wag	150	550	850	1675	2950	4200
6000, V-6						
4d Sed	150	550	850	1675	2950	4200
4d Sta Wag	150	600	900	1800	3150	4500
4d Sed LE	200	675	1000	2000	3500	5000
4d LE Sta Wag	200	675	1000	2000	3500	5000
4d SE Sed	200	700	1050	2100	3650	5200
4d SE Sta Wag	200	660	1100	2200	3850	5500
4d STE Sed	350	860	1450	2900	5050	7200
Fiero V-6						
2d Cpe III	200	720	1200	2400	4200	6000
2d Formula Cpe	350	780	1300	2600	4550	6500
2d GT Cpe	350	820	1400	2700	4760	6800
Firebird, V-6						
2d Cpe	200	720	1200	2400	4200	6000
Firebird, V-8						
2d Cpe	350	840	1400	2800	4900	7000
2d Formula Cpe	350	975	1600	3200	5600	8000
2d Cpe Trans Am	450	1080	1800	3600	6300	9000
2d Cpe GTA	400	1300	2200	4400	7700	11,000
Bonneville, V-6						
4d LE Sed	200	720	1200	2400	4200	6000
4d SE Sed	350	900	1500	3000	5250	7500
4d SSE Sed	450	1080	1800	3600	6300	9000
Grand Prix, V-6						
2d Cpe	350	780	1300	2600	4550	6500
2d LE Cpe	350	840	1400	2800	4900	7000
2d SE Cpe	350	975	1600	3200	5600	8000
1989						
LeMans, 4-cyl.						
2d HBk	100	325	550	1100	1900	2700
2d LE HBk	100	350	600	1150	2000	2900
2d GSE HBk	125	400	700	1375	2400	3400
4d LE Sed	125	400	675	1350	2300	3300
4d SE Sed	125	450	700	1400	2450	3500
Sunbird, 4-cyl.						
4d LE Sed	150	600	950	1850	3200	4600
2d LE Cpe	150	600	900	1800	3150	4500
2d SE Cpe	150	650	950	1900	3300	4700
2d GT Turbo Cpe	350	800	1350	2700	4700	6700
2d GT Turbo Conv	450	1140	1900	3800	6650	9500
Grand Am, 4-cyl.						
4d LE Sed	200	670	1150	2250	3920	5600
2d LE Cpe	200	660	1100	2200	3850	5500
4d SE Sed	200	750	1275	2500	4400	6300
2d SE Cpe	200	745	1250	2500	4340	6200
6000, 4-cyl.						
4d Sed LE	200	685	1150	2300	3990	5700
6000, V-6						
4d LE Sed	200	730	1250	2450	4270	6100
4d LE Sta Wag	350	770	1300	2550	4480	6400
4d STE Sed	350	975	1600	3200	5600	8000
Firebird, V-6						
2d Cpe	350	780	1300	2600	4550	6500
Firebird, V-8						
2d Cpe	350	840	1400	2800	4900	7000
2d Formula Cpe	350	900	1500	3000	5250	7500
2d Trans Am Pace Car	550	1800	3000	6000	10,500	15,000
Turbo, V-6						
2d Trans Am Cpe	400	1200	2000	4000	7000	10,000
2d GTA Cpe	400	1300	2200	4400	7700	11,000
Bonneville, V-6						
4d LE Sed	350	820	1400	2700	4760	6800
4d SE Sed	350	950	1550	3150	5450	7800
4d SSE Sed	450	1050	1750	3550	6150	8800
Grand Prix, V-6						
2d Cpe	350	840	1400	2800	4900	7000
2d LE Cpe	350	900	1500	3000	5250	7500
2d SE Cpe	350	975	1600	3200	5600	8000
NOTE: Add 40 percent for McLaren Turbo Cpe.						
Safari, V-8						
4d Sta Wag	350	860	1450	2900	5050	7200

	6	5	4	3	2	1
1989-1/2 Firebird Trans Am Pace Car V-6 Turbo						
Cpe	550	1800	3000	6000	10,500	15,000
1990						
LeMans, 4-cyl.						
2d Cpe	100	330	575	1150	1950	2800
2d LE Cpe	125	380	650	1300	2250	3200
2d GSE Cpe	125	450	750	1450	2500	3600
4d LE Sed	125	380	650	1300	2250	3200
Sunbird, 4-cyl.						
2d VL Cpe	150	500	800	1600	2800	4000
4d VL Sed	150	550	850	1650	2900	4100
2d LE Cpe	150	550	850	1675	2950	4200
2d LE Conv	350	900	1500	3000	5250	7500
4d LE Sed	150	575	875	1700	3000	4300
2d SE Cpe	200	675	1000	2000	3500	5000
2d GT Turbo Cpe	200	720	1200	2400	4200	6000
Grand Am, 4-cyl.						
2d LE Cpe	200	685	1150	2300	3990	5700
4d LE Cpe	200	720	1200	2400	4200	6000
2d SE Quad Cpe	350	780	1300	2600	4550	6500
4d SE Quad Sed	350	790	1350	2650	4620	6600
6000, 4-cyl.						
4d LE Sed	150	600	900	1800	3150	4500
6000, V-6						
4d LE Sed	200	675	1000	2000	3500	5000
4d LE Sta Wag	200	660	1100	2200	3850	5500
4d SE Sed	200	660	1100	2200	3850	5500
4d SE Sta Wag	200	720	1200	2400	4200	6000
Firebird, V-6						
2d Cpe	350	780	1300	2600	4550	6500
Firebird, V-8						
2d Cpe	350	900	1500	3000	5250	7500
2d Formula Cpe	350	975	1600	3200	5600	8000
2d Trans Am Cpe	450	1080	1800	3600	6300	9000
2d GTA Cpe	400	1300	2200	4400	7700	11,000
Bonneville, V-6						
4d LE Sed	350	840	1400	2800	4900	7000
4d SE Sed	350	900	1500	3000	5250	7500
4d SSE Sed	350	1020	1700	3400	5950	8500
Grand Prix, 4-cyl.						
2d LE Cpe	200	720	1200	2400	4200	6000
4d LE Sed	200	730	1250	2450	4270	6100
Grand Prix, V-6						
2d LE Cpe	200	750	1275	2500	4400	6300
4d LE Sed	350	770	1300	2550	4480	6400
2d SE Cpe	350	975	1600	3200	5600	8000
4d STE Sed	350	1020	1700	3400	5950	8500
1991						
LeMans, 4-cyl.						
2d Aero Cpe	125	380	650	1300	2250	3200
2d Aero LE Cpe	150	475	775	1500	2650	3800
4d LE Sed	125	450	700	1400	2450	3500
Sunbird, 4-cyl.						
2d Cpe	150	475	775	1500	2650	3800
4d Sed	150	475	775	1500	2650	3800
2d LE Cpe	150	500	800	1600	2800	4000
4d LE Cpe	150	500	800	1600	2800	4000
2d LE Conv	350	975	1600	3200	5600	8000
2d SE Cpe	200	675	1000	2000	3500	5000
Sunbird, V-6						
2d GT Cpe	350	780	1300	2600	4550	6500
Grand Am, 4-cyl.						
2d Cpe	200	675	1000	2000	3500	5000
4d Sed	200	675	1000	2000	3500	5000
2d LE Cpe	200	700	1050	2100	3650	5200
4d LE Sed	200	700	1050	2100	3650	5200
2d SE Quad 4 Cpe	200	670	1200	2300	4060	5800
4d SE Quad 4 Sed	200	670	1200	2300	4060	5800
6000, 4-cyl.						
4d LE Sed	150	600	900	1800	3150	4500
6000, V-6						
4d LE Sed	200	675	1000	2000	3500	5000
4d LE Sta Wag	200	660	1100	2200	3850	5500
4d SE Sed	200	650	1100	2150	3780	5400
Firebird, V-6						
2d Cpe	350	780	1300	2600	4550	6500

	6	5	4	3	2	1
2d Conv	400	1200	2000	4000	7000	10,000
Firebird, V-8						
2d Cpe	350	900	1500	3000	5250	7500
2d Conv	400	1300	2200	4400	7700	11,000
2d Formula Cpe	350	975	1600	3200	5600	8000
2d Trans Am Cpe	450	1080	1800	3600	6300	9000
2d Trans Am Conv	450	1500	2500	5000	8800	12,500
2d GTA Cpe	400	1300	2200	4400	7700	11,000
Bonneville, V-6						
4d LE Sed	350	780	1300	2600	4550	6500
4d SE Sed	350	900	1500	3000	5250	7500
4d SSE Sed	350	975	1600	3200	5600	8000
Grand Prix, Quad 4						
2d SE Cpe	200	660	1100	2200	3850	5500
4d LE Sed	200	660	1100	2200	3850	5500
4d SE Sed	200	670	1200	2300	4060	5800
Grand Prix, V-6						
4d SE Cpe	200	720	1200	2400	4200	6000
2d GT Cpe	350	770	1300	2550	4480	6400
4d LE Sed	200	720	1200	2400	4200	6000
4d SE Sed	350	770	1300	2550	4480	6400
4d STE Sed	350	840	1400	2800	4900	7000
1992						
LeMans, 4-cyl.						
2d Aero Cpe HBk	150	475	775	1500	2650	3800
2d SE Aero Cpe HBk	150	500	800	1550	2700	3900
4d SE Sed	150	500	800	1600	2800	4000
Sunbird, 4-cyl.						
4d LE Sed	150	500	800	1600	2800	4000
2d LE Cpe	150	550	850	1650	2900	4100
4d SE Sed	150	550	850	1675	2950	4200
2d SE Cpe	150	575	875	1700	3000	4300
2d SE Conv	350	780	1300	2600	4550	6500
2d GT Cpe V-6	150	600	900	1800	3150	4500
Grand Am, 4-cyl.						
4d SE Sed	200	675	1000	2000	3500	5000
2d SE Cpe	200	660	1100	2200	3850	5500
4d GT Sed	200	720	1200	2400	4200	6000
2d GT Cpe	350	780	1300	2600	4550	6500
NOTE: Add 10 percent for V-6.						
Firebird, V-8						
2d Cpe	350	975	1600	3200	5600	8000
2d Conv	400	1300	2200	4400	7700	11,000
2d Formula Cpe	350	1020	1700	3400	5950	8500
2d Trans Am Cpe	450	1140	1900	3800	6650	9500
2d Trans Am Conv	450	1400	2300	4600	8100	11,500
2d GTA Cpe	400	1250	2100	4200	7400	10,500
NOTE: Deduct 10 percent for V-6.						
Bonneville, V-6						
4d SE Sed	350	780	1300	2600	4550	6500
4d SSE Sed	350	900	1500	3000	5250	7500
4d SSEi Sed	450	1080	1800	3600	6300	9000
Grand Prix, V-6						
4d LE Sed	200	660	1100	2200	3850	5500
4d SE Sed	200	720	1200	2400	4200	6000
2d SE Cpe	350	780	1300	2600	4550	6500
4d STE Sed	350	975	1600	3200	5600	8000
2d GT Cpe	350	1020	1700	3400	5950	8500

OAKLAND

	6	5	4	3	2	1
1907						
Model A, 4-cyl., 96" wb - 100" wb						
All Body Styles	1250	3950	6600	13,200	23,100	33,000
1909						
Model 20, 2-cyl., 112" wb						
All Body Styles	1150	3600	6000	12,000	21,000	30,000
Model 40, 4-cyl., 112" wb						
All Body Styles	1050	3350	5600	11,200	19,600	28,000
1910-1911						
Model 24, 4-cyl., 96" wb						
Rds	850	2650	4400	8800	15,400	22,000
Model 25, 4-cyl., 100" wb						
Tr	750	2400	4000	8000	14,000	20,000

	6	5	4	3	2	1
Model 33, 4-cyl., 106" wb						
Tr	900	2900	4800	9600	16,800	24,000
Model K, 4-cyl., 102" wb						
Tr	1000	3100	5200	10,400	18,200	26,000
Model M, 4-cyl., 112" wb						
Rds	1000	3250	5400	10,800	18,900	27,000
NOTE: Model 33 1911 only.						
1912						
Model 30, 4-cyl., 106" wb						
5P Tr	550	1800	3000	6000	10,500	15,000
Rbt	600	1850	3100	6200	10,900	15,500
Model 40, 4-cyl., 112" wb						
5P Tr	550	1800	3000	6000	10,500	15,000
Cpe	400	1300	2200	4400	7700	11,000
Rds	600	1900	3200	6400	11,200	16,000
Model 45, 4-cyl., 120" wb						
7P Tr	800	2500	4200	8400	14,700	21,000
4P Tr	850	2650	4400	8800	15,400	22,000
Limo	750	2400	4000	8000	14,000	20,000
1913						
Greyhound 6-60, 6-cyl., 130" wb						
4P Tr	900	2900	4800	9600	16,800	24,000
7P Tr	850	2750	4600	9200	16,100	23,000
Rbt	700	2300	3800	7600	13,300	19,000
Model 42, 4-cyl., 116" wb						
5P Tr	700	2150	3600	7200	12,600	18,000
3P Rds	650	2050	3400	6800	11,900	17,000
4P Cpe	400	1300	2200	4400	7700	11,000
Model 35, 4-cyl., 112" wb						
5P Tr	600	1900	3200	6400	11,200	16,000
3P Rds	600	1900	3200	6400	11,200	16,000
Model 40, 4-cyl., 114" wb						
5P Tr	650	2050	3400	6800	11,900	17,000
Model 45, 4-cyl., 120" wb						
7P Limo	550	1800	3000	6000	10,500	15,000
1914						
Model 6-60, 6-cyl., 130" wb						
Rbt	650	2050	3400	6800	11,900	17,000
Rds	800	2500	4200	8400	14,700	21,000
Cl Cpl	600	1900	3200	6400	11,200	16,000
Tr	850	2750	4600	9200	16,100	23,000
Model 6-48, 6-cyl., 130" wb						
Spt	450	1450	2400	4800	8400	12,000
Rds	700	2300	3800	7600	13,300	19,000
Tr	750	2400	4000	8000	14,000	20,000
Model 43, 4-cyl., 116" wb						
5P Tr	600	1900	3200	6400	11,200	16,000
Cpe	400	1200	2000	4000	7000	10,000
Sed	450	1140	1900	3800	6650	9500
Model 36, 4-cyl., 112" wb						
5P Tr	550	1800	3000	6000	10,500	15,000
Cabr	550	1750	2900	5800	10,200	14,500
Model 35, 4-cyl., 112" wb						
Rds	550	1700	2800	5600	9800	14,000
5P Tr	550	1750	2900	5800	10,200	14,500
1915-1916						
Model 37-Model 38, 4-cyl., 112" wb						
Tr	550	1700	2800	5600	9800	14,000
Rds	500	1550	2600	5200	9100	13,000
Spd	450	1500	2500	5000	8800	12,500
Model 49-Model 32, 6-cyl., 110"-123.5" wb						
Tr	600	1900	3200	6400	11,200	16,000
Rds	600	1850	3100	6200	10,900	15,500
Model 50, 8-cyl., 127" wb						
7P Tr	700	2300	3800	7600	13,300	19,000
NOTE: Model 37 and model 49 are 1915 models.						
1917						
Model 34, 6-cyl., 112" wb						
Rds	450	1450	2400	4800	8400	12,000
5P Tr	450	1500	2500	5000	8800	12,500
Cpe	450	1140	1900	3800	6650	9500
Sed	450	1080	1800	3600	6300	9000
Model 50, 8-cyl., 127" wb						
7P Tr	700	2300	3800	7600	13,300	19,000

1918	6	5	4	3	2	1
Model 34-B, 6-cyl., 112" wb						
5P Tr	450	1450	2400	4800	8400	12,000
Rds	450	1400	2300	4600	8100	11,500
Rds Cpe	450	1140	1900	3800	6650	9500
Tr Sed	450	1080	1800	3600	6300	9000
4P Cpe	350	1020	1700	3400	5950	8500
Sed	350	975	1600	3200	5600	8000
1919						
Model 34-B, 6-cyl., 112" wb						
5P Tr	450	1450	2400	4800	8400	12,000
Rds	450	1400	2300	4600	8100	11,500
Rds Cpe	450	1140	1900	3800	6650	9500
Cpe	350	1020	1700	3400	5950	8500
Sed	350	975	1600	3200	5600	8000
1920						
Model 34-C, 6-cyl., 112" wb						
Tr	450	1450	2400	4800	8400	12,000
Rds	450	1400	2300	4600	8100	11,500
Sed	350	1020	1700	3400	5950	8500
Cpe	450	1080	1800	3600	6300	9000
1921-22						
Model 34-C, 6-cyl., 115" wb						
Tr	500	1550	2600	5200	9100	13,000
Rds	450	1500	2500	5000	8800	12,500
Sed	350	1020	1700	3400	5950	8500
Cpe	450	1080	1800	3600	6300	9000
1923						
Model 6-44, 6-cyl., 115" wb						
Rds	500	1550	2600	5200	9100	13,000
Tr	500	1600	2700	5400	9500	13,500
Spt Rds	500	1600	2700	5400	9500	13,500
Spt Tr	550	1700	2800	5600	9800	14,000
2P Cpe	350	900	1500	3000	5250	7500
4P Cpe	350	880	1500	2950	5180	7400
Sed	350	780	1300	2600	4550	6500
1924-25						
Model 6-54, 6-cyl., 113" wb						
5P Tr	550	1800	3000	6000	10,500	15,000
Spl Tr	600	1850	3100	6200	10,900	15,500
Rds	550	1750	2900	5800	10,200	14,500
Spl Rds	550	1800	3000	6000	10,500	15,000
4P Cpe	450	1140	1900	3800	6650	9500
Lan Cpe	450	1140	1900	3800	6650	9500
Sed	350	975	1600	3200	5600	8000
Lan Sed	350	1020	1700	3400	5950	8500
2d Sed	350	900	1500	3000	5250	7500
2d Lan Sed	350	975	1600	3200	5600	8000
1926-27						
Greater Six, 6-cyl., 113" wb						
Tr	600	1850	3100	6200	10,900	15,500
Spt Phae	600	1900	3200	6400	11,200	16,000
Rds	550	1800	3000	6000	10,500	15,000
Spt Rds	600	1850	3100	6200	10,900	15,500
Lan Cpe	400	1250	2100	4200	7400	10,500
2d Sed	450	1080	1800	3600	6300	9000
Sed	350	1020	1700	3400	5950	8500
Lan Sed	450	1080	1800	3600	6300	9000
1928						
Model 212, All-American, 6-cyl., 117" wb						
Spt Rds	600	2000	3300	6600	11,600	16,500
Phae	650	2050	3400	6800	11,900	17,000
Lan Cpe	400	1300	2200	4400	7700	11,000
Cabr	550	1800	3000	6000	10,500	15,000
2d Sed	400	1200	2000	4000	7000	10,000
Sed	450	1140	1900	3800	6650	9500
Lan Sed	400	1200	2000	4000	7000	10,000
1929						
Model Aas, 6-cyl., 117" wb						
Spt Rds	900	2900	4800	9600	16,800	24,000
Spt Phae	950	3000	5000	10,000	17,500	25,000
Cpe	400	1300	2200	4400	7700	11,000
Conv	850	2650	4400	8800	15,400	22,000
2d Sed	400	1200	2000	4000	7000	10,000
Brgm	400	1300	2200	4400	7700	11,000

	6	5	4	3	2	1
Sed	450	1140	1900	3800	6650	9500
Spl Sed	400	1200	2000	4000	7000	10,000
Lan Sed	400	1250	2100	4200	7400	10,500
1930						
Model 101, V-8, 117" wb						
Spt Rds	900	2900	4800	9600	16,800	24,000
Phae	950	3000	5000	10,000	17,500	25,000
Cpe	550	1700	2800	5600	9800	14,000
Spt Cpe	550	1800	3000	6000	10,500	15,000
2d Sed	400	1300	2200	4400	7700	11,000
Sed	400	1250	2100	4200	7400	10,500
Cus Sed	400	1300	2150	4300	7600	10,800
1931						
Model 301, V-8, 117" Wb						
Cpe	550	1800	3000	6000	10,500	15,000
Spt Cpe	600	1900	3200	6400	11,200	16,000
Conv	950	3000	5000	10,000	17,500	25,000
2d Sed	400	1250	2100	4200	7400	10,500
Sed	400	1300	2150	4300	7600	10,800
Cus Sed	400	1300	2200	4400	7700	11,000

REO

	6	5	4	3	2	1
1905						
Two Cyl., 16 hp, 88" wb						
5P Detachable Tonn	950	3000	5000	10,000	17,500	25,000
One Cyl., 7-1/2 hp, 76" wb						
Rbt	900	2900	4800	9600	16,800	24,000
1906						
One Cyl., 8 hp, 76" wb						
2P Bus Rbt	900	2900	4800	9600	16,800	24,000
One Cyl., 8 hp, 78" wb						
4P Rbt	950	3000	5000	10,000	17,500	25,000
Two Cyl., 16 hp, 90" wb						
2P Physician's Vehicle	1000	3100	5200	10,400	18,200	26,000
4P Cpe/Depot Wag	1000	3250	5400	10,800	18,900	27,000
5P Tr	950	3000	5000	10,000	17,500	25,000
Four - 24 hp, 100" wb						
5P Tr	1000	3100	5200	10,400	18,200	26,000
1907						
Two Cyl., 16/20 hp, 94" wb						
5P Tr	1000	3100	5200	10,400	18,200	26,000
7P Limo	1000	3250	5400	10,800	18,900	27,000
One Cyl., 8 hp, 78" wb						
2/4P Rbt	1000	3100	5200	10,400	18,200	26,000
2P Rbt	950	3000	5000	10,000	17,500	25,000
1908						
One Cyl., 8/10 hp, 78" wb						
Rbt	950	3000	5000	10,000	17,500	25,000
Two Cyl., 18/20 hp, 94" wb						
Tr	1000	3100	5200	10,400	18,200	26,000
Rds	950	3000	5000	10,000	17,500	25,000
1909						
One Cyl., 10/12 hp, 78" wb						
Rbt	900	2900	4800	9600	16,800	24,000
Two Cyl., 20/22 hp, 96" wb						
Tr	1000	3100	5200	10,400	18,200	26,000
Semi-Racer	950	3000	5000	10,000	17,500	25,000

1910 Reo touring

	6	5	4	3	2	1
1910						
One Cyl., 10/12 hp, 78" wb						
Rbt	900	2900	4800	9600	16,800	24,000
Two Cyl., 20 hp, 96" wb						
Tr	950	3000	5000	10,000	17,500	25,000
Four, 35 hp, 108" wb						
5P Tr	1000	3100	5200	10,400	18,200	26,000
4P Demi-Tonn	1000	3100	5200	10,400	18,200	26,000
1911						
Twenty-Five, 4-cyl., 22.5 hp, 98" wb						
Rbt	1000	3100	5200	10,400	18,200	26,000
Thirty, 4-cyl., 30 hp, 108" wb						
2P Torp Rds	1050	3350	5600	11,200	19,600	28,000
5P Tr	1050	3350	5600	11,200	19,600	28,000
4P Rds	1000	3250	5400	10,800	18,900	27,000
Thirty-Five, 4-cyl., 35 hp, 108" wb						
Tr-5P	1150	3600	6000	12,000	21,000	30,000
4P Demi-Tonn	1100	3500	5800	11,600	20,300	29,000
1912						
The Fifth, 4-cyl., 30/35 hp, 112" wb						
5P Tr	1050	3350	5600	11,200	19,600	28,000
4P Rds	1000	3250	5400	10,800	18,900	27,000
2P Rbt	1000	3250	5400	10,800	18,900	27,000
1913						
The Fifth, 4-cyl., 30/35 hp, 112" wb						
5P Tr	1000	3250	5400	10,800	18,900	27,000
2P Rbt	1000	3100	5200	10,400	18,200	26,000
1914						
The Fifth, 4-cyl., 30/35 hp, 112" wb						
5P Tr	1000	3250	5400	10,800	18,900	27,000
2P Rbt	1000	3100	5200	10,400	18,200	26,000
1915						
The Fifth, 4-cyl., 30/35 hp, 115" wb						
5P Tr	1000	3100	5200	10,400	18,200	26,000
2P Rds	900	2900	4800	9600	16,800	24,000
3P Cpe	750	2400	4000	8000	14,000	20,000
1916						
The Fifth, 4-cyl., 30/35 hp, 115" wb						
5P Tr	850	2650	4400	8800	15,400	22,000
3P Rbt	800	2500	4200	8400	14,700	21,000
Model M, 6-cyl., 45 hp, 126" wb						
7P Tr	950	3000	5000	10,000	17,500	25,000
1917						
The Fifth, 4-cyl., 30/35 hp, 115" wb						
5P Tr	850	2650	4400	8800	15,400	22,000
3P Rds	800	2500	4200	8400	14,700	21,000
Model M, 6-cyl., 45 hp, 126" wb						
7P Tr	950	3000	5000	10,000	17,500	25,000
4P Rds	900	2900	4800	9600	16,800	24,000
7P Sed	500	1550	2600	5200	9100	13,000

	6	5	4	3	2	1
1918						
The Fifth, 4-cyl., 30/35 hp, 120" wb						
5P Tr	850	2750	4600	9200	16,100	23,000
3P Rds	850	2650	4400	8800	15,400	22,000
Model M, 6-cyl., 45 hp, 126" wb						
7P Tr	950	3000	5000	10,000	17,500	25,000
4P Rds	900	2900	4800	9600	16,800	24,000
4P Encl Rds	850	2750	4600	9200	16,100	23,000
7P Sed	500	1550	2600	5200	9100	13,000
1919						
The Fifth, 4-cyl., 30/35 hp, 120" wb						
5P Tr	800	2500	4200	8400	14,700	21,000
3P Rds	750	2400	4000	8000	14,000	20,000
4P Cpe	450	1450	2400	4800	8400	12,000
5P Sed	400	1300	2200	4400	7700	11,000
1920						
Model T-6, 6-cyl., 50 hp, 120" wb						
5P Tr	850	2750	4600	9200	16,100	23,000
3P Rds	850	2700	4500	9000	15,800	22,500
4P Cpe	550	1700	2800	5600	9800	14,000
5P Sed	450	1450	2400	4800	8400	12,000
1921						
Model T-6, 6-cyl., 50 hp, 120" wb						
5P Tr	850	2750	4600	9200	16,100	23,000
3P Rds	850	2700	4500	9000	15,800	22,500
4P Cpe	550	1700	2800	5600	9800	14,000
5P Sed	450	1450	2400	4800	8400	12,000
1922						
Model T-6, 6-cyl., 50 hp, 120" wb						
7P Tr	850	2650	4400	8800	15,400	22,000
3P Rds	800	2600	4300	8600	15,100	21,500
3P Bus Cpe	450	1450	2400	4800	8400	12,000
4P Cpe	500	1550	2600	5200	9100	13,000
5P Sed	400	1300	2200	4400	7700	11,000
1923						
Model T-6, 6-cyl., 50 hp, 120" wb						
7P Tr	800	2500	4200	8400	14,700	21,000
5P Phae	850	2650	4400	8800	15,400	22,000
4P Cpe	450	1450	2400	4800	8400	12,000
5P Sed	400	1300	2200	4400	7700	11,000
1924						
Model T-6, 6-cyl., 50 hp, 120" wb						
5P Tr	800	2500	4200	8400	14,700	21,000
5P Phae	850	2650	4400	8800	15,400	22,000
4P Cpe	500	1550	2600	5200	9100	13,000
5P Sed	400	1300	2200	4400	7700	11,000
5P Brgm	450	1450	2400	4800	8400	12,000
1925						
Model T-6, 6-cyl., 50 hp, 120" wb						
5P Tr	800	2500	4200	8400	14,700	21,000
5P Sed	450	1450	2400	4800	8400	12,000
4P Cpe	550	1800	3000	6000	10,500	15,000
5P Brgm	550	1700	2800	5600	9800	14,000
1926						
Model T-6, 6-cyl., 50 hp, 120" wb						
4P Rds	700	2300	3800	7600	13,300	19,000
2P Cpe	450	1450	2400	4800	8400	12,000
5P Sed	400	1300	2200	4400	7700	11,000
5P Tr	750	2400	4000	8000	14,000	20,000
1927						
Flying Cloud, 6-cyl., 65 hp, 121" wb						
4P Spt Rds	900	2900	4800	9600	16,800	24,000
4P Cpe	500	1550	2600	5200	9100	13,000
4P DeL Cpe	550	1700	2800	5600	9800	14,000
2d 5P Brgm	500	1550	2600	5200	9100	13,000
5P DeL Sed	450	1450	2400	4800	8400	12,000
1928						
Flying Cloud, 6-cyl., 65 hp, 121" wb						
4P Spt Rds	900	2900	4800	9600	16,800	24,000
4P Cpe	500	1550	2600	5200	9100	13,000
4P DeL Cpe	550	1700	2800	5600	9800	14,000
2d 5P Brgm	450	1450	2400	4800	8400	12,000
5P DeL Sed	400	1300	2200	4400	7700	11,000

	6	5	4	3	2	1
1929						
Flying Cloud Mate, 6-cyl., 65 hp, 115" wb						
5P Sed	400	1200	2000	4000	7000	10,000
4P Cpe	500	1550	2600	5200	9100	13,000
Flying Cloud Master, 6-cyl., 80 hp, 121" wb						
4P Rds	1000	3100	5200	10,400	18,200	26,000
4P Cpe	550	1700	2800	5600	9800	14,000
5P Brgm	450	1450	2400	4800	8400	12,000
5P Sed	400	1300	2200	4400	7700	11,000
4P Vic	450	1450	2400	4800	8400	12,000
1930						
Flying Cloud, Model 15, 6-cyl., 60 hp, 115" wb						
5P Sed	400	1300	2200	4400	7700	11,000
2P Cpe	550	1700	2800	5600	9800	14,000
4P Cpe	550	1800	3000	6000	10,500	15,000
Flying Cloud, Model 20, 6-cyl., 80 hp, 120" wb						
5P Sed	450	1450	2400	4800	8400	12,000
2P Cpe	550	1800	3000	6000	10,500	15,000
4P Cpe	600	1900	3200	6400	11,200	16,000
Flying Cloud, Model 25, 6-cyl., 80 hp, 124" wb						
7P Sed	500	1550	2600	5200	9100	13,000
1931						
Flying Cloud, Model 15, 6-cyl., 60 hp, 116" wb						
5P Phae	1000	3100	5200	10,400	18,200	26,000
5P Sed	500	1550	2600	5200	9100	13,000
2P Cpe	600	1900	3200	6400	11,200	16,000
4P Cpe	650	2050	3400	6800	11,900	17,000
Flying Cloud, Model 20, 6-cyl., 85 hp, 120" wb						
5P Sed	550	1700	2800	5600	9800	14,000
Spt Cpe	600	1900	3200	6400	11,200	16,000
Spt Sed	550	1800	3000	6000	10,500	15,000
Cpe-4P	600	1900	3200	6400	11,200	16,000
Flying Cloud, Model 25, 6-cyl., 85 hp, 125" wb						
Sed	550	1700	2800	5600	9800	14,000
Vic	550	1800	3000	6000	10,500	15,000
4P Cpe	600	2000	3300	6600	11,600	16,500
Spt Sed	600	1850	3100	6200	10,900	15,500
Spt Vic	600	1900	3200	6400	11,200	16,000
Spt Cpe	650	2050	3400	6800	11,900	17,000
Flying Cloud, Model 30, 8-cyl., 125 hp, 130" wb						
Sed	700	2150	3600	7200	12,600	18,000
Vic	750	2400	4000	8000	14,000	20,000
4P Cpe	750	2400	4000	8000	14,000	20,000
Spt Sed	700	2300	3800	7600	13,300	19,000
Spt Vic	800	2500	4200	8400	14,700	21,000
Spt Cpe	800	2500	4200	8400	14,700	21,000
Royale, Model 35, 8-cyl., 125 hp, 135" wb						
Sed	1000	3250	5400	10,800	18,900	27,000
Vic	1050	3350	5600	11,200	19,600	28,000
4P Cpe	1150	3600	6000	12,000	21,000	30,000
1932						
Flying Cloud, Model 6-21, 6-cyl., 85 hp, 121" wb						
Sed	750	2400	4000	8000	14,000	20,000
Spt Sed	800	2500	4200	8400	14,700	21,000
Flying Cloud, Model 8-21, 8-cyl., 90 hp, 121" wb						
Sed	800	2500	4200	8400	14,700	21,000
Spt Sed	850	2650	4400	8800	15,400	22,000
Flying Cloud, Model 6-25						
Vic	950	3000	5000	10,000	17,500	25,000
Sed	850	2750	4600	9200	16,100	23,000
Cpe	900	2900	4800	9600	16,800	24,000
Flying Cloud, Model 8-25, 8-cyl., 90 hp, 125" wb						
Sed	850	2650	4400	8800	15,400	22,000
Vic	900	2900	4800	9600	16,800	24,000
Cpe	900	2900	4800	9600	16,800	24,000
Spt Sed	850	2750	4600	9200	16,100	23,000
Spt Vic	950	3000	5000	10,000	17,500	25,000
Spt Cpe	950	3000	5000	10,000	17,500	25,000
Royale, Model 8-31, 8-cyl., 125 hp, 131" wb						
Sed	1250	3950	6600	13,200	23,100	33,000
Vic	1300	4200	7000	14,000	24,500	35,000
Cpe	1300	4200	7000	14,000	24,500	35,000
Spt Sed	1300	4100	6800	13,600	23,800	34,000
Spt Vic	1350	4300	7200	14,400	25,200	36,000
Spt Cpe	1350	4300	7200	14,400	25,200	36,000

	6	5	4	3	2	1
Royale, Model 8-35, 8-cyl., 125 hp, 135" wb						
Sed	1300	4100	6800	13,600	23,800	34,000
Vic	1350	4300	7200	14,400	25,200	36,000
Cpe	1350	4300	7200	14,400	25,200	36,000
Conv Cpe	2500	7900	13,200	26,400	46,200	66,000
Flying Cloud, Model S						
Std Cpe	700	2150	3600	7200	12,600	18,000
Std Conv Cpe	1050	3350	5600	11,200	19,600	28,000
Std Sed	550	1800	3000	6000	10,500	15,000
Spt Cpe	700	2300	3800	7600	13,300	19,000
Spt Conv Cpe	1100	3500	5800	11,600	20,300	29,000
Spt Sed	600	1900	3200	6400	11,200	16,000
Del Cpe	700	2300	3800	7600	13,300	19,000
DeL Conv Cpe	1150	3600	6000	12,000	21,000	30,000
DeL Sed	650	2050	3400	6800	11,900	17,000

NOTE: Model 8-31 had been introduced April 1931; Model 8-21 May 1931.

1933 Reo Royale four-door sedan

1933

	6	5	4	3	2	1
Flying Cloud, 6-cyl., 85 hp, 117-1/2" wb						
5P Sed	750	2400	4000	8000	14,000	20,000
4P Cpe	850	2750	4600	9200	16,100	23,000
Vic	850	2650	4400	8800	15,400	22,000
Royale, 8-cyl., 125 hp, 131" wb						
5P Sed	1150	3700	6200	12,400	21,700	31,000
5P Vic	1300	4100	6800	13,600	23,800	34,000
4P Cpe	1250	3950	6600	13,200	23,100	33,000
Conv Cpe	2050	6600	11,000	22,000	38,500	55,000

1934

	6	5	4	3	2	1
Flying Cloud, 6-cyl., 95 hp, 118" wb						
Cpe	800	2500	4200	8400	14,700	21,000
5P Sed	750	2400	4000	8000	14,000	20,000
Cpe	850	2650	4400	8800	15,400	22,000
5P Sed	800	2500	4200	8400	14,700	21,000
Elite Sed	850	2650	4400	8800	15,400	22,000
Elite Cpe	850	2750	4600	9200	16,100	23,000
Royale, 8-cyl., 95 hp, 131" wb						
5P Sed	1200	3850	6400	12,800	22,400	32,000
Vic	1300	4100	6800	13,600	23,800	34,000
Elite Sed	1250	3950	6600	13,200	23,100	33,000
Elite Vic	1300	4200	7000	14,000	24,500	35,000
Elite Cpe	1350	4300	7200	14,400	25,200	36,000
Royale, 8-cyl., 95 hp, 135" wb						
Cus Sed	1300	4200	7000	14,000	24,500	35,000
Cus Vic	1400	4450	7400	14,800	25,900	37,000
Cus Cpe	1450	4550	7600	15,200	26,600	38,000

1935

	6	5	4	3	2	1
Flying Cloud, 6-cyl., 85 hp, 115" wb						
Cpe	750	2400	4000	8000	14,000	20,000
Sed	650	2050	3400	6800	11,900	17,000

	6	5	4	3	2	1
Flying Cloud, 6-cyl., 85 hp, 118" wb						
Sed	700	2150	3600	7200	12,600	18,000
Conv Cpe	1100	3500	5800	11,600	20,300	29,000
2P Cpe	800	2500	4200	8400	14,700	21,000
4P Cpe	850	2650	4400	8800	15,400	22,000
1936						
Flying Cloud, 6-cyl., 85 hp, 115" wb						
Coach	700	2150	3600	7200	12,600	18,000
Sed	700	2300	3800	7600	13,300	19,000
DeL Brgm	800	2500	4200	8400	14,700	21,000
DeL Sed	750	2400	4000	8000	14,000	20,000

SATURN

	6	5	4	3	2	1
1991						
Saturn, 4-cyl.						
SL 2d Cpe	200	720	1200	2400	4200	6000
SL 4d Sed	150	500	800	1600	2800	4000
SL1 4d Sed	150	600	900	1800	3150	4500
SL2 4d Trg Sed	200	660	1100	2200	3850	5500
1992						
4-cyl.						
SL 4d Sed	150	600	900	1800	3150	4500
SLI 4d Sed	200	660	1100	2200	3850	5500
SL2 4d Sed	350	780	1300	2600	4550	6500
SC 2d Cpe	350	840	1400	2800	4900	7000

STUDEBAKER

	6	5	4	3	2	1
1903						
Model A, 8 hp						
Tonn Tr	NA				Value inestimable	
1904						
Model A						
Tonn Tr	1050	3350	5600	11,200	19,600	28,000
Model B						
Dely Wagon	1000	3250	5400	10,800	18,900	27,000
Model C						
Tonn Tr	1100	3500	5800	11,600	20,300	29,000
1905						
Model 9502, 2-cyl.						
Rear Ent Tr	1150	3600	6000	12,000	21,000	30,000
Side Ent Tr	1150	3700	6200	12,400	21,700	31,000
Model 9503, 4-cyl.						
Side Ent Tr	1250	3950	6600	13,200	23,100	33,000
1906						
Model E, 20 N.A.C.C.H.P.						
Side Ent Tr	1100	3500	5800	11,600	20,300	29,000
Twn Car	1050	3350	5600	11,200	19,600	28,000
Model F, 28 N.A.C.C.H.P.						
Side Ent Tr	1150	3700	6200	12,400	21,700	31,000
Model G, 30 N.A.C.C.H.P.						
Side Ent Tr	1300	4100	6800	13,600	23,800	34,000
1907						
Model L, 4-cyl., 28 hp, 104" wb						
5P Rear Ent Tr	1300	4200	7000	14,000	24,500	35,000
Model G, 4-cyl., 30 hp, 104" wb						
5P Rear Ent Tr	1350	4300	7200	14,400	25,200	36,000
Model H, 4-cyl., 30 hp, 104" wb						
5P Rear Ent Tr	1350	4300	7200	14,400	25,200	36,000

1907 Studebaker-Garford Model H touring

	6	5	4	3	2	1
1908						
Model H, 4-cyl., 30 hp, 104" wb						
5P Rear Ent Tr	1350	4300	7200	14,400	25,200	36,000
Model A, 4-cyl., 30 hp, 104" wb						
5P Tr	1350	4300	7200	14,400	25,200	36,000
5P Twn Car	1300	4200	7000	14,000	24,500	35,000
2P Rbt	1300	4100	6800	13,600	23,800	34,000
5P Lan'let	1350	4300	7200	14,400	25,200	36,000
Model B, 4-cyl., 40 hp, 114" wb						
5P Tr	1450	4550	7600	15,200	26,600	38,000
2P Rbt	1350	4300	7200	14,400	25,200	36,000
7P Limo	1400	4450	7400	14,800	25,900	37,000
5P Lan'let	1450	4550	7600	15,200	26,600	38,000
4P Trabt	1450	4700	7800	15,600	27,300	39,000
3P Speed Car	1400	4450	7400	14,800	25,900	37,000
1909						
Model A, 4-cyl., 30 hp, 104" wb						
5P Tr	1350	4300	7200	14,400	25,200	36,000
5P Twn Car	1300	4200	7000	14,000	24,500	35,000
Rbt	1300	4100	6800	13,600	23,800	34,000
5P Lan'let	1350	4300	7200	14,400	25,200	36,000
Model B, 4-cyl., 40 hp, 114" wb						
5P Tr	1450	4550	7600	15,200	26,600	38,000
7P Limo	1400	4450	7400	14,800	25,900	37,000
5P Lan'let	1450	4550	7600	15,200	26,600	38,000
Model C, 4-cyl., 30 hp, 104" wb						
5P Tr	1350	4300	7200	14,400	25,200	36,000
Model D, 4-cyl., 40 hp, 117.5" wb						
5P Tr	1450	4700	7800	15,600	27,300	39,000
1910						
Model H, 4-cyl., 30 hp, 104" wb						
5P Tr	1350	4300	7200	14,400	25,200	36,000
Model M, 4-cyl., 28 hp, 104" wb						
5P Tr	1300	4200	7000	14,000	24,500	35,000
Model G-7, 4-cyl., 40 hp, 117.5" wb						
4/5P Tr	1450	4550	7600	15,200	26,600	38,000
7P Tr	1450	4700	7800	15,600	27,300	39,000
Limo (123" wb)	1350	4300	7200	14,400	25,200	36,000
1911						
Model G-8, 4-cyl., 40 hp, 117.5" wb						
4d 7P Limo	1400	4450	7400	14,800	25,900	37,000
4d 5P Lan'let	1450	4550	7600	15,200	26,600	38,000
4d 4/6/7P Tr	1500	4800	8000	16,000	28,000	40,000

	6	5	4	3	2	1
2d 2P Rds	1300	4200	7000	14,000	24,500	35,000
Model G-10, 4-cyl., 30 hp, 116" wb						
4d 5P Tr	1450	4550	7600	15,200	26,600	38,000

NOTE: Studebaker-Garford association was discontinued after 1911 model year.

1913
Model SA-25, 4-cyl., 101" wb

	6	5	4	3	2	1
2d Rds	1000	3100	5200	10,400	18,200	26,000
4d Tr	1000	3250	5400	10,800	18,900	27,000
Model AA-35, 4-cyl., 115.5" wb						
4d Tr	1050	3350	5600	11,200	19,600	28,000
2d Cpe	850	2650	4400	8800	15,400	22,000
4d Sed	800	2500	4200	8400	14,700	21,000
Model E, 6-cyl., 121" wb						
4d Tr	1100	3500	5800	11,600	20,300	29,000
4d Limo	900	2900	4800	9600	16,800	24,000

1914
Series 14, Model 1 SC, 4-cyl., 108.3" wb

	6	5	4	3	2	1
4d Tr	900	2900	4800	9600	16,800	24,000
2d Lan Rds	900	2900	4800	9600	16,800	24,000
Series 14, Model EB, 6-cyl., 121.3" wb						
4d Tr	950	3000	5000	10,000	17,500	25,000
4d Lan Rds	950	3000	5000	10,000	17,500	25,000
2d Sed	650	2050	3400	6800	11,900	17,000

1915
Series 15, Model SD, 4-cyl., 108.3" wb

	6	5	4	3	2	1
2d Rds	900	2900	4800	9600	16,800	24,000
4d Tr	900	2900	4800	9600	16,800	24,000
Series 15, Model EC, 6-cyl., 121.3" wb						
4d 5P Tr	950	3000	5000	10,000	17,500	25,000
4d 7P Tr	1000	3100	5200	10,400	18,200	26,000

1916
Model SF, 4-cyl., 112" wb

	6	5	4	3	2	1
2d Rds	850	2750	4600	9200	16,100	23,000
2d Lan Rds	900	2900	4800	9600	16,800	24,000
4d 7P Tr	950	3000	5000	10,000	17,500	25,000
4d A/W Sed	700	2300	3800	7600	13,300	19,000
Series 16 & 17, Model ED, 6-cyl., 121.8" wb						
2d Rds	900	2900	4800	9600	16,800	24,000
2d Lan Rds	950	3000	5000	10,000	17,500	25,000
4d 7P Tr	1000	3100	5200	10,400	18,200	26,000
2d Cpe	500	1550	2600	5200	9100	13,000
4d Sed	400	1300	2200	4400	7700	11,000
4d Limo	700	2300	3800	7600	13,300	19,000
4d A/W Sed	700	2300	3800	7600	13,300	19,000

NOTE: The All Weather sedan was available only in the Series 17.

1917 (Series 18)
Series 18, Model SF, 4-cyl., 112" wb

	6	5	4	3	2	1
2d Rds	750	2400	4000	8000	14,000	20,000
2d Lan Rds	800	2500	4200	8400	14,700	21,000
4d 7P Tr	850	2650	4400	8800	15,400	22,000
4d A/W Sed	650	2050	3400	6800	11,900	17,000
Series 18, Model ED, 6-cyl., 121.8" wb						
2d Rds	800	2500	4200	8400	14,700	21,000
2d Lan Rds	850	2650	4400	8800	15,400	22,000
4d 7P Tr	850	2750	4600	9200	16,100	23,000
2d Cpe	450	1450	2400	4800	8400	12,000
4d Sed	400	1300	2200	4400	7700	11,000
4d Limo	550	1700	2800	5600	9800	14,000
4d A/W Sed	700	2300	3800	7600	13,300	19,000

1918-1919
Series 19, Model SH, 4-cyl., 112" wb

	6	5	4	3	2	1
2d Rds	650	2050	3400	6800	11,900	17,000
4d Tr	650	2050	3400	6800	11,900	17,000
4d Sed	450	1140	1900	3800	6650	9500
Series 19, Model EH, 6-cyl., 119" wb						
4d Tr	700	2150	3600	7200	12,600	18,000
2d Clb Rds	700	2150	3600	7200	12,600	18,000
2d Rds	550	1700	2800	5600	9800	14,000

1918 Studebaker touring

	6	5	4	3	2	1
4d Sed	450	1150	1900	3850	6700	9600
2d Cpe	400	1200	2000	4000	7000	10,000
Series 19, Model EG, 6-cyl., 126" wb						
4d 7P Tr	750	2400	4000	8000	14,000	20,000
1920-21						
Model EJ, 6-cyl., 112" wb						
4d Tr	550	1700	2800	5600	9800	14,000
2d Lan Rds *	550	1800	3000	6000	10,500	15,000
2d Rds	550	1700	2850	5700	9900	14,200
2d Cpe Rds **	600	1850	3100	6200	10,900	15,500
4d Sed	450	1080	1800	3600	6300	9000
Model EH, 6-cyl., 119" wb						
4d Tr	550	1800	3000	6000	10,500	15,000
2d Rds	550	1800	3050	6100	10,600	15,200
4d Rds	600	1850	3100	6200	10,900	15,500
2d Cpe	400	1200	2000	4000	7000	10,000
4d Sed	450	1080	1800	3600	6300	9000
Model EG, Big Six						
4d 7P Tr	650	2050	3400	6800	11,900	17,000
2d Cpe **	400	1300	2200	4400	7700	11,000
4d 7P Sed	400	1200	2000	4000	7000	10,000
* 1920 Model only.						
** 1921 Model only.						
1922						
Model EJ, Light Six, 6-cyl., 112" wb						
2d Rds	550	1700	2800	5600	9800	14,000
4d Tr	500	1600	2700	5400	9500	13,500
2d Cpe Rds	550	1750	2900	5800	10,200	14,500
4d Sed	450	1140	1900	3800	6650	9500
Model EL, Special Six, 6-cyl., 119" wb						
2d Rds	550	1750	2900	5800	10,200	14,500
4d Tr	550	1700	2800	5600	9800	14,000
4d Rds	550	1800	3000	6000	10,500	15,000
2d Cpe	400	1300	2200	4400	7700	11,000
4d Sed	400	1200	2000	4000	7000	10,000
Model EK, Big Six, 6-cyl., 126" wb						
4d Tr	550	1800	3000	6000	10,500	15,000
2d Cpe	400	1250	2100	4200	7400	10,500
4d Sed	400	1200	2000	4000	7000	10,000
4d Spds	600	1900	3200	6400	11,200	16,000
1923						
Model EM, Light Six						
2d Rds	550	1700	2800	5600	9800	14,000
4d Tr	500	1600	2700	5400	9500	13,500
2d Cpe	400	1200	2000	4000	7000	10,000
4d Sed	450	1140	1900	3800	6650	9500
Model EL, Special Six						
4d Tr	550	1700	2800	5600	9800	14,000
2d 4P Cpe	400	1250	2100	4200	7400	10,500
2d Rds	550	1750	2900	5800	10,200	14,600
2d 5P Cpe	400	1300	2200	4400	7700	11,000

	6	5	4	3	2	1
4d Sed	400	1200	2000	4000	7000	10,000
Model EK, Big Six						
4d Tr	600	1850	3100	6200	10,900	15,500
2d Spds	700	2150	3600	7200	12,600	18,000
2d 5P Cpe	450	1400	2300	4600	8100	11,500
2d 4P Cpe	450	1350	2300	4600	8000	11,400
4d Sed	400	1250	2100	4200	7400	10,500
1924						
Model EM, Light Six, 6-cyl., 112" wb						
4d Tr	500	1550	2600	5200	9100	13,000
2d Rds	500	1600	2700	5400	9500	13,500
2d Cpe Rds	550	1750	2900	5800	10,200	14,500
4d Cus Tr	550	1700	2800	5600	9800	14,000
4d Sed	350	1020	1700	3400	5950	8500
2d Cpe	450	1140	1900	3800	6650	9500
Model EL, Special Six, 6-cyl., 119" wb						
4d Tr	550	1700	2800	5600	9800	14,000
2d Rds	550	1750	2900	5800	10,200	14,500
2d Cpe	400	1300	2200	4400	7700	11,000
4d Sed	400	1200	2000	4000	7000	10,000
Model EK, Big Six, 6-cyl., 126" wb						
4d 7P Tr	650	2100	3500	7000	12,300	17,500
2d Spds	700	2150	3600	7200	12,600	18,000
2d Cpe	450	1400	2300	4600	8100	11,500
4d Sed	400	1200	2000	4000	7000	10,000
1925-1926						
Model ER, Standard Six, 6-cyl., 113" wb						
4d Dplx Phae	600	1900	3200	6400	11,200	16,000
2d Dplx Rds	600	2000	3300	6600	11,600	16,500
2d Coach	450	1050	1750	3550	6150	8800
2d Cty Clb Cpe	450	1450	2400	4800	8400	12,000
2d Spt Rds	600	1850	3100	6200	10,900	15,500
4d Spt Phae	550	1800	3000	6000	10,500	15,000
4d Sed	450	1080	1800	3600	6300	9000
2d Cpe Rds	600	1900	3200	6400	11,200	16,000
4d w/Sed	450	1140	1900	3800	6650	9500
4d Sed	450	1080	1800	3600	6300	9000
2d Cpe	400	1300	2200	4400	7700	11,000
4d Ber	400	1250	2100	4200	7400	10,500
Model EQ, Special Six 6-cyl., 120" - 127" wb						
4d Dplx Phae	700	2150	3600	7200	12,600	18,000
2d Dplx Rds	750	2350	3900	7800	13,700	19,500
2d Vic	400	1300	2150	4300	7600	10,800
4d Sed	400	1250	2100	4200	7400	10,500
4d Ber	450	1400	2300	4600	8100	11,500
2d Brgm	400	1300	2200	4400	7700	11,000
2d Spt Rds	700	2300	3800	7600	13,300	19,000
2d Coach	400	1200	2000	4000	7000	10,000
Model EP, Big Six, 6-cyl., 120" wb						
4d Dplx Phae	750	2400	4000	8000	14,000	20,000
2d Cpe	450	1450	2400	4800	8400	12,000
2d Brgm	450	1140	1900	3800	6650	9500
4d 7P Sed	450	1130	1900	3800	6600	9400
2d Ber	400	1300	2200	4400	7700	11,000
4d Sed	450	1140	1900	3800	6650	9500
4d Spt Phae	700	2300	3800	7600	13,300	19,000
2d Clb Cpe	950	1100	1850	3700	6450	9200
NOTE: Add 10 percent for 4 wheel brake option.						
1927						
Dictator, Model EU Standard, 6-cyl., 113" wb						
2d Spt Rds	850	2650	4400	8800	15,400	22,000
4d Tr	750	2450	4100	8200	14,400	20,500
4d Dplx Tr	800	2500	4200	8400	14,700	21,000
4d 7P Tr	750	2400	4000	8000	14,000	20,000
2d Bus Cpe	450	1400	2300	4600	8100	11,500
2d Spt Cpe	450	1450	2400	4800	8400	12,000
2d Vic	450	1140	1900	3800	6650	9500
4d (P) Sed	450	1080	1800	3600	6300	9000
4d (M) Sed	400	1200	2000	4000	7000	10,000
Special, Model EQ						
4d Dplx Phae	850	2750	4600	9200	16,100	23,000
2d Coach	400	1200	2000	4000	7000	10,000
2d Brgm	400	1300	2200	4400	7700	11,000
2d Spt Rds	900	2900	4800	9600	16,800	24,000
Commander, Model EW						
2d Spt Rds	950	3000	5000	10,000	17,500	25,000

	6	5	4	3	2	1
2d Bus Cpe	450	1450	2400	4800	8400	12,000
2d Spt Cpe	450	1500	2500	5000	8800	12,500
4d Sed	400	1250	2100	4200	7400	10,500
2d Cus Vic	450	1400	2300	4600	8100	11,500
2d Dplx Rds	900	2900	4800	9600	16,800	24,000
4d Spt Phae	900	2900	4800	9600	16,800	24,000
2d Cus Brgm	400	1300	2150	4300	7500	10,700
President, Model ES						
4d Cus Sed	400	1250	2100	4200	7400	10,500
4d Limo	700	2150	3600	7200	12,600	18,000
4d Dplx Phae	850	2750	4600	9200	16,100	23,000

1928 Studebaker 8 FA State Cabriolet

1928
Dictator, Model GE

2d Roy Rds	1300	4200	7000	14,000	24,500	35,000
4d Tr	1250	3950	6600	13,200	23,100	33,000
4d Dplx Tr	1300	4100	6800	13,600	23,800	34,000
4d 7P Roy Tr	1300	4200	7000	14,000	24,500	35,000
2d Bus Cpe	400	1250	2100	4200	7400	10,500
2d Roy Cpe	400	1300	2200	4400	7700	11,000
2d Roy Vic	400	1250	2100	4200	7400	10,500
2d Clb Sed	450	1160	1950	3900	6800	9700
4d Sed	950	1100	1850	3700	6450	9200
4d Roy Sed	450	1140	1900	3800	6650	9500
Commander, Model GB						
2d Reg Rds	1350	4300	7200	14,400	25,200	36,000
2d Cpe	450	1400	2300	4600	8100	11,500
2d Reg Cpe	450	1450	2400	4800	8400	12,000
2d Reg Cabr	400	1250	2100	4200	7400	10,500
2d Vic	400	1250	2100	4200	7400	10,500
2d Reg Vic	400	1300	2200	4400	7700	11,000
4d Sed	400	1250	2100	4200	7400	10,500
2d Clb Sed	400	1300	2150	4300	7500	10,700
4d Reg Sed	400	1200	2000	4000	7000	10,000
President Six, Model ES						
4d Cus Sed	400	1250	2100	4200	7400	10,500
4d Limo	600	1900	3200	6400	11,200	16,000
4d Cus Tr	850	2750	4600	9200	16,100	23,000
President Eight, Model FA						
4d 7P Tr	1150	3600	6000	12,000	21,000	30,000
2d Sta Cabr	1150	3700	6200	12,400	21,700	31,000
4d Sed	400	1350	2250	4500	7800	11,200
4d Sta Sed	450	1400	2300	4600	8100	11,500
4d 7P Sed	450	1400	2300	4600	8100	11,500
4d 7P Sta Sed	450	1450	2400	4800	8400	12,000
4d Limo	650	2050	3400	6800	11,900	17,000
4d Sta Ber	700	2150	3600	7200	12,600	18,000

	6	5	4	3	2	1
1928-1/2						
Dictator, Model GE						
2d Tr	900	2900	4800	9600	16,800	24,000
2d 7P Tr	900	2950	4900	9800	17,200	24,500
2d Bus Cpe	400	1200	2000	4000	7000	10,000
2d Roy Cabr	1150	3600	6000	12,000	21,000	30,000
2d Roy Vic	400	1250	2100	4200	7400	10,500
2d Clb Sed	450	1160	1950	3900	6800	9700
4d Sed	450	1130	1900	3800	6600	9400
4d Roy Sed	400	1200	2000	4000	7000	10,000
Commander, Model GH						
2d Reg Vic	400	1300	2150	4300	7500	10,700
4d Sed	400	1200	2050	4100	7100	10,200
4d Reg Sed	400	1250	2100	4200	7300	10,400
President, Model FB						
2d Sta Rds	1150	3600	6000	12,000	21,000	30,000
2d Sta Cabr	1100	3500	5800	11,600	20,300	29,000
2d Sta Vic	400	1300	2150	4300	7600	10,800
4d Sed	400	1250	2100	4200	7300	10,400
4d Sta Sed	400	1250	2100	4200	7400	10,600
President, Model FA						
4d Tr	1150	3700	6200	12,400	21,700	31,000
4d Sta Tr	1200	3850	6400	12,800	22,400	32,000
2d Sta Cabr	1250	3950	6600	13,200	23,100	33,000
4d Sta Sed	450	1450	2400	4800	8400	12,000
4d Sed	450	1400	2350	4700	8300	11,800
4d 7P Sta Sed	450	1500	2500	5000	8800	12,500
4d Limo	700	2150	3600	7200	12,600	18,000
1929						
Dictator GE, 6-cyl., 113" wb						
4d 5P Tr	900	2900	4800	9600	16,800	24,000
4d 7P Tr	900	2900	4800	9600	16,800	24,000
2d Bus Cpe	400	1250	2100	4200	7400	10,500
2d Cabr	900	2900	4800	9600	16,800	24,000
2d Vic Ryl	400	1300	2200	4400	7700	11,000
Commander Six, Model GJ						
2d Rds	1450	4550	7600	15,200	26,600	38,000
2d Reg Rds	1450	4700	7800	15,600	27,300	39,000
4d Tr	1300	4100	6800	13,600	23,800	34,000
4d Reg Tr	1350	4300	7200	14,400	25,200	36,000
4d 7P Tr	1300	4100	6800	13,600	23,800	34,000
4d 7P Reg Tr	1350	4300	7200	14,400	25,200	36,000
2d Cpe	450	1400	2300	4600	8100	11,500
2d Spt Cpe	400	1300	2200	4400	7700	11,000
2d Cabr	1250	3950	6600	13,200	23,100	33,000
2d Vic	400	1250	2100	4200	7400	10,500
4d Sed	400	1200	2000	4000	7000	10,000
4d Reg Sed	400	1300	2200	4400	7700	11,000
4d Reg Brgm	450	1400	2300	4600	8100	11,500
Commander Eight, Model FD						
2d Reg Rds	1600	5050	8400	16,800	29,400	42,000
4d Tr	1400	4450	7400	14,800	25,900	37,000
4d Reg Tr	1450	4700	7800	15,600	27,300	39,000
4d 7P Tr	1400	4450	7400	14,800	25,900	37,000
4d 7P Reg Tr	1450	4700	7800	15,600	27,300	39,000
2d Bus Cpe	500	1600	2700	5400	9500	13,500
2d Spt Cpe	550	1700	2800	5600	9800	14,000
2d Reg Conv	1400	4450	7400	14,800	25,900	37,000
2d Vic	450	1450	2400	4800	8400	12,000
2d Reg Brgm	500	1550	2600	5200	9100	13,000
4d Sed	450	1500	2500	5000	8800	12,500
4d Reg Sed	500	1550	2600	5200	9100	13,000
President Eight, Model FH, 125" wb						
2d Rds	1600	5150	8600	17,200	30,100	43,000
2d Cabr	1450	4700	7800	15,600	27,300	39,000
2d Sta Vic	550	1800	3000	6000	10,500	15,000
4d Sed	550	1700	2800	5600	9800	14,000
4d Sta Sed	550	1800	3000	6000	10,500	15,000
President Eight, Model FE, 135" wb						
4d 7P Tr	1450	4700	7800	15,600	27,300	39,000
4d 7P Sta Tr	1500	4750	7900	15,800	27,700	39,500
2d Brgm	550	1800	3000	6000	10,500	15,000
4d 7P Sed	550	1800	3000	6000	10,500	15,000
4d 7P Sta Sed	600	1900	3200	6400	11,200	16,000
4d 7P Limo	650	2050	3400	6800	11,900	17,000

	6	5	4	3	2	1
1930						
Studebaker 53 Model, 6-cyl., 114" wb						
4d Tr	1250	3950	6600	13,200	23,100	33,000
4d Reg Tr	1300	4100	6800	13,600	23,800	34,000
2d Bus Cpe	450	1450	2400	4800	8400	12,000
2d Reg Cpe	450	1500	2500	5000	8800	12,500
2d Clb Sed	400	1300	2200	4400	7700	11,000
4d Sed	400	1200	2000	4000	7000	10,000
4d Reg Sed	400	1250	2100	4200	7400	10,500
4d Lan Sed	400	1200	2050	4100	7100	10,200
Dictator, 6 & 8 cyl., 115" wb						
4d Tr	1300	4100	6800	13,600	23,800	34,000
4d Reg Tr	1300	4200	7000	14,000	24,500	35,000
2d Cpe	450	1500	2500	5000	8800	12,500
2d Spt Cpe	500	1600	2700	5400	9500	13,500
2d Brgm	450	1400	2300	4600	8100	11,500
2d Clb Sed	400	1300	2200	4400	7700	11,000
4d Sed	400	1300	2200	4400	7700	11,000
4d Reg Sed	450	1400	2300	4600	8100	11,500
NOTE: Add $200. for Dictator 8-cyl.						
Commander 6 & 8 cyl., 120" wb						
Commander FD						
2d Reg Rds	1450	4550	7600	15,200	26,600	38,000
4d Tr	1350	4300	7200	14,400	25,200	36,000
4d Reg Tr	1400	4450	7400	14,800	25,900	37,000
4d 7P Tr	1350	4300	7200	14,400	25,200	36,000
4d 7P Reg Tr	1400	4450	7400	14,800	25,900	37,000
2d Cpe	550	1700	2800	5600	9800	14,000
2d Spt Cpe	550	1800	3000	6000	10,500	15,000
2d Conv Cabr	1350	4300	7200	14,400	25,200	36,000
2d Vic	450	1450	2400	4800	8400	12,000
2d Brgm	450	1500	2500	5000	8800	12,500
4d Sed	450	1450	2400	4800	8400	12,000
4d Reg Sed	500	1550	2600	5200	9100	13,000
NOTE: Add $200. for Commander 8-cyl.						
President FH Model						
2d Rds	1800	5750	9600	19,200	33,600	48,000
2d Conv Cabr	1600	5050	8400	16,800	29,400	42,000
2d Sta Vic	600	1900	3200	6400	11,200	16,000
4d Sed	550	1700	2800	5600	9800	14,000
4d Sta Sed	550	1800	3000	6000	10,500	15,000
President FE Model						
4d Tr	1700	5400	9000	18,000	31,500	45,000
4d Sta Tr	1750	5500	9200	18,400	32,200	46,000
2d Sta Vic	1050	3350	5600	11,200	19,600	28,000
2d Brgm	550	1800	3000	6000	10,500	15,000
4d Sed	600	1900	3200	6400	11,200	16,000
4d Sta Sed	650	2050	3400	6800	11,900	17,000
4d Limo	750	2400	4000	8000	14,000	20,000
4d Sta Limo	800	2500	4200	8400	14,700	21,000
1931						
Studebaker Six, Model 53, 114" wb						
2d Rds	1350	4300	7200	14,400	25,200	36,000
2d Tr	1200	3850	6400	12,800	22,400	32,000
2d Reg Tr	1250	3950	6600	13,200	23,100	33,000
2d Bus Cpe	400	1300	2200	4400	7700	11,000
2d Spt Cpe	450	1450	2400	4800	8400	12,000
2d Clb Sed	400	1200	2000	4000	7000	10,000
4d Sed	400	1200	2000	4000	7000	10,000
Model 61 Dictator, 8-cyl., 115" wb						
4d Reg Sed	400	1250	2100	4200	7300	10,400
4d Lan Sed	400	1250	2100	4200	7400	10,500
Series 54						
2d Rds	1600	5050	8400	16,800	29,400	42,000
4d Tr	1500	4800	8000	16,000	28,000	40,000
4d Rea Tr	1550	4900	8200	16,400	28,700	41,000
2d Bus Cpe	450	1500	2500	5000	8800	12,500
2d Spt Cpe	500	1550	2600	5200	9100	13,000
4d Sed	400	1300	2200	4400	7700	11,000
4d Reg Sed	450	1400	2300	4600	8100	11,500
Dictator Eight, Model FC						
4d Tr	1450	4700	7800	15,600	27,300	39,000
4d Reg Tr	1500	4800	8000	16,000	28,000	40,000
2d Cpe	500	1550	2600	5200	9100	13,000
2d Spt Cpe	500	1600	2700	5400	9500	13,500

	6	5	4	3	2	1
2d Reg Brgm	450	1450	2400	4800	8400	12,000
2d Clb Sed	450	1400	2300	4600	8100	11,500
4d Sed	450	1450	2400	4800	8400	12,000
4d Reg Sed	450	1450	2450	4900	8500	12,200
Model 61						
2d Cpe	550	1700	2800	5600	9800	14,000
2d Spt Cpe	550	1800	3000	6000	10,500	15,000
4d Sed	450	1500	2500	5000	8800	12,500
4d Reg Sed	500	1550	2600	5200	9100	13,000
Commander Eight, Model 70						
2d Cpe	550	1750	2900	5800	10,200	14,500
2d Vic	550	1700	2800	5600	9800	14,000
2d Reg Brgm	550	1750	2900	5800	10,200	14,500
4d Sed	550	1750	2900	5800	10,200	14,500
4d Reg Sed	550	1800	3000	6000	10,500	15,000
President Eight, Model 80						
2d Sta Rds	2050	6600	11,000	22,000	38,500	55,000
2d Cpe	850	2750	4600	9200	16,100	23,000
2d Sta Cpe	950	3000	5000	10,000	17,500	25,000
4d Sed	650	2050	3400	6800	11,900	17,000
4d Sta Sed	700	2150	3600	7200	12,600	18,000
President Eight Model 90						
4d Tr	1800	5750	9600	19,200	33,600	48,000
4d Sta Tr	1900	6000	10,000	20,000	35,000	50,000
2d Sta Vic	850	2650	4400	8800	15,400	22,000
2d Sta Brgm	850	2650	4400	8800	15,400	22,000
4d Sed	750	2400	4000	8000	14,000	20,000
4d Sta Sed	800	2500	4200	8400	14,700	21,000
4d Sta Limo	850	2750	4600	9200	16,100	23,000
1932						
Model 55, 6-cyl., 117" wb						
2d Conv Rds	1250	3950	6600	13,200	23,100	33,000
2d Reg Conv Rds	1400	4450	7400	14,800	25,900	37,000
2d Cpe	450	1500	2500	5000	8800	12,500
2d Reg Cpe	500	1500	2550	5100	8900	12,700
2d Spt Cpe	450	1500	2500	5000	8800	12,500
2d Reg Spt Cpe	500	1550	2600	5200	9100	13,000
2d St R Brgm	450	1400	2300	4600	8100	11,500
2d Reg St R Brgm	450	1400	2350	4700	8300	11,800
4d Conv Sed	1400	4450	7400	14,800	25,900	37,000
4d Reg Conv Sed	1450	4550	7600	15,200	26,600	38,000
4d Sed	400	1300	2200	4400	7700	11,000
4d Reg Sed	400	1350	2250	4500	7800	11,200
Model 62 Dictator, 8-cyl., 117" wb						
2d Conv Rds	1600	5050	8400	16,800	29,400	42,000
2d Reg Conv Rds	1600	5150	8600	17,200	30,100	43,000
2d Cpe	750	2400	4000	8000	14,000	20,000
2d Reg Cpe	800	2500	4200	8400	14,700	21,000
2d Spt Cpe	1000	3250	5400	10,800	18,900	27,000
2d Reg Spt Cpe	1050	3350	5600	11,200	19,600	28,000
2d St R Brgm	900	2900	4800	9600	16,800	24,000
2d Reg St R Brgm	950	3000	5000	10,000	17,500	25,000
4d Conv Sed	1400	4450	7400	14,800	25,900	37,000
4d Reg Conv Sed	1650	5300	8800	17,600	30,800	44,000
4d Sed	750	2400	4000	8000	14,000	20,000
4d Reg Sed	800	2500	4200	8400	14,700	21,000
Model 65 Rockne, 6-cyl., 110" wb						
2d 2P Cpe	450	1450	2400	4800	8400	12,000
4d 5P Sed	400	1300	2200	4400	7700	11,000
2d Sed	400	1250	2100	4200	7400	10,500
4d 5P Conv Sed	1300	4100	6800	13,600	23,800	34,000
2d Rds	1450	4550	7600	15,200	26,600	38,000
Model 71 Commander, 8-cyl.						
2d Rds Conv	1700	5400	9000	18,000	31,500	45,000
2d Reg Rds Conv	1750	5500	9200	18,400	32,200	46,000
2d Spt Cpe	1000	3100	5200	10,400	18,200	26,000
2d Reg Spt Cpe	1000	3250	5400	10,800	18,900	27,000
2d St R Brgm	1000	3100	5200	10,400	18,200	26,000
2d Reg St R Brgm	1000	3250	5400	10,800	18,900	27,000
4d Conv Sed	1650	5300	8800	17,600	30,800	44,000
4d Reg Conv Sed	1700	5400	9000	18,000	31,500	45,000
4d Sed	750	2400	4000	8000	14,000	20,000
4d Reg Sed	750	2450	4100	8200	14,400	20,500
Model 75 Rockne, 6-cyl., 114" wb						
2d 2P Cpe	450	1500	2500	5000	8800	12,500
2d 4P Cpe	450	1450	2400	4800	8400	12,000

	6	5	4	3	2	1
4d 5P Sed	400	1300	2200	4400	7700	11,000
2d 2P DeL Cpe	500	1600	2700	5400	9500	13,500
2d 4P DeL Cpe	500	1550	2600	5200	9100	13,000
4d 5P DeL Sed	450	1450	2400	4800	8400	12,000
2d Rds	1500	4800	8000	16,000	28,000	40,000
4d Conv Sed	1450	4700	7800	15,600	27,300	39,000
Model 91 President, 8-cyl.						
2d Rds Conv	2250	7200	12,000	24,000	42,000	60,000
2d Sta Rds Conv	2350	7450	12,400	24,800	43,400	62,000
2d Cpe	1150	3600	6000	12,000	21,000	30,000
2d Sta Cpe	1150	3700	6200	12,400	21,700	31,000
2d Spt Cpe	1200	3850	6400	12,800	22,400	32,000
2d Sta Spt Cpe	1250	3950	6600	13,200	23,100	33,000
2d St R Brgm	1000	3250	5400	10,800	18,900	27,000
2d Sta St R Brgm	1050	3350	5600	11,200	19,600	28,000
4d Conv Sed	2200	7100	11,800	23,600	41,300	59,000
4d Sta Conv Sed	2250	7200	12,000	24,000	42,000	60,000
4d Sed	800	2500	4200	8400	14,700	21,000
4d Sta Sed	850	2650	4400	8800	15,400	22,000
4d Limo	950	3000	5000	10,000	17,500	25,000
4d Sta Limo	1000	3100	5200	10,400	18,200	26,000
4d 7P Sed	750	2400	4000	8000	14,000	20,000
4d 7P Sta Sed	800	2500	4200	8400	14,700	21,000
1933						
Model 10 Rockne, 6-cyl., 110" wb						
2d 4P Conv	1250	3950	6600	13,200	23,100	33,000
2d 4P DeL Conv Rds	1300	4100	6800	13,600	23,800	34,000
2d 2P Cpe	550	1700	2800	5600	9800	14,000
2d 5P Coach	400	1200	2000	4000	7000	10,000
2d 4P Cpe	500	1550	2600	5200	9100	13,000
2d 2P DeL Cpe	550	1700	2800	5600	9800	14,000
2d 5P Sed	400	1200	2000	4000	7000	10,000
2d 5P DeL Coach	400	1250	2100	4200	7400	10,500
2d 4P DeL Cpe	500	1550	2600	5200	9100	13,000
4d 5P DeL Sed	400	1200	2000	4000	7000	10,000
4d 5P Conv Sed	1400	4450	7400	14,800	25,900	37,000
4d 5P DeL Conv Sed	1450	4550	7600	15,200	26,600	38,000
Model 56 Studebaker, 6-cyl., 117" wb						
2d Conv	1450	4700	7800	15,600	27,300	39,000
2d Reg Conv	1500	4800	8000	16,000	28,000	40,000
2d Cpe	650	2050	3400	6800	11,900	17,000
2d Reg Cpe	700	2150	3600	7200	12,600	18,000
2d Spt Cpe	700	2300	3800	7600	13,300	19,000
2d Reg Spt Cpe	750	2400	4000	8000	14,000	20,000
2d St R Brgm	550	1800	3000	6000	10,500	15,000
2d Reg St R Brgm	600	1900	3200	6400	11,200	16,000
4d Conv Sed	1450	4550	7600	15,200	26,600	38,000
4d Reg Conv Sed	1450	4700	7800	15,600	27,300	39,000
4d Sed	500	1550	2600	5200	9100	13,000
4d Reg Sed	550	1700	2800	5600	9800	14,000
Model 73 Commander, 8-cyl.						
2d Rds Conv	1500	4800	8000	16,000	28,000	40,000
2d Reg Rds Conv	1550	4900	8200	16,400	28,700	41,000
2d Cpe	700	2150	3600	7200	12,600	18,000
2d Reg Cpe	700	2300	3800	7600	13,300	19,000
2d Spt Cpe	750	2400	4000	8000	14,000	20,000
2d Reg Spt Cpe	800	2500	4200	8400	14,700	21,000
2d St R Brgm	600	1900	3200	6400	11,200	16,000
2d Reg St R Brgm	650	2050	3400	6800	11,900	17,000
4d Conv Sed	1500	4800	8000	16,000	28,000	40,000
4d Reg Conv Sed	1550	4900	8200	16,400	28,700	41,000
4d Sed	600	1900	3200	6400	11,200	16,000
4d Reg Sed	650	2050	3400	6800	11,900	17,000
Model 82 President, 8-cyl.						
2d Sta Rds Conv	1600	5150	8600	17,200	30,100	43,000
2d Cpe	700	2150	3600	7200	12,600	18,000
2d Sta Cpe	800	2500	4200	8400	14,700	21,000
2d St R Brgm	600	1900	3200	6400	11,200	16,000
2d Sta St R Brgm	650	2050	3400	6800	11,900	17,000
4d Sta Conv Sed	1600	5150	8600	17,200	30,100	43,000
4d Sed	650	2050	3400	6800	11,900	17,000
4d Sta Sed	700	2150	3600	7200	12,600	18,000
Model 92 President Speedway, 8-cyl.						
2d Sta Rds Conv	1650	5300	8800	17,600	30,800	44,000
2d Sta Cpe	800	2500	4200	8400	14,700	21,000

	6	5	4	3	2	1
2d Sta St R Brgm	850	2650	4400	8800	15,400	22,000
4d Sta Conv Sed	1650	5300	8800	17,600	30,800	44,000
4d Sed	600	1900	3200	6400	11,200	16,000
4d Sta Sed	650	2050	3400	6800	11,900	17,000
4d 7P Sed	700	2150	3600	7200	12,600	18,000
4d 7P Sta Sed	700	2300	3800	7600	13,300	19,000
4d 7P Sta Limo	800	2500	4200	8400	14,700	21,000

1934
Model Special A, Dictator

	6	5	4	3	2	1
2d Cpe	500	1550	2600	5200	9100	13,000
2d Reg Cpe	550	1800	3000	6000	10,500	15,000
2d 4P Cpe	500	1550	2600	5200	9100	13,000
2d 4P Reg Cpe	550	1700	2800	5600	9800	14,000
2d St R Sed	400	1200	2000	4000	7000	10,000
2d Reg St R Sed	400	1250	2100	4200	7400	10,500
2d Sed	400	1200	2000	4000	7000	10,000
2d Reg Sed	400	1250	2100	4200	7400	10,500
4d Cus Reg St R	400	1300	2200	4400	7700	11,000
4d Cus Sed	450	1400	2300	4600	8100	11,500

Model A, Dictator

	6	5	4	3	2	1
2d Rdst	1300	4100	6800	13,600	23,800	34,000
2d Rds Regal	1300	4200	7000	14,000	24,500	35,000
2d Reg Cpe	650	2050	3400	6800	11,900	17,000
2d St R Sed	500	1550	2600	5200	9100	13,000
2d Cus St R Sed	400	1250	2100	4200	7400	10,500
4d Sed	400	1200	2000	4000	7000	10,000
4d Reg Sed	400	1250	2100	4200	7400	10,500

Model B, Commander

	6	5	4	3	2	1
2d Rds Conv	1300	4200	7000	14,000	24,500	35,000
2d Reg Rds Conv	1350	4300	7200	14,400	25,200	36,000
2d Cpe	650	2050	3400	6800	11,900	17,000
2d Reg Cpe	700	2150	3600	7200	12,600	18,000
2d 4P Cpe	600	1900	3200	6400	11,200	16,000
2d 4P Reg Cpe	650	2050	3400	6800	11,900	17,000
2d St R Sed	400	1300	2200	4400	7700	11,000
2d Cus St R Sed	450	1400	2300	4600	8100	11,500
4d Sed	400	1200	2000	4000	7000	10,000
4d Reg Sed	400	1250	2100	4200	7400	10,500
4d Cus Sed	400	1300	2150	4300	7500	10,700
4d L Cruise	400	1300	2200	4400	7700	11,000

Model C, President

	6	5	4	3	2	1
2d Rds Conv	1450	4550	7600	15,200	26,600	38,000
2d Reg Rds Conv	1450	4700	7800	15,600	27,300	39,000
2d Cpe	700	2150	3600	7200	12,600	18,000
2d Reg Cpe	700	2300	3800	7600	13,300	19,000
2d 4P Cpe	650	2050	3400	6800	11,900	17,000
2d 4P Reg Cpe	700	2150	3600	7200	12,600	18,000
2d Sed	450	1400	2300	4600	8100	11,500
2d Reg Sed	450	1450	2400	4800	8400	12,000
4d Cus Sed	450	1450	2400	4800	8400	12,000
4d Cus Berl	450	1500	2500	5000	8800	12,500
4d L Cruise	500	1600	2700	5400	9500	13,500

1935
Model 1A, Dictator Six

	6	5	4	3	2	1
2d Rds	1250	3950	6600	13,200	23,100	33,000
2d Reg Rds	1300	4100	6800	13,600	23,800	34,000
2d Cpe	450	1450	2400	4800	8400	12,000
2d Reg Cpe	500	1550	2600	5200	9100	13,000
2d R/S Cpe	500	1600	2700	5400	9500	13,500
2d Reg R/S Cpe	550	1750	2900	5800	10,200	14,500
2d St Reg	350	1040	1750	3500	6100	8700
2d Reg St Reg	450	1080	1800	3600	6300	9000
2d Cus St Reg	450	1120	1875	3750	6500	9300
4d Sed	350	1020	1700	3400	5950	8500
2d Reg Sed	450	1050	1750	3550	6150	8800
2d Cus Sed	450	1090	1800	3650	6400	9100
4d L Cr	450	1120	1875	3750	6500	9300
4d Reg L Cr	450	1140	1900	3800	6650	9500

Model 1B, Commander Eight

	6	5	4	3	2	1
2d Rds	1350	4300	7200	14,400	25,200	36,000
2d Reg Rds	1400	4450	7400	14,800	25,900	37,000
2d Cpe	500	1550	2600	5200	9100	13,000
2d Reg Cpe	550	1700	2800	5600	9800	14,000
2d R/S Cpe	550	1750	2900	5800	10,200	14,500
2d Reg R/S Cpe	550	1800	3000	6000	10,500	15,000
2d Reg St R	400	1200	2000	4000	7000	10.000

	6	5	4	3	2	1
2d Cus St R	400	1200	2050	4100	7100	10,200
2d Reg Sed	400	1250	2050	4100	7200	10,300
2d Cus Sed	400	1250	2100	4200	7400	10,500
4d L Cr	400	1300	2200	4400	7700	11,000
4d Reg L Cr	400	1350	2250	4500	7900	11,300
Model 1C, President Eight						
2d Rds	1400	4450	7400	14,800	25,900	37,000
2d Reg Rds	1450	4550	7600	15,200	26,600	38,000
2d Cpe	600	1900	3200	6400	11,200	16,000
2d Reg Cpe	650	2050	3400	6800	11,900	17,000
2d R/S Cpe	650	2100	3500	7000	12,300	17,500
2d Reg R/S Cpe	700	2150	3600	7200	12,600	18,000
2d Reg Sed	400	1300	2200	4400	7700	11,000
2d Cus Sed	450	1450	2400	4800	8400	12,000
4d L Cr	500	1550	2600	5200	9100	13,000
4d Reg L Cr	550	1700	2800	5600	9800	14,000
4d Cus Berl	550	1800	3000	6000	10,500	15,000
4d Reg Berl	600	1850	3100	6200	10,900	15,500

NOTE: Add 10 percent for 2A Dictator models.

1936
Model 3A/4A, Dictator Six

	6	5	4	3	2	1
2d Bus Cpe	400	1300	2200	4400	7700	11,000
2d Cus Cpe	450	1450	2400	4800	8400	12,000
2d 5P Cus Cpe	500	1550	2600	5200	9100	13,000
2d Cus St R	950	1100	1850	3700	6450	9200
4d Cr St R	450	1140	1900	3800	6650	9500
2d Cus Sed	450	1140	1900	3800	6650	9500
4d Cr Sed	450	1170	1975	3900	6850	9800
Model 2C, President Eight						
2d Cus Cpe	550	1700	2800	5600	9800	14,000
2d 5P Cus Cpe	550	1800	3000	6000	10,500	15,000
2d Cus St R	400	1350	2250	4500	7800	11,200
4d Cr St R	450	1400	2300	4600	8100	11,500
4d Cus Sed	450	1450	2400	4800	8400	12,000
4d Cr Sed	500	1550	2600	5200	9100	13,000

NOTE: Add 10 percent for Model 4A Dictator Six.

1937
Model 5A/6A, Dictator Six

	6	5	4	3	2	1
2d Cpe Express	500	1550	2600	5200	9100	13,000
2d Bus Cpe	450	1450	2400	4800	8400	12,000
2d Cus Cpe	500	1550	2600	5200	9100	13,000
2d 5P Cus Cpe	450	1500	2500	5000	8800	12,500
2d Cus St R	450	1140	1900	3800	6650	9500
4d St R Cr	450	1130	1900	3800	6600	9400
4d Cus Sed	450	1130	1900	3800	6600	9400
4d Cr Sed	450	1160	1950	3900	6800	9700
Model 3C, President Eight						
2d Cus Cpe	550	1700	2800	5600	9800	14,000
2d 5P Cus Cpe	500	1600	2700	5400	9500	13,500
2d Cus St R	400	1350	2250	4500	7800	11,200
4d St R Cr	400	1350	2200	4400	7800	11,100
4d Cus Sed	400	1350	2200	4400	7800	11,100
4d Cr Sed	450	1350	2300	4600	8000	11,400

NOTE: Add 10 percent for Dictator 6A models.

1938 Studebaker Commander two-door sedan

1938	6	5	4	3	2	1
Model 7A, Commander Six						
2d Cpe Exp	450	1450	2400	4800	8400	12,000
2d Bus Cpe	400	1300	2200	4400	7700	11,000
2d Cus Cpe	450	1450	2400	4800	8400	12,000
2d Clb Sed	450	1150	1900	3850	6700	9600
4d Cr Sed	450	1170	1975	3900	6850	9800
4d Conv Sed	950	3050	5100	10,200	17,900	25,500
Model 8A, State Commander Six						
2d Cus Cpe	450	1500	2500	5000	8800	12,500
2d Clb Sed	450	1150	1900	3850	6700	9600
4d Cr Sed	450	1170	1975	3900	6850	9800
4d Conv Sed	1000	3200	5300	10,600	18,600	26,500
Model 4C, President Eight						
2d Cpe	500	1550	2600	5200	9100	13,000
2d Clb Sed	400	1300	2200	4400	7700	11,000
4d Cr Sed	450	1400	2300	4600	8100	11,500
Model 4C, State President Eight						
2d Cpe	550	1700	2800	5600	9800	14,000
2d Clb Sed	400	1350	2250	4500	7900	11,300
4d Cr Sed	450	1450	2400	4800	8400	12,000
4d Conv Sed	1100	3550	5900	11,800	20,700	29,500
1939						
Model G, Custom Champion Six						
2d Cpe	450	1450	2400	4800	8400	12,000
2d Clb Sed	400	1300	2150	4300	7500	10,700
4d Cr Sed	400	1300	2150	4300	7600	10,800
Model G, Deluxe Champion Six						
2d Cpe	550	1700	2800	5600	9800	14,000
2d Clb Sed	450	1400	2350	4700	8300	11,800
4d Cr Sed	450	1450	2400	4800	8400	12,000
Model 9A, Commander Six						
2d Cpe Express	600	2000	3300	6600	11,600	16,500
2d Bus Cpe	550	1800	3000	6000	10,500	15,000
2d Cus Cpe	600	1900	3200	6400	11,200	16,000
2d Clb Sed	500	1650	2700	5400	9500	13,600
4d Cr Sed	500	1650	2750	5500	9600	13,700
4d Conv Sed	1200	3850	6400	12,800	22,400	32,000
Model 5C, State President Eight						
2d Cus Cpe	650	2050	3400	6800	11,900	17,000
2d Clb Sed	550	1800	3000	6000	10,500	15,000
4d Cr Sed	600	1850	3100	6200	10,900	15,500
4d Conv Sed	1300	4200	7000	14,000	24,500	35,000
1940						
Champion Custom						
2d Cpe	500	1600	2700	5400	9500	13,500
2d OS Cpe	550	1750	2900	5800	10,200	14,500
2d Clb Sed	450	1450	2400	4800	8400	12,000
4d Cr Sed	450	1450	2400	4800	8500	12,100
Champion Custom Deluxe						
2d Cpe	550	1800	3000	6000	10,500	15,000
2d OS Cpe	600	1850	3100	6200	10,900	15,500
2d Clb Sed	450	1450	2400	4800	8500	12,100
4d Cr Sed	450	1450	2450	4900	8500	12,200
Champion Deluxe						
2d Cpe	600	1850	3100	6200	10,900	15,500
2d OS Cpe	600	1900	3200	6400	11,200	16,000
2d Clb Sed	450	1450	2450	4900	8500	12,200
4d Cr Sed	450	1500	2450	4900	8600	12,300
Champion Deluxe-Tone						
2d Cpe	600	1900	3200	6400	11,200	16,000
2d OS Cpe	600	2000	3300	6600	11,600	16,500
2d Clb Sed	450	1500	2450	4900	8600	12,300
4d Cr Sed	450	1500	2500	5000	8700	12,400
Commander						
2d Cus Cpe	650	2050	3400	6800	11,900	17,000
2d Clb Sed	450	1500	2500	5000	8800	12,600
4d Cr Sed	500	1500	2550	5100	8900	12,700
Commander Deluxe-Tone						
2d Cus Cpe	700	2150	3600	7200	12,600	18,000
2d Clb Sed	450	1500	2500	5000	8800	12,600
4d Cr Sed	500	1500	2550	5100	8900	12,700
State President						
2d Cpe	700	2200	3700	7400	13,000	18,500
2d Clb Sed	550	1700	2800	5600	9800	14,000
4d Cr Sed	550	1800	3000	6000	10,500	15,000

	6	5	4	3	2	1
President Deluxe-Tone						
2d Cpe	750	2350	3900	7800	13,700	19,500
2d Clb Sed	550	1700	2850	5700	9900	14,200
4d Cr Sed	550	1800	3000	6000	10,500	15,000
1941						
Champion Custom						
2d Cpe	550	1700	2800	5600	9800	14,000
2d D D Cpe	550	1750	2900	5800	10,200	14,500
2d OS Cpe	550	1800	3000	6000	10,500	15,000
2d Clb Sed	500	1500	2550	5100	8900	12,700
4d Cr Sed	500	1550	2550	5100	9000	12,800
Champion Custom Deluxe						
2d Cpe	550	1750	2900	5800	10,200	14,500
2d D D Cpe	550	1800	3000	6000	10,500	15,000
2d OS Cpe	600	1850	3100	6200	10,900	15,500
2d Clb Sed	500	1550	2550	5100	9000	12,800
4d Cr Sed	500	1550	2600	5200	9100	13,000
Champion Deluxe-Tone						
2d Cpe	550	1800	3000	6000	10,500	15,000
2d D D Cpe	600	1850	3100	6200	10,900	15,500
2d OS Cpe	600	1900	3200	6400	11,200	16,000
2d Clb Sed	500	1550	2550	5100	9000	12,800
4d Cr Sed	500	1550	2600	5200	9100	13,000
Commander Custom						
4d Sed Cpe	550	1800	3000	6000	10,500	15,000
2d Cr Cpe	600	2000	3300	6600	11,600	16,500
4d L Cruise	550	1800	3000	6000	10,500	15,000
Commander Deluxe-Tone						
4d Cr Sed	550	1850	3050	6100	10,700	15,300
4d L Cruise	600	1850	3100	6200	10,900	15,500
Commander Skyway						
4d Sed Cpe	650	2050	3400	6800	11,900	17,000
4d Cr Sed	600	1900	3200	6400	11,200	16,000
4d L Cruise	600	2000	3300	6600	11,600	16,500
President Custom						
4d Cr Sed	600	2000	3300	6600	11,600	16,500
4d L Cruise	650	2100	3500	7000	12,300	17,500
President Deluxe-Tone						
4d Cr Sed	650	2000	3350	6700	11,700	16,700
4d L Cruise	650	2100	3550	7100	12,400	17,700
President Skyway						
2d Sed Cpe	800	2500	4200	8400	14,700	21,000
4d Cr Sed	700	2300	3800	7600	13,300	19,000
4d L Cruise	750	2350	3900	7800	13,700	19,500
1942						
Champion Custom Series						
2d Cpe	450	1400	2300	4600	8100	11,500
2d D D Cpe	450	1450	2400	4800	8400	12,000
2d Clb Sed	400	1200	2000	4000	7000	10,000
4d Cr Sed	400	1200	2000	4000	7100	10,100
Champion Deluxstyle Series						
2d Cpe	450	1450	2400	4800	8400	12,000
2d D D Cpe	450	1500	2500	5000	8800	12,500
2d Clb Sed	400	1200	2000	4000	7100	10,100
4d Cr Sed	400	1200	2050	4100	7100	10,200
Commander Custom Series						
2d Sed Cpe	450	1500	2500	5000	8800	12,500
4d Cr Sed	400	1300	2150	4300	7500	10,700
4d L Cr	400	1300	2150	4300	7600	10,800
Commander Deluxstyle Series						
2d Sed Cpe	500	1600	2700	5400	9500	13,500
4d Cr Sed	400	1350	2250	4500	7900	11,300
4d L Cr	450	1400	2350	4700	8300	11,800
Commander Skyway Series						
2d Sed Cpe	600	1850	3100	6200	10,900	15,500
4d Cr Sed	500	1550	2550	5100	9000	12,800
4d L Cr	500	1650	2750	5500	9700	13,800
President Custom Series						
2d Sed Cpe	600	1850	3100	6200	10,900	15,500
4d Cr Sed	500	1550	2550	5100	9000	12,800
4d L Cr	500	1650	2750	5500	9700	13,800
President Deluxstyle Series						
2d Sed Cpe	600	2000	3300	6600	11,600	16,500
4d Cr Sed	500	1650	2750	5500	9700	13,800
4d L Cr	550	1800	2950	5900	10,400	14,800

	6	5	4	3	2	1
President Skyway Series						
2d Sed Cpe	650	2100	3500	7000	12,300	17,500
4d Cr Sed	550	1800	2950	5900	10,400	14,800
4d L Cr	600	1900	3150	6300	11,100	15,800

1946
Skyway Champion, 6-cyl., 109.5" wb

	6	5	4	3	2	1
2d 3P Cpe	500	1550	2600	5200	9100	13,000
2d 5P Cpe	500	1600	2700	5400	9500	13,500
2d Sed	400	1350	2250	4500	7800	11,200
4d Sed	450	1350	2300	4600	8000	11,400

1948 Studebaker Commander Regal Deluxe convertible

1947-1949
Champion, 6-cyl., 112" wb

	6	5	4	3	2	1
2d 3P Cpe	400	1300	2200	4400	7700	11,000
2d 5P Cpe Starlight	450	1500	2500	5000	8800	12,500
2d Sed	450	1160	1950	3900	6800	9700
4d Sed	450	1170	1975	3900	6850	9800
2d Conv	750	2400	4000	8000	14,000	20,000
Commander, 6-cyl., 119" wb						
2d 3P Cpe	450	1400	2300	4600	8100	11,500
2d 5P Cpe Starlight	450	1450	2400	4800	8400	12,000
2d Sed	400	1200	2000	4000	7100	10,100
4d Sed	400	1250	2050	4100	7200	10,300
2d Conv	800	2500	4200	8400	14,700	21,000
Land Cruiser, 6-cyl., 123" wb						
4d Ld Crs Sed	450	1400	2350	4700	8200	11,700

1950
Champion, 6-cyl., 113" wb

	6	5	4	3	2	1
2d 3P Cpe	450	1500	2500	5000	8800	12,500
2d 5P Cpe Starlight	500	1550	2600	5200	9100	13,000
2d Sed	400	1350	2200	4400	7800	11,100
4d Sed	400	1350	2250	4500	7900	11,300
2d Conv	800	2500	4200	8400	14,700	21,000
Commander, 6-cyl., 120" - 124" wb						
2d 3P Cpe	500	1600	2700	5400	9500	13,500
2d 5P Cpe Starlight	550	1700	2800	5600	9800	14,000
2d Sed	400	1350	2250	4500	7900	11,300
4d Sed	450	1350	2300	4600	8000	11,400
2d Conv	850	2750	4600	9200	16,100	23,000
Land Cruiser, 6-cyl., 124" wb						
4d Ld Crs Sed	450	1450	2400	4800	8400	12,000

1951
Champion Custom, 6-cyl., 115" wb

	6	5	4	3	2	1
4d Sed	450	1400	2300	4600	8100	11,600
2d Sed	450	1400	2300	4600	8100	11,500
2d 5P Cpe Starlight	500	1600	2700	5400	9500	13,500
2d 3P Cpe	450	1400	2300	4600	8100	11,500
Champion DeLuxe, 6-cyl., 115" wb						
4d Sed	400	1300	2150	4300	7500	10,700
2d Sed	400	1300	2150	4300	7600	10,800
2d 5P Cpe Starlight	550	1700	2800	5600	9800	14,000

	6	5	4	3	2	1
2d 3P Cpe	450	1450	2400	4800	8400	12,000
Champion Regal, 6-cyl., 115" wb						
4d Sed	400	1300	2150	4300	7600	10,800
2d Sed	400	1300	2150	4300	7500	10,700
2d 5P Cpe Starlight	500	1550	2600	5200	9100	13,000
2d 3P Cpe	450	1450	2400	4800	8400	12,000
2d Conv	850	2650	4400	8800	15,400	22,000
Commander Regal, V-8, 115" wb						
4d Sed	400	1300	2200	4400	7700	11,000
2d Sed	400	1300	2200	4400	7600	10,900
5P Cpe Starlight	550	1700	2800	5600	9800	14,000
Commander State, V-8, 115" wb						
4d Sed	450	1400	2300	4600	8100	11,500
2d Sed	450	1350	2300	4600	8000	11,400
5P Cpe Starlight	550	1800	3000	6000	10,500	15,000
2d Conv	950	3000	5000	10,000	17,500	25,000
Land Cruiser, V-8, 119" wb						
4d Sed	500	1550	2600	5200	9100	13,000

1952

	6	5	4	3	2	1
Champion Custom, 6-cyl., 115" wb						
4d Sed	400	1250	2100	4200	7400	10,600
2d Sed	400	1250	2100	4200	7400	10,500
2d 5P Cpe Starlight	500	1600	2700	5400	9500	13,500
Champion DeLuxe, 6-cyl., 115" wb						
4d Sed	400	1300	2150	4300	7500	10,700
2d Sed	400	1250	2100	4200	7400	10,600
2d 5P Cpe Starlight	500	1550	2600	5200	9100	13,000
Champion Regal, 6-cyl., 115" wb						
Sed	400	1300	2150	4300	7600	10,800
2d Sed	400	1300	2150	4300	7500	10,700
2d 5P Cpe Starlight	500	1600	2700	5400	9500	13,500
2d Star Cpe	550	1700	2800	5600	9800	14,000
2d Conv	800	2500	4200	8400	14,700	21,000
Commander Regal, V-8, 115" wb						
4d Sed	450	1400	2300	4600	8100	11,500
2d Sed	450	1350	2300	4600	8000	11,400
5P Cpe Starlight	550	1800	3000	6000	10,500	15,000
Commander State, V-8, 115" wb						
4d Sed	450	1400	2300	4600	8100	11,600
2d Sed	450	1400	2300	4600	8100	11,500
2d Cpe Starlight	600	1850	3100	6200	10,900	15,500
2d Star HdTp	700	2150	3600	7200	12,600	18,000
2d Conv	900	2900	4800	9600	16,800	24,000
Land Cruiser, V-8, 119" wb						
2d Sed	500	1600	2700	5400	9500	13,500

1953-1954

	6	5	4	3	2	1
Champion Custom, 6-cyl., 116.5" wb						
4d Sed	450	1170	1975	3900	6850	9800
2d Sed	450	1150	1900	3850	6700	9600
Champion DeLuxe, 6-cyl., 116.5" - 120.5" wb						
4d Sed	400	1200	2000	4000	7000	10,000
2d Sed	450	1150	1900	3850	6700	9600
2d Cpe	550	1700	2800	5600	9800	14,000
2d Sta Wag	400	1350	2250	4500	7800	11,200
Champion Regal, 6-cyl., 116.5" - 120.5" wb						
4d Sed	400	1200	2000	4000	7000	10,000
2d Sed	450	1160	1950	3900	6800	9700
2d 5P Cpe	550	1800	3000	6000	10,500	15,000
2d HT	600	1900	3200	6400	11,200	16,000
2d Sta Wag (1954 only)	450	1400	2300	4600	8100	11,500
Commander DeLuxe, V-8, 116.5" - 120.5" wb						
4d Sed	400	1250	2100	4200	7400	10,500
2d Sed	400	1250	2100	4200	7300	10,400
2d Cpe	600	1900	3200	6400	11,200	16,000
Sta Wag (1954 only)	450	1450	2400	4800	8400	12,000
Commander Regal, V-8, 116.5" - 120.5" wb						
4d Sed	400	1300	2200	4400	7700	11,000
2d Cpe	600	2000	3300	6600	11,600	16,500
2d HT	700	2150	3600	7200	12,600	18,000
2d Sta Wag (1954 only)	450	1500	2450	4900	8600	12,300
Land Cruiser, V-8, 120.5" wb						
4d Sed	450	1400	2350	4700	8300	11,800
4d Reg Sed (1954 only)	450	1450	2400	4800	8400	12,000

1955

	6	5	4	3	2	1
Champion Custom, 6-cyl., 116.5" wb						
4d Sed	450	1160	1950	3900	6800	9700

1955 Studebaker President Speedster two-door hardtop

	6	5	4	3	2	1
2d Sed	450	1150	1900	3850	6700	9600
Champion DeLuxe, 6-cyl., 116.5" wb, 120.5" wb						
4d Sed	400	1200	2000	4000	7000	10,000
2d Sed	450	1160	1950	3900	6800	9700
2d Cpe	550	1700	2800	5600	9800	14,000
Champion Regal, 6-cyl., 116.5" wb, 120.5" wb						
4d Sed	400	1200	2000	4000	7100	10,100
2d Cpe	550	1800	3000	6000	10,500	15,000
2d HT	600	1900	3200	6400	11,200	16,000
2d Sta Wag	450	1400	2300	4600	8100	11,500
Commander Custom, V-8, 116.5" wb						
4d Sed	400	1250	2100	4200	7400	10,500
2d Sed	400	1250	2100	4200	7300	10,400
Commander DeLuxe, V-8, 116.5" - 120.5" wb						
4d Sed	400	1300	2150	4300	7500	10,700
2d Sed	400	1250	2100	4200	7400	10,600
2d Cpe	600	1900	3200	6400	11,200	16,000
Sta Wag	450	1450	2400	4800	8400	12,000
Commander Regal, V-8, 116.5" - 120.5" wb						
4d Sed	400	1300	2200	4400	7700	11,000
2d Cpe	600	1900	3200	6400	11,200	16,000
2d HT	650	2050	3400	6800	11,900	17,000
2d Sta Wag	450	1450	2400	4800	8400	12,000
President DeLuxe, V-8, 120.5" wb						
4d Sed	450	1400	2300	4600	8100	11,500
President State, V-8, 120.5" wb						
4d Sed	450	1450	2400	4800	8400	12,000
2d Cpe	650	2050	3400	6800	11,900	17,000
2d HT	700	2300	3800	7600	13,300	19,000
2d Spds HT	850	2650	4400	8800	15,400	22,000

NOTE: Deduct $200. for Champion models in all series.

1956
Champion, 6-cyl., 116.5" wb

	6	5	4	3	2	1
4d Sed	450	1090	1800	3650	6400	9100
2d S'net	450	1080	1800	3600	6300	9000
2d Sed	450	1080	1800	3600	6300	9000
Flight Hawk, 6-cyl., 120.5" wb						
2d Cpe	550	1750	2900	5800	10,200	14,500
Champion Pelham, 6-cyl., 116.5" wb						
Sta Wag	400	1200	2000	4000	7000	10,000
Commander, V-8, 116.5" wb						
4d Sed	450	1170	1975	3900	6850	9800
2d S'net	450	1160	1950	3900	6800	9700
2d Sed	450	1170	1975	3900	6850	9800
Power Hawk, V-8, 120.5" wb						
2d Cpe	600	1850	3100	6200	10,900	15,500
Commander Parkview, V-8, 116.5" wb						
2d Sta Wag	450	1450	2400	4800	8400	12,000
President, V-8, 116.5" wb						
4d Sed	400	1250	2100	4200	7400	10,500
4d Classic	400	1300	2200	4400	7700	11,000
2d Sed	400	1250	2100	4200	7300	10,400
Sky Hawk, V-8, 120.5" wb						
2d HT	650	2050	3400	6800	11,900	17,000

	6	5	4	3	2	1
President Pinehurst, V-8, 116.5" wb						
4d Sta Wag	450	1450	2400	4800	8400	12,000
Golden Hawk, V-8, 120.5" wb						
2d HT	850	2650	4400	8800	15,400	22,000
1957						
Champion Scotsman, 6-cyl., 116.5" wb						
4d Sed	450	1050	1800	3600	6200	8900
2d Sed	450	1050	1800	3600	6200	8900
2d Sta Wag	400	1200	2000	4000	7000	10,000
Champion Custom, 6-cyl., 116.5" wb						
4d Sed	450	1080	1800	3600	6300	9000
2d Clb Sed	450	1080	1800	3600	6300	9000
Champion DeLuxe, 6-cyl., 116.5" wb						
4d Sed	450	1090	1800	3650	6400	9100
2d Clb Sed	450	1050	1800	3600	6200	8900
Silver Hawk, 6-cyl., 120.5" wb						
2d Cpe	500	1600	2700	5400	9500	13,500
Champion Pelham, 6-cyl., 116.5" wb						
Sta Wag	450	1140	1900	3800	6650	9500
Commander Custom, V-8, 116.5" wb						
4d Sed	450	1090	1800	3650	6400	9100
2d Clb Sed	450	1080	1800	3600	6300	9000
Commander DeLuxe, V-8, 116.5" wb						
4d Sed	400	1200	2000	4000	7000	10,000
2d Clb Sed	400	1300	2150	4300	7600	10,800
Commander Station Wagons, V-8, 116.5" wb						
4d Park	450	1450	2400	4800	8400	12,000
4d Prov	450	1500	2500	5000	8800	12,500
President, V-8, 116.5" wb						
4d Sed	400	1300	2200	4400	7700	11,000
4d Classic	400	1300	2200	4400	7700	11,000
2d Clb Sed	400	1300	2150	4300	7600	10,800
Silver Hawk, V-8, 120.5" wb						
2d Cpe	650	2050	3400	6800	11,900	17,000
President Broadmoor, V-8, 116.5" wb						
4d Sta Wag	450	1500	2500	5000	8800	12,500
Golden Hawk, V-8, 120.5" wb						
2d Spt HT	850	2650	4400	8800	15,400	22,000
1958						
Champion Scotsman, 6-cyl., 116.5" wb						
4d Sed	350	950	1550	3100	5400	7700
2d Sed	350	950	1500	3050	5300	7600
4d Sta Wag	350	1020	1700	3400	5950	8500
Champion, 6-cyl., 116.5" wb						
4d Sed	350	950	1550	3150	5450	7800
2d Sed	350	950	1550	3100	5400	7700
Silver Hawk, 6-cyl., 120.5" wb						
2d Cpe	450	1450	2400	4800	8400	12,000
Commander, V-8, 116.5" wb						
4d Sed	450	1080	1800	3600	6300	9000
2d HT	400	1250	2100	4200	7400	10,500
4d Sta Wag	450	1140	1900	3800	6650	9500
President, V-8, 120.5" & 116.5" wb						
4d Sed	950	1100	1850	3700	6450	9200
2d HT	400	1300	2150	4300	7500	10,700
Silver Hawk, V-8, 120.5" wb						
2d Cpe	550	1800	3000	6000	10,500	15,000
Golden Hawk, V-8, 120.5" wb						
2d Spt HT	700	2300	3800	7600	13,300	19,000
1959-1960						
Lark DeLuxe, V-8, 108.5" wb						
4d Sed	350	975	1600	3200	5600	8000
2d Sed	350	975	1600	3200	5600	8000
4d Sta Wag (1960 only)	350	1000	1650	3350	5800	8300
2d Sta Wag	350	1020	1700	3400	5900	8400
Lark Regal, V-8, 108.5" wb						
4d Sed	350	1020	1700	3400	5950	8500
2d HT	400	1250	2100	4200	7400	10,500
2d Conv (1960 only)	600	1850	3100	6200	10,900	15,500
4d Sta Wag	350	1020	1700	3400	5950	8500
NOTE: Deduct 5 percent for 6 cyl. models.						
Hawk, V-8, 120.5" wb						
2d Spt Cpe	550	1700	2800	5600	9800	14,000
1961						
Lark DeLuxe, V-8, 108.5" wb						
4d Sed	350	950	1550	3150	5450	7800

	6	5	4	3	2	1
2d Sed	350	975	1600	3200	5500	7900
Lark Regal, V-8, 108.5" wb						
4d Sed	350	975	1600	3200	5600	8000
2d HT	400	1200	2000	4000	7000	10,000
2d Conv	500	1600	2700	5400	9500	13,500
Lark Cruiser, V-8, 113" wb						
4d Sed	350	1000	1650	3300	5750	8200
Station Wagons, V-8, 113" wb						
4d DeL	350	950	1550	3150	5450	7800
2d	350	950	1550	3150	5450	7800
4d Reg	350	975	1600	3200	5500	7900
Hawk, 8-cyl., 120.5" wb						
2d Spt Cpe	550	1800	3000	6000	10,500	15,000

NOTE: Deduct 5 percent for 6 cyl. models.
First year for 4-speed Hawks.

1962

	6	5	4	3	2	1
Lark DeLuxe, V-8, 109" - 113" wb						
4d Sed	350	950	1550	3150	5450	7800
2d Sed	350	950	1550	3150	5450	7800
4d Sta Wag	350	1000	1650	3350	5800	8300
Lark Regal, V-8, 109" - 113" wb						
4d Sed	350	950	1550	3150	5450	7800
2d HT	400	1250	2100	4200	7400	10,500
2d Conv	450	1500	2500	5000	8800	12,500
4d Sta Wag	350	1020	1700	3400	5950	8500
Lark Daytona, V-8, 109" wb						
2d HT	400	1250	2100	4200	7400	10,500
2d Conv	500	1550	2600	5200	9100	13,000
Lark Cruiser, V-8, 113" wb						
4d Sed	400	1200	2000	4000	7000	10,000
Gran Turismo Hawk, V-8, 120.5" wb						
2d HT	600	1850	3100	6200	10,900	15,500

NOTE: Deduct 5 percent for 6 cyl. models.

1963

	6	5	4	3	2	1
Lark Standard, V-8, 109" - 113" wb						
4d Sed	350	950	1550	3150	5450	7800
2d Sed	350	950	1550	3150	5450	7800
4d Sta Wag	350	1020	1700	3400	5950	8500
Lark Regal, V-8, 109" - 113" wb						
4d Sed	350	950	1550	3150	5450	7800
2d Sed	350	950	1550	3150	5450	7800
4d Sta Wag	350	1040	1750	3500	6100	8700
Lark Custom, V-8, 109" - 113" wb						
4d Sed	350	950	1550	3150	5450	7800
2d Sed	350	975	1600	3200	5500	7900
Lark Daytona, V-8, 109" - 113" wb						
2d HT	400	1200	2000	4000	7000	10,000
2d Conv	450	1500	2500	5000	8800	12,500
4d Sta Wag	400	1200	2000	4000	7000	10,000
Cruiser, V-8, 113" wb						
4d Sed	400	1200	2000	4000	7100	10,100
Gran Turismo Hawk, V-8, 120.5" wb						
2d HT	600	1850	3100	6200	10,900	15,500

NOTE: Deduct 5 percent for 6 cyl.
Add 10 percent for R1 engine option.
Add 20 percent for R2 engine option.
Add 30 percent for R3 engine option.

1964

	6	5	4	3	2	1
Challenger V-8, 109" - 113" wb						
4d Sed	350	975	1600	3200	5500	7900
2d Sed	350	975	1600	3200	5600	8000
4d Sta Wag	350	1000	1650	3300	5750	8200
Commander, V-8, 109" - 113" wb						
4d Sed	350	975	1600	3250	5700	8100
2d Sed	350	1000	1650	3300	5750	8200
4d Sta Wag	350	1020	1700	3400	5950	8500
Daytona, V-8, 109" - 113" wb						
4d Sed	350	1020	1700	3400	5950	8500
2d HT	450	1400	2300	4600	8100	11,500
2d Conv	450	1500	2500	5000	8800	12,500
4d Sta Wag	400	1250	2100	4200	7400	10,500
Cruiser, V-8, 113" wb						
4d Sed	400	1200	2050	4100	7100	10,200

1964 Studebaker Gran Turismo Hawk two-door hardtop

	6	5	4	3	2	1
Gran Turismo Hawk, V-8, 120.5" wb						
2d HT	600	1850	3100	6200	10,900	15,500

NOTE: Deduct 5 percent for 6 cyl. models.
   Add 10 percent for R1 engine option.
   Add 20 percent for R2 engine option.
   Add 30 percent for R3 engine option.

1965

	6	5	4	3	2	1
Commander, V-8, 109" - 113" wb						
4d Sed	350	975	1600	3200	5600	8000
2d Sed	350	975	1600	3200	5500	7900
4d Sta Wag	350	1000	1650	3350	5800	8300
Daytona, V-8, 109" - 113" wb						
4d Spt Sed	350	1000	1650	3300	5750	8200
4d Sta Wag	350	1020	1700	3400	5950	8500
Cruiser, V-8, 113" wb						
4d Sed	350	1040	1750	3500	6100	8700

NOTE: Deduct 10 percent for 6 cyl. models.

1966

	6	5	4	3	2	1
Commander, V-8, 109" wb						
4d Sed	350	975	1600	3200	5600	8000
2d Sed	350	975	1600	3200	5500	7900
Daytona, V-8, 109" - 113" wb						
2d Spt Sed	350	1020	1700	3400	5950	8500
Cruiser, V-8, 113" wb						
4d Sed	350	1000	1650	3350	5800	8300
Wagonaire, V-8, 113" wb						
4d Sta Wag	350	1020	1700	3400	5950	8500

AVANTI

1963 Studebaker Avanti sport coupe

	6	5	4	3	2	1
1963						
Avanti, V-8, 109" wb						
2d Spt Cpe	800	2500	4200	8400	14,700	21,000
NOTE: Add 20 percent for R2 engine option.						
1964						
Avanti, V-8, 109" wb						
2d Spt Cpe	750	2400	4000	8000	14,000	20,000
NOTE: Add 20 percent for R2 engine option.						
Add 40 percent for R4 engine option.						
Add 60 percent for R3 engine option.						

AVANTI II

	6	5	4	3	2	1
Avanti II, V-8, 109" wb						
2d Spt Cpe						
1965 - 5 Prototypes Made	900	2900	4800	9600	16,800	24,000
1966	750	2400	4000	8000	14,000	20,000
1967	750	2400	4000	8000	14,000	20,000
1968	750	2400	4000	8000	14,000	20,000
1969	750	2400	4000	8000	14,000	20,000
1970	750	2400	4000	8000	14,000	20,000
1971	750	2400	4000	8000	14,000	20,000
1972	750	2400	4000	8000	14,000	20,000
1973	750	2400	4000	8000	14,000	20,000
1974	750	2400	4000	8000	14,000	20,000
1975	750	2400	4000	8000	14,000	20,000
1976	700	2300	3800	7600	13,300	19,000
NOTE: Add 5 percent for leather upholstery.						
Add 5 percent for sun roof.						
Add 6 percent for wire wheels.						
1977	700	2300	3800	7600	13,300	19,000
1978	700	2300	3800	7600	13,300	19,000
1979	800	2500	4200	8400	14,700	21,000
1980	800	2500	4200	8400	14,700	21,000
1981	850	2650	4400	8800	15,400	22,000
Avanti, V-8, 109" wb						
1982 2d Spt Cpe	850	2750	4600	9200	16,100	23,000
1983 2d Spt Cpe	850	2750	4600	9200	16,100	23,000
1984 2d Spt Cpe	850	2750	4600	9200	16,100	23,000
1985 2d Spt Cpe	950	3000	5000	10,000	17,500	25,000
1987 2d Spt Cpe	1050	3350	5600	11,200	19,600	28,000
1987 2d Conv	1150	3700	6200	12,400	21,700	31,000
1988 2d Spt Cpe	1100	3500	5800	11,600	20,300	29,000
1988 2d Conv	1200	3850	6400	12,800	22,400	32,000
1989 2d Spt Cpe	1100	3500	5800	11,600	20,300	29,000
1989 2d Conv	1200	3850	6400	12,800	22,400	32,000
1990 4d Sed	850	2650	4400	8800	15,400	22,000
1991 2d Conv	1250	3950	6600	13,200	23,100	33,000

STUTZ

	6	5	4	3	2	1
1912						
Series A, 4-cyl., 50 hp, 120" wb						
2P Rds	2700	8650	14,400	28,800	50,400	72,000
4P Toy Tonn	2650	8400	14,000	28,000	49,000	70,000
5P Tr	2650	8400	14,000	28,000	49,000	70,000
2P Bearcat	5250	16,800	28,000	56,000	98,000	140,000
4P Cpe	1900	6000	10,000	20,000	35,000	50,000
Series A, 6-cyl., 60 hp, 124" wb						
Touring - 6P (130" wb)						
6P Tr	2500	7900	13,200	26,400	46,200	66,000
4P Toy Tonn	2400	7700	12,800	25,600	44,800	64,000
2P Bearcat	5650	18,000	30,000	60,000	105,000	150,000
1913						
Series B, 4-cyl., 50 hp, 120" wb						
2P Rds	2700	8650	14,400	28,800	50,400	72,000
4P Toy Tonn	2650	8400	14,000	28,000	49,000	70,000
4P Tr (124" wb)	2650	8400	14,000	28,000	49,000	70,000
2P Bearcat	5250	16,800	28,000	56,000	98,000	140,000
6P Tr (124" wb)	2800	8900	14,800	29,600	51,800	74,000
Series B, 6-cyl., 60 hp, 124" wb						
2P Bearcat	5650	18,000	30,000	60,000	105,000	150,000
4P Toy Tonn	2650	8400	14,000	28.000	49.000	70,000

	6	5	4	3	2	1
6P Tr (130" wb)	2850	9100	15,200	30,400	53,200	76,000

1914
Model 4E, 4-cyl., 50 hp, 120" wb

	6	5	4	3	2	1
2P Rds	2650	8400	14,000	28,000	49,000	70,000
Bearcat	5450	17,400	29,000	58,000	101,500	145,000
5P Tr	2650	8400	14,000	28,000	49,000	70,000

Model 6E, 6-cyl., 55 hp, 130" wb

	6	5	4	3	2	1
2P Rds	2850	9100	15,200	30,400	53,200	76,000
6P Tr	2850	9100	15,200	30,400	53,200	76,000

1915
Model H.C.S., 4-cyl., 23 hp, 108" wb

	6	5	4	3	2	1
2P Rds	1900	6000	10,000	20,000	35,000	50,000

Model 4F, 4-cyl., 36.1 hp, 120" wb

	6	5	4	3	2	1
2P Rds	2250	7200	12,000	24,000	42,000	60,000
Bearcat	5100	16,300	27,200	54,400	95,200	136,000
Cpe	1200	3850	6400	12,800	22,400	32,000
Bulldog	2200	6950	11,600	23,200	40,600	58,000
5P Tr	2350	7450	12,400	24,800	43,400	62,000
5P Sed	1100	3500	5800	11,600	20,300	29,000

Model 6F, 6-cyl., 38.4 hp, 130" wb

	6	5	4	3	2	1
2P Rds	2400	7700	12,800	25,600	44,800	64,000
Bearcat	5250	16,800	28,000	56,000	98,000	140,000
Cpe	1300	4200	7000	14,000	24,500	35,000
5P Tr	2500	7900	13,200	26,400	46,200	66,000
6P Tr	2500	7900	13,200	26,400	46,200	66,000
5P Sed	1150	3600	6000	12,000	21,000	30,000

1916
Model C, 4-cyl., 36.1 hp, 120" wb

	6	5	4	3	2	1
2P Rds	2250	7200	12,000	24,000	42,000	60,000
Bearcat	4900	15,600	26,000	52,000	91,000	130,000
Bulldog	2500	7900	13,200	26,400	46,200	66,000
Sed	1100	3500	5800	11,600	20,300	29,000

Bulldog Special, 4-cyl., 36.1 hp, 130" wb

	6	5	4	3	2	1
4P Tr	2500	7900	13,200	26,400	46,200	66,000
5P Tr	2550	8150	13,600	27,200	47,600	68,000

1917
Series R, 4-cyl., 80 hp, 130" wb

	6	5	4	3	2	1
2P Rds	2650	8400	14,000	28,000	49,000	70,000
4P Bulldog Spl	2500	7900	13,200	26,400	46,200	66,000
6P Bulldog Spl	2550	8150	13,600	27,200	47,600	68,000
Bearcat (120" wb)	5100	16,300	27,200	54,400	95,200	136,000

1918
Series S, 4-cyl., 80 hp, 130" wb

	6	5	4	3	2	1
2P Rds	2650	8400	14,000	28,000	49,000	70,000
4P Bulldog Spl	2500	7900	13,200	26,400	46,200	66,000
6P Bulldog Spl	2550	8150	13,600	27,200	47,600	68,000
Bearcat (120" wb)	5100	16,300	27,200	54,400	95,200	136,000

1919 Stutz Bearcat roadster

1919
Series G, 4-cyl., 80 hp, 130" wb

	6	5	4	3	2	1
6P Tr	2700	8650	14,400	28,800	50,400	72,000
2P Rds	2500	7900	13,200	26,400	46,200	66,000
4P C.C. Tr	2700	8650	14,400	28,800	50,400	72,000

	6	5	4	3	2	1
Bearcat (120" wb)	5100	16,300	27,200	54,400	95,200	136,000

1920
Series H, 4-cyl., 80 hp, 130" wb

	6	5	4	3	2	1
2P Bearcat (120" wb)	5100	16,300	27,200	54,400	95,200	136,000
2P Rds	2650	8400	14,000	28,000	49,000	70,000
4P/5P Tr	2700	8650	14,400	28,800	50,400	72,000
6P/7P Tr	2800	8900	14,800	29,600	51,800	74,000

1921
Series K, 4-cyl., 80 hp, 130" wb

	6	5	4	3	2	1
2P Bearcat (120" wb)	5100	16,300	27,200	54,400	95,200	136,000
2P Rds	3400	10,800	18,000	36,000	63,000	90,000
4P Tr	2700	8650	14,400	28,800	50,400	72,000
6P Tr	2700	8650	14,400	28,800	50,400	72,000
4P Cpe	1500	4800	8000	16,000	28,000	40,000

1922
Series K, 4-cyl., 80 hp, 130" wb

	6	5	4	3	2	1
3P Cpe	1500	4800	8000	16,000	28,000	40,000
2P Rds	2650	8400	14,000	28,000	49,000	70,000
Bearcat (120" wb)	5100	16,300	27,200	54,400	95,200	136,000
6P Tr	2700	8650	14,400	28,800	50,400	72,000
4P Spt	2850	9100	15,200	30,400	53,200	76,000

1923
Special Six, 70 hp, 120" wb

	6	5	4	3	2	1
5P Sed	1300	4200	7000	14,000	24,500	35,000
5P Tr	2700	8650	14,400	28,800	50,400	72,000
Rds	2700	8650	14,400	28,800	50,400	72,000

Speedway Four, 88 hp, 130" wb

	6	5	4	3	2	1
6P Tr	2850	9100	15,200	30,400	53,200	76,000
Sportster	3000	9600	16,000	32,000	56,000	80,000
4P Cpe	1500	4800	8000	16,000	28,000	40,000
Sportsedan	1400	4450	7400	14,800	25,900	37,000
Rds	2650	8400	14,000	28,000	49,000	70,000
Bearcat	5250	16,800	28,000	56,000	98,000	140,000
Calif Tr	2950	9350	15,600	31,200	54,600	78,000
Calif Sptstr	2950	9350	15,600	31,200	54,600	78,000

1924
Special Six, 70 hp, 120" wb

	6	5	4	3	2	1
5P Phae	2550	8150	13,600	27,200	47,600	68,000
Tourabout	2550	8150	13,600	27,200	47,600	68,000
2P Rds	2650	8400	14,000	28,000	49,000	70,000
Palanquin	2550	8150	13,600	27,200	47,600	68,000
5P Sed	1200	3850	6400	12,800	22,400	32,000

Speedway Four, 4-cyl., 88 hp, 130" wb

	6	5	4	3	2	1
2P Rds	2650	8400	14,000	28,000	49,000	70,000
2P Bearcat	5100	16,300	27,200	54,400	95,200	136,000
6P Tr	2700	8650	14,400	28,800	50,400	72,000
4P Cpe	1500	4800	8000	16,000	28,000	40,000

1925
Models 693-694, 6-cyl., 70 hp, 120" wb

	6	5	4	3	2	1
5P Phae	2500	7900	13,200	26,400	46,200	66,000
5P Tourabout	2550	8150	13,600	27,200	47,600	68,000
2P Rds	2500	7900	13,200	26,400	46,200	66,000
4P Cpe	1450	4550	7600	15,200	26,600	38,000
5P Sed	1200	3850	6400	12,800	22,400	32,000

Model 695, 6-cyl., 80 hp, 130" wb

	6	5	4	3	2	1
7P Tourster	2550	8150	13,600	27,200	47,600	68,000
5P Sportster	2550	8150	13,600	27,200	47,600	68,000
7P Sub	1700	5400	9000	18,000	31,500	45,000
Sportbrohm	1650	5300	8800	17,600	30,800	44,000
7P Berline	1750	5500	9200	18,400	32,200	46,000

1926
Vertical Eight, AA, 92 hp, 131" wb

	6	5	4	3	2	1
4P Spds	5100	16,300	27,200	54,400	95,200	136,000
5P Spds	5100	16,300	27,200	54,400	95,200	136,000
4P Vic Cpe	2050	6600	11,000	22,000	38,500	55,000
5P Brgm	1850	5900	9800	19,600	34,300	49,000
5P Sed	1500	4800	8000	16,000	28,000	40,000

1927
Vertical Eight, AA, 92 hp, 131" wb

	6	5	4	3	2	1
4P Spds	5100	16,300	27,200	54,400	95,200	136,000
5P Spds	5100	16,300	27,200	54,400	95,200	136,000
2P Cpe	1900	6000	10,000	20,000	35,000	50,000
4P Cpe	1900	6000	10,000	20,000	35,000	50,000
5P Brgm	1850	5900	9800	19,600	34,300	49,000

	6	5	4	3	2	1
5P Sed	1500	4800	8000	16,000	28,000	40,000
7P Berline	1850	5900	9800	19,600	34,300	49,000
7P Sed	1600	5050	8400	16,800	29,400	42,000

1928
Series BB, 8-cyl., 115 hp, 131 & 135" wb

	6	5	4	3	2	1
2P Spds	5100	16,300	27,200	54,400	95,200	136,000
4P Spds	5100	16,300	27,200	54,400	95,200	136,000
5P Spds	5250	16,800	28,000	56,000	98,000	140,000
7P Spds	5200	16,550	27,600	55,200	96,600	138,000
2P Black Hawk Spds	5450	17,400	29,000	58,000	101,500	145,000
4P Black Hawk Spds	5450	17,400	29,000	58,000	101,500	145,000
4P Vic Cpe	2050	6600	11,000	22,000	38,500	55,000
2P Cpe	1950	6250	10,400	20,800	36,400	52,000
5P Sed	1500	4800	8000	16,000	28,000	40,000
5P Brgm	1550	4900	8200	16,400	28,700	41,000
2P Cabr Cpe	3400	10,800	18,000	36,000	63,000	90,000
7P Sed	1600	5050	8400	16,800	29,400	42,000
7P Sed Limo	2250	7200	12,000	24,000	42,000	60,000
4P Deauville	2350	7450	12,400	24,800	43,400	62,000
5P Chantilly Sed	2350	7450	12,400	24,800	43,400	62,000
4P Monaco Cpe	2500	7900	13,200	26,400	46,200	66,000
5P Riv Sed	2500	7900	13,200	26,400	46,200	66,000
7P Biarritz Sed	2500	7900	13,200	26,400	46,200	66,000
5P Chamonix Sed	2550	8150	13,600	27,200	47,600	68,000
7P Fontainbleau	2550	8150	13,600	27,200	47,600	68,000
5P Aix Les Bains	2550	8150	13,600	27,200	47,600	68,000
7P Versailles	2650	8400	14,000	28,000	49,000	70,000
5P Prince of Wales	2650	8400	14,000	28,000	49,000	70,000
8P Prince of Wales	2700	8650	14,400	28,800	50,400	72,000
Transformable Twn Car	2850	9100	15,200	30,400	53,200	76,000

1929
Model M, 8-cyl., 115 hp, 134-1/2" wb

	6	5	4	3	2	1
4P Spds	5100	16,300	27,200	54,400	95,200	136,000
7P Spds	5200	16,550	27,600	55,200	96,600	138,000
2P Speed Car	5250	16,800	28,000	56,000	98,000	140,000
5P Cpe	1950	6250	10,400	20,800	36,400	52,000
4P Cpe	1950	6250	10,400	20,800	36,400	52,000
2P Cabr	3600	11,500	19,200	38,400	67,200	96,000
5P Sed	1600	5050	8400	16,800	29,400	42,000
7P Sed	1600	5150	8600	17,200	30,100	43,000
5P Chantilly Sed	2350	7450	12,400	24,800	43,400	62,000
5P Monaco Cpe	2500	7900	13,200	26,400	46,200	66,000
5P Deauville	2350	7450	12,400	24,800	43,400	62,000
7P Limo	2350	7450	12,400	24,800	43,400	62,000
5P Sed	1900	6000	10,000	20,000	35,000	50,000
2P Cabr	3850	12,250	20,400	40,800	71,400	102,000
5P Biarritz	2500	7900	13,200	26,400	46,200	66,000
7P Fontainbleau	2550	8150	13,600	27,200	47,600	68,000
7P Aix Les Baines	2550	8150	13,600	27,200	47,600	68,000
5P Sed	2050	6600	11,000	22,000	38,500	55,000
5P Limo	2500	7900	13,200	26,400	46,200	66,000
6P Brgm	2500	7900	13,200	26,400	46,200	66,000
Brgm Limo	2550	8150	13,600	27,200	47,600	68,000
6P Sed	2050	6500	10,800	21,600	37,800	54,000
6P Sed Limo	2550	8150	13,600	27,200	47,600	68,000
7P Sed Limo	2550	8150	13,600	27,200	47,600	68,000
5P Transformable Cabr	3250	10,300	17,200	34,400	60,200	86,000
7P Trans Twn Car	3250	10,300	17,200	34,400	60,200	86,000
5P Trans Twn Car	3300	10,550	17,600	35,200	61,600	88,000

1930
Model MA, 8-cyl., 115 hp, 134-1/2" wb

	6	5	4	3	2	1
2P Spds	5100	16,300	27,200	54,400	95,200	136,000
4P Spds	5100	16,300	27,200	54,400	95,200	136,000
2P Cpe	2050	6600	11,000	22,000	38,500	55,000
5P Cpe	2050	6600	11,000	22,000	38,500	55,000
Sed	1500	4800	8000	16,000	28,000	40,000
Cabr	3400	10,800	18,000	36,000	63,000	90,000
Longchamps	2500	7900	13,200	26,400	46,200	66,000
Versailles	2500	7900	13,200	26,400	46,200	66,000
Torpedo	2650	8400	14,000	28,000	49,000	70,000

Model MB, 8-cyl., 115 hp, 145" wb

	6	5	4	3	2	1
4P Spds	5250	16,800	28,000	56,000	98,000	140,000
7P Spds	5250	16,800	28,000	56,000	98,000	140,000
5P Sed	1600	5150	8600	17,200	30,100	43,000
7P Sed	1650	5300	8800	17,600	30,800	44,000

	6	5	4	3	2	1
7P Limo	1900	6000	10,000	20,000	35,000	50,000
5P Sed	1750	5500	9200	18,400	32,200	46,000
Cabr	3450	11,050	18,400	36,800	64,400	92,000
Chaumont	2650	8400	14,000	28,000	49,000	70,000
Monte Carlo	2650	8400	14,000	28,000	49,000	70,000
5P Sed	2250	7200	12,000	24,000	42,000	60,000
5P Limo	2350	7450	12,400	24,800	43,400	62,000
Brgm	2250	7200	12,000	24,000	42,000	60,000
Brgm Limo	2500	7900	13,200	26,400	46,200	66,000
6P Sed	2250	7200	12,000	24,000	42,000	60,000
6P Sed Limo	2500	7900	13,200	26,400	46,200	66,000
7P Sed Limo	2550	8150	13,600	27,200	47,600	68,000
Transformable Cabr	3250	10,300	17,200	34,400	60,200	86,000
Transformable Twn Car	3250	10,300	17,200	34,400	60,200	86,000
Transformable Tr Cabr	3400	10,800	18,000	36,000	63,000	90,000

1931
Model LA, 6-cyl., 85 hp, 127-1/2" wb

	6	5	4	3	2	1
4P Spds	4750	15,100	25,200	50,400	88,200	126,000
5P Cpe	1700	5400	9000	18,000	31,500	45,000
Sed	1450	4550	7600	15,200	26,600	38,000
4P Cpe	1750	5500	9200	18,400	32,200	46,000
Cabr Cpe	3000	9600	16,000	32,000	56,000	80,000

Model MA, 8-cyl., 115 hp, 134-1/2" wb

	6	5	4	3	2	1
4P Spds	4900	15,600	26,000	52,000	91,000	130,000
Torp	3450	11,050	18,400	36,800	64,400	92,000
4P Spds	5100	16,300	27,200	54,400	95,200	136,000
5P Cpe	1900	6000	10,000	20,000	35,000	50,000
4P Cpe	1900	6100	10,200	20,400	35,700	51,000
Cabr Cpe	3000	9600	16,000	32,000	56,000	80,000
Sed	1600	5050	8400	16,800	29,400	42,000
Longchamps	2050	6500	10,800	21,600	37,800	54,000
Versailles	2050	6500	10,800	21,600	37,800	54,000

Model MB, 8-cyl., 115 hp, 145" wb

	6	5	4	3	2	1
7P Spds	5100	16,300	27,200	54,400	95,200	136,000
5P Sed	1850	5900	9800	19,600	34,300	49,000
7P Sed	1900	6000	10,000	20,000	35,000	50,000
Limo	2250	7200	12,000	24,000	42,000	60,000
Cabr Cpe	3600	11,500	19,200	38,400	67,200	96,000
Conv Sed	4750	15,100	25,200	50,400	88,200	126,000
Chaumont	3600	11,500	19,200	38,400	67,200	96,000
Monte Carlo	3600	11,500	19,200	38,400	67,200	96,000
5P Sed	2250	7200	12,000	24,000	42,000	60,000
Brgm	2350	7450	12,400	24,800	43,400	62,000
7P Sed	2500	7900	13,200	26,400	46,200	66,000
Brgm Limo	2550	8150	13,600	27,200	47,600	68,000
6/7P Sed Limo	2650	8400	14,000	28,000	49,000	70,000
Transformable Cabr	3400	10,800	18,000	36,000	63,000	90,000
Transformable Twn Car	3250	10,300	17,200	34,400	60,200	86,000
Transformable Twn Cabr	3400	10,800	18,000	36,000	63,000	90,000

1932
Model LAA, 6-cyl., 85 hp, 127-1/2" wb

	6	5	4	3	2	1
Sed	1500	4800	8000	16,000	28,000	40,000
5P Cpe	2050	6600	11,000	22,000	38,500	55,000
4P Cpe	2050	6600	11,000	22,000	38,500	55,000
Clb Sed	1700	5400	9000	18,000	31,500	45,000

Model SV-16, 8-cyl., 115 hp, 134-1/2" wb

	6	5	4	3	2	1
4P Spds	4900	15,600	26,000	52,000	91,000	130,000
Torp	3250	10,300	17,200	34,400	60,200	86,000
5P Cpe	1900	6000	10,000	20,000	35,000	50,000
5P Sed	1700	5400	9000	18,000	31,500	45,000
4P Cpe	2050	6600	11,000	22,000	38,500	55,000
Clb Sed	1750	5650	9400	18,800	32,900	47,000
Cabr Cpe	3250	10,300	17,200	34,400	60,200	86,000
Longchamps	2050	6600	11,000	22,000	38,500	55,000
Versailles	2050	6600	11,000	22,000	38,500	55,000
6P Sed	1950	6250	10,400	20,800	36,400	52,000
Cont Cpe	2550	8150	13,600	27,200	47,600	68,000

Model SV-16, 8 cyl., 115 hp, 145" wb

	6	5	4	3	2	1
7P Spds	5450	17,400	29,000	58,000	101,500	145,000
7P Sed	3000	9600	16,000	32,000	56,000	80,000
5P Sed	2850	9100	15,200	30,400	53,200	76,000
Limo	3250	10,300	17,200	34,400	60,200	86,000
Conv Sed	4750	15,100	25,200	50,400	88,200	126,000
6P Sed	3100	9850	16,400	32,800	57,400	82,000
Chaumont	3600	11,500	19,200	38,400	67,200	96,000

	6	5	4	3	2	1
Brgm	3250	10,300	17,200	34,400	60,200	86,000
Monte Carlo	3300	10,550	17,600	35,200	61,600	88,000
Brgm Limo	3400	10,800	18,000	36,000	63,000	90,000
7P Sed Limo	3400	10,800	18,000	36,000	63,000	90,000
6P Sed Limo	3400	10,800	18,000	36,000	63,000	90,000
Transformable Cabr	3600	11,500	19,200	38,400	67,200	96,000
Monte Carlo	3700	11,750	19,600	39,200	68,600	98,000
Prince of Wales	3700	11,750	19,600	39,200	68,600	98,000
Conv Vic	4150	13,200	22,000	44,000	77,000	110,000
Spt Sed	3250	10,300	17,200	34,400	60,200	86,000
Tuxedo Cabr	5100	16,300	27,200	54,400	95,200	136,000
Patrician Cpe	3400	10,800	18,000	36,000	63,000	90,000
Transformable Twn Car	5250	16,800	28,000	56,000	98,000	140,000

Model DV-32, 8-cyl., 156 hp, 134-1/2" wb

	6	5	4	3	2	1
Bearcat	6750	21,600	36,000	72,000	126,000	180,000

NOTE: All other models same as SV-16, with prices $1000 more than SV-16.

Model DV-32, 8-cyl., 156 hp, 145" wb

NOTE: All models same as SV-16, with prices $1000 more than SV-16.

Model DV-32, 8-cyl., 156 hp, 116" wb

	6	5	4	3	2	1
Sup Bearcat	6750	21,600	36,000	72,000	126,000	180,000

1933 Stutz convertible coupe

1933

Model LAA, 6-cyl., 85 hp, 127-1/2" wb

	6	5	4	3	2	1
5P Sed	1600	5050	8400	16,800	29,400	42,000
5P Cpe	1900	6000	10,000	20,000	35,000	50,000
4P Cpe	1900	6100	10,200	20,400	35,700	51,000
5P Clb Sed	1700	5400	9000	18,000	31,500	45,000
4P Cabr Cpe	2850	9100	15,200	30,400	53,200	76,000

Model SV-16, 8-cyl., 115 hp, 134-1/2" wb

	6	5	4	3	2	1
4P Spds	4150	13,200	22,000	44,000	77,000	110,000
2P Torp	3000	9600	16,000	32,000	56,000	80,000
4P Spds	4500	14,400	24,000	48,000	84,000	120,000
5P Cpe	2150	6850	11,400	22,800	39,900	57,000
5P Sed	1700	5400	9000	18,000	31,500	45,000
4P Cpe	2200	6950	11,600	23,200	40,600	58,000
5P Clb Sed	1750	5650	9400	18,800	32,900	47,000
4P Cabr Cpe	3000	9600	16,000	32,000	56,000	80,000
5P Versailles	2500	7900	13,200	26,400	46,200	66,000

Model SV-16, 8-cyl., 115 hp, 145" wb

	6	5	4	3	2	1
4P Spds	5250	16,800	28,000	56,000	98,000	140,000
5P Sed	2050	6600	11,000	22,000	38,500	55,000

	6	5	4	3	2	1
7P Sed	2150	6850	11,400	22,800	39,900	57,000
7P Limo	2500	7900	13,200	26,400	46,200	66,000
4P Cabr Cpe	3600	11,500	19,200	38,400	67,200	96,000
5P Conv Sed	4900	15,600	26,000	52,000	91,000	130,000
6P Sed	2550	8150	13,600	27,200	47,600	68,000
5P Chaumont	2650	8400	14,000	28,000	49,000	70,000
6P Brgm	2650	8400	14,000	28,000	49,000	70,000
6P Sed	2550	8150	13,600	27,200	47,600	68,000
5P Monte Carlo	2700	8650	14,400	28,800	50,400	72,000
6P Brgm Limo	3250	10,300	17,200	34,400	60,200	86,000
6P Sed Limo	3000	9600	16,000	32,000	56,000	80,000
7P Twn Car	3400	10,800	18,000	36,000	63,000	90,000
5P Monte Carlo	3400	10,800	18,000	36,000	63,000	90,000

Series DV-32, 8-cyl., 156" wb
NOTE: Same models as the SV-16 on the two chassis, with prices $700 more. Bearcat and Super Bearcat continued from 1932.

1934
Model SV-16, 8-cyl., 115 hp, 134-1/2" wb

	6	5	4	3	2	1
Spds	4500	14,400	24,000	48,000	84,000	120,000
Spds	4500	14,400	24,000	48,000	84,000	120,000
Torp	4150	13,200	22,000	44,000	77,000	110,000
4P Cpe	1900	6000	10,000	20,000	35,000	50,000
Conv Cpe	3250	10,300	17,200	34,400	60,200	86,000
Club Sed	2250	7200	12,000	24,000	42,000	60,000
5P Sed	2050	6600	11,000	22,000	38,500	55,000
5P Cpe	2250	7200	12,000	24,000	42,000	60,000
Versailles	2250	7200	12,000	24,000	42,000	60,000

Model SV-16, 8-cyl., 115 hp, 145" wb

	6	5	4	3	2	1
Conv Cpe	3400	10,800	18,000	36,000	63,000	90,000
7P Sed	2200	7100	11,800	23,600	41,300	59,000
Limo	2350	7450	12,400	24,800	43,400	62,000
Chaumont	2350	7450	12,400	24,800	43,400	62,000
Monte Carlo	2400	7700	12,800	25,600	44,800	64,000

Model DV-32, 8-cyl., 156 hp, 134-1/2" wb

	6	5	4	3	2	1
Spds	4900	15,600	26,000	52,000	91,000	130,000
Spds	4950	15,850	26,400	52,800	92,400	132,000
Torp	4800	15,350	25,600	51,200	89,600	128,000
4P Cpe	2250	7200	12,000	24,000	42,000	60,000
Conv Cpe	4750	15,100	25,200	50,400	88,200	126,000
Clb Sed	2200	7100	11,800	23,600	41,300	59,000
5P Sed	2200	6950	11,600	23,200	40,600	58,000
5P Cpe	2350	7450	12,400	24,800	43,400	62,000
Versailles	2500	7900	13,200	26,400	46,200	66,000

Model DV-32, 8-cyl., 156 hp, 145" wb

	6	5	4	3	2	1
Conv Cpe	4500	14,400	24,000	48,000	84,000	120,000
7P Sed	2250	7200	12,000	24,000	42,000	60,000
Limo	2650	8400	14,000	28,000	49,000	70,000
Chaumont	2650	8400	14,000	28,000	49,000	70,000
Monte Carlo	2700	8650	14,400	28,800	50,400	72,000

1935
Model SV-16, 8-cyl., 134 & 145" wb

	6	5	4	3	2	1
2P Spds	3300	10,550	17,600	35,200	61,600	88,000
2P Cpe	1950	6250	10,400	20,800	36,400	52,000
5P Sed	1600	5050	8400	16,800	29,400	42,000
7P Sed	1800	5750	9600	19,200	33,600	48,000

Model DV-32, 8-cyl., 134 & 145" wb

	6	5	4	3	2	1
2P Spds	3400	10,800	18,000	36,000	63,000	90,000
2/4P Cpe	2050	6600	11,000	22,000	38,500	55,000
5P Sed	1600	5050	8400	16,800	29,400	42,000
7P Limo	2050	6600	11,000	22,000	38,500	55,000

WHIPPET

1926
Model 96, 4-cyl.

	6	5	4	3	2	1
2d 2P Cpe	350	1040	1700	3450	6000	8600
4d 5P Tr	700	2300	3800	7600	13,300	19,000
4d 5P Sed	350	1040	1700	3450	6000	8600

1927
Model 96, 4-cyl., 30 hp, 104-1/4" wb

	6	5	4	3	2	1
4d 5P Tr	700	2300	3800	7600	13,300	19,000
2d 5P Coach	350	1020	1700	3400	5950	8500
2d 5P Rds	700	2150	3600	7200	12,600	18,000
2d 2P Cpe	450	1140	1900	3800	6650	9500

	6	5	4	3	2	1
4d 5P Sed	350	1040	1700	3450	6000	8600
2d Cabr	550	1700	2800	5600	9800	14,000
4d 5P Lan Sed	350	1020	1700	3400	5900	8400
Model 93A, 6-cyl., 40 hp, 109-1/4" wb						
4d 5P Tr	750	2400	4000	8000	14,000	20,000
2d 2/4P Rds	700	2300	3800	7600	13,300	19,000
2d 2P Cpe	400	1200	2000	4000	7000	10,000
2d 5P Cpe	450	1080	1800	3600	6300	9000
4d 5P Sed	950	1100	1850	3700	6450	9200
2d Cabr	550	1700	2800	5600	9800	14,000
4d 5P Lan Sed	350	1020	1700	3400	5900	8400

1928
Model 96, 4-cyl., 32 hp, 100-1/4" wb

	6	5	4	3	2	1
2d 2/4P Spt Rds	700	2150	3600	7200	12,600	18,000
4d 5P Tr	700	2300	3800	7600	13,300	19,000
2d 5P Coach	350	975	1600	3200	5600	8000
2d 2P Cpe	450	1080	1800	3600	6300	9000
2d 2/4P Cabr	550	1700	2800	5600	9800	14,000
4d 5P Sed	350	1000	1650	3300	5750	8200
Model 98, 6-cyl.						
2d 2/4P Rds	700	2300	3800	7600	13,300	19,000
4d 5P Tr	750	2400	4000	8000	14,000	20,000
2d 2P Cpe	400	1200	2000	4000	7000	10,000
2d 5P Coach	450	1080	1800	3600	6300	9000
4d 5P Sed	950	1100	1850	3700	6450	9200

1929
Model 96A, 4-cyl., 103-1/2" wb

	6	5	4	3	2	1
2d 2P Rds	700	2150	3600	7200	12,600	18,000
2d 2/4P Rds	700	2300	3800	7600	13,300	19,000
2d 2/4P Rds College	700	2300	3800	7600	13,300	19,000
4d 5P Tr	700	2300	3800	7600	13,300	19,000
2d 2P Cpe	450	1080	1800	3600	6300	9000
2d Cabr	550	1700	2800	5600	9800	14,000
2d 2/4P Cpe	550	1700	2800	5600	9800	14,000
2d 5P Coach	350	975	1600	3200	5600	8000
4d 5P Sed	350	1000	1650	3300	5750	8200
4d DeL Sed	350	1020	1700	3400	5950	8500
Model 98A, 6-cyl.						
2d 2/4P Spt Rds	800	2500	4200	8400	14,700	21,000
4d 5P Tr	850	2650	4400	8800	15,400	22,000
2d 2P Cpe	450	1140	1900	3800	6650	9500
2d 2/4P Cpe	400	1200	2000	4000	7000	10,000
2d 5P Coach	350	1000	1650	3300	5750	8200
4d 5P Sed	350	1020	1700	3400	5950	8500
4d 5P DeL Sed	350	1020	1700	3400	5950	8500

1930
Model 96A, 4-cyl.

	6	5	4	3	2	1
2d 2P Rds	800	2500	4200	8400	14,700	21,000
2d 2/4P Rds College	900	2900	4800	9600	16,800	24,000
4d 5P Tr	850	2650	4400	8800	15,400	22,000
2d 2P Cpe	450	1080	1800	3600	6300	9000
2d 2/4P Cpe	450	1140	1900	3800	6650	9500
2d 5P Coach	350	975	1600	3200	5600	8000
4d 5P Sed	350	1000	1650	3300	5750	8200
4d 5P DeL Sed	350	1020	1700	3400	5950	8500
Model 98A, 6-cyl.						
4d 5P Tr	850	2750	4600	9200	16,100	23,000
2d 2/4P Spt Rds	800	2500	4200	8400	14,700	21,000
2d 2P Cpe	950	1100	1850	3700	6450	9200
2d 2/4P Cpe	450	1150	1900	3850	6700	9600
2d 5P Coach	950	1100	1850	3700	6450	9200
4d 5P Sed	450	1120	1875	3750	6500	9300
4d 5P DeL Sed	450	1170	1975	3900	6850	9800
Model 96A, 4-cyl.						
2d 2P Cpe	450	1080	1800	3600	6300	9000
2d 2/4P Cpe	450	1140	1900	3800	6650	9500
4d 5P Sed	350	1000	1650	3300	5750	8200
Model 98A, 6-cyl.						
2d 5P Coach	350	1000	1650	3300	5750	8200
4d 5P Sed	350	1000	1650	3350	5800	8300
4d 5P DeL Sed	450	1050	1750	3550	6150	8800

WILLYS

	6	5	4	3	2	1
1902-03						
Model 13, 1-cyl.						
2P Rbt	1150	3600	6000	12,000	21,000	30,000
1904						
Model 13, 1-cyl.						
2P Rbt	1050	3350	5600	11,200	19,600	28,000
1905						
Model 15, 2-cyl.						
2P Rbt	1050	3350	5600	11,200	19,600	28,000
Model 17, 2-cyl.						
2P Rbt	1050	3350	5600	11,200	19,600	28,000
Model 18, 4-cyl.						
5P Tr	1100	3500	5800	11,600	20,300	29,000
1906						
Model 16, 2-cyl.						
2P Rbt	1000	3250	5400	10,800	18,900	27,000
Model 18, 4-cyl.						
4P Tr	1050	3350	5600	11,200	19,600	28,000
1907						
Model 22, 4-cyl.						
2P Rbt	1000	3250	5400	10,800	18,900	27,000
1908						
Model 24, 4-cyl.						
2P Rds	1050	3350	5600	11,200	19,600	28,000
1909						
Model 30, 4-cyl.						
3P Rds	1000	3250	5400	10,800	18,900	27,000
4P Rds	1000	3250	5400	10,800	18,900	27,000
2P Cpe	950	3000	5000	10,000	17,500	25,000
Model 31, 4-cyl.						
4P Toy Tonn	1050	3350	5600	11,200	19,600	28,000
5P Tourist	1050	3350	5600	11,200	19,600	28,000
5P Taxi	1000	3250	5400	10,800	18,900	27,000
Model 32, 4-cyl.						
3P Rds	1000	3100	5200	10,400	18,200	26,000
4P Rds	1000	3250	5400	10,800	18,900	27,000
4P Toy Tonn	1000	3250	5400	10,800	18,900	27,000
5P Tr	1050	3350	5600	11,200	19,600	28,000
Willys, 6-cyl.						
3P Rds	1050	3350	5600	11,200	19,600	28,000
4P Rds	1050	3350	5600	11,200	19,600	28,000
Toy Tonn	1100	3500	5800	11,600	20,300	29,000
5P Tr	1100	3500	5800	11,600	20,300	29,000
1910						
Model 38, 4-cyl., 102" wb, 25 hp						
2P Rds	1000	3250	5400	10,800	18,900	27,000
3P Rds	1000	3250	5400	10,800	18,900	27,000
4P Rds	1050	3300	5500	11,000	19,300	27,500
Toy Tonn	1000	3250	5400	10,800	18,900	27,000
Model 40, 4-cyl., 112" wb, 40 hp						
3P Rds	1050	3350	5600	11,200	19,600	28,000
4P Rds	1050	3350	5600	11,200	19,600	28,000
Model 41, 4-cyl.						
5P Tr	1100	3500	5800	11,600	20,300	29,000
4P C.C. Tr	1100	3500	5800	11,600	20,300	29,000
Model 42, 4-cyl.						
5P Tr	1150	3600	6000	12,000	21,000	30,000
4P C.C. Tr	1150	3600	6000	12,000	21,000	30,000
1911						
Model 38, 4-cyl.						
4P Tr	950	3000	5000	10,000	17,500	25,000
2P Cpe	750	2400	4000	8000	14,000	20,000
Model 45, 4-cyl.						
2P Rds	1000	3100	5200	10,400	18,200	26,000
Model 46, 4-cyl.						
2P Torp	1000	3100	5200	10,400	18,200	26,000
Model 47, 4-cyl.						
Tr	1000	3250	5400	10,800	18,900	27,000
Model 49, 4-cyl.						
5P Tr	1000	3100	5200	10,400	18,200	26,000
4P Tr	1000	3250	5400	10,800	18,900	27,000

	6	5	4	3	2	1
Model 50, 4-cyl.						
2P Torp	1150	3600	6000	12,000	21,000	30,000
Model 51, 4-cyl.						
4d 5P Tr	1100	3500	5800	11,600	20,300	29,000
5P Tr	1100	3500	5800	11,600	20,300	29,000
Model 52, 4-cyl.						
4d 5P Tr	1150	3600	6000	12,000	21,000	30,000
5P Tr	1150	3600	6000	12,000	21,000	30,000
Model 53, 4-cyl.						
2P Rds	1150	3700	6200	12,400	21,700	31,000
Model 54, 4-cyl.						
5P Tr	1150	3700	6200	12,400	21,700	31,000
Model 55, 4-cyl.						
4d 5P Tr	1150	3700	6200	12,400	21,700	31,000
5P Tr	1150	3700	6200	12,400	21,700	31,000
Model 56, 4-cyl.						
5P Tr	1200	3850	6400	12,800	22,400	32,000
1912						
Model 58R, 4-cyl., 25 hp						
Torp Rds	1000	3100	5200	10,400	18,200	26,000
Model 59R-T, 4-cyl., 30 hp						
Rds	1000	3250	5400	10,800	18,900	27,000
Tr	1050	3350	5600	11,200	19,600	28,000
Model 59C, 4-cyl., 30 hp						
Cpe	750	2400	4000	8000	14,000	20,000
Model 60, 4-cyl., 35 hp						
Tr	1100	3500	5800	11,600	20,300	29,000
Model 61, 4-cyl., 45 hp						
Rds	1300	4100	6800	13,600	23,800	34,000
4d Tr	1300	4200	7000	14,000	24,500	35,000
Tr	1300	4200	7000	14,000	24,500	35,000
Cpe	850	2750	4600	9200	16,100	23,000
1913						
Model 69, 4-cyl., 30 hp						
Cpe	700	2300	3800	7600	13,300	19,000
Tr	1050	3350	5600	11,200	19,600	28,000
Rds	1000	3250	5400	10,800	18,900	27,000
4d Tr	1100	3500	5800	11,600	20,300	29,000
Model 71, 4-cyl., 45 hp						
Rds	1300	4100	6800	13,600	23,800	34,000
Tr	1300	4200	7000	14,000	24,500	35,000
5P Tr	1350	4300	7200	14,400	25,200	36,000
1914						
Model 79, 4-cyl., 35 hp						
Rds	1000	3250	5400	10,800	18,900	27,000
Tr	1050	3350	5600	11,200	19,600	28,000
Cpe	750	2400	4000	8000	14,000	20,000
Model 46, 4-cyl., 35 hp						
Tr	1100	3500	5800	11,600	20,300	29,000
1915						
Model 81, 4-cyl., 30 hp						
Rds	1050	3350	5600	11,200	19,600	28,000
Tr	1100	3500	5800	11,600	20,300	29,000
Willys-Knight K-19, 4-cyl., 45 hp						
Rds	1100	3500	5800	11,600	20,300	29,000
Tr	1150	3600	6000	12,000	21,000	30,000
Willys-Knight K-17, 4-cyl., 45 hp						
Rds	1150	3600	6000	12,000	21,000	30,000
Tr	1150	3700	6200	12,400	21,700	31,000
Model 80, 4-cyl., 35 hp						
Rds	950	3000	5000	10,000	17,500	25,000
Tr	900	2900	4800	9600	16,800	24,000
Cpe	750	2400	4000	8000	14,000	20,000
Model 82, 6-cyl., 45-50 hp						
7P Tr	1450	4550	7600	15,200	26,600	38,000
1916						
Model 75, 4-cyl., 20-25 hp						
Rds	700	2300	3800	7600	13,300	19,000
Tr	750	2400	4000	8000	14,000	20,000
Model 83, 4-cyl., 35 hp						
Rds	750	2400	4000	8000	14,000	20,000
Tr	800	2500	4200	8400	14,700	21,000
Model 83-B, 4-cyl., 35 hp						
Rds	800	2500	4200	8400	14,700	21,000
Tr	850	2650	4400	8800	15,400	22,000

	6	5	4	3	2	1
Willys-Knight, 4-cyl., 40 hp (also Model 84)						
Rds	1000	3100	5200	10,400	18,200	26,000
Tr	1000	3250	5400	10,800	18,900	27,000
Cpe	600	1900	3200	6400	11,200	16,000
Limo	700	2150	3600	7200	12,600	18,000
Willys-Knight, 6-cyl., 45 hp (also Model 86)						
7P Tr	1300	4200	7000	14,000	24,500	35,000
1917-18						
Light Four 90, 4-cyl., 32 hp						
2P Rds	650	2050	3400	6800	11,900	17,000
5P Tr	700	2150	3600	7200	12,600	18,000
4P Ctry Clb	600	1900	3200	6400	11,200	16,000
5P Sed*	400	1200	2000	4000	7000	10,000
Big Four 85, 4-cyl., 35 hp						
3P Rds	700	2150	3600	7200	12,600	18,000
5P Tr	700	2300	3800	7600	13,300	19,000
3P Tr Cpe	550	1800	3000	6000	10,500	15,000
5P Tr Sed	400	1300	2200	4400	7700	11,000
Light Six 85, 6-cyl., 35-40 hp						
3P Rds	700	2300	3800	7600	13,300	19,000
5P Tr	750	2400	4000	8000	14,000	20,000
3P Tr Cpe	600	1900	3200	6400	11,200	16,000
5P Tr Sed	450	1450	2400	4800	8400	12,000
Willys 89, 6-cyl., 45 hp						
7P Tr	1000	3100	5200	10,400	18,200	26,000
4P Clb Rds	950	3000	5000	10,000	17,500	25,000
6P Sed	550	1700	2800	5600	9800	14,000
Willys-Knight 88-4, 4-cyl., 40 hp						
7P Tr	1100	3500	5800	11,600	20,300	29,000
4P Cpe	650	2050	3400	6800	11,900	17,000
7P Tr Sed	500	1550	2600	5200	9100	13,000
7P Limo	700	2150	3600	7200	12,600	18,000
Willys-Knight 88-8, 8-cyl., 65 hp						
7P Tr	1300	4100	6800	13,600	23,800	34,000
7P Sed	550	1700	2800	5600	9800	14,000
7P Limo	700	2150	3600	7200	12,600	18,000
7P Twn Car	700	2300	3800	7600	13,300	19,000
*This model offered 1917 only.						
1919						
Light Four 90, 4-cyl., 32 hp						
Rds	550	1700	2800	5600	9800	14,000
5P Tr	550	1800	3000	6000	10,500	15,000
Clb Rds	550	1800	3000	6000	10,500	15,000
5P Sed	400	1250	2100	4200	7400	10,500
Willys 89, 6-cyl., 45 hp						
7P Tr	1000	3100	5200	10,400	18,200	26,000
4P Clb Rds	950	3000	5000	10,000	17,500	25,000
6P Sed	400	1250	2100	4200	7400	10,500
Willys-Knight 88-4, 4-cyl., 40 hp						
7P Tr	900	2900	4800	9600	16,800	24,000
4P Cpe	450	1140	1900	3800	6650	9500
7P Sed	450	1140	1900	3800	6650	9500
7P Limo	450	1450	2400	4800	8400	12,000
Willys-Knight 88-8, 8-cyl., 65 hp						
7P Tr	1000	3250	5400	10,800	18,900	27,000
4P Cpe	400	1250	2100	4200	7400	10,500
7P Tr Sed	400	1200	2000	4000	7000	10,000
7P Limo	500	1550	2600	5200	9100	13,000
1920						
Model 4, 4-cyl., 100" wb, 27 hp						
2P Rds	700	2150	3600	7200	12,600	18,000
5P Tr	700	2300	3800	7600	13,300	19,000
Clb Rds	550	1700	2800	5600	9800	14,000
5P Sed	400	1200	2000	4000	7000	10,000
Model 89-6, Willys Six, 6-cyl.						
Clb Rds	700	2300	3800	7600	13,300	19,000
7P Tr	750	2400	4000	8000	14,000	20,000
6P Sed	400	1200	2000	4000	7000	10,000
Model 20 Willys-Knight, 4-cyl., 118" wb, 48 hp						
3P Rds	700	2300	3800	7600	13,300	19,000
5P Tr	750	2400	4000	8000	14,000	20,000
4P Cpe	400	1250	2100	4200	7400	10,500
5P Sed	400	1200	2000	4000	7000	10,000
1921						
Model 4, 4-cyl., 100" wb, 27 hp						
5P Tr	700	2150	3600	7200	12,600	18,000

	6	5	4	3	2	1
2P Rds	700	2300	3800	7600	13,300	19,000
5P Sed	400	1250	2100	4200	7400	10,500
2P Cpe	400	1300	2150	4300	7600	10,800
Model 20 Willys-Knight, 4-cyl., 118" wb						
3P Rds	650	2050	3400	6800	11,900	17,000
5P Tr	700	2150	3600	7200	12,600	18,000
4P Cpe	450	1400	2300	4600	8100	11,500
5P Sed	400	1300	2200	4400	7700	11,000
1922						
Model 4, 4-cyl., 100" wb, 27 hp						
2P Rds	650	2050	3400	6800	11,900	17,000
5P Tr	700	2150	3600	7200	12,600	18,000
5P Sed	400	1250	2100	4200	7400	10,500
2P Cpe	400	1300	2150	4300	7500	10,700
Model 20 Willys-Knight, 4-cyl., 118" wb, 40 hp						
3P Rds	700	2300	3800	7600	13,300	19,000
5P Tr	750	2400	4000	8000	14,000	20,000
4P Cpe	400	1300	2200	4400	7700	11,000
5P Sed	400	1250	2100	4200	7400	10,500
Model 27 Willys-Knight, 4-cyl., 118" wb						
7P Tr	800	2500	4200	8400	14,700	21,000
7P Sed	400	1250	2100	4200	7400	10,500
1923-24						
Model 91, 4-cyl., 100" wb, 27 hp						
2P Rds	550	1700	2800	5600	9800	14,000
5P Tr	550	1700	2800	5600	9800	14,000
3P Cpe	400	1250	2100	4200	7400	10,500
5P Sed	400	1200	2000	4000	7000	10,000
Model 92, 4-cyl., 106" wb, 30 hp						
Redbird	950	3000	5000	10,000	17,500	25,000
Blackbird*	950	3000	5000	10,000	17,500	25,000
Bluebird*	950	3000	5000	10,000	17,500	25,000
Model 64 Willys-Knight, 4-cyl., 118" wb, 40 hp						
3P Rds	700	2300	3800	7600	13,300	19,000
5P Tr	750	2400	4000	8000	14,000	20,000
Ctry Clb	500	1550	2600	5200	9100	13,000
4P Cpe	400	1250	2100	4200	7400	10,500
5P Sed	400	1200	2000	4000	7000	10,000
Model 67 Willys-Knight, 4-cyl., 124" wb, 40 hp						
7P Tr	750	2400	4000	8000	14,000	20,000
7P Sed	400	1300	2200	4400	7700	11,000
*Model offered 1924 only.						
1925						
Model 91, 4-cyl., 100" wb, 27 hp						
5P Tr	650	2050	3400	6800	11,900	17,000
2P Cpe	450	1400	2300	4600	8100	11,500
5P Tr Sed	400	1200	2000	4000	7000	10,000
5P Cpe Sed	400	1250	2050	4100	7200	10,300
5P DeL Sed	400	1250	2100	4200	7400	10,500
Model 92, 4-cyl., 106" wb, 30 hp						
Bluebird	800	2500	4200	8400	14,700	21,000
Model 93, 6-cyl., 113" wb, 38 hp						
5P Sed	400	1300	2150	4300	7600	10,800
DeL Sed	400	1300	2200	4400	7700	11,000
Model 65 Willys-Knight, 4-cyl., 124" wb, 40 hp						
5P Tr	700	2300	3800	7600	13,300	19,000
2P Cpe	450	1450	2400	4800	8400	12,000
Cpe Sed	450	1400	2300	4600	8100	11,500
Sed	400	1200	2000	4000	7000	10,000
Brgm	400	1300	2200	4400	7700	11,000
Model 66 Willys-Knight, 6-cyl., 126" wb, 60 hp						
Rds	750	2400	4000	8000	14,000	20,000
5P Tr	800	2500	4200	8400	14,700	21,000
Cpe Sed	450	1450	2400	4800	8400	12,000
Brgm	450	1500	2500	5000	8800	12,500
Cpe	450	1500	2500	5000	8800	12,500
Sed	450	1400	2300	4600	8100	11,500
1926						
Model 91, 4-cyl., 100" wb, 27 hp						
5P Tr	700	2150	3600	7200	12,600	18,000
2P Cpe	450	1400	2300	4600	8100	11,500
5P Sed	450	1170	1975	3900	6850	9800
2d Sed	450	1150	1900	3850	6700	9600
4P Cpe	450	1160	1950	3900	6800	9700

	6	5	4	3	2	1
Model 92, 4-cyl., 100" wb, 30 hp						
5P Tr	700	2300	3800	7600	13,300	19,000
Model 93, 6-cyl., 113" wb, 38 hp						
5P Tr	750	2400	4000	8000	14,000	20,000
5P Sed	400	1200	2000	4000	7000	10,000
DeL Sed	400	1250	2100	4200	7400	10,500
2P Cpe	400	1200	2000	4000	7000	10,000
Model 66 Willys-Knight, 6-cyl., 126" wb, 60 hp						
Rds	900	2900	4800	9600	16,800	24,000
7P Tr	950	3000	5000	10,000	17,500	25,000
5P Tr	900	2900	4800	9600	16,800	24,000
4P Cpe	450	1400	2300	4600	8100	11,500
Sed	400	1300	2200	4400	7700	11,000
Model 70 Willys-Knight, 6-cyl., 113" wb, 53 hp						
5P Tr	950	3000	5000	10,000	17,500	25,000
Sed	400	1250	2100	4200	7400	10,500
2d Sed	400	1200	2000	4000	7000	10,000
Cpe	450	1400	2300	4600	8100	11,500
Rds	950	3000	5000	10,000	17,500	25,000
1927						
Model 70A Willys-Knight, 6-cyl., 113" wb, 52 hp						
Rds	850	2650	4400	8800	15,400	22,000
Tr	850	2750	4600	9200	16,100	23,000
Cpe	500	1550	2600	5200	9100	13,000
Cabr	800	2500	4200	8400	14,700	21,000
Sed	450	1400	2300	4600	8100	11,500
2d Sed	400	1300	2200	4400	7700	11,000
Model 66A Willys-Knight, 6-cyl., 126" wb, 65 hp						
Rds	1000	3100	5200	10,400	18,200	26,000
Tr	1000	3250	5400	10,800	18,900	27,000
Foursome	1000	3100	5200	10,400	18,200	26,000
Cabr	850	2750	4600	9200	16,100	23,000
5P Sed	450	1500	2500	5000	8800	12,500
7P Sed	500	1600	2700	5400	9500	13,500
Limo	550	1800	3000	6000	10,500	15,000
1928						
Model 56 Willys-Knight, 6-cyl., 109.5" wb, 45 hp						
Rds	800	2500	4200	8400	14,700	21,000
Tr	850	2650	4400	8800	15,400	22,000
Cpe	500	1600	2700	5400	9500	13,500
2d Sed	400	1300	2200	4400	7700	11,000
Sed	400	1350	2200	4400	7800	11,100
Model 70A Willys-Knight, 6-cyl., 113.5" wb, 53 hp						
Rds	850	2750	4600	9200	16,100	23,000
Tr	900	2900	4800	9600	16,800	24,000
Cpe	550	1800	3000	6000	10,500	15,000
5P Cpe	600	1850	3100	6200	10,900	15,500
Cabr	650	2050	3400	6800	11,900	17,000
2d Sed	450	1500	2500	5000	8800	12,500
Sed	500	1550	2600	5200	9100	13,000
Model 66A Willys-Knight, 6-cyl., 126" wb, 70 hp						
Rds	950	3000	5000	10,000	17,500	25,000
Tr	1000	3100	5200	10,400	18,200	26,000
Cabr	900	2900	4800	9600	16,800	24,000
Fml Sed	500	1600	2700	5400	9500	13,500
Sed	450	1450	2400	4800	8400	12,000
Model 66A Willys-Knight, 6-cyl., 135" wb, 70 hp						
7P Tr	1000	3250	5400	10,800	18,900	27,000
Cpe	650	2050	3400	6800	11,900	17,000
7P Sed	600	1850	3100	6200	10,900	15,500
Limo	600	1900	3200	6400	11,200	16,000
1929						
	(All Willys-Knight)					
Series 56, 6-cyl., 109.5" wb, 45 hp						
Rds	1000	3100	5200	10,400	18,200	26,000
Tr	800	2500	4200	8400	14,700	21,000
Cpe	500	1550	2600	5200	9100	13,000
2d Sed	450	1500	2500	5000	8800	12,500
Sed	500	1550	2600	5200	9100	13,000
Series 70A, 6-cyl., 113.2" wb, 53 hp						
Rds	1000	3250	5400	10,800	18,900	27,000
Tr	1050	3350	5600	11,200	19,600	28,000
Cpe	650	2050	3400	6800	11,900	17,000
Cabr	1000	3100	5200	10,400	18,200	26,000
2d Sed	500	1550	2600	5200	9100	13,000

	6	5	4	3	2	1
Sed	500	1600	2700	5400	9500	13,500
Series 66A, 6-cyl., 126" wb, 70 hp						
Rds	1050	3350	5600	11,200	19,600	28,000
Tr	1100	3500	5800	11,600	20,300	29,000
Cabr	1000	3250	5400	10,800	18,900	27,000
Fml Sed	650	2050	3400	6800	11,900	17,000
DeL Fml Sed	650	2100	3500	7000	12,300	17,500
Sed	550	1800	3000	6000	10,500	15,000
Series 66A, 6-cyl., 135" wb, 70 hp						
7P Tr	1200	3850	6400	12,800	22,400	32,000
5P Cpe	750	2400	4000	8000	14,000	20,000
7P Sed	650	2050	3400	6800	11,900	17,000
Limo	700	2150	3600	7200	12,600	18,000
Series 70B, 6-cyl., 112.5" - 115" wb, 53 hp						
Rds	1000	3100	5200	10,400	18,200	26,000
Tr	1000	3250	5400	10,800	18,900	27,000
2P Cpe	600	1900	3200	6400	11,200	16,000
4P Cpe	550	1800	3000	6000	10,500	15,000
2d Sed	450	1500	2500	5000	8800	12,500
Sed	450	1500	2500	5000	8800	12,600
DeL Sed	500	1550	2600	5200	9100	13,000

1930

Willys Models

	6	5	4	3	2	1
Series 98B, 6-cyl., 110" wb, 65 hp						
Rds	1000	3250	5400	10,800	18,900	27,000
4P Rds	1050	3350	5600	11,200	19,600	28,000
5P Tr	1100	3500	5800	11,600	20,300	29,000
2P Cpe	550	1800	3000	6000	10,500	15,000
4P Cpe	600	1900	3200	6400	11,200	16,000
2d Sed	500	1550	2600	5200	9100	13,000
Sed	500	1600	2700	5400	9500	13,500
DeL Sed	550	1700	2800	5600	9800	14,000

Willys-Knight Models

	6	5	4	3	2	1
Series 66B, 6-cyl., 120" wb, 87 hp						
Rds	1050	3350	5600	11,200	19,600	28,000
Tr	1100	3500	5800	11,600	20,300	29,000
2P Cpe	650	2050	3400	6800	11,900	17,000
5P Cpe	700	2150	3600	7200	12,600	18,000
Sed	600	1900	3200	6400	11,200	16,000
Series 70B, "See 1929 Series 70B"						
Series 6-87, "See 1929 Series 56"						

1931

Willys 98B, "See 1930 98B Series"

	6	5	4	3	2	1
Willys 97, 6-cyl., 110" wb, 65 hp						
Rds	950	3000	5000	10,000	17,500	25,000
Tr	1000	3100	5200	10,400	18,200	26,000
Cpe	600	1900	3200	6400	11,200	16,000
2d Sed	500	1600	2700	5400	9500	13,500
Clb Sed	550	1700	2800	5600	9800	14,000
Sed	500	1600	2700	5400	9500	13,500
Willys 98D, 6-cyl., 113" wb, 65 hp						
Vic Cpe	550	1800	3000	6000	10,500	15,000
Sed	550	1700	2800	5600	9800	14,000

NOTE: Add 10 percent for DeLuxe Willys models.
Willys-Knight 66B, "See 1930 W-K 66B".
Willys-Knight 87, "See 1930 Series 6-87"

	6	5	4	3	2	1
Willys-Knight 66D, 6-cyl., 121" wb, 87 hp						
Vic Cpe	550	1800	3000	6000	10,500	15,000
Sed	550	1700	2800	5600	9800	14,000
Cus Sed	550	1750	2900	5800	10,200	14,500

NOTE: Add 10 percent for DeLuxe Willys-Knight models.

	6	5	4	3	2	1
Willys 8-80, 8-cyl., 120" wb, 80 hp						
Cpe	550	1800	3000	6000	10,500	15,000
DeL Cpe	600	1850	3100	6200	10,900	15,500
Sed	500	1550	2600	5200	9100	13,000
DeL Sed	550	1750	2900	5800	10,200	14,500
Willys 8-80D, 8-cyl., 120" wb, 80 hp						
Vic Cpe	550	1700	2800	5600	9800	14,000
DeL Vic Cpe	550	1750	2900	5800	10,200	14,500
Sed	450	1450	2400	4800	8400	12,000
DeL Sed	450	1500	2500	5000	8800	12,500
Cus Sed	500	1550	2600	5200	9100	13,000

1932

Willys 97, "See 1931 Willys 97 Series"
Willys 98D, "See 1931 Willys 98D Series"

	6	5	4	3	2	1
Willys 90 (Silver Streak), 6-cyl., 113" wb, 65 hp						
2P Rds	950	3000	5000	10,000	17,500	25,000
4P Rds	950	3050	5100	10,200	17,900	25,500
Spt Rds	1000	3100	5200	10,400	18,200	26,000
5P Tr	1000	3100	5200	10,400	18,200	26,000
2P Cpe	650	2050	3400	6800	11,900	17,000
4P Cpe	650	2100	3500	7000	12,300	17,500
Vic Cus	450	1500	2500	5000	8800	12,500
5P Sed	400	1250	2100	4200	7400	10,500
2d Sed	500	1500	2550	5100	8900	12,700
Spl Sed	550	1700	2800	5600	9800	14,000
Cus Sed	550	1750	2900	5800	10,200	14,500
Willys 8-80D, "See 1931 Willys 8-80D"						
Willys 8-88 (Silver Streak), 8-cyl., 121" wb, 80 hp						
Rds	1000	3100	5200	10,400	18,200	26,000
Spt Rds	1000	3200	5300	10,600	18,600	26,500
2P Cpe	600	1900	3200	6400	11,200	16,000
4P Cpe	650	2050	3400	6800	11,900	17,000
Vic Cus	600	2000	3300	6600	11,600	16,500
Sed	550	1700	2850	5700	10,000	14,300
Spl Sed	550	1800	2950	5900	10,400	14,800
Cus Sed	600	1900	3200	6400	11,200	16,000
Willys-Knight 95 DeLuxe, 6-cyl., 113" wb, 60 hp						
2P Cpe	600	1850	3100	6200	10,900	15,500
4P Cpe	600	1900	3200	6400	11,200	16,000
Vic	550	1800	3000	6000	10,500	15,000
2d Sed	550	1700	2800	5600	9800	14,000
Sed	550	1750	2900	5800	10,200	14,500
Willys-Knight 66D, 6-cyl., 121" wb, 87 hp						
1st Series (start Oct. 1931)						
Vic	650	2050	3400	6800	11,900	17,000
DeL Vic	650	2100	3500	7000	12,300	17,500
Sed	550	1800	3000	6000	10,500	15,000
DeL Sed	600	1850	3100	6200	10,900	15,500
Cus Sed	600	1900	3200	6400	11,200	16,000
2nd Series (start Jan. 1932)						
Vic Cus	650	2050	3400	6800	11,900	17,000
Cus Sed	650	2100	3500	7000	12,300	17,500
1933						
Willys 77, 4-cyl., 100" wb, 48 hp						
Cpe	600	2000	3300	6600	11,600	16,500
Cus Cpe	650	2050	3400	6800	11,900	17,000
4P Cpe	650	2100	3500	7000	12,300	17,500
4P Cus Cpe	700	2150	3600	7200	12,600	18,000
Sed	600	1900	3200	6400	11,200	16,000
Cus Sed	600	2000	3300	6600	11,600	16,500
Willys 6-90A (Silver Streak), 6-cyl., 113" wb, 65 hp						
Rds	750	2400	4000	8000	14,000	20,000
4P Rds	750	2450	4100	8200	14,400	20,500
Spt Rds	800	2500	4200	8400	14,700	21,000
Cpe	550	1800	3000	6000	10,500	15,000
Cus Cpe	600	1850	3100	6200	10,900	15,500
2d Sed	500	1600	2700	5400	9500	13,500
Sed	550	1700	2800	5600	9800	14,000
Cus Sed	550	1750	2900	5800	10,200	14,500
Willys 8-88A (Streamline), 8-cyl., 121" wb, 80 hp						
2P Cpe	550	1800	3000	6000	10,500	15,000
Cus Cpe	600	1900	3200	6400	11,200	16,000
Sed	550	1750	2900	5800	10,200	14,500
Cus Sed	600	1900	3200	6400	11,200	16,000
Willys-Knight 66E, 6-cyl., 121" wb, 87 hp						
Cus Sed	650	2100	3500	7000	12,300	17,500
1934						
Willys 77, 4-cyl., 100" wb, 48 hp						
Cpe	650	2050	3400	6800	11,900	17,000
Cus Cpe	650	2100	3500	7000	12,300	17,500
4P Cpe	650	2100	3550	7100	12,400	17,700
4P Cus Cpe	700	2150	3600	7200	12,600	18,000
Sed	600	1900	3200	6400	11,200	16,000
Cus Sed	600	2000	3300	6600	11,600	16,500
Pan Dely	650	2050	3400	6800	11,900	17,000
1935						
Willys 77, 4-cyl., 100" wb, 48 hp						
Cpe	650	2100	3500	7000	12,300	17,500
Sed	550	1800	3000	6000	10,500	15,000

	6	5	4	3	2	1
1936						
Willys 77, 4-cyl., 100" wb, 48 hp						
Cpe	650	2050	3400	6800	11,900	17,000
Sed	550	1800	3000	6000	10,500	15,000
DeL Sed	600	1850	3100	6200	10,900	15,500
1937						
Willys 37, 4-cyl., 100" wb, 48 hp						
Cpe	650	2050	3400	6800	11,900	17,000
DeL Cpe	650	2100	3500	7000	12,300	17,500
Sed	600	1900	3200	6400	11,200	16,000
DeL Sed	600	2000	3300	6600	11,600	16,500
1938						
Willys 38, 4-cyl., 100" wb, 48 hp						
Std Cpe	550	1750	2900	5800	10,200	14,500
DeL Cpe	550	1800	3000	6000	10,500	15,000
2d Clipper Sed	500	1550	2600	5200	9100	13,000
Std Sed	500	1550	2550	5100	9000	12,800
2d DeL Clipper Sed	500	1600	2650	5300	9200	13,200
DeL Sed	500	1550	2600	5200	9100	13,000
Cus Sed	500	1600	2650	5300	9200	13,200
1939						
Willys Std Speedway, 4-cyl., 102" wb, 48 hp						
Cpe	600	1850	3100	6200	10,900	15,500
2d Sed	500	1600	2700	5400	9500	13,500
Sed	500	1550	2600	5200	9100	13,000
DeLCpe	600	1900	3150	6300	11,000	15,700
DeL 2d Sed	500	1650	2750	5500	9700	13,800
DeL 4d Sed	500	1600	2650	5300	9300	13,300
Spl Speedway Cpe	600	1900	3200	6400	11,200	16,000
Spl Speedway 2d Sed	550	1700	2800	5600	9800	14,000
Spl Speedway 4d Sed	500	1600	2700	5400	9500	13,500
Model 48, 100" wb						
Cpe	600	1950	3250	6500	11,300	16,200
2d Sed	550	1700	2850	5700	9900	14,200
4d Sed	500	1650	2700	5400	9500	13,600
Model 38, 100" wb						
Std Cpe	600	1950	3250	6500	11,300	16,200
Std 2d Sed	550	1700	2850	5700	9900	14,200
Std 4d Sed	500	1650	2750	5500	9600	13,700
DeL Cpe	600	1950	3250	6500	11,400	16,300
DeL 2d Sed	550	1700	2850	5700	10,000	14,300
DeL 4d Sed	500	1650	2750	5500	9700	13,800
1940						
Willys Speedway, 4-cyl., 102" wb, 48 hp						
Cpe	600	1850	3100	6200	10,900	15,500
Sed	500	1650	2750	5500	9600	13,700
Sta Wag	750	2400	4000	8000	14,000	20,000
DeLuxe, 4-cyl., 102" wb						
Cpe	500	1650	2700	5400	9500	13,600
Sed	800	2500	4200	8400	14,700	21,000
Sta Wag	700	2300	3800	7600	13,300	19,000
1941						
		Willys (Americar)				
Speedway Series, 4-cyl., 104" wb, 63 hp						
Cpe	600	1850	3100	6200	10,900	15,500
Sed	550	1700	2800	5600	9800	14,000
DeLuxe, 4-cyl., 104" wb, 63 hp						
Cpe	600	1900	3200	6400	11,200	16,000
Sed	550	1700	2800	5600	9800	14,000
Sta Wag	850	2650	4400	8800	15,400	22,000
Plainsman, 4-cyl., 104" wb, 63 hp						
Cpe	600	1900	3150	6300	11,000	15,700
Sed	500	1600	2700	5400	9500	13,500
1946-47						
Willys 4-63, 4-cyl., 104" wb, 63 hp						
2d Sta Wag	400	1300	2200	4400	7700	11,000
1948						
Willys 4-63, 4-cyl., 104" wb, 63 hp						
2d Sta Wag	400	1300	2200	4400	7700	11,000
2d Jeepster	550	1700	2800	5600	9800	14,000
Willys 6-63, 6-cyl., 104" wb, 75 hp						
2d Sta Sed	450	1400	2300	4600	8100	11,500
2d Jeepster	550	1750	2900	5800	10,200	14,500

1947 Willys-Overland station wagon

	6	5	4	3	2	1
1949						
Willys 4X463, 4-cyl., 104.5" wb, 63 hp						
2d FWD Sta Wag	400	1200	2000	4000	7000	10,000
Willys VJ3, 4-cyl., 104" wb, 63 hp						
2d Phae	550	1700	2800	5600	9800	14,000
Willys 463, 4-cyl., 104" wb, 63 hp						
2d Sta Wag	400	1300	2200	4400	7700	11,000
Willys Six, 6-cyl., 104" wb, 75 hp						
2d Phae	550	1750	2900	5800	10,200	14,500
Willys Six, 6-cyl., 104" wb, 75 hp						
2d Sta Sed	450	1400	2350	4700	8300	11,800
2d Sta Wag	450	1400	2300	4600	8100	11,500
1950-51						
Willys 473SW, 4-cyl., 104" wb, 63 hp						
2d Sta Wag	400	1300	2200	4400	7700	11,000
Willys 4X473SW, 4-cyl., 104.5" wb, 63 hp						
2d FWD Sta Wag	400	1250	2100	4200	7400	10,500
Willys 473VJ, 4-cyl., 104" wb, 63 hp						
2d Phae	550	1750	2900	5800	10,200	14,500
NOTE: Add 10 percent for six cylinder models.						
1952						
Willys Aero, 6-cyl., 108" wb, 75 hp						
2d Lark	450	1080	1800	3600	6300	9000
2d Wing	950	1100	1850	3700	6450	9200
2d Ace	450	1150	1900	3850	6700	9600
2d HT Eagle	450	1400	2300	4600	8100	11,500
Willys Four, 4-cyl., 104"-104.5" wb, 63 hp						
2d FWD Sta Wag	450	1140	1900	3800	6650	9500
2d Sta Wag	400	1200	2000	4000	7000	10,000
Willys Six, 6-cyl., 104" wb, 75 hp						
2d Sta Wag	400	1250	2100	4200	7400	10,500
NOTE: Deduct 10 percent for standard models.						
1953						
Willys Aero, 6-cyl., 108" wb, 90 hp						
4d H.D. Aero	450	1090	1800	3650	6400	9100
4d DeL Lark	450	1130	1900	3800	6600	9400
2d DeL Lark	450	1140	1900	3800	6650	9500
4d Falcon	450	1150	1900	3850	6700	9600
2d Falcon	450	1160	1950	3900	6800	9700
4d Ace	450	1170	1975	3900	6850	9800
2d Ace	450	1190	2000	3950	6900	9900
2d HT Eagle	450	1450	2400	4800	8400	12,000
Willys Four, 4-cyl., 104"-104.5" wb, 72 hp						
2d FWD Sta Wag	450	1140	1900	3800	6650	9500
2d Sta Wag	400	1200	2000	4000	7000	10,000

	6	5	4	3	2	1
Willys Six, 6-cyl., 104" wb, 90 hp						
2d Sta Wag	400	1250	2050	4100	7200	10,300
1954						
Willys, 6-cyl., 108" wb, 90 hp						
4d DeL Ace	450	1140	1900	3800	6650	9500
2d DeL Ace	950	1100	1850	3700	6450	9200
2d HT DeL Eagle	450	1450	2400	4800	8400	12,000
2d HT Cus Eagle	450	1500	2500	5000	8800	12,500
4d Lark	950	1100	1850	3700	6450	9200
2d Lark	450	1090	1800	3650	6400	9100
4d Ace	950	1100	1850	3700	6450	9200
2d Ace	450	1090	1800	3650	6400	9100
2d HT Eagle	450	1400	2350	4700	8300	11,800
Willys Four, 4-cyl., 104"-104.5" wb, 72 hp						
2d Sta Wag	400	1200	2000	4000	7000	10,000
Willys Six, 6-cyl., 104" wb, 90 hp						
2d FWD Sta Wag	450	1140	1900	3800	6650	9500
2d Sta Wag	400	1250	2050	4100	7200	10,300

1955 Willys Custom four-door sedan

1955

	6	5	4	3	2	1
Willys Six, 6-cyl., 108" wb, 90 hp						
4d Cus Sed	450	1170	1975	3900	6850	9800
2d Cus	400	1250	2050	4100	7200	10,300
2d HT Bermuda	500	1600	2700	5400	9500	13,500
Willys Six, 6-cyl., 104"-104.5" wb, 90 hp						
2d FWD Sta Wag	450	1140	1900	3800	6650	9500
2d Sta Wag	400	1200	2000	4000	7000	10,000

DOMESTIC TRUCKS

AMERICAN AUSTIN—

BANTAM TRUCKS

	6	5	4	3	2	1
1931						
Austin Series A						
Cpe Dly	750	2400	4000	8000	14,000	20,000
Panel Dly	850	2650	4400	8800	15,400	22,000
1932						
Austin Series A						
Cpe Dly	750	2400	4000	8000	14,000	20,000
Panel Dly	850	2650	4400	8800	15,400	22,000
1933						
Austin 275						
Cpe Dly	700	2300	3800	7600	13,300	19,000
Panel Dly	800	2500	4200	8400	14,700	21,000
Bantam Van	750	2400	4000	8000	14,000	20,000
Austin 375						
Panel Dly	750	2400	4000	8000	14,000	20,000
PU	700	2300	3800	7600	13,300	19,000
Pony Exp	700	2150	3600	7200	12,600	18,000

	6	5	4	3	2	1
Cpe Dly	800	2500	4200	8400	14,700	21,000

1934
Austin 375

	6	5	4	3	2	1
PU	600	1900	3200	6400	11,200	16,000
Panel Dly	700	2150	3600	7200	12,600	18,000

1935
Austin 475

	6	5	4	3	2	1
PU	550	1800	3000	6000	10,500	15,000
Panel Dly	650	2050	3400	6800	11,900	17,000

1936
No vehicles manufactured.

1937
American Bantam 575

	6	5	4	3	2	1
PU	700	2300	3800	7600	13,300	19,000
Panel Dly	850	2750	4600	9200	16,100	23,000

1938
American Bantam 60

	6	5	4	3	2	1
Bus Cpe	650	2050	3400	6800	11,900	17,000
PU Exp	700	2300	3800	7600	13,300	19,000
Panel Exp	850	2750	4600	9200	16,100	23,000
Boulevard Dly	1700	5400	9000	18,000	31,500	45,000

1939
American Bantam 60

	6	5	4	3	2	1
PU Exp	700	2300	3800	7600	13,300	19,000
Panel Exp	850	2750	4600	9200	16,100	23,000
Boulevard Dly	1700	5400	9000	18,000	31,500	45,000

1940
American Bantam 65

	6	5	4	3	2	1
PU	700	2300	3800	7600	13,300	19,000
Panel	850	2750	4600	9200	16,100	23,000
Boulevard Dly	1700	5400	9000	18,000	31,500	45,000

1941
American Bantam 65

	6	5	4	3	2	1
PU	700	2300	3800	7600	13,300	19,000
Panel	850	2750	4600	9200	16,100	23,000

CHEVROLET TRUCKS

1927 - 1928

	6	5	4	3	2	1
Rds PU	500	1600	2700	5400	9400	13,400
Commercial Rds	500	1550	2600	5200	9200	13,100
Open Exp	450	1400	2300	4600	8100	11,500
Sta Wag	500	1550	2600	5200	9100	13,000
Panel Dly	450	1500	2500	5000	8800	12,500

1929 - 1930

	6	5	4	3	2	1
Rds w/Slip-in Cargo Box	550	1700	2800	5600	9800	14,000
Rds w/Panel Carrier	550	1700	2800	5600	9900	14,100
Open Exp	450	1450	2400	4800	8400	12,000
Canopy Exp	500	1550	2600	5200	9100	13,000
Sed Dly	500	1600	2700	5400	9500	13,500
Screenside Exp	500	1550	2600	5200	9100	13,000
Panel Dly	500	1550	2600	5200	9100	13,000
Ambassador Panel Dly	550	1800	3000	6000	10,500	15,000

1931 - 1932

	6	5	4	3	2	1
Open Cab PU	600	1900	3200	6400	11,200	16,000
Closed Cab PU	550	1700	2800	5600	9800	14,000
Panel Dly	550	1800	3000	6000	10,500	15,000
Canopy Dly (curtains)	600	1900	3200	6400	11,200	16,000
Canopy Dly (screens)	600	1900	3200	6400	11,200	16,000
Sed Dly	650	2100	3500	7000	12,300	17,500
DeL Sta Wag	600	1900	3200	6400	11,200	16,000

NOTE: Add 5 percent for Deluxe 1/2-Ton models. Add 5 percent for Special Equipment on models other than those noted as "Specials" above. Add 2 percent for Canopy Tops on both pickups.

1933 - 1936

	6	5	4	3	2	1
Sed Dly	550	1700	2800	5600	9800	14,000
Spl Sed Dly	600	1850	3100	6200	10,900	15,500
Closed Cab PU	450	1450	2400	4800	8400	12,000
Panel Dly	450	1450	2400	4800	8400	12,000
Spl Panel Dly	500	1550	2600	5200	9100	13,000
Canopy Exp	450	1500	2500	5000	8800	12,500
Spl Canopy Exp	500	1550	2600	5200	9100	13,000
Screenside Exp	500	1550	2600	5200	9100	13,000

NOTE: Add 2 percent for canopied pickups.

	6	5	4	3	2	1
1937 - 1940						
Sed Dly	550	1750	2900	5800	10,200	14,500
PU	550	1700	2800	5600	9800	14,000
Panel	500	1600	2700	5400	9500	13,500
Canopy Exp	550	1700	2800	5600	9800	14,000
Carryall Suburban	550	1700	2800	5600	9800	14,000
1/2 Ton						
PU	500	1550	2600	5200	9100	13,000
Stake	450	1450	2400	4800	8400	12,000
3/4 Ton						
PU	500	1500	2550	5100	8900	12,700
Stake	450	1450	2400	4800	8300	11,900
1941 - 1947						
Cpe PU	550	1750	2950	5900	10,300	14,700
Sed Dly	600	1850	3100	6200	10,900	15,500
1/2 Ton						
PU	550	1750	2900	5800	10,200	14,500
Panel Dly	500	1650	2750	5500	9700	13,800
Canopy	550	1750	2900	5800	10,100	14,400
Suburban	550	1750	2900	5800	10,200	14,600
1948 - 1953						
Sed Dly	550	1800	3000	6000	10,500	15,000
3/4 Ton						
PU	550	1700	2800	5600	9800	14,000
Platform	400	1300	2200	4400	7700	11,000
Stake	400	1350	2200	4400	7800	11,100
1 Ton						
PU	500	1600	2700	5400	9500	13,500
Panel	450	1400	2350	4700	8300	11,800
Canopy Exp	450	1450	2400	4800	8400	12,000
Platform	400	1300	2150	4300	7600	10,800
Stake	400	1300	2200	4400	7700	11,000

1954 Chevrolet 3800 one-ton panel truck

1954 - First Series 1955	6	5	4	3	2	1
Sed Dly	600	1900	3200	6400	11,200	16,000
1/2 Ton						
PU	600	1900	3200	6400	11,200	16,000
Panel	500	1550	2600	5200	9100	13,000
Canopy	450	1500	2500	5000	8800	12,500
Suburban	500	1600	2700	5400	9500	13,500
3/4 Ton						
PU	550	1700	2800	5600	9800	14,000
Platform	400	1350	2200	4400	7800	11,100
Stake	400	1350	2250	4500	7900	11,300
1 Ton						
PU	550	1700	2800	5600	9800	14,000
Panel	450	1450	2400	4800	8400	12,000
Canopy	450	1450	2400	4800	8400	12,000
Platform	400	1300	2200	4400	7700	11,000
Stake	400	1350	2200	4400	7800	11,100

	6	5	4	3	2	1
Second Series 1955 - 1957						
1/2 Ton, V-8						
Sed Dly	600	1900	3200	6400	11,200	16,000
1/2 Ton, V-8						
PU	600	1900	3200	6400	11,200	16,000
Cus Cab PU	600	2000	3300	6600	11,600	16,500
Panel Dly	500	1550	2600	5200	9100	13,000
Suburban	500	1600	2650	5300	9200	13,200
Cameo Carrier	700	2150	3600	7200	12,600	18,000
Cantrell Sta Wag	600	1900	3200	6400	11,200	16,000

NOTE: 1955 and up prices based on top of the line models.
Deduct 20 percent for 6-cyl.

	6	5	4	3	2	1
1958 - 1959						
1/2 Ton, V-8						
Sed Dly	450	1500	2500	5000	8800	12,500
1/2 Ton, V-8						
El Camino - 1959 only	550	1800	3000	6000	10,500	15,000
Stepside PU	400	1300	2200	4400	7700	11,000
Fleetside PU	450	1500	2500	5000	8800	12,500
Cameo PU - 1958 only	550	1800	3000	6000	10,500	15,000
Panel	400	1250	2100	4200	7300	10,400
Suburban	400	1300	2150	4300	7500	10,700
Fleetside (LBx)	400	1250	2100	4200	7400	10,600

NOTE: 1955-up prices based on top of the line models.
Deduct 20 percent for 6-cyl.

	6	5	4	3	2	1
Stepside PU	400	1250	2100	4200	7300	10,400
1960 - 1966						
1/2 Ton, V-8						
Sed Dly	450	1450	2400	4800	8400	12,000
El Camino	500	1600	2700	5400	9500	13,500
1/2-Ton, V-8						
Stepside PU	400	1300	2200	4400	7700	11,000
Fleetside PU	450	1500	2500	5000	8800	12,500
Panel	400	1250	2100	4200	7300	10,400
Suburban	400	1300	2150	4300	7500	10,700
"Long Box", 1/2-Ton, V-8						
Stepside PU	400	1250	2100	4200	7300	10,400
Fleetside PU	400	1300	2200	4400	7700	11,000
3/4-Ton, V-8						
Stepside PU	400	1250	2100	4200	7300	10,400
Fleetside PU	400	1300	2200	4400	7700	11,000
8-ft. Stake	450	1050	1800	3600	6200	8900

NOTE: Deduct 20 percent for 6-cyl.

	6	5	4	3	2	1
1961 - 1965						
Corvair Series 95, 61-64						
Loadside	200	670	1200	2300	4060	5800
Rampside	200	730	1250	2450	4270	6100
Corvan Series, 61-64						
Corvan Panel	200	720	1200	2400	4200	6000
Greenbriar Spt Van	350	780	1300	2600	4550	6500

	6	5	4	3	2	1
1967 - 1968						
El Camino Series, V-8						
Spt PU	550	1750	2900	5800	10,200	14,500
Cus Spt PU	550	1800	3000	6000	10,500	15,000
Fleetside Pickups, V-8						
C10 PU (SBx)	500	1550	2600	5200	9100	13,000
C10 PU (LBx)	450	1450	2400	4800	8400	12,000
K10 PU (SBx)	450	1400	2350	4700	8200	11,700
K10 PU (LBx)	450	1400	2300	4600	8100	11,500
C20 PU (LBx)	400	1300	2150	4300	7600	10,800
C20 PU (8-1/2 ft. bed)	400	1300	2150	4300	7500	10,700
K20 PU (LBx)	400	1300	2150	4300	7500	10,700
K20 PU (8-1/2 ft. bed)	400	1250	2100	4200	7400	10,600
Stepside Pickups, V-8						
C10 PU (SBx)	450	1450	2400	4800	8400	12,000
C10 PU (LBx)	450	1400	2300	4600	8100	11,600
C20 PU (LBx)	400	1300	2150	4300	7500	10,700
K20 PU (LBx)	400	1250	2100	4200	7400	10,600
Panel/Suburbans/Stakes, V-8						
C10 Panel	350	975	1600	3200	5600	8000
C10 Suburban	450	1120	1875	3750	6500	9300
C20 Panel	350	950	1550	3150	5450	7800
C20 Suburban	450	1050	1750	3550	6150	8800

NOTE: 1955-up prices based on top of the line models. Add 5 percent for 4x4. C is conventional drive model. K is 4-wheel drive (4x4) model. 10 is 1/2-Ton series. 20 is 3/4-Ton series. 30 is 1-Ton series. Short box has 6-1/2 ft. bed. Long box has 8-ft. bed. Deduct 20 percent for 6-cyl.

	6	5	4	3	2	1
1969 - 1970						
El Camino Series, V-8						
Spt PU	450	1450	2400	4800	8400	12,000
Cus Spt PU	450	1500	2500	5000	8800	12,500
NOTE: Add 15 percent for SS-396 option.						
Blazer Series, 4x4						
Blazer, V-8	500	1550	2600	5200	9100	13,000
Fleetside Series, V-8						
C10 PU (SBx)	550	1700	2800	5600	9800	14,000
C10 PU (LBx)	500	1600	2700	5400	9500	13,500
K10 PU (SBx)	450	1450	2400	4800	8400	12,000
K10 PU (LBx)	450	1400	2350	4700	8300	11,800
C20 PU (LBx)	400	1300	2150	4300	7600	10,800
C20 PU (long horn)	400	1250	2100	4200	7400	10,600
K20 PU (LBx)	450	1400	2300	4600	8100	11,600
K20 PU (long horn)	450	1400	2350	4700	8200	11,700
Stepside Series, V-8						
C10 PU (SBx)	450	1450	2400	4800	8400	12,000
C10 PU (LBx)	450	1400	2300	4600	8100	11,500
K10 PU (SBx)	450	1450	2400	4800	8400	12,000
K10 PU (LBx)	450	1400	2350	4700	8200	11,700
C20 PU (LBx)	450	1400	2350	4700	8300	11,800
C20 PU (long horn)	450	1400	2350	4700	8200	11,700
K20 PU (LBx)	450	1400	2350	4700	8200	11,700
K20 PU (long horn)	450	1400	2300	4600	8100	11,600
Panel/Suburban Series C10/K10, V-8, 115" wb						
C10 Panel	450	1170	1975	3900	6850	9800
C10 Suburban	400	1350	2250	4500	7900	11,300
K10 Panel	450	1150	1900	3850	6700	9600
K10 Suburban	400	1350	2200	4400	7800	11,100
Panel/Suburban Series C20/K20, V-8, 127" wb						
C20 Panel	450	1150	1900	3850	6700	9600
C20 Suburban	400	1250	2050	4100	7200	10,300
K20 Panel	450	1130	1900	3800	6600	9400
K20 Suburban	400	1200	2000	4000	7100	10,100

NOTE: 1955-up prices based on top of the line models. C is conventional drive model. K is 4-wheel drive (4x4) model. 10 is 1/2-Ton series. 20 is 3/4-Ton series. 30 is 1-Ton series. Short box pickup has 6-1/2 ft. bed and 115" wb. Long box pickup has 8-ft. bed and 127" wb. Long horn pickup has 8-1/2 to 9-ft. bed and 133" wb. Deduct 20 percent for 6-cyl.

	6	5	4	3	2	1
1971 - 1972						
Vega, 1/2-Ton, V-8						
Panel Exp	200	720	1200	2400	4200	6000
LUV Pickup, 1/2-Ton, 1972 only						
PU	200	685	1150	2300	3990	5700
El Camino, V-8						
Spt PU	450	1500	2500	5000	8800	12,500
Cus Spt PU	500	1550	2600	5200	9100	13,000
SS PU	650	2050	3400	6800	11,900	17,000
NOTE: Add 30 percent for 350, 40 percent for 402, 45 percent for 454 engine options. Deduct 20 percent for 6-cyl.						
Blazer, 4x4						
C10 Blazer, V-8, 1972 only	400	1300	2200	4400	7700	11,000
K10 Blazer, V-8	500	1550	2600	5200	9100	13,000
Fleetside Pickups, V-8						
C10 PU (SBx)	550	1750	2900	5800	10,200	14,500
C10 PU (LBx)	550	1700	2800	5600	9800	14,000
K10 PU (SBx)	500	1550	2550	5100	9000	12,800
K10 PU (LBx)	450	1500	2500	5000	8800	12,500
C20 PU (SBx)	450	1400	2350	4700	8300	11,800
C20 PU (LBx)	450	1450	2400	4800	8400	12,000
K20 PU (SBx)	450	1400	2300	4600	8100	11,600
K20 PU (LBx)	450	1400	2350	4700	8200	11,700
Stepside Pickups, V-8						
C10 PU (SBx)	500	1550	2600	5200	9100	13,000
C10 PU (LBx)	450	1500	2500	5000	8800	12,500
K10 PU (SBx)	450	1400	2350	4700	8300	11,800
K10 PU (LBx)	450	1400	2300	4600	8100	11,500
K10 PU (LBx)	450	1400	2350	4700	8300	11,800
K20 PU (LBx)	400	1350	2250	4500	7900	11,300
Suburban, V-8						
C10 Suburban	450	1450	2400	4800	8400	12,000
K10 Suburban	400	1250	2100	4200	7400	10,500
C20 Suburban	400	1250	2100	4200	7400	10,500
K20 Suburban	450	1170	1975	3900	6850	9800

	6	5	4	3	2	1

NOTE: 1955-up prices based on top of the line models.
    Deduct 20 percent for 6-cyl.

1978 Chevrolet El Camino ½-ton pickup

1973 -1980

	6	5	4	3	2	1
Vega						
Panel	200	720	1200	2400	4200	6000
LUV						
PU	200	7C0	1075	2150	3700	5300
El Camino, V-8						
PU	350	1020	1700	3400	5950	8500
Cus PU	450	1080	1800	3600	6300	9000
Blazer K10, V-8						
Blazer 2WD	450	1140	1900	3800	6650	9500
Blazer (4x4)	400	1250	2100	4200	7400	10,500
C10, 1/2-Ton, V-8						
Stepside (SBx)	450	1140	1900	3800	6650	9500
Stepside (LBx)	450	1080	1800	3600	6300	9000
Fleetside (SBx)	400	1200	2000	4000	7000	10,000
Fleetside (LBx)	450	1140	1900	3800	6650	9500
Suburban	450	1140	1900	3800	6650	9500
K10, 4x4, 1/2-Ton, V-8						
Stepside (SBx)	350	800	1350	2700	4700	6700
Stepside (LBx)	350	820	1400	2700	4760	6800
Fleetside (SBx)	350	830	1400	2950	4830	6900
Fleetside (LBx)	350	840	1400	2800	4900	7000
Suburban	450	1170	1975	3900	6850	9800
C20, 3/4-Ton						
Stepside (LBx)	350	780	1300	2600	4550	6500
Fleetside (LBx)	350	800	1350	2700	4700	6700
6P (LBx)	200	750	1275	2500	4400	6300
Suburban	350	840	1400	2800	4900	7000
K20, 4x4, 3/4-Ton, V-8						
Stepside (LBx)	350	820	1400	2700	4760	6800
Fleetside (LBx)	350	830	1400	2950	4830	6900
6P (LBx)	350	780	1300	2600	4550	6500
Suburban	350	840	1400	2800	4900	7000

NOTE: Deduct 20 percent for 6-cyl.

1981 - 1982

	6	5	4	3	2	1
Luv, 1/2-Ton, 104.3" or 117.9" wb						
PU SBx	150	550	850	1650	2900	4100
PU LBx	150	550	850	1675	2950	4200
El Camino, 1/2-Ton, V-8, 117" wb						
PU	350	820	1400	2700	4760	6800
SS PU	350	830	1400	2950	4830	6900
Blazer K10, 1/2-Ton, V-8, 106.5" wb						
Blazer (4x4), V-8	350	975	1600	3200	5600	8000
C10, 1/2-Ton, V-8, 117" or 131" wb						
Stepside PU SBx	350	820	1400	2700	4760	6800
Stepside PU LBx	350	800	1350	2700	4700	6700
Fleetside PU SBx	350	830	1400	2950	4830	6900
Fleetside PU LBx	350	840	1400	2800	4900	7000
Suburban	350	860	1450	2900	5050	7200

	6	5	4	3	2	1
C20, 3/4-Ton, V-8, 131" or 164" wb						
Stepside PU LBx	350	800	1350	2700	4700	6700
Fleetside PU LBx	350	820	1400	2700	4760	6800
Fleetside PU Bonus Cab LBx	350	840	1400	2800	4900	7000
Fleetside PU Crew Cab LBx	350	830	1400	2950	4830	6900
Suburban	350	860	1450	2900	5050	7200
NOTE: Add 15 percent for 4x4.						
Deduct 20 precent for 6-cyl.						
1983 - 1987						
El Camino, 1/2-Ton, 117" wb						
PU	200	670	1200	2300	4060	5800
SS PU	200	700	1200	2350	4130	5900
S10, 1/2-Ton, 100.5" wb						
Blazer 2WD	150	600	900	1800	3150	4500
Blazer (4x4)	200	675	1000	2000	3500	5000
Blazer K10, 1/2-Ton, 106.5" wb						
Blazer (4x4)	350	840	1400	2800	4900	7000
S10, 1/2-Ton, 108" or 122" wb						
Fleetside PU SBx	150	475	750	1475	2600	3700
Fleetside PU LBx	150	475	775	1500	2650	3800
Fleetside PU Ext Cab	150	500	800	1600	2800	4000
C10, 1/2-Ton, 117" or 131" wb						
Stepside PU SBx	200	670	1200	2300	4060	5800
Fleetside PU SBx	200	700	1200	2350	4130	5900
Fleetside PU LBx	200	670	1150	2250	3920	5600
Suburban	200	750	1275	2500	4400	6300
C20, 3/4-Ton, 131" or 164" wb						
Stepside PU LBx	200	685	1150	2300	3990	5700
Fleetside PU LBx	200	670	1200	2300	4060	5800
Fleetside PU Bonus Cab LBx	200	730	1250	2450	4270	6100
Fleetside PU Crew Cab LBx	200	670	1150	2250	3920	5600
Suburban	200	750	1275	2500	4400	6300
NOTE: Add 15 percent for 4x4.						
Deduct 20 percent for 6-cyl. on full, size vehicles.						
1988 - 1991						
Blazer - (106.5" wb)						
V10 (4x4)	400	1200	2000	4000	7000	10,000
S10 2WD	200	720	1200	2400	4200	6000
S10 (4x4)	350	975	1600	3200	5600	8000
S10 Pickup, 108.3" or 122.9" wb						
Fleetside SBx	200	675	1000	2000	3500	5000
Fleetside LBx	200	700	1050	2100	3650	5200
Fleetside Ext Cab	200	660	1100	2200	3850	5500
C1500, 1/2-Ton, 117.5" or 131.5" wb						
Sportside PU SBx	350	840	1400	2800	4900	7000
SS 454 PU SBx, 1990 only	450	1450	2400	4800	8400	12,000
Fleetside PU SBx	350	840	1400	2800	4900	7000
Fleetside PU LBx	350	900	1500	3000	5250	7500
Fleetside PU Ext Cab LBx	350	1020	1700	3400	5950	8500
Suburban	400	1300	2200	4400	7700	11,000
C2500, 3/4-Ton, 129.5" or 164.5" wb						
Stepside PU LBx	450	1080	1800	3600	6300	9000
Fleetside PU LBx	450	1080	1800	3600	6300	9000
Bonus Cab PU LBx	350	1020	1700	3400	5950	8500
Crew Cab PU LBx	450	1050	1750	3550	6150	8800
Suburban	450	1450	2400	4800	8400	12,000
1992						
K1500 Blazer, V-8						
2d SUV 4x4	500	1550	2600	5200	9100	13,000
S10 Blazer, V-6						
2d SUV	350	840	1400	2800	4900	7000
2d SUV 4x4	350	975	1600	3200	5600	8000
4d SUV	450	1140	1900	3800	6650	9500
4d SUV 4x4	400	1250	2100	4200	7400	10,500
Astro Van, V-6						
3d Van	150	650	950	1900	3300	4700
Lumina, V-6						
3d Van	150	600	900	1800	3150	4500
Suburban 1500, V-8						
4d Sta Wag	550	1700	2800	5600	9800	14,000
4d Sta Wag 4x4	550	1800	3000	6000	10,500	15,000
Suburban 2500, V-8						
4d Sta Wag	550	1800	3000	6000	10,500	15,000
4d Sta Wag 4x4	600	1900	3200	6400	11,200	16,000

	6	5	4	3	2	1
S10, 1/2-Ton, V-6						
2d PU SBx	350	975	1600	3200	5600	8000
2d PU LBx	350	975	1600	3200	5600	8000
NOTE: Add $1500. for 4x4.						
C1500, 1/2-Ton, V-8						
2d Sportside PU SBx	450	1080	1800	3600	6300	9000
2d Fleetside PU SBx	450	1080	1800	3600	6300	9000
2d Fleetside PU LBx	450	1080	1800	3600	6300	9000
NOTE: Add $2000. for 4x4.						
C2500, 3/4-Ton, V-8						
2d Fleetside PU LBx	400	1200	2000	4000	7000	10,000

CROSLEY TRUCKS

	6	5	4	3	2	1
1940						
Crosley Commercial						
Panel Dly	350	780	1300	2600	4550	6500
1941						
Crosley Commercial						
PU Dly	350	770	1300	2550	4480	6400
Parkway Dly	350	790	1350	2650	4620	6600
Panel Dly	350	780	1300	2600	4550	6500
1942						
Crosley Commercial						
PU Dly	350	770	1300	2550	4480	6400
Parkway Dly	350	790	1350	2650	4620	6600
Panel Dly	350	780	1300	2600	4550	6500
1947						
Crosley Commercial						
PU	350	770	1300	2550	4480	6400
1948						
Crosley Commercial						
PU	350	770	1300	2550	4480	6400
Panel	200	720	1200	2400	4200	6000
1949						
Series CD						
PU	350	780	1300	2600	4550	6500
Panel	350	790	1350	2650	4620	6600
1950						
Crosley Commercial Series CD						
PU	350	780	1300	2600	4550	6500
Panel	350	790	1350	2650	4620	6600
Farm-O-Road	350	800	1350	2700	4700	6700
1951						
Crosley Commercial Series CD						
PU	350	780	1300	2600	4550	6500
Panel	350	790	1350	2650	4620	6600
Farm-O-Road	350	800	1350	2700	4700	6700
1952						
Crosley Commercial Series CD						
PU	350	780	1300	2600	4550	6500
Panel	350	790	1350	2650	4620	6600
Farm-O-Road	350	800	1350	2700	4700	6700
1959-1962						
Crofton Bug Series						
Bug Utl	350	790	1350	2650	4620	6600
Brawny Bug Utl	350	830	1400	2950	4830	6900

CROFTON TRUCKS

	6	5	4	3	2	1
1959-1962						
Crofton Bug Series						
Bug Utl	350	790	1350	2650	4620	6600
Brawny Bug Utl	350	830	1400	2950	4830	6900

DODGE TRUCKS

	6	5	4	3	2	1
1933-1935						
1/2-Ton, 111-1/4" wb						
PU	500	1550	2600	5200	9100	13,000
Canopy	450	1400	2300	4600	8100	11,600
Comm Sed	450	1400	2350	4700	8200	11,700
Panel	450	1400	2300	4600	8100	11,500

	6	5	4	3	2	1
1/2-Ton, 119" wb						
Panel	450	1350	2300	4600	8000	11,400
1/2-Ton, 109" wb						
PU	500	1550	2600	5200	9100	13,000
Canopy	450	1400	2350	4700	8200	11,700
Screen	450	1400	2350	4700	8300	11,800
Panel	450	1400	2300	4600	8100	11,600
3/4 - 1 Ton, 131" wb						
Panel	400	1350	2250	4500	7900	11,300
1936-1938						
1/2-Ton						
PU	500	1550	2600	5200	9200	13,100
Canopy	450	1400	2350	4700	8200	11,700
Screen	450	1400	2350	4700	8300	11,800
Comm Sed	450	1450	2400	4800	8300	11,900
Panel	450	1400	2300	4600	8100	11,600
Westchester Suburban	1000	3100	5200	10,400	18,200	26,000
3/4-Ton, 136" wb						
PU	450	1500	2500	5000	8800	12,500
Canopy	450	1450	2400	4800	8400	12,000
Screen	450	1450	2400	4800	8400	12,000
Panel	450	1400	2300	4600	8100	11,500
Platform	450	1170	1975	3900	6850	9800
Stake	400	1200	2000	4000	7000	10,000
1939-1942, 1946-1947						
1/2-Ton, 116" wb						
PU	500	1600	2700	5400	9500	13,500
Canopy	450	1500	2500	5000	8800	12,600
Screen	450	1500	2500	5000	8800	12,600
Panel	500	1550	2550	5100	9000	12,800
3/4-Ton, 120" wb						
PU	500	1500	2550	5100	8900	12,700
Platform	450	1350	2300	4600	8000	11,400
Stake	450	1350	2300	4600	8000	11,400

1948 Dodge Power Wagon 1-ton pickup

	6	5	4	3	2	1
1948-1949						
1/2-Ton, 108" wb						
PU	500	1550	2600	5200	9100	13,000
Panel	400	1300	2200	4400	7700	11,000
3/4-Ton, 116" wb						
PU	500	1500	2550	5100	8900	12,700
Platform	400	1250	2100	4200	7400	10,500
Stake	400	1200	2000	4000	7100	10,100
Power Wagon, 1-Ton, 126" wb						
PU	550	1700	2800	5600	9800	14,000
1950-1952						
1/2-Ton, 108" wb						
PU	500	1600	2700	5400	9500	13,500
Panel	450	1400	2300	4600	8100	11,500
3/4-Ton, 116" wb						
PU	500	1600	2650	5300	9200	13,200
Platform	400	1300	2200	4400	7700	11,000
Stake	400	1350	2200	4400	7800	11,100
Power-Wagon, 1-Ton, 126" wb						
PU	550	1700	2800	5600	9800	14,000

NOTE: Add 3 percent for Fluid Drive.

	6	5	4	3	2	1
1953-1954						
1/2-Ton, 108" wb						
PU	500	1600	2700	5400	9500	13,500
Panel	450	1400	2300	4600	8100	11,500
1/2-Ton, 116" wb						
PU	500	1600	2650	5300	9300	13,300
3/4-Ton, 116" wb						
PU	500	1550	2600	5200	9200	13,100
Platform	400	1300	2200	4400	7700	11,000
Stake	400	1300	2200	4400	7700	11,000

NOTE: Add 3 percent for Fluid Drive.
    Add 10 percent for V-8.
    Add 5 percent for automatic transmission.

	6	5	4	3	2	1
Power-Wagon, 1-Ton, 126" wb						
PU	550	1700	2800	5600	9800	14,000
1955-1957						
1/2-Ton, 108" wb						
Lowside PU	500	1650	2750	5500	9700	13,800
Highside PU	500	1650	2800	5600	9700	13,900
Panel	450	1450	2450	4900	8500	12,200
1/2-Ton, 116" wb						
Lowside PU	500	1600	2700	5400	9500	13,500
Highside PU	500	1650	2700	5400	9500	13,600
Sweptside PU 1957 only	550	1750	2900	5800	10,200	14,500
Platform	450	1400	2300	4600	8100	11,500
Stake	450	1400	2300	4600	8100	11,600
3/4-Ton, 116" wb						
PU	500	1550	2600	5200	9000	12,900
Platform	400	1300	2200	4400	7700	11,000
Stake	400	1300	2200	4400	7700	11,000

NOTES: Add 15 percent for V-8 engine.
    Add 5 percent for automatic transmission.

	6	5	4	3	2	1
Power-Wagon, 1-Ton, 126" wb						
PU	500	1550	2600	5200	9100	13,000

1959 Dodge 100 Sweptline ½-ton pickup

	6	5	4	3	2	1
1958-1960						
1/2-Ton, 108" wb						
PU	400	1350	2200	4400	7800	11,100
Twn Panel	400	1200	2000	4000	7000	10,000
6P Wag	400	1200	2050	4100	7100	10,200
8P Wag	450	1140	1900	3800	6650	9500
1/2-Ton, 116" wb						
PU	500	1550	2600	5200	9100	13,000
Sweptside PU	550	1750	2900	5800	10,200	14,500
Platform	350	1040	1750	3500	6100	8700
Stake	450	1050	1750	3550	6150	8800
3/4-Ton, 116" wb						
PU	400	1200	2000	4000	7000	10,000
Platform	350	975	1600	3250	5700	8100
Stake	350	1000	1650	3300	5750	8200

NOTES: Add 10 percent for V-8 engine.
  Add 5 percent for automatic transmission.

Power-Wagon, 1-Ton, 126" wb						
PU	500	1550	2600	5200	9100	13,000

1964-1969						
A100, 90" wb						
PU	200	745	1250	2500	4340	6200
Van	200	660	1100	2200	3850	5500
Wag	200	700	1200	2350	4130	5900

NOTE: Add 10 percent for Sportsman models.

1961-1971						
1/2-Ton, 114" wb						
Utiline PU	350	840	1400	2800	4900	7000
Sweptline PU	350	830	1400	2950	4830	6900
Twn Panel	200	670	1200	2300	4060	5800
6P Wag	200	700	1200	2350	4130	5900
8P Wag	200	700	1200	2350	4130	5900
1/2-Ton, 122" wb						
Power-Wagon, 1-Ton, 126" wb						
PU	500	1550	2600	5200	9100	13,000
Utiline PU	350	830	1400	2950	4830	6900
Sweptline PU	350	820	1400	2700	4760	6800
Platform	200	675	1000	2000	3500	5000
Stake	200	700	1050	2050	3600	5100
3/4-Ton, 122" wb						
Utiline PU	350	790	1350	2650	4620	6600
Sweptline PU	350	780	1300	2600	4550	6500
Platform	200	675	1000	1950	3400	4900
Stake	200	675	1000	2000	3500	5000

NOTES: Add 10 percent for V-8 engine.
  Add 5 percent for automatic transmission.

1972-1980						
1/2-Ton						
Van (109" wb)	125	450	750	1450	2500	3600
Van (127" wb)	150	475	775	1500	2650	3800
3/4-Ton						
Van (109" wb)	125	400	700	1375	2400	3400
Van (127" wb)	125	450	750	1450	2500	3600
Maxivan	150	475	775	1500	2650	3800
1-Ton						
Van (109" wb)	125	380	650	1300	2250	3200
Van (127" wb)	125	400	700	1375	2400	3400
Maxivan	125	450	750	1450	2500	3600
1/2-Ton						
Utiline PU (115" wb)	200	750	1275	2500	4400	6300
Sweptline PU (115" wb)	200	745	1250	2500	4340	6200
Utiline PU (131" wb)	200	745	1250	2500	4340	6200
Sweptline PU (131" wb)	200	750	1275	2500	4400	6300
3/4-Ton, 131" wb						
Utiline PU	200	720	1200	2400	4200	6000
Sweptline PU	200	730	1250	2450	4270	6100
Crew Cab, 3/4-Ton						
Utiline PU (149" wb)	150	650	975	1950	3350	4800
Sweptline PU (149" wb)	200	675	1000	1950	3400	4900
Utiline PU (165" wb)	150	650	950	1900	3300	4700
Sweptline PU (165" wb)	150	650	975	1950	3350	4800
1978 Little Red Express PU	550	1700	2800	5600	9800	14,000
1979 Little Red Express PU	500	1550	2600	5200	9100	13,000

NOTE: Add 10 percent for V-8 engine.

	6	5	4	3	2	1
1981-1991						
Ram 50						
Cus PU	100	360	600	1200	2100	3000
Royal PU	100	360	600	1200	2100	3000
Spt PU	125	370	650	1250	2200	3100
Ramcharger						
2WD	200	675	1000	2000	3500	5000
4x4	200	720	1200	2400	4200	6000
B150						
Van	150	600	900	1800	3150	4500
Long Range Van	150	575	875	1700	3000	4300
Wag	200	650	1100	2150	3780	5400
Mini-Ram Wag	200	700	1075	2150	3700	5300
B250						
Van	150	575	900	1750	3100	4400
Wag	200	650	1100	2150	3780	5400
Mini-Ram Wag	200	700	1075	2150	3700	5300
B350						
Van	150	575	900	1750	3100	4400
Wag	200	650	1100	2150	3780	5400
D150						
Utiline PU SBx	125	400	700	1375	2400	3400
Sweptline PU SBx	125	450	700	1400	2450	3500
Clb Cab PU SBx	150	500	800	1550	2700	3900
Utiline PU LBx	125	450	700	1400	2450	3500
Sweptline PU LBx	125	450	750	1450	2500	3600
Clb Cab PU LBx	150	500	800	1600	2800	4000
D250						
Utiline PU LBx	125	400	675	1350	2300	3300
Sweptline PU LBx	125	400	700	1375	2400	3400
Clb Cab PU LBx	150	500	800	1550	2700	3900
Crew Cab PU Sbx	150	475	775	1500	2650	3800
Crew Cab PU LBx	150	500	800	1550	2700	3900
NOTE: Add 15 percent for 4x4.						
Dakota, 1/2-Ton, V-6, 1987-91						
PU SBx	125	450	700	1400	2450	3500
PU LBx	125	400	700	1375	2400	3400
PU Spt Conv (89-91)	350	900	1500	3000	5250	7500
NOTE: Deduct 10 percent for 4-cyl. Add 30 percent for V-8. (1991)						
1992						
Ram 50, 1/2-Ton, 4-cyl.						
2d PU	200	675	1000	2000	3500	5000
2d LB PU	200	700	1050	2100	3650	5200
2d SE PU	200	660	1100	2200	3850	5500
Ramcharger, V-8						
2d 150S SUV	350	820	1400	2700	4760	6800
2d 150S SUV 4x4	350	860	1450	2900	5050	7200
2d 150 SUV	350	840	1400	2800	4900	7000
2d 150 SUV 4x4	350	900	1500	3000	5250	7500
Caravan, V-6						
3d CV Van	200	685	1150	2300	3990	5700
3d SE Van	200	670	1200	2300	4060	5800
3d LE Van	200	700	1200	2350	4130	5900
3d ES Van	200	720	1200	2400	4200	6000
NOTE: Add 10 percent for Grand models.						
NOTE: Add 5 percent for 4x4.						
B Series Van, V-8						
B150 Van	350	840	1400	2800	4900	7000
B150 Wag	350	900	1500	3000	5250	7500
B250 Van	350	900	1500	3000	5250	7500
B250 Sta Wag	350	975	1600	3200	5600	8000
B250 Maxi Van	350	975	1600	3200	5600	8000
B250 Maxi Wag	350	1020	1700	3400	5950	8500
Dakota, 1/2-Ton						
2d PU SBx	200	660	1100	2200	3850	5500
2d PU LBx	200	720	1200	2400	4200	6000
NOTE: Add 10 percent for V-8.						
Add 5 percent for 4x4.						
D Series, V-8						
2d D150 PU	350	780	1300	2600	4550	6500
2d D250 PU	350	900	1500	3000	5250	7500
NOTE: Add 5 percent for 4x4.						

FORD TRUCKS

	6	5	4	3	2	1
1918-1920						
Model T, 100" wb						
Rds PU	500	1550	2600	5200	9100	13,000
Box Body Dly	450	1450	2400	4800	8400	12,000
Open Front Panel	450	1500	2500	5000	8800	12,500
Enclosed Panel	450	1400	2300	4600	8100	11,500
Huckster	450	1450	2400	4800	8400	12,000
Model TT, 124" wb						
Exp	400	1200	2000	4000	7000	10,000
Stake	450	1140	1900	3800	6650	9500
Open Front Panel	400	1300	2200	4400	7700	11,000
Enclosed Panel	400	1200	2000	4000	7000	10,000
Huckster	400	1300	2200	4400	7700	11,000
1921-1927						
Model T, 100" wb						
Rds PU	500	1550	2600	5200	9100	13,000
Box Body Dly	450	1450	2400	4800	8400	12,000
Open Front Panel	450	1500	2500	5000	8800	12,500
Enclosed Panel	450	1400	2300	4600	8100	11,500
Huckster	450	1450	2400	4800	8400	12,000
Model TT, 124" wb						
Exp	400	1250	2100	4200	7400	10,500
Stake	400	1200	2000	4000	7000	10,000
Open Front Panel	450	1450	2400	4800	8400	12,000
Enclosed Panel	400	1300	2200	4400	7700	11,000
Huckster	450	1400	2300	4600	8100	11,500
1928-1929						
Model A, 103" wb						
Sed Dly	600	1850	3100	6200	10,900	15,500
Open Cab PU	550	1750	2900	5800	10,200	14,500
Closed Cab PU	450	1500	2500	5000	8800	12,500
Canopy Exp	500	1550	2600	5200	9100	13,000
Screenside Exp	500	1550	2600	5200	9100	13,000
Panel	550	1700	2800	5600	9800	14,000
1930-1931						
Model A, 103" wb						
Sed Dly	600	1900	3200	6400	11,200	16,000
Twn Car Dly	950	3000	5000	10,000	17,500	25,000
Open Cab PU	550	1800	3000	6000	10,500	15,000
Closed Cab PU	450	1500	2500	5000	8800	12,500
Panel	500	1550	2600	5200	9100	13,000
NOTE: Sedan Delivery officially called "Deluxe Delivery".						
1932						
Model B, 4-cyl, 106" wb						
Sed Dly	600	1850	3100	6200	10,900	15,500
Open Cab PU	600	1850	3100	6200	10,900	15,500
Closed Cab PU	500	1500	2550	5100	8900	12,700
Std Panel	500	1600	2700	5400	9500	13,500
DeL Panel	500	1550	2600	5200	9100	13,000
Model B-18, V-8, 106" wb						
Sed Dly	700	2150	3600	7200	12,600	18,000
Open Cab PU	600	2000	3300	6600	11,600	16,500
Closed Cab PU	500	1650	2750	5500	9600	13,700
Std Panel	500	1600	2700	5400	9500	13,500
DeL Panel	550	1700	2800	5600	9800	14,000
1933-1934						
Model 46, 4-cyl, 112" wb						
Sed Dly	650	2050	3400	6800	11,900	17,000
Panel	500	1600	2700	5400	9500	13,500
DeL Panel	550	1700	2800	5600	9800	14,000
PU	500	1600	2700	5400	9500	13,500
Model 46, V-8, 112" wb						
Sed Dly	700	2150	3600	7200	12,600	18,000
Panel	550	1700	2800	5600	9800	14,000
DeL Panel	550	1750	2900	5800	10,200	14,500
PU	550	1700	2800	5600	9800	14,000
1935						
Model 48, V-8, 112" wb						
Sed Dly	650	2050	3400	6800	11,900	17,000
Model 50, V-8, 112" wb						
Panel	500	1600	2700	5400	9500	13,500
DeL Panel	550	1700	2800	5600	9800	14,000
PU	500	1600	2700	5400	9500	13,500

	6	5	4	3	2	1
1936						
Model 68, V-8, 112" wb						
Sed Dly	650	2050	3400	6800	11,900	17,000
Model 67, V-8, 112" wb						
Panel	500	1550	2600	5200	9100	13,000
DeL Panel	500	1600	2700	5400	9500	13,500
PU	500	1550	2600	5200	9100	13,000

1937 Ford sedan delivery

	6	5	4	3	2	1
1937-1939						
V-8, 60 hp, 112" wb						
Cpe PU	550	1800	3000	6000	10,500	15,000
Sed Dly	600	1850	3100	6200	10,900	15,500
V-8, 60 hp, 142" wb						
PU	500	1550	2600	5200	9100	13,000
Platform	400	1250	2100	4200	7400	10,500
Stake	400	1250	2100	4200	7400	10,500
Panel	400	1300	2150	4300	7600	10,800
DeL Panel	450	1450	2400	4800	8400	12,000
V-8, 85 hp, 112" wb						
Cpe PU	550	1750	2900	5800	10,200	14,500
DeL Cpe PU	600	1850	3100	6200	10,900	15,500
Sed Dly	600	1900	3150	6300	11,100	15,800
V-8, 85 hp, 112" wb						
PU	500	1550	2600	5200	9100	13,000
Platform	400	1250	2100	4200	7400	10,600
Stake	400	1250	2100	4200	7400	10,600
Panel	450	1450	2400	4800	8400	12,000
DeL Panel	450	1500	2450	4900	8600	12,300
1940-1941						
1/2-Ton, 112" wb						
PU	550	1750	2900	5800	10,200	14,500
Platform	450	1140	1900	3800	6650	9500
Stake	450	1140	1900	3800	6650	9500
Panel	450	1500	2500	5000	8800	12,500
1/2-Ton, 112" wb						
Sed Dly	650	2100	3500	7000	12,300	17,500
3/4-Ton, 122" wb						
Platform	450	1080	1800	3600	6300	9000
Exp	400	1250	2100	4200	7400	10,500
Stake	450	1140	1900	3800	6650	9500
Panel	450	1500	2500	5000	8800	12,500

NOTES: Deduct 5 percent for 60 hp V-8 where available.
Deduct 10 percent for 4-cyl. 1941 only where available.

	6	5	4	3	2	1
1942-1947						
1/2-Ton, 6-cyl, 114" wb						
Sed Dly	600	2000	3300	6600	11,600	16,600
1/2-Ton, 114" wb						
PU	500	1650	2750	5500	9700	13,800
Platform	450	1120	1875	3750	6500	9300

	6	5	4	3	2	1
Stake	450	1150	1900	3850	6700	9600
Panel	450	1500	2450	4900	8600	12,300
3/4-Ton, 122" wb						
Platform	450	1050	1750	3550	6150	8800
Exp	400	1200	2000	4000	7000	10,000
Stake	450	1120	1875	3750	6500	9300
Panel	450	1500	2450	4900	8600	12,300

NOTE: Deduct 10 percent for 4-cyl. 1942 only where available.

1948-1950

	6	5	4	3	2	1
F-1 Model 8HC, 1/2-Ton, V-8, 114" wb						
DeL Sed Dly	650	2100	3500	7000	12,300	17,500
PU	550	1750	2900	5800	10,200	14,500
Platform	400	1200	2000	4000	7000	10,000
Stake	400	1200	2050	4100	7100	10,200
Panel	450	1450	2400	4800	8400	12,000
F-2 Model 8HD, 3/4-Ton, V-8, 122" wb						
PU	550	1700	2800	5600	9800	14,000
Platform	450	1140	1900	3800	6650	9500
Stake	450	1160	1950	3900	6800	9700
F-3 Model 8HY, HD 3/4-Ton, V-8, 122" wb						
PU	550	1700	2850	5700	9900	14,200
Platform	450	1150	1900	3850	6700	9600
Stake	450	1170	1975	3900	6850	9800

NOTE: Deduct 10 percent for 6-cyl.

1951-1952

	6	5	4	3	2	1
Courier Sed Dly 6-cyl., 115" wb						
1952 only	550	1700	2850	5700	9900	14,200
F-1 Model 1HC, 1/2-Ton, V-8, 114" wb						
PU	500	1600	2700	5400	9500	13,500
Platform	400	1200	2000	4000	7000	10,000
Stake	400	1200	2050	4100	7100	10,200
Panel	500	1550	2600	5200	9100	13,000
F-2 Model 1HD, 3/4-Ton, V-8, 122" wb						
PU	500	1600	2700	5400	9500	13,500
Platform	450	1140	1900	3800	6650	9500
Stake	450	1160	1950	3900	6800	9700
F-3 Model 1HY, Heavy 3/4-Ton, 6-cyl, 122" wb						
PU	500	1600	2650	5300	9200	13,200
Platform	450	1150	1900	3850	6700	9600
Stake	450	1170	1975	3900	6850	9800
F-3 Model 1HJ-104" wb; Model 1H2J-122" wb						
3/4-Ton, 6-cyl						
Parcel Dly	450	1080	1800	3600	6300	9000

NOTE: Add 10 percent for V-8.

1953-1955

	6	5	4	3	2	1
Courier Series, 1/2-Ton, 6-cyl, 115" wb						
Sed Dly	550	1700	2850	5700	9900	14,200
F-100 Series, 1/2-Ton, 6-cyl, 110" wb						
PU	500	1650	2750	5500	9600	13,700
Platform	400	1250	2100	4200	7400	10,500
Stake	400	1300	2150	4300	7500	10,700
Panel	500	1550	2600	5200	9100	13,000
F-250 Series, 3/4-Ton, 6-cyl, 118" wb						
PU	500	1600	2700	5400	9500	13,500
Platform	450	1140	1900	3800	6650	9500
Stake	450	1160	1950	3900	6800	9700

NOTE: Add 10 percent for V-8.

1956

	6	5	4	3	2	1
Courier Series, 1/2-Ton, 6-cyl, 115.5" wb						
Sed Dly	550	1750	2900	5800	10,200	14,500
F-100 Series, 1/2-Ton, 6-cyl, 110" wb						
PU	500	1600	2700	5400	9500	13,500
Platform	400	1200	2000	4000	7000	10,000
Stake	400	1200	2050	4100	7100	10,200
Panel	500	1500	2550	5100	8900	12,700
Cus Panel	500	1550	2600	5200	9100	13,000
F-250 Series, 3/4-Ton, 6-cyl, 118" wb						
PU	500	1600	2700	5400	9500	13,500
Platform	950	1100	1850	3700	6450	9200
Stake	450	1130	1900	3800	6600	9400

NOTE: Add 10 percent for V-8.

1957-1960

	6	5	4	3	2	1
Courier Series, 1/2-Ton, 6-cyl, 116" wb						
Sed Dly	450	1450	2400	4800	8400	12,000

1960 Ford Falcon Ranchero ½-ton pickup

	6	5	4	3	2	1
Ranchero Series, 1/2-Ton, 6-cyl, 116" wb						
PU	450	1500	2450	4900	8600	12,300
Cus PU	500	1550	2600	5200	9100	13,000
F-100 Series, 1/2-Ton, 6-cyl, 110" wb						
Flareside PU	450	1500	2500	5000	8800	12,500
Styleside PU (118" wb)	450	1450	2400	4800	8400	12,000
Styleside PU	450	1450	2450	4900	8500	12,200
Platform	450	1080	1800	3600	6300	9000
Stake	950	1100	1850	3700	6450	9200
Panel	400	1300	2200	4400	7700	11,000
F-250 Series, 3/4-Ton, 6-cyl, 118" wb						
Flareside PU	450	1400	2300	4600	8100	11,500
Styleside PU	450	1450	2400	4800	8400	12,000
Platform	350	1020	1700	3400	5950	8500
Stake	350	1040	1750	3500	6100	8700
NOTE: Add 10 percent for V-8.						
1961-1966						
Econoline, Series E-100						
1/2-Ton, 6-cyl, 90" wb						
PU	350	900	1500	3000	5250	7500
Van	350	840	1400	2800	4900	7000
Station Bus	350	900	1500	3000	5250	7500
Falcon Series, 1/2-Ton, 6-cyl, 109.5" wb						
Ranchero PU (to 1965)	450	1130	1900	3800	6600	9400
Sed Dly (to 1965)	450	1080	1800	3600	6300	9000
F-100 Series, 1/2-Ton, 6-cyl, 110" wb						
Styleside PU, 6-1/2'	400	1350	2250	4500	7800	11,200
Flareside PU, 6-1/2'	400	1300	2200	4400	7700	11,000
Platform	450	1080	1800	3600	6300	9000
Stake	950	1100	1850	3700	6450	9200
Panel	450	1170	1975	3900	6850	9800
F-100 Series, 1/2-Ton, 6-cyl, 118" wb						
Styleside PU, 8'	400	1300	2200	4400	7700	11,000
Flareside PU, 8'	400	1300	2150	4300	7600	10,800
1966						
Bronco U-100, 1/2-Ton, 4x4, 6-cyl, 90" wb						
Rds	450	1450	2450	4900	8500	12,200
Spt Utl	450	1500	2500	5000	8800	12,500
Wag	450	1500	2500	5000	8800	12,500
Fairlane Ranchero, 1/2-Ton, 113" wb						
PU	400	1200	2000	4000	7000	10,000
Cus PU	400	1250	2100	4200	7400	10,500
NOTE: Add 10 percent for V-8.						
1967-1972						
Bronco U-100, 1/2-Ton, 4x4, 6-cyl						
Rds	450	1450	2450	4900	8500	12,200
Spt Utl	450	1500	2500	5000	8800	12,500
Wag	450	1500	2500	5000	8800	12,500
Econoline E-100, 1/2-Ton, 6-cyl						
PU	350	900	1500	3000	5250	7500
Van	350	840	1400	2800	4900	7000
Sup Van	350	790	1350	2650	4620	6600
Panel Van	350	780	1300	2600	4550	6500
Sup Panel Van	350	800	1350	2700	4700	6700

	6	5	4	3	2	1
Fairlane Ranchero, 1/2-Ton, 6-cyl						
PU	400	1200	2000	4000	7000	10,000
500 PU	400	1250	2100	4200	7400	10,500
500 XL PU	400	1300	2200	4400	7700	11,000
F-100/Model F-101, 1/2-Ton, 6-cyl						
Flareside PU, 6-1/2'	400	1300	2200	4400	7700	11,000
Styleside PU, 6-1/2'	400	1350	2250	4500	7800	11,200
Platform	350	975	1600	3200	5600	8000
Stake	350	975	1600	3200	5600	8000
Flareside, 8'	450	1400	2350	4700	8300	11,800
Styleside, 8'	450	1450	2400	4800	8400	12,000
F-250, 3/4-Ton, 6-cyl						
Flareside PU, 8'	400	1350	2250	4500	7800	11,200
Styleside PU, 8'	450	1400	2300	4600	8100	11,500
Platform	350	840	1400	2800	4900	7000
Stake	350	840	1400	2800	4900	7000
NOTE: Add 10 percent for V-8.						

1973-1979

	6	5	4	3	2	1
Courier, 1/2-Ton, 4-cyl						
PU	200	675	1000	2000	3500	5000
Fairlane/Torino, 1/2-Ton, V-8						
Ranchero 500 PU	350	1020	1700	3400	5950	8500
Ranchero Squire PU	450	1050	1800	3600	6200	8900
Ranchero GT PU	450	1090	1800	3650	6400	9100
Club Wagon E-100, 1/2-Ton, 6-cyl						
Clb Wag	200	700	1050	2100	3650	5200
Cus Clb Wag	200	660	1100	2200	3850	5500
Chateau Wag	350	780	1300	2600	4550	6500
Bronco U-100, 1/2-Ton, 6-cyl						
Wag	350	1020	1700	3400	5950	8500
Econoline E-100, 1/2-Ton, 6-cyl						
Cargo Van	150	600	900	1800	3150	4500
Window Van	200	675	1000	2000	3500	5000
Display Van	150	650	975	1950	3350	4800
Econoline E-200, 3/4-Ton, 6-cyl						
Cargo Van	150	575	900	1750	3100	4400
Window Van	200	675	1000	1950	3400	4900
Display Van	150	650	950	1900	3300	4700
Econoline E-300, HD 3/4-Ton, 6-cyl						
Cargo Van	150	575	875	1700	3000	4300
Window Van	150	650	975	1950	3350	4800
Display Van	150	600	950	1850	3200	4600
F-100, 1/2-Ton, 6-cyl						
Flareside PU, 6-1/2'	350	975	1600	3200	5600	8000
Styleside PU, 6-1/2'	350	975	1600	3250	5700	8100
Flareside PU, 8'	350	975	1600	3200	5500	7900
Styleside PU, 8'	350	975	1600	3200	5600	8000
F-250, 3/4-Ton, 6-cyl						
Flareside PU	350	880	1500	2950	5180	7400
Styleside PU	350	870	1450	2900	5100	7300
Platform	200	675	1000	2000	3500	5000
Stake	200	700	1050	2100	3650	5200
F-350, HD 3/4-Ton, 6-cyl						
Flareside PU	350	860	1450	2900	5050	7200
Styleside PU	350	850	1450	2850	4970	7100
Platform	150	650	975	1950	3350	4800
Stake	200	675	1000	2000	3500	5000
NOTE: Add 5 percent for base V-8.						
Add 10 percent for optional V-8.						
Add 5 percent for 4x4 on F250 and F350 models only.						

1980-1986

	6	5	4	3	2	1
Courier to 1982, replaced by Ranger 1983-1986						
PU	200	675	1000	2000	3500	5000
Bronco						
Wag	350	780	1300	2600	4550	6500
Econoline E-100						
Cargo Van	150	500	800	1600	2800	4000
Window Van	150	550	850	1675	2950	4200
Display Van	150	575	900	1750	3100	4400
Clb Wag	200	675	1000	1950	3400	4900
Cus Clb Wag	200	700	1050	2050	3600	5100
Chateau Clb Wag	200	700	1075	2150	3700	5300
Econoline E-200						
Cargo Van	150	500	800	1550	2700	3900
Window Van	150	550	850	1650	2900	4100

	6	5	4	3	2	1
Display Van	150	550	850	1675	2950	4200
Econoline E-300						
Cargo Van	150	475	775	1500	2650	3800
Window Van	150	500	800	1600	2800	4000
Display Van	150	550	850	1650	2900	4100
F-100, 1/2-Ton						
Flareside PU	200	675	1000	2000	3500	5000
Styleside PU	200	700	1050	2050	3600	5100
Sup Cab	200	700	1050	2050	3600	5100
F-250, 3/4-Ton						
Flareside PU	200	675	1000	1950	3400	4900
Styleside PU	200	675	1000	2000	3500	5000
Sup Cab	200	675	1000	2000	3500	5000
F-350, 1-Ton						
PU	150	650	975	1950	3350	4800
Crew Cab PU	200	675	1000	1950	3400	4900
Stake	150	600	900	1800	3150	4500
NOTE: Add 10 percent for 4x4.						
1987-1991						
Bronco II, 1/2-Ton, 94" wb						
Wag	150	600	900	1800	3150	4500
Wag (4x4)	200	720	1200	2400	4200	6000
Bronco, 1/2-Ton, 105" wb						
Wag (4x4)	350	1020	1700	3400	5950	8500
Aerostar, 1/2-Ton, 119" wb						
Cargo Van	150	500	800	1600	2800	4000
Wag	200	660	1100	2200	3850	5500
Window Van	150	500	800	1600	2800	4000
Club Wagon, 138" wb						
E-150 Wag	350	780	1300	2600	4550	6500
E-250 Wag	350	840	1400	2800	4900	7000
E-350 Sup Clb Wag	350	900	1500	3000	5250	7500
Econoline E-150, 1/2-Ton, 124" or 138" wb						
Cargo Van	200	675	1000	2000	3500	5000
Sup Cargo Van	200	660	1100	2200	3850	5500
Econoline E-250, 3/4-Ton, 138" wb						
Cargo Van	200	660	1100	2200	3850	5500
Sup Cargo Van	200	720	1200	2400	4200	6000
Econoline E-350, 1-Ton, 138" or 176" wb						
Cargo Van	200	720	1200	2400	4200	6000
Sup Cargo Van	350	780	1300	2600	4550	6500
Ranger, 1/2-Ton, 108" or 125" wb						
Styleside PU SBx	150	500	800	1550	2700	3900
Styleside PU LBx	150	500	800	1600	2800	4000
Styleside PU Sup Cab	150	600	900	1800	3150	4500
F-150, 1/2-Ton, 116" or 155" wb						
Flareside PU SBx	150	600	900	1800	3150	4500
Styleside PU SBx	200	675	1000	2000	3500	5000
Styleside PU LBx	200	660	1100	2200	3850	5500
Styleside PU Sup Cab SBx	200	720	1200	2400	4200	6000
Styleside PU Sup Cab LBx	350	840	1400	2800	4900	7000
F-250, 3/4-Ton, 133" or 155" wb						
Styleside PU LBx	350	780	1300	2600	4550	6500
Styleside PU Sup Cab LBx	350	840	1400	2800	4900	7000
F-350, 1-Ton, 133" or 168.4" wb						
Styleside PU LBx	350	840	1400	2800	4900	7000
Styleside PU Crew Cab	350	900	1500	3000	5250	7500
NOTE: Add 15 percent for 4x4.						
1992						
Explorer, V-6						
2d SUV	400	1200	2000	4000	7000	10,000
4d SUV	400	1250	2100	4200	7400	10,500
2d SUV, 4x4	400	1250	2100	4200	7400	10,500
4d SUV, 4x4	400	1300	2200	4400	7700	11,000
Bronco, V-8						
2d SUV	450	1450	2400	4800	8400	12,000
Aerostar, V-6						
Van	350	900	1500	3000	5250	7500
Window Van	350	975	1600	3200	5600	8000
Ext. Van	350	975	1600	3200	5600	8000
Ext. Window Van	350	1020	1700	3400	5950	8500
NOTE: Add 5 percent for 4x4.						
E Series, V-8						
Cargo Van	450	1140	1900	3800	6650	9500

	6	5	4	3	2	1
Club Wagon, V-8						
E-150 Wag	400	1200	2000	4000	7000	10,000
Ranger, 1						
2-Ton, V-6						
2d PU SBx	200	660	1100	2200	3850	5500
2d PU LBx	200	720	1200	2400	4200	6000
NOTE: Add 5 percent for 4x4.						
F-150, F-250, V-8						
2d PU SBx 1/2-Ton	400	1200	2000	4000	7000	10,000
2d PU LBx 1/2-Ton	400	1250	2100	4200	7400	10,500
2d PU SBx 3/4-Ton	400	1250	2100	4200	7400	10,500
2d PU LBx 3/4-Ton	400	1300	2200	4400	7700	11,000
NOTE: Add 5 percent for 4x4.						

GMC TRUCKS

	6	5	4	3	2	1
1920-1926						
Canopy	450	1400	2300	4600	8100	11,500
1927-1929						
Light Duty						
PU	450	1400	2300	4600	8100	11,500
Panel	400	1350	2250	4500	7800	11,200
1930-1933						
Light Duty						
PU	450	1450	2450	4900	8500	12,200
Panel	450	1450	2400	4800	8400	12,000
Stake	400	1300	2200	4400	7700	11,000
1934-1935						
Light Duty						
PU	450	1500	2500	5000	8800	12,500
Panel	450	1400	2300	4600	8100	11,500
1936-1940						
Light Duty						
PU	500	1600	2700	5400	9500	13,500
Panel	450	1500	2500	5000	8800	12,500
1940						
Light Duty, 1/2-Ton, 113.5" wb						
Canopy Dly	500	1600	2700	5400	9500	13,500
Screenside Dly	500	1600	2700	5400	9500	13,500
Suburban	500	1550	2600	5200	9100	13,000

1942 GMC CC-101 ½-ton pickup

1941-1942, 1946-1947						
Light Duty, 1/2-Ton, 115" wb						
PU	550	1700	2800	5600	9800	14,000
Panel	500	1500	2550	5100	8900	12,700
Canopy Dly	450	1500	2500	5000	8800	12,500
Screenside Dly	500	1600	2700	5400	9500	13,500

	6	5	4	3	2	1
Suburban	500	1550	2600	5200	9100	13,000
Stake	450	1140	1900	3800	6650	9500
Light Duty, 1/2-Ton, 125" wb						
PU	550	1700	2800	5600	9800	14,000
Panel	450	1500	2500	5000	8800	12,500
Stake	450	1170	1975	3900	6850	9800
Medium Duty, 3/4-Ton, 125" wb						
PU	400	1300	2200	4400	7700	11,000
Panel	400	1200	2000	4000	7000	10,000
Stake	450	1130	1900	3800	6600	9400
1948-1953						
Light Duty, 1/2-Ton						
PU	600	1900	3200	6400	11,200	16,000
Panel	500	1600	2650	5300	9200	13,200
Canopy Exp	450	1400	2350	4700	8200	11,700
Suburban	500	1600	2700	5400	9500	13,500
Medium Duty, 3/4-Ton						
PU	450	1500	2500	5000	8800	12,500
Stake	400	1200	2000	4000	7000	10,000
Heavy Duty, 1-Ton						
PU	450	1450	2400	4800	8400	12,000
Stake	400	1350	2200	4400	7800	11,100

1954 GMC 100 ½-ton pickup

1954-1955 First Series
Light Duty, 1/2-Ton

PU	550	1750	2900	5800	10,200	14,500
Panel	450	1400	2300	4600	8100	11,500
Canopy Dly	450	1400	2350	4700	8200	11,700
Suburban	450	1400	2300	4600	8100	11,500
PU (LWB)	450	1500	2500	5000	8800	12,500
Stake Rack	350	950	1500	3050	5300	7600
Medium Duty, 3/4-Ton						
PU	500	1550	2600	5200	9100	13,000
Stake Rack	450	1080	1800	3600	6300	9000
Heavy Duty, 1-Ton						
PU	450	1450	2400	4800	8400	12,000
Panel	400	1200	2000	4000	7000	10,000
Canopy Exp	450	1400	2300	4600	8100	11,500
Stake Rack	350	1000	1650	3300	5750	8200
Platform	350	975	1600	3200	5600	8000

1955-1957 Second Series
Light Duty, 1/2-Ton, V-8

PU	550	1700	2800	5600	9800	14,000
Panel	400	1300	2200	4400	7700	11,000

	6	5	4	3	2	1
DeL Panel	400	1350	2250	4500	7800	11,200
Suburban PU	650	2100	3500	7000	12,300	17,500
Suburban	400	1350	2250	4500	7800	11,200
Medium Duty, 3/4-Ton, V-8						
PU	450	1450	2400	4800	8400	12,000
Stake Rack	350	1000	1650	3350	5800	8300
Heavy Duty, 1-Ton, V-8						
PU	400	1250	2100	4200	7400	10,500
Panel	400	1300	2200	4400	7700	11,000
DeL Panel	450	1400	2300	4600	8100	11,500
Stake Rack	350	880	1500	2950	5180	7400
Platform	350	870	1450	2900	5100	7300
NOTE: Deduct 20 percent for 6-cyl.						
1958-1959						
Light Duty, 1/2-Ton, V-8						
PU	450	1450	2400	4800	8400	12,000
Wide-Side PU	450	1400	2350	4700	8200	11,700
PU (LWB)	400	1350	2250	4500	7900	11,300
Wide-Side PU (LWB)	450	1400	2300	4600	8100	11,500
Panel	400	1300	2200	4400	7700	11,000
Panel DeL	400	1350	2250	4500	7800	11,200
Suburban	450	1400	2300	4600	8100	11,500
Medium Duty, 3/4-Ton, V-8						
PU	400	1200	2000	4000	7000	10,000
Wide-Side PU	400	1200	2050	4100	7100	10,200
Stake Rack	350	840	1400	2800	4900	7000
V-8						
Panel, 8'	450	1140	1900	3800	6650	9500
Panel, 10'	450	1140	1900	3800	6650	9500
Panel, 12'	450	1160	1950	3900	6800	9700
Heavy Duty, 1-Ton, V-8						
PU	450	1140	1900	3800	6650	9500
Panel	450	1140	1900	3800	6650	9500
Panel DeL	450	1160	1950	3900	6800	9700
Stake Rack	350	820	1400	2700	4760	6800
NOTE: Deduct 20 percent for 6-cyl.						
1960-1966						
(95" wb)						
Dly Van	350	900	1500	3000	5250	7500
1/2-Ton, 115" wb, V-8						
Fender-Side PU	400	1350	2250	4500	7800	11,200
Wide-Side PU	400	1300	2200	4400	7700	11,000
1/2-Ton, 127" wb, V-8						
Fender-Side PU	400	1250	2100	4200	7400	10,500
Wide-Side PU	400	1300	2200	4400	7700	11,000
Panel	450	1150	1900	3850	6700	9600
Suburban	400	1200	2000	4000	7000	10,000
3/4-Ton, 127" wb, V-8						
Fender-Side PU	350	790	1350	2650	4620	6600
Wide-Side PU	350	800	1350	2700	4700	6700
Stake	350	840	1400	2800	4900	7000
1-Ton, 121" or 133" wb, V-8						
PU	350	770	1300	2550	4480	6400
Panel	200	745	1250	2500	4340	6200
Stake	200	730	1250	2450	4270	6100
NOTE: Deduct 20 percent for 6-cyl.						
1967-1968						
1/2-Ton, 90" wb						
Handi Van	350	780	1300	2600	4550	6500
Handi Bus	200	700	1200	2350	4130	5900
1/2-Ton, 102" wb						
Van	200	720	1200	2400	4200	6000
1/2-Ton, 115" wb, V-8						
Fender-Side PU	450	1400	2300	4600	8100	11,600
Wide-Side PU	450	1400	2350	4700	8200	11,700
1/2-Ton, 127" wb, V-8						
Fender-Side PU	450	1400	2300	4600	8100	11,600
Wide-Side PU	450	1400	2350	4700	8200	11,700
Panel	450	1170	1975	3900	6850	9800
Suburban	400	1200	2050	4100	7100	10,200
3/4-Ton, 127" wb, V-8						
Fender-Side PU	450	1140	1900	3800	6650	9500
Wide-Side PU	400	1200	2000	4000	7000	10,000
Panel	200	660	1100	2200	3850	5500
Suburban	350	840	1400	2800	4900	7000
Stake	200	650	1100	2150	3780	5400

1-Ton, 133" wb, V-8	6	5	4	3	2	1
PU	350	1020	1700	3400	5950	8500
Stake Rack	350	900	1500	3000	5250	7500

NOTE: Deduct 20 percent for 6-cyl.

1969-1970
1/2-Ton, 90" wb

	6	5	4	3	2	1
Handi Van	350	780	1300	2600	4550	6500
Handi Bus DeL	200	700	1200	2350	4130	5900

1/2-Ton, 102" wb

Van	200	720	1200	2400	4200	6000

1/2-Ton, 115" wb, V-8

Fender-Side PU	450	1450	2400	4800	8400	12,000
Wide-Side PU	450	1450	2400	4800	8400	12,000

1/2-Ton, 127" wb, V-8

Fender-Side PU	450	1400	2300	4600	8100	11,600
Wide-Side PU	450	1400	2350	4700	8200	11,700
Panel	450	1170	1975	3900	6850	9800
Suburban	400	1200	2050	4100	7100	10,200

3/4-Ton, 127" wb, V-8

Fender-Side PU	400	1250	2100	4200	7400	10,500
Wide-Side PU	400	1300	2200	4400	7700	11,000
Panel	350	780	1300	2600	4550	6500
Suburban	350	840	1400	2800	4900	7000
Stake	350	770	1300	2550	4480	6400

1-Ton, 133" wb, V-8

PU	350	1040	1700	3450	6000	8600
Stake Rack	350	950	1500	3050	5300	7600

NOTE: Deduct 20 percent for 6-cyl.

1971-1972
Sprint, 1/2-Ton, V-8

PU	450	1500	2500	5000	8800	12,500

1/2-Ton, 90" wb

Handi Van	200	670	1200	2300	4060	5800
Handi Bus DeL	200	700	1200	2350	4130	5900

1/2-Ton, 102" wb

Van	350	780	1300	2600	4550	6500

1/2-Ton, 115" wb, V-8

Fender-Side PU	500	1550	2600	5200	9100	13,000
Wide-Side PU	500	1600	2700	5400	9500	13,500

1/2-Ton, 127" wb, V-8

Fender-Side PU	450	1500	2500	5000	8800	12,500
Wide-Side PU	500	1550	2600	5200	9100	13,000
Panel	450	1120	1875	3750	6500	9300
Suburban	400	1250	2100	4200	7400	10,500

3/4-Ton, 127" wb, V-8

Fender-Side PU	400	1300	2200	4400	7700	11,000
Wide-Side PU	450	1400	2300	4600	8100	11,500
Panel	200	745	1250	2500	4340	6200
Suburban	450	1080	1800	3600	6300	9000
Stake	350	790	1350	2650	4620	6600

1-Ton, 133" wb, V-8

PU	450	1170	1975	3900	6850	9800
Stake Rack	350	1020	1700	3400	5950	8500

Jimmy, 104" wb, V-8

Jimmy (2WD)	400	1200	2000	4000	7000	10,000
Jimmy (4x4)	450	1450	2400	4800	8400	12,000

NOTE: Deduct 20 percent for 6-cyl.

1973-1980
1/2-Ton, 116" wb, V-8

Sprint Cus	350	900	1500	3000	5250	7500

Jimmy, 1/2-Ton, 106" wb, V-8

Jimmy (2WD)	400	1200	2000	4000	7000	10,000
Jimmy (4x4)	400	1300	2200	4400	7700	11,000

1/2-Ton, 110" wb, V-8

Rally Van	200	745	1250	2500	4340	6200

1/2-Ton, 117" wb, V-8

Fender-Side PU	400	1250	2100	4200	7400	10,500
Wide-Side PU	400	1250	2100	4200	7400	10,500

1/2-Ton, 125" wb, V-8

Fender-Side PU	400	1200	2000	4000	7000	10,000
Wide-Side PU	400	1200	2000	4000	7000	10,000
Suburban	350	900	1500	3000	5250	7500

3/4-Ton, 125" wb, V-8

Fender-Side PU	350	840	1400	2800	4900	7000
Wide-Side PU	350	860	1450	2900	5050	7200
Suburban	350	850	1450	2850	4970	7100

	6	5	4	3	2	1
Rally Van	200	720	1200	2400	4200	6000
1-Ton, 125" or 135" wb, V-8						
PU	200	720	1200	2400	4200	6000
Crew Cab PU	200	685	1150	2300	3990	5700
NOTE: Deduct 20 percent for 6-cyl.						

1981-1982

Caballero, 1/2-Ton, 117" wb						
Caballero PU	100	350	600	1150	2000	2900
Diablo PU	100	360	600	1200	2100	3000
K1500, 1/2-Ton, 106.5" wb						
Jimmy (4x4)	350	1020	1700	3400	5950	8500
Jimmy Conv. Top (4x4)	450	1140	1900	3800	6650	9500
G1500 Van, 1/2-Ton, 110" or 125" wb						
Vandura	150	575	875	1700	3000	4300
Rally	200	700	1050	2100	3650	5200
Rally Cus	200	650	1100	2150	3780	5400
Rally STX	200	670	1150	2250	3920	5600
G2500 Van, 3/4-Ton, 110" or 125" wb						
Vandura	150	550	850	1675	2950	4200
Rally	200	700	1050	2050	3600	5100
Rally Cus	200	700	1075	2150	3700	5300
Rally STX	200	660	1100	2200	3850	5500
Gaucho	200	660	1100	2200	3850	5500
G3500 Van, 1-Ton, 125" or 146" wb						
Vandura	150	550	850	1650	2900	4100
Vandura Spl	200	675	1000	2000	3500	5000
Rally Camper Spl	200	700	1050	2100	3650	5200
Rally	200	650	1100	2150	3780	5400
Rally Cus	200	670	1150	2250	3920	5600
Rally STX	200	670	1200	2300	4060	5800
Magna Van 10	200	675	1000	1950	3400	4900
Magna Van 12	200	675	1000	1950	3400	4900
C1500, 1/2-Ton, 117.5" or 131.5" wb						
Fender-Side PU SBx	200	670	1200	2300	4060	5800
Wide-Side PU SBx	200	700	1200	2350	4130	5900
Wide-Side PU LBx	200	685	1150	2300	3990	5700
Suburban 4d	200	745	1250	2500	4340	6200
C2500, 3/4-Ton, 131" wb						
Fender-Side PU LBx	200	685	1150	2300	3990	5700
Wide-Side PU LBx	200	670	1200	2300	4060	5800
Bonus Cab 2d PU LBx	200	720	1200	2400	4200	6000
Crew Cab 4d PU LBx	200	700	1200	2350	4130	5900
Suburban 4d	200	745	1250	2500	4340	6200
C3500, 1-Ton, 131.5" or 164.5" wb						
Fender-Side PU LBx	200	670	1150	2250	3920	5600
Wide-Side PU LBx	200	685	1150	2300	3990	5700
Bonus Cab 2d PU LBx	200	670	1200	2300	4060	5800
Crew Cab 4d PU LBx	200	685	1150	2300	3990	5700
NOTE: Add 15 percent for 4x4.						
NOTE: Deduct 20 percent for 6-cyl.						

1983-1987

Caballero, 1/2-Ton, 117.1" wb						
Caballero PU	200	675	1000	1950	3400	4900
Diablo PU	200	675	1000	2000	3500	5000
S15, 1/2-Ton, 100.5" wb						
Jimmy (2WD)	125	370	650	1250	2200	3100
Jimmy (4x4)	150	500	800	1600	2800	4000
K1500, 1/2-Ton, 106.5" wb						
Jimmy (4x4)	200	730	1250	2450	4270	6100
G1500 Van, 1/2-Ton, 110" or 125" wb						
Vandura	125	400	700	1375	2400	3400
Rally	150	575	875	1700	3000	4300
Rally Cus	150	600	900	1800	3150	4500
Rally STX	150	650	950	1900	3300	4700
G2500 Van, 3/4-Ton, 110" or 125" wb						
Vandura	125	400	675	1350	2300	3300
Rally	150	550	850	1675	2950	4200
Rally Cus	150	575	900	1750	3100	4400
Rally STX	150	600	950	1850	3200	4600
G3500 Van, 1-Ton, 125" or 146" wb						
Vandura	125	380	650	1300	2250	3200
Rally	150	550	850	1650	2900	4100
Rally Cus	150	575	875	1700	3000	4300
Rally STX	150	600	900	1800	3150	4500
Magna Van 10	125	400	675	1350	2300	3300
Magna Van 12	125	400	675	1350	2300	3300

	6	5	4	3	2	1
S15, 1/2-Ton, 108.3" or 122.9" wb						
Wide-Side PU SBx	100	275	475	950	1600	2300
Wide-Side PU LBx	100	290	500	975	1700	2400
Wide-Side Ext Cab PU	100	320	550	1050	1850	2600
C1500, 1/2-Ton, 117.5" or 131.5" wb						
Fender-Side PU SBx	200	675	1000	1950	3400	4900
Wide-Side PU SBx	200	675	1000	2000	3500	5000
Wide-Side PU LBx	150	650	950	1900	3300	4700
Suburban 4d	200	650	1100	2150	3780	5400
C2500, 3/4-Ton, 131" wb						
Fender-Side PU LBx	150	650	975	1950	3350	4800
Wide-Side PU LBx	200	675	1000	1950	3400	4900
Bonus Cab 2d PU LBx	200	700	1050	2100	3650	5200
Crew Cab 4d PU LBx	150	650	950	1900	3300	4700
Suburban 4d	200	650	1100	2150	3780	5400
C3500, 1-Ton, 131.5" or 164.5" wb						
Fender-Side PU LBx	150	600	950	1850	3200	4600
Wide-Side PU LBx	150	650	950	1900	3300	4700
Bonus Cab 2d PU LBx	200	675	1000	1950	3400	4900
Crew Cab 4d PU LBx	150	650	975	1950	3350	4800
NOTE: Add 15 percent for (4x4).						
1988-1991						
V1500 Jimmy, 1/2-Ton, 106.5" wb						
Wag (4x4)	400	1300	2150	4300	7500	10,700
S15, 1/2-Ton, 100.5" wb						
Wag	200	685	1150	2300	3990	5700
Wag (4x4)	350	950	1550	3100	5400	7700
Safari, 1/2-Ton, 111" wb						
Cargo Van	200	660	1100	2200	3850	5500
SLX Van	350	900	1500	3000	5250	7500
SLE Van	350	1020	1700	3400	5950	8500
SLT Van	450	1140	1900	3800	6650	9500
G1500 Van, 1/2-Ton, 110" or 125" wb						
Vandura	200	745	1250	2500	4340	6200
Rally	350	950	1550	3100	5400	7700
Rally Cus	350	1040	1750	3500	6100	8700
Rally STX	450	1160	1950	3900	6800	9700
G2500 Van, 3/4-Ton, 110" or 125" wb						
Vandura	350	840	1400	2800	4900	7000
Rally	350	1020	1700	3400	5950	8500
Rally Cus	950	1100	1850	3700	6450	9200
Rally STX	400	1200	2050	4100	7100	10,200
G3500, 1-Ton, 125" or 146" wb						
Vandura	350	1040	1750	3500	6100	8700
Rally	950	1100	1850	3700	6450	9200
Rally Cus	400	1200	2050	4100	7100	10,200
Rally STX	400	1300	2150	4300	7500	10,700
Magna Van 10	450	1080	1800	3600	6300	9000
Magna Van 12	400	1200	2000	4000	7000	10,000
S15, 1/2-Ton, 108.3" or 122.9" wb						
Wide-Side PU SBx	200	675	1000	1950	3400	4900
Wide-Side PU LBx	200	675	1000	2000	3500	5000
Wide-Side Ext Cab PU SBx	200	700	1050	2050	3600	5100
C1500, 1/2-Ton, 117.5" or 131.5" wb						
Fender-Side PU SBx	350	800	1350	2700	4700	6700
Wide-Side PU SBx	350	800	1350	2700	4700	6700
Wide-Side PU LBx	350	840	1400	2800	4900	7000
Wide-Side Clb Cab PU LBx	350	975	1600	3200	5600	8000
Suburban	450	1450	2400	4800	8400	12,000
C2500, 3/4-Ton, 117.5" or 131.5" wb						
Fender-Side PU LBx	350	950	1550	3100	5400	7700
Wide-Side PU LBx	350	950	1550	3100	5400	7700
Wide-Side Bonus Cab LBx	350	1000	1650	3300	5750	8200
Wide-Side Crew Cab LBx	350	1020	1700	3400	5950	8500
Suburban	500	1550	2600	5200	9100	13,000
C3500, 1-Ton, 131.5" or 164.5" wb						
Wide-Side PU LBx	350	1000	1650	3300	5750	8200
Wide-Side Clb Cpe PU LBx	350	1000	1650	3300	5750	8200
Wide-Side Bonus Cab LBx	950	1100	1850	3700	6450	9200
Wide-Side Crew Cab LBx	450	1140	1900	3800	6650	9500
NOTE: Add 15 percent for 4x4.						
1992						
Yukon, V-8						
2d SUV	500	1550	2600	5200	9100	13,000
Jimmy, V-6						
2d SUV	350	840	1400	2800	4900	7000

	6	5	4	3	2	1
4d SUV	350	975	1600	3200	5600	8000
2d SUV 4x4	450	1140	1900	3800	6650	9500
4d SUV 4x4	400	1250	2100	4200	7400	10,500
2d Typhoon SUV 4x4	550	1700	2800	5600	9800	14,000
Safari, V-6						
3d Van	350	780	1300	2600	4550	6500
3d SLX Van	350	900	1500	3000	5250	7500
G Series, V-8						
G150 Van	350	780	1300	2600	4550	6500
G250 Van	350	840	1400	2800	4900	7000
Suburban 1500, V-8						
4d	550	1700	2800	5600	9800	14,000
4d 4x4	550	1800	3000	6000	10,500	15,000
Suburban 2500, V-8						
4d	550	1800	3000	6000	10,500	15,000
4d 4x4	600	1900	3200	6400	11,200	16,000
Sonoma, 1/2-Ton, V-6						
2d PU SBx	350	975	1600	3200	5600	8000
2d PU LBx	350	975	1600	3200	5600	8000
NOTE: Add $1500. for 4x4.						
Sierra 1500, 1/2-Ton, V-8						
2d Sportside PU SBx	450	1080	1800	3600	6300	9000
2d Fleetside PU SBx	450	1080	1800	3600	6300	9000
2d Fleetside PU LBx	450	1080	1800	3600	6300	9000
NOTE: Add $2000. for 4x4.						
Sierra 2500, 3/4-Ton, V-8						
2d Fleetside PU SBx	400	1200	2000	4000	7000	10,000
2d Fleetside PU LBx	400	1200	2000	4000	7000	10,000
NOTE: Add $2000. for 4x4.						

HUDSON   TRUCKS

1929
Dover Series

Canopy Exp	500	1550	2550	5100	9000	12,800
Screenside Dly	450	1500	2500	5000	8800	12,500
Panel Dly	500	1550	2600	5200	9100	13,000
Flareboard PU	500	1600	2700	5400	9500	13,500
Bed Rail PU	600	1900	3200	6400	11,200	16,000
Sed Dly	550	1700	2800	5600	9800	14,000
Mail Truck w/sl. doors	750	2400	4000	8000	14,000	20,000

1930-1931
Essex Commercial Car Series

PU	500	1600	2700	5400	9500	13,500
Canopy Exp	450	1450	2450	4900	8500	12,200
Screenside Exp	450	1500	2500	5000	8800	12,500
Panel Exp	500	1550	2600	5200	9100	13,000
Sed Dly	550	1700	2800	5600	9800	14,000

1933
Essex-Terraplane Series

PU Exp	450	1450	2450	4900	8500	12,200
Canopy Dly	450	1400	2350	4700	8200	11,700
Screenside Dly	450	1450	2400	4800	8400	12,000
Panel Dly	450	1500	2450	4900	8600	12,300
DeL Panel Dly	450	1500	2500	5000	8800	12,500
Sed Dly	500	1550	2600	5200	9100	13,000
Mail Dly Van	650	2050	3400	6800	11,900	17,000

1934
Terraplane Series

Cab PU	450	1500	2500	5000	8800	12,500
Sed Dly	500	1550	2600	5200	9100	13,000
Cantrell Sta Wag	600	1900	3200	6400	11,200	16,000
Cotton Sta Wag	550	1800	3000	6000	10,500	15,000

1935-1936
Terraplane Series GU

Cab PU	450	1500	2500	5000	8800	12,500
Sed Dly	500	1550	2600	5200	9100	13,000

1937
Terraplane Series 70, 1/2-Ton

Utl Cpe PU	500	1500	2550	5100	8900	12,700

Terraplane Series 70, 3/4-Ton

Cab PU	450	1500	2500	5000	8800	12,500
Panel Dly	500	1550	2550	5100	9000	12,800

"Big Boy" Series 78, 3/4-Ton

Cab PU	450	1450	2400	4800	8400	12,000

	6	5	4	3	2	1
Cus Panel Dly	450	1500	2500	5000	8800	12,500

1938
Hudson-Terraplane Series 80

	6	5	4	3	2	1
Cab PU	450	1450	2400	4800	8400	12,000
Cus Panel Dly	500	1550	2600	5200	9100	13,000

Hudson "Big Boy" Series 88

	6	5	4	3	2	1
Cab PU	500	1550	2600	5200	9100	13,000
Cus Panel Dly	500	1600	2700	5400	9500	13,500

Hudson 112 Series 89

	6	5	4	3	2	1
Cab PU	450	1500	2500	5000	8800	12,500
Panel Dly	500	1550	2600	5200	9100	13,000

1939
Hudson 112 Series

	6	5	4	3	2	1
PU	400	1250	2100	4200	7400	10,500
Cus Panel	400	1300	2200	4400	7700	11,000

Hudson "Big Boy" Series

	6	5	4	3	2	1
PU	400	1300	2200	4400	7700	11,000
Cus Panel	450	1400	2300	4600	8100	11,500

Hudson Pacemaker Series

	6	5	4	3	2	1
Cus Panel	500	1650	2750	5500	9700	13,800

1940
Hudson Six Series

	6	5	4	3	2	1
PU	600	1900	3200	6400	11,200	16,000
Panel Dly	600	1850	3100	6200	10,900	15,500

"Big Boy" Series

	6	5	4	3	2	1
PU	600	2000	3300	6600	11,600	16,500
Panel Dly	600	1900	3200	6400	11,200	16,000

1941
Hudson Six Series

	6	5	4	3	2	1
PU	600	1850	3100	6200	10,900	15,500
All-Purpose Dly	600	1850	3100	6200	10,900	15,500

"Big Boy" Series

	6	5	4	3	2	1
PU	600	1900	3200	6400	11,200	16,000

1942
Hudson Six Series

	6	5	4	3	2	1
PU	600	1850	3100	6200	10,900	15,500

Hudson "Big Boy" Series

	6	5	4	3	2	1
PU	600	1900	3200	6400	11,200	16,000

1946-1947
Cab Pickup Series 178

	6	5	4	3	2	1
Cab PU	600	1900	3200	6400	11,200	16,000

IHC TRUCKS

1934-1936
Series D-1, 1/2-Ton

	6	5	4	3	2	1
PU	550	1700	2800	5600	9900	14,100
Canopy Dly	550	1700	2800	5600	9800	14,000
Screen Dly	550	1750	2900	5800	10,200	14,500
Panel	550	1700	2800	5600	9800	14,000
Sed Dly	550	1750	2900	5800	10,200	14,600

Series C-1, 1/2-Ton

	6	5	4	3	2	1
PU (113" wb)	550	1750	2900	5800	10,200	14,500

Series A-1, 3/4-Ton

	6	5	4	3	2	1
PU	550	1700	2800	5600	9800	14,000
Canopy Dly	500	1600	2700	5400	9500	13,500
Screen Dly	550	1700	2850	5700	9900	14,200
Panel	550	1700	2800	5600	9800	14,000
Sed Dly	550	1750	2900	5800	10,200	14,500

1937-1940
Series D-2, 6-cyl, 1/2-Ton, 113" wb

	6	5	4	3	2	1
Exp	550	1700	2850	5700	10,000	14,300
Canopy Exp	550	1750	2900	5800	10,100	14,400
Panel	550	1750	2900	5800	10,200	14,500
DM Body	550	1700	2800	5600	9800	14,000
DB Body	550	1700	2800	5600	9800	14,000
Sta Wag	550	1800	3000	6000	10,500	15,000
Metro	450	1450	2400	4800	8400	12,000

Series D-2, 6-cyl, 1/2-Ton, 125" wb

	6	5	4	3	2	1
Exp	550	1700	2800	5600	9900	14,100
Canopy Exp	550	1700	2850	5700	9900	14,200
Panel	550	1700	2850	5700	10,000	14,300
Stake	500	1650	2750	5500	9600	13,700

	6	5	4	3	2	1
1941-1942, 1946-1949						
Series K-1, 1/2-Ton, 113" wb						
PU	600	1900	3200	6400	11,200	16,000
Canopy	600	1950	3250	6500	11,300	16,200
Panel	600	1950	3200	6400	11,300	16,100
Milk Dly	500	1600	2700	5400	9500	13,500
Sta Wag	750	2350	3900	7800	13,700	19,500
Series K-1, 1/2-Ton, 125" wb						
PU	600	1900	3200	6400	11,200	16,000
Canopy	600	1900	3200	6400	11,200	16,000
Panel	600	1850	3100	6200	10,900	15,500
Stake	550	1700	2800	5600	9800	14,000
Bakery Dly	500	1600	2650	5300	9300	13,300
Series K-2, 3/4-Ton, 125" wb						
PU	550	1750	2900	5800	10,200	14,500
Canopy	550	1750	2950	5900	10,300	14,700
Panel	550	1750	2900	5800	10,200	14,600
Stake	550	1700	2800	5600	9800	14,000
Bakery Dly	500	1600	2650	5300	9200	13,200
1950-1952						
Series L-110/L-111, 1/2-Ton						
PU (6-1/2 ft.)	600	1850	3100	6200	10,900	15,500
PU (8-ft.)	600	1850	3100	6200	10,800	15,400
Sta Wag	700	2200	3700	7400	13,000	18,500
Panel (7-1/2 ft.)	550	1750	2900	5800	10,200	14,500
Series L-112, 3/4-Ton						
PU (6-1/2 ft.)	550	1700	2800	5600	9800	14,000
PU (8-ft.)	550	1700	2800	5600	9800	14,000
Sta Wag	700	2300	3800	7600	13,300	19,000
PU (8-ft.)	450	1500	2500	5000	8800	12,600
Series L-120, 3/4-Ton						
PU (6-1/2 ft.)	500	1550	2600	5200	9100	13,000
PU (8-ft.)	500	1550	2600	5200	9200	13,100
Panel (7-1/2 ft.)	450	1500	2500	5000	8800	12,500
1953-1955						
Series R-100 Light Duty, 1/2-Ton, 115" wb						
PU (6-1/2 ft.)	500	1600	2700	5400	9500	13,500
Series R-110 Heavy Duty, 1/2-Ton, 115" or 127" wb						
PU (6-1/2 ft.)	500	1600	2700	5400	9400	13,400
Panel (7-1/2 ft.)	500	1550	2600	5200	9100	13,000
PU (8-ft.)	500	1550	2600	5200	9100	13,000
Stake	400	1200	2000	4000	7000	10,000
Series R-120, 3/4-Ton, 115" or 127" wb						
PU (6-1/2 ft.)	450	1450	2450	4900	8500	12,200
Panel (7-1/2 ft.)	450	1450	2400	4800	8400	12,000
PU (8-ft.)	450	1400	2300	4600	8100	11,500
Stake	400	1350	2250	4500	7900	11,300
1956-1957						
Series S-100, 1/2-Ton, 115" wb						
PU (6-1/2 ft.)	450	1500	2500	5000	8800	12,600
Series S-110, Heavy Duty 1/2-Ton, 115" or 127" wb						
PU (6-1/2 ft.)	450	1500	2500	5000	8800	12,500
Panel	450	1450	2450	4900	8500	12,200
Travelall	450	1500	2450	4900	8600	12,300
PU (8-ft.)	450	1450	2400	4800	8400	12,000
Stake	400	1200	2000	4000	7000	10,000
Platform	400	1200	2000	4000	7000	10,000
Series S-120, 3/4-Ton, 115" or 127" wb						
PU (6-1/2 ft.)	400	1350	2250	4500	7800	11,200
Panel	450	1140	1900	3800	6650	9500
Travelall	450	1150	1900	3850	6700	9600
PU (8-ft.)	400	1300	2200	4400	7700	11,000
Stake	400	1200	2000	4000	7000	10,000
1957-1/2 - 1958						
Series A-100, 1/2-Ton, 7-ft.						
PU	450	1400	2300	4600	8100	11,500
Cus PU	550	1700	2800	5600	9800	14,000
Panel	400	1250	2100	4200	7400	10,600
Travelall	400	1350	2200	4400	7800	11,100
Series A-110, Heavy Duty, 1/2-Ton						
PU (7-ft.)	450	1350	2300	4600	8000	11,400
Cus PU (7-ft.)	500	1650	2750	5500	9700	13,800
Panel (7-ft.)	400	1250	2100	4200	7400	10,500
Travelall	400	1300	2200	4400	7700	11,000
PU (8-1/2 ft.)	400	1300	2200	4400	7700	11,000

	6	5	4	3	2	1
Utl PU (6-ft.)	400	1200	2000	4000	7000	10,000
Cus Utl PU (6-ft.)	400	1250	2100	4200	7400	10,500
Series A-120, 3/4-Ton						
PU (7-ft.)	400	1200	2000	4000	7000	10,000
Cus PU (7-ft.)	450	1450	2400	4800	8400	12,000
Panel (7-ft.)	350	1000	1650	3350	5800	8300
Travelall (7-ft.)	450	1170	1975	3900	6850	9800
PU (8-1/2 ft.)	450	1170	1975	3900	6850	9800
Utl PU (6-ft.)	450	1150	1900	3850	6700	9600
Cus Utl PU (6-ft.)	450	1400	2300	4600	8100	11,500
1959-1960						
Series B-100/B-102, 3/4-Ton						
PU (7-ft.)	350	975	1600	3200	5600	8000
Panel (7-ft.)	350	840	1400	2800	4900	7000
Travelall	350	950	1550	3100	5400	7700
Series B-110/B-112, Heavy Duty, 1/2-Ton						
PU (7-ft.)	350	975	1600	3200	5600	8000
Panel	350	840	1400	2800	4900	7000
Travelall	350	950	1550	3100	5400	7700
PU (8-1/2 ft.)	350	900	1500	3000	5250	7500
Travelette	350	860	1450	2900	5050	7200
NOTE: Add 10 percent for Custom trim package.						
Series B-120/B-122, 3/4-Ton						
PU (7-ft.)	350	900	1500	3000	5250	7500
Panel (7-ft.)	350	880	1500	2950	5180	7400
Travelall	350	900	1500	3000	5250	7500
PU (8-1/2 ft.)	350	850	1450	2850	4970	7100
Travelette (6-ft.)	200	700	1200	2350	4130	5900
NOTE: Add 5 percent for 4x4 trucks.						
Series B-130/B-132, 1-Ton						
PU (8-1/2 ft.)	350	840	1400	2800	4900	7000
Travelette	350	820	1400	2700	4760	6800
NOTE: Add 5 percent for V-8 engines.						
1961-1968						
Series Scout 80, 1/4-Ton, 5-ft.						
PU	150	600	900	1800	3150	4500
PU (4x4)	350	820	1400	2700	4760	6800
NOTE: Add 5 percent for vinyl Sport-top (full enclosure).						
Add 4 percent for steel Travel-Top.						
Series C-100, 1/2-Ton						
PU (7-ft.)	200	660	1100	2200	3850	5500
Panel (7-ft.)	150	600	900	1800	3150	4500
Travelall	200	720	1200	2400	4200	6000
Cus Travelall	350	780	1300	2600	4550	6500
Series C-110, Heavy Duty, 1/2-Ton						
PU (7-ft.)	200	670	1150	2250	3920	5600
Panel (7-ft.)	150	600	950	1850	3200	4600
Travelall	200	730	1250	2450	4270	6100
Cus Travelall	350	790	1350	2650	4620	6600
PU (8-1/2 ft.)	200	660	1100	2200	3850	5500
Travelette PU	200	675	1000	2000	3500	5000
Series C-120, 3/4-Ton						
PU (7-ft.)	200	700	1050	2050	3600	5100
Panel (7-ft.)	150	550	850	1650	2900	4100
Travelall	200	660	1100	2200	3850	5500
Cus Travelall	200	700	1200	2350	4130	5900
PU (8-1/2 ft.)	200	675	1000	2000	3500	5000
Travelette PU	150	650	975	1950	3350	4800
NOTE: Add 5 percent for vinyl Sport-top (full enclosure).						
Add 4 percent for steel Travel-Top.						
1969-1975						
Scout 800A Series						
PU	350	770	1300	2550	4480	6400
Rds	200	700	1200	2350	4130	5900
Travel-Top	350	780	1300	2600	4550	6500
Aristocrat	350	840	1400	2800	4900	7000
Metro Series						
M-1100 Panel	150	475	775	1500	2650	3800
M-1200 Panel	150	475	775	1500	2650	3800
MA-1200 Panel	150	500	800	1550	2700	3900
Series 1000D						
PU (6-1/2 ft.)	200	670	1150	2250	3920	5600
Bonus Load PU (6-1/2 ft.)	200	685	1150	2300	3990	5700
PU (8-ft.)	200	660	1100	2200	3850	5500
Bonus Load PU (8-ft.)	200	670	1150	2250	3920	5600

	6	**5**	**4**	**3**	**2**	**1**
Panel	200	675	1000	2000	3500	5000
Series 1100D						
PU (6-1/2 ft.)	200	670	1200	2300	4060	5800
Bonus Load PU (6-1/2 ft.)	200	700	1200	2350	4130	5900
PU (8-ft.)	200	700	1075	2150	3700	5300
Bonus Load PU (8-ft.)	200	650	1100	2150	3780	5400
Panel	200	700	1050	2050	3600	5100
Series 1200D						
PU (6-1/2 ft.)	200	685	1150	2300	3990	5700
Bonus Load PU (6-1/2 ft.)	200	670	1200	2300	4060	5800
PU (8-ft.)	200	660	1100	2200	3850	5500
Bonus Load PU (8-ft.)	200	670	1150	2250	3920	5600
Panel	200	675	1000	2000	3500	5000
Travelette (6-1/2 ft.)	200	675	1000	2000	3500	5000
B.L. Travelette (8-ft.)	200	700	1050	2050	3600	5100
Series 1300D						
PU (9-ft.)	200	650	1100	2150	3780	5400
Travelette	150	650	975	1950	3350	4800
B.L. Travelette (6-1/2 ft.)	150	650	950	1900	3300	4700

NOTE: See 1967 for percent additions for special equipment, optional engines and 4x4 models (all series).

1976-1980

Scout II						
Travel-Top (2WD)	200	720	1200	2400	4200	6000
Travel-Top (4x4)	200	745	1250	2500	4340	6200
Scout II Diesel						
Travel-Top (2WD)	200	685	1150	2300	3990	5700
Travel-Top (4x4)	200	700	1200	2350	4130	5900
Terra						
PU (2WD)	200	670	1200	2300	4060	5800
PU (4x4)	200	720	1200	2400	4200	6000
Terra Diesel						
PU (2WD)	200	660	1100	2200	3850	5500
PU (4x4)	200	685	1150	2300	3990	5700
Traveler						
Sta Wag (2WD)	200	745	1250	2500	4340	6200
Sta Wag (4x4)	350	770	1300	2550	4480	6400
Traveler Diesel						
Sta Wag (2WD)	200	700	1200	2350	4130	5900
Sta Wag (4x4)	200	730	1250	2450	4270	6100

NOTE: Add 3 percent for V-8 engines. Add 3 percent for 4-speed transmission. Add 6 percent for Rally package. Add 4 percent for Custom trim. Add 2 percent for Deluxe trim.

JEEP

WILLYS-OVERLAND JEEP

1945
Jeep Series, 4x4

CJ-2 Jeep	550	1750	2950	5900	10,300	14,700

NOTE: All Jeep prices in this catalog are for civilian models unless noted otherwise. Military Jeeps may sell for higher prices.

1946
Jeep Series, 4x4

CJ-2 Jeep	550	1750	2950	5900	10,300	14,700

1947
Willys Jeep, 4x4

CJ-2 Jeep	550	1750	2950	5900	10,300	14,700
Willys Jeep, 2WD						
Panel	500	1550	2550	5100	9000	12,800
Willys Truck, 4x4						
PU	450	1500	2500	5000	8800	12,500

1948
Jeep Series, 4x4

CJ-2 Jeep	500	1650	2750	5500	9600	13,700
Willys Jeep, 2WD						
PU	450	1500	2450	4900	8600	12,300
Panel	500	1550	2550	5100	9000	12,800
Willys Truck, 4x4						
PU	450	1500	2500	5000	8800	12,500

1949
Jeep Series, 4x4

CJ-2 Jeep	500	1650	2750	5500	9600	13,700
CJ-3 Jeep	500	1600	2700	5400	9500	13,500
Willys Truck, 2WD						
PU	450	1500	2450	4900	8600	12,300

	6	5	4	3	2	1
Panel	500	1550	2550	5100	9000	12,800
Willys Truck, 4x4						
PU	450	1500	2500	5000	8800	12,500
1950						
Jeep Series, 4x4						
CJ-3 Jeep	500	1650	2750	5500	9600	13,700
Willys Truck, 2WD						
PU	450	1500	2500	5000	8800	12,500
Panel	500	1550	2550	5100	9000	12,800
Jeep Truck, 4x4						
PU	450	1500	2500	5000	8800	12,500
Utl Wag	500	1550	2550	5100	9000	12,800
1951						
Jeep Series, 4x4						
Farm Jeep	500	1600	2650	5300	9300	13,300
CJ-3 Jeep	500	1650	2750	5500	9600	13,700
Jeep Trucks, 2WD						
PU	450	1500	2450	4900	8600	12,300
Sed Dly	500	1550	2600	5200	9000	12,900
Jeep Trucks, 4x4						
PU	450	1500	2500	5000	8800	12,500
Utl Wag	500	1550	2550	5100	9000	12,800
1952						
Jeep Series, 4x4						
CJ-3 Open	500	1650	2750	5500	9600	13,700
Jeep Trucks, 2WD						
Sed Dly	500	1550	2600	5200	9000	12,900
Jeep Trucks, 4x4						
PU	450	1500	2500	5000	8800	12,600
Utl Wag	500	1550	2600	5200	9000	12,900
1953						
Jeep Series, 4x4						
CJ-3B Jeep	500	1650	2750	5500	9700	13,800
CJ-3B Farm Jeep	500	1650	2750	5500	9600	13,700
CJ-3A Jeep	500	1650	2750	5500	9600	13,700
Jeep Trucks, 2WD						
Sed Dly	500	1550	2600	5200	9000	12,900
Jeep Trucks, 4x4						
Sed Dly	450	1500	2450	4900	8600	12,300
PU	500	1500	2550	5100	8900	12,700
Utl Wag	450	1450	2400	4800	8400	12,000
1954						
Jeep Series, 4x4						
Open Jeep	500	1650	2750	5500	9700	13,800
Farm Jeep	500	1650	2750	5500	9600	13,700
Jeep Trucks, 2WD						
Sed Dly	500	1550	2600	5200	9000	12,900
Jeep Trucks, 4x4						
PU	500	1600	2700	5400	9400	13,400
Sed Dly	500	1600	2700	5400	9400	13,400
Utl Wag	500	1650	2750	5500	9600	13,700
1955						
Jeep Series, 4x4						
CJ-3B	500	1650	2750	5500	9600	13,700
CJ-5	500	1650	2750	5500	9600	13,700
Jeep Trucks, 2WD						
Sed Dly	450	1450	2450	4900	8500	12,200
Utl Wag	450	1500	2500	5000	8800	12,500
Jeep Trucks, 4x4						
Sed Dly	450	1500	2500	5000	8800	12,500
Utl Wag	500	1550	2550	5100	9000	12,800
1956						
Jeep Series, 4x4						
CJ-3B	500	1650	2750	5500	9600	13,700
CJ-5	500	1650	2750	5500	9600	13,700
CJ-6	500	1650	2700	5400	9500	13,600
Dispatcher Series, 2WD						
Open Jeep	450	1500	2450	4900	8600	12,300
Canvas Top	450	1500	2500	5000	8800	12,500
HT	500	1500	2550	5100	8900	12,700
Jeep Trucks, 2WD						
Utl Wag	450	1500	2500	5000	8800	12,500
Sed Dly	450	1450	2450	4900	8500	12,200
Jeep Trucks, 4x4						
Sed Dly	450	1500	2500	5000	8800	12,600

	6	5	4	3	2	1
Sta Wag	500	1550	2550	5100	9000	12,800
PU	450	1450	2400	4800	8400	12,000

1957
Jeep Series, 4x4

	6	5	4	3	2	1
CJ-3B	500	1650	2750	5500	9600	13,700
CJ-5	500	1650	2750	5500	9600	13,700
CJ-6	500	1650	2700	5400	9500	13,600

Dispatcher Series, 2WD

	6	5	4	3	2	1
Open Jeep	450	1500	2450	4900	8600	12,300
Soft-Top	450	1500	2500	5000	8800	12,500
HT	500	1500	2550	5100	8900	12,700

Jeep Trucks, 2WD

	6	5	4	3	2	1
Dly	450	1450	2450	4900	8500	12,200
Utl Wag	450	1500	2500	5000	8800	12,500

Jeep Trucks, 4x4

	6	5	4	3	2	1
Dly	450	1500	2500	5000	8800	12,600
PU	450	1450	2400	4800	8400	12,000
Utl Wag	500	1550	2550	5100	9000	12,800

Forward Control, 4x4

	6	5	4	3	2	1
3/4-Ton PU	450	1450	2400	4800	8400	12,000

1958
Jeep Series, 4x4

	6	5	4	3	2	1
CJ-3B	500	1650	2750	5500	9600	13,700
CJ-5	500	1650	2750	5500	9700	13,800
CJ-6	500	1650	2700	5400	9500	13,600

Dispatcher Series, 2WD

	6	5	4	3	2	1
Open Jeep	450	1500	2450	4900	8600	12,300
Soft-Top	450	1500	2500	5000	8800	12,500
HT	500	1500	2550	5100	8900	12,700

Jeep Trucks, 2WD

	6	5	4	3	2	1
Dly	400	1350	2250	4500	7800	11,200
Utl Wag	400	1350	2250	4500	7900	11,300

Jeep Trucks, 4x4

	6	5	4	3	2	1
Dly	450	1400	2300	4600	8100	11,600
Utl Wag	450	1400	2350	4700	8200	11,700

Forward Control, 4x4

	6	5	4	3	2	1
PU	450	1450	2400	4800	8400	12,000

NOTE: Add 3 percent for 6-cyl. trucks (not available in Jeeps).

1959
Jeep Series, 4x4

	6	5	4	3	2	1
CJ-3	500	1650	2750	5500	9600	13,700
CJ-5	500	1650	2750	5500	9700	13,800
CJ-6	500	1650	2700	5400	9500	13,600

Dispatcher Series, 2WD

	6	5	4	3	2	1
Soft-Top	450	1500	2500	5000	8700	12,400
HT	500	1550	2550	5100	9000	12,800

Jeep Trucks, 2WD

	6	5	4	3	2	1
Utl Wag	450	1350	2300	4600	8000	11,400
Dly	400	1350	2250	4500	7900	11,300

Jeep Trucks, 4x4

	6	5	4	3	2	1
Utl Dly	450	1400	2350	4700	8200	11,700
PU	400	1300	2200	4400	7700	11,000
Utl Wag	450	1450	2400	4800	8300	11,900

Forward Control, 4x4

	6	5	4	3	2	1
3/4-Ton PU	450	1450	2400	4800	8500	12,100

NOTE: Add 3 percent for 6-cyl. trucks (not available for Jeeps). Add 5 percent for "Maverick".

1960
Jeep Series, 4x4

	6	5	4	3	2	1
CJ-3	500	1650	2750	5500	9600	13,700
CJ-5	500	1650	2750	5500	9700	13,800
CJ-6	500	1650	2700	5400	9500	13,600

Dispatcher Series, 2WD

	6	5	4	3	2	1
Soft-Top	450	1500	2500	5000	8700	12,400
HT	500	1550	2550	5100	9000	12,800
Surrey	500	1600	2650	5300	9200	13,200

Jeep Trucks, 2WD

	6	5	4	3	2	1
Economy Dly	400	1300	2150	4300	7500	10,700
Sta Wag	450	1400	2350	4700	8200	11,700
Utl Wag	450	1350	2300	4600	8000	11,400
Utl Dly	400	1350	2250	4500	7800	11,200

Jeep Trucks, 4x4

	6	5	4	3	2	1
Utl Wag	450	1400	2350	4700	8200	11,700
Utl Dly	450	1400	2300	4600	8100	11,500

Forward Control, 4x4

	6	5	4	3	2	1
3/4-Ton PU	450	1400	2300	4600	8100	11,600

	6	5	4	3	2	1

NOTE: Add 3 percent for 6-cyl. trucks. Add 5 percent for custom two-tone trim.

1961
Jeep Series, 4x4

	6	5	4	3	2	1
CJ-3	500	1650	2750	5500	9600	13,700
CJ-5	500	1650	2750	5500	9700	13,800
CJ-6	500	1650	2700	5400	9500	13,600

Dispatcher Series, 2WD

	6	5	4	3	2	1
Jeep (Open)	450	1500	2500	5000	8800	12,500
Soft-Top	450	1500	2500	5000	8800	12,600
HT	500	1550	2550	5100	9000	12,800

Jeep Trucks, 2WD

	6	5	4	3	2	1
Fleetvan	400	1300	2150	4300	7600	10,800
Economy Dly	400	1300	2150	4300	7500	10,700
Sta Wag	450	1400	2300	4600	8100	11,500
Utl Wag	400	1350	2250	4500	7800	11,200
Utl Dly	400	1350	2200	4400	7800	11,100

Jeep Trucks, 4x4

	6	5	4	3	2	1
Utl Wag	450	1400	2300	4600	8100	11,500
Utl Dly	400	1300	2200	4400	7700	11,000
1-Ton PU	400	1300	2150	4300	7600	10,800

Forward Control, 4x4

	6	5	4	3	2	1
3/4-Ton PU	400	1350	2250	4500	7800	11,200

NOTE: Add 3 percent for 6-cyl. trucks.

1962
Jeep Series, 4x4

	6	5	4	3	2	1
CJ-3	500	1650	2750	5500	9600	13,700
CJ-5	500	1650	2750	5500	9700	13,800
CJ-6	500	1650	2700	5400	9500	13,600

Dispatcher Series, 2WD

	6	5	4	3	2	1
Basic Jeep	450	1400	2300	4600	8100	11,500
Jeep w/Soft-Top	450	1400	2300	4600	8100	11,600
Jeep w/HT	450	1400	2350	4700	8200	11,700
Surrey	450	1400	2350	4700	8300	11,800

Jeep Trucks, 2WD

	6	5	4	3	2	1
Fleetvan	450	1170	1975	3900	6850	9800
Economy Dly	450	1160	1950	3900	6800	9700
Sta Wag	400	1250	2100	4200	7400	10,500
Utl Wag	400	1200	2050	4100	7100	10,200
Utl Dly	400	1200	2000	4000	7100	10,100

Jeep Trucks, 4x4

	6	5	4	3	2	1
Utl Wag	400	1250	2100	4200	7400	10,500
Utl Dly	400	1200	2000	4000	7000	10,000

Forward Control, 4x4

	6	5	4	3	2	1
3/4-Ton PU	400	1200	2050	4100	7100	10,200

NOTE: Add 3 percent for 6-cyl. trucks.

KAISER - JEEP

1963
Jeep Universal, 4x4

	6	5	4	3	2	1
CJ-3B Jeep	450	1450	2400	4800	8400	12,000
CJ-5 Jeep	500	1550	2600	5200	9100	13,000
CJ-6 Jeep	450	1500	2500	5000	8800	12,500

Dispatcher, 2WD

	6	5	4	3	2	1
Jeep	450	1150	1900	3850	6700	9600
HT	450	1160	1950	3900	6800	9700
Soft Top	450	1170	1975	3900	6850	9800

"Jeep" Wagons and Trucks, 1/2-Ton

	6	5	4	3	2	1
Sta Wag	450	1080	1800	3600	6300	9000
Traveller	950	1100	1850	3700	6450	9200
Utl (2WD)	350	1020	1700	3400	5950	8500
Utl (4x4)	450	1080	1800	3600	6300	9000
Panel (2WD)	350	1000	1650	3300	5750	8200
Panel (4x4)	450	1050	1750	3550	6150	8800

"Jeep" Wagons and Truck, 1-Ton

	6	5	4	3	2	1
PU (4WD)	350	950	1550	3150	5450	7800

NOTE: Add 3 percent for L-Head 6-cyl.
  Add 4 percent for OHC 6-cyl.

Forward-Control, 4x4, 3/4-Ton

	6	5	4	3	2	1
PU	350	1000	1650	3300	5750	8200

Forward-Control, 1-Ton

	6	5	4	3	2	1
PU	350	975	1600	3250	5700	8100
Stake	450	1050	1750	3550	6150	8800
HD PU	350	1000	1650	3300	5750	8200

Gladiator/Wagoneer, 1/2-Ton

	6	5	4	3	2	1
2d Wag	450	1050	1800	3600	6200	8900
4d Wag	450	1080	1800	3600	6300	9000

	6	5	4	3	2	1
2d Cus Wag	450	1080	1800	3600	6300	9000
4d Cus Wag	450	1090	1800	3650	6400	9100
Panel Dly	350	1000	1650	3350	5800	8300
Gladiator, 1/2-Ton, 120" wb						
Thriftside PU	350	1020	1700	3400	5950	8500
Townside PU	350	1040	1750	3500	6100	8700
Gladiator, 1/2-Ton, 126" wb						
Thriftside PU	350	1000	1650	3350	5800	8300
Townside PU	350	1020	1700	3400	5950	8500
Gladiator, 3/4-Ton, 120" wb						
Thriftside PU	350	975	1600	3250	5700	8100
Townside PU	350	1000	1650	3350	5800	8300
Gladiator, 1-Ton, 126" wb						

NOTE: Add 5 percent for 4x4.

1964
Jeep Universal, 4x4

	6	5	4	3	2	1
CJ-3B Jeep	400	1300	2200	4400	7700	11,000
CJ-5 Jeep	450	1450	2400	4800	8400	12,000
CJ-5A Tuxedo Park	450	1500	2500	5000	8800	12,500
CJ-6 Jeep	450	1450	2450	4900	8500	12,200
CJ-6A Jeep Park	450	1500	2500	5000	8700	12,400
Dispatcher, 2WD						
Jeep	450	1150	1900	3850	6700	9600
HT	450	1160	1950	3900	6800	9700
Soft Top	450	1170	1975	3900	6850	9800
Surrey	400	1200	2000	4000	7000	10,000
"Jeep" Wagons and Trucks, 1/2-Ton						
Sta Wag	350	1020	1700	3400	5950	8500
Utl (2WD)	350	1000	1650	3350	5800	8300
Utl (4x4)	450	1050	1750	3550	6150	8800
Traveler (2WD)	350	1040	1750	3500	6100	8700
Traveler (4x4)	950	1100	1850	3700	6450	9200
Panel (2WD)	350	975	1600	3250	5700	8100
Panel (4x4)	350	1040	1700	3450	6000	8600
"Jeep" Wagons and Trucks, 1-Ton, 4x4						
PU	350	1000	1650	3350	5800	8300

NOTE: Add 3 percent for L-Head 6-cyl.
   Add 4 percent for OHC 6-cyl.
Forward-Control, 3/4-Ton, 4x4

	6	5	4	3	2	1
PU	350	950	1550	3100	5400	7700
Stake	350	880	1500	2950	5180	7400
PU	350	950	1500	3050	5300	7600
HD PU	350	950	1550	3100	5400	7700
Gladiator/Wagoneer, 1/2-Ton						
2d Wag	450	1050	1800	3600	6200	8900
4d Wag	450	1080	1800	3600	6300	9000
2d Cus Wag	450	1080	1800	3600	6300	9000
4d Cus Wag	450	1090	1800	3650	6400	9100
Panel Dly	350	1000	1650	3350	5800	8300
Gladiator Pickup/Truck, 1/2-Ton, 120" wb						
Thriftside PU	350	975	1600	3200	5600	8000
Townside PU	350	1000	1650	3300	5750	8200
Gladiator Pickup/Truck, 1/2-Ton, 126" wb						
Thriftside PU	350	950	1550	3150	5450	7800
Townside PU	350	975	1600	3200	5600	8000
Gladiator Pickup/Truck, 3/4-Ton, 120" wb						
Thriftside PU	350	950	1500	3050	5300	7600
Townside PU	350	950	1550	3150	5450	7800
Gladiator Pickup/Truck, 3/4-Ton, 126" wb						
Thriftside PU	350	900	1500	3000	5250	7500
Townside PU	350	950	1550	3100	5400	7700

1965
Jeep Universal, 4x4

	6	5	4	3	2	1
CJ-3B Jeep	400	1300	2200	4400	7700	11,000
CJ-5 Jeep	450	1400	2300	4600	8100	11,500
CJ-5A Tuxedo Park	450	1450	2400	4800	8400	12,000
CJ-6 Jeep	450	1400	2300	4600	8100	11,600
CJ-6A Tuxedo Park	450	1400	2350	4700	8300	11,800
Dispatcher, 2WD						
DJ-5 Courier	350	1020	1700	3400	5950	8500
DJ-6 Courier	350	1040	1700	3450	6000	8600
DJ-3A Jeep	350	1040	1750	3500	6100	8700
DJ-3A HT	450	1080	1800	3600	6300	9000
"Jeep" Wagons and Trucks, 1/2-Ton						
Sta Wag	350	1020	1700	3400	5950	8500

	6	5	4	3	2	1
Utl Wag (4x4)	450	1050	1750	3550	6150	8800
Traveler (4x4)	950	1100	1850	3700	6450	9200
Panel (2WD)	350	975	1600	3250	5700	8100
Panel (4x4)	350	1040	1700	3450	6000	8600
"Jeep" Wagons and Trucks, 1-Ton, 4x4						
PU	350	1000	1650	3350	5800	8300

NOTE: Add 3 percent for L-Head 6-cyl. engine.

	6	5	4	3	2	1
Forward-Control, 4x4, 3/4-Ton						
PU	350	950	1550	3100	5400	7700
Gladiator/Wagoneer, 1/2-Ton						
2d Wag	450	1050	1800	3600	6200	8900
4d Wag	450	1080	1800	3600	6300	9000
2d Cus Wag	450	1080	1800	3600	6300	9000
4d Cus Wag	450	1090	1800	3650	6400	9100
Panel Dly	350	1000	1650	3350	5800	8300
Gladiator Pickup/Truck, 1/2-Ton, 120" wb						
Thriftside PU	350	975	1600	3200	5600	8000
Townside PU	350	1000	1650	3300	5750	8200
Gladiator Pickup/Truck, 1/2-Ton, 126" wb						
Thriftside PU	350	950	1550	3150	5450	7800
Townside PU	350	975	1600	3200	5600	8000
Gladiator Pickup/Truck, 3/4-Ton, 120" wb						
Thriftside PU	350	950	1500	3050	5300	7600
Townside PU	350	950	1550	3150	5450	7800
Gladiator Pickup/Truck, 3/4-Ton, 126" wb						
Thriftside PU	350	900	1500	3000	5250	7500
Townside PU	350	950	1550	3100	5400	7700

NOTE: Add 5 percent for 4x4. Add 5 percent for V-8. For "first series" 1965 Gladiators refer to 1964 prices.

1966

Jeep Universal, 4x4

	6	5	4	3	2	1
CJ-3B Jeep	400	1300	2200	4400	7700	11,000
CJ-5 Jeep	450	1400	2300	4600	8100	11,500
CJ-5A Tuxedo Park	450	1450	2400	4800	8400	12,000
CJ-6 Jeep	450	1400	2300	4600	8100	11,600
CJ-6A Tuxedo Park	450	1400	2350	4700	8300	11,800
Dispatcher, 2WD						
DJ-5 Courier	350	1020	1700	3400	5950	8500
DJ-6 Courier	350	1040	1700	3450	6000	8600
DJ-3A Jeep	350	1040	1750	3500	6100	8700
DJ-3A HT	450	1080	1800	3600	6300	9000
Forward-Control, 4x4, 3/4-Ton						
PU	350	950	1550	3100	5400	7700
Wagoneer, 1/2-Ton						
2d Wag	350	1020	1700	3400	5900	8400
4d Wag	350	1020	1700	3400	5950	8500
2d Cus Sta Wag	350	1020	1700	3400	5950	8500
4d Cus Sta Wag	350	1040	1700	3450	6000	8600
Panel Dly	350	950	1550	3150	5450	7800
4d Super Wag	450	1120	1875	3750	6500	9300
Gladiator, 1/2-Ton, 120" wb						
Thriftside PU	350	1000	1650	3300	5750	8200
Townside PU	200	700	1050	2100	3650	5200
Gladiator, 1/2-Ton, 126" wb						
Thriftside PU	350	950	1550	3150	5450	7800
Townside PU	350	975	1600	3200	5600	8000
Gladiator, 3/4-Ton, 120" wb						
Thriftside PU	350	950	1500	3050	5300	7600
Townside PU	350	950	1550	3150	5450	7800
Gladiator, 3/4-Ton, 126" wb						
Thriftside PU	350	900	1500	3000	5250	7500
Townside PU	350	950	1550	3100	5400	7700

NOTE: Add 5 percent for 4x4.
   Add 5 percent for V-8.

1967

Jeep Universal, 4x4

	6	5	4	3	2	1
CJ-5 Jeep	400	1300	2200	4400	7700	11,000
CJ-5A Jeep	450	1400	2300	4600	8100	11,500
CJ-6 Jeep	450	1450	2400	4800	8400	12,000
CJ-6A Jeep	450	1500	2500	5000	8800	12,500
Dispatcher, 2WD						
DJ-5 Courier	350	1020	1700	3400	5950	8500
DJ-6 Courier	350	1040	1750	3500	6100	8700
Jeepster Commando, 4x4						
Conv	450	1150	1900	3850	6700	9600
Sta Wag	450	1050	1800	3600	6200	8900
Cpe-Rds	450	1170	1975	3900	6850	9800

	6	5	4	3	2	1
PU	350	1020	1700	3400	5950	8500
Wagoneer						
2d Wag	350	1020	1700	3400	5900	8400
4d Wag	350	1020	1700	3400	5950	8500
2d Cus Sta Wag	350	1020	1700	3400	5950	8500
4d Cus Sta Wag	350	1040	1700	3450	6000	8600
Panel Dly	350	950	1550	3150	5450	7800
4d Sup Wag	450	1050	1750	3550	6150	8800
Gladiator, 4x4, 1/2-Ton, 120" wb						
Thriftside PU	350	975	1600	3250	5700	8100
Townside PU	350	1000	1650	3300	5750	8200
Gladiator, 3/4-Ton, 120" wb						
Thriftside PU	350	950	1500	3050	5300	7600
Townside PU	350	950	1550	3100	5400	7700
Gladiator, 1/2-Ton, 126" wb						
Thriftside PU	350	950	1550	3150	5450	7800
Townside PU	350	975	1600	3200	5500	7900
Gladiator, 3/4-Ton, 126" wb						
Thriftside PU	350	950	1500	3050	5300	7600
Townside PU	350	950	1550	3100	5400	7700

NOTE: Add 5 percent for V-8 (except Super V-8). Add 5 percent for 2WD (Series 2500 only). Add 4 percent for V-6 engine. Add 5 percent for 4x4.

1968

Jeep Universal, 4x4						
CJ-5 Jeep	400	1300	2200	4400	7700	11,000
CJ-5A Jeep	450	1400	2300	4600	8100	11,500
CJ-6 Jeep	450	1450	2400	4800	8400	12,000
CJ-6A Jeep	450	1500	2500	5000	8800	12,500
Dispatcher, 2WD						
DJ-5 Courier	350	1000	1650	3300	5750	8200
DJ-6 Courier	350	1000	1650	3350	5800	8300

NOTE: Add 4 percent for V-6 engine.
Add 5 percent for diesel engine.

Wagoneer, V-8, 4x4						
4d Sta Wag	350	1040	1750	3500	6100	8700
4d Sta Wag Cus	450	1050	1750	3550	6150	8800
4d Sta Wag Sup	450	1050	1800	3600	6200	8900
Jeepster Commando, 4x4						
Conv	450	1150	1900	3850	6700	9600
Sta Wag	450	1050	1800	3600	6200	8900
Cpe-Rds	450	1170	1975	3900	6850	9800
PU	350	1020	1700	3400	5950	8500

NOTE: Add 4 percent for V-6 engine.

1969

Jeep						
CJ-5 Jeep	400	1300	2200	4400	7700	11,000
CJ-6 Jeep	450	1400	2300	4600	8100	11,500
DJ-5 Courier	350	1020	1700	3400	5950	8500
Jeepster Commando						
Conv	350	1040	1700	3450	6000	8600
Sta Wag	350	975	1600	3200	5500	7900
Cpe-Rds	450	1050	1750	3550	6150	8800
PU	350	900	1500	3000	5250	7500
Conv	450	1050	1800	3600	6200	8900
Wagoneer						
4d Wag	350	950	1550	3150	5450	7800
4d Cus Wag	350	975	1600	3200	5500	7900
Gladiator, 1/2-Ton, 120" wb						
Thriftside PU	350	900	1500	3000	5250	7500
Townside PU	350	950	1500	3050	5300	7600
Gladiator, 3/4-Ton, 120" wb						
Thriftside PU	350	830	1400	2950	4830	6900
Townside PU	350	840	1400	2800	4900	7000
Gladiator, 1/2-Ton, 126" wb						
Townside	350	830	1400	2950	4830	6900
Gladiator, 3/4-Ton, 126" wb						
Townside	350	800	1350	2700	4700	6700

NOTE: Add 4 percent for V-6 engine. Add 5 percent for V-8 engine. Add 10 percent for factory Camper Package.

AMC - JEEP

1970-1976

Model J-100, 110" wb						
PU	200	720	1200	2400	4200	6000
4d Cus Sta Wag	200	700	1200	2350	4130	5900

	6	5	4	3	2	1
Model J-100, 101" wb						
4d Cust Sta Wag	200	670	1150	2250	3920	5600
Jeepster Commando, 101" wb						
Sta Wag	200	700	1200	2350	4130	5900
Rds	350	950	1550	3100	5400	7700
Jeepster						
Conv	350	950	1550	3150	5450	7800
Conv Commando	350	975	1600	3200	5500	7900
CJ-5, 1/4-Ton, 81" wb						
Jeep	400	1200	2000	4000	7000	10,000
CJ-6, 101" wb						
Jeep	450	1140	1900	3800	6650	9500
CJ-7, 94" wb						
Jeep	450	1140	1900	3800	6650	9500
DJ-5, 1/4-Ton, 81" wb						
Jeep	200	720	1200	2400	4200	6000
Jeepster, 1/4-Ton, 101" wb						
PU	350	840	1400	2800	4900	7000
Wagoneer, V-8						
4d Cus Sta Wag	200	745	1250	2500	4340	6200
NOTE: Deduct 10 percent for 6-cyl.						
Series J-2500						
Thriftside PU	200	675	1000	1950	3400	4900
Townside PU	200	675	1000	2000	3500	5000
Series J-2600						
Thriftside PU	150	650	950	1900	3300	4700
Townside PU	150	650	975	1950	3350	4800
Series J-2700, 3/4-Ton						
Thriftside PU	150	550	850	1675	2950	4200
Townside PU	150	575	875	1700	3000	4300
Series J-3500, 1/2-Ton						
Townside PU	150	575	875	1700	3000	4300
Series J-3600, 1/2-Ton						
Townside PU	150	550	850	1675	2950	4200
Series J-3700, 3/4-Ton						
Townside PU	150	550	850	1650	2900	4100
1977-1980						
Wagoneer, V-8						
4d Sta Wag	200	730	1250	2450	4270	6100
Cherokee, 6-cyl						
2d Sta Wag	200	670	1200	2300	4060	5800
2d "S" Sta Wag	200	700	1200	2350	4130	5900
4d Sta Wag	200	670	1200	2300	4060	5800
CJ-5, 1/4-Ton, 84" wb						
Jeep	950	1100	1850	3700	6450	9200
CJ-7, 1/4-Ton, 94" wb						
Jeep	450	1080	1800	3600	6300	9000
Series J-10, 1/2-Ton, 119" or 131" wb						
Townside PU, SWB	150	600	950	1850	3200	4600
Townside PU, LWB	150	600	900	1800	3150	4500
Series J-20, 3/4-Ton, 131" wb						
Townside PU	150	575	900	1750	3100	4400
1981-1983						
Wagoneer, 108.7" wb						
4d Sta Wag	200	720	1200	2400	4200	6000
4d Brgm Sta Wag	200	745	1250	2500	4340	6200
4d Ltd Sta Wag	350	770	1300	2550	4480	6400
Cherokee						
2d Sta Wag	200	675	1000	1950	3400	4900
2d Sta Wag, Wide Wheels	200	675	1000	2000	3500	5000
4d Sta Wag	200	700	1050	2050	3600	5100
Scrambler, 1/2-Ton, 104" wb						
PU	125	450	700	1400	2450	3500
CJ-5, 1/4-Ton, 84" wb						
Jeep	150	500	800	1600	2800	4000
CJ-7, 1/4-Ton, 94" wb						
Jeep	150	550	850	1675	2950	4200
Series J-10, 1/2-Ton, 119" or 131" wb						
Townside PU, SWB	150	600	900	1800	3150	4500
Townside PU, LWB	150	575	900	1750	3100	4400
Series J-20, 3/4-Ton, 131" wb						
Townside PU	150	575	875	1700	3000	4300
1983-1985						
Wagoneer, 4-cyl						
4d Sta Wag	350	860	1450	2900	5050	7200

	6	5	4	3	2	1
4d Ltd Sta Wag	350	840	1400	2800	4900	7000
Wagoneer, 6-cyl						
4d Sta Wag	350	880	1500	2950	5180	7400
4d Ltd Sta Wag	350	900	1500	3000	5250	7500
Grand Wagoneer, V-8						
4d Sta Wag	350	950	1550	3150	5450	7800
Cherokee, 4-cyl						
2d Sta Wag	350	850	1450	2850	4970	7100
4d Sta Wag	350	840	1400	2800	4900	7000
Cherokee, 6-cyl						
2d Sta Wag	350	870	1450	2900	5100	7300
4d Sta Wag	350	860	1450	2900	5050	7200
Scrambler, 1/2-Ton, 103.4" wb						
PU	150	575	900	1750	3100	4400
CJ-7, 1/4-Ton, 93.4" wb						
Jeep	350	950	1550	3150	5450	7800
Series J-10, 1/2-Ton, 119" or 131" wb						
Townside PU	200	700	1050	2100	3650	5200
Series J-20, 3/4-Ton, 131" wb						
Townside PU	200	700	1075	2150	3700	5300
1986-1987						
Wagoneer						
4d Sta Wag	350	1020	1700	3400	5950	8500
4d Ltd Sta Wag	450	1050	1750	3550	6150	8800
4d Grand Sta Wag	450	1080	1800	3600	6300	9000
Cherokee						
2d Sta Wag 2WD	350	840	1400	2800	4900	7000
4d Sta Wag 2WD	350	900	1500	3000	5250	7500
2d Sta Wag (4x4)	350	900	1500	3000	5250	7500
4d Sta Wag (4x4)	350	975	1600	3200	5600	8000
Wrangler, 1/4-Ton, 93.4" wb						
Jeep 2WD						
Comanche, 120" wb						
PU	350	770	1300	2550	4480	6400
CJ-7, 1/4-Ton, 93.5" wb						
Jeep	350	1020	1700	3400	5950	8500
Series J-10, 1/2-Ton, 131" wb, 4x4						
Townside PU	350	840	1400	2800	4900	7000
Series J-20, 3/4-Ton, 131" wb, 4x4						
Townside PU	350	900	1500	3000	5250	7500

CHRYSLER - JEEP

	6	5	4	3	2	1
1988						
Jeep Wagoneer						
4d Sta Wag Ltd, 6-cyl	450	1450	2400	4800	8400	12,000
4d Grand Wagoneer, V-8	500	1600	2700	5400	9500	13,500
Jeep Cherokee, 6-cyl.						
2d Sta Wag 2WD	200	720	1200	2400	4200	6000
4d Sta Wag 2WD	350	780	1300	2600	4550	6500
2d Sta Wag 4x4	350	975	1600	3200	5600	8000
4d Sta Wag 4x4	350	1020	1700	3400	5950	8500
2d Ltd Sta Wag 4x4	450	1450	2400	4800	8400	12,000
4d Ltd Sta Wag 4x4	500	1550	2600	5200	9100	13,000
NOTE: Deduct 7 percent for 4-cyl. models.						
Wrangler, 4x4, 93.5" wb						
Jeep	450	1160	1950	3900	6800	9700
Jeep S	350	975	1600	3200	5600	8000
Comanche, 113" or 120" wb						
PU SBx	350	820	1400	2700	4760	6800
PU LBx	350	860	1450	2900	5050	7200
J10, 131" wb						
PU	450	1080	1800	3600	6300	9000
J20, 131" wb						
PU	450	1140	1900	3800	6650	9500
1989						
Jeep Wagoneer						
4d Sta Wag, V-6	450	1450	2400	4800	8400	12,000
4d Grand Wagoneer, V-8	400	1300	2200	4400	7700	11,000
Jeep Cherokee, 4-cyl.						
2d Sta Wag 2WD	350	975	1600	3200	5600	8000
4d Sta Wag 2WD	350	1000	1650	3300	5750	8200
2d Sta Wag 4x4	450	1140	1900	3800	6650	9500
4d Sta Wag 4x4	450	1150	1900	3850	6700	9600
Jeep Cherokee, 6-cyl.						
2d Sta Wag 2WD	350	1020	1700	3400	5950	8500
4d Sta Wag 2WD	350	1040	1700	3450	6000	8600

	6	5	4	3	2	1
2d Sta Wag 4x4	450	1170	1975	3900	6850	9800
4d Sta Wag 4x4	400	1200	2000	4000	7000	10,000
2d Ltd Sta Wag 4x4	450	1400	2300	4600	8100	11,500
4d Ltd Sta Wag 4x4	450	1400	2350	4700	8200	11,700
Jeep						
2d Wrangler 4x4	450	1140	1900	3800	6650	9500
2d Laredo Sta Wag 4x4	400	1250	2100	4200	7400	10,500
4d Laredo Sta Wag 4x4	400	1300	2150	4300	7500	10,700

1990
Wrangler, 6-cyl, 4x4

	6	5	4	3	2	1
Jeep	450	1160	1950	3900	6800	9700
Jeep S	400	1200	2000	4000	7100	10,100
Comanche, 6-cyl						
PU	350	1040	1750	3500	6100	8700
PU LBx	450	1050	1750	3550	6150	8800
Wagoneer, 6-cyl, 4x4						
4d Sta Wag	450	1500	2500	5000	8800	12,500
Grand Wagoneer, V-8, 4x4						
4d Sta Wag	500	1600	2700	5400	9500	13,500
Cherokee, 4-cyl						
4d Sta Wag, 2x4	450	1400	2300	4600	8100	11,500
2d Sta Wag, 2x4	400	1300	2200	4400	7700	11,000
4d Sta Wag, 4x4	500	1550	2600	5200	9100	13,000
2d Sta Wag, 4x4	450	1500	2500	5000	8800	12,500
Cherokee, 6-cyl						
4d Sta Wag, 2x4	500	1550	2600	5200	9100	13,000
2d Sta Wag, 2x4	450	1500	2500	5000	8800	12,500
4d Sta Wag, 4x4	500	1600	2700	5400	9500	13,500
2d Sta Wag, 4x4	500	1550	2600	5200	9100	13,000
4d LTD Sta Wag, 4x4	550	1750	2900	5800	10,200	14,500
2d LTD Sta Wag, 4x4	550	1700	2800	5600	9800	14,000

1991
Wrangler Jeep, 6-cyl.

	6	5	4	3	2	1
2d Jeep	450	1080	1800	3600	6300	9000
2d Sahara	400	1200	2000	4000	7000	10,000
2d Renegade	400	1250	2100	4200	7400	10,500
NOTE: Deduct 5 percent for 4-cyl.						
Comanche, 6-cyl.						
2d PU	350	780	1300	2600	4550	6500
2d PU LBx	350	820	1400	2700	4760	6800
NOTE: Deduct 5 percent for 4-cyl.						
Wagoneer, V-6, 4x4						
4d Ltd Sta Wag	400	1250	2100	4200	7400	10,500
Grand Wagoneer, V-8, 4x4						
4d Sta Wag	450	1450	2400	4800	8400	12,000
Cherokee, 4-cyl.						
2d Sta Wag, 2WD	200	720	1200	2400	4200	6000
4d Sta Wag, 2WD	200	720	1200	2400	4200	6000
2d Sta Wag, 4x4	350	975	1600	3200	5600	8000
4d Sta Wag, 4x4	350	975	1600	3200	5600	8000
Cherokee, 6-cyl.						
2d Sta Wag, 2x4	350	780	1300	2600	4550	6500
4d Sta Wag, 2x4	350	780	1300	2600	4550	6500
Cherokee, 4x4						
2d Sta Wag	350	1020	1700	3400	5950	8500
4d Sta Wag	350	1020	1700	3400	5950	8500
4d Ltd Sta Wag	400	1300	2200	4400	7700	11,000
4d Briarwood Sta Wag	450	1400	2300	4600	8100	11,500

1992
Wrangler, 4-cyl.

	6	5	4	3	2	1
Jeep S	450	1080	1800	3600	6300	9000
Jeep	450	1140	1900	3800	6650	9500
Jeep, 6-cyl.	400	1300	2200	4400	7700	11,000
Cherokee, 4-cyl.						
2d SUV	150	600	900	1800	3150	4500
4d SUV	200	675	1000	2000	3500	5000
2d SUV 4x4	350	780	1300	2600	4550	6500
4d SUV 4x4	350	840	1400	2800	4900	7000
NOTE: Add 10 percent for 6-cyl.						
Add 5 percent for deluxe models.						
Comanche, 6-cyl.						
2d PU SBx	350	840	1400	2800	4900	7000
2d PU LBx	350	900	1500	3000	5250	7500
NOTE: Add 5 percent for 4x4.						

PLYMOUTH　TRUCKS

	6	5	4	3	2	1
1935						
Series PJ						
Sed Dly	500	1550	2600	5200	9100	13,000
1936						
Series P-1						
Sed Dly	500	1550	2600	5200	9100	13,000
1937						
Series PT-50						
PU	550	1700	2800	5600	9900	14,100
Sed Dly	500	1550	2600	5200	9100	13,000
Sta Wag	700	2150	3600	7200	12,600	18,000
1938						
Series PT-57						
PU	550	1700	2800	5600	9900	14,100
Sed Dly	500	1550	2600	5200	9100	13,000
1939						
Series P-81						
PU	550	1700	2800	5600	9900	14,100
Sed Dly	500	1550	2600	5200	9100	13,000
1940						
Series PT-105						
PU	550	1750	2900	5800	10,200	14,500
1941						
Series PT-125						
Sed Dly	500	1600	2700	5400	9500	13,500
PU	550	1750	2900	5800	10,200	14,500
1974-1991						
Trail Duster, (4x4), 1/2-Ton						
Utl	200	675	1000	2000	3500	5000
PB-100 Voyager Van, 1/2-Ton, 109" wb						
Wag	200	720	1200	2400	4200	6000
1992						
Voyager, V-6						
3d Van	200	685	1150	2300	3990	5700
3d SE Van	200	670	1200	2300	4060	5800
3d LE Van	200	700	1200	2350	4130	5900

NOTE: Add 5 percent for Grand package.
Add 5 percent for 4x4.

PONTIAC　TRUCKS

	6	5	4	3	2	1
1949						
Streamliner Series 6						
Sed Dly	550	1800	3000	6000	10,500	15,000
Streamliner Series 8						
Sed Dly	600	1900	3200	6400	11,200	16,000
1950						
Streamliner Series 6						
Sed Dly	550	1800	3000	6000	10,500	15,000
Streamliner Series 8						
Sed Dly	600	1900	3200	6400	11,200	16,000
1951						
Streamliner Series 6						
Sed Dly	600	1850	3100	6200	10,900	15,500
Streamliner Series 8						
Sed Dly	600	2000	3300	6600	11,600	16,500
1952						
Chieftain Series 6						
Sed Dly	600	1850	3100	6200	10,900	15,500
Chieftain Series 8						
Sed Dly	600	2000	3300	6600	11,600	16,500
1953						
Chieftain Series 6						
Sed Dly	600	1900	3200	6400	11,200	16,000
Chieftain Series 8						
Sed Dly	600	1850	3100	6200	10,900	15,500

STUDEBAKER　TRUCKS

	6	5	4	3	2	1
1937						
Model 5A/6A, Dictator Six						
Cpe Exp	600	1850	3100	6200	10,900	15,500

1938	6	5	4	3	2	1
Model 7A, Commander Six						
Cpe Exp	600	1850	3100	6200	10,900	15,500
1939						
Model 9A, Commander Six						
Cpe Exp	600	2000	3300	6600	11,600	16,500
1941-1942, 1946-1948						
Six-cyl, 113" wb						
1/2-Ton	600	1850	3100	6200	10,900	15,500
1949-1953						
Pickup, 1/2-Ton, 6-cyl						
2R5	600	1900	3150	6300	11,100	15,800
2R6	600	1900	3200	6400	11,100	15,900
Pickup, 3/4-Ton, 6-cyl						
2R10	550	1850	3050	6100	10,700	15,300
2R11	600	1850	3100	6200	10,800	15,400
1954						
Pickup, 1/2-Ton, 6-cyl						
3R5	600	1900	3150	6300	11,100	15,800
3R6	600	1900	3200	6400	11,100	15,900
Pickup, 3/4-Ton, 6-cyl						
3R10	550	1850	3050	6100	10,700	15,300
3R11	600	1850	3100	6200	10,800	15,400
1955						
Pickup, 1/2-Ton, 6-cyl						
E5	600	1900	3200	6400	11,200	16,000
E7	600	1950	3200	6400	11,300	16,100
Pickup, 3/4-Ton, 6-cyl						
E10	600	1850	3100	6200	10,900	15,600
E12	600	1900	3150	6300	11,000	15,700
NOTE: Add 10 percent for V-8.						
1956-1958						
Pickup, 1/2-Ton, 6-cyl						
2E5 (SWB)	550	1800	3050	6100	10,600	15,200
2E5 (LWB)	550	1800	3000	6000	10,500	15,000
2E7 (SWB)	600	1850	3100	6200	10,900	15,500
2E7 (LWB)	550	1850	3050	6100	10,700	15,300
Pickup, 3/4-Ton, 6-cyl						
2E12	550	1800	3000	6000	10,500	15,000
NOTE: Add 10 percent for V-8.						
1959-1964						
Pickup, 1/2-Ton, 6-cyl						
4E1 (SWB)	550	1750	2900	5800	10,200	14,500
4E1 (LWB)	550	1750	2900	5800	10,200	14,500
4E5 (SWB)	550	1750	2950	5900	10,300	14,700
4E5 (LWB)	550	1750	2950	5900	10,300	14,700
4E6 (SWB)	550	1800	2950	5900	10,400	14,800
4E6 (LWB)	550	1800	2950	5900	10,400	14,800
4E7 (SWB)	600	1850	3100	6200	10,900	15,500
4E7 (LWB)	600	1850	3100	6200	10,900	15,500
Pickup, 3/4-Ton, 6-cyl						
4E11	550	1700	2850	5700	10,000	14,300
4E12	550	1800	2950	5900	10,400	14,800
NOTE: Add 10 percent for V-8.						

WILLYS-OVERLAND
TRUCKS

1911-1912						
Overland "37"						
Dly	450	1500	2500	5000	8800	12,500
Spl Dly	500	1600	2700	5400	9500	13,500
Overland						
1-Ton Truck	400	1200	2050	4100	7100	10,200
Gramm						
1-Ton Truck	400	1250	2100	4200	7400	10,500
1913						
Overland						
Open Exp	450	1450	2400	4800	8400	12,000
Full Panel	450	1500	2500	5000	8800	12,500
Gramm						
Chassis (1-Ton)	400	1250	2100	4200	7400	10,500
Willys						
Chassis (3/4-Ton)	450	1400	2300	4600	8100	11,500

	6	5	4	3	2	1
1914						
Overland "79"						
Exp	450	1450	2400	4800	8400	12,000
Panel	450	1500	2500	5000	8800	12,500
Willys Utility "65"						
Exp	450	1450	2400	4800	8400	12,000
Panel	450	1500	2450	4900	8600	12,300
1915						
Willys Utility						
3/4-Ton Exp	450	1400	2350	4700	8300	11,800
1916						
Overland "83"						
Exp Dly	450	1500	2500	5000	8800	12,500
Spl Dly	500	1600	2700	5400	9500	13,500
Open Exp	450	1450	2400	4800	8400	12,000
Overland "75"						
Screen	500	1650	2700	5400	9500	13,600
Panel	500	1650	2750	5500	9600	13,700
1917						
Overland "90"						
Panel	500	1550	2600	5200	9100	13,000
1918						
Overland "90"						
Exp (800 lbs.)	450	1500	2500	5000	8800	12,600
Panel (800 lbs.)	500	1550	2600	5200	9100	13,000
Exp (1200 lbs.)	450	1450	2400	4800	8400	12,000
1919						
Overland Light Four						
Exp (800 lbs.)	450	1500	2500	5000	8800	12,600
Panel (800 lbs.)	500	1550	2600	5200	9100	13,000
Exp (1200 lbs.)	450	1450	2400	4800	8400	12,000
1920						
Overland Model 5 - ("Light Four")						
Exp (800 lbs.)	500	1500	2550	5100	8900	12,700
Panel (800 lbs.)	500	1600	2650	5300	9200	13,200
Exp (1000 lbs.)	450	1450	2400	4800	8500	12,100
1921						
Overland Model Four						
Exp (800 lbs.)	400	1300	2150	4300	7500	10,700
Panel (800 lbs.)	400	1350	2250	4500	7800	11,200
Exp (1000 lbs.)	400	1200	2000	4000	7100	10,100
1922						
Overland Model Four						
Exp (800 lbs.)	500	1500	2550	5100	8900	12,700
Panel (800 lbs.)	500	1600	2650	5300	9200	13,200
Exp (1000 lbs.)	450	1450	2400	4800	8500	12,100
1923						
Overland "91CE"						
Exp	500	1500	2550	5100	8900	12,700
Canopy	500	1650	2750	5500	9600	13,700
Screen	500	1550	2600	5200	9000	12,900
Panel	500	1600	2650	5300	9200	13,200
1924						
Overland "91CE"						
Exp	500	1500	2550	5100	8900	12,700
Canopy	500	1550	2600	5200	9100	13,000
Screen	500	1550	2600	5200	9000	12,900
Panel	500	1600	2650	5300	9200	13,200
1925						
Overland "91CE"						
Open Exp	500	1500	2550	5100	8900	12,700
Canopy	500	1550	2600	5200	9100	13,000
Screen	500	1550	2600	5200	9000	12,900
Panel	500	1600	2650	5300	9200	13,200
NOTE: (with aftermarket bodies).						
1926						
Overland Model 91						
Open Exp	500	1500	2550	5100	8900	12,700
Canopy	500	1550	2600	5200	9100	13,000
Screen	500	1550	2600	5200	9000	12,900
Panel	500	1600	2650	5300	9200	13,200
NOTE: (with aftermarket bodies.)						

1927	6	5	4	3	2	1
Whippet Model 96						
PU	400	1200	2050	4100	7100	10,200
Canopy	400	1250	2050	4100	7200	10,300
Screen	400	1250	2100	4200	7300	10,400
Panel	400	1250	2100	4200	7400	10,600
Sed Dly	400	1300	2200	4400	7700	11,000

NOTE: Add 12 percent for 6-cyl. engine.

1928	6	5	4	3	2	1
Whippet Series 96						
PU	400	1200	2050	4100	7100	10,200
Canopy	400	1250	2050	4100	7200	10,300
Screen	400	1250	2100	4200	7300	10,400
Panel	400	1250	2100	4200	7400	10,600
Sed Dly	400	1300	2200	4400	7700	11,000

NOTE: Add 12 percent for 6-cyl. engine.

1929	6	5	4	3	2	1
Whippet Series 96 - (100" wb)						
PU	400	1200	2050	4100	7100	10,200
Screen	400	1250	2050	4100	7200	10,300
Canopy	400	1250	2100	4200	7300	10,400
Panel	400	1250	2100	4200	7400	10,600
Sed Dly	400	1300	2200	4400	7700	11,000
Whippet Series 96A - (103" wb)						
PU	400	1250	2100	4200	7300	10,400
Canopy	400	1250	2100	4200	7400	10,500
Screen	400	1250	2100	4200	7400	10,600
Panel	400	1300	2150	4300	7600	10,800
Sed Dly	400	1350	2250	4500	7800	11,200

NOTE: Add 12 percent for Whippet Six.

Willys Series 98B	6	5	4	3	2	1
PU	450	1400	2300	4600	8100	11,500
Canopy	450	1400	2300	4600	8100	11,600
Screenside	450	1400	2350	4700	8300	11,800
Panel	450	1450	2400	4800	8400	12,000
Sed Dly	450	1500	2500	5000	8800	12,600

1930	6	5	4	3	2	1
Whippet Series 96A						
PU	400	1250	2100	4200	7300	10,400
Canopy	400	1250	2100	4200	7400	10,500
Screenside	400	1250	2100	4200	7400	10,600
Panel	400	1300	2150	4300	7600	10,800
Screen Dly	400	1350	2250	4500	7800	11,200

1931	6	5	4	3	2	1
Whippet Series 96						
PU	400	1250	2100	4200	7300	10,400
Canopy	400	1250	2100	4200	7400	10,500
Screenside	400	1250	2100	4200	7400	10,600
Panel	400	1300	2150	4300	7600	10,800
Sed Dly	400	1350	2250	4500	7800	11,200

NOTE: Add 12 percent for Whippet Six.

Willys Series 98B	6	5	4	3	2	1
PU	450	1400	2300	4600	8100	11,500
Canopy	450	1400	2300	4600	8100	11,600
Screenside	450	1400	2350	4700	8300	11,800
Panel	450	1450	2400	4800	8400	12,000
Sed Dly	450	1500	2500	5000	8800	12,600
Willys Series C-113						
PU	400	1200	2000	4000	7000	10,000
Canopy	400	1200	2000	4000	7100	10,100
Screenside	400	1200	2050	4100	7100	10,200
Panel	400	1250	2100	4200	7300	10,400
Sed Dly	400	1300	2150	4300	7500	10,700

1932	6	5	4	3	2	1
Willys Series C-113						
PU	450	1450	2400	4800	8400	12,000
Canopy	450	1450	2400	4800	8500	12,100
Screenside	450	1450	2450	4900	8500	12,200
Panel	450	1500	2500	5000	8700	12,400
Sed Dly	500	1500	2550	5100	8900	12,700

1933	6	5	4	3	2	1
Willys "77"						
Panel	500	1550	2550	5100	9000	12,800

1934	6	5	4	3	2	1
Willys Model 77						
Panel	500	1550	2550	5100	9000	12,800

1935	6	5	4	3	2	1
Willys Model 77						
PU	450	1500	2500	5000	8800	12,500
Panel	500	1550	2600	5200	9000	12,900
1936						
Willys Model 77						
PU	450	1500	2500	5000	8800	12,500
Panel	500	1550	2600	5200	9000	12,900
1937						
Willys Model 77						
PU	450	1450	2400	4800	8500	12,100
Panel	450	1500	2500	5000	8800	12,600
1938						
Willys Model 38						
PU	450	1450	2400	4800	8500	12,100
Stake	400	1250	2100	4200	7400	10,600
Panel	450	1450	2400	4800	8400	12,000
1939						
Willys Model 38						
PU	450	1450	2400	4800	8400	12,000
Stake	400	1250	2100	4200	7400	10,500
Panel	450	1450	2450	4900	8500	12,200
Willys Model 48						
PU	450	1450	2400	4800	8500	12,100
Stake	400	1250	2100	4200	7400	10,600
Panel	450	1500	2450	4900	8600	12,300
1940						
Willys Model 440						
PU	450	1500	2500	5000	8800	12,500
Panel Dly	450	1500	2450	4900	8600	12,300
1941						
Willys Model 441						
PU	500	1500	2550	5100	8900	12,700
Panel Dly	450	1500	2500	5000	8800	12,500
1942						
Willys Model 442						
PU	500	1500	2550	5100	8900	12,700
Panel Dly	450	1500	2500	5000	8800	12,500

IMPORTED CARS

AC/ACE/FORD-SHELBY-COBRA

1947-52						
Two-Litre, 6-cyl, 117" wb, various bodies						
2d DHC	1150	3600	6000	12,000	21,000	30,000
4d Saloon	950	3000	5000	10,000	17,500	25,000
1953-54						
Ace, 6-cyl, 90" wb						
2d Rds	2200	6950	11,600	23,200	40,600	58,000
1955-56						
Ace, 6-cyl, 90" wb						
2d Rds	2200	6950	11,600	23,200	40,600	58,000
Aceca, 6-cyl, 90" wb						
2d FBk Cpe	1600	5150	8600	17,200	30,100	43,000
1957						
Ace, 6-cyl, 90" wb						
2d Rds	2200	6950	11,600	23,200	40,600	58,000
Aceca, 6-cyl, 90" wb						
2d FBk Cpe	1600	5150	8600	17,200	30,100	43,000
1958						
Ace, 6-cyl, 90" wb						
2d Rds	2200	6950	11,600	23,200	40,600	58,000
Aceca, 6-cyl, 90" wb						
2d FBk Cpe	1600	5150	8600	17,200	30,100	43,000
1959						
Ace, 6-cyl, 90" wb						
2d Rds	2200	6950	11,600	23,200	40,600	58,000
Aceca, 6-cyl, 90" wb						
2d FBk Cpe	1600	5150	8600	17,200	30,100	43,000

	6	5	4	3	2	1
1960						
Ace, 6-cyl, 90" wb						
2d Rds	2200	6950	11,600	23,200	40,600	58,000
Aceca, 6-cyl, 90" wb						
2d FBk Cpe	1600	5150	8600	17,200	30,100	43,000
1961						
Ace, 6-cyl, 90" wb						
2d Rds	2200	6950	11,600	23,200	40,600	58,000
Aceca, 6-cyl, 90" wb						
2d FBk Cpe	1600	5150	8600	17,200	30,100	43,000
1962						
Ace, 6-cyl, 90" wb						
2d Rds	2200	7100	11,800	23,600	41,300	59,000
Aceca, 6-cyl, 90" wb						
2d FBk Cpe	1650	5300	8800	17,600	30,800	44,000
Ford/AC Shelby Cobra, 260/289 V-8, 90" wb						
2d Rds	7900	25,200	42,000	84,000	147,000	210,000
1963						
Ace, 6-cyl, 90" wb						
2d Rds	2200	7100	11,800	23,600	41,300	59,000
Aceca, 6-cyl, 90" wb						
2d FBk Cpe	1650	5300	8800	17,600	30,800	44,000
Ford/AC Shelby Cobra Mark II, 289 V-8, 90" wb						
2d Rds	7900	25,200	42,000	84,000	147,000	210,000
NOTE: Add 20 percent for 1956-63 Ace or Aceca with Bristol engine.						
1964						
Ace, 6-cyl, 90" wb						
2d Rds	2250	7200	12,000	24,000	42,000	60,000
Aceca, 6-cyl, 90" wb						
2d FBk Cpe	2250	7200	12,000	24,000	42,000	60,000
Ford/AC Shelby Cobra Mark II, 289 V-8, 90" wb						
2d Rds	8250	26,400	44,000	88,000	154,000	220,000
1965						
Ford/AC Shelby Cobra Mark II, 289 V-8, 90" wb						
2d Rds	8250	26,400	44,000	88,000	154,000	220,000
Ford/AC Shelby Cobra Mark III, 427-428 V-8, 90" wb						
2d Rds	12,400	39,600	66,000	132,000	231,000	330,000
Ford/AC 428, 428 V-8, 96" wb						
2d Conv	2250	7200	12,000	24,000	42,000	60,000
2d Cpe	1900	6000	10,000	20,000	35,000	50,000
Shelby Cobra Mark III, 427 SC V-8, 90" wb						
2d Rds					value not estimable	
NOTE: Approxiamtely 26 made.						
Shelby Cobra Daytona						
2d Cpe					value not estimable	
NOTE: 6 made.						
1966						
Ford/AC Shelby Cobra Mark III, 427/428 V-8, 90" wb						
2d Rds	12,400	39,600	66,000	132,000	231,000	330,000
Ford/AC 289, 289 V-8, 90" wb						
2d Rds	7500	24,000	40,000	80,000	140,000	200,000
Ford/AC 428, 428 V-8, 96" wb						
2d Conv	2250	7200	12,000	24,000	42,000	60,000
2d Cpe	1900	6000	10,000	20,000	35,000	50,000
1967						
Ford/AC Shelby Cobra Mark III 427/428 V-8, 90" wb						
2d Rds	12,400	39,600	66,000	132,000	231,000	330,000
Ford/AC 289, 289 V-8, 90" wb						
2d Rds	7900	25,200	42,000	84,000	147,000	210,000
Ford/AC 428, 428 V-8, 96" wb						
2d Conv	2250	7200	12,000	24,000	42,000	60,000
2d Cpe	1900	6000	10,000	20,000	35,000	50,000
1968						
Ford/AC 289, 289 V-8, 90" wb						
2d Rds	7900	25,200	42,000	84,000	147,000	210,000
Ford/AC 428, 428 V-8, 96" wb						
2d Conv	2250	7200	12,000	24,000	42,000	60,000
2d Cpe	1900	6000	10,000	20,000	35,000	50,000
1969-73						
Ford/AC 428, 428 V-8, 96" wb						
2d Conv	2250	7200	12,000	24,000	42,000	60,000
2d Cpe	1900	6000	10,000	20,000	35,000	50,000

ACURA

1986	6	5	4	3	2	1
Integra						
3d HBk RS	200	675	1000	2000	3500	5000
5d HBk RS	200	650	1100	2150	3780	5400
3d HBk LS	200	660	1100	2200	3850	5500
5d HBk LS	200	720	1200	2400	4200	6000
Legend						
4d Sed	350	780	1300	2600	4550	6500
1987						
Integra						
3d HBk RS	200	660	1100	2200	3850	5500
5d HBk RS	200	685	1150	2300	3990	5700
3d HBk LS	200	720	1200	2400	4200	6000
5d HBk LS	350	780	1300	2600	4550	6500
Legend						
4d Sed	350	840	1400	2800	4900	7000
2d Cpe	350	900	1500	3000	5250	7500
1988						
Integra						
3d HBk RS	200	660	1100	2200	3850	5500
5d HBk RS	200	660	1100	2200	3850	5500
3d HBk LS	350	780	1300	2600	4550	6500
5d HBk LS	350	840	1400	2800	4900	7000
3d HBk SE	350	900	1500	3000	5250	7500
Legend						
4d Sed	350	975	1600	3200	5600	8000
2d Cpe	350	1020	1700	3400	5950	8500
1989						
Integra						
3d HBk RS	350	840	1400	2800	4900	7000
5d HBk RS	350	900	1500	3000	5250	7500
3d HBk LS	350	900	1500	3000	5250	7500
5d HBk LS	350	975	1600	3200	5600	8000
Legend						
4d Sed	450	1450	2400	4800	8400	12,000
2d Cpe	500	1550	2600	5200	9100	13,000
1990						
Integra, 4-cyl.						
2d HBk RS	350	900	1500	3000	5250	7500
4d Sed RS	350	975	1600	3200	5600	8000
2d HBk LS	350	975	1600	3200	5600	8000
4d Sed LS	350	1020	1700	3400	5950	8500
2d HBk GS	350	1020	1700	3400	5950	8500
4d Sed GS	450	1080	1800	3600	6300	9000
Legend, V-6						
4d Sed	400	1200	2000	4000	7000	10,000
2d Cpe	450	1450	2400	4800	8400	12,000
4d Sed L	450	1400	2300	4600	8100	11,500
2d Cpe L	500	1550	2600	5200	9100	13,000
4d Sed LS	450	1500	2500	5000	8800	12,500
2d Cpe LS	550	1700	2800	5600	9800	14,000
1991						
Integra						
2d HBk RS	350	820	1400	2700	4760	6800
4d Sed RS	350	840	1400	2800	4900	7000
2d HBk LS	350	840	1400	2800	4900	7000
4d Sed LS	350	860	1450	2900	5050	7200
2d HBk GS	350	900	1500	3000	5250	7500
4d Sed GS	350	950	1550	3100	5400	7700
Legend						
2d Cpe L	450	1450	2400	4800	8400	12,000
2d Cpe LS	500	1550	2600	5200	9100	13,000
4d Sed	400	1200	2000	4000	7000	10,000
4d Sed L	450	1500	2500	5000	8800	12,500
4d Sed LS	500	1600	2700	5400	9500	13,500
NSX, V-6						
2d Cpe	1150	3600	6000	12,000	21,000	30,000
1992						
Integra, 4-cyl.						
2d HBk RS	350	900	1500	3000	5250	7500
4d Sed RS	350	900	1500	3000	5250	7500
2d HBk LS	350	950	1550	3150	5450	7800
4d Sed LS	350	950	1550	3150	5450	7800

	6	5	4	3	2	1
2d HBk GS	350	975	1600	3200	5600	8000
4d Sed GS	450	1080	1800	3600	6300	9000
4d Sed GS-R	450	1140	1900	3800	6650	9500
Vigor, 5-cyl.						
4d Sed LS	450	1140	1900	3800	6650	9500
4d Sed GS	400	1200	2000	4000	7000	10,000
Legend, V-6						
4d Sed	500	1600	2700	5400	9500	13,500
4d Sed L	550	1700	2800	5600	9800	14,000
2d Cpe L	550	1800	3000	6000	10,500	15,000
4d Sed LS	550	1800	3000	6000	10,500	15,000
2d Cpe LS	650	2050	3400	6800	11,900	17,000
NSX, V-6						
2d Cpe	1500	4800	8000	16,000	28,000	40,000

ALFA ROMEO

1946-1953
6-cyl., 2443 cc, 118" wb (106" SS)
6C-2500 Series

	6	5	4	3	2	1
3P Spt Cpe	600	1900	3200	6400	11,200	16,000
Spt Cabr	750	2400	4000	8000	14,000	20,000
3P Sup Spt Cpe	850	2750	4600	9200	16,100	23,000
Sup Spt Cabr	1150	3600	6000	12,000	21,000	30,000
Freccia d'Oro Cpe	700	2300	3800	7600	13,300	19,000
Spt Sed	600	1900	3200	6400	11,200	16,000

1950
4-cyl., 1884 cc, 98.5" wb

	6	5	4	3	2	1
1900 Berlina 4d Sed	400	1200	2000	4000	7000	10,000

1951
4-cyl., 1884 cc, 98.5" wb

	6	5	4	3	2	1
1900 Berlina 4d Sed	400	1200	2000	4000	7000	10,000
1900 Sprint Cpe	550	1800	3000	6000	10,500	15,000

1952
4-cyl., 1884 cc, 98.5" wb

	6	5	4	3	2	1
1900 Berlina 4d Sed	400	1200	2000	4000	7000	10,000
1900 T.I. 4d Sed	450	1450	2400	4800	8400	12,000
1900 Sprint Cpe	550	1800	3000	6000	10,500	15,000
1900 Sup Sprint Cpe	700	2150	3600	7200	12,600	18,000
1900 Cabr	800	2500	4200	8400	14,700	21,000

1953
4-cyl., 1884 cc, 98.5" wb

	6	5	4	3	2	1
1900 Berlina 4d Sed	400	1200	2000	4000	7000	10,000

4-cyl., 1975 cc, 98.5" wb

	6	5	4	3	2	1
1900 T.I. Sup 4d Sed	450	1450	2400	4800	8400	12,000
1900 Sup Sprint Cpe	700	2150	3600	7200	12,600	18,000

1954
4-cyl., 1884 cc, 98.5" wb

	6	5	4	3	2	1
1900 Berlina 4d Sed	400	1200	2000	4000	7000	10,000

4-cyl., 1975 cc, 98.5" wb

	6	5	4	3	2	1
1900 T.I. Sup 4d Sed	450	1450	2400	4800	8400	12,000
1900 Sup Sprint Cpe	700	2150	3600	7200	12,600	18,000

4-cyl., 1290 cc, 93.7" wb

	6	5	4	3	2	1
Giulietta Sprint Cpe	500	1550	2600	5200	9100	13,000

1955
4-cyl., 1975 cc, 98.5" wb

	6	5	4	3	2	1
1900 T.I. Sup 4d Sed	450	1450	2400	4800	8400	12,000
1900 Sup Sprint Cpe	700	2150	3600	7200	12,600	18,000

Giulietta
4-cyl., 1290 cc, 93.7" wb (88.6" Spider)

	6	5	4	3	2	1
Berlina 4d Sed	450	1080	1800	3600	6300	9000
Sprint Cpe	500	1550	2600	5200	9100	13,000
Spider Conv	700	2300	3800	7600	13,300	19,000

1956
4-cyl., 1975 cc, 98.5" wb
Giulietta

	6	5	4	3	2	1
1900 Sup Sprint Cpe	700	2150	3600	7200	12,600	18,000

4-cyl., 1290 cc, 93.7" wb (88.6" Spider)

	6	5	4	3	2	1
Berlina 4d Sed	450	1080	1800	3600	6300	9000
Sprint Cpe	500	1550	2600	5200	9100	13,000
Sp Veloce Cpe	550	1700	2800	5600	9800	14,000
Spider Conv	700	2300	3800	7600	13,300	19,000
Spr Veloce Conv	750	2400	4000	8000	14,000	20,000

	6	5	4	3	2	1
1957						
1900, 4-cyl., 1975 cc, 98.5" wb						
Sup Sprint Cpe	700	2150	3600	7200	12,600	18,000
Giulietta						
4-cyl., 1290 cc, 93.7" wb (88.6" Spider & SS)						
Berlina 4d Sed	400	1200	2000	4000	7000	10,000
Sprint Cpe	500	1550	2600	5200	9100	13,000
Veloce Cpe	550	1700	2800	5600	9800	14,000
Spider Conv	700	2300	3800	7600	13,300	19,000
Spr Veloce Conv	950	3000	5000	10,000	17,500	25,000
Sprint Speciale	1150	3600	6000	12,000	21,000	30,000
1958						
1900, 4-cyl., 1975 cc, 98.5" wb						
Sup Sprint Cpe	600	1900	3200	6400	11,200	16,000
Giulietta						
4-cyl., 1290 cc, 93.7" wb (88.6" Spider & SS)						
Berlina 4d Sed	400	1200	2000	4000	7000	10,000
Sprint Cpe	500	1550	2600	5200	9100	13,000
Veloce Cpe	550	1700	2800	5600	9800	14,000
Spider Conv	700	2300	3800	7600	13,300	19,000
Spider Veloce Conv	950	3000	5000	10,000	17,500	25,000
Sprint Speciale	1150	3600	6000	12,000	21,000	30,000
2000, 4-cyl., 1975 cc, 107.1" wb (98.4" Spider)						
Berlina 4d Sed	450	1080	1800	3600	6300	9000
Spider Conv	700	2300	3800	7600	13,300	19,000
1959						
4-cyl., 1290 cc, 93.7" wb (88.6" Spider, SS, SZ)						
Giulietta - 750 Series						
Berlina 4d Sed	400	1200	2000	4000	7000	10,000
Sprint Cpe	500	1550	2600	5200	9100	13,000
Veloce Cpe	550	1700	2800	5600	9800	14,000
Spider Conv	700	2300	3800	7600	13,300	19,000
Spr Veloce Conv	950	3000	5000	10,000	17,500	25,000
Giulietta - 101 Series						
Sprint Cpe	500	1550	2600	5200	9100	13,000
Sp Veloce Cpe	550	1700	2800	5600	9800	14,000
Spider Conv	650	2050	3400	6800	11,900	17,000
Spr Veloce Conv	700	2150	3600	7200	12,600	18,000
Sprint Speciale Cpe	950	3000	5000	10,000	17,500	25,000
Sprint Zagato	1000	3250	5400	10,800	18,900	27,000
2000, 4-cyl., 1975 cc, 107.1" wb (98.4" Spider)						
Berlina 4d Sed	400	1300	2200	4400	7700	11,000
Spider Conv	900	2900	4800	9600	16,800	24,000
1960						
4-cyl., 1290 cc, 93.7" wb (88.6" Spider, SS, SZ)						
Giulietta - 750 Series						
Berlina 4d Sed	400	1200	2000	4000	7000	10,000
Giulietta - 101 Series						
Sprint Cpe	500	1550	2600	5200	9100	13,000
Sp Veloce Cpe	550	1700	2800	5600	9800	14,000
Spider Conv	700	2300	3800	7600	13,300	19,000
Spr Veloce Conv	700	2150	3600	7200	12,600	18,000
Sprint Speciale	1000	3250	5400	10,800	18,900	27,000
Sprint Zagato	1100	3500	5800	11,600	20,300	29,000
2000, 4-cyl., 1975 cc, 107.1" wb						
(101.6" Sprint, 98.4" Spider)						
Berlina 4d Sed	550	1750	2900	5800	10,200	14,500
Sprint Cpe	650	2050	3400	6800	11,900	17,000
Spider Conv	850	2750	4600	9200	16,100	23,000
1961						
Giulietta, 4-cyl., 1290 cc, 93.7" wb						
(88.6" Spider, SS, SZ)						
Sprint Cpe	450	1140	1900	3800	6650	9500
Sp Veloce Cpe	550	1700	2800	5600	9800	14,000
Spider Conv	700	2300	3800	7600	13,300	19,000
Spr Veloce Conv	750	2400	4000	8000	14,000	20,000
Sprint Speciale	1000	3250	5400	10,800	18,900	27,000
Sprint Zagato	1100	3500	5800	11,600	20,300	29,000
2000, 4-cyl., 1975 cc, 107" wb						
(101.6" Sprint, 98.4" Spider)						
Berlina 4d Sed	550	1750	2900	5800	10,200	14,500
Sprint Cpe	650	2050	3400	6800	11,900	17,000
Spider Conv	950	3000	5000	10,000	17,500	25,000

1962	6	5	4	3	2	1
Giulietta, 4-cyl., 1290 cc, 93.7" wb						
(88.6" Spider, SS)						
Sprint Cpe	500	1550	2600	5200	9100	13,000
Sp Veloce Cpe	550	1700	2800	5600	9800	14,000
Spider Conv	700	2300	3800	7600	13,300	19,000
Spr Veloce Conv	750	2400	4000	8000	14,000	20,000
Sprint Speciale	1000	3250	5400	10,800	18,900	27,000
4-cyl., 1570 cc, 93.7" wb (88.6" Spider)						
Giulia - 101 Series						
Sprint Cpe	550	1700	2800	5600	9800	14,000
Spider Conv	850	2750	4600	9200	16,100	23,000
4-cyl., 1570 cc, 98.8" wb						
Giulia - 105 Series						
T.I. 4 dr Sed	450	1450	2400	4800	8400	12,000
2000, 4-cyl., 1975 cc, 107" wb (101.6" Sprint)						
Berlina 4d Sed	550	1700	2800	5600	9800	14,000
Sprint Cpe	650	2050	3400	6800	11,900	17,000
2600, 6-cyl., 2584 cc, 106.7" wb						
(101.6" Sprint, 98.4" Spider, SZ)						
Berlina 4d Sed	600	1900	3200	6400	11,200	16,000
Sprint Cpe	700	2150	3600	7200	12,600	18,000
Spider Conv	1000	3100	5200	10,400	18,200	26,000
1963						
Giulietta, 4-cyl., 1290 cc, 93.7" wb						
Sprint 1300 Cpe	400	1300	2200	4400	7700	11,000
4-cyl., 1570 cc, 93.7" wb (88.6" Spider)						
Giulia - 101 Series						
Sprint Cpe	500	1550	2600	5200	9100	13,000
Spider Conv	750	2400	4000	8000	14,000	20,000
Sprint Spl	1000	3250	5400	10,800	18,900	27,000
4-cyl., 1570 cc, 98.8" wb (92.5" Sprint)						
Giulia - 105 Series						
T.I. 4d Sed	450	1140	1900	3800	6650	9500
T.I. Sup 4d Sed	400	1200	2000	4000	7000	10,000
Sprint GT Cpe	550	1700	2800	5600	9800	14,000
GTZ	2350	7450	12,400	24,800	43,400	62,000
2600, 6-cyl., 2584 cc, 106.7" wb						
(101.6" Sprint, 98.4" Spider)						
Berlina 4d Sed	400	1250	2100	4200	7400	10,500
Sprint Cpe	500	1550	2600	5200	9100	13,000
Spider Conv	800	2500	4200	8400	14,700	21,000
1964						
Giulietta, 4-cyl., 1290 cc, 93.7" wb						
Sprint 1300 Cpe	400	1300	2200	4400	7700	11,000
4-cyl., 1570 cc, 93.7" wb (88.6" Spider)						
Giulia - 101 Series						
Sprint Cpe	500	1550	2600	5200	9100	13,000
Spider Conv	700	2300	3800	7600	13,300	19,000
Spider Veloce Conv	650	2050	3400	6800	11,900	17,000
Sprint Speciale	1150	3600	6000	12,000	21,000	30,000
4-cyl., 1570 cc, 98.8" wb (92.5" Sprint)						
Giulia - 105 Series						
T.I. 4d Sed	450	1140	1900	3800	6650	9500
T.I. Sup 4d Sed	400	1200	2000	4000	7000	10,000
Sprint GT Cpe	550	1700	2800	5600	9800	14,000
GTZ	2350	7450	12,400	24,800	43,400	62,000
GTC Conv	600	1900	3200	6400	11,200	16,000
2600, 6-cyl., 2584 cc, 106.7" wb						
(101.6" Sprint, 98.4" Spider)						
Berlina 4d Sed	400	1250	2100	4200	7400	10,500
Sprint Cpe	500	1550	2600	5200	9100	13,000
Spider Conv	700	2150	3600	7200	12,600	18,000
1965						
4-cyl., 1570 cc, 93.7" wb (88.6" Spider)						
Giulia - 101 Series						
Spider Conv	750	2400	4000	8000	14,000	20,000
Spider Veloce Conv	800	2500	4200	8400	14,700	21,000
Sprint Spl Cpe	1100	3500	5800	11,600	20,300	29,000
4-cyl., 1570 cc, 98.8" wb (92.5" Sprint)						
Giulia - 105 Series						
TI 4d Sed	200	745	1250	2500	4340	6200
Sup 4d Sed	400	1200	2000	4000	7000	10,000
Sprint GT Cpe	550	1700	2800	5600	9800	14,000
GTV Cpe	600	1900	3200	6400	11,200	16,000
GTZ Cpe	2350	7450	12,400	24,800	43,400	62,000

	6	5	4	3	2	1
GTA Cpe	1100	3500	5800	11,600	20,300	29,000
GTC Conv	600	1900	3200	6400	11,200	16,000
TZ 2	3100	9850	16,400	32,800	57,400	82,000
2600, 6-cyl., 2584 cc, 106.7" wb						
(101.6" Sprint, 98.4" Spider)						
Berlina 4d Sed	400	1200	2000	4000	7000	10,000
Sprint Cpe	500	1550	2600	5200	9100	13,000
Spider Conv	1100	3500	5800	11,600	20,300	29,000
SZ	900	2900	4800	9600	16,800	24,000
1966						
Giulia, 4-cyl., 1570 cc, 98.8" wb						
(92.5" Sprint)						
T.I. 4d Sed	200	745	1250	2500	4340	6200
Sprint GT Cpe	550	1700	2800	5600	9800	14,000
GTV Cpe	1150	3600	6000	12,000	21,000	30,000
Spider Conv	750	2400	4000	8000	14,000	20,000
Spider Veloce	800	2500	4200	8400	14,700	21,000
GTZ	2350	7450	12,400	24,800	43,400	62,000
GTA Cpe	850	2750	4600	9200	16,100	23,000
GTC Conv	600	1900	3200	6400	11,200	16,000
TZ 2 Cpe	3150	10,100	16,800	33,600	58,800	84,000
4-cyl., 1570 cc, 88.6" wb						
Duetto Conv	500	1550	2600	5200	9100	13,000
2600, 6-cyl., 2584 cc, 106.7" wb						
(101.6" Sprint, 98.4" Spider)						
Berlina 4d Sed	450	1450	2400	4800	8400	12,000
Sprint Cpe	700	2150	3600	7200	12,600	18,000
SZ	900	2900	4800	9600	16,800	24,000
1967						
Giulia, 4-cyl., 1570 cc, 98.8" wb						
(92.5" Sprint)						
T.I. 4d Sed	200	745	1250	2500	4340	6200
GTV Cpe	600	1900	3200	6400	11,200	16,000
GTZ Cpe	2350	7450	12,400	24,800	43,400	62,000
GTA Cpe	850	2750	4600	9200	16,100	23,000
TZ 2	3100	9850	16,400	32,800	57,400	82,000
4-cyl., 1570 cc, 88.6" wb						
Duetto Conv	500	1550	2600	5200	9100	13,000
1750, 4-cyl., 1779 cc, 101.2" wb						
(92.5" Cpe, 88.6" Spider)						
Berlina 4d Sed	200	745	1250	2500	4340	6200
GTV Cpe	650	2050	3400	6800	11,900	17,000
Spider	700	2150	3600	7200	12,600	18,000
2600, 6-cyl., 2584 cc, 106.7" wb						
Berlina 4d Sed	400	1250	2100	4200	7400	10,500
SZ	900	2900	4800	9600	16,800	24,000
1968						
4-cyl., 1290/1570 cc, 92.5" wb						
Giulia GTV Cpe	600	1900	3200	6400	11,200	16,000
1750, 4-cyl., 1779 cc, 101.2" wb						
(92.5" Sprint, 88.6" Spider)						
Berlina 4d Sed	200	745	1250	2500	4340	6200
GTV Cpe	650	2050	3400	6800	11,900	17,000
Spider Conv	700	2150	3600	7200	12,600	18,000
2600, 6-cyl., 2584 cc, 106.7" wb						
Berlina 4d Sed	350	900	1500	3000	5250	7500
1969						
Giulia, 4-cyl., 1290 cc, 92.5" wb						
GTA 1300 Jr Cpe	800	2500	4200	8400	14,700	21,000
1750, 4-cyl., 1779 cc, 101.2" wb						
(92.5" Cpe, 88.6" Spider)						
Berlina 4d Sed	350	780	1300	2600	4550	6500
GTV Cpe	650	2050	3400	6800	11,900	17,000
Spider Conv	700	2150	3600	7200	12,600	18,000
1970						
Giulia, 4-cyl., 1290 cc, 92.5" wb						
GTA 1300 Jr Cpe	800	2500	4200	8400	14,700	21,000
Jr Z 1300 Cpe	600	1900	3200	6400	11,200	16,000
1750, 4-cyl., 1779 cc, 101.2" wb						
(92.5" Cpe, 88.6" Spider)						
Berlina 4d Sed	350	780	1300	2600	4550	6500
GTV Cpe	450	1080	1800	3600	6300	9000
Spider	450	1450	2400	4800	8400	12,000

	6	5	4	3	2	1
1971						
Giulia, 4-cyl., 1290 cc, 92.5" wb						
GTA 1300 Jr Cpe	800	2500	4200	8400	14,700	21,000
Jr Z 1300 Cpe	600	1900	3200	6400	11,200	16,000
1750, 4-cyl., 1779 cc, 101.2" wb						
(92.5" Cpe, 88.6" Spider)						
Berlina 4d Sed	200	745	1250	2500	4340	6200
GTV Cpe	450	1080	1800	3600	6300	9000
Spider	400	1250	2100	4200	7400	10,500
2000, 4-cyl., 1962 cc, 101.8" wb						
(92.5" Cpe, 88.6" Spider)						
Berlina 4d Sed	350	780	1300	2600	4550	6500
GTV Cpe	400	1200	2000	4000	7000	10,000
Spider Veloce	450	1450	2400	4800	8400	12,000
V-8, 2953 cc, 92.5" wb						
Montreal Cpe	850	2750	4600	9200	16,100	23,000
1972						
Giulia, 4-cyl., 1290 cc, 92.5" wb						
GTA 1300 Jr Cpe	800	2500	4200	8400	14,700	21,000
Jr Z 1300 Cpe	600	1900	3200	6400	11,200	16,000
Jr Z 1600 Cpe	650	2050	3400	6800	11,900	17,000
1750, 4-cyl., 1779 cc, 101.2" wb						
(92.5" Cpe, 88.6" Spider)						
Berlina 4d Sed	200	745	1250	2500	4340	6200
GTV Cpe	450	1080	1800	3600	6300	9000
Spider	400	1250	2100	4200	7400	10,500
2000, 4-cyl., 1962 cc, 101.8" wb						
(92.5" Cpe, 88.6" Spider)						
Berlina 4d Sed	350	780	1300	2600	4550	6500
GTV Cpe	450	1080	1800	3600	6300	9000
Spider Veloce	450	1450	2400	4800	8400	12,000
V-8, 2593 cc, 92.5" wb						
Montreal Cpe	850	2750	4600	9200	16,100	23,000
1973						
4-cyl., 1570 cc, 92.5" wb						
Giulia Jr Z 1600	600	1900	3200	6400	11,200	16,000
2000, 4-cyl., 1992 cc, 101.8" wb						
(92.5" Cpe, 88.6" Spider)						
Berlina 4d Sed	350	780	1300	2600	4550	6500
GTV Cpe	450	1140	1900	3800	6650	9500
Spider Veloce	450	1450	2400	4800	8400	12,000
V-8, 2593 cc, 92.5" wb						
Montreal Cpe	850	2750	4600	9200	16,100	23,000
1974						
4-cyl., 1570 cc, 92.5" wb						
Giulia Jr Z 1600 Cpe	600	1900	3200	6400	11,200	16,000
2000, 4-cyl., 1962 cc, 101.8" wb						
(92.5" Cpe, 88.6" Spider)						
Berlina 4d Sed	350	780	1300	2600	4550	6500
GTV Cpe	450	1140	1900	3800	6650	9500
Spider Veloce	450	1450	2400	4800	8400	12,000
V-8, 2953 cc, 92.5" wb						
Montreal Cpe	850	2750	4600	9200	16,100	23,000
1975						
Giulia, 4-cyl., 1570 cc, 92.5" wb						
Jr Z 1600 Cpe	600	1900	3200	6400	11,200	16,000
2000, 4-cyl., 1962 cc, 88.6" wb						
Spr Veloce Conv	450	1450	2400	4800	8400	12,000
V-8, 2593 cc, 92.5" wb						
Montreal Cpe	850	2750	4600	9200	16,100	23,000
Alfetta, 4-cyl., 1779 cc, 98.8" wb						
4d Sed	200	720	1200	2400	4200	6000
Alfetta, 4-cyl., 1962 cc, 94.5" wb						
GT Cpe	450	1080	1800	3600	6300	9000
1976						
2000, 4-cyl., 1962 cc, 88.6" wb						
Spr Veloce Conv	450	1450	2400	4800	8400	12,000
Alfetta, 4-cyl., 1779 cc, 98.8" wb						
4d Sed	350	780	1300	2600	4550	6500
4-cyl., 1962 cc, 94.5" wb						
GTV Cpe	450	1080	1800	3600	6300	9000
1977						
2000, 4-cyl., 1962 cc, 88.6" wb						
Spr Veloce Conv	450	1450	2400	4800	8400	12,000

	6	5	4	3	2	1
Alfetta, 4-cyl., 1779 cc, 98.8'' wb						
4d Sed	350	780	1300	2600	4550	6500
4-cyl., 1962 cc, 94.5'' wb						
GTV Cpe	450	1140	1900	3800	6650	9500
1978						
2000, 4-cyl., 1962 cc, 88.6'' wb						
Spr Veloce Conv	450	1450	2400	4800	8400	12,000
4-cyl., 1962 cc, 98.8'' wb (94.5'' Cpe)						
4d Spt Sed	350	780	1300	2600	4550	6500
Sprint Veloce Cpe	450	1140	1900	3800	6650	9500
1980						
2d Spider Conv	450	1400	2300	4600	8100	11,500
1981						
2d Spt Cpe 2 plus 2	350	840	1400	2800	4900	7000
2d Spider Conv	450	1400	2300	4600	8100	11,500
1982						
2d Spt Cpe	350	800	1350	2700	4700	6700
2d Spider	450	1400	2300	4600	8100	11,500
1983						
2d Cpe	350	840	1400	2800	4900	7000
2d Spider	450	1400	2300	4600	8100	11,500
1984						
GTV6 Cpe	350	975	1600	3200	5600	8000
Spider Veloce	450	1400	2300	4600	8100	11,500
1985						
GTV6 2d Cpe	450	1080	1800	3600	6300	9000
Graduate 2d Conv	450	1450	2400	4800	8400	12,000
Spider Veloce 2d Conv	500	1550	2600	5200	9100	13,000
1986						
GTV6 2d Cpe	450	1080	1800	3600	6300	9000
Graduate 2d Conv	500	1550	2600	5200	9100	13,000
Spider Veloce 2d Conv	550	1700	2800	5600	9800	14,000
Quadrifoglio 2d Conv	500	1550	2600	5200	9100	13,000
1987						
4d Sed Milano Silver	350	975	1600	3200	5600	8000
2d Spider Veloce	550	1700	2800	5600	9800	14,000
4d Quadrifoglio	450	1450	2400	4800	8400	12,000
2d Conv Graduate	500	1550	2600	5200	9100	13,000
1988						
4d Sed Milano Gold	450	1080	1800	3600	6300	9000
4d Sed Milano Platinum	450	1140	1900	3800	6650	9500
4d Sed Milano Verde 3.0	400	1200	2000	4000	7000	10,000
2d Spider Veloce	500	1550	2600	5200	9100	13,000
4d Quadrifoglio	500	1550	2600	5200	9100	13,000
2d Conv Graduate	450	1500	2500	5000	8800	12,500
1989						
4d Sed Milano Gold	450	1080	1800	3600	6300	9000
4d Sed Milano Platinum	450	1140	1900	3800	6650	9500
4d Sed Milano 3.0	400	1200	2000	4000	7000	10,000
2d Spider Veloce	500	1550	2600	5200	9100	13,000
4d Quadrifoglio	550	1700	2800	5600	9800	14,000
2d Conv Graduate	400	1300	2200	4400	7700	11,000
1990						
2d Conv Spider	400	1200	2000	4000	7000	10,000
2d Conv Graduate	450	1080	1800	3600	6300	9000
2d Conv Quadrifoglio	400	1300	2200	4400	7700	11,000
1991						
Alfa Romeo						
4d	200	660	1100	2200	3850	5500
4d L	350	780	1300	2600	4550	6500
4d S	350	975	1600	3200	5600	8000
Spider						
2d Conv	450	1080	1800	3600	6300	9000
2d Conv Veloce	400	1200	2000	4000	7000	10,000
1992						
Spider, 4-cyl.						
2d Conv	450	1400	2300	4600	8100	11,500
2d Conv Veloce	500	1550	2600	5200	9100	13,000
164, V-6						
4d Sed L	450	1140	1900	3800	6650	9500
4d Sed S	450	1400	2300	4600	8100	11,500

ALLARD

	6	5	4	3	2	1
1946-49						
J1, V-8, 100" wb						
2d Rds	5250	16,800	28,000	56,000	98,000	140,000
K1, V-8, 106" wb						
2d Rds	5650	18,000	30,000	60,000	105,000	150,000
L, V-8, 112" wb						
2d Tr	2650	8400	14,000	28,000	49,000	70,000
M, V-8, 112" wb						
2d DHC	2800	8900	14,800	29,600	51,800	74,000
1950-51						
J2, V-8, 100" wb						
2d Rds	4500	14,400	24,000	48,000	84,000	120,000
K2, V-8, 106" wb						
2d Rds	4900	15,600	26,000	52,000	91,000	130,000
2d Spt Sed	2500	7900	13,200	26,400	46,200	66,000
L, V-8, 112" wb						
2d Tr	2650	8400	14,000	28,000	49,000	70,000
M, V-8, 112" wb						
2d DHC	2700	8650	14,400	28,800	50,400	72,000
1952-54						
K3, V-8, 100" wb						
2d Rds	5100	16,300	27,200	54,400	95,200	136,000
J2X, V-8, 100" wb						
2d Rds	5650	18,000	30,000	60,000	105,000	150,000
2d LeMans Rds	5650	18,000	30,000	60,000	105,000	150,000
JR, V-8, 96" wb						
2d Rds	6000	19,200	32,000	64,000	112,000	160,000
Monte Carlo/Safari, V-8, 112" wb						
2d M.C. Sed	2250	7200	12,000	24,000	42,000	60,000
2d Safari Wag	2650	8400	14,000	28,000	49,000	70,000
Palm Beach, 4-cyl, 96" wb						
2d Rds	2650	8400	14,000	28,000	49,000	70,000
Palm Beach, 6-cyl, 96" wb						
2d Rds	2850	9100	15,200	30,400	53,200	76,000
1955-59						
Palm Beach, 4-cyl, 96" wb						
2d Rds	2650	8400	14,000	28,000	49,000	70,000
Palm Beach, 6-cyl, 96" wb						
2d Rds	2850	9100	15,200	30,400	53,200	76,000

AMPHICAR

	6	5	4	3	2	1
1961						
(4-cyl) - (83" wb) - (43 hp)						
2d Conv	600	1900	3200	6400	11,200	16,000
1962						
(4-cyl) - (83" wb) - (43 hp)						
2d Conv	600	1900	3200	6400	11,200	16,000
1963						
(4-cyl) - (83" wb) - (43 hp)						
2d Conv	600	1900	3200	6400	11,200	16,000
1964						
(4-cyl) - (83" wb) - (43 hp)						
2d Conv	600	1900	3200	6400	11,200	16,000
1965						
(4-cyl) - (83" wb) - (43 hp)						
2d Conv	600	1900	3200	6400	11,200	16,000
1966						
(4-cyl) - (83" wb) - (43 hp)						
2d Conv	600	1900	3200	6400	11,200	16,000
1967-68						
(4-cyl) - (83" wb) - (43 hp)						
2d Conv	600	1900	3200	6400	11,200	16,000

ASTON MARTIN

(Saloon - two door coupe)
1948-1950
DBI, 4-cyl., 108" wb, 1970 cc
2S Rds (14 made)   —   value not estimable

	6	5	4	3	2	1
1950-1953						
DB2, 6-cyl., 99" wb, 2580 cc						
Saloon	2850	9100	15,200	30,400	53,200	76,000
DHC	5650	18,000	30,000	60,000	105,000	150,000
Graber DHC (3 made)	—				value not estimable	
1951-1953						
DB3, 6-cyl., 93" wb, 2580/2922 cc						
Racer(10 made)	—				value not estimable	
1953-1955						
DB2/4, 6-cyl., 99" wb, 2580/2922 cc						
Saloon	3750	12,000	20,000	40,000	70,000	100,000
DHC	5650	18,000	30,000	60,000	105,000	150,000
DHC by Graber	6550	21,000	35,000	70,000	122,500	175,000
Rds by Touring (2 made)	—				value not estimable	
1953-1956						
DB3S, 6-cyl., 87" wb, 2922 cc						
Racer	—				value not estimable	
Cpe	7500	24,000	40,000	80,000	140,000	200,000
1955-1957						
DB2/4, 6-cyl., 99" wb, 2922 cc						
Mk II Saloon	2850	9100	15,200	30,400	53,200	76,000
Mk II DHC	5650	18,000	30,000	60,000	105,000	150,000
Mk II FHC	3400	10,800	18,000	36,000	63,000	90,000
Mk II Spider by Touring (2 made)	—				value not estimable	
1957-1959						
DB, 6-cyl., 99" wb, 2922 cc						
Mk III Saloon	2850	9100	15,200	30,400	53,200	76,000
Mk III DHC	5650	18,000	30,000	60,000	105,000	150,000
Mk III FHC	3000	9600	16,000	32,000	56,000	80,000
1956-1960						
DBR, 6-cyl., 90" wb, 2493/2992/4164 cc						
Racer (14 made)	—				value not estimable	
1958-1960						
DB4, 6-cyl., 98" wb, 3670 cc						
Series 1						
Saloon	2850	9100	15,200	30,400	53,200	76,000
1960-1961						
DB4, 6-cyl., 98" wb, 3670 cc						
Series 2						
Saloon	2850	9100	15,200	30,400	53,200	76,000
1961						
DB4, 6-cyl., 98" wb, 3670 cc						
Series 3						
Saloon	2850	9100	15,200	30,400	53,200	76,000
1961-1962						
DB4, 6-cyl., 98" wb, 3670 cc						
Series 4						
Saloon	2850	9100	15,200	30,400	53,200	76,000
DHC	5250	16,800	28,000	56,000	98,000	140,000
1962-1963						
DB4, 6-cyl., 98" wb, 3670 cc						
Series 5						
Saloon	2850	9100	15,200	30,400	53,200	76,000
DHC	5250	16,800	28,000	56,000	98,000	140,000
1959-1963						
DB4GT, 6-cyl., 93" wb, 3670 cc						
Saloon	4750	15,100	25,200	50,400	88,200	126,000
Cpe by Zagato	—				value not estimable	
Bertone (1 made)	—				value not estimable	
1963-1965						
DB5, 6-cyl., 98" wb, 3995 cc						
Saloon	3000	9600	16,000	32,000	56,000	80,000
DHC	5650	18,000	30,000	60,000	105,000	150,000
Radford Shooting Brake (12 made)	—				value not estimable	
Volante (37 made)					value not estimable	
1965-1969						
DB6, 6-cyl., 102" wb, 3995 cc						
Saloon	3250	10,300	17,200	34,400	60,200	86,000
Radford Shooting Brake (6 made)	—				value not estimable	

	6	5	4	3	2	1
Volante	5650	18,000	30,000	60,000	105,000	150,000

1967-1972
6-cyl., 103" wb, 3995 cc

	6	5	4	3	2	1
DBS Saloon	2850	9100	15,200	30,400	53,200	76,000
DBSC Saloon (2 made)	—			value not estimable		

1969-1970
DB6, 6-cyl., 102" wb, 3995 cc

	6	5	4	3	2	1
Mk II Saloon	3000	9600	16,000	32,000	56,000	80,000
Mk II Volante	5650	18,000	30,000	60,000	105,000	150,000

1970-1972
DBSV8, V-8, 103" wb, 5340 cc

	6	5	4	3	2	1
Saloon	3000	9600	16,000	32,000	56,000	80,000
Saloon by Ogle (2 built)	—			value not estimable		

1972-1973
AM, 6-cyl., 103" wb, 3995 cc

	6	5	4	3	2	1
Vantage Saloon (70 made)	1500	4800	8000	16,000	28,000	40,000

1972-1973
AMV8, V-8, 103" wb, 5340 cc
Series II

	6	5	4	3	2	1
Saloon	1750	5500	9200	18,400	32,200	46,000

1973-1978
AMV8, V-8, 103" wb, 5340 cc
Series III

	6	5	4	3	2	1
Saloon	2050	6600	11,000	22,000	38,500	55,000

1977-1978
AMV8, V-8, 103" wb, 5340 cc

	6	5	4	3	2	1
Vantage Saloon	2050	6600	11,000	22,000	38,500	55,000

1979

	6	5	4	3	2	1
2d Vantage Cpe	2150	6850	11,400	22,800	39,900	57,000
2d Volante Conv	3550	11,300	18,800	37,600	65,800	94,000
4d Lagonda	2800	8900	14,800	29,600	51,800	74,000

1980

	6	5	4	3	2	1
2d Vantage Cpe	2200	7100	11,800	23,600	41,300	59,000
2d Volante Conv	3550	11,300	18,800	37,600	65,800	94,000
4d Lagonda	2800	8900	14,800	29,600	51,800	74,000

1981

	6	5	4	3	2	1
2d Vantage Cpe	2350	7450	12,400	24,800	43,400	62,000
2d Volante Conv	3600	11,500	19,200	38,400	67,200	96,000
4d Lagonda	2800	8900	14,800	29,600	51,800	74,000

1982

	6	5	4	3	2	1
2d Vantage Cpe	2400	7700	12,800	25,600	44,800	64,000
2d Volante Conv	3600	11,500	19,200	38,400	67,200	96,000
4d Lagonda	2800	8900	14,800	29,600	51,800	74,000

1983

	6	5	4	3	2	1
2d Vantage Cpe	2650	8400	14,000	28,000	49,000	70,000
2d Volante Conv	3700	11,750	19,600	39,200	68,600	98,000
4d Lagonda	2850	9100	15,200	30,400	53,200	76,000

1984

	6	5	4	3	2	1
2d Vantage Cpe	3450	11,050	18,400	36,800	64,400	92,000
2d Volante Conv	3700	11,750	19,600	39,200	68,600	98,000
4d Lagonda	2850	9100	15,200	30,400	53,200	76,000

1985
V-8

	6	5	4	3	2	1
2d Vantage Cpe	950	1100	1850	3700	6450	9200
2d Volante Conv	450	1170	1975	3900	6850	9800
4d Lagonda	2850	9100	15,200	30,400	53,200	76,000

1986
V-8

	6	5	4	3	2	1
2d Vantage Cpe	3550	11,300	18,800	37,600	65,800	94,000
2d Volante Conv	3750	12,000	20,000	40,000	70,000	100,000
4d Lagonda Saloon	350	950	1550	3150	5450	7800

1987
V-8

	6	5	4	3	2	1
2d Vantage Cpe	3550	11,300	18,800	37,600	65,800	94,000
2d Volante Conv	3750	12,000	20,000	40,000	70,000	100,000
4d Lagonda Saloon	2950	9350	15,600	31,200	54,600	78,000

1988
V-8

	6	5	4	3	2	1
2d Vantage Cpe	3600	11,500	19,200	38,400	67,200	96,000
2d Volante Conv	3850	12,250	20,400	40,800	71,400	102,000

	6	5	4	3	2	1
4d Lagonda Saloon	2950	9350	15,600	31,200	54,600	78,000
1989						
V-8						
2d Vantage Cpe	3750	12,000	20,000	40,000	70,000	100,000
2d Volante Conv	3900	12,500	20,800	41,600	72,800	104,000
4d Lagonda Saloon	3100	9850	16,400	32,800	57,400	82,000
1990						
V-8						
2d Virage Cpe	5100	16,300	27,200	54,400	95,200	136,000
1991						
Virage						
2d Cpe	4150	13,200	22,000	44,000	77,000	110,000
1992						
Virage						
2d Cpe	400	1250	2100	4200	7400	10,500

AUDI

	6	5	4	3	2	1
1970						
Super 90						
2d Sed	200	670	1150	2250	3920	5600
4d Sed	200	685	1150	2300	3990	5700
4d Sta Wag	200	685	1150	2300	3990	5700
100 LS						
2d Sed	200	670	1200	2300	4060	5800
4d Sed	200	700	1200	2350	4130	5900
1971						
Super 90						
2d Sed	200	670	1150	2250	3920	5600
4d Sed	200	685	1150	2300	3990	5700
4d Sta Wag	200	685	1150	2300	3990	5700
100 LS						
2d Sed	200	670	1200	2300	4060	5800
4d Sed	200	700	1200	2350	4130	5900
1972						
Super 90						
2d Sed	200	670	1150	2250	3920	5600
4d Sed	200	685	1150	2300	3990	5700
4d Sta Wag	200	685	1150	2300	3990	5700
100						
2d Sed	200	685	1150	2300	3990	5700
4d Sed	200	670	1200	2300	4060	5800
100 LS						
2d Sed	200	685	1150	2300	3990	5700
4d Sed	200	700	1200	2350	4130	5900
100 GL						
2d Sed	200	700	1200	2350	4130	5900
4d Sed	200	720	1200	2400	4200	6000
1973						
100						
2d Sed	200	670	1150	2250	3920	5600
4d Sed	200	685	1150	2300	3990	5700
100 LS						
2d Sed	200	685	1150	2300	3990	5700
4d Sed	200	670	1200	2300	4060	5800
100 GL						
2d Sed	200	670	1200	2300	4060	5800
4d Sed	200	700	1200	2350	4130	5900
Fox						
2d Sed	150	500	800	1600	2800	4000
4d Sed	150	500	800	1600	2800	4000
1974						
100 LS						
2d Sed	200	670	1150	2250	3920	5600
4d Sed	200	685	1150	2300	3990	5700
Fox						
2d Sed	150	500	800	1600	2800	4000
4d Sed	150	500	800	1600	2800	4000
1975						
100 LS						
2d Sed	200	660	1100	2200	3850	5500
4d Sed	200	670	1150	2250	3920	5600

Fox	6	5	4	3	2	1
2d Sed	150	500	800	1600	2800	4000
4d Sed	150	500	800	1600	2800	4000
4d Sta Wag	150	550	850	1675	2950	4200
1976						
100 LS						
2d Sed	200	650	1100	2150	3780	5400
4d Sed	200	660	1100	2200	3850	5500
Fox						
2d Sed	150	500	800	1600	2800	4000
4d Sed	150	500	800	1600	2800	4000
4d Sta Wag	150	550	850	1675	2950	4200
1977						
Sedan						
2d	200	700	1075	2150	3700	5300
4d	200	650	1100	2150	3780	5400
Fox						
2d Sed	150	500	800	1600	2800	4000
4d Sed	150	500	800	1600	2800	4000
4d Sta Wag	150	550	850	1675	2950	4200
1978						
5000						
4d Sed	200	650	1100	2150	3780	5400
Fox						
2d Sed	150	500	800	1600	2800	4000
4d Sed	150	500	800	1600	2800	4000
4d Sta Wag	150	550	850	1675	2950	4200
1979						
5000						
4d Sed	200	700	1075	2150	3700	5300
4d Sed S	200	670	1150	2250	3920	5600
Fox						
2d Sed	150	500	800	1600	2800	4000
4d Sed	150	500	800	1600	2800	4000
4d Sta Wag	150	550	850	1675	2950	4200
1980						
5000						
4d Sed	200	700	1050	2100	3650	5200
4d Sed S	200	660	1100	2200	3850	5500
4d Sed (Turbo)	200	720	1200	2400	4200	6000
4000						
2d Sed	200	675	1000	1950	3400	4900
4d Sed	200	675	1000	2000	3500	5000
1981						
5000						
4d Sed	200	675	1000	2000	3500	5000
4d Sed S	200	700	1050	2100	3650	5200
4d Sed (Turbo)	200	660	1100	2200	3850	5500
4000						
2d Sed 4E	150	575	900	1750	3100	4400
4d Sed 4E	150	600	900	1800	3150	4500
2d Sed (5 plus 5)	200	675	1000	1950	3400	4900
2d Cpe	200	675	1000	2000	3500	5000
1982						
5000						
4d Sed S	200	675	1000	2000	3500	5000
4d Sed (Turbo)	200	660	1100	2200	3850	5500
4000						
2d Sed	150	600	900	1800	3150	4500
4d Sed (Diesel)	150	500	800	1600	2800	4000
4d Sed S	150	650	975	1950	3350	4800
2d Cpe	200	675	1000	1950	3400	4900
1983						
5000						
4d Sed S	200	675	1000	2000	3500	5000
4d Sed (Turbo)	200	660	1100	2200	3850	5500
4d Sed (Turbo Diesel)	150	650	975	1950	3350	4800
4000						
2d Sed	150	600	900	1800	3150	4500
4d Sed S	150	650	975	1950	3350	4800
4d Sed S (Diesel)	150	500	800	1600	2800	4000
2d Cpe	200	675	1000	1950	3400	4900
1984						
5000						
4d Sed S	200	675	1000	2000	3500	5000

	6	5	4	3	2	1
4d Sed (Turbo)	200	660	1100	2200	3850	5500
4d Sta Wag S	200	700	1050	2100	3650	5200
4000						
2d Sed S	150	600	900	1800	3150	4500
4d Sed S	150	650	950	1900	3300	4700
2d GT Cpe	200	700	1075	2150	3700	5300
4d Sed S Quattro (4x4)	200	660	1100	2200	3850	5500
1985						
5000						
4d Sed S	200	675	1000	2000	3500	5000
4d Sed (Turbo)	200	660	1100	2200	3850	5500
4d Sta Wag S	200	700	1050	2100	3650	5200
4000						
4d Sed S	150	650	950	1900	3300	4700
2d GT Cpe	200	700	1075	2150	3700	5300
4d Sed S Quattro (4x4)	200	660	1100	2200	3850	5500
1986						
5000						
4d Sed S	200	720	1200	2400	4200	6000
4d Sed CS (Turbo)	350	840	1400	2800	4900	7000
4d Sed CS Quattro (Turbo - 4x4)						
	350	900	1500	3000	5250	7500
4d Sta Wag S	350	780	1300	2600	4550	6500
4d Sta Wag CS Quattro (Turbo - 4x4)						
	350	1020	1700	3400	5950	8500
4000						
4d Sed S	200	660	1100	2200	3850	5500
2d GT Cpe	350	840	1400	2800	4900	7000
4d Sed CS Quattro (4x4)	350	900	1500	3000	5250	7500
1987						
5000						
4d Sed S	350	840	1400	2800	4900	7000
4d Sed CS (Turbo)	350	900	1500	3000	5250	7500
4d Sed CS Quattro (Turbo - 4x4)						
	350	975	1600	3200	5600	8000
4d Sta Wag S	450	1080	1800	3600	6300	9000
4d Sta Wag CS Quattro (Turbo - 4x4)						
	450	1140	1900	3800	6650	9500
4000						
4d Sed S	200	720	1200	2400	4200	6000
2d GT Cpe	350	900	1500	3000	5250	7500
4d Sed CS Quattro (4x4)	350	1020	1700	3400	5950	8500
1988						
5000						
4d Sed S	350	1020	1700	3400	5950	8500
4d Sed CS (Turbo)	450	1080	1800	3600	6300	9000
4d Sed S Quattro (4x4)	350	1020	1700	3400	5950	8500
4d Sed CS Quattro (Turbo - 4x4)						
	450	1140	1900	3800	6650	9500
4d Sta Wag S	350	900	1500	3000	5250	7500
4d Sta Wag CS Quattro (Turbo - 4x4)						
	450	1140	1900	3800	6650	9500
80 and 90						
4d Sed 80	550	1700	2800	5600	9800	14,000
4d Sed 90	450	1140	1900	3800	6650	9500
4d Sed 80 Quattro (4x4)	400	1200	2000	4000	7000	10,000
4d Sed 90 Quattro (4x4)	550	1700	2800	5600	9800	14,000
1989						
80 and 90						
4d Sed 80	500	1550	2600	5200	9100	13,000
4d Sed 90	550	1700	2800	5600	9800	14,000
4d Sed 80 (4x4)	550	1750	2900	5800	10,200	14,500
4d Sed 90 (4x4)	600	1900	3200	6400	11,200	16,000
100						
4d Sed E	550	1700	2800	5600	9800	14,000
4d Sed	600	1900	3200	6400	11,200	16,000
4d Sed Quattro (4x4)	650	2050	3400	6800	11,900	17,000
4d Sta Wag	600	1900	3200	6400	11,200	16,000
200						
4d Sed (Turbo)	650	2050	3400	6800	11,900	17,000
4d Sed Quattro (Turbo - 4x4)						
	700	2150	3600	7200	12,600	18,000
4d Sta Wag Quattro (Turbo - 4x4)						
	750	2400	4000	8000	14,000	20,000

1990	6	5	4	3	2	1
80 and 90, 4 & 5-cyl.						
4d Sed 80	350	840	1400	2800	4900	7000
4d Sed 90	450	1140	1900	3800	6650	9500
4d Sed 80 Quattro	450	1130	1900	3800	6600	9400
4d Sed 90 Quattro	450	1450	2400	4800	8400	12,000
2d Cpe	450	1500	2500	5000	8800	12,500
100						
4d Sed	450	1080	1800	3600	6300	9000
4d Sed Quattro	400	1300	2200	4400	7700	11,000
200						
4d Sed Turbo	450	1400	2300	4600	8100	11,500
4d Sed 200T Quattro	500	1600	2700	5400	9500	13,500
4d Sta Wag 200T Quattro	550	1700	2800	5600	9800	14,000
4d Sed Quattro V-8	600	1900	3200	6400	11,200	16,000
1991						
80 and 90						
2d Cpe Quattro	400	1300	2200	4400	7700	11,000
4d Sed 80	350	900	1500	3000	5250	7500
4d Sed 90	450	1140	1900	3800	6650	9500
4d Sed 80 Quattro	450	1130	1900	3800	6600	9400
4d Sed 90 Quattro	400	1250	2100	4200	7400	10,500
100						
4d Sed	350	975	1600	3200	5600	8000
4d Sed Quattro	450	1140	1900	3800	6650	9500
200						
4d Sed Turbo	400	1300	2200	4400	7700	11,000
4d Sed Turbo Quattro	450	1450	2400	4800	8400	12,000
4d Sta Wag Turbo Quattro	550	1700	2800	5600	9800	14,000
4d Sed Quattro V-8	550	1800	3000	6000	10,500	15,000

AUSTIN

	6	5	4	3	2	1
1947-48						
A40, 4-cyl, 92.5" wb, 40 hp						
2d Dorset Sed	450	1140	1900	3800	6650	9500
2d Devon Sed	450	1140	1900	3800	6650	9500
1949						
A40, 4-cyl, 92.5" wb, 40 hp						
2d Dorset Sed	450	1140	1900	3800	6650	9500
2d Devon Sed	450	1140	1900	3800	6650	9500
2d Countryman Wag	400	1200	2000	4000	7000	10,000
A90 Atlantic, 4-cyl, 96" wb, 88 hp						
2d Conv	600	1900	3200	6400	11,200	16,000
A125 Sheerline, 6-cyl, 119" wb, 125 hp						
4d Sed	400	1300	2200	4400	7700	11,000
1950						
A40 Devon, 4-cyl, 92.5" wb, 40 hp						
4d Mk II Sed	450	1140	1900	3800	6650	9500
4d DeL Sed	450	1140	1900	3800	6650	9500
A40 Countryman, 4-cyl, 92.5" wb, 40 hp						
2d Sta Wag	450	1450	2400	4800	8400	12,000
A90 Atlantic, 4-cyl, 96" wb, 88 hp						
2d Conv	600	1900	3200	6400	11,200	16,000
A125 Sheerline, 6-cyl, 119" wb, 125 hp						
4d Sed	450	1400	2300	4600	8100	11,500
1951						
A40 Devon, 4-cyl, 92.5" wb, 40 hp						
4d Mk II Sed	450	1080	1800	3600	6300	9000
4d DeL Sed	450	1140	1900	3800	6650	9500
A40 Countryman, 4-cyl, 92.5" wb, 40 hp						
2d Sta Wag	450	1450	2400	4800	8400	12,000
A90 Atlantic, 4-cyl, 96" wb, 88 hp						
2d Conv	600	1900	3200	6400	11,200	16,000
2d Spt Sed	400	1300	2200	4400	7700	11,000
A125 Sheerline, 6-cyl, 119" wb, 125 hp						
4d Sed	450	1400	2300	4600	8100	11,500
1952						
A40 Somerset, 4-cyl, 92.5" wb, 42/50 hp						
2d Conv	550	1800	3000	6000	10,500	15,000
2d Spt Conv	600	1850	3100	6200	10,900	15,500
4d Sed	450	1080	1800	3600	6300	9000
A40 Countryman, 4-cyl, 92.5" wb, 42 hp						
2d Sta Wag	450	1450	2400	4800	8400	12,000

	6	5	4	3	2	1
A90 Atlantic, 4-cyl, 96" wb, 88 hp						
2d Spt Sed	400	1200	2000	4000	7000	10,000
A125 Sheerline, 6-cyl, 119" wb, 125 hp						
4d Sed	450	1400	2300	4600	8100	11,500
1953						
A30 "Seven", 4-cyl, 79.5" wb, 30 hp						
4d Sed	450	1080	1800	3600	6300	9000
A40 Somerset, 4-cyl, 92.5" wb, 42/50 hp						
2d Conv	550	1800	3000	6000	10,500	15,000
2d Spt Conv	600	1850	3100	6200	10,900	15,500
4d Sed	450	1140	1900	3800	6650	9500
A40 Countryman, 4-cyl, 92.5" wb, 42 hp						
2d Sta Wag	450	1450	2400	4800	8400	12,000
1954						
A30 "Seven", 4-cyl, 79.5" wb, 30 hp						
2d Sed	450	1080	1800	3600	6300	9000
4d Sed	350	975	1600	3200	5600	8000
A40 Somerset, 4-cyl, 92.5" wb, 42/50 hp						
2d Conv	550	1700	2800	5600	9800	14,000
4d Sed	450	1080	1800	3600	6300	9000
A40 Countryman, 4-cyl, 92.5" wb, 42 hp						
2d Sta Wag	450	1450	2400	4800	8400	12,000
1955						
A50 Cambridge, 4-cyl, 99" wb, 50 hp						
4d Sed	350	1020	1700	3400	5950	8500
A90 Westminster, 6-cyl, 103" wb, 85 hp						
4d Sed	450	1080	1800	3600	6300	9000
1956						
A50 Cambridge, 4-cyl, 99" wb, 50 hp						
4d Sed	350	1020	1700	3400	5950	8500
A90 Westminster, 6-cyl, 103" wb, 85 hp						
4d Sed	450	1080	1800	3600	6300	9000
1957						
A35, 4-cyl, 79" wb, 34 hp						
2d Sed	350	880	1500	2950	5180	7400
A55 Cambridge, 4-cyl, 99" wb, 51 hp						
4d Sed	350	950	1550	3100	5400	7700
A95 Westminster, 6-cyl, 106" wb, 92 hp						
4d Sed	450	1080	1800	3600	6300	9000
1958						
A35, 4-cyl, 79" wb, 34 hp						
2d Sed	350	880	1500	2950	5180	7400
A55 Cambridge, 4-cyl, 99" wb, 51 hp						
4d Sed	350	950	1550	3100	5400	7700
1959						
A35, 4-cyl, 79" wb, 34 hp						
2d Sed	350	880	1500	2950	5180	7400
A40, 4-cyl, 83" wb, 34 hp						
2d Std Sed	350	900	1500	3000	5250	7500
2d DeL Sed	350	950	1500	3050	5300	7600
A55 Cambridge, 4-cyl, 99" wb, 51 hp						
4d Sed	350	950	1550	3100	5400	7700
A55 Mark II, 4-cyl, 99" wb, 51 hp						
4d Sed	350	950	1550	3150	5450	7800
1960						
850 Mini, 4-cyl, 80" wb, 37 hp						
2d Sed	450	1450	2400	4800	8400	12,000
A40, 4-cyl, 83" wb, 34 hp						
2d Std Sed	350	900	1500	3000	5250	7500
2d DeL Sed	350	950	1500	3050	5300	7600
A55 Mark II, 4-cyl, 99" wb, 51 hp						
4d Sed	350	950	1550	3150	5450	7800
A99 Westminster, 6-cyl, 108" wb, 112 hp						
4d Sed	350	975	1600	3200	5500	7900
1961						
850 Mini, 4-cyl, 80" wb, 37 hp						
2d Sed	450	1450	2400	4800	8400	12,000
Mini Cooper, 4-cyl, 80" wb, 55 hp						
2d Sed	550	1700	2800	5600	9800	14,000
A40, 4-cyl, 83" wb, 34 hp						
2d Std Sed	350	900	1500	3000	5250	7500
2d DeL Sed	350	950	1500	3050	5300	7600
2d Std Sta Wag	350	975	1600	3200	5600	8000
2d DeL Sta Wag	350	1020	1700	3400	5950	8500

	6	5	4	3	2	1
A55 Mark II, 4-cyl, 99" wb, 51 hp						
4d Sed	350	950	1550	3150	5450	7800
A99 Westminster, 6-cyl, 108" wb, 112 hp						
4d Sed	350	975	1600	3200	5600	8000
1962						
850 Mini, 4-cyl, 80" wb, 37 hp						
2d Sed	450	1450	2400	4800	8400	12,000
Mini Cooper, 4-cyl, 80" wb, 55 hp						
2d Sed	550	1700	2800	5600	9800	14,000
A40, 4-cyl, 83" wb, 34 hp						
2d Sed	350	900	1500	3000	5250	7500
A55 Mark II, 4-cyl, 99" wb, 51 hp						
4d Sed	350	950	1500	3050	5300	7600
1963						
850 Mini, 4-cyl, 80" wb, 37 hp						
2d Sed	450	1450	2400	4800	8400	12,000
2d Sta Wag	500	1550	2600	5200	9100	13,000
850 Mini Cooper, 4-cyl, 80" wb, 56 hp						
2d Sed	550	1750	2900	5800	10,200	14,500
850 Mini Cooper "S", 4-cyl, 80" wb, 75 hp						
2d Sed	600	1900	3200	6400	11,200	16,000
A60, 4-cyl, 100" wb, 68 hp						
4d Sed	350	900	1500	3000	5250	7500
4d Countryman	350	950	1550	3100	5400	7700
1964						
850 Mini, 4-cyl, 80" wb, 37 hp						
2d Sed	450	1450	2400	4800	8400	12,000
2d Sta Wag	500	1550	2600	5200	9100	13,000
850 Mini Cooper, 4-cyl, 80" wb, 56 hp						
2d Sed	550	1750	2900	5800	10,200	14,500
850 Mini Cooper "S", 4-cyl, 80" wb, 75 hp						
2d Sed	600	1900	3200	6400	11,200	16,000
A60, 4-cyl, 100" wb, 68 hp						
4d Sed	350	900	1500	3000	5250	7500
4d Countryman	350	950	1550	3100	5400	7700
Mark II Princess, 6-cyl, 110" wb, 175 hp						
4d Sed	450	1080	1800	3600	6300	9000
1965						
850 Mini, 4-cyl, 80" wb, 34 hp						
2d Sed	450	1450	2400	4800	8400	12,000
850 Mini Cooper "S", 4-cyl, 80" wb, 75 hp						
2d Sed	600	1900	3200	6400	11,200	16,000
Mark II Princess, 6-cyl, 110" wb, 175 hp						
4d Sed	450	1080	1800	3600	6300	9000
1966						
850 Mini, 4-cyl, 80" wb, 34 hp						
2d Sed	450	1450	2400	4800	8400	12,000
850 Mini Cooper "S", 4-cyl, 80" wb, 75 hp						
2d Sed	600	1900	3200	6400	11,200	16,000
Mark II Princess "R", 6-cyl, 110" wb, 175 hp						
4d Sed	450	1080	1800	3600	6300	9000
1967						
850 Mini Cooper "S", 4-cyl, 80" wb, 75 hp						
2d Sed	600	2000	3300	6600	11,600	16,500
1968						
850 Mini Cooper "S", 4-cyl, 80" wb, 75 hp						
2d Sed	600	2000	3300	6600	11,600	16,500
America, 4-cyl, 93" wb, 58 hp						
2d Sed	200	675	1000	2000	3500	5000
1969						
America, 4-cyl, 93" wb, 58 hp						
2d Sed	200	675	1000	2000	3500	5000
1970						
America, 4-cyl, 93" wb, 58 hp						
2d Sed	200	675	1000	2000	3500	5000
1971						
America, 4-cyl, 93" wb, 58 hp						
2d Sed	200	675	1000	2000	3500	5000
1972						
No Austins imported in 1972.						
1973						
Marina, 4-cyl, 96" wb, 68 hp						
2d GT Sed	200	675	1000	2000	3500	5000

	6	5	4	3	2	1
4d Sed	150	650	975	1950	3350	4800
1974						
Marina, 4-cyl., 96" wb, 68 hp						
2d GT Sed	200	675	1000	2000	3500	5000
4d Sed	150	650	975	1950	3350	4800
1975						
Marina, 4-cyl., 96" wb, 68 hp						
2d GT Sed	200	675	1000	2000	3500	5000
4d Sed	150	650	975	1950	3350	4800

AUSTIN-HEALEY

	6	5	4	3	2	1
1953-1956						
"100", 4-cyl., 90 hp, 90" wb						
Rds	950	3000	5000	10,000	17,500	25,000
1956						
"100-6", 6-cyl., 102 hp, 92" wb						
Rds	1000	3100	5200	10,400	18,200	26,000
1957						
"100-6", 6-cyl., 102 hp, 92" wb						
Rds	1000	3250	5400	10,800	18,900	27,000
1958						
"100-6", 6-cyl., 117 hp, 92" wb						
Rds	1000	3250	5400	10,800	18,900	27,000
Sprite Mk I, 4-cyl., 43 hp, 80" wb						
Rds	450	1450	2400	4800	8400	12,000
1959						
"100-6", 6-cyl., 117 hp, 92" wb						
Rds	1000	3250	5400	10,800	18,900	27,000
Sprite Mk I, 4-cyl., 43 hp, 80" wb						
Rds	450	1450	2400	4800	8400	12,000
1960						
"3000" Mk I, 6-cyl., 124 hp, 92" wb						
Rds	1000	3250	5400	10,800	18,900	27,000
Sprite Mk I, 4-cyl., 43 hp, 80" wb						
Rds	450	1450	2400	4800	8400	12,000
1961						
"3000" Mk I, 6-cyl., 124 hp, 92" wb						
Rds	900	2900	4800	9600	16,800	24,000
"3000" Mk II, 6-cyl., 132 hp, 92" wb						
Rds	950	3000	5000	10,000	17,500	25,000
Sprite Mk I, 4-cyl., 43 hp, 80" wb						
Rds	450	1450	2400	4800	8400	12,000
Sprite Mk II, 4-cyl., 46 hp, 80" wb						
Rds	400	1200	2000	4000	7000	10,000
1962						
"3000" Mk II, 6-cyl., 132 hp, 92" wb						
Rds	850	2750	4600	9200	16,100	23,000
Sprite Mk II, 4-cyl., 46 hp, 80" wb						
Conv	450	1080	1800	3600	6300	9000
1963						
"3000 Mk II, 6-cyl., 132 hp, 92" wb						
Conv	950	3000	5000	10,000	17,500	25,000
Sprite Mk II, 4-cyl., 56 hp, 80" wb						
Rds	450	1080	1800	3600	6300	9000
1964						
"3000" Mk II, 6-cyl., 132 hp, 92" wb						
Conv	1000	3100	5200	10,400	18,200	26,000
"3000" Mk III, 6-cyl., 150 hp, 92" wb						
Conv	1000	3250	5400	10,800	18,900	27,000
Sprite Mk II, 4-cyl., 56 hp, 80" wb						
Rds	450	1080	1800	3600	6300	9000
Sprite Mk III, 4-cyl., 59 hp, 80" wb						
Conv	450	1140	1900	3800	6650	9500
1965						
"3000" Mk III, 6-cyl., 150 hp, 92" wb						
Conv	1000	3250	5400	10,800	18,900	27,000
Sprite Mk III, 4-cyl., 59 hp, 80" wb						
Conv	450	1140	1900	3800	6650	9500
1966						
"3000" Mk III, 6-cyl., 150 hp, 92" wb						
Conv	1000	3250	5400	10,800	18,900	27,000

	6	5	4	3	2	1
Sprite Mk III, 4-cyl., 59 hp, 80" wb						
Conv	450	1140	1900	3800	6650	9500
1967						
"3000" Mk III, 6-cyl., 150 hp, 92" wb						
Conv	1000	3250	5400	10,800	18,900	27,000
Sprite Mk III, 4-cyl., 59 hp, 80" wb						
Conv	450	1140	1900	3800	6650	9500
1968						
Sprite Mk III, 4-cyl., 59 hp, 80" wb						
2d Rds	450	1080	1800	3600	6300	9000
Sprite Mk IV, 4-cyl., 62 hp, 80" wb						
2d Rds	400	1200	2000	4000	7000	10,000
1969						
Sprite Mk IV, 4-cyl., 62 hp, 80" wb						
2d Rds	400	1200	2000	4000	7000	10,000
1970						
Sprite M IV, 4-cyl., 62 hp, 80" wb						
2d Rds	400	1200	2000	4000	7000	10,000

BENTLEY

	6	5	4	3	2	1
1946-1951						
6 cyl., 120" wb, 4257 cc						
4d Sed	1050	3350	5600	11,200	19,600	28,000
1951-1952						
6 cyl., 120" wb, 4566 cc						
Mark VI						
Std Steel Saloon	1000	3100	5200	10,400	18,200	26,000
Abbott						
DHC	2250	7200	12,000	24,000	42,000	60,000
FHC	1150	3600	6000	12,000	21,000	30,000
Facel						
FHC	1550	4900	8200	16,400	28,700	41,000
Franay						
Sedanca Cpe	1500	4800	8000	16,000	28,000	40,000
DHC	2500	7900	13,200	26,400	46,200	66,000
Freestone & Webb						
Cpe	1300	4200	7000	14,000	24,500	35,000
Saloon	1150	3600	6000	12,000	21,000	30,000
Graber						
Cpe	1600	5150	8600	17,200	30,100	43,000
Gurney Nutting						
Sedanca Cpe	1550	4900	8200	16,400	28,700	41,000
Hooper						
Cpe	1650	5300	8800	17,600	30,800	44,000
Saloon	1550	4900	8200	16,400	28,700	41,000
Sedanca Cpe	1750	5500	9200	18,400	32,200	46,000
H.J. Mulliner						
DHC	3450	11,050	18,400	36,800	64,400	92,000
4d Saloon	1150	3600	6000	12,000	21,000	30,000
2d Saloon	1300	4100	6800	13,600	23,800	34,000
Park Ward						
DHC	3450	11,050	18,400	36,800	64,400	92,000
Cpe	1350	4300	7200	14,400	25,200	36,000
Saloon	1300	4200	7000	14,000	24,500	35,000
Radford						
Countryman	1350	4300	7200	14,400	25,200	36,000
Windovers						
2d Saloon	1300	4200	7000	14,000	24,500	35,000
Worlaufen						
DHC	2100	6700	11,200	22,400	39,200	56,000
James Young						
Clubman Cpe	1300	4200	7000	14,000	24,500	35,000
Saloon	1150	3700	6200	12,400	21,700	31,000
Spt Saloon	1350	4300	7200	14,400	25,200	36,000
NOTE: Deduct 30 percent for RHD.						
1952-1955						
6 cyl., 120" wb, 4566 cc						
R Type						
NOTE: Numbers produced in ( ).						
Std Steel Saloon	1000	3100	5200	10,400	18,200	26,000
Abbott (16)						
Continental	2700	8650	14,400	28,800	50,400	72,000
DHC	2850	9100	15,200	30,400	53,200	76,000

	6	5	4	3	2	1
Frankdale						
Saloon	1200	3850	6400	12,800	22,400	32,000
Freestone & Webb (29)						
Saloon	1300	4200	7000	14,000	24,500	35,000
Franay (2)						
Cpe	2350	7450	12,400	24,800	43,400	62,000
Hooper (41)						
4d Saloon	1300	4100	6800	13,600	23,800	34,000
2d Saloon	1350	4300	7200	14,400	25,200	36,000
Sedanca Cpe	1450	4700	7800	15,600	27,300	39,000
Graber (7)						
H.J. Mulliner (67)						
DHC	2700	8650	14,400	28,800	50,400	72,000
Saloon	1200	3850	6400	12,800	22,400	32,000
Radford (20)						
Countryman	1500	4800	8000	16,000	28,000	40,000
Park Ward (50)						
FHC	1550	4900	8200	16,400	28,700	41,000
DHC	2500	7900	13,200	26,400	46,200	66,000
Saloon	1150	3600	6000	12,000	21,000	30,000
James Young (69)						
Cpe	1200	3850	6400	12,800	22,400	32,000
Saloon	1000	3250	5400	10,800	18,900	27,000
Sedanca Cpe	1250	3950	6600	13,200	23,100	33,000
R Type Continental						
6 cyl., 120" wb, 4566 cc (A-C series),						
4887 cc (D-E series)						
Bertone						
Saloon	1550	4900	8200	16,400	28,700	41,000
Farina						
Cpe (1)					value not estimable	
Franay (5)					value not estimable	
Graber (3)					value not estimable	
J.H. Mulliner						
Cpe (193)	1550	4900	8200	16,400	28,700	41,000
Park Ward (6)					value not estimable	
Cpe (2)					value not estimable	
DHC (4)					value not estimable	

NOTE: Deduct 30 percent for RHD.

1955-1959
S1 Type
6 cyl., 123" wb, 127" wb, 4887 cc

	6	5	4	3	2	1
Std Steel Saloon	1300	4200	7000	14,000	24,500	35,000
LWB Saloon						
(after 1957)	1450	4550	7600	15,200	26,600	38,000
Freestone & Webb						
Saloon	1450	4700	7800	15,600	27,300	39,000
Graber						
DHC	2350	7450	12,400	24,800	43,400	62,000
Hooper						
Saloon	1450	4700	7800	15,600	27,300	39,000
H.J. Mulliner						
Saloon	1700	5400	9000	18,000	31,500	45,000
Limo (5)	1750	5500	9200	18,400	32,200	46,000
Park Ward						
FHC	1950	6250	10,400	20,800	36,400	52,000
James Young						
Saloon	1500	4800	8000	16,000	28,000	40,000

S1 Type Continental
6 cyl., 123" wb, 4887 cc

	6	5	4	3	2	1
Franay						
Cpe	2100	6700	11,200	22,400	39,200	56,000
Graber						
DHC	3450	11,050	18,400	36,800	64,400	92,000
Hooper						
Saloon (6)	1350	4300	7200	14,400	25,200	36,000
H.J. Mulliner						
Cpe	1450	4550	7600	15,200	26,600	38,000
DHC	2100	6700	11,200	22,400	39,200	56,000
Spt Saloon	1750	5500	9200	18,400	32,200	46,000
Flying Spur (after 1957)	1900	6000	10,000	20,000	35,000	50,000
Park Ward						
DHC	2400	7700	12,800	25,600	44,800	64,000
Spt Saloon	1900	6100	10,200	20,400	35,700	51,000
James Young						
Saloon	1250	3950	6600	13,200	23,100	33,000

NOTE: Deduct 30 percent for RHD.

1959-1962	6	5	4	3	2	1
S2 Type						
V-8, 123" wb, 127" wb, 6230 cc						
Std Steel Saloon	1300	4200	7000	14,000	24,500	35,000
LWB Saloon	1450	4700	7800	15,600	27,300	39,000
Franay	1800	5750	9600	19,200	33,600	48,000
Graber	1850	5900	9800	19,600	34,300	49,000
Hooper	1900	6000	10,000	20,000	35,000	50,000
H.J. Mulliner						
DHC (15)	3250	10,300	17,200	34,400	60,200	86,000
Park Ward						
DHC	2100	6700	11,200	22,400	39,200	56,000
Radford						
Countryman	1750	5500	9200	18,400	32,200	46,000
James Young						
Limo (5)	1750	5650	9400	18,800	32,900	47,000
S2 Type Continental						
V-8, 123" wb, 6230 cc						
H.J. Mulliner						
Flying Spur	2100	6700	11,200	22,400	39,200	56,000
Park Ward						
DHC	2050	6600	11,000	22,000	38,500	55,000
James Young						
Saloon	1350	4300	7200	14,400	25,200	36,000
NOTE: Deduct 30 percent for RHD.						
1962-1965						
S3 Type						
V-8, 123" wb, 127" wb, 6230 cc						
Std Steel Saloon	1450	4550	7600	15,200	26,600	38,000
LWB Saloon	1600	5050	8400	16,800	29,400	42,000
H.J. Mulliner						
Cpe	1500	4800	8000	16,000	28,000	40,000
DHC	2150	6850	11,400	22,800	39,900	57,000
Park Ward						
Cpe	2050	6600	11,000	22,000	38,500	55,000
DHC	2850	9100	15,200	30,400	53,200	76,000
James Young						
LWB Limo	2050	6600	11,000	22,000	38,500	55,000
S3 Continental						
V-8, 123" wb, 6230 cc						
H.J. Mulliner-Park Ward						
Cpe	1800	5750	9600	19,200	33,600	48,000
DHC	2500	7900	13,200	26,400	46,200	66,000
Flying Spur	2100	6700	11,200	22,400	39,200	56,000
James Young						
Cpe	1500	4800	8000	16,000	28,000	40,000
Saloon	1700	5400	9000	18,000	31,500	45,000
NOTE: Add 10 percent for factory sunroof.						
Deduct 30 percent for RHD.						
1966						
James Young 2d	1900	6000	10,000	20,000	35,000	50,000
Park Ward 2d	3750	12,000	20,000	40,000	70,000	100,000
1967						
James Young 2d	1850	5900	9800	19,600	34,300	49,000
Park Ward 2d	3100	9850	16,400	32,800	57,400	82,000
Park Ward 2d Conv	3750	12,000	20,000	40,000	70,000	100,000
T 4d	1350	4300	7200	14,400	25,200	36,000
1968						
Park Ward 2d	3100	9850	16,400	32,800	57,400	82,000
Park Ward 2d Conv	3750	12,000	20,000	40,000	70,000	100,000
T 4d	1350	4300	7200	14,400	25,200	36,000
1969						
Park Ward 2d	3100	9850	16,400	32,800	57,400	82,000
Park Ward 2d Conv	4000	12,700	21,200	42,400	74,200	106,000
T 4d	1400	4450	7400	14,800	25,900	37,000
1970						
Park Ward 2d	3000	9600	16,000	32,000	56,000	80,000
Park Ward 2d Conv	4000	12,700	21,200	42,400	74,200	106,000
T 4d	1450	4550	7600	15,200	26,600	38,000
1971						
T 4d	1300	4200	7000	14,000	24,500	35,000
1972						
T 4d	1300	4200	7000	14,000	24,500	35,000
1973						
T 4d	1300	4200	7000	14,000	24,500	35,000

	6	5	4	3	2	1
1974						
T 4d	1350	4300	7200	14,400	25,200	36,000
1975						
T 4d	1350	4300	7200	14,400	25,200	36,000
1976						
T 4d	1400	4450	7400	14,800	25,900	37,000
1977						
T2 4d	1200	3850	6400	12,800	22,400	32,000
Corniche 2d	1500	4800	8000	16,000	28,000	40,000
Corniche 2d Conv	2500	7900	13,200	26,400	46,200	66,000
1978						
T2 4d	1300	4100	6800	13,600	23,800	34,000
Corniche 2d	1500	4800	8000	16,000	28,000	40,000
Corniche 2d Conv	2500	7900	13,200	26,400	46,200	66,000
1979						
T2 4d	1400	4450	7400	14,800	25,900	37,000
Corniche 2d	1600	5050	8400	16,800	29,400	42,000
Corniche 2d Conv	2550	8150	13,600	27,200	47,600	68,000
1980						
T2 4d	1500	4800	8000	16,000	28,000	40,000
Mulsanne 4d	1700	5400	9000	18,000	31,500	45,000
Corniche 2d	1750	5650	9400	18,800	32,900	47,000
Corniche 2d Conv	2650	8400	14,000	28,000	49,000	70,000
1981						
Mulsanne 4d	1750	5650	9400	18,800	32,900	47,000
Corniche 2d Conv	2700	8650	14,400	28,800	50,400	72,000
1982						
Mulsanne 4d	1900	6000	10,000	20,000	35,000	50,000
Corniche 2d Conv	2850	9100	15,200	30,400	53,200	76,000
1983						
Mulsanne 4d	1950	6250	10,400	20,800	36,400	52,000
Corniche 2d Conv	2950	9350	15,600	31,200	54,600	78,000
1984						
Mulsanne						
4d Sed	2050	6500	10,800	21,600	37,800	54,000
Turbo 4d Sed	2100	6700	11,200	22,400	39,200	56,000
Corniche						
2d Conv	3000	9600	16,000	32,000	56,000	80,000
1985						
Eight						
4d Sed	2250	7200	12,000	24,000	42,000	60,000
Mulsanne-S						
4d Sed	2350	7450	12,400	24,800	43,400	62,000
Turbo 4d Sed	2400	7700	12,800	25,600	44,800	64,000
Continental						
2d Conv	3300	10,550	17,600	35,200	61,600	88,000
1986						
Eight						
4d Sed	2500	7900	13,200	26,400	46,200	66,000
Mulsanne-S						
4d Sed	2550	8150	13,600	27,200	47,600	68,000
Turbo 4d Sed	2650	8400	14,000	28,000	49,000	70,000
Continental						
2d Conv	3550	11,300	18,800	37,600	65,800	94,000
1987						
Eight						
4d Sed	1600	5150	8600	17,200	30,100	43,000
Mulsanne-S						
4d Sed	1750	5500	9200	18,400	32,200	46,000
Continental						
2d Conv	4900	15,600	26,000	52,000	91,000	130,000
1988						
Eight						
4d Sed	1750	5650	9400	18,800	32,900	47,000
Mulsanne-S						
4d Sed	1900	6000	10,000	20,000	35,000	50,000
Continental						
2d Conv	5100	16,300	27,200	54,400	95,200	136,000
1989						
Eight						
4d Sed	1900	6000	10,000	20,000	35,000	50,000
Mulsanne-S						
4d Sed	1950	6250	10,400	20,800	36,400	52,000

	6	5	4	3	2	1
Turbo 4d Sed	2050	6600	11,000	22,000	38,500	55,000
Continental						
2d Conv	5200	16,550	27,600	55,200	96,600	138,000
1990						
Eight						
4d Sed	2200	6950	11,600	23,200	40,600	58,000
Mulsanne-S						
4d Sed	2250	7200	12,000	24,000	42,000	60,000
Turbo 4d Sed	2400	7700	12,800	25,600	44,800	64,000
Continental						
2d Conv	5250	16,800	28,000	56,000	98,000	140,000
1991						
Eight						
4d Sed	2250	7200	12,000	24,000	42,000	60,000
Mulsanne-S						
4d Sed	2650	8400	14,000	28,000	49,000	70,000
Turbo R						
4d Sed	3000	9600	16,000	32,000	56,000	80,000
Continental						
2d Conv	5450	17,400	29,000	58,000	101,500	145,000
1992						
Mulsanne-S, V-8						
4d Sed	2650	8400	14,000	28,000	49,000	70,000
Turbo R, V-8						
4d Sed	3150	10,100	16,800	33,600	58,800	84,000
4d Sed LWB	4750	15,100	25,200	50,400	88,200	126,000
Continental, V-8						
2d Conv	5250	16,800	28,000	56,000	98,000	140,000

BMW

	6	5	4	3	2	1
1952 - 1953						
6-cyl., 111.6" wb, 1917 cc						
501 4d Sed	450	1400	2300	4600	8100	11,500
1954						
501 4d Sed	400	1200	2000	4000	7000	10,000
501A 4d Sed	400	1200	2000	4000	7000	10,000
501B 4d Sed	400	1200	2000	4000	7000	10,000

NOTE: Add 75 percent for custom built coupe. Add 100 percent for custom built 2d and 4d convertibles.

	6	5	4	3	2	1
V-8, 111.6" wb, 2580 cc						
502/2.6 4d Sed	450	1500	2500	5000	8800	12,500
1955						
Isetta 250						
1-cyl., 59.1" wb, 250 cc						
1d Std Sed	400	1300	2200	4400	7700	11,000
1d DeL Sed	400	1350	2250	4500	7900	11,300
6-cyl., 111.6" wb, 1971 cc						
501A 4d Sed	400	1200	2000	4000	7000	10,000
501B 4d Sed	400	1200	2000	4000	7000	10,000
501/6 4d Sed, 2077 cc	450	1400	2300	4600	8100	11,500
501 V-8 4d Sed, 2580 cc	450	1500	2500	5000	8800	12,500
502/2.6 4d Sed	500	1600	2700	5400	9500	13,500
502/3.2 4d Sed	450	1400	2300	4600	8100	11,500

NOTE: Add 75 percent for coachbuilt cpe. Add 100 percent for coachbuilt 2d and 4d convertibles.

	6	5	4	3	2	1
1956						
Isetta 250						
1d Std Sed	400	1200	2000	4000	7000	10,000
1d DeL Sed	400	1350	2250	4500	7900	11,300
501/6 4d Sed	400	1200	2000	4000	7000	10,000
501 V-8 4d Sed	450	1450	2400	4800	8400	12,000
502/2.6 4d Sed	500	1550	2600	5200	9100	13,000
502/3.2 4d Sed	550	1800	3000	6000	10,500	15,000

NOTE: Add 25 percent for coachbuilt cpe. Add 100 percent for coachbuilt 2d and 4d convertibles.

	6	5	4	3	2	1
V-8, 11.6 wb, 3168 cc						
503 Cpe	1150	3600	6000	12,000	21,000	30,000
503 Conv	1500	4800	8000	16,000	28,000	40,000
V-8, 97.6" wb, 3168 cc						
507 Rds	7900	25,200	42,000	84,000	147,000	210,000
1957						
Isetta 300						
1d Std Sed	400	1300	2150	4300	7600	10,800
1d DeL Sed	400	1200	2000	4000	7000	10,000
2-cyl., 66.9" wb, 582 cc						
600 2d Sed	450	1140	1900	3800	6650	9500
501/6 4d Sed	400	1200	2000	4000	7000	10,000

	6	5	4	3	2	1
501 V-8 4d Sed	450	1450	2400	4800	8400	12,000
502/2.6 4d Sed	500	1550	2600	5200	9100	13,000
502/3.2 4d Sed	550	1800	3000	6000	10,500	15,000
502/3.2 Sup 4d Sed	600	1900	3200	6400	11,200	16,000
503 Cpe	1150	3600	6000	12,000	21,000	30,000
503 Conv	1500	4800	8000	16,000	28,000	40,000
507 Rds	7900	25,200	42,000	84,000	147,000	210,000

1958
Isetta 300

	6	5	4	3	2	1
1d Std Sed	400	1300	2200	4400	7700	11,000
1d DeL Sed	400	1350	2250	4500	7900	11,300
600 2d Sed	450	1140	1900	3800	6650	9500
501/3 4d Sed	400	1200	2000	4000	7000	10,000
501 V-8 4d Sed	450	1450	2400	4800	8400	12,000
502/2.6 4d Sed	500	1550	2600	5200	9100	13,000
502/3.2 4d Sed	550	1800	3000	6000	10,500	15,000
502/3.2 Sup 4d Sed	600	1900	3200	6400	11,200	16,000

NOTE: Add 75 percent for coachbuilt cpe. Add 100 percent for coachbuilt 2d and 4d convertibles.

	6	5	4	3	2	1
503 Cpe	1150	3600	6000	12,000	21,000	30,000
503 Conv	1500	4800	8000	16,000	28,000	40,000
507 Rds	7900	25,200	42,000	84,000	147,000	210,000

1959
Isetta 300

	6	5	4	3	2	1
1d Std Sed	400	1300	2200	4400	7700	11,000
1d DeL Sed	400	1350	2250	4500	7900	11,300
600 2d Sed	450	1140	1900	3800	6650	9500

700, 2-cyl., 83.5" wb, 697 cc

	6	5	4	3	2	1
Cpe	350	840	1400	2800	4900	7000
2d Sed	350	800	1350	2700	4700	6700
501 V-8 4d Sed	450	1450	2400	4800	8400	12,000
502/2.6 4d Sed	500	1550	2600	5200	9100	13,000
502/3.2 4d Sed	550	1800	3000	6000	10,500	15,000
502/3.2 Sup 4d Sed	600	1900	3200	6400	11,200	16,000
503 Cpe	1150	3600	6000	12,000	21,000	30,000
503 Conv	1500	4800	8000	16,000	28,000	40,000
507 Rds	7900	25,200	42,000	84,000	147,000	210,000

1960
Isetta 300

	6	5	4	3	2	1
1d Std Sed	400	1350	2250	4500	7800	11,200
1d DeL Sed	450	1350	2300	4600	8000	11,400
600 2d Sed	450	1140	1900	3800	6650	9500
700 Cpe	350	900	1500	3000	5250	7500
700 2d Sed	350	860	1450	2900	5050	7200
700 Spt Cpe	350	950	1500	3050	5300	7600
501 V-8 4d Sed	450	1450	2400	4800	8400	12,000
502/2.6 4d Sed	500	1550	2600	5200	9100	13,000
502/3.2 4d Sed	550	1800	3000	6000	10,500	15,000
502/3.2 Sup 4d Sed	600	1900	3200	6400	11,200	16,000

1961
Isetta 300

	6	5	4	3	2	1
1d Std Sed	400	1350	2250	4500	7900	11,300
1d DeL Sed	450	1400	2300	4600	8100	11,500
700 Cpe	350	900	1500	3000	5250	7500
700 2d Sed	350	840	1400	2800	4900	7000
700 Spt Cpe	350	950	1550	3100	5400	7700
700 2d Luxus Sed	350	860	1450	2900	5050	7200
700 Conv	450	1450	2400	4800	8400	12,000
501 V-8 4d Sed	450	1450	2400	4800	8400	12,000
502/2.6 4d Sed	500	1550	2600	5200	9100	13,000
2600 4d Sed	550	1700	2800	5600	9800	14,000
2600L 4d Sed	550	1750	2900	5800	10,200	14,500
502/3.2 4d Sed	500	1550	2600	5200	9100	13,000
502/3.2 4d Sup Sed	550	1700	2800	5600	9800	14,000
3200L 4d Sed	550	1800	3000	6000	10,500	15,000
3200S 4d Sed	600	1900	3200	6400	11,200	16,000

1962
Isetta 300

	6	5	4	3	2	1
1d Std Sed	400	1350	2250	4500	7900	11,300
1d DeL Sed	450	1400	2300	4600	8100	11,500
700 Cpe	350	900	1500	3000	5250	7500
700 CS Cpe	350	950	1550	3100	5400	7700
700 Spt Cpe	350	950	1550	3150	5450	7800
700 2d Sed	350	840	1400	2800	4900	7000
700 Conv	450	1450	2400	4800	8400	12,000
700LS 2d Sed	350	870	1450	2900	5100	7300

	6	5	4	3	2	1
700 LS Luxus 2d Sed	350	900	1500	3000	5250	7500
4-cyl., 100.4" wb, 1499 cc						
1500 4d Sed	350	900	1500	3000	5250	7500
2600 4d Sed	450	1140	1900	3800	6650	9500
2600L 4d Sed	450	1140	1900	3800	6650	9500
3200L 4d Sed	450	1450	2400	4800	8400	12,000
3200S 4d Sed	450	1500	2500	5000	8800	12,500
3200CS Cpe	800	2500	4200	8400	14,700	21,000
1963						
700 Cpe	200	745	1250	2500	4340	6200
700 Spt Cpe	350	950	1550	3150	5450	7800
700 CS Cpe	350	800	1350	2700	4700	6700
700 Conv	450	1450	2400	4800	8400	12,000
700 LS 2d Sed	350	870	1450	2900	5100	7300
700 LS Luxus 2d Sed	350	900	1500	3000	5250	7500
1500 4d Sed	350	860	1450	2900	5050	7200
1800 4d Sed	350	975	1600	3200	5600	8000
2600L 4d Sed	400	1250	2100	4200	7400	10,500
3200S 4d Sed	400	1300	2200	4400	7700	11,000
3200CS Cpe	750	2400	4000	8000	14,000	20,000
1964						
700 C Cpe	200	745	1250	2500	4340	6200
700 CS Cpe	350	800	1350	2700	4700	6700
700 Conv	450	1450	2400	4800	8400	12,000
700 LS Cpe	350	860	1450	2900	5050	7200
700 Luxus 2d Sed	350	840	1400	2800	4900	7000
1500 4d Sed	350	840	1400	2800	4900	7000
1600 4d Sed	350	900	1500	3000	5250	7500
1800 4d Sed	350	975	1600	3200	5600	8000
1800TI 4d Sed	350	1020	1700	3400	5950	8500
1800TI/SA 4d Sed	400	1300	2200	4400	7700	11,000
2600L 4d Sed	400	1200	2000	4000	7000	10,000
3200CS Cpe	750	2400	4000	8000	14,000	20,000
1965						
700 LS Cpe	350	860	1450	2900	5050	7200
700 Luxus 2d Sed	350	840	1400	2800	4900	7000
1600 4d Sed	350	900	1500	3000	5250	7500
1800 4d Sed	450	1080	1800	3600	6300	9000
1800TI 4d Sed	450	1140	1900	3800	6650	9500
1800TI/SA 4d Sed	450	1450	2400	4800	8400	12,000
4-cyl., 100.4" wb						
2000C Cpe	500	1550	2600	5200	9100	13,000
2000CS Cpe	500	1650	2750	5500	9700	13,800
V-8, 111.4" wb						
3200CS Cpe	750	2400	4000	8000	14,000	20,000
1966						
4-cyl., 98.4" wb						
1600-2 2d Sed	350	975	1600	3200	5600	8000
1600 4d Sed	350	900	1500	3000	5250	7500
1800 4d Sed	350	975	1600	3200	5600	8000
1800TI 4d Sed	350	1040	1750	3500	6100	8700
2000 4d Sed	350	1000	1650	3300	5750	8200
2000TI 4d Sed	350	1040	1750	3500	6100	8700
2000TI Lux 4d Sed	950	1100	1850	3700	6450	9200
2000C Cpe	500	1550	2600	5200	9100	13,000
2000CA Cpe	500	1650	2750	5500	9700	13,800
2000CS Cpe	500	1650	2750	5500	9700	13,800
1967						
1602 2d Sed	350	840	1400	2800	4900	7000
1600ti 2d Sed	450	1080	1800	3600	6300	9000
Glas 1600GT Cpe	450	1140	1900	3800	6650	9500
1800 4d Sed	350	840	1400	2800	4900	7000
2000 4d Sed	350	860	1450	2900	5050	7200
2000TI 4d Sed	350	950	1550	3100	5400	7700
2000TI Lux 4d Sed	350	1020	1700	3400	5950	8500
2000C Cpe	500	1600	2650	5300	9300	13,300
2000CA Cpe	500	1600	2650	5300	9300	13,300
2000CS Cpe	500	1600	2650	5300	9300	13,300
Glas 3000 V-8 Cpe	550	1750	2900	5800	10,200	14,500
1968						
1600 2d Sed	450	1080	1800	3600	6300	9000
1600 Cabr	550	1800	3000	6000	10,500	15,000
Glas 1600 GT Cpe	450	1140	1900	3800	6650	9500
1800 4d Sed	350	840	1400	2800	4900	7000

	6	5	4	3	2	1
1800 4d Sed	350	860	1450	2900	5050	7200
2002 2d Sed	450	1140	1900	3800	6650	9500
2002ti 2d Sed, Non-USA	400	1300	2200	4400	7700	11,000
2000 4d Sed	350	840	1400	2800	4900	7000
2000TI 4d Sed	350	900	1500	3000	5250	7500
2000TI Lux 4d Sed	350	1020	1700	3400	5950	8500
2000C Cpe	500	1550	2600	5200	9000	12,900
2000CA Cpe	500	1550	2600	5200	9100	13,000
2000CS Cpe	500	1600	2700	5400	9500	13,500
2500 4d Sed, E-3	350	900	1500	3000	5250	7500
2800 4d Sed, E-3	350	1020	1700	3400	5950	8500
2800CS Cpe, E-9	700	2150	3600	7200	12,600	18,000
Glas 3000 V-8 Cpe	500	1550	2600	5200	9100	13,000
1969						
1600 2d Sed	350	975	1600	3200	5600	8000
1600 Cabr	600	1900	3200	6400	11,200	16,000
1800 4d Sed	350	840	1400	2800	4900	7000
2002 2d Sed	450	1140	1900	3800	6650	9500
2002ti 2d Sed, Non-USA	400	1300	2200	4400	7700	11,000
2000TI Lux 4d Sed	350	900	1500	3000	5250	7500
2000CA Cpe	500	1550	2600	5200	9000	12,900
2000CS Cpe	500	1600	2700	5400	9500	13,500
2500 4d Sed	350	840	1400	2800	4900	7000
2800 4d Sed	350	900	1500	3000	5250	7500
2800CSA Cpe	550	1800	2950	5900	10,400	14,800
2800CS Cpe	650	2050	3400	6800	12,000	17,100
1970						
1600 2d Sed	350	1020	1700	3400	5950	8500
1600 Cabr	600	1900	3200	6400	11,200	16,000
1800 4d Sed	350	840	1400	2800	4900	7000
2002 2d Sed	450	1080	1800	3600	6300	9000
2000TI Lux 4d Sed	350	1020	1700	3400	5950	8500
2000tii 4d Sed	450	1080	1800	3600	6300	9000
2500 4d Sed	350	900	1500	3000	5250	7500
2800 4d Sed	350	1020	1700	3400	5950	8500
2800CSA	550	1800	2950	5900	10,400	14,800
2800CS Cpe	650	2050	3400	6800	11,900	17,000
1971						
1600 2d Sed	350	1020	1700	3400	5950	8500
1600 Tr, E-10, Non-USA	350	1020	1700	3400	5950	8500
1600 Cabr	650	2050	3400	6800	11,900	17,000
1800 4d Sed	350	840	1400	2800	4900	7000
2002 2d Sed	450	1080	1800	3600	6300	9000
2002 Cabr	750	2400	4000	8000	14,000	20,000
2002 Targa	450	1450	2400	4800	8400	12,000
2000 Tr, E-10, Non-USA	400	1250	2100	4200	7400	10,500
2002ti 2d Sed, Non-USA	450	1140	1900	3800	6650	9500
2000tii 4d Sed	450	1080	1800	3600	6300	9000
2500 4d Sed	350	840	1400	2800	4900	7000
2800 4d Sed	350	900	1500	3000	5250	7500
Bavaria 4d Sed	350	900	1500	3000	5250	7500
3.0S 4d Sed	350	1020	1700	3400	5950	8500
Bavaria 4d Sed	350	1020	1700	3400	5950	8500
2800CSA Cpe	550	1800	2950	5900	10,400	14,800
2800CS Cpe	650	2100	3550	7100	12,400	17,700
3.0CSA Cpe	650	2000	3350	6700	11,800	16,800
3.0CS Cpe	700	2150	3600	7200	12,600	18,000
3.0CSi Cpe	850	2650	4400	8800	15,400	22,000
3.0CSL Cpe, Non-USA	1000	3200	5300	10,600	18,600	26,500
1972						
1800 4d Sed	350	840	1400	2800	4900	7000
2000tii 4d Sed	450	1080	1800	3600	6300	9000
2002 2d Sed	450	1080	1800	3600	6300	9000
2002 Targa	450	1450	2400	4800	8400	12,000
2000 Tr, Non-USA	400	1250	2100	4200	7400	10,500
2002tii 2d Sed	400	1200	2000	4000	7000	10,000
2000tii Tr, Non-USA	400	1300	2200	4400	7700	11,000
2800 4d Sed	350	900	1500	3000	5250	7500
Bavaria 4d Sed, 2788 cc	350	900	1500	3000	5250	7500
3.0S 4d Sed	350	1020	1700	3400	5950	8500
Bavaria 4d Sed, 2985 cc	350	1020	1700	3400	5950	8500
3.0CS Cpe	650	2150	3550	7100	12,500	17,800
3.0CSA Cpe	550	1700	2800	5600	9800	14,000
3.0CSi Cpe	800	2500	4200	8400	14,700	21,000
3.0CSL Cpe, Non-USA	1000	3200	5300	10,600	18,600	26,500

	6	5	4	3	2	1
1973						
2002 2d Sed	450	1080	1800	3600	6300	9000
2000 Targa	450	1450	2400	4800	8400	12,000
2000 Tr, Non-USA	400	1250	2100	4200	7400	10,500
2002tii 2d Sed	400	1200	2000	4000	7000	10,000
2000tii Tr, Non-USA	400	1300	2200	4400	7700	11,000
2002 Turbo, Non-USA	700	2150	3600	7200	12,600	18,000
2800 4d Sed	350	900	1500	3000	5250	7500
Bavaria 4d Sed, 2788 cc	350	900	1500	3000	5250	7500
3.0S 4d Sed	350	1020	1700	3400	5950	8500
Bavaria 4d Sed, 2985 cc	350	1020	1700	3400	5950	8500
3.0CSA Cpe	550	1800	3000	6000	10,500	15,000
3.0CS Cpe	650	2050	3400	6800	11,900	17,000
3.0CSi Cpe	750	2400	4000	8000	14,000	20,000
3.0CSL Cpe, Non-USA	1000	3200	5300	10,600	18,600	26,500
3153 cc, Non-USA						
3.0CSL Cpe	1050	3400	5700	11,400	20,000	28,500
1974						
2002 2d Sed	450	1080	1800	3600	6300	9000
2002 Targa	450	1450	2400	4800	8400	12,000
2000 Tr, Non-USA	400	1250	2050	4100	7200	10,300
2002tii 2d Sed	400	1200	2000	4000	7000	10,000
2000tii Tr, Non-USA	400	1300	2200	4400	7700	11,000
2002 Turbo, Non-USA	650	2050	3400	6800	11,800	16,900
2800 4d Sed	350	900	1500	3000	5250	7500
Bavaria 4d Sed, 2788 cc	350	900	1500	3000	5250	7500
3.0S 4d Sed	350	1020	1700	3400	5950	8500
Bavaria 4d Sed, 2985 cc	350	1020	1700	3400	5950	8500
3.0CSA Cpe	550	1800	3000	6000	10,500	15,000
3.0CS Cpe	650	2050	3400	6800	11,900	17,000
3.0CSi Cpe	750	2400	4000	8000	14,000	20,000
3.0CSL Cpe, Non-USA	1050	3400	5700	11,400	20,000	28,500
530i 4d Sed, E-12	350	1020	1700	3400	5950	8500
1975						
2002 2d Sed	450	1080	1800	3600	6300	9000
2002tii 2d Sed	400	1200	2000	4000	7000	10,000
2002 Targa	500	1550	2600	5200	9100	13,000
320i 2d Sed, E-21	350	840	1400	2800	4900	7000
2800 4d Sed	350	900	1500	3000	5250	7500
Bavaria, 2788 cc	350	900	1500	3000	5250	7500
3.0S 4d Sed	450	1080	1800	3600	6300	9000
Bavaria, 2985 cc	450	1080	1800	3600	6300	9000
3.0CSA Cpe	550	1800	3000	6000	10,500	15,000
3.0CS Cpe	650	2050	3400	6800	11,900	17,000
3.0CSi Cpe	750	2400	4000	8000	14,000	20,000
3.0CSL Cpe, Non-USA	1050	3400	5700	11,400	20,000	28,500
530i 4d Sed	450	1080	1800	3600	6300	9000
1976						
2002 2d Sed	450	1080	1800	3600	6300	9000
320i 2d Sed	350	975	1600	3200	5600	8000
2800 4d Sed	350	975	1600	3200	5600	8000
Bavaria, 2788 cc	350	975	1600	3200	5600	8000
3.0Si 4d Sed	450	1140	1900	3800	6650	9500
Bavaria, 2985 cc	450	1140	1900	3800	6650	9500
530i 4d Sed	450	1140	1900	3800	6650	9500
630CS Cpe, E-24	550	1800	3000	6000	10,500	15,000
1977						
320i 2d Sed	350	1020	1700	3400	5950	8500
2800 4d Sed	350	1020	1700	3400	5950	8500
Bavaria, 2788 cc	350	1020	1700	3400	5950	8500
3.0S 4d Sed	450	1140	1900	3800	6650	9500
Bavaria, 2985 cc	450	1140	1900	3800	6650	9500
530i 4d Sed	450	1140	1900	3800	6650	9500
630CS Cpe	550	1800	3000	6000	10,500	15,000
630CSi Cpe	650	2050	3400	6800	11,900	17,000
633CSi Cpe	700	2150	3600	7200	12,600	18,000
1978						
320i 2d Sed	450	1080	1800	3600	6300	9000
528i 4d Sed	400	1200	2000	4000	7000	10,000
530i 4d Sed	550	1800	3000	6000	10,500	15,000
630CS Cpe	600	1900	3200	6400	11,200	16,000
630CSi Cpe	650	2050	3400	6800	11,900	17,000
633CSi Cpe	700	2300	3800	7600	13,300	19,000
733i 4d Sed, E-23	550	1800	3000	6000	10,500	15,000

	6	5	4	3	2	1
1979						
320i 2d Sed	450	1140	1900	3800	6650	9500
528i 4d Sed	400	1300	2200	4400	7700	11,000
M535i 4d Sed, Non-USA	750	2400	3950	7900	13,900	19,800
733i 4d Sed	650	2050	3400	6800	11,900	17,000
633CSi 2d Cpe	700	2300	3800	7600	13,300	19,000
M1 Cpe, E-26, Non-USA	5450	17,400	29,000	58,000	101,500	145,000
1980						
320i 2d Sed	450	1140	1900	3800	6650	9500
528i 4d Sed	400	1300	2200	4400	7700	11,000
M535i 4d Sed, Non-USA	750	2400	3950	7900	13,900	19,800
733i 4d Sed	650	2050	3400	6800	11,900	17,000
633CSi 2d Cpe	700	2300	3800	7600	13,300	19,000
M1 Cpe, Non-USA	6000	19,200	32,000	64,000	112,000	160,000
1981						
320i 2d Sed	400	1200	2000	4000	7000	10,000
528i 4d Sed	400	1300	2200	4400	7700	11,000
733i 4d Sed	700	2300	3800	7600	13,300	19,000
633CSi 2d Cpe	800	2500	4200	8400	14,700	21,000
1982						
320i 2d Sed	400	1300	2200	4400	7700	11,000
528E 4d Sed	450	1450	2400	4800	8400	12,000
733i 4d Sed	700	2300	3800	7600	13,300	19,000
633CSi 2d Cpe	850	2750	4600	9200	16,100	23,000
1983						
320i 2d Sed	450	1140	1900	3800	6650	9500
528E 4d Sed	450	1450	2400	4800	8400	12,000
533i 4d Sed	500	1550	2600	5200	9100	13,000
733i 4d Sed	750	2400	4000	8000	14,000	20,000
633CSi 2d Cpe	850	2650	4400	8800	15,400	22,000
1984						
318i 2d Sed	450	1080	1800	3600	6300	9000
325E 2d Sed	400	1200	2000	4000	7000	10,000
528E 4d Sed	450	1450	2400	4800	8400	12,000
533i 4d Sed	550	1700	2800	5600	9800	14,000
733i 4d Sed	800	2500	4200	8400	14,700	21,000
633CSi Cpe	850	2650	4400	8800	15,400	22,000
1985						
318i 2d Sed	450	1140	1900	3800	6650	9500
318i 4d Sed	450	1130	1900	3800	6600	9400
325E 2d Sed	400	1300	2200	4400	7700	11,000
325E 4d Sed	400	1300	2200	4400	7700	11,000
528E 4d Sed	500	1550	2600	5200	9100	13,000
535i 4d Sed	550	1800	3000	6000	10,500	15,000
524TD 4d Sed	550	1800	3000	6000	10,500	15,000
735i 4d Sed	900	2900	4800	9600	16,800	24,000
635CSi 2d Cpe	1000	3250	5400	10,800	18,900	27,000
1986						
325 2d Sed	450	1450	2400	4800	8400	12,000
325 4d Sed	450	1450	2400	4800	8400	12,000
325ES 4d Sed	500	1550	2600	5200	9100	13,000
325E 4d Sed	500	1550	2600	5200	9100	13,000
524TD 4d Sed	550	1800	3000	6000	10,500	15,000
528E 4d Sed	600	1900	3200	6400	11,200	16,000
535i 4d Sed	700	2150	3600	7200	12,600	18,000
735i 4d Sed	1000	3100	5200	10,400	18,200	26,000
L7 4d Sed	1050	3350	5600	11,200	19,600	28,000
635CSi 2d Cpe	1150	3600	6000	12,000	21,000	30,000
1987						
325 2d Sed	500	1550	2600	5200	9100	13,000
325 4d Sed	500	1550	2600	5200	9100	13,000
325ES 2d Sed	550	1700	2800	5600	9800	14,000
325E 4d Sed	550	1700	2800	5600	9800	14,000
325is 2d Sed	600	1900	3200	6400	11,200	16,000
325i 4d Sed	550	1800	3000	6000	10,500	15,000
325i 2d Conv	900	2900	4800	9600	16,800	24,000
528E 4d Sed	700	2150	3600	7200	12,600	18,000
528i 4d Sed	750	2400	4000	8000	14,000	20,000
528is 4d Sed	750	2450	4100	8200	14,400	20,500
735i 4d Sed	850	2650	4400	8800	15,400	22,000
L7 4d Sed	850	2650	4400	8800	15,400	22,000
635CSi 2d Cpe	1050	3350	5600	11,200	19,600	28,000
L6 2d Cpe	1200	3850	6400	12,800	22,400	32,000
M6 2d Cpe	1150	3600	6000	12,000	21,000	30,000

1988	6	5	4	3	2	1
325 2d	600	1900	3200	6400	11,200	16,000
325 4d	600	1900	3200	6400	11,200	16,000
325i 2d	700	2150	3600	7200	12,600	18,000
325i 4d	700	2150	3600	7200	12,600	18,000
325i 2d Conv	850	2650	4400	8800	15,400	22,000
325iX 2d	750	2400	4000	8000	14,000	20,000
M3 2d	950	3000	5000	10,000	17,500	25,000
528E 4d	750	2400	4000	8000	14,000	20,000
535i 4d	850	2750	4600	9200	16,100	23,000
535is 4d	900	2900	4800	9600	16,800	24,000
M5 4d	1050	3350	5600	11,200	19,600	28,000
735i 4d	1050	3350	5600	11,200	19,600	28,000
735iL 4d	1150	3600	6000	12,000	21,000	30,000
750iL 4d	2000	6350	10,600	21,200	37,100	53,000
635CSi 2d	1150	3600	6000	12,000	21,000	30,000
M6 2d	1300	4200	7000	14,000	24,500	35,000
1989						
325i 2d Sed	700	2150	3600	7200	12,600	18,000
325i 4d Sed	700	2150	3600	7200	12,600	18,000
325is 2d Sed	750	2400	4000	8000	14,000	20,000
325i Conv	1000	3100	5200	10,400	18,200	26,000
325ix 2d Sed (4x4)	850	2650	4400	8800	15,400	22,000
325ix 4d Sed (4x4)	850	2650	4400	8800	15,400	22,000
M3 2d Sed	1150	3700	6200	12,400	21,700	31,000
525i 4d Sed	1050	3350	5600	11,200	19,600	28,000
535i 4d Sed	1150	3600	6000	12,000	21,000	30,000
735i 4d Sed	1500	4800	8000	16,000	28,000	40,000
735iL 4d Sed	1550	4900	8200	16,400	28,700	41,000
750iL 4d Sed	2100	6700	11,200	22,400	39,200	56,000
635CSi Cpe	1300	4200	7000	14,000	24,500	35,000
1990						
325i 2d Sed	450	1450	2400	4800	8400	12,000
325i 4d Sed	500	1550	2600	5200	9100	13,000
325is 2d Sed	500	1600	2700	5400	9500	13,500
325i 2d Conv	600	1900	3200	6400	11,200	16,000
325i 2d Sed (4x4)	550	1700	2800	5600	9800	14,000
325i 4d Sed (4x4)	550	1700	2800	5600	9800	14,000
M3 4d Sed	600	1900	3200	6400	11,200	16,000
525i 4d Sed	550	1800	3000	6000	10,500	15,000
535i 4d Sed	700	2150	3600	7200	12,600	18,000
735i 4d Sed	700	2300	3800	7600	13,300	19,000
735iL 4d Sed	750	2400	4000	8000	14,000	20,000
750iL 4d Sed	800	2500	4200	8400	14,700	21,000
1991						
318i 2d Sed	350	900	1500	3000	5250	7500
318i 4d Sed	350	840	1400	2800	4900	7000
318i 2d Conv	500	1550	2600	5200	9100	13,000
325i 2d Sed	400	1300	2200	4400	7700	11,000
325i 4d Sed	400	1300	2200	4400	7700	11,000
325i 2d Conv	700	2200	3700	7400	13,000	18,500
325i 2d Sed (4x4)	550	1800	3000	6000	10,500	15,000
325i 4d Sed (4x4)	550	1800	3000	6000	10,500	15,000
M3 2d Sed	600	2000	3300	6600	11,600	16,500
525i 4d Sed	550	1800	3000	6000	10,500	15,000
535i 4d Sed	600	1900	3200	6400	11,200	16,000
M5 4d Sed	850	2650	4400	8800	15,400	22,000
735i 4d Sed	700	2150	3600	7200	12,600	18,000
735iL 4d Sed	700	2200	3700	7400	13,000	18,500
750iL 4d Sed	850	2650	4400	8800	15,400	22,000
850i 2d Cpe	1150	3600	6000	12,000	21,000	30,000
1992						
318is 2d Cpe	450	1450	2400	4800	8400	12,000
318i 4d Sed	400	1300	2200	4400	7700	11,000
318i 2d Conv	550	1700	2800	5600	9800	14,000
325is 2d Cpe	550	1800	3000	6000	10,500	15,000
325i 4d Sed	550	1750	2900	5800	10,200	14,500
325i 2d Conv	650	2050	3400	6800	11,900	17,000
525i 4d Sed	600	1900	3200	6400	11,200	16,000
535i 4d Sed	700	2150	3600	7200	12,600	18,000
525i 4d Sta Wag	600	1900	3200	6400	11,200	16,000
M5 4d Sed	1100	3500	5800	11,600	20,300	29,000
735i 4d Sed	700	2150	3600	7200	12,600	18,000
735L 4d Sed	800	2500	4200	8400	14,700	21,000
750L 4d Sed	900	2900	4800	9600	16,800	24,000
850i 2d Cpe	1150	3700	6200	12,400	21,700	31,000

BORGWARD

	6	5	4	3	2	1
1949-53						
Hansa 1500, 4-cyl, 96" wb						
2d Sed	350	780	1300	2600	4550	6500
2d Conv	450	1080	1800	3600	6300	9000
Hansa 1800, 4-cyl, 102" wb						
4d Sed	350	790	1350	2650	4620	6600
Hansa 2400, 4-cyl, 102" wb or 111" wb						
4d Sed	350	800	1350	2700	4700	6700
1954-55						
Isabella, 4-cyl, 102" wb						
2d Sed	350	900	1500	3000	5250	7500
Hansa 1500, 4-cyl, 96" wb						
2d Sed	350	790	1350	2650	4620	6600
2d Conv	450	1080	1800	3600	6300	9000
Hansa 1800, 4-cyl, 102" wb						
4d Sed	350	790	1350	2650	4620	6600
Hansa 2400, 4-cyl, 102" or 111" wb						
4d Sed	350	800	1350	2700	4700	6700
1956						
Isabella, 4-cyl, 102" wb						
2d Sed	350	950	1550	3100	5400	7700
2d TS Sed	350	950	1550	3150	5450	7800
2d Sta Wag	350	950	1550	3100	5400	7700
2d Cabr	400	1300	2200	4400	7700	11,000
1957						
Isabella, 4-cyl, 102" wb						
2d Sed	350	950	1550	3150	5450	7800
2d Sta Wag	350	950	1550	3150	5450	7800
2d TS Sed	350	975	1600	3200	5600	8000
2d TS Conv Cpe	400	1300	2200	4400	7700	11,000
2d TS Spt Cpe	450	1080	1800	3600	6300	9000
1958						
Isabella, 4-cyl, 102" wb						
2d Sed	350	950	1550	3100	5400	7700
2d Sta Wag	350	950	1550	3150	5450	7800
2d TS Sed	350	975	1600	3200	5500	7900
2d TS Spt Cpe	450	1080	1800	3600	6300	9000
1959						
Isabella, 4-cyl, 102" wb						
2d Sed	350	950	1550	3100	5400	7700
2d SR Sed	350	950	1550	3150	5450	7800
2d Combi Wag	350	975	1600	3200	5500	7900
2d TS Spt Sed	350	975	1600	3200	5500	7900
2d TS DeL Sed	350	975	1600	3200	5600	8000
2d TS Spt Cpe	450	1080	1800	3600	6300	9000
1960						
Isabella, 4-cyl, 102" wb						
2d Sed	350	950	1550	3100	5400	7700
2d SR Sed	350	950	1550	3150	5450	7800
2d Combi Wag	350	950	1550	3150	5450	7800
2d TS Spt Sed	350	975	1600	3200	5500	7900
2d TS DeL Sed	350	975	1600	3200	5600	8000
2d TS Spt Cpe	450	1080	1800	3600	6300	9000
1961						
Isabella, 4-cyl, 102" wb						
2d Sed	350	975	1600	3200	5500	7900

CITROEN

	6	5	4	3	2	1
1945-48						
11 Legere, 4-cyl, 114.5" wb, 1911cc						
4d Sed	450	1450	2400	4800	8400	12,000
11 Normale, 4-cyl, 119" wb, 1911cc						
4d Sed	750	2400	4000	8000	14,000	20,000
15, 6-cyl, 119" wb, 2867cc						
4d Sed	750	2400	4000	8000	14,000	20,000
1949-54						
2CV, 2-cyl, 94.4" wb, 375cc						
4d Sed	350	780	1300	2600	4550	6500
11 Legere, 4-cyl, 114.5" wb, 1911cc						
4d Sed	450	1450	2400	4800	8400	12,000

	6	5	4	3	2	1
11 Normale, 4-cyl, 119" wb, 1911cc						
4d Sed	550	1700	2800	5600	9800	14,000
15, 6-cyl, 119" wb, 2867cc						
4d Sed	850	2700	4500	9000	15,800	22,500
1955-56						
2CV, 2-cyl, 94.4" wb, 425cc						
4d Sed	350	820	1400	2700	4760	6800
DS19, 4-cyl, 123" wb, 1911cc						
4d Sed	350	975	1600	3200	5600	8000
11, 4-cyl, 114.5" wb, 1911cc						
4d Sed	550	1800	3000	6000	10,500	15,000
15, 6-cyl, 121.5" wb, 2867cc						
4d Sed	950	3000	5000	10,000	17,500	25,000
1957						
2CV, 2-cyl, 94.4" wb, 425cc						
4d Sed	350	820	1400	2700	4760	6800
ID19, 4-cyl, 123" wb, 1911cc						
4d Sed	350	900	1500	3000	5250	7500
DS19, 4-cyl, 123" wb, 1911cc						
4d DeL Sed	350	975	1600	3200	5600	8000
1958						
2CV, 2-cyl, 94.4" wb, 425cc						
4d DeL Sed	350	820	1400	2700	4760	6800
ID19, 4-cyl, 123" wb, 1911cc						
4d Sed	350	900	1500	3000	5250	7500
DS19, 4-cyl, 123" wb, 1911cc						
4d DeL Sed	350	975	1600	3200	5600	8000
1959						
2CV, 2-cyl, 94.4" wb, 425cc						
2d Sed	350	820	1400	2700	4760	6800
ID19, 4-cyl, 123" wb, 1911cc						
4d Sed	350	950	1500	3050	5300	7600
DS19, 4-cyl, 123" wb, 1911cc						
4d DeL Sed	350	1000	1650	3300	5750	8200
1960						
AMI-6, 2-cyl, 94.5" wb, 602cc						
4d Sed	350	900	1500	3000	5250	7500
ID19, 4-cyl, 123" wb, 1911cc						
4d Luxe Sed	350	975	1600	3200	5500	7900
4d Confort Sed	350	1000	1650	3350	5800	8300
4d Sta Wag	350	975	1600	3200	5600	8000
DS19, 4-cyl, 123" wb, 1911cc						
4d DeL Sed	350	950	1550	3150	5450	7800
1961						
AMI-6, 2-cyl, 94.5" wb, 602cc						
4d Sed	350	900	1500	3000	5250	7500
ID19, 4-cyl, 123" wb, 1911cc						
4d Luxe Sed	350	975	1600	3200	5600	8000
4d Luxe Sta Wag	350	975	1600	3200	5600	8000
4d Confort Sed	350	1000	1650	3300	5750	8200
4d Confort Sta Wag	350	1000	1650	3300	5750	8200
DS19, 4-cyl, 123" wb, 1911cc						
4d DeL Sed	350	975	1600	3200	5600	8000
2d Chapron Sed	950	3000	5000	10,000	17,500	25,000
4d Prestige Limo	450	1450	2400	4800	8400	12,000
1962						
AMI-6, 2-cyl, 94.5" wb, 602cc						
4d Sed	350	900	1500	3000	5250	7500
ID19, 4-cyl, 123" wb, 1911cc						
4d Normale Sed	350	950	1550	3150	5450	7800
4d Luxe Sed	350	975	1600	3200	5600	8000
4d Luxe Sta Wag	350	975	1600	3200	5600	8000
4d Confort Sed	350	1000	1650	3300	5750	8200
4d Confort Sta Wag	350	1000	1650	3300	5750	8200
DS19, 4-cyl, 123" wb, 1911cc						
4d Sup 83 Sed	350	1020	1700	3400	5950	8500
1963						
AMI-6, 2-cyl, 94.5" wb, 602cc						
4d Sed	350	900	1500	3000	5250	7500
ID19, 4-cyl, 123" wb, 1911cc						
4d Normale Sed	350	950	1550	3150	5450	7800
4d Luxe Sed	350	975	1600	3200	5600	8000
4d Luxe Sta Wag	350	975	1600	3200	5600	8000
4d Confort Sed	350	1000	1650	3300	5750	8200
4d Confort Sta Wag	350	1000	1650	3300	5750	8200

	6	5	4	3	2	1
2d Confort Conv	950	3000	5000	10,000	17,500	25,000
DS19, 4-cyl, 123" wb, 1911cc						
4d Sup 83 Sed	350	1020	1700	3400	5950	8500
2d Sup 83 Conv	1000	3200	5300	10,600	18,600	26,500
4d Aero Sup Sed	400	1200	2000	4000	7000	10,000
2d Aero Sup Conv	1050	3400	5700	11,400	20,000	28,500
1964						
AMI-6, 2-cyl, 94.5" wb, 602cc						
4d Sed	350	900	1500	3000	5250	7500
ID19, 4-cyl, 123" wb, 1911cc						
4d Sup Sed	350	975	1600	3200	5600	8000
2d Sup Conv	950	3000	5000	10,000	17,500	25,000
4d DeL Sta Wag	350	975	1600	3200	5600	8000
4d Confort Sta Wag	350	1000	1650	3300	5750	8200
DS19, Grande Route, 4-cyl, 94.5" wb, 1911cc						
4d Sed	350	1020	1700	3400	5950	8500
2d Conv	1000	3200	5300	10,600	18,600	26,500
DS19, Aero Super, 4-cyl, 94.5" wb, 1911cc						
4d Sed	400	1200	2000	4000	7000	10,000
2d Conv	1050	3400	5700	11,400	20,000	28,500
1965						
AMI-6, 2-cyl, 94.5" wb, 602cc						
4d Sed	350	900	1500	3000	5250	7500
ID19, 4-cyl, 123" wb, 1911cc						
4d Luxe Sed	350	975	1600	3200	5600	8000
4d Luxe Sta Wag	350	975	1600	3200	5600	8000
4d Sup Sed	350	975	1600	3200	5600	8000
4d Confort Sta Wag	350	1000	1650	3300	5750	8200
DS19, Grande Route, 4-cyl, 123" wb, 1911cc						
4d Sed	350	1020	1700	3400	5950	8500
4d Pallas Sed	350	1040	1700	3450	6000	8600
DS19, Aero Super, 4-cyl, 123" wb, 1911cc						
4d Sed	400	1200	2000	4000	7000	10,000
4d Pallas Sed	450	1170	1975	3900	6850	9800
1966-67						
AMI-6, 2-cyl, 94.5" wb, 602cc						
4d Sed	350	900	1500	3000	5250	7500
4d Sta Wag	350	900	1500	3000	5250	7500
ID19, 4-cyl, 123" wb, 1911cc						
4d Luxe Sed	350	975	1600	3200	5600	8000
4d Sup Sed	350	975	1600	3200	5600	8000
DS19, Grand Route, 4-cyl, 123" wb, 1985cc						
4d Sed	350	1020	1700	3400	5950	8500
4d Pallas Sed	450	1500	2500	5000	8800	12,500
DS19, Aero Super, 4-cyl, 123" wb, 1985cc						
4d Sed	350	1020	1700	3400	5950	8500
4d Pallas Sed	450	1500	2500	5000	8800	12,500
DS21, Grande Route, 4-cyl, 123" wb, 2175cc						
4d Sed	450	1050	1750	3550	6150	8800
4d Pallas Sed	400	1200	2000	4000	7000	10,000
DS21, Aero Super, 4-cyl, 123" wb, 2175cc						
4d Sed	500	1600	2700	5400	9500	13,500
4d Pallas Sed	550	1800	3000	6000	10,500	15,000
DS21, Chapron, 4-cyl, 123" wb, 2175cc						
2d Conv Cpe	1150	3600	6000	12,000	21,000	30,000
D21, 4-cyl, 123" wb, 2175cc						
4d Luxe Sta Wag	400	1200	2000	4000	7000	10,000
4d Confort Sta Wag	450	1400	2300	4600	8100	11,500
1968						
ID19, 4-cyl, 123" wb, 1985cc						
4d Luxe Sed	350	975	1600	3200	5600	8000
4d Grande Rte Sed	350	1020	1700	3400	5950	8500
DS21, Grande Route, 4-cyl, 123" wb, 2175cc						
4d Sed	450	1050	1750	3550	6150	8800
4d Pallas Sed	400	1200	2000	4000	7000	10,000
DS21, Aero Super, 4-cyl, 123" wb, 2175cc						
4d Sed	500	1600	2700	5400	9500	13,500
4d Pallas Sed	550	1800	3000	6000	10,500	15,000
D21, 4-cyl, 123" wb, 2175cc						
4d Luxe Sta Wag	400	1200	2000	4000	7000	10,000
4d Confort Sta Wag	450	1400	2300	4600	8100	11,500
1969						
ID19, 4-cyl, 123" wb, 1985cc						
4d Luxe Sed	350	900	1500	3000	5250	7500

	6	5	4	3	2	1
4d Grande Rte Sed	350	975	1600	3200	5600	8000
DS21, Grande Route, 4-cyl, 123" wb, 2175cc						
4d Sed	350	1000	1650	3350	5800	8300
4d Pallas Sed	450	1140	1900	3800	6650	9500
DS21, Aero Super, 4-cyl, 123" wb, 2175cc						
4d Sed	350	1000	1650	3350	5800	8300
4d Pallas Sed	450	1140	1900	3800	6650	9500
Luxe, 4-cyl, 123" wb, 2175cc						
4d D19 Sta Wag	450	1140	1900	3800	6650	9500
4d D21 Sta Wag	450	1140	1900	3800	6650	9500
1970						
ID19/D Special, 4-cyl, 123" wb, 1985cc						
4d Grande Rte Sed	350	1000	1650	3350	5800	8300
DS21, Aero Super, 4-cyl, 123" wb, 2175cc						
4d Sed	350	1000	1650	3300	5750	8200
4d Pallas Sed	450	1140	1900	3800	6650	9500
4d Grande Rte Sed	350	975	1600	3200	5600	8000
D21, 4-cyl, 123" wb, 2175cc						
4d Luxe Sta Wag	450	1080	1800	3600	6300	9000
4d Confort Sta Wag	400	1250	2100	4200	7400	10,500
1971-72						
D Special, 4-cyl, 123" wb, 1985cc						
4d DS20 Sed	450	1080	1800	3600	6300	9000
DS21, Aero Super, 4-cyl, 123" wb, 2175cc						
4d Sed	350	1000	1650	3300	5750	8200
4d Pallas Sed	450	1140	1900	3800	6650	9500
DS21, Grande Route, 4-cyl, 123" wb, 2175cc						
4d Sed	350	975	1600	3200	5600	8000
D21, 4-cyl, 123" wb, 2175cc						
4d Sta Wag	450	1080	1800	3600	6300	9000
SM Maserati, V-6, 116.1" wb, 2670cc						
2d Cpe (2 plus 2)	850	2750	4600	9200	16,100	23,000
1973-75						
SM-Maserati, V-6, 116.1" wb, 2670-2965cc						
2d Cpe	750	2400	4000	8000	14,000	20,000

NOTE: Although still in production in the 80's and 90's, cars were not exported to U.S. after mid-70's.

DATSUN

	6	5	4	3	2	1
1960						
4-cyl., 87.4" wb, 1189 cc						
Fairlady Rds SPL 212	350	900	1500	3000	5250	7500
1961-1962						
4-cyl., 86.6" wb, 1189 cc						
Fairlady Rds SPL 213	350	900	1500	3000	5250	7500
1963-1965						
4-cyl., 89.8" wb, 1488 cc						
1500 Rds SPL 310	350	900	1500	3000	5250	7500
1966						
4-cyl., 89.8" wb, 1595 cc						
1600 Rds SPL 311	350	860	1450	2900	5050	7200
1967						
4-cyl., 89.8" wb, 1595 cc						
1600 Rds SPL 311,						
Early model	350	860	1450	2900	5050	7200
2000 Rds SRL 311,						
Late model	350	950	1550	3100	5400	7700
1968						
4-cyl., 95.3" wb, 1595 cc						
4d Sed 510	200	670	1200	2300	4060	5800
4-cyl., 89.8" wb, 1595 cc						
1600 Rds SPL 311	350	840	1400	2800	4900	7000
4-cyl., 89.8" wb, 1982 cc						
2000 Rds SRL 311	350	840	1400	2800	4900	7000
1969						
4-cyl., 95.3" wb, 1595 cc						
2d 510 Sed	200	700	1200	2350	4130	5900
4d 510 Sed	200	670	1200	2300	4060	5800
4-cyl., 89.8" wb, 1595 cc						
1600 Rds SPL 311	200	745	1250	2500	4340	6200
4-cyl., 89.8" wb, 1982 cc						
2000 Rds SRL 311	350	860	1450	2900	5050	7200

	6	5	4	3	2	1
1970						
4-cyl., 95.3" wb, 1595 cc						
2d 510 Sed	200	700	1200	2350	4130	5900
4d 510 Sed	200	670	1200	2300	4060	5800
4-cyl., 89.8" wb, 1595 cc						
1600 Rds SPL 311	350	820	1400	2700	4760	6800
4-cyl., 89.8" wb, 1982 cc						
2000 Rds SRL 311	350	780	1300	2600	4550	6500
6-cyl., 90.7" wb, 2393 cc						
240Z 2d Cpe	450	1140	1900	3800	6650	9500
1971						
4-cyl., 95.3" wb, 1595 cc						
2d 510 Sed	200	700	1200	2350	4130	5900
4d 510 Sed	200	670	1200	2300	4060	5800
6-cyl., 90.7" wb, 2393 cc						
240Z 2d Cpe	350	1020	1700	3400	5950	8500
1972						
4-cyl., 95.3" wb, 1595 cc						
2d 510 Sed	200	700	1200	2350	4130	5900
4d 510 Sed	200	670	1200	2300	4060	5800
6-cyl., 90.7" wb, 2393 cc						
240Z 2d Cpe	350	1020	1700	3400	5950	8500
1973						
4-cyl., 95.3" wb, 1595 cc						
2d 510 Sed	200	700	1200	2350	4130	5900
6-cyl., 90.7" wb, 2393 cc						
240Z 2d Cpe	350	900	1500	3000	5250	7500
1974						
6-cyl., 90.7" wb, 2565 cc						
260Z 2d Cpe	350	770	1300	2550	4480	6400
6-cyl., 102.6" wb, 2565 cc						
260Z 2d Cpe 2 plus 2	200	745	1250	2500	4340	6200
1975						
6-cyl., 90.7" wb, 2565 cc						
260Z 2d Cpe	350	770	1300	2550	4480	6400
6-cyl., 102.6" wb, 2565 cc						
260Z 2d Cpe 2 plus 2	200	745	1250	2500	4340	6200
6-cyl., 90.7" wb, 2753 cc						
280Z 2d Cpe	350	790	1350	2650	4620	6600
6-cyl., 102.6" wb, 2753 cc						
280Z 2d Cpe 2 plus 2	350	770	1300	2550	4480	6400
1976						
6-cyl., 90.7" wb, 2753 cc						
280Z 2d Cpe	350	950	1500	3050	5300	7600
6-cyl., 102.6" wb, 2753 cc						
280Z 2d Cpe 2 plus 2	350	820	1400	2700	4760	6800
1977						
6-cyl., 104.3" wb, 2393 cc						
4d 810 Sed	150	600	900	1800	3150	4500
6-cyl., 90.7" wb, 2753 cc						
280Z 2d Cpe	350	840	1400	2800	4900	7000
6-cyl., 102.6" wb, 2753 cc						
280Z 2d Cpe 2 plus 2	200	745	1250	2500	4340	6200

DATSUN/NISSAN

	6	5	4	3	2	1
1978						
4-cyl., 92.1" wb, 1952 cc						
200SX Cpe	150	650	975	1950	3350	4800
6-cyl., 90.7" wb, 149 hp						
280Z Cpe	350	840	1400	2800	4900	7000
280Z Cpe 2 plus 2	350	820	1400	2700	4760	6800
1979						
4-cyl., 92.1" wb, 1952 cc						
200SX Cpe	150	650	975	1950	3350	4800
280ZX Cpe	350	840	1400	2800	4900	7000
280ZX Cpe 2 plus 2	350	820	1400	2700	4760	6800
1980						
280ZX Cpe	350	800	1350	2700	4700	6700
280ZX Cpe 2 plus 2	350	770	1300	2550	4480	6400
NOTE: Add 10 percent for 10th Anniversary Edition (Black Gold).						
1981						
280ZX Cpe	200	750	1275	2500	4400	6300

	6	5	4	3	2	1
280ZX Cpe 2 plus 2 GL	200	720	1200	2400	4200	6000
280ZX Cpe Turbo GL	200	720	1200	2400	4200	6000
1982						
280ZX Cpe	350	790	1350	2650	4620	6600
280ZX Cpe 2 plus 2	200	750	1275	2500	4400	6300
280ZX Cpe Turbo	350	840	1400	2800	4900	7000
280ZX Cpe 2 plus 2 Turbo	350	790	1350	2650	4620	6600
1983						
280ZX Cpe	350	780	1300	2600	4550	6500
280ZX Cpe 2 plus 2	200	745	1250	2500	4340	6200
280ZX Cpe Turbo	350	830	1400	2950	4830	6900
280ZX Cpe 2 plus 2 Turbo	350	780	1300	2600	4550	6500
1984						
Sentra (FWD)						
2d Sed	150	550	850	1650	2900	4100
2d DeL Sed	150	550	850	1675	2950	4200
4d DeL Sed	150	500	800	1600	2800	4000
4d DeL Wag	150	575	875	1700	3000	4300
2d HBk XE	150	575	900	1750	3100	4400
300ZX Cpe GL	350	900	1500	3000	5250	7500
300ZX 2d 2 plus 2 GL	350	800	1350	2700	4700	6700
300ZX 2d Turbo GL	450	1080	1800	3600	6300	9000
1985						
Sentra						
2d Std Sed	150	550	850	1650	2900	4100
2d DeL Sed	150	550	850	1675	2950	4200
4d DeL Sed	150	575	875	1700	3000	4300
4d DeL Sta Wag	150	575	900	1750	3100	4400
2d Diesel Sed	150	550	850	1650	2900	4100
XE 2d Sed	150	575	875	1700	3000	4300
XE 4d Sed	150	575	900	1750	3100	4400
XE 4d Sta Wag	150	600	900	1800	3150	4500
XE 2d HBk	150	575	900	1750	3100	4400
SE 2d HBk	150	600	950	1850	3200	4600
Pulsar						
2d Cpe	150	650	975	1950	3350	4800
Stanza						
4d HBk	150	600	950	1850	3200	4600
4d Sed	150	650	950	1900	3300	4700
200SX						
2d DeL Sed	200	675	1000	2000	3500	5000
2d DeL HBk	200	700	1075	2150	3700	5300
XE 2d Sed	200	700	1050	2100	3650	5200
XE 2d HBk	200	660	1100	2200	3850	5500
Turbo 2d HBk	200	685	1150	2300	3990	5700
Maxima						
SE 4d Sed	350	860	1450	2900	5050	7200
GL 4d Sed	350	880	1500	2950	5180	7400
GL 4d Sta Wag	350	950	1500	3050	5300	7600
300ZX						
2d Cpe	350	975	1600	3200	5600	8000
2 plus 2 2d Cpe	450	1080	1800	3600	6300	9000
Turbo 2d Cpe	400	1200	2000	4000	7000	10,000
1986						
Sentra						
2d Sed	150	650	950	1900	3300	4700
2d DeL Sed	150	650	975	1950	3350	4800
4d DeL Sed	200	675	1000	1950	3400	4900
4d Sta Wag	150	600	900	1800	3150	4500
2d Diesel Sed	150	650	950	1900	3300	4700
XE 2d Sed	150	600	900	1800	3150	4500
XE 4d Sed	150	600	950	1850	3200	4600
XE 4d Sta Wag	150	575	875	1700	3000	4300
XE 2d HBk	150	550	850	1650	2900	4100
SE 2d HBk	150	575	900	1750	3100	4400
Pulsar						
2d Cpe	150	600	900	1800	3150	4500
Stanza						
GL 4d Sed	200	700	1050	2100	3650	5200
XE 4d Sta Wag	200	700	1075	2150	3700	5300
XE 4d Sta Wag 4WD	200	700	1200	2350	4130	5900
200SX						
E 2d Sed	200	670	1200	2300	4060	5800
E 2d HBk	200	745	1250	2500	4340	6200

	6	5	4	3	2	1
XE 2d Sed	200	700	1200	2350	4130	5900
XE 2d HBk	200	750	1275	2500	4400	6300
Turbo 2d HBk	350	790	1350	2650	4620	6600
Maxima						
SE 4d Sed	350	950	1550	3150	5450	7800
GL 4d Sed	350	975	1600	3250	5700	8100
GL 4d Sta Wag	350	1000	1650	3350	5800	8300
300ZX						
2d Cpe	450	1140	1900	3800	6650	9500
2d 2 plus 2 Cpe	400	1250	2100	4200	7400	10,500
2d Turbo Cpe	450	1400	2300	4600	8100	11,500
1987						
Sentra						
2d Sed	150	550	850	1675	2950	4200
E 2d Sed	200	675	1000	2000	3500	5000
E 4d Sed	200	700	1050	2050	3600	5100
E 2d HBk	200	675	1000	2000	3500	5000
E 4d Sta Wag	200	700	1075	2150	3700	5300
XE 2d Sed	200	700	1075	2150	3700	5300
XE 4d Sed	200	650	1100	2150	3780	5400
XE 4d Sta Wag	200	700	1075	2150	3700	5300
XE 4d Sta Wag 4WD	200	685	1150	2300	3990	5700
GXE 4d Sed	200	750	1275	2500	4400	6300
XE 2d Cpe	200	670	1200	2300	4060	5800
SE 2d Cpe	200	745	1250	2500	4340	6200
Pulsar						
XE 2d Cpe	350	860	1450	2900	5050	7200
SE 2d Cpe 16V	350	950	1550	3100	5400	7700
Stanza						
E 4d NBk	350	830	1400	2950	4830	6900
GXE 4d NBk	350	880	1500	2950	5180	7400
4d HBk	350	860	1450	2900	5050	7200
XE 4d Sta Wag	350	880	1500	2950	5180	7400
XE 4d Sta Wag 4WD	350	975	1600	3200	5600	8000
200SX						
XE 2d NBk	350	850	1450	2850	4970	7100
XE 2d HBk	350	860	1450	2900	5050	7200
SE 2d HBk V-6	350	1000	1650	3350	5800	8300
Maxima						
SE 4d Sed	450	1050	1750	3550	6150	8800
GXE 4d Sed	350	1040	1750	3500	6100	8700
GXE 4d Sta Wag	450	1080	1800	3600	6300	9000
300ZX						
GS 2d Cpe	450	1450	2400	4800	8400	12,000
GS 2d Cpe 2 plus 2	450	1500	2500	5000	8800	12,500
2d Turbo Cpe	500	1600	2700	5400	9500	13,500
1988						
Sentra						
2d Sed	150	650	950	1900	3300	4700
E 2d Sed	200	685	1150	2300	3990	5700
E 4d Sed	200	720	1200	2400	4200	6000
HBk E 2d	200	685	1150	2300	3990	5700
E 4d Sta Wag	200	750	1275	2500	4400	6300
XE 2d Sed	200	730	1250	2450	4270	6100
XE 4d Sed	350	770	1300	2550	4480	6400
XE 4d Sta Wag	350	800	1350	2700	4700	6700
XE 4d Sta Wag 4x4	350	880	1500	2950	5180	7400
XE 2d Cpe	350	800	1350	2700	4700	6700
SE 2d Cpe	350	860	1450	2900	5050	7200
GXE 4d Sed	350	820	1400	2700	4760	6800
Pulsar						
XE 2d Cpe	350	950	1550	3150	5450	7800
SE 2d Cpe	350	1000	1650	3300	5750	8200
Stanza						
E 4d Sed	350	860	1450	2900	5050	7200
GXE 4d Sed	350	975	1600	3200	5600	8000
XE 4d Sta Wag	350	950	1550	3100	5400	7700
XE 4d Sta Wag 4x4	350	1020	1700	3400	5900	8400
200 SX						
XE 2d Cpe	350	950	1550	3100	5400	7700
XE 2d HBk	350	975	1600	3200	5500	7900
SE 2d HBk V-6	450	1080	1800	3600	6300	9000
Maxima						
SE 4d Sed	450	1080	1800	3600	6300	9000
GXE 4d Sed	450	1140	1900	3800	6650	9500
GXE 4d Sta Wag	400	1200	2000	4000	7000	10,000

300ZX	6	5	4	3	2	1
GS 2d Cpe	450	1450	2400	4800	8400	12,000
GS 2d Cpe 2 plus 2	450	1500	2500	5000	8800	12,500
2d Turbo Cpe	500	1550	2600	5200	9100	13,000
1989						
Sentra						
2d Sed	200	720	1200	2400	4200	6000
E 2d Sed	350	840	1400	2800	4900	7000
E 4d Sed	350	880	1500	2950	5180	7400
E 4d Sta Wag	350	950	1550	3100	5400	7700
XE 2d Sed	350	950	1500	3050	5300	7600
XE 4d Sed	350	975	1600	3200	5500	7900
XE 4d Sta Wag	350	1000	1650	3300	5750	8200
XE 4d Sta Wag 4x4	450	1050	1800	3600	6200	8900
XE Cpe	350	1020	1700	3400	5950	8500
SE Cpe	450	1050	1800	3600	6200	8900
Pulsar						
XE Cpe	950	1100	1850	3700	6450	9200
SE Cpe (16V)	450	1170	1975	3900	6850	9800
Stanza						
E 4d Sed	950	1100	1850	3700	6450	9200
GXE 4d Sed	400	1200	2000	4000	7000	10,000
240 SX						
XE 2d Sed	400	1350	2250	4500	7900	11,300
SE 2d HBk	450	1350	2300	4600	8000	11,400
Maxima						
SE 4d Sed	500	1650	2750	5500	9700	13,800
GXE 4d Sed	500	1600	2700	5400	9400	13,400
300 ZX						
GS Cpe	600	1850	3100	6200	10,800	15,400
GS Cpe 2 plus 2	600	1850	3100	6200	10,900	15,500
Cpe Turbo	600	1900	3200	6400	11,200	16,000
1990						
Sentra, 4-cyl.						
2d Sed	125	450	750	1450	2500	3600
XE 2d Sed	150	600	900	1800	3150	4500
XE 4d Sed	150	600	950	1850	3200	4600
XE 4d Sta Wag	150	650	950	1900	3300	4700
XE 2d Cpe	200	675	1000	2000	3500	5000
SE 2d Cpe	200	660	1100	2200	3850	5500
Pulsar, 4-cyl.						
XE 2d Cpe	350	780	1300	2600	4550	6500
Stanza, 4-cyl.						
XE 4d Sed	200	745	1250	2500	4340	6200
GXE 4d Sed	350	800	1350	2700	4700	6700
240 SX, 4-cyl.						
XE 2d Cpe	350	840	1400	2800	4900	7000
SE 2d FBk	350	900	1500	3000	5250	7500
Maxima, V-6						
SE 4d Sed	450	1160	1950	3900	6800	9700
GXE 4d Sed	450	1080	1800	3600	6300	9000
300ZX, V-6						
GS 2d Cpe	500	1550	2600	5200	9100	13,000
GS 2 plus 2 2d Cpe	500	1600	2700	5400	9500	13,500
2d Turbo Cpe	550	1800	3000	6000	10,500	15,000
Axxess, 4-cyl.						
XE 4d Sta Wag	200	720	1200	2400	4200	6000
XE 4d Sta Wag 4x4	350	840	1400	2800	4900	7000
1991						
Sentra						
E 2d Sed	150	550	850	1675	2950	4200
XE 2d Sed	150	575	900	1750	3100	4400
SE 2d Sed	150	600	950	1850	3200	4600
SE-R 2d Sed	150	650	975	1950	3350	4800
E 4d Sed	150	550	850	1675	2950	4200
XE 4d Sed	150	575	900	1750	3100	4400
GXE 4d Sed	200	675	1000	1950	3400	4900
Stanza						
XE 4d Sed	200	685	1150	2300	3990	5700
GXE 4d Sed	350	770	1300	2550	4480	6400
NX						
1600 2d Cpe	200	660	1100	2200	3850	5500
2000 2d Cpe	200	720	1200	2400	4200	6000
240SX						
2d Cpe	350	840	1400	2800	4900	7000
SE 2d Cpe	350	975	1600	3200	5600	8000

	6	5	4	3	2	1
2d FBk	350	975	1600	3200	5600	8000
SE 2d FBk	350	1020	1700	3400	5950	8500
LE 2d FBk	350	1040	1750	3500	6100	8700
Maxima, V-6						
SE 4d Sed	450	1140	1900	3800	6650	9500
GXE 4d Sed	450	1080	1800	3600	6300	9000
300ZX, V-6						
2d Cpe	550	1700	2800	5600	9800	14,000
2d 2 plus 2 Cpe	550	1750	2900	5800	10,200	14,500
2d Turbo Cpe	600	1900	3200	6400	11,200	16,000
1992						
Sentra, 4-cyl.						
E 2d Sed	150	600	950	1850	3200	4600
E 4d Sed	150	650	975	1950	3350	4800
XE 2d Sed	200	675	1000	1950	3400	4900
XE 4d Sed	200	675	1000	2000	3500	5000
SE 2d Sed	200	675	1000	2000	3500	5000
SE-R 4d Sed	200	700	1050	2100	3650	5200
GXE 4d Sed	200	660	1100	2200	3850	5500
NX, 4-cyl.						
2d Cpe 1600	350	780	1300	2600	4550	6500
2d Cpe 2000	350	840	1400	2800	4900	7000
Stanza, 4-cyl.						
XE 4d Sed	200	660	1100	2200	3850	5500
SE 4d Sed	200	720	1200	2400	4200	6000
GXE 4d Sed	350	780	1300	2600	4550	6500
240SX, 4-cyl.						
2d Cpe	200	720	1200	2400	4200	6000
2d FBk	350	780	1300	2600	4550	6500
SE 2d Cpe	350	840	1400	2800	4900	7000
SE 2d FBk	350	900	1500	3000	5250	7500
LE 2d FBk	350	1020	1700	3400	5950	8500
SE 2d Conv	400	1250	2100	4200	7400	10,500
Maxima, V-6						
GXE 4d Sed	450	1140	1900	3800	6650	9500
SE 4d Sed	400	1250	2100	4200	7400	10,500
300ZX, V-6						
2d Cpe	550	1700	2800	5600	9800	14,000
2d Cpe 2 plus 2	550	1800	3000	6000	10,500	15,000
2d Cpe Turbo	650	2050	3400	6800	11,900	17,000

DE TOMASO

	6	5	4	3	2	1
1967-1971						
V-8, 98.4" wb, 302 cid						
Mangusta 2d Cpe	3250	10,300	17,200	34,400	60,200	86,000
1971-1974						
V-8, 99" wb, 351 cid						
Pantera 2d Cpe	2050	6600	11,000	22,000	38,500	55,000
1975-1978						
V-8, 99" wb, 351 cid						
Pantera 2d Cpe	1900	6000	10,000	20,000	35,000	50,000

NOTES: After 1974 the Pantera was not "officially" available in the U.S.
Add 5 percent for GTS models.

FACEL VEGA

	6	5	4	3	2	1
1954						
FV, V-8, 103" wb						
2d HT Cpe	2500	7900	13,200	26,400	46,200	66,000
1955						
FV, V-8, 103" wb						
2d HT Cpe	2500	7900	13,200	26,400	46,200	66,000
1956						
FVS, V-8, 103" wb						
2d HT Cpe	2500	7900	13,200	26,400	46,200	66,000
Excellence, V-8, 122" wb						
4d HT Sed	2250	7200	12,000	24,000	42,000	60,000
1957						
FVS, V-8, 103" wb						
2d HT Cpe	2500	7900	13,200	26,400	46,200	66,000
Excellence, V-8, 122" wb						
4d HT Sed	2250	7200	12,000	24,000	42,000	60,000

	6	5	4	3	2	1
1958						
FVS, V-8, 105" wb						
2d HT Cpe	2500	7900	13,200	26,400	46,200	66,000
Excellence, V-8, 122" wb						
4d HT Sed	2250	7200	12,000	24,000	42,000	60,000
1959						
HK500, V-8, 105" wb						
2d HT Cpe	2500	7900	13,200	26,400	46,200	66,000
Excellence, V-8, 125" wb						
4d HT Sed	2250	7200	12,000	24,000	42,000	60,000
1960						
Facellia, 4-cyl, 96" wb						
2d Cpe	1500	4800	8000	16,000	28,000	40,000
2d Conv	1900	6000	10,000	20,000	35,000	50,000
HK500, V-8, 105" wb						
2d HT Cpe	2500	7900	13,200	26,400	46,200	66,000
Excellence, V-8, 125" wb						
4d HT Sed	2250	7200	12,000	24,000	42,000	60,000
1961						
Facellia, 4-cyl, 96" wb						
2d Cpe	1500	4800	8000	16,000	28,000	40,000
2d Conv	1900	6000	10,000	20,000	35,000	50,000
HK500, V-8, 105" wb						
2d HT Cpe	2500	7900	13,200	26,400	46,200	66,000
Excellence, V-8, 125" wb						
4d HT Sed	2250	7200	12,000	24,000	42,000	60,000
1962						
Facellia, 4-cyl, 96" wb						
2d Cpe	1500	4800	8000	16,000	28,000	40,000
2d Conv	1900	6000	10,000	20,000	35,000	50,000
Facel II, V-8, 105" wb						
2d HT Cpe	2500	7900	13,200	26,400	46,200	66,000
Excellence, V-8, 125" wb						
4d HT Sed	2650	8400	14,000	28,000	49,000	70,000
1963						
Facellia, 4-cyl, 96" wb						
2d Cpe	1500	4800	8000	16,000	28,000	40,000
2d Conv	1900	6000	10,000	20,000	35,000	50,000
Facel II, V-8, 105" wb						
2d HT Cpe	2650	8400	14,000	28,000	49,000	70,000
Facel III, 4-cyl, 97" wb						
2d HT Cpe	2500	7900	13,200	26,400	46,200	66,000
Facel 6, 6-cyl, 97" wb						
2d HT Cpe	2550	8150	13,600	27,200	47,600	68,000
Excellence, V-8, 125" wb						
4d HT Sed	2650	8400	14,000	28,000	49,000	70,000
1964-65						
Facellia, 4-cyl, 96" wb						
2d Cpe	1500	4800	8000	16,000	28,000	40,000
2d Conv	1900	6000	10,000	20,000	35,000	50,000
Facel II, V-8, 105" wb						
2d HT Cpe	2650	8400	14,000	28,000	49,000	70,000
Facel III, 4-cyl, 97" wb						
2d HT Cpe	2500	7900	13,200	26,400	46,200	66,000
Facel 6, 6-cyl, 97" wb						
2d HT Cpe	2550	8150	13,600	27,200	47,600	68,000

FIAT

	6	5	4	3	2	1
1947-52						
(4-cyl) - (78.75" wb) - (570cc)						
500 2d Sed	350	975	1600	3200	5600	8000
(4-cyl) - (95.4" wb) - (1089cc)						
1100B 4d Sed	200	675	1000	2000	3500	5000
1100BL 4d Sed	200	675	1000	2000	3500	5000
(4-cyl) - (95.25" wb) - (1089cc)						
1100E 4d Sed	200	720	1200	2400	4200	6000
(4-cyl) - (106" wb) - (1089cc)						
1100EL 4d Sed	200	720	1200	2400	4200	6000
1100S 2d Spt Cpe	400	1200	2000	4000	7000	10,000
1100ES 2d Spt Cpe	400	1200	2000	4000	7000	10,000
(4-cyl) - (104.2" wb) - (1395cc)						
1400 4d Sed	200	660	1100	2200	3850	5500
1400 2d Cabr	450	1450	2400	4800	8400	12,000

	6	5	4	3	2	1
(6-cyl) - (110" wb) - (1493cc)						
1500 4d Sed	200	660	1100	2200	3850	5500
2d Conv Cpe	450	1450	2400	4800	8400	12,000
1953-56						
500 - (4-cyl) - (78.75" wb) - (570cc)						
2d Sed	350	975	1600	3200	5600	8000
2d Sta Wag	450	1080	1800	3600	6300	9000
600 - (4-cyl) - (78.75" wb) (633cc)						
2d Sed	200	675	1000	2000	3500	5000
2d Conv (S/R)	200	660	1100	2200	3850	5500
600 Multipla - (4-cyl) - (78.75" wb) - (633cc)						
4d Sta Wag	200	720	1200	2400	4200	6000
1100 - (4-cyl) - (92.1" wb) - (1089cc)						
103 4d Sed	200	675	1000	2000	3500	5000
103E 4d Sed	200	700	1050	2050	3600	5100
103E TV 4d Sed	200	700	1050	2100	3650	5200
103E 4d Sta Wag	200	660	1100	2200	3850	5500
103F TV 2d Spt Rds	550	1800	3000	6000	10,500	15,000
1400 - (4-cyl) - (104.2" wb) - (1395cc)						
4d Sed	200	660	1100	2200	3850	5500
2d Cabr	450	1450	2400	4800	8400	12,000
1900 - (4-cyl) - (104" wb) - (1901cc)						
4d Sed	200	660	1100	2200	3850	5500
8V - (V-8) - (94.5" wb) - (1996cc)						
2d Cpe	1150	3600	6000	12,000	21,000	30,000
1957						
500 - (2-cyl) - (72.4" wb) - (479cc)						
2d Sed	350	840	1400	2800	4900	7000
600 - (4-cyl) - (78.75" wb) - (633cc)						
2d Sed	200	675	1000	2000	3500	5000
2d Conv (S/R)	200	720	1200	2400	4200	6000
600 Multipla - (4-cyl) - (78.75" wb) - (633cc)						
4d Sta Wag (4/5P)	200	720	1200	2400	4200	6000
4d Sta Wag (6P)	200	720	1200	2400	4200	6000
1100 - (4-cyl) - (92.1" wb) - (1089cc)						
4d Sed	200	675	1000	2000	3500	5000
4d Sta Wag	200	660	1100	2200	3850	5500
1100 TV - (4-cyl) - (92.1" wb) - (1089cc)						
4d Sed	200	670	1200	2300	4060	5800
2d Conv	450	1450	2400	4800	8400	12,000
1958						
500 - (2-cyl) - (72.4" wb) - (479cc)						
2d Sed	350	840	1400	2800	4900	7000
600 - (4-cyl) - (78.75" wb) - (633cc)						
2d Sed	200	675	1000	2000	3500	5000
2d Conv (S/R)	200	660	1100	2200	3850	5500
600 Multipla - (4-cyl) - (78.75" wb) - (633cc)						
4d Sta Wag (4/5P)	200	720	1200	2400	4200	6000
4d Sta Wag (6P)	200	720	1200	2400	4200	6000
1100 - (4-cyl) - (92.1" wb) - (1089cc)						
4d Sed	200	660	1100	2200	3850	5500
4d Familiare Sta Wag	200	670	1200	2300	4060	5800
1100 TV - (4-cyl) - (92.1" wb) - (1089cc)						
4d Sed	200	660	1100	2200	3850	5500
2d Conv	450	1450	2400	4800	8400	12,000
1200 Gran Luce - (4-cyl) - (92.1" wb) - (1221cc)						
4d Sed	200	675	1000	2000	3500	5000
TV, 2d Conv	450	1450	2400	4800	8400	12,000
1959						
500 - (2-cyl) - (72.4" wb) - (479cc)						
2d Sed	200	675	1000	2000	3500	5000
2d Bianchina Cpe	200	660	1100	2200	3850	5500
2d Jolly Sed	400	1200	2000	4000	7000	10,000
500 Sport - (2-cyl) - (72.4" wb) - (499cc)						
2d Sed	200	675	1000	2000	3500	5000
2d Bianchina Cpe	200	660	1100	2200	3850	5500
600 - (4-cyl) - (78.75" wb) - (633cc)						
2d Sed	200	675	1000	2000	3500	5000
2d Sed (S/R)	200	660	1100	2200	3850	5500
600 Multipla - (4-cyl) - (78.75" wb) - (633cc)						
4d Sta Wag (4/5P)	200	720	1200	2400	4200	6000
4d Sta Wag (6P)	200	720	1200	2400	4200	6000
1100 - (4-cyl) - (92.1" wb) - (1089cc)						
4d Sed	200	675	1000	2000	3500	5000
4d Sta Wag	200	660	1100	2200	3850	5500

	6	5	4	3	2	1
1200 - (4-cyl) - (92.1" wb) - (1221cc)						
4d Sed	200	675	1000	2000	3500	5000
2d Spider Conv	400	1300	2200	4400	7700	11,000
1500, 1500S - (4-cyl) - (92.1" wb) - (1491cc)						
2d Spider Conv	450	1500	2500	5000	8800	12,500
1960						
500 - (2-cyl) - (72.4" wb) - (479cc)						
2d Sed	200	700	1050	2100	3650	5200
2d Bianchina Cpe	200	685	1150	2300	3990	5700
2d Jolly Sed	400	1200	2000	4000	7000	10,000
500 Sport - (2-cyl) - (72.4" wb) - (499cc)						
2d Sed	200	700	1075	2150	3700	5300
2d Bianchina Cpe	200	670	1200	2300	4060	5800
600 - (4-cyl) - (78.75" wb) - (633cc)						
2d Sed	200	675	1000	2000	3500	5000
2d Sed (S/R)	200	660	1100	2200	3850	5500
2d Jolly Sed	400	1200	2000	4000	7000	10,000
600 Multipla - (4-cyl) - (78.75" wb) - (633cc)						
4d Sta Wag (4/5P)	200	720	1200	2400	4200	6000
4d Sta Wag (6P)	200	720	1200	2400	4200	6000
1100 - (4-cyl) - (92.1" wb) - (1089cc)						
4d Sed	200	675	1000	2000	3500	5000
4d DeL Sed	200	700	1050	2100	3650	5200
4d Sta Wag	200	660	1100	2200	3850	5500
1200 - (4-cyl) - (92.1" wb) - (1221cc)						
4d Sed	200	675	1000	2000	3500	5000
2d Spider Conv	450	1500	2500	5000	8800	12,500
1500, 1500S - (4-cyl) - (92.1" wb) - (1491cc)						
2d Spider Conv	500	1600	2700	5400	9500	13,500
2100 - (6-cyl) - (104.3" wb) - (2054cc)						
4d Sed	200	660	1100	2200	3850	5500
4d Sta Wag	200	660	1100	2200	3850	5500
1961						
500 - (2-cyl) - (72.4" wb) - (479cc)						
Bianchina DeL Cpe	200	670	1150	2250	3920	5600
2d Jolly Sed	400	1200	2000	4000	7000	10,000
500 Sport - (2-cyl) - (72.4" wb) - (499cc)						
2d Sed	350	840	1400	2800	4900	7000
2d Bianchina Cpe	200	685	1150	2300	3990	5700
600 - (4-cyl) - (78.75" wb) - (633cc)						
2d Sed	200	675	1000	2000	3500	5000
2d Sed (S/R)	200	660	1100	2200	3850	5500
2d Jolly Sed	400	1200	2000	4000	7000	10,000
600 Multipla - (4-cyl) - (78.75" wb) - (633cc)						
4d Sta Wag (4/5P)	200	720	1200	2400	4200	6000
4d Sta Wag (6P)	200	720	1200	2400	4200	6000
1100 - (4-cyl) - (92.1" wb) - (1089cc)						
4d Sed	200	675	1000	2000	3500	5000
4d DeL Sed	200	700	1050	2100	3650	5200
4d Sta Wag	200	660	1100	2200	3850	5500
1200 - (4-cyl) - (92.1" wb) - (1225cc)						
4d Sed	200	675	1000	2000	3500	5000
2d Spider Conv	400	1300	2200	4400	7700	11,000
1500, 1500S - (4-cyl) - (92.1" wb) - (1491cc)						
Spider Conv	450	1500	2500	5000	8800	12,500
2100 - (6-cyl) - (104.3" wb) - (2054cc)						
4d Sed	200	675	1000	2000	3500	5000
4d Sta Wag	200	660	1100	2200	3850	5500
1962						
600D - (4-cyl) - (78.75" wb) - (767cc)						
2d Sed	200	675	1000	2000	3500	5000
1100 - (4-cyl) - (92.1" wb) - (1089cc)						
4d Export Sed	200	675	1000	2000	3500	5000
4d Spl Sed	200	700	1050	2100	3650	5200
1200 Spider - (4-cyl) - (92.1" wb) - (1221cc)						
2d Conv	400	1300	2200	4400	7700	11,000
1963						
600D - (4-cyl) - (78.5" wb) - (767cc)						
2d Sed	200	675	1000	2000	3500	5000
1100 Special - (4-cyl) - (92.1" wb) - (1089cc)						
4d Sed	200	675	1000	2000	3500	5000
1100D - (4-cyl) - (92.1" wb) - (1221cc)						
4d Sed	200	675	1000	2000	3500	5000
1200 Spider - (4-cyl) - (92.1" wb) - (1221cc)						
2d Conv	400	1300	2200	4400	7700	11,000

	6	5	4	3	2	1
1964						
600D - (4-cyl) - (78.5" wb) - (767cc)						
2d Sed	200	675	1000	2000	3500	5000
1100D - (4-cyl) - (92.1" wb) - (1221cc)						
4d Sed	200	660	1100	2200	3850	5500
1500 Spider - (4-cyl) - (92.1" wb) - (1481cc)						
2d Conv	450	1400	2300	4600	8100	11,500
1965						
600D - (4-cyl) - (78.5" wb) - (767cc)						
2d Sed	200	675	1000	2000	3500	5000
1100D - (4-cyl) - (92.1" wb) - (1221cc)						
4d Sed	200	675	1000	2000	3500	5000
4d Sta Wag	200	660	1100	2200	3850	5500
1500 Spider - (4-cyl) - (92.1" wb) - (1481cc)						
2d Conv	450	1400	2300	4600	8100	11,500
1966						
600D - (4-cyl) - (78.5" wb) - (767cc)						
2d Sed	200	675	1000	2000	3500	5000
1100D - (4-cyl) - (92.1" wb) - (1221cc)						
4d Sed	200	675	1000	2000	3500	5000
4d Sta Wag	200	660	1100	2200	3850	5500
1500 Spider - (4-cyl) - (92.1" wb) - (1481cc)						
2d Conv	450	1400	2300	4600	8100	11,500
1967						
600D - (4-cyl) - (78.7" wb) - (767cc)						
2d Sed	200	675	1000	2000	3500	5000
850 - (4-cyl) - (79.8" wb) - (843cc)						
FBk Cpe 2 plus 2	200	675	1000	2000	3500	5000
2d Spider Conv	450	1140	1900	3800	6650	9500
124 - (4-cyl) - (95.3" wb) - (1197cc)						
4d Sed	150	500	800	1600	2800	4000
4d Sta Wag	150	575	875	1700	3000	4300
1100R - (4-cyl) - (92.2" wb) - (1089cc)						
4d Sed	200	675	1000	2000	3500	5000
4d Sta Wag	200	660	1100	2200	3850	5500
1500 Spider - (4-cyl) - (92.1" wb) - (1481cc)						
2d Conv	450	1400	2300	4600	8100	11,500
1968						
850 - (4-cyl) - (79.8" wb) - (817cc)						
2d Sed	150	500	800	1600	2800	4000
2d FBk Cpe	200	675	1000	2000	3500	5000
2d Spider Conv	450	1140	1900	3800	6650	9500
124 - (4-cyl) - (95.3" wb) - (1197cc)						
4d Sed	150	500	800	1600	2800	4000
4d Sta Wag	150	500	800	1600	2800	4000
124 - (4-cyl) - (95.3" wb) - (1438cc)						
2d Spt Cpe	350	840	1400	2800	4900	7000
124 Spider - (4-cyl) - (89.8" wb) - (1438cc)						
2d Conv	450	1400	2300	4600	8100	11,500
1969						
850 - (4-cyl) - (79.8" wb) - (817cc)						
2d Sed	150	500	800	1600	2800	4000
2d FBk Cpe 2 plus 2	200	675	1000	2000	3500	5000
2d Spider Conv	450	1140	1900	3800	6650	9500
124 - (4-cyl) - (95.3" wb) - (1197cc)						
4d Sed	150	500	800	1600	2800	4000
4d Sta Wag	150	500	800	1600	2800	4000
124 - (4-cyl) - (95.3" wb) - (1438cc)						
2d Spt Cpe	350	840	1400	2800	4900	7000
124 Spider - (4-cyl) - (89.8" wb) - (1438cc)						
2d Conv	450	1400	2300	4600	8100	11,500
1970						
850 - (4-cyl) - (79.8" wb) - (817cc)						
2d Sed	150	500	800	1600	2800	4000
850 - (4-cyl) - (79.8" wb) - (903cc)						
Spt FBk Cpe 2 plus 2	200	660	1100	2200	3850	5500
Racer 2d HdTp Cpe	200	670	1200	2300	4060	5800
850 Spider - (4-cyl) - (79.8" wb) - (903cc)						
2d Conv	350	900	1500	3000	5250	7500
124 - (4-cyl) - (95.3" wb) - (1438cc)						
4d Spl Sed	150	500	800	1600	2800	4000
4d Spl Sta Wag	150	500	800	1600	2800	4000
2d Spt Cpe	350	840	1400	2800	4900	7000
124 Spider - (4-cyl) - (89.8" wb) - (1438cc)						
2d Conv	450	1400	2300	4600	8100	11,500

1971	6	5	4	3	2	1
850 - (4-cyl) - (79.8" wb) - (817cc)						
2d Sed	150	500	800	1600	2800	4000
850 - (4-cyl) - (79.8" wb) - (903cc)						
2d FBk Cpe, 2 plus 2	200	675	1000	2000	3500	5000
Racer, 2d HdTp Cpe	200	670	1200	2300	4060	5800
850 Spider - (4-cyl) - (79.8" wb) - (903cc)						
2d Conv	350	900	1500	3000	5250	7500
124 - (4-cyl) - (95.3" wb) - (1438cc)						
4d Spl Sed	150	500	800	1600	2800	4000
4d Spl Sta Wag	150	500	800	1600	2800	4000
2d Spt Cpe	350	840	1400	2800	4900	7000
124 Spider - (4-cyl) - (89.8" wb) - (1438cc)						
2d Conv	450	1400	2300	4600	8100	11,500

NOTE: The 124 coupe and convertible could be ordered with the larger 1.6 liter engine (1608cc).

1972						
850 Spider - (4-cyl) - (79.8" wb) - (903cc)						
2d Conv	350	900	1500	3000	5250	7500
128 - (4-cyl) - (96.4" wb) - (1116cc) - (FWD)						
2d Sed	125	450	700	1400	2450	3500
4d Sed	125	450	700	1400	2450	3500
2d Sta Wag	125	450	700	1400	2450	3500
124 - (4-cyl) - (95.3" wb) - (1438cc)						
4d Spl Sed	150	500	800	1600	2800	4000
4d Sta Wag	150	500	800	1600	2800	4000
124 - (4-cyl) - (95.3" wb) - (1608cc)						
2d Spt Cpe	350	840	1400	2800	4900	7000
124 Spider - (4-cyl) - (89.8" wb) - (1608cc)						
2d Conv	400	1300	2200	4400	7700	11,000

1973						
850 Spider - (4-cyl) - (79.8" wb) - (903cc)						
2d Conv	350	900	1500	3000	5250	7500
128 - (4-cyl) - (96.4" wb) - (1116cc) - (FWD)						
2d Sed	150	500	800	1600	2800	4000
4d Sed	150	500	800	1600	2800	4000
2d Sta Wag	150	550	850	1650	2900	4100
128 - (4-cyl) - (87.5" wb) - (1290cc) - (FWD)						
SL 1300 2d Cpe	150	575	875	1700	3000	4300
124 - (4-cyl) - (95.3" wb) - (1438cc)						
4d Spl Sed	150	600	900	1800	3150	4500
4d Sta Wag	150	600	900	1800	3150	4500
124 - (4-cyl) - (95.3" wb) - (1608cc)						
2d Spt Cpe	350	900	1500	3000	5250	7500
124 Spider - (4-cyl) - (89.8" wb) - (1608cc)						
2d Conv	400	1300	2200	4400	7700	11,000

1974						
128 - (4-cyl) - (96.4" wb) - (1290cc) - (FWD)						
2d Sed	150	500	800	1600	2800	4000
4d Sed	150	500	800	1600	2800	4000
2d Sta Wag	150	550	850	1650	2900	4100
128 - (4-cyl) - (87.5" wb) - (1290cc) - (FWD)						
SL 2d Cpe	150	575	875	1700	3000	4300
X1/9 - (4-cyl) - (86.7" wb) - (1290cc)						
2d Targa Cpe	200	660	1100	2200	3850	5500
124 - (4-cyl) - (95.3" wb) - (1593cc)						
4d Spl Sed	150	600	900	1800	3150	4500
4d Sta Wag	150	600	900	1800	3150	4500
124 - (4-cyl) - (95.3" wb) - (1756cc)						
2d Spt Cpe	150	600	900	1800	3150	4500
124 Spider - (4-cyl) - (89.8" wb) - (1756cc)						
2d Conv	400	1300	2200	4400	7700	11,000

1975						
128 - (4-cyl) - (96.4" wb) - (1290cc) - (FWD)						
2d Sed	150	500	800	1600	2800	4000
4d Sed	150	500	800	1600	2800	4000
2d Sta Wag	150	550	850	1650	2900	4100
128 - (4-cyl) - (87.5" wb) - (1290cc)						
SL 2d Cpe	150	575	875	1700	3000	4300
X1/9 - (4-cyl) - (86.7" wb) - (1290cc)						
2d Targa Cpe	200	660	1100	2200	3850	5500
131 - (4-cyl) - (98" wb) - (1756cc)						
2d Sed	150	500	800	1600	2800	4000
4d Sed	150	500	800	1600	2800	4000
4d Sta Wag	150	575	875	1700	3000	4300
124 - (4-cyl) - (95.3" wb) - (1756cc)						
2d Spt Cpe	350	900	1500	3000	5250	7500

	6	5	4	3	2	1
124 Spider - (4-cyl) - (89.7" wb) - (1756cc)						
2d Conv	400	1300	2200	4400	7700	11,000
1976						
128 - (4-cyl) - (96.4" wb) - (1290cc) - (FWD)						
2d Sed	150	500	800	1600	2800	4000
2d Cus Sed	150	500	800	1600	2800	4000
4d Cus Sed	150	500	800	1600	2800	4000
2d Sta Wag	150	550	850	1650	2900	4100
128 Sport - (4-cyl) - (87.5" wb) - (1290cc) - (FWD)						
3P HBk Cpe	150	575	875	1700	3000	4300
X1/9 - (4-cyl) - (86.7" wb) - (1290cc)						
AS Targa Cpe	200	660	1100	2200	3850	5500
131 - (4-cyl) - (98" wb) - (1756cc)						
A3 2d Sed	150	500	800	1600	2800	4000
A3 4d Sed	150	500	800	1600	2800	4000
AF2 4d Sta Wag	150	500	800	1600	2800	4000
124 Sport Spider - (4-cyl) - (89.7" wb) - (1756cc)						
CS 2d Conv	400	1300	2200	4400	7700	11,000
1977						
128 - (4-cyl) - (96.4" wb) - (1290cc) - (FWD)						
2d Sed	150	500	800	1600	2800	4000
2d Cus Sed	150	500	800	1600	2800	4000
4d Cus Sed	150	500	800	1600	2800	4000
2d Sta Wag	150	550	850	1650	2900	4100
128 - (4-cyl) - (87.5" wb) - (1290cc) - (FWD)						
3P Cus HBk Cpe	150	575	875	1700	3000	4300
X1/9 - (4-cyl) - (86.7" wb) - (1290cc)						
AS Targa Cpe	200	660	1100	2200	3850	5500
131 - (4-cyl) - (98" wb) - (1756cc)						
A3 2d Sed	150	500	800	1600	2800	4000
A3 4d Sed	150	500	800	1600	2800	4000
AF2 4d Sta Wag	150	500	800	1600	2800	4000
124 Sport Spider - (4-cyl) - (89.7" wb) - (1756cc)						
CS 2d Conv	400	1300	2200	4400	7700	11,000
1978						
128 - (4-cyl) - (96.4" wb) - (1290cc) - (FWD)						
A1 2d Sed	150	500	800	1600	2800	4000
A1 4d Sed	150	500	800	1600	2800	4000
128 - (4-cyl) - (87.5" wb) - (1290cc) - (FWD)						
AC Spt HBk	150	575	875	1700	3000	4300
X1/9 - (4-cyl) - (86.7" wb) - (1290cc)						
AS Targa Cpe	200	660	1100	2200	3850	5500
131 - (4-cyl) - (98" wb) - (1756cc)						
A 2d Sed	150	550	850	1650	2900	4100
A 4d Sed	150	550	850	1650	2900	4100
AF 4d Sta Wag	150	550	850	1675	2950	4200
Brava - (4-cyl) - (98" wb) - (1756cc)						
2d Sed	150	550	850	1675	2950	4200
2d Sup Sed	150	550	850	1675	2950	4200
4d Sup Sed	150	550	850	1675	2950	4200
4d Sup Sta Wag	150	575	875	1700	3000	4300
Spider 124 (4-cyl) - (89.7" wb) - (1756cc)						
2d Conv	400	1300	2200	4400	7700	11,000
X1/9						

NOTE: At mid-year the Brava series and Spider contained the new twin cam 2.0 liter four, (1995cc).

	6	5	4	3	2	1
1979						
128A1 - (4-cyl) - (96.4" wb) - (1290cc) - (FWD)						
2d Sed	150	500	800	1600	2800	4000
4d Sed	150	500	800	1600	2800	4000
128AC - (4-cyl) - (87.5" wb) - (1290cc) - (FWD)						
2d Spt HBk	150	575	875	1700	3000	4300
X1/9 - (4-cyl) - (86.7" wb) - (1498cc)						
AS Targa Cpe	200	660	1100	2200	3850	5500
Strada 138A - (96.4" wb) - (1498cc) - (FWD)						
2d HBk	150	550	850	1650	2900	4100
2d Cus HBk	150	550	850	1650	2900	4100
4d Cus HBk	150	550	850	1650	2900	4100
Brava 131 - (4-cyl) - (98" wb) - (1995cc)						
A4 2d Sed	150	550	850	1675	2950	4200
A4 4d Sed	150	550	850	1675	2950	4200
AF 4d Sta Wag	150	575	875	1700	3000	4300
Spider 2000 - (4-cyl) - (89.7" wb) - (1995cc)						
2d Conv	450	1400	2300	4600	8100	11,500
X1/9						

1980	6	5	4	3	2	1
Strada 138 - (4-cyl) - (96.4" wb) - (1498cc) - (FWD)						
2d HBk	150	500	800	1600	2800	4000
2d Cus HBk	150	500	800	1600	2800	4000
4d Cus HBk	150	500	800	1600	2800	4000
X1/9 - (4-cyl) - (86.7" wb) - (1498cc)						
128 Targa Cpe	200	660	1100	2200	3850	5500
Brava 131 - (4-cyl) - (98" wb) - (1995cc)						
2d Sed	150	550	850	1650	2900	4100
4d Sed	150	550	850	1650	2900	4100
Spider 2000 - (4-cyl) - (89.7" wb) - (1995cc)						
124 2d Conv	450	1400	2300	4600	8100	11,500

NOTE The Brava series and the Spider 2000 were also available with fuel injection in 1980.

1981						
Strada 138 - (4-cyl) - (96.4" wb) - (1498cc) - (FWD)						
2d HBk	150	500	800	1600	2800	4000
2d Cus HBk	150	500	800	1600	2800	4000
4d Cus HBk	150	500	800	1600	2800	4000
X1/9 - (4-cyl) - (86.7" wb) - (1498cc)						
128 Targa Cpe	200	660	1100	2200	3850	5500
Brava 131 - (4-cyl) - (98" wb) - (1995cc)						
2d Sed	150	550	850	1650	2900	4100
4d Sed	150	550	850	1650	2900	4100
Spider 2000 - (4-cyl) - (89.7" wb) - (1995cc)						
124 2d Conv	450	1140	1900	3800	6650	9500
124 2d Turbo Conv	400	1200	2000	4000	7000	10,000

1982						
Strada - (4-cyl) - (96.4" wb) - (1498cc) - (FWD)						
DD 2d HBk	150	500	800	1600	2800	4000
DD 2d Cus HBk	150	500	800	1600	2800	4000
DE Cus 4d HBk	150	500	800	1600	2800	4000
X1/9 - (4-cyl) - (86.7" wb) - (1498cc)						
BS Targa Cpe	200	660	1100	2200	3850	5500
Spider 2000 - (4-cyl) - (89.7" wb) - (1995cc)						
AS 2d Conv	450	1140	1900	3800	6650	9500
2d Turbo Conv	400	1200	2000	4000	7000	10,000

1983						
X1/9 - (4-cyl) - (86.7" wb) - (1498cc)						
BS Targa Cpe	200	660	1100	2200	3850	5500
Spider 2000 - (4-cyl) - (89.7" wb) - (1995cc)						
AS 2d Conv	450	1140	1900	3800	6650	9500
2d Turbo Conv	400	1200	2000	4000	7000	10,000

NOTE: The Spider 2000 convertible was produced under the Pininfarina nameplate during 1984-85. The X1/9 Targa coupe was produced under the Bertone nameplate during 1984-90.

FORD - BRITISH

1948	6	5	4	3	2	1
Anglia, 4-cyl, 90" wb						
2d Sed	350	1020	1700	3400	5950	8500
Prefect, 4-cyl, 94" wb						
4d Sed	350	975	1600	3200	5600	8000
1949						
Anglia, 4-cyl, 90" wb						
2d Sed	350	1020	1700	3400	5950	8500
Prefect, 4-cyl, 94" wb						
4d Sed	350	975	1600	3200	5600	8000
1950						
Anglia, 4-cyl, 90" wb						
2d Sed	350	1020	1700	3400	5950	8500
Prefect, 4-cyl, 94" wb						
4d Sed	350	975	1600	3200	5600	8000
1951						
Anglia, 4-cyl, 90" wb						
2d Sed	350	800	1350	2700	4700	6700
Prefect, 4-cyl, 90" wb						
4d Sed	350	790	1350	2650	4620	6600
Consul, 4-cyl, 100" wb						
4d Sed	350	800	1350	2700	4700	6700
1952						
Anglia, 4-cyl, 90" wb						
2d Sed	350	800	1350	2700	4700	6700
Prefect, 4-cyl, 94" wb						
4d Sed	350	790	1350	2650	4620	6600

	6	5	4	3	2	1
Consul, 4-cyl, 100" wb						
4d Sed	350	800	1350	2700	4700	6700
Zephyr, 6-cyl, 104" wb						
4d Sed	350	840	1400	2800	4900	7000
1953						
Anglia, 4-cyl, 90" wb						
2d Sed	350	800	1350	2700	4700	6700
Prefect, 4-cyl, 94" wb						
4d Sed	350	790	1350	2650	4620	6600
Consul, 4-cyl, 100" wb						
4d Sed	350	800	1350	2700	4700	6700
Zephyr, 6-cyl, 104" wb						
4d Sed	350	840	1400	2800	4900	7000
1954						
Anglia, 4-cyl, 87" wb						
2d Sed	350	800	1350	2700	4700	6700
Prefect, 4-cyl, 87" wb						
4d Sed	350	790	1350	2650	4620	6600
Consul, 4-cyl, 100" wb						
4d Sed	350	800	1350	2700	4700	6700
Zephyr, 6-cyl, 104" wb						
4d Sed	350	840	1400	2800	4900	7000
1955						
Anglia, 4-cyl, 87" wb						
2d Sed	350	800	1350	2700	4700	6700
Prefect, 4-cyl, 87" wb						
4d Sed	350	790	1350	2650	4620	6600
Consul, 4-cyl, 100" wb						
4d Sed	350	830	1400	2950	4830	6900
2d Conv	350	1020	1700	3400	5950	8500
Zephyr, 6-cyl, 104" wb						
4d Sed	350	840	1400	2800	4900	7000
Zodiac, 6-cyl, 104" wb						
4d Sed	350	850	1450	2850	4970	7100
2d Conv	350	1020	1700	3400	5950	8500
1956						
Anglia, 4-cyl, 87" wb						
2d Sed	350	800	1350	2700	4700	6700
Prefect, 4-cyl, 87" wb						
4d Sed	350	790	1350	2650	4620	6600
Escort/Squire, 4-cyl, 87" wb						
2d Sta Wag	350	830	1400	2950	4830	6900
Consul, 4-cyl, 100" wb						
4d Sed	350	830	1400	2950	4830	6900
2d Conv	350	1020	1700	3400	5950	8500
Zephyr, 6-cyl, 104" wb						
4d Sed	350	840	1400	2800	4900	7000
2d Conv	350	1020	1700	3400	5950	8500
Zodiac, 6-cyl, 104" wb						
4d Sed	350	850	1450	2850	4970	7100
1957						
Anglia, 4-cyl, 87" wb						
2d Sed	350	800	1350	2700	4700	6700
Prefect, 4-cyl, 87" wb						
4d Sed	350	790	1350	2650	4620	6600
Escort/Squire, 4-cyl, 87" wb						
2d Sta Wag	350	830	1400	2950	4830	6900
Consul, 4-cyl, 104" wb						
4d Sed	350	830	1400	2950	4830	6900
2d Conv	350	1020	1700	3400	5950	8500
Zephyr, 6-cyl, 107" wb						
4d Sed	350	840	1400	2800	4900	7000
2d Conv	350	1020	1700	3400	5950	8500
Zodiac, 6-cyl, 107" wb						
4d Sed	350	850	1450	2850	4970	7100
2d Conv	450	1080	1800	3600	6300	9000
1958						
Anglia, 4-cyl, 87" wb						
2d Sed	350	800	1350	2700	4700	6700
2d DeL Sed	350	820	1400	2700	4760	6800
Prefect, 4-cyl, 87" wb						
4d Sed	350	800	1350	2700	4700	6700
Escort/Squire, 4-cyl, 87" wb						
2d Sta Wag	350	830	1400	2950	4830	6900
Consul, 4-cyl, 104" wb						
4d Sed	350	830	1400	2950	4830	6900

	6	5	4	3	2	1
2d Conv	350	1020	1700	3400	5950	8500
Zephyr, 6-cyl, 107" wb						
4d Sed	350	840	1400	2800	4900	7000
2d Conv	350	1020	1700	3400	5950	8500
Zodiac, 6-cyl, 107" wb						
4d Sed	350	850	1450	2850	4970	7100
2d Conv	450	1080	1800	3600	6300	9000
1959						
Anglia, 4-cyl, 87" wb						
2d DeL Sed	350	800	1350	2700	4700	6700
Prefect, 4-cyl, 87" wb						
4d Sed	350	790	1350	2650	4620	6600
Escort/Squire, 4-cyl, 87" wb						
2d Sta Wag	350	830	1400	2950	4830	6900
Consul, 4-cyl, 104" wb						
4d Sed	350	830	1400	2950	4830	6900
2d Conv	350	1020	1700	3400	5950	8500
4d Sta Wag	350	840	1400	2800	4900	7000
Zephyr, 6-cyl, 107" wb						
4d Sed	350	840	1400	2800	4900	7000
2d Conv	350	1020	1700	3400	5950	8500
4d Sta Wag	350	850	1450	2850	4970	7100
Zodiac, 6-cyl, 107" wb						
4d Sed	350	850	1450	2850	4970	7100
2d Conv	350	1020	1700	3400	5950	8500
4d Sta Wag	350	860	1450	2900	5050	7200
1960						
Anglia, 4-cyl, 90" wb						
2d Sed	350	790	1350	2650	4620	6600
Prefect, 4-cyl, 90" wb						
4d Sed	200	660	1100	2200	3850	5500
Escort/Squire, 4-cyl, 87" wb						
2d Sta Wag	350	830	1400	2950	4830	6900
Consul, 4-cyl, 104" wb						
4d Sed	350	830	1400	2950	4830	6900
2d Conv	350	975	1600	3200	5600	8000
Zephyr, 6-cyl, 107" wb						
4d Sed	350	840	1400	2800	4900	7000
2d Conv	350	1000	1650	3300	5750	8200
Zodiac, 6-cyl, 107" wb						
4d Sed	350	850	1450	2850	4970	7100
2d Conv	350	1020	1700	3400	5950	8500
1961						
Anglia, 4-cyl, 90" wb						
2d Sed	200	670	1150	2250	3920	5600
Prefect, 4-cyl, 90" wb						
4d Sed	200	660	1100	2200	3850	5500
Escort, 4-cyl, 87" wb						
2d Sta Wag	350	830	1400	2950	4830	6900
Consul, 4-cyl, 104" wb						
4d Sed	350	830	1400	2950	4830	6900
2d Conv	450	1140	1900	3800	6650	9500
Zephyr, 6-cyl, 107" wb						
4d Sed	350	840	1400	2800	4900	7000
2d Conv	400	1200	2000	4000	7000	10,000
Zodiac, 6-cyl, 107" wb						
4d Sed	350	850	1450	2850	4970	7100
2d Conv	400	1200	2050	4100	7100	10,200
1962						
Anglia, 4-cyl, 90" wb						
2d Sed	200	670	1150	2250	3920	5600
2d DeL Sed	200	685	1150	2300	3990	5700
2d Sta Wag	200	685	1150	2300	3990	5700
Consul 315, 4-cyl, 99" wb						
2d Sed	200	670	1200	2300	4060	5800
4d DeL Sed	200	700	1200	2350	4130	5900
Consul Capri, 4-cyl, 99" wb						
2d HT Cpe	350	840	1400	2800	4900	7000
1963						
Anglia, 4-cyl, 90" wb						
2d Sed	200	670	1150	2250	3920	5600
2d DeL Sed	200	685	1150	2300	3990	5700
2d Sta Wag	200	685	1150	2300	3990	5700
Consul 315, 4-cyl, 99" wb						
2d Sed	200	670	1200	2300	4060	5800

	6	5	4	3	2	1
4d DeL Sed	200	700	1200	2350	4130	5900
Capri, 4-cyl, 99" wb						
2d HT Cpe	350	840	1400	2800	4900	7000
Cortina, 4-cyl, 98" wb						
2d DeL Sed	200	685	1150	2300	3990	5700
4d DeL Sed	200	670	1200	2300	4060	5800
4d Sta Wag	200	670	1200	2300	4060	5800
Zephyr, 6-cyl, 107" wb						
4d Sed	200	700	1200	2350	4130	5900
Zodiac, 6-cyl, 107" wb						
4d Sed	200	720	1200	2400	4200	6000
1964						
Anglia, 4-cyl, 90" wb						
2d Sed	200	670	1150	2250	3920	5600
2d DeL Sed	200	685	1150	2300	3990	5700
2d Sta Wag	200	685	1150	2300	3990	5700
Consul 315, 4-cyl, 99" wb						
2d Sed	200	670	1200	2300	4060	5800
4d DeL Sed	200	700	1200	2350	4130	5900
Consul Capri, 4-cyl, 99" wb						
2d Cpe	350	840	1400	2800	4900	7000
2d GT Cpe	350	860	1450	2900	5050	7200
Cortina, 4-cyl, 98" wb						
2d GT Sed	200	730	1250	2450	4270	6100
2d DeL Sed	200	720	1200	2400	4200	6000
4d DeL Sed	200	700	1200	2350	4130	5900
4d Sta Wag	200	700	1200	2350	4130	5900
Zodiac, 6-cyl, 107" wb						
4d Sed	200	720	1200	2400	4200	6000
1965						
Anglia, 4-cyl, 90" wb						
2d DeL Sed	200	685	1150	2300	3990	5700
Capri, 4-cyl, 99" wb						
2d Cpe	200	670	1200	2300	4060	5800
2d GT Cpe	200	700	1200	2350	4130	5900
Cortina, 4-cyl, 98" wb						
2d GT Sed	350	780	1300	2600	4550	6500
2d Sed	200	685	1150	2300	3990	5700
4d Sed	200	670	1150	2250	3920	5600
4d Sta Wag	200	670	1150	2250	3920	5600
1966						
Anglia 1200, 4-cyl, 90" wb						
2d DeL Sed	200	685	1150	2300	3990	5700
Cortina 1500, 4-cyl, 98" wb						
2d GT Sed	350	780	1300	2600	4550	6500
2d Sed	200	685	1150	2300	3990	5700
4d Sed	200	670	1200	2300	4060	5800
4d Sta Wag	200	700	1200	2350	4130	5900
Cortina Lotus, 4-cyl, 98" wb						
2d Sed	400	1300	2200	4400	7700	11,000
1967						
Anglia 113E, 4-cyl, 90" wb						
2d DeL Sed	200	685	1150	2300	3990	5700
Cortina 116E, 4-cyl, 98" wb						
2d GT Sed	200	670	1200	2300	4060	5800
2d Sed	200	670	1150	2250	3920	5600
4d Sed	200	685	1150	2300	3990	5700
4d Sta Wag	200	720	1200	2400	4200	6000
1968						
Cortina, 4-cyl, 98" wb						
2d Sed	200	670	1200	2300	4060	5800
4d Sed	200	700	1200	2350	4130	5900
2d GT Sed	200	720	1200	2400	4200	6000
4d GT Sed	200	720	1200	2400	4200	6000
4d Sta Wag	200	720	1200	2400	4200	6000
1969						
Cortina, 4-cyl, 98" wb						
2d Sed	200	670	1200	2300	4060	5800
4d Sed	200	700	1200	2350	4130	5900
2d GT Sed	200	730	1250	2450	4270	6100
4d GT Sed	200	730	1250	2450	4270	6100
2d DeL Sed	200	720	1200	2400	4200	6000
4d DeL Sed	200	720	1200	2400	4200	6000
4d Sta Wag	200	730	1250	2450	4270	6100

1970	6	5	4	3	2	1
Cortina, 4-cyl, 98" wb						
2d Sed	200	670	1200	2300	4060	5800
4d Sed	200	700	1200	2350	4130	5900
2d GT Sed	200	730	1250	2450	4270	6100
4d GT Sed	200	730	1250	2450	4270	6100
2d DeL Sed	200	720	1200	2400	4200	6000
4d DeL Sed	200	720	1200	2400	4200	6000
4d Sta Wag	200	730	1250	2450	4270	6100

FORD-CAPRI

	6	5	4	3	2	1
1969-70						
1600, 4-cyl, 100.8" wb, 1599cc						
2d Spt Cpe	200	720	1200	2400	4200	6000
1971						
1600, 4-cyl, 100.8" wb, 1599cc						
2d Spt Cpe	350	780	1300	2600	4550	6500
2000, 4-cyl, 100.8" wb, 1993cc						
2d Spt Cpe	350	840	1400	2800	4900	7000
1972						
1600, 4-cyl, 100.8" wb, 1599cc						
2d Spt Cpe	200	720	1200	2400	4200	6000
2000, 4-cyl, 100.8" wb, 1993cc						
2d Spt Cpe	350	780	1300	2600	4550	6500
2600, V-6, 100.8" wb, 2548cc						
2d Spt Cpe	350	840	1400	2800	4900	7000
1973						
2000, 4-cyl, 100.8" wb, 1993cc						
2d Spt Cpe	350	780	1300	2600	4550	6500
2600, V-6, 100.8" wb, 2548cc						
2d Spt Cpe	350	840	1400	2800	4900	7000
1974						
2000, 4-cyl, 100.8" wb, 1993cc						
2d Spt Cpe	350	780	1300	2600	4550	6500
2800, V-6, 100.8" wb, 2792cc						
2d Spt Cpe	350	840	1400	2800	4900	7000

CAPRI II

	6	5	4	3	2	1
1975-76						
2300, 4-cyl, 100.9" wb, 2300cc						
2d HBk Cpe	350	780	1300	2600	4550	6500
2d Ghia Cpe	350	840	1400	2800	4900	7000
2d "S" Cpe	350	840	1400	2800	4900	7000
2800, V-6, 100.9" wb, 2795cc						
2d HBk Cpe	350	780	1300	2600	4550	6500

NOTE: No Capri's were imported for the 75 model year. Late in the year came the Capri II (intended as a '76 model).

1977-78						
2300, 4-cyl, 100.9" wb, 2300cc						
2d HBk Cpe	350	780	1300	2600	4550	6500
2d Ghia Cpe	350	840	1400	2800	4900	7000
2800, V-6, 100.9" wb, 2795cc						
2d HBk Cpe	350	840	1400	2800	4900	7000

NOTE: 1977 was the final model year for Capri II. They were not imported after 1977.

GEO

1989	6	5	4	3	2	1
Metro						
2d HBk	150	600	950	1850	3200	4600
2d HBk LSi	200	700	1050	2050	3600	5100
4d Sed LSi	200	700	1050	2100	3650	5200
Prizm						
4d Sed	350	790	1350	2650	4620	6600
5d HBk	350	800	1350	2700	4700	6700
Spectrum						
2d HBk	200	670	1150	2250	3920	5600
4d Sed	200	670	1200	2300	4060	5800
Tracker (4x4)						
Wag HT	350	1020	1700	3400	5950	8500
Wag Soft-top	350	975	1600	3200	5600	8000

1990	6	5	4	3	2	1
Metro, 3-cyl.						
2d HBk XFi	100	330	575	1150	1950	2800
2d HBk	100	350	600	1150	2000	2900
2d HBk LSi	125	370	650	1250	2200	3100
4d HBk	100	350	600	1150	2000	2900
4d HBk LSi	125	400	675	1350	2300	3300
2d Conv LSi	200	675	1000	2000	3500	5000
Prizm, 4-cyl.						
4d Sed	200	720	1200	2400	4200	6000
4d Sed GSi	350	780	1300	2600	4550	6500
4d HBk	350	770	1300	2550	4480	6400
4d HBk GSi	350	830	1400	2950	4830	6900
Storm, 4-cyl.						
2d HBk (2 plus 2)	200	660	1100	2200	3850	5500
2d HBk (2 plus 2) GSi	200	720	1200	2400	4200	6000
1991						
Metro						
2d HBk	100	300	500	1000	1750	2500
2d HBk XFi	100	320	550	1050	1850	2600
2d HBk LSi	100	330	575	1150	1950	2800
4d HBk	100	320	550	1050	1850	2600
4d HBk LSi	100	330	575	1150	1950	2800
2d Conv LSi	150	500	800	1550	2700	3900
Prizm						
4d NBk	200	675	1000	2000	3500	5000
4d NBk GSi	200	660	1100	2200	3850	5500
4d HBk	200	700	1050	2050	3600	5100
4d HBk GSi	200	670	1150	2250	3920	5600
Storm						
2d Cpe	150	600	900	1800	3150	4500
2d Cpe GSi	200	675	1000	2000	3500	5000
2d HBk	150	600	900	1800	3150	4500
1992						
Metro, 3-cyl.						
2d HBk XFi	100	360	600	1200	2100	3000
2d HBk	125	380	650	1300	2250	3200
2d HBk LSi	125	450	700	1400	2450	3500
4d HBk	125	380	650	1300	2250	3200
4d HBk LSi	125	450	700	1400	2450	3500
2d Conv LSi	150	600	900	1800	3150	4500
Prizm, 4-cyl.						
4d Sed	200	675	1000	2000	3500	5000
4d Sed GSi	200	720	1200	2400	4200	6000
Storm, 4-cyl.						
2d Cpe	150	550	850	1675	2950	4200
2d HBk	150	600	900	1800	3150	4500
2d Cpe GSi	200	660	1100	2200	3850	5500

HILLMAN

1948	6	5	4	3	2	1
Minx, 4-cyl, 92" wb						
4d Sed	200	720	1200	2400	4200	6000
2d Conv	450	1140	1900	3800	6650	9500
4d Est Wag	350	780	1300	2600	4550	6500
1949						
Minx, 4-cyl, 93" wb						
4d Sed	200	720	1200	2400	4200	6000
2d Conv	450	1140	1900	3800	6650	9500
4d Est Wag	350	780	1300	2600	4550	6500
1950						
Minx, 4-cyl, 93" wb						
4d Sed	200	720	1200	2400	4200	6000
2d Conv	450	1140	1900	3800	6650	9500
4d Est Wag	350	780	1300	2600	4550	6500
1951						
Minx Mark IV, 4-cyl, 93" wb						
4d Sed	200	720	1200	2400	4200	6000
2d Conv	450	1140	1900	3800	6650	9500
4d Est Wag	350	780	1300	2600	4550	6500
1952						
Minx Mark IV, 4-cyl, 93" wb						
4d Sed	200	720	1200	2400	4200	6000
2d Conv	450	1140	1900	3800	6650	9500

	6	5	4	3	2	1
4d Est Wag	350	780	1300	2600	4550	6500
Minx Mark V, 4-cyl, 93" wb						
4d Sed	200	720	1200	2400	4200	6000
2d Conv	450	1150	1900	3850	6700	9600
4d Est Wag	350	780	1300	2600	4550	6500
1953						
Minx Mark VI, 4-cyl, 93" wb						
4d Sed	200	720	1200	2400	4200	6000
2d HT	350	900	1500	3000	5250	7500
2d Conv	450	1160	1950	3900	6800	9700
4d Est Wag	350	780	1300	2600	4550	6500
1954						
Minx Mark VII, 4-cyl, 93" wb						
4d Sed	200	720	1200	2400	4200	6000
2d HT	350	900	1500	3000	5250	7500
2d Conv	450	1160	1950	3900	6800	9700
4d Est Wag	350	780	1300	2600	4550	6500
1955						
Husky, 4-cyl, 84" wb						
2d Sta Wag	350	780	1300	2600	4550	6500
Minx Mark VIII, 4-cyl, 93" wb						
4d Sed	200	720	1200	2400	4200	6000
2d HT Cpe	350	900	1500	3000	5250	7500
2d Conv	450	1160	1950	3900	6800	9700
4d Est Wag	350	800	1350	2700	4700	6700
1956						
Husky, 4-cyl, 84" wb						
2d Sta Wag	350	780	1300	2600	4550	6500
Minx Mark VIII, 4-cyl, 93" wb						
4d Sed	350	780	1300	2600	4550	6500
2d HT Cpe	350	900	1500	3000	5250	7500
2d Conv	450	1160	1950	3900	6800	9700
4d Est Wag	350	800	1350	2700	4700	6700
1957						
Husky, 4-cyl, 84" wb						
2d Sta Wag	350	780	1300	2600	4550	6500
New Minx, 4-cyl, 96" wb						
4d Sed	200	720	1200	2400	4200	6000
2d Conv	450	1130	1900	3800	6600	9400
4d Est Wag	350	800	1350	2700	4700	6700
1958						
Husky, 4-cyl, 84" wb						
2d Sta Wag	350	780	1300	2600	4550	6500
Husky, 2nd Series, 4-cyl, 86" wb						
2d Sta Wag	350	790	1350	2650	4620	6600
Minx, 4-cyl, 96" wb						
4d Spl Sed	200	720	1200	2400	4200	6000
4d DeL Sed	350	780	1300	2600	4550	6500
2d Conv	450	1130	1900	3800	6600	9400
4d Est Wag	350	880	1500	2950	5180	7400
1959						
Husky, 4-cyl, 86" wb						
2d Sta Wag	350	780	1300	2600	4550	6500
Minx Series II, 4-cyl, 96" wb						
4d Spl Sed	350	780	1300	2600	4550	6500
4d DeL Sed	350	780	1300	2600	4550	6500
2d Conv	350	1020	1700	3400	5900	8400
4d Est Wag	350	800	1350	2700	4700	6700
1960						
Husky, 4-cyl, 86" wb						
2d Sta Wag	350	780	1300	2600	4550	6500
Minx Series IIIA, 4-cyl, 96" wb						
4d Spl Sed	350	780	1300	2600	4550	6500
4d DeL Sed	350	780	1300	2600	4550	6500
2d Conv	350	1020	1700	3400	5950	8500
4d Est Wag	350	800	1350	2700	4700	6700
1961						
Husky, 4-cyl, 86" wb						
2d Sta Wag	350	780	1300	2600	4550	6500
Minx Series IIIA, 4-cyl, 96" wb						
4d Spl Sed	350	780	1300	2600	4550	6500
4d DeL Sed	350	780	1300	2600	4550	6500
2d Conv	450	1140	1900	3800	6650	9500
4d Est Wag	350	800	1350	2700	4700	6700

1962	6	5	4	3	2	1
Husky, 4-cyl, 86" wb						
2d Sta Wag	350	780	1300	2600	4550	6500
Minx Series 1600, 4-cyl, 96" wb						
4d Sed	200	720	1200	2400	4200	6000
2d Conv	450	1080	1800	3600	6300	9000
4d Est Wag	350	800	1350	2700	4700	6700
Super Minx, 4-cyl, 101" wb						
4d Sed	350	780	1300	2600	4550	6500
1963						
Husky II, 4-cyl, 86" wb						
2d Sta Wag	350	780	1300	2600	4550	6500
Minx Series 1600, 4-cyl, 96" wb						
4d Sed	200	720	1200	2400	4200	6000
Super Minx Mark I, 4-cyl, 101" wb						
4d Sed	200	720	1200	2400	4200	6000
2d Conv	450	1080	1800	3600	6300	9000
4d Est Wag	350	800	1350	2700	4700	6700
Super Minx Mark II, 4-cyl, 101" wb						
4d Sed	450	1080	1800	3600	6300	9000
2d Conv	950	1100	1850	3700	6450	9200
4d Est Wag	350	820	1400	2700	4760	6800
1964						
Husky, 4-cyl, 86" wb						
2d Sta Wag	350	780	1300	2600	4550	6500
Minx Series 1600 Mark V, 4-cyl, 96" wb						
4d Sed	200	720	1200	2400	4200	6000
Super Minx Mark II, 4-cyl, 101" wb						
4d Sed	200	720	1200	2400	4200	6000
2d Conv	450	1090	1800	3650	6400	9100
4d Est Wag	350	790	1350	2650	4620	6600
1965						
Husky, 4-cyl, 86" wb						
2d Sta Wag	350	780	1300	2600	4550	6500
Super Minx Mark II, 4-cyl, 101" wb						
4d Sed	200	720	1200	2400	4200	6000
4d Est Wag	350	800	1350	2700	4700	6700
1966						
Husky, 4-cyl, 86" wb						
2d Sta Wag	350	780	1300	2600	4550	6500
Super Minx Mark III, 4-cyl, 101" wb						
4d Sed	200	720	1200	2400	4200	6000
4d Est Wag	350	800	1350	2700	4700	6700
1967						
Husky, 4-cyl, 86" wb						
2d Sta Wag	350	800	1350	2700	4700	6700

HONDA

1980	6	5	4	3	2	1
Civic 1300						
3d HBk	150	600	900	1800	3150	4500
3d DX	150	600	900	1800	3150	4500
Civic 1500						
3d HBk	150	600	900	1800	3150	4500
3d HBk DX	150	600	950	1850	3200	4600
3d HBk GL	150	650	950	1900	3300	4700
5d Sta Wag	150	600	950	1850	3200	4600
Accord						
3d HBk	200	675	1000	2000	3500	5000
4d Sed	200	660	1100	2200	3850	5500
3d HBk LX	200	660	1100	2200	3850	5500
Prelude						
2d Cpe	200	745	1250	2500	4340	6200
1981						
Civic 1300						
3d HBk	150	600	900	1800	3150	4500
3d HBK DX	150	600	950	1850	3200	4600
Civic 1500						
3d HBk DX	150	600	900	1800	3150	4500
3d HBk GL	150	600	900	1800	3150	4500
4d Sed	150	600	950	1850	3200	4600
4d Sta Wag	150	600	950	1850	3200	4600
Accord						
3d HBk	200	660	1100	2200	3850	5500
4d Sed	200	660	1100	2200	3850	5500 .

	6	5	4	3	2	1
3d HBk LX	200	670	1150	2250	3920	5600
4d Sed SE	200	670	1150	2250	3920	5600
Prelude						
2d Cpe	350	780	1300	2600	4550	6500
1982						
Civic 1300						
3d HBk	150	600	900	1800	3150	4500
3d HBk FE	150	600	900	1800	3150	4500
Civic 1500						
3d HBk DX	150	600	950	1850	3200	4600
3d HBk GL	150	650	950	1900	3300	4700
4d Sed	150	650	975	1950	3350	4800
4d Sta Wag	200	670	1150	2250	3920	5600
Accord						
3d HBk	200	660	1100	2200	3850	5500
4d Sed	200	670	1150	2250	3920	5600
3d HBk LX	200	685	1150	2300	3990	5700
Prelude						
2d Cpe	350	800	1350	2700	4700	6700
1983						
Civic 1300						
3d HBk	150	600	900	1800	3150	4500
3d HBk FE	150	600	900	1800	3150	4500
Civic 1500						
3d HBk DX	150	600	950	1850	3200	4600
3d HBk S	150	650	950	1900	3300	4700
4d Sed	150	650	975	1950	3350	4800
4d Sta Wag	150	600	950	1850	3200	4600
Accord						
3d HBk	200	660	1100	2200	3850	5500
3d HBk LX	200	670	1150	2250	3920	5600
4d Sed	200	685	1150	2300	3990	5700
Prelude						
2d Cpe	350	820	1400	2700	4760	6800
1984						
Civic 1300						
2d Cpe CRX	150	600	900	1800	3150	4500
3d HBk	150	600	900	1800	3150	4500
Civic 1500						
2d Cpe CRX	200	660	1100	2200	3850	5500
3d HBk DX	150	600	900	1800	3150	4500
3d HBk S	150	600	900	1800	3150	4500
4d Sed	150	650	950	1900	3300	4700
4d Sta Wag	150	650	950	1900	3300	4700
Accord						
3d HBk	200	700	1050	2050	3600	5100
3d HBk LX	200	700	1050	2100	3650	5200
4d Sed	200	700	1075	2150	3700	5300
4d Sed LX	200	660	1100	2200	3850	5500
Prelude						
2d Cpe	350	780	1300	2600	4550	6500
1985						
Civic 1300						
3d HBk	150	600	900	1800	3150	4500
Civic 1500						
2d Cpe CRX HF	200	660	1100	2200	3850	5500
2d Cpe CRX	200	685	1150	2300	3990	5700
2d Cpe CRX Si	200	720	1200	2400	4200	6000
3d HBk DX	200	675	1000	2000	3500	5000
3d HBk S	150	500	800	1600	2800	4000
4d Sed	150	550	850	1650	2900	4100
4d Sta Wag	150	500	800	1600	2800	4000
4d Sta Wag (4x4)	150	600	900	1800	3150	4500
Accord						
3d HBk	200	720	1200	2400	4200	6000
3d HBk LX	350	780	1300	2600	4550	6500
4d Sed	350	790	1350	2650	4620	6600
4d Sed LX	350	820	1400	2700	4760	6800
4d Sed SEi	350	900	1500	3000	5250	7500
Prelude						
2d Cpe	350	900	1500	3000	5250	7500
2d Cpe Si	350	1000	1650	3350	5800	8300
1986						
Civic						
3d HBk	150	550	850	1675	2950	4200

	6	5	4	3	2	1
3d HBk DX	150	650	950	1900	3300	4700
3d HBk Si	200	650	1100	2150	3780	5400
4d Sed	200	660	1100	2200	3850	5500
4d Sta Wag	200	675	1000	2000	3500	5000
4d Sta Wag (4x4)	200	670	1150	2250	3920	5600
Civic CRX						
2d Cpe HF	200	700	1050	2100	3650	5200
2d Cpe Si	200	720	1200	2400	4200	6000
2d Cpe	200	660	1100	2200	3850	5500
Accord						
3d HBk DX	350	790	1350	2650	4620	6600
3d HBk LXi	350	975	1600	3200	5600	8000
4d Sed DX	350	900	1500	3000	5250	7500
4d Sed LX	350	975	1600	3200	5600	8000
4d Sed LXi	450	1050	1800	3600	6200	8900
Prelude						
2d Cpe	450	1050	1750	3550	6150	8800
2d Cpe Si	450	1160	1950	3900	6800	9700
1987						
Civic						
3d HBk	150	600	900	1800	3150	4500
3d HBk DX	200	700	1050	2050	3600	5100
3d HBk Si	200	670	1200	2300	4060	5800
4d Sed	200	720	1200	2400	4200	6000
4d Sta Wag	200	650	1100	2150	3780	5400
4d Sta Wag (4x4)	200	730	1250	2450	4270	6100
Civic CRX						
2d Cpe HF	200	670	1150	2250	3920	5600
2d Cpe	200	700	1200	2350	4130	5900
2d Cpe Si	350	780	1300	2600	4550	6500
Accord						
3d HBk DX	350	840	1400	2800	4900	7000
3d HBk LXi	350	880	1500	2950	5180	7400
4d Sed DX	350	950	1550	3100	5400	7700
4d Sed LX	350	900	1500	3000	5250	7500
4d Sed LXi	450	1140	1900	3800	6650	9500
Prelude						
2d Cpe	450	1080	1800	3600	6300	9000
2d Cpe Si	400	1300	2200	4400	7700	11,000
1988						
Civic						
3d HBk	200	675	1000	2000	3500	5000
3d HBk DX	200	720	1200	2400	4200	6000
4d Sed DX	200	745	1250	2500	4340	6200
4d Sed LX	350	820	1400	2700	4760	6800
4d Sta Wag	200	670	1200	2300	4060	5800
4d Sta Wag (4x4)	200	660	1100	2200	3850	5500
Civic CRX						
2d Cpe HF	350	780	1300	2600	4550	6500
2d Cpe Si	350	900	1500	3000	5250	7500
2d Cpe	350	820	1400	2700	4760	6800
Accord						
3d HBk DX	350	950	1500	3050	5300	7600
3d HBk LXi	450	1080	1800	3600	6300	9000
2d Cpe DX	350	950	1550	3150	5450	7800
2d Cpe LXi	350	1020	1700	3400	5950	8500
4d Sed DX	350	975	1600	3200	5600	8000
4d Sed LX	350	1000	1650	3300	5750	8200
4d Sed LXi	450	1140	1900	3800	6650	9500
Prelude						
2d Cpe S	400	1200	2000	4000	7000	10,000
2d Cpe Si	450	1400	2300	4600	8100	11,500
2d Cpe Si (4x4)	450	1450	2400	4800	8400	12,000
1989						
Civic						
3d HBk	200	750	1275	2500	4400	6300
3d HBk DX	350	870	1450	2900	5100	7300
3d HBk Si	350	975	1600	3250	5700	8100
4d Sed DX	350	1000	1650	3350	5800	8300
4d Sed LX	450	1050	1800	3600	6200	8900
4d Sta Wag	350	975	1600	3200	5600	8000
4d Sta Wag (4x4)	450	1050	1800	3600	6200	8900
Civic CRX						
2d Cpe HF	350	975	1600	3200	5600	8000
2d Cpe	350	1020	1700	3400	5950	8500
2d Cpe Si	400	1250	2100	4200	7400	10,500

Accord	6	5	4	3	2	1
3d HBk DX	450	1160	1950	3900	6800	9700
3d HBk LXi	450	1400	2350	4700	8300	11,800
2d Cpe DX	400	1250	2100	4200	7400	10,600
2d Cpe LXi	500	1550	2550	5100	9000	12,800
4d Sed DX	400	1300	2150	4300	7600	10,800
4d Sed LX	400	1300	2200	4400	7700	11,000
4d Sed LXi	500	1550	2550	5100	9000	12,800
2d Cpe SEi	500	1550	2550	5100	9000	12,800
4d Sed SEi	500	1600	2700	5400	9500	13,500
Prelude						
2d Cpe S	400	1200	2000	4000	7000	10,000
2d Cpe Si	450	1500	2450	4900	8600	12,300
2d Cpe Si (4x4)	500	1550	2550	5100	9000	12,800
1990						
Civic, 4-cyl.						
2d HBk	150	600	900	1800	3150	4500
2d HBk DX	200	675	1000	2000	3500	5000
2d HBk Si	200	660	1100	2200	3850	5500
4d Sed DX	200	720	1200	2400	4200	6000
4d Sed LX	350	780	1300	2600	4550	6500
4d Sed EX	350	820	1400	2700	4760	6800
4d Sta Wag	200	720	1200	2400	4200	6000
4d Sta Wag 4x4	350	780	1300	2600	4550	6500
Civic CRX, 4-cyl.						
2d Cpe HF	200	660	1100	2200	3850	5500
2d Cpe	200	720	1200	2400	4200	6000
2d Cpe Si	350	780	1300	2600	4550	6500
Accord, 4-cyl.						
2d Cpe DX	350	840	1400	2800	4900	7000
2d Cpe LX	350	900	1500	3000	5250	7500
2d Cpe EX	350	975	1600	3200	5600	8000
4d Sed DX	350	900	1500	3000	5250	7500
4d Sed LX	350	975	1600	3200	5600	8000
4d Sed EX	450	1080	1800	3600	6300	9000
Prelude, 4-cyl.						
2d 2.0 Cpe S	350	975	1600	3200	5600	8000
2d 2.0 Cpe Si	350	1020	1700	3400	5950	8500
2d Cpe Si	450	1080	1800	3600	6300	9000
2d Cpe Si 4WS	450	1140	1900	3800	6650	9500
1991						
Civic						
2d HBk	150	550	850	1675	2950	4200
2d HBk DX	150	600	900	1800	3150	4500
2d HBk Si	200	675	1000	2000	3500	5000
4d Sed DX	200	660	1100	2200	3850	5500
4d Sed LX	200	670	1200	2300	4060	5800
4d Sed EX	200	745	1250	2500	4340	6200
4d Sta Wag	200	660	1100	2200	3850	5500
4d Sta Wag 4x4	200	745	1250	2500	4340	6200
2d Cpe CRX HF	200	675	1000	2000	3500	5000
2d Cpe CRX	200	660	1100	2200	3850	5500
2d Cpe CRX Si	200	720	1200	2400	4200	6000
Accord						
2d Cpe DX	200	720	1200	2400	4200	6000
2d Cpe LX	350	840	1400	2800	4900	7000
2d Cpe EX	350	975	1600	3200	5600	8000
4d Sed DX	200	720	1200	2400	4200	6000
4d Sed LX	350	840	1400	2800	4900	7000
4d Sed EX	350	975	1600	3200	5600	8000
4d Sed SE	350	1020	1700	3400	5950	8500
4d Sta Wag LX	450	1050	1750	3550	6150	8800
4d Sta Wag EX	450	1080	1800	3600	6300	9000
Prelude						
2d 2.0 Si Cpe	350	975	1600	3200	5600	8000
2d Si Cpe	350	1020	1700	3400	5950	8500
2d Si Cpe 4WS	450	1080	1800	3600	6300	9000
1992						
Civic, 4-cyl.						
2d Cpe CX	200	675	1000	2000	3500	5000
2d HBk DX	200	660	1100	2200	3850	5500
2d HBk VX	200	660	1100	2200	3850	5500
2d HBk Si	200	745	1250	2500	4340	6200
4d Sed DX	200	745	1250	2500	4340	6200
4d Sed LX	350	780	1300	2600	4550	6500
4d Sed EX	350	950	1550	3150	5450	7800

	6	5	4	3	2	1
4d Sta Wag	350	780	1300	2600	4550	6500
Accord, 4-cyl.						
2d DX Cpe	350	840	1400	2800	4900	7000
2d LX Cpe	350	900	1500	3000	5250	7500
2d EX Cpe	350	900	1500	3000	5250	7500
4d DX Sed	350	900	1500	3000	5250	7500
4d LX Sed	350	975	1600	3200	5600	8000
4d EX Sed	450	1140	1900	3800	6650	9500
4d LX Sta Wag	450	1140	1900	3800	6650	9500
4d EX Sta Wag	400	1200	2000	4000	7000	10,000
Prelude, 4-cyl.						
2d S Cpe	450	1140	1900	3800	6650	9500
2d Si Cpe	400	1200	2000	4000	7000	10,000
2d Si Cpe 4WS	400	1300	2200	4400	7700	11,000

INFINITI

	6	5	4	3	2	1
1990						
Infiniti						
4d Sed Q45	400	1300	2200	4400	7700	11,000
2d Cpe M30	400	1200	2000	4000	7000	10,000
1991						
Infiniti						
4d Sed G20	350	975	1600	3200	5600	8000
4d Sed Q45	450	1450	2400	4800	8400	12,000
4d Sed Q45A	450	1500	2500	5000	8800	12,500
2d Cpe M30	400	1250	2100	4200	7400	10,500
2d Conv M30	550	1800	3000	6000	10,500	15,000
1992						
G20, 4-cyl.						
4d Sed	350	975	1600	3200	5600	8000
M30, V-6						
2d Cpe	400	1200	2000	4000	7000	10,000
2d Conv	550	1700	2800	5600	9800	14,000
Q45, V-8						
4d Sed	500	1600	2650	5300	9200	13,200
4d Sed Active	500	1600	2700	5400	9500	13,500

JAGUAR

	6	5	4	3	2	1
1946-1948						
3-5 Litre, 6-cyl., 125 hp, 120" wb						
Conv Cpe	2200	6950	11,600	23,200	40,600	58,000
Saloon	1000	3100	5200	10,400	18,200	26,000
1949						
Mark V, 6-cyl., 125 hp, 120" wb						
Conv Cpe	2200	6950	11,600	23,200	40,600	58,000
Saloon	1000	3100	5200	10,400	18,200	26,000
1950						
Mark V, 6-cyl., 160 hp, 120" wb						
Saloon	1150	3600	6000	12,000	21,000	30,000
Conv Cpe	2200	6950	11,600	23,200	40,600	58,000
XK-120, 6-cyl., 160 hp, 102" wb						
Rds	2550	8150	13,600	27,200	47,600	68,000
NOTE: Some X-120 models delivered as early as 1949 models, use 1950 prices.						
1951						
Mark VII, 6-cyl., 160 hp, 120" wb						
Saloon	650	2050	3400	6800	11,900	17,000
XK-120, 6-cyl., 160 hp, 102" wb						
Rds	3100	9850	16,400	32,800	57,400	82,000
Cpe	1900	6000	10,000	20,000	35,000	50,000
1952						
Mark VII, 6-cyl., 160 hp, 120" wb, (twin-cam)						
Std Sed	850	2650	4400	8800	15,400	22,000
DeL Sed	850	2750	4600	9200	16,100	23,000
XK-120S (modified), 160 hp, 102" wb						
Rds	3150	10,100	16,800	33,600	58,800	84,000
Cpe	1900	6100	10,200	20,400	35,700	51,000
XK-120, 6-cyl., 160 hp, 102" wb						
Rds	3100	9850	16,400	32,800	57,400	82,000
Cpe	1750	5650	9400	18,800	32,900	47,000
1953						
Mark VII, 6-cyl., 160 hp, 120" wb						
Std Sed	850	2650	4400	8800	15,400	22,000

	6	5	4	3	2	1
XK-120S, 6-cyl., 160 hp, 102" wb						
Rds	3150	10,100	16,800	33,600	58,800	84,000
Cpe	1900	6100	10,200	20,400	35,700	51,000
Conv	2350	7450	12,400	24,800	43,400	62,000
XK-120, 6-cyl., 160 hp, 102" wb						
Rds	3000	9600	16,000	32,000	56,000	80,000
Cpe	1750	5650	9400	18,800	32,900	47,000
Conv	2150	6850	11,400	22,800	39,900	57,000
1954						
Mark VII, 6-cyl., 160 hp, 120" wb						
Sed	1000	3100	5200	10,400	18,200	26,000
XK-120S (modified), 6-cyl., 102" wb						
Rds	3150	10,100	16,800	33,600	58,800	84,000
Cpe	1950	6250	10,400	20,800	36,400	52,000
Conv	2400	7700	12,800	25,600	44,800	64,000
XK-120, 6-cyl., 160 hp, 102" wb						
Rds	2800	8900	14,800	29,600	51,800	74,000
Cpe	1750	5500	9200	18,400	32,200	46,000
Conv	2150	6850	11,400	22,800	39,900	57,000
1955						
Mark VII M, 6-cyl., 190 hp, 120" wb						
Saloon	850	2750	4600	9200	16,100	23,000
XK-140, 6-cyl., 190 hp, 102" wb						
Cpe	1600	5050	8400	16,800	29,400	42,000
Rds	2850	9100	15,200	30,400	53,200	76,000
Conv	2150	6850	11,400	22,800	39,900	57,000
XK-140M, 6-cyl., 190 hp, 102" wb						
Cpe	1750	5650	9400	18,800	32,900	47,000
Rds	3150	10,100	16,800	33,600	58,800	84,000
Conv	2700	8650	14,400	28,800	50,400	72,000
XK-140MC, 6-cyl., 210 hp, 102" wb						
Cpe	1950	6250	10,400	20,800	36,400	52,000
Rds	3300	10,550	17,600	35,200	61,600	88,000
Conv	2950	9350	15,600	31,200	54,600	78,000
1956						
Mark VII M, 6-cyl., 190 hp, 120" wb						
Saloon	850	2650	4400	8800	15,400	22,000
XK-140, 6-cyl., 190 hp, 102" wb						
Cpe	1600	5050	8400	16,800	29,400	42,000
Rds	2800	8900	14,800	29,600	51,800	74,000
Conv	2150	6850	11,400	22,800	39,900	57,000
XK-140M, 6-cyl., 190 hp, 102" wb						
Cpe	1750	5650	9400	18,800	32,900	47,000
Rds	3150	10,100	16,800	33,600	58,800	84,000
Conv	2700	8650	14,400	28,800	50,400	72,000
XK-140MC, 6-cyl., 210 hp, 102" wb						
Cpe	1950	6250	10,400	20,800	36,400	52,000
Rds	3300	10,550	17,600	35,200	61,600	88,000
Conv	2950	9350	15,600	31,200	54,600	78,000
2.4 Litre, 6-cyl., 112 hp, 108" wb						
Sed	800	2500	4200	8400	14,700	21,000
3.4 Litre, 6-cyl., 210 hp, 108" wb						
Sed	850	2650	4400	8800	15,400	22,000
Mark VIII, 6-cyl., 210 hp, 120" wb						
Lux Sed	950	3000	5000	10,000	17,500	25,000
NOTE: 3.4 Litre available 1957 only.						
Mark VIII luxury sedan available 1957.						
1957						
Mark VIII, 6-cyl., 210 hp, 102" wb						
Saloon	700	2300	3800	7600	13,300	19,000
XK-140						
Cpe	1700	5400	9000	18,000	31,500	45,000
Rds	2500	7900	13,200	26,400	46,200	66,000
Conv	1900	6000	10,000	20,000	35,000	50,000
XK-150, 6-cyl., 190 hp, 102" wb						
Cpe	1900	6000	10,000	20,000	35,000	50,000
Rds	2700	8650	14,400	28,800	50,400	72,000
2.4 Litre, 6-cyl., 112 hp, 108" wb						
Sed	700	2200	3700	7400	13,000	18,500
3.4 Litre, 6-cyl., 210 hp, 108" wb						
Sed	800	2600	4300	8600	15,100	21,500
1958						
3.4 Litre, 6-cyl., 210 hp, 108" wb						
Sed	750	2450	4100	8200	14,400	20,500
XK-150, 6-cyl., 190 hp, 120" wb						
Cpe	1900	6000	10,000	20,000	35,000	50,000

	6	5	4	3	2	1
Rds	2700	8650	14,400	28,800	50,400	72,000
Conv	2050	6600	11,000	22,000	38,500	55,000
XK-150S, 6-cyl., 250 hp, 102" wb						
Rds	3000	9600	16,000	32,000	56,000	80,000
Mark VIII, 6-cyl., 210 hp, 120" wb						
Saloon	700	2200	3700	7400	13,000	18,500
1959-60						
XK-150, 6-cyl., 210 hp, 102" wb						
Cpe	1700	5400	9000	18,000	31,500	45,000
Rds	2500	7900	13,200	26,400	46,200	66,000
Conv	1850	5900	9800	19,600	34,300	49,000
XK-150SE, 6-cyl., 210 hp, 102" wb						
Cpe	1750	5650	9400	18,800	32,900	47,000
Rds	2850	9100	15,200	30,400	53,200	76,000
Conv	2000	6350	10,600	21,200	37,100	53,000
XK-150S, 6-cyl., 250 hp, 102" wb						
Rds	3000	9600	16,000	32,000	56,000	80,000
3.4 Litre, 6-cyl., 210 hp, 108" wb						
Sed	750	2350	3900	7800	13,700	19,500
Mark IX, 6-cyl., 220 hp, 120" wb						
Sed	900	2900	4800	9600	16,800	24,000
NOTE: Some factory prices increase for 1960.						
1961						
XK-150, 6-cyl., 210 hp, 102" wb						
Cpe	1600	5150	8600	17,200	30,100	43,000
Conv	1750	5650	9400	18,800	32,900	47,000
XKE, 6-cyl., 265 hp, 96" wb						
Rds	2050	6600	11,000	22,000	38,500	55,000
Cpe	1500	4800	8000	16,000	28,000	40,000
3.4 Litre, 6-cyl., 265 hp, 108" wb						
Sed	750	2450	4100	8200	14,400	20,500
Mark IX, 6-cyl., 265 hp, 120" wb						
Sed	850	2750	4600	9200	16,100	23,000
1962						
XKE, 6-cyl., 265 hp, 96" wb						
Rds	2050	6600	11,000	22,000	38,500	55,000
Cpe	1350	4300	7200	14,400	25,200	36,000
3.4 Litre Mark II, 6-cyl., 265 hp, 108" wb						
Sed	750	2450	4100	8200	14,400	20,500
Mark X, 6-cyl., 265 hp, 120" wb						
Sed	850	2750	4600	9200	16,100	23,000
1963						
XKE, 6-cyl., 265 hp, 96" wb						
Rds	2000	6350	10,600	21,200	37,100	53,000
Cpe	1300	4100	6800	13,600	23,800	34,000
3.8 Litre Mark II, 6-cyl., 265 hp, 108" wb						
Sed	750	2450	4100	8200	14,400	20,500
Mark X, 6-cyl., 265 hp, 120" wb						
Sed	850	2750	4600	9200	16,100	23,000
1964						
XKE, 6-cyl., 265 hp, 96" wb						
Rds	2050	6600	11,000	22,000	38,500	55,000
Cpe	1350	4300	7200	14,400	25,200	36,000
Model 3.8 Liter Mk II, 6-cyl., 108" wb						
4d Sed	750	2450	4100	8200	14,400	20,500
Model Mk X, 6-cyl., 265 hp, 120" wb						
4d Sed	850	2750	4600	9200	16,100	23,000
1965						
XKE 4.2, 6-cyl., 265 hp, 96" wb						
Rds	2050	6600	11,000	22,000	38,500	55,000
Cpe	1450	4550	7600	15,200	26,600	38,000
Model 4.2						
4d Sed	750	2450	4100	8200	14,400	20,500
Model 3.8						
4d Sed	850	2750	4600	9200	16,100	23,000
Mk II Sed	750	2450	4100	8200	14,400	20,500
1966						
XKE 4.2, 6-cyl., 265 hp, 96" wb						
Rds	2050	6600	11,000	22,000	38,500	55,000
Cpe	1250	3950	6600	13,200	23,100	33,000
Model 4.2						
4d Sed	750	2450	4100	8200	14,400	20,500
Model Mk II 3.8						
4d Sed	1450	4550	7600	15,200	26,600	38,000
S 4d Sed	800	2500	4200	8400	14,700	21,000

	6	5	4	3	2	1
1967						
XKE 4.2, 6-cyl., 265 hp, 96" wb						
Rds	2150	6850	11,400	22,800	39,900	57,000
Cpe	1450	4700	7800	15,600	27,300	39,000
2 plus 2 Cpe	1150	3600	6000	12,000	21,000	30,000
340, 6-cyl., 225 hp, 108" wb						
4d Sed	750	2400	4000	8000	14,000	20,000
420, 6-cyl., 255 hp, 108" wb						
4d Sed	700	2300	3800	7600	13,300	19,000
420 G, 6-cyl., 245 hp, 107" wb						
4d Sed	750	2400	4000	8000	14,000	20,000
1968						
Model XKE 4.2, 245 hp, 96" wb						
Rds	1900	6000	10,000	20,000	35,000	50,000
Cpe	1350	4300	7200	14,400	25,200	36,000
2 plus 2 Cpe	1150	3600	6000	12,000	21,000	30,000
1969						
Model XKE, 246 hp, 96" wb						
Rds	1900	6000	10,000	20,000	35,000	50,000
Cpe	1350	4300	7200	14,400	25,200	36,000
2 plus 2 Cpe	1150	3600	6000	12,000	21,000	30,000
Model XJ, 246 hp, 96" wb						
4d Sed	900	2900	4800	9600	16,800	24,000
1970						
Model XKE, 246 hp, 96" wb						
Rds	1900	6000	10,000	20,000	35,000	50,000
Cpe	1350	4300	7200	14,400	25,200	36,000
2 plus 2 Cpe	1150	3700	6200	12,400	21,700	31,000
Model XJ, 246 hp, 96" wb						
4d Sed	850	2650	4400	8800	15,400	22,000
1971						
Model XKE, 246 hp, 96" wb						
Rds	2050	6600	11,000	22,000	38,500	55,000
Cpe	1450	4550	7600	15,200	26,600	38,000
V-12 2 plus 2 Cpe	1300	4100	6800	13,600	23,800	34,000
V-12 Conv	2400	7700	12,800	25,600	44,800	64,000
Model XJ, 246 hp, 96" wb						
4d Sed	800	2500	4200	8400	14,700	21,000
1972						
Model XKE V-12, 272 hp, 105" wb						
Rds	2800	8900	14,800	29,600	51,800	74,000
2 plus 2 Cpe	1250	3950	6600	13,200	23,100	33,000
Model XJ6, 186 hp, 108.9" wb						
4d Sed	750	2400	4000	8000	14,000	20,000
1973						
Model XKE V-12, 272 hp, 105" wb						
Rds	2500	7900	13,200	26,400	46,200	66,000
2 plus 2 Cpe	1350	4300	7200	14,400	25,200	36,000
Model XJ, 186hp, 108.9" wb						
XJ6 4d	750	2400	4000	8000	14,000	20,000
XJ12 4d	950	3000	5000	10,000	17,500	25,000
1974						
Model XKE V-12, 272 hp, 105" wb						
Rds	2650	8400	14,000	28,000	49,000	70,000
Model XJ						
XJ6 4d	750	2400	4000	8000	14,000	20,000
XJ6 4d LWB	800	2500	4200	8400	14,700	21,000
XJ12L 4d	950	3000	5000	10,000	17,500	25,000
1975						
Model XJ6						
C Cpe	1000	3100	5200	10,400	18,200	26,000
L 4d Sed	800	2500	4200	8400	14,700	21,000
Model XJ12						
Cpe C	1000	3250	5400	10,800	18,900	27,000
L 4d Sed	900	2900	4800	9600	16,800	24,000
1976						
Model XJ6						
C Cpe	1050	3350	5600	11,200	19,600	28,000
L 4d Sed	800	2500	4200	8400	14,700	21,000
Model XJ12						
Cpe C	1050	3350	5600	11,200	19,600	28,000
L 4d Sed	850	2750	4600	9200	16,100	23,000
Model XJS						
2 plus 2 Cpe	950	3000	5000	10,000	17,500	25,000

	6	5	4	3	2	1
1977						
Model XJ6						
C Cpe	1000	3250	5400	10,800	18,900	27,000
L 4d Sed	650	2050	3400	6800	11,900	17,000
Model XJ12L						
4d Sed	700	2300	3800	7600	13,300	19,000
Model XJS						
GT 2 plus 2 Cpe	850	2750	4600	9200	16,100	23,000
1978						
Model XJ6L						
4d Sed	700	2150	3600	7200	12,600	18,000
Model XJ12L						
4d Sed	850	2650	4400	8800	15,400	22,000
Model XJS						
Cpe	850	2750	4600	9200	16,100	23,000
1979						
Model XJ6						
4d Sed	700	2150	3600	7200	12,600	18,000
Series III 4d Sed	700	2300	3800	7600	13,300	19,000
Model XJ12						
4d Sed	850	2650	4400	8800	15,400	22,000
Model XJS						
Cpe	850	2750	4600	9200	16,100	23,000
1980						
XJ6 4d Sed	650	2050	3400	6800	11,900	17,000
XJS 2d 2 plus 2 Cpe	850	2750	4600	9200	16,100	23,000
1981						
XJ6 4d Sed	650	2050	3400	6800	11,900	17,000
XJS 2d Cpe	850	2750	4600	9200	16,100	23,000
1982						
XJ6 4d Sed	650	2050	3400	6800	11,900	17,000
XJ6 Vanden Plas 4d Sed	750	2400	4000	8000	14,000	20,000
XJS 2d Cpe	950	3000	5000	10,000	17,500	25,000
1983						
XJ6 4d Sed	650	2050	3400	6800	11,900	17,000
XJ6 Vanden Plas 4d Sed	750	2400	4000	8000	14,000	20,000
XJS 2d Cpe	950	3000	5000	10,000	17,500	25,000
1984						
XJ6 4d Sed	650	2050	3400	6800	11,900	17,000
XJ6 Vanden Plas 4d Sed	750	2400	4000	8000	14,000	20,000
XJS 2d Cpe	950	3000	5000	10,000	17,500	25,000
1985						
VJ6						
4d Sed	700	2200	3700	7400	13,000	18,500
Vanden Plas 4d Sed	800	2600	4300	8600	15,100	21,500
XJS						
2d Cpe	1000	3100	5200	10,400	18,200	26,000
1986						
VJ6						
4d Sed	750	2350	3900	7800	13,700	19,500
Vanden Plas 4d Sed	850	2750	4600	9200	16,100	23,000
XJS						
2d Cpe	1000	3250	5400	10,800	18,900	27,000
1987						
Model XJ6						
4d Sed	800	2500	4200	8400	14,700	21,000
4d Sed Vanden Plas	900	2900	4800	9600	16,800	24,000
Model XJS						
2d Cpe	1000	3100	5200	10,400	18,200	26,000
2d Cpe Cabr	1350	4300	7200	14,400	25,200	36,000
1988						
Model XJ6						
4d Sed	850	2650	4400	8800	15,400	22,000
Model XJS						
2d Cpe	850	2650	4400	8800	15,400	22,000
2d Cpe Cabr	1150	3600	6000	12,000	21,000	30,000
2d Conv	1300	4200	7000	14,000	24,500	35,000
1989						
Model XJ6						
4d Sed	950	3000	5000	10,000	17,500	25,000
Model XJS						
2d Cpe	1150	3600	6000	12,000	21,000	30,000
2d Conv	1500	4800	8000	16,000	28,000	40,000

1990	6	5	4	3	2	1
Model XJ6						
4d Sed	1000	3100	5200	10,400	18,200	26,000
Sovereign 4d Sed	1000	3250	5400	10,800	18,900	27,000
Vanden Plas 4d Sed	1050	3350	5600	11,200	19,600	28,000
Majestic 4d Sed	1150	3600	6000	12,000	21,000	30,000
Model XJS						
2d Cpe	1200	3850	6400	12,800	22,400	32,000
2d Conv	1600	5050	8400	16,800	29,400	42,000
1991						
Model XJ6						
4d Sed	500	1550	2600	5200	9100	13,000
Sovereign 4d Sed	550	1800	3000	6000	10,500	15,000
Vanden Plas 4d Sed	650	2050	3400	6800	11,900	17,000
Model XJS						
2d Cpe	700	2150	3600	7200	12,600	18,000
2d Conv	900	2900	4800	9600	16,800	24,000
1992						
XJ-6						
4d Sed	500	1550	2600	5200	9100	13,000
Sovereign 4d Sed	600	1900	3200	6400	11,200	16,000
Vanden Plas 4d Sed	650	2050	3400	6800	11,900	17,000
Majestic 4d Sed	700	2150	3600	7200	12,600	18,000
XJS						
2d Cpe	750	2400	4000	8000	14,000	20,000
2d Conv	950	3000	5000	10,000	17,500	25,000

LAMBORGHINI

	6	5	4	3	2	1
1964-1966						
V-12, 99.5" wb, 3464/3929 cc						
350/400 GT						
Cpe	3600	11,500	19,200	38,400	67,200	96,000
1966-1968						
V-12, 99.5" wb, 3929 cc						
400 GT 2 plus 2						
2 plus 2 Cpe	3450	11,050	18,400	36,800	64,400	92,000
1966-1969						
V-12, 97.5" wb, 3929 cc						
P400 Miura						
Cpe	3850	12,250	20,400	40,800	71,400	102,000
1969-1971						
V-12, 97.7" wb, 3929 cc						
P400 Miura S						
Cpe	3850	12,250	20,400	40,800	71,400	102,000
1971-1972						
V-12, 97.7" wb, 3929 cc						
P400 Miura SV						
Cpe	3900	12,500	20,800	41,600	72,800	104,000
1968-1978						
V-12, 99.5" wb, 3929 cc						
Espada						
2 plus 2 Cpe	3600	11,500	19,200	38,400	67,200	96,000
1968-1969						
V-12, 99.5" wb, 3929 cc						
400 GT Islero, Islero S						
2 plus 2 Cpe	3400	10,800	18,000	36,000	63,000	90,000
1970-1973						
V-12, 92.8" wb, 3929 cc						
400 GT Jarama						
2 plus 2 Cpe	3400	10,800	18,000	36,000	63,000	90,000
1973-1976						
V-12, 92.8" wb, 3929 cc						
400 GTS Jarama						
2 plus 2 Cpe	3450	11,050	18,400	36,800	64,400	92,000
1972-1976						
V-8, 95.5" wb, 2462 cc						
P 250 Urraco						
2 plus 2 Cpe	3450	11,050	18,400	36,800	64,400	92,000
1975-1977						
V-8, 95.5" wb, 1994 cc						
P 200 Urraco						
2 plus 2 Cpe	3450	11,050	18,400	36,800	64,400	92,000

	6	5	4	3	2	1
1976-1978						
V-8, 95.5" wb, 2995.8 cc						
Silhouette						
Targa Conv	3000	9600	16,000	32,000	56,000	80,000
1975-1979						
V-8, 95.5" wb, 2995.8 cc						
P 300 Urraco						
2 plus 2 Cpe	2650	8400	14,000	28,000	49,000	70,000
1973-1978						
V-12, 95.5" wb, 3929 cc						
LP 400 Countach						
Cpe	3750	12,000	20,000	40,000	70,000	100,000
1978-Present						
V-12, 95.5" wb, 3929 cc						
LP 400S Countach						
Cpe	4300	13,700	22,800	45,600	79,800	114,000
1982-Present						
V-12, 95.5" wb, 4754 cc						
LP 5000 Countach						
Cpe	4750	15,100	25,200	50,400	88,200	126,000
V-8, 95.5" wb, 3485 cc						
P 350 Jalpa						
Targa Conv	3450	11,050	18,400	36,800	64,400	92,000
1990-1991						
Diablo						
2d Cpe	4900	15,600	26,000	52,000	91,000	130,000
1992						
Diablo						
2d Cpe	4900	15,600	26,000	52,000	91,000	130,000

LEXUS

	6	5	4	3	2	1
1992						
Lexus						
4d ES300 Sed	550	1800	3000	6000	10,500	15,000
2d SC300 Cpe	750	2400	4000	8000	14,000	20,000
2d SC400 Cpe	850	2650	4400	8800	15,400	22,000
4d LS400 Sed	800	2500	4200	8400	14,700	21,000

MASERATI

	6	5	4	3	2	1
1946-50						
A6/1500, 6-cyl, 100.4" wb, 1488cc						
2d Cpe (2 plus 2)	3750	12,000	20,000	40,000	70,000	100,000
2d Cabr	7500	24,000	40,000	80,000	140,000	200,000
1951-53						
A6G, 6-cyl, 100.4" wb, 1954cc						
2d Cpe (2 plus 2)	5650	18,000	30,000	60,000	105,000	150,000
2d Cabr (2 plus 2)	11,250	36,000	60,000	120,000	210,000	300,000
1954-56						
A6G, 6-cyl, 100.4" wb, 1954cc						
2d Cpe (2 plus 2)	5650	18,000	30,000	60,000	105,000	150,000
2d Cabr (2 plus 2)	11,250	36,000	60,000	120,000	210,000	300,000
A6G/2000, 6-cyl, 100.4" wb, 1985cc						
2d Cpe (2 plus 2)	5650	18,000	30,000	60,000	105,000	150,000
2d Cabr (2 plus 2)	11,250	36,000	60,000	120,000	210,000	300,000
1957-61						
A6G/2000/C, 6-cyl, 100.4" wb, 1985cc						
Allemano Cpe (2 plus 2)	5650	18,000	30,000	60,000	105,000	150,000
Frua Cabr (2 plus 2)	11,250	36,000	60,000	120,000	210,000	300,000
Frua 2d Cpe	9400	30,000	50,000	100,000	175,000	250,000
Zagato Cpe (2 plus 2)	11,250	36,000	60,000	120,000	210,000	300,000
3500 GT, 6-cyl, 102.3" wb, 3485cc						
2d Cpe	1800	5750	9600	19,200	33,600	48,000
3500 GT Spider						
6-cyl, 98.4" wb, 3485cc						
2d Rds	7300	23,400	39,000	78,000	136,500	195,000
1962						
3500 GTI, 6-cyl, 102.3" wb, 3485cc						
2d Cpe (2 plus 2)	1800	5750	9600	19,200	33,600	48,000
3500 GTI, 6-cyl, 98.4" wb, 3485cc						
Spider 2d Rds	7300	23,400	39,000	78,000	136,500	195,000
Sebring, 6-cyl, 98.4" wb, 3485cc						
2d Cpe (2 plus 2)	1800	5750	9600	19,200	33,600	48,000

	6	5	4	3	2	1
1963-64						
3500 GTI, 6-cyl, 102.3" wb, 3485cc						
2d Cpe (2 plus 2)	1800	5750	9600	19,200	33,600	48,000
Spider 2d Conv	7300	23,400	39,000	78,000	136,500	195,000
Sebring, 6-cyl, 102.3" wb						
Early 3485cc, Later 3694cc						
2d Cpe (2 plus 2)	1800	5750	9600	19,200	33,600	48,000
Mistral, 6-cyl, 94.5" wb						
Early 3485cc, Later 3694cc						
2d Cpe	1700	5400	9000	18,000	31,500	45,000
Spider 2d Conv	6000	19,200	32,000	64,000	112,000	160,000
Quattroporte, V-8, 108.3" wb, 4136cc						
4d Sed	900	2950	4900	9800	17,200	24,500
1965-66						
Sebring II, 6-cyl, 102.3" wb, 3694cc						
2d Cpe (2 plus 2)	2050	6500	10,800	21,600	37,800	54,000
Mistral, 6-cyl, 94.5" wb, 3694cc						
2d Cpe	1700	5400	9000	18,000	31,500	45,000
Spider 2d Conv	6000	19,200	32,000	64,000	112,000	160,000
NOTE: Optional Six engine (4014cc) available in Sebring & Mistral models.						
Mexico, V-8, 103.9" wb, 4136cc						
2d Cpe	1350	4300	7200	14,400	25,200	36,000
Quattroporte, V-8, 108.3" wb, 4136cc						
4200 4d Sed	900	2950	4900	9800	17,200	24,500
1967-68						
Mistral, 6-cyl, 94.5" wb, 3694cc						
2d Cpe	1700	5400	9000	18,000	31,500	45,000
Spider 2d Conv	6000	19,200	32,000	64,000	112,000	160,000
Ghibli, V-8, 100.4" wb, 4719cc						
4700 2d Cpe	2800	8900	14,800	29,600	51,800	74,000
Mexico, V-8, 103.9" wb, 4136cc-4719cc						
4200 2d Cpe	1350	4300	7200	14,400	25,200	36,000
4700 2d Cpe	1400	4450	7400	14,800	25,900	37,000
Quattroporte, V-8, 108.3" wb, 4136cc-4719cc						
4200 4d Sed	900	2950	4900	9800	17,200	24,500
4700 4d Sed	950	3000	5000	10,000	17,500	25,000
1969-70						
Mistral, 6-cyl, 94.5" wb, 3694cc						
2d Cpe	1700	5400	9000	18,000	31,500	45,000
Spider 2d Conv	6000	19,200	32,000	64,000	112,000	160,000
Ghibli, V-8, 100.4" wb, 4719cc						
2d Cpe	2800	8900	14,800	29,600	51,800	74,000
Spider 2d Conv	4500	14,400	24,000	48,000	84,000	120,000
Indy, V-8, 102.5" wb, 4136cc						
2d Cpe (2 plus 2)	1500	4800	8000	16,000	28,000	40,000
Quattroporte, V-8, 108.3" wb, 4719cc						
4d Sed	900	2950	4900	9800	17,200	24,500
1971-73						
Merak, V-6, 102.3" wb, 2965cc						
2d Cpe (2 plus 2)	1300	4100	6800	13,600	23,800	34,000
Bora, V-8, 102.3" wb, 4719cc						
2d Cpe	3250	10,300	17,200	34,400	60,200	86,000
Ghibli, V-8, 100.4" wb, 4930cc						
2d Cpe	2800	8900	14,800	29,600	51,800	74,000
Spider 2d Conv	7500	24,000	40,000	80,000	140,000	200,000
Indy, V-8, 102.5" wb, 4136cc						
2d Cpe (2 plus 2)	1500	4800	8000	16,000	28,000	40,000
1974-76						
Merak, V-6, 102.3" wb, 2965cc						
2d Cpe (2 plus 2)	1300	4100	6800	13,600	23,800	34,000
Bora, V-8, 102.3" wb, 4930cc						
2d Cpe	3250	10,300	17,200	34,400	60,200	86,000
Indy, V-8, 102.5" wb, 4930cc						
2d Cpe	1500	4800	8000	16,000	28,000	40,000
Khamsin, V-8, 100.3" wb, 4930cc						
1977-83						
Merak SS, 102.3" wb, 2965cc						
2d Cpe (2 plus 2)	1400	4450	7400	14,800	25,900	37,000
Bora, V-8, 102.3" wb, 4930cc						
2d Cpe	3250	10,300	17,200	34,400	60,200	86,000
Khamsin, V-8, 100.3" wb, 4930cc						
2d Cpe (2 plus 2)	1800	5750	9600	19,200	33,600	48,000
Kyalami, V-8, 102.4" wb, 4930cc						
2d Cpe 2 plus 2	1300	4200	7000	14,000	24,500	35,000

1984-88	6	5	4	3	2	1
Biturbo, V-6, 99" wb, 1996cc						
2d Cpe	400	1200	2000	4000	7000	10,000
E 2d Cpe	400	1300	2200	4400	7700	11,000
Biturbo, V-6, 94.5" wb, 2491cc						
Spider 2d Conv	550	1800	3000	6000	10,500	15,000
425 4d Sed	450	1140	1900	3800	6650	9500
Quattroporte, V-8, 110.2" wb, 4930cc						
4d Sed	550	1800	3000	6000	10,500	15,000

MAZDA

1970-71						
Conventional Engine						
1200, 4-cyl, 88.9" wb, 1169cc						
2d Sed	150	475	775	1500	2650	3800
2d Cpe	150	500	800	1600	2800	4000
2d Sta Wag	150	475	775	1500	2650	3800
616, 4-cyl, 97" wb, 1587cc						
2d Cpe	150	500	800	1600	2800	4000
4d Sed	150	475	775	1500	2650	3800
1800, 4-cyl, 98.4" wb, 1769cc						
4d Sed	150	500	800	1550	2700	3900
4d Sta Wag	150	550	850	1650	2900	4100
Wankel Rotary Engine						
R100, 88.9" wb, 1146cc						
2d Spt Cpe 2 plus 2	200	720	1200	2400	4200	6000
RX-2, 97" wb, 1146cc						
2d Cpe	150	550	850	1675	2950	4200
4d Sed	150	500	800	1600	2800	4000
1972						
Conventional Engine						
808, 4-cyl, 91" wb, 1587cc						
2d Cpe	125	450	750	1450	2500	3600
4d Sed	125	450	700	1400	2450	3500
4d Sta Wag	150	475	750	1475	2600	3700
618, 4-cyl, 97" wb, 1796cc						
2d Cpe	150	475	750	1475	2600	3700
4d Sed	125	450	750	1450	2500	3600
Wankel Rotary Engine						
R100, 88.9" wb, 1146cc						
2d Cpe 2 plus 2	200	720	1200	2400	4200	6000
RX-2, 97" wb, 1146cc						
2d Cpe	150	500	800	1600	2800	4000
4d Sed	150	475	750	1475	2600	3700
RX-3, 91" wb, 1146cc						
2d Cpe	150	500	800	1600	2800	4000
4d Sed	125	450	750	1450	2500	3600
4d Sta Wag	150	475	750	1475	2600	3700
1973						
Conventional Engine						
808, 4-cyl, 91" wb, 1587cc						
2d Cpe	125	450	750	1450	2500	3600
4d Sed	125	450	700	1400	2450	3500
4d Sta Wag	150	475	750	1475	2600	3700
Wankel Rotary Engine						
RX-2, 97" wb, 1146cc						
2d Cpe	150	500	800	1600	2800	4000
4d Sed	125	450	750	1450	2500	3600
RX-3, 162" wb, 1146cc						
2d Cpe	150	500	800	1550	2700	3900
4d Sed	125	450	700	1400	2450	3500
RX-3, 163" wb, 1146cc						
4d Sta Wag	150	475	750	1475	2600	3700
1974						
Conventional Engine						
808, 4-cyl, 91" wb, 1587cc						
2d Cpe	150	500	800	1600	2800	4000
4d Sta Wag	150	475	775	1500	2650	3800
Wankel Rotary Engine						
RX-2, 97" wb, 1146cc						
2d Cpe	150	550	850	1650	2900	4100
4d Sed	150	500	800	1550	2700	3900
RX-3, 91" wb, 1146cc						
2d Cpe	150	500	800	1550	2700	3900

	6	5	4	3	2	1
4d Sta Wag	150	475	750	1475	2600	3700
RX-4, 99" wb, 1308cc						
2d HT Cpe	150	550	850	1650	2900	4100
4d Sed	150	475	775	1500	2650	3800
4d Sta Wag	150	500	800	1550	2700	3900
1975						
Conventional Engine						
808, 4-cyl, 91" wb, 1587cc						
2d Cpe	125	450	750	1450	2500	3600
4d Sta Wag	150	475	750	1475	2600	3700
Wankel Rotary Engine						
RX-3, 91" wb, 1146cc						
2d Cpe	150	500	800	1600	2800	4000
4d Sta Wag	150	475	775	1500	2650	3800
RX-4, 99" wb, 1308cc						
2d HT Cpe	150	550	850	1650	2900	4100
4d Sed	150	475	750	1475	2600	3700
4d Sta Wag	150	475	775	1500	2650	3800
1976						
Conventional Engine						
Mizer 808-1300, 4-cyl, 91" wb, 1272cc						
2d Cpe	125	450	700	1400	2450	3500
4d Sed	125	450	750	1450	2500	3600
4d Sta Wag	150	475	750	1475	2600	3700
808-1600, 4-cyl, 91" wb, 1587cc						
2d Cpe	125	450	750	1450	2500	3600
4d Sed	150	475	750	1475	2600	3700
4d Sta Wag	150	475	775	1500	2650	3800
Wankel Rotary Engine						
RX-3, 91" wb, 1146cc						
2d Cpe	150	500	800	1600	2800	4000
4d Sta Wag	150	475	775	1500	2650	3800
RX-4, 99" wb, 1308cc						
2d HT Cpe	150	500	800	1600	2800	4000
4d Sed	150	475	775	1500	2650	3800
4d Sta Wag	150	500	800	1550	2700	3900
Cosmo 2d HdTp Cpe	200	660	1100	2200	3850	5500
1977						
Mizer, 4-cyl, 1272cc						
2d Cpe	125	450	700	1400	2450	3500
4d Sed	125	450	700	1400	2450	3500
4d Sta Wag	125	450	750	1450	2500	3600
GLC, 4-cyl, 91.1" wb, 1272cc						
2d HBk	125	450	700	1400	2450	3500
2d DeL HBk	125	450	750	1450	2500	3600
808, 4-cyl, 91" wb, 1587cc						
2d Cpe	125	450	750	1450	2500	3600
4d Sed	125	450	700	1400	2450	3500
4d Sta Wag	150	475	750	1475	2600	3700
Wankel Rotary Engine						
RX-3SP, 91" wb, 1146cc						
2d Cpe	150	550	850	1650	2900	4100
RX-4, 99" wb, 1308cc						
4d Sed	125	450	750	1450	2500	3600
4d Sta Wag	150	475	750	1475	2600	3700
Cosmo 2d HT Cpe	200	660	1100	2200	3850	5500
1978						
GLC, 4-cyl, 91.1" wb, 1272cc						
2d HBk	125	400	675	1350	2300	3300
2d DeL HBk	125	400	700	1375	2400	3400
2d Spt HBk	125	450	700	1400	2450	3500
4d DeL HBk	125	450	700	1400	2450	3500
Wankel Rotary Engine						
RX-3SP, 91" wb, 1146cc						
2d Cpe	150	500	800	1600	2800	4000
RX-4, 99" wb, 1308cc						
4d Sed	125	450	700	1400	2450	3500
4d Sta Wag	125	450	750	1450	2500	3600
Cosmo 2d Cpe	200	660	1100	2200	3850	5500
1979						
GLC, 4-cyl, 91" wb, 1415cc						
2d HBk	125	400	675	1350	2300	3300
2d DeL HBk	125	400	700	1375	2400	3400
2d Spt HBk	125	450	700	1400	2450	3500
4d DeL HBk	125	450	700	1400	2450	3500

	6	5	4	3	2	1
4d Sta Wag	125	450	750	1450	2500	3600
4d DeL Sta Wag	150	475	750	1475	2600	3700
626, 4-cyl, 98.8" wb, 1970cc						
2d Spt Cpe	150	500	800	1600	2800	4000
4d Spt Sed	150	475	775	1500	2650	3800
Wankel Rotary Engine						
RX-7, 95.3" wb, 1146cc						
S 2d Cpe	200	660	1100	2200	3850	5500
GS 2d Cpe	200	685	1150	2300	3990	5700
1980						
GLC, 4-cyl, 91" wb, 1415cc						
2d HBk	150	500	800	1600	2800	4000
2d Cus HBk	150	550	850	1650	2900	4100
2d Spt HBk	150	550	850	1675	2950	4200
4d Cus HBk	150	550	850	1675	2950	4200
4d Cus Sta Wag	150	575	875	1700	3000	4300
626, 4-cyl, 98.8" wb, 1970cc						
2d Spt Cpe	150	600	900	1800	3150	4500
4d Spt Sed	150	575	900	1750	3100	4400
Wankel Rotary Engine						
RX-7, 95.3" wb, 1146cc						
S 2d Cpe	200	720	1200	2400	4200	6000
GS 2d Cpe	200	750	1275	2500	4400	6300
1981						
GLC, 4-cyl, 93.1" wb, 1490cc						
2d HBk	150	500	800	1600	2800	4000
2d Cus HBk	150	550	850	1650	2900	4100
4d Cus HBk	150	500	800	1600	2800	4000
4d Cus Sed	150	550	850	1650	2900	4100
2d Cus L HBk	150	550	850	1675	2950	4200
4d Cus L Sed	150	550	850	1675	2950	4200
2d Spt HBk	150	575	875	1700	3000	4300
GLC, 4-cyl, 91" wb, 1490cc						
4d Sta Wag	150	575	900	1750	3100	4400
626, 4-cyl, 98.8" wb, 1970cc						
2d Spt Cpe	150	600	900	1800	3150	4500
4d Spt Sed	150	575	900	1750	3100	4400
2d Lux Spt Cpe	150	650	950	1900	3300	4700
4d Lux Spt Sed	150	600	950	1850	3200	4600
Wankel Rotary Engine						
RX-7, 95.3" wb, 1146cc						
S 2d Cpe	350	780	1300	2600	4550	6500
GS 2d Cpe	350	840	1400	2800	4900	7000
GSL 2d Cpe	350	900	1500	3000	5250	7500
1982						
GLC, 4-cyl, 93.1" wb, 1490cc						
2d HBk	150	600	900	1800	3150	4500
2d Cus HBk	150	600	950	1850	3200	4600
4d Cus Sed	150	600	950	1850	3200	4600
2d Cus L HBk	150	650	950	1900	3300	4700
4d Cus L Sed	150	650	950	1900	3300	4700
2d Spt HBk	150	650	975	1950	3350	4800
GLC, 4-cyl, 91" wb, 1490cc						
4d Cus Sta Wag	150	600	900	1800	3150	4500
626, 4-cyl, 98.8" wb, 1970cc						
2d Spt Cpe	150	600	950	1850	3200	4600
4d Spt Sed	150	600	900	1800	3150	4500
2d Lux Spt Cpe	150	650	950	1900	3300	4700
4d Lux Spt Sed	150	600	950	1850	3200	4600
Wankel Rotary Engine						
RX-7, 95.3" wb, 1146cc						
S 2d Cpe	350	840	1400	2800	4900	7000
GS 2d Cpe	350	900	1500	3000	5250	7500
GSL 2d Cpe	350	950	1550	3150	5450	7800
1983						
GLC, 4-cyl, 93.1" wb, 1490cc						
2d HBk	150	600	900	1800	3150	4500
2d Cus HBk	150	600	950	1850	3200	4600
4d Cus Sed	150	600	950	1850	3200	4600
2d Cus L HBk	150	650	950	1900	3300	4700
4d Cus L Sed	150	650	950	1900	3300	4700
2d Spt HBk	150	650	975	1950	3350	4800
4d Sed	150	600	950	1850	3200	4600
GLC, 4-cyl, 93.1" wb, 1490cc						
4d Cus Sta Wag	150	600	950	1850	3200	4600

	6	5	4	3	2	1
626, 4-cyl, 98.8" wb, 1998cc						
2d Spt Cpe	150	650	950	1900	3300	4700
4d Spt Sed	150	650	950	1900	3300	4700
2d Lux Spt Cpe	150	650	975	1950	3350	4800
4d Lux Spt Sed	150	650	975	1950	3350	4800
4d Lux HBk	200	675	1000	2000	3500	5000
Wankel Rotary Engine						
RX-7, 95.3" wb, 1146cc						
S 2d Cpe	350	840	1400	2800	4900	7000
GS 2d Cpe	350	900	1500	3000	5250	7500
1984-85						
GLC, 4-cyl, 93.1" wb, 1490cc						
2d HBk	200	675	1000	1950	3400	4900
2d DeL HBk	200	675	1000	2000	3500	5000
4d DeL Sed	200	675	1000	2000	3500	5000
2d Lux HBk	200	700	1050	2050	3600	5100
4d Lux Sed	200	700	1050	2050	3600	5100
626, 4-cyl, 98.8" wb, 1998cc						
2d DeL Cpe	200	660	1100	2200	3850	5500
4d DeL Sed	200	660	1100	2200	3850	5500
2d Lux Cpe	200	685	1150	2300	3990	5700
4d Lux Sed	200	685	1150	2300	3990	5700
4d Tr HBk	200	670	1200	2300	4060	5800
Wankel Rotary Engine						
RX-7, 95.3" wb, 1146cc						
S 2d Cpe	350	900	1500	3000	5250	7500
GS 2d Cpe	350	975	1600	3200	5600	8000
GSL 2d Cpe	350	1020	1700	3400	5950	8500
RX-7, 95.3" wb, 1308cc						
GSL-SE 2d Cpe	350	975	1600	3200	5600	8000
1986						
323						
2d HBk	100	320	550	1050	1850	2600
DIX 2d HBk	100	325	550	1100	1900	2700
LX 2d HBk	100	330	575	1150	1950	2800
DIX 4d Sed	100	350	600	1150	2000	2900
LX 4d Sed	100	360	600	1200	2100	3000
626, 4-cyl						
DIX 4d Sed	125	400	675	1350	2300	3300
DIX 2d Cpe	125	400	700	1375	2400	3400
LX 4d Sed	125	450	700	1400	2450	3500
LX 2d Cpe	150	475	750	1475	2600	3700
LX 4d HBk	150	475	775	1500	2650	3800
GT 4d Sed (Turbo)	150	500	800	1600	2800	4000
GT 2d Cpe (Turbo)	150	550	850	1650	2900	4100
GT 4d HBk (Turbo)	150	550	850	1675	2950	4200
RX-7, 4-cyl						
2d Cpe	150	600	900	1800	3150	4500
GXL 2d Cpe	200	675	1000	2000	3500	5000
1987						
323, 4-cyl						
2d HBk	100	330	575	1150	1950	2800
SE 2d HBk	100	350	600	1150	2000	2900
DIX 2d HBk	125	380	650	1300	2250	3200
DIX 4d Sed	125	450	750	1450	2500	3600
LX 4d Sed	150	475	775	1500	2650	3800
DIX 4d Sta Wag	125	450	700	1400	2450	3500
626, 4-cyl						
DIX 4d Sed	150	500	800	1600	2800	4000
DIX 2d Cpe	150	550	850	1650	2900	4100
LX 4d Sed	150	550	850	1675	2950	4200
LX 2d Cpe	150	575	900	1750	3100	4400
LX 4d HBk	150	600	900	1800	3150	4500
GT 4d Sed	150	550	850	1675	2950	4200
GT 2d Cpe	150	575	875	1700	3000	4300
GT 4d HBk	150	600	900	1800	3150	4500
RX-7, 4-cyl						
2d Cpe	200	675	1000	2000	3500	5000
GXL 2d Cpe	200	720	1200	2400	4200	6000
2d Cpe Turbo	350	780	1300	2600	4550	6500
1988						
323, 4-cyl						
2d HBk	100	360	600	1200	2100	3000
SE 2d HBk	125	380	650	1300	2250	3200
GTX 2d HBk (4x4)	200	660	1100	2200	3850	5500

	6	5	4	3	2	1
4d Sed	125	400	675	1350	2300	3300
SE 4d Sed	125	450	700	1400	2450	3500
LX 4d Sed	150	500	800	1600	2800	4000
GT 4d Sed	150	600	900	1800	3150	4500
4d Sta Wag	150	475	775	1500	2650	3800
626, 4-cyl						
DX 4d Sed	150	500	800	1600	2800	4000
LX 4d Sed	150	600	900	1800	3150	4500
LX 4d HBk	200	675	1000	2000	3500	5000
4d Sed (Turbo)	200	660	1100	2200	3850	5500
4d HBk (Turbo)	200	670	1200	2300	4060	5800
4d Sed, (Turbo) 4WS	200	700	1200	2350	4130	5900
MX-6, 4-cyl						
DX 2d Cpe	200	675	1000	1950	3400	4900
LX 2d Cpe	200	660	1100	2200	3850	5500
GT 2d Cpe	200	670	1200	2300	4060	5800
RX-7, 4-cyl						
SE 2d Cpe	350	770	1300	2550	4480	6400
GTV 2d Cpe	350	780	1300	2600	4550	6500
GXL 2d Cpe	350	860	1450	2900	5050	7200
2d Cpe (Turbo)	350	900	1500	3000	5250	7500
2d Conv	400	1200	2000	4000	7000	10,000
929						
LX 4d Sed	350	800	1350	2700	4700	6700
1989						
323, 4-cyl						
2d HBk	150	475	775	1500	2650	3800
SE 2d HBk	150	500	800	1550	2700	3900
GTX 2d HBk (4x4)	200	660	1100	2200	3850	5500
SE 4d Sed	200	675	1000	2000	3500	5000
LX 4d Sed	200	660	1100	2200	3850	5500
626, 4-cyl						
DX 4d Sed	200	660	1100	2200	3850	5500
LX 4d Sed	200	720	1200	2400	4200	6000
LX 4d HBk	350	780	1300	2600	4550	6500
4d HBk (Turbo)	350	840	1400	2800	4900	7000
MX-6, 4-cyl						
DX 2d Cpe	200	685	1150	2300	3990	5700
LX 2d Cpe	200	720	1200	2400	4200	6000
GT 2d Cpe	350	840	1400	2800	4900	7000
GT 2d Cpe 4WS	350	840	1400	2800	4900	7000
RX-7, 4-cyl						
GTV 2d Cpe	350	900	1500	3000	5250	7500
GXL 2d Cpe	350	1020	1700	3400	5950	8500
2d Cpe (Turbo)	450	1080	1800	3600	6300	9000
2d Conv	450	1450	2400	4800	8400	12,000
929, V-6						
LX 4d Sed	350	900	1500	3000	5250	7500
1990						
323, 4-cyl						
2d HBk	150	500	800	1600	2800	4000
2d HBk SE	150	600	900	1800	3150	4500
Protege, 4-cyl.						
SE 4d Sed	200	675	1000	2000	3500	5000
LX 4d Sed	200	660	1100	2200	3850	5500
4d Sed 4x4	200	720	1200	2400	4200	6000
626, 4-cyl.						
DX 4d Sed	350	780	1300	2600	4550	6500
LX 4d Sed	350	840	1400	2800	4900	7000
LX 4d HBk	350	840	1400	2800	4900	7000
GT 4d HBk	350	975	1600	3200	5600	8000
MX-6, 4-cyl						
DX 2d Cpe	350	840	1400	2800	4900	7000
LX 2d Cpe	350	900	1500	3000	5250	7500
GT 2d Cpe	350	975	1600	3200	5500	7900
GT 2d Cpe 4WS	350	975	1600	3200	5600	8000
MX-5 Miata, 4-cyl.						
2d Conv	450	1140	1900	3800	6650	9500
RX-7						
GTV 2d Cpe	450	1080	1800	3600	6300	9000
GXL 2d Cpe	450	1140	1900	3800	6650	9500
2d Cpe Turbo	400	1200	2000	4000	7000	10,000
2d Conv	500	1550	2600	5200	9100	13,000
926, V-6						
4d Sed	450	1140	1900	3800	6650	9500

	6	5	4	3	2	1
S 4d Sed	400	1200	2000	4000	7000	10,000
1991						
323						
2d HBk	150	500	800	1600	2800	4000
2d HBk SE	150	600	900	1800	3150	4500
Protege						
4d Sed DX	150	600	900	1800	3150	4500
4d Sed LX	200	675	1000	2000	3500	5000
4d Sed 4x4	200	720	1200	2400	4200	6000
626						
4d Sed DX	200	720	1200	2400	4200	6000
4d Sed LX	350	780	1300	2600	4550	6500
4d HBk LX	350	820	1400	2700	4760	6800
4d HBk GT	350	840	1400	2800	4900	7000
Miata						
2d Conv	450	1140	1900	3800	6650	9500
RX-7						
2d Cpe	450	1080	1800	3600	6300	9000
2d Cpe Turbo	400	1200	2000	4000	7000	10,000
2d Conv	450	1500	2500	5000	8800	12,500
929, V-6						
4d Sed	350	1020	1700	3400	5950	8500
4d Sed S	450	1080	1800	3600	6300	9000
1992						
323, 4-cyl.						
2d HBk	150	500	800	1600	2800	4000
2d HBk SE	150	600	900	1800	3150	4500
Protege, 4-cyl.						
4d Sed DX	200	675	1000	2000	3500	5000
4d Sed LX	200	660	1100	2200	3850	5500
MX3, 4-cyl.						
2d Cpe	200	675	1000	2000	3500	5000
2d Cpe GS, V-6	200	660	1100	2200	3850	5500
626, 4-cyl.						
4d Sed DX	200	720	1200	2400	4200	6000
4d Sed LX	350	780	1300	2600	4550	6500
MX6, 4-cyl.						
2d Cpe DX	350	780	1300	2600	4550	6500
2d Cpe LX	350	840	1400	2800	4900	7000
2d Cpe GT	350	975	1600	3200	5600	8000
MX5, 4-cyl.						
2d Miata Conv	450	1080	1800	3600	6300	9000
929, V-6						
4d Sed	400	1250	2100	4200	7400	10,500

MERCEDES-BENZ

	6	5	4	3	2	1
1951-1953						
Model 170S						
4d Sed	850	2750	4600	9200	16,100	23,000
NOTE: Deduct 8 percent for lesser models.						
Deduct 10 percent for diesel.						
Model 180						
4d Sed	950	3000	5000	10,000	17,500	25,000
Model 220						
4d Sed	1000	3250	5400	10,800	18,900	27,000
2d Conv	1700	5400	9000	18,000	31,500	45,000
2d Cpe	1300	4200	7000	14,000	24,500	35,000
Model 300						
4d Sed	1150	3600	6000	12,000	21,000	30,000
4d Conv Sed	4350	13,900	23,200	46,400	81,200	116,000
2d Cpe	3250	10,300	17,200	34,400	60,200	86,000
Model 300S						
4d Conv Sed	4350	13,900	23,200	46,400	81,200	116,000
2d Conv	4150	13,200	22,000	44,000	77,000	110,000
2d Cpe	3400	10,800	18,000	36,000	63,000	90,000
2d Rds	4500	14,400	24,000	48,000	84,000	120,000
1954						
Model 170						
4d Sed	850	2750	4600	9200	16,100	23,000
NOTE: Deduct 10 percent for diesel.						
Model 180						
4d Sed	950	3000	5000	10,000	17,500	25,000
Deduct 10 percent for diesel.						

	6	5	4	3	2	1
Model 220A						
4d Sed	1000	3250	5400	10,800	18,900	27,000
2d Conv	1700	5400	9000	18,000	31,500	45,000
2d Cpe	1300	4200	7000	14,000	24,500	35,000
Model 300						
4d Sed	1350	4300	7200	14,400	25,200	36,000
4d Conv Sed	3600	11,500	19,200	38,400	67,200	96,000
2d Cpe	3150	10,100	16,800	33,600	58,800	84,000
Model 300B						
4d Sed	1300	4200	7000	14,000	24,500	35,000
4d Conv Sed	4000	12,700	21,200	42,400	74,200	106,000
2d Cpe	3150	10,100	16,800	33,600	58,800	84,000
Model 300S						
4d Sed	1500	4800	8000	16,000	28,000	40,000
2d Conv	4150	13,200	22,000	44,000	77,000	110,000
2d Cpe	3600	11,500	19,200	38,400	67,200	96,000
2d Rds	4900	15,600	26,000	52,000	91,000	130,000
Model 300SL						
2d GW Cpe	11,250	36,000	60,000	120,000	210,000	300,000
1955						
Model 170						
4d Sed	850	2750	4600	9200	16,100	23,000
NOTE: Deduct 10 percent for diesel.						
Model 180						
4d Sed	950	3000	5000	10,000	17,500	25,000
NOTE: Deduct 10 percent for diesel.						
Model 190						
2d Rds	1600	5050	8400	16,800	29,400	42,000
Model 220A						
4d Sed	1000	3250	5400	10,800	18,900	27,000
2d Conv	1700	5400	9000	18,000	31,500	45,000
2d Cpe	1450	4550	7600	15,200	26,600	38,000
Model 300B						
4d Sed	1450	4550	7600	15,200	26,600	38,000
4d Conv Sed	4000	12,700	21,200	42,400	74,200	106,000
2d Cpe	3150	10,100	16,800	33,600	58,800	84,000
Model 300S						
4d Sed	1600	5050	8400	16,800	29,400	42,000
2d Conv	4000	12,700	21,200	42,400	74,200	106,000
2d Cpe	3600	11,500	19,200	38,400	67,200	96,000
2d Rds	4900	15,600	26,000	52,000	91,000	130,000
Model 300SL						
2d GW Cpe	11,250	36,000	60,000	120,000	210,000	300,000
1956-1957						
Model 180						
4d Sed	350	1020	1700	3400	5950	8500
NOTE: Deduct 10 percent for diesel.						
Model 190						
4d Sed	450	1140	1900	3800	6650	9500
SL Rds	1600	5050	8400	16,800	29,400	42,000
NOTE: Add 10 percent for removable hardtop.						
Model 219						
4d Sed	450	1450	2400	4800	8400	12,000
Model 220S						
4d Sed	550	1700	2800	5600	9800	14,000
Cpe	850	2750	4600	9200	16,100	23,000
Cabr	2050	6600	11,000	22,000	38,500	55,000
Model 300C						
4d Sed	1250	3950	6600	13,200	23,100	33,000
4d Limo	1600	5050	8400	16,800	29,400	42,000
4d Conv Sed	5650	18,000	30,000	60,000	105,000	150,000
2d Cpe	3750	12,000	20,000	40,000	70,000	100,000
Model 300S						
4d Sed	1500	4800	8000	16,000	28,000	40,000
2d Conv	5800	18,600	31,000	62,000	108,500	155,000
2d Cpe	4000	12,700	21,200	42,400	74,200	106,000
2d Rds	7150	22,800	38,000	76,000	133,000	190,000
Model 300SC						
4d Sed	1600	5050	8400	16,800	29,400	42,000
2d Conv	6000	19,200	32,000	64,000	112,000	160,000
2d Rds	7500	24,000	40,000	80,000	140,000	200,000
Model 300SL						
2d GW Cpe	12,000	38,400	64,000	128,000	224,000	320,000
1958-1960						
Model 180a						
4d Sed	350	1020	1700	3400	5950	8500

	6	5	4	3	2	1
NOTE: Deduct 10 percent for diesel.						
Model 190						
4d Sed	450	1140	1900	3800	6650	9500
SL Rds	1550	4900	8200	16,400	28,700	41,000
NOTE: Add 10 percent for removable hardtop.						
Model 219						
4d Sed	450	1450	2400	4800	8400	12,000
Model 220S						
2d Cpe	950	3000	5000	10,000	17,500	25,000
4d Sed	600	1900	3200	6400	11,200	16,000
2d Conv	1900	6000	10,000	20,000	35,000	50,000
Model 220SE						
4d Sed	700	2150	3600	7200	12,600	18,000
2d Cpe	850	2750	4600	9200	16,100	23,000
2d Conv	2050	6600	11,000	22,000	38,500	55,000
Model 300D						
4d HT	1650	5300	8800	17,600	30,800	44,000
4d Conv	5800	18,600	31,000	62,000	108,500	155,000
Model 300SL						
2d Rds	7500	24,000	40,000	80,000	140,000	200,000
NOTE: Add 5 percent for removable hardtop.						
180D 4d Sed	750	2400	4000	8000	14,000	20,000
190 4d Sed	900	2900	4800	9600	16,800	24,000
190SL Rds	850	2650	4400	8800	15,400	22,000
1961-1962						
Fin Body						
180 4d Sed	350	840	1400	2800	4900	7000
180D 4d Sed	350	975	1600	3200	5600	8000
190 4d Sed	350	900	1500	3000	5250	7500
190D 4d Sed	350	1020	1700	3400	5950	8500
190SL Cpe/Rds	1550	4900	8200	16,400	28,700	41,000
220 4d Sed	550	1700	2800	5600	9800	14,000
220S 4d Sed	550	1800	3000	6000	10,500	15,000
220SE 4d Sed	600	1900	3200	6400	11,200	16,000
220SE Cpe	850	2750	4600	9200	16,100	23,000
220SE Cabr	1550	4900	8200	16,400	28,700	41,000
220SEb Cpe	1000	3250	5400	10,800	18,900	27,000
220SEb Cabr	1450	4550	7600	15,200	26,600	38,000
220SEb 4d Sed	650	2050	3400	6800	11,900	17,000
300 4d HT	1700	5400	9000	18,000	31,500	45,000
300 4d Cabr	4050	12,950	21,600	43,200	75,600	108,000
300SE 4d Sed	750	2400	4000	8000	14,000	20,000
300SE 2d Cpe	1200	3850	6400	12,800	22,400	32,000
300SE 2d Cabr	3250	10,300	17,200	34,400	60,200	86,000
300SL Rds	7500	24,000	40,000	80,000	140,000	200,000
NOTE: Add 5 percent for removable hardtop.						
1963						
180Dc 4d Sed	350	840	1400	2800	4900	7000
190c 4d Sed	350	780	1300	2600	4550	6500
190Dc 4d Sed	350	900	1500	3000	5250	7500
190SL Rds	1350	4300	7200	14,400	25,200	36,000
NOTE: Add 10 percent for removable hardtop.						
220 4d Sed	400	1300	2200	4400	7700	11,000
220S 4d Sed	450	1450	2400	4800	8400	12,000
220SE 4d Sed	500	1550	2600	5200	9100	13,000
220SEb Cpe	650	2050	3400	6800	11,900	17,000
220SEb Cabr	1300	4200	7000	14,000	24,500	35,000
300SE 4d Sed	800	2500	4200	8400	14,700	21,000
300SE Cpe	1000	3100	5200	10,400	18,200	26,000
300SE Cabr	2850	9100	15,200	30,400	53,200	76,000
300 4d HT	1000	3250	5400	10,800	18,900	27,000
300SL Rds	7300	23,400	39,000	78,000	136,500	195,000
NOTE: Add 5 percent for removable hardtop.						
1964						
190c 4d Sed	200	720	1200	2400	4200	6000
190Dc 4d Sed	350	840	1400	2800	4900	7000
220 4d Sed	450	1080	1800	3600	6300	9000
220S 4d Sed	450	1450	2400	4800	8400	12,000
220SE 4d Sed	500	1550	2600	5200	9100	13,000
220SEb Cpe	700	2150	3600	7200	12,600	18,000
220SEb Cabr	1300	4100	6800	13,600	23,800	34,000
230SL Cpe/Rds	800	2500	4200	8400	14,700	21,000
300SE 4d Sed	650	2050	3400	6800	11,900	17,000
300SE 4d Sed(112)	700	2150	3600	7200	12,600	18,000
300SE Cpe	1000	3250	5400	10,800	18,900	27,000
300SE Cabr	2950	9350	15,600	31,200	54,600	78,000

1965	6	5	4	3	2	1
190c 4d Sed	200	720	1200	2400	4200	6000
190Dc 4d Sed	350	840	1400	2800	4900	7000
220b 4d Sed	450	1080	1800	3600	6300	9000
220Sb 4d Sed	400	1200	2000	4000	7000	10,000
220SEb 4d Sed	450	1450	2400	4800	8400	12,000
220SEb Cpe	550	1800	3000	6000	10,500	15,000
220SEb Cabr	1250	3950	6600	13,200	23,100	33,000
230SL Cpe/Rds	850	2650	4400	8800	15,400	22,000
250SE Cpe	650	2050	3400	6800	11,900	17,000
250SE Cabr	1300	4100	6800	13,600	23,800	34,000
300SE 4d Sed	550	1700	2800	5600	9800	14,000
300SEL 4d Sed	600	1900	3200	6400	11,200	16,000
300SE Cpe	700	2150	3600	7200	12,600	18,000
300SE Cabr	2950	9350	15,600	31,200	54,600	78,000
600 4d Sed	1150	3600	6000	12,000	21,000	30,000
600 Limo	1500	4800	8000	16,000	28,000	40,000
1966						
200 4d Sed	200	720	1200	2400	4200	6000
200D 4d Sed	350	840	1400	2800	4900	7000
230 4d Sed	350	780	1300	2600	4550	6500
230S 4d Sed	350	800	1350	2700	4700	6700
230SL Cpe/Rds	950	3000	5000	10,000	17,500	25,000
250SE Cpe	650	2050	3400	6800	11,900	17,000
250SE Cabr	1300	4100	6800	13,600	23,800	34,000
250S 4d Sed	450	1080	1800	3600	6300	9000
250SE 4d Sed	450	1140	1900	3800	6650	9500
300SE Cpe	700	2150	3600	7200	12,600	18,000
300SE Cabr	2200	7100	11,800	23,600	41,300	59,000
600 4d Sed	1150	3600	6000	12,000	21,000	30,000
600 Limo	1550	4900	8200	16,400	28,700	41,000
1967						
200 4d Sed	350	780	1300	2600	4550	6500
200D 4d Sed	350	900	1500	3000	5250	7500
230 4d Sed	350	840	1400	2800	4900	7000
230S 4d Sed	350	860	1450	2900	5050	7200
230SL Cpe/Rds	850	2750	4600	9200	16,100	23,000
250S 4d Sed	450	1080	1800	3600	6300	9000
250SE 4d Sed	450	1140	1900	3800	6650	9500
250SE Cpe	650	2050	3400	6800	11,900	17,000
250SE Cabr	950	3000	5000	10,000	17,500	25,000
250SL Cpe/Rds	900	2900	4800	9600	16,800	24,000
280SE Cpe	700	2150	3600	7200	12,600	18,000
280SE Cabr	1450	4700	7800	15,600	27,300	39,000
300SE Cpe	800	2500	4200	8400	14,700	21,000
300SE Cabr	2200	7100	11,800	23,600	41,300	59,000
300SE 4d Sed	700	2300	3800	7600	13,300	19,000
300SEL 4d Sed	750	2400	4000	8000	14,000	20,000
600 4d Sed	1100	3500	5800	11,600	20,300	29,000
600 Limo	1600	5050	8400	16,800	29,400	42,000
1968						
220 4d Sed	350	780	1300	2600	4550	6500
220D 4d Sed	350	900	1500	3000	5250	7500
230 4d Sed	350	840	1400	2800	4900	7000
250 4d Sed	350	950	1500	3050	5300	7600
280 4d Sed	350	950	1550	3150	5450	7800
280SE 4d Sed	450	1080	1800	3600	6300	9000
280SEL 4d Sed	400	1200	2000	4000	7000	10,000
280SE Cpe	700	2150	3600	7200	12,600	18,000
280SE Cabr	1550	4900	8200	16,400	28,700	41,000
280SL Cpe/Rds	1100	3500	5800	11,600	20,300	29,000
300SEL 4d Sed	750	2400	4000	8000	14,000	20,000
600 4d Sed	1200	3850	6400	12,800	22,400	32,000
600 Limo	1600	5150	8600	17,200	30,100	43,000
1969						
220 4d Sed	450	1140	1900	3800	6650	9500
220D 4d Sed	400	1200	2000	4000	7000	10,000
230 4d Sed	450	1170	1975	3900	6850	9800
250 4d Sed	400	1200	2000	4000	7000	10,000
280S 4d Sed	400	1200	2000	4000	7100	10,100
280SE 4d Sed	400	1200	2000	4000	7000	10,000
280SEL 4d Sed	400	1250	2100	4200	7400	10,500
280SE Cpe	700	2150	3600	7200	12,600	18,000
280SE Cabr	1600	5150	8600	17,200	30,100	43,000
280SL Cpe/Rds	1150	3700	6200	12,400	21,700	31,000
300SEL 4d Sed	700	2300	3800	7600	13,300	19,000

	6	5	4	3	2	1
600 4d Sed	1150	3700	6200	12,400	21,700	31,000
600 Limo	1600	5150	8600	17,200	30,100	43,000
1970						
220 4d Sed	450	1080	1800	3600	6300	9000
220D 4d Sed	450	1140	1900	3800	6650	9500
250 4d Sed	950	1100	1850	3700	6450	9200
250C Cpe	450	1450	2400	4800	8400	12,000
280S 4d Sed	400	1250	2100	4200	7400	10,500
280SE 4d Sed	400	1300	2200	4400	7700	11,000
280SEL 4d Sed	450	1400	2300	4600	8100	11,500
280SE Cpe	950	3000	5000	10,000	17,500	25,000
280SE CPE 3.5	1450	4550	7600	15,200	26,600	38,000
280SE Cabr	1700	5400	9000	18,000	31,500	45,000
280SE Cabr 3.5	2250	7200	12,000	24,000	42,000	60,000
280SL Cpe/Rds	1200	3850	6400	12,800	22,400	32,000
300SEL 4d Sed	700	2150	3600	7200	12,600	18,000
600 4d Sed	1200	3850	6400	12,800	22,400	32,000
600 Limo	1550	4900	8200	16,400	28,700	41,000
1971						
220 4d Sed	450	1080	1800	3600	6300	9000
220D 4d Sed	450	1140	1900	3800	6650	9500
250 4d Sed	450	1080	1800	3600	6300	9000
250C Cpe	400	1300	2200	4400	7700	11,000
280S 4 ed	400	1250	2100	4200	7400	10,500
280SE 4d Sed	400	1300	2200	4400	7700	11,000
280SE 4.5 4d Sed	550	1800	3000	6000	10,500	15,000
280SEL 4d Sed	450	1400	2300	4600	8100	11,500
280SE 3.5 Cpe	950	3000	5000	10,000	17,500	25,000
280SE 3.5 Cabr	2850	9100	15,200	30,400	53,200	76,000
280SL Cpe/Rds	1250	3950	6600	13,200	23,100	33,000
300SEL 4d Sed	700	2300	3800	7600	13,300	19,000
600 4d Sed	1200	3850	6400	12,800	22,400	32,000
600 4d Limo	1750	5650	9400	18,800	32,900	47,000
1972						
220 4d Sed	450	1080	1800	3600	6300	9000
220D 4d Sed	450	1140	1900	3800	6650	9500
250 4d Sed	400	1200	2000	4000	7000	10,000
250C Cpe	450	1450	2400	4800	8400	12,000
280SE 4d Sed	400	1300	2200	4400	7700	11,000
280SE 4.5 4d Sed	550	1800	3000	6000	10,500	15,000
280SE 3.5 Cpe	650	2050	3400	6800	11,900	17,000
280SE 3.5 Cabr	1300	4100	6800	13,600	23,800	34,000
280SEL 4d Sed	450	1450	2400	4800	8400	12,000
300SEL 4d Sed	700	2150	3600	7200	12,600	18,000
350SL Cpe/Rds	1150	3700	6200	12,400	21,700	31,000
600 4d Sed	1200	3850	6400	12,800	22,400	32,000
600 Limo	1750	5500	9200	18,400	32,200	46,000
1973						
220 4d Sed	450	1080	1800	3600	6300	9000
220D 4d Sed	400	1200	2000	4000	7000	10,000
280 4d Sed	400	1250	2100	4200	7400	10,500
280C Cpe	500	1550	2600	5200	9100	13,000
280SE 4d Sed	450	1450	2400	4800	8400	12,000
280SE 4.5 4d Sed	600	1900	3200	6400	11,200	16,000
280SEL 4d Sed	450	1500	2500	5000	8800	12,500
300SEL 4d Sed	700	2150	3600	7200	12,600	18,000
450SE 4d Sed	450	1500	2500	5000	8800	12,500
450SEL 4d Sed	500	1600	2700	5400	9500	13,500
450SL Cpe/Rds	1100	3500	5800	11,600	20,300	29,000
450SLC Cpe	850	2750	4600	9200	16,100	23,000
1974						
230 4d Sed	450	1140	1900	3800	6650	9500
240D 4d Sed	400	1200	2000	4000	7000	10,000
280 4d Sed	400	1300	2200	4400	7700	11,000
280C Cpe	500	1550	2600	5200	9100	13,000
450SE 4d Sed	550	1700	2800	5600	9800	14,000
450SEL 4d Sed	600	1900	3200	6400	11,200	16,000
450SL Cpe/Rds	1050	3350	5600	11,200	19,600	28,000
450SLC Cpe	850	2750	4600	9200	16,100	23,000
1975						
230 4d Sed	400	1200	2000	4000	7000	10,000
240D 4d Sed	400	1300	2200	4400	7700	11,000
300D 4d Sed	450	1450	2400	4800	8400	12,000
280 4d Sed	500	1550	2600	5200	9100	13,000
280C Cpe	550	1700	2800	5600	9800	14,000

	6	5	4	3	2	1
280S 4d Sed	500	1550	2600	5200	9100	13,000
450SE 4d Sed	550	1800	3000	6000	10,500	15,000
450SEL 4d Sed	600	1900	3200	6400	11,200	16,000
450SL Cpe/Rds	1150	3600	6000	12,000	21,000	30,000
450SLC Cpe	850	2750	4600	9200	16,100	23,000
1976						
230 4d Sed	450	1450	2400	4800	8400	12,000
240D 4d Sed	450	1450	2400	4800	8400	12,000
300D 4d Sed	450	1500	2500	5000	8800	12,500
280 4d Sed	500	1550	2600	5200	9100	13,000
280C Cpe	600	1900	3200	6400	11,200	16,000
280S 4d Sed	500	1600	2700	5400	9500	13,500
450SE 4d Sed	650	2050	3400	6800	11,900	17,000
450SEL 4d Sed	700	2150	3600	7200	12,600	18,000
450SL Cpe/Rds	1150	3600	6000	12,000	21,000	30,000
450SLC Cpe	850	2650	4400	8800	15,400	22,000
1977						
230 4d Sed	400	1300	2200	4400	7700	11,000
240D 4d Sed	450	1500	2500	5000	8800	12,500
300D 4d Sed	500	1550	2600	5200	9100	13,000
280E 4d Sed	500	1600	2700	5400	9500	13,500
280SE 4d Sed	550	1700	2800	5600	9800	14,000
450SEL 4d Sed	700	2150	3600	7200	12,600	18,000
450SL Cpe/Rds	1150	3600	6000	12,000	21,000	30,000
450SLC Cpe	850	2650	4400	8800	15,400	22,000
1978						
230 4d Sed	400	1300	2200	4400	7700	11,000
240D 4d Sed	450	1400	2300	4600	8100	11,500
300D 4d Sed	450	1450	2400	4800	8400	12,000
300CD Cpe	500	1550	2600	5200	9100	13,000
300SD 4d Sed	550	1750	2900	5800	10,200	14,500
280E 4d Sed	450	1500	2500	5000	8800	12,500
280CE Cpe	550	1750	2900	5800	10,200	14,500
280SE 4d Sed	550	1800	3000	6000	10,500	15,000
450SEL 4d Sed	700	2300	3800	7600	13,300	19,000
450SL Cpe/Rds	1100	3500	5800	11,600	20,300	29,000
450SLC Cpe	900	2900	4800	9600	16,800	24,000
6.9L 4d Sed	850	2750	4600	9200	16,100	23,000
1979						
240D 4d Sed	450	1080	1800	3600	6300	9000
300D 4d Sed	400	1200	2000	4000	7000	10,000
300CD Cpe	450	1450	2400	4800	8400	12,000
300TD Sta Wag	650	2050	3400	6800	11,900	17,000
300SD 4d Sed	550	1700	2800	5600	9800	14,000
280E 4d Sed	400	1300	2200	4400	7700	11,000
280CE Cpe	500	1550	2600	5200	9100	13,000
280SE 4d Sed	550	1700	2800	5600	9800	14,000
450SEL 4d Sed	650	2050	3400	6800	11,900	17,000
450SL Cpe/Rds	1000	3250	5400	10,800	18,900	27,000
450SLC Cpe	850	2750	4600	9200	16,100	23,000
6.9L 4d Sed	800	2500	4200	8400	14,700	21,000
1980						
240D 4d Sed	400	1200	2000	4000	7000	10,000
300D 4d Sed	400	1300	2200	4400	7700	11,000
300CD 2d Cpe	500	1550	2600	5200	9100	13,000
300TD 4d Sta Wag	650	2050	3400	6800	11,900	17,000
300SD 4d Sed	550	1800	3000	6000	10,500	15,000
280E 4d Sed	550	1700	2800	5600	9800	14,000
280CE 2d Cpe	550	1800	3000	6000	10,500	15,000
280SE 4d Sed	550	1700	2800	5600	9800	14,000
450SEL 4d Sed	550	1800	3000	6000	10,500	15,000
450SL 2d Conv	1100	3500	5800	11,600	20,300	29,000
450SLC 2d Cpe	800	2500	4200	8400	14,700	21,000
1981						
240D 4d Sed	400	1200	2000	4000	7000	10,000
300D 4d Sed	400	1300	2200	4400	7700	11,000
300CD 2 dr Cpe	500	1550	2600	5200	9100	13,000
300 TD-T 4d Turbo Sta Wag	700	2150	3600	7200	12,600	18,000
300SD 4d Sed	550	1700	2800	5600	9800	14,000
280E 4d Sed	500	1550	2600	5200	9100	13,000
280CE 2d Cpe	550	1700	2800	5600	9800	14,000
280SEL 4d Sed	700	2300	3800	7600	13,300	19,000
380SL 2d Conv	1150	3700	6200	12,400	21,700	31,000
380SLC 2d Cpe	850	2650	4400	8800	15,400	22,000

1982	6	5	4	3	2	1
240D 4d Sed	400	1300	2200	4400	7700	11,000
300D-T 4d Sed	450	1450	2400	4800	8400	12,000
300CD-T 2d Cpe	550	1700	2800	5600	9800	14,000
300TD-T 4d Turbo Sta Wag	700	2150	3600	7200	12,600	18,000
300SD 4d Sed	550	1800	3000	6000	10,500	15,000
380SEL 4d Sed	750	2400	4000	8000	14,000	20,000
380SL 2d Conv	1300	4200	7000	14,000	24,500	35,000
380SEC 2d Cpe	950	3000	5000	10,000	17,500	25,000
1983						
240D 4d Sed	400	1300	2200	4400	7700	11,000
300D-T 4d Sed	450	1450	2400	4800	8400	12,000
300CD-T 2d Cpe	550	1700	2800	5600	9800	14,000
300TD-T 4d Turbo Sta Wag	700	2150	3600	7200	12,600	18,000
300SD 4d Sed	550	1800	3000	6000	10,500	15,000
300SEL 4d Sed	750	2400	4000	8000	14,000	20,000
380SL 2d Conv	1300	4200	7000	14,000	24,500	35,000
380SEC 2d Cpe	950	3000	5000	10,000	17,500	25,000
1984						
190E 4d Sed	400	1300	2200	4400	7700	11,000
190D 4d Sed	400	1200	2000	4000	7000	10,000
300D-T 4d Sed	450	1400	2300	4600	8100	11,500
300CD-T 2d Cpe	450	1450	2400	4800	8400	12,000
300TD-T 4d Turbo Sta Wag	600	1900	3200	6400	11,200	16,000
300SD 4d Sed	700	2150	3600	7200	12,600	18,000
500SEL 4d Sed	850	2650	4400	8800	15,400	22,000
500SEC 2d Cpe	950	3000	5000	10,000	17,500	25,000
380SE 4d Sed	700	2150	3600	7200	12,600	18,000
380SL 2d Conv	950	3000	5000	10,000	17,500	25,000
1985						
190E 4d Sed	400	1300	2200	4400	7700	11,000
190D 4d Sed	400	1250	2100	4200	7400	10,500
300D-T 4d Sed	450	1500	2500	5000	8800	12,500
300CD-T 2d Cpe	500	1550	2600	5200	9100	13,000
300TD-T 4d Turbo Sta Wag	600	1900	3200	6400	11,200	16,000
300SD 4d Sed	700	2300	3800	7600	13,300	19,000
500SEL 4d Sed	850	2750	4600	9200	16,100	23,000
500SEC 2d Cpe	1000	3100	5200	10,400	18,200	26,000
380SE 4d Sed	700	2300	3800	7600	13,300	19,000
380SL 2d Conv	1150	3700	6200	12,400	21,700	31,000
1986						
190E 4d Sed	450	1400	2300	4600	8100	11,500
190D 4d Sed	400	1300	2200	4400	7700	11,000
190D 1.6 4d Sed	450	1450	2400	4800	8400	12,000
300E 4d Sed	500	1600	2700	5400	9500	13,500
300SDL 4d Sed	850	2650	4400	8800	15,400	22,000
420SEL 4d Sed	900	2900	4800	9600	16,800	24,000
560SEL 4d Sed	1000	3100	5200	10,400	18,200	26,000
560SEC 2d Cpe	1050	3350	5600	11,200	19,600	28,000
560SL 2d Conv	1250	3950	6600	13,200	23,100	33,000
1987						
190D 4d Sed	500	1550	2600	5200	9100	13,000
190D-T 4d Sed	500	1600	2700	5400	9500	13,500
190E 4d Sed	550	1750	2900	5800	10,200	14,500
190 2.6 4d Sed	600	1850	3100	6200	10,900	15,500
190E-16V 4d Sed	750	2450	4100	8200	14,400	20,500
260E 4d Sed	700	2150	3600	7200	12,600	18,000
300E 4d Sed	750	2400	4000	8000	14,000	20,000
300DT 4d Sed	700	2200	3700	7400	13,000	18,500
300TD-T 4d Sta Wag	750	2450	4100	8200	14,400	20,500
300SDL-T 4d Sed	900	2900	4800	9600	16,800	24,000
420SEL 4d Sed	900	2950	4900	9800	17,200	24,500
560SEL 4d Sed	1200	3850	6400	12,800	22,400	32,000
560SEC 2d Cpe	1250	3950	6600	13,200	23,100	33,000
560SL 2d Conv	1150	3700	6200	12,400	21,700	31,000
1988						
190D 4d Sed	550	1700	2800	5600	9800	14,000
190E 4d Sed	600	1900	3200	6400	11,200	16,000
190E 2.6 4d Sed	700	2300	3800	7600	13,300	19,000
260E 4d Sed	750	2400	4000	8000	14,000	20,000
300E 4d Sed	850	2650	4400	8800	15,400	22,000
300CE 2d Cpe	1050	3350	5600	11,200	19,600	28,000
300TE 4d Sta Wag	950	3050	5100	10,200	17,900	25,500
300SE 4d Sed	850	2750	4600	9200	16,100	23,000
300SEL 4d Sed	950	3000	5000	10,000	17,500	25,000
420SEL 4d Sed	1000	3250	5400	10,800	18,900	27,000

	6	5	4	3	2	1
560SEL 4d Sed	1200	3850	6400	12,800	22,400	32,000
560SEC 2d Cpe	1300	4100	6800	13,600	23,800	34,000
560SL 2d Conv	1350	4300	7200	14,400	25,200	36,000
1989						
190D 4d Sed	700	2300	3800	7600	13,300	19,000
190E 4d 2.6 Sed	700	2150	3600	7200	12,600	18,000
260E 4d Sed	950	3000	5000	10,000	17,500	25,000
300E 4d Sed	1000	3250	5400	10,800	18,900	27,000
300CE 2d Cpe	1150	3600	6000	12,000	21,000	30,000
300TE 4d Sta Wag	1000	3250	5400	10,800	18,900	27,000
300SE 4d Sed	950	3000	5000	10,000	17,500	25,000
300SEC 4d Sed	1000	3100	5200	10,400	18,200	26,000
420SEL 4d Sed	1150	3600	6000	12,000	21,000	30,000
560SEL 4d Sed	1300	4200	7000	14,000	24,500	35,000
560SEC 2d Cpe	1500	4800	8000	16,000	28,000	40,000
560SL 2d Conv	1950	6250	10,400	20,800	36,400	52,000
1990						
190E 4d 2.6 Sed	650	2050	3400	6800	11,900	17,000
300E 4d 2.6 Sed	700	2300	3800	7600	13,300	19,000
300D 4d 2.5 Turbo Sed	750	2400	4000	8000	14,000	20,000
300E 4d Sed	1050	3350	5600	11,200	19,600	28,000
300E Matic 4d Sed	1100	3500	5800	11,600	20,300	29,000
300CE 2d Cpe	1150	3700	6200	12,400	21,700	31,000
300TE 4d Sta Wag	1050	3350	5600	11,200	19,600	28,000
300TE Matic 4d Sta Wag	1100	3500	5800	11,600	20,300	29,000
300SE 4d Sed	1000	3100	5200	10,400	18,200	26,000
300SEL 4d Sed	1050	3350	5600	11,200	19,600	28,000
350SDL 4d Turbo Sed	1000	3250	5400	10,800	18,900	27,000
420SEL 4d Sed	1250	3950	6600	13,200	23,100	33,000
560SEL 4d Sed	1350	4300	7200	14,400	25,200	36,000
560SEC 2d Cpe	1500	4800	8000	16,000	28,000	40,000
300SL 2d Conv	1900	6000	10,000	20,000	35,000	50,000
500SL 2d Conv	2000	6350	10,600	21,200	37,100	53,000
1991						
4d 2.3 Sed	450	1450	2400	4800	8400	12,000
4d 2.6 Sed	550	1700	2800	5600	9800	14,000
300TD 4d Turbo Sed	650	2050	3400	6800	11,900	17,000
300E 4d Sed	700	2300	3800	7600	13,300	19,000
300E Matic 4x4 4d Sed	850	2650	4400	8800	15,400	22,000
300CE 2d Cpe	950	3000	5000	10,000	17,500	25,000
300TE 4d Sta Wag	900	2900	4800	9600	16,800	24,000
300TE Matic 4x4 4d Sta Wag	1000	3100	5200	10,400	18,200	26,000
300SE 4d Sed	800	2500	4200	8400	14,700	21,000
300SEL 4d Sed	850	2750	4600	9200	16,100	23,000
350SD 4d Sed	1000	3250	5400	10,800	18,900	27,000
350SDL 4d Turbo Sed	1050	3350	5600	11,200	19,600	28,000
420SEL 4d Sed	1300	4100	6800	13,600	23,800	34,000
560SEL 4d Sed	1400	4450	7400	14,800	25,900	37,000
560SEC 2d Cpe	1600	5150	8600	17,200	30,100	43,000
300SL 2d Conv	1900	6100	10,200	20,400	35,700	51,000
500SL 2d Conv	2050	6500	10,800	21,600	37,800	54,000
1992						
190 4d 2.3 Sed	500	1550	2600	5200	9100	13,000
190 4d 2.6 Sed	550	1700	2800	5600	9800	14,000
300E 4d 2.6 Sed	550	1800	3000	6000	10,500	15,000
300DT 4d 2.5 Sed	650	2100	3500	7000	12,300	17,500
300E 4d Sed	750	2350	3900	7800	13,700	19,500
300E 4d Sed 4 Matic	850	2750	4600	9200	16,100	23,000
300CE 2d Cpe	1000	3100	5200	10,400	18,200	26,000
300TE 4d Sta Wag	950	3000	5000	10,000	17,500	25,000
300TE 4d Sta Wag 4 Matic	1000	3250	5400	10,800	18,900	27,000
300SDT 4d Sed	800	2500	4200	8400	14,700	21,000
300SE 4d Sed	850	2750	4600	9200	16,100	23,000
400E 4d Sed	850	2650	4400	8800	15,400	22,000
400SE 4d Sed	900	2900	4800	9600	16,800	24,000
500E 4d Sed	1000	3100	5200	10,400	18,200	26,000
500SEL 4d Sed	1100	3500	5800	11,600	20,300	29,000
600SEL 4d Sed	1150	3700	6200	12,400	21,700	31,000
300SL 2d Conv	1950	6250	10,400	20,800	36,400	52,000
500SL 2d Conv	2050	6600	11,000	22,000	38,500	55,000

MERKUR

	6	5	4	3	2	1
1985						
HBk XR4Ti	200	675	1000	2000	3500	5000

1986	6	5	4	3	2	1
HBk XR4Ti	200	720	1200	2400	4200	6000
1987						
HBk XR4Ti	350	975	1600	3200	5600	8000
1988						
HBk XR4Ti	350	1020	1700	3400	5950	8500
HBk Scorpio	350	1020	1700	3400	5950	8500
1989						
HBk XR4Ti	400	1200	2000	4000	7000	10,000
HBk Scorpio	400	1200	2000	4000	7000	10,000

MG

	6	5	4	3	2	1
1947-48						
MG-TC, 4-cyl., 94" wb						
Rds	900	2900	4800	9600	16,800	24,000
1949						
MG-TC, 4-cyl., 94" wb						
Rds	900	2900	4800	9600	16,800	24,000
1950						
MG-TD, 4-cyl., 54.4 hp, 94" wb						
Rds	800	2500	4200	8400	14,700	21,000
1951						
MG-TD, 4-cyl., 54.4 hp, 94" wb						
Rds	800	2500	4200	8400	14,700	21,000
Mark II, 4-cyl., 54.4 hp, 94" wb						
Rds	850	2750	4600	9200	16,100	23,000
1952						
MG-TD, 4-cyl., 54.4 hp, 94" wb						
Rds	800	2500	4200	8400	14,700	21,000
Mark II, 4-cyl., 62 hp, 94" wb						
Rds	850	2750	4600	9200	16,100	23,000
1953						
MG-TD, 4-cyl., 54.4 hp, 94" wb						
Rds	850	2650	4400	8800	15,400	22,000
MG-TDC, 4-cyl., 62 hp, 94" wb						
Rds	850	2750	4600	9200	16,100	23,000
1954						
MG-TF, 4-cyl., 57 hp, 94" wb						
Rds	800	2500	4200	8400	14,700	21,000
1955						
MG-TF, 4-cyl., 68 hp, 94" wb						
Rds	700	2300	3800	7600	13,300	19,000
1956						
MG-'A', 4-cyl., 68 hp, 94" wb						
1500 Rds	650	2050	3400	6800	11,900	17,000
1957						
MG-'A', 4-cyl., 68 hp, 94" wb						
1500 Rds	650	2050	3400	6800	11,900	17,000
1958						
MG-'A', 4-cyl., 72 hp, 94" wb						
1500 Cpe	700	2150	3600	7200	12,600	18,000
1500 Rds	700	2300	3800	7600	13,300	19,000
1959-60						
MG-'A', 4-cyl., 72 hp, 94" wb						
1600 Rds	700	2300	3800	7600	13,300	19,000
1600 Cpe	700	2150	3600	7200	12,600	18,000
MG-'A', Twin-Cam, 4-cyl., 107 hp, 94" wb						
Rds	950	3000	5000	10,000	17,500	25,000
Cpe	850	2650	4400	8800	15,400	22,000
1961						
MG-'A', 4-cyl., 79 hp, 94" wb						
1600 Rds	600	1900	3200	6400	11,200	16,000
1600 Cpe	550	1800	3000	6000	10,500	15,000
1600 Mk II Rds	650	2050	3400	6800	11,900	17,000
1600 Mk II Cpe	600	1900	3200	6400	11,200	16,000
1962						
MG-Midget, 4-cyl., 80" wb, 50 hp						
Rds	400	1300	2200	4400	7700	11,000
MG-'A', 4-cyl., 90 hp, 94" wb						
1600 Mk II Rds	650	2050	3400	6800	11,900	17,000
1600 Mk II Cpe	600	1900	3200	6400	11,200	16,000

NOTE: Add 40 percent for 1600 Mark II Deluxe.

1963	6	5	4	3	2	1
MG-Midget, 4-cyl., 56 hp, 80" wb						
Rds	400	1300	2200	4400	7700	11,000
MG-B, 4-cyl., 95 hp, 91" wb						
Rds	450	1500	2500	5000	8800	12,500
1964						
MG-Midget, 4-cyl., 56 hp, 80" wb						
Rds	400	1300	2200	4400	7700	11,000
MG-B, 4-cyl., 95 hp, 91" wb						
Rds	450	1500	2500	5000	8800	12,500
1965						
MG-Midget Mark II, 4-cyl., 59 hp, 80" wb						
Rds	400	1300	2200	4400	7700	11,000
MG-B, 4-cyl., 95 hp, 91" wb						
Rds	450	1500	2500	5000	8800	12,500
1966						
MG-Midget Mark III, 4-cyl., 59 hp, 80" wb						
Rds	400	1300	2200	4400	7700	11,000
MG-B, 4-cyl., 95 hp, 91" wb						
Rds	450	1450	2400	4800	8400	12,000
1100 Sport, 4-cyl., 58 hp, 93.5" wb						
2d Sed	200	720	1200	2400	4200	6000
4d Sed	200	745	1250	2500	4340	6200
1967						
MG Midget Mark III, 4-cyl., 59 hp, 80" wb						
Rds	400	1300	2200	4400	7700	11,000
MGB, 4-cyl., 98 hp, 91" wb						
Rds	450	1450	2400	4800	8400	12,000
GT Cpe	400	1300	2200	4400	7700	11,000
1100 Sport, 4-cyl., 58 hp, 93.5" wb						
2d Sed	200	720	1200	2400	4200	6000
4d Sed	200	745	1250	2500	4340	6200
1968						
MG Midget, 4-cyl., 65 hp, 80" wb						
Rds	400	1300	2200	4400	7700	11,000
MGB, 4-cyl., 98 hp, 91" wb						
Conv	450	1150	1900	3850	6700	9600
GT Cpe	450	1140	1900	3800	6650	9500
1969						
MG Midget MK III, 4-cyl., 65 hp, 80" wb						
Rds	400	1200	2000	4000	7000	10,000
MGB/GT, Mark II, 4-cyl., 98 hp, 91" wb						
Cpe	950	1100	1850	3700	6450	9200
'B' Rds	400	1300	2200	4400	7700	11,000
MG-C, 6-cyl., 145 hp, 91" wb						
Rds	450	1500	2500	5000	8800	12,500
GT Cpe	450	1080	1800	3600	6300	9000
1970						
MG Midget, 4-cyl., 65 hp, 80" wb						
Rds	400	1200	2000	4000	7000	10,000
MGB-MGB/GT, 4-cyl., 78.5 hp, 91" wb						
Rds	450	1400	2300	4600	8100	11,500
GT Cpe	400	1250	2100	4200	7400	10,500

NOTE: Add 10 percent for wire wheels.
  Add 5 percent for overdrive.

1971	6	5	4	3	2	1
MG Midget, 4-cyl., 65 hp, 80" wb						
Rds	400	1200	2000	4000	7000	10,000
MGB-MBG/GT, 4-cyl., 78.5 hp, 91" wb						
Rds	450	1400	2300	4600	8100	11,500
GT Cpe	400	1250	2100	4200	7400	10,500

NOTE: Add 10 percent for wire wheels.
  Add 5 percent for overdrive.

1972	6	5	4	3	2	1
MG Midget, 4-cyl., 54.5 hp, 80" wb						
Conv	400	1200	2000	4000	7000	10,000
MGB-MGB/GT, 4-cyl., 78.5 hp, 91" wb						
Conv	400	1250	2100	4200	7400	10,500
Cpe GT	450	1080	1800	3600	6300	9000

NOTE: Add 10 percent for wire wheels.
  Add 5 percent for overdrive.

1973	6	5	4	3	2	1
MG Midget, 4-cyl., 54.5 hp, 80" wb						
Conv	400	1200	2000	4000	7000	10,000

	6	5	4	3	2	1
MGB-MGB/GT, 4-cyl., 78.5 hp, 91" wb						
Conv	400	1250	2100	4200	7400	10,500
GT Cpe	450	1080	1800	3600	6300	9000
NOTE: Add 10 percent for wire wheels.						
Add 5 percent for overdrive.						
1974						
MG Midget, 4-cyl., 54.5 hp, 80" wb						
Conv	400	1200	2000	4000	7000	10,000
MG-B, 4-cyl., 78.5 hp, 91" wb						
Conv	400	1250	2100	4200	7400	10,500
GT Cpe	450	1080	1800	3600	6300	9000
Interim MG-B, 4-cyl., 62.9 hp, 91.125" wb						
Conv	450	1140	1900	3800	6650	9500
GT Cpe	350	975	1600	3250	5700	8100
NOTE: Add 10 percent for wire wheels.						
Add 5 percent for overdrive.						
1975						
MG Midget, 4-cyl., 50 hp, 80" wb						
Conv	450	1140	1900	3800	6650	9500
MGB, 4-cyl., 62.9 hp, 91.125" wb						
Conv	400	1200	2000	4000	7000	10,000
NOTE: Add 10 percent for wire wheels.						
Add 5 percent for overdrive.						
1976						
MG Midget, 4-cyl., 50 hp, 80" wb						
Conv	450	1080	1800	3600	6300	9000
MGB, 4-cyl., 62.5 hp, 91.13" wb						
Conv	450	1140	1900	3800	6650	9500
NOTE: Add 10 percent for wire wheels.						
Add 5 percent for overdrive.						
1977						
MG Midget, 4-cyl., 50 hp, 80" wb						
Conv	450	1080	1800	3600	6300	9000
MGB, 4-cyl., 62.5 hp, 91.13" wb						
Conv	450	1140	1900	3800	6650	9500
NOTE: Add 10 percent for wire wheels.						
Add 5 percent for overdrive.						
1978						
Midget Conv	450	1080	1800	3600	6300	9000
B Conv	450	1140	1900	3800	6650	9500
1979						
Midget Conv	450	1080	1800	3600	6300	9000
B Conv	450	1140	1900	3800	6650	9500
1980						
B Conv	450	1150	1900	3850	6700	9600

MORGAN

	6	5	4	3	2	1
1945-50						
4/4, Series I, 4-cyl, 92" wb, 1267cc						
2d Rds	950	3000	5000	10,000	17,500	25,000
2d Rds (2 plus 2)	900	2900	4800	9600	16,800	24,000
2d DHC	1100	3500	5800	11,600	20,300	29,000
1951-54						
Plus Four I, 4-cyl, 96" wb, 2088cc						
2d Rds	850	2750	4600	9200	16,100	23,000
2d Rds (2 plus 2)	850	2650	4400	8800	15,400	22,000
2d DHC	950	3000	5000	10,000	17,500	25,000
2d DHC (2 plus 2)	1000	3100	5200	10,400	18,200	26,000
1955-62						
Plus Four I (1954-1962)						
4-cyl, 96" wb, 1991cc						
2d Rds	850	2650	4400	8800	15,400	22,000
2d Rds (2 plus 2)	800	2500	4200	8400	14,700	21,000
2d DHC	950	3000	5000	10,000	17,500	25,000
Plus Four Super Sports						
4-cyl, 96" wb, 2138cc						
2d Rds	950	3000	5000	10,000	17,500	25,000
4/4 II (1955-59)						
L-head, 4-cyl, 96" wb, 1172cc						
2d Rds	850	2750	4600	9200	16,100	23,000

	6	5	4	3	2	1
4/4 III (1960-61)						
4-cyl, 96" wb, 997cc						
2d Rds	850	2650	4400	8800	15,400	22,000
4/4 IV (1961-63)						
4-cyl, 96" wb, 1340cc						
2d Rds	850	2650	4400	8800	15,400	22,000
1963-67						
Plus Four (1962-68)						
4-cyl, 96" wb, 2138cc						
2d Rds	850	2750	4600	9200	16,100	23,000
2d Rds (2 plus 2)	850	2650	4400	8800	15,400	22,000
2d DHC	1000	3100	5200	10,400	18,200	26,000
2d Sup Spt Rds	950	3000	5000	10,000	17,500	25,000
Plus Four Plus (1963-66)						
4-cyl, 96" wb, 2138cc						
2d Cpe			value not estimable			
4/4 Series IV (1962-63)						
4-cyl, 96" wb, 1340cc						
2d Rds	850	2750	4600	9200	16,100	23,000
4/4 Series V (1963-68)						
4-cyl, 96" wb, 1498cc						
2d Rds	950	3000	5000	10,000	17,500	25,000
1968-69						
Plus Four (1962-68)						
4-cyl, 96" wb, 2138cc						
2d Rds	900	2900	4800	9600	16,800	24,000
2d Rds (2 plus 2)	850	2750	4600	9200	16,100	23,000
2d DHC	1000	3100	5200	10,400	18,200	26,000
2d Sup Spt Rds	950	3000	5000	10,000	17,500	25,000
Plus 8, V-8, 98" wb, 3528cc						
2d Rds	1000	3100	5200	10,400	18,200	26,000
4/4 Series V (1963-68)						
4-cyl, 96" wb, 1498cc						
2d Rds	900	2900	4800	9600	16,800	24,000
4/4 1600, 4-cyl, 96" wb, 1599cc						
2d Rds	950	3000	5000	10,000	17,500	25,000
2d Rds (2 plus 2)	900	2900	4800	9600	16,800	24,000
1970-90						
Plus 8 (1972-90)						
V-8, 98" wb, 3528cc						
2d Rds	950	3000	5000	10,000	17,500	25,000
4/4 1600 (1970-81)						
4-cyl, 96" wb, 1599cc						
2d Rds	950	3000	5000	10,000	17,500	25,000
2d Rds (2 plus 2)	900	2900	4800	9600	16,800	24,000
4/4 1600 (1982-87)						
4-cyl, 96" wb, 1596cc						
2d Rds	850	2750	4600	9200	16,100	23,000
2d Rds (2 plus 2)	1000	3250	5400	10,800	18,900	27,000

MORRIS

	6	5	4	3	2	1
1946-48						
Eight Series, 4-cyl, 89" wb, 918cc						
2d Sed	450	1140	1900	3800	6650	9500
4d Sed	350	1020	1700	3400	5950	8500
2d Rds	400	1300	2200	4400	7700	11,000
Ten Series, 4-cyl, 1140cc						
4d Sed	350	1020	1700	3400	5950	8500
1949						
Minor MM, 4-cyl, 86" wb, 918.6cc						
2d Sed	350	1020	1700	3400	5950	8500
2d Conv	400	1300	2200	4400	7700	11,000
Oxford MO, 4-cyl, 97" wb, 1476cc						
4d Sed	350	1020	1700	3400	5950	8500
1950						
Minor MM, 4-cyl, 86" wb, 918.6cc						
2d Sed	350	1020	1700	3400	5950	8500
2d Conv	400	1300	2200	4400	7700	11,000
Oxford MO, 4-cyl, 97" wb, 1476cc						
4d Sed	350	1020	1700	3400	5950	8500
1951						
Minor MM, 4-cyl, 86" wb, 918.6cc						
2d Sed	350	1020	1700	3400	5950	8500

	6	5	4	3	2	1
2d Conv	400	1300	2200	4400	7700	11,000
4d Sed	350	1020	1700	3400	5950	8500
Oxford MO, 4-cyl, 97" wb, 1476cc						
4d Sed	350	1020	1700	3400	5950	8500
1952						
Minor MM, 4-cyl, 86" wb, 918.6cc						
2d Sed	350	1020	1700	3400	5950	8500
2d Conv	450	1450	2400	4800	8400	12,000
4d Sed	350	1020	1700	3400	5950	8500
Oxford MO, 4-cyl, 97" wb, 1476cc						
4d Sed	350	1020	1700	3400	5950	8500
1953						
Minor II, 4-cyl, 86" wb, 803cc						
2d Sed	350	1020	1700	3400	5950	8500
4d Sed	350	1020	1700	3400	5950	8500
2d Conv	450	1450	2400	4800	8400	12,000
Oxford MO, 4-cyl, 97" wb, 1476cc						
4d Sed	350	1020	1700	3400	5950	8500
4d Sta Wag	450	1450	2400	4800	8400	12,000
1954						
Minor II, 4-cyl, 86" wb, 803cc						
2d Sed	350	1020	1700	3400	5950	8500
4d Sed	350	1020	1700	3400	5950	8500
2d Tr Conv	450	1450	2400	4800	8400	12,000
2d Sta Wag	450	1450	2400	4800	8400	12,000
Oxford MO, 4-cyl, 97" wb, 1476cc						
4d Sed	350	1020	1700	3400	5950	8500
4d Sta Wag	450	1500	2500	5000	8800	12,500
1955-56						
Minor II, 4-cyl, 86" wb, 803cc						
2d Sed	350	1020	1700	3400	5950	8500
4d Sed	350	1020	1700	3400	5950	8500
2d Conv	450	1450	2400	4800	8400	12,000
2d Sta Wag	450	1450	2400	4800	8400	12,000
1957-59						
Minor 1000, 4-cyl, 86" wb, 948cc						
2d Sed	350	1020	1700	3400	5950	8500
4d Sed	350	1020	1700	3400	5950	8500
2d Conv	450	1450	2400	4800	8400	12,000
2d Sta Wag	450	1450	2400	4800	8400	12,000
1960-62						
Minor 1000, 4-cyl, 86" wb, 997cc						
2d Sed	350	1020	1700	3400	5950	8500
2d DeL Sed	450	1080	1800	3600	6300	9000
4d Sed	350	1020	1700	3400	5950	8500
4d DeL Sed	450	1080	1800	3600	6300	9000
2d Conv	450	1500	2500	5000	8800	12,500
2d DeL Conv	500	1550	2600	5200	9100	13,000
2d Sta Wag	450	1450	2400	4800	8400	12,000
2d DeL Sta Wag	450	1500	2500	5000	8800	12,500
Mini-Minor, 4-cyl, 80" wb, 997cc, FWD						
850 2d Sed	350	1020	1700	3400	5950	8500
850 2d Sta Wag	450	1450	2400	4800	8400	12,000
Oxford V, 4-cyl, 99.2" wb, 1489cc						
4d Sed	350	1020	1700	3400	5950	8500
1963-71						
Minor 1000, 4-cyl, 86" wb, 1098cc						
2d Sed	350	1020	1700	3400	5950	8500
2d Conv	450	1500	2500	5000	8800	12,500
2d Sta Wag	450	1450	2400	4800	8400	12,000
2d DeL Wag	450	1500	2500	5000	8800	12,500
Mini-Minor 850 Cooper						
4-cyl, 80" wb, 848cc, FWD						
2d Sed	450	1140	1900	3800	6650	9500
2d Sta Wag	450	1450	2400	4800	8400	12,000

NOTE: The Mini-Minor Mark II 1000 (1967-69) contained a 998cc engine. The Mini-Minor Cooper a 997cc until 1964; 998cc thru 1964-65. The 1071 "S" a 1071cc; the 970 "S" a 970cc; the 1275 "S" a 1275cc. Add 50 percent for Mini-Minor Coopers.

OPEL

	6	5	4	3	2	1
1947-52						
Olympia, 4-cyl, 94.3" wb, 1488cc						
2d Sed	350	780	1300	2600	4550	6500

	6	5	4	3	2	1
Kapitan, 6-cyl, 106.1" wb, 2473cc						
4d Sed	350	780	1300	2600	4550	6500
1953-57						
Olympia Rekord, 4-cyl, 97.9" wb, 1488cc						
2d Sed	200	720	1200	2400	4200	6000
Caravan, 4-cyl						
2d Sta Wag	200	745	1250	2500	4340	6200
Kapitan, 6-cyl, 108.3" wb, 2473cc						
4d Sed	350	780	1300	2600	4550	6500
1958-59						
Olympia Rekord 28, 4-cyl, 100.4" wb, 1488cc						
2d Sed	200	720	1200	2400	4200	6000
Caravan 29, 4-cyl, 100.4" wb						
2d Sta Wag	350	780	1300	2600	4550	6500
1960						
Olympic Rekord 28, 4-cyl, 100.4" wb, 1488cc						
2d Sed	200	720	1200	2400	4200	6000
Caravan 29, 4-cyl, 100.4" wb						
2d Sta Wag	350	780	1300	2600	4550	6500
1961-62						
Olympic Rekord 11, 4-cyl, 100" wb, 1680cc						
2d Sed	200	720	1200	2400	4200	6000
Caravan 14, 4-cyl, 1680cc						
2d Sta Wag	200	745	1250	2500	4340	6200
1964-65						
Kadett, 4-cyl, 91.5" wb, 987cc						
31 2d Sed	200	720	1200	2400	4200	6000
32 2d Spt Cpe	350	780	1300	2600	4550	6500
34 2d Sta Wag	350	840	1400	2800	4900	7000
1966-67						
Kadett, 4-cyl, 95.1" wb, 1077cc						
31 2d Sed	200	720	1200	2400	4200	6000
32 2d Spt Cpe	350	780	1300	2600	4550	6500
38 2d DeL Sed	200	745	1250	2500	4340	6200
37 4d DeL Sed	350	790	1350	2650	4620	6600
39 2d DeL Sta Wag	350	840	1400	2800	4900	7000
Rallye, 4-cyl, 95.1" wb, 1077cc						
32 2d Spt Cpe	350	820	1400	2700	4760	6800
1968						
Kadett, 4-cyl, 95.1" wb, 1077cc						
31 2d Sed	200	720	1200	2400	4200	6000
39 2d Sta Wag	200	745	1250	2500	4340	6200
Rallye, 4-cyl, 95.1" wb, 1491cc						
92 2d Spt Cpe	350	790	1350	2650	4620	6600
Sport Series, 4-cyl, 95.1" wb, 1491cc						
91 2d Spt Sed	200	745	1250	2500	4340	6200
99 2d LS Cpe	350	780	1300	2600	4550	6500
95 2d DeL Spt Cpe	350	820	1400	2700	4760	6800

NOTE: Two larger engines were optional in 1968. The 4-cyl., 1491cc engine that was standard in the Rallye Cpe and the even larger 4-cyl., 1897cc.

	6	5	4	3	2	1
1969						
Kadett, 4-cyl, 95.1" wb, 1077cc						
31 2d Sed	200	730	1250	2450	4270	6100
39 2d Sta Wag	200	745	1250	2500	4340	6200
Rallye/Sport Series, 4-cyl, 95.1" wb, 1077cc						
92 Rallye Spe Cpe	350	790	1350	2650	4620	6600
91 2d Spt Sed	200	750	1275	2500	4400	6300
95 DeL Spt Cpe	350	780	1300	2600	4550	6500
GT, 4-cyl, 95.7" wb, 1077cc						
2d Cpe	350	860	1450	2900	5050	7200

NOTE: Optional, 4-cyl, 1897cc engine.

	6	5	4	3	2	1
1970						
Kadett, 4-cyl, 95.1" wb, 1077cc						
31 2d Sed	200	730	1250	2450	4270	6100
39 2d Sta Wag	200	745	1250	2500	4340	6200
Rallye/Sport (FB) Series, 4-cyl, 95.1" wb, 1077cc						
92 Rallye Spt Cpe	350	790	1350	2650	4620	6600
91 2d Spt Sed	200	750	1275	2500	4400	6300
95 DeL Spt Cpe	350	770	1300	2550	4480	6400
GT, 4-cyl, 95.7" wb, 1077cc						
93 2d Cpe	350	860	1450	2900	5050	7200
1971-72						
Kadett, 4-cyl, 95.1" wb, 1077cc						
31 2d Sed	200	745	1250	2500	4340	6200

	6	5	4	3	2	1
31D DeL 2d Sed	200	750	1275	2500	4400	6300
36 4d Sed	200	730	1250	2450	4270	6100
36D DeL 4d Sed	200	745	1250	2500	4340	6200
39 DeL 2d Sta Wag	350	780	1300	2600	4550	6500
1900 Series, 4-cyl, 95.7" wb, 1897cc						
51 2d Sed	350	770	1300	2550	4480	6400
53 4d Sed	350	770	1300	2550	4480	6400
54 2d Sta Wag	350	790	1350	2650	4620	6600
57 2d Spt Cpe	350	780	1300	2600	4550	6500
57R 2d Rallye Cpe	350	840	1400	2800	4900	7000
GT, 4-cyl, 95.7" wb, 1897cc						
77 2d Cpe	350	860	1450	2900	5050	7200
1973						
1900 Series, 4-cyl, 95.7" wb, 1897cc						
51 2d Sed	350	770	1300	2550	4480	6400
53 4d Sed	350	770	1300	2550	4480	6400
54 2d Sta Wag	350	790	1350	2650	4620	6600
Manta 57, 4-cyl, 95.7" wb, 1897cc						
2d Spt Cpe	350	800	1350	2700	4700	6700
Luxus 2d Spt Cpe	350	860	1450	2900	5050	7200
R 2d Rallye Cpe	350	880	1500	2950	5180	7400
GT, 4-cyl, 95.7" wb, 1897cc						
77 2d Cpe	350	860	1450	2900	5050	7200
1974-75						
1900, 4-cyl, 95.7" wb, 1897cc						
51 2d Sed	200	745	1250	2500	4340	6200
54 2d Sta Wag	350	780	1300	2600	4550	6500
Manta 57, 95.7" wb, 1897cc						
2d Spt Cpe	350	790	1350	2650	4620	6600
Luxus Spt Cpe	350	860	1450	2900	5050	7200
R, 2d Rallye Cpe	350	880	1500	2950	5180	7400
NOTE: FI was available in 1975.						
1976-79						
Opel Isuzu, 1976 models						
4-cyl, 94.3" wb, 1817cc						
77 2d Cpe	150	650	975	1950	3350	4800
2d DeL Cpe	200	675	1000	1950	3400	4900
Opel Isuzu, 1979 models						
4-cyl, 94.3" wb, 1817cc						
T77 2d Cpe	150	650	975	1950	3350	4800
Y77 2d DeL Cpe	200	675	1000	1950	3400	4900
Y69 4d DeL Sed	200	675	1000	1950	3400	4900
W77 2d Spt Cpe	200	675	1000	2000	3500	5000

PEUGEOT

	6	5	4	3	2	1
1945-48						
202, 4-cyl, 1133cc						
Sed	350	840	1400	2800	4900	7000
1949-54						
203, 4-cyl, 102 or 110" wb, 1290cc						
4d Sed	350	840	1400	2800	4900	7000
4d Family Limo	350	780	1300	2600	4550	6500
2d Cabr	450	1450	2400	4800	8400	12,000
4d Conv	500	1550	2600	5200	9100	13,000
1955-57						
203, minimal changes						
403, 4-cyl, 105" wb, 1468cc						
4d Sed	350	840	1400	2800	4900	7000
4d Sta Wag	350	790	1350	2650	4620	6600
2d Conv Cpe	500	1550	2600	5200	9100	13,000
403L, 4-cyl, 114" wb, 1468cc						
4d Family Sed	200	720	1200	2400	4200	6000
1958-59						
403, 4-cyl, 105" wb, 1468cc						
4d Sed	200	720	1200	2400	4200	6000
L 4d Family Sed	350	840	1400	2800	4900	7000
4d Sta Wag	450	1080	1800	3600	6300	9000
2d Conv Cpe	500	1550	2600	5200	9100	13,000
1960						
403, 4-cyl, 105" wb, 1468cc						
4d Sed	350	780	1300	2600	4550	6500
403, 4-cyl, 116" wb, 1468cc						
4d Sta Wag	350	840	1400	2800	4900	7000

	6	5	4	3	2	1
1961-62						
403, 4-cyl, 105" wb, 1468cc						
4d Sed	350	780	1300	2600	4550	6500
403, 4-cyl, 116" wb, 1468cc						
4d Sta Wag	350	780	1300	2600	4550	6500
404, 4-cyl, 104.3" wb, 1618cc						
4d Sed	350	780	1300	2600	4550	6500
1963-64						
403, 4-cyl, 105" wb, 1468cc						
4d Sed	350	780	1300	2600	4550	6500
404, 4-cyl, 104.3" wb, 1618cc						
4d Sed	350	780	1300	2600	4550	6500
4d Sta Wag	350	840	1400	2800	4900	7000
1965-67						
403, 4-cyl, 105" wb, 1468cc						
4d Sed	350	780	1300	2600	4550	6500
404, 4-cyl, 104.3" wb, 1618cc						
4d Sed	200	720	1200	2400	4200	6000
404, 4-cyl, 111.8" wb, 1618cc						
4d Sta Wag	350	780	1300	2600	4550	6500
1968-69						
404, 4-cyl, 104.3" wb, 1618cc						
4d Sed	200	720	1200	2400	4200	6000
404, 4-cyl, 111.8" wb, 1618cc						
4d Sta Wag	350	780	1300	2600	4550	6500
NOTE: Convertibles were available on a special order basis.						
1970						
404, 4-cyl, 111.8" wb, 1796cc						
4d Sta Wag	200	660	1100	2200	3850	5500
504, 4-cyl, 108" wb, 1796cc						
4d Sed	200	660	1100	2200	3850	5500
1971-72						
304, 4-cyl, 101.9" wb, 1288cc						
4d Sed	200	660	1100	2200	3850	5500
4d Sta Wag	200	720	1200	2400	4200	6000
504, 4-cyl, 108" wb, 1971cc						
4d Sed	200	660	1100	2200	3850	5500
4d Sta Wag	200	720	1200	2400	4200	6000
1973-76						
504, 1973 models						
4-cyl, 1971cc						
4d Sed	200	660	1100	2200	3850	5500
4d Sta Wag	200	720	1200	2400	4200	6000
504, 1974 models						
4-cyl, 1971cc						
4d Sed	200	660	1100	2200	3850	5500
4d Sta Wag	200	660	1100	2200	3850	5500
Diesel, 2111cc						
4d Sed	200	660	1100	2200	3850	5500
4d Sta Wag	200	720	1200	2400	4200	6000
504, 1975 models						
4-cyl, 1971cc						
4d Sed	200	660	1100	2200	3850	5500
4d Sta Wag	200	720	1200	2400	4200	6000
Diesel, 2111cc						
4d Sed	200	660	1100	2200	3850	5500
4d Sta Wag	200	720	1200	2400	4200	6000
504, 1976 models						
4-cyl, 1971cc						
GL 4d Sed	200	660	1100	2200	3850	5500
SL 4d Sed	200	720	1200	2400	4200	6000
4d Sta Wag	200	720	1200	2400	4200	6000
Diesel, 2111cc						
4d Sed	200	660	1100	2200	3850	5500
4d Sta Wag	200	720	1200	2400	4200	6000
NOTE: The sedans had a 108" wb. The station wagons had a 114" wb.						
1977-79						
504, 1977 models						
4-cyl, 1971cc						
SL 4d Sed	200	660	1100	2200	3850	5500
4d Sta Wag	200	720	1200	2400	4200	6000
Diesel, 2304cc						
4d Sed	200	660	1100	2200	3850	5500
4d Sta Wag	200	720	1200	2400	4200	6000

	6	5	4	3	2	1
604, 1977 models						
V-6, 110.2" wb, 2664cc						
4d Sed	200	660	1100	2200	3850	5500
NOTE: 504 sedans - 108" wb, 504 wagons - 114" wb.						
1980-81						
505/504, 1980 models						
4-cyl, 107.9" wb, 1971cc						
4d Sed	200	660	1100	2200	3850	5500
Diesel, 2304cc						
505 4d Sed	200	660	1100	2200	3850	5500
504 4d Sta Wag	200	720	1200	2400	4200	6000
505 Turbodiesel, 1981 models						
D 4d Sed	200	660	1100	2200	3850	5500
604, 1980 models						
V-6, 110.2" wb, 2849cc						
SL 4d Sed	200	660	1100	2200	3850	5500
1982						
505, 4-cyl, 107.9" wb, 1971cc						
4d Sed	200	720	1200	2400	4200	6000
S 4d Sed	200	720	1200	2400	4200	6000
STI 4d Sed	200	750	1275	2500	4400	6300
Diesel, 2304cc						
505 4d Sed	200	675	1000	2000	3500	5000
504 4d Sta Wag	200	700	1075	2150	3700	5300
505/604 Turbodiesel, 2304cc						
505 4d Sed	200	700	1075	2150	3700	5300
505S 4d Sed	200	700	1075	2150	3700	5300
604TD 4d Sed	200	660	1100	2200	3850	5500
1983						
505/504						
505 4d Sed	200	720	1200	2400	4200	6000
505S 4d Sed	200	720	1200	2400	4200	6000
505 STI 4d Sed	200	720	1200	2400	4200	6000
505 Dsl 4d Sed	200	675	1000	2000	3500	5000
504 Dsl Sta Wag	200	660	1100	2200	3850	5500
505/604 Turbodiesel						
505 4d Sed	200	720	1200	2400	4200	6000
505 S 4d Sed	200	720	1200	2400	4200	6000
604 4d Sed	200	720	1200	2400	4200	6000
1984						
505 Series						
GL 4d Sed	350	780	1300	2600	4550	6500
S 4d Sed	350	780	1300	2600	4550	6500
STI 4d Sed	350	780	1300	2600	4550	6500
GL 4d Sta Wag	350	840	1400	2800	4900	7000
S 4d Sta Wag	350	840	1400	2800	4900	7000
505/604 Turbodiesel						
GL 4d Sed	200	720	1200	2400	4200	6000
S 4d Sed	200	720	1200	2400	4200	6000
STI 4d Sed	200	720	1200	2400	4200	6000
GL 4d Sta Wag	350	780	1300	2600	4550	6500
S 4d Sta Wag	350	780	1300	2600	4550	6500
604 4d Sed	350	780	1300	2600	4550	6500
1985						
505						
GL 4d Sed	350	840	1400	2800	4900	7000
S 4d Sed	350	840	1400	2800	4900	7000
STI 4d Sed	350	840	1400	2800	4900	7000
Turbo 4d Sed	350	870	1450	2900	5100	7300
GL 4d Sta Wag	350	870	1450	2900	5100	7300
S 4d Sta Wag	350	870	1450	2900	5100	7300
505 Turbodiesel						
GL 4d Sed	350	780	1300	2600	4550	6500
S 4d Sed	350	780	1300	2600	4550	6500
STI 4d Sed	200	720	1200	2400	4200	6000
GL 4d Sta Wag	350	840	1400	2800	4900	7000
S 4d Sta Wag	350	840	1400	2800	4900	7000
1986						
505						
GL 4d Sed	350	860	1450	2900	5050	7200
S 4d Sed	350	860	1450	2900	5050	7200
S 4d Sed Turbodiesel	350	850	1450	2850	4970	7100
STI 4d Sed	350	870	1450	2900	5100	7300
GL 4d Sed Turbo	350	900	1500	3000	5250	7500
4d Sed Turbo	350	870	1450	2900	5100	7300

	6	5	4	3	2	1
GL 4d Sta Wag	350	870	1450	2900	5100	7300
S 4d Sta Wag	350	880	1500	2950	5180	7400
S 4d Sta Wag Turbodiesel	350	860	1450	2900	5050	7200
4d Sta Wag Turbo	350	900	1500	3000	5250	7500
1987						
505						
GL 4d Sed	350	850	1450	2850	4970	7100
GLS 4d Sed	350	870	1450	2900	5100	7300
4d Sed Turbo	350	870	1450	2900	5100	7300
S 4d Sed Turbo	350	900	1500	3000	5250	7500
STI 4d Sed	350	950	1500	3050	5300	7600
STI 4d Sed V-6	350	880	1500	2950	5180	7400
STX 4d Sed V-6	350	900	1500	3000	5250	7500
Lib. 4d Sed	350	950	1500	3050	5300	7600
Lib. 4d Sta Wag	350	880	1500	2950	5180	7400
4d Sta Wag Turbo	350	900	1500	3000	5250	7500
S 4d Sta Wag Turbo	350	950	1500	3050	5300	7600
1988						
505						
DL 4d Sed	350	880	1500	2950	5180	7400
GLS 4d Sed	350	900	1500	3000	5250	7500
S 4d Sed Turbo	350	950	1500	3050	5300	7600
STI 4d Sed	350	880	1500	2950	5180	7400
GLX 4d Sed V-6	350	950	1550	3100	5400	7700
STX 4d Sed V-6	350	950	1550	3100	5400	7700
DL 4d Sta Wag	350	900	1500	3000	5250	7500
GLS 4d Sta Wag	350	950	1500	3050	5300	7600
SW8 4d Sta Wag	350	950	1550	3100	5400	7700
S 4d Sta Wag Turbo	350	950	1550	3150	5450	7800
1989						
405						
DL 4d Sed	350	900	1500	3000	5250	7500
S 4d Sed	350	950	1500	3050	5300	7600
Mk 4d Sed	350	950	1550	3100	5400	7700
505						
S 4d Sed	350	950	1500	3050	5300	7600
S 4d Sed V-6	350	950	1550	3150	5450	7800
STX 4d Sed V-6	350	975	1600	3200	5500	7900
4d Sed Turbo	350	975	1600	3200	5600	8000
DL 4d Sta Wag	350	975	1600	3200	5500	7900
SW8 4d Sta Wag	350	975	1600	3200	5600	8000
4d Sta Wag Turbo	350	1000	1650	3300	5750	8200
SW8 4d Sta Wag Turbo	350	1020	1700	3400	5950	8500
1990						
405						
DL 4d Sed	350	975	1600	3200	5500	7900
DL 4d Sta Wag	350	1000	1650	3300	5750	8200
S 4d Sta Wag	350	1020	1700	3400	5950	8500
1991						
405						
DL 4d Sed	200	675	1000	2000	3500	5000
S 4d Sed	200	660	1100	2200	3850	5500
Mi 4d Sed 16V	200	720	1200	2400	4200	6000
DL 4d Sta Wag	200	685	1150	2300	3990	5700
S 4d Sta Wag	200	720	1200	2400	4200	6000
505						
DL 4d Sta Wag	200	660	1100	2200	3850	5500
SW8 4d 2.2 Sta Wag	200	720	1200	2400	4200	6000
SW8 4d Turbo Sta Wag	350	840	1400	2800	4900	7000

PORSCHE

	6	5	4	3	2	1
1950						
Model 356, 40 hp, 1100cc						
Cpe	1200	3850	6400	12,800	22,400	32,000
1951						
Model 356, 40 hp, 1100cc						
Cpe	650	2050	3400	6800	11,900	17,000
Cabr	800	2500	4200	8400	14,700	21,000
1952						
Model 356, 40 hp, 1100cc						
Cpe	650	2050	3400	6800	11,900	17,000
Cabr	800	2500	4200	8400	14,700	21,000

	6	5	4	3	2	1
1953						
Model 356, 40 hp						
Cpe	650	2050	3400	6800	11,900	17,000
Cabr	800	2500	4200	8400	14,700	21,000
1954						
Model 356, 1.5 liters, 55 hp						
Spds	2200	6950	11,600	23,200	40,600	58,000
Cpe	700	2300	3800	7600	13,300	19,000
Cabr	1150	3600	6000	12,000	21,000	30,000
Model 356, 1.5 liters, Super						
Spds	2250	7200	12,000	24,000	42,000	60,000
Cpe	850	2650	4400	8800	15,400	22,000
Cabr	1250	3950	6600	13,200	23,100	33,000
1955						
Model 356, 4-cyl., 55 hp						
Spds	2200	6950	11,600	23,200	40,600	58,000
Cpe	700	2300	3800	7600	13,300	19,000
Cabr	1250	3950	6600	13,200	23,100	33,000
Model 356, Super, 1.5 liters, 70 hp						
Spds	2250	7200	12,000	24,000	42,000	60,000
Cpe	750	2400	4000	8000	14,000	20,000
Cabr	1300	4200	7000	14,000	24,500	35,000
1956						
Model 356A, Normal, 1.6 liters, 60 hp						
Spds	2200	6950	11,600	23,200	40,600	58,000
Cpe	800	2500	4200	8400	14,700	21,000
Cabr	1250	3950	6600	13,200	23,100	33,000
Model 356A, Super, 1.6 liters, 75 hp						
Spds	2250	7200	12,000	24,000	42,000	60,000
Cpe	850	2650	4400	8800	15,400	22,000
Cabr	1400	4450	7400	14,800	25,900	37,000
Model 356A, Carrera, 1.5 liters, 100 hp						
Spds	5100	16,300	27,200	54,400	95,200	136,000
Cpe	2250	7200	12,000	24,000	42,000	60,000
Cabr	2650	8400	14,000	28,000	49,000	70,000
1957						
Model 356A, Normal, 1.6 liters, 60 hp						
Spds	2200	7100	11,800	23,600	41,300	59,000
Cpe	850	2650	4400	8800	15,400	22,000
Cabr	1250	3950	6600	13,200	23,100	33,000
Model 356A, Super, 1.6 liters, 70 hp						
Spds	2250	7200	12,000	24,000	42,000	60,000
Cpe	850	2650	4400	8800	15,400	22,000
Cabr	1400	4450	7400	14,800	25,900	37,000
Model 356A, Carrera, 1.5 liters, 100 hp						
Spds	5100	16,300	27,200	54,400	95,200	136,000
Cpe	2250	7200	12,000	24,000	42,000	60,000
Cabr	2650	8400	14,000	28,000	49,000	70,000
1958						
Model 356A, Normal, 1.6 liters, 60 hp						
Spds	2200	7100	11,800	23,600	41,300	59,000
Cpe	800	2500	4200	8400	14,700	21,000
Cabr	1250	3950	6600	13,200	23,100	33,000
HdTp	950	3000	5000	10,000	17,500	25,000
Model 356A, Super, 1.6 liters, 75 hp						
Spds	2250	7200	12,000	24,000	42,000	60,000
Cpe	850	2650	4400	8800	15,400	22,000
HdTp	1450	4550	7600	15,200	26,600	38,000
Cabr	1400	4450	7400	14,800	25,900	37,000
Model 356A, Carrera, 1.5 liters, 100 hp						
Spds	5100	16,300	27,200	54,400	95,200	136,000
Cpe	2250	7200	12,000	24,000	42,000	60,000
HdTp	2400	7700	12,800	25,600	44,800	64,000
Cabr	3400	10,800	18,000	36,000	63,000	90,000
1959						
Model 356A, Normal, 60 hp						
Cpe	700	2150	3600	7200	12,600	18,000
Cpe/HT	850	2750	4600	9200	16,100	23,000
Conv D	900	2900	4800	9600	16,800	24,000
Cabr	950	3000	5000	10,000	17,500	25,000
Model 356A, Super, 75 hp						
Cpe	850	2650	4400	8800	15,400	22,000
Cpe/HT	950	3000	5000	10,000	17,500	25,000
Conv D	1000	3100	5200	10,400	18,200	26,000
Cabr	1000	3250	5400	10,800	18,900	27,000

Model 356A, Carrera, 1.6 liters, 105 hp	6	5	4	3	2	1
Cpe	2250	7200	12,000	24,000	42,000	60,000
Cpe/HT	2400	7700	12,800	25,600	44,800	64,000
Cabr	3400	10,800	18,000	36,000	63,000	90,000

1960

Model 356B, Normal, 1.6 liters, 60 hp

	6	5	4	3	2	1
Cpe	800	2500	4200	8400	14,700	21,000
HT	950	3000	5000	10,000	17,500	25,000
Rds	1150	3600	6000	12,000	21,000	30,000
Cabr	1150	3700	6200	12,400	21,700	31,000

Model 356B, Super, 1.6 liters, 75 hp

	6	5	4	3	2	1
Cpe	850	2650	4400	8800	15,400	22,000
HT	1000	3100	5200	10,400	18,200	26,000
Rds	1150	3700	6200	12,400	21,700	31,000
Cabr	1200	3850	6400	12,800	22,400	32,000

Model 356B, Super 90, 1.6 liters, 90 hp

	6	5	4	3	2	1
Cpe	900	2900	4800	9600	16,800	24,000
HT	1050	3350	5600	11,200	19,600	28,000
Rds	1250	3950	6600	13,200	23,100	33,000
Cabr	1300	4100	6800	13,600	23,800	34,000

1961

Model 356B, Normal, 1.6 liters, 60 hp

	6	5	4	3	2	1
Cpe	800	2500	4200	8400	14,700	21,000
HT	950	3000	5000	10,000	17,500	25,000
Rds	1150	3600	6000	12,000	21,000	30,000
Cabr	1150	3700	6200	12,400	21,700	31,000

Model 356B, Super 90, 1.6 liters, 90 hp

	6	5	4	3	2	1
Cpe	850	2750	4600	9200	16,100	23,000
HT	1000	3250	5400	10,800	18,900	27,000
Rds	1250	3950	6600	13,200	23,100	33,000
Cabr	1300	4100	6800	13,600	23,800	34,000

Model 356B, Carrera, 2.0 liters, 130 hp

	6	5	4	3	2	1
Cpe	3000	9600	16,000	32,000	56,000	80,000
Rds	3400	10,800	18,000	36,000	63,000	90,000
Cabr	4500	14,400	24,000	48,000	84,000	120,000

1962

Model 356B, Normal, 1.6 liters, 60 hp

	6	5	4	3	2	1
Cpe	800	2500	4200	8400	14,700	21,000
HT	950	3000	5000	10,000	17,500	25,000

Model 356B, Super 90, 1.6 liters, 90 hp

	6	5	4	3	2	1
Cpe	850	2650	4400	8800	15,400	22,000
HT	1000	3100	5200	10,400	18,200	26,000
Rds	1150	3700	6200	12,400	21,700	31,000
Cabr	1200	3850	6400	12,800	22,400	32,000

Model 356B, Carrera 2, 2.0 liters, 130 hp

	6	5	4	3	2	1
Cpe	3000	9600	16,000	32,000	56,000	80,000
Rds	3400	10,800	18,000	36,000	63,000	90,000
Cabr	4500	14,400	24,000	48,000	84,000	120,000

1963

Model 356C, Standard, 1.6 liters, 75 hp

	6	5	4	3	2	1
Cpe	700	2150	3600	7200	12,600	18,000
Cabr	1000	3100	5200	10,400	18,200	26,000

Model 356C, SC, 1.6 liters, 95 hp

	6	5	4	3	2	1
Cpe	750	2400	4000	8000	14,000	20,000
Cabr	1000	3250	5400	10,800	18,900	27,000

Model 356C, Carrera 2, 2.0 liters, 130 hp

	6	5	4	3	2	1
Cpe	3000	9600	16,000	32,000	56,000	80,000
Cabr	4500	14,400	24,000	48,000	84,000	120,000

1964

Model 356C, Normal, 1.6 liters, 75 hp

	6	5	4	3	2	1
Cpe	700	2150	3600	7200	12,600	18,000
Cabr	1000	3100	5200	10,400	18,200	26,000

Model 356C, SC, 1.6 liters, 95 hp

	6	5	4	3	2	1
Cpe	750	2400	4000	8000	14,000	20,000
Cabr	1050	3350	5600	11,200	19,600	28,000

Model 356C, Carrera 2, 2.0 liters, 130 hp

	6	5	4	3	2	1
Cpe	3000	9600	16,000	32,000	56,000	80,000
Cabr	4500	14,400	24,000	48,000	84,000	120,000

1965

Model 356C, 1.6 liters, 75 hp

	6	5	4	3	2	1
Cpe	700	2300	3800	7600	13,300	19,000
Cabr	1000	3100	5200	10,400	18,200	26,000

Model 356SC, 1.6 liters, 95 hp

	6	5	4	3	2	1
Cpe	750	2400	4000	8000	14,000	20,000
Cabr	1000	3250	5400	10,800	18,900	27,000

1966	6	5	4	3	2	1
Model 912, 4-cyl., 90 hp						
Cpe	650	2050	3400	6800	11,900	17,000
Model 911, 6-cyl., 130 hp						
Cpe	700	2300	3800	7600	13,300	19,000
1967						
Model 912, 4-cyl., 90 hp						
Cpe	650	2050	3400	6800	11,900	17,000
Targa	700	2300	3800	7600	13,300	19,000
Model 911, 6-cyl., 110 hp						
Cpe	700	2300	3800	7600	13,300	19,000
Targa	800	2500	4200	8400	14,700	21,000
Model 911S, 6-cyl., 160 hp						
Cpe	850	2750	4600	9200	16,100	23,000
Targa	900	2900	4800	9600	16,800	24,000
1968						
Model 912, 4-cyl., 90 hp						
Cpe	700	2150	3600	7200	12,600	18,000
Targa	750	2400	4000	8000	14,000	20,000
Model 911, 6-cyl., 130 hp						
Cpe	800	2500	4200	8400	14,700	21,000
Targa	850	2650	4400	8800	15,400	22,000
Model 911L, 6-cyl., 130 hp						
Cpe	850	2650	4400	8800	15,400	22,000
Targa	850	2750	4600	9200	16,100	23,000
Model 911S, 6-cyl., 160 hp						
Cpe	900	2900	4800	9600	16,800	24,000
Targa	1000	3100	5200	10,400	18,200	26,000
1969						
Model 912, 4-cyl., 90 hp						
Cpe	700	2150	3600	7200	12,600	18,000
Targa	700	2300	3800	7600	13,300	19,000
Model 911T, 6-cyl., 110 hp						
Cpe	800	2500	4200	8400	14,700	21,000
Targa	850	2750	4600	9200	16,100	23,000
Model 911E, 6-cyl., 140 hp						
Cpe	800	2500	4200	8400	14,700	21,000
Targa	850	2750	4600	9200	16,100	23,000
Model 911S, 6-cyl., 170 hp						
Cpe	900	2900	4800	9600	16,800	24,000
Targa	1000	3100	5200	10,400	18,200	26,000
1970						
Model 914, 4-cyl., 1.7 liter, 80 hp						
Cpe/Targa	600	1900	3200	6400	11,200	16,000
Model 914/6, 6-cyl., 2.0 liter, 110 hp						
Cpe/Targa	700	2150	3600	7200	12,600	18,000
Model 911T, 6-cyl., 125 hp						
Cpe	700	2300	3800	7600	13,300	19,000
Targa	800	2500	4200	8400	14,700	21,000
Model 911E, 6-cyl., 155 hp						
Cpe	750	2400	4000	8000	14,000	20,000
Targa	850	2650	4400	8800	15,400	22,000
Model 911S, 6-cyl., 180 hp						
Cpe	900	2900	4800	9600	16,800	24,000
Targa	1000	3250	5400	10,800	18,900	27,000
1971						
Model 914, 4-cyl., 1.7 liter, 80 hp						
Cpe/Targa	600	1900	3200	6400	11,200	16,000
Model 914/6, 6-cyl., 2 liter, 110 hp						
Cpe/Targa	700	2150	3600	7200	12,600	18,000
Model 911T, 6-cyl., 125 hp						
Cpe	700	2300	3800	7600	13,300	19,000
Targa	800	2500	4200	8400	14,700	21,000
Model 911E, 6-cyl., 155 hp						
Cpe	750	2400	4000	8000	14,000	20,000
Targa	850	2650	4400	8800	15,400	22,000
Model 911S, 6-cyl., 180 hp						
Cpe	1000	3100	5200	10,400	18,200	26,000
Targa	1100	3500	5800	11,600	20,300	29,000
1972						
Model 914, 4-cyl., 1.7 liter, 80 hp						
Cpe/Targa	600	1900	3200	6400	11,200	16,000
Model 911T, 6-cyl., 130 hp						
Cpe	700	2300	3800	7600	13,300	19,000
Targa	800	2500	4200	8400	14,700	21,000

	6	5	4	3	2	1
Model 911E, 6-cyl., 165 hp						
Cpe	700	2150	3600	7200	12,600	18,000
Targa	800	2500	4200	8400	14,700	21,000
Model 911S, 6-cyl., 190 hp						
Cpe	900	2900	4800	9600	16,800	24,000
Targa	1000	3250	5400	10,800	18,900	27,000
1973						
Model 914, 4-cyl., 1.8 liter, 76 hp						
Cpe/Targa	600	1900	3200	6400	11,200	16,000
Model 914, 4-cyl., 2 liter, 95 hp						
Cpe/Targa	700	2150	3600	7200	12,600	18,000
Model 911T, 6-cyl., 140 hp						
Cpe	750	2400	4000	8000	14,000	20,000
Targa	850	2650	4400	8800	15,400	22,000
Model 911E, 6-cyl., 165 hp						
Cpe	750	2400	4000	8000	14,000	20,000
Targa	850	2650	4400	8800	15,400	22,000
Model 911S, 6-cyl., 190 hp						
Cpe	900	2900	4800	9600	16,800	24,000
Targa	1000	3250	5400	10,800	18,900	27,000
1974						
Model 914, 4-cyl., 1.8 liter, 76 hp						
Cpe/Targa	600	1900	3200	6400	11,200	16,000
Model 914, 4-cyl., 2 liter, 95 hp						
Cpe/Targa	700	2150	3600	7200	12,600	18,000
Model 911, 6-cyl., 150 hp						
Cpe	800	2500	4200	8400	14,700	21,000
Targa	850	2750	4600	9200	16,100	23,000
Model 911S, 6-cyl., 175 hp						
Cpe	850	2750	4600	9200	16,100	23,000
Targa	950	3000	5000	10,000	17,500	25,000
Model 911 Carrera, 6-cyl., 175 hp						
Cpe	1050	3350	5600	11,200	19,600	28,000
Targa	1150	3600	6000	12,000	21,000	30,000
NOTE: Add 10 percent for RS.						
Add 20 percent for RSR.						
1975						
Model 914, 4-cyl., 1.8 liter, 76 hp						
Cpe/Targa	500	1550	2600	5200	9100	13,000
Model 914, 4-cyl., 2 liter, 95 hp						
Cpe/Targa	550	1700	2800	5600	9800	14,000
Model 911S, 6-cyl., 175 hp						
Cpe	850	2650	4400	8800	15,400	22,000
Targa	850	2750	4600	9200	16,100	23,000
Model 911 Carrera, 6-cyl., 210 hp						
Cpe	1000	3250	5400	10,800	18,900	27,000
Targa	1100	3500	5800	11,600	20,300	29,000
1976						
Model 914, 4-cyl., 2 liter, 95 hp						
Cpe/Targa	550	1700	2800	5600	9800	14,000
Model 912E, 4-cyl., 90 hp						
Cpe	700	2300	3800	7600	13,300	19,000
Model 911S, 6-cyl., 165 hp						
Cpe	850	2650	4400	8800	15,400	22,000
Targa	900	2900	4800	9600	16,800	24,000
Model 930, Turbo & T. Carrera						
Cpe	1350	4300	7200	14,400	25,200	36,000
1977						
Model 924, 4-cyl., 95 hp						
Cpe	550	1700	2800	5600	9800	14,000
Model 911SC, 6-cyl., 165 hp						
Cpe	750	2400	4000	8000	14,000	20,000
Targa	850	2650	4400	8800	15,400	22,000
Model 930 Turbo, 6-cyl., 245 hp						
Cpe	1350	4300	7200	14,400	25,200	36,000
1978						
Model 924						
Cpe	550	1700	2800	5600	9800	14,000
Model 911SC						
Cpe	800	2500	4200	8400	14,700	21,000
Cpe Targa	850	2650	4400	8800	15,400	22,000
Model 928						
Cpe	900	2900	4800	9600	16,800	24,000
Model 930						
Cpe	1350	4300	7200	14,400	25,200	36,000

1979	6	5	4	3	2	1
Model 924						
Cpe	500	1550	2600	5200	9100	13,000
Model 911SC						
Cpe	750	2400	4000	8000	14,000	20,000
Targa	850	2650	4400	8800	15,400	22,000
Model 930						
Cpe	1300	4200	7000	14,000	24,500	35,000
Model 928						
Cpe	1350	4300	7200	14,400	25,200	36,000
1980						
Model 924						
Cpe	500	1550	2600	5200	9100	13,000
Cpe Turbo	600	1900	3200	6400	11,200	16,000
Model 911SC						
Cpe	850	2650	4400	8800	15,400	22,000
Cpe Targa	850	2750	4600	9200	16,100	23,000
Model 928						
Cpe	950	3000	5000	10,000	17,500	25,000
1981						
Model 924						
Cpe	450	1450	2400	4800	8400	12,000
Cpe Turbo	550	1700	2800	5600	9800	14,000
Model 911SC						
Cpe	800	2500	4200	8400	14,700	21,000
Cpe Targa	850	2650	4400	8800	15,400	22,000
Model 928						
Cpe	1000	3100	5200	10,400	18,200	26,000
1982						
Model 924						
Cpe	400	1300	2200	4400	7700	11,000
Cpe Turbo	500	1550	2600	5200	9100	13,000
Model 911SC						
Cpe	700	2300	3800	7600	13,300	19,000
Cpe Targa	750	2400	4000	8000	14,000	20,000
Model 928						
Cpe	1000	3100	5200	10,400	18,200	26,000
1983						
Model 944						
Cpe	400	1300	2200	4400	7700	11,000
Model 911SC						
Cpe	700	2300	3800	7600	13,300	19,000
Cpe Targa	750	2400	4000	8000	14,000	20,000
Conv	850	2650	4400	8800	15,400	22,000
Model 928						
Cpe	1050	3350	5600	11,200	19,600	28,000
1984						
Model 944						
2d Cpe	400	1300	2200	4400	7700	11,000
Model 911						
2d Cpe	700	2300	3800	7600	13,300	19,000
2d Cpe Targa	850	2650	4400	8800	15,400	22,000
2d Conv	950	3000	5000	10,000	17,500	25,000
Model 928S						
Cpe	1050	3350	5600	11,200	19,600	28,000
1985						
Model 944						
2d Cpe	450	1450	2400	4800	8400	12,000
Model 911						
Carrera 2d Cpe	800	2500	4200	8400	14,700	21,000
Carrera 2d Conv	1000	3250	5400	10,800	18,900	27,000
Targa 2d Cpe	900	2900	4800	9600	16,800	24,000
Model 928S						
2d Cpe	1100	3500	5800	11,600	20,300	29,000
1986						
Model 944						
2d Cpe	500	1550	2600	5200	9100	13,000
Turbo 2d Cpe	550	1700	2800	5600	9800	14,000
Model 911 Carrera						
2d Cpe	1150	3600	6000	12,000	21,000	30,000
2d Conv	1350	4300	7200	14,400	25,200	36,000
2d Cpe Targa	1200	3850	6400	12,800	22,400	32,000
2d Cpe Turbo	1700	5400	9000	18,000	31,500	45,000
Model 928S						
2d Cpe	1100	3500	5800	11,600	20,300	29,000

1987	6	5	4	3	2	1
Model 924S						
2d Cpe	500	1550	2600	5200	9100	13,000
Model 928S4						
2d Cpe	1650	5300	8800	17,600	30,800	44,000
Model 944						
2d Cpe	600	1900	3200	6400	11,200	16,000
2d Cpe Turbo	700	2150	3600	7200	12,600	18,000
Model 944S						
2d Cpe	650	2050	3400	6800	11,900	17,000
Model 911 Carrera						
2d Cpe	1150	3600	6000	12,000	21,000	30,000
2d Cpe Targa	1200	3850	6400	12,800	22,400	32,000
2d Conv	1350	4300	7200	14,400	25,200	36,000
2d Turbo	1700	5400	9000	18,000	31,500	45,000
1988						
Porsche						
2d 924S Cpe	600	1900	3200	6400	11,200	16,000
2d 944 Cpe	700	2150	3600	7200	12,600	18,000
2d 944S Cpe	700	2300	3800	7600	13,300	19,000
2d 944 Cpe Turbo	750	2400	4000	8000	14,000	20,000
2d 911 Cpe Carrera	1400	4450	7400	14,800	25,900	37,000
2d 911 Cpe Targa	1450	4550	7600	15,200	26,600	38,000
2d 911 Conv	1550	4900	8200	16,400	28,700	41,000
2d 928S4 Cpe	1000	3250	5400	10,800	18,900	27,000
2d 911 Turbo Conv	2050	6600	11,000	22,000	38,500	55,000
1989						
Model 944						
2d Cpe	700	2300	3800	7600	13,300	19,000
2d Cpe (Turbo)	800	2500	4200	8400	14,700	21,000
2d S2 Cpe	850	2750	4600	9200	16,100	23,000
2d S2 Conv	1100	3500	5800	11,600	20,300	29,000
Model 911						
2d Carrera	1300	4100	6800	13,600	23,800	34,000
2d Targa	1300	4200	7000	14,000	24,500	35,000
2d Conv	1600	5050	8400	16,800	29,400	42,000
2d Conv Turbo	2050	6600	11,000	22,000	38,500	55,000
Model 928						
2d Cpe	1000	3250	5400	10,800	18,900	27,000
1990						
Model 944S						
2d Cpe	700	2150	3600	7200	12,600	18,000
2d Conv	800	2500	4200	8400	14,700	21,000
Model 911						
2d Carrera Cpe 2P	1200	3850	6400	12,800	22,400	32,000
2d Targa Cpe 2P	1250	3950	6600	13,200	23,100	33,000
2d Carrera Conv 2P	1500	4800	8000	16,000	28,000	40,000
2d Carrera Cpe 4P	1350	4300	7200	14,400	25,200	36,000
2d Targa Cpe 4P	1400	4450	7400	14,800	25,900	37,000
2d Carrera Conv 4P	1600	5050	8400	16,800	29,400	42,000
Model 928S						
2d Cpe	1000	3100	5200	10,400	18,200	26,000
1991						
Model 944S						
2d Cpe 2P	700	2300	3800	7600	13,300	19,000
2d Conv 2P	850	2650	4400	8800	15,400	22,000
Model 911						
2d Carrera 2P	1300	4200	7000	14,000	24,500	35,000
2d Carrera Targa 2P	1350	4300	7200	14,400	25,200	36,000
2d Carrera Conv 2P	1600	5050	8400	16,800	29,400	42,000
2d Carrera 4P	1450	4700	7800	15,600	27,300	39,000
2d Carrera Targa 4P	1500	4800	8000	16,000	28,000	40,000
2d Carrera Conv 4P	1700	5400	9000	18,000	31,500	45,000
2d Turbo Cpe	1800	5750	9600	19,200	33,600	48,000
Model 928S						
2d Cpe 4P	950	3000	5000	10,000	17,500	25,000
1992						
968, 4-cyl.						
2d Cpe	900	2900	4800	9600	16,800	24,000
2d Conv	1100	3500	5800	11,600	20,300	29,000
911, 6-cyl.						
2d Cpe 2P	1500	4800	8000	16,000	28,000	40,000
2d Targa Cpe 2P	1550	4900	8200	16,400	28,700	41,000
2d Conv 2P	1700	5400	9000	18,000	31,500	45,000
2d Cpe 4P	1600	5050	8400	16,800	29,400	42,000

	6	5	4	3	2	1
2d Targa Cpe 4P	1600	5150	8600	17,200	30,100	43,000
2d Conv 4P	1800	5750	9600	19,200	33,600	48,000
2d Turbo Cpe	2050	6600	11,000	22,000	38,500	55,000

RENAULT

1946-48
Juvaquatre, 4-cyl, 760cc
4CV, 4-cyl, 83" wb, 760cc

	6	5	4	3	2	1
4d Sed	350	780	1300	2600	4550	6500

1949
4CV, 4-cyl, 83" wb, 760cc

Std 4d Sed	350	780	1300	2600	4550	6500
Grande Luxe 4d Sed	350	780	1300	2600	4550	6500

1950
4CV, 4-cyl, 83" wb, 760cc

Grande Luxe 4d Sed	350	780	1300	2600	4550	6500

1951
4CV, Sliding Windows
4-cyl, 83" wb, 747cc

R-1060 4d Sed	350	780	1300	2600	4550	6500

4CV Luxe, Rolldown Windows

R-1062 4d Sed	350	780	1300	2600	4550	6500

4CV Super Grande Luxe, Rolldown Windows

R-1062 4d Sed	350	780	1300	2600	4550	6500
R-1062 4d Conv	350	840	1400	2800	4900	7000

1952
4CV Luxe, 4-cyl, 83" wb, 747cc

R-1062 4d Sed	350	780	1300	2600	4550	6500

4CV Super Grande Luxe

R-1062 4d Sed	350	780	1300	2600	4550	6500
R-1062 4d Conv	350	840	1400	2800	4900	7000

NOTE: All models had roll-up windows.

1953-54
4CV Luxe, Sport Line
4-cyl, 83" wb, 747cc

R-1062 4d Sed	350	780	1300	2600	4550	6500

4CV Super Grande Luxe, Sport Line
4-cyl, 83" wb, 747cc

R-1062 4d Conv	350	840	1400	2800	4900	7000

Fregate, 4-cyl, 110.25" wb, 1997cc

R-1100 4d Sed	200	675	1000	2000	3500	5000

1955-56
4CV Luxe, Sport Line
4-cyl, 82.7" wb, 747cc

R-1062 4d Sed	350	780	1300	2600	4550	6500

4CV Super Grande Luxe
4-cyl, 82.7" wb, 747cc

R-1062 4d Conv	350	840	1400	2800	4900	7000

1957-59
4CV, Sport Line
4-cyl, 82.7" wb, 747cc

R-1062 4d Sed	350	780	1300	2600	4550	6500

Dauphine, 4-cyl, 89" wb, 845cc

R-1090 4d Sed	200	660	1100	2200	3850	5500

1960-62
4CV, 1960-61
4-cyl, 83" wb, 747cc

R-1062 4d Sed	350	780	1300	2600	4550	6500
4d Sed S/R	350	780	1300	2600	4550	6500

Dauphine, 4-cyl, 89" wb, 845cc

R-1090 4d Sed	200	660	1100	2200	3850	5500
4d Sed S/R	200	660	1100	2200	3850	5500

Gordini, 1961-62
4-cyl, 89" wb, 845cc

R-1091A 4d Spt Sed	200	675	1000	2000	3500	5000

Caravella R-1092, 4-cyl, 89" wb, 845cc

2d Conv	350	975	1600	3200	5600	8000
2d Cpe	350	900	1500	3000	5250	7500
2d HdTp Conv	350	975	1600	3200	5600	8000

1963-66
Dauphine, 4-cyl, 89" wb, 845cc

R-1090 4d Sed	200	660	1100	2200	3850	5500

	6	5	4	3	2	1
Caravella S, 1963, 4-cyl, 89" wb, 956cc						
R-1133 2d Conv	350	975	1600	3200	5600	8000
R-1131 2d Cpe	350	900	1500	3000	5250	7500
2d HT Cpe	350	975	1600	3200	5600	8000
Caravella 1964-66, 4-cyl, 89" wb						
R-1133 2d Conv	350	975	1600	3200	5600	8000
R-1131 2d Cpe	350	900	1500	3000	5250	7500
R8, 4-cyl, 89" wb, 956cc						
R-1130 4d Sed	200	675	1000	2000	3500	5000
R8 1100, 1964-66, 4-cyl, 89" wb, 1108cc						
R-1132 4d Sed	200	675	1000	2000	3500	5000
R8 Gordini, 1965-66, 4-cyl, 89" wb						
R-1134 4d Sed	200	660	1100	2200	3850	5500
1967-68						
10, R-10, 4-cyl, 89" wb, 1108cc						
R-1190 4d Sed	200	675	1000	2000	3500	5000
1969-70						
10, 1969 R-10, 4-cyl, 89" wb, 1108cc						
R-1190 4d Sed	200	675	1000	2000	3500	5000
10, 1970 R-10, 4-cyl, 89" wb, 1289cc						
4d Sed	200	660	1100	2200	3850	5500
16, 1970 R-16, 4-cyl, 105.8" wb, 1565cc, FWD						
R-1152 4d Sed Wag	200	720	1200	2400	4200	6000
1971-75						
R-10, 1971 only, 4-cyl, 89" wb, 1289cc						
4d Sed	200	660	1100	2200	3850	5500
R-12, 1972-up, 4-cyl, 96" wb, 1565cc, FWD						
4d Sed	200	720	1200	2400	4200	6000
4d Sta Wag	200	660	1100	2200	3850	5500
R-15, 1972-up, 4-cyl, 96" wb, 1647cc, FWD						
2d Cpe	200	720	1200	2400	4200	6000
R-16, 1971-72 only, 4-cyl, 105.8" wb, 1565cc, FWD						
4d Sed	200	675	1000	2000	3500	5000
R-17, 1972-up, 4-cyl, 96" wb, 1565cc-1647cc, FWD						
2d Spt Cpe	350	780	1300	2600	4550	6500
1976-80						
R-5, 1976, 4-cyl, 94.6-95.8" wb, 1289cc, FWD						
R-5TL 2d HBk	200	675	1000	2000	3500	5000
R-5GTL 2d HBk	200	675	1000	2000	3500	5000
LeCar, 1977-up, 4-cyl, 1289cc-1397cc, FWD						
TL 2d HBk	200	675	1000	2000	3500	5000
GTL 2d HBk	200	675	1000	2000	3500	5000
R-12, 1976-77 only, 4-cyl, 96" wb, 1647cc, FWD						
TL 4d Sed	150	600	900	1800	3150	4500
GTL 4d Sed	150	600	900	1800	3150	4500
R-12 4d Sta Wag	150	650	975	1950	3350	4800
R-15, 1976 only, 4-cyl, 96" wb, 1647cc, FWD						
TL 2d Cpe	150	600	900	1800	3150	4500
R-17, 4-cyl, 96" wb, 1647cc, FWD						
TL 2d Cpe/Conv	200	720	1200	2400	4200	6000
Gordini 2d Cpe/Conv	350	780	1300	2600	4550	6500
1981						
LeCar, 4-cyl, 95.2" wb, 1397cc, FWD						
2d HBk	200	675	1000	2000	3500	5000
DeL 2d HBk	200	675	1000	2000	3500	5000
DeL 4d HBk	200	675	1000	2000	3500	5000
18i, 4-cyl, 96.1" wb, 1647cc, FWD						
4d Sed	200	675	1000	2000	3500	5000
4d Sta Wag	200	700	1050	2100	3650	5200
DeL 4d Sed	200	700	1050	2100	3650	5200
DeL 4d Sta Wag	200	650	1100	2150	3780	5400
1982						
LeCar, 4-cyl, 95.2" wb, 1397cc, FWD						
2d HBk	200	675	1000	2000	3500	5000
DeL 2d HBk	200	700	1050	2100	3650	5200
DeL 4d HBk	200	700	1050	2100	3650	5200
Fuego, 4-cyl, 96.1" wb, 1647cc, FWD						
2d Cpe	200	720	1200	2400	4200	6000
18i, 4-cyl, 96.1" wb, 1647cc, FWD						
4d Sed	200	675	1000	2000	3500	5000
4d Sta Wag	200	700	1050	2100	3650	5200
DeL 4d Sed	200	700	1050	2100	3650	5200
DeL 4d Sta Wag	200	650	1100	2150	3780	5400

1983	6	5	4	3	2	1
LeCar, 4-cyl, 95.2" wb, 1397cc, FWD						
2d HBk	200	675	1000	2000	3500	5000
DeL 2d HBk	200	700	1050	2100	3650	5200
DeL 4d HBk	200	650	1100	2150	3780	5400
Fuego, 4-cyl, 96.1" wb, 1647cc, FWD						
2d Cpe	200	720	1200	2400	4200	6000
Fuego Turbo, 4-cyl, 96.1" wb, 1565cc, FWD						
2d Cpe	350	780	1300	2600	4550	6500
18i, 4-cyl, 96.1" wb, 1647cc, FWD						
DeL 4d Sed	200	675	1000	2000	3500	5000
DeL 4d Sta Wag	200	700	1050	2100	3650	5200
1984						
Fuego, 4-cyl, 96.1" wb, 2165cc, FWD						
2d Cpe	200	720	1200	2400	4200	6000
Fuego Turbo, 4-cyl, 96.1" wb, 1565cc, FWD						
2d Cpe	350	780	1300	2600	4550	6500
Sportwagon, 4-cyl, 96.1" wb, 2165cc, FWD						
4d Sta Wag	200	700	1050	2100	3650	5200
1985						
Fuego, 4-cyl, 96.1" wb, 2165cc, FWD						
2d Cpe	350	780	1300	2600	4550	6500
Sportwagon, 4-cyl, 96.1" wb, 2165cc, FWD						
4d Sta Wag	200	700	1050	2100	3650	5200

ROLLS-ROYCE

1947-1951	6	5	4	3	2	1
6 cyl., 127" wb, 133" wb (1951), 4257 cc						
Silver Wraith						
Freestone & Webb						
Cpe	2050	6600	11,000	22,000	38,500	55,000
Limo	1600	5050	8400	16,800	29,400	42,000
Saloon	1350	4300	7200	14,400	25,200	36,000
Spt Saloon	1450	4550	7600	15,200	26,600	38,000
Hooper						
DHC	3150	10,100	16,800	33,600	58,800	84,000
Treviot	1600	5050	8400	16,800	29,400	42,000
Treviot II	1600	5150	8600	17,200	30,100	43,000
Treviot III	1650	5300	8800	17,600	30,800	44,000
H.J. Mulliner						
Sedanca de Ville	2800	8900	14,800	29,600	51,800	74,000
Tr Limo	1650	5300	8800	17,600	30,800	44,000
Park Ward						
Saloon	1500	4800	8000	16,000	28,000	40,000
James Young						
Limo	1650	5300	8800	17,600	30,800	44,000
Saloon	1600	5050	8400	16,800	29,400	42,000
1949-1951						
6 cyl., 120" wb, 4257 cc						
Silver Dawn						
Std Steel Saloon	1600	5050	8400	16,800	29,400	42,000
Farina						
Spl Saloon	2150	6850	11,400	22,800	39,900	57,000
Freestone & Webb						
Saloon	1650	5300	8800	17,600	30,800	44,000
Park Ward						
DHC	2350	7450	12,400	24,800	43,400	62,000
FHC	1750	5650	9400	18,800	32,900	47,000
1950-1956						
8 cyl., 145" wb, 5675 cc						
Phantom IV						
Park Ward Limo	5800	18,600	31,000	62,000	108,500	155,000
1951-1952						
6 cyl., 127" wb, 4566 cc						
Silver Wraith						
Freestone & Webb						
Cpe	1650	5300	8800	17,600	30,800	44,000
1951-1955						
6 cyl., 133" wb, 4566 cc						
Silver Wraith						
Freestone & Webb						
Spt Saloon	1650	5300	8800	17,600	30,800	44,000
Hooper						
Tr Limo	1500	4800	8000	16,000	28,000	40,000

	6	5	4	3	2	1
H.J. Mulliner						
Tr Limo	1650	5300	8800	17,600	30,800	44,000
Park Ward						
Limo	1600	5150	8600	17,200	30,100	43,000
1951-1955						
6 cyl., 120" wb, 4566 cc						
Silver Dawn						
Std Steel Saloon	1600	5050	8400	16,800	29,400	42,000
Park Ward						
DHC	2400	7700	12,800	25,600	44,800	64,000
1955-1959						
6 cyl., 123" wb, 127" wb (after 1957), 4887 cc						
Silver Cloud						
Std Steel Saloon	1500	4800	8000	16,000	28,000	40,000
H.J. Mulliner						
DHC	3250	10,300	17,200	34,400	60,200	86,000
Park Ward						
Saloon LWB	1550	4900	8200	16,400	28,700	41,000
James Young						
Saloon	1950	6250	10,400	20,800	36,400	52,000
NOTE: Deduct 30 percent for RHD.						
1955-1959						
6 cyl., 133" wb, 4887 cc						
Silver Wraith						
Hooper						
LWB Limo	1650	5300	8800	17,600	30,800	44,000
Saloon	1600	5050	8400	16,800	29,400	42,000
H.J. Mulliner						
Tr Limo	1750	5500	9200	18,400	32,200	46,000
Park Ward						
Limo	1500	4800	8000	16,000	28,000	40,000
Saloon	1450	4700	7800	15,600	27,300	39,000
NOTE: Deduct 30 percent for RHD.						
1959-1962						
V-8, 123" wb, 127" wb (after 1960), 6230 cc						
Silver Cloud II						
Std Steel Saloon	1550	4900	8200	16,400	28,700	41,000
H.J. Mulliner						
DHC	3850	12,250	20,400	40,800	71,400	102,000
Radford						
Countryman	1750	5650	9400	18,800	32,900	47,000
James Young						
Limo, LWB	2200	6950	11,600	23,200	40,600	58,000
NOTE: Deduct 30 percent for RHD.						
1960-1968						
V-8, 144" wb, 6230 cc						
Phantom V						
H.J. Mulliner-Park Ward						
Landaulette	5800	18,600	31,000	62,000	108,500	155,000
Limo	2650	8400	14,000	28,000	49,000	70,000
Park Ward						
Limo	1950	6250	10,400	20,800	36,400	52,000
James Young						
Limo	3000	9600	16,000	32,000	56,000	80,000
Sedanca de Ville	5800	18,600	31,000	62,000	108,500	155,000
NOTE: Deduct 30 percent for RHD.						
1962-1966						
V-8, 123" wb, 127" wb, 6230 cc						
Silver Cloud III						
Std Steel Saloon	2800	8900	14,800	29,600	51,800	74,000
H.J. Mulliner						
2d Saloon	1900	6100	10,200	20,400	35,700	51,000
DHC	4800	15,350	25,600	51,200	89,600	128,000
Flying Spur	3250	10,300	17,200	34,400	60,200	86,000
NOTE: Deduct 30 percent for RHD.						
James Young						
4d Spt Saloon	1550	4900	8200	16,400	28,700	41,000
Cpe	1950	6250	10,400	20,800	36,400	52,000
Tr Limo SWB	2400	7700	12,800	25,600	44,800	64,000
Tr Limo LWB	2850	9100	15,200	30,400	53,200	76,000
Park Ward						
DHC	2150	6850	11,400	22,800	39,900	57,000
Limo, LWB	2400	7700	12,800	25,600	44,800	64,000
NOTE: Deduct 30 percent for RHD.						

1965-1969 V-8, 119.5" wb, 123.5" wb, 6230 cc	6	5	4	3	2	1
Silver Shadow						
Std Steel Saloon	1600	5050	8400	16,800	29,400	42,000
LWB Saloon	1700	5400	9000	18,000	31,500	45,000
Mulliner-Park Ward						
2d Saloon	1750	5500	9200	18,400	32,200	46,000
DHC	1850	5900	9800	19,600	34,300	49,000
James Young						
2d Saloon	1750	5500	9200	18,400	32,200	46,000

NOTE: Deduct 30 percent for RHD.

1968-1977
V-8, 145" wb, 6230 cc

Phantom VI						
Landau	3600	11,500	19,200	38,400	67,200	96,000
Limo	3250	10,300	17,200	34,400	60,200	86,000
Mulliner-Park Ward						
Laudaulette	6750	21,600	36,000	72,000	126,000	180,000

NOTE: Deduct 30 percent for RHD.

1970-1976
V-8, 119.5" wb, 123.5" wb, 6750 cc

Silver Shadow						
Std Steel Saloon	1700	5400	9000	18,000	31,500	45,000
LWB Saloon	1900	6000	10,000	20,000	35,000	50,000
Mulliner-Park Ward						
2d Saloon	2050	6500	10,800	21,600	37,800	54,000
DHC	2550	8150	13,600	27,200	47,600	68,000

NOTE: Deduct 30 percent for RHD.

1971-1977

V-8, 119" wb, 6750 cc

Corniche						
2d Saloon	2250	7200	12,000	24,000	42,000	60,000
Conv	3000	9600	16,000	32,000	56,000	80,000

NOTE: Deduct 30 percent for RHD.

1975-1978
V-8,108.5" wb, 6750 cc

Camarque	1900	6000	10,000	20,000	35,000	50,000

NOTE: Deduct 30 percent for RHD.

1977-1978
V-8, 120" wb, 6750 cc

Silver Shadow II	1700	5400	9000	18,000	31,500	45,000
V-8, 123.5" wb, 6750 cc						
Silver Wraith II	1900	6000	10,000	20,000	35,000	50,000

NOTE: Add 10 percent for factory sunroof.
  Deduct 30 percent for RHD.

1979

4d Silver Spirit	2200	6950	11,600	23,200	40,600	58,000
4d Silver Spur	2400	7700	12,800	25,600	44,800	64,000
2d Conv Corniche	3250	10,300	17,200	34,400	60,200	86,000
2d Camargue	2200	7100	11,800	23,600	41,300	59,000
4d Phantom VI	6200	19,800	33,000	66,000	115,500	165,000
4d Silver Shadow	2050	6600	11,000	22,000	38,500	55,000
4d Silver Wraith	2200	6950	11,600	23,200	40,600	58,000

1980

4d Silver Spirit	2200	6950	11,600	23,200	40,600	58,000
4d Silver Spur	2400	7700	12,800	25,600	44,800	64,000
2d Conv Corniche	3250	10,300	17,200	34,400	60,200	86,000
2d Camargue	2400	7700	12,800	25,600	44,800	64,000
4d Phantom VI	6200	19,800	33,000	66,000	115,500	165,000
4d Silver Shadow	2050	6600	11,000	22,000	38,500	55,000
4d Silver Wraith	2200	6950	11,600	23,200	40,600	58,000

1981

4d Silver Spirit	2200	6950	11,600	23,200	40,600	58,000
4d Silver Spur	2400	7700	12,800	25,600	44,800	64,000
2d Conv Corniche	3250	10,300	17,200	34,400	60,200	86,000
2d Camargue	2200	7100	11,800	23,600	41,300	59,000
4d Phantom VI	6200	19,800	33,000	66,000	115,500	165,000

1982

4d Silver Spirit	2150	6850	11,400	22,800	39,900	57,000
4d Silver Spur	2400	7700	12,800	25,600	44,800	64,000
2d Conv Corniche	3300	10,550	17,600	35,200	61,600	88,000
2d Camargue	2350	7450	12,400	24,800	43,400	62,000
4d Phantom VI	6200	19,800	33,000	66,000	115,500	165,000

1983

4d Silver Spirit	2150	6850	11,400	22,800	39,900	57,000

	6	5	4	3	2	1
4d Silver Spur	2400	7700	12,800	25,600	44,800	64,000
2d Conv Corniche	3300	10,550	17,600	35,200	61,600	88,000
2d Camarque	2350	7450	12,400	24,800	43,400	62,000
4d Phantom VI	6200	19,800	33,000	66,000	115,500	165,000
1984						
4d Silver Spirit Sed	2200	7100	11,800	23,600	41,300	59,000
4d Silver Spur Sed	2500	7900	13,200	26,400	46,200	66,000
2d Camarque Cpe	2500	7900	13,200	26,400	46,200	66,000
2d Corniche Conv	3450	11,050	18,400	36,800	64,400	92,000
1985						
4d Silver Spirit Sed	2500	7900	13,200	26,400	46,200	66,000
4d Silver Spur Sed	2700	8650	14,400	28,800	50,400	72,000
2d Camarque Cpe	2700	8650	14,400	28,800	50,400	72,000
2d Corniche Conv	3700	11,750	19,600	39,200	68,600	98,000
1986						
4d Silver Spirit Sed	2700	8650	14,400	28,800	50,400	72,000
4d Silver Spur Sed	2950	9350	15,600	31,200	54,600	78,000
2d Camarque Cpe	2950	9350	15,600	31,200	54,600	78,000
2d Corniche Conv	3750	12,000	20,000	40,000	70,000	100,000
1987						
4d Silver Spirit Sed	1700	5400	9000	18,000	31,500	45,000
4d Silver Spur Sed	1800	5750	9600	19,200	33,600	48,000
2d Camarque Cpe	3400	10,800	18,000	36,000	63,000	90,000
2d Corniche Conv	4900	15,600	26,000	52,000	91,000	130,000
4d Silver Spur Limo	4500	14,400	24,000	48,000	84,000	120,000
1988						
4d Silver Spirit Sed	1950	6250	10,400	20,800	36,400	52,000
4d Silver Spur Sed	2050	6600	11,000	22,000	38,500	55,000
2d Corniche Conv	5100	16,300	27,200	54,400	95,200	136,000
1989						
4d Silver Spirit Sed	2150	6850	11,400	22,800	39,900	57,000
4d Silver Spur Sed	2250	7200	12,000	24,000	42,000	60,000
2d Corniche Conv	5200	16,550	27,600	55,200	96,600	138,000
1990						
4d Silver Spirit Sed	2500	7900	13,200	26,400	46,200	66,000
4d Silver Spur Sed	2550	8150	13,600	27,200	47,600	68,000
2d Corniche Conv	5200	16,550	27,600	55,200	96,600	138,000
1991						
Silver Spirit II						
4d Sed SWB	2650	8400	14,000	28,000	49,000	70,000
4d Sed LWB	2850	9100	15,200	30,400	53,200	76,000
Corniche III						
2d Conv	5250	16,800	28,000	56,000	98,000	140,000
1992						
Silver Spirit, V-8						
4d Sed	2850	9100	15,200	30,400	53,200	76,000
Silver Spur, V-8						
4d Sed	3250	10,300	17,200	34,400	60,200	86,000
4d Limo	5100	16,300	27,200	54,400	95,200	136,000
Corniche IV, V-8						
2d Conv	5450	17,400	29,000	58,000	101,500	145,000

SAAB

	6	5	4	3	2	1
1950-1952						
2-cyl., 97.2" wb, 764 cc						
92 2d Sed	350	950	1550	3150	5450	7800
1953-1955						
2-cyl., 97.2" wb, 764 cc						
92B 2d Sed	350	870	1450	2900	5100	7300
1956-1957						
3-cyl., 98" wb, 748 cc						
93 2d Sed	350	820	1400	2700	4760	6800
1958						
3-cyl., 98" wb, 748 cc						
93B 2d Sed	200	750	1275	2500	4400	6300
GT 750 2d Sed	350	820	1400	2700	4760	6800
1959						
3-cyl., 98" wb, 748 cc						
93B 2d Sed	200	750	1275	2500	4400	6300
GT 750 2d Sed	350	820	1400	2700	4760	6800
3-cyl., 98" wb, 841 cc						
95 2d Sta Wag	350	790	1350	2650	4620	6600

1960	6	5	4	3	2	1
3-cyl., 98" wb, 748 cc						
93F 2d Sed	200	750	1275	2500	4400	6300
GT 750 2d Sed	350	820	1400	2700	4760	6800
3-cyl., 98" wb, 841 cc						
96 2d Sed	200	750	1275	2500	4400	6300
95 2d Sta Wag	350	790	1350	2650	4620	6600
1961						
3-cyl., 98" wb, 748 cc						
GT 750 2d Sed	350	820	1400	2700	4760	6800
3-cyl., 98" wb, 841 cc						
96 2d Sed	200	720	1200	2400	4200	6000
95 2d Sta Wag	200	730	1250	2450	4270	6100
1962						
3-cyl., 98" wb, 748 cc						
GT 750 2d Sed	350	820	1400	2700	4760	6800
3-cyl., 98" wb, 841 cc						
96 2d Sed	200	720	1200	2400	4200	6000
95 2d Sta Wag	200	730	1250	2450	4270	6100
2d Spt Sed	200	750	1275	2500	4400	6300
1963						
3-cyl., 98" wb, 841 cc						
96 2d Sed	200	720	1200	2400	4200	6000
95 2d Sta Wag	200	730	1250	2450	4270	6100
Spt/GT 850 2d Sed	200	750	1275	2500	4400	6300
1964						
3-cyl., 98" wb, 841 cc						
96 2d Sed	200	720	1200	2400	4200	6000
95 2d Sta Wag	200	750	1275	2500	4400	6300
Spt/Monte Carlo 850 2d Sed						
	350	870	1450	2900	5100	7300
1965						
3-cyl., 98" wb, 841 cc						
96 2d Sed	200	720	1200	2400	4200	6000
95 2d Sta Wag	200	730	1250	2450	4270	6100
Spt/Monte Carlo 850 2d Sed						
	350	870	1450	2900	5100	7300
1966						
3-cyl., 98" wb, 841 cc						
96 2d Sed	200	720	1200	2400	4200	6000
96 Spl 2d Sed	200	730	1250	2450	4270	6100
95 2d Sta Wag	200	745	1250	2500	4340	6200
Monte Carlo 850 2d Sed	350	870	1450	2900	5100	7300
3-cyl., 84.6" wb, 841 cc						
Sonett II	350	870	1450	2900	5100	7300
1967						
3-cyl., 98" wb, 841 cc						
96 Shrike 2d Sed	200	675	1000	2000	3500	5000
95 2d Sta Wag	200	700	1050	2050	3600	5100
Monte Carlo 850 2d Sed	350	900	1500	3000	5250	7500
3-cyl., 84.6" wb, 841 cc						
Sonett II	350	870	1450	2900	5100	7300
V-4, 98" wb, 1498 cc						
96 V4 2d Sed	200	675	1000	2000	3500	5000
95 V4 2d Sta Wag	200	700	1050	2050	3600	5100
Monte Carlo V4 2d Sed	350	900	1500	3000	5250	7500
V-4, 84.6" wb, 1498 cc						
Sonett V4	350	870	1450	2900	5100	7300
1968						
3-cyl., 98" wb, 841 cc (816 cc Shrike)						
96 Shrike 2d Sed	200	670	1200	2300	4060	5800
96 2d Sed	200	700	1200	2350	4130	5900
95 Shrike 2d Sta Wag	200	670	1200	2300	4060	5800
95 2d Sta Wag	200	700	1200	2350	4130	5900
V-4, 98" wb, 1498 cc						
96 V4 2d Sed	200	750	1275	2500	4400	6300
96 V4 2d DeL Sed	350	770	1300	2550	4480	6400
95 V4 2d Sta Wag	350	780	1300	2600	4550	6500
95 V4C 2d Sta Wag	350	790	1350	2650	4620	6600
Monte Carlo V4 2 dr Sed	350	880	1500	2950	5180	7400
V-4, 84.6" wb, 1498 cc						
Sonett V4	350	840	1400	2800	4900	7000
1969						
V-4, 98" wb, 1498 cc						
96 V4 2d Sed	200	750	1275	2500	4400	6300

	6	5	4	3	2	1
96 V4 2d DeL Sed	350	770	1300	2550	4480	6400
95 V4 2d Sta Wag	350	780	1300	2600	4550	6500
V-4, 84.6" wb, 1498 cc						
Sonett V4	350	840	1400	2800	4900	7000
4-cyl., 97.4" wb, 1709 cc						
99 2d Sed	200	750	1275	2500	4400	6300
1970						
V-4, 98" wb, 1498 cc						
96 V4 2d Sed	200	750	1275	2500	4400	6300
95 V4 2d Sta Wag	350	790	1350	2650	4620	6600
V-4, 84.6" wb						
Sonett III	350	900	1500	3000	5250	7500
4-cyl., 97.4" wb, 1709 cc						
99 2d Sed	200	745	1250	2500	4340	6200
99 4d Sed	200	730	1250	2450	4270	6100
1971						
V-4, 98" wb, 1698 cc						
96 V4 2d Sed	200	700	1075	2150	3700	5300
95 V4 2d Sta Wag	200	670	1150	2250	3920	5600
V-4, 84.6" wb, 1698 cc						
Sonett III	350	840	1400	2800	4900	7000
4-cyl., 97.4" wb, 1709 cc						
99 2d Sed	200	700	1075	2150	3700	5300
99 4d Sed	200	700	1050	2100	3650	5200
1972						
V-4, 98" wb, 1698 cc						
96 V4 2d Sed	200	700	1075	2150	3700	5300
95 V4 2d Sta Wag	200	670	1150	2250	3920	5600
V-4, 84.6" wb, 1698 cc						
Sonett III	350	840	1400	2800	4900	7000
4-cyl., 97.4" wb, 1850 cc/1985 cc						
99 2d Sed	200	700	1075	2150	3700	5300
99EMS 2d Sed	200	670	1200	2300	4060	5800
99 4d Sed	200	700	1075	2150	3700	5300
1973						
V-4, 98" wb, 1698 cc						
96 V4	200	700	1075	2150	3700	5300
95 V4 2d Sta Wag	200	670	1150	2250	3920	5600
V-4, 84.6" wb, 1698 cc						
Sonett III	350	840	1400	2800	4900	7000
4-cyl., 97.4" wb, 1850 cc/1985 cc						
99X7 2d Sed	200	700	1050	2100	3650	5200
99L 2d Sed	200	700	1050	2100	3650	5200
99L 4d Sed	200	700	1050	2050	3600	5100
99EMS 2d Sed	200	670	1200	2300	4060	5800
1974						
V-4, 98" wb, 1698 cc						
96 V4 2d Sed	200	700	1075	2150	3700	5300
95 V4 2d Sta Wag	200	660	1100	2200	3850	5500
V-4, 84.6" wb, 1698 cc						
Sonett III	350	840	1400	2800	4900	7000
4-cyl., 97.4" wb, 1985 cc						
99X7 2d Sed	200	670	1200	2300	4060	5800
99L 2d Sed	200	700	1200	2350	4130	5900
99L 4d Sed	200	670	1200	2300	4060	5800
99L 3d Combi Cpe	200	720	1200	2400	4200	6000
99EMS 2d Sed	200	750	1275	2500	4400	6300
1975						
V-4, 98" wb, 1498 cc						
96 V4 2d Sed	150	650	975	1950	3350	4800
95 V4 2d Sta Wag	200	675	1000	2000	3500	5000
4-cyl., 97.4" wb, 1985 cc						
99 2d Sed	150	650	950	1900	3300	4700
99L 2d Sed	200	675	1000	2000	3500	5000
99L 4d Sed	200	675	1000	2000	3500	5000
99L 3d Combi Cpe	200	700	1050	2050	3600	5100
99EMS 2d Sed	200	660	1100	2200	3850	5500
1976						
4-cyl., 97.4" wb, 1985 cc						
99L 2d Sed	150	650	975	1950	3350	4800
99GL 2d Sed	200	675	1000	1950	3400	4900
99GL 4d Sed	150	650	975	1950	3350	4800
99GL 3d Combi Cpe	200	675	1000	2000	3500	5000
99GL 5d Combi Cpe	200	700	1050	2050	3600	5100

	6	5	4	3	2	1
99EMS 2d Sed	200	685	1150	2300	3990	5700
99GLE 4d Sed	200	670	1150	2250	3920	5600

1977
4-cyl., 97.4" wb, 1985 cc

	6	5	4	3	2	1
99L 2d Sed	150	600	900	1800	3150	4500
99GL 2d Sed	150	650	975	1950	3350	4800
99GL 4d Sed	150	650	975	1950	3350	4800
99GL 3d Combi Cpe	200	675	1000	2000	3500	5000
99GL 5d Combi Cpe	200	700	1050	2050	3600	5100
99EMS 2d Sed	200	700	1075	2150	3700	5300
99GLE 4d Sed	200	700	1050	2100	3650	5200

1978
4-cyl., 97.4" wb, 1985 cc

	6	5	4	3	2	1
99L 2d Sed	150	600	900	1800	3150	4500
99L 4d Sed	150	600	900	1800	3150	4500
99L 3d Combi Cpe	150	650	975	1950	3350	4800
99GL 2d Sed	150	600	950	1850	3200	4600
99GL 4d Sed	150	600	950	1850	3200	4600
99GL 3d Combi Cpe	200	675	1000	1950	3400	4900
99GL 5d Combi Cpe	200	675	1000	1950	3400	4900
99EMS 2d Sed	200	675	1000	2000	3500	5000
99EMS 3d Combi Cpe	200	700	1050	2050	3600	5100
99GLE 5d Combi Cpe	200	700	1050	2050	3600	5100
99 Turbo 3d Combi Cpe	200	670	1200	2300	4060	5800

1979

	6	5	4	3	2	1
99GL 2d Sed	200	675	1000	2000	3500	5000
900GL 2d HBk	200	700	1050	2050	3600	5100
900GLE 4d HBk	200	650	1100	2150	3780	5400
900EMS 2d HBk	200	660	1100	2200	3850	5500
900 Turbo 2d HBk	200	685	1150	2300	3990	5700
900 Turbo 4d HBk	200	685	1150	2300	3990	5700

1980

	6	5	4	3	2	1
99GL 2d Sed	200	700	1050	2100	3650	5200
900GLI 2d HBk	200	700	1075	2150	3700	5300
900GLE 4d HBk	200	650	1100	2150	3780	5400
900EMS 2d HBk	200	660	1100	2200	3850	5500
900 Turbo 2d HBk	200	685	1150	2300	3990	5700
900 Turbo 4d HBk	200	685	1150	2300	3990	5700

1981

	6	5	4	3	2	1
900 2d HBk	200	670	1150	2250	3920	5600
900S 2d HBk	200	685	1150	2300	3990	5700
900S 4d Sed	200	685	1150	2300	3990	5700
900 Turbo 2d HBk	200	670	1200	2300	4060	5800
900 Turbo 4d HBk	200	670	1200	2300	4060	5800

1982

	6	5	4	3	2	1
900 2d HBk	200	660	1100	2200	3850	5500
900 4d Sed	200	670	1150	2250	3920	5600
900S 2d HBk	200	670	1150	2250	3920	5600
900S 4d Sed	200	685	1150	2300	3990	5700
900 Turbo 2d HBk	200	700	1200	2350	4130	5900
900 Turbo 4d Sed	200	700	1200	2350	4130	5900

1983

	6	5	4	3	2	1
900 2d HBk	200	660	1100	2200	3850	5500
900 4d Sed	200	670	1150	2250	3920	5600
900S 2d HBk	200	670	1150	2250	3920	5600
900S 4d Sed	200	685	1150	2300	3990	5700
900 Turbo 2d HBk	200	700	1200	2350	4130	5900
900 Turbo 4d Sed	200	700	1200	2350	4130	5900

1984

	6	5	4	3	2	1
900 2d HBk	200	660	1100	2200	3850	5500
900 4d Sed	200	670	1150	2250	3920	5600
900S 2d HBk	200	670	1150	2250	3920	5600
900S 4d Sed	200	685	1150	2300	3990	5700
900 Turbo 2d HBk	200	720	1200	2400	4200	6000
900 Turbo 4d Sed	200	720	1200	2400	4200	6000

1985

	6	5	4	3	2	1
900 2d HBk	200	720	1200	2400	4200	6000
900 4d Sed	200	745	1250	2500	4340	6200
900S 2d HBk	350	820	1400	2700	4760	6800
900S 4d Sed	350	820	1400	2700	4760	6800

NOTE: Add 10 percent for Turbo.

1986

	6	5	4	3	2	1
900 2d HBk	200	720	1200	2400	4200	6000

	6	5	4	3	2	1
900 4d Sed	200	745	1250	2500	4340	6200
900S 2d Sed	350	830	1400	2950	4830	6900
900S 2d HBk	350	830	1400	2950	4830	6900
900S 4d Sed	350	840	1400	2800	4900	7000

NOTE: Add 10 percent for Turbo.

1987

	6	5	4	3	2	1
900 2d HBk	350	840	1400	2800	4900	7000
900 4d Sed	350	860	1450	2900	5050	7200
900S 2d HBk	350	900	1500	3000	5250	7500
900S 4d Sed	350	900	1500	3000	5250	7500
900 2d HBk Turbo	350	1020	1700	3400	5950	8500
900 2d Conv Turbo	650	2050	3400	6800	11,900	17,000
9000S 4d HBk	350	1020	1700	3400	5950	8500
9000 4d HBk Turbo	450	1080	1800	3600	6300	9000

1988

	6	5	4	3	2	1
900 2d HBk	350	975	1600	3200	5600	8000
900 4d Sed	350	975	1600	3200	5600	8000
900S 2d HBk	450	1050	1800	3600	6200	8900
900S 4d Sed	450	1080	1800	3600	6300	9000
900 2d HBk Turbo	400	1300	2200	4400	7700	11,000
900 2d Conv Turbo	700	2300	3800	7600	13,300	19,000
9000 4d HBk	450	1080	1800	3600	6300	9000
9000 4d HBk Turbo	400	1200	2000	4000	7000	10,000

1989

	6	5	4	3	2	1
900 2d HBk	350	975	1600	3200	5600	8000
900 4d Sed	350	975	1600	3200	5600	8000
900S 2d HBk	450	1080	1800	3600	6300	9000
900S 4d Sed	450	1080	1800	3600	6300	9000
900 2d HBk Turbo	400	1200	2000	4000	7000	10,000
900 4d Sed Turbo	400	1200	2000	4000	7000	10,000
900 2d Conv Turbo	850	2650	4400	8800	15,400	22,000
9000S 4d HBk	400	1300	2200	4400	7700	11,000
9000 4d HBk Turbo	450	1450	2400	4800	8400	12,000
9000 4d Sed Turbo	500	1550	2600	5200	9100	13,000

1990

	6	5	4	3	2	1
900 2d Sed	350	1020	1700	3400	5950	8500
900 4d Sed	350	1040	1700	3450	6000	8600
900S 2d Sed	450	1080	1800	3600	6300	9000
900S 4d Sed	450	1090	1800	3650	6400	9100
900 2d Sed Turbo	400	1300	2200	4400	7700	11,000
900 4d Sed Turbo	400	1350	2200	4400	7800	11,100
900 2d Conv Turbo	600	1900	3200	6400	11,200	16,000
9000S 4d Sed	400	1300	2200	4400	7700	11,000
9000S 4d HBk Sed	400	1350	2200	4400	7800	11,100
9000 4d HBk Sed Turbo	500	1550	2600	5200	9100	13,000
9000 4d Sed Turbo	550	1700	2800	5600	9800	14,000

1991

	6	5	4	3	2	1
900 2d Sed	350	900	1500	3000	5250	7500
900S 2d Sed	350	1020	1700	3400	5950	8500
900S 2d Conv	550	1700	2800	5600	9800	14,000
900 2d Sed Turbo	450	1450	2400	4800	8400	12,000
900 2d Conv Turbo	600	1900	3200	6400	11,200	16,000
900 4d Sed	350	900	1500	3000	5250	7500
900S 4d Sed	350	1020	1700	3400	5950	8500
9000 HBk	450	1080	1800	3600	6300	9000
9000S 4d HBk	450	1140	1900	3800	6650	9500
9000S 4d Turbo HBk	450	1450	2400	4800	8400	12,000
9000CD 4d Sed	400	1200	2000	4000	7000	10,000
9000CD 4d Turbo Sed	450	1450	2400	4800	8400	12,000

1992

900, 4-cyl.

	6	5	4	3	2	1
2d HBk	350	1020	1700	3400	5950	8500
4d Sed	350	1020	1700	3400	5950	8500
2d S HBk	450	1140	1900	3800	6650	9500
4d S Sed	450	1140	1900	3800	6650	9500
2d S Conv	500	1550	2600	5200	9100	13,000
2d Turbo HBk	400	1300	2200	4400	7700	11,000
2d Turbo Conv	600	1900	3200	6400	11,200	16,000

9000, 4-cyl.

	6	5	4	3	2	1
4d HBk	400	1250	2100	4200	7400	10,500
4d S HBk	450	1450	2400	4800	8400	12,000
4d CD Sed	450	1450	2400	4800	8400	12,000
4d Turbo HBk	500	1550	2600	5200	9100	13,000
4d CD Turbo Sed	500	1550	2600	5200	9100	13,000

SIMCA

1946-50	6	5	4	3	2	1
Series 5, 4-cyl, 79" wb, 570cc						
2d Cpe	350	975	1600	3200	5600	8000
Series 6, 4-cyl, 79" wb, 570cc						
2d Cpe	350	975	1600	3200	5600	8000
Series 8, 1000, 4-cyl, 95" wb, 1089cc						
4d Sed	350	900	1500	3000	5250	7500
2d Bus Cpe	350	975	1600	3200	5600	8000
2d Conv Cpe	400	1200	2000	4000	7000	10,000
Series 8, 1200, 4-cyl, 95" wb, 1221cc						
4d Sed	350	900	1500	3000	5250	7500
2d Bus Cpe	350	975	1600	3200	5600	8000
2d Conv Cpe	400	1200	2000	4000	7000	10,000
Series 8, 4-cyl, 95" wb, 1221cc						
2d Spt Rds	450	1500	2500	5000	8800	12,500
1951-55						
Series 8, 4-cyl, 95" wb, 1221cc						
2d Spt Rds	450	1500	2500	5000	8800	12,500
2d Spt Cpe	400	1200	2000	4000	7000	10,000
Aronde 9, 4-cyl, 96" wb, 1221cc						
2d Sed	350	900	1500	3000	5250	7500
4d Sed	150	600	900	1800	3150	4500
2d Sta Wag	200	675	1000	2000	3500	5000
2d HT Cpe	200	720	1200	2400	4200	6000
1956-58						
Aronde 1300, 4-cyl, 96.2" wb, 1290cc						
4d DeL Sed	150	500	800	1600	2800	4000
4d Elysee Sed	150	575	875	1700	3000	4300
2d Plein Ciel Sed	150	600	900	1800	3150	4500
Grand Large HT Cpe	200	720	1200	2400	4200	6000
Chatelaine Sta Wag	200	675	1000	2000	3500	5000
Oceane 2d Conv	400	1200	2000	4000	7000	10,000
Vedette, V-8, 106" wb, 2351cc						
Versailles Sed	200	675	1000	2000	3500	5000
1959-61						
Aronde, 4-cyl, 96.3" wb, 1290cc						
4d DeL Sed	150	500	800	1600	2800	4000
Sup DeL Sed	150	575	875	1700	3000	4300
Elysee 4d Sed	150	600	900	1800	3150	4500
Montlhery Sed	150	650	950	1900	3300	4700
Grand Large HT Cpe	200	720	1200	2400	4200	6000
Plain Ciel HT Cpe	200	720	1200	2400	4200	6000
Chatelaine Sta Wag	200	675	1000	2000	3500	5000
Oceane 2d Conv	400	1200	2000	4000	7000	10,000
Aronde (Second Series 1959)						
4-cyl, 96.3" wb, 1290cc						
Elysee 4d Sed	150	500	800	1600	2800	4000
Montlhery Sed	150	575	875	1700	3000	4300
Grand Large HT Cpe	200	720	1200	2400	4200	6000
Monaco HT Cpe	200	720	1200	2400	4200	6000
Etoile 4d Sed	150	575	875	1700	3000	4300
Vedette Beaulieu, V-8, 106" wb, 2351cc						
4d Sed	200	675	1000	2000	3500	5000
Ariane, 106" wb, 2351cc						
Four 4d Sed	150	500	800	1600	2800	4000
V-8 4d Sed	200	675	1000	2000	3500	5000
1962-68						
Series 5, 4-cyl, 96.3" wb, 1290cc						
4d Sed	150	500	800	1600	2800	4000
Series 1000, 4-cyl, 87.3" wb, 944cc						
4d Sed	150	500	800	1600	2800	4000
Bertone 1000, 4-cyl, 87.7" wb, 944cc						
2d Cpe	200	675	1000	2000	3500	5000
1969-71						
Series 1118, 4-cyl, 87.4" wb, 1118cc						
GL 4d Sed	150	500	800	1600	2800	4000
GLS 4d Sed	150	500	800	1600	2800	4000
Series 1204, 4-cyl, 99.2" wb, 1204cc						
LS 2d Sed	150	500	800	1600	2800	4000
GLS 2d Sed	150	500	800	1600	2800	4000
GLS 4d Sed	150	500	800	1600	2800	4000
GLS 2d Sta Wag	150	575	875	1700	3000	4300
GLS 4d Sta Wag	150	575	875	1700	3000	4300

SUNBEAM

	6	5	4	3	2	1
1948-1957						
4-cyl., 97.5" wb, 2267 cc						
Sunbeam-Talbot 90						
4d Sed	350	780	1300	2600	4550	6500
DHC	350	900	1500	3000	5250	7500
1948-1951						
4-cyl., 97.5" wb, 1944 cc						
Sunbeam-Talbot 90						
4d Sed	200	720	1200	2400	4200	6000
DHC	350	840	1400	2800	4900	7000
1953-1955						
4-cyl., 97.5" wb, 2267 cc						
Sunbeam Alpine						
Rds	400	1200	2000	4000	7000	10,000
1956-1958						
4-cyl., 96" wb, 1390 cc						
Sunbeam Rapier Series I						
2d HT	200	720	1200	2400	4200	6000
Conv	450	1080	1800	3600	6300	9000
1959-1961						
4-cyl., 96" wb, 1494 cc						
Sunbeam Rapier Series II/III						
2d HT	200	720	1200	2400	4200	6000
Conv	450	1080	1800	3600	6300	9000
1962-1965						
4-cyl., 96" wb, 1592 cc						
Sunbeam Rapier Series III/IV						
2d HT	200	720	1200	2400	4200	6000
Conv	450	1080	1800	3600	6300	9000
1966-1967						
4-cyl., 96" wb, 1725 cc						
Sunbeam Rapier Series V						
2d HT	200	720	1200	2400	4200	6000
Conv	450	1080	1800	3600	6300	9000
1960						
4-cyl., 86" wb, 1494 cc						
Sunbeam Alpine Series I						
Conv	450	1140	1900	3800	6650	9500
1961						
4-cyl., 86" wb, 1592 cc						
Sunbeam Alpine Series II						
Conv	450	1140	1900	3800	6650	9500
1962						
4-cyl., 86" wb, 1592 cc						
Sunbeam Alpine Series II						
Conv	450	1140	1900	3800	6650	9500
Sunbeam Herrington LeMans						
Cpe	450	1400	2300	4600	8100	11,500
1963						
4-cyl., 86" wb, 1592 cc						
Sunbeam Alpine Series II/III						
Conv	400	1250	2100	4200	7400	10,500
Conv GT	450	1400	2300	4600	8100	11,500
Sunbeam Herrington LeMans						
Cpe	450	1500	2500	5000	8800	12,500
1964						
4-cyl., 86" wb, 1592 cc						
Sunbeam Alpine Series III/IV						
Conv	400	1250	2100	4200	7400	10,500
Conv GT	450	1400	2300	4600	8100	11,500
Sunbeam Venezia by Superleggera						
Cpe	450	1500	2500	5000	8800	12,500
V-8, 86" wb, 260 cid						
Sunbeam Tiger Series I						
Conv	500	1550	2600	5200	9100	13,000
1965						
4-cyl., 86" wb, 1592 cc						
Sunbeam Alpine Series IV						
Conv	450	1500	2500	5000	8800	12,500
Sunbeam Venezia by Superleggera						
Cpe	500	1550	2600	5200	9100	13,000

	6	5	4	3	2	1
V-8, 86" wb, 260 cid						
Sunbeam Tiger Series I						
Conv	550	1700	2800	5600	9800	14,000
1966						
4-cyl., 86" wb, 1725 cc						
Sunbeam Alpine Series V						
Conv	400	1250	2100	4200	7400	10,500
V-8, 86" wb, 260 cid						
Sunbeam Tiger Series I/IA						
Conv	650	2050	3400	6800	11,900	17,000
1967-1968						
4-cyl., 86" wb, 1725 cc						
Sunbeam Alpine Series V						
Conv	400	1250	2100	4200	7400	10,500
V-8, 86" wb, 289 cc						
Sunbeam Tiger Series II						
Conv	700	2150	3600	7200	12,600	18,000
1969-1970						
4-cyl., 98.5" wb, 1725 cc						
Sunbeam Alpine						
HT FBk	200	675	1000	2000	3500	5000
GT HT FBk	200	660	1100	2200	3850	5500

SUZUKI

	6	5	4	3	2	1
1986						
Samurai (4x4)						
Utl HT	150	600	900	1800	3150	4500
Utl Conv	200	675	1000	2000	3500	5000
1987						
Samurai (4x4)						
Utl HT	200	675	1000	2000	3500	5000
Utl Conv	200	660	1100	2200	3850	5500
1988						
Samurai (4x4)						
Utl HT	150	600	900	1800	3150	4500
Utl Conv	200	675	1000	2000	3500	5000
1989						
Swift FWD						
GTi 2d HBk	200	660	1100	2200	3850	5500
GLX 4d HBk	200	675	1000	2000	3500	5000
Samurai (4x4)						
Utl	200	650	1100	2150	3780	5400
Conv	200	670	1150	2250	3920	5600
Sidekick (4x4)						
JA Utl Conv	350	840	1400	2800	4900	7000
JX Utl HT	450	1080	1800	3600	6300	9000
JX Utl Conv	350	975	1600	3200	5600	8000
1990						
Swift, 4-cyl.						
GA 2d HBk	125	450	700	1400	2450	3500
GT 2d HBk	150	575	875	1700	3000	4300
GA 4d Sed	150	475	775	1500	2650	3800
GS 4d Sed	150	550	850	1650	2900	4100
1991						
Swift						
GA 2d HBk	125	380	650	1300	2250	3200
GT 2d HBk	125	450	700	1400	2450	3500
GA 4d Sed	125	400	675	1350	2300	3300
GT 4d Sed	125	450	750	1450	2500	3600
1992						
Swift, 4-cyl.						
GA 2d HBk	125	380	650	1300	2250	3200
GT 2d HBk	150	475	775	1500	2650	3800
GA 4d Sed	150	500	800	1600	2800	4000
GS 4d Sed	150	550	850	1675	2950	4200

TOYOTA (TOYOPET)

	6	5	4	3	2	1
1958-60						
Crown - (4-cyl) - (99.6" wb) - (1453cc)						
RSL 4d Sed	200	660	1100	2200	3850	5500

1961-66	6	5	4	3	2	1
Tiara - (4-cyl) - (94.5" wb) - (1453cc)						
4d Sed	200	675	1000	2000	3500	5000
Crown - (4-cyl) - (99.6" wb) - (1879cc)						
4d Cus Sed	200	685	1150	2300	3990	5700
4d Cus Sta Wag	200	670	1200	2300	4060	5800

TOYOTA

1967-68						
Corona - (4-cyl) - (95.3" wb) - (1879cc)						
4d Sed	200	675	1000	2000	3500	5000
2d HT Cpe	200	720	1200	2400	4200	6000
Crown - (6-cyl) - (105.9" wb) - (2254cc)						
4d Sed	200	675	1000	2000	3500	5000
4d Sta Wag	200	700	1050	2100	3650	5200
2000 GT - (6-cyl) - (91.7" wb) - (1988cc)						
2d FBk Cpe	3000	9600	16,000	32,000	56,000	80,000
1969-70						
Corolla, 1969 - (4-cyl) - (90" wb) - (1079cc)						
1970 - (4-cyl) - (90" wb) - (1166cc)						
2d Sed	150	600	900	1800	3150	4500
2d FBk Cpe	200	675	1000	2000	3500	5000
2d Sta Wag	150	650	975	1950	3350	4800
Corona - (4-cyl) - (95.3" wb) - (1879cc)						
4d Sed	150	600	900	1800	3150	4500
2d HT Cpe	200	660	1100	2200	3850	5500
Corona Mark II - (4-cyl) - (98.8" wb) - (1859cc)						
4d Sed	200	675	1000	2000	3500	5000
2d HT Cpe	200	685	1150	2300	3990	5700
4d Sta Wag	200	700	1075	2150	3700	5300
Crown - (6-cyl) - (105.9" wb) - (2254cc)						
4d Sed	200	675	1000	2000	3500	5000
4d Sta Wag	200	660	1100	2200	3850	5500
1971-77						
Corolla 1200 - (4-cyl) - (91.9" wb) - (1166cc)						
2d Sed	150	600	900	1800	3150	4500
2d Cpe	150	600	900	1800	3150	4500
2d Sta Wag	150	650	975	1950	3350	4800
Corolla 1600 - (4-cyl) - (91.9" wb) - (1588cc)						
2d Sed	150	600	900	1800	3150	4500
4d Sed	150	600	900	1800	3150	4500
2d Cpe	150	650	975	1950	3350	4800
2d Sta Wag	200	675	1000	1950	3400	4900
Celica, 1971-74 - (4-cyl) - (1967cc)						
1975-77 - (2189cc)						
2d Cpe	350	780	1300	2600	4550	6500.
Corona - (4-cyl) - (95.7" wb) - (1859cc)						
4d Sed	200	675	1000	2000	3500	5000
2d HT Cpe	200	685	1150	2300	3990	5700
Corona Mark II - (4-cyl) - (98.8" wb) - (1859cc)						
4d Sed	200	675	1000	2000	3500	5000
2d HT Cpe	200	685	1150	2300	3990	5700
4d Sta Wag	200	660	1100	2200	3850	5500
Crown, 1971 only - (6-cyl) - (105.9" wb) - (2254cc)						
4d Sed	200	675	1000	2000	3500	5000
4d Sta Wag	200	660	1100	2200	3850	5500
1978-83						
Corolla - (4-cyl) - (94.5" wb) - (1770cc)						
2d Sed	150	600	900	1800	3150	4500
DeL 2d Sed	150	600	900	1800	3150	4500
DeL 4d Sed	150	600	900	1800	3150	4500
DeL Sta Wag	150	600	950	1850	3200	4600
DeL HT Cpe	200	675	1000	2000	3500	5000
SR5 2d HT Cpe	200	700	1050	2100	3650	5200
DeL 3d LBk	150	600	900	1800	3150	4500
DeL 2d Spt Cpe	150	650	975	1950	3350	4800
SR5 3d LBk	200	675	1000	2000	3500	5000
SR5 2d Spt Cpe	200	675	1000	2000	3500	5000
Tercel (4-cyl) - (98.4" wb) - (1452cc)						
2d Sed	200	675	1000	2000	3500	5000
DeL 2d Sed	200	675	1000	2000	3500	5000
4d Sed	200	675	1000	2000	3500	5000
DeL 3d LBk	200	675	1000	2000	3500	5000
SR5 3d LBk	200	700	1050	2100	3650	5200

	6	5	4	3	2	1
Starlet - (4-cyl) - (90.6" wb) - (1290cc)						
3d LBk	200	675	1000	2000	3500	5000
Celica - (4-cyl) - (98.4" wb) - (2366cc)						
ST 2d Spt Cpe	200	720	1200	2400	4200	6000
GT 2d Spt Cpe	200	730	1250	2450	4270	6100
GT 3d LBk	200	745	1250	2500	4340	6200
Celica Supra - (6-cyl) - (103.5" wb) - (2759cc)						
GT 2d Spt Cpe	350	840	1400	2800	4900	7000
Corona - (4-cyl) - (99.4" wb) - (2366cc)						
DeL 4d Sed	200	675	1000	2000	3500	5000
DeL 5d Sta Wag	200	660	1100	2200	3850	5500
LE 4d Sed	200	675	1000	2000	3500	5000
LE 5d LBk	200	660	1100	2200	3850	5500
Cressida - (6-cyl) - (104.1" wb) - (2759cc)						
Lux 4d Sed	200	700	1050	2100	3650	5200
Lux 4d Sta Wag	200	685	1150	2300	3990	5700

NOTE: Specifications in this section are for 1981 models only. Prices are averages for the 1980-1981 model years.

1984

	6	5	4	3	2	1
Starlet						
2d LBk	150	600	950	1850	3200	4600
Tercel						
2d LBk	150	650	950	1900	3300	4700
4d Sta Wag	150	650	975	1950	3350	4800

NOTE: Add 20 percent for 4x4 option where available.

	6	5	4	3	2	1
Corolla						
4d Sed	150	650	950	1900	3300	4700
4d LBk	150	650	975	1950	3350	4800
2d HT	200	675	1000	2000	3500	5000
Celica						
2d Cpe	200	700	1075	2150	3700	5300
2d LBk	200	660	1100	2200	3850	5500
2d Supra	200	670	1200	2300	4060	5800
Camry						
4d Sed	200	650	1100	2150	3780	5400
4d LBk	200	660	1100	2200	3850	5500
Cressida						
4d Sed	200	660	1100	2200	3850	5500
4d Sta Wag	200	670	1150	2250	3920	5600

1985

	6	5	4	3	2	1
Tercel						
2d LBk	150	650	975	1950	3350	4800
4d LBk	200	675	1000	1950	3400	4900
4d Sta Wag	200	675	1000	2000	3500	5000

NOTE: Add 20 percent for 4x4 option where available.

	6	5	4	3	2	1
Corolla						
4d Sed	200	675	1000	1950	3400	4900
4d LBk	200	675	1000	2000	3500	5000
2d Cpe	200	700	1050	2050	3600	5100
2d LBk	200	675	1000	2000	3500	5000
Celica						
2d Cpe	200	700	1075	2150	3700	5300
2d LBk	200	660	1100	2200	3850	5500
2d Conv	350	780	1300	2600	4550	6500
2d Supra	200	670	1200	2300	4060	5800
Camry						
4d Sed	200	650	1100	2150	3780	5400
4d LBk	200	670	1150	2250	3920	5600
MR2						
2d Cpe	200	700	1200	2350	4130	5900
Cressida						
4d Sed	200	670	1200	2300	4060	5800
4d Sta Wag	200	700	1200	2350	4130	5900

1986

	6	5	4	3	2	1
Tercel						
2d LBk	150	575	900	1750	3100	4400
4d Sta Wag	150	600	900	1800	3150	4500

NOTE: Add 20 percent for 4x4 option where available.

	6	5	4	3	2	1
Corolla						
4d Sed	150	575	875	1700	3000	4300
4d LBk	150	575	900	1750	3100	4400
2d Cpe	150	550	850	1675	2950	4200
Celica						
2d Cpe	200	650	1100	2150	3780	5400
2d LBk	200	670	1150	2250	3920	5600
Supra						
2d LBk	200	700	1200	2350	4130	5900

	6	5	4	3	2	1
Camry						
4d Sed	150	575	875	1700	3000	4300
4d LBk	150	575	900	1750	3100	4400
MR2						
2d Cpe	200	660	1100	2200	3850	5500
Cressida						
4d Sed	200	650	1100	2150	3780	5400
4d Sta Wag	200	685	1150	2300	3990	5700
1987						
Tercel						
2d LBk	150	600	900	1800	3150	4500
4d LBk	150	600	950	1850	3200	4600
2d Cpe	150	575	900	1750	3100	4400
4d Sta Wag	150	600	950	1850	3200	4600
NOTE: Add 20 percent for 4x4 option where available.						
Corolla						
4d Sed	150	575	900	1750	3100	4400
4d LBk	150	600	900	1800	3150	4500
2d Cpe	150	575	900	1750	3100	4400
2d LBk	150	575	875	1700	3000	4300
Celica						
2d Cpe	200	660	1100	2200	3850	5500
2d LBk	200	670	1150	2250	3920	5600
2d Conv	350	820	1400	2700	4760	6800
Supra						
2d LBk	200	720	1200	2400	4200	6000
Camry						
4d Sed	150	575	900	1750	3100	4400
4d Sta Wag	150	600	900	1800	3150	4500
MR2						
2d Cpe	200	670	1150	2250	3920	5600
Cressida						
4d Sed	200	660	1100	2200	3850	5500
4d Sta Wag	200	670	1200	2300	4060	5800
1988						
Tercel						
2d LBk	150	550	850	1650	2900	4100
4d LBk	150	550	850	1675	2950	4200
2d Cpe	150	500	800	1600	2800	4000
4d Sta Wag	150	550	850	1675	2950	4200
NOTE: Add 20 percent for 4x4 option where available.						
Corolla						
4d Sed	150	500	800	1600	2800	4000
4d Sta Wag	150	500	800	1600	2800	4000
2d Cpe	150	550	850	1650	2900	4100
2d LBk	150	500	800	1600	2800	4000
NOTE: Add 20 percent for 4x4 option where available.						
Celica						
2d Cpe	200	670	1150	2250	3920	5600
2d LBk	200	685	1150	2300	3990	5700
2d Conv	350	840	1400	2800	4900	7000
Supra						
2d LBk	200	720	1200	2400	4200	6000
Camry						
4d Sed	150	600	900	1800	3150	4500
4d Sta Wag	150	600	950	1850	3200	4600
NOTE: Add 20 percent for 4x4 option where available.						
MR2						
2d Cpe	200	685	1150	2300	3990	5700
Cressida						
4d Sed	200	670	1150	2250	3920	5600
1989						
Tercel						
2d LBk	150	550	850	1675	2950	4200
4d LBk	150	575	875	1700	3000	4300
2d Cpe	150	550	850	1650	2900	4100
Corolla						
4d Sed	150	550	850	1650	2900	4100
4d Sta Wag	150	550	850	1650	2900	4100
2d Cpe	150	550	850	1675	2950	4200
NOTE: Add 20 percent for 4x4 option.						
Celica						
2d Cpe	200	685	1150	2300	3990	5700
2d LBk	200	670	1200	2300	4060	5800
2d Conv	350	860	1450	2900	5050	7200
Supra						
2d LBk	200	730	1250	2450	4270	6100

	6	5	4	3	2	1
Camry						
4d Sed	150	600	950	1850	3200	4600
4d Sta Wag	150	650	950	1900	3300	4700
MR2						
2d Cpe	200	670	1200	2300	4060	5800
Cressida						
4d Sed	200	685	1150	2300	3990	5700
1990						
Tercel, 4-cyl.						
2d EZ HBk	150	500	800	1600	2800	4000
2d HBk	150	600	900	1800	3150	4500
2d Cpe	150	600	950	1850	3200	4600
2d DLX Cpe	200	675	1000	2000	3500	5000
Corolla, 4-cyl.						
4d Sed	200	660	1100	2200	3850	5500
4d DLX Sed	200	720	1200	2400	4200	6000
4d LE Sed	350	780	1300	2600	4550	6500
4d DLX Sta Wag	200	745	1250	2500	4340	6200
4d DLX Sed 4x4	350	840	1400	2800	4900	7000
4d DLX Sta Wag 4x4	350	840	1400	2800	4900	7000
4d SR5 Sta Wag 4x4	350	860	1450	2900	5050	7200
2d SR5 Cpe	350	790	1350	2650	4620	6600
2d GT-S Cpe	350	820	1400	2700	4760	6800
Celica, 4-cyl.						
2d ST Cpe	350	900	1500	3000	5250	7500
2d GT Cpe	350	975	1600	3200	5600	8000
2d GT HBk	350	1000	1650	3300	5750	8200
2d GT-S HBk	450	1080	1800	3600	6300	9000
2d Turbo HBk 4x4	400	1300	2200	4400	7700	11,000
Supra, 6-cyl.						
2d HBk	400	1300	2200	4400	7700	11,000
2d Turbo HBk	450	1450	2400	4800	8400	12,000
Camry						
4-cyl.						
4d Sed	350	840	1400	2800	4900	7000
4d DLX Sed	350	880	1500	2950	5180	7400
4d LE Sed	350	950	1500	3050	5300	7600
4d DLX Sed 4x4	350	975	1600	3200	5600	8000
4d LE Sed 4x4	350	1020	1700	3400	5900	8400
4d DLX Sta Wag	350	1000	1650	3350	5800	8300
V-6						
4d DLX Sed	350	900	1500	3000	5250	7500
4d LE Sed	350	950	1550	3150	5450	7800
4d DLX Sta Wag	350	1040	1700	3450	6000	8600
4d LE Sta Wag	450	1080	1800	3600	6300	9000
Cressida, 6-cyl.						
4d LUX Sed	450	1140	1900	3800	6650	9500
1991						
Tercel						
2d Sed	125	450	700	1400	2450	3500
2d DX Sed	150	475	775	1500	2650	3800
4d DX Sed	125	450	750	1450	2500	3600
4d LE Sed	150	500	800	1550	2700	3900
Corolla						
4d Sed	150	600	900	1800	3150	4500
4d DX Sed	200	675	1000	2000	3500	5000
4d LE Sed	200	660	1100	2200	3850	5500
4d DX Sta Wag	200	685	1150	2300	3990	5700
4d DX Sta Wag 4x4	200	720	1200	2400	4200	6000
2d SR5 Cpe	350	780	1300	2600	4550	6500
2d GT-S Cpe	350	820	1400	2700	4760	6800
Celica						
2d ST Cpe	350	840	1400	2800	4900	7000
2d GT Cpe	350	900	1500	3000	5250	7500
2d GT Conv	450	1450	2400	4800	8400	12,000
2d GT HBk	450	1080	1800	3600	6300	9000
2d GT-S HBk	400	1200	2000	4000	7000	10,000
2d Turbo HBk 4x4	400	1250	2100	4200	7400	10,500
Supra						
2d HBk	400	1300	2200	4400	7700	11,000
2d Turbo HBk	450	1450	2400	4800	8400	12,000
Camry						
4d Sed	350	780	1300	2600	4550	6500
4d DX Sed	350	840	1400	2800	4900	7000
4d LE Sed	350	840	1400	2800	4900	7000
4d DX Sed 4x4	350	975	1600	3200	5600	8000

	6	5	4	3	2	1
4d LE Sed 4x4	350	1020	1700	3400	5950	8500
4d DX Sta Wag	350	900	1500	3000	5250	7500
4d LE Sta Wag V-6	450	1080	1800	3600	6300	9000

NOTE: Add 5 percent for V-6 on LE and DX 2x4 sedans.

MR2

	6	5	4	3	2	1
2d Cpe	350	1020	1700	3400	5950	8500
2d Turbo Cpe	450	1080	1800	3600	6300	9000

Cressida

	6	5	4	3	2	1
4d Sed	400	1300	2200	4400	7700	11,000

TRIUMPH

1946-48
1800, 4-cyl., 63 hp, 108" wb

	6	5	4	3	2	1
T&C Saloon	350	840	1400	2800	4900	7000

1800, 4-cyl., 63 hp, 100" wb

	6	5	4	3	2	1
Rds	700	2150	3600	7200	12,600	18,000

1949
1800, 4-cyl., 63 hp, 108" wb

	6	5	4	3	2	1
T&C Saloon	200	720	1200	2400	4200	6000

2000, 4-cyl., 68 hp, 108" wb

	6	5	4	3	2	1
Saloon	200	730	1250	2450	4270	6100

2000 Renown, 4-cyl., 68 hp, 108" wb

	6	5	4	3	2	1
Saloon	350	840	1400	2800	4900	7000

Mayflower, 4-cyl., 38 hp, 84" wb

	6	5	4	3	2	1
Saloon	200	660	1100	2200	3850	5500

2000, 4-cyl., 68 hp, 100" wb

	6	5	4	3	2	1
Rds	700	2300	3800	7600	13,300	19,000

1950
2000 Renown, 4-cyl., 68 hp, 108" wb

	6	5	4	3	2	1
Saloon	200	720	1200	2400	4200	6000

Mayflower, 4-cyl., 38 hp, 84" wb

	6	5	4	3	2	1
Saloon	200	660	1100	2200	3850	5500
Conv	350	900	1500	3000	5250	7500

TRX (New Roadster Prototype) 4-cyl., 71 hp, 94" wb

Rds	value inestimable

NOTE: Car was offered but none were ever delivered.

1951
2000 Renown, 4-cyl., 68 hp, 108" wb

	6	5	4	3	2	1
Saloon	200	720	1200	2400	4200	6000

2000, 4-cyl., 68 hp, 111" wb

	6	5	4	3	2	1
Limo	350	780	1300	2600	4550	6500

Mayflower, 4-cyl., 38 hp, 84" wb

	6	5	4	3	2	1
Saloon	200	660	1100	2200	3850	5500

1952
2000, 4-cyl., 68 hp, 111" wb

	6	5	4	3	2	1
Limo	350	780	1300	2600	4550	6500

Mayflower, 4-cyl., 38 hp, 84" wb

	6	5	4	3	2	1
Saloon	200	660	1100	2200	3850	5500

20TS (prototype), 4-cyl., 75 hp, 130" wb

TR-1 Rds	value inestimable

NOTE: Only one prototype built.

2000 Renown, 4-cyl., 68 hp, 111" wb

	6	5	4	3	2	1
Saloon	200	720	1200	2400	4200	6000

1953
2000 Renown, 4-cyl., 68 hp, 108" wb

	6	5	4	3	2	1
Saloon	200	720	1200	2400	4200	6000

2000, 4-cyl., 68 hp, 111" wb

	6	5	4	3	2	1
Limo	200	730	1250	2450	4270	6100

Mayflower, 4-cyl., 38 hp, 84" wb

	6	5	4	3	2	1
Saloon	200	660	1100	2200	3850	5500

TR-2, 4-cyl., 90 hp, 88" wb

	6	5	4	3	2	1
Rds	450	1450	2400	4800	8400	12,000

1954
2000 Renown, 4-cyl., 68 hp, 108" wb

	6	5	4	3	2	1
Saloon	200	720	1200	2400	4200	6000

TR-2, 4-cyl., 90 hp, 88" wb

	6	5	4	3	2	1
Rds	450	1400	2300	4600	8100	11,500

1955
TR-2, 4-cyl., 90 hp, 88" wb

	6	5	4	3	2	1
Rds	400	1300	2200	4400	7700	11,000

TR-3, 4-cyl., 95 hp, 88" wb

	6	5	4	3	2	1
Rds	450	1400	2300	4600	8100	11,500

1956	6	5	4	3	2	1
TR-3, 4-cyl., 95 hp, 88" wb						
Rds	450	1400	2300	4600	8100	11,500
HT Rds	450	1450	2400	4800	8400	12,000
1957						
TR-3, 4-cyl., 100 hp, 88" wb						
Rds	450	1400	2300	4600	8100	11,500
HT Rds	450	1450	2400	4800	8400	12,000
TR-10, 4-cyl., 40 hp, 84" wb						
Saloon	450	1080	1800	3600	6300	9000
1958						
TR-3, 4-cyl., 100 hp, 88" wb						
Rds	450	1400	2300	4600	8100	11,500
HT Rds	450	1450	2400	4800	8400	12,000
TR-10, 4-cyl., 40 hp, 84" wb						
Saloon	450	1080	1800	3600	6300	9000
Sta Wag	950	1100	1850	3700	6450	9200
1959						
NOTE: All cars registered after 9-15-58 are 1959 models.						
TR-3, 4-cyl., 100 hp, 88" wb						
Rds	450	1400	2300	4600	8100	11,500
HT Rds	400	1300	2200	4400	7700	11,000
TR-10, 4-cyl., 40 hp, 84" wb						
Saloon	450	1080	1800	3600	6300	9000
Sta Wag	950	1100	1850	3700	6450	9200
1960						
Herald, 4-cyl., 40 hp, 84" wb						
Sed	200	700	1050	2050	3600	5100
Cpe	200	700	1050	2100	3650	5200
Conv	350	840	1400	2800	4900	7000
Sta Wag	200	660	1100	2200	3850	5500
TR-3, 4-cyl., 100 hp, 88" wb						
Rds	450	1400	2300	4600	8100	11,500
HT Rds	450	1450	2400	4800	8400	12,000
1961						
NOTE: All cars registered after 9-15-60 are 1961 models.						
Herald, 4-cyl., 40 hp, 91.5" wb						
Sed	200	700	1050	2100	3650	5200
Cpe	200	700	1075	2150	3700	5300
Conv	350	840	1400	2800	4900	7000
Sta Wag	200	700	1050	2100	3650	5200
TR-3, 4-cyl., 100 hp, 88" wb						
Rds	450	1400	2300	4600	8100	11,500
HT Rds	450	1450	2400	4800	8400	12,000
1962						
Herald, 4-cyl., 40 hp, 91.5" wb						
Sed	200	700	1050	2050	3600	5100
Cpe	200	700	1050	2100	3650	5200
Conv	350	840	1400	2800	4900	7000
TR-3, 4-cyl., 100 hp, 88" wb						
Rds	400	1300	2200	4400	7700	11,000
HT Rds	450	1400	2300	4600	8100	11,500
TR-4, 4-cyl., 105 hp, 88" wb						
Rds	450	1450	2400	4800	8400	12,000
HT Rds	450	1500	2500	5000	8800	12,500
Spitfire, 4-cyl., 100 hp, 83" wb						
Conv	350	975	1600	3200	5600	8000
1963						
TR-3B, 4-cyl., 100 hp, 88" wb						
Rds	400	1250	2100	4200	7400	10,500
HT Rds	400	1300	2200	4400	7700	11,000
TR-4, 4-cyl., 105 hp, 88" wb						
Conv	450	1080	1800	3600	6300	9000
HT	350	1040	1750	3500	6100	8700
Four, 4-cyl., 40 hp, 91.5" wb						
Sed	200	660	1100	2200	3850	5500
Conv	350	840	1400	2800	4900	7000
Spitfire, 4-cyl., 100 hp, 83" wb						
Spt Conv	350	975	1600	3200	5600	8000
Six, 6-cyl., 70 hp, 91.5" wb						
Spt Conv	350	1020	1700	3400	5950	8500
1964						
TR-4, 4-cyl., 105 hp, 88" wb						
Conv	400	1200	2000	4000	7000	10,000
HT Cpe	400	1250	2100	4200	7400	10,500

	6	5	4	3	2	1
1965						
TR-4 and TR-4A, 4-cyl., 105 hp, 88" wb						
Conv	450	1400	2300	4600	8100	11,500
HT Cpe	400	1300	2200	4400	7700	11,000
Spitfire MK II, 4-cyl., 100 hp, 83" wb						
Conv	350	975	1600	3200	5600	8000
1966						
TR-4A, 4-cyl., 105 hp, 88" wb						
Conv	450	1400	2300	4600	8100	11,500
HT Cpe	400	1250	2100	4200	7400	10,500
2000, 6-cyl., 90 hp, 106" wb						
Sed	200	660	1100	2200	3850	5500
Spitfire MK II, 4-cyl., 100 hp, 83" wb						
Conv	350	975	1600	3200	5600	8000
1967						
TR-4A, 4-cyl., 105 hp, 88" wb						
Conv	400	1250	2100	4200	7400	10,500
HT Cpe	400	1300	2200	4400	7700	11,000
2000						
Sed	200	675	1000	2000	3500	5000
Spitfire MK II, 4-cyl., 68 hp, 83" wb						
Conv	350	900	1500	3000	5250	7500
HT Cpe	350	975	1600	3200	5600	8000
1200 Sport						
Sed	150	650	950	1900	3300	4700
Conv	350	840	1400	2800	4900	7000
1968						
TR-250, 6-cyl., 104 hp, 88" wb						
Conv	450	1080	1800	3600	6300	9000
Spitfire MK3, 4-cyl., 68 hp, 83" wb						
Conv	350	975	1600	3200	5600	8000
GT-6 Plus, 6-cyl., 95 hp, 83" wb						
Cpe	200	720	1200	2400	4200	6000
NOTE: Add 10 percent for wire wheels.						
Add 10 percent for factory hardtop.						
Add 5 percent for overdrive.						
1969						
TR-6, 6-cyl., 104 hp, 88" wb						
Conv	450	1080	1800	3600	6300	9000
Spitfire MK3, 4-cyl., 68 hp, 83" wb						
Conv	350	975	1600	3200	5600	8000
GT-6 Plus, 6-cyl., 95 hp, 83" wb						
Cpe	200	720	1200	2400	4200	6000
NOTE: Add 10 percent for wire wheels.						
Add 10 percent for factory hardtop.						
Add 5 percent for overdrive.						
1970						
TR-6, 6-cyl., 104 hp, 88" wb						
Conv	350	1020	1700	3400	5950	8500
Spitfire MK3, 4-cyl., 68 hp, 83" wb						
Conv	350	780	1300	2600	4550	6500
GT-6 Plus, 6-cyl., 95 hp, 83" wb						
Cpe	200	720	1200	2400	4200	6000
Stag, 8-cyl., 145 hp, 100" wb						
Conv	400	1300	2200	4400	7700	11,000
NOTE: Add 10 percent for wire wheels.						
Add 10 percent for factory hardtop.						
Add 5 percent for overdrive.						
1971						
TR-6, 6-cyl., 104 hp, 88" wb						
Conv	350	975	1600	3250	5700	8100
Spitfire MK4, 4-cyl., 58 hp, 83" wb						
Conv	200	720	1200	2400	4200	6000
GT-6 MK3, 6-cyl., 90 hp, 83" wb						
Cpe	200	675	1000	2000	3500	5000
Stag, 8-cyl., 145 hp, 100" wb						
Conv	450	1140	1900	3800	6650	9500
NOTE: Add 10 percent for wire wheels.						
Add 10 percent for factory hardtop.						
Add 5 percent for overdrive.						
1972						
TR-6, 6-cyl., 106 hp, 88" wb						
Conv	350	975	1600	3200	5600	8000
Spitfire MK4, 4-cyl., 48 hp, 83" wb						
Conv	350	780	1300	2600	4550	6500

	6	5	4	3	2	1
GT-6 MK3, 6-cyl., 79 hp, 83" wb						
Cpe	200	675	1000	2000	3500	5000
Stag, 8-cyl., 127 hp, 100" wb						
Conv	450	1140	1900	3800	6650	9500

NOTE: Add 10 percent for wire wheels.
Add 10 percent for factory hardtop.
Add 5 percent for overdrive.

1973

	6	5	4	3	2	1
TR-6, 6-cyl., 106 hp, 88" wb						
Conv	350	975	1600	3200	5600	8000
Spitfire MK4, 4-cyl., 57 hp, 83" wb						
Conv	350	780	1300	2600	4550	6500
GT-6 MK3, 6-cyl., 79 hp, 83" wb						
Cpe	200	675	1000	2000	3500	5000
Stag, 8-cyl., 127 hp, 100" wb						
Conv	400	1200	2000	4000	7000	10,000

NOTE: Add 10 percent for wire wheels.
Add 10 percent for factory hardtop.
Add 5 percent for overdrive.

1974

	6	5	4	3	2	1
TR-6, 6-cyl., 106 hp, 88" wb						
Conv	350	975	1600	3200	5600	8000
Spitfire MK4, 4-cyl., 57 hp, 83" wb						
Conv	350	780	1300	2600	4550	6500

NOTE: Add 10 percent for factory hardtop.
Add 5 percent for overdrive.

1975

	6	5	4	3	2	1
TR-6, 6-cyl., 106 hp, 88" wb						
Conv	350	975	1600	3200	5600	8000
TR-7, 4-cyl., 92 hp, 85" wb						
Cpe	200	720	1200	2400	4200	6000
Spitfire 1500, 4-cyl., 57 hp, 83" wb						
Conv	350	780	1300	2600	4550	6500

NOTE: Add 10 percent for factory hardtop.
Add 5 percent for overdrive.

1976

	6	5	4	3	2	1
TR-6, 6-cyl., 106 hp, 88" wb						
Conv	350	1020	1700	3400	5950	8500
TR-7, 4-cyl., 92 hp, 85" wb						
Cpe	200	720	1200	2400	4200	6000
Spitfire 1500, 4-cyl., 57 hp, 83" wb						
Conv	350	780	1300	2600	4550	6500

NOTE: Add 10 percent for factory hardtop.
Add 5 percent for overdrive.

1977

	6	5	4	3	2	1
TR-7, 4-cyl., 92 hp, 85" wb						
Cpe	200	660	1100	2200	3850	5500
Spitfire 1500, 4-cyl., 57 hp, 83" wb						
Conv	350	780	1300	2600	4550	6500

NOTE: Add 10 percent for factory hardtop.
Add 5 percent for overdrive.

1978

	6	5	4	3	2	1
TR-7, 4-cyl., 92 hp, 85" wb						
Cpe	200	660	1100	2200	3850	5500
TR-8, 8-cyl., 133 hp, 85" wb						
(About 150 prototypes in USA)						
Cpe	400	1250	2100	4200	7400	10,500
Spitfire 1500, 4-cyl., 57 hp, 83" wb						
Conv	200	720	1200	2400	4200	6000

NOTE: Add 10 percent for factory hardtop.
Add 5 percent for overdrive.

1979

	6	5	4	3	2	1
TR-7, 4-cyl., 86 hp, 85" wb						
Conv	350	840	1400	2800	4900	7000
Cpe	200	720	1200	2400	4200	6000
Spitfire 1500, 4-cyl., 53 hp, 83" wb						
Conv	350	780	1300	2600	4550	6500

NOTE: Add 10 percent for factory hardtop.
Add 5 percent for overdrive.

1980

	6	5	4	3	2	1
TR-7, 4-cyl., 86 hp, 85" wb						
Conv	350	860	1450	2900	5050	7200
Spider Conv	350	950	1500	3050	5300	7600
Cpe	200	750	1275	2500	4400	6300

	6	5	4	3	2	1
TR-8, 8-cyl., 133 hp, 85" wb						
Conv	450	1450	2450	4900	8500	12,200
Cpe	400	1250	2100	4200	7400	10,500
Spitfire 1500, 4-cyl., 57 hp, 83" wb						
Conv	350	880	1500	2950	5180	7400

NOTE: Add 10 percent for factory hardtop.
 Add 5 percent for overdrive.

1981

	6	5	4	3	2	1
TR-7, 4-cyl., 89 hp, 85" wb						
Conv	350	975	1600	3200	5500	7900
TR-8, 8-cyl., 148 hp, 85" wb						
Conv	500	1600	2700	5400	9500	13,500

VAUXHALL

1946-56

	6	5	4	3	2	1
Ten - (4-cyl) - (97.8" wb) - (1203cc)						
Saloon	200	745	1250	2500	4340	6200
Twelve, 4-cyl, 97.8" wb, 1442cc						
Saloon	350	840	1400	2800	4900	7000
Fourteen, 6-cyl, 105" wb, 1781cc						
Saloon	350	975	1600	3200	5600	8000
Wyvern, 1948, 97.8" wb, 1442cc						
1951, 103" wb						
Saloon	350	975	1600	3200	5600	8000
Velox, 1948, 6-cyl, 97.8" wb, 2275cc						
1951, 103" wb						
Saloon	350	1020	1700	3400	5950	8500

1957-59

	6	5	4	3	2	1
Victor Super, 4-cyl, 98" wb, 1507cc						
FD 4d Sed	200	745	1250	2500	4340	6200
FW 4d Sta Wag	350	780	1300	2600	4550	6500

1960-61

	6	5	4	3	2	1
Victor Super, 4-cyl, 98" wb, 1507cc						
Series 2						
FD 4d Sed	200	745	1250	2500	4340	6200
FW 4d Sta Wag	350	770	1300	2550	4480	6400

1962

	6	5	4	3	2	1
Victor FB Super, 4-cyl, 100" wb, 1507cc						
FBD 4d Sed	200	745	1250	2500	4340	6200
FBW 4d Sta Wag	350	770	1300	2550	4480	6400

VOLKSWAGEN

1945

	6	5	4	3	2	1
Standard, 4-cyl., 94.5" wb, 25 hp						
2d Sed	600	1850	3100	6200	10,800	15,400

1946

	6	5	4	3	2	1
Standard, 4-cyl., 94.5" wb, 25 hp						
2d Sed	450	1500	2500	5000	8700	12,400

1947-1948

	6	5	4	3	2	1
4-cyl., 94.5" wb, 25 hp						
Std	400	1250	2100	4200	7300	10,400
Export	450	1350	2300	4600	8000	11,400

1949

	6	5	4	3	2	1
Standard, 4-cyl., 94.5" wb, 25 hp						
2d Sed	400	1250	2100	4200	7400	10,500
DeLuxe, 4-cyl., 94.5" wb, 10 hp						
2d Sed	450	1400	2300	4600	8100	11,500
Conv	600	1850	3100	6200	10,800	15,400
Heb Conv	700	2200	3700	7400	12,900	18,400

NOTE: Only 700 Hebmuller Cabr convertibles were built during 1949-1950.
 Add 10 percent for sunroof.

1950

	6	5	4	3	2	1
DeLuxe, 4-cyl., 94.5" wb, 25 hp						
2d Sed	400	1300	2200	4400	7700	11,000
Conv	500	1550	2600	5200	9100	13,000
Heb Conv	700	2200	3700	7400	13,000	18,500

NOTE: Add 10 percent for sunroof.

	6	5	4	3	2	1
Transporter, 4-cyl., 94.5" wb, 25 hp						
DeL Van	600	1850	3100	6200	10,900	15,500
Kombi	500	1550	2600	5200	9100	13,000

1951-1952	6	5	4	3	2	1
(Serial Nos. 170000-Up)						
DeLuxe, 4-cyl., 94.5" wb, 25 hp						
2d Sed	400	1200	2000	4000	7000	10,000
Conv	450	1400	2300	4600	8100	11,500
NOTE: Add 10 percent for sunroof.						
Transporter, 4-cyl., 94.5" wb, 25 hp						
DeL Van	600	1850	3100	6200	10,900	15,500
Kombi	500	1550	2600	5200	9100	13,000
NOTE: Overdrive is standard equipment.						
1952-1953						
(Serial Nos. 1-0264198-Up)						
DeLuxe 4-cyl., 94.5" wb, 25 hp						
2d Sed	400	1200	2000	4000	7000	10,000
Conv	550	1700	2800	5600	9800	14,000
NOTE: Add 10 percent for sunroof.						
Transporter, 4-cyl., 94.5" wb, 25 hp						
DeL Van	600	1850	3100	6200	10,900	15,500
Kombi	500	1550	2600	5200	9100	13,000
1953						
(Serial Nos. later than March 1953)						
DeLuxe, 4-cyl., 94.5" wb, 25 hp						
2d Sed	450	1140	1900	3800	6650	9500
Conv	400	1250	2100	4200	7400	10,500
NOTE: Add 10 percent for sunroof.						
Transporter, 4-cyl., 94.5" wb, 25 hp						
DeL Van	500	1550	2600	5200	9100	13,000
Kombi	600	1850	3100	6200	10,900	15,500
1954						
DeLuxe, 4-cyl., 94.5" wb, 36 hp						
2d Sed	450	1140	1900	3800	6650	9500
Conv	400	1250	2100	4200	7400	10,500
NOTE: Add 10 percent for sunroof.						
Station Wagons, 4-cyl., 94.5" wb, 30 hp						
Microbus	550	1800	3000	6000	10,500	15,000
DeL Microbus	600	1850	3100	6200	10,900	15,500
NOTE: Microbus 165" overall; DeLuxe Microbus 166.1" overall; Beetle 160.3" overall.						
1955						
DeLuxe, 4-cyl., 94.5" wb, 36 hp						
2d Sed	450	1140	1900	3800	6650	9500
Conv	400	1250	2100	4200	7400	10,500
NOTE: Add 10 percent for sunroof.						
Station Wagon, 4-cyl., 94.5" wb, 36 hp						
Kombi	500	1550	2600	5200	9100	13,000
Microbus	550	1800	3000	6000	10,500	15,000
Microbus DeL	600	1850	3100	6200	10,900	15,500
NOTE: Factory prices given above are estimates.						
1956						
DeLuxe, 4-cyl., 94.5" wb, 36 hp						
2d Sed	450	1140	1900	3800	6650	9500
Conv	400	1250	2100	4200	7400	10,500
NOTE: Add 10 percent for sunroof.						
Karmann-Ghia, 4-cyl., 94.5" wb, 36 hp						
Cpe	450	1450	2400	4800	8400	12,000
Station Wagons, 4-cyl., 94.5" wb, 36 hp						
Kombi	500	1550	2600	5200	9100	13,000
Microbus	600	1900	3200	6400	11,200	16,000
Microbus DeL	600	2000	3300	6600	11,600	16,500
1957						
Beetle, 4-cyl., 94.5" wb, 36 hp						
2d Sed	450	1140	1900	3800	6650	9500
Conv	400	1250	2100	4200	7400	10,500
NOTE: Add 10 percent for sunroof.						
Karmann-Ghia, 4-cyl., 94.5" wb, 36 hp						
Cpe	400	1200	2000	4000	7000	10,000
Station Wagons, 4-cyl., 94.5" wb, 36 hp						
Kombi	550	1700	2800	5600	9800	14,000
Microbus	650	2100	3500	7000	12,300	17,500
Microbus SR	700	2150	3600	7200	12,600	18,000
Camper	700	2300	3800	7600	13,300	19,000
NOTE: Add 10 percent for sunroof.						
1958						
Beetle, 4-cyl., 94.5" wb, 36 hp						
2d DeL Sed	450	1080	1800	3600	6300	9000

	6	5	4	3	2	1
Conv	400	1200	2000	4000	7000	10,000
Karmann-Ghia, 4-cyl., 94.5" wb, 36 hp						
Cpe	450	1450	2400	4800	8400	12,000
Conv	500	1550	2600	5200	9100	13,000
Station Wagons, 4-cyl., 94.5" wb, 36 hp						
Kombi	550	1700	2800	5600	9800	14,000
Microbus	700	2200	3700	7400	13,000	18,500
Microbus DeL SR	700	2300	3800	7600	13,300	19,000
Camper	750	2400	4000	8000	14,000	20,000

1959
	6	5	4	3	2	1
Beetle, 4-cyl., 94.5" wb, 36 hp						
2d Sed	450	1080	1800	3600	6300	9000
Conv	400	1200	2000	4000	7000	10,000

NOTE: Add 10 percent for sunroof.

	6	5	4	3	2	1
Karmann-Ghia, 4-cyl., 94.5" wb, 36 hp						
Cpe	450	1450	2400	4800	8400	12,000
Conv	500	1550	2600	5200	9100	13,000
Station Wagons, 4-cyl., 94.5" wb, 36 hp						
Kombi	550	1700	2800	5600	9800	14,000
Microbus	700	2300	3800	7600	13,300	19,000
Microbus DeL SR	850	2650	4400	8800	15,400	22,000
Camper	750	2450	4100	8200	14,400	20,500

1960
	6	5	4	3	2	1
Beetle, 4-cyl., 94.5" wb, 36 hp						
2d DeL Sed	450	1080	1800	3600	6300	9000
Conv	400	1200	2000	4000	7000	10,000
Karmann-Ghia, 4-cyl., 94.5" wb, 36 hp						
Cpe	450	1450	2400	4800	8400	12,000
Conv	500	1550	2600	5200	9100	13,000
Station Wagons, 4-cyl., 94.5" wb, 36 hp						
Kombi	550	1700	2800	5600	9800	14,000
Microbus	700	2300	3800	7600	13,300	19,000
Microbus DeL SR	850	2650	4400	8800	15,400	22,000
Camper	750	2450	4100	8200	14,400	20,500

NOTE: Add 10 percent for sunroof.

1961
	6	5	4	3	2	1
Beetle, 4-cyl., 94.5" wb, 40 hp						
2d DeL Sed	450	1080	1800	3600	6300	9000
Conv	400	1200	2000	4000	7000	10,000
Karmann-Ghia, 4-cyl., 94.5" wb, 40 hp						
Cpe	450	1450	2400	4800	8400	12,000
Conv	500	1550	2600	5200	9100	13,000
Station Wagons, 4-cyl., 94.5" wb, 40 hp						
Kombi	550	1700	2800	5600	9800	14,000
Sta Wag	750	2400	4000	8000	14,000	20,000
Sta Wag DeL/SR	850	2750	4600	9200	16,100	23,000
Camper	800	2600	4300	8600	15,100	21,500

NOTE: Add 5 percent for extra seats (sta. wag.).

1962
	6	5	4	3	2	1
Beetle, 4-cyl., 94.5" wb, 40 hp						
2d DeL Sed	450	1080	1800	3600	6300	9000
Conv	400	1200	2000	4000	7000	10,000

NOTE: Add 10 percent for sunroof.

	6	5	4	3	2	1
Karmann-Ghia, 4-cyl., 94.5" wb, 40 hp						
Cpe	400	1300	2200	4400	7700	11,000
Conv	450	1450	2400	4800	8400	12,000
Station Wagons, 4-cyl., 94.5" wb, 40 hp						
Kombi	550	1700	2800	5600	9800	14,000
Sta Wag	750	2450	4100	8200	14,400	20,500
DeL Sta Wag	850	2750	4600	9200	16,100	23,000
Camper	850	2650	4400	8800	15,400	22,000

1963
	6	5	4	3	2	1
Beetle, 4-cyl., 94.5" wb, 40 hp						
2d DeL Sed	350	1020	1700	3400	5950	8500
Conv	450	1140	1900	3800	6650	9500

NOTE: Add 10 percent for sunroof.

	6	5	4	3	2	1
Karmann-Ghia, 4-cyl., 94.5" wb, 40 hp						
Cpe	400	1300	2200	4400	7700	11,000
Conv	450	1450	2400	4800	8400	12,000
Station Wagons, 4-cyl., 94.5" wb, 40 hp						
Kombi	550	1700	2800	5600	9800	14,000
Sta Wag	750	2450	4100	8200	14,400	20,500
DeL Sta Wag	850	2750	4600	9200	16,100	23,000
Camper	850	2650	4400	8800	15,400	22,000

1964	6	5	4	3	2	1
Beetle, 4-cyl., 94.5" wb, 40 hp						
2d DeL Sed	350	1020	1700	3400	5950	8500
Conv	450	1140	1900	3800	6650	9500
NOTE: Add 10 percent for sunroof.						
Karmann-Ghia, 4-cyl., 94.5" wb, 40 hp						
Cpe	400	1300	2200	4400	7700	11,000
Conv	450	1450	2400	4800	8400	12,000
Sta. Wag. (1200 Series), 4-cyl., 94.5" wb, 40 hp						
Kombi	550	1700	2800	5600	9800	14,000
Sta Wag	750	2450	4100	8200	14,400	20,500
DeL Sta Wag	800	2600	4300	8600	15,100	21,500
Sta Wag (1500 Series), 4-cyl., 94.5" wb, 50 hp						
Kombi	550	1800	3000	6000	10,500	15,000
Sta Wag	800	2500	4200	8400	14,700	21,000
DeL Sta Wag	850	2750	4600	9200	16,100	23,000
Camper	850	2750	4600	9200	16,100	23,000
1965						
Beetle, 4-cyl., 94.5" wb, 40 hp						
2d DeL Sed	350	1020	1700	3400	5950	8500
Conv	450	1140	1900	3800	6650	9500
NOTE: Add 10 percent for sunroof.						
Karmann-Ghia, 4-cyl., 94.5" wb, 40 hp						
Cpe	400	1200	2000	4000	7000	10,000
Conv	400	1300	2200	4400	7700	11,000
Sta. Wag. (1500 Series), 4-cyl., 94.5" wb, 40 hp						
Kombi	550	1700	2800	5600	9800	14,000
Sta Wag	750	2450	4100	8200	14,400	20,500
DeL Sta Wag	850	2750	4600	9200	16,100	23,000
Camper	850	2650	4400	8800	15,400	22,000
Commercial, (1500 Series), 4-cyl., 94.5" wb, 40 hp						
Panel	400	1300	2200	4400	7700	11,000
PU	450	1400	2300	4600	8100	11,500
Dbl Cab PU	450	1400	2300	4600	8100	11,600
1966						
Beetle, 50 hp						
2d DeL Sed	350	975	1600	3200	5600	8000
Conv	450	1080	1800	3600	6300	9000
NOTE: Add 10 percent for sunroof.						
Karmann Ghia, 53 hp						
Cpe	400	1200	2000	4000	7000	10,000
Conv	400	1300	2200	4400	7700	11,000
Sta. Wagon, 57 hp						
Kombi	550	1700	2800	5600	9800	14,000
Sta Wag	750	2450	4100	8200	14,400	20,500
DeL Sta Wag	850	2750	4600	9200	16,100	23,000
Camper	850	2650	4400	8800	15,400	22,000
1600 Series, 65 hp						
2d FBk Sed	200	700	1050	2050	3600	5100
2d SqBk Sed	200	700	1050	2100	3650	5200
NOTE: Add 10 percent for sunroof.						
Commercial						
Panel	400	1300	2200	4400	7700	11,000
PU	450	1400	2300	4600	8100	11,500
Dbl Cab PU	450	1400	2300	4600	8100	11,600
1967						
Beetle, 53 hp						
2d DeL Sed	350	1000	1650	3300	5750	8200
Conv	450	1120	1875	3750	6500	9300
NOTE: Add 10 percent for sunroof.						
Karmann Ghia, 53 hp						
Cpe	400	1200	2000	4000	7000	10,000
Conv	400	1300	2200	4400	7700	11,000
Station Wagon, 57 hp						
Kombi	550	1700	2800	5600	9800	14,000
Sta Wag	750	2450	4100	8200	14,400	20,500
DeL Sta Wag	850	2750	4600	9200	16,100	23,000
Camper	850	2650	4400	8800	15,400	22,000
1600 Series, 65 hp						
2d FBk Sed	200	650	1100	2150	3780	5400
2d SqBk Sed	200	670	1150	2250	3920	5600
NOTE: Add 10 percent for sunroof.						
Commercial						
Panel	400	1300	2200	4400	7700	11,000
PU	450	1400	2300	4600	8100	11,500
Dbl Cab PU	450	1400	2300	4600	8100	11,600

	6	5	4	3	2	1
1968						
Beetle, 53 hp						
2d Sed	350	975	1600	3200	5600	8000
Conv	450	1080	1800	3600	6300	9000
NOTE: Add 10 percent for sunroof.						
Karmann Ghia, 53 hp						
Cpe	400	1200	2000	4000	7000	10,000
Conv	400	1300	2200	4400	7700	11,000
1600 Series, 65 hp						
2d FBk Sed	200	650	1100	2150	3780	5400
2d SqBk Sed	200	670	1150	2250	3920	5600
NOTE: Add 10 percent for sunroof.						
Station Wagons, 57 hp						
Kombi	500	1550	2600	5200	9100	13,000
Sta Wag	700	2300	3800	7600	13,300	19,000
Camper	750	2400	4000	8000	14,000	20,000
Commercial						
Panel	400	1200	2000	4000	7000	10,000
PU	400	1250	2100	4200	7400	10,500
Dbl Cab PU	400	1250	2100	4200	7400	10,600
1969						
Beetle, 53 hp						
2d Sed	350	975	1600	3200	5600	8000
Conv	450	1080	1800	3600	6300	9000
NOTE: Add 10 percent for sunroof.						
Karmann Ghia, 53 hp						
Cpe	450	1080	1800	3600	6300	9000
Conv	400	1200	2000	4000	7000	10,000
1600 Series, 65 hp						
2d FBk Sed	150	600	950	1850	3200	4600
2d SqBk Sed	150	650	950	1900	3300	4700
NOTE: Add 10 percent for sunroof.						
Station Wagons, 57 hp						
Kombi	500	1550	2600	5200	9100	13,000
Sta Wag	700	2300	3800	7600	13,300	19,000
Camper	750	2350	3900	7800	13,700	19,500
Commercial						
Panel	400	1200	2000	4000	7000	10,000
PU	400	1250	2100	4200	7400	10,500
Dbl Cab PU	400	1250	2100	4200	7400	10,600
1970						
Beetle, 60 hp						
2d Sed	350	975	1600	3200	5600	8000
Conv	450	1080	1800	3600	6300	9000
NOTE: Add 10 percent for sunroof.						
Karmann Ghia, 60 hp						
Cpe	450	1080	1800	3600	6300	9000
Conv	400	1200	2000	4000	7000	10,000
1600 Series, 65 hp						
2d FBk Sed	150	600	900	1800	3150	4500
2d SqBk Sed	150	600	950	1850	3200	4600
NOTE: Add 10 percent for sunroof.						
Station Wagons, 60 hp						
Kombi	500	1550	2600	5200	9100	13,000
Sta Wag	700	2300	3800	7600	13,300	19,000
Camper	750	2350	3900	7800	13,700	19,500
Commercial						
Panel	400	1200	2000	4000	7000	10,000
PU	400	1250	2100	4200	7400	10,500
Dbl Cab PU	400	1250	2100	4200	7400	10,600
1971						
Beetle, 60 hp						
2d Sed	350	975	1600	3200	5600	8000
2d Sup Sed	350	1020	1700	3400	5950	8500
Conv	450	1140	1900	3800	6650	9500
NOTE: Add 10 percent for sunroof.						
Karmann Ghia						
Cpe	450	1080	1800	3600	6300	9000
Conv	400	1200	2000	4000	7000	10,000
Type 3, Sq. Back - 411						
2d SqBk Sed	200	660	1100	2200	3850	5500
3d 411 Sed	200	670	1150	2250	3920	5600
4d 411 Sed	200	670	1150	2250	3920	5600
2d Type 3 Sed	200	660	1100	2200	3850	5500
Transporter						
Kombi	450	1450	2400	4800	8400	12,000

	6	5	4	3	2	1
Sta Wag	550	1800	3000	6000	10,500	15,000
Sta Wag SR	550	1800	3050	6100	10,600	15,200
Campmobile	600	1850	3100	6200	10,900	15,500
Commercial						
Panel	450	1080	1800	3600	6300	9000
PU	450	1140	1900	3800	6650	9500
Dbl Cab PU	450	1150	1900	3850	6700	9600
1972						
Beetle, 60 hp						
2d Sed	350	975	1600	3200	5600	8000
2d Sup Sed	350	1020	1700	3400	5950	8500
Conv	450	1140	1900	3800	6650	9500
NOTE: Add 10 percent for sunroof.						
Karmann Ghia						
Cpe	450	1080	1800	3600	6300	9000
Conv	400	1200	2000	4000	7000	10,000
Type 3, Sq. Back, 411						
2d Sed	200	660	1100	2200	3850	5500
2d Sed Type 3	200	660	1100	2200	3850	5500
2d Sed 411	200	670	1150	2250	3920	5600
4d Sed AT 411	200	670	1150	2250	3920	5600
3d Wagon 411	200	685	1150	2300	3990	5700
NOTE: Add 10 percent for sunroof.						
Transporter						
Kombi	450	1450	2400	4800	8400	12,000
Sta Wag	550	1800	3000	6000	10,500	15,000
Campmobile	600	1850	3100	6200	10,900	15,500
Commercial						
Panel	450	1080	1800	3600	6300	9000
PU	450	1140	1900	3800	6650	9500
Dbl Cab PU	450	1150	1900	3850	6700	9600
1973						
Beetle, 46 hp						
2d Sed	350	975	1600	3200	5600	8000
2d Sup Sed	350	1020	1700	3400	5950	8500
Conv	450	1140	1900	3800	6650	9500
Karmann Ghia						
Cpe	450	1080	1800	3600	6300	9000
Conv	400	1200	2000	4000	7000	10,000
Type 3, Sq. Back, 412						
2d Sed SqBk	200	660	1100	2200	3850	5500
2d Sed Type 3	200	660	1100	2200	3850	5500
2d Sed 412	200	670	1150	2250	3920	5600
4d Sed 412	200	670	1150	2250	3920	5600
3d Sed 412	200	670	1150	2250	3920	5600
Thing Conv	200	720	1200	2400	4200	6000
Transporter						
Kombi	400	1300	2200	4400	7700	11,000
Sta Wag	550	1700	2800	5600	9800	14,000
Campmobile	550	1750	2900	5800	10,200	14,500
Panel	400	1250	2100	4200	7400	10,500
1974						
Beetle						
2d Sed	350	975	1600	3200	5600	8000
2d Sup Sed	350	1020	1700	3400	5950	8500
2d Sun Bug Sed	350	1040	1700	3450	6000	8600
Conv	450	1140	1900	3800	6650	9500
Karmann Ghia						
Cpe	350	1020	1700	3400	5950	8500
Conv	450	1140	1900	3800	6650	9500
Thing						
Conv	200	720	1200	2400	4200	6000
Dasher						
2d Sed	200	670	1200	2300	4060	5800
4d Sed	200	700	1200	2350	4130	5900
4d Wag	200	720	1200	2400	4200	6000
412						
2d Sed	200	670	1200	2300	4060	5800
4d Sed	200	700	1200	2350	4130	5900
3d Sed	200	700	1200	2350	4130	5900
Transporter						
Kombi	400	1300	2200	4400	7700	11,000
Sta Wag	500	1550	2600	5200	9100	13,000
Campmobile	500	1600	2700	5400	9500	13,500
Panel	400	1200	2000	4000	7000	10,000

1975	6	5	4	3	2	1
Beetle						
2d Sed	350	900	1500	3000	5250	7500
2d Sup Sed	350	950	1500	3050	5300	7600
Conv	450	1080	1800	3600	6300	9000
Rabbit						
2d Cus Sed	200	670	1150	2250	3920	5600
4d Cus Sed	200	685	1150	2300	3990	5700
NOTE: Add 5 percent for DeLuxe.						
Dasher						
2d Sed	200	670	1150	2250	3920	5600
4d Sed	200	670	1200	2300	4060	5800
HBk	200	700	1200	2350	4130	5900
4d Wag	200	720	1200	2400	4200	6000
Scirocco						
Cpe	350	770	1300	2550	4480	6400
Transporter						
Kombi	400	1250	2100	4200	7400	10,500
Sta Wag	450	1450	2400	4800	8400	12,000
Campmobile	450	1500	2500	5000	8800	12,500
Panel	450	1140	1900	3800	6650	9500
1976						
Beetle						
2d Sed	350	840	1400	2800	4900	7000
Conv	450	1080	1800	3600	6300	9000
Rabbit						
2d Sed	150	600	950	1850	3200	4600
2d Cus Sed	150	650	950	1900	3300	4700
4d Cus Sed	150	650	950	1900	3300	4700
NOTE: Add 10 percent for DeLuxe.						
Dasher						
2d Sed	150	650	950	1900	3300	4700
4d Sed	200	675	1000	1950	3400	4900
4d Wag	200	700	1050	2100	3650	5200
Scirocco						
Cpe	200	670	1200	2300	4060	5800
Transporter						
Kombi	400	1250	2100	4200	7400	10,500
Sta Wag	450	1450	2400	4800	8400	12,000
Campmobile	450	1500	2500	5000	8800	12,500
1977						
Beetle						
2d Sed	350	840	1400	2800	4900	7000
Conv	450	1080	1800	3600	6300	9000
Rabbit						
2d Sed	150	600	950	1850	3200	4600
2d Cus Sed	150	650	950	1900	3300	4700
4d Cus Sed	150	650	950	1900	3300	4700
NOTE: Add 10 percent for DeLuxe.						
Dasher						
2d Sed	150	650	950	1900	3300	4700
4d Sed	200	675	1000	1950	3400	4900
4d Wag	200	700	1050	2100	3650	5200
Scirocco						
Cpe	200	700	1200	2350	4130	5900
Transporter						
Kombi	400	1200	2000	4000	7000	10,000
Sta Wag	450	1450	2400	4800	8400	12,000
Campmobile	450	1500	2500	5000	8800	12,500
1978						
2d Conv Beetle	400	1300	2200	4400	7700	11,000
2d Rabbit	150	600	900	1800	3150	4500
2d Cus Rabbit	150	600	950	1850	3200	4600
4d Cus Rabbit	150	600	950	1850	3200	4600
2d DeL Rabbit	150	650	950	1900	3300	4700
4d DeL Rabbit	150	650	950	1900	3300	4700
2d Dasher	200	675	1000	2000	3500	5000
4d Dasher	200	675	1000	2000	3500	5000
4d Dasher Sta Wag	200	700	1050	2050	3600	5100
2d Scirocco Cpe	200	660	1100	2200	3850	5500
Transporter						
Kombi	400	1200	2000	4000	7000	10,000
Sta Wag	450	1450	2400	4800	8400	12,000
Campmobile	450	1500	2500	5000	8800	12,500
1979						
2d Beetle Conv	450	1400	2300	4600	8100	11,500

	6	5	4	3	2	1
2d Rabbit	150	600	900	1800	3150	4500
2d Cus Rabbit	150	600	950	1850	3200	4600
4d Cus Rabbit	150	600	950	1850	3200	4600
2d DeL Rabbit	150	650	950	1900	3300	4700
4d DeL Rabbit	150	650	950	1900	3300	4700
2d Dasher HBk	200	675	1000	2000	3500	5000
4d Dasher HBk	200	675	1000	2000	3500	5000
4d Dasher Sta Wag	200	700	1050	2050	3600	5100
2d Scirocco Cpe	200	660	1100	2200	3850	5500
Transporter						
Kombi	400	1200	2000	4000	7000	10,000
Sta Wag	450	1450	2400	4800	8400	12,000
Campmobile	450	1500	2500	5000	8800	12,500
1980						
2d Rabbit Conv	350	770	1300	2550	4480	6400
2d Cus Rabbit	150	500	800	1600	2800	4000
4d Cus Rabbit	150	500	800	1600	2800	4000
2d DeL Rabbit	150	550	850	1650	2900	4100
4d DeL Rabbit	150	550	850	1650	2900	4100
2d Jetta	150	575	900	1750	3100	4400
4d Jetta	150	575	900	1750	3100	4400
2d Dasher	150	575	875	1700	3000	4300
4d Dasher	150	575	875	1700	3000	4300
4d Dasher Sta Wag	150	575	900	1750	3100	4400
2d Scirocco Cpe	150	600	950	1850	3200	4600
2d Scirocco Cpe S	150	650	975	1950	3350	4800
Cus PU	150	600	950	1850	3200	4600
LX PU	150	650	950	1900	3300	4700
Spt PU	150	650	975	1950	3350	4800
Vanagon Transporter						
Kombi	350	900	1500	3000	5250	7500
Sta Wag	350	1020	1700	3400	5950	8500
Campmobile	400	1200	2000	4000	7000	10,000
1981						
2d Rabbit Conv	200	750	1275	2500	4400	6300
2d Rabbit	150	500	800	1600	2800	4000
2d Rabbit L	150	500	800	1600	2800	4000
4d Rabbit L	150	500	800	1600	2800	4000
2d Rabbit LS	150	550	850	1650	2900	4100
4d Rabbit LS	150	550	850	1650	2900	4100
2d Rabbit S	150	550	850	1675	2950	4200
2d Jetta	150	575	900	1750	3100	4400
4d Jetta	150	575	900	1750	3100	4400
4d Dasher	150	550	850	1675	2950	4200
2d Scirocco Cpe	150	600	950	1850	3200	4600
2d Scirocco Cpe S	150	650	950	1900	3300	4700
PU	150	600	950	1850	3200	4600
LX PU	150	650	950	1900	3300	4700
Spt PU	150	650	975	1950	3350	4800
Vanagon Transporter						
Kombi	350	900	1500	3000	5250	7500
Sta Wag	350	1020	1700	3400	5950	8500
Campmobile	400	1200	2000	4000	7000	10,000
1982						
2d Rabbit Conv	200	730	1250	2450	4270	6100
2d Rabbit	150	500	800	1600	2800	4000
2d Rabbit L	150	550	850	1650	2900	4100
4d Rabbit L	150	500	800	1600	2800	4000
2d Rabbit LS	150	550	850	1650	2900	4100
4d Rabbit LS	150	550	850	1650	2900	4100
2d Rabbit S	150	550	850	1675	2950	4200
2d Jetta	150	575	875	1700	3000	4300
4d Jetta	150	575	875	1700	3000	4300
2d Scirocco Cpe	150	650	950	1900	3300	4700
2d Quantum Cpe	200	675	1000	2000	3500	5000
4d Quantum	200	675	1000	2000	3500	5000
4d Quantum Sta Wag	200	700	1050	2050	3600	5100
PU	150	600	950	1850	3200	4600
LX PU	150	650	950	1900	3300	4700
Spt PU	150	650	975	1950	3350	4800
Vanagon						
Sta Wag	350	900	1500	3000	5250	7500
Campmobile	400	1200	2000	4000	7000	10,000
1983						
2d Rabbit Conv	200	745	1250	2500	4340	6200

	6	5	4	3	2	1
2d Rabbit L	150	500	800	1600	2800	4000
4d Rabbit L	150	500	800	1600	2800	4000
2d Rabbit LS	150	500	800	1600	2800	4000
4d Rabbit LS	150	500	800	1600	2800	4000
2d Rabbit GL	150	550	850	1650	2900	4100
4d Rabbit GL	150	550	850	1650	2900	4100
2d Rabbit GTi	150	600	900	1800	3150	4500
2d Jetta	150	575	900	1750	3100	4400
4d Jetta	150	575	900	1750	3100	4400
2d Scirocco Cpe	200	700	1050	2050	3600	5100
2d Quantum Cpe	200	700	1050	2050	3600	5100
4d Quantum	200	700	1050	2050	3600	5100
4d Quantum Sta Wag	200	700	1050	2100	3650	5200
PU	150	600	950	1850	3200	4600
LX PU	150	650	950	1900	3300	4700
Spt PU	150	650	975	1950	3350	4800
Vanagon						
Sta Wag	350	900	1500	3000	5250	7500
Campmobile	400	1200	2000	4000	7000	10,000
1984						
2d Rabbit Conv	350	820	1400	2700	4760	6800
2d Rabbit L HBk	150	500	800	1600	2800	4000
4d Rabbit L HBk	150	550	850	1650	2900	4100
4d Rabbit GL HBk	150	600	900	1800	3150	4500
2d Rabbit GTi HBk	200	675	1000	2000	3500	5000
2d Jetta Sed	150	650	975	1950	3350	4800
4d Jetta Sed	200	675	1000	1950	3400	4900
4d Jetta GL Sed	200	675	1000	2000	3500	5000
4d Jetta GLi Sed	200	700	1050	2100	3650	5200
2d Scirocco Cpe	200	675	1000	2000	3500	5000
4d Quantum GL Sed	150	650	975	1950	3350	4800
4d Quantum GL Sta Wag	150	650	950	1900	3300	4700
1985						
2d Golf HBk	150	550	850	1650	2900	4100
2d Golf GTi HBk	150	600	900	1800	3150	4500
4d Golf HBk	150	550	850	1675	2950	4200
2d Jetta Sed	150	550	850	1675	2950	4200
4d Jetta Sed	150	575	875	1700	3000	4300
NOTE: Add 5 percent for GL and GLi option.						
2d Cabr Conv	350	900	1500	3000	5250	7500
2d Scirocco Cpe	150	600	900	1800	3150	4500
4d Quantum Sed	150	575	875	1700	3000	4300
4d Quantum Sta Wag	150	575	900	1750	3100	4400
Vanagon Sta Wag	350	840	1400	2800	4900	7000
Vanagon Camper	400	1200	2000	4000	7000	10,000
1986						
2d Golf HBk	200	670	1150	2250	3920	5600
2d Golf GTi HBk	200	720	1200	2400	4200	6000
4d Golf HBk	200	685	1150	2300	3990	5700
2d Jetta Sed	200	685	1150	2300	3990	5700
4d Jetta Sed	200	670	1200	2300	4060	5800
NOTE: Add 5 percent for GL and GLi option.						
2d Cabr Conv	450	1140	1900	3800	6650	9500
2d Scirocco Cpe	200	720	1200	2400	4200	6000
4d Quantum GL Sed	200	670	1200	2300	4060	5800
Vanagon Sta Wag	350	975	1600	3200	5600	8000
Vanagon Camper	400	1200	2000	4000	7000	10,000
1987						
Fox						
2d Sed	200	685	1150	2300	3990	5700
4d GL Sed	200	670	1200	2300	4060	5800
2d GL Sta Wag	200	700	1200	2350	4130	5900
Cabriolet						
2d Conv	450	1170	1975	3900	6850	9800
Golf						
2d HBk GL	200	670	1200	2300	4060	5800
4d GL HBk	200	700	1200	2350	4130	5900
2d GT HBk	200	700	1200	2350	4130	5900
4d GT HBk	200	720	1200	2400	4200	6000
2d GTi HBk	350	820	1400	2700	4760	6800
2d GTi HBk 16V	350	950	1550	3150	5450	7800
Jetta						
2d Sed	200	700	1200	2350	4130	5900
4d Sed	200	720	1200	2400	4200	6000
4d GL Sed	200	745	1250	2500	4340	6200

	6	5	4	3	2	1
4d GLi Sed	350	830	1400	2950	4830	6900
4d GLi Sed 16V	350	975	1600	3200	5500	7900
Scirocco						
2d Cpe	200	745	1250	2500	4340	6200
2d Cpe 16V	350	860	1450	2900	5050	7200
Quantum						
4d GL Sed	200	720	1200	2400	4200	6000
4d Sta Wag	200	730	1250	2450	4270	6100
4d GL Sta Wag	200	750	1275	2500	4400	6300
Vanagon						
Sta Wag	350	975	1600	3200	5600	8000
GL Sta Wag	350	1020	1700	3400	5950	8500
Camper	400	1200	2000	4000	7000	10,000
GL Camper	400	1200	2050	4100	7100	10,200
1988						
Fox						
2d Sed	200	675	1000	2000	3500	5000
4d GL Sed	200	700	1050	2100	3650	5200
2d GL Sta Wag	200	660	1100	2200	3850	5500
Cabriolet						
2d Conv	400	1300	2200	4400	7700	11,000
Golf						
2d HBk	200	660	1100	2200	3850	5500
2d GL HBk	200	720	1200	2400	4200	6000
4d GL HBk	200	745	1250	2500	4340	6200
2d GT HBk	350	790	1350	2650	4620	6600
4d GT HBk	350	820	1400	2700	4760	6800
2d GTi HBk	350	830	1400	2950	4830	6900
Jetta						
2d Sed	350	820	1400	2700	4760	6800
4d Sed	350	850	1450	2850	4970	7100
4d GL Sed	350	880	1500	2950	5180	7400
4d Sed Carat	350	900	1500	3000	5250	7500
4d GLi Sed	350	1020	1700	3400	5950	8500
Scirocco						
2d Cpe	350	820	1400	2700	4760	6800
Quantum						
4d GL Sed	200	745	1250	2500	4340	6200
4d GL Sta Wag	200	745	1250	2500	4340	6200
Vanagon						
GL Sta Wag	400	1250	2100	4200	7400	10,500
GL Camper	450	1450	2400	4800	8400	12,000
1989						
Fox						
2d Sed	200	700	1050	2100	3650	5200
2d GL Sed	200	660	1100	2200	3850	5500
4d GL Sed	200	685	1150	2300	3990	5700
4d GL Sta Wag	200	700	1200	2350	4130	5900
Cabriolet						
2d Conv	450	1400	2300	4600	8100	11,500
Golf						
2d HBk	200	685	1150	2300	3990	5700
2d GL HBk	200	730	1250	2450	4270	6100
4d GL HBk	200	745	1250	2500	4340	6200
2d GTi HBk	350	840	1400	2800	4900	7000
Jetta						
2d Sed	350	840	1400	2800	4900	7000
4d Sed	350	860	1450	2900	5050	7200
4d GL Sed	350	900	1500	3000	5250	7500
4d Sed Carat	350	950	1500	3050	5300	7600
4d GLi Sed	350	1040	1750	3500	6100	8700
Vanagon						
GL Sta Wag	400	1300	2200	4400	7700	11,000
GL Camper	450	1500	2500	5000	8800	12,500
Carat Sta Wag	450	1500	2500	5000	8800	12,500
1990						
Fox, 4-cyl.						
2d Sed	200	675	1000	2000	3500	5000
4d Sed	200	660	1100	2200	3850	5500
2d Sta Wag	200	670	1200	2300	4060	5800
4d Spt Sed	200	670	1150	2250	3920	5600
Cabriolet, 4-cyl.						
2d Conv	400	1300	2200	4400	7700	11,000
Golf, 4-cyl.						
2d GL HBk	200	720	1200	2400	4200	6000

	6	5	4	3	2	1
4d GL HBk	200	730	1250	2450	4270	6100
2d GTi HBk	350	830	1400	2950	4830	6900
Jetta, 4-cyl.						
2d GL Sed	350	870	1450	2900	5100	7300
4d GL Sed	350	880	1500	2950	5180	7400
4d GL Sed Diesel	350	820	1400	2700	4760	6800
4d Carat Sed	350	900	1500	3000	5250	7500
4d GLi Sed	350	1020	1700	3400	5950	8500
Passat, 4-cyl.						
4d Sed	350	1020	1700	3400	5950	8500
4d Sta Wag	450	1080	1800	3600	6300	9000
Corrado, 4-cyl.						
2d Cpe	450	1140	1900	3800	6650	9500
1991						
Fox						
2d Sed	125	380	650	1300	2250	3200
4d GL Sed	125	450	700	1400	2450	3500
Cabriolet						
2d Conv	350	1020	1700	3400	5950	8500
Golf						
2d GL HBk	200	675	1000	2000	3500	5000
2d GTi HBk	350	780	1300	2600	4550	6500
2d GTi HBk 16V	350	840	1400	2800	4900	7000
4d GL HBk	200	685	1150	2300	3990	5700
Jetta						
2d GL Sed	200	660	1100	2200	3850	5500
4d GL Sed	200	685	1150	2300	3990	5700
4d GL Sed Diesel	150	600	900	1800	3150	4500
4d Carat Sed	200	745	1250	2500	4340	6200
4d GLi Sed 16V	350	840	1400	2800	4900	7000
Passat						
4d GL Sed	350	780	1300	2600	4550	6500
4d GL Sta Wag	350	840	1400	2800	4900	7000
Corrado						
2d Cpe	350	1020	1700	3400	5950	8500
1992						
Fox, 4-cyl.						
2d Sed	150	500	800	1600	2800	4000
4d GL Sed	150	600	900	1800	3150	4500
Golf, 4-cyl.						
2d GL HBk	200	720	1200	2400	4200	6000
4d GL HBk	350	780	1300	2600	4550	6500
2d GTi HBk	350	840	1400	2800	4900	7000
2d GTi HBk 16V	350	900	1500	3000	5250	7500
Cabriolet, 4-cyl.						
2d Conv	350	1020	1700	3400	5950	8500
Jetta, 4-cyl.						
4d GL Sed	350	780	1300	2600	4550	6500
4d GL Sed Diesel	200	720	1200	2400	4200	6000
4d Carat Sed	350	900	1500	3000	5250	7500
4d GLi Sed 16V	350	1020	1700	3400	5950	8500
Passat, 4-cyl.						
4d CL Sed	350	780	1300	2600	4550	6500
4d GL Sed	350	900	1500	3000	5250	7500
4d GL Sta Wag	350	1020	1700	3400	5950	8500
Corrado, 4-cyl.						
2d G60 Cpe	400	1200	2000	4000	7000	10,000
2d SLC Cpe	450	1450	2400	4800	8400	12,000

VOLVO

	6	5	4	3	2	1
1944-1950						
4-cyl., 102.4" wb, 1414 cc						
PV444 2d Sed	950	1100	1850	3700	6450	9200
1951						
4-cyl., 102.4" wb, 1414 cc						
PV444 2d Sed	450	1080	1800	3600	6300	9000
1952						
4-cyl., 104.4" wb, 1414 cc						
PV444 2d Sed	450	1080	1800	3600	6300	9000
1953						
4-cyl., 102.4" wb, 1414 cc						
PV444 2d Sed	450	1080	1800	3600	6300	9000

	6	5	4	3	2	1
1954						
4-cyl., 102.4" wb, 1414 cc						
PV444 2d Sed	450	1080	1800	3600	6300	9000
PV445 2d Sta Wag	450	1090	1800	3650	6400	9100
1955						
4-cyl., 102.4" wb, 1414 cc						
PV444 2d Sed	450	1080	1800	3600	6300	9000
PV445 2d Sta Wag	450	1090	1800	3650	6400	9100
1956						
4-cyl., 102.4" wb, 1414 cc						
PV444 2d Sed	450	1080	1800	3600	6300	9000
PV445 2d Sta Wag	450	1090	1800	3650	6400	9100
1957						
4-cyl., 102.4" wb, 1414 cc						
PV444 2d Sed	450	1080	1800	3600	6300	9000
PV445 2d Sta Wag	450	1090	1800	3650	6400	9100
4-cyl., 104.4" wb, 1583 cc						
4-cyl., 94.5" wb, 1414 cc						
P1900 conv	450	1500	2500	5000	8800	12,500
1958						
4-cyl., 102.4" wb, 1583 cc						
PV544 2d Sed	450	1080	1800	3600	6300	9000
PV445 2d Sta Wag	450	1090	1800	3650	6400	9100
1959						
4-cyl., 102.4" wb, 1583 cc						
PV544 2d Sed	450	1080	1800	3600	6300	9000
PV445 2d Sta Wag	450	1090	1800	3650	6400	9100
122S 4d Sed	450	1140	1900	3800	6650	9500
1960						
4-cyl., 102.4" wb, 1583 cc						
PV544 2d Sed	450	1080	1800	3600	6300	9000
PV445 2d Sta Wag	450	1120	1875	3750	6500	9300
122S 4d Sed	450	1140	1900	3800	6650	9500
1961						
4-cyl., 102.4" wb, 1583 cc						
PV544 2d Sed	350	1020	1700	3400	5950	8500
P210 2d Sta Wag	450	1050	1750	3550	6150	8800
122 4d Sed	450	1080	1800	3600	6300	9000
4-cyl., 96.5" wb, 1778 cc						
P1800 Cpe	450	1080	1800	3600	6300	9000
1962						
4-cyl., 102.4" wb, 1583 cc						
P210 2d Sta Wag	350	1040	1750	3500	6100	8700
4-cyl., 102.4" wb, 1778 cc						
PV544 2d Sed	350	975	1600	3200	5600	8000
122S 4d Sed	350	900	1500	3000	5250	7500
122S 2d Sed	350	950	1550	3100	5400	7700
122S 4d Sta Wag	350	975	1600	3200	5600	8000
4-cyl., 96.5" wb, 1778 cc						
P1800 Cpe	450	1080	1800	3600	6300	9000
1963						
4-cyl., 102.4" wb, 1778 cc						
PV544 2d Sed	350	1040	1750	3500	6100	8700
210 2d Sta Wag	450	1050	1750	3550	6150	8800
P122S 4d Sed	350	975	1600	3200	5600	8000
P122S 2d Sed	350	1000	1650	3300	5750	8200
P122S 4d Sta Wag	350	1020	1700	3400	5950	8500
4-cyl., 96.5" wb, 1778 cc						
1800S Cpe	450	1080	1800	3600	6300	9000
1964						
4-cyl., 102.4" wb, 1778 cc						
PV544 2d Sed	350	1040	1750	3500	6100	8700
P210 2d Sta Wag	450	1140	1900	3800	6650	9500
122S 4d Sed	350	975	1600	3200	5600	8000
122S 2d Sed	350	1000	1650	3300	5750	8200
122S 4d Sta Wag	350	1020	1700	3400	5950	8500
4-cyl., 96.5" wb, 1778 cc						
1800S Cpe	450	1140	1900	3800	6650	9500
1965						
4-cyl., 102.4" wb, 1778 cc						
PV544 2d Sed	350	1020	1700	3400	5950	8500
P210 Sta Wag	450	1080	1800	3600	6300	9000
122S 4d Sed	350	1000	1650	3300	5750	8200
122S 2d Sed	350	975	1600	3200	5600	8000

	6	5	4	3	2	1
122S 4d Sta Wag	350	1020	1700	3400	5950	8500
4-cyl., 96.5" wb, 1778 cc						
1800S Cpe	400	1200	2000	4000	7000	10,000
1966						
4-cyl., 102.4" wb, 1778 cc						
210S 2d Sta Wag	450	1080	1800	3600	6300	9000
122S 4d Sed	350	975	1600	3200	5600	8000
122S 2d Sed	350	1000	1650	3300	5750	8200
122S 4d Sta Wag	350	1020	1700	3400	5950	8500
4-cyl., 96.5" wb, 1778 cc						
1800S Cpe	450	1080	1800	3600	6300	9000
1967						
4-cyl., 102.4" wb, 1778 cc						
P210 2d Sta Wag	450	1140	1900	3800	6650	9500
122S 2d Sed	350	1000	1650	3300	5750	8200
122S 4d Sed	350	975	1600	3200	5600	8000
122S 4d Sta Wag	350	1020	1700	3400	5950	8500
4-cyl., 96.5" wb, 1778 cc						
123 GT	450	1080	1800	3600	6300	9000
1800S Cpe	400	1250	2100	4200	7400	10,500
1968						
4-cyl., 102.4" wb, 1778 cc						
122S 2d Sed	350	1000	1650	3300	5750	8200
122S 4d Sta Wag	350	1020	1700	3400	5950	8500
123 GT	450	1080	1800	3600	6300	9000
142S 2d Sed	350	900	1500	3000	5250	7500
144 4d Sed	350	870	1450	2900	5100	7300
4-cyl., 96.5" wb, 1778 cc						
1800S Cpe	400	1200	2000	4000	7000	10,000
1969						
4-cyl., 102.4" wb, 1986 cc						
142S 2d Sed	350	975	1600	3250	5700	8100
144S 4d Sed	350	975	1600	3200	5600	8000
145S 4d Sta Wag	350	1000	1650	3300	5750	8200
4-cyl., 96.5" wb, 1986 cc						
1800S Cpe	400	1250	2100	4200	7400	10,500
1970						
4-cyl., 102.4" wb, 1986 cc						
142 2d Sed	350	1000	1650	3300	5750	8200
144 4d Sed	350	975	1600	3250	5700	8100
145 4d Sta Wag	350	975	1600	3250	5700	8100
4-cyl., 96.5" wb, 1986 cc						
1800E Cpe	400	1250	2100	4200	7400	10,500
6-cyl., 106.3" wb, 2978 cc						
164 4d Sed	350	900	1500	3000	5250	7500
1971						
4-cyl., 103.2" wb, 1986 cc						
142 2d Sed	350	950	1550	3100	5400	7700
144 4d Sed	350	900	1500	3000	5250	7500
145 4d Sta Wag	350	975	1600	3200	5500	7900
4-cyl., 96.5" wb, 1986 cc						
1800E Cpe	400	1300	2200	4400	7700	11,000
6-cyl., 107" wb, 2978 cc						
164 4 dr Sed	350	950	1500	3050	5300	7600
1972						
4-cyl., 103.2" wb, 1986 cc						
142 2d Sed	350	950	1550	3150	5450	7800
144 4d Sed	350	950	1550	3100	5400	7700
145 4d Sta Wag	350	975	1600	3200	5600	8000
4-cyl., 96.5" wb, 1986 cc						
1800E Cpe	400	1300	2200	4400	7700	11,000
1800ES Spt Wag	450	1400	2300	4600	8100	11,500
6-cyl., 107" wb, 2978 cc						
164 4d Sed	350	950	1500	3050	5300	7600
1973						
4-cyl., 103.2" wb, 1986 cc						
142 2d Sed	350	900	1500	3000	5250	7500
144 4d Sed	350	880	1500	2950	5180	7400
145 4d Sta Wag	350	950	1550	3100	5400	7700
4-cyl., 96.5" wb, 1986 cc						
1800ES Spt Wag	450	1450	2400	4800	8400	12,000
6-cyl., 107" wb, 2978 cc						
164E 4d Sed	350	900	1500	3000	5250	7500

	6	5	4	3	2	1
1974						
4-cyl., 103.2" wb, 1986 cc						
142 2d Sed	350	850	1450	2850	4970	7100
144 4d Sed	350	850	1450	2850	4970	7100
145 4d Sta Wag	350	870	1450	2900	5100	7300
142GL 2d Sed	350	860	1450	2900	5050	7200
144GL 4d Sed	350	860	1450	2900	5050	7200
6-cyl., 107" wb, 2978 cc						
164E 4d Sed	350	880	1500	2950	5180	7400
1975						
4-cyl., 103.9" wb, 2127 cc						
242 2d Sed	200	745	1250	2500	4340	6200
244 4d Sed	200	745	1250	2500	4340	6200
245 4d Sta Wag	350	780	1300	2600	4550	6500
242GL 2d Sed	350	770	1300	2550	4480	6400
244GL 4d Sed	350	770	1300	2550	4480	6400
6-cyl., 107" wb, 2978 cc						
164 4d Sed	350	780	1300	2600	4550	6500
1976						
4-cyl., 103.9" wb, 2127 cc						
242 2d Sed	350	780	1300	2600	4550	6500
244 4d Sed	350	780	1300	2600	4550	6500
245 4d Sta Wag	350	820	1400	2700	4760	6800
6-cyl., 103.9" wb, 2664 cc						
262GL 2d Sed	350	820	1400	2700	4760	6800
264 4d Sed	350	830	1400	2950	4830	6900
265 4d Sta Wag	350	850	1450	2850	4970	7100
264GL 4d Sed	350	840	1400	2800	4900	7000
1977						
4-cyl., 103.9" wb, 2127 cc						
242 2d Sed	350	820	1400	2700	4760	6800
244 4d Sed	350	820	1400	2700	4760	6800
245 4d Sta Wag	350	860	1450	2900	5050	7200
6-cyl., 103.9" wb, 2664 cc						
264GL 4d Sed	350	850	1450	2850	4970	7100
265GL 4d Sta Wag	350	870	1450	2900	5100	7300
262C 2d Cpe	400	1200	2000	4000	7000	10,000
1978						
244 4d	200	720	1200	2400	4200	6000
242GT 2d	200	730	1250	2450	4270	6100
242 2d	200	745	1250	2500	4340	6200
245 4d Sta Wag	200	750	1275	2500	4400	6300
264GL 4d	200	745	1250	2500	4340	6200
265GL 4d Sta Wag	350	770	1300	2550	4480	6400
262C 2d	400	1200	2000	4000	7000	10,000
1979						
242DL 2d	200	670	1200	2300	4060	5800
242GT 2d	200	700	1200	2350	4130	5900
244DL 4d	200	700	1200	2350	4130	5900
245DL 4d Sta Wag	200	720	1200	2400	4200	6000
245GL 4d	200	720	1200	2400	4200	6000
265GL 4d Sta Wag	200	730	1250	2450	4270	6100
262C 2d Cpe	400	1250	2100	4200	7400	10,500
1980						
DL 2d	200	700	1050	2100	3650	5200
DL GT 2d	200	650	1100	2150	3780	5400
DL 4d	200	650	1100	2150	3780	5400
DL 4d Sta Wag	200	685	1150	2300	3990	5700
GL 4d	200	685	1150	2300	3990	5700
GLE 4d	200	670	1200	2300	4060	5800
GLE 4d Sta Wag	200	700	1200	2350	4130	5900
GLE 2d Cpe Bertone	400	1200	2000	4000	7100	10,100
1981						
DL 2d	200	700	1050	2100	3650	5200
DL 4d	200	650	1100	2150	3780	5400
DL 4d Sta Wag	200	685	1150	2300	3990	5700
GL 2d	200	660	1100	2200	3850	5500
GL 4d	200	660	1100	2200	3850	5500
GLT 2d	200	660	1100	2200	3850	5500
GLT 4d Sta Wag	200	670	1200	2300	4060	5800
GLT 2d Turbo	200	720	1200	2400	4200	6000
GLT 4d Turbo	200	720	1200	2400	4200	6000
GLE 4d	200	720	1200	2400	4200	6000
2d Bertone Cpe	400	1250	2100	4200	7400	10,500

	6	5	4	3	2	1
1982						
DL 2d	200	700	1050	2100	3650	5200
DL 4d	200	700	1050	2100	3650	5200
DL 4d Sta Wag	200	700	1075	2150	3700	5300
GL 4d	200	700	1075	2150	3700	5300
GL 4d Sta Wag	200	650	1100	2150	3780	5400
GLT 2d	200	700	1075	2150	3700	5300
GLT 2d Turbo	200	685	1150	2300	3990	5700
GLT 4d Turbo	200	685	1150	2300	3990	5700
GLT 4d Sta Wag Turbo	200	685	1150	2300	3990	5700
GLE 4d	200	685	1150	2300	3990	5700
1983						
DL 2d	200	700	1050	2100	3650	5200
DL 4d	200	700	1050	2100	3650	5200
DL 4d Sta Wag	200	700	1075	2150	3700	5300
GL 4d	200	700	1075	2150	3700	5300
GL 4d Sta Wag	200	650	1100	2150	3780	5400
GLT 2d Turbo	200	700	1075	2150	3700	5300
GLT 4d Turbo	200	670	1150	2250	3920	5600
GLT 4d Sta Wag Turbo	200	685	1150	2300	3990	5700
760 GLE 4d	200	685	1150	2300	3990	5700
760 GLE 4d Turbo Diesel	200	670	1200	2300	4060	5800
1984						
DL 2d	350	900	1500	3000	5250	7500
DL 4d	350	975	1600	3200	5600	8000
DL 4d Sta Wag	350	1020	1700	3400	5950	8500
GL 4d	450	1080	1800	3600	6300	9000
GL 4d Sta Wag	450	1140	1900	3800	6650	9500
GLT 2d Turbo	400	1200	2000	4000	7000	10,000
GLT 4d Turbo	400	1250	2100	4200	7400	10,500
GLT 4d Sta Wag Turbo	400	1250	2100	4200	7400	10,500
760 GLE 4d	400	1250	2100	4200	7400	10,500
760 GLE 4d Turbo	400	1300	2200	4400	7700	11,000
760 GLE 4d Turbo Diesel	400	1200	2000	4000	7000	10,000
1985						
DL 4d Sed	350	900	1500	3000	5250	7500
DL 4d Sta Wag	350	950	1500	3050	5300	7600
GL 4d Sed	350	1020	1700	3400	5950	8500
GL 4d Sta Wag	350	1040	1700	3450	6000	8600
NOTE: Add 10 percent for Turbo.						
740 4d Sed	400	1250	2100	4200	7400	10,500
740 4d Sta Wag	400	1300	2200	4400	7700	11,000
NOTE: Deduct 10 percent for Diesel. Add 10 percent for Turbo.						
760 4d Sed	450	1450	2400	4800	8400	12,000
760 4d Sta Wag	450	1500	2500	5000	8800	12,500
NOTE: Deduct 10 percent for Diesel. Add 10 percent for Turbo.						
1986						
DL 4d Sed	450	1080	1800	3600	6300	9000
DL 4d Sta Wag	450	1090	1800	3650	6400	9100
GL 4d Sed	400	1250	2100	4200	7400	10,500
GL 4d Sta Wag	400	1250	2100	4200	7400	10,600
740 4d Sed	450	1500	2500	5000	8800	12,500
740 4d Sta Wag	500	1550	2600	5200	9100	13,000
NOTE: Deduct 10 percent for Diesel. Add 10 percent for Turbo.						
760 4d Sed	550	1700	2800	5600	9800	14,000
760 4d Sta Wag	550	1800	3000	6000	10,500	15,000
NOTE: Add 10 percent for Turbo.						
1987						
240						
DL 4d Sed	400	1200	2000	4000	7000	10,000
DL 4d Sta Wag	400	1300	2200	4400	7700	11,000
GL4d Sed	400	1300	2200	4400	7700	11,000
GL 4d Sta Wag	450	1450	2400	4800	8400	12,000
740						
GLE 4d Sed	450	1500	2500	5000	8800	12,500
Turbo GLE 4d Sed	550	1700	2800	5600	9800	14,000
GLE 4d Sta Wag	500	1550	2600	5200	9100	13,000
Turbo GLE 4d Sta Wag	550	1800	3000	6000	10,500	15,000
760						
Turbo GLE 4d Sed	600	1900	3200	6400	11,200	16,000
Turbo GLE 4d Sta Wag	650	2050	3400	6800	11,900	17,000

	6	5	4	3	2	1
780						
GLE 2d Cpe	850	2650	4400	8800	15,400	22,000
240						
DL 4d Sed	450	1140	1900	3800	6650	9500
DL 4d Sta Wag	400	1250	2100	4200	7400	10,500
GL 4d Sed	400	1250	2100	4200	7400	10,600
GL 4d Sta Wag	400	1250	2100	4200	7400	10,500
740						
GLE 4d Sed	450	1500	2500	5000	8800	12,500
GLE 4d Sta Wag	500	1550	2600	5200	9100	13,000
Turbo GLE 4d Sed	550	1700	2800	5600	9800	14,000
GLE Sta Wag	550	1800	3000	6000	10,500	15,000
760						
4d Sed	550	1700	2800	5600	9800	14,000
Turbo 4d Sed	600	1900	3200	6400	11,200	16,000
Turbo 4d Sta Wag	650	2050	3400	6800	11,900	17,000
780						
2d Cpe GLE	850	2650	4400	8800	15,400	22,000
1988						
240						
DL 4d Sed	450	1450	2400	4800	8400	12,000
DL 4d Sta Wag	500	1550	2600	5200	9100	13,000
GL 4d Sed	550	1700	2800	5600	9800	14,000
GL 4d Sta Wag	550	1800	3000	6000	10,500	15,000
740						
GLE 4d Sed	550	1800	3000	6000	10,500	15,000
GLE 4d Sta Wag	600	1900	3200	6400	11,200	16,000
Turbo GLE 4d Sed	750	2400	4000	8000	14,000	20,000
Turbo GLE 4d Sta Wag	800	2500	4200	8400	14,700	21,000
760						
4d Sed	850	2650	4400	8800	15,400	22,000
Turbo GLE 4d Sed	850	2750	4600	9200	16,100	23,000
Turbo GLE 4d Sta Wag	900	2900	4800	9600	16,800	24,000
780						
GLE 2d Cpe	1000	3100	5200	10,400	18,200	26,000
1989						
DL						
4d Sed	400	1300	2200	4400	7700	11,000
4d Sta Wag	450	1450	2400	4800	8400	12,000
GL						
4d Sed	450	1450	2400	4800	8400	12,000
4d Sta Wag	500	1550	2600	5200	9100	13,000
740 GL						
4d	550	1700	2800	5600	9800	14,000
4d Sta Wag	550	1800	3000	6000	10,500	15,000
740 GLE						
4d Sed (16V)	650	2050	3400	6800	11,900	17,000
4d Sta Wag (16V)	700	2150	3600	7200	12,600	18,000
740 (Turbo)						
4d Sed	700	2300	3800	7600	13,300	19,000
4d Sta Wag	750	2400	4000	8000	14,000	20,000
760 GLE						
4d Sed	850	2750	4600	9200	16,100	23,000
4d Sed (Turbo)	900	2900	4800	9600	16,800	24,000
4d Sta Wag (Turbo)	950	3000	5000	10,000	17,500	25,000
780						
2d Cpe	950	3000	5000	10,000	17,500	25,000
2d Cpe (Turbo)	1000	3100	5200	10,400	18,200	26,000
1990						
240, 4-cyl.						
4d Sed	400	1200	2000	4000	7000	10,000
4d Sta Wag	400	1300	2200	4400	7700	11,000
4d DL Sed	400	1300	2200	4400	7700	11,000
4d DL Sta Wag	450	1450	2400	4800	8400	12,000
740, 4-cyl.						
4d Sed	400	1300	2200	4400	7700	11,000
4d Sta Wag	450	1450	2400	4800	8400	12,000
4d GL Sed	500	1550	2600	5200	9100	13,000
4d GL Sta Wag	550	1700	2800	5600	9800	14,000
4d GLE Sed	550	1800	3000	6000	10,500	15,000
4d GLE Sta Wag	600	1900	3200	6400	11,200	16,000
4d Turbo Sed	650	2050	3400	6800	11,900	17,000
4d Turbo Sta Wag	700	2150	3600	7200	12,600	18,000
760, 6-cyl.						
4d GLE Sed	700	2300	3800	7600	13,300	19,000

	6	5	4	3	2	1
4d GLE Turbo Sed	750	2400	4000	8000	14,000	20,000
4d GLE Turbo Sta Wag	800	2500	4200	8400	14,700	21,000
780, 6-cyl.						
2d Cpe	800	2500	4200	8400	14,700	21,000
2d Turbo Cpe	850	2650	4400	8800	15,400	22,000
1991						
240						
4d Sed	450	1140	1900	3800	6650	9500
4d Sta Wag	450	1170	1975	3900	6850	9800
4d SE Sta Wag	400	1300	2200	4400	7700	11,000
740						
4d Sed	400	1300	2150	4300	7500	10,700
4d Turbo Sed	500	1550	2600	5200	9100	13,000
4d SE Turbo Sed	450	1500	2500	5000	8800	12,500
4d Sta Wag	500	1550	2600	5200	9100	13,000
4d Turbo Sta Wag	550	1700	2800	5600	9800	14,000
4d SE Turbo Sta Wag	550	1800	3000	6000	10,500	15,000
940						
4d GLE Sed 16V	500	1550	2600	5200	9100	13,000
4d Turbo Sed	550	1700	2800	5600	9800	14,000
4d SE Turbo Sed	550	1800	3000	6000	10,500	15,000
4d GLE Sta Wag 16V	550	1700	2800	5600	9800	14,000
4d Turbo Sta Wag	550	1800	3000	6000	10,500	15,000
4d SE Turbo Sta Wag	550	1800	3000	6000	10,500	15,000
780						
2d Turbo Cpe	700	2150	3600	7200	12,600	18,000
1992						
240, 4-cyl.						
4d Sed	400	1250	2100	4200	7400	10,500
4d Sta Wag	450	1400	2300	4600	8100	11,500
4d GL Sed	400	1300	2200	4400	7700	11,000
740, 4-cyl.						
4d Sed	400	1300	2200	4400	7700	11,000
4d Sta Wag	450	1450	2400	4800	8400	12,000
4d Turbo Sta Wag	550	1700	2800	5600	9800	14,000
940, 4-cyl.						
4d CL Sed	400	1300	2200	4400	7700	11,000
4d Turbo Sed	500	1600	2650	5300	9200	13,200
4d Turbo Sta Wag	550	1700	2850	5700	9900	14,200
960, 4-cyl.						
4d Sed 16V	500	1600	2650	5300	9300	13,300
4d Sta Wag 16V	550	1700	2850	5700	10,000	14,300

YUGO

	6	5	4	3	2	1
1986						
2d HBk GV	150	550	850	1650	2900	4100
1987						
2d HBk GV	150	550	850	1650	2900	4100
1988						
2d HBk GV	150	550	850	1650	2900	4100
2d HBk GVL	150	550	850	1675	2950	4200

The Standard Catalog of
American Cars

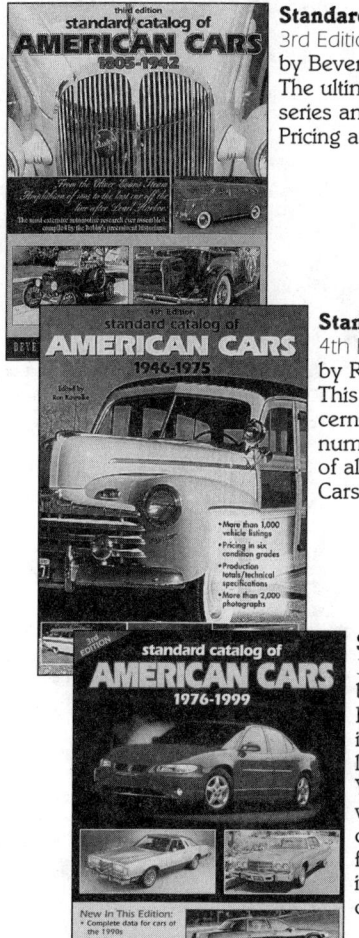

Standard Catalog of American Cars, 1805-1942
3rd Edition
by Beverly Rae Kimes & Henry Austin Clark, Jr., editors
The ultimate reference that completely details production numbers by
series and body styles, giving serial numbers, engines and chassis specs.
Pricing according to condition.

Softcover • 8-1/2 x 11 • 1,598 pages
5,000+ b&w photos
AB03 • $55.00

Standard Catalog of American Cars, 1946-1975
4th Edition
by Ron Kowalke, editor
This expanded 4th edition is the source for all your questions con-
cerning postwar collector cars. Included are technical specs, serial
number information, production totals, and the all-important values
of all automobiles listed in the book. From the publisher of Old
Cars Weekly News & Marketplace.

Softcover • 8-1/2 x 11 • 928 pages
2800 b&w photos • 16-page color section
AC04 • $34.95

Standard Catalog of American Cars, 1976-1999
3rd Edition
by James M. Flammang & Ron Kowalke
Look under the hood of this new edition and you'll be able to
identify every American car made from 1976 through 1999 with
listings, photos and descriptions, plus prices through 1992.
You'll understand which cars are destined to be hot collectibles,
which options add or subtract value and you'll learn to price the
cars according to our 1-to-6 grading scale. Thousands of clear
factory photos, many never-before seen-will help you easily
identify the cars your interested in. Includes production figures,
options, historical footnotes and serial number explanations.

Softcover • 8-1/2 x 11 • 976 pages
2,000 b&w photos • 16-page color section
AD03 • $34.95 (Available 11/99)